W0039796

Grundzüge der Volkswirtschaftslehre

2., überarbeitete Auflage
von
N. Gregory Mankiw
Harvard University

Aus dem amerikanischen Englisch
übertragen von Adolf Wagner
nach der 2. Auflage

2001
Schäffer-Poeschel Verlag Stuttgart

Titel der amerikanischen Originalausgabe:
»Principles of Economics
Second Edition«

Copyright © 2000 by Harcourt Brace & Company

Translation Copyright © 2001 by Schäffer-Poeschel Verlag für Wirtschaft ·
Steuern · Recht GmbH & Co. KG. All rights reserved

Übersetzung von Univ.-Prof. Dr. Adolf Wagner, Universität Leipzig

Die Deutsche Bibliothek – CIP-Einheitsaufnahme

Mankiw, Nicholas Gregory:
Grundzüge der Volkswirtschaftslehre / von N. Gregory Mankiw. Aus dem
amerikan. Engl. übertr. von Adolf Wagner. – 2., überarb. Aufl., – Stuttgart :
Schäffer-Poeschel, 2001
    Einheitssacht.: Principles of economics <dt.>
    ISBN 3-7910-1853-1

Gedruckt auf chlorfrei gebleichtem, säurefreiem und alterungsbeständigem
Papier

ISBN 3-7910-1853-1

Dieses Werk einschließlich aller seiner Teile ist urheberrechtlich geschützt. Jede
Verwertung außerhalb der engen Grenzen des Urheberrechtsgesetzes ist ohne Zustimmung des Verlages unzulässig und strafbar. Das gilt insbesondere für Vervielfälti-
gungen, Übersetzungen, Mikroverfilmungen und die Einspeicherung und Verarbei-
tung in elektronischen Systemen.

© 2000 Harcourt Brace & Company
© der deutschen Übersetzung 2001 Schäffer-Poeschel Verlag für Wirtschaft · Steuern ·
Recht GmbH & Co. KG
www.schaeffer-poeschel.de
info@schaeffer-poeschel.de
Umschlaggestaltung: Willy Löffelhardt (Motiv: Bavaria Bildagentur)
Satz: Typomedia Satztechnik GmbH, Ostfildern
Druck: Franz Spiegel Buch GmbH, Ulm
Printed in Germany
September 2001

Schäffer-Poeschel Verlag Stuttgart
Ein Tochterunternehmen der Verlagsgruppe Handelsblatt

Über den Verfasser

N. Gregory Mankiw ist Professor für Wirtschaftswissenschaften an der Harvard University. Er studierte an der Princeton University und am MIT. Als erfahrener Hochschullehrer hat er ein reichhaltiges Vorlesungsprogramm, unter anderem mit Vorlesungen über Makroökonomik, über Mikroökonomik, über Statistik und über die Grundlagen der Volkswirtschaftslehre. Sogar als Segellehrer betätigte er sich einmal einen Sommer lang auf Long Beach Island.

Professor Mankiw ist ein überaus produktiver Autor. Seine Beiträge sind in wissenschaftlichen Fachzeitschriften wie etwa dem *American Economic Review*, dem *Journal of Political Economy* oder dem *Quarterly Journal of Economics* veröffentlicht, aber auch in bekannten Organen der politischen Meinungsbildung wie der *New York Times*, der *Financial Times* oder dem *Wall Street Journal* zu finden. Mankiw ist Verfasser eines Bestsellers zur *Makroökonomik*. Zusätzlich zu seinen Lehr- und Forschungsaufgaben arbeitet Mankiw in Cambridge Mass. als Direktor eines ehrenamtlichen Sachverständigenrates, des *Monetary Economics Program* im *National Bureau of Economic Research*, sowie als Berater der *Federal Reserve Bank* in Boston und des *Congressional Budget Office*.

Professor Mankiw lebt mit seiner Frau Deborah und den Kindern Catherine, Nicholas und Peter in Wellesley Mass.

Für Catherine, Nicholas und Peter,
meine weiteren Beiträge für die nächste Generation

Vorbemerkungen für den Lehrenden

Eine Vorlesungsreihe über »Principles of Economics« war die anregendste Veranstaltung während meines ersten Studienjahres. Ohne Übertreibung kann ich sagen, daß sie mein Leben veränderte.

Ich war in einer Familie aufgewachsen, die am Eßtisch oft über Politik diskutierte. Das Pro und Contra zu verschiedenartigen Lösungen gesellschaftlicher Probleme entfachte hitzige Debatten. In der Schule jedoch fühlte ich mich zu den naturwissenschaftlichen Fächern hingezogen. Während mir die Politikwissenschaften unscharf, beliebig und subjektiv erschienen, waren die Naturwissenschaften analytisch, systematisch und objektiv. Während sich die politische Debatte endlos im Kreise drehte, erzielten die Naturwissenschaften Fortschritte.

Meine Anfängervorlesung über »Principles of Economics« öffnete mir jedoch die Augen für eine neue Art der Betrachtung und des Denkens. Die Volkswirtschaftslehre verbindet die Stärken von Politik- und Naturwissenschaft. Sie ist im Wortsinne eine Sozialwissenschaft. Ihr Hauptgegenstand ist die Gesellschaft – wie Menschen über ihre Lebensführung entscheiden und wie sie zusammenwirken. Gleichwohl geht sie leidenschaftslos wie eine Naturwissenschaft zu Werke. Durch die Anwendung naturwissenschaftlicher Methoden auf politische Fragen sucht die Volkswirtschaftslehre bei den grundlegenden Herausforderungen voranzukommen, denen alle Gesellschaften gegenüberstehen.

In der Hoffnung, ein wenig von der volkswirtschaftlichen Begeisterung meines eigenen Grundstudiums vermitteln zu können, kam ich zum Schreiben des nun vorliegenden Buches. Volkswirtschaftslehre ist eine Sache, bei der ein bescheidenes Wissen lange reifen muß. (Von der Physik oder der japanischen Sprache z.B. kann man dies nicht so sagen.) Volkswirte haben eine einzigartige Art und Weise die Welt zu betrachten, die man weitgehend in ein oder zwei Semestern erlernen kann. Mit dem vorliegenden Buch geht es mir darum, die volkswirtschaftliche Denkweise auf das größtmögliche Publikum zu übertragen und die Leser davon zu überzeugen, daß damit sehr vieles aus der sie umgebenden Welt aufgehellt werden kann.

Ich bin der festen Überzeugung, daß sich jedermann mit den Entwürfen befassen sollte, die die Volkswirtschaftslehre anzubieten hat. Ein Zweck der Allgemeinbildung besteht darin, den Menschen mehr Wissen über ihre Welt zu vermitteln und sie dadurch zu besseren Staatsbürgern zu machen. Das Studium der Volkswirtschaftslehre wie jeder anderen Disziplin dient dieser Zielsetzung. Ein volkswirtschaftliches Lehrbuch zu schreiben ist deshalb eine große Ehre und eine hohe Verpflichtung. Es ist eine Möglichkeit für Ökonomen, zu einer besseren Regierung und einer fruchtbaren Zukunft beizutragen. Wie der große Paul Samuelson es formulierte: »Solange ich volkswirtschaftliche Lehrbücher schreiben kann, kümmere ich mich nicht sehr darum, wer die Gesetze eines Landes schreibt oder die Staatsverträge ausarbeitet«.

Kürze

Um eine große Leserschaft zu erreichen, erschien mir eine Eigenschaft dieses Buches besonders wichtig: seine Länge. Wenn Sie zum Ende dieses Buches vordringen, werden Sie bemerken, daß es um einige hundert Seiten kürzer ist als viele im Gebrauch befindliche Standardlehrbücher mit vergleichbarer thematischer Breite (und ähnlich großem Übungsteil). Im übrigen wurde die Seitenzahl nicht dadurch gesenkt, daß man möglichst viel auf die einzelne Seite packte. Wie ich es mir wünschte, hat der Verleger des Buches ihm ein offenes, aufgelockertes und freundliches Aussehen gegeben. Kürze ist dadurch erreicht worden, daß versucht wurde, die Grundzüge der Volkswirtschaftslehre mit der kleinstmöglichen Anzahl von Worten auszubreiten.

Um diesen Vorsatz verständlich zu machen, muß ich ein Bekenntnis ablegen: Ich lese langsam. Als Student konnte ich das verlangte Lesepensum kaum bewältigen. Ich verließ mich viele Male auf Exzerpte. Ich stöhnte, wann immer ein Professor einen Wälzer von tausend Seiten (selbstverständlich zusammen mit ergänzenden Artikeln) zu lesen aufgab. Ich fand einige Erleichterung in der Tatsache, daß ich mit meiner Reaktion nicht alleine dastand. Der griechische Dichter Callimachus sagte es kurz und bündig: »Dickes Buch, großer Langweiler.« Da Callimachus diese Beobachtung 250 v. Chr. machte, bezieht er sich wahrscheinlich nicht auf volkswirtschaftliche Lehrbücher. Aber heutzutage geht der Spruch Semester für Semester in der ersten Stunde vieler volkswirtschaftlicher Vorlesungen rund um die Welt.

Als ich mich entschied, ein Lehrbuch als eine erste Einführung in die Volkswirtschaftslehre zu schreiben, wollte ich ein Buch machen, wie ich es mir als Student gewünscht hätte. Mein erstes und oberstes Ziel war deshalb Kürze. Ich erinnerte mich eines Ausspruchs des bekannten Schriftstellers Robert Davies: »One of the most important things about writing is to boil it down and not bore the hell out of everybody.«

Alle volkswirtschaftlichen Lehrbücher sagen, daß die Ressourcen knapp sind, aber nur wenige Lehrbuchschreiber führen sich vor Augen, daß auch die Studierzeit zu diesen knappen Ressourcen zählt. Ich habe versucht, diese Knappheit zu respektieren, indem ich allen Schnickschnack und die ausgefallenen Einzelheiten vermied, die Studenten vom roten Faden wegführen. Ich hoffe, das Buch wird dem ersten Wort seines amerikanischen Titels »Principles of Economics« gerecht.

Ausrichtung

Um Volkswirtschaftslehre auf das Wesentliche zu reduzieren, mußte ich darauf achten, was für Studenten in der Anfängervorlesung wirklich wichtig ist. Als Ergebnis davon unterscheidet sich das Buch nicht nur durch die Länge von den anderen, sondern auch durch die Ausrichtung des Inhalts.

Für einen professionellen Volkswirt besteht beim Lehrbuchschreiben eine große Versuchung darin, die fachmännische Perspektive einzunehmen und jene Themen herauszustellen, die ihn selbst und andere Wirtschaftswissenschaftler faszinieren. Ich habe versucht, mich beim Schreiben in die Lage eines Menschen zu versetzen, der erstmals mit Volkswirtschaftslehre zu tun bekommt. Mir geht es darum, die Gegenstände zu betonen, die Studenten interessieren sollten und im Studium der Volkswirtschaftslehre auch tatsächlich Interesse finden.

Herausgekommen ist dabei, daß größere Teile des Buches den Anwendungen und der Politik gewidmet sind und kleinere als in vergleichbaren Lehrbüchern nur der formalen Theorie. Nachdem die Studenten beispielsweise in den Kapiteln 4 bis 6 etwas über die Marktkräfte von Angebot und Nachfrage gelernt haben, werden sie es in den Kapiteln 7 bis 9 bereits auf drei gesellschaftspolitisch wichtige Fragen anwenden: Warum bieten Märkte gute Verfahren, um wirtschaftliches Handeln zu organisieren? Wie beeinflußt Besteuerung den Marktmechanismus? Wer sind die Gewinner und Verlierer bei Außenhandel? Diese Art von Fragen trifft sich mit all dem, was Studenten in den Nachrichten hören und aus ihrem Alltagsleben mitbringen.

Überall in diesem Buch habe ich versucht, so oft wie möglich auf Anwendungen und politische Fragen überzugehen. Die meisten Kapitel enthalten »Fallstudien«, die veranschaulichen, wie die volkswirtschaftlichen Prinzipien angewandt werden. Ich hoffe zuversichtlich, daß Studenten nach dem Abschluß einer volkswirtschaftlichen Einführung über die Tagesnachrichten unter einem anderen Blickwinkel und mit größerem Verständnis als bisher nachdenken.

Organisation

Um ein kurzes und studentenfreundliches Buch zu schreiben, mußte ich nach neuen Wegen für die Ordnung des Materials suchen. Das Buch enthält zwar alle Themen, die für eine volkswirtschaftliche Einführung zentral wichtig sind, aber die Themen sind nicht immer in der herkömmlichen Reihenfolge angeordnet. Es folgt ein Schnellgang durch den Buchinhalt. Dabei wird der Lehrende, so hoffe ich, einen Eindruck davon bekommen, wie die Stücke zueinander passen.

Kapitel 1, »Zehn volkswirtschaftliche Regeln«, führt Studenten in das Weltbild der Ökonomen ein. Es behandelt einige der wichtigen Grundbegriffe, die in der Volkswirtschaftslehre immer wieder vorkommen, z.B. Opportunitätskosten, Entscheidungen nach dem Marginalprinzip, die Rolle der Anreize, die Vorteile des Handels und die Effizienz der Güterzuteilung über Märkte. Im gesamten Buch nehme ich wiederholt auf die zehn volkswirtschaftlichen Regeln des Kapitels 1 Bezug, um den Studenten vor Augen zu führen, daß diese zehn Prinzipien das Fundament für den Großteil der volkswirtschaftlichen Analyse sind.

Kapitel 2, »Volkswirtschaftliches Denken«, überprüft, wie sich Nationalökonomen ihr Arbeitsfeld erschließen. In diesem Kapitel werden die Rolle der Annahmen bei der Theorieentwicklung erörtert und die Vorstellung von einem ökonomischen Modell eingeführt. Auch die Aufgabe der Wirtschaftswissenschaftler in der Politik wird besprochen. Der Anhang dieses Kapitels bietet eine kurze Wiederholung für den Gebrauch (und den Mißbrauch) graphischer Darstellungen.

Kapitel 3, »Interdependenz und die Handelsvorteile«, präsentiert die Theorie komparativer Vorteile. Diese Theorie erklärt, warum Menschen mit ihren Nachbarn Handel treiben und ebenso warum Nationen mit anderen Nationen handeln. Vieles in der Volkswirtschaftslehre dreht sich darum, wie Marktkräfte die zahllosen individuellen Produktions- und Konsumentscheidungen koordinieren, die in einer Volkswirtschaft stattfinden. Als einen Ausgangspunkt für diese Analyse sehen die Studenten in diesem Kapitel, inwiefern Spezialisierung, Interdependenz und Handelsverkehr jedermann nützen.

Die nächstfolgenden drei Kapitel führen die Grundwerkzeuge von Angebot und Nachfrage ein. *Kapitel 4*, »Die Marktkräfte von Angebot und Nachfrage«, entwickelt die Angebotskurve, die Nachfragekurve und die Auffassung von Marktgleichgewicht. *Kapitel 5*, »Die Elastizität und ihre Anwendungen«, führt die Konzeption der Elastizität ein und verwendet sie zur Untersuchung von Ereignissen auf drei verschiedenen Märkten. *Kapitel 6*, »Angebot, Nachfrage und wirtschaftspolitische Maßnahmen«, verwendet diese neuen Werkzeuge zur Untersuchung der Preiskontrollen (etwa Mietpreisbindungen oder Mindestlohngesetzen) und der Steuerinzidenz.

Kapitel 7, »Konsumenten, Produzenten und die Effizienz von Märkten«, erweitert die Analyse von Angebot und Nachfrage um den Gebrauch der Begriffe von Konsumentenrente und Produzentenrente. Es beginnt mit der Herleitung der Verbindung zwischen Zahlungsbereitschaft der Verbraucher und Nachfagekurve einerseits sowie Produktionskosten und Angebotskurve andererseits. Sodann wird in dem Kapitel begründet, warum das Marktgleichgewicht die Summe der Produzenten- und Konsumentenrente maximiert. Insofern lernen die Studenten im vorliegenden Buch sehr früh etwas über die Effizienz einer Zuteilung über Märkte.

Die nächsten beiden Kapitel suchen die Konzeptionen der Produzenten- und der Konsumentenrente auf politische Fragen anzuwenden. *Kapitel 8*, »Anwendung: Die Kosten der Besteuerung«, zeigt, daß Steuern zu Wohlfahrtsverlusten führen und wovon der Umfang dieser Einbußen abhängt. *Kapitel 9*, »Anwendung: Zwischenstaatlicher Handel«, klärt, wer vom internationalen Handel profitiert oder Nachteile hat, und skizziert die Debatte über protektionistische Außenhandelspolitik.

Nach den Erörterungen der Wünschbarkeit einer Güterzuteilung über Marktmechanismen wendet sich das Buch der Frage zu, wie der Staat bisweilen das Marktergebnis verbessern kann. *Kapitel 10*, »Externalitäten«, erörtert, inwiefern externe Effekte (wie z.B. Luftverschmutzung) die Marktergebnisse ineffizient werden lassen. Erörtert werden auch die möglichen Lösungswege öffentlicher oder privater Art für diese Ineffizienzen. *Kapitel 11*, »Öffentliche Güter und gesellschaftliche Ressourcen«, untersucht die Ineffizienzen, die dadurch entstehen, daß Güter – etwa die nationale Verteidigung – keinen Marktpreis haben. *Kapitel 12*, »Die Ausgestaltung des Steuersystems«, beschreibt, wie sich der Staat die notwendigen Einnahmen für die Bezahlung öffentlicher Güter beschafft. Dabei wird einiges vom institutionellen Hintergrund des Steuersystems ins Spiel kommen.

Die anschließenden fünf Kapitel sind Fragen des Unternehmensverhaltens und der industriellen Organisation gewidmet. *Kapitel 13*, »Die Produktionskosten«, handelt davon, was alles zu den Kosten der Unternehmung gehört und wie Kostenkurven verlaufen. *Kapitel 14*, »Unternehmungen auf Märkten mit Wettbewerb«, untersucht das Verhalten der Unternehmungen mit Mengenanpassung an gegebene Preise und die zugehörige Herleitung der Marktangebotskurve. *Kapitel 15*, »Monopol«, behandelt das Verhalten einer Unternehmung, die auf ihrem Markt der Alleinanbieter ist. Es beschreibt die Ineffizienz der Monopolpreissetzung, die möglichen politischen Gegenmaßnahmen und die Versuche der Monopolisten zur Marktspaltung. *Kapitel 16*, »Oligopol«, betrifft Märkte, auf denen nur einige wenige Anbieter sind. Für strategische Interaktionen wird die Konstellation des Gefangenendilemmas verwendet. *Kapitel 17*, »Monopolistische Konkurrenz«, betrachtet das Anbieterverhalten auf Märkten mit ähnlichen, aber unterschiedlichen Produkten. Es umfaßt auch die Wirkungen der Werbung.

Die nachfolgenden drei Kapitel beziehen sich auf Arbeitsmärkte. *Kapitel 18*, »Die Märkte für Produktionsfaktoren«, stellt die Verbindung zwischen Faktorpreis und Grenzproduktivität heraus. *Kapitel 19*, »Einkommen und Diskriminierung«, behandelt die Einflußgrößen des Gleichgewichtslohnsatzes zusammen mit Lohnsatzunterschieden, Humankapital und Diskriminierung. *Kapitel 20*, »Die Einkommensverteilung«, untersucht das Ausmaß der Ungleichheit in der Gesellschaft, die unterschiedlichen Sichtweisen für staatliche Verteilungspolitik und die politischen Maßnahmen zugunsten der Armen.

Kapitel 21, »Die Theorie der Konsumentscheidungen«, analysiert individuelle Entscheidungsprozesse mit Budgetbeschränkungen und Indifferenzkurven. Es enthält Dinge, die ein wenig über dem sonstigen Niveau des Buches liegen. Vielleicht wird dieses Kapitel hier und dort in der Lehre weggelassen. Vielleicht wird es aber auch bereits früher im Anschluß an die Grundlagen von Angebot und Nachfrage behandelt.

Mit dem Kapitel 22 wendet sich das Buch dem Gebiet der Makroökonomik zu. Am Anfang stehen dabei Meßprobleme. *Kapitel 22*, »Die Messung des Volkseinkommens«, klärt die Definition des Bruttoinlandsprodukts und verwandter Begriffe der Volkswirtschaftlichen Gesamtrechnung. *Kapitel 23*, »Die Messung der Lebenshaltungskosten«, handelt von der Berechnung und dem Aussagegehalt der Preisindizes für die Lebenshaltung.

Die folgenden drei Kapitel beschreiben den langfristigen Entwicklungspfad bei flexiblen Löhnen und Preisen. *Kapitel 24*, »Produktion und Wachstum«, fragt nach den Bestimmungsgründen der großen Streuung von Wohlfahrtsniveaus zwischen unterschiedlichen Ländern und zwischen unterschiedlichen Perioden. *Kapitel 25*, »Sparen, Investieren und das Finanzsystem«, behandelt unterschiedliche Typen monetärer Institutionen in der Volkswirtschaft und ihre Rolle bei der Ressourcenverteilung. *Kapitel 26*, »Die natürliche Arbeitslosenquote«, hat die langfristigen Bestimmungsgründe der Arbeitslosenquote zum Gegenstand (wie etwa Mindestlöhne, Gewerkschaftsmacht, Effizienzlöhne oder Suchprozesse).

Nachdem die realökonomische Langfristentwicklung beschrieben ist, wendet sich das Buch der langfristigen Entwicklung von Geld und Preisen zu. *Kapitel 27*, »Das monetäre System«, führt in die volkswirtschaftliche Vorstellung von Geld und die Aufgabe der Zentralnotenbank in der Geldmengenpolitik ein. *Kapitel 28*, »Inflation: Ursachen und Kosten«, klärt die bestehende Verbindung zwischen Geldmengenwachstum und Inflation, diskutiert aber auch die sozialen Kosten der Inflation.

Die nächsten beiden Kapitel gehören der Makroökonomik offener Volkswirtschaften. *Kapitel 29*, »Grundsätzliches über die offene Volkswirtschaft«, erklärt den Zusammenhang von Ersparnissen, Investitionen und Handelsbilanz sowie die Unterscheidung von Wechselkurs und realem Austauschverhältnis, schließlich auch die Kaufkraftparitätentheorie. *Kapitel 30*, »Eine makroökonomische Theorie der offenen Volkswirtschaft«, präsentiert ein klassisches Modell der internationalen Güter- und Kapitalströme. Das Modell beleuchtet vielerlei Problemstellungen, darunter den Zusammenhang zwischen staatlichen Haushaltsdefiziten, passiver Handelsbilanz und gesamtwirtschaftlichen Auswirkungen von Außenhandelspolitik. Da sich die Lehrenden darin unterscheiden, wie sehr sie diese Materie betonen, sind die Abschnitte für unterschiedliche Verwendungen geschrieben. Einige werden Kapitel 29 durchnehmen, aber nicht Kapitel 30. Andere mögen beide Kapitel überspringen. Und wieder andere werden die Behandlung offener Volkswirtschaften an das Ende ihrer Vorlesungen verschieben.

Im Anschluß an die vollständige Darstellung der Langfristentwicklung einer Volkswirtschaft in den Kapiteln 24 bis 30 geht das Buch dazu über, die Kurzfristschwankungen um den langfristigen Trend herum zu erklären. Diese Abfolge vereinfacht die Lehre der Theorie kurzfristiger Schwankungen, weil die Studierenden in dieser Phase der Vorlesung bereits über eine solide Grundlage makroökonomischer Konzepte verfügen. *Kapitel 31*, »Gesamtwirtschaftliche Nachfrage und gesamtwirtschaftliches Angebot«, beginnt mit einigen Befunden zum Konjunkturzyklus und schließt daran das Modell der gesamtwirtschaftlichen Nachfrage und des gesamtwirtschaftlichen Angebots an. *Kapitel 32*, »Der Einfluß von Geldpolitik und Fiskalpolitik auf die gesamtwirtschaftliche Nachfrage«, erklärt, wie Wirtschaftspolitiker die verfügbaren Instrumente zwecks Verschiebung der Nachfragekurve einsetzen können. *Kapitel 33*, »Inflation und Arbeitslosigkeit als kurzfristige Alternativen«, begründet, inwiefern Politiker bei der Einflußnahme auf die Gesamtnachfrage einem Zielkonflikt zwischen Inflation und Arbeitslosigkeit ausgesetzt sind. Es erörtert, warum der Zielkonflikt kurzfristig besteht, warum er sich im Laufe der Zeit verlagert und warum er auf lange Sicht hinfällig wird.

Das Buch schließt mit *Kapitel 34*, »Fünf Streitgespräche über gesamtwirtschaftliche Politik«. Dieser Schluß ist fünf kontroversen Themenfeldern gewidmet, auf denen sich Politiker behaupten müssen: graduell passende Dosierung konjunkturpolitischer Aktivitäten, ausgewogene Mischung von diskretionärer und regelgebundener Geldpolitik, Wünschbarkeit einer Inflationsrate von null Prozent, Bedeutung eines ausgeglichenen Staatshaushalts und Notwendigkeit einer für volkswirtschaftliche Kapitalbildung gebotenen Steuerreform. Für jedes der kontroversen Themen skizziert das Kapitel Meinung und Gegenmeinung. Studierende werden zum eigenen Urteil angeregt.

Neuerungen in der zweiten Auflage

Seit der ersten Auflage des Buches hat sich in der Welt allerhand verändert. Das Internet gewinnt eine zentrale Stellung im gesellschaftlichen und im wirtschaftlichen Leben. Die Europäische Union hat eine gemeinsame Währung eingeführt. Die nationalen Staatshaushalte unterliegen im internationalen Wettbewerb Zwängen, die von Defiziten zu Überschüssen drängen (die Vereinigten Staaten befinden sich bereits im Überschußbereich). Die Börsen haben Aufschwünge und neue Wellen von Optimismus und Pessimismus erfahren. Für die Vereinigten Staaten von Amerika bildet der Fall Microsoft einen Meilenstein im Wettbewerbsrecht. An zahlreichen Stellen des Buches findet man neue Verklammerungen der volkswirtschaftlichen Lehre mit dem praktischen Leben.

Da und dort weist das Buch Verbesserungen auf, die Leser der ersten Auflage angeregt haben. Neue Stichworte sind z.B. die Kreuzpreiselastizität (der Nachfrage), die Niedrigpreise als zeitweiliges Kampfmittel auf unvollkommenen Oligopol-Märkten (»predatory pricing« im Anti-Trust-Recht der Vereinigten Staaten) oder die Konzeption des Gegenwartswertes und des Zinseszinses. Ausführlicher behandelt werden Elastizitäten, unternehmerische Kosten sowie die Modellierungen von Angebot und Nachfrage. Beim Abwägen zwischen weiteren nützlichen Ergänzungen und der anzustrebenden Kürze des Buches fiel die Entscheidung des öfteren zugunsten der Kürze aus.

Vorbemerkungen für den Studierenden

»Economics is a study of mankind in the ordinary business of life«, schrieb Alfred Marshall, der große Nationalökonom des 19. Jahrhunderts, in seinem Lehrbuch *Principles of Economics*. Obwohl wir seit der Zeit von Marshall viel über die Volkswirtschaft hinzugelernt haben, ist seine Definition von Volkswirtschaftslehre so treffend wie im Jahre 1890, als die erste Auflage seines Lehrbuchs veröffentlicht wurde.

Warum sollten Sie sich als ein Student kurz vor dem Eintritt in das 21. Jahrhundert auf das Studium der Volkswirtschaftslehre einlassen? Es gibt drei Gründe dafür.

Der erste Grund für das Volkswirtschaftsstudium besteht darin, daß das Fach Ihnen hilft, die Welt zu verstehen, in der Sie leben. Es gibt viele Fragen zur Volkswirtschaft, an denen sich Ihre Neugier entzünden wird. Warum findet man in München so schwer erschwingliche Appartements? Warum verlangen manche Hotels weniger, wenn der Gast über das Wochenende bleibt? Warum bekommt ein Filmstar für die Hauptrolle eine so hohe Gage? Warum ist der Lebensstandard in vielen afrikanischen Staaten so schlecht? Warum haben einige Länder hohe Inflationsraten, während die anderen Preisniveaustabilität verzeichnen? Warum sind Anstellungen in manchen Jahren leicht und in anderen wiederum schwer zu finden? Das sind nur einige der Fragen, bei deren Beantwortung Ihnen volkswirtschaftliche Vorlesungen helfen werden.

Der zweite Grund für das Volkswirtschaftsstudium besteht darin, daß Sie das Fach zu einem pfiffigeren Teilnehmer am Wirtschaftsleben machen wird. Im Laufe Ihres Lebens treffen Sie zahlreiche wirtschaftliche Entscheidungen. Während der Ausbildung entscheiden Sie sich, wie viele Jahre Sie an der Hochschule bleiben wollen. Wenn Sie eines Tages in das Berufsleben eintreten, entscheiden Sie darüber, wieviel vom Gehalt Sie für Konsum ausgeben, wieviel Sie sparen und wie Sie Ihre Ersparnisse anlegen. Irgendwann werden Sie vielleicht ein eigenes Geschäft haben oder eine große Unternehmung leiten; Sie werden dann entscheiden, welche Preise Sie verlangen. Wie man all diese Entscheidungen am besten trifft, werden Ihnen unter einer neuen Blickrichtung die in den folgenden Buchkapiteln hergeleiteten Erkenntnisse sagen. Das Studium der Volkswirtschaftslehre wird Sie zwar nicht von selbst reich machen, aber es wird Ihnen einige Werkzeuge in die Hand geben, mit denen Sie bei Ihrem Streben nach wirtschaftlichem Erfolg leichter vorankommen.

Der dritte Grund für ein Volkswirtschaftsstudium besteht darin, daß Ihnen das Fach ein besseres Verständnis für die Möglichkeiten und Grenzen der Wirtschaftspolitik vermitteln wird. Als Wähler tragen Sie mit zu den politischen Entscheidungen über die Verwendung der gesellschaftlichen Ressourcen bei. Wenn Sie sich fragen, welche Partei Sie unterstützen wollen, werden Sie sich zunächst viele volkswirtschaftliche Fragen stellen. Welche Lasten sind mit unterschiedlichen Formen der Besteuerung verknüpft? Welche Auswirkungen hat der freie Außenhandel mit anderen Ländern? Welches ist der beste Weg für den Umweltschutz? Wie beeinflußt

ein Defizit des Staatshaushalts die übrige Volkswirtschaft? Solche und
ähnliche Fragen sind stets in den Köpfen der Leute, die in Rathäusern,
Landes- oder Bundesministerien und im Bundeskanzleramt die Politik
mitbestimmen.

Man sieht, daß volkswirtschaftliche Regeln und Prinzipien in allen Le-
bensbereichen Anwendung finden. Ob Sie künftig die Tageszeitung lesen,
eine Unternehmung führen oder im Parlament sitzen – stets werden Sie
froh darüber sein, Volkswirtschaftslehre studiert zu haben.

Juli 2000   N. Gregory Mankiw

Vorwort des Übersetzers

Es war mir ein Vergnügen, das großartige Lehrbuch in die deutsche Sprach- und Gedankenwelt zu übertragen. Zu diesem Vergnügen gehörte eine sorgfältige Anpassung mehrerer Kapitel an die institutionellen Gegebenheiten in Deutschland und in Europa (vgl. beispielsweise die Ausführungen zum Europäischen System der Zentralbanken).

Mankiw will den Studierenden und den Leser des Buches ja als teilnehmenden Beobachter wie als beobachtenden Teilnehmer seiner eigenen Volkswirtschaft und seiner eigenen Demokratie besser befähigen. Dazu gehören solide Kenntnisse von Fakten und Institutionen. Die unbehandelte Urfassung eignet sich – so gesehen – eher als Reiselektüre für europäische USA-Besucher, die am spezifischen institutionellen Rahmen einer anwendungsnahen Volkswirtschaftslehre hierzulande weniger interessiert sind. Spezifisch amerikanische Fallbeispiele sind deswegen in der deutschen Bearbeitung ausgespart bzw. durch passende deutsche oder europäische ersetzt.

Gelegentlich erforderte die von Mankiw gewollte Lebensnähe seines nationalökonomischen Argumentierens auch gewisse Abwandlungen der Theoriekonzeption (so etwa bei den Ausführungen zur natürlichen Arbeitslosenquote im Kapitel 26, die nicht einfach, wie das für die USA möglich ist, auf das arithmetische Mittel der Arbeitslosenquoten gestützt werden konnten). Vielleicht hat man erst nach jahrzehntelanger akademischer Lehrerfahrung ein Auge dafür, wie elegant der »Segellehrer« Mankiw da und dort die Klippen und Strudel des volkswirtschaflitchen Lehrens umschifft. Ein Beispiel von vielen: Wer als Leser die Existenz und empirische Bestimmbarkeit von Angebots- und Nachfragefunktionen akzeptiert, nimmt auch die Wohlstandsmessung mit Konsumenten- und Produzentenrente als schlüssig hin. Die Zentrierung der Analyse auf Stromgrößen wird er weder hier noch an anderer Stelle als verkürzend empfinden.

Die didaktisch-pädagogische Begabung des Autors hat uns ein Lehrbuch beschert, das die Geheimnisse der Nationalökonomik weder hinter Mathematik versteckt noch eigentlich ökonometrisch enthüllt, gleichwohl aber auf angenehm befriedigende Weise an die Frau und den Mann zu vermitteln weiß.

Für insgesamt ein Drittel der Kapitel wurde ich mit Rohvorlagen unterstützt. Frau Dipl.-Volksw. Tosca S. Naggies und Frau Dr. Vera Schubert danke ich sehr herzlich für die ausgezeichnete Zuarbeit. Im Verlag haben Herr Dipl.-Volksw. Michael Justus und Herr Dipl.-Volksw. Frank Katzenmayer maßgeblich zum Gelingen des Werkes beigetragen. Ich hoffe, daß sich unsere und Mankiws Freude an diesem Buch und seinen spannenden Gegenständen auf alle Leser überträgt!

Oktober 1998   Adolf Wagner

Für die Leser und Nutzer der deutschen Ausgabe »des Mankiw« habe ich zwei aktuell wichtige und in unterschiedlicher Weise ergänzende Buchempfehlungen: (1.) Marco Herrmann (2001): Arbeitsbuch Grundzüge der Volkswirtschaftslehre, Stuttgart (ISBN 3-7910-1724-1). (2.) Amartya Sen (2000): Ökonomie für den Menschen. Wege zu Gerechtigkeit und Solidarität in der Marktwirtschaft, München-Wien (ISBN 3-446-19943-8). Der Nutzen des zum Lehrbuch passenden Arbeitsbuches von Marco Herrmann ist offenkundig.

Das Buch des Nobelpreisträgers Amartya Sen nehme man als eine zeitbedingt notwendige Erweiterung des Blickfeldes und der politischen Argumentation über idealisierte Marktprozesse hinaus. Einige sozialwissenschaftlich und politikwissenschaftlich unzureichend Gebildete versuchen nämlich neuerdings wieder, die Existenz externer Effekte völlig zu leugnen, so daß Volkswirtschaftslehre und Betriebswirtschaftslehre gleichgesetzt werden könnten. Ganz im Sinne von Gregory Mankiw (siehe z.B. *Kapitel 10* »Externalitäten«) ist hiervor zu warnen; denn selbst innerhalb der Märkte-Mikroökonomik sind stets drei Aspekte für realistische Marktergebnisse wichtig (erstens die quantitative Besetzung der Anbieter- und der Nachfragerseite, zweitens die paritätische oder disparitätische Größenstruktur auf den Marktseiten, drittens Vollkommenheit oder Unvollkommenheit des betrachteten Marktes). Darüber hinaus jedoch gibt es jenseits der Marktmechanismen, die in der »Zuständigkeit« der Ökonomen liegen, noch zahlreiche andere Mechanismen zur Erledigung äußerer Konflikte, die am Ende »Zuteilungen« von Gütern mit bestimmten Zahlungen bewirken (z.B. Verhandlung und Überredung beim bilateralen Monopol, Priorität oder Windhundverfahren, Rationierung, Verlosung, Brachialgewalt).

Waren die Analysen in der ersten Auflage noch gänzlich auf Stromgrößen zentriert, so hat Mankiw dem Studenten nun erste Schritte auf eine verbindende und modifizierende »Beständeökonomik« hin gezeigt (siehe z.B. die bereits erwähnte Konzeption »Gegenwartswert« in *Kapitel 25* »Sparen, Investieren und das Finanzsystem«). Damit ist – selbst wenn man nicht auf streng kapitaltheoretische Konstrukte der Investitions- und Finanzierungsrechnung übergeht – einiges an Begriffswerkzeug gewonnen, um z.B. von der Einkommens- und Vermögensverteilung aus (siehe *Kapitel 20*) die Probleme von Armut und Reichtum fundierter behandeln zu können.

Ein letztes Wort zum Inhalt des exzellenten Lehrbuches betrifft die lange und die kurze Frist wirtschaftlicher Betrachtung. Kurzfristig gelten Preise als fest, langfristig sind die Preise annahmegemäß flexibel. Umgekehrt ist die kurze Frist eben jene mit unveränderten Preisen, die lange Frist aber nach herkömmlicher Ansicht jene mit veränderlichen Preisen. Die Einschwingung in vorhersagbare Gleichgewichte und Ruhezustände geschieht eher in der langen Frist. Hieran schließen sich in der Wirtschaftstheorie neuere Fragen an: Ist vielleicht die Welt des Chaos ein besseres Bild der zu analysierenden Wirklichkeit? Hat man deshalb allenfalls kurzfristig vorhersagbare Zustände, nicht aber langfristig?

September 2001   Adolf Wagner

Inhalt

Einführung

Teil I

In diesem Kapitel werden Sie

- lernen, daß Volkswirtschaftslehre von der Zuteilung knapper Ressourcen handelt,
- einige der Zielkonflikte näher kennenlernen, denen Menschen gegenüberstehen,
- die Bedeutung des Begriffs der Opportunitätskosten kennenlernen,
- sehen, wie man das Marginalprinzip bei Entscheidungen anwendet,
- erörtern, wie Anreize menschliches Verhalten beeinflussen,
- erkennen, inwiefern Handel zwischen Menschen oder Nationen jedem Vorteile bringt,
- diskutieren, warum der Markt ein gutes, aber kein vollkommenes Verfahren zur Zuteilung von Ressourcen ist,
- erfahren, wovon einige Trends der gesamtwirtschaftlichen Entwicklung abhängen.

Das Wort Volkswirtschaft (Ökonomie) läßt sich von einem griechischen Wort ableiten, das jemanden bezeichnet, der einen Haushalt führt. Auf den ersten Blick mag dieser Ursprung recht speziell erscheinen. Doch tatsächlich haben Haushalte und Volkswirtschaften vieles gemeinsam.

Ein Haushalt steht vielerlei Entscheidungen gegenüber. Er muß entscheiden, welche Haushaltsmitglieder welche Aufgaben erledigen und wieviel jedes Haushaltsmitglied dafür bekommt: Wer kocht das Essen? Wer macht die Wäsche? Wer bekommt die überzählige Nachspeise? Wer darf das Fernsehprogramm auswählen? Kurzum, der Haushalt muß seine knappen Mittel auf die verschiedenen Mitglieder verteilen und dabei die Fähigkeiten, Anstrengungen und Wünsche eines jeden berücksichtigen.

Wie ein Haushalt, so muß sich auch eine Gesellschaft zahlreichen Entscheidungen stellen. Eine Gesellschaft muß darüber entscheiden, welche Arbeiten von wem getan werden. Sie braucht Leute, um Nahrungsmittel zu erzeugen, um Kleidung herzustellen und wieder andere zur Erstellung von PC-Programmen. Sobald die Gesellschaft einmal die Arbeitskräfte (wie im übrigen auch Boden, Gebäude und Maschinen) den verschiedenen Aufgaben zugeordnet hat, muß sie auch die damit erzeugten Waren und Dienstleistungen verteilen. Sie muß darüber entscheiden, wer Kaviar ißt und wer Kartoffeln. Sie muß entscheiden, wer einen Porsche fährt und wer den Bus nimmt.

Die Bewirtschaftung der gesellschaftlichen Ressourcen ist wichtig, weil Ressourcen knapp sind. **Knappheit** bedeutet, daß die Gesellschaft weniger anzubieten hat, als die Menschen haben wollen. So wie ein Haushalt nicht jedem Mitglied alles geben kann, was er wünscht, kann auch eine Gesellschaft nicht jedem Individuum den höchsten von ihm angestrebten Lebensstandard gewähren.

Knappheit
Die begrenzte Natur gesellschaftlicher Ressourcen.

**Volkswirtschafts-
lehre**
Die Wissenschaft von
der Bewirtschaftung
knapper gesellschaft-
licher Ressourcen.

Volkswirtschaftslehre ist die Wissenschaft von der Bewirtschaftung der knappen gesellschaftlichen Ressourcen. In den meisten Gesellschaften werden die Ressourcen nicht durch einen einzigen zentralen Planer zugeteilt, sondern durch die kombinierten Aktivitäten von Millionen Haushalten und Unternehmungen. Nationalökonomen befassen sich deshalb mit dem menschlichen Entscheidungsverhalten: Wieviel die Leute arbeiten, was sie kaufen, wieviel sie sparen, und wie sie ihre Ersparnisse anlegen. Volkswirte studieren auch, wie die Menschen untereinander zusammenwirken. Beispielsweise wollen sie klären, wie die Massen der Käufer und Verkäufer eines Gutes gemeinsam den Preis finden, zu dem das Gut in einer bestimmten Menge gehandelt wird. Schließlich untersuchen die Volkswirte die Triebkräfte und Trends einer Volkswirtschaft im ganzen, einschließlich des Wachstums des Durchschnittseinkommens, des Bruchteils der Bevölkerung ohne Arbeit und der Preissteigerungsrate.

Obwohl das Studium der Volkswirtschaftslehre viele Facetten hat, wird das Arbeitsfeld durch mehrere Leitvorstellungen verbunden. In diesem Kapitel betrachten wir zehn volkswirtschaftliche Regeln. Diese Prinzipien, die im Buch immer wieder vorkommen, werden hier eingeführt, um einen Überblick über das Gebiet der Volkswirtschaftslehre zu geben.

Wie Menschen Entscheidungen treffen

Es ist nichts Geheimnisvolles darum, was eine »Volkswirtschaft« ist. Ob wir über die Volkswirtschaft von München, von Deutschland, Österreich und der Schweiz oder der Welt reden – stets ist eine Volkswirtschaft nichts weiter als eine Gruppe von Menschen, die bei ihrer Lebensgestaltung zusammenwirken. Weil das Verhalten einer Volkswirtschaft das Verhalten der Individuen spiegelt, die die Volkswirtschaft ausmachen, beginnen wir unser Studium der Volkswirtschaften mit vier Regeln bei Einzelentscheidungen.

Regel Nr. 1: Alle Menschen stehen vor abzuwägenden Alternativen

Die erste Lektion über Entscheidungsprozesse ist in dem bekannten Spruch zusammengefaßt: »There is no such thing as a free lunch« – Es gibt nichts umsonst. Um etwas zu bekommen, was wir haben wollen, müssen wir gewöhnlich etwas anderes hingeben, das wir ebenfalls schätzen. Entscheidungen zu treffen, erfordert die Abwägung von Alternativen oder die Lösung von Zielkonflikten.

Denken wir an eine Studentin, die ihre wertvollste Ressource verteilen muß – ihre Zeit. Sie kann all ihre Zeit für das Studium der Volkswirtschaftslehre aufwenden, sie kann alle Zeit für das Studium der Psychologie einsetzen, oder sie kann ihre Zeit auf beide Fächer verteilen. Während jeder

Stunde, in der sie ein Fach studiert, verliert sie eine Stunde, in der sie das andere Fach hätte studieren können. Und mit jeder ihrer Studierstunden verzichtet sie auf eine Stunde, in der sie ruhen, radfahren, fernsehen oder ein wenig Taschengeld verdienen könnte.

Oder denken wir an die Eltern der Studenten, die über die Verwendung ihres Familieneinkommens entscheiden. Sie können Nahrungsmittel, Kleidung oder einen Ferienaufenthalt kaufen. Oder sie können einiges von dem Familieneinkommen für den Ruhestand oder die Ausbildung der Kinder zurücklegen. Sofern sie sich dafür entscheiden, eine zusätzliche Mark für eines dieser Güter auszugeben, haben sie eine Mark weniger für irgendwelche anderen Güter.

Wenn die Menschen zu Gesellschaften gruppiert werden, müssen sie verschiedenen Alternativen oder Zielkonflikten ins Auge sehen. Die klassische Alternative lautet »Kanonen oder Butter«. Je mehr wir für die nationale Verteidigung ausgeben (»Kanonen«), um so weniger können wir für den Konsum der privaten Haushalte und die Steigerung des Lebensstandards aufwenden (»Butter«). Wichtig ist in modernen Gesellschaften auch der Zielkonflikt zwischen sauberer Umwelt und hohem Einkommensniveau. Gesetzliche Vorschriften, die Unternehmungen zur Verminderung der Luftverschmutzung verpflichten, erhöhen die Produktionskosten für Waren und Dienstleistungen. Wegen der höheren Kosten ergeben sich für die Unternehmungen niedrigere Gewinne, niedrigere Lohnzahlungen, höhere Preisforderungen oder irgendwelche Kombinationen dieser drei Komponenten. Während also Vorschriften für die Luftreinhaltung zum Nutzen einer sauberen Umwelt und damit besserer Gesundheit führen, »kosten« sie verminderte Einkommen der Kapitaleigner, Arbeiter und Kunden.

Ein weiterer Zielkonflikt der Gesellschaft besteht zwischen Effizienz und Gerechtigkeit. **Effizienz** bedeutet, daß die Gesellschaft aus ihren knappen Ressourcen das meiste herausholt.

Gerechtigkeit bedeutet, daß die Nutzungen aus jenen Ressourcen fair unter den Bürgern verteilt werden. Mit anderen Worten: Effizienz betrifft die Größe des ökonomischen Kuchens, Gleichheit die Verteilung des Kuchens. Diese beiden Ziele stehen bei staatlichen Maßnahmen zumeist im Konflikt.

Schauen wir uns z.B. die politischen Maßnahmen an, mit denen man eine gleichmäßigere Verteilung der wirtschaftlichen Wohlfahrt erreichen will. Einige dieser politischen Bereiche, wie etwa Sozialversicherung oder Arbeitslosenunterstützung, suchen jene Gesellschaftsmitglieder zu unterstützen, die eine Hilfe am dringendsten benötigen. Andere, wie etwa die persönliche Einkommensbesteuerung, verlangen von den wirtschaftlich Erfolgreichen, mehr an den Staat abzugeben, als die anderen. Obwohl derartige politische Regelungen gerecht sind, haben sie Opportunitätskosten in Form verringerter Effizienz. Wenn die Regierung Einkommen von den Reichen zu den Armen umverteilt, senkt sie die Entlohnung für harte Arbeit, weshalb die Leute wiederum weniger arbeiten und weniger Güter produzieren. Einfach gesagt: Wenn die Regierung den ökonomischen Kuchen in gleichmäßigere Stücke zu schneiden versucht, wird der ganze Kuchen kleiner.

Effizienz
Eigenschaft einer Gesellschaft, soviel wie möglich aus ihren knappen Ressourcen herauszuholen.

Gerechtigkeit
Eigenschaft einer Gesellschaft, die wirtschaftliche Wohlfahrt fair auf die Mitglieder zu verteilen.

Wenn wir uns bewußt sind, daß die Menschen Zielkonflikten ausgesetzt sind, wissen wir damit noch nicht, welche Entscheidungen sie treffen oder treffen sollten. Eine Studentin sollte das Studium der Psychologie nicht einfach aufgeben, damit die verfügbare Zeit für das Volkswirtschaftsstudium größer wird. Die Gesellschaft sollte nicht deshalb mit dem Umweltschutz aufhören, weil umweltpolitische Maßnahmen den materiellen Lebensstandard senken. Die Armen sollten nicht einfach deshalb ignoriert werden, weil die Sozialhilfe Anreize zur Arbeit zerstört. Gleichwohl ist die Berücksichtigung der Zielkonflikte im Leben wichtig, weil die Menschen dann eher gute Entscheidungen treffen, wenn sie wählbare Alternativen klarer sehen.

Regel Nr. 2: Die Kosten eines Gutes bestehen aus dem, was man für den Erwerb eines Gutes aufgibt

Weil die Menschen Zielkonflikten ausgesetzt sind, erfordern Entscheidungen einen Vergleich von Kosten und Nutzen alternativer Aktionen. In vielen Fällen sind die Kosten einer Aktivität jedoch nicht so offensichtlich, wie es zunächst erscheinen mag.

Betrachten wir z.B. die Entscheidung für oder gegen das Studium. Der Nutzen besteht in der intellektuellen Bereicherung und in lebenslangen besseren Anstellungsmöglichkeiten. Aber worin bestehen die Kosten? Um diese Frage zu beantworten, könnte man versucht sein, alle geldlichen Kosten des Studiums zu addieren. Aber diese Summe zeigt nicht wirklich, worauf man für ein Studienjahr verzichtet.

Die erste Schwierigkeit einer Antwort besteht darin, daß in der Summe Dinge enthalten sind, die keine wirklichen Studienkosten sind. Auch ohne Studium hat man Aufwendungen für Unterkunft und Verpflegung. Zu veranschlagen sind nur die studiumsspezifischen Unterschiede in diesen Posten. Ein zweites Problem bei der Zusammenrechnung der Kosten besteht darin, daß sie den größten Kostenfaktor des Studiums gar nicht enthält – die Zeit. Wenn man ein Jahr damit verbringt, Vorlesungen zu hören, Lehrbücher zu lesen und Hausarbeiten zu schreiben, kann man diese Zeit nicht für eine Berufsarbeit verwenden. Für die meisten Studenten besteht der größte Einzelposten der Kosten des Studiums in dem mit der Bildung verknüpften Lohnverzicht.

Opportunitätskosten
Was aufgegeben werden muß, um etwas anderes zu erlangen.

Die **Opportunitätskosten** einer Gütereinheit bestehen in dem, was man aufgibt, um die Einheit zu erlangen. Bei jedweder Entscheidung sollten sich die Entscheidungsträger der Opportunitätskosten bewußt sein, die jede mögliche Aktion begleiten. In der Regel haben Entscheidungsträger dieses Problembewußtsein. Spitzensportler im Studienalter, die bei Aufgabe des Studiums Millionen verdienen könnten, haben eine sehr klare Vorstellung über die Opportunitätskosten eines Studiums. Es ist nicht weiter verwunderlich, daß sie oft zu dem Ergebnis kommen, der Nutzen eines Studiums lohne die Kosten nicht.

Regel Nr. 3: Rational entscheidende Leute denken in Grenzbegriffen

Viele Entscheidungen im Leben richten sich darauf, bestehende Pläne in kleinen Schritten abzuwandeln. Nationalökonomen nennen dies **marginale Veränderungen**.

Marginale Veränderungen
Abwandlungen eines bestehenden Aktionsplanes durch kleine Schritte.

In vielen Situationen werden Menschen dann die besten Entscheidungen treffen, wenn sie in Grenzbegriffen denken. Nehmen wir z.B. an, ein Freund fragt sie um Rat, wie viele Jahre er in der Schule oder Hochschule bleiben soll. Wenn Sie dabei die Lebensstile eines promovierten Industriechemikers und eines Schulabgängers mit mittlerer Reife vergleichen, würde der Ratsuchende diese Betrachtung als wenig hilfreich für seine Entscheidung empfinden. Ihr Freund hat ja bereits ein bestimmtes Ausbildungsniveau und überlegt, ob er noch ein oder zwei Jahre anhängen soll. Um diese Entscheidung treffen zu können, muß er den zusätzlichen Nutzen und die zusätzlichen Kosten vergleichen, die mit der Entscheidung für ein weiteres Jahr verbunden wären. Durch den Vergleich dieser marginalen Nutzen und marginalen Kosten – kurzum: Grenznutzen und Grenzkosten – kann er sehen, ob sich ein zusätzliches Jahr lohnen würde.

Ein anderes Beispiel dafür, wie das Denken in Grenzbegriffen zur Entscheidungsfindung beiträgt, sind Last-minute-Flüge. Angenommen, ein Flugzeug mit 200 Plätzen kostet eine Fluggesellschaft beim Hin- und Rückflug über eine bestimmte Distanz DM 170.000,–, also pro Platz DM 850,–. Es wäre falsch zu sagen, die Gesellschaft sollte niemals einen Flugschein unter DM 850,– verkaufen. Wenn vor dem Abflug noch 10 Plätze frei sind und einige Leute in letzter Minute DM 500,– bezahlen würden, sollte man sie mitnehmen. Die Fluggesellschaft erhöht ihren Gewinn durch das Denken in Grenzbegriffen. Obwohl die Durchschnittskosten DM 850,– wären, geht es hier nur um die marginalen Kosten oder Grenzkosten. Wieviel mehr würde jeder der zuletzt erhältlichen wenigen Passagiere an Kosten verursachen? Zu veranschlagen sind dabei nur Gepäcktransport, Bordverpflegung und Kleinigkeiten. Solange ein Last-minute-Passagier mehr bezahlt als die Grenzkosten, ist der Ticket-Verkauf rentabel.

Wie diese Beispiele zeigen, können Menschen und Unternehmungen dadurch zu besseren Entscheidungen kommen, daß sie marginal kalkulieren. Ein rationaler Entscheidungsträger entscheidet sich dann und nur dann für eine bestimmte Aktion, wenn der Grenznutzen der Aktion die Grenzkosten übersteigt.

Regel Nr. 4: Die Menschen reagieren auf Anreize

Weil die Menschen bei Entscheidungen Kosten und Nutzen vergleichen, wird sich ihr Verhalten oft dadurch verändern, daß sich die Kosten oder die Nutzen verändern. Das bedeutet, daß Menschen auf Anreize reagieren. Wenn z.B. der Preis eines Apfels steigt, werden sich die Leute dafür entscheiden, mehr Birnen und weniger Äpfel zu essen, weil die Kosten eines Apfels höher sind. Gleichzeitig werden die Apfelplantagen mehr

Arbeitskräfte einstellen und mehr Äpfel ernten wollen, weil der Stückgewinn aus dem Verkauf eines Apfels höher ist.

Die zentrale Bedeutung der monetären Anreize auf die Festlegung wirtschaftlichen Verhaltens ist für jene wichtig, die unsere Wirtschaftspolitik konzipieren. Politische Maßnahmen verändern oft die Kosten und die Nutzen privater Handlungen. Wenn die Politiker nicht in der Lage sind, die von staatlichen Maßnahmen ausgelösten Verhaltensänderungen richtig abzuschätzen, können sich die Maßnahmen in nicht beabsichtigter Art und Weise auswirken.

Betrachten wir die für Sicherheitsgurte und die Autosicherheit ergriffenen Maßnahmen als Beispiele. Während der fünfziger Jahre hatten erst sehr wenige Autos Sicherheitsgurte. Heute sind alle Personenkraftwagen entsprechend ausgerüstet und die Ursache dafür ist in politischen Maßnahmen zu sehen. Der bekannte US-Verbraucherschützer Ralph Nader hatte in den späten sechziger Jahren mit seinem Buch »Unsafe at Any Speed« das öffentliche Bewußtsein auf die mangelhafte Autosicherheit gelenkt. Dadurch kam es in vielen Ländern schließlich zu gesetzlichen Vorschriften über Maßnahmen zur Erhöhung der Sicherheit, einschließlich einer Standardausrüstung mit Sicherheitsgurten in allen Neuwagen.

Wie beeinflußt eine gesetzliche Vorschrift für Sicherheitsgurte die Pkw-Sicherheit? Der unmittelbare Effekt ist ganz offensichtlich. Wenn alle Autos Sicherheitsgurte haben und eine gesetzliche Gurtpflicht besteht, wird die Wahrscheinlichkeit steigen, daß die Menschen schwere Unfälle überleben. In diesem Sinne vermögen Sicherheitsgurte Leben zu retten. Das war die Motivation des Gesetzgebers.

Um jedoch die Auswirkungen der gesetzlichen Vorschriften gänzlich zu verstehen, muß man die Anreize zu menschlichen Verhaltensänderungen näher betrachten. In diesem Falle handelt es sich hauptsächlich um die vom Fahrer gewählte Geschwindigkeit und Vorsicht. Langsam und vorsichtig zu fahren ist kostspielig, weil Zeit und Kraft des Fahrers beansprucht werden. Beim Entschluß langsamer zu fahren, vergleichen rational entscheidende Leute den Grenznutzen und die Grenzkosten des langsameren Fahrens. Solange der Grenznutzen des langsameren Fahrens höher ist, werden die Leute immer langsamer fahren. Das erklärt auch, daß man auf vereisten Straßen langsamer fährt als auf trockenen Straßen.

Überlegen wir nun, wie eine Anschnallpflicht die Kosten-Nutzen-Rechnung eines vernünftigen Autofahrers beeinflußt. Sicherheitsgurte senken die Kosten eines möglichen Unfalls für den Fahrer, weil sie die Wahrscheinlichkeit von Verletzung und Tod senken. Auf diese Weise reduziert eine Anschnallpflicht den Nutzen des langsamen und vorsichtigen Fahrens. Die Menschen reagieren auf Sicherheitsgurte in der selben Weise, wie sie auf eine Verbesserung der Straßenverhältnissen reagieren würden – durch schnelleres und weniger vorsichtiges Fahren. Das Endergebnis einer Anschnallpflicht sind deshalb höhere Unfallzahlen.

Wie beeinflußt die Anschnallpflicht die Zahl der Verkehrstoten? Bei angelegtem Sicherheitsgurt überleben Fahrer einen jeden Unfall mit höherer Wahrscheinlichkeit, aber sie sind öfter in Unfälle verwickelt. Der Nettoeffekt ist nicht eindeutig. Überdies hat die tendenzielle Verringerung des sicheren Fahrens eine deutlich negative Wirkung auf Fußgänger (und Fahrer ohne Gurte). Sie sind durch die gesetzlichen Vorschriften Gefährdungen ausgesetzt, weil sie öfter in Unfälle verwickelt und dabei nicht durch Gurte geschützt sind. So hat eine Anschnallpflicht Tendenzen, die Todesfälle von Fußgängern ansteigen zu lassen.

Auf den ersten Blick mag eine Diskussion der Verhaltensanreize von Sicherheitsgurten als müßige Spekulation erscheinen. Aber in einem Aufsatz von 1975 hat der Wirtschaftswissenschaftler Sam Peltzman gezeigt, daß gesetzliche Vorschriften zur Verbesserung der Verkehrssicherheit des Autos tatsächlich vielerlei derartige Effekte hatten. Nach Peltzmans Befunden führen die Vorschriften zu weniger Verkehrstoten pro Unfall und zu mehr Unfällen. Das Nettoresultat ist eine unerhebliche Veränderung der Zahl toter Fahrer und ein Anstieg der Zahl toter Fußgänger.

Peltzmans Untersuchung ist nur ein Beispiel für den allgemeinen Grundsatz, daß Menschen auf Anreize reagieren. Viele der von Ökonomen untersuchten Anreizwirkungen sind offensichtlicher als die der Gurtpflicht für Autofahrer. So wird z. B. niemand überrascht sein, daß eine Steuer auf Äpfel die Menschen veranlassen würde, weniger Äpfel zu kaufen. Wie aber das Beispiel mit den Sicherheitsgurten zeigt, haben politische Maßnahmen bisweilen Wirkungen, die im voraus nicht absehbar sind. Wenn man irgendwelche politischen Maßnahmen untersucht, muß man nicht nur die direkten Effekte, sondern auch die indirekten Effekte beachten, die aufgrund von Anreizen zustandekommen. Wenn die Politik Anreize verändert, wird sie die Leute dazu bringen, ihr Verhalten zu ändern.

Geben Sie eine Aufzählung und kurze Erklärung der vier Regeln individuellen Entscheidungsverhaltens.   **Schnelltest**

Wie Menschen zusammenwirken

Die ersten vier Regeln haben sich auf das Entscheidungsverhalten der Menschen gerichtet. Im Verlauf des Lebens beeinflussen unsere Entscheidungen nicht nur uns selbst, sondern ebenso gut andere Menschen. Die nachfolgenden drei Regeln betreffen das Zusammenwirken der Menschen untereinander.

Regel Nr. 5: Durch Handel kann es jedem besser gehen

Vielleicht haben Sie davon gehört, daß die Japaner unsere Konkurrenten auf dem Weltmarkt sind. In gewisser Weise ist das wahr, denn deutsche und japanische Unternehmungen produzieren tatsächlich viele ähnliche Güter. BMW und Toyota konkurrieren auf dem Weltmarkt für Automobile um dieselben Kunden. Siemens-Nixdorf und Toshiba bearbeiten die gleichen Marktsegmente auf dem PC-Markt.

Aber beim Nachdenken über den Wettbewerb zwischen nationalen Volkswirtschaften kann man leicht in die Irre gehen. Der Handel zwischen Deutschland und Japan ist nicht mit einem sportlichen Wettkampf zu vergleichen, bei dem eine Seite gewinnt und die andere verliert. Tatsächlich gilt etwas anderes: Handel zwischen zwei Ländern kann meist dazu führen, daß es jedem Land wirtschaftlich besser geht.

Um das zu verstehen, können Sie überlegen, wie der Handelsaustausch ihre Familie beeinflußt. Wenn eines Ihrer Familienmitglieder eine Stelle sucht, konkurriert er oder sie mit den Mitgliedern anderer Familien, die sich nach einer neuen Stelle umtun. Die Familien konkurrieren auch untereinander, wenn sie Einkaufen gehen, weil jede Familie die besten Waren zum niedrigsten Preis haben will. Auf diese Weise steht gewissermaßen jede Familie einer Volkswirtschaft mit allen anderen Familien im Wettbewerb.

Ungeachtet dieses Wettbewerbs würde es Ihrer Familie nicht besser gehen, wenn sie sich von allen anderen Familien abkapselte. Wenn sie es machen wollte, müßte Ihre Familie ihre eigenen Nahrungsmittel anbauen, die Kleidung herstellen und selbst ein Haus bauen. Offensichtlich profitiert Ihre Familie viel von dem Austausch mit anderen. Handel ermöglicht es jedem, sich auf seine beste Befähigung zu spezialisieren – ob das nun der Ackerbau, das Nähen oder der Hausbau ist. Durch den Handel mit anderen können die Menschen eine größere Vielfalt an Waren und Dienstleistungen zu niedrigeren Kosten erwerben.

Die Volkswirtschaften haben ebenso Vorteile vom Handel untereinander wie die Familien. Der Handel macht es für die nationalen Volkswirtschaften möglich, sich auf das zu spezialisieren, was sie am besten können und sich auf diese Weise einer größeren Bandbreite an Waren und Dienstleistungen zu erfreuen. Die Japaner wie die Franzosen, die Niederländer, die Amerikaner oder die Brasilianer sind ebenso unsere Partner in der Weltwirtschaft wie sie unsere Konkurrenten sind.

Regel Nr. 6: Märkte sind gewöhnlich gut für die Organisation des Wirtschaftslebens

Marktwirtschaft
Eine Volkswirtschaft, die ihre Ressourcen durch die dezentralisierten Entscheidungen zahlreicher Unternehmungen und Haushalte zuteilt, die zu diesem Zweck auf Märkten für Güter und Produktionsfaktoren (Arbeit und Kapital) zusammenwirken.

Der Zusammenbruch des Kommunismus in der Sowjetunion und in Osteuropa war wohl die bedeutendste Veränderung der Welt in den letzten fünfzig Jahren. Kommunistische Länder arbeiteten unter der Prämisse, daß zentrale Planer der Regierung bestens befähigt wären, die Volkswirtschaft zu leiten. Die Planer entschieden, welche Waren und Dienstleistungen produziert wurden, wieviel davon hergestellt wurde und wer diese Güter produzierte und konsumierte. Hinter der Zentralplanung stand eine Theorie, wonach nur die Regierung volkswirtschaftliche Aktivitäten auf eine Art und Weise organisieren konnte, die der sozialen Wohlfahrt des Landes insgesamt dienlich war.

Heutzutage haben die meisten Planwirtschaften das System abgeschafft und den Versuch unternommen, Marktwirtschaften zu werden. In einer **Marktwirtschaft** werden die Entscheidungen der zentralen Planungsbe-

Die unsichtbare Hand des Marktes

Die *Effizienz freier Märkte* ist auf den ersten Blick eine überraschende Idee. Niemand ist ja darauf aus, die allgemeine wirtschaftliche Wohlfahrt zu fördern. Freie Märkte umfassen viele Käufer und Verkäufer, die alle auf das eigene Wohlergehen bedacht sind. Doch trotz dezentralisierter Entscheidungen und eigeninteressierter Entscheidungsträger ist das Ergebnis nicht etwa Chaos, sondern Effizienz.

Die Vorteilhaftigkeit freier Märkte wurde von dem großen Nationalökonomen *Adam Smith* scharfsinnig erkannt. Lesen wir darüber in seinem Klassiker »An Inquiry into the Nature and Causes of the Wealth of Nations« von 1776 nach:

Man has almost constant occasion for the help of his brethren, and it is vain for him to expect it from their benevolence only. He will be more likely to prevail if he can interest their self-love in his favor, and show them that it is for their own advantage to do for him what he requires of them … It is not from the benevolence of the butcher, the brewer, or the baker that we expect our dinner, but from their regard to their own interest …

Every individual … neither intends to promote the public interest, nor knows how much he is promoting it. … He intends only his own gain, and he is in this, as in many other cases, led by an invisible hand to promote an end which was no part of his intention. Nor is it always the worse for the society that it was no part of it. By pursuing his own interest he frequently promotes that of the society more effectually than when he really intends to promote it.

Adam Smith will damit sagen, daß die Marktteilnehmer ihrem Eigeninteresse folgen und die »unsichtbare Hand« dieses Eigeninteresse zu einer Förderung des allgemeinen Wohls führt. Die Erkenntnisse von Smith sind immer noch gültig und können präzise anhand des Marktgleichgewichts aufgezeigt werden.

hörden durch Millionen Einzelentscheidungen von Unternehmungen und Haushalten ersetzt.

Unternehmungen entscheiden, welche Leute sie einstellen und was sie produzieren. Haushalte oder Familien entscheiden darüber, wo sie arbeiten und was sie mit ihrem Einkommen kaufen wollen. Diese Unternehmungen und Haushalte wirken auf den Märkten zusammen, wobei sie durch Preise und Eigeninteressen bei ihren Entscheidungen geleitet werden.

Auf den ersten Blick ist der Erfolg von Marktwirtschaften rätselhaft. Man hat zunächst den Eindruck, die dezentralen Entscheidungen von Millionen von Haushalten und Unternehmungen würden im Chaos enden. Dies ist jedoch nicht der Fall. Marktwirtschaften haben sich als bemerkenswert erfolgreich bei der Aufgabe erwiesen, Volkswirtschaften zu organisieren und zugleich die soziale Wohlfahrt zu fördern.

In seinem 1776 erschienenen Buch »The Wealth of Nations« machte Adam Smith die berühmte und höchst bedeutsame Aussage: Haushalte und Unternehmungen wirken auf Märkten zusammen, als ob sie von einer »unsichtbaren Hand« zu guten Marktergebnissen geführt würden. Eines unserer Ziele mit dem vorliegenden Buch besteht darin, verständlich zu machen, wie die unsichtbare Hand ihren Zauber entfaltet. Beim Studium der Volkswirtschaftslehre werden Sie begreifen, daß Preise die Instrumente sind, mit denen die unsichtbare Hand die wirtschaftliche Aktivität dirigiert. Die Preise spiegeln beides: den gesellschaftlichen Wert eines Gutes und die sozialen Kosten der Produktion. Weil Unternehmungen und Haushalte bei ihren Kauf- und Verkaufsentscheidungen auf die Preise sehen, berücksichtigen sie bei ihren Entscheidungen unbewußt soziale Nutzen und Kosten ihrer Aktivitäten. Preise führen die individuellen Entscheidungsträger zu Ergebnissen, die in vielen Fällen auch die soziale Wohlfahrt maximieren.

Es gibt eine logische Folgerung aus der Leistungsfähigkeit der unsichtbaren Hand bei der Selbststeuerung der Volkswirtschaft: Wenn die Regierung die Preise daran hindert, sich auf natürliche Weise an Nachfrage und Angebot anzupassen, behindert sie die Koordination der Millionen Einzelentscheidungen von Haushalten und Unternehmungen, die eine Volkswirtschaft ausmachen. Dies erklärt auch die noch viel größeren Schäden, die eine direkte staatliche Preispolitik – etwa bei Pacht und Zins – verursacht. Und es erklärt das Scheitern der kommunistischen Zentralverwaltungswirtschaft. In den kommunistischen Staaten wurden die Preise von oben diktiert. Die Planer konnten gar nicht die Informationen haben, die in freien Marktpreisen stecken. Die Zentralplaner versuchten, die Volkswirtschaft zu betreiben, indem sie eine Hand auf dem Rücken festbanden – die unsichtbare Hand des Marktes.

Regel Nr. 7: Regierungen können manchmal die Marktergebnisse verbessern

Obwohl Märkte gewöhnlich gute Mechanismen für die Steuerung ökonomischer Aktivitäten sind, gibt es einige wichtige Ausnahmen von dieser Regel. Es gibt zwei wichtige Gründe für eine Regierung, in der Marktwirtschaft zu intervenieren: zur Steigerung der Effizienz und zur Förderung der Gerechtigkeit. Die meisten politischen Maßnahmen zielen also darauf ab, entweder den wirtschaftlichen Kuchen zu vergrößern oder seine Aufteilung in Stücke zu verändern.

Marktversagen
Eine Situation, in der es einem sich selbst überlassenen Markt nicht gelingt, die Ressourcen effizient zuzuteilen.

Die unsichtbare Hand bringt Märkte gewöhnlich dazu, die Ressourcen effizient zu verteilen. Ungeachtet dessen gibt es mehrere Gründe dafür, daß die unsichtbare Hand manchmal nicht funktioniert. Die Ökonomen verwenden den Begriff **Marktversagen** für eine Situation, in der ein Markt alleine es nicht schaffen würde, die Ressourcen effizient zuzuteilen.

Externalität
Auswirkung der Handlung einer Person auf die Wohlfahrt eines Nachbarn.

Ein möglicher Grund von Marktversagen sind externe Effekte oder sogenannte Externalitäten. Eine **Externalität** ist die Wirkung der Handlungen einer Person auf die Wohlfahrt eines unbeteiligten Dritten. Das klassische Beispiel ist die Luftverschmutzung. Wenn eine chemische Fabrik nicht die gesamten Kosten der ausgestoßenen Schadstoffe trägt, wird sie leicht zuviel davon abgeben. In diesem Falle kann der Staat die soziale Wohlfahrt durch umweltpolitische Maßnahmen verbessern.

Eine andere mögliche Ursache für Marktversagen kann in der Marktmacht liegen. **Marktmacht** ist die Fähigkeit eines einzelnen oder einer kleinen Gruppe, die Marktpreise übermäßig zu beeinflussen. Nehmen wir z.B. an, jedermann in einer Stadt braucht Wasser, es gebe aber nur eine einzige Quelle. Der Eigentümer der Quelle hat Marktmacht – in diesem Falle ein *Monopol* – über den Verkauf von Wasser. Der Eigentümer der Quelle unterliegt nicht dem rigorosen Wettbewerb, mit dem die unsichtbare Hand üblicherweise die Eigeninteressen unter Kontrolle hält. Sie werden erkennen, daß in diesem Falle eine Regulierung des vom Monopolisten verlangten Preises möglicherweise eine Effizienzsteigerung nach sich ziehen kann.

Noch weniger befähigt ist die unsichtbare Hand dazu, den ökonomischen Wohlstand gerecht zu verteilen. Eine Marktwirtschaft belohnt die Menschen nach ihrer Fähigkeit zur Herstellung von Gütern, für die andere bereit sind zu bezahlen. Der weltbeste Basketballspieler verdient mehr als der weltbeste Schauspieler, weil die Menschen mehr bezahlen, um den Basketballspieler zu sehen. Die unsichtbare Hand garantiert nicht, daß jedermann genug zu essen, Kleidung und die notwendige ärztliche Betreuung hat. Ein Ziel verschiedener politischer Maßnahmen, wie etwa der Einkommensbesteuerung oder des Sozialhilfesystems, ist die gleichmäßigere Verteilung des ökonomischen Wohlstands.

Zu sagen, daß die Regierung die Marktergebnisse zeitweilig verbessern *kann*, heißt nicht, daß dies tatsächlich immer geschehen *wird*. Die Politik wird nicht von Engeln gemacht, sondern von einem beileibe nicht vollkommenen politischen Prozeß gestaltet. Manchmal werden Maßnahmen einfach deshalb erfunden, um mächtige Gruppen zu belohnen. Manchmal werden sie von gutwilligen politischen Führern entworfen, die nicht hinreichend unterrichtet sind. Eine Zielsetzung des Studiums der Volkswirtschaftslehre soll Sie in Ihrem Urteil darüber bestärken, ob politische Maßnahmen geeignet sind, Effizienz oder Gerechtigkeit zu fördern oder nicht.

Geben Sie eine Aufzählung und kurze Erklärung der drei Regeln für wirtschaftliche Interaktionen.

Marktmacht
Die Fähigkeit eines einzelnen oder einer kleinen Gruppe, den Marktpreis maßgeblich zu beeinflussen.

Schnelltest

Wie die Volkswirtschaft insgesamt funktioniert

Erst haben wir erörtert, wie Menschen sich entscheiden, danach haben wir überlegt, wie die Menschen zusammenwirken. Alle Entscheidungen und Interaktionen zusammen machen »die Volkswirtschaft« aus. Die letzten drei Regeln betreffen das Funktionieren der Volkswirtschaft insgesamt.

Regel Nr. 8: Der Lebensstandard eines Landes hängt von der Fähigkeit ab, Waren und Dienstleistungen herzustellen.

Die Unterschiede im Lebensstandard rund um die Welt sind erschütternd. So hatte z.B. der »durchschnittliche« US-Amerikaner im Jahre 1993 ein Einkommen von etwa $ 25.000. Im selben Jahr verdiente ein Mexikaner durchschnittlich $ 7.000 und ein Nigerianer $ 1.500. Selbstverständlich schlägt sich diese große Streuung des Durchschnittseinkommens in den verschiedenen Maßen der Lebensqualität nieder. Bürger von Ländern mit hohen Einkommen haben mehr Fernsehgeräte, mehr Autos, bessere Ernährung, bessere Gesundheitsfürsorge und längere Lebenserwartung als Bürger von Ländern mit niedrigen Einkommen.

Ebenso groß sind die zeitlichen Veränderungen des Lebensstandards. In den USA sind die Realeinkommen historisch um etwa 2% pro Jahr gewachsen. Bei dieser Wachstumsrate verdoppelt sich das Einkommensniveau alle 35 Jahre. Einige Länder verzeichnen ein noch rascheres Wirtschaftswachstum. In Japan z.B. hat sich das Durchschnittseinkommen in den vergangenen 20 Jahren und in Süd-Korea in den zurückliegenden 10 Jahren verdoppelt. Inzwischen ist dort ein krisenhafter Einbruch geschehen (»Ostasienkrise«).

Wie sind diese großen Unterschiede der Lebensstandards im Querschnitt und im Längsschnitt zu erklären? Die Antwort ist überraschend einfach. Die Unterschiede der Lebensstandards sind fast gänzlich den nationalen Unterschieden der **Produktivität** zuzurechnen, d.h. den pro Arbeitsstunde produzierten Gütern.

Produktivität
Die Menge der pro Arbeitsstunde produzierten Güter.

In Staaten, in denen die Beschäftigten eine große Gütermenge pro Zeiteinheit herstellen können, erfreuen sich die meisten Menschen eines hohen Lebensstandards; in Staaten mit weniger produktiven Arbeitskräften (und oft erheblich niedrigerer Kapitalausstattung) müssen die Menschen bescheidenere Lebensbedingungen ertragen. Ähnlich bestimmt die Wachstumsrate der Produktivität die Wachstumsrate des Durchschnittseinkommens.

Die grundlegende Verknüpfung von Produktivität und Lebensstandard ist zwar einfach, aber die Folgewirkungen sind weitreichend. Wenn die Produktivität der primäre Bestimmungsfaktor des Lebensstandards ist, müssen andere Erklärungen von nachrangiger Bedeutung sein. So könnte man z.B. versucht sein, den Anstieg des Lebensstandards für gewisse Zeitspannen der volkswirtschaftlichen Entwicklung einer zurückhaltenden Lohnsteigerungspolitik der Gewerkschaften zuzurechnen. Doch die wahre Leistung der Arbeiterschaft ist ihre Produktivität. Auf der anderen Seite wird argumentiert, ein verlangsamtes Wirtschaftswachstum erkläre sich durch die verstärkte ausländische Konkurrenz. Doch die eigentliche Ursache dafür ist nicht der internationale Wettbewerb, sondern das nachlassende Produktivitätswachstum im eigenen Land.

Der Zusammenhang zwischen Produktivität und Lebensstandard hat also tiefgreifende Konsequenzen für die Wirtschaftspolitik. Wenn man über die Auswirkung irgendwelcher politischer Maßnahmen auf den Lebensstandard nachdenkt, kommt man rasch auf die Schlüsselfrage, wie die Maßnahmen unsere Befähigung zur Güterproduktion beeinflussen. Um dem Lebensstandard einen Schub zu geben, müssen die Politiker die Produktivität erhöhen, indem sie für hohen Ausbildungsstand, gute Realkapitalausstattung und Zugang zur Spitzentechnologie Sorge tragen.

In der Vergangenheit hat in den westlichen Ländern immer wieder das Defizit des Staatshaushalts eine Rolle gespielt – der Überschuß staatlicher Ausgaben über staatliche Einnahmen. Wie wir noch genauer sehen werden, entspringt die Besorgnis darüber hauptsächlich den negativen Auswirkungen der Defizite auf die Produktivität. Wenn die Regierung ein Haushaltsdefizit finanzieren muß, tut sie dies durch Kreditaufnahme auf dem Kapitalmarkt – ähnlich wie ein amerikanischer Student das Studium oder eine Unternehmung die neue Fabrikanlage finanziert. Indem der Staat als Kreditnehmer auftritt, schmälert und verteuert er die Kreditmöglichkeiten der Privaten. Dadurch werden Investitionen in Humankapital (Ausbildung des Studenten) und in Realkapital (Fabrikanlage der Unternehmung) geschmälert. Weil eine niedrigere Investition in der Gegenwart eine niedrigere Produktivität in der Zukunft bewirkt, schreibt man staatlichen Haushaltsdefiziten grundsätzlich eine dämpfende Wirkung auf das Wachstum des Lebensstandards zu.

Regel Nr. 9: Die Preise steigen, wenn zuviel Geld in Umlauf gesetzt wird.

In Deutschland kostete eine Tageszeitung im Jahre 1921 0,30 Mark. Weniger als zwei Jahre später, im November 1922, kostete dieselbe Ausgabe einer Tageszeitung 70.000.000,– Mark. Alle anderen Preise in der deutschen Volkswirtschaft stiegen um ähnliche Zuwachsraten. Es handelt sich um eines der spektakulärsten historischen Beispiele für **Inflation**, einen Anstieg aller Preise der Volkswirtschaft.

Inflation
Ein Anstieg des Preisniveaus der Volkswirtschaft.

Obwohl nicht alle Länder eine »galoppierende Inflation« wie Deutschland in den zwanziger Jahren erleben mußten, stellt die Inflation von Zeit zu Zeit immer wieder ein gewisses Problem für die Volkswirtschaften dar. In den USA z.B. hat sich das Preisniveau in den siebziger Jahren mehr als verdoppelt, und der damalige Präsident Gerald Ford nannte die Inflation den öffentlichen Feind Nr. 1. Im Gegensatz dazu war die Inflationsrate während der neunziger Jahre bei ungefähr 3% pro Jahr und entsprechend bei einer rechnerischen Verdoppelungszeit des Niveaus von mehr als 20 Jahren. Inzwischen weiß man vor allem durch die Interviews von Allan Greenspan (Zentralbankchef in den USA), daß statistische Maße die gemessene Inflationsrate ein wenig überhöhen. Weil hohe Inflationsraten einer Gesellschaft Kosten aufbürden, ist es ein weltweites Ziel aller Staaten, die Inflationsrate niedrig zu halten.

Was sind die Ursachen der Inflation? In den meisten Fällen einer anhaltenden und hohen Inflationsrate läßt sich ein und derselbe Schuldige dingfest machen: Geldmengenwachstum. Wenn ein Staat oder eine Zentralnotenbank die Geldmenge stark ausweitet, sinkt der Geldwert. Als sich in den frühen zwanziger Jahren in Deutschland das Preisniveau monatlich im

Durchschnitt verdreifachte, verdreifachte sich auch die Geldmenge. Obwohl weniger dramatisch, weist die Wirtschaftsgeschichte der USA auf eine ähnliche Schlußfolgerung: Die hohe Inflation der siebziger Jahre war mit einem rapiden Geldmengenwachstum, und die niedrige Inflation der neunziger Jahre mit einem langsamen Geldmengenwachstum korreliert.

Regel Nr. 10: Die Gesellschaft hat kurzfristig zwischen Inflation und Arbeitslosigkeit zu wählen

Phillipskurve
Der kurzfristig bestehende Zielkonflikt zwischen Inflation und Arbeitslosigkeit.

Sofern Inflation so leicht zu erklären ist, warum fällt es dann den Politikern oft so schwer, die Volkswirtschaft von der Inflation zu befreien? Ein Grund ist, daß man befürchtet, mit der Absenkung der Inflationsrate einen Anstieg der Arbeitslosenquote zu bewirken. Der Zielkonflikt zwischen Inflation und Arbeitslosigkeit wurde als **Phillipskurve** bekannt – benannt nach dem Nationalökonomen, der die funktionale Beziehung erstmals überprüfte.
Die Phillipskurve ist und bleibt ein strittiges Thema unter Ökonomen, doch die meisten Nationalökonomen sind heutzutage davon überzeugt, daß es einen kurzfristigen Zielkonflikt und eine kurzfristige politische Alternative zwischen Inflation und Arbeitslosigkeit gibt. Nach einer gängigen Erklärung entsteht der »tradeoff« dadurch, daß sich einige Preise nur langsam anpassen. Stellen wir uns vor, die Zentralnotenbank senkt die in der Volkswirtschaft umlaufende Geldmenge. Langfristig wird daraus wohl ein proportionaler Rückgang des Preisniveaus folgen. Doch nicht alle Preise werden sich sogleich anpassen. Es kann einige Jahre dauern, ehe alle Unternehmungen neue Preislisten herausbringen, alle Tarifvertragsparteien zu Zugeständnissen in der Lohnpolitik finden und alle Restaurants neue Speisekarten drucken. Man sagt, die Preise sind auf kurze Sicht *starr*; sie bewegen sich nur zäh.
Weil die Preise starr sind, haben einige wirtschaftspolitische Maßnahmen des Staates kurzfristige Wirkungen, die nicht mit den langfristigen Auswirkungen übereinstimmen. Wenn die Zentralnotenbank z.B. die Geldmenge senkt, reduziert sie damit die Geldausgaben der Leute. Verringerte Geldausgaben – zusammen mit den zu hoch gebliebenen Preisen – senken die von den Unternehmungen verkäuflichen Gütermengen. Geringere Umsätze wiederum veranlassen die Unternehmungen zu Entlassungen. Auf diese Weise erhöht eine Absenkung der Geldmenge temporär die Arbeitslosigkeit, bis sich das Preisniveau vollständig an die Geldmengenänderung angepaßt hat.
Die konflikthafte Alternative zwichen mehr oder weniger Inflation einerseits und weniger oder mehr Arbeitslosigkeit andererseits ist nur temporär oder vorübergehend, aber die Übergangzeit kann einige Jahre dauern. Das Verständnis der Phillipskurve ist entscheidend für das Verständnis vieler ähnlicher Entwicklungen in der Volkswirtschaft. Die Politiker können den kurzfristigen »tradeoff« mit verschiedenen wirtschaftspolitischen Maßnahmen ausnützen. Durch Veränderungen der Staatsausgaben, der Steuereinnahmen und der Geldmenge wird die Konstellation von Inflation und Arbeitslosigkeit einer Volkswirtschaft beeinflußt. Weil das Instrumenta-

rium der Geldpolitik und der Fiskalpolitik potentiell sehr wirkungsvoll ist, dreht sich eine anhaltende wissenschaftliche Diskussion darum, wie die Politiker die einzelnen Instrumente zur Globalsteuerung der Volkswirtschaft einsetzen sollten.

Geben Sie eine Aufzählung und kurze Erklärung der drei Regeln zum **Schnelltest** Funktionieren der gesamtwirtschaftlichen Steuerung.

Schlußfolgerung

Nun haben sie einen Vorgeschmack davon, worum es im Fach Volkswirtschaftslehre geht. In den nachfolgenden Kapiteln werden wir uns zahlreiche spezielle Erkenntnisse über Menschen, Märkte und Volkswirtschaften erarbeiten. Dazu werden wir einige Anstrengungen nötig haben. Doch es ist keine übermäßig schwere Arbeitsaufgabe. Das Gebiet der Volkswirtschaftslehre ruht auf einigen grundlegenden Ideen, die auf zahlreiche verschiedene Lebenslagen anwendbar sind.

Im gesamten Buch werden wir immer wieder auf die *Zehn volkswirtschaftlichen Regeln* dieses Kapitels zurückkommen, die in der Tabelle 1-1 zusammengefaßt sind. Selbst die scharfsinnigste ökonomische Analyse wird mit den hier eingeführten zehn Regeln begründet.

Wie Menschen Entscheidungen treffen	Nr. 1: Alle Menschen stehen vor abzuwägenden Alternativen. Nr. 2: Die Kosten eines Gutes bestehen in dem, was man für den Erwerb eines Gutes aufgibt. Nr. 3: Rational entscheidende Leute denken in Grenzbegriffen. Nr. 4: Die Menschen reagieren auf Anreize.	**Tabelle 1-1** Zehn volkswirtschaftliche Regeln
Wie Menschen zusammenwirken	Nr. 5: Durch Handel kann es jedem besser gehen. Nr. 6: Märkte sind gewöhnlich gut für die Organisation des Wirtschaftslebens. Nr. 7: Regierungen können manchmal die Marktergebnisse verbessern.	
Wie die Volkswirtschaft insgesamt funktioniert	Nr. 8: Der Lebensstandard eines Landes hängt von der Fähigkeit ab, Waren und Dienstleistungen herzustellen. Nr. 9: Die Preise steigen, wenn zuviel Geld in Umlauf gesetzt wird. Nr. 10: Die Gesellschaft hat kurzfristig zwischen Inflation und Arbeitslosigkeit zu wählen.	

Zusammenfassung

- Die Grundlagen individueller Entscheidungsprozesse bestehen darin, daß die Menschen zwischen abzuwägenden Alternativen wählen müssen, daß die Kosten jedweder Aktivität in den dafür gegebenen »Opportunitäten« gemessen werden, daß rationale Entscheidungsträger Grenznutzen und Grenzkosten vergleichen und daß die Leute ihr Verhalten auf Anreize ausrichten.
- Die Grundlagen des Zusammenwirkens der Menschen bestehen darin, daß Handel von wechselseitigem Nutzen ist, daß Märkte für gewöhnlich gute Verfahren für die Koordination von Geschäften sind und daß der Staat beim Vorliegen von Marktversagen oder von ungerechten Ergebnissen möglicherweise die Marktergebnisse verbessern kann.
- Die Grundlagen des Funktionierens der Gesamtwirtschaft bestehen darin, daß die Produktivität die wahre Quelle des Lebensstandards ist, daß das Geldmengenwachstum die wirkliche Ursache der Inflation ist und daß die Gesellschaft kurzfristig zwischen der Höhe der Inflationsrate und der Höhe der Arbeitslosenquote wählen kann.

Stichworte

Knappheit	Marginale Änderungen	Produktivität
Volkswirtschaftslehre	Marktwirtschaft	Inflation
Effizienz	Marktversagen	Phillipskurve
Gerechtigkeit	Externalität	
Opportunitätskosten	Marktmacht	

Zur Wiederholung

1. Nennen Sie drei Beispiele für bedeutende abzuwägende Alternativen und Zielkonflikte aus Ihrem Leben.
2. Welches sind die Opportunitätskosten eines Kinobesuchs?
3. Wasser ist lebenswichtig. Ist der Grenznutzen eines Glases Wasser groß oder klein?
4. Warum sollten Wirtschaftspolitiker über Anreize nachdenken?
5. Warum ist der zwischenstaatliche Handel etwas anderes als ein Spiel mit einem Sieger und einem Verlierer?
6. Was macht die unsichtbare Hand des Marktes?
7. Was bedeuten »Effizienz« und »Gerechtigkeit«, und inwiefern hängen Sie mit der Politik zusammen?
8. Warum ist die Produktivität wichtig?

9. Was ist Inflation, und wodurch wird sie verursacht?
10. Wie sind Inflation und Arbeitslosigkeit kurzfristig verknüpft?

Aufgaben und Anwendungen

1. Beschreiben Sie einige der Zielkonflikte, denen gegenüberstehen:
   a) eine Familie bei der Entscheidung über den Kauf eines neuen Autos
   b) ein Parlamentarier bei der Abstimmung über die Erhöhung der Ausgaben für öffentliche Grünflächen
   c) ein Vorstandsvorsitzender bei der Entscheidung über den Bau eines neuen Werkes
   d) ein Professor bei der Frage, ob er sich auf die Vorlesung vorbereiten soll.
2. Sie wollen über eine Urlaubsreise entscheiden. Der größte Teil der Kosten (Flug, Hotel, Einkommensausfall) wird in DM gemessen, aber die Nutzengrößen des Urlaubs sind psychischer Natur. Wie können Sie Kosten und Nutzen vergleichen?
3. Sie haben vor, samstags Ihrer Teilzeitarbeit nachzugehen, aber ein Freund schlägt einen Skiausflug vor. Welches sind die wahren Kosten des Skiausfluges? Nun überlegen Sie unter der Annahme, Sie hätten in der Bibliothek studieren wollen. Welches sind die Kosten des Skiausfluges in diesem Falle? Erklären Sie die einzelnen Schritte.
4. Sie gewinnen DM 1.000,– im Lotto. Sie haben die Möglichkeit, das Geld auszugeben oder ein Jahr lang zu 5% Zins auf ein Konto einzuzahlen. Welches sind die Opportunitätskosten für DM 1.000,– Ausgaben sofort?
5. Die von Ihnen geführte Unternehmung investiert DM 5.000.000,– in die Entwicklung eines neuen Produktes, doch die Entwicklung ist noch nicht ganz abgeschlossen. Bei einer Sitzung berichten Ihre Verkaufsleute davon, daß die Markteinführung von Konkurrenzprodukten die zu erwartenden Verkaufserlöse *Ihres* neuen Produkts auf DM 3.000.000,– reduziert haben. Sollten Sie weiter vorangehen und die Entwicklung zum Abschluß bringen, wenn Sie dafür DM 1.000.000,– aufbringen müssen? Was sollten Sie höchstens für den Abschluß der Entwicklung aufwenden?
6. Das Rentenversicherungssystem eines Landes zahlt Transfereinkommen an die über 65jährigen Menschen. Empfänger mit höherem Einkommen aus anderen Quellen erhalten niedrigere Beträge (nach Steuern) als Empfänger mit niedrigerem Einkommen aus anderen Quellen.
   a) Wie wird das bestehende Rentenversicherungssystem die Sparneigung der Leute während der aktiven Erwerbstätigkeit beeinflussen?
   b) Wie wird eine Herabsetzung der Nettozahlungen bei höherem Einkommen aus anderen Quellen die Erwerbsneigung über das 65. Lebensjahr hinaus beeinflussen?

7. Die Vorschriften der Sozialgesetzgebung werden immer wieder einmal geändert. Nehmen wir an, es hätte eine Gesetzesänderung gegeben, so daß arbeitsfähige Sozialhilfeempfänger nach zwei Jahren keine Zahlungen mehr bekommen.
   a) Wie beeinflußt dies die Arbeitsneigung?
   b) Inwiefern könnte diese Gesetzesänderung einem Zielkonflikt zwischen Gerechtigkeit und Effizienz entsprungen sein?

8. Ihre Zimmerkollegin kann besser kochen als Sie, aber Sie können wiederum schneller putzen. Wenn Ihre Zimmerkollegin immer kocht und Sie alle Putzarbeiten erledigen, würden dann Ihre Routinearbeiten mehr oder weniger Zeit in Anspruch nehmen, als wenn Sie jede Teilaufgabe gleichmäßig aufteilen würden? Geben sie ein ähnliches Beispiel dafür, inwiefern Spezialisierung und Handel zwei Länder besser stellen können.

9. Machen wir einmal die aberwitzige Annahme, die Bundesrepublik Deutschland würde eine zentrale volkswirtschaftliche Planung einführen und Sie wären der Chefplaner. Unter den Millionen von Entscheidungen für das nächste Jahr sind auch die, wie viele CDs hergestellt werden sollen, welche Künstler die Aufnahmen machen, und wer die CDs bekommen soll.
   a) Was würden Sie gerne aus der CD-Industrie erfahren wollen, so daß Sie die Entscheidungen intelligent fällen können? Welche Information würden Sie von jedem Einwohner der Bundesrepublik Deutschland haben wollen?
   b) Wie würden Ihre CD-Entscheidungen irgendwelche anderen Ihrer Entscheidungen tangieren, z.B. über die Produktion von CD-Geräten oder Kassettenbändern? Wie könnten Ihre anderen Entscheidungen über die Volkswirtschaft Ihre Ansichten über CDs verändern?

10. Führen sie zu jeder einzelnen der nachfolgenden staatlichen Aktivitäten aus, ob sie mit Blick auf die Gerechtigkeit oder mit Blick auf die Effizienz zu begründen wäre. Für den Fall der Effizienz erörtern Sie bitte die Art des vorliegenden Marktversagens.
    a) Regulierung der Gebühren für das Kabelfernsehen
    b) Ausgabe von Essensgutscheinen an Arme
    c) Rauchverbot in der Öffentlichkeit
    d) Überführung des früheren Telefonmonopols der Bundespost auf mehrere private Träger
    e) Erhöhung der Einkommensteuersätze für Besserverdienende
    f) Gesetzliches Fahrverbot bei Drogeneinnahme.

11. »Jede und jeder in der Gesellschaft sollte die bestmögliche Gesundheitsfürsorge garantiert bekommen.« Erörtern Sie diese Aussage von den Standpunkten der Gerechtigkeit und der Effizienz aus.

12. Inwiefern ist Ihr Lebensstandard anders als der Ihrer Eltern oder Großeltern in Ihrem Alter? Warum ist es zu diesen Veränderungen gekommen?

13. Nehmen wir einmal an, die Deutschen würden sich zu einer höheren Sparquote aus ihrem Einkommen entschließen. Wenn die Banken die-

ses Geld an Unternehmungen ausleihen würden, die damit neue Betriebsstätten errichten, wie würde dabei die höhere Ersparnis zu schnellerem Produktivitätswachstum beitragen? Wer profitiert vermutlich von höherer Produktivität? Kann die Gesellschaft als ganze einen »free lunch« bekommen?

14. Stellen Sie sich vor, jeder würde morgen früh aufwachen und bemerken, daß ihm der Staat durch Zuzahlung sein vorhandenes Geldvermögen verdoppelt hat. Welchen Effekt hätte diese Verdoppelung des Geldangebots auf:

    a) die Gesamtausgaben für Güter
    b) die bei starren Preisen gekaufte Gütermenge
    c) die Güterpreise, sofern sich die Preise anpassen können.

15. Stellen Sie sich vor, Sie würden als Wirtschaftspolitiker darüber nachdenken, wie Sie die Inflationsrate senken können. Was würden Sie – damit Sie einen intelligenten Vorschlag ausarbeiten können – über Inflation, Arbeitslosigkeit und den dabei bestehenden Zielkonflikt wissen wollen?

Volkswirtschaftliches Denken   Kapitel 2

In diesem Kapitel werden Sie

- verstehen, wie Ökonomen ihre wissenschaftlichen Methoden anwenden,
- einsehen, wie man mit Annahmen und Modellen die Wirtschaftswelt erklären kann,
- zwei einfache Modelle kennenlernen – das Kreislaufdiagramm und die Produktionsmöglichkeitenkurve,
- zwischen Mikroökonomik und Makroökonomik unterscheiden,
- den Unterschied zwischen positiven und normativen Aussagen lernen,
- die Rolle des Wirtschaftswissenschaftlers bei der Fundierung von Politik ausloten,
- darauf kommen, warum Ökonomen manchmal unterschiedlicher Meinung sind.

Jedes Studiengebiet hat seine eigene Fachsprache und seine eigene Denkweise. Mathematiker reden über Axiome, Integrale und Vektorräume. Psychologen sprechen vom Ego, vom Es und von kognitiver Dissonanz. Juristen reden vom Gerichtsstand, von Folter und von Klageausschluß.

In der Volkswirtschaftslehre ist es nicht anders. Angebot, Nachfrage, Elastizität, komparativer Vorteil, Konsumentenrente, Wohlfahrtsverlust – solche Begriffe gehören zur Sprache der Volkswirte. In den nachfolgenden Kapiteln werden Sie viele neue Begriffe und einige bekannte Ausdrücke mit neuem ökonomischem Inhalt kennenlernen. Zuerst mag diese Sprache unnötig abgehoben und geheimnisvoll erscheinen. Doch werden Sie schließlich einsehen, daß der Wert dieser Sprache darin liegt, Ihnen eine neue und nützliche Denkweise über die alltägliche Lebenswelt zu eröffnen.

Der Hauptzweck des vorliegenden Buches besteht darin, Ihnen beim Erlernen des volkswirtschaftlichen Denkens zu helfen. Aber dieses volkswirtschaftliche Denken wird einige Zeit des Lernens erfordern – so wie Sie ja auch nicht über Nacht Mathematiker, Psychologe oder Jurist werden können. Doch mit einer Mischung aus Theorie, Fallstudien und volkswirtschaftlichen Beispielen aus den Tagesnachrichten wird Ihnen das vorliegende Buch reichlich Gelegenheit geben, die Fähigkeit zu entwickeln und zu üben.

Ehe man sich in den Kernbestand und die Einzelheiten der Volkswirtschaftslehre vertieft, ist es hilfreich, einen Überblick darüber zu bekommen, wie sich Ökonomen gedanklich die Welt verfügbar machen. Deshalb wird in diesem Kapitel die Methodologie des Fachgebiets erörtert. Was ist das Besondere an der Art und Weise, wie Ökonomen eine Frage angehen? Was heißt volkswirtschaftliches Denken?

Der Ökonom als Wissenschaftler

Ökonomen bemühen sich, ihr Gebiet mit wissenschaftlicher Objektivität zu behandeln. Sie betreiben die Erforschung der Volkswirtschaft in ziemlich derselben Weise, wie ein Physiker die Materie und ein Biologe das Leben untersucht: Sie entwerfen Theorien, sammeln Daten und suchen dann aufgrund der Daten, ihre Theorie zu bestätigen oder zu verwerfen.

Anfänger könnten es komisch finden, wenn man für die Volkswirtschaftslehre Wissenschaftlichkeit beansprucht. Ökonomen arbeiten ja nicht mit dem Reagenzglas oder mit dem Teleskop. Das Wesentliche einer Wissenschaft ist jedoch *die wissenschaftliche Methode* – die leidenschaftslose Entwicklung und Überprüfung von Theorien darüber, wie die Welt funktioniert. Diese Forschungsmethode ist auf die Volkswirtschaft ebenso anwendbar wie auf die Schwerkraft der Erde oder die Entwicklung der Arten von Lebewesen. »Die ganze Wissenschaft besteht nur in einer Verfeinerung des alltäglichen Denkens«, soll Albert Einstein gesagt haben.

Obwohl Einsteins Kommentar gleichermaßen für Sozialwissenschaften, wie z.B. die Volkswirtschaftslehre, und Naturwissenschaften, wie etwa die Physik, gilt, sind die wenigsten Menschen damit vertraut, die Gesellschaft mit den Augen des Wissenschaftlers zu betrachten. Schauen wir deshalb, wie Ökonomen die wissenschaftliche Logik anwenden, um das Funktionieren der Volkswirtschaft zu klären.

Die wissenschaftliche Methode: Beobachtung, Theorie und erneute Beobachtung

Isaac Newton, der berühmte Mathematiker und Naturwissenschaftler des 17. Jahrhunderts, wurde eines Tages angeblich in seiner Aufmerksamkeit gefesselt, als er einen Apfel von einem Apfelbaum fallen sah. Diese Beobachtung regte Newton dazu an, eine Theorie der Gravitation zu entwickeln, die nicht nur auf herunterfallende Äpfel anwendbar ist, sondern auf zwei beliebige Gegenstände des Universums. Die darauf folgenden Prüfungen der Newtonschen Theorie haben erwiesen, daß sie unter vielerlei Bedingungen recht gut funktioniert (obgleich – wie Einstein später herausfinden würde – nicht unter allen Bedingungen). Weil Newtons Theorie so erfolgreich zur Erklärung von Beobachtungen angewandt werden kann, wird sie immer noch überall auf der Welt den Physikstudenten im Grundstudium beigebracht.

Das Wechselspiel zwischen Theorie und Beobachtung geschieht auch auf volkswirtschaftlichem Gebiet. Ein Nationalökonom lebt vielleicht in einem Land, das rasche Preissteigerungen erlebt, und er wird von dieser Beobachtung möglicherweise dazu gebracht, eine Theorie der Inflation zu entwickeln. Die Theorie mag behaupten, daß hohe Inflation von zu großer Steigerung des Geldmengenumlaufs herrührt. (Wie Sie sich erinnern, war dies eine der *zehn volkswirtschaftlichen Regeln* des 1. Kapitels.) Um diese Theorie zu testen, wird der Ökonom Preis- und Geldmengendaten vieler

Länder sammeln und auswerten. Wenn das Geldmengenwachstum überhaupt nicht mit der Preissteigerungsrate verknüpft (korreliert) wäre, würde der Ökonom an seiner Inflationstheorie zu zweifeln beginnen. Wenn jedoch Geldmengenwachstum und Inflation in den internationalen Daten stark korreliert wären, wie es tatsächlich der Fall ist, bekäme der Ökonom wieder mehr Vertrauen in seine Inflationstheorie.

Obwohl die Ökonomen Theorie und Beobachtung wie andere Wissenschaftler handhaben, begegnen sie einem Hindernis, das ihre Arbeit zu einer besonderen Herausforderung werden läßt: Experimente sind in den Wirtschaftswissenschaften schwierig und nur in bestimmten Bereichen möglich. Ein Physiker kann beim Studium der Gravitation viele Gegenstände im Labor herunterfallen lassen, um Daten zum Test der Theorie zu gewinnen. Im Gegensatz dazu sind Ökonomen bei der Untersuchung der Inflation nicht in der Lage, die nationale Geldmenge einfach zu dem Zweck zu variieren, um nützliche Testdaten zu erhalten. Ökonomen – wie im übrigen auch Astronomen und Evolutionsbiologen – müssen sich mit jenen Daten begnügen, die ihnen die Welt jeweils gibt.

Um einen gewissen Ersatz für Laborexperimente zu finden, untersuchen die Ökonomen genauestens die von der Geschichte angebotenen Naturexperimente. Wenn z.B. ein Krieg im nahen Osten den Rohölfluß unterbricht, schießen die Ölpreise weltweit in die Höhe. Für die Verbraucher von Öl und Ölprodukten drückt solch ein Ereignis den Lebensstandard herunter. Für die Wirtschaftspolitiker ist es nicht einfach zu entscheiden, wie man darauf reagieren soll. Doch für die Wirtschaftswissenschaftler ergibt sich eine Gelegenheit, die Wirkungen eines Schlüsselrohstoffs auf die Weltwirtschaft zu studieren, und diese Möglichkeit besteht noch lange, nachdem der kriegsbedingte Anstieg des Ölpreises vorüber ist. Überall in dem vorliegenden Buch betrachten wir deshalb immer wieder Ereignisse der Geschichte. Diese Episoden sind von zweifachem wissenschaftlichen Nutzen: Sie vermitteln Einsichten in die Vergangenheit einer Volkswirtschaft und – wichtiger noch – in Theorien zur Erklärung der Gegenwart.

Die Rolle der Annahmen

Wenn man einen Physiker danach fragt, wie lange der Fall einer Marmorkugel von einem zehnstöckigen Gebäude dauert, wird er die Frage unter der Annahme beantworten, daß der Fall in einem Vakuum vonstatten geht. Natürlich ist diese Annahme unzutreffend. Tatsächlich ist das Gebäude ja von Luft umgeben, die Reibung auf die Marmorkugel ausübt und den Fall verlangsamt. Doch der Physiker wird ganz korrekt darauf hinweisen, daß die Reibung der Marmorkugel mit der Luft so geringfügig ist, daß der Effekt vernachlässigt werden kann. Die Annahme des Falls im Vakuum bietet eine große Vereinfachung des Problems, ohne daß die Antwort wesentlich darunter leiden würde.

Ökonomen treffen aus den selben Gründen Annahmen: Annahmen führen zu einem leichteren Verständnis der Welt. So können wir z.B. für die Auswirkungen des internationalen Handels annehmen, daß die Welt nur aus zwei Ländern besteht und jedes Land nur zwei Güter herstellt. Natürlich besteht die Welt aus Dutzenden von Ländern, die Tausende von Produkten verschiedenen Typs produzieren. Durch die Annahme von zwei Ländern und zwei Gütern können wir unser Denken fokussieren. Sobald wir den internationalen Handel in einer imaginären Zwei-Länder-zwei-Güter-Welt verstehen, sind wir gut dafür gerüstet, den Welthandel in unserer komplexen wirklichen Welt zu begreifen.

Die Kunst des wissenschaftlichen Denkens – ob in Physik, Biologie oder Nationalökonomie – besteht darin zu entscheiden, welche Annahmen man trifft. Angenommen z.B. wir ließen einen Fußball statt einer Marmorkugel von der Spitze des Gebäudes fallen. Unser Physiker würde in diesem Fall bemerken, daß die Annahme »keine Reibung« in diesem Fall viel weniger korrekt ist: Die Reibung übt auf den Fußball eine größere Wirkung aus als auf eine Marmorkugel. Die Annahme des Falls im Vakuum ist für die Untersuchung einer Marmorkugel sinnvoller als für die Analyse eines fallenden Fußballs.

So benützen Ökonomen unterschiedliche Annahmen, um unterschiedliche Fragen zu beantworten. Angenommen wir wollen herausfinden, was geschieht, wenn die Bundesbank die Menge der in Umlauf befindlichen DM verändert. Ein wichtiges Teilstück der Analyse wird davon abhängen, wie die Preise reagieren. Viele Preise sind kaum veränderlich. Die Verkaufspreise der Zeitschriften am Kiosk z.B. werden nur alle paar Jahre verändert. Wenn wir das wissen, werden wir unterschiedliche Annahmen zur Wirkung der Geldmengenänderung für kurz- oder langfristige Betrachtungen treffen. Kurzfristig dürften sich die Preise nicht sehr verändern. Wir können die extreme und künstliche Annahme treffen, daß alle Preise starr bleiben. Für die langfristige Analyse jedoch dürfen wir annehmen, daß alle Preise völlig flexibel sind. Wie der Physiker unterschiedliche Annahmen für fallende Marmorkugeln und Fußbälle trifft, benützen die Ökonomen unterschiedliche Annahmen für die Herleitung der kurz- und langfristigen Wirkungen von Geldmengenveränderungen.

Ökonomische Modelle

Biologielehrer im Gymnasium lehren die Grundlagen der Anatomie mit Nachbildungen des menschlichen Körpers aus Plastik. Diese Modelle haben alle wichtigen Organe – das Herz, die Leber, die Nieren und so fort. Das Modell ermöglicht es dem Lehrer auf einfache Weise zu zeigen, wie die wichtigsten Körperteile zusammenpassen. Selbstverständlich sind diese Plastik-Modelle keine wirklichen menschlichen Körper, und niemand würde das Modell als eine lebende Person ansehen. Derartige Modelle sind stilisiert, und sie lassen viele Details weg. Trotz dieser Realitätsferne – eigentlich wegen dieses Abstands zur Wirklichkeit – ist das Studium des Modells nützlich, um zu lernen wie der menschliche Körper funktioniert.

Auch Ökonomen gebrauchen Modelle, um etwas über die Welt zu lernen. Aber statt Plastik werden bei der Modellierung Diagramme und Gleichungen verwendet. Wie im Plastikmodell des Biologielehrers fehlen viele

Einzelheiten, damit man das Wesentliche besser sieht. So wie das Modell des Biologielehrers nicht alle Muskeln und Kapillaren des Körpers enthält, zeigt auch das ökonomische Modell nicht jede Einzelheit der Volkswirtschaft.

Im gesamten Buch werden bei den verschiedenen ökonomische Themen Modelle verwendet. Sie werden bemerken, daß alle diese Modelle mit Annahmen konstruiert sind. Wie ein Physiker am Anfang seiner Analyse der herabfallenden Marmorkugel die Existenz von Reibungswiderstand per Annahme beseitigt, schließen auch Ökonomen viele Details, die für die Untersuchung einer bestimmten Frage irrelevant sind, mit Hilfe von Annahmen aus. Alle Modelle – in der Physik, in der Biologie und in den Wirtschaftswissenschaften – simplifizieren die Realität, um unser Verständnis von der Wirklichkeit zu verbessern.

Unser erstes Modell: Das Kreislaufdiagramm

Die Volkswirtschaft besteht aus Millionen von Menschen, die sich in vielerlei ökonomischen Aktivitäten engagieren – Kaufen, Verkaufen, Arbeiten, Leute einstellen, Produzieren und so weiter. Um verstehen zu können, wie die Volkswirtschaft funktioniert, müssen wir einen Weg zur Vereinfachung des Nachdenkens über diese Aktivitäten finden. Mit anderen Worten brauchen wir ein Modell, das in allgemeinen Begriffen erklärt, wie die Volkswirtschaft organisiert ist.

Schaubild 2-1 zeigt ein visuelles Modell der Volkswirtschaft, das man **Kreislaufdiagramm** nennt. In diesem Modell hat die Volkswirtschaft zweierlei Entscheidungsträger – Haushalte und Unternehmungen. Unternehmungen erzeugen Güter (Waren und Dienstleistungen), wobei sie verschiedene Inputs verwenden, wie z.B. Arbeit, Boden und Kapital (Realkapital wie Gebäude und Maschinen). Diese Inputs nennt man *Produktionsfaktoren*. Die Haushalte sind Eigentümer der Produktionsfaktoren, und sie verbrauchen alle von den Unternehmungen hergestellten Güter.

Kreislaufdiagramm
Ein visuelles Modell, das zeigt, wie DM oder Dollars über Märkte zwischen Haushalten und Unternehmungen fließen.

Haushalte und Unternehmungen interagieren auf zweierlei Märkten. Auf den **Gütermärkten** sind die Haushalte Käufer und die Unternehmungen Verkäufer. Genauer gesagt kaufen die Haushalte den von den Unternehmungen produzierten Output an Gütern. Auf den **Faktormärkten** sind die Haushalte Verkäufer und die Unternehmungen Käufer. Auf diesen Märkten stellen die Haushalte den Unternehmungen die zur Produktion der Güter notwendigen Inputs bereit. Das Kreislaufdiagramm bietet ein einfaches Verfahren, um all die zwischen den Haushalten und den Unternehmungen der Volkswirtschaft ablaufenden ökonomischen Transaktionen anzuordnen.

Die innere, rechtsherum verlaufende Schleife repräsentiert die Güterströme zwischen Haushalten und Unternehmungen. Die Haushalte »verkaufen« auf den Faktormärkten den Gebrauch ihrer Arbeitskraft, ihrer Grundstücke und Gebäude sowie ihres Realkapitals an die Unternehmungen. Die Unternehmungen verwenden diese Produktionsfaktoren bei der

Schaubild 2-1
Der Kreislauf. Dieses Schaubild stellt eine schematische Gliederung der Volkswirtschaft dar. Entscheidungen werden von Haushalten und Unternehmungen getroffen. Haushalte und Unternehmungen wirken auf Gütermärkten (wo die Haushalte die Käufer und die Unternehmungen die Verkäufer sind) und auf Faktormärkten zusammen (wo die Unternehmungen Käufer und die Haushalte Verkäufer sind). Die äußeren Pfeile zeigen die Geldströme, die inneren Pfeile zeigen die entsprechenden Güterströme.

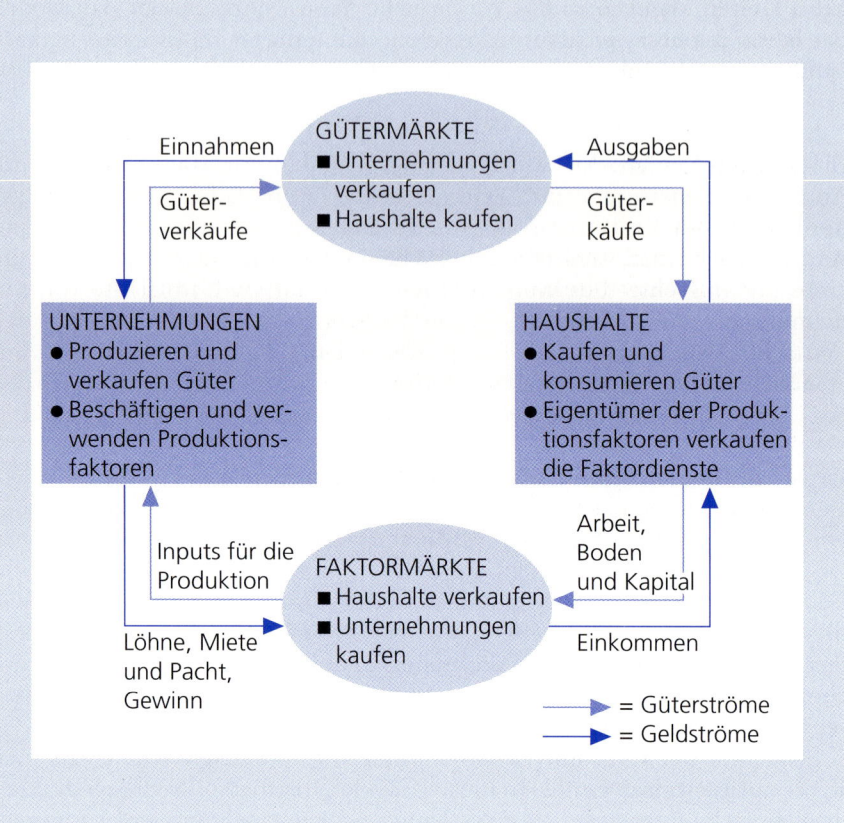

Herstellung von Gütern, die auf den Gütermärkten wiederum an die Haushalte verkauft werden. So fließen die Produktionsfaktoren von den Haushalten zu den Unternehmungen und die Güter von den Unternehmungen zu den Haushalten.

Die äußere, linksherum verlaufende Schleife repräsentiert die den Güterströmen entsprechenden Geldströme. Die Haushalte geben Geld aus für den Kauf von Waren und Dienstleistungen von den Unternehmungen. Die Unternehmungen verwenden diese Einnahmen aus den Güterverkäufen teilweise dazu, um die Produktionsfaktoren zu entlohnen (z.B. Löhne und Gehälter für ihre Arbeitskräfte). Was übrig bleibt, ist der Gewinn des Unternehmers, der selbst auch zum Haushaltssektor gehört. Somit fließen Ausgaben für Güter von den Haushalten zu den Unternehmungen und Einkommen in Form von Löhnen, Mieten und Pacht sowie Gewinn von den Unternehmungen zu den Haushalten.

Dieses *Kreislaufdiagramm* ist ein sehr einfaches Modell der Volkswirtschaft. Es befreit uns von vielen Einzelheiten, die bei anderen Untersuchungen wichtig sein mögen. Ein komplexeres und realistischeres Kreislaufmodell würde z.B. den Staat und das Ausland als weitere Sektoren neben den Haushalten und den Unternehmungen einschließen. Aber diese Details sind nicht wichtig, wenn es um das Grundverständnis des Kreislaufs geht. Der Einfachheit halber sollte man dieses Kreislaufdiagramm nach Schaubild 2-1 im Kopf haben, wenn man über volkswirtschaftliche Zusammenhänge nachdenkt.

Unser zweites Modell: Die Produktionsmöglichkeitenkurve

Anders als das Kreislaufdiagramm sind die meisten anderen volkswirtschaftlichen Modelle aus mathematischen Teilen aufgebaut. Wir betrachten eines der einfachsten derartigen Modelle, die Produktionsmöglichkeiten-Kurve, und seine ökonomischen Grundgedanken.

Obwohl eine real existierende Nationalökonomie Tausende von Waren und Dienstleistungen produziert, wollen wir nun annehmen, es würden nur zwei alternative Güter erzeugt – Pkw und PC. Insgesamt nutzen Autoindustrie und Computerindustrie alle Produktionsfaktoren der Volkswirtschaft. Die **Produktionsmöglichkeitenkurve** zeigt die verschiedenen Mengenkombinationen des Outputs (hier Pkw und PC), die der Volkswirtschaft bei Nutzung der verfügbaren Produktionsfaktoren und der verfügbaren Produktionstechnik durch die Unternehmungen möglich sind.

Schaubild 2-2 zeigt das Beispiel einer Produktionsmöglichkeitenkurve. In dieser Modellvolkswirtschaft würden bei vollständiger Nutzung der Produktionsfaktoren in der Automobilindustrie 1.000 Pkw und keine PC erzeugt. Würden die gesamten Ressourcen in der Computerindustrie eingesetzt, würde die Volkswirtschaft 3.000 PC und keinen einzigen Pkw produzieren. Die beiden Endpunkte der Produktionsmöglichkeitenkurve repräsentieren diese Extremsituationen. Sofern die Volkswirtschaft ihre Res-

Produktionsmöglichkeitenkurve
Ein Graph, der die verschiedenen Output-Kombinationen zeigt, die einer Volkswirtschaft mit den vorhandenen Produktionsfaktoren und der gegebenen Produktionstechnik möglich sind.

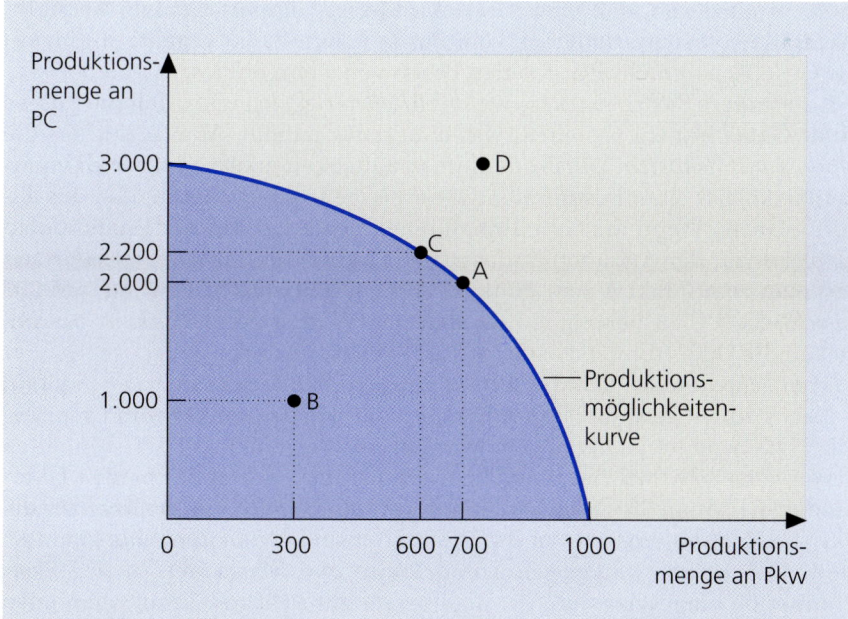

Schaubild 2-2
Die Produktionsmöglichkeiten-Kurve. Die Produktionsmöglichkeiten-Kurve zeigt die Output-Kombinationen (hier Pkw und PC), die der Volkswirtschaft in der Produktion möglich sind. Die Volkswirtschaft kann jede Mengenkombination auf oder unterhalb der Kurve produzieren. Punkte jenseits der Grenze der Produktionsmöglichkeiten sind der Volkswirtschaft mit den vorhandenen Ressourcen nicht möglich.

sourcen auf die beiden Produktionsbereiche aufteilen würde, könnte sie sowohl Pkw als auch PC produzieren, z.B. im Punkt A 700 Pkw und 2.000 PC. Im Gegensatz dazu wäre der Produktionspunkt D nicht erreichbar und nicht machbar, weil die Volkswirtschaft die dafür erforderlichen Produktionsfaktoren nicht hat. Mit anderen Worten: Die Volkswirtschaft kann jeden Punkt auf oder unterhalb der Produktionsmöglichkeitenkurve verwirklichen, aber keinen Punkt jenseits dieser Grenze der Produktionsmöglichkeiten erreichen.

Ein Produktionsergebnis wird *effizient* genannt, sofern eine Volkswirtschaft alles nur Mögliche aus den verfügbaren knappen Ressourcen herausholt. Punkte auf (nicht unterhalb) der Produktionsmöglichkeitenkurve sind effiziente Niveaus der Produktion. Wenn die Volkswirtschaft in solch einem Punkt produziert, z.B. Punkt A, besteht keine Möglichkeit, von einem der beiden Güter mehr zu produzieren, ohne die Produktion des jeweils anderen Gutes einzuschränken. Punkt B repräsentiert ein *ineffizientes* Produktionsergebnis. Aus irgendeinem Grunde, vielleicht wegen ausgedehnter Arbeitslosigkeit, produziert die Volkswirtschaft hier weniger als sie mit den vorhandenen Ressourcen erzeugen könnte. Sie produziert lediglich 300 Pkw und 1.000 PC. Wenn die Ursachen der Ineffizienz beseitigt würden, könnte sich die Volkswirtschaft von Punkt B zu Punkt A bewegen und sowohl die Produktion von Pkw (auf 700) als auch die Produktion von PC (auf 2.000) ausdehnen.

Eine der *zehn volkswirtschaftlichen Regeln* des Kapitels 1 lautet, daß die Leute zwischen Alternativen wählen müssen und Zielkonflikten ausgesetzt sind. Die Produktionsmöglichkeitenkurve zeigt einen derartigen »tradeoff« der Gesellschaft. Sobald man einmal bei den effizienten Produktionspunkten der Kurve angekommen ist, kann man von einer Güterart nur dadurch mehr produzieren, daß man von der anderen Güterart weniger herstellt. Wenn die Volkswirtschaft z.B. vom Punkt A zum Punkt C geht, produziert die Gesellschaft mehr PC »um den Preis« von weniger Pkw.

Eine andere der *zehn volkswirtschaftlichen Regeln* lautet, daß die Kosten eines Gutes in dem bestehen, was man dafür aufgibt. Man nennt das die *Opportunitätskosten*. Die Produktionsmöglichkeitenkurve zeigt die Opportunitätskosten einer bestimmten Gütermenge in Mengeneinheiten des anderen Gutes. Wenn die Gesellschaft einen gewissen Teil der Produktionsfaktoren von der Automobilindustrie zur Computerindustrie verlagert, so daß man vom Punkt A zum Punkt C kommt, gibt sie 100 Pkw auf, um 200 zusätzliche PC zu bekommen. In anderen Worten: Vom Punkt A aus bestehen die Opportunitätskosten von 200 PC in 100 Pkw.

Man achte darauf, daß die Produktionsmöglichkeitenkurve in Schaubild 2-2 nach außen gewölbt ist (konvex nach außen oder konkav zum Ursprung hin). Das bedeutet, daß die Opportunitätskosten von Pkws in PC-Einheiten davon abhängen, wieviel die Volkswirtschaft von jedem der beiden Güter produziert. Wenn die Gesellschaft den größten Teil ihrer Ressourcen für die Pkw-Produktion einsetzt, ist die Produktionsmöglichkeitenkurve ziemlich steil. Das ist so, weil sogar Arbeitskräfte und Maschinen in der Pkw-Produktion eingesetzt sind, die man besser zur PC-Produktion verwenden würde, so daß jeder nicht produzierte Pkw eine namhafte Steigerung der

PC-Produktion ergäbe. Wenn im Gegensatz dazu die meisten Ressourcen für die PC-Produktion eingesetzt sind, ist die Produktionsmöglichkeitenkurve ziemlich flach. In diesem Falle sind die am besten in der PC-Industrie einsetzbaren Faktoren bereits in der PC-Industrie engagiert, so daß jeder Pkw, den die Gesellschaft aufgibt, nur zu einer geringfügigen Steigerung der Anzahl produzierter PC führt.

Die Produktionsmöglichkeitenkurve zeigt die Alternative bei der Produktion verschiedener Güter in einer bestimmten Periode. Doch der »tradeoff« und damit die Produktionsmöglichkeitenkurve können sich im Laufe der Zeit verändern. Sollte sich z.B. durch technischen Fortschritt in der PC-Industrie die Anzahl der PC vergrößern, die eine Arbeitskraft pro Woche (Periode) herstellen kann, vermag die Volkswirtschaft bei jeder bisherigen Pkw-Produktionsmenge eine größere Anzahl von PC herzustellen. Als Ergebnis dieser Steigerung der Arbeitsproduktivität in der PC-Industrie verschiebt sich – wie in Schaubild 2-3 dargestellt – die Produktionsmöglichkeitenkurve nach außen (weg vom Koordinaten-Ursprung). Wegen dieses Wachstums des wirtschaftlichen Produktionspotentials vermag die Gesellschaft die Produktion vom Punkt A zum Punkt E auszudehnen und dadurch sowohl mehr PC und mehr Pkw zu erzeugen.

Die Produktionsmöglichkeitenkurve simplifiziert eine komplexe Nationalökonomie so, daß Grundlegendes klar herausgestellt wird. Wir haben sie dazu verwendet, einige im Kapitel 1 erwähnte Konzeptionen zu illustrie-

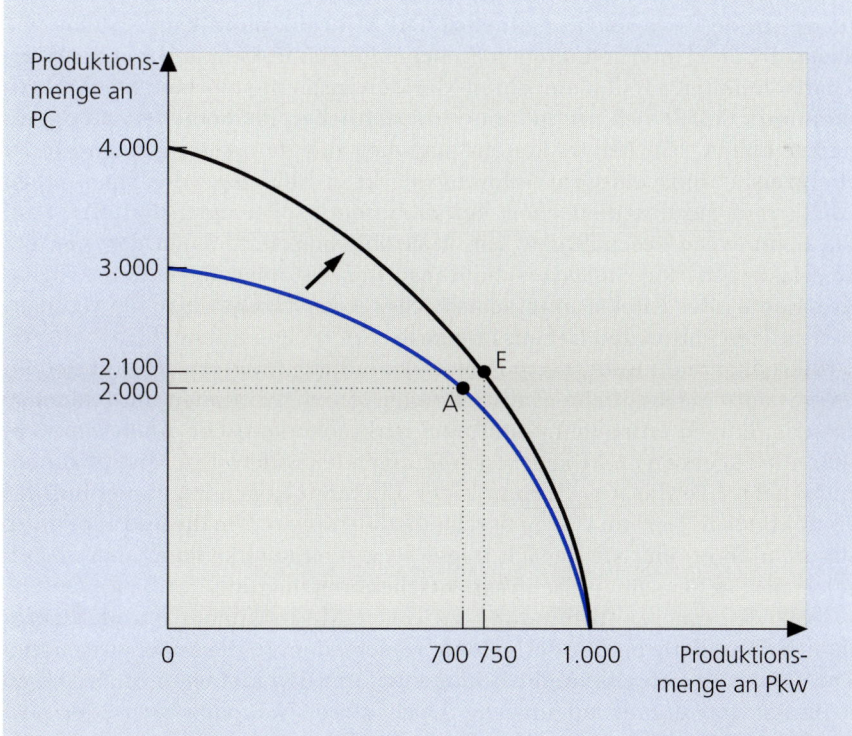

Schaubild 2-3
Eine Verschiebung der Produktionsmöglichkeitenkurve. Technischer Fortschritt in der PC-Industrie verschiebt die Produktionsmöglichkeitenkurve nach außen, so daß die Volkswirtschaft mehr Pkw und mehr PC erzeugen kann.

ren: Effizienz, Zielkonflikte und zu wählende Alternativen, Opportunitätskosten und Wirtschaftswachstum. Beim Studium der Volkswirtschaftslehre werden diese Konzeptionen in unterschiedlichen Formen wiederkehren. Die Produktionsmöglichkeitenkurve bietet einen einfachen Weg, darüber nachzudenken.

Mikroökonomik und Makroökonomik

Viele Gegenstände studiert man auf unterschiedlichen Niveaus. Betrachten Sie z.B. die Biologie. Molekularbiologen studieren die chemischen Verbindungen, die Leben ausmachen. Zellbiologen untersuchen Zellen, die aus zahlreichen chemischen Verbindungen bestehen und zugleich die Bausteine lebender Organismen sind. Evolutionsbiologen befassen sich mit vielen Tier- und Pflanzenarten sowie mit dem graduellen Wandel im Laufe der Jahrhunderte.

Das Wirtschaftsgeschehen wird ebenfalls auf verschiedenen Ebenen der Betrachtung untersucht. Wir können die Einzelentscheidungen der Haushalte und Unternehmungen studieren. Oder wir können das Zusammenwirken von Haushalten und Unternehmungen auf den einzelnen Gütermärkten betrachten. Ferner können wir das Funktionieren der gesamten Volkswirtschaft studieren, das sich als Summe der Einzelentscheidungen der Marktteilnehmer ergibt.

Mikroökonomik
Untersucht werden die Entscheidungen der Haushalte und Unternehmungen sowie das Zusammentreffen der Aktivitäten auf Märkten.

Makroökonomik
Untersucht werden gesamtwirtschaftliche Phänomene auf aggregierter Ebene, insbesondere Inflation, Arbeitslosigkeit und Wirtschaftswachstum.

Das Arbeitsgebiet der Volkswirtschaftslehre wird herkömmlicherweise in zwei große Teilbereiche gegliedert. Die **Mikroökonomik** untersucht, wie Haushalte und Unternehmungen Entscheidungen treffen, und wie die Wirtschaftseinheiten auf den einzelnen Märkten zusammenwirken. Die **Makroökonomik** befaßt sich mit gesamtwirtschaftlichen Phänomenen auf aggregierter Ebene. Ein Mikroökonom mag sich mit den Auswirkungen einer Mietpreisbindung auf den Wohnungsmarkt in München, der japanischen Konkurrenz auf den deutschen Automobilmarkt oder der Schulpflicht auf das Lohnniveau beschäftigen. Ein Makroökonom untersucht dagegen die Auswirkungen der Staatsverschuldung, die Veränderungen der Arbeitslosenquote oder Effekte unterschiedlicher wachstumspolitischer Maßnahmen auf den nationalen Lebensstandard.

Mikroökonomik und Makroökonomik sind eng miteinander verbunden. Da gesamtwirtschaftliche Entwicklungen durch Millionen individueller Entscheidungen entstehen, kann man makroökonomische Analysen nicht ohne die zugehörigen Mikroentscheidungen begreifen. Ein Makroökonom untersucht z.B. die Auswirkung einer Einkommensteuersenkung auf das Produktionsniveau von Waren und Dienstleistungen. Um dieses Problem zu klären, muß er oder sie danach fragen, wie die Steuersenkung den einzelnen Haushalt bei seiner Nachfrageentscheidung tangiert.

Trotz der inneren Verbindung zwischen Mikroökonomik und Makroökonomik sind die beiden Teilgebiete verschieden. In der Volkswirtschaftslehre bietet es sich wie in der Biologie an, mit den kleinsten Einheiten zu beginnen und darauf aufzubauen. Doch dieses Vorgehen ist weder notwendig noch stets der beste Weg. Evolutionsbiologie baut in einer gewissen

Art und Weise auf Molekularbiologie auf, da die Arten aus Molekülen bestehen. Doch Evolutionsbiologie und Molekularbiologie sind selbständige Gebiete mit eigenen Fragestellungen und Methoden. Ganz ähnlich behandeln Mikroökonomik und Makroökonomik unterschiedliche Fragen mit unterschiedlichen Ansätzen, so daß sie meist in unterschiedlichen Vorlesungen angeboten werden.

Was hat Volkswirtschaftslehre mit einer Naturwissenschaft gemeinsam? **Schnelltest**
Definieren Sie *Mikroökonomik* und *Makroökonomik*.

Der Ökonom als Wirtschaftspolitiker

Oft werden Ökonomen um eine Erklärung wirtschaftlicher Ereignisse ersucht. Warum ist z.B. die Arbeitslosenquote für Jugendliche höher als für andere Arbeitskräfte? Bisweilen werden Nationalökonomen um Politikempfehlungen zur Verbesserung der wirtschaftlichen Ergebnisse gebeten. Was z.B. sollte die Regierung zur Verbesserung der wirtschaftlichen Lage Jugendlicher unternehmen? Solange Ökonomen versuchen, die Wirtschaftswelt zu erklären, sind sie Wissenschaftler. Sobald sie versuchen, die Welt zu verbessern, sind sie Politiker.

Positive versus normative Analyse

Um die zweierlei Rollen der Ökonomen aufzuklären, halten wir uns zuerst an den Sprachgebrauch. Da Wissenschaftler und Politiker unterschiedliche Ziele verfolgen, benutzen sie die Sprache verschieden.

Zwei junge Leute diskutieren z.B. über Mindestlohnbestimmungen, wobei sie sich wie folgt äußern:

POLLY: Mindestlohnbestimmungen verursachen Arbeitslosigkeit.
NORMA: Man sollte die vorgeschriebenen Mindestlöhne erhöhen.

Ob Sie den Aussagen nun zustimmen oder nicht, bemerkenswert ist, worin sich Polly und Norma bei ihren Ansichten unterscheiden. Polly spricht wie ein Wissenschaftler: Sie sagt etwas darüber, wie die Welt funktioniert. Norma spricht wie ein Politiker: Sie sagt etwas darüber, wie sie die Welt verändert sehen möchte.

Generell gibt es zwei Typen von Aussagen über die Realität. Ein erster Typ, wie die Aussage von Polly, ist positiv. **Positive Aussagen** sind beschreibend. Sie richten sich darauf, wie die Welt ist. Ein zweiter Typ, wie die Aussage von Norma, ist normativ. **Normative Aussagen** sind präskriptiv. Sie richten sich darauf, wie die Welt *sein sollte*.

Ein Hauptunterschied zwischen positiven und normativen Aussagen zeigt sich darin, wie wir ihre Gültigkeit überprüfen. Positive Aussagen können wir grundsätzlich dadurch annehmen oder verwerfen, indem wir sie auf empirische Gültigkeit überprüfen. So könnte ein Ökonom Pollys Aussage

Positive Aussagen sind beschreibend. Sie richten sich darauf, wie die Welt ist.

Normative Aussagen sind präskriptiv. Sie richten sich darauf, wie die Welt sein sollte.

mit Hilfe statistischer Daten über Veränderungen der Mindestlöhne und der Arbeitslosigkeit untersuchen. Im Gegensatz dazu kommen bei der Bewertung normativer Aussagen Fakten und Werturteile zusammen. Normas Aussage kann man nicht nur mit statistischen Daten überprüfen. Darüber zu entscheiden, ob politische Maßnahmen gut oder schlecht sind, ist nicht nur eine Sache der Wissenschaft. Dabei sind auch unsere persönlichen Einstellungen zur Ethik, zur Religion und zur politischen Philosophie gefragt.

Selbstverständlich mögen positive und normative Aussagen verwandt sein. Unsere positiven Bilder davon, wie die Welt funktioniert, beeinflussen unsere normativen Ansichten darüber, welche politischen Maßnahmen wünschenswert sind. Pollys Ausspruch, daß Mindestlöhne Arbeitslosigkeit verursachen, könnte – wenn er zutrifft – uns dazu veranlassen, Normas Wunsch nach Erhöhung der Mindestlöhne abzulehnen. Doch unsere normativen Folgerungen können nicht allein aus positiver Analyse entstehen. Sie erfordern beides: *Positive Analysen* und *Werturteile*.

Behalten Sie bitte beim Studium der Volkswirtschaftslehre die Unterscheidung zwischen positiven und normativen Aussagen im Gedächtnis. Große Teile der Volkswirtschaftslehre versuchen lediglich zu erklären, wie die Volkswirtschaft funktioniert. Doch oft liegt es in der Absicht der Volkswirtschaftslehre, zum besseren Funktionieren der Volkswirtschaft beizutragen. Wenn Sie normative Aussagen aus dem Munde von Ökonomen hören, wissen Sie, daß sie die Grenze zwischen Wissenschaft und Politik überschritten haben.

Ökonomen in Bonn und Washington

Die Bonner Ministerien haben zahlreiche Gutachten über volkswirtschaftliche Fragen in Auftrag gegeben und bezahlt, zumeist bei den Mitgliedern der Arbeitsgemeinschaft deutscher wirtschaftswissenschaftlicher Forschungsinstitute. Die Ministerien halten sich wissenschaftliche Beiräte und zahlreiche volkswirtschaftlich ausgebildete Bedienstete. Seit 1963 gibt es einen *Sachverständigenrat zur Begutachtung der gesamtwirtschaftlichen Entwicklung*, der sich nach den Vorstellungen des Gesetzgebers auf positive Aussagen konzentrieren und von normativen Aussagen oder Politikempfehlungen möglichst fernhalten soll. Wie schwierig dies ist, wissen die Leser des Buches nun schon. Man kann nicht die eine und einzig gültige Antwort auf eine volkswirtschaftliche Frage abrufen oder geben wollen. Es ist sehr mühsam für den wissenschaftlich beratenen Abgeordneten oder Politiker, die erforderliche Geduld und Sorgfalt zum abgewogenen Urteil aufzubringen und den raschen opportunistischen Griff zum vordergründig gerade »passenden« Gutachten zu vermeiden.

Präsident Harry Truman sagte einmal, er möchte einen einarmigen Volkswirt als Berater finden. Immer wenn er seine Ökonomen um Rat frage, bekomme er zur Antwort: »On the one hand, ... On the other hand, ...« Truman war nicht der einzige, der volkswirtschaftlichen Rat als doppelsinnig und zweideutig empfand. Eine gewisse Tendenz zur Mehrdeutigkeit hat ihre Wurzeln in einer der *zehn volkswirtschaftlichen Regeln* des Kapitels 1: Die Leute stehen vor Alternativen und Zielkonflikten. Ökonomen sind sich bewußt, daß mit den meisten Entscheidungen über politische Maßnahmen Wahlhandlungen bei »tradeoffs« verbunden sind. Eine bestimmte politische Maßnahme mag die Effizienz auf Kosten der Gerechtigkeit erhöhen, sie mag vielleicht zugunsten künftiger Generationen und zulasten des gegenwärtig lebenden Staatsvolks wirken. Ein Nationalökonom, der alle wirtschaftspolitischen Entscheidungen als leicht hinstellt, wäre kein vertrauenswürdiger Mann.

Ähnlich wie in der Bundesrepublik Deutschland Jahresgutachten des Sachverständigenrates zur Begutachtung der gesamtwirtschaftlichen Entwicklung für die Bundesregierung erstellt werden, arbeitet in den USA seit 1946 ein *Council of Economic Advisors*, der jedes Jahr einen Economic Report for the President verfaßt. In Deutschland wie in den USA gibt es Beratungsleistungen aus den fachlich zuständigen Ministerien und der Zentralnotenbank sowie im parlamentarischen Raum.

Der Einfluß von Ökonomen reicht oft über die fachliche Beratung hinaus. Gute Forscher und eloquente Autoren beeinflussen die Wirtschaftspolitik indirekt. *John Maynard Keynes* sah dies so: »Die Vorstellungen von Ökonomen und politischen Denkern – ob falsch oder richtig – üben größeren Einfluß aus, als man glaubt. Die Welt wird mit nicht viel mehr regiert. Praktiker, die frei von intellektuellen Einflüssen zu sein glauben, sind oft unmerklich Sklaven irgendeines verblichenen Ökonomen. Verrückte in Regierungsämtern, die Stimmen zu hören glauben, leiten ihre abstrusen Vorstellungen oft von akademischen Schreiberlingen der nahen Vergangenheit her.« Obwohl Keynes diese Sätze bereits 1935 schrieb, gelten sie noch immer. Zu den akadmischen Schreiberlingen gehören auch Leute, die Keynes' und anderer großer Leute Ideen in verballhornter Form oder in eine unpassende Wirklichkeit hinein verbreiten.

Geben Sie Beispiele für positive und normative Aussagen. Nennen Sie   **Schnelltest**
Beispiele für die volkswirtschaftliche Beratung staatlicher Stellen.

Warum Ökonomen uneins sind

»Wenn man alle Ökonomen aneinanderlegen würde, käme man zu keiner Schlußfolgerung.« Diese Stichelei von George Bernard Shaw ist bezeichnend. Die Gruppe der Ökonomen wird oft dafür gescholten, daß sie den Politikern widersprüchliche Ratschläge erteilt. Präsident Ronald Reagan scherzte einmal: Wenn man das Spiel Trivial Pursuit für Ökonomen gemacht hätte, gäbe es 100 Fragen und 3.000 Antworten.

Warum geben Ökonomen den Politikern scheinbar so oft widersprüchliche Ratschläge? Es gibt dafür drei allgemeine Begründungen:
- Ökonomen können über die empirische Gültigkeit alternativer positiver Theorien über das Funktionieren der Wirtschaftswelt uneins sein.
- Ökonomen können unterschiedliche Werte und deshalb unterschiedliche

normative Wertvorstellungen darüber haben, was die Politik durchführen
sollte.
- Ökonomen mögen in Wahrheit übereinstimmen, doch der Rat von Scharlatanen und Sonderlingen vernebelt den Konsens.

Betrachten wir jede dieser Begründungen näher.

Unterschiede der wissenschaftlichen Meinungen

Vor einigen Jahrhunderten noch debattierten Astronomen darüber, ob die
Erde oder die Sonne das Zentrum unseres Sonnensystems bildet. Vor nicht
so langer Zeit haben die Meteorologen über die Frage gestritten, ob die
Erde gerade eine »globale Erwärmung« erlebt. Wissenschaft ist eben ein
Suchprozeß zum Verständnis der Welt um uns herum. Es ist überhaupt nicht
überraschend, daß die Wissenschaftler beim Fortgang dieses Suchprozesses
immer wieder darüber uneins werden, in welcher Richtung die Wahrheit
liegt.

Ökonomen sind oft mit gleicher Begründung uneins. Die Volkswirtschaftslehre ist eine junge Wissenschaft, und es muß noch vieles gelernt
werden. Ökonomen sind manchmal auch deshalb uneinig, weil sie unterschiedliche Befunde zur empirischen Gültigkeit alternativer Theorien oder
zum Zahlenwert wichtiger Parameter haben.

Zum Beispiel sind Ökonomen unterschiedlicher Ansicht darüber, ob der
Staat die Steuern nach dem Haushaltseinkommen oder nach den Konsumausgaben des Haushalts bemessen soll. Verfechter eines Übergangs von
der üblichen Einkommensteuer zu einer Konsumsteuer glauben, auf diese
Weise würde mehr gespart, weil das nicht konsumierte Einkommen steuerfrei bleibt. Höhere Ersparnisse würden wiederum zu mehr Produktivitäts-
und Wirtschaftswachstum führen. Befürworter der bestehenden Einkommensbesteuerung glauben nicht daran, daß die Sparneigung in nennenswertem Umfang auf die Änderung der Steuergesetze reagieren würde. Die
beiden Gruppen von Ökonomen vertreten unterschiedliche normative Ansichten über das Besteuerungssystem, weil sie unterschiedliche positive
Bilder von der Reagibilität des Sparverhaltens auf Steueranreize haben.

Unterschiede der Werturteile

Nehmen wir an, Peter und Paul entnehmen der städtischen Wasserversorgung die gleiche Menge an Wasser. Um die Wasserversorgung betreiben zu
können, erhebt die Stadt von den Einwohnern Steuern oder Gebühren.
Peter hat ein Jahreseinkommen von DM 100.000,– und wird – annahmegemäß – mit DM 10.000,– oder 10% belastet, Paul hat ein Einkommen
von DM 20.000,– und würde – wiederum angenommen – mit DM 4.000,–
oder 20% des Einkommens belastet. Wäre das fair? Wenn nicht: Wer
bezahlt zu viel und wer zu wenig? Spielt es dabei eine Rolle, ob Pauls
niedriges Einkommen von einer gesundheitlichen Einschränkung oder von
der angestrebten Betätigung als Schauspieler herrührt? Kommt es darauf

an, ob Peters hohes Einkommen von einer großen Erbschaft oder von der Einsatzbereitschaft an einem trostlosen Arbeitsplatz kommt?

Das sind schwierige Fragen, über die man leicht unterschiedlicher Meinung ist. Würde die Stadtverwaltung zwei Experten mit Gutachten über die geeignete Besteuerung und Gebührenbelastung der Bürger beauftragen, wäre niemand überrascht, wenn die Gutachter zu unterschiedlichen Resultaten kämen. Das einfache Beispiel läßt erkennen, warum Ökonomen manchmal uneins über wirtschaftspolitische Maßnahmen sind. Wie wir bereits aus der Behandlung normativer und positiver Analysen wissen, kann die Politik nicht allein nach wissenschaftlichen Maßstäben beurteilt werden. Wegen unterschiedlicher Werturteile kommen Ökonomen oft zu unterschiedlichen Aussagen in Gutachten. Eine Perfektionierung der Wissenschaft von der Volkswirtschaft wird uns nicht zur Klärung der Frage führen, ob Peter oder Paul zuviel bezahlt.

Wahrnehmung und Wirklichkeit

Wegen Unterschieden des wissenschaftlichen Urteils und unterschiedlicher Werturteile sind gewisse Meinungsverschiedenheiten unter Ökonomen unvermeidlich. Doch sollte man das Ausmaß der Uneinigkeit nicht übertreiben. In vielen Fällen bieten die Ökonomen einen einhelligen Standpunkt an.

Die Tabelle 2-1 enthält zehn Thesen zur Wirtschaftspolitik. In einer Befragung von Wirtschaftswissenschaftlern, die in Unternehmungen, beim Staat und in Hochschulen tätig sind, erhielten die Thesen eine überwältigende Zustimmung bei den Einsendern. In der Bevölkerung bekämen die meisten der Thesen weit weniger einhellige Zustimmung.

Die erste Aussage der Tabelle betrifft die Mietpreispolitik. Aus Gründen, die im Kapitel 6 ausgebreitet werden, sind fast alle Ökonomen davon überzeugt, daß Mietpreisbindung einen negativen Einfluß auf Verfügbarkeit und Qualität von Wohnraum hat und ein sehr kostspieliger Weg ist, um den Ärmsten der Gesellschaft zu helfen. Ungeachtet dessen werden die fachmännischen Ratschläge der Ökonomen weithin mißachtet und Höchstmieten festgelegt, die Hauswirte ihren Mietern abverlangen dürfen.

Die zweite Aussage der Tabelle handelt von Zöllen und Importquoten. Aus Gründen, die im Kapitel 3 und ausführlicher im Kapitel 9 erörtert werden, widersetzen sich fast alle Ökonomen derartigen Handelshindernissen. Ungeachtet dessen konnte es z.B. in Japan, Frankreich und den USA zu derartigen Behinderungen des Freihandels kommen. Im Jahre 1993 passierte das Nordamerikanische Freihandelsabkommen zwischen den USA, Kanada und Mexiko zwar den amerikanischen Kongreß, jedoch – trotz einer überwältigenden Befürwortung durch die Nationalökonomen – nur mit hauchdünner Mehrheit. In diesem Falle gaben die Ökonomen einheitliche Ratschläge, doch viele Politiker wollten nicht darauf hören.

Warum halten sich wirtschaftspolitische Maßnahmen wie Mietpreisbindungen und Importquotierungen, wenn die Fachleute einhellig dagegen sind? Der Grund könnte darin liegen, daß die Ökonomen die Öffentlichkeit

Tabelle 2-1
Zehn Vorschläge, denen die meisten Ökonomen zustimmen

Vorschläge und Prozentsätze der Zustimmung
1. Eine Deckelung der Mietpreise mindert Quantität und Qualität des Wohnungsangebots. (93%)
2. Zölle und Importquoten reduzieren den allgemeinen ökonomischen Wohlstand. (93%)
3. Flexible und frei bewegliche Wechselkurse stellen eine wirksame Regelung der internationalen Finanzströme dar. (90%)
4. Fiskalpolitik (d.h. Steuersenkung und/oder Staatsausgabensteigerung) hat in der unterbeschäftigten Volkswirtschaft eine signifikante stimulierende Wirkung. (90%)
5. Wenn der Staatshaushalt ausgeglichen wird, so sollte dies über einen Konjunkturzyklus hinweg und nicht für jedes einzelne Jahr angestrebt werden. (85%)
6. Geldzahlungen steigern die Wohlfahrt der Empfänger mehr als finanziell äquivalente naturale Übertragungen. (84%)
7. Ein großes Defizit des Staatshaushalts hat eine dämpfende Wirkung auf die Volkswirtschaft. (83%)
8. Mindestlöhne erhöhen die Arbeitslosigkeit der jugendlichen und unqualifizierten Arbeitskräfte. (79%)
9. Die Regierung sollte die Sozialhilfen nach Grundsätzen einer negativen Einkommensteuer umgestalten. (79%)
10. Steuern und marktfähige Emissionszertifikate bilden einen besseren Ansatz für die Beschränkung von Emissionen als die Festlegung von Schadstoffobergrenzen. (78%)
Quelle: Richard M. Alston, J.R. Kearl, and Michael B. Vaughn, »Is There Consensus among Economists in the 1990s?« *American Economic Review*, May 1992, 203–209.

bislang noch nicht von den negativen Wirkungen der Maßnahmen zu überzeugen vermochten. Eine der Absichten des vorliegenden Buches ist es, Ihnen den volkswirtschaftlichen Standpunkt zu diesen und anderen Gegenständen zu vermitteln und Sie – vielleicht – davon zu überzeugen, den richtigen Standpunkt zu vertreten.

Schnelltest   Nennen Sie drei Gründe, warum zwei volkswirtschaftliche Gutachter zu unterschiedlichen Empfehlungen kommen könnten.

Wie geht's weiter?

Die ersten beiden Kapitel dieses Buches haben Ihnen die Grundgedanken und Methoden der Volkswirtschaftslehre nahe gebracht. Wir sind nun bereit zu arbeiten. Im nächsten Kapitel werden wir uns daran machen, die Grundzüge ökonomischen Verhaltens und ökonomischer Politik genauer kennenzulernen.

Wenn Sie im Buch weitergehen, werden viele Ihrer intellektuellen Fähigkeiten herausgefordert. Vielleicht ist es hilfreich für Sie, einen Ratschlag des berühmten *John Maynard Keynes* in Erinnerung zu rufen: »Das Studium der Volkswirtschaftslehre scheint keine speziellen oder besonders hohen Begabungen zu erfordern. Ist es nicht – verglichen mit den anspruchsvolleren Disziplinen der Philosophie und der klassischen Naturwissenschaften – ein ziemlich leichtes Studiengebiet? Ein leichtes Gebiet, auf dem sich allerdings nur wenige besonders hervortun! Das Paradoxon findet vielleicht dadurch seine Auflösung, daß der Meister-Ökonom eine seltene Kombination von Begabungen besitzen muß. Er muß bis zu einem gewissen Grad Mathematiker, Historiker, Staatsmann und Philosoph sein. Er muß Symbole verstehen und in Worten sprechen können. Er muß das Besondere in Begriffen des Allgemeinen betrachten, er muß im selben Gedankenflug Abstraktes und Konkretes berühren. Er muß die Gegenwart im Lichte der Vergangenheit für Zwecke der Zukunft studieren. Kein Bereich der menschlichen Natur oder der vom Menschen geschaffenen Institutionen liegt gänzlich außerhalb seines Gesichtskreises. Er muß zweckorientiert und interessenfrei zugleich eingestellt sein – so distanziert und unbestechlich wie ein Künstler, aber manchmal so lebensnah wie ein Politiker.«

Es liegt eine große Aufgabe vor Ihnen. Doch mit fortschreitender Übung wird es Ihnen mehr und mehr gelingen, volkswirtschaftlich zu denken.

Zusammenfassung

- Ökonomen versuchen, ihr Gebiet mit wissenschaftlicher Objektivität zu bearbeiten. Wie alle Wissenschaftler setzen sie geeignete Annahmen und bauen sie vereinfachte Modelle zum besseren Verständnis der wirklichen Welt.

- Die Volkswirtschaftslehre wird in Mikroökonomik und Makroökonomik unterteilt. Die Mikroökonomen studieren das Entscheidungsverhalten von Haushalten und Unternehmungen sowie das Zusammenspiel von Haushalten und Unternehmungen auf Märkten. Die Makroökonomen untersuchen auf aggregiertem Niveau die Kräfte und Entwicklungsrichtungen, die auf die Volkswirtschaft insgesamt wirken.

- Eine positive Aussage ist eine These darüber, wie die Welt *ist*. Eine normative Aussage stellt fest, wie die Welt *sein sollte*. Wenn die Ökonomen normative Aussagen formulieren, agieren sie mehr als Politiker denn als Wissenschaftler.

- Beratende Ökonomen in der Politik bieten oft Widersprüchliches an – entweder wegen bestehender Unterschiede im wissenschaftlichen Urteil oder wegen divergierender Werturteile. Bisweilen bekommen Politiker deshalb widersprüchliche Gutachten, weil irgendein Scharlatan realitätsferne Patentlösungen für schwierige Probleme vertritt. Im übrigen gibt es einhellige Ratschläge der volkswirtschaftlichen Experten, die von den Politikern übergangen werden.

Zur Wiederholung

1. Inwiefern ist die Volkswirtschaftslehre wie eine Naturwissenschaft?
2. Warum setzen Ökonomen Annahmen?
3. Soll ein ökonomisches Modell die Realität exakt beschreiben?
4. Zeichnen und erklären Sie eine Produktionsmöglichkeitenkurve für eine Volkswirtschaft, die Milch und Semmeln erzeugt. Was geschieht mit der Kurve, wenn eine Seuche die Hälfte der Kühe tötet?
5. Welches sind die beiden Teilgebiete der Volkswirtschaftslehre? Beschreiben Sie die Aufgabenfelder.
6. Worin besteht der Unterschied zwischen einer positiven und einer normativen Aussage? Bilden Sie zu jeder Art ein Beispiel.
7. Was ist der Sachverständigenrat zur Begutachtung der gesamtwirtschaftlichen Entwicklung, was der Council of Economic Advisers?
8. Warum erhalten die Wirtschaftspolitiker des öfteren widersprüchliche volkswirtschaftliche Ratschläge?

Aufgaben und Anwendungen

1. Beschreiben Sie irgendeine ungewöhnliche Ausdrucksform in anderen Wissenschaftsgebieten, die Sie von der Schule oder Hochschule her kennen.
2. Eine gängige Annahme der Volkswirtschaftslehre ist die, daß Produkte verschiedener Unternehmungen der selben Branche nicht unterscheidbar sind. Erörtern Sie für jeden der nachfolgenden Wirtschaftszweige, ob die Annahme vernünftig wäre:
   a) Stahlerzeugung, b) Romaneschreiben, c) Weizenanbau, d) Fertiggerichte.
3. Zeichnen Sie ein Kreislaufdiagramm. Bezeichnen Sie jene Teile des Modells, die den Güterströmen und den Geldströmen zu folgenden Aktivitäten entsprechen:
   a) Xaver bezahlt an den Ladeninhaber DM 1,50 für ein Glas Milch,
   b) Zenzi verdient pro Stunde DM 50,– als Bedienung auf dem Münchener Oktoberfest,
   c) Vera gibt DM 14,– für eine Kinokarte aus,

d) Alexander erhält DM 10.000,– an Dividendenzahlungen von der Lufthansa.

4. Welche wichtigen Charakteristika einer Volkswirtschaft läßt das Kreislaufdiagramm außer acht? Denken Sie sich bitte Fragen aus, für die diese Merkmale a) wichtig und b) unwichtig sind.

5. Die erste volkswirtschaftliche Regel des Kapitels 1 lautete: »Alle Menschen stehen vor abzuwägenden Alternativen.« Benützen Sie bitte eine Produktionsmöglichkeitenkurve, um den Zielkonflikt der Gesellschaft zwischen sauberer Umwelt und hohen Geldeinkommen zu illustrieren. Was glauben Sie wird Form und Lage der Kurve bestimmen? Zeigen Sie, was mit der Kurve geschieht, wenn Ingenieure einen nahezu emissionsfreien Pkw-Motor entwickeln.

6. Klassifizieren Sie die folgenden Themen nach Mikroökonomik und Makroökonomik:
   a) Familienentscheidung über die Ersparnisbildung aus dem Einkommen,
   b) Wirkung von gesetzlichen Vorschriften auf die Autoabgase,
   c) Wachstumswirkung erhöhter Ersparnisbildung,
   d) Arbeitskräfteeinstellung einer Unternehmung,
   e) Zusammenhang zwischen Inflationsrate und Geldmengenänderung.

7. Klassifizieren Sie jede der nachfolgenden Aussagen als positiv oder normativ und erklären Sie Ihre Einstufung.
   a) Auf kurze Sicht hat die Gesellschaft zwischen Inflation und Arbeitslosigkeit zu wählen.
   b) Eine Senkung der Wachstumsrate der Geldmenge wird die Inflationsrate senken.
   c) Die Zentralnotenbank jedes Landes sollte die Steigerungsrate der Geldmenge senken.
   d) Von den Sozialhilfeempfängern sollte der Staat die Suche nach Arbeit verlangen können.
   e) Niedrigere Steuern führen zu mehr Arbeit und höheren Ersparnissen.

8. Klassifizieren Sie jede Aussage der Tabelle 2-1 als positiv, normativ oder mehrdeutig. Erklären Sie Ihre Einstufung.

9. Wenn Sie Regierungschef wären, würden Sie sich mehr für die positiven oder die normativen Ansichten Ihrer Wirtschaftsberater interessieren? Warum?

10. Besorgen Sie sich das zuletzt erschienene Jahresgutachten des Sachverständigenrates zur Begutachtung der gesamtwirtschaftlichen Entwicklung und werten Sie die darin enthaltenen Aussagen zur Senkung der Arbeitslosigkeit aus.

11. Wer ist derzeit Bundesbankpräsident? Wer ist Finanzminister in der Bundesregierung und in der Landesregierung Ihres Bundeslandes? Wie heißen die Wirtschaftsminister? Welche anderen Minister beeinflussen das Wirtschaftsgeschehen?

12. Rechnen Sie damit, daß die volkswirtschaftlichen Berater im Laufe der Zeit immer weniger in ihren Ratschlägen und Gutachten voneinander

abweichen? Warum oder warum nicht? Können die Unterschiede völlig ausgeräumt werden? Warum oder warum nicht?

13. Das Kapitel enthält ein Geschichtchen über Peter, Paul und städtisches Leitungswasser.
    a) Sind Sie der Meinung, daß die Gebührenpolitik in dem Beispiel gerecht ist? Warum?
    b) Welche zusätzlichen Informationen über Peter und Paul möchten Sie haben, ehe Sie Ihr Urteil über die Gebührenpolitik abgeben?
    c) Halten Sie – anknüpfend an b) – komplizierte Steuer- und Abgabensysteme für gerechter als einfache? Welche anderen Gesichtspunkte sollten den Komplexitätsgrad eines derartigen Systems beeinflussen?

ANHANG
Graphische Darstellungen: Ein kurzer Überblick

Viele wirtschaftswissenschaftliche Begriffe können mit Zahlen ausgedrückt werden – der Preis einer Banane, die Menge der verkauften Bananen, die Kosten des Bananenanbaus usw. Oft sind die ökonomischen Variablen miteinander verknüpft. Wenn der Bananenpreis steigt, kaufen die Leute weniger Bananen. Eine Ausdrucksweise für derartige Zusammenhänge zwischen Variablen sind Graphen.

Graphen haben zweierlei Nutzanwendungen. Zum ersten kann man damit wirtschaftstheoretische Aussagen, die mit Gleichungen oder Worten weniger leicht zu vermitteln wären, anschaulich im Bild ausdrücken. Zum zweiten kann man damit bei der Datenanalyse den Zusammenhang von Variablen in der Empirie herausarbeiten. Ob man theoretisch oder empirisch an ökonomische Relationen herangeht, Graphen bieten gleichsam ein Vergrößerungsglas, mit dem man in der »Menge der Bäume den Wald erkennen« kann.

Numerische Informationen können – wie es ja auch vielerlei verbale Ausdrucksweisen gibt – auf zahlreiche verschiedene Arten graphisch dargestellt werden. Ein guter Schreiber weiß Worte zu wählen, die ein Argument klar, eine Beschreibung ansprechend oder eine Szene dramatisch werden lassen. Ein leistungsstarker Ökonom wählt jene Art von Graphen, die zweckmäßig für die gerade erforderliche Darstellung ist.

In diesem Anhang soll erörtert werden, wie sich Ökonomen der Graphen bedienen, um die mathematischen Verknüpfungen von Variablen zu studieren. Auch einige mögliche Fehlgriffe bei der Verwendung von graphischen Methoden werden angesprochen.

Graphen einer einzelnen Variablen

Darüber braucht nicht weiter geredet zu werden. Fast jede PC-Software bietet dem Studenten dreierlei Darstellungsformen an: (1) Das **Flächen-**

diagramm (meist als kreisförmiger »Kuchen«, der optisch »in Stücke geschnitten« die Zusammensetzung eines Ganzen zeigt), (2) das **Stabdiagramm** (mit nebeneinander stehenden »Säulen«, deren Höhen z.B. die Bilanzsummen verschiedener Unternehmungen im Vergleich erkennen lassen) und (3) den **Zeitreihen-Graphen** (Ausprägung einer Variablen senkrecht abgetragen, Zeitachse waagerecht gezeichnet). Jede gute Tages- und Wirtschaftszeitung bietet reichlich Anschauungsmaterial. Im Fach *Statistik* lernt der Student bereits in den ersten Semestern, sorgfältig mit den Darstellungen der deskriptiven Statistik umzugehen und in Deutschland bei wissenschaftlichen Ausarbeitungen möglichst die einschlägigen DIN-Vorschriften zu beachten (für Tabellen nebenbei bemerkt DIN 55301).

Graphen für zwei Variablen: Das Koordinatensystem

Wirtschaftswissenschaftler sind meistens mit Relationen von zwei oder mehreren Variablen befaßt. Sie müssen wenigstens zwei funktional verknüpfte Variablen durch einen Graphen darstellen können. Die Möglichkeit dazu eröffnet das *Koordinatensystem*. Es ist von der Schule her jedem Studenten bekannt. Aus »x-Achse« (waagerecht) und »y-Achse« (senkrecht) war es in der Schule aufgebaut, wobei – je nach dem Sachinhalt von x und y – neben den positiven Ausprägungen auch negative Werte der Variablen möglich sein sollen. In der Mathematik hat dieses sogenannte kartesische Koordinatensystem vier Flächenbereiche oder Quadranten. Nur ein einziger Quadrant wird für die graphische Darstellung benützt, wenn die betrachteten ökonomischen Variablen auf einen Bereich von null und größer null beschränkt sind. Es entstehen die sehr einfachen Kurven- oder Graphen-Bilder, die hier besprochen werden.

Bei der anfangs erwähnten zweiten Verwendung von Graphen (empirische Befunde und Zusammenhänge) markiert man die Wertepaare zunächst mit Punkten und erhält dadurch ein *Streuungsdiagramm* (ohne Verbindungslinien zwischen den Punkten). Handelt es sich bei den graphisch dargestellten empirischen Befunden am Ende insgesamt lediglich um eine wenig markante »Punktwolke«, so kann man aufgrund des Bildes oft nichts über die Korreliertheit von positiven und/oder negativen Variablenwerten schließen noch gar einen ursächlich gerichteten Zusammenhang (Regression) daraus ablesen. In einigen Fällen jedoch erkennt man mit freiem Auge, daß die Punkte in etwa von links unten nach rechts oben wie auf einer »Perlenschnur« aufzureihen wären (*positive Korrelation*) oder eher von links oben nach rechts unten eine Perlenschnur ergäben (*negative Korrelation*). Diese beiden zuletzt erwähnten Fälle eröffnen für den Wirtschaftswissenschaftler die Möglichkeit, eine »glatte Kurve« als Näherung einzuzeichnen. Der Anfänger begnügt sich mit einem »Freihandtrend« oder der Charakterisierung des passenden Graphen nach dem Taschenrechner. Der fortgeschrittene Student kennt aus der Statistik für paarweise Variablenverknüpfungen das Schätzmodell der *linearen Einfachregression*.

Die Nachfragekurve als Beispiel

Eine der wichtigsten Kurven in Mikroökonomik und Makroökonomik sowie in der empirischen Wirtschaftsforschung ist die Nachfragekurve. Sie bildet die Auswirkungen der Güterpreise auf die Nachfragemengen ab, die Konsumenten zu kaufen wünschen. Die Tabelle 2A-1 zeigt die Anzahl von

Tabelle 2A-1
Von Emma B. Nachgefragte Taschenbücher. Die Tabelle weist die Anzahl der Taschenbücher aus, die Emma B. bei unterschiedlichen Preisen und Einkommen kaufen möchte. Für jedes Einkommen können Preise und Mengen benützt werden, um eine Nachfragekurve der Emma B. nach Taschenbüchern zu zeichnen.

| Preis | Einkommen | | |
	DM 20 000	DM 30 000	DM 40 000
DM 10	2 Taschenbücher	5 Taschenbücher	8 Taschenbücher
DM 9	6 Taschenbücher	9 Taschenbücher	12 Taschenbücher
DM 8	10 Taschenbücher	13 Taschenbücher	16 Taschenbücher
DM 7	14 Taschenbücher	17 Taschenbücher	20 Taschenbücher
DM 6	18 Taschenbücher	21 Taschenbücher	24 Taschenbücher
DM 5	22 Taschenbücher	25 Taschenbücher	28 Taschenbücher
	Nachfragekurve, D_3	Nachfragekurve, D_1	Nachfragekurve, D_2

Taschenbüchern (Krimis einer bestimmten Serie), die Emma B. je nach ihrem Einkommen und dem Preis kauft. Wenn die Taschenbücher billig sind, kauft Emma eine vergleichsweise große Menge. So wie die Taschenbücher teuerer werden, geht Emma gelegentlich einmal in eine Leihbücherei; sie kauft weniger. Ähnlich verhält es sich mit der Auswirkung der Einkommenshöhe auf die Nachfragemengen. Wenn ihr Einkommen steigt, kauft Emma B. zu jedem denkbaren Preis eine größere Menge. Sie gibt also von dem zusätzlichen Einkommen etwas für mehr Taschenbücher und einen Teil für mehr andere Güter aus. *Das senkrechte Einzeichnen der Preisachse hat sich bei den Ökonomen herausgebildet und gehalten*, obwohl die Preise zumeist die unabhängige Variable darstellen.

Nehmen wir an, Emma erhält als Ehe- oder Ordensfrau neben freier Unterkunft und freier Verpflegung als »Taschengeld« DM 20.000, DM 30.000 oder DM 40.000 pro Jahr. Die Zuordnung von Taschenbuchpreis und nachgefragten Mengen an Taschenbüchern zeigt die Tabelle 2A-1. Die Mengen-Spalte für DM 30.000 ergibt zusammen mit den DM-Stückpreisen die Wertetabelle zum Zeichnen der Nachfragegerade D_1.

Eigentlich haben wir drei Variablen: den Preis (DM/Taschenbuch), die Nachfragemenge (Taschenbücher/Jahr), das Einkommen (DM/Jahr). Das Zahlenbeispiel gelte für ein Jahr als Periode (Marktperiode). Eine graphische Darstellung in der Ebene kann nur zwei Variablen erfassen. Um die Zahleninformationen der Tabelle 2A-1 graphisch darzustellen, müssen wir eine der drei Variablen konstant halten und die beiden anderen »ceteris paribus« (eine bestimmte Variable bleibt konstant) in ein zweidimensionales Koordinatensystem einzeichnen. Da die Nachfragekurve die stabile Beziehung zwischen Güterpreis und Nachfragemenge ausweist, halten wir das Einkommen von Emma B. konstant (vgl. Schaubilder 2A-1 und 2A-2).

Angenommen, Emma hätte ein Taschengeld von DM 30.000 pro Jahr. Wenn wir die von Emma nachgefragten Taschenbücher auf der in der Schule so genannten »x-Achse« und den Taschenbuchpreis auf der »y-Achse« ab-

bilden, können wir die mittlere Spalte der Tabelle 2A-1 zeichnen (vgl.
Schaubild 2A-1). Sofern man die Eintragungen der Tabelle als Einzelpunkte
– (5 Taschenbücher, DM 10,–), (9 Taschenbücher, DM 9) usw. – einzeichnet
und mit dem Lineal verbindet, entsteht die Nachfragekurve D_1 des Schaubildes 2A-1 und des Schaubildes 2A-2. Ebenso kann man bei den alternativ
denkbaren Einkommen DM 20.000 und DM 40.000 verfahren, um die
Nachfragekurven D_3 bzw. D_2 zu bekommen.

Der denkbare Unterschied der Nachfrageentscheidungen D_1, D_2 und D_3
von Emma kann auch *das veränderliche latente Kaufverhalten* von Emma B.
im Zeitablauf ausdrücken. So wie das Jahreseinkommen von DM 30.000 auf
DM 40.000 ansteigt oder auf DM 20.000 abfällt, ergeben sich *Verschiebungen* der jeweils für ein bestimmtes Jahr empirisch gültigen Nachfragekurve (siehe Schaubild 2A-2).

Es ist in den Wirtschaftswissenschaften sehr wichtig, zwischen *Bewegungen auf einer Kurve* und *Verschiebungen einer Kurve* zu unterscheiden. Wie
man aus Schaubild 2A-1 entnehmen kann, wird Emma bei einem Jahreseinkommen von DM 30.000 und einem Preis von DM 8,– pro Stück insgesamt
13 Taschenbücher pro Jahr kaufen. Wenn der Preis auf DM 7,– fällt, wird
Emma ihre Käufe auf 17 Stück ausdehnen. Sie bewegt sich entlang der
Kurve D_1, falls der Preis (und nur der Preis) sinkt oder steigt. Man kann
auch der Frage nachgehen, wie sich die nachgefragten Mengen ändern,
wenn sich das Einkommen (und nur das Einkommen) ändert. Bei einem
Stückpreis von DM 8,– werden – wie eben schon für ein Einkommen von
DM 30.000 gesagt – 13 Stück gekauft. Bei einem Einkommensrückgang auf
DM 20.000 würden zum Preis von DM 8,– 10 Stück und bei einem Ein-

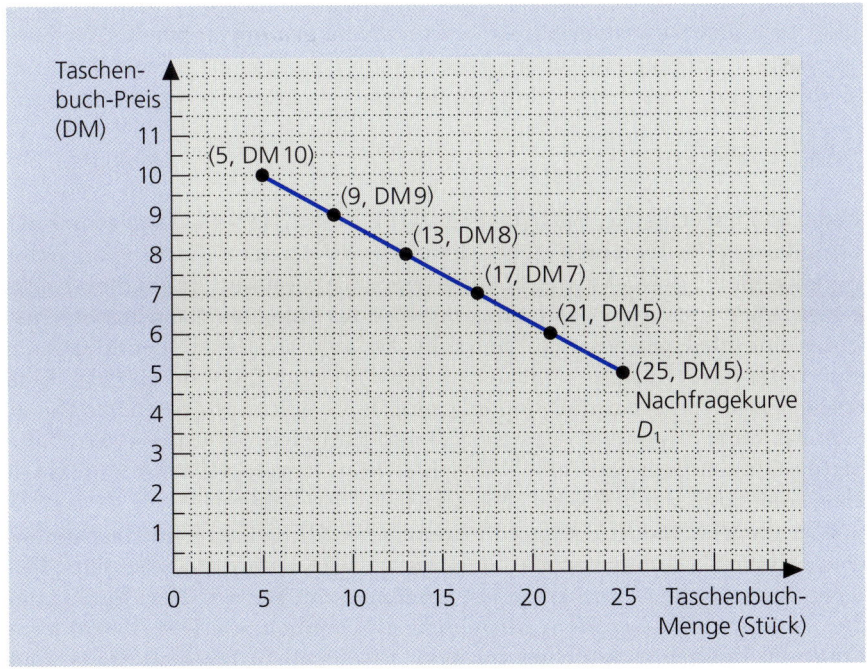

Schaubild 2A-1
Nachfragekurve.
Die Gerade D_1 zeigt
Emmas Käufe von
Taschenbüchern bei
bestimmten Preisen
und konstant gesetz-
tem Einkommen.
Weil Nachfragemen-
gen und Preise in
gegenläufiger Bezie-
hung stehen, fällt die
Kurve.

kommensanstieg auf DM 40.000 zum Preis von DM 8,– 16 Taschenbücher gekauft. Die Nachfragekurve verschiebt sich, wie man aus Schaubild 2A-2 ersieht, und bei der Erörterung der Nachfragemengen bei unterschiedlichen Einkommen (und einem bestimmten Preis) »springt« man von einer Kurve zur anderen.

Man kann sicher sagen, wann eine Kurvenverschiebung vorkommen wird: Immer dann, wenn sich eine ökonomisch relevante Variable ändert (hier das Einkommen), die auf keiner der beiden Achsen abgetragen ist. Jede Veränderung, die Emmas Kaufgewohnheiten tangiert, kann zu einer Verschiebung der Nachfragekurve führen. So könnte z.B. die Leihbücherei aufgelöst werden, weshalb Emma dann zu jedem Preis mehr Taschenbücher kaufen wird und eine Rechtsverschiebung der Nachfragekurve eintritt. Ein Anstieg der Kinoeintrittspreise könnte per Substitutionseffekt zu einer stärkeren Verlegung auf das Lesen und ebenfalls zu einer Rechtsverschiebung der Nachfragekurve für Taschenbücher führen.

Steigung und Elastizität

Eine interessante Frage zu Emmas Nachfrageverhalten ist die, wie ihre Nachfrage auf Preisänderungen reagiert. Sehen wir uns die in Schaubild 2A-3 dargestellte Nachfragekurve an. Ist diese Kurve sehr steil, kauft Emma nahezu dieselbe Anzahl von Taschenbüchern, ungeachtet eines höheren oder niedrigeren Stückpreises. Verläuft die Kurve flacher, kauft Emma bei steigenden Preisen viel weniger Taschenbücher. Um die Frage danach zu beantworten, um wieviel eine Variable auf Veränderungen einer anderen Variablen reagiert, benützen wir das Konzept der *Steigung*. Die Steigung einer Geraden ist das Verhältnis von vertikalem zu horizontalem Abstand, der beim Übergang zwischen zwei Punkten zurückgelegt wird. In mathematischen Symbolen wird die Definition üblicherweise so geschrieben:

$$Steigung = \frac{\Delta y}{\Delta x},$$

wobei der griechische Buchstabe Δ (groß Delta) für die Differenz oder Veränderung der Variablen steht. Mit anderen Worten ist die Steigung einer Geraden gleich dem »Anstieg« (Änderung von y) dividiert durch den »Rückgang« (Änderung von x). Die Steigung wird für eine eher flach ansteigende Linie eine niedrige positive Zahl sein, für eine steil ansteigende Gerade eine hohe positive Zahl sein, und negativ für eine fallende Gerade. Eine waagerechte Linie hat die Steigung null, weil sich in diesem Falle die y-Variable nicht verändert. Eine senkrechte Linie hat definitionsgemäß die Steigung unendlich, weil die y-Variable jeden beliebigen Wert annehmen kann, ohne daß sich die x-Variable überhaupt verändert.

Wie groß ist die Steigung von Emmas Nachfragekurve für Taschenbücher? Zunächst einmal ist die Steigung negativ, weil die Kurve fällt. Um einen numerischen Wert dafür auszurechnen, müssen wir zwei Punkte auf der Geraden herausgreifen. Mit einem Einkommen von DM 30.000 wird Emma 21 Taschenbücher beim von Preis DM 6 und 13 Taschenbücher beim

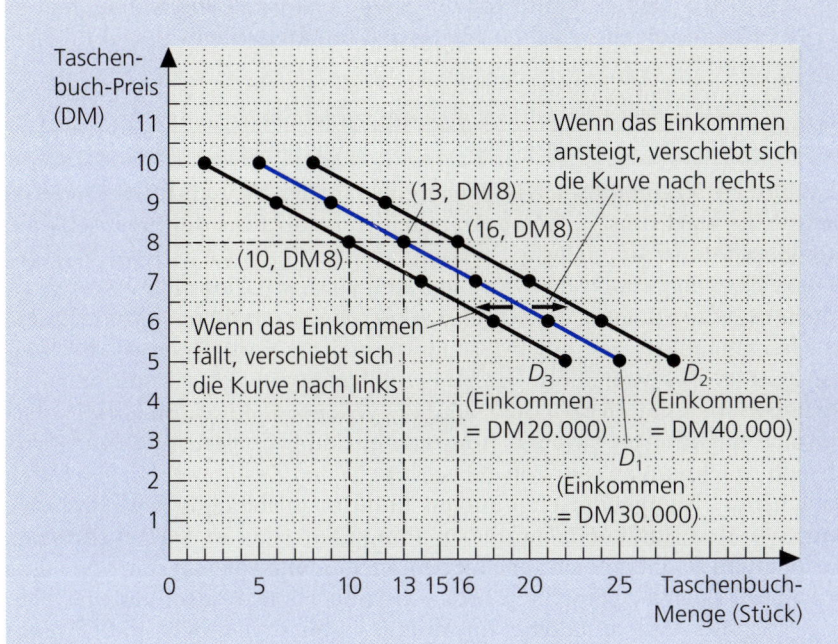

Verschiebung von Nachfragekurven. Die Lage von Emmas Nachfragekurven hängt davon ab, wieviel Einkommen sie hat. Je mehr Einkommen sie verdient, um so mehr Taschenbücher wird sie bei jedem gegebenen Preis kaufen. Ihre Nachfragekurve wird weiter rechts liegen. Kurve D_1 stellt Emmas ursprüngliche Nachfragekurve bei einem Einkommen von DM 30.000,– pro Jahr dar. Wenn ihr Einkommen auf DM 40.000,– ansteigt, verschiebt sich ihre Nachfragekurve zu D_2. Wenn ihr Einkommen auf DM 20.000,– pro Jahr zurückgeht, verschiebt sich die Nachfragekurve zu D_3.

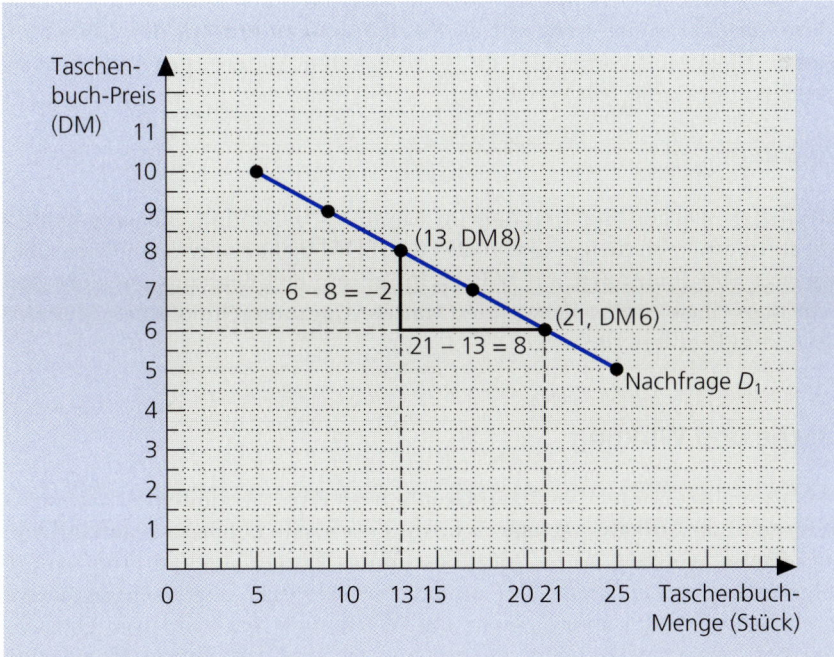

Berechnung der Steigung einer Geraden. Um die Steigung der Nachfragekurve auszurechnen, können wir auf die Veränderungen der x- und y-Koordinaten schauen, die bei der Bewegung vom Punkt (21 Stück, DM 6) zum Punkt (13 Stück, DM 8) eintreten. Die Steigung ist der Quotient aus der Änderung der y-Koordinate (- 2) und der Änderung der x-Koordinate (+ 8), also – ¼.

Preis von DM 8 kaufen. Wenn wir die Steigungsformel anwenden, geht es um die Veränderungen zwischen den beiden Punkten, die in Schaubild 2A-3 markiert sind:

$$Steigung = \frac{\Delta y}{\Delta x} = \frac{erste\ y\text{-}Koordinate - zweite\ y\text{-}Koordinate}{erste\ x\text{-}Koordinate - zweite\ x\text{-}Koordinate} = \frac{6-8}{21-13} = \frac{-2}{8} = \frac{-1}{4}$$

Schaubild 2A-3 zeigt diesen Rechengang. Versuchen Sie es mit zwei anderen Punkten. Es wird stets – ¼ herauskommen. Warum? Eine der Eigenschaften einer Geraden ist die, daß die Steigung konstant ist. Von anderen Kurven, die bereichsweise steiler oder weniger steil sind, gilt dies nicht.

Zwar sagt die Steigung der Nachfragekurve etwas darüber aus, wie Emma mit Mengenänderungen auf Preisänderungen reagiert. Doch ist die Steigung kein ideales Maß dafür. Die Steigung hängt nämlich sehr davon ab, in welchen Maßeinheiten man die x- und die y-Achse skaliert. Im übrigen darf man sich bei Interpretationen (ungeachtet der formalen Anordnung von Achsenbezeichnungen) nur von den sachlogischen Zusammenhängen leiten lassen (hier: Mengenentscheidungen funktional abhängig von Preisen). Wenn wir den Taschenbuchpreis in Pfennigen statt in DM ausdrücken würden, hätte Emmas Nachfragekurve eine Steigung von –25 statt von –0,25 oder -¼, wie eben ausgerechnet. Dies wäre eine ebenso zutreffende Berechnung, die uns eine nützliche Information gibt – nämlich, daß Emmas Nachfrage nach Taschenbüchern weniger empfindlich auf eine Preisänderung um eine bestimmte Anzahl Pfennige als um eine gleich große Anzahl DM reagiert. Doch wenn man Emmas Nachfragekurve für DM-Preise mit Marios Nachfragekurve für Lire-Preise und Bills Nachfragekurve für $-Preise vergleichen müßte, käme man in arge Schwierigkeiten.

Deshalb drücken Ökonomen die Sensitivität einer Variablen auf eine andere Variable meist nicht mit der Steigung, sondern mit der *Elastizität* aus. Die Elastizität verwendet die prozentualen Änderungen statt der absoluten Änderungen von Variablen:

$$Elastizität = \frac{\Delta y / y}{\Delta x / x}$$

Ausführlich werden Elastizitäten im Kapitel 5 behandelt. Im obigen Beispiel stellt ein Preisrückgang von DM 8 auf DM 6 ebenso wie ein Preisrückgang von 800 Pfennigen auf 600 Pfennige einen Rückgang um 25% dar. Wenn man Elastizitäten verwendet, bilden die unterschiedlichen Maßeinheiten kein Problem mehr.

Ursache und Wirkung

Die Nationalökonomen benützen Graphen oft dazu, Argumente zum Funktionieren einer Volkswirtschaft zu formulieren. Sie behaupten anhand von Graphen, in welcher Weise eine bestimmte Ereignismenge eine andere Ereignismenge *verursacht*. Bei einem Graphen wie der Nachfragekurve besteht kein Zweifel über Ursache und Wirkung (trotz historisch gewachsener Achsenvertauschung bei der zeichnerischen Darstellung). Da wir den

Preis variieren und dabei alles andere konstant halten, wissen wir, daß Veränderungen des Taschenbuchpreises die Veränderungen der von Emma nachgefragten Mengen verursachen. Vergessen wir aber nicht, daß unsere Nachfragekurve aus einem hypothetischen Beispielfall enstand. Sobald man Daten aus dem Leben der wirklichen Welt verwendet, ist es oft viel schwieriger zu entscheiden, wie die eine Variable die andere beeinflußt.

Zuerst einmal ist es schwierig, alles Übrige konstant zu halten (Klausel »ceteris paribus«), wenn man feststellen will, wie eine Variable eine andere beeinflußt. Wenn wir andere Variablen nicht konstant zu halten vermögen, könnten wir uns dafür entscheiden, daß die eine Variable unseres Graphen die Veränderungen der anderen Variablen durch eine *dritte, ausgelassene Variable* verursacht. Aber selbst dann, wenn wir die korrekten beiden Variablen ausgemacht haben, könnten wir einem zweiten Problem verfallen, *der umgekehrten Kausalität*. Mit anderen Worten entscheiden wir uns vielleicht dafür, daß A stets B verursacht, obwohl in Wirklichkeit B die Ursache für A ist. Die Gefahren der *ausgelassenen Variablen* und der *umgekehrten Kausalität* erfordern große Vorsicht, wenn man von gezeichneten Kurven aus auf Ursachen und Wirkungen schließen will.

Ausgelassene Variablen.   Ein Beispiel mag zeigen, wie man bei einer ausgelassenen Variablen zu einem irreführenden Graphen gelangt. Von der öffentlichen Meinung angestoßen, gibt die Regierung eine umfassende statistische Untersuchung über Krebstote in Auftrag. Die Forschergruppe überprüft alle möglichen häuslichen Gegenstände, die mit dem Krebsrisiko zusammenhängen könnten. In der abschließenden Studie liest man dann über zwei Variablen: die Zahl der Feuerzeuge in einem Haushalt und die Krebswahrscheinlichkeit für eine im Haushalt lebende Person. Die Krebswahrscheinlichkeit einer Person ist um so höher, je mehr Feuerzeuge im Haushalt vorhanden sind.

Was sollen wir mit diesem Ergebnis anfangen? Die beauftragte Forschergruppe rät zu einer raschen politischen Reaktion. Sie empfiehlt, den Kauf von Feuerzeugen durch eine Besteuerung einzudämmen. Sie empfiehlt auch ein Warnschild für alle Feuerzeuge: »Forschungen haben ergeben, daß dieses Feuerzeug Ihre Gesundheit gefährdet.«

Bei der Einschätzung der empirischen Gültigkeit des Ergebnisses gibt es eine übergeordnete Frage: Hat die Forschergruppe jedwede relevante Variable konstant halten können, mit Ausnahme der betrachteten Variablen? Wenn die Antwort Nein ist, sind die Resultate suspekt. Die Besitzer von Feuerzeugen sind wohl überwiegend Leute, die rauchen. Gewiß sind es eher die Zigaretten als die Feuerzeuge, die das Krebsrisiko erhöhen. Im übrigen kann man den wirklichen Effekt der Feuerzeuge nicht erforschen, wenn man das Ausmaß des Rauchens in der Analyse nicht konstant zu halten vermag.

Die Geschichte verrät eine wichtige Grundregel: Wenn man einen Graphen zur Illustration der Argumente über Ursachen und Wirkungen vor sich sieht, muß man sich fragen, ob Veränderungen einer ausgelassenen dritten Variablen die vorgelegten Ergebnisse erklären könnten.

Umgekehrte Kausalität. Ökonomen können auch dadurch Fehler in Sachen Kausalität begehen, daß sie die Richtung verkehrt herum ablesen. Wie das möglich ist, zeigt ein Beispiel aus der Kriminalstatistik. Man hat dabei für einige Städte die Zahl der Gewaltverbrechen pro tausend Einwohner mit der Zahl der Polizisten je tausend Einwohner korreliert und graphisch dargestellt. Ein Anstieg der Kurve wurde vereinzelt in der Weise mißdeutet, daß man meinte, die Verstärkung der Polizei rege das Verbrechen an.

Scheinbar besteht ein einfacher Weg zur Klärung der Kausalitätsrichtung darin zu fragen, welche Variable sich zuerst bewegt oder verändert. Wenn wir erkennen, daß sich nach einem Kriminalitätsanstieg jeweils die Polizeistärke erhöht, haben wir ein Ergebnis. Wenn wir erst die Ausweitung der Polizei und anschließend den Verbrechensanstieg registrieren, haben wir auch ein Ergebnis zur Kausalitätsrichtung. Doch der Ansatz weist eine Schwäche auf: Oft ändern Menschen ihr Verhalten nicht als Reaktion auf gegenwärtige Bedingungen der gleichen Periode, sondern wegen der *Erwartung* künftiger Änderungen. Eine Stadt, die eine Kriminalitätswelle voraussieht, wird z.B. vorab die Polizeikräfte verstärken. Bei Kombiautos und Babys sieht man den Zusammenhang noch deutlicher. Aber niemand würde denken, der Kauf von Kombiautos verursache das Bevölkerungswachstum.

Es gibt keine erschöpfende Auflistung von Regeln dafür, wie man aus Graphen kausale Schlußfolgerungen ziehen kann. Eine kleine Absicherung gegen Fehlschlüsse besteht jedoch in der Erinnerung daran, daß Feuerzeuge nicht den Krebs verursachen (ausgelassene Variable) und Kombiwagenkäufe keinen Geburtenanstieg auslösen (umgekehrte Kausalität).

Interdependenz und die Handelsvorteile

Kapitel 3

In diesem Kapitel werden Sie

- verstehen, inwiefern es jedem besser geht, wenn Leute Handel treiben,
- die Bedeutung absoluter und relativer oder komparativer Vorteile kennenlernen,
- einsehen, wie komparative Vorteile die Wohlfahrtsgewinne aus dem Handel erklären,
- die Theorie komparativer Vorteile auf das Alltagsleben sowie auf die nationale Politik anwenden.

Denken Sie einmal über Ihren üblichen Tagesablauf nach. Sie wachen morgens auf und trinken ein Fläschchen Perrier aus Frankreich, vielleicht ein Glas Valserwasser aus der Schweiz und danach einige Tassen Schwarztee aus Indien oder Kaffee aus Costa Rica. Sie essen dazu Müsli oder Semmeln aus Niederbayern. Während des Frühstücks hören Sie aus Ihrem japanischen Radiogerät das vom Bayerischen Rundfunk hergestellte und angebotene Programm. Sie schlüpfen in einen Anzug aus dem württembergischen Metzingen, der in Thailand genäht wurde. Ihr japanischer Kleinwagen, mit dem Sie zur Hochschule fahren, wurde in Großbritannien aus Teilen montiert, die von über einem Dutzend Zulieferern rund um die Welt stammen. Dann schlagen Sie schließlich Ihre Volkswirtschaftslehrbücher auf, die von Autoren in Massachusetts oder Leipzig verfaßt und in Texas oder Stuttgart hergestellt wurden. Das Papier der Bücher kommt von Bäumen in Oregon oder Oberbayern.

Tag für Tag verlassen Sie sich auf viele Menschen, die rund um den Globus verteilt und Ihnen gar nicht persönlich bekannt sind, Sie aber mit allen wünschenswerten Gütern beliefern. Solch ein Allzusammenhang oder eine Interdependenz ist nur möglich, weil alle miteinander Handel treiben. Die Menschen, die Sie mit Waren und Dienstleistungen versorgen, tun dies nicht in großmütiger Spendierlaune oder aus Sorge um Ihr Wohlergehen. Es hält sie auch keine Regierung dazu an, Ihnen etwas Gutes zu tun. Die Leute versorgen Sie und die anderen Konsumenten mit Produkten, weil sie etwas dafür bekommen.

In nachfolgenden Kapiteln werden wir genauer untersuchen, wie die marktwirtschaftliche Demokratie die Aktivitäten von Millionen von Menschen mit ihren vielfältigen Fähigkeiten und unterschiedlichen Geschmäckern zu koordinieren versteht. Als Ausgangspunkt dafür betrachten wir hier die Gründe für wirtschaftliche Interdependenz. Eine der in Kapitel 1 hervorgehobenen *zehn volkswirtschaftlichen Regeln* lautet, daß es durch Handel allen besser gehen kann. Dieses Prinzip macht es verständlich, warum die Leute mit ihren Nachbarn und Nationen mit anderen Nationen Handel treiben. Im vorliegenden Kapitel untersuchen wir die Regel ein wenig näher. Wieviel genau profitieren die Leute, wenn sie miteinander Handel treiben? Warum lassen sich die Leute darauf ein, von allen abhängig zu werden?

Ein Gleichnis für die moderne Volkswirtschaft

Betrachten wir eine modellhaft vereinfachte Volkswirtschaft, um zu verstehen, warum sich die Leute wegen der Güter darauf einlassen, von anderen abhängig zu werden und dadurch besser leben zu können. Stellen wir uns vor, es gebe zwei Güter – Fleisch und Kartoffeln – in der Modellwelt sowie zwei Menschen – einen Ackerbauern und einen Viehbauern – mit Bedürfnissen sowohl nach Fleisch als auch nach Kartoffeln.

Die Handelsvorteile sind dann am offenkundigsten, wenn der Ackerbauer nur Kartoffeln und der Viehbauer nur Fleisch zu produzieren vermag. In einem dazu passenden Szenario könnten sich die beiden so auf Produktion und Eigenverbrauch einrichten, daß sie nichts miteinander zu tun haben. Doch nach mehreren Monaten des Fleischessens – gebraten, gegrillt oder gekocht oder wie immer zubereitet – könnte der Viehbauer darauf kommen, daß die Selbstgenügsamkeit und Eigenversorgung nicht so das Gelbe vom Ei ist. Er wird mit dem Ackerbauern darin übereinstimmen, der inzwischen monatelang nur gekochte, gestampfte, frittierte und zu Knödeln verarbeitete Kartoffeln gegessen hat. Man sieht sofort, daß der Handel ihnen eine größere Gütervielfalt bescheren würde: Jeder könnte dann Hamburger mit Pommes frites haben.

Obwohl diese Szenerie höchst einfach zeigt, wie jeder einzelne Nutzen vom Handel hat, wären die Vorteile doch ähnlich groß, wenn sowohl der Ackerbauer als auch der Viehbauer beide Arten von Produkten herstellen könnte, vielleicht auch nur zu viel höheren Kosten. Nehmen wir an, der Ackerbauer wäre zu Viehzucht und Fleischproduktion in der Lage, jedoch nicht sehr gut in diesem Produktionszweig. Nehmen wir andererseits an, der Viehbauer könnte auch Kartoffeln anbauen, obzwar seine Böden dafür wenig geeignet sind. In diesem Falle können Ackerbauer und Viehbauer durch Handel und Spezialisierung auf das Vorteile gewinnen, was jeder am besten kann.

Weniger leicht zu sehen sind die Handelsvorteile dann, wenn einer der beiden *jedes Gut* kostengünstiger zu erzeugen vermag. Unterstellen wir einmal, der Viehbauer wäre sowohl in der Fleischproduktion als auch in der Kartoffelproduktion besser als der Ackerbauer. Soll der Viehbauer sich nun für die Selbstversorgung und gegen den Handelsaustausch entscheiden? Oder gibt es weiterhin Gründe, den Handel zu pflegen? Um die Frage zu beantworten, müssen wir genauer auf die Faktoren sehen, die solch eine Entscheidung beeinflussen.

Produktionsmöglichkeiten

Nehmen wir an, Ackerbauer und Viehbauer arbeiten je 40 Stunden pro Woche. Sie können diese Arbeitszeit wahlweise für den Kartoffelanbau, die Viehaufzucht oder Kombinationen der beiden Aktivitäten einsetzen. Wieviel Zeit jeder der beiden benötigt, um von jeder Güterart 1 Pfund herzustellen, zeigt die Tabelle 3-1. Der Ackerbauer produziert ein Pfund Kartoffeln in 10 Stunden und ein Pfund Fleisch in 20 Stunden. Der Viehbauer, der in beiden Produktionen produktiver ist, kann ein Pfund Kartoffeln in 8 Stunden und ein Pfund Fleisch in 1 Stunde herstellen.

	Arbeitsstunden für 1 Pfund		Produktionsmenge in 40 Stunden	
	Fleisch	Kartoffeln	Fleisch	Kartoffeln
Ackerbauer	20 Stunden	10 Stunden	2 Pfund	4 Pfund
Viehbauer	1 Stunde	8 Stunden	40 Pfund	5 Pfund

Tabelle 3-1
Die Produktionsmöglichkeiten des Ackerbauern und des Viehbauern

Diagramm (a) des Schaubildes 3-1 illustriert die Mengen von Fleisch und Kartoffeln, die der Ackerbauer erzeugen kann. Verwendet er die gesamten 40 Stunden für den Kartoffelanbau, erhält er 4 Pfund Kartoffeln und kein Fleisch. Wenn er seine 40 Stunden Arbeitszeit umgekehrt ganz auf die Fleischerzeugung richtet, produziert er 2 Pfund Fleisch und keine Kartoffeln. Teilt der Ackerbauer seine Zeit gleichmäßig auf beide Produkte auf, so daß er je 20 Stunden für das eine und für das andere arbeitet, erzeugt er 2 Pfund Kartoffeln und 1 Pfund Fleisch. Das Diagramm zeigt diese drei möglichen Ergebnisse und auch alle übrigen Situationen dazwischen.

Der Graph ist des Ackerbauern Produktionsmöglichkeitenkurve. Wie wir bereits aus dem Kapitel 2 wissen, zeigt eine Produktionsmöglichkeitenkurve die verschiedenen Kombinationen oder Produktmischungen, die eine Volkswirtschaft herzustellen vermag. Sie illustriert wiederum eine der *zehn volkswirtschaftlichen Regeln* des Kapitels 1: Alle Menschen stehen vor abzuwägenden Alternativen. Hier hat jeder Bauer einen Zielkonflikt von Kartoffel- und Fleischproduktion aufzulösen. Sie werden sich erinnern, daß die Produktionsmöglichkeitenkurve im Kapitel 2 mit einer Krümmung nach oben gezeichnet wurde; der »tradeoff« war von den tatsächlich produzierten Mengen bestimmt. Hier nun erlaubt es die Technologie für die Fleisch- und die Kartoffelproduktion den Bauern, die Produktion zu konstanten Raten von einem Gut auf das andere umzustellen. Die Produktionsmöglichkeiten-Kurve ist deshalb eine Gerade.

Diagramm (b) des Schaubildes 3-1 zeigt die Produktionsmöglichkeitenkurve des Viehbauern. Sofern dieser die gesamten 40 Stunden für die Kartoffelerzeugung einsetzt, stellt er 5 Pfund Kartoffeln und kein Fleisch her. Wendet er seine gesamte Wochenarbeitszeit für die Fleischerzeugung

Schaubild 3-1
**Die Produktions-
möglichkeitenkur-
ven.** Diagramm (a)
zeigt die Fleisch-Kar-
toffel-Kombinatio-
nen, die der Acker-
bauer erzeugen kann.
Diagramm (b) zeigt
die Fleisch-Kartoffel-
Kombinationen, die
der Viehbauer zu
produzieren vermag.
Beide Kurven beru-
hen auf den Angaben
der Tabelle 3–1 und
der Annahme einer
40-Stunden-Woche

(a) Produktionsmöglichkeitenkurve des Ackerbauern

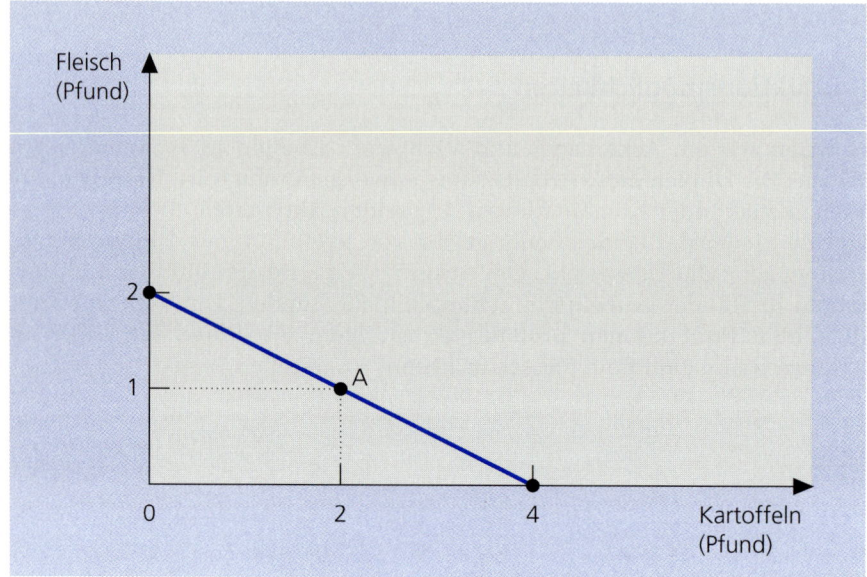

(b) Produktionsmöglichkeitenkurve des Viehbauern

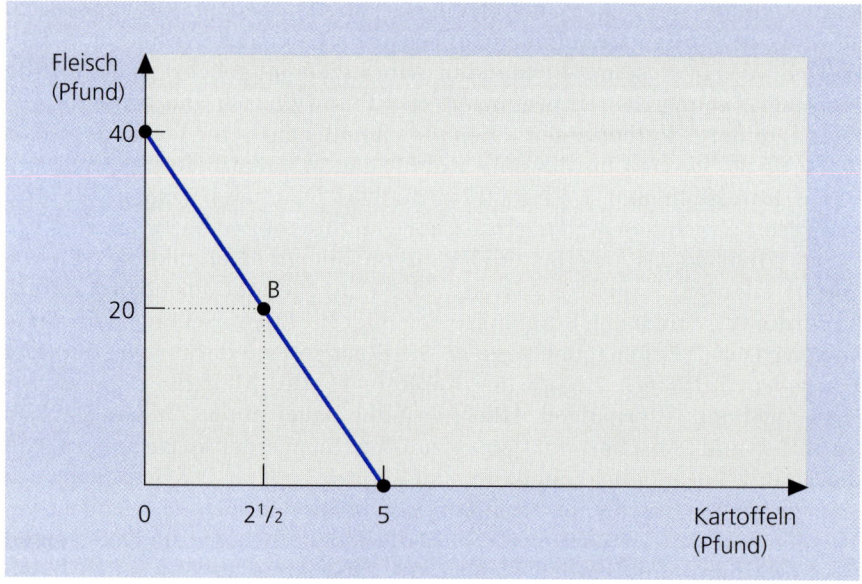

auf, so produziert er 40 Pfund Fleisch und keine Kartoffeln. Wenn der Viehbauer seine Zeit mit je 20 Stunden gleichmäßig auf beide Produktionen aufteilt, erhält er 2 ½ Pfund Kartoffeln und 20 Pfund Fleisch als Output. Wiederum zeigt die Produktionsmöglichkeitenkurve alle erdenklichen Output-Kombinationen.

Wollten Ackerbauer und Viehbauer sich für Selbstversorgung und Autarkie (und damit gegen den Handel) entscheiden, müßte jeder genau das verbrauchen, was er produziert. In diesem Falle *wäre die Produktionsmöglichkeitenkurve zugleich die Konsummöglichkeitenkurve*. D. h. ohne Handel zeigen die beiden Diagramme des Schaubildes 3-1 die möglichen Fleisch-Kartoffel-Portionen, die jeder der beiden konsumieren könnte.

Obwohl diese Produktionsmöglichkeitenkurven nützlich sind, um die wählbaren Alternativen und Zielkonflikte der beiden aufzuzeigen, verraten sie uns nicht, welche Entscheidung Ackerbauer und Viehbauer konkret treffen werden. Um die tatsächlichen Entscheidungen im Rahmen der potentiellen Entscheidungsmöglichkeiten zu bestimmen, müssen wir Geschmack und Präferenzen der beiden kennenlernen. Nehmen wir einmal an, die beiden würden die mit Punkt A (2; 1) und Punkt B (2,5; 20) im Schaubild 3-1 markierten Möglichkeiten wählen: Der Ackerbauer produziert und konsumiert 2 Pfund Kartoffeln und 1 Pfund Fleisch, während der Viehbauer 2 ½ Pfund Kartoffeln und 20 Pfund Fleisch produziert und konsumiert.

Spezialisierung und Handel

Nach einigen Jahren, in denen der Viehbauer die Güterkombination B produziert und verzehrt hat, kommt ihm ein Gedanke und er sucht das Gespräch mit dem Ackerbauern.

VIEHBAUER: Lieber Ackerbauer, ich schlage Dir ein Geschäft vor. Ich weiß nun, wie es uns beiden besser gehen kann. Ich denke, Du solltest aufhören, Fleisch zu produzieren und Dich ganz auf die Kartoffelerzeugung verlegen. Nach meiner überschlägigen Rechnung wirst Du bei 40 Stunden Wochenarbeitszeit 4 Pfund Kartoffeln produzieren. Wenn Du mir eines von diesen vier Pfund gibst, werde ich Dir dafür 3 Pfund Fleisch geben. Am Ende hast Du jede Woche 3 Pfund Kartoffeln und 3 Pfund Fleisch zu essen (anstatt 2 Pfund Kartoffeln und 1 Pfund Fleisch gegenwärtig). Wenn Du in meinen Plan einwilligst, wirst Du *von beiden* Nahrungsmitteln mehr haben. (Dabei zeigt der Viehbauer dem Ackerbauern Diagramm (a) des Schaubildes 3-2).

ACKERBAUER: *(noch skeptisch)* Das hört sich nach einem guten Geschäft für mich an. Aber ich verstehe nicht, warum Du das anbietest. Wenn das Geschäft für mich so gut ist, kann es doch nicht auch für Dich gut sein.

VIEHBAUER: O doch, das ist es! Wenn ich 24 Stunden pro Woche für die Viehaufzucht und 16 Stunden für den Kartoffelanbau aufwende, produziere ich 24 Pfund Fleisch und 2 Pfund Kartoffeln. Nachdem ich Dir 3 Pfund Fleisch im Austausch für 1 Pfund Kartoffeln abgebe, habe ich 21 Pfund Fleisch und 3 Pfund Kartoffeln. Am Ende werde auch ich mehr von beiden Nahrungsmitteln haben als bisher. (Er zeigt Diagramm (b) des Schaubildes 3-2.)

ACKERBAUER: Ich weiß nicht recht … Das klingt zu gut, um wahr zu sein.

Schaubild 3-2
Wie der Handel die Wahlmöglichkeiten beim Konsum erweitert. Der vorgeschlagene Handel zwischen dem Ackerbauern und dem Viehbauern erschließt jedem der beiden eine Fleisch-Kartoffel-Kombination, die ohne Handelsaustausch nicht möglich wäre. Im Diagramm (a) erreicht der Ackerbauer den Konsum-Punkt A* statt A. Im Diagramm (b) bekommt der Viehbauer den Konsum-Punkt B* statt B. Handel erlaubt jedem, mehr Fleisch und mehr Kartoffeln zu konsumieren.

(a) Wie der Handel den Konsum des Ackerbauern steigert

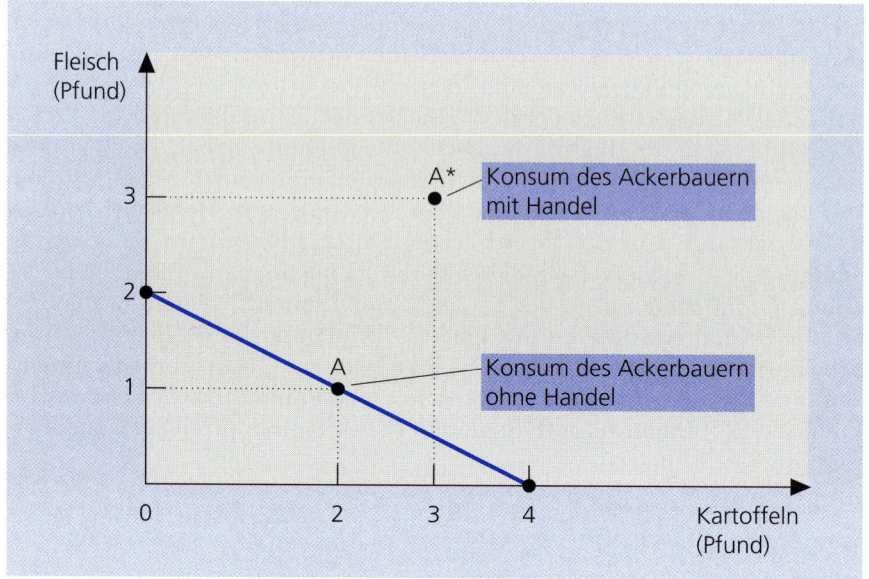

(b) Wie der Handel den Konsum des Viehbauern steigert

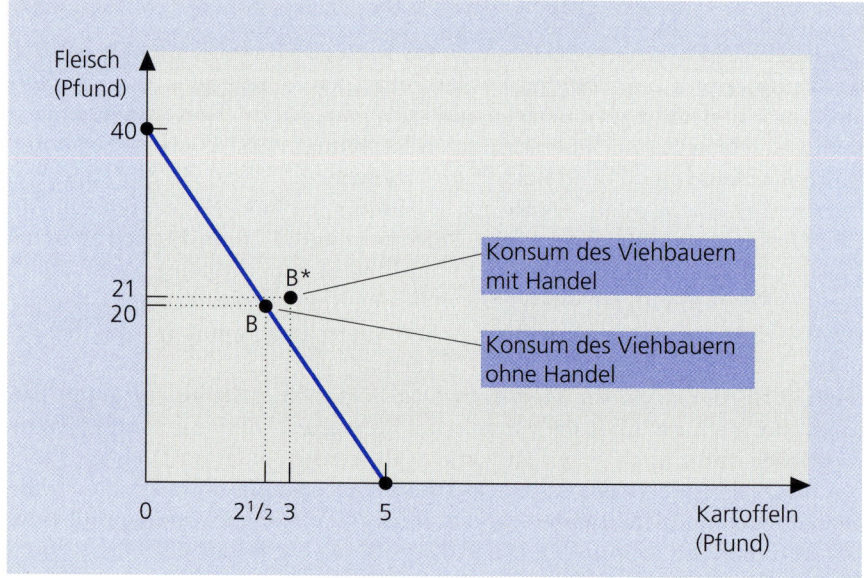

VIEHBAUER: Es ist wirklich nicht so kompliziert, wie es zuerst den Anschein hat. Hier, ich habe meinen Vorschlag in einer einfachen Tabelle zusammengefaßt. (Der Viehbauer übergibt eine Kopie der Tabelle 3-2.)

	Ohne Handel	Mit Handel				**Tabelle 3-2**
	Produktion und Konsum	Produktion	Handel	Konsum	Handels-gewinn	
Ackerbauer	1 Pfund Fleisch	0 Pfund Fleisch	Bekommt 3 Pfd. Fleisch	3 Pfund Fleisch	2 Pfund Fleisch	
	2 Pfund Kartoffeln	4 Pfund Kartoffeln	für 1 Pfd. Kartoffeln	3 Pfund Kartoffeln	1 Pfund Kartoffeln	
Viehbauer	20 Pfund Fleisch	24 Pfund Fleisch	Gibt 3 Pfd. Fleisch	21 Pfund Fleisch	1 Pfund Fleisch	
	2 ½ Pfund Kartoffeln	2 Pfund Kartoffeln	für 1 Pfd. Kartoffeln	3 Pfund Kartoffeln	½ Pfund Kartoffeln	

Tabelle 3-2
Die Handels-gewinne: Eine Zusammenfassung

ACKERBAUER: *(nach einer gewissen Zeit des Lesens und Nachdenkens)* Die Rechnungen scheinen korrekt zu sein, und doch bin ich überrascht. Wie kann dieses Geschäft uns beide besserstellen?

VIEHBAUER: Wir können deshalb beide profitieren, weil uns der Handel die Möglichkeit gibt, uns auf das zu spezialisieren, was wir am besten können. Du wirst mehr Zeit auf den Kartoffelanbau und weniger auf das Vieh verwenden. Ich werde mehr Zeit für die Viehaufzucht und weniger für den Kartoffelanbau einsetzen. Als Ergebnis der Spezialisierung und des Handels kann jeder von uns ohne Mehrarbeit sowohl an Fleisch als auch an Kartoffeln mehr verbrauchen.

Entwerfen Sie als Beispiel die Produktionsmöglichkeitenkurve von Ro-binson Crusoe (ein Schiffbrüchiger, der seine Zeit mit Kokosnuß-Sammeln und Fischfang zubringt). Beschränkt diese Produktionsmöglichkeitenkurve den Konsum von Robinson Crusoe bei Selbstversorgung? Gelten für ihn dieselben Grenzen, falls er mit Eingeborenen auf der Insel Handel treiben kann?

Schnelltest

Die Regel vom komparativen Vorteil

Hinter der Erklärung der Handelsvorteile durch den Viehbauern steckt – obwohl sie korrekt ist – eine Rätselfrage: Wenn der Viehbauer doch sowohl beim Fleisch als auch bei den Kartoffeln überlegen ist, wie kann sich dann der Ackerbauer je auf das spezialisieren wollen, was er am besten kann? Der Ackerbauer scheint doch überhaupt nichts am besten zu können. Um diese Rätselfrage zu klären, müssen wir uns die Regel vom *komparativen Vorteil* näher ansehen.

Als einen ersten Schritt bei der Herleitung dieser Regel greifen wir die folgende Frage auf: Wer kann in unserem Beispiel die Kartoffeln mit niedrigeren Kosten erzeugen – der Ackerbauer oder der Viehbauer? Darauf gibt es zwei mögliche Antworten, und in diesen beiden Antworten liegt zweierlei: die Lösung der Rätselfrage und der Schlüssel zum Verständnis der Handelsvorteile.

Absoluter Vorteil

Eine mögliche Art der Beantwortung der Frage nach den Produktionskosten von Kartoffeln besteht darin, die bei den beiden Produzenten erforderlichen Inputs zu vergleichen. Der Viehbauer braucht nur 8 Arbeitsstunden für ein Pfund Kartoffeln, wohingegen der Ackerbauer 10 Arbeitsstunden aufwenden muß. Insofern wird man sagen können, der Viehbauer hat die niedrigeren Kosten der Kartoffelproduktion.

Absoluter Vorteil
Der Produktivitätsvorteil eines Produzenten bei der Erzeugung eines bestimmten Gutes.

Ökonomen verwenden den Ausdruck **absoluter Vorteil**, wenn sie die Produktivität einer Person, einer Unternehmung oder einer Nation mit einer zweiten vergleichen. Der Produzent, der eine kleinere Input-Menge zur Produktion eines Gutes benötigt, hat – wie man sagt – einen absoluten Vorteil bei der Produktion jenes Gutes. In unserem Beispiel hat der Viehbauer bei beiden Produkten einen absoluten Produktionsvorteil, weil er für jede der beiden Produkteinheiten weniger Arbeitszeit einsetzt.

Opportunitätskosten und komparativer Vorteil

Es gibt noch eine zweite Perspektive für die Produktionskosten von Kartoffeln. Statt die erforderlichen Inputs zu vergleichen, vergleichen wir die Opportunitätskosten. Erinnern Sie sich an Kapitel 1: Die **Opportunitätskosten** einer Einheit irgend eines Gutes bestehen in dem, was wir dafür durch Verzicht aufgeben müssen. In unserem Beispiel haben wir sowohl für den Ackerbauern als auch für den Viehbauern je eine 40-Stunden-Arbeitswoche angenommen. Die auf die Kartoffelproduktion verwendete Zeit geht deshalb von der Zeit für die Fleischproduktion ab. Sobald die beiden Bauern ihre Zeitaufteilung für die beiden Produktarten verändern, bewegen sie sich entlang der Produktionsmöglichkeitenkurve. In gewisser Weise benützen sie dabei das eine Gut, um das andere herzustellen. Die Opportunitätskosten messen den Tradeoff oder Zielkonflikt, den beide haben.

Opportunitätskosten
Worauf man verzichten muß, um eine bestimmte Gütereinheit zu erlangen.

Schauen wir uns zuerst die Opportunitätskosten des Viehbauern an. Die Produktion von 1 Pfund Kartoffeln verlangt ihm 8 Arbeitsstunden ab. Wenn der Viehbauer 8 Stunden für die Kartoffelerzeugung verwendet, setzt er 8 Stunden weniger bei der Fleischproduktion ein. Weil der Viehbauer nur 1 Arbeitsstunde benötigt, um 1 Pfund Fleisch herzustellen, würden 8 Arbeitsstunden 8 Pfund Fleisch ergeben. Daher belaufen sich die Opportunitätskosten des Viehbauern für 1 Pfund Kartoffeln auf 8 Pfund Fleisch. Die Produktionsmöglichkeiten-Kurve des Viehbauern spiegelt diese Opportunitätskosten: Die abwärts verlaufende Gerade in Diagramm (b) des Schaubildes 3-1 hat eine Steigung von minus 8.

Betrachten wir nun die Opportunitätskosten des Ackerbauern. Um 1 Pfund Kartoffeln zu produzieren, muß er 10 Arbeitsstunden aufwenden. Weil er 20 Stunden benötigt, um 1 Pfund Fleisch herzustellen, entsprechen 10 Stunden einem halben Pfund Fleisch. Daher betragen die Opportunitätskosten des Ackerbauern für 1 Pfund Kartoffeln $\frac{1}{2}$ Pfund Fleisch. Die Produktionsmöglichkeitenkurve des Ackerbauern im Diagramm (a) des Schaubildes 3-1 spiegelt diese Opportunitätskosten durch die Steigung von minus $\frac{1}{2}$.

Die Tabelle 3-3 weist die Opportunitätskosten der beiden Produzenten für Kartoffeln und Fleisch aus. Man bemerkt, daß die Opportunitätskosten von Fleisch der reziproke Wert der Opportunitätskosten von Kartoffeln sind. Weil 1 Pfund Kartoffeln den Viehbauern 8 Pfund Fleisch kostet, kostet ihn 1 Pfund Fleisch 1/8 Pfund Kartoffeln. Entsprechend kostet den Ackerbauern 1 Pfund Fleisch 2 Pfund Kartoffeln, weil ihn 1 Pfund Kartoffeln auf $\frac{1}{2}$ Pfund Fleisch kommt.

	Opportunitätskosten für 1 Pfund	
	Fleisch (in Kartoffel-Einheiten)	Kartoffeln (in Fleisch-Einheiten)
Ackerbauer	2	$\frac{1}{2}$
Viehbauer	1/8	8

Tabelle 3-3
**Die Opportunitäts-
kosten von Fleisch
und Kartoffeln**

Ökonomen benützen den Ausdruck **komparativer Vorteil** beim Beschreiben der Opportunitätskosten von zwei Produzenten. Der Produzent mit den niedrigeren Opportunitätskosten eines Gutes hat – wie man sagt – einen komparativen Vorteil bei der Herstellung dieses Gutes. In unserem Beispiel hat der Ackerbauer bei der Kartoffelproduktion niedrigere Opportunitätskosten als der Viehbauer (1/2 Pfund verglichen mit 8 Pfund Fleisch). Der Viehbauer hat niedrigere Opportunitätskosten beim Fleisch als der Ackerbauer (1/8 Pfund verglichen mit 2 Pfund Kartoffeln). So hat der Ackerbauer einen komparativen Vorteil beim Kartoffelanbau und der Viehbauer einen komparativen Vorteil bei der Fleischerzeugung.

Man bemerkt, daß ein komparativer Vorteil ein und derselben Person bei beiden Gütern ausgeschlossen ist. Da die Opportunitätskosten eines Gutes gleich dem reziproken Wert der Opportunitätskosten des anderen Gutes sind, sind die Opportunitätskosten eines Produzenten bei einem Gut relativ niedrig, wenn seine Opportunitätskosten beim anderen Gut vergleichsweise hoch sind. Der komparative Vorteil spiegelt die relativen Opportunitätskosten. Sofern nicht zufällig beide Personen genau gleiche Opportunitätskosten zu verzeichnen haben, wird die eine beim einen Gut und die andere beim anderen Gut ihren komparativen Vorteil finden.

**Komparativer
Vorteil**
Der Opportunitäts-
kosten-Vorteil eines
Produzenten bei der
Erzeugung eines
bestimmten Gutes.

Komparativer Vorteil und Handel

Unterschiede der Opportunitätskosten und komparative Vorteile schaffen die Handelsgewinne. Sofern sich jeder auf das Gut spezialisiert, bei dem er den komparativen Vorteil hat, wird die Gesamtproduktion der Volkswirtschaft ansteigen und diese Vergrößerung des Kuchens kann dazu Verwendung finden, daß es jedem besser geht. Solange also zwei Leute unterschiedliche Opportunitätskosten haben, kann jeder und jede dadurch vom

Handel profitieren, daß man ein Gut zu einem niedrigeren Preis als den eigenen Opportunitätskosten erwirbt.

Man betrachte den vorgeschlagenen Handel vom Standpunkt des Ackerbauern aus. Der Ackerbauer bekommt 3 Pfund Fleisch für 1 Pfund Kartoffeln. Der Ackerbauer kauft also jedes Pfund Fleisch zum Preis von 1/3 Pfund Kartoffeln. Dieser Preis ist niedriger als seine eigenen Opportunitätskosten für Fleisch, die 2 Pfund Kartoffeln betragen. Auf diese Weise profitiert der Ackerbauer von dem Handel mit dem Viehbauern, weil er Fleisch zu einem guten Preis bekommt.

Nun betrachte man den Handel aus dem Blickwinkel des Viehbauern. Der Viehbauer kauft 1 Pfund Kartoffeln zum Preis von 3 Pfund Fleisch. Dieser Kartoffelpreis ist niedriger als seine Opportunitätskosten, die 8 Pfund Fleisch ausmachen. So profitiert der Viehbauer, indem er Kartoffeln zu einem günstigen Preis erhält.

Diese Vorteile entstehen dadurch, daß sich jeder auf jene Aktivität konzentriert, bei der er die niedrigeren Opportunitätskosten hat: Der Ackerbauer wendet mehr Zeit für Kartoffelanbau, der Viehbauer mehr Zeit für Fleischproduktion auf. Als Ergebnis steigen die Mengen der insgesamt produzierten Kartoffeln und des insgesamt produzierten Fleisches an. Der Ackerbauer und der Viehbauer teilen sich die Vorteile der erhöhten Produktion. Die Moral der Geschichte vom Ackerbauern und vom Viehbauern sollte nun klar sein: *Handel vermag jedem in der Gesellschaft zu nützen, weil er jedem die Spezialisierung auf seine Aktivitäten mit dem komparativen Vorteil ermöglicht.*

Schnelltest   Robinson Crusoe kann pro Stunde 10 Kokosnüsse sammeln oder 1 Fisch fangen. Sein Freund Freitag dagegen sammelt 30 Kokosnüsse oder fängt 2 Fische pro Stunde. Wie hoch sind Crusoes Opportunitätskosten für den Fang eines Fisches? Wie hoch sind die von Freitag? Wer hat einen komparativen Vorteil beim Fischfang?

Anwendungen des Prinzips vom komparativen Vorteil

Das Prinzip vom komparativen Vorteil erklärt die Interdependenz der Menschen und der Länder sowie die Handelsvorteile. Da Interdependenz so sehr vorherrschend in der modernen Welt ist, hat das Prinzip vom komparativen Vorteil viele Anwendungen. Hier sind zwei Beispiele – ein lustiges und eines mit großer praktischer Bedeutung.

Soll Boris Becker seinen Rasen selbst mähen?

Boris Becker ist ein großer Tennisspieler. Er gehört im Tennis zur Weltspitze und ist vielleicht auch für anderes begabt. Gewiß könnte er auch seinen Rasen am Haus selbst mähen. Vielleicht könnte er den Rasen sogar schneller mähen als manch einer seiner dafür zuständigen Bediensteten oder eine willige Nachbarin. Doch heißt das auch, daß er ihn wirklich selbst mähen sollte?

Um diese Frage zu beantworten, bedienen wir uns der Konzeptionen der Opportunitätskosten und des komparativen Vorteils. Nehmen wir an, Boris könnte den Rasen in 2 Stunden mähen. In diesen zwei Stunden könnte er aber auch einen Auftritt absolvieren, bei dem er netto DM 10.000 Werbeeinnahmen erzielt. Anders verhält es sich mit Tosca S., die um die Ecke wohnt und bei McDonalds oder aus dem Werkvertrag eines Instituts DM 16,– pro Stunde verdient. Sie braucht zwar 3 Stunden für die Rasenpflege, erwartet dafür aber nur DM 48,– oder ein wenig mehr an Bezahlung.

In diesem Beispiel betragen Boris Beckers Opportunitätskosten für das Rasenmähen DM 10.000,–, die Opportunitätskosten von Tosca S. jedoch nur DM 48,–. Boris hat zwar einen absoluten Vorteil, weil er nur 2 anstatt 3 Stunden Arbeitszeit aufwenden müßte. Doch Tosca verfügt über einen komparativen Vorteil beim Rasenmähen, weil sie niedrigere Opportunitätskosten hat. Der »Handelsvorteil« ist in diesem Beispiel gewaltig. Boris Becker sollte sich für den Werbeauftritt entscheiden und Tosca zum Rasenmähen anstellen. Solange Boris ihr mehr als DM 48,– und weniger als DM 10.000,– bezahlt, sind beide besser gestellt.

Soll die Bundesrepublik Deutschland mit anderen Ländern Handel treiben?

Ebenso wie Einzelpersonen von Spezialisierung und Handel miteinander profitieren, wie dies bei Ackerbauer und Viehbauer der Fall war, können Bevölkerungen unterschiedlicher Länder die Vorteile haben. Viele der in Deutschland bei den Verbrauchern beliebten Güter werden im Ausland hergestellt, und zahlreiche deutsche Produkte werden im Ausland verkauft. Die im Ausland hergestellten und im Inland verkauften Güter nennt man **Importe**. Inlandsprodukte, die im Ausland abgesetzt werden, machen die **Exporte** aus.

Betrachten wir zwei Länder, z.B. die Vereinigten Staaten und die Bundesrepublik Deutschland, und zwei Güter, z.B. Autos und Weizen, zur Erläuterung der Handelsvorteile. Stellen wir uns vor, daß Autos in beiden Ländern gleich gut hergestellt werden können: Ein amerikanischer Arbeiter und ein deutscher Arbeiter könne grob gerechnet ein Auto pro Monat fertigen. Im Gegensatz dazu sind die USA wegen der fruchtbareren und reichlicheren Böden bei der Weizenerzeugung besser: Eine amerikanische Arbeitskraft vermag rund zwei Tonnen Weizen zu erzeugen, während die deutsche Arbeitskraft in der Landwirtschaft nur eine Tonne Weizen schafft.

Die Regel vom komparativen Vorteil besagt, daß jedes Gut von dem Land hergestellt werden sollte, das die niedrigeren Opportunitätskosten bei der Produktion hat. Da die Opportunitätskosten eines Autos in den USA zwei Tonnen Weizen betragen, aber nur eine Tonne Weizen in Deutschland ausmachen, hat Deutschland bei der Autoproduktion einen komparativen Vorteil. Die Bundesrepublik Deutschland sollte deshalb mehr Autos als für

Importe
Im Ausland produzierte und im Inland verkaufte Güter (Waren und Dienstleistungen).

Exporte
Im Inland produzierte und im Ausland verkaufte Güter (Waren und Dienstleistungen).

den Eigenverbrauch erforderlich produzieren und Autos in die USA exportieren. In den USA dagegen betragen die Opportunitätskosten für eine Tonne Weizen nur $\frac{1}{2}$ Auto, während sich die Opportunitätskosten für eine Tonne Weizen in der Bundesrepublik Deutschland auf ein Auto belaufen. Die USA haben einen komparativen Vorteil bei der Weizenerzeugung. Die Vereinigten Staaten sollten deshalb mehr Weizen als die zum Eigenverbrauch erforderliche Menge erzeugen und Weizen nach Deutschland exportieren. Durch Spezialisierung und Außenhandel erzielen beide Länder größere Mengen an Autos und an Weizen.

Wie im Kapitel 9 ausgeführt werden wird, sind die Umstände des Außenhandels in der Wirklichkeit sehr viel komplexer als in unserem Beispiel gerade eben. Die wichtigste Besonderheit besteht in den Bedürfnissen, Geschmacksrichtungen und Präferenzen der Bevölkerung. Jedes Land hat viele Bürger mit sehr unterschiedlichen Neigungen und Interessen. *Der Außenhandel kann deshalb einzelne Bürger schlechter stellen, obwohl er die Bevölkerung insgesamt besser stellt.* Wenn die USA Weizen exportieren und Autos importieren, so sind die Auswirkungen auf die amerikanischen Farmer anders als auf die amerikanischen Automobilarbeiter. Doch anders als Politiker und politische Kommentatoren sich bisweilen ausdrücken, ist der internationale Handel gewiß kein Krieg, in dem einige Länder gewinnen und andere verlieren. Der Außenhandel gibt allen Ländern die Möglichkeit zu größerer Prosperität.

Schnelltest

Angenommen, die Weltmeisterin im Maschinenschreiben würde zur Gehirnchirurgin ausgebildet. Soll sie als Chirurgin ihre Schreibsachen selbst tippen oder lieber eine Sekretärin einstellen? Geben Sie eine Begründung für ihre Antwort.

Das Vermächtnis von Adam Smith und David Ricardo

Die Ökonomen haben lange schon das Prinzip des komparativen Vorteils verstanden. Lesen Sie hier im Original, wie der große Nationalökonom Adam Smith darüber geschrieben hat: »It is a maxim of every prudent master of a family, never to attempt to make at home what it will cost him more to make than to buy. The tailor does not attempt to make his own shoes, but buys them of the shoemaker. The shoemaker does not attempt to make his own clothes but employs a tailor. The farmer attempts to make neither the one nor the other, but employs those different artificers. All of them find it for their interest to employ their whole industry in a way in which they have some advantage over their neighbours, and to purchase with a part of its produce, or what is the same thing, with the price of part of it, whatever else they have occasion for.«

Das Zitat stammt aus dem Buch »An Inquiry into the Nature and Causes of the Wealth of Nations« von Adam Smith, das erstmals 1776 erschien. Das Buch war ein Meilenstein in der Analyse des Handels und der Interdependenz. Viele Ökonomen sehen in Adam Smith den Begründer der modernen Volkswirtschaftslehre.

Das Buch von Smith brachte den millionenschweren Börsenmakler David Ricardo dazu, Nationalökonom zu werden. In seinem Buch »Principles of Political Economy and Taxation« von 1817 entwickelte Ricardo das Prinzip des komparativen Vorteils, wie wir es heute kennen. Sein Eintreten für den Freihandel war keine rein akademische Angelegenheit. Seine ökonomischen Überzeugungen veranlaßten Ricardo, ein Parlamentsmitglied zu werden und die zur Importbeschränkung gedachten Corn Laws zu bekämpfen.

Die Erkenntnisse von Adam Smith und David Ricardo über die Handelsvorteile haben sich über die Zeit hinweg gut gehalten. Obwohl Ökonomen über politische Fragen oft uneins sind, besteht beim Freihandel Einigkeit. Im übrigen hat sich die zentrale Argumentation für den Freihandel im Laufe der vergangenen zwei Jahrhunderte nicht sehr verändert. Obwohl sich die Nationalökonomie seit der Zeit von Smith und Ricardo erweitert und verfeinert hat, beruht der Widerstand der Ökonomen gegen Handelsbeschränkungen noch immer weitgehend auf dem Prinzip des komparativen Vorteils.

Schlußfolgerung

Das Prinzip des komparativen Vorteils zeigt, daß es durch Handel jedem besser geht. Sie sollten nunmehr vom Nutzen des Lebens in einer offenen und interdependenten Volkswirtschaft überzeugt sein. Doch obwohl Sie eingesehen haben, daß Interdependenz wünschenswert ist, könnten Sie sich fragen, inwiefern Interdependenz überhaupt möglich wird. Wie schaffen es freiheitliche Gesellschaften, die verschiedenen Aktivitäten aller Leute zu koordinieren, die in ihren Volkswirtschaften entscheiden und handeln? Wie ist gewährleistet, daß die Güter von den Produzenten zu den Konsumenten kommen?

In einer Zwei-Personen-Gesellschaft aus Ackerbauer und Viehbauer ist die Antwort einfach: Die beiden können unmittelbar in Handelsbeziehung treten und die Ressourcen aufteilen. In der wirklichen Welt mit ihren Millionen von Menschen fällt die Antwort nicht so leicht. Wir kommen darauf im nächsten Kapitel noch einmal zurück, wenn wir darüber nachdenken, wie freiheitliche Gesellschaften die Allokation der Ressourcen durch die Marktkräfte von Angebot und Nachfrage bewältigen.

Zusammenfassung

- Jeder Mensch konsumiert Waren und Dienstleitungen, die von zahlreichen anderen Menschen im Inland und im Ausland erzeugt werden. Interdependenz und Handel sind deshalb wünschenswert, weil sie jedermann in den Genuß größerer Mengen und einer größeren Vielfalt von Gütern bringen.
- Es gibt zwei Verfahren, um die Fähigkeiten zweier Personen zur Erzeu-

gung eines Gutes zu vergleichen. Zum einen hat diejenige Person, die bei der Produktion eine kleinere Input-Menge einsetzt, – wie man sagt – einen *absoluten Vorteil* bei der Güterproduktion. Zum anderen hat die Person mit den niedrigeren Opportunitätskosten bei der Produktion eines Gutes einen *komparativen Vorteil*. Die Handelsvorteile beruhen auf dem komparativen Vorteil, nicht auf dem absoluten Vorteil.

- Durch Handel geht es allen besser, weil der Handel den Menschen die Möglichkeit gibt, sich nach ihren besonderen Fähigkeiten auf jene Güter zu spezialisieren, bei denen sie einen komparativen Vorteil haben.

- Das Prinzip des komparativen Vorteils läßt sich auf Menschen und auf Länder anwenden. Ökonomen stützen sich auf das Prinzip des komparativen Vorteils, um für Freihandel zwischen den Volkswirtschaften einzutreten.

Stichworte

Absoluter Vorteil	Komparativer Vorteil
Export	Opportunitätskosten
Import	

Wiederholungsfragen

1. Erklären Sie den Unterschied zwischen absolutem und komparativem Vorteil.
2. Geben Sie ein Beispiel, in dem die eine Person einen absoluten Vorteil und die andere Person einen komparativen Vorteil bei einer Tätigkeit hat.
3. Ist der absolute oder der komparative Vorteil für den Handel von größerer Bedeutung? Begründen Sie Ihre Antwort mit dem Beispiel unter 2.
4. Warum stellen sich Ökonomen gegen politische Maßnahmen, die den internationalen Handel einschränken?

Aufgaben und Anwendungen

1. Betrachten Sie nochmals den Ackerbauern und den Viehbauern im Beispiel dieses Kapitels. Erklären Sie, warum die Opportunitätskosten des Ackerbauern bei der Produktion von 1 Pfund Fleisch 2 Pfund

Kartoffeln betragen. Erklären Sie ferner, warum die Opportunitätskosten des Viehbauern bei der Herstellung von 1 Pfund Fleisch $\frac{1}{8}$ Pfund Kartoffeln ausmachen.

2. Maria kann pro Stunde 20 Seiten eines wirtschaftswissenschaftlichen Buches lesen. Sie kann auch 50 Seiten Soziologie pro Stunde lesen. Sie bringt täglich 5 Stunden beim Studium zu.
   a) Zeichnen Sie Marias Produktionsmöglichkeitenkurve für das Lesen von Wirtschaftswissenschaften und Soziologie.
   b) Wie hoch sind die Opportunitätskosten von Maria für das Lesen von 100 Seiten soziologischen Textes?
3. Amerikanische und deutsche Arbeiter können je 4 Autos pro Jahr herstellen. Eine amerikanische Arbeitskraft kann 10 Tonnen Weizen pro Jahr erzeugen, während eine deutsche Arbeitskraft nur 5 Tonnen Weizen pro Jahr produziert. Nehmen Sie der Einfachheit halber an, jedes Land verfüge über 100 Millionen Arbeitskräfte. (Nebenbei bemerkt: Informieren Sie sich über die tatsächlichen statistischen Größen.)
   a) Erstellen Sie für diese Situation eine Tabelle entsprechend 3-1.
   b) Zeichnen Sie die Produktionsmöglichkeiten-Kurven der amerikanischen und der deutschen Volkswirtschaft.
   c) Welches sind die Opportunitätskosten eines Autos in den USA? Oder von Weizen? Welches sind die deutschen Opportunitätskosten eines Autos? Oder von Weizen? Fassen Sie die Ergebnisse in einer Tabelle analog zur Tabelle 3-3 zusammen.
   d) Welches Land hat einen absoluten Vorteil bei der Autoproduktion? Oder bei der Weizenerzeugung?
   e) Welches Land hat einen komparativen Vorteil bei der Autoproduktion? Oder bei der Weizenerzeugung?
   f) Angenommen, ohne Handel würde je die Hälfte der Arbeitskräfte eines Landes Autos und Weizen erzeugen. Welche Mengen von beiden Produkten erzeugt jedes Land?
   g) Gehen Sie von der Situation ohne Handel aus und bilden Sie ein Beispiel dafür, wie es jedem Land durch Handel besser geht.
4. Franz und Michael sind Zimmerkollegen im Studentenwohnheim. Sie verbringen (natürlich) die meiste Zeit damit zu studieren, doch sie haben auch noch Zeit für ihre Lieblingsbeschäftigungen: Pizza backen und Obstbowle ansetzen. Franz braucht 4 Stunden für 4 Liter Obstbowle und 2 Stunden für eine Pizza. Michael braucht 6 Stunden für 4 Liter Obstbowle und 4 Stunden für eine Pizza.
   a) Welches sind die Opportunitätskosten von Franz und Michel für eine Pizza? Wer hat einen absoluten Vorteil, wer einen komparativen Vorteil beim Pizzabacken?
   b) Wer wird – wenn Franz und Michael tauschen – Pizza für Obstbowle abgeben?
   c) Der Pizzapreis kann in Litern Obstbowle ausgedrückt werden. Welches ist der höchste Preis, zu dem Pizza »gehandelt« werden kann, so daß sowohl Franz als auch Michael profitieren? Welches wäre der unterste Preis dafür? Geben Sie Erklärungen dazu.

5. Nehmen Sie einmal an, daß es in Kanada 10 Millionen Arbeitskräfte gibt, und daß jede dieser Arbeitskräfte pro Jahr entweder 1 Auto oder 2 Doppelzentner Weizen herstellen kann.

   a) Welches sind die kanadischen Opportunitätskosten für 1 Auto? Welches sind die Opportunitätskosten für die Produktion eines Doppelzentners Weizen in Kanada? Erläutern Sie das Zahlenverhältnis zwischen den Opportunitätskosten beider Güter.

   b) Zeichnen Sie bitte Kanadas Produktionsmöglichkeitenkurve. Kanada will 10 Millionen Autos »konsumieren«. Welcher Weizenkonsum wäre dabei ohne Außenhandel möglich? Markieren Sie den entsprechenden Punkt auf der Produktionsmöglichkeitenkurve.

   c) Nun unterstellen Sie, daß die USA Kanada anbieten, aus Kanada 10 Millionen Autos für 1 1/3 Doppelzentner Weizen pro Auto zu importieren. Welcher Weizenkonsum wäre Kanada durch dieses Handelsgeschäft möglich, wenn in Kanada weiterhin 10 Millionen Autos nachgefragt und gekauft würden? Markieren Sie den Punkt wiederum auf der Produktionsmöglichkeitenkurve. Soll Kanada auf das vorgeschlagene Geschäft eingehen?

6. Stellen Sie sich einen Professor beim Schreiben eines Buches vor. Er wäre besser als jede andere Arbeitskraft seiner Universität dazu in der Lage, sowohl die Kapital zu schreiben als auch das erforderliche Quellenmaterial zu sammeln. Dennoch bezahlt er einen Studenten dafür, daß er das Quellenmaterial in der Bibliothek sammelt. Ist dies vernünftig? Begründung?

7. England und Schottland produzieren Pullover und Kekse. Angenommen, ein englischer Arbeiter kann 50 Kekse oder 1 Pullover pro Stunde produzieren. Ein schottischer Arbeiter bringe es auf 40 Kekse und 2 Pullover pro Stunde.

   a) Welches Land hat bei jedem der beiden Güter den absoluten und den komparativen Vorteil?

   b) Welches Gut wird Schottland an England verkaufen, wenn die beiden Länder den Handel aufnehmen? Begründung?

   c) Würde Schottland auch dann noch vom Handel profitieren, wenn ein schottischer Arbeiter nur 1 Pullover pro Stunde machen könnte? Hätte England weiterhin Handelsvorteile? Begründung?

8. Angenommen, in Deutschland könnten alle Güter mit weniger Arbeitsstunden als in Frankreich erzeugt werden.

   a) In welchem Sinne könnte man alle deutschen Kosten als niedriger bezeichnen?

   b) In welchem Sinne wären die Kosten einzelner Güter in Frankreich niedriger?

   c) Hätten beide Länder Vorteile, wenn Deutschland und Frankreich in Handelsbeziehungen träten?

9. Richtig oder falsch? Begründen Sie jede einzelne Antwort.

   a) »Zwei Länder können selbst dann Handelsgewinne erreichen, wenn eines der beiden Länder bei allen Gütern absolute Vorteile hat.«

   b) »Bestimmte begabte Leute haben generell einen komparativen Vorteil.«

   c) »Wenn ein Geschäft für eine Person vorteilhaft ist, kann es nicht zugleich für die andere Person von Vorteil sein.«

Angebot und Nachfrage I: Wie Märkte funktionieren

Teil II

Die Marktkräfte von Angebot und Nachfrage

Kapitel 4

In diesem Kapitel werden Sie

- lernen, was ein Konkurrenzmarkt ist,
- die Bestimmung der Nachfrage nach einem Gut auf dem Konkurrenzmarkt prüfen,
- die Bestimmung des Angebots auf dem Konkurrenzmarkt nachvollziehen,
- klären, wie Angebot und Nachfrage zusammen den Preis eines Gutes und die verkaufte Menge bestimmen,
- die Schlüsselrolle der Preise bei der Zuteilung knapper Ressourcen in Marktwirtschaften verstehen lernen.

Wenn eine Kältewelle über Florida hereinbricht, steigt in den amerikanischen Supermärkten der Preis für Orangensaft. Wenn die Sommer an der deutschen Nordseeküste sehr heiß sind, drückt dies in manchen Orten an der Adria die Hotelpreise. Wenn im Nahen Osten ein Krieg ausbricht, steigt in Europa der Benzinpreis und es fallen die Preise für Gebrauchtwagen mit hohem Treibstoffverbrauch. Was haben all diese Ereignisse gemeinsam? Sie zeigen das Wirken von Angebot und Nachfrage.

Angebot und *Nachfrage* sind die beiden Worte, die Ökonomen – aus gutem Grund – am häufigsten verwenden. Angebot und Nachfrage sind die Triebkräfte für das Funktionieren einer Marktwirtschaft. Sie bestimmen die produzierte Menge eines jeden Gutes und den Marktpreis. Wenn man die Auswirkung irgendeines Ereignisses oder einer wirtschaftspolitischen Maßnahme auf die Volkswirtschaft wissen will, muß man zuerst darüber nachdenken, wovon Angebot und Nachfrage beeinflußt werden.

Das vorliegende Kapitel führt in die Theorie von Angebot und Nachfrage ein. Es klärt, wie sich Käufer und Verkäufer verhalten und wie sie miteinander zusammenwirken. Es zeigt, wie Angebot und Nachfrage in einer Marktwirtschaft die Preise bestimmen und wie die Preise – umgekehrt – die Zuteilung knapper Ressourcen regeln.

Märkte und Wettbewerb

Markt
Gruppen potentieller Käufer und Verkäufer einer bestimmten Ware oder Dienstleistung.

Die Begriffe *Angebot* und *Nachfrage* beziehen sich auf das Verhalten der Menschen bei ihrem Zusammenspiel auf den Märkten. Ein **Markt** besteht aus Gruppen potentieller Käufer und Verkäufer eines Gutes. Die Gruppe der potentiellen Käufer bestimmt die Nachfrage nach dem Gut, die Gruppe der Verkäufer bestimmt das Güterangebot. Überlegen wir zuerst näher, was wir mit einem »Markt« und mit den verschiedenen empirisch feststellbaren Arten von Märkten meinen, ehe wir das Verhalten der Käufer und Verkäufer erörtern.

Wettbewerbsmärkte

Märkte nehmen verschiedene Formen an. Manchmal sind die Märkte hochgradig organisiert, wie etwa einzelne Märkte für landwirtschaftliche Produkte oder die Wertpapierbörsen. Auf diesen Märkten treffen sich Anbieter und Nachfrager zu bestimmten Zeiten an bestimmten Orten, wo ein Auktionator bzw. ein Kursmakler die Preise ermittelt und bei der Auftragsabwicklung behilflich ist.

Meistens aber sind die Märkte wenig oder gar nicht organisiert. Man sieht es z.B. am Markt für Speiseeis in einer bestimmten Stadt. Die Eiskäufer treffen sich nicht zu einer bestimmten Zeit an einem bestimmten Ort in der Stadt. Die Eisverkäufer findet man in verschiedenen Geschäften und zumeist mit unterschiedlichen Produkten. Es gibt auch keinen Auktionator, der die Aufträge sammelt und sich per Ausrufen an den Preis herantastet, zu dem die größten Umsätze möglich sind, weil angebotene und nachgefragte Mengen übereinstimmen. Jeder Anbieter stellt ein Preisschild auf und jeder Nachfrager entscheidet sich, ob und wieviel er in diesem Geschäft kauft.

Obwohl nicht organisiert, bilden die Gruppen der Nachfrager und Anbieter von Speiseeis einen Markt. Jeder Nachfrager weiß, daß es mehrere Anbieter gibt, von denen man kaufen könnte, und jeder Anbieter ist sich bewußt, daß sein Produkt dem anderer Anbieter ähnlich ist. Marktpreis und Mengen werden nicht von einem einzelnen Verkäufer oder Käufer bestimmt. Vielmehr ergeben sich die umgesetzten Mengen und der Marktpreis durch alle Marktteilnehmer und ihr Zusammenwirken im Markt.

Wettbewerbs- oder Konkurrenzmarkt
Ein Markt mit sehr vielen Anbietern und Nachfragern, so daß der einzelne einen verschwindend kleinen und ihm selbst unbekannten Einfluß auf den Marktpreis hat.

Der Markt für Speiseeis ist – wie die meisten Märkte einer Marktwirtschaft – ein Wettbewerbs- oder Konkurrenzmarkt. Ein **Konkurrenzmarkt** ist ein Markt mit sehr vielen Anbietern und Nachfragern, so daß ein einzelner Marktteilnehmer einen verschwindend kleinen (und ihm selbst unbekannten) Einfluß auf den Marktpreis hat. Jeder der erwähnten Eisverkäufer hat nur sehr wenig Einfluß auf den Preis, weil zahlreiche andere Anbieter ein sehr ähnliches Gut anbieten und Käufer jederzeit zu einem anderen gehen und dort kaufen können. Entsprechend kann auch kein einzelner Speiseeiskäufer den Eispreis bestimmen, weil sein tatsächlicher Einfluß durch seine kleine Nachfragemenge »kaum zählt«.

In diesem Kapitel wollen wir prüfen, wie potentielle Käufer und Verkäufer auf Konkurrenzmärkten zusammenwirken. Wir werden dann verstehen, wie die Kräfte von Angebot und Nachfrage beides bestimmen – die umgesetzte Gütermenge und den Güterpreis.

Konkurrenz: vollständige und andere

Wir unterstellen in diesem Kapitel für alle Märkte *perfect competition* oder *vollständige Konkurrenz (Polypol auf dem vollkommenen Markt)*. Dabei sind zwei Umstände besonders wichtig: (1) die angebotenen Güter sind gleich, (2) die Anbieter und Nachfrager sind zahlreich und deshalb als einzelne strategieunfähig (Polypol). Weil Anbieter und Nachfrager den gegebenen Marktpreis akzeptieren müssen, bezeichnet man sie als *Mengenanpasser* oder *price taker*. Es gibt einige Märkte, auf die dies exakt zutrifft. In den USA nennt man den Weizenmarkt als Beispiel.

Die meisten Märkte jedoch sind nicht vollkommen, so daß selbst beim Vorhandensein zahlreicher Marktteilnehmer keine vollständige Konkurrenz herrscht. Im Anschluß an (1) kann man *den unvollkommenen Markt* leicht beschreiben: Keine gleichartigen Güter – und im Zusammenhang damit oft persönliche, räumliche und zeitliche Unterschiede bei Angebot und Nachfrage sowie fehlende Marktübersicht der Anbieter und Nachfrager.

Doch man kann vollständige und unvollständige Konkurrenz auch im Anschluß an (2) – die quantitative Besetzung der Marktseiten – diskutieren. Einige Märkte haben nur einen einzigen Anbieter, der den Preis setzt; man spricht dann vom *Monopol*. Die Deutsche Post z.B. war bis vor kurzer Zeit noch Alleinanbieter im Telefonbereich. Telefonkunden hatten keine Möglichkeit, zu einem anderen Anbieter auszuweichen; es herrschte also kein Wettbewerb. Wettbewerb erfordert Wahlmöglichkeiten für potentielle Geschäftspartner.

Recht häufig findet man Märkte mit einigen wenigen Anbietern – typischerweise große Unternehmen mit Voraussetzungen zur Preisstrategie, die sich jedoch nur zeitweilig auf Preiskämpfe einlassen. Ein Markt mit wenigen Anbietern und vielen Nachfragern heißt *Oligopol*. Bei Fluggesellschaften und Autoherstellern kennt man Oligopole, wobei neben (2) stets auch Merkmale von (1) eine Rolle spielen.

Große empirische Bedeutung hat die Marktform der *monopolistischen Konkurrenz*. Es gibt zwar viele Anbieter (und Nachfrager), doch die Güter sind nicht völlig gleichartig im Angebot (u.U. mit persönlichen, räumlichen und zeitlichen Unterschieden). Der einzelne Anbieter hat deshalb einen gewissen Spielraum für eigene Preissetzung (Preislagen oder Preisspannen als sogenannte »monopolistische Bereiche«) und Preisstrategie. Der Student denke an Hardware und Software im PC-Bereich, wenn er nach Beispielen für monopolistische Konkurrenz sucht.

Trotz der vielfältigen Abweichungen vom Idealbild vollständiger Konkurrenz (Polypol auf dem vollkommen Markt) im wirklichen Wirtschaftsleben beginnen wir mit dem Studium der *vollständigen Konkurrenz*. Diese

Märkte sind am leichtesten zu untersuchen. Überdies gelten einige daraus abzuleitende Schlußfolgerungen abgeschwächt auch für die komplizierteren Marktformen.

Schnelltest   Was ist ein Markt? Was meint man, wenn man einen Markt als Konkurrenzmarkt bezeichnet?

Nachfrage

Wir beginnen unser Studium mit dem Nachfragerverhalten. Es geht um die Frage, wodurch die **nachgefragte Menge** eines bestimmten Gutes bestimmt wird, welche Gütermenge die Nachfrager kaufen wollen und bezahlen können. Dazu setzen wir wieder beim Speiseeis an, einem gerade für junge Studenten attraktiven Gut.

Die Bestimmungsgründe der individuellen Nachfrage

Achten Sie auf Ihr eigenes Nachfrageverhalten. Wie kommen Sie dazu, pro Monat bestimmte Mengen zu kaufen, und wie wird ihre Entscheidung beeinflußt? Hier sind einige mögliche Antworten.

Preis.   Wenn der Preis für eine Kugel Eis auf DM 20,– stiege, würden Sie gewiß weniger kaufen. Sie würden vielleicht auf bestimmte Joghurt- oder Schokoladensorten ausweichen. Fiele der Preis einer Kugel auf DM 0,20, würden Sie mehr kaufen. Weil die nachgefragte Menge mit steigendem Preis fällt und mit fallendem Preis steigt, sagt man, die *Nachfragemenge* sei *negativ vom Preis abhängig*. Diese funktionale Verknüpfung zwischen Preis und nachgefragter Menge ist für die weitaus meisten Güter einer Volkswirtschaft empirisch gültig. Ökonomen sprechen deshalb vom **Gesetz der Nachfrage**: Bei sonst gleichen Bedingungen fällt die nachgefragte Gütermenge, wenn der Preis des Gutes ansteigt.

Gesetz der Nachfrage
Bei sonst unveränderten Randbedingungen sinkt die nachgefragte Menge eines Gutes bei steigendem Preis des Gutes.

Einkommen.   Wie würde sich Ihre Nachfrage nach Speiseeis verändern, wenn Sie im Sommer Ihre Ferienarbeit verlieren würden? Wahrscheinlich würde die Nachfrage zurückgehen. Ein kleineres Einkommen bedeutet, daß Sie insgesamt weniger für Ausgaben zur Verfügung haben. Deshalb würden sie für einige – vielleicht alle – Güter weniger Geld ausgeben. Sofern die Nachfrage nach einem Gut bei sinkendem Einkommen zurückgeht, handelt es sich um ein **normales Gut**.

Normales Gut
Bei sonst unveränderten Randbedingungen steigt die Nachfrage bei steigendem Einkommen.

Nicht alle Güter sind normale Güter. Um ein **inferiores Gut** handelt es sich, wenn die nachgefragte Menge – vereinzelt – bei steigendem Einkommen zurückgeht. Beispiele findet man für gewöhnlich bei Lebensmitteln sowie bei Bahn- und Linienbusfahrten. Bei höherem Einkommen wechseln die Menschen oft zu höherwertigen Produkten (vgl. Butter statt Margarine). Man leistet sich oftmals ein Auto, etwa um Gestank und

Pöbeleien in der Bahn zu entgehen und für sich zu sein. Die Nachfrage nach Benützung öffentlicher Nahverkehrsmittel geht zurück. »Gewöhnlich« schränkt man deshalb ein, weil die Einstufung als »inferiores Gut« für lange Fahrtstrecken und bei hinreichend starker »grüner Weltanschauung« empirisch oft nicht gilt.

Inferiores Gut
Bei sonst unveränderten Randbedingungen sinkt die Nachfrage bei steigendem Einkommen.

Preise verwandter Güter. Nehmen wir an, der Preis für Fruchtjoghurt würde sinken. Das Gesetz der Nachfrage besagt für diesen Fall, daß mehr Fruchtjoghurts gekauft würden. Zugleich würden Sie vielleicht weniger Eis kaufen und essen. Die beiden Produkte sind insofern verwandt, als sie beim Verbraucher ähnliche Bedürfnisse befriedigen (süße und cremige Speisen). Wenn der Preisrückgang bei einem bestimmten Gut die Nachfrage nach einem anderen Gut sinken läßt, nennt man die beiden Güter **Substitute**. Andere Beispiele für Substitute sind Würstchen und Hamburger, Sweatshirts und Pullover oder Kino- und Theaterbesuch.

Substitute, substitutive Güter
Zwei Güter, bei denen der Preisanstieg des einen Gutes einen Nachfrageanstieg des anderen Gutes auslöst.

Nehmen wir nun an, der Würstchenpreis fällt. Nach dem Gesetz der Nachfrage kaufen und essen Sie mehr Würstchen (z.B. Wiener Würstchen). Doch in diesem Falle werden Sie vielleicht auch mehr Speiseeis kaufen, da Würstchen und Speiseeis – von amerikanischen Studenten zumindest – oft zusammen verzehrt werden. Wenn ein Preisrückgang bei einem Gut auch die Nachfrage nach einem anderen Gut erhöht, handelt es sich bei den beiden Güterarten um **Komplemente**. Andere komplementäre Güter sind z.B. Automobile und Benzin, Computer und Software, Skier und Liftkarten.

Komplemente, komplementäre Güter
Zwei Güter, bei denen der Preisanstieg des einen Gutes einen Nachfragerückgang (auch) des anderen Gutes bewirkt.

Geschmack, Vorlieben. Die offensichtlichsten Bestimmungsgründe Ihrer Nachfrage sind Ihre Vorlieben oder Präferenzen. Wenn Sie Speiseeis mögen, werden Sie es kaufen. Den Geschmack der Leute versuchen Ökonomen nicht näher zu erklären; denn er beruht auf psychischen Einstellungen und historisch erworbenen Gewohnheiten, die außerhalb der Reichweite der Ökonomik liegen. Ökonomen prüfen und diskutieren jedoch sehr wohl, was aus Geschmacksveränderungen folgen würde.

Erwartungen. Ihre Erwartungen für die Zukunft vermögen Ihr gegenwärtiges Kaufinteresse an Waren und Dienstleistungen zu bestimmen. Wenn Sie z.B. damit rechnen, während der in einigen Wochen bevorstehenden Ferienarbeit mehr zu verdienen, werden Sie vielleicht eher bereit sein, Ihre vorhandenen Ersparnisse für zusätzliche Eiskäufe auszugeben. Sofern Sie jedoch für den morgigen Tag aus irgend einem Grund einen kräftigen Rückgang des Kaufpreises von Speiseeis erwarten, werden Sie Ihre Kauf- und Eßlust heute noch zügeln.

Der Nachfrageplan und die Nachfragekurve

Wir haben inzwischen bemerkt, daß viele Variablen die Menge an Speiseeis beeinflussen, die eine Person kaufen möchte. Stellen Sie sich für einen Augenblick vor, man würde alle dies Variablen mit Ausnahme des Preises konstant halten. Und nun betrachten wir die Preiswirkungen auf die Nachfragemenge.

Die Tabelle 4-1 zeigt, wie viele Eiskugeln Katrin jeden Monat bei den verschiedenen Preisen kaufen würde. Wenn Speiseeis kostenlos zu haben wäre, würde Katrin bis an die Grenze zur Übelkeit gehen und 12 Kugeln essen (*Sättigungsmenge*). Bei DM –,50 pro Kugel kauft Katrin 10 Kugeln. So wie der Preis weiter ansteigt, möchte Katrin weniger und weniger. Beim Preis von DM 3,– für eine Kugel kauft Katrin überhaupt kein Eis mehr (*Prohibitivpreis*). Die Tabelle 4-1 zeigt einen **Nachfrageplan** oder eine Nachfragetabelle für eine Vielzahl potentieller Wenn-Dann-Entscheidungen: Wenn der Preis soviel beträgt, dann wird soviel gekauft … Manche sprechen auch von einem Nachfrage-»Fahrplan« (wenn man bei einem bestimmten Preis »abfährt«, kommt man bei einer gewissen Menge »an«). Schaubild 4-1 gibt eine graphische Darstellung der Zahlen in Tabelle 4-1. Wegen der bereits erwähnten Konvention unter Ökonomen wird der Preis des Speiseeises auf der vertikalen Achse abgetragen, die Nachfragemenge jedoch auf der horizontalen Achse. Die fallende Linie funktional verbundener Preise und Mengen nennt man **Nachfragekurve**.

Nachfrageplan, Nachfragetabelle
Eine Tabelle für die zusammengehörigen Wertepaare Güterpreis und Nachfragemenge.

Nachfragekurve
Ein Graph für die Zuordnungen von Güterpreisen und Nachfragemengen.

Tabelle 4-1
Katrins Nachfragetabelle

Preis von Speiseeis (DM je Kugel)	Nachfragemenge von Speiseeis (Kugeln)
0,00	12
0,50	10
1,00	8
1,50	6
2,00	4
2,50	2
3,00	0

Die Ceteris-paribus-Klausel

Wann immer Sie eine Nachfragekurve sehen, werden Sie sich daran erinnern, daß für die empirische Gültigkeit dieser Kurve vieles andere fix bleiben muß. Katrins Nachfragekurve nach Schaubild 4-1 zeigt, welche Mengenänderungen allein von den Preisänderungen ausgelöst werden, wobei vielerlei sonstige Bedingungen konstant bleiben. Man nimmt etwa an, daß sich Katrins Einkommen, Bedürfnisse und Erwartungen sowie auch die Preise anderer Produkte nicht verändern.

Ceteris paribus
Der lateinische Ausdruck für »andere Dinge gleichbleibend« wird als Erinnerung daran verwendet, daß alle anderen als die gerade untersuchten Variablen annahmegemäß konstant bleiben.

Ökonomen gebrauchen den Ausdruck »*ceteris paribus*« um anzudeuten, daß alle relevanten Größen – mit Ausnahme der gerade als veränderlich diskutierten – konstant gehalten werden. Die lateinische Wendung bedeutet »andere Dinge gleichbleibend«. Die Nachfragekurve fällt, weil – ceteris paribus – niedrigere Preise zu einer größeren Nachfragemenge führen.

Obwohl sich der Ausdruck *ceteris paribus* auf eine hypothetische Situation bezieht, in der irgendwelche Variablen annahmegemäß konstant bleiben, verändern sich in der Realität zahlreiche Größen gleichzeitig. Tatsächlich ist *ceteris paribus* nur sehr schwer oder gar nicht zu gewährleisten. Deshalb muß man sich beim Handhaben der Werkzeuge von Angebot und

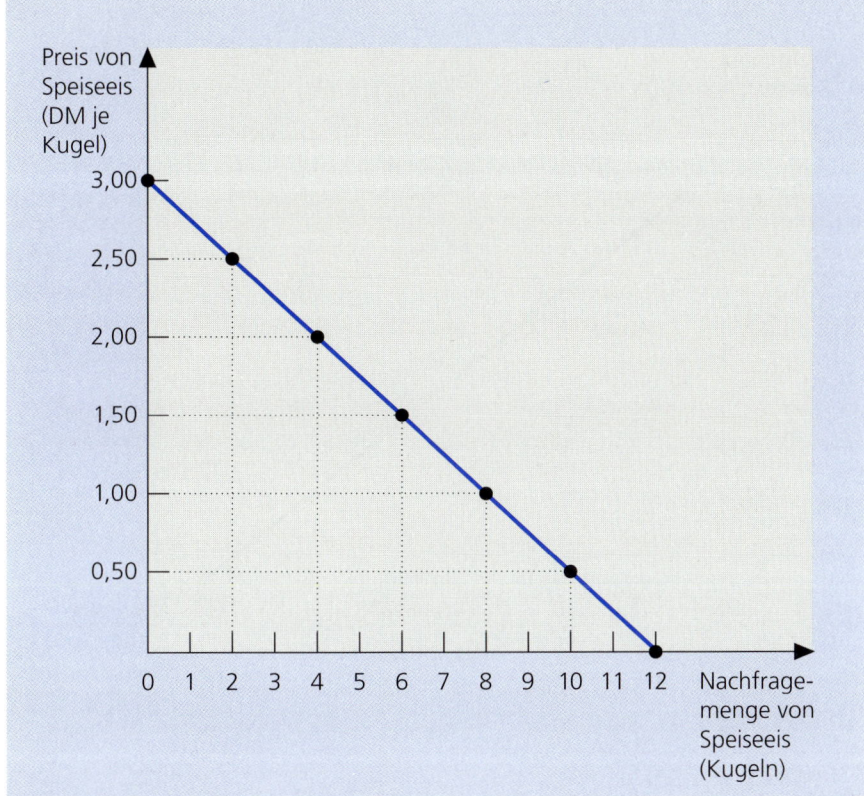

Schaubild 4-1
**Katrins Nachfrage-
kurve.** Diese Nach-
fragekurve, eine gra-
phische Darstellung
der in 4-1 tabellier-
ten Daten, zeigt die
Mengenveränderun-
gen der Nachfrage
bei variierenden
Preisen. Weil ein
niedrigerer Preis die
nachgefragte Menge
ansteigen läßt, fällt
die Kurve.

Nachfrage stets vor Augen führen, was konstant bleiben müßte und was
nicht.

Marktnachfrage und individuelle Nachfrage

Bisher haben wir lediglich über die Güternachfrage eines Individuums
gesprochen. Um das Funktionieren von Märkten zu untersuchen, müssen

Preis von Speiseeis (DM je Kugel)	Nachfragemengen (Kugeln)		
	Katrin	Nicole	Markt
0,00	12 +	7 =	19
0,50	10	6	16
1,00	8	5	13
1,50	6	4	10
2,00	4	3	7
2,50	2	2	4
3,00	0	1	1

Tabelle 4-2
**Tabelle der indivi-
duellen Nachfrage
und der Marktnach-
frage**

Schaubild 4-2
Marktnachfrage als Summe der individuellen Nachfragen. Durch horizontale Addition der individuellen Nachfragekurven (in Richtung der Mengenachse) findet man die Marktnachfragekurve. Bei einem Preis von DM 2,– fragt Katrin 4 Kugeln Eis und Nicole 3 Kugeln Eis nach. Die Gesamtnachfrage auf dem Markt zum Preis von DM 2,– beträgt also 7 Stück.

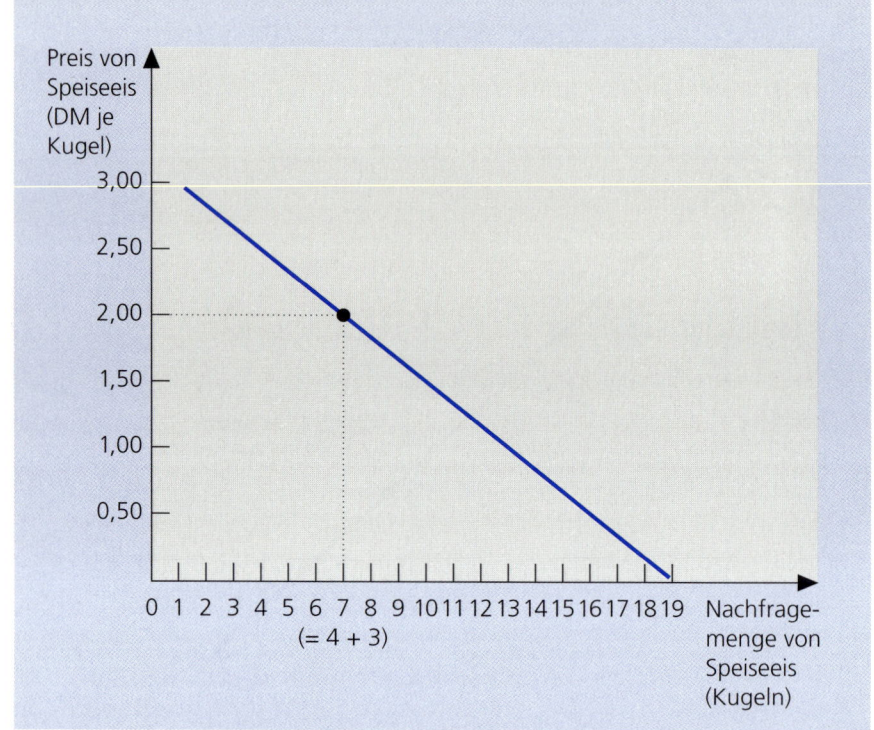

wir die *Marktnachfrage* bestimmen, die sich als Summe aller individuellen Nachfragemengen nach Waren und Dienstleistungen ergibt.

Die Tabelle 4-2 präsentiert die Nachfragetabellen von zwei Individuen für Speiseeis – Katrin und Nicole. Für beliebige Preise gibt Katrins Tabelle die nachgefragten Mengen an Speiseeis an, und Nicoles Tabelle sagt uns, wieviel sie kaufen würde. Die Marktnachfrage ist die Summe der beiden individuellen Nachfragen.

Weil die Gesamt- oder Marktnachfrage von den Einzelnachfragen abgeleitet wird, bestimmen die Einflußgrößen der Einzelnachfrage auch die Gesamtnachfrage. Auf diese Weise wird die insgesamt nachgefragte Menge eines Gutes nicht nur vom Preis dieses Gutes, sondern auch von den Einkommen der einzelnen Nachfrager, von ihren Vorlieben und Bedürfnissen, von ihren Erwartungen sowie von den Preisen der bei den einzelnen Nachfragern relevanten sonstigen Güter beeinflußt. Sie hängt also auch von der Anzahl der einzelnen Nachfrager ab. (Gäbe es neben Katrin und Nicole noch mehr Konsumenten in der Volkswirtschaft, wäre die nachgefragte Menge zu jedem Preis noch größer.) Die Nachfragetabelle 4-2 präzisiert die Auswirkungen von Preisänderungen auf die Nachfrage eines bestimmten Gutes, wenn alle übrigen relevanten Einflußgrößen konstant gehalten werden.

Das Schaubild 4-2 zeigt als Gegenstück zur Tabelle 4-2 die entsprechende Kurve. Bei der zeichnerischen Lösung auf dem Weg zur Marktnachfragekurve muß man sich auf die *horizontale* Addition der Punkte auf den Einzelnachfragekurven konzentrieren. Man kann dadurch leicht einsehen, wie sich Verhaltensänderungen beim einzelnen Nachfrager auf die Marktnachfrage auswirken würden. Da wir am Funktionieren der Märkte interessiert sind, werden wir die Marktnachfragekurve sehr oft verwenden. Die Marktnachfragekurve zeigt die nachgefragte Gesamtmenge eines Gutes (horizontale Achse) bei unterschiedlichen Preisen des Gutes (vertikale Achse).

Verschiebungen der Nachfragekurve

Stellen wir uns vor, eine angesehene medizinische Gesellschaft veröffentlichte eine neue Erkenntnis: Leute mit hohem Verbrauch an Speiseeis leben gesünder und länger. Wie verändert diese Mitteilung den Markt für Speiseeis? Die Mitteilung verändert den Geschmack oder die Vorlieben der Menschen und erhöht die Nachfrage nach Speiseeis. Zu jedem beliebigen Preis werden die Nachfrager nun größere Eismengen kaufen wollen als zuvor, und die Nachfragekurve verschiebt sich (in der Mengen-Richtung) nach rechts.

  Sobald sich andere Einflußgrößen auf die Nachfrage als der Preis des Gutes ändern, kommt es zu Kurvenverschiebungen. Wie es das Schaubild 4-3 zeigt, wird jede Veränderung mit einer Mengensteigerung der Nachfrage die Nachfragekurve nach rechts verschieben (z.B. von D_1 nach D_2), und jeder Einfluß mit einer Minderung der Nachfragemenge zu allen denkbaren Preisen wird die Kurve nach links verschieben (z.B. von D_1 nach D_3).

  Die Tabelle 4-3 listet Variablen auf, denen man – in unterschiedlichen Richtungen – Einflüsse auf die am Markt nachgefragten Mengen zuschreibt. Zusammengefaßt: *Die Nachfragekurve zeigt, was bei Preisänderungen mit der nachgefragten Menge geschieht, wobei man alle anderen Einflußgrößen auf die Nachfrage konstant hält. Sofern sich eine dieser anderen Einflußgrößen ändert, verschiebt sich die Kurve.*

Variablen mit Einfluß auf die Nachfragemenge	Eine Veränderung dieser Variablen…
Preis	ergibt eine Bewegung auf der Nachfragekurve
Einkommen	verschiebt die Nachfragekurve
Preise verwandter Güter	verschiebt die Nachfragekurve
Vorlieben, Geschmack	verschiebt die Nachfragekurve
Erwartungen	verschiebt die Nachfragekurve
Anzahl der Käufer	verschiebt die Nachfragekurve

Tabelle 4-3
Die Bestimmungsgrößen der Nachfrage

Schaubild 4-3
Verschiebungen der Nachfragekurve.
Jede Veränderung, die bei gegebenem Preis zur Erhöhung der Nachfrage führt, verschiebt die Kurve nach rechts. Jede Veränderung, die bei gegebenem Preis zur Verminderung der Nachfrage führt, verschiebt die Kurve nach links.

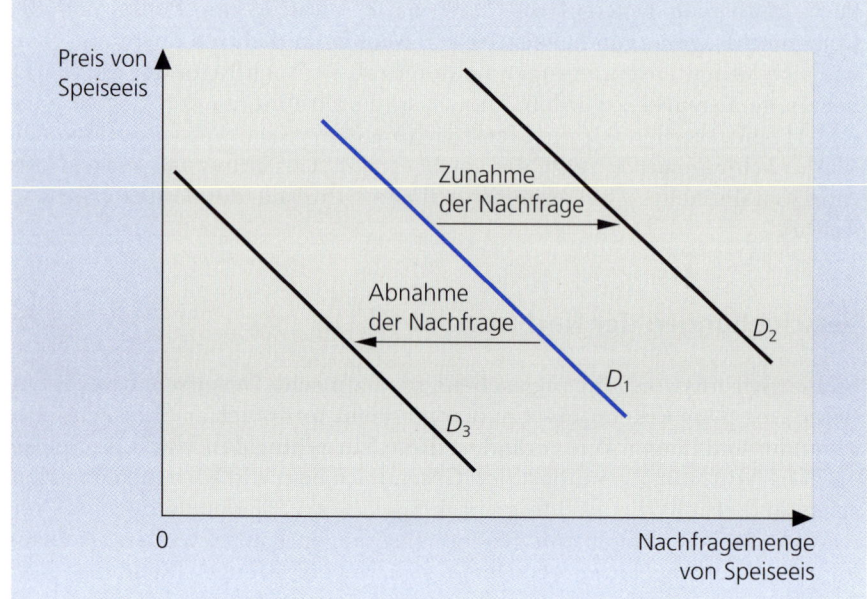

Fallstudie

Zwei Wege zur Verminderung der Nachfrage nach Tabakwaren

Die Politiker versuchen oft, die Leute vom Rauchen abzubringen. Dafür gibt es zwei Wege. Zum einen kann versucht werden, die Nachfragekurve für Tabakwaren zu verschieben. Die Warnungen vor Krebsgefahren des Rauchens auf Zigarettenpackungen gehören ebenso dazu wie Werbeverbote oder Hinweise, daß Nichtraucher bessere Liebhaber sind. Sind die Maßnahmen erfolgreich, resultiert daraus eine Linksverschiebung der Nachfragekurve, wie dies Diagramm (a) des Schaubildes 4-4 erkennen läßt.

Zum zweiten – das ist der andere Weg – versucht man durch eine Verteuerung des Rauchens zum Ziel zu kommen. Wenn der Staat die Tabakwaren hoch besteuert, überwälzen die Hersteller diese Steuerlast weitgehend auf die Käufer, so daß dabei eine Reduzierung der nachgefragten Mengen eintritt. Wie das Diagramm (b) des Schaubildes 4-4 zeigt, bewegt man sich dabei auf der Nachfragekurve (hin zu geringeren Mengen bei höheren Preisen).

Gibt es empirische Untersuchungen zur Auswirkung der Preiserhöhung durch Besteuerung? Für ein nicht näher umschriebenes Untersuchungsfeld (Zeit, Ort, Grundgesamtheit und Stichprobe unbestimmt) berichtet man: Eine Preissteigerung um 10% führt zu einem Mengenrückgang von 4%. Die Preiselastizität der Nachfrage nach Tabakwaren wäre also (vgl. Anhang zu Kapitel 2) – 0,4. Die Jugendlichen reagieren stärker auf Verteuerungen. Eine Preissteigerung um 10% führt zu einem Nachfragerückgang von 12%, so daß die Preiselastizität bei den Teenagern rund – 1,2 ausmacht.

Schnelltest

Zählen Sie die Einflußgrößen für die Pizza-Nachfrage auf. Geben Sie ein Beispiel einer Nachfragetabelle für Pizza, und zeichnen Sie die dabei impli-

a) Verschiebung der Nachfragekurve aufgrund entmutigender Propaganda gegen das Rauchen

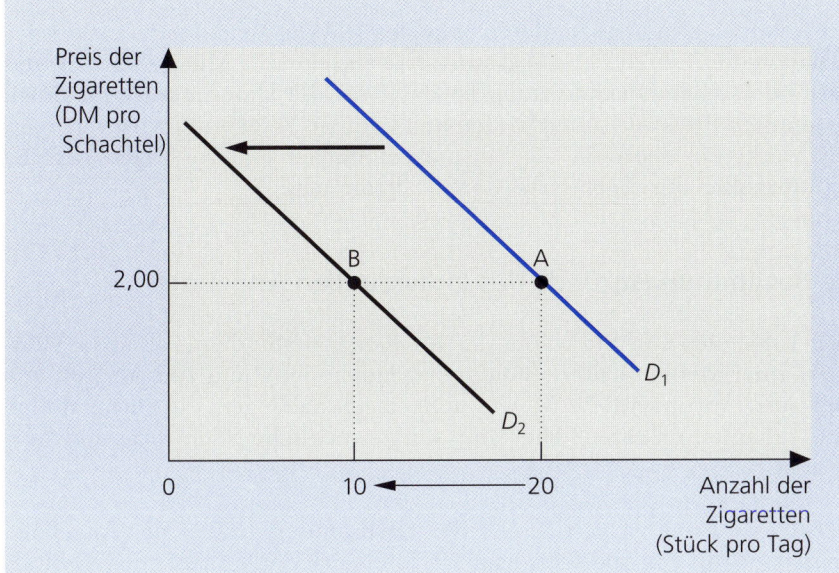

b) Bewegung auf der Nachfragekurve aufgrund steuerbedingter Preiserhöhung

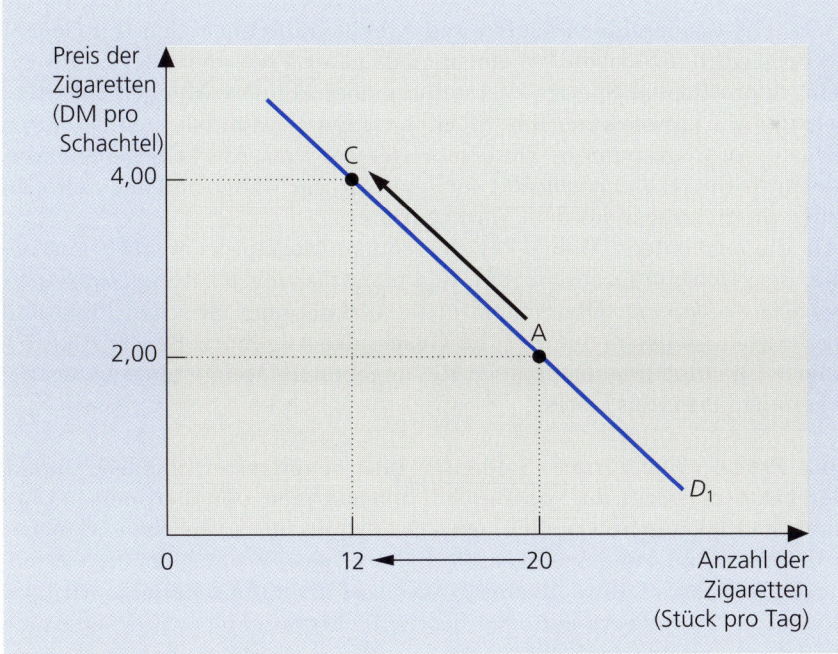

Schaubild 4-4
Verschiebungen der Nachfragekurve (a) und Bewegungen auf der Nachfragekurve (b). Im Diagramm (a) verschiebt sich die Nachfragekurve durch glaubhafte und wirksame Warnungen der Gesundheitspolitiker von D_1 nach D_2. Ohne jegliche Preisänderung (DM 2,– pro Schachtel) würde die vom repräsentativen Raucher pro Tag konsumierte Menge von 20 Zigaretten (Punkt A) auf 10 Zigaretten (Punkt B) zurückgehen. Im Diagramm (b) haben wir eine Bewegung auf der ursprünglichen Nachfragekurve D_1 vor uns, die bei einer steuerbedingten Preiserhöhung erwartet werden kann. Eine Verdoppelung des Preises von DM 2,– pro Schachtel auf DM 4,– pro Schachtel würde hier zu einem Rückgang des täglichen Zigarettenkonsums von 20 Stück (Punkt A) auf 12 Stück (Punkt C) führen. Welche der beiden Maßnahmen wirksamer ist, kann man anhand der Beispielzahlen nicht entscheiden. Man muß die empirisch gültigen Kurven eines bestimmten Landes kennen.

zierte Nachfragekurve. Nennen Sie beispielhaft Einflüsse, die zu einer Verschiebung der Nachfragekurve führen würden. Würde eine Änderung des Pizza-Preises diese Nachfragekurve verschieben?

Angebot

Wir wenden uns nun der anderen Seite des Marktes zu und untersuchen das Verhalten der Anbieter und Verkäufer. Die **angebotene Menge** irgend einer Ware oder einer Dienstleistung ist das, was die Unternehmer zu einem bestimmten Preis verkaufen wollen und können. Wiederum wird versucht, den Markt für Speiseeis als Beispiel zu nutzen und zu fragen, welche Einflußgrößen die angebotene Menge bestimmen.

Die Bestimmungsgründe des individuellen Angebots

Stellen Sie sich vor, Sie wären der Inhaber von »Studenten-Eis« in München, einer kleinen Unternehmung zur Herstellung und zum Verkauf von Speiseeis. Wovon wird die Menge an Speiseeis abhängen, die Sie herstellen und verkaufen möchten? Hier sind einige mögliche Stichworte und Antworten.

Preis. Der Preis ist gewiß eine der Bestimmungsgrößen des Angebots. Wenn der Preis von Speiseeis hoch ist, lohnt sich der Verkauf noch mehr als bei dem zuvor gegebenen niedrigen Preis. Ohne daß man Näheres über die Produktions- und Kostenfunktion weiß, wird man denken, daß bei höherem Preis eine größere Menge angeboten wird. Als Eishersteller mit der Studenten-Firma würden Sie wohl Ihre tägliche Arbeitszeit ausdehnen, einige zusätzliche Eismaschinen kaufen und Arbeitskräfte einstellen. Im Gegensatz dazu würden Sie wohl bei einem niedrigeren Preis und einer insgesamt weniger profitablen Speiseeisherstellung eher kleinere Mengen anbieten. Fiele der Marktpreis unter Ihre Stück- oder Durchschnittskosten, so wären Verluste vorprogrammiert. Unterschreitet der vom Markt gegebene Verkaufspreis Ihre *Gewinnschwelle*, so bieten Sie die Menge null an; vielleicht ziehen Sie sich sogar aus dem Markt zurück.

Da die angebotene Menge bei steigendem Marktpreis ansteigt und bei fallendem Marktpreis zurückgeht, sagt man, *die Angebotsmenge ist positiv vom Preis abhängig*. Diese funktionale Verknüpfung zwischen Preis und angebotener Menge nennt man das **Gesetz des Angebots**: Bei sonst unveränderten Randbedingungen steigt die angebotene Menge eines Gutes bei steigendem Preis des Gutes.

Gesetz des Angebots
Bei sonst unveränderten Randbedingungen steigt die angebotene Menge eines Gutes bei steigendem Preis des Gutes.

Input-Preise. Die Firma »Studenten-Eis« benötigt verschiedene Inputs oder Faktoreinsätze, die von Beschaffungsmärkten stammen und bei bestimmten Einkaufspreisen die Kosten der Produktion ausmachen. Manches wird fortlaufend zur jeweiligen Produktion passend eingekauft: Creme, Zucker, Aromastoffe, Arbeitseinsatz von Aushilfskräften. Anderes wird per Investition für mehrere Perioden beschafft: Eismaschinen, Fabrikgebäude und Arbeitseinsätze des Stammpersonals. Wenn die Einkaufspreise steigen, drückt dies ebenso auf den Gewinn wie ein Rückgang der Verkaufspreise. Sehr große und dauerhafte Erhöhungen der Einkaufspreise können die

Existenz der Unternehmung auf ähnliche Weise gefährden wie die oben erörterten Einbrüche beim Verkaufspreis. Halten wir fest: Die produzierte und angebotene Menge eines Gutes ist negativ mit den Einkaufs- oder Input-Preisen verknüpft.

Technologie.   Eine weitere Einflußgröße der Angebotsmenge ist die Technologie für die Umwandlung der Inputs in Speiseeis. So hat z.B. die Erfindung einer mechanisierten Eismaschine den bei der Eisherstellung notwendigen Arbeitseinsatz stark reduziert. Technologischer Fortschritt senkt die Produktionskosten und erhöht – ceteris paribus – die angebotene Gütermenge.

Erwartungen.   Die von Ihnen heute produzierte und angebotene Menge an Speiseeis mag von Ihren Zukunftserwartungen abhängen. Wenn Sie z.B. einen kräftigen Anstieg des Marktpreises in der nahen Zukunft erwarten, werden Sie von der gegenwärtigen Produktion einiges einlagern und nicht sofort anbieten.

Die Angebotstabelle und die Angebotskurve

Wie wird die angebotene Menge mit dem Verkaufspreis variieren, wenn die Einkaufspreise, die Technologie und die Erwartungen unverändert bleiben? Die Tabelle 4-4 zeigt die vom Eisverkäufer Mario bei unterschiedlichen Preisen angebotenen Mengen an Speiseeis. Unter DM 1,– für eine Kugel Eis wird nichts angeboten. Steigt der Verkaufspreis nach und nach an, so wird Mario mehr und mehr anbieten. Die **Angebotstabelle** zeigt den Angebotsplan von Mario für alternative Preise. Eine graphische Darstellung zur Tabelle 4-4 gibt die **Angebotskurve** des Schaubildes 4-5. Die Angebotskurve steigt an, weil ein höherer Preis – ceteris paribus – zu einer größeren lohnenden Angebotsmenge führt.

Angebotsplan, Angebotstabelle
Eine Tabelle für die zusammengehörigen Wertepaare Güterpreis und Angebotsmenge.
Angebotskurve
Ein Graph für die Zuordnungen von Güterpreisen und Angebotsmengen.

Marktangebot und individuelles Angebot

Ebenso wie die Marktnachfrage die Summe der Einzelnachfragen aller potentiellen Käufer ist, ergibt sich das Marktangebot als Summe der individuellen Angebote aller potentiellen Verkäufer. Die Tabelle 4-5 präsentiert die Angebotspläne zweier Eishersteller – Mario und Klaus. Zu jedem Preis sehen wir Marios Angebotsentscheidung und die Angebotsentscheidung von Klaus. Die Summe der beiden individuellen Angebote ist jeweils das Marktangebot.

Die auf einem Markt angebotene Menge hängt von all jenen Faktoren ab, die das individuelle Angebotsverhalten bestimmen: Marktpreis des Gutes, Einkaufspreise der Inputs oder Einsätze an Produktionsfaktoren, verfügbare Technologie und Erwartungen. Zusätzlich zu diesen Faktoren hängt das Marktangebot von der Anzahl der Einzelanbieter ab. (Wenn sich Mario oder Klaus zur Ruhe setzen würden, ginge das Marktangebot zurück.) Die

Tabelle 4-4
Marios Angebots-tabelle

Preis von Speiseeis (DM je Kugel)	Angebotsmenge von Speiseeis (Kugeln)
0,00	0
0,50	0
1,00	1
1,50	2
2,00	3
2,50	4
3,00	5

Schaubild 4-5
Marios Angebots-kurve. Diese nach der Tabelle 4-4 gezeichnete Angebotskurve zeigt, wie die angebotene Gütermenge mit dem Preis variiert. Da ein höherer Preis zu einer größeren Angebotsmenge führt, steigt die Kurve an.

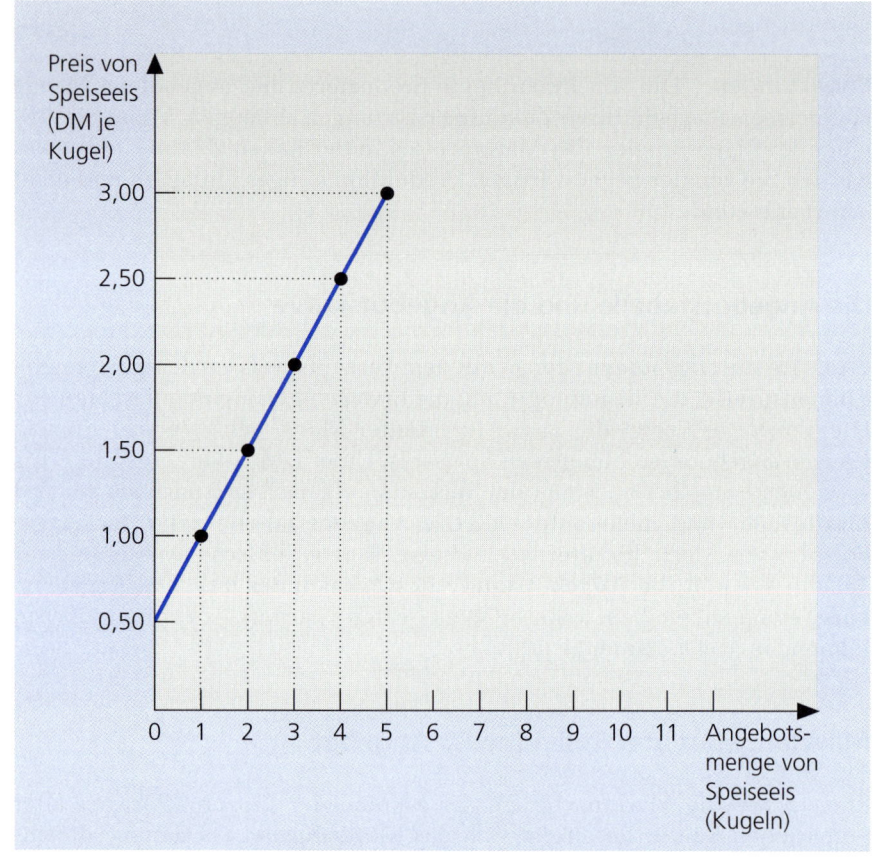

Tabelle 4-5
Tabelle des individuellen Angebots und des Marktangebots

Preis von Speiseeis (DM je Kugel)	Angebot Mario (Kugeln)		Angebot Klaus (Kugeln)		Markt-angebot (Kugeln)
0,00	0	+	0	=	0
0,50	0		0		0
1,00	1		0		1
1,50	2		2		4
2,00	3		4		7
2,50	4		6		10
3,00	5		8		13

Angebotslisten in Tabelle 4-5 zeigen, welche Auswirkungen Preisänderungen auf die Angebotsmengen haben, wobei alle anderen relevanten Variablen annahmegemäß (ceteris paribus) konstant bleiben.

Wollte man die Marktangebotskurve graphisch aus den individuellen Angebotskurven herleiten, müßte man die Einzelangebote *horizontal* (in Richtung der Mengenachse) addieren. Dies ist eine nützliche persönliche Übung. Das Ergebnis, die Marktangebotskurve zu den Zahlen der Tabelle 4-5, ist im Schaubild 4-6 abgebildet. Die Marktangebotskurve zeigt, wie sich die Menge des Gesamtangebots verändert, wenn der Preis variiert.

Verschiebungen der Angebotskurve

Wie würde sich ein Rückgang des Zuckerpreises auf das Angebot an Speiseeis auswirken? Da Zucker bei der Speiseeisherstellung ein Input- oder Produktionsfaktor ist, wird der Rückgang des Zuckerpreises die Kosten senken und das Eisgeschäft profitabler machen. Dadurch kommt es zu einem Anstieg des Angebots: Zu jedem beliebigen Preis werden die Unternehmer nun größere Mengen produzieren und anbieten wollen. So wird sich die Angebotskurve für Speiseeis nach rechts verschieben.

Die Angebotskurve verschiebt sich immer dann, wenn sich – abgesehen vom Preis – irgendeine andere Einflußgröße des Angebots verändert. Wie man aus dem Schaubild 4-7 entnehmen kann, führt jede Veränderung, die das Angebot vergrößert, zu einer Rechtsverschiebung der Angebotskurve. Veränderungen mit Verringerungen der Angebotsmengen bewirken Linksverschiebungen.

Die Tabelle 4-6 gibt einen Überblick darüber, in welcher Weise die Angebotskurve von anderen Variablen und ihren Änderungen beeinflußt wird. Zusammengefaßt: *Die Angebotskurve zeigt, was bei Preisänderungen mit der angebotenen Menge geschieht, wobei man alle anderen Einflußgrößen auf das Angebot konstant hält. Sofern sich eine dieser anderen Einflußgrößen ändert, verschiebt sich die Kurve.*

Variablen mit Einfluß auf die Angebotsmenge	Eine Veränderung dieser Variablen…	
Preis	ergibt eine Bewegung auf der Angebotskurve	**Tabelle 4-6** **Die Bestimmungsgrößen des Angebots**
Input- oder Einkaufspreise	verschiebt die Angebotskurve	
Technologie (Fortschritt)	verschiebt die Angebotskurve	
Erwartungen	verschiebt die Angebotskurve	
Anzahl der Anbieter	verschiebt die Angebotskurve	

Schnelltest

Schreiben Sie die Bestimmungsgründe für das Angebot an Pizza auf. Geben Sie ein Beispiel für die Angebotstabelle und fertigen Sie die zugehörige Zeichnung der Angebotskurve an. Nennen Sie ein Beispiel für eine Einflußgröße auf das Angebot, deren Änderung zu einer Verschiebung der Angebotskurve führen würde. Könnte eine Veränderung des Pizza-Preises die Angebotskurve verschieben?

Schaubild 4-6
Marktangebot als Summe der individuellen Angebote.
Die Marktangebotskurve ergibt sich durch horizontale Addition der Einzelangebotskurven. Beim Preis von DM 2,– bietet Mario 3 Stück (Kugeln Speiseeis) an, Klaus entscheidet sich bei diesem Preis zu einem Angebot von 4 Stück. Das Marktangebot ist also 7 Stück beim Preis von DM 2,–.

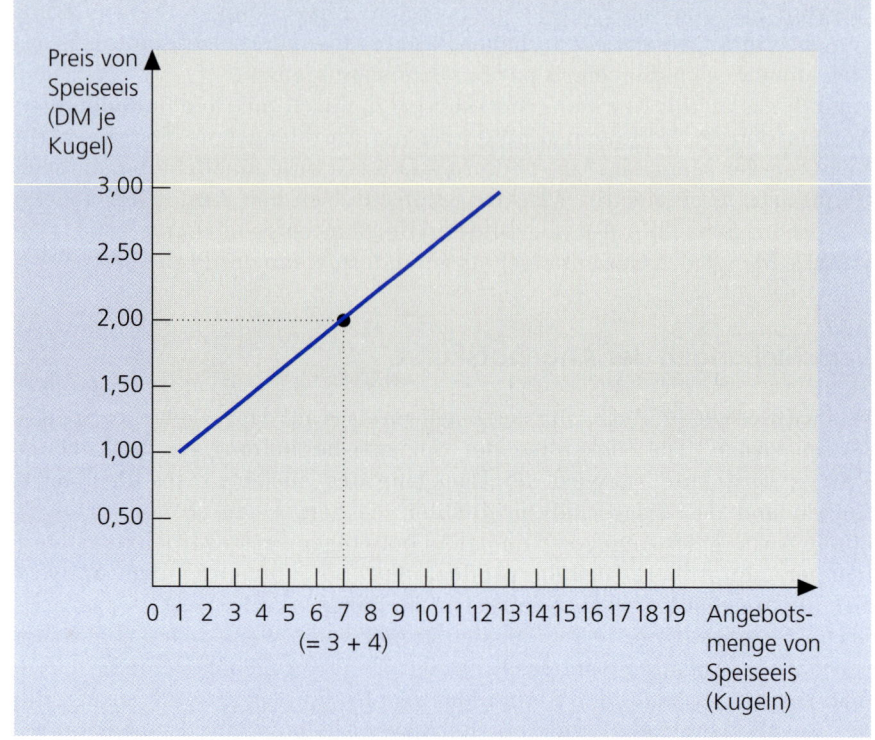

Schaubild 4-7
Verschiebungen der Angebotskurve. Veränderungen von Variablen, die den Unternehmer zu einer Vergrößerung seiner Angebotsmenge anregen, verschieben die Angebotskurve nach rechts. Veränderungen, die eine Verringerung der gewünschten Angebotsmenge beim Produzenten auslösen, bewirken eine Linksverschiebung der Angebotskurve.

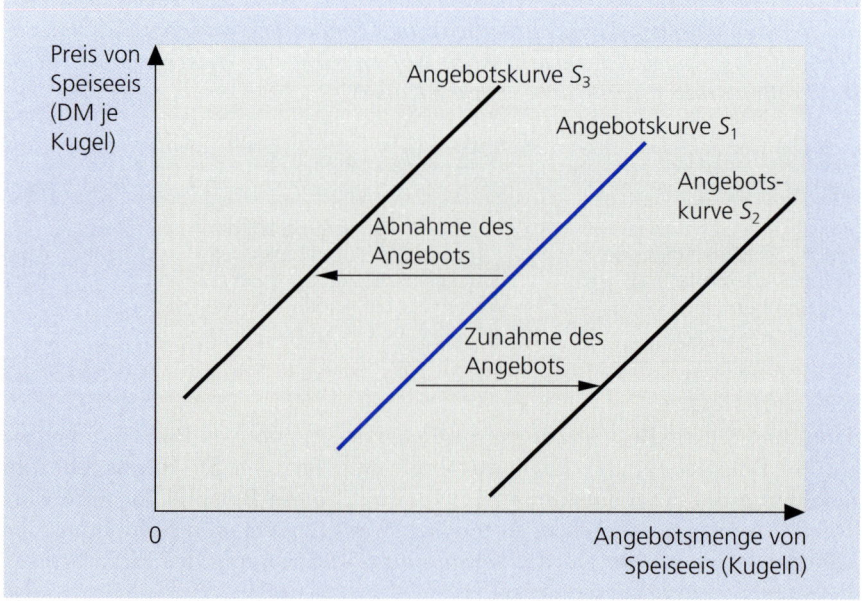

Angebot und Nachfrage zusammen

Nachdem wir das Angebot und die Nachfrage getrennt untersucht haben, kombinieren wir sie nun um zu sehen, wie Angebot und Nachfrage die auf einem Markt umgesetzte Menge und den Preis bestimmen.

Gleichgewicht

Das Schaubild 4-8 enthält die Marktangebotskurve und die Marktnachfragekurve zusammen. Man bemerkt, daß es einen Punkt gibt, bei dem sich Angebotskurve und Nachfragekurve schneiden; dieser Punkt heißt **Marktgleichgewicht**. Der Preis, bei dem sich die beiden Kurven schneiden, heißt **Gleichgewichtspreis**, und die zugeordnete Menge heißt **Gleichgewichtsmenge**. Im Beispiel des Schaubildes 4-8 beträgt der Gleichgewichtspreis DM 2,– pro Kugel, und die zugehörige Gleichgewichtsmenge ist 7 Stück (Kugeln Speiseeis).

    Die Lehrbücher definieren das Wort *Gleichgewicht* für eine Situation, in der sich verschiedene Kräfte die Waage halten oder gleich sind – wie etwa beim *Marktgleichgewicht. Beim Gleichgewichtspreis ist die Menge, die Nachfrager kaufen wollen und können, genau gleich der Menge, die Anbieter verkaufen wollen und können.* Manchmal wird der Gleichgewichtspreis auch *Marträumungspreis* genannt, weil zu diesem Preis jeder Marktteilnehmer zufrieden und der Markt »geräumt« ist: Nachfrager haben ihre Kaufabsichten verwirklicht, Anbieter haben ihre Verkaufspläne erfüllt.

    Selbstverständlich sind es die einzelnen Entscheidungen und Handlungen von Anbietern und Nachfragern, die Märkte in Richtung auf das Marktgleichgewicht führen. Um das zu erkennen, braucht man sich nur zu vergegenwärtigen, was dann geschieht, wenn der Preis nicht mit dem Gleichgewichtspreis übereinstimmt. Nehmen wir zunächst einmal an, daß der Preis über dem Gleichgewichtspreis liegt, wie dies im Diagramm (a) des Schaubildes 4-9 der Fall ist. Zu einem Preis von DM 2,50 pro Kugel übersteigt die angebotene Menge (10 Kugeln) die nachgefragte Menge (4 Kugeln). Es besteht ein Mengenüberschuß, und zwar ein **Angebotsüberschuß**: Die Anbieter sind beim herrschenden Preis nicht in der Lage, die Menge abzusetzen, die sie verkaufen möchten. Wenn ein Angebotsüberschuß z.B. auf dem Markt für Speiseeis besteht, müssen die Produzenten und Anbieter von Speiseeis bemerken, daß sich ihre Bestände in den Kühlanlagen zunehmend durch unverkäufliche Mengen erhöhen. Sie reagieren auf den Angebotsüberschuß durch Preissenkungen. Die Preise werden solange fallen, bis das Gleichgewicht erreicht ist.

    Stellen wir uns nun vor, der Marktpreis wäre aus irgendeinem Grunde zunächst unter dem Gleichgewichtspreis, wie dies in Diagramm (b) des Schaubildes 4-9 skizziert ist. In diesem Beispielfall beträgt der Preis DM 1,50 pro Kugel, und die Nachfragemenge übersteigt die Angebotsmenge. Es herrscht eine Güterknappheit: Die Nachfrager können zum herrschenden

Gleichgewicht
Eine Situation, in der Angebot und Nachfrage gleich sind.

Gleichgewichtspreis
Der Preis, der Angebot und Nachfrage zur Übereinstimmung bringt.

Gleichgewichtsmenge
Angebotene und nachgefragte Menge beim Gleichgewichtspreis.

Überschußangebot
Eine Situation, bei der die angebotene Menge (zum herrschenden Preis) größer ist als die nachgefragte Menge.

Schaubild 4-8
Das Gleichgewicht von Angebot und Nachfrage. Das Gleichgewicht findet man da, wo sich Angebots- und Nachfragekurve schneiden. Beim Gleichgewichtspreis entspricht die angebotene Menge der nachgefragten Menge. Hier beträgt der Gleichgewichtspreis DM 2,– (je Kugel Speiseeis): Zu diesem Preis werden 7 Kugeln Speiseeis angeboten und 7 Kugeln Speiseeis nachgefragt.

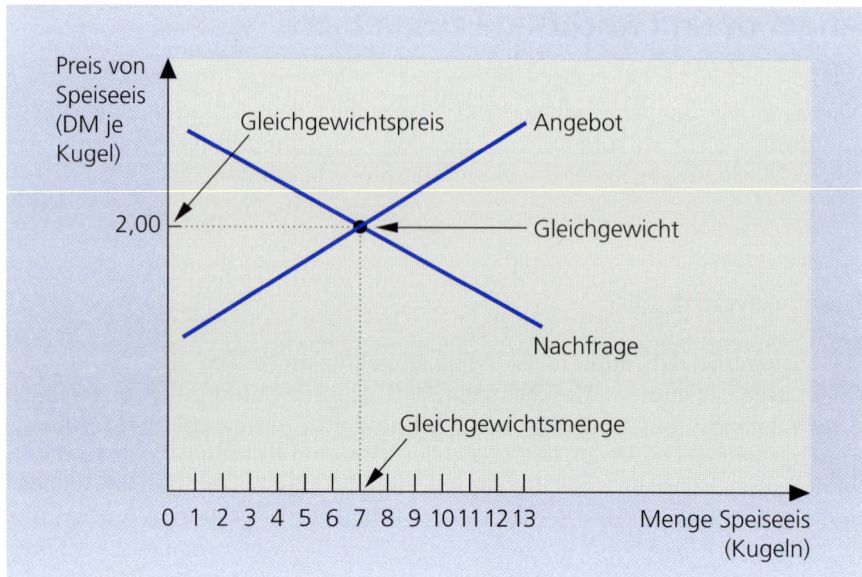

a) Angebotsüberschuß

Schaubild 4-9a
Märkte abseits des Gleichgewichts. Im Diagramm (a) herrscht ein Angebotsüberschuß. Da der Marktpreis von DM 2,50 über dem Gleichgewichtspreis liegt, übersteigt die angebotene Menge (10 Kugeln) die nachgefragte Menge (4 Kugeln). Die Anbieter versuchen, den Absatz durch Preissenkungen zu steigern; und dies verändert den Preis in Richtung auf den Gleichgewichtspreis.

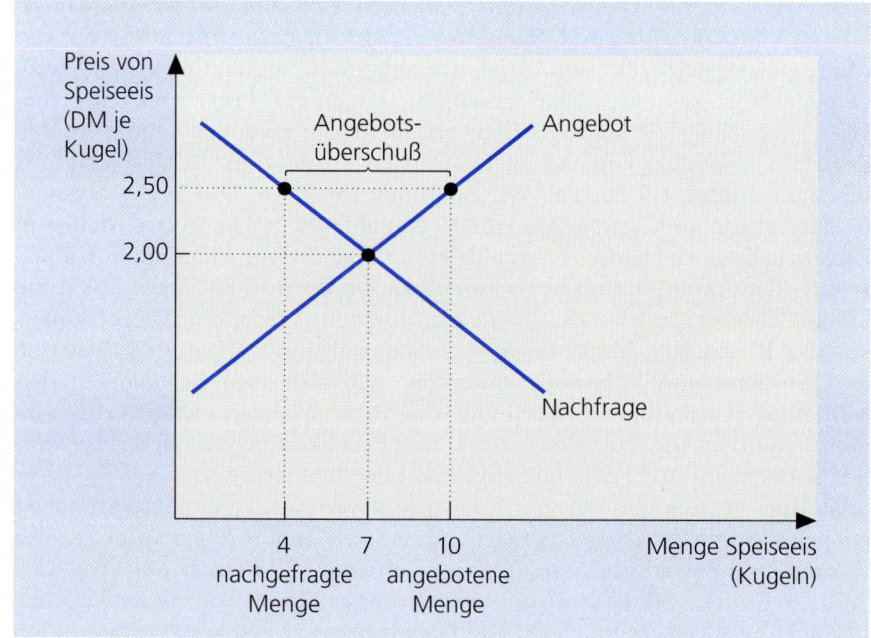

b) Nachfrageüberschuß

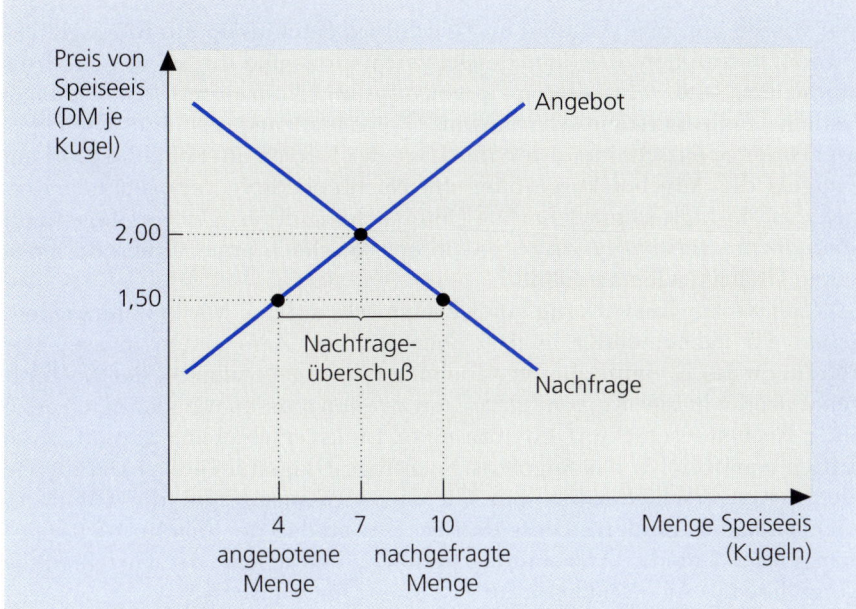

Schaubild 4-9b
Märkte abseits des Gleichgewichts. Im Diagramm (b) herrscht ein Nachfrageüberschuß. Da der Marktpreis von DM 1,50 unter dem Gleichgewichtspreis liegt, übersteigt die nachgefragte Menge (10 Kugeln) die angebotene Menge (4 Kugeln). Da allzu viele Käufer Jagd auf die zu geringe Gütermenge machen, können die Anbieter die Knappheitslage ausnützen und den Preis erhöhen. So führen Anpassungsbewegungen in beiden Fällen zum Marktgleichgewicht hin.

Preis nicht die Menge bekommen, die sie kaufen wollen. Dies ist eine Situation des **Nachfrageüberschusses.** Sofern auf dem Markt für Speiseeis die Situation des Nachfrageüberschusses auftritt, stehen die Käufer Schlange und einige von ihnen gehen leer aus. Bei zu viel Nachfrage nach einer zu geringen Gütermenge können die Anbieter die Knappheitssituation zu Preiserhöhungen nutzen, ohne Absatz zu verlieren. Mit dem Preisanstieg bewegt sich die Marktlage wieder in Richtung Marktgleichgewicht.

Alles in allem drängen die Verhaltensweisen der zahlreichen Nachfrager und Anbieter den Marktpreis automatisch hin zum Gleichgewichtspreis. Sobald der Markt sein Marktgleichgewicht erreicht, sind die Nachfrager und Anbieter als Käufer und Verkäufer zufrieden; es gibt keine Kräfte, die den Preis nach oben oder nach unten bewegen. Wie schnell das Marktgleichgewicht erreicht wird, ist von Markt zu Markt unterschiedlich. Es kommt darauf an, wie rasch sich Preise ändern oder ändern lassen. Auf den meisten freien Märkten sind Angebotsüberschüsse und Nachfrageüberschüsse nur temporär gegeben, weil die Preise schließlich das Gleichgewichtsniveau erreichen. Tatsächlich ist dieses Phänomen der Preisanpassung in der Praxis so sehr beherrschend, daß man ein **Gesetz von Angebot und Nachfrage** postuliert: Der Preis eines beliebigen Gutes paßt sich in der Weise an, daß dadurch Angebots- und Nachfragemengen zur Übereinstimmung gelangen.

Nachfrageüberschuß
Eine Situation, in der die nachgefragte Menge (zum herrschenden Preis) größer ist als die angebotene Menge.

Gesetz von Angebot und Nachfrage
Preisanpassungen zur Angleichung angebotener und nachgefragter Gütermengen auf Märkten.

Drei Schritte der Analyse von Gleichgewichtsänderungen

Wir wissen nun, wie Angebot und Nachfrage gemeinsam das Marktgleichgewicht bestimmen, das den Gleichgewichtspreis und die bei diesem Preis produzierte und verkaufte sowie gekaufte und konsumierte Gütermenge festlegt. Selbstverständlich hängen Gleichgewichtspreis und Gleichgewichtsmenge entscheidend von der Lage der Kurven ab. Sobald irgend ein Ereignis die Angebotskurve oder die Nachfragekurve verschiebt, ändert sich das Marktgleichgewicht. Die Untersuchung derartiger Vorgänge heißt *komparativ-statische Analyse*, da sie den Vergleich eines alten und eines neuen Gleichgewichts umfaßt.

Wenn wir die Auswirkung eines Ereignisses auf den Markt untersuchen, gehen wir nacheinander in drei Schritten vor. Zum ersten müssen wir klären, ob das Ereignis zur Verschiebung der Angebotskurve, der Nachfragekurve oder beider Kurven führt. Zum zweiten müssen wir klären, ob es zu einer Rechtsverschiebung oder zu einer Linksverschiebung kommt. Zum dritten benützen wir das Angebots-Nachfrage-Diagramm um zu klären, wie die Kurvenverschiebungen den Gleichgewichtspreis und die Gleichgewichtsmenge verändern. Diese drei Schritte sind in der Tabelle 4-7 zusammengefaßt. Um die Anwendung zu üben, betrachten wir verschiedene Ereignisse mit Auswirkungen auf den Markt für Speiseeis.

Tabelle 4-7
Ein Drei-Schritte-Schema für die komparativ-statische Analyse

1. Entscheide, ob das Ereignis eine Verschiebung der Angebotskurve, der Nachfragekurve oder vielleicht beider Kurven bewirkt.
2. Entscheide über die Richtung der Kurvenverschiebungen.
3. Verwende das Angebots-Nachfrage-Diagramm, um die resultierende Änderung des Marktgleichgewichts festzulegen.

Beispiel

Eine Nachfrageänderung

Angenommen, es herrsche ein sehr heißer Sommer. Wie wird dadurch wohl der Markt für Speiseeis beeinflußt? Folgen wir unserem Drei-Schritte-Schema für die Beantwortung der Frage.

1. Die Hitze verstärkt das Verlangen der Menschen nach Speiseeis. Zu jedem beliebigen Preis wird witterungsbedingt mehr Eis nachgefragt. Es kommt zu einer Verschiebung der Nachfragekurve. Die Angebotskurve bleibt unverändert, weil das Wetter die Produzenten und Anbieter von Speiseeis nicht unmittelbar tangiert.
2. Weil das Wetter Bedürfnisse nach mehr Speiseeis weckt, verschiebt sich die Nachfragekurve nach rechts. Zu jedem denkbaren Preis wird die nachgefragte Menge größer sein als bisher. Das Schaubild 4-10 illustriert den Vorgang mit den Nachfragekurven D_1 und D_2.
3. Wie man aus Schaubild 4-10 entnehmen kann, bewirkt die Nachfrageerhöhung eine Steigerung des Gleichgewichtspreises von DM 2,– auf DM 2,50 und eine Steigerung der Gleichgewichtsmenge von 7 auf 10 Stück (Kugeln Speiseeis). Die Sommerhitze steigert also den Preis des Speiseeises und die verkaufte Menge.

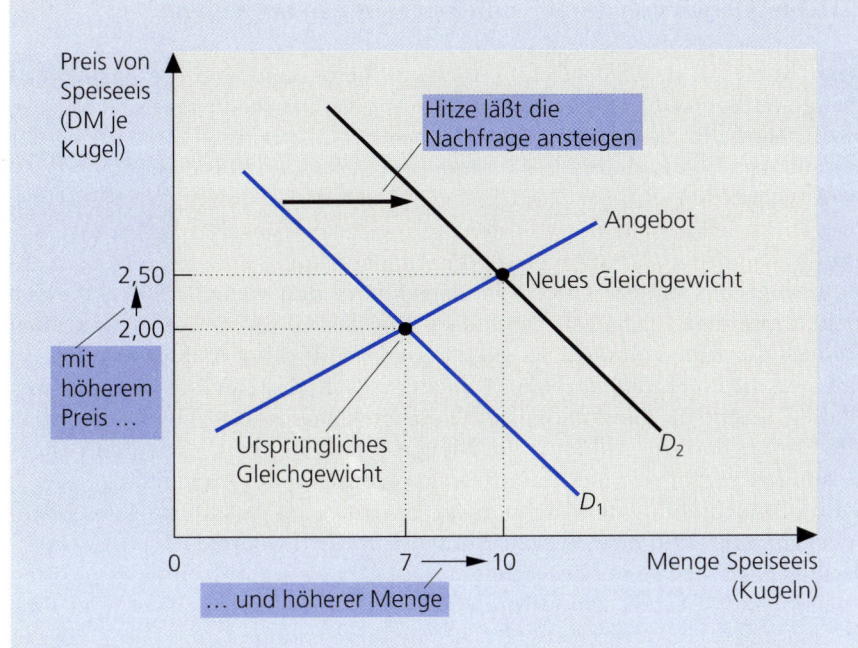

Schaubild 4-10
**Wie eine Nachfrage-
steigerung das
Gleichgewicht ver-
ändert.** Ein Ereignis,
das die Nachfrage-
menge zu beliebigen
denkbaren Preisen
erhöht, bewirkt eine
Rechtsverschiebung
der Nachfragekurve.
Sowohl der Gleich-
gewichtspreis als
auch die Gleichge-
wichtsmenge steigen
an. Hier habe annah-
megemäß ein unge-
wöhnlich heißer
Sommer zur Rechts-
verschiebung der
Nachfragekurve von
D_1 nach D_2 sowie zur
Preissteigerung von
DM 2,– auf DM 2,50
und zur Mengenstei-
gerung von 7 auf 10
Stück geführt.

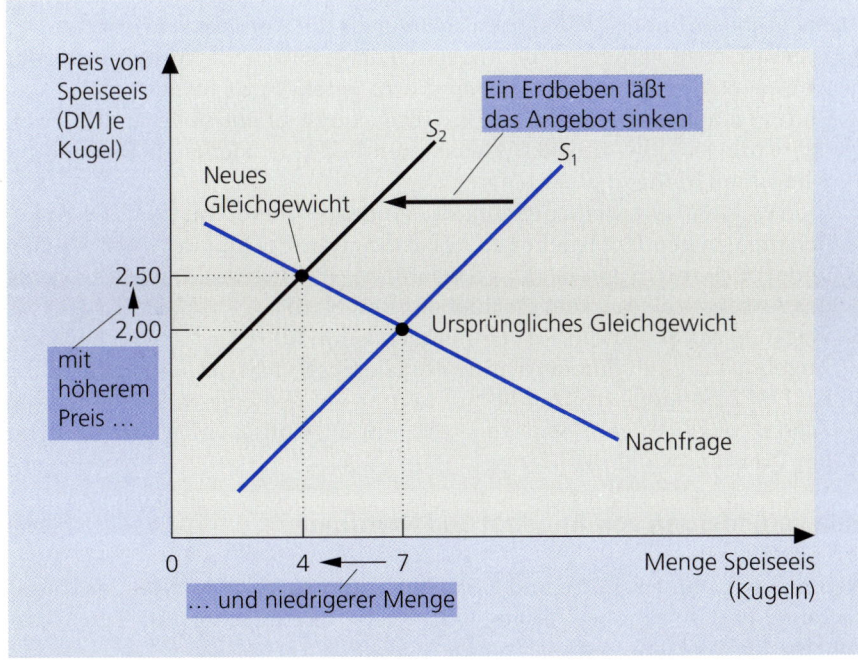

Schaubild 4-11
**Wie ein Angebots-
rückgang das
Gleichgewicht ver-
ändert.** Ein Ereignis,
das die Angebots-
menge zu jedem
beliebigen denkba-
ren Preis vermindert,
bewirkt eine Links-
verschiebung der
Angebotskurve. Der
Gleichgewichtspreis
steigt und die Gleich-
gewichtsmenge
sinkt. Annahmege-
mäß habe ein Erdbe-
ben die Angebots-
kurve von S_1 nach S_2
verschoben und
dadurch den Gleich-
gewichtspreis von
DM 2,– auf DM 2,50
ansteigen sowie die
Gleichgewichts-
menge von 7 auf 4
Stück absinken las-
sen.

Verschiebungen von Kurven und Bewegungen auf Kurven

Beim Blick auf das Schaubild 4-10 ist zu bemerken, daß die angebotene Menge an Speiseeis steigt, obwohl die Angebotskurve unverändert bleibt. In diesem Falle, so drücken sich die Ökonomen aus, liegt ein Anstieg der »Angebotsmenge«, aber keine Veränderung des »Angebots« vor.

»Angebot« bezieht sich auf die Lage der Angebotskurve, wogegen sich »Angebotsmenge« auf die von den Anbietern gewünschte Verkaufsmenge bezieht. In diesem Beispiel bleibt die Angebotskurve unverändert, weil die Wetterlage das unternehmerische Angebot zu den verschiedenen Preisen nicht verändert. Dagegen verändert die Sommerhitze sehr wohl den Wunsch der Konsumenten, zu allen denkbaren Preisen mehr zu kaufen, so daß sich die Nachfragekurve nach rechts verschiebt. Der Nachfrageanstieg ist die Ursache für den Anstieg des Gleichgewichtspreises. Der Preisanstieg führt dazu, daß die Anbieter die Menge erhöhen. Der Anstieg der Angebotsmenge ergibt sich aus einer Bewegung entlang der Angebotskurve.

Eine Verschiebung der Angebotskurve wird eine »Veränderung des Angebots« genannt, und eine Verschiebung der Nachfragekurve als eine »Veränderung der Nachfrage« bezeichnet. Eine Bewegung auf einer gegebenen Angebotskurve ergibt eine »Veränderung der Angebotsmenge«, und eine Bewegung entlang einer festen Nachfragekurve bedeutet eine »Veränderung der Nachfragemenge«.

Beispiel

Eine Angebotsänderung

Nehmen wir an, ein Erdbeben habe – wiederum in einem Sommer – einige Fabriken für Speiseeis zerstört. Wie wird dieses Ereignis den Markt für Speiseeis beeinflußen? Wiederum suchen wir die Antwort schrittweise.

1. Das Erdbeben verändert die Angebotskurve. Durch die Verringerung der Anbieterzahl senkt das Erdbeben die zu jedem Preis bisher produzierte und angebotene Menge. Die Nachfragekurve bleibt unverändert, weil das Erdbeben die von den Haushalten bei verschiedenen Preisen gewünschten Mengen nicht tangiert.
2. Es tritt eine Linksverschiebung der Angebotskurve ein, weil die Angebotsmenge, die Unternehmen zu bestimmten Preisen anbieten können und wollen, niedriger ist. Das Schaubild 4-11 illustriert diesen Rückgang des Angebots als Kurvenverschiebung von S_1 zu S_2.
3. Wie man aus Schaubild 4-11 entnehmen kann, führt die Verschiebung der Angebotskurve zu einem Anstieg des Gleichgewichtspreises von DM 2,– auf DM 2,50 sowie zu einer Verminderung der Gleichgewichtsmenge von 7 auf 4 Stück (Kugeln Speiseeis). Als ein Ergebnis des Erdbebens steigt der Preis und sinkt die Menge.

Beispiel

Eine Veränderung von Angebot und Nachfrage

Nehmen wir nun an, Hitze und Erdbeben träfen zusammen. Bei der Untersuchung der Wirkungen folgen wir wiederum unserem Drei-Schritte-Schema für die komparativ-statische Analyse.

1. Fest steht, daß sich beide Kurven verschieben. Die Sommerhitze verändert die Nachfragekurve, indem von den Haushalten zu jedem denkbaren Preis andere Mengen nachgefragt und gekauft werden. Zugleich verändert das Erdbeben die Angebotskurve, indem von den Unternehmen zu jedem denkbaren Preis veränderte Mengen produziert und angeboten werden.

2. Die Kurvenverschiebungen entsprechen den zuvor besprochenen Beispielfällen: Die Nachfragekurve wird nach rechts, die Angebotskurve wird nach links verschoben, vgl. dazu das Schaubild 4-12.

3. Wie man aus Schaubild 4-12 entnehmen kann, sind – je nach der relativen Größe der Verschiebungen – zweierlei Ergebnisse möglich. In beiden Fällen wird der Gleichgewichtspreis ansteigen. Nach dem Diagramm (a) – deutlicher Nachfrageanstieg bei bescheidenem Angebotsrückgang – steigt die Gleichgewichtsmenge ebenfalls an. Nach dem Diagramm (b) – erheblicher Angebotsrückgang bei kleinem Nachfrageanstieg – dagegen geht die Gleichgewichtsmenge zurück. Beide Ereignisse führen also zu einer Preissteigerung, doch ist die Gesamtwirkung auf die Menge nicht eindeutig.

Mutter Natur verschiebt die Angebotskurve   **Fallstudie**

Aus Presseberichten Ende 1998 folgt anschaulich, wie eine Naturkatastrophe das Angebot verringert und den Marktpreis erhöht. Die New York Times schrieb am 25. Dezember 1998: »Ein brutaler Kälteeinbruch von vier Tagen hat in Kalifornien mehr als zwei Drittel der jährlichen Zitrusernte zerstört und Schäden von mehr als einer halben Milliarde Dollar verursacht. Voraussichtlich werden sich deshalb in der nächsten Woche die Orangenpreise im Supermarkt verdreifachen.

Kalte und trockene Luft vom Golf von Alaska her ließ ab Montag die Temperaturen überall im fruchtbaren Central Valley unter den Gefrierpunkt stürzen. Der schlimmste Kälteeinbruch seit dem zehntägigen Frost im Jahr 1990 veranlaßte die verzweifelten Bauern, Tag und Nacht Wind- und Bewässerungsmaschinen zu betreiben, um die Bäume warm zu halten. Doch von offizieller Seite wurde ein nahezu völliger Ernteausfall im Tal angedeutet und die Einbuße der Orangenernte des gesamten Staates Kalifornien auf etwa die Hälfte geschätzt…

Da Kalifornien ungefähr 80% der Orangen und 90% der Zitronen anbaut, die in den Vereinigten Staaten als Früchte verzehrt werden, befürchten Großhändler, daß sich die Einzelhandelspreise in den kommenden Tagen verdreifachen. Weniger stark würde vermutlich der Preis der Säfte ansteigen, weil die zu Saft verarbeiteten Früchte überwiegend aus Florida kommen.

Von einigen lokalen kalifornischen Märkten berichten Großhändler bereits einen Preisanstieg bei Navelorangen von 35 Cent am Dienstag auf 90 Cent pro Pfund am Mittwoch.«

Schaubild 4-12
Eine Verschiebung von Angebotskurve und Nachfrage-kurve. Hier beobachten wir einen gleichzeitigen Nachfrageanstieg und Angebotsrückgang. Zwei Ergebnisse sind möglich. Im Diagramm (a) steigt der Gleichgewichtspreis von P_1 auf P_2 und die Gleichgewichtsmenge von Q_1 auf Q_2. Im Diagramm (b) steigt der Gleichgewichtspreis wiederum von P_1 auf P_2, die Gleichgewichtsmenge sinkt jedoch von Q_1 auf Q_2.

(a) Preisanstieg, Mengenanstieg

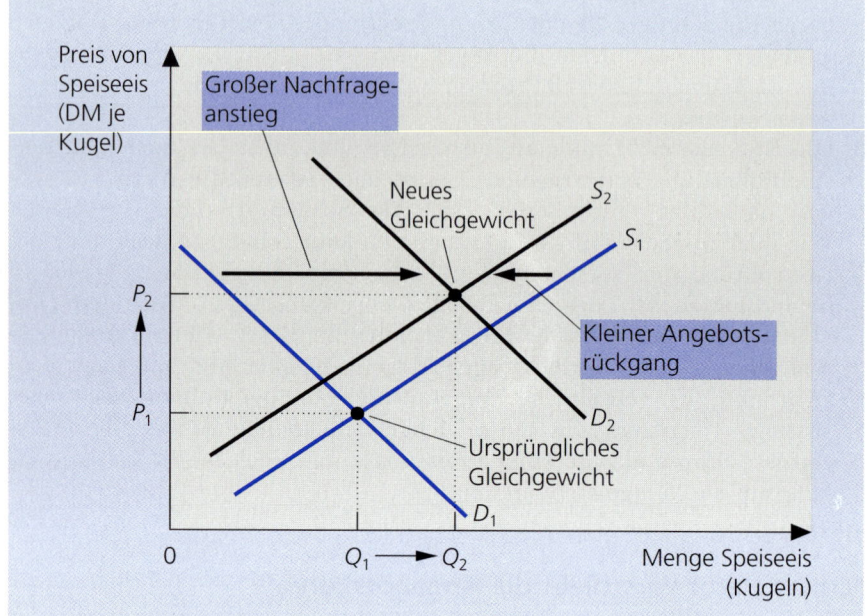

(b) Preisanstieg, Mengenrückgang

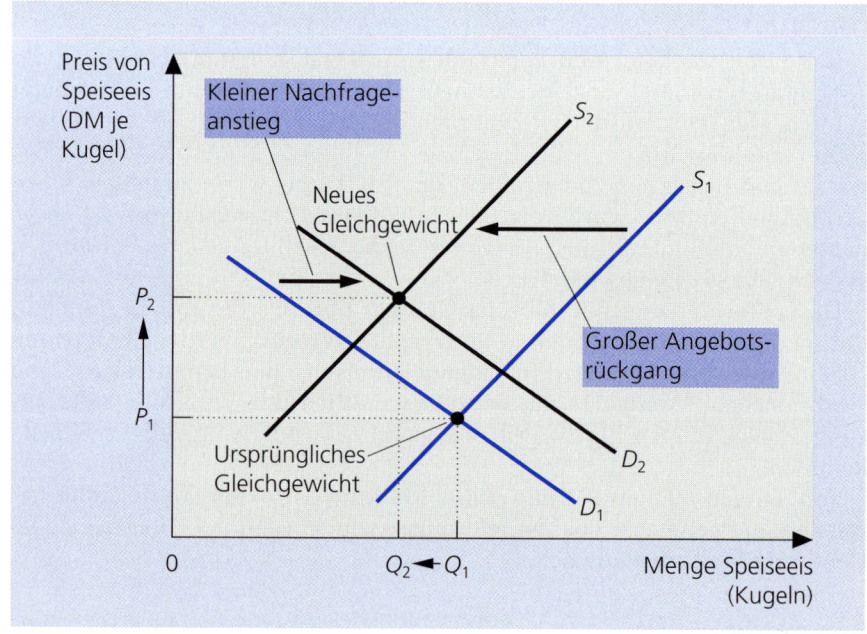

Untersuchen Sie die Veränderungen auf dem Pizza-Markt, die bei einer **Schnelltest** Preissenkung für Tomaten eintreten. Untersuchen Sie die Veränderungen auf dem Pizza-Markt im Falle einer Preissenkung für Hamburger.

Schlußfolgerung: Preise regeln die Zuteilung von Ressourcen

Im vorliegenden Kapitel haben wir Angebot und Nachfrage auf einem einzelnen Gütermarkt untersucht. Obwohl die Diskussion auf den Markt für Speiseeis gerichtet war, sind die dabei erreichten Einsichten auf nahezu alle Märkte übertragbar. Wann immer Sie in einen Laden gehen, um irgend etwas zu kaufen, tragen Sie zur Nachfrage nach diesem Gegenstand bei. Wann immer Sie sich um eine Anstellung bemühen, tragen Sie zum Angebot an Arbeitsleistungen bei. Da Angebot und Nachfrage allgegenwärtige ökonomische Erscheinungen sind, stellt das Marktmodell von Angebot und Nachfrage ein wirkungsvolles Analyseinstrument dar. Wir werden es in den nachfolgenden Kapiteln immer wieder benützen.

Eine der *zehn Regeln* des Kapitels 1 lautet, daß Märkte gewöhnlich gut für die Organisation des Wirtschaftslebens sind. Obwohl es noch ein wenig verfrüht ist, darüber zu urteilen, ob Marktergebnisse gut oder schlecht sind, haben wir in diesem Kapitel damit begonnen, die Wirkungsweise von Märkten zu analysieren. In jeder Volkswirtschaft geht es darum, knappe Ressourcen für konkurrierende Zwecke zuzuteilen. Marktwirtschaften setzen dafür die Kräfte von Angebt und Nachfrage ein. Angebot und Nachfrage zusammen bestimmen die Preise aller Waren und Dienstleistungen einer Volkswirtschaft; und die Preise wiederum sind die Signale für die Verteilung der Ressourcen.

Nehmen wir die Verteilung der Seegrundstücke an bayerischen Seen als Beispiel. Weil die Menge dieser Grundstücke limitiert ist, kann sich nicht jeder den Luxus leisten, am See zu leben. Wer bekommt die Ressource? Wer den Preis bezahlen kann und will, lautet die einfache Antwort. Der Preis von Seegrundstücken wird sich so einspielen, daß Nachfragemenge und Angebotsmenge zur Übereinstimmung kommen. So bilden also veränderliche Preise in Marktwirtschaften den Mechanismus für die Zuteilung knapper Ressourcen.

Ebenso entscheiden Preise darüber, wer welches Gut produziert und welche Menge eines Gutes hergestellt wird. Nehmen wir ein Beispiel aus der Landwirtschaft. Da wir Nahrungsmittel zum Leben brauchen, ist es entscheidend, daß einige Leute in der Landwirtschaft arbeiten. Aber wie kommt es zu der Entscheidung, wer landwirtschaftlich beschäftigt wird und wer nicht? In einer freiheitlichen Gesellschaft gibt es keine staatliche Planungsstelle, die diese Entscheidung trifft und ein ausreichendes Angebot an Nahrungsmitteln festlegt. Statt dessen beruht die Beschäftigung in der Landwirtschaft auf vielen tausend Einzelentscheidungen von Arbeitskräften. Dieses dezentralisierte System funktioniert sehr gut, da die Einzelentscheidungen nach Preisen getroffen werden. Die Preise für Nahrungsmittel und die Entlohnung in der Landwirtschaft (der Preis für Arbeitsleistungen) werden sich so einregulieren, daß genügend Leute in der Landwirtschaft arbeiten wollen. Allerdings ist die Landwirtschaft wegen der starken Regulierung in Europa noch (!) kein sehr gutes Beispiel für das Funktionieren des Marktmechanismus.

Hätte jemand noch nie eine funktionierende Marktwirtschaft erlebt, könnte ihm die gedankliche Vorstellung der marktwirtschaftlichen Selbststeuerung grotesk erscheinen. Volkswirtschaften sind ja große Gruppierungen von Menschen, die sich in zahlreichen wechselweise verbundenen Betätigungen engagieren. Was bewahrt die Systeme dezentraler Entscheidung davor, im Chaos zu versinken? Wie kommt es zur Abstimmung von Millionen Menschen mit ganz unterschiedlichen Befähigungen und Bedürfnissen? Wie kommt es dazu, daß das was getan werden muß auch wirklich geschieht? Die Antwort besteht in einem einzigen Wort: *Preise*.

Zusammenfassung

- Ökonomen verwenden das Modell von Angebot und Nachfrage, um Konkurrenzmärkte zu untersuchen. Auf einem Wettbewerbs- oder Konkurrenzmarkt gibt es viele Anbieter und Nachfrager, die als einzelne keinen oder fast keinen Einfluß auf den Marktpreis haben.
- Die Nachfragekurve zeigt, wie die Nachfragemenge eines Gutes vom Preis des Gutes abhängt. Nach dem Gesetz der Nachfrage nimmt die nachgefragte Menge bei sinkendem Preis zu. Die Nachfragekurve hat deshalb eine negative Steigung.
- Andere Einflußgrößen der Nachfrage neben dem Preis sind die Einkommen, die Bedürfnisse und Vorlieben sowie die Erwartungen der Haushalte und ferner die Preise der substitutiven und komplementären Güter. Wenn sich eine dieser anderen Einflußgrößen verändert, kommt es zu einer Verschiebung der Nachfragekurve.
- Die Angebotskurve zeigt, wie die Angebotsmenge eines Gutes vom Preis des Gutes abhängt. Nach dem Gesetz des Angebots nimmt die angebotene Menge bei steigendem Preis zu. Die Angebotskurve hat deshalb eine positive Steigung.
- Andere Einflußgrößen des Angebots neben dem Preis sind Input- oder Einkaufspreise, Technologie und Erwartungen. Wenn sich eine dieser anderen Einflußgrößen verändert, kommt es zu einer Verschiebung der Angebotskurve.
- Der Schnittpunkt von Angebots- und Nachfragekurve bestimmt das Marktgleichgewicht. Zum Gleichgewichtspreis stimmt die nachgefragte Menge mit der angebotenen Gütermenge überein.
- Das Verhalten von Käufern und Verkäufern treibt Märkte auf natürliche Weise zu ihrem Gleichgewicht. Wenn der Marktpreis über dem Gleichgewichtspreis liegt, folgt daraus ein Angebotsüberschuß, der einen Rückgang des Marktpreises auslöst. Wenn der Marktpreis unter dem

Gleichgewichtspreis liegt, folgt daraus ein Nachfrageüberschuß, der zu einem Anstieg des Marktpreises führt.

- Wir benützen das Angebots-Nachfrage-Diagramm, um die Auswirkungen irgend eines Ereignisses auf Gleichgewichtspreis und Gleichgewichtsmenge zu untersuchen. Dabei gehen wir nacheinander in drei Schritten vor. Zuerst klären wir, ob das Ereignis die Angebotskurve oder die Nachfragekurve (oder beide Kurven) verschiebt. Zum zweiten bestimmen wir die Richtung der Verschiebung. Zum dritten vergleichen wir das neue Gleichgewicht mit dem alten Marktgleichgewicht.

- In Marktwirtschaften bilden Preise die Signale für alle Entscheidungen sowie die Zuteilung knapper Ressourcen. Bei jeder Güterart der Volkswirtschaft gewährleistet der bewegliche Marktpreis, daß Angebot und Nachfrage zur Übereinstimmung kommen. Der Gleichgewichtspreis bestimmt einerseits produzierte und angebotene Gütermenge der Unternehmer und andererseits nachgefragte und konsumierte Gütermenge der Haushalte.

Stichworte

Markt	Angebotsmenge
Konkurrenzmarkt	Gesetz des Angebotes
Nachfragemenge	Angebotstabelle
Gesetz der Nachfrage	Angebotskurve
normales Gut	Gleichgewicht
inferiores Gut	Gleichgewichtspreis
substitutive Güter	Gleichgewichtsmenge
komplementäre Güter	Angebotsüberschuß
Nachfragetabelle	Nachfrageüberschuß
Nachfragekurve	Gesetz von Angebot und Nach-
ceteris paribus	frage

Wiederholungsfragen

1. Was ist ein Konkurrenzmarkt?
2. Wodurch wird die nachgefragte Gütermenge bestimmt?
3. Nachfragetabelle, Nachfragekurve und ihr Zusammenhang?
4. Warum hat die Nachfragekurve eine negative Steigung?
5. Führt eine Bedürfnis- und Geschmacksänderung der Konsumenten zu einer Bewegung auf der Nachfragekurve oder zu einer Verschiebung der Nachfragekurve? Führt eine Preisänderung zu einer Bewegung auf der Nachfragekurve oder zu einer Verschiebung der Nachfragekurve?
6. Wodurch wird die angebotene Gütermenge bestimmt?
7. Angebotstabelle, Angebotskurve und ihr Zusammenhang?
8. Warum hat die Angebotskurve eine positive Steigung?

9. Führt eine Veränderung der Produktionstechnologie zu einer Bewegung auf der Angebotskurve oder zu einer Verschiebung der Angebotskurve? Führt eine Preisänderung zu einer Bewegung auf der Angebotskurve oder zu einer Verschiebung der Angebotskurve?

10. Definieren Sie Marktgleichgewicht. Beschreiben Sie die Kräfte, die einen Markt zum Gleichgewicht drängen.

11. Da man Bier und Pizza oft zusammen ißt, sind sie komplementäre Güter. Was geschieht mit Angebot, Nachfrage, Angebotsmenge, Nachfragemenge und Preis auf dem Pizza-Markt, wenn der Bierpreis ansteigt?

12. Beschreiben Sie die Rolle der Preise in Marktwirtschaften.

Aufgaben und Anwendungen

1. Erläutern Sie jede der nachfolgenden Aussagen mit Blick auf das Angebots-Nachfrage-Diagramm.
   a) Wenn eine Kältewelle über Florida hereinbricht, steigt der Preis von Orangensaft überall in den USA an.
   b) Wenn das Wetter an der deutschen Nordseeküste jeden Sommer sehr warm wäre, würden die Hotelpreise an der Adria gedrückt.
   c) Wenn im Nahen Osten Krieg ausbricht, steigt der Benzinpreis an, während der Preis der Gebrauchtwägen mit hohem Benzinverbrauch sinkt.

2. »Ein Anstieg der Nachfrage nach Notebooks erhöht die Menge der nachgefragten Notebooks, aber nicht die Angebotsmenge.« Trifft diese Feststellung zu? Erläuterung.

3. Sie betrachten den Markt für Kleinbusse und klären für jedes der angegebenen Ereignisse die Auswirkungen auf Angebot und Nachfrage sowie auf Angebotsmengen und Nachfragemengen.
   a) Die Menschen entscheiden sich für größere Kinderzahlen.
   b) Ein Stahlarbeiterstreik erhöht den Stahlpreis.
   c) Ingenieure entwickeln neue Produktionsautomaten für Kleinbusse.
   d) Der Preis von Großraumbussen (Gelenkbussen) steigt.
   e) Ein Börsencrash vermindert das Vermögen der Leute.

4. Zeigen Sie anhand von Angebots-Nachfrage-Diagrammen die Wirkungen der nachfolgenden Ereignisse auf den Markt für Sweatshirts:
   a) Unwetter vernichten weltweit die Baumwollernte.
   b) Der Preis von Lederjacken fällt.
   c) Einige Wirtschaftsfakultäten der Universitäten verlangen von den Studenten als Vorübung für die Berufspraxis Hemden und Krawatten.
   d) Neue Bügelmaschinen werden entwickelt.

5. Angenommen, im Jahre 2000 gibt es vorübergehend außergewöhnlich viele Neugeborene. Wie beeinflußt dieser Babyboom die Entlohnung der Babysitter in den Jahren 2005 und 2015?

6. In einem Fallbeispiel des Kapitels war die Tabaksteuer als ein Mittel zur Verringerung des Zigarettenrauchens angesprochen worden. Denken Sie nun an andere Tabakwaren, wie z.B. Zigarren oder Kautabak.
   a) Sind diese Güter Substitute oder Komplemente für Zigaretten?
   b) Zeigen Sie mit Hilfe eines Markt-Diagramms für Zigarren, was bei einer Steuererhöhung auf Zigaretten geschehen könnte.
   c) Welche politischen Maßnahmen könnten neben der Steuererhöhung auf Zigaretten ergriffen werden, um den Tabakverbrauch einzuschränken?
7. Für einen Pizza-Markt gelte diese Nachfrage- und Angebotstabelle:

Preis (DM)	Nachfragemenge (Stück)	Angebotsmenge (Stück)
4	135	26
5	104	53
6	81	81
7	68	98
8	53	110
9	39	121

Zeichnen Sie die Angebotskurve und die Nachfragekurve. Wie hoch sind auf diesem Markt Gleichgewichtspreis und Gleichgewichtsmenge? Was würde geschehen, wenn der tatsächliche Preis über bzw. unter dem Gleichgewichtspreis läge?

8. Ein technologischer Durchbruch reduziert die Produktionskosten für Computer-Chips. Benützen Sie das Angebots-Nachfrage-Diagramm und diskutieren Sie in einer komparativ-statischen Analyse die Auswirkungen
   a) auf den Markt für Computer,
   b) auf den Markt für Computer-Software.
9. Da Weißwürste und süßer Senf in München zusammen verzehrt werden, können sie als komplementäre Güter betrachtet werden.
   a) Wir beobachten einen Preisanstieg bei Weißwurst und einen Mengenanstieg bei Senf. Könnte dies durch einen Preisanstieg für Käse oder durch einen Preisanstieg für Kalbfleisch verursacht sein?
   b) Unterstellen Sie statt dessen sowohl Preis- als auch Mengensteigerungen bei beiden Gütern.
10. Eintrittspreise und Sitzplätze in einem kleinen Fußballstadion sind durch diese Angebots- und Nachfragetabelle darstellbar:

Preis (DM)	Nachfragemenge (Stück)	Angebotsmenge (Stück)
4,–	10.000	8.000
8,–	8.000	8.000
12,–	6.000	8.000
16,–	4.000	8.000
20,–	2.000	8.000

   a) Zeichnen Sie die Angebots- und die Nachfragekurve. Was ist an diesen Kurven ungewöhnlich?
   b) Wie hoch sind Gleichgewichtspreis und Gleichgewichtsmenge?

c) Durch Schließung einer benachbarten Anlage des Ortes kommt Nachfrage hinzu:

Preis (DM)	Nachfragemenge (Stück)
4,–	4.000
8,–	3.000
12,–	2.000
16,–	1.000
20,–	0

Ermitteln Sie die neue Angebots- und Nachfragetabelle. Zeichnen Sie die neuen Kurven und geben Sie die neuen Gleichgewichtswerte an.

11. »Bei einer bestimmten Zunahme des Angebots beeinflussen sowohl die Steigung der Angebotskurve als auch die Steigung der Nachfragekurve die Veränderung der Gleichgewichtsmenge.« Trifft diese Aussage zu? Geben Sie Erläuterungen anhand von Diagrammen.

12. Die Marktforschung habe für einen bestimmten Gütermarkt die folgende Nachfragefunktion ermittelt:
$Q^D = 1.600 - 300P$ (mit Q^D = Nachfragemenge, P = Güterpreis)
Die Angebotsfunktion:
$Q^S = 1.400 + 700P$ (mit Q^S = Angebotsmenge)
Berechnen Sie den Gleichgewichtspreis und die Gleichgewichtsmenge.

13. Was meint man mit der Bezeichnung »vollständige Konkurrenz« für Märkte? Für Erläuterungen greife man auf das Beispiel des Marktes für Speiseeis zurück.

Elastizität und ihre Anwendungen   Kapitel 5

In diesem Kapitel werden Sie

- die Bedeutung der Nachfrageelastizität lernen,
- die Bestimmung der Nachfrageelastizität klären,
- die Bedeutung der Angebotselastizität lernen,
- die Bestimmung der Angebotselastizität klären,
- die Konzeption der Elastizität auf drei Märkte anwenden.

Stellen Sie sich vor, Sie wären ein Farmer im US-Bundesstaat Kansas und auf Weizenanbau spezialisiert. (Europa kann wegen der Marktordnungen schlecht als Beispiel dienen.) Da Sie all Ihr Einkommen aus dem Weizenverkauf erwirtschaften, unternehmen Sie alle erdenklichen Anstrengungen, das Ackerland so fruchtbar wie möglich zu machen. Sie beobachten die Witterungsbedingungen, überwachen die Bodenbeschaffenheit, kontrollieren die Felder auf Schädlingsbefall und Krankheiten, und Sie studieren aufmerksam die technologische Entwicklung auf Ihrem Gebiet. Sie sind sich der Tatsache bewußt, daß Ihr Lebensstandard und Ihr Einkommen um so höher sind, je größere Mengen Weizen Sie ernten und verkaufen.

Eines Tages wird aus der Kansas State University eine beachtliche Erfindung gemeldet. Forschern der landwirtschaftlichen Fakultät ist die Züchtung einer neuen Weizensorte gelungen, die den Ernteertrag pro Anbaufläche um 20% steigert. Wie werden Sie auf diese Neuigkeit reagieren? Werden Sie die neue Weizensorte selbst anbauen? Werden Sie durch diese Entwicklung am Ende besser oder schlechter dran sein? Auf diese Fragen gibt es überraschende Antworten, wie wir gleich sehen werden. Die Überraschung ergibt sich durch Anwendung der Analysewerkzeuge von Angebot und Nachfrage auf den Weizenmarkt.

Im vorigen Kapitel wurde das Zusammenspiel von Angebot und Nachfrage dargelegt. Auf jedem Konkurrenzmarkt – so auch auf dem Weizenmarkt in Kansas – repräsentiert eine ansteigende Kurve das Anbieterverhalten und eine fallende Kurve das Nachfragerverhalten. Der Preis bringt angebotene und nachgefragte Menge zum Ausgleich. Um die möglichen Markteffekte der Innovation leichter verstehen zu können, entwickeln wir ein zusätzliches Instrument der Analyse: die Konzeption der Elastizität. Die Elastizität, ein Maß für die Reagibilität von Anbietern und Nachfragern auf Veränderungen der Marktlage, erlaubt eine genauere Untersuchung von Angebot und Nachfrage.

Die Elastizität der Nachfrage

Elastizität
Ein Maß der Reagibilität der Nachfragemenge oder der Angebotsmenge auf eine der Einflußgrößen.

Als wir im Kapitel 4 die Einflußgrößen der Nachfrage aufzählten, haben wir bemerkt, daß die potentiellen Käufer um so größere Mengen eines Gutes nachfragen, je niedriger der Preis ist, je höher die Einkommen sind, je höher die Preise der Substitute sind und je niedriger die Preise der komplementären Güter sind. Unsere Aussagen waren qualitativer, nicht quantitativer Natur. D. h. wir haben die Richtung von Veränderungen und nicht ihre Größenordnungen hervorgehoben. Um die Reaktion der Nachfragemenge auf Veränderungen der Einflußgrößen zu messen, benützt man die Konzeption der **Elastizität**.

Die Preiselastizität der Nachfrage und ihre Bestimmungsgründe

Preiselastizität der Nachfrage
Ein Maß der Reagibilität der Nachfragemenge eines Gutes auf Änderungen seines Preises – berechnet als Quotient von prozentualer Mengenänderung und prozentualer Preisänderung.

Das Gesetz der Nachfrage besagt, daß ein Preisrückgang für ein Gut die Nachfragemenge ansteigen läßt. Die **Preiselastizität der Nachfrage** mißt, wie die Nachfragemenge auf eine Preisänderung reagiert. Man bezeichnet die Nachfrage als *elastisch*, wenn Preisänderungen relativ große Mengenänderungen bewirken. Reagiert die Nachfragemenge kaum merklich auf Preisänderungen, so gilt die Nachfrage als *unelastisch*.

Welche Einflußgrößen sind ausschlaggebend für eine elastische oder unelastische Nachfrage nach einem Gut? Da die Nachfrage nach jedem Gut auf Konsumentenpräferenzen beruht, hängt auch die Preiselastizität der Nachfrage von den zahlreichen ökonomischen, sozialen und psychischen Faktoren ab, die individuelle Wünsche von Konsumenten formen. Empirische Untersuchungen geben die Möglichkeit, einige Faustregeln und Schlagworte für die Bestimmungsgründe der Preiselastizität anzugeben.

Lebensnotwendiges und Luxusgüter

Lebensnotwendige Güter oder Güter zur Befriedigung von Grundbedürfnissen weisen eine unelastische Nachfrage auf, während die Nachfrage nach Luxusgütern gewöhnlich elastisch ist. Wenn in einem Land mit marktwirtschaftlich organisiertem Gesundheitswesen der Preis für den Arztbesuch steigt, wird sich dabei die Häufigkeit der Arztbesuche nicht sehr verringern. Anders ist es beim Preisanstieg für ein Segelboot. Hier wird die Nachfrage deutlich zurückgehen. Der Grund liegt darin, daß die meisten Leute Arztbesuche als Notwendigkeit und Segelboote als Luxusgüter ansehen. Wie ein Gut klassifiziert wird, hängt jedoch nicht von den technischen Eigenschaften des Gutes ab, sondern von den Präferenzen und höchstpersönlichen Wertungen der Nachfrager. Für einen kräftigen, rauhen Seemann mag ein Segelboot ein lebensnotwendiges Gut und ein Arztbesuch Luxus sein.

Erhältlichkeit substitutiver Güter

Güter, zu denen es nahe verwandte Substitute gibt, haben eine relativ elastische Nachfrage, weil die potentiellen Käufer bei Preisänderungen leicht zwischen dem Gut und den Substituten wechseln können. Zum Beispiel stehen Butter und Margarine in einer engen substitutiven Beziehung. Ein Anstieg des Butterpreises wird deshalb – bei konstantem Margarinepreis – einen deutlichen Rückgang der Nachfrage nach Butter bewirken. Im Gegensatz dazu wird die Nachfrage nach Eiern weniger preiselastisch sein, weil es in den Augen der meisten Konsumenten keine nahen Substitute für Eier gibt.

Marktabgrenzung

Die Nachfrageelastizität hängt stets davon ab, wie klar ein Markt abgegrenzt ist. Speziell definierte Märkte und Güter werden eine elastischere Nachfrage aufweisen als breit abgegrenzte Märkte und Güter, da man zu den speziell und eng definierten Gütern leichter Substitute findet. So werden z.B. »Nahrungsmittel« eine ziemlich unelastische Nachfrage aufweisen, weil es dazu keine geeigneten Substitute gibt. Zu »Speiseeis« findet man viel leichter substitutive Güter und die noch engere Kategorie »Vanilleeis« ist wiederum spezieller mit einem breiteren Umfeld substitutiver Güter. »Vanilleeis« hat eine elastischere Nachfrage als »Speiseeis« und Speiseeis wiederum eine erheblich elastischere Nachfrage als »Nahrungsmittel«.

Zeithorizont

Auf lange Sicht und in langen Untersuchungsperioden weisen alle Güter eine größere Preiselastizität der Nachfrage auf als in kurzen Perioden der Analyse. Wenn der Benzinpreis steigt, geht die Nachfrage nach Benzin zunächst langsam zurück. Erst nach vielen Monaten oder Jahren – mit dem Übergang vieler Autofahrer zu öffentlichen Verkehrsmitteln oder treibstoffsparenden Autos – stellt man einen kräftigeren Nachfragerückgang fest.

Zur Berechnung der Preiselastizität der Nachfrage

Nach den allgemeinen Bemerkungen zur Preiselastizität der Nachfrage wollen wir uns dem Rechenverfahren zuwenden. Ökonomen berechnen die Preiselastizität der Nachfrage als die prozentuale Mengenänderung dividiert durch die prozentuale Preisänderung:

$$\text{Preiselastizität} = \frac{\text{Prozentuale Änderung der Nachfragemenge}}{\text{Prozentuale Preisänderung}}$$

Nehmen wir z.B. an, der Preis von Speiseeis würde von DM 2,– auf DM 2,20 ansteigen und dabei einen Rückgang der Käufe von 10 auf 8 Kugeln Speiseeis verursachen. Wir berechnen die prozentuale Preisänderung als
    Prozentuale Preisänderung = (2,20–2,00)/2,00 mal 100 = 10%.

Entsprechend berechnen wir die prozentuale Veränderung der Nachfrage-menge als

Prozentuale Mengenänderung = (10–8)/10 mal 100 = 20%.
In diesem Falle ist die

$$\text{Preiselastizität der Nachfrage} = \frac{20\%}{10\%} = 2.$$

Die Preiselastizität von 2 bedeutet, daß die relative Mengenänderung zwei-mal so groß ausfällt wie die relative Preisänderung. Eine Preisänderung um z.B. 1% bewirkt demnach eine Mengenänderung der Nachfrage um 2%.

Da die Nachfragemenge des Gutes negativ mit dem Preis verknüpft ist, werden Mengenänderung und Preisänderung stets entgegengesetzte Vor-zeichen aufweisen. In unserem Beispiel ist die Preisänderung 10% *plus* (Anstieg), die Nachfrageänderung jedoch 20% *minus* (Rückgang). Deshalb werden Preiselastizitäten der Nachfrage oft als negative Zahlen ausge-wiesen (hier z.B. minus 2). Im vorliegenden Buch schließen wir uns der verbreiteten *Konvention* an, alle Preiselastizitäten positiv zu definieren (als *absolute Werte*). Insofern besagen größere Preiselastizitäten nur, daß die Reagibilität der Nachfragemenge »größer« ist als bei kleinen Preiselasti-zitäten.

Das Rechnen mit Mittelwerten der Basis

Das hier verwendete Rechenbeispiel umfaßt zwei Punkte der Nachfrage-kurve: zuerst DM 2,– mit 10 Stück, sodann DM 2,20 mit 8 Stück. Die prozentualen Änderungen sind auf das Anfangsniveau bezogen. Würde man in umgekehrter Richtung vom Endpunkt zum Anfangspunkt zurückgehen, so hätte man statt einer Preissteigerung um 10% eine Preissenkung um 9,1% und statt eines Mengenrückgangs um 20% einen Mengenanstieg um 25%. Damit die Elastizitätsangaben für »vorwärts« (hier 2,0) und »rückwärts« (hier 2,75) auf gleicher Strecke der Kurve nicht so sehr divergieren, be-helfen sich Praktiker manchmal in der Weise, daß sie den Mittelwert der Anfangs- und Endniveaus als Basis der Divisionen heranziehen. Also:

Prozentuale Preisänderung = 100 × 0,20/2,10 = 9,52%
Prozentuale Nachfrageänderung = 100 × 2/9 = 22,22%
Preiselastizität der Nachfrage = 22,22/9,52 = 2,33
Man erhält auf diese Weise auch den Mittelwert der Elastizitäten »von unten« und »von oben«.

Wofür kann der Hinweis auf Mittelwerte als Basis dienen? Man lasse Sorgfalt bei den Berechnungen walten, und man beachte, daß ein Punkt auf der Nachfragekurve eine konkrete historische Situation anzeigt, von der man sich wegbewegt. Später wird man bemerken, daß die Berechnung mit Mittelwerten als Basis zur Konzeption der *durchschnittlichen Elastizität* oder *Bogenelastizität* hinführt. Glücklicherweise können sich Anfänger und reine Theoretiker von den praktischen Berechnungen und Zahlenangaben fern halten. In den nachfolgenden Kapiteln des Buches werden nur sehr selten konkrete Berechnungen verlangt. Die formelhafte Konzeption der Elastizität als ein Maß für Reagibilität ist zunächst wichtiger als die rech-nerische oder gar empirische Anwendung der Formeln.

Die Vielfalt der Nachfragekurven

Ökonomen klassifizieren Nachfragekurven nach ihrer Elastizität. Die Nachfrage bezeichnet man als *elastisch*, wenn sich die Menge proportional stärker verändert als der Preis und demnach die Preiselastizität der Nachfrage größer ist als 1. Bei einer Preiselastizität unter 1 gilt die Nachfrage als *unelastisch*, die Menge bewegt sich relativ weniger als der Preis. Der Grenzfall einer Preiselastizität der Nachfrage von 1 hat im angloamerikanischen Sprachraum die Bezeichnung *»unit elasticity«* (Einheitselastizität).

Selbstverständlich ist die Elastizität eng mit der Steigung der Nachfragekurve verknüpft. (Zur vertieften Betrachtung von Steigung und Elastizität blättere man zum Anhang von Kapitel 2 zurück.) Nützlich ist die folgende Faustregel: Je flacher die Nachfragekurve ist, die durch einen bestimmten Punkt verläuft, um so größer ist die Preiselastizität der Nachfrage. Je steiler die Nachfragekurve ist, die durch einen bestimmten Punkt verläuft, um so kleiner ist die Preiselastizität der Nachfrage.

Schaubild 5-1
Die Preiselastizität der Nachfrage. Die Preiselastizität der Nachfrage sagt etwas darüber aus, ob die Nachfragekurve steil oder flach verläuft. Bei den Berechnungen spielt der Ausgangspunkt eine Rolle.

a) Vollkommen unelastische Nachfrage
(Preiselastizität = 0)

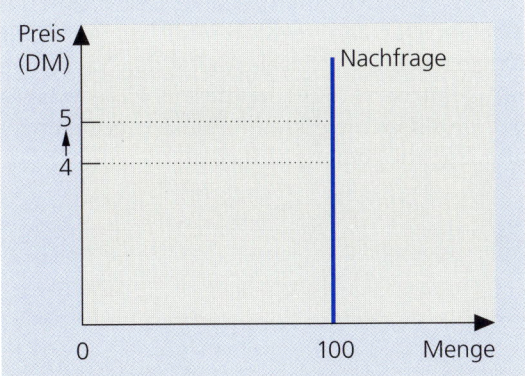

b) Unelastische Nachfrage
(Preiselastizität < 1)

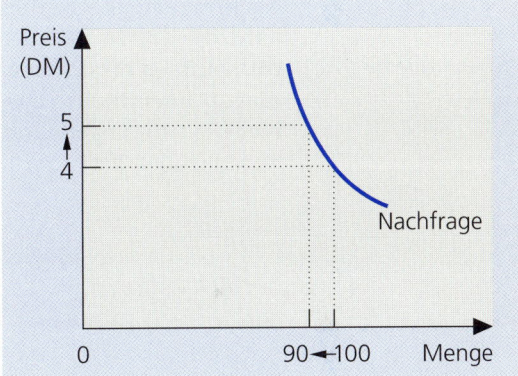

c) Einheitselastizität
(Preiselastizität = 1)

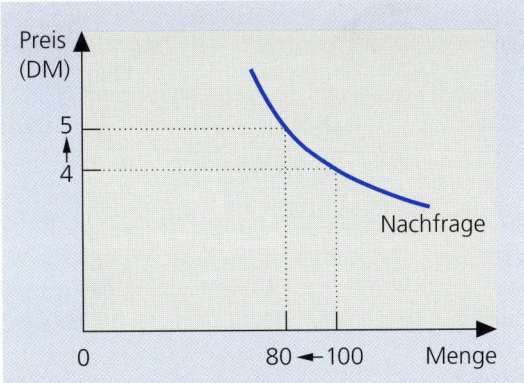

d) Elastische Nachfrage
(Preiselastizität > 1)

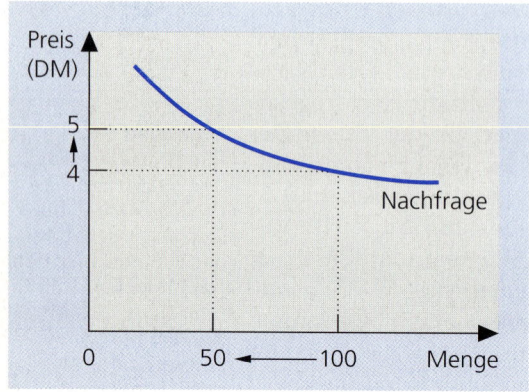

e) Vollkommen elastische Nachfrage
(Preiselastizität → ∞)

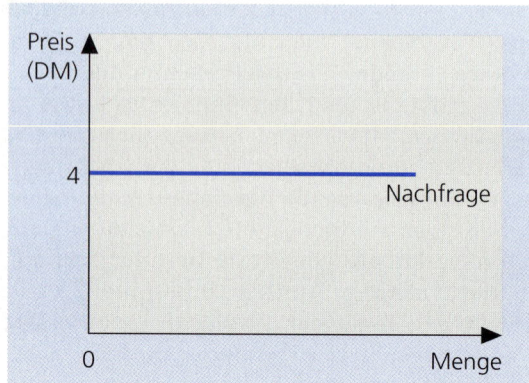

Das Schaubild 5-1 präsentiert fünf charakteristische Fälle. Im Extremfall einer Elastizität von 0 ist die Nachfrage vollkommen unelastisch; die Nachfragekurve verläuft senkrecht. Ohne Rücksicht auf den Preis bleibt die Nachfragemenge in diesem Falle gleich. Mit dem Anstieg der Elastizität wird die Kurve flacher und flacher. Der andere Extremfall ist der einer vollkommen elastischen Nachfrage mit einer Preiselastizität der Nachfrage »gegen unendlich«. Die Nachfragekurve verläuft in diesem Falle waagerecht, womit angedeutet ist, daß bereits winzig kleine Preisänderungen zu riesengroßen Veränderungen der Nachfragemenge führen.

Schaubild 5-2
Umsatz, Gesamteinnahmen oder Gesamtausgaben.
Der von den Käufern bezahlte und von den Verkäufern eingenommene Betrag entspricht dem Rechteck ($P \times Q$) unter der Nachfragekurve. Bei einem Preis von DM 4,– und einer Nachfragemenge von 100 Stück beträgt der Umsatz DM 400,–.

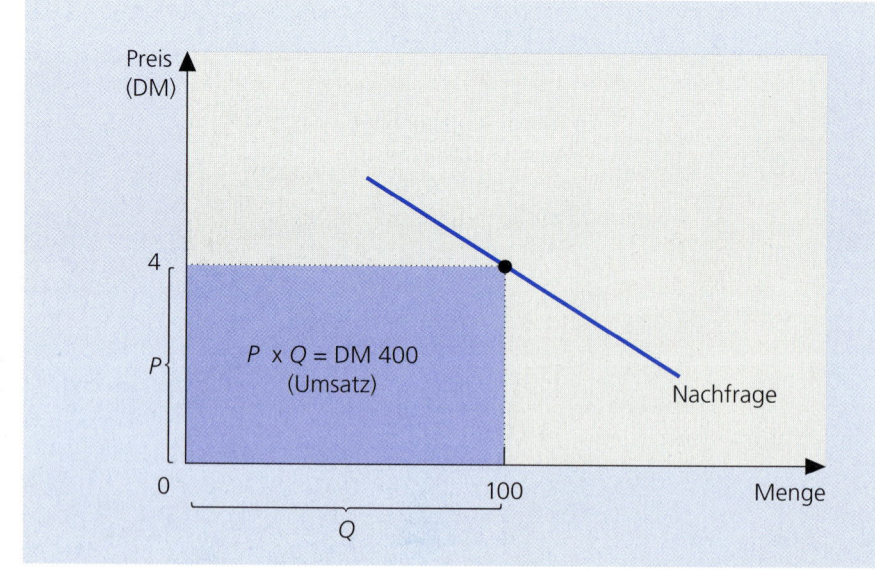

Umsatz und Preiselastizität der Nachfrage

Wenn man über Angebot und Nachfrage spricht, will man oft auch etwas über die Gesamtausgaben der Käufer und die Gesamteinnahmen der Verkäufer – den *Umsatz* – sagen. Der Umsatz ist auf jedem Markt Preis mal Menge (P × Q). Wir können den Umsatz auch graphisch darstellen, etwa als ein Rechteck wie in Schaubild 5-2. Die Fläche des Rechtecks aus P = 4 DM und Q = 100 (Stück) macht 400 DM Umsatz aus.

Umsatz
Betrag, der von den Käufern bezahlt (Ausgabe) und von den Verkäufern eines Gutes eingenommen wird (Erlös, Einnahme), berechnet als Produkt aus Preis und Menge.

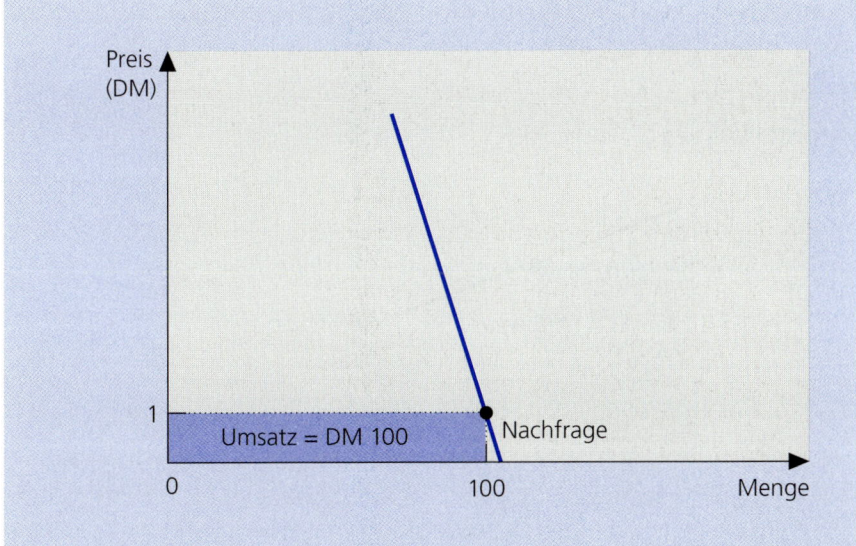

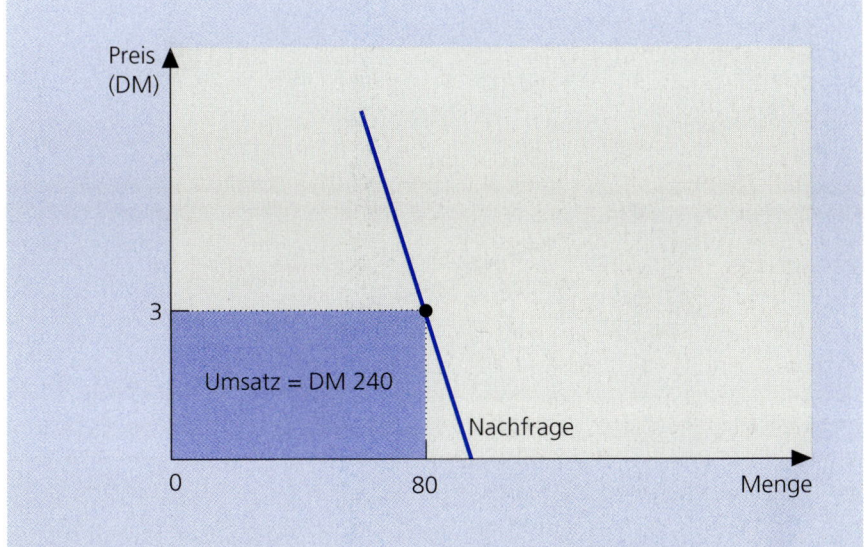

Schaubild 5-3
Wie sich der Umsatz bei einer Preisänderung verändert: Unelastische Nachfrage. Bei einer unelastischen Nachfragekurve führt ein Preisanstieg zu einem proportional kleineren Umsatzrückgang. Deshalb steigt der Umsatz (Produkt aus Preis und Menge) an.

Wie verändert sich die Umsatzgröße entlang der Nachfragekurve? Die Antwort hängt von der Preiselastizität der Nachfrage ab. Ist die Nachfrage unelastisch wie in Schaubild 5-3, dann bewirkt ein Preisanstieg einen Umsatzanstieg. Im Beispiel von Schaubild 5-3 ist ein Preisanstieg von DM 1 auf DM 3 nur mit einem Mengenrückgang von 100 auf 80 verknüpft, so daß der Umsatz von DM 100,– auf DM 240,– ansteigt. Ein Preisanstieg vergrößert P × Q, weil der Rückgang von Q relativ kleiner ist als der Anstieg von P.

Schaubild 5-4
Wie sich der Umsatz bei einer Preisänderung verändert: Elastische Nachfrage.
Bei einer elastischen Nachfragekurve führt ein Preisanstieg zu einem proportional größeren Umsatzrückgang. Deshalb geht der Umsatz (Produkt aus Preis und Menge) zurück.

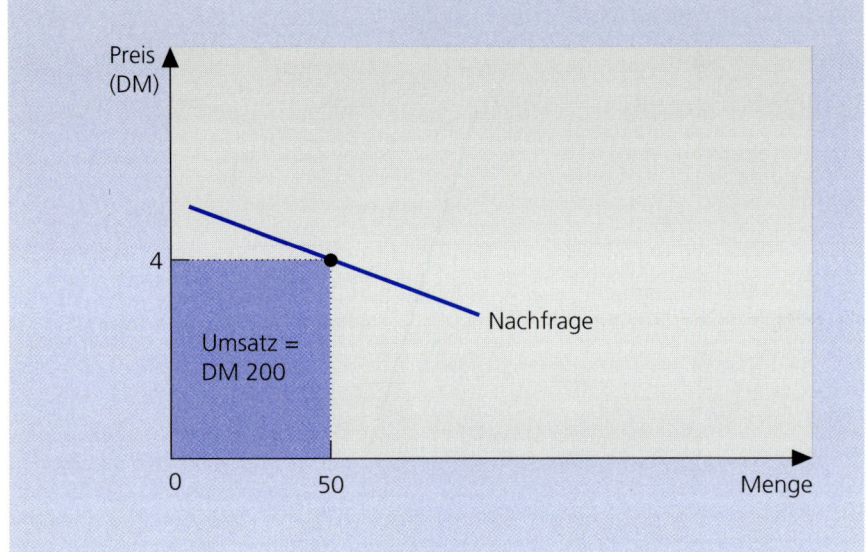

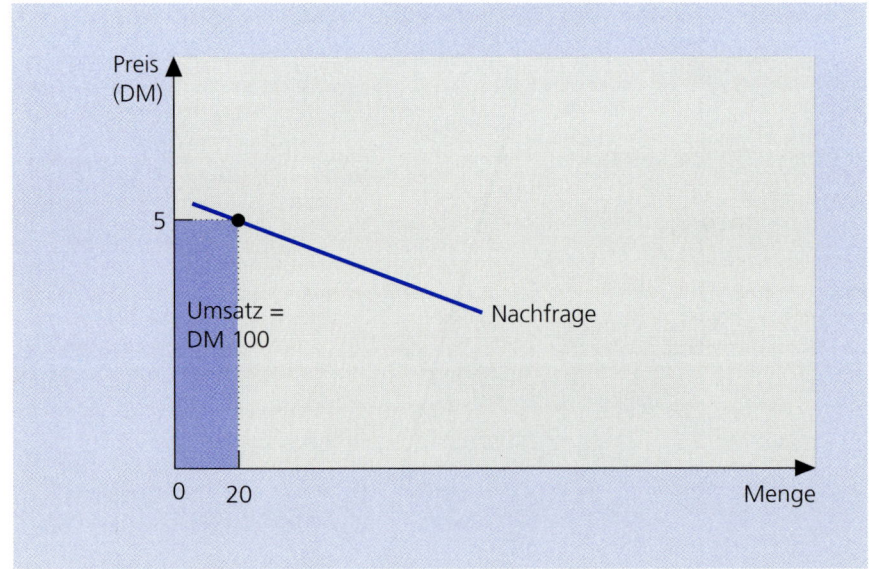

Bei elastischer Nachfrage erhalten wir ein gegenteiliges Resultat: Ein Preisanstieg führt zu einem Rückgang des Umsatzes und damit der Gesamteinnahmen der Unternehmer. Bei einem Preisanstieg von DM 4,– auf DM 5,– im Schaubild 5-4 fällt die Nachfragemenge von 50 auf 20 Stück, so daß der Umsatz von DM 200,– auf DM 100,– zurückgeht. Da die Nachfrage elastisch ist, wird der Preisanstieg durch den Nachfragerückgang überkompensiert. Ein Preisanstieg verkleinert P × Q, weil der Rückgang von Q relativ größer ist als der Anstieg von P.

Obwohl die Beispiele der Schaubilder extrem gewählt sind, illustrieren sie doch eine allgemeine Regel:

- Wenn die Preiselastizität der Nachfrage kleiner als 1 ist, wird der Umsatz (Gesamtausgabe und Gesamteinnahme) durch eine Preissteigerung erhöht, durch eine Preissenkung vermindert.
- Wenn die Preiselastizität der Nachfrage größer als 1 ist, wird der Umsatz (Gesamtausgabe und Gesamteinnahme) durch eine Preissteigerung vermindert, durch eine Preissenkung erhöht.
- In der besonderen Lage einer Preiselastizität von genau gleich 1 bewirken Preisänderungen keine Umsatzänderungen.

Eintrittspreise für ein Museum   **Fallstudie**

Als Museumsdirektor stehen Sie vor der Frage, ob Sie zur Verbesserung der Finanzlage die Eintrittspreise verändern sollen. Was werden Sie tun? Werden Sie die Eintrittspreise der verschiedenen Kategorien anheben oder senken?

Die richtige Antwort hängt von der Preiselastizität der Nachfrage ab. Wäre die Nachfrage nach Eintrittskarten unelastisch, würde eine Erhöhung der Eintrittspreise auch die Gesamteinnahmen erhöhen. Doch bei elastischer Nachfrage würden Preiserhöhungen die Kunstinteressierten in so großer Zahl vom Museumsbesuch abhalten, daß die Einnahmen sinken. In diesem Falle sollten Sie Preissenkungen zur Einnahmensteigerung einsetzen.

Um die Preiselastizität der Nachfrage zu schätzen, wenden Sie sich an Statistiker. Diese können historische Daten heranziehen, um den mit Eintrittspreisen schwankenden Museumsbesuch zu analysieren. Statt einer Längsschnittanalyse könnten die Statistiker eine Querschnittsanalyse für verschiedene ähnliche Museen mit unterschiedlichen Eintrittspreisen und Besucherzahlen unternehmen. Bei beiden Analysen wären weitere Einflußgrößen auf die Besucherzahlen heranzuziehen, wie etwa Wetterlagen, Bevölkerungszahlen, Größe und Art des Ausstellungsbestandes, um den Preiseffekt zu isolieren. Am Ende ergäbe sich ein Schätzwert für die Preiselastizität der Nachfrage, auf den man die Preisentscheidung mit dem Ziel einer Einnahmensteigerung stützen kann.

Kreuzpreiselastizität der Nachfrage

Kreuzpreiselastizität der Nachfrage
Ein Maß der Reagibilität der Nachfragemenge eines Gutes auf Preisänderungen eines anderen Gutes – gemessen als Quotient von prozentualer Mengenänderung des Gutes Nr. 1 und prozentualer Preisänderung des Gutes Nr. 2

Es gibt Konsumgüter, die im Verbrauchsplan der Menschen und bei Nachfrageentscheidungen systematisch verknüpft sind (vgl. Kapitel 4). Komplemente oder komplementäre Güter (etwa Kaffee und Zucker) werden gemeinsam in gleicher Richtung (Vermehrung oder Verminderung) verändert. Substitute oder substitutive Güter (etwa Butter und Margarine) werden in gegenläufiger Richtung verändert. Sofern die Nachfrageänderung durch eine Preisänderung ausgelöst wird, folgt aus der Preisänderung jeweils auch eine Nachfragemengenänderung des komplementären oder substitutiven Gutes. Die Nachfragemengen der beiden Güterarten sowie die Märkte der beiden Güter hängen zusammen.

Die Abhängigkeit der Güternachfrage vom jeweils anderen Preis mißt man durch die sogenannte Kreuzpreiselastizität:

$$\text{Kreuzpreiselastizität der Nachfrage} = \frac{\text{Prozentuale Mengenänderung von Gut Nr. 1}}{\text{Prozentuale Preisänderung von Gut Nr. 2}}$$

Bei komplementären Gütern ist die Kreuzpreiselastizität positiv, bei substitutiven Gütern jedoch ist sie negativ. Handelt es sich bei den betrachteten beiden Gütern um völlig unabhängige Mengenentscheidungen, so beträgt die Kreuzpreiselastizität Null. Eine Kreuzpreiselastizität von Null zwischen zwei Gütern dient oft auch als Indiz für die Abgrenzung zweier Märkte (vgl. Triffin-Koeffizient).

Die Einkommenselastizität der Nachfrage

Einkommenselastizität der Nachfrage
Ein Maß dafür, um wieviel die Nachfragemenge auf eine Änderung des Einkommens der Konsumenten reagiert – gemessen als Prozentsatz der Nachfrageänderung dividiert durch den Prozentsatz der Einkommensänderung.

Neben der Preiselastizität der Nachfrage gebrauchen Ökonomen noch andere Arten von Elastizitäten. Am bedeutendsten ist dabei die **Einkommenselastizität der Nachfrage**, mit der Veränderungen der Konsumnachfrage bei Veränderungen des Einkommens der Konsumenten gemessen werden. Die Einkommenselastizität ist der Quotient aus prozentualer Nachfrageänderung und prozentualer Einkommensänderung:

$$\text{Einkommenselastizität der Nachfrage} = \frac{\text{Prozentsatz der Nachfrageänderung}}{\text{Prozentsatz der Einkommensänderung}}$$

Wie im Kapitel 4 ausgeführt, sind die meisten Güter sogenannte *normale Güter*: Höheres Einkommen führt zu größerer Nachfragemenge. Weil sich Nachfragemenge und Einkommen in die selbe Richtung bewegen, haben normale Güter eine positive Einkommenselastizität. Einige wenige Güter, wie z.B. Omnibusfahrten im Nahverkehr, sind *inferiore Güter*: Höheres Einkommen führt zu einer geringeren Nachfrage. Weil sich Nachfragemenge und Einkommen gegenläufig verändern, haben inferiore Güter eine negative Einkommenselastizität.

Doch bei den normalen Gütern variieren die Einkommenselastizitäten beträchtlich. Die lebensnotwendigen Güter, wie etwa Nahrungsmittel und

Kleidung, haben relativ kleine Einkommenselastizitäten, da die Konsumenten – ohne Rücksicht auf die Einkommenshöhe – gewisse Mengen davon kaufen müssen. Luxusgüter, wie etwa Kaviar und Edelpelze, weisen relativ große Einkommenselastizitäten auf. Die Konsumenten können bei niedrigem Einkommen notfalls ohne diese Güter auskommen.

Elastizität und Umsatz entlang einer linearen Nachfragekurve   **Beispiel**

Im Schaubild 5-5 ist eine lineare Nachfragefunktion gezeichnet, die eine bestimmte Nachfragemenge Q der Konsumenten in Abhängigkeit vom gegebenen Preis P zeigt:

$$Q = 14 - 2P$$

$$P = 7 - \frac{1}{2}Q$$

Die zweite Schreibweise der Funktion entspricht der unter Ökonomen üblichen Achsenwahl im Schaubild 5-5. Anhand dieses Beispiels sollen einige Betrachtungen vorgenommen werden, und zwar u.a. über Umsatz, prozentuale Preis- und Mengenänderungen, Elastizitäten nach der bereits behandelten überschlägigen »Mittelpunktmethode« und – zur Ergänzung für Interessierte – exakt mit Differentialquotienten (ein Vorgriff auf eine spätere vertiefte Darstellung).

Die Spalten 4 bis 6 sind nach der simplen Näherungsmethode (vgl. oben »Das Rechnen mit Mittelwerten der Basis«) aus den im Schaubild 5-5

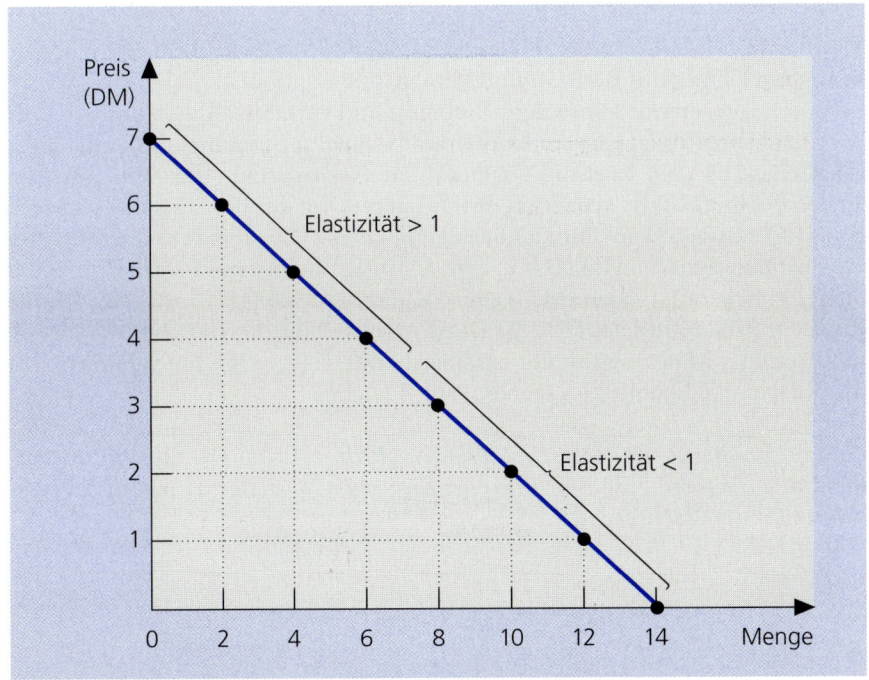

Schaubild 5-5
Eine lineare Nachfragekurve.

Tabelle 5-1
Berechnungen
zur Elastizität einer
linearen Nach-
fragekurve

Preis (DM)	Menge (Stück)	Umsatz (DM)	Preis-änderung (%)	Mengen-änderung (%)	Preis-elastizität (Mittelp.)	Preis-elastizität (mathem.)	Beschrei-bung
0,0	14	0				0,00	
0,5	13		200	15	0,1	0,08	unelast.
1,0	12	12				0,17	
1,5	11		67	18	0,3	0,27	unelast.
2,0	10	20				0,40	
2,5	9		40	22	0,6	0,56	unelast.
3,0	8	24				0,75	
3,5	7	24,5	29	29	1,0	1,00	Elast.=1
4,0	6	24				1,33	
4,5	5		22	40	1,8	1,80	elastisch
5,0	4	20				2,50	
5,5	3		18	67	3,7	3,67	elastisch
6,0	2	12				6,00	
6,5	1		15	200	13,0	13,00	elastisch
7,0	0	0				–	

markierten Punkten entstanden. Die so für das Intervall zwischen zwei Punkten der Zeichnung ermittelte Preiselastizität (Spalte 6 der Tabelle) entspricht genau der mathematischen Preiselastizität (Spalte 7 der Tabelle) an dem jeweiligen Zwischenpunkt. Die mathematische Preiselastizität kommt anhand der ersten Schreibweise der obigen Nachfragefunktion so zustande:

$$\text{Preiselastizität} = \frac{dQ/Q}{dP/P} = \frac{dQ}{dP}\frac{P}{Q} = (-)2\frac{P}{Q}$$

Man verwende die Tabelle 5-1 und das zugehörige Schaubild 5-5 zur persönlichen Übung mit Bleistift und Papier.

Neben Kurven mit konstanter Steigung und variabler Elastizität wie z.B. in Schaubild 5-5 gibt es auch Kurven mit variabler Steigung und konstanter Elastizität. Es sind dies die sogenannten *isoelastischen Kurven*. Ein einfaches Beispiel ist die »constant outlay curve«, bei der das Umsatz-Rechteck P mal Q unter jedem Punkt überall gleich ist. Zu den in Schaubild 5-5 eingezeichneten Mengen (Q = 2, 4, 6, 8, 10, 12) suche man Preise P, so daß P mal Q gleich 24 ist. Man erhält diese Kurvenpunkte (Q; P): (2; 12), (4; 6), (6; 4), (8; 3), (10; 2,4), (12; 2). Die Kurve verläuft konvex zum Ursprung (Nullpunkt). Man zeichne die entsprechende Kurve. Sie hat 2 Punkte mit der Kurve in Schaubild 5-5 gemeinsam. Welche?

Schnelltest

Definieren Sie die *Preiselastizität der Nachfrage*. Erläutern Sie den Zusammenhang zwischen der Größe des Umsatzes und der Höhe der Preiselastizität der Nachfrage.

Die Preiselastizität des Angebots

Als wir im Kapitel 4 die Einflußgrößen auf das Angebot besprochen haben, ergab sich eine Angebotssteigerung bei einer Preissteigerung, bei einem Rückgang der Einkaufs- oder Input-Preise oder bei technologischem Fortschritt (Prozeßinnovation). Um von qualitativen zu quantitativen Aussagen über das Angebot zu gelangen, benützen wir nun wieder die Konzeption der Elastizität.

Die Preiselastizität des Angebots und ihre Bestimmungsgründe

Das Gesetz des Angebots besagt, daß höhere Preise zu größeren Angebotsmengen führen. Die **Preiselastizität des Angebots** mißt, wie die Angebotsmenge auf eine Preisänderung reagiert. Man bezeichnet das Angebot als *elastisch*, wenn Preisänderungen relativ große Mengenänderungen bewirken. Reagiert die Angebotsmenge kaum merklich auf Preisänderungen, so gilt das Angebot als *unelastisch*.

    Die Preiselastizität des Angebots hängt von der Flexibilität des Unternehmens zu Mengenänderungen des produzierten Gutes ab. So haben z.B. Strandgrundstücke an bayerischen Seen eine unelastische Angebotsfunktion, weil es nahezu ausgeschlossen ist, davon mehr bereitzustellen und anzubieten. Im Gegensatz dazu sind die Unternehmungen bei Waren, wie etwa Büchern, Autos und Fernsehgeräten, flexibel; das Angebot ist elastisch. Die Unternehmungen können z.B. mit einer Variation der Maschinenlaufzeiten und Betriebszeiten auf Preisänderungen reagieren.

    Für die meisten Märkte ist die Länge der Beobachtungsperiode eine Schlüsselgröße, wenn es um die Bestimmung der Preiselastizität geht. Langfristig ist das Angebot in der Regel elastischer als kurzfristig. Auf kurze Sicht schaffen es die Unternehmungen meist nicht, die Produktionskapazität auf mehr oder weniger Güter auszurichten. Deshalb ist die Angebotsmenge kurzfristig nicht sehr preisreagibel. Anders verhält es sich in langfristiger Betrachtung. Die Unternehmungen können neue Fabriken bauen oder alte Werke schließen. Die Zahl der Marktteilnehmer auf der Angebotsseite kann sich durch »Newcomer« vergrößern und durch Liquidationen verkleinern. Langfristig vermag die Angebotsmenge sehr gut auf Preisänderungen zu reagieren.

Preiselastizität des Angebots
Ein Maß der Reagibilität der Angebotsmenge eines Gutes auf Änderungen seines Preises – gemessen als Quotient von prozentualer Mengenänderung und prozentualer Preisänderung.

Zur Berechnung der Preiselastizität des Angebots

Nachdem wir schon eine gewisse Vorstellung von der Preiselastizität des Angebots haben, wollen wir noch genauer werden. Ökonomen berechnen die Preiselastizität des Angebots, indem sie den Prozentsatz der Angebotsänderung durch den Prozentsatz der Preisänderung dividieren:

$$\text{Preiselastizität} = \frac{\text{Prozentuale Änderung der Angebotsmenge}}{\text{Prozentuale Preisänderung}}$$

Nehmen wir z.B. an, der 5-Liter-Kanister eines Molkegetränks wird teuerer, und der Preisanstieg von DM 3,– auf DM 3,30 führt dazu, daß eine Großmolkerei die Monatsproduktion von 10.000 auf 11.500 Stück erhöht. Die Berechnungen im einzelnen:

Prozentuale Preisänderung = 100 × (3,30–3,00)/3,00 = 10%

Prozentuale Mengenänderung = 100 × (11.500–10.000)/10.000 = 15%

In diesem Falle ist die

Preiselastizität des Angebots = $\frac{15\%}{10\%}$ = 1,5.

Eine Preiselastizität von 1,5 ist größer als 1, d.h. die proportionale Mengenänderung ist größer als die proportionale Preisänderung.

Die Vielfalt der Angebotskurven

Da die Preiselastizität des Angebots die Reagibilität der angebotenen Menge auf den Preis mißt, zeigt sie sich auch in der Form der Angebotskurve. Das Schaubild 5-6 präsentiert fünf charakteristische Fälle. Im Extremfall einer Elastizität von 0 ist das Angebot völlig unelastisch und die Angebotskurve eine Senkrechte. In diesem Falle bleibt die Angebotsmenge ungeachtet des Preises gleich. So wie die Elastizität nach und nach ansteigt, wird die Angebotskurve immer flacher. Die Menge reagiert mehr und mehr auf Preisänderungen. Schließlich kommt man zum anderen Extremfall einer unendlich elastischen Angebotskurve. Die Angebotskurve verläuft waagerecht, womit angedeutet ist, daß bereits winzig kleine Preisänderungen zu riesigen Veränderungen der Angebotsmenge führen.

Auf einigen Märkten ist die Preiselastizität des Angebots nicht konstant, sondern an verschiedenen Stellen der Angebotskurve unterschiedlich. Das Schaubild 5-7 zeigt solch einen Fall. Man stellt sich dazu eine Unternehmung mit mehreren Produktionsstätten vor, die je nach der Preisentwicklung bestimmte Einheiten abschaltet oder aktiviert. Nahe der Kapazitätsgrenze tritt die Frage auf, ob man weitere Preissteigerungen zum Anlaß für Erweiterungsinvestitionen nimmt oder nicht. Dazu muß der Preis in der Regel sehr stark ansteigen; das Angebot wird recht unelastisch.

Das Zahlenbeispiel des Schaubildes 5-7 zeigt zunächst für eine Preissteigerung von DM 3 auf DM 4 (33%) eine Angebotserhöhung von 100 Stück auf 200 Stück (100%). Die Elastizität ist größer als 1, da die Mengensteigerung proportional größer ist als die Preissteigerung. Wenn der Preis schließlich von DM 12 auf DM 15 ansteigt (25%), kommt es dadurch lediglich zu einer Ausweitung des Angebots von 500 Stück auf 525 Stück (5%). Die proportionale Mengensteigerung ist deutlich kleiner als die proportionale Preissteigerung; die Elastizität ist im letzten markierten Intervall des Schaubildes 5-7 kleiner als 1.

Schnelltest Definieren Sie die *Preiselastizität des Angebots*. Begründen Sie, warum die Preiselastizität auf lange Sicht oft größer ist als auf kurze Sicht.

a) Vollkommen unelastisches Angebot:
Elastizität = 0

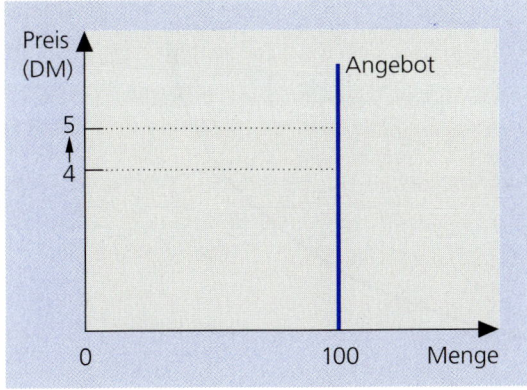

b) Unelastisches Angebot:
Elastizität kleiner 1

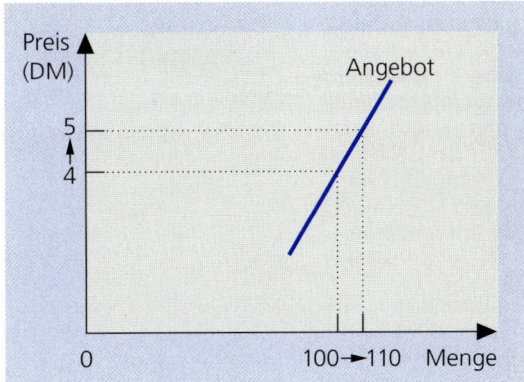

Schaubild 5-6
**Die Preiselastizität
des Angebots.** Die
Preiselastizität des
Angebots sagt etwas
darüber aus, ob die
Angebotskurve steil
oder flach verläuft.
Bei den näherungs-
weisen oder exakten
Berechnungen
beachte man wieder
den spezifischen
Ausgangspunkt.

c) Einheitselastisches Angebot:
Elastizität = 1

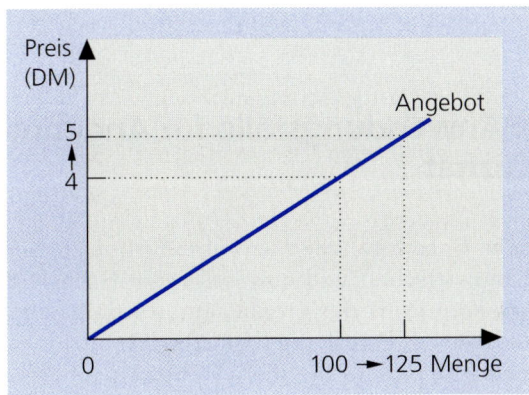

d) Elastisches Angebot:
Elastizität größer 1

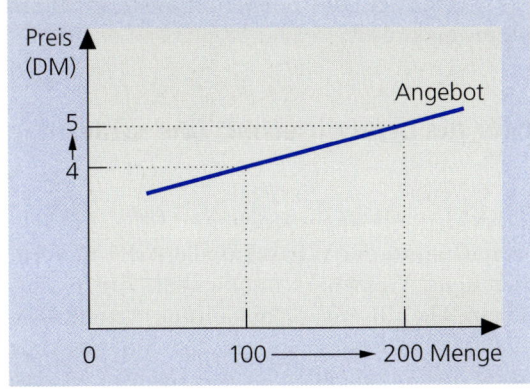

e) Vollkommen elastisches Angebot:
Elastizität → ∞

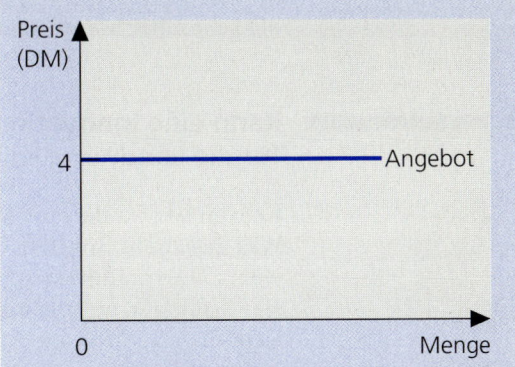

Schaubild 5-7
**Wie die Preiselasti-
zität einer Ange-
botskurve variieren
kann.** Da Unterneh-
mungen oft über eine
bestimmte maximale
Kapazität verfügen,
ist die Preiselastizität
bei niedrigen Men-
gen der Produktion
und des Angebots
höher als bei großen
Mengen. Hier führt
ein Preisanstieg von
zunächst DM 3 auf
DM 4 zu einem Men-
genanstieg von 100
Stück auf 200 Stück.
Die Elastizität ist in
diesem Intervall grö-
ßer als 1. Kleiner als
1 ist die Elastizität
am Ende der Kurve,
wenn ein Preisan-
stieg von DM 12 auf
DM 15 einen Men-
genanstieg von ledig-
lich 500 Stück auf 525
Stück auslöst.

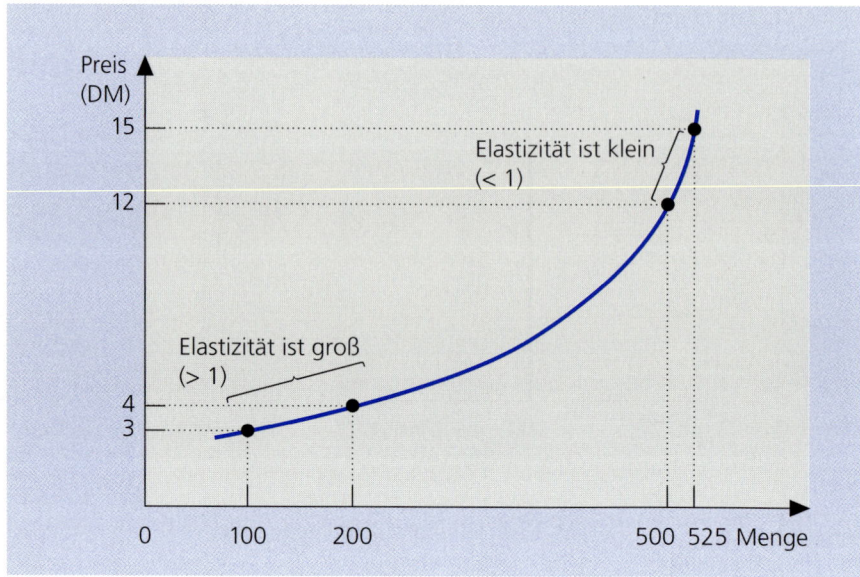

Drei Anwendungsfälle für Angebot, Nachfrage und Elastizität

Kann das Bekanntwerden einer Innovation zugleich eine gute Nachricht für die Landwirtschaft und eine schlechte Nachricht für die Landwirte sein? Warum konnte es der Organisation erdölexportierender Länder (OPEC, Organization of Petroleum Exporting Countries) nicht gelingen, den Rohöl-preis hoch zu halten? Wird ein Verbot irgendwelcher Drogen die mit diesen Drogen verbundene Kriminalität ansteigen oder zurückgehen lassen? Auf den ersten Blick scheinen diese Fragen wenig gemeinsam zu haben. Doch beziehen sich alle diese Fragen auf Märkte, und Märkte sind den Kräften von Angebot und Nachfrage ausgesetzt. Wir wollen deshalb die vielseitigen Analysewerkzeuge von Angebot, Nachfrage und Elastizität anwenden, um die scheinbar komplexen Probleme zu klären.

Kann eine Innovation gut für die Landwirtschaft und schlecht für die Landwirte sein?

Kehren wir zu der am Anfang des Kapitels angesprochenen Frage zurück: Was geschieht mit dem Weizenmarkt und der Wirtschaftslage der Bauern, wenn Universitätsforscher eine neue Weizenart entwickeln, die wider-standsfähiger und ertragreicher ist als alle bisher bekannten Arten? Vom Kapitel 4 her wissen wir, daß derartige Fragen in drei Schritten geklärt werden: Erstens ist zu prüfen, ob die Angebots- oder die Nachfragekurve verschoben wird. Zweitens ist die Richtung der Verschiebung zu klären. Drittens benützen wir das Angebots-Nachfrage-Diagramm, um die Änderung des Marktgleichgewichts zu analysieren.

Durch die Entdeckung und Anwendung der neuen Weizensorte (Prozeßinnovation) kommt es zu einer Verschiebung der Angebotskurve. Weil nun pro Einheit der Bodenfläche mehr Weizen produziert werden kann, wollen die Landwirte zu jedem gegebenen Preis mehr anbieten. Die Kurve verschiebt sich also nach rechts. Die Nachfragekurve bleibt unverändert, da sich ja die Qualität des Weizens nicht ändert und die Entscheidungen der Konsumenten durch die Innovation unberührt bleiben. Das Schaubild 5-8 ist eine geeignete Darstellung. Wenn die Angebotskurve von S_1 nach S_2 verschoben wird, steigt die Verkaufsmenge des alten Gleichgewichts von 100 im neuen Gleichgewicht auf 110, wobei der Preis pro Zentner von DM 3,– auf DM 2,– sinkt.

Ist die mit der neuen Weizensorte verbundene Prozeßinnovation bei der Weizenerzeugung wirtschaftlich von Vorteil für die Bauern? Schauen wir zunächst auf den Umsatz (P × Q), der die Einnahmen darstellt (und ohne Kosten gleich dem Einkommen oder Gewinn wäre). Die Neuerung berührt die Landwirte zweifach, und zwar in wirtschaftlich gegenläufiger Weise. Der Bodenertrag in Zentnern Weizen ist nun größer (Q steigt), aber pro Zentner Weizen erhält man einen niedrigeren Verkaufspreis (P fällt).

Ob die Gesamteinnahmen steigen oder fallen, hängt von der Elastizität der Nachfrage ab. In der Empirie ist die Nachfrage nach Grundnahrungsmitteln recht unelastisch, weil der Preis nicht sehr hoch ist und nur wenige Substitute vorhanden sind. Wenn die Nachfragekurve so unelastisch ist, wie in Schaubild 5-8 gezeigt, wird ein Preisrückgang zu einem Umsatzrückgang führen. Man kann es deutlich aus der Zeichnung entnehmen: Der Preisrückgang ist erheblich, während der Mengenanstieg nur geringfügig ist. Der Umsatz geht von DM 300,– auf DM 220,– zurück. Auf diese Weise verringert die Neuerung die Einnahmen und schließlich auch das Einkommen der Landwirte.

Warum setzen die Bauern die neue Weizensorte überhaupt ein, wenn sie doch ihren wirtschaftlichen Erfolg vermindert? Die Frage rührt an die Funktionsweise von Konkurrenzmärkten. Da jeder einzelne Bauer nur einen winzig kleinen Ausschnitt des Weizenmarktes darstellt und überblickt, betrachtet er den Marktpreis als gegeben, wenn er seine Produktions- und Angebotsentscheidungen trifft. Die einzelnen Landwirte sind Mengenanpasser oder Preisnehmer (Polypolisten auf einem vollkommenen Markt). Bei irgend einem bestimmten Marktpreis ist es vorteilhaft für den einzelnen Unternehmer, die Produktions- und Angebotsmenge zu erhöhen. Erst dadurch, daß alle so handeln, tritt ein Gesamteffekt auf den Marktpreis ein, der die wirtschaftlichen Erfolgserwartungen des einzelnen zunichte macht.

Obwohl das in Schaubild 5-8 skizzierte Muster ziemlich hypothetisch erscheint, hilft es uns sehr, die US-Marktentwicklung der letzten hundert Jahre zu verstehen. Vor 100 Jahren lebten die meisten Amerikaner auf landwirtschaftlichen Anwesen und die Agrartechnik war so primitiv, daß man all die vielen Arbeitskräfte zur Erzeugung hinreichend großer Ge-

Schaubild 5-8
Eine Angebotszunahme auf dem Weizenmarkt. Durch eine Prozeßinnovation (neue Weizensorte) kommt es zu einer Verschiebung der Angebotskurve von S_1 nach S_2 sowie zu Preis und Menge eines neuen Gleichgewichts. Dadurch gehen die Einnahmen der Bauern zurück (von DM 300,– auf DM 220,–).

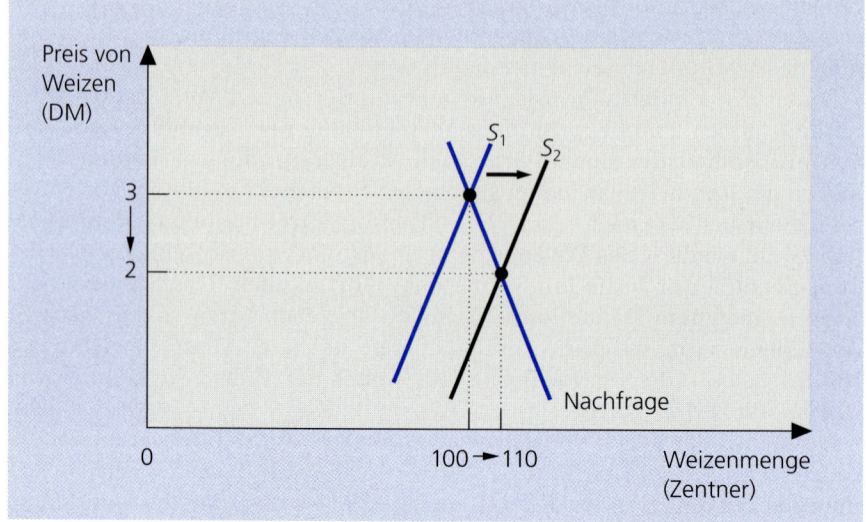

treidemengen zur Befriedigung der Nachfrage benötigte. Im Laufe der Zeit stellten sich jedoch Fortschritte in der Agrartechnologie ein. Der Bodenertrag und die Angebotsmengen stiegen, die Preise fielen wie auch die Einnahmen und Einkommen. Ein Großteil der Arbeitskräfte in der Landwirtschaft wurde überflüssig. Man kann dazu auch einige statistische Zahlen angeben. Im Jahre 1948 noch lebten 24 Millionen Menschen oder 17% der US-Bevölkerung auf landwirtschaftlichen Anwesen. Im Jahre 1993 waren es nur noch 5 Millionen Menschen oder 2% der Bevölkerung. Der Wandel ging mit unvorstellbaren Fortschritten in der Agrartechnologie einher: Trotz eines Rückgangs des Arbeitskräfteeinsatzes um rund 80% wurde weit mehr als die doppelte Erntemenge produziert.

Diese Analyse des Agrarmarktes vermag auch einige scheinbar paradoxe Vorgänge in der Politik zu erklären: Bestimmte Programme zur Flächenstillegung sollten trotz technischen Fortschritts das Angebot reduzieren, um so den Preis zu stützen. Weil die Nachfrage unelastisch ist, verzeichnet der Landwirtschaftssektor insgesamt größere Einnahmen, wenn die auf dem Markt angebotenen Erntemengen kleiner sind. Ein einzelner Bauer würde nicht so handeln, weil er ja den Verkaufspreis – auch für die größeren Mengen – als gegeben ansieht. Wenn jedoch alle Einzelanbieter im Gleichschritt die Menge reduzieren, kommt jeder besser weg.

Bei Analysen der Agrarmärkte muß man sich vor Augen halten, daß das, was gut ist für die Landwirte, keineswegs auch zur Wohlfahrtsteigerung der Allgemeinheit beiträgt. Eine Analyse der europäischen Agrarmärkte und der Landwirtschaftspolitik könnte sich hier unmittelbar anschließen. Belassen wir es bei dieser Feststellung: Fortschritte in der Agrartechnologie können nachteilig für die Landwirte sein, weil diese in zunehmendem Maße überflüssig und freigesetzt werden, doch für die Konsumenten sind die Fortschritte gewiß vorteilhaft, weil sie für Nahrungsmittel weniger bezahlen. Eine Politik zur Angebotsminderung steigert das Einkommen des Landwirtschaftssektors zulasten des Haushaltssektors.

Warum gelang es der OPEC nicht, den Ölpreis hochzuhalten?

Vom Weltmarkt für Rohöl sind in den vergangenen Jahrzehnten höchst zerstörerische Wirkungen auf alle Volkswirtschaften ausgegangen. In den siebziger Jahren haben die Mitglieder der OPEC (Organisation der erdöl-exportierenden Länder) eine Steigerung des Weltmarktpreises für Roh-öl abgesprochen, um auf diese Weise Einkommensteigerungen für ihre Länder zu erlangen. Die OPEC-Länder erreichten ihr Ziel durch eine gleichzeitige Reduktion der Angebotsmenge. Von 1973 auf 1974 stieg der Ölpreis (inflationsbereinigt) um mehr als 50%. In späteren Jahren unternahm die OPEC noch mehrmals derartige Schritte. Im Jahre 1979 stieg der Ölpreis um 14%, danach nochmals 1980 um 34% und auch 1981 erneut um 34%.

Doch war es für die OPEC sehr schwer, den Preis hochzuhalten. Von 1982 bis 1985 sank der Rohölpreis stetig um rund 10% pro Jahr. Unzufriedenheit und Verwirrung entstanden unter den OPEC-Staaten. 1986 brach die Zusammenarbeit der OPEC völlig zusammen, begleitet von einem Rückgang des Ölpreises um 45%. Im Jahre 1990 war der Ölpreis (inflationsbereinigt) in etwa auf dem Niveau von 1970 angekommen. Dabei ist es dann während der neunziger Jahre zumeist geblieben.

Der Rückblick auf die »Ölpreiskrisen« zeigt, daß sich Angebot und Nachfrage kurzfristig und langfristig oft unterschiedlich entwickeln. Kurzfristig sind sowohl das Angebot als auch die Nachfrage nach Öl unelastisch. Das Angebot ist deshalb kurzfristig inelastisch, weil die bekannten Ölvorräte und die Verarbeitungskapazität nicht sehr schnell veränderbar sind. Die Nachfrage ist kurzfristig inelastisch, weil die Kaufgewohnheiten nicht sofort auf Preisänderungen reagieren. Viele Halter alter Benzinfresser werden nur auf längere Sicht zu einem treibstoffsparenden Neuwagen oder zu einer anderen Lösung ihrer persönlichen Verkehrsbedürfnisse wechseln. Im Diagramm (a) des Schaubildes 5-9 sind die kurzfristig steil verlaufenden Angebots- und Nachfragekurven eingezeichnet. Wenn eine Verschiebung der Angebotskurve von S_1 zu S_2 eintritt, resultiert daraus ein vergleichsweise großer Preisanstieg von P_1 zu P_2.

Wesentlich anders ist die Sachlage bei einer langfristigen Betrachtung. Ölproduzenten außerhalb der OPEC reagieren auf die Preissteigerungen mit höheren Fördermengen und Kapazitätsaufbau. Die Konsumenten reagieren durch eine Kaufzurückhaltung, die z.B. durch den Ersatz unwirtschaftlicher Autos verwirklicht wird. Die langfristigen Kurven sind, wie das Diagramm (b) des Schaubildes 5-9 zeigt, elastischer als die kurzfristig gültigen Kurven. Eine Verschiebung der Angebotskurve von S_1 zu S_2 verursacht nun einen erheblich geringeren Preisanstieg von P_1 zu P_2.

Die Analyse macht deutlich, warum es der OPEC nur kurzfristig gelingen konnte, den Ölpreis zu erhöhen. Kurzfristig brachte die Linksverschiebung der Angebotskurve den beabsichtigten Preis- und Einnahmenanstieg. Langfristig jedoch trat wegen der elastischeren Kurven nur ein kleinerer Preisanstieg ein, der wegen des Mengenrückgangs zu keinem Umsatz- und Einnahmenanstieg führte. Langfristig erwies sich die OPEC-Politik weniger vorteilhaft als kurzfristig.

Schaubild 5-9
Eine Senkung des Angebots auf dem Weltmarkt für Öl. Wenn das Angebot sinkt, so hängt die Auswirkung davon ab, ob man nach den kurzfristigen oder den langfristigen Effekten fragt. Kurzfristig sind Angebots- und Nachfragekurve vergleichsweise unelastisch, wie Diagramm (a) zeigt. Einschränkungen des Angebots (siehe Verschiebung S_1 zu S_2) führen deshalb zu relativ großen Preissteigerungen. Dagegen sind die langfristig gültigen Kurven elastisch, so daß die Preissteigerungen bei Angebotssenkungen gemäß (b) niedriger ausfallen.

a) Der Ölmarkt auf kurze Sicht

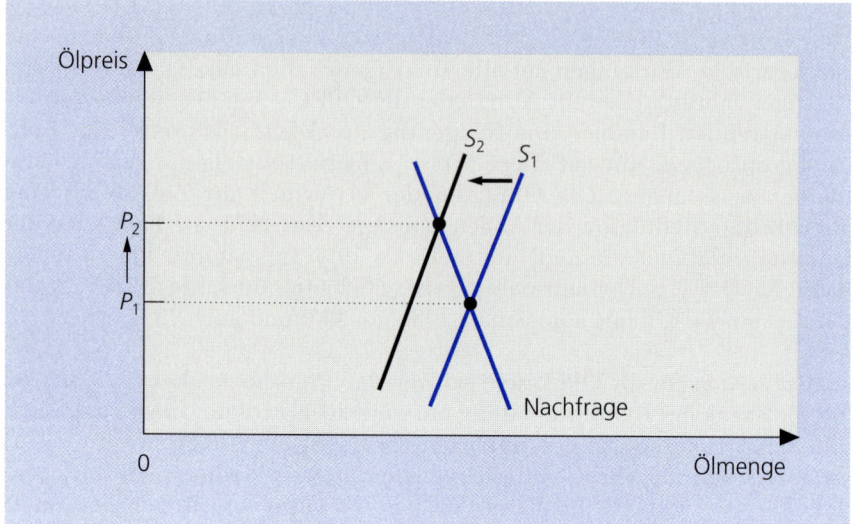

b) Der Ölmarkt auf lange Sicht

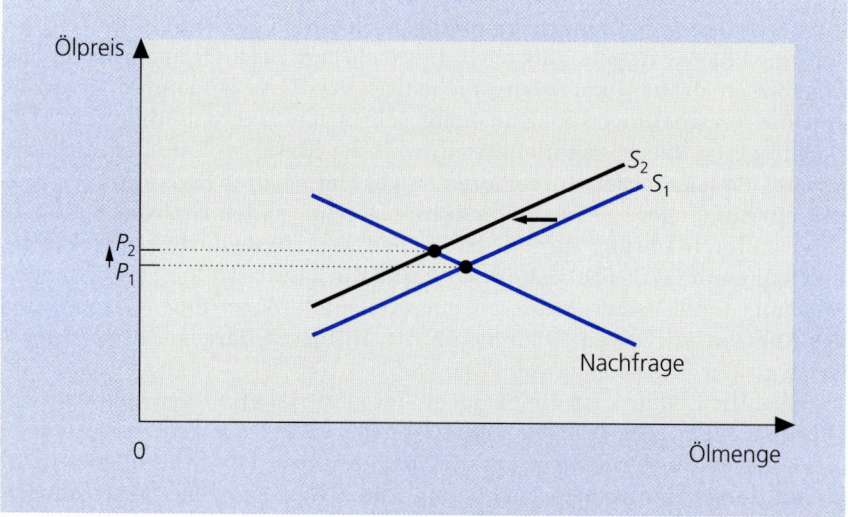

Die OPEC existiert immer noch. Sie werden in den Rundfunk- und Fernsehnachrichten gelegentlich von Treffen der Ländervertreter hören. Die Zusammenarbeit des OPEC-Kartells ist jedoch – teilweise wegen der Fehlschläge der Hochpreispolitik in der Vergangenheit – weniger wirksam und verläßlich.

Wie verändern Verbote von Rauschgift die mit Rauschgift verbundene Kriminalität?

Ein ernstes Problem moderner Gesellschaften ist der Konsum illegaler Drogen, wie etwa Heroin, Kokain oder Crack. Rauschgift hat verschiedene Auswirkungen. Zum einen kann Rauschgift das Leben der Abhängigen und ihrer Familien ruinieren. Zum anderen zwingt die Geldbeschaffung oft zu Gewaltverbrechen. Zum dritten wendet der Staat erhebliche Mittel zur Eindämmung des illegalen Geschäfts und zur Behebung von Begleit- oder Folgeschäden auf. Wir wollen nun versuchen, das Instrumentarium von Angebot und Nachfrage auf die Untersuchung von Verbotswirkungen anzuwenden.

Nehmen wir einmal an, die Regierung würde die Ermittlungen erheblich verstärken, u. a. durch größeren Personaleinsatz bei der Drogenbekämpfung. Was wird auf dem Markt für Rauschgift geschehen? Wie stets beantworten wir die Frage in drei Schritten. Erstens prüfen wir, ob die Angebots- oder die Nachfragekurve verschoben wird. Zweitens klären wir die Richtung der Kurvenverschiebung. Drittens analysieren wir die Veränderungen von Gleichgewichtspreis und Gleichgewichtsmenge.

Obwohl ein Verbot von Rauschgift letztlich auf die Einschränkung des Konsums gerichtet ist, werden zunächst einmal eher die Anbieter als die Nachfrager vom Verbot beeinflußt. Sofern es dem Staat gelingt, mehr Rauschgift an den Grenzen abzufangen und mehr Schmuggler einzusperren, steigen die Kosten des Rauschgifthandels. Die Menge der bei einem bestimmten Preis angebotenen Drogen wird deshalb zurückgehen, oder eine bestimmte Menge wird zu einem höheren Preis angeboten. Die Nachfrage, die wenig elastisch ist, wird nicht verändert. Wie das Diagramm (a) des Schaubildes 5-10 zeigt, wird die Angebotskurve von S_1 nach S_2 verlagert; der Gleichgewichtspreis steigt von P_1 auf P_2 und die Gleichgewichtsmenge sinkt von Q_1 auf Q_2. Der Mengenrückgang zeigt, daß Maßnahmen zur Durchsetzung eines Drogenverbots den Drogenkonsum vermindern.

Doch wie steht es um die mit dem Rauschgift verbundene Kriminalität? Um diese Frage zu beantworten, wird man bei den Gesamtausgaben der Drogenabhängigen für Rauschgift ansetzen. Da Verbote nur sehr wenige Abhängige von ihrer Sucht befreien, ist die Nachfrage unelastisch. Bei unelastischer Nachfrage steigen Umsatz, Gesamteinnahmen der Dealer und Gesamtausgaben der Abhängigen. Die Preise steigen proportional stärker an als die Menge zurückgeht. Die Rauschgiftabhängigen, die bislang schon auf Diebstahl zur Geldbeschaffung angewiesen waren, werden nun noch größere Anstrengungen zur Erlangung »schneller Kasse« unternehmen müssen. Auf diese Weise könnte also die Durchsetzung des Drogenverbots die mit Rauschgift verbundene Kriminalität erhöhen.

Wegen dieser höchst negativen Nebenwirkungen einer Verbotspolitik raten einige Wissenschaftler zu einer anderen Herangehensweise an das Rauschgiftproblem. Statt beim Angebot und der Verfügbarkeit von Rauschgift solle man bei der Nachfrage ansetzen und durch Aufklärung und Bildung einen Nachfragerückgang anstreben. Im Diagramm (b) des Schaubildes 5-10 ist der vorstellbare Aufklärungseffekt dargestellt. Eine Links-

Schaubild 5-10
Maßnahmen zur Einschränkung des illegalen Konsums von Rauschgift. Maßnahmen zur Durchsetzung eines Rauschgiftverbots führen zur Verschiebung der Angebotskurve von S_1 nach S_2, wie in Diagramm (a) dargestellt. Da die Nachfrage unelastisch ist, steigen die Ausgaben der Abhängigen trotz eines gewissen Mengenrückgangs. Dagegen wird eine erfolgreiche vorbeugende Aufklärung zu einem Nachfragerückgang von D_1 nach D_2 führen, wie in Diagramm (b) dargestellt. Da Preis und Menge fallen, sinken auch die Ausgaben der Abhängigen (und die mit den Ausgaben korrelierte Kriminalität).

a) Politik der Verbotsdurchsetzung

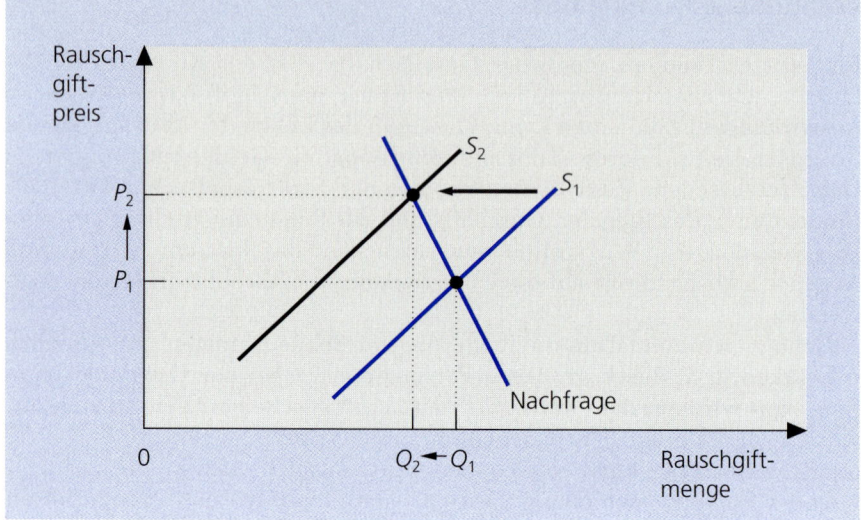

b) Politik der Aufklärung

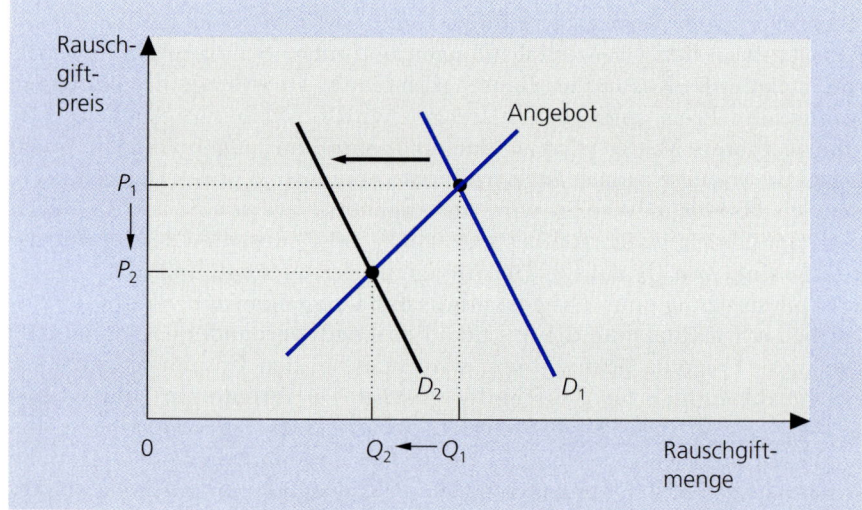

verschiebung der Nachfragekurve von D_1 zu D_2 wird die Gleichgewichtsmenge von Q_1 auf Q_2 und den Gleichgewichtspreis von P_1 auf P_2 verringern. Umsatz und Gesamtausgaben für Rauschgift gehen zurück. Auf diese Weise vermag Aufklärung und Bildung sowohl die Menge des konsumierten Rauschgifts als auch die finanziellen Aufwendungen dafür (»den Markt«) und die Begleitumstände der Beschaffungskriminalität zu vermindern.

Verfechter polizeilicher Durchsetzung der Verbote könnten argumentieren, daß die Auswirkungen der alternativen politischen Maßnahmen kurzfristig und langfristig unterschiedlich sind, weil auch die Nachfrageelastizität vom Zeithorizont bestimmt wird. Langfristig werde sich eine größere Preiselastizität der Nachfrage einstellen, weil die kurzfristig höheren Preise die gefährdeten Jugendlichen vom Experimentieren abhalten und auf diese Weise der »Nachwuchs« an Abhängigen reduziert wird. Die Beschaffungskriminalität würde nur kurzfristig ansteigen, langfristig aber zurückgehen.

Auf welche Weise kann eine Dürreperiode, die zur Halbierung der üblichen Erntemenge führt, zum Vorteil für die Landwirte sein? Wenn solch ein Ernteschaden vorteilhaft für die Bauern ist, warum zerstören sie dann nicht bei ausbleibender Naturkatastrophe selbst einen Teil der Ernte? **Schnelltest**

Schlußfolgerung

Nach einem alten Sarkasmus kann sogar ein Papagei zum Ökonomen werden, wenn er lernt, »Angebot und Nachfrage« zu sagen. Die letzten beiden Kapitel könnten Sie davon überzeugt haben, daß ein Körnchen Wahrheit in dem böswilligen Spaß liegt. Die Analysewerkzeuge von Angebot und Nachfrage schaffen Zugang zu den meisten höchst bedeutsamen Ereignissen und Politikmaßnahmen einer Volkswirtschaft. Damit sind Sie nun auf einem guten Weg, ein Ökonom zu werden (oder zumindest ein gebildeter Papagei).

Zusammenfassung

Die Preiselastizität der Nachfrage mißt die relative Veränderung der Nachfragemenge, die durch eine bestimmte relative Preisänderung bewirkt wird. Die Nachfrage wird um so elastischer sein, je eher das betreffende Gut zum Luxus statt zur Lebensnotwendigkeit gehört, je mehr nahe Substitute für den Konsumenten wählbar sind, je enger der Markt abgegrenzt ist oder je länger die Reaktionszeit der Nachfrager auf Preisänderungen ist.

- Die Preiselastizität der Nachfrage wird berechnet als Quotient des Prozentsatzes der Mengenänderung und des Prozentsatzes der Preisänderung. Wenn die Elastizität kleiner als 1 ist, sich also die Menge proportional weniger verändert als der Preis, spricht man von unelastischer oder inelastischer Nachfrage. Ist die Elastizität größer als 1 und damit die proportionale Mengenänderung größer als die proportionale Preisänderung, bezeichnet man die Nachfrage als elastisch.

- Der Umsatz, der gleich Gesamtausgaben der Käufer und Gesamteinnahmen der Verkäufer ist, entspricht dem rechnerischen Produkt aus Preis und Menge. Bei inelastischen Nachfragekurven steigt der Umsatz bei steigendem Preis, bei elastischen Nachfragekurven sinkt der Umsatz bei steigendem Preis.

- Die Einkommenselastizität der Nachfrage mißt die relative Veränderung der Nachfragemenge, die durch eine bestimmte relative Einkommensänderung eintritt. Sie wird berechnet als Quotient aus dem Prozentsatz der Mengenänderung und dem Prozentsatz der Einkommensänderung.
- Die Preiselastizität des Angebots mißt die relative Veränderung der Angebotsmenge, die durch eine bestimmte relative Preisänderung bewirkt wird. Diese Elastizität hängt oft vom Zeithorizont der Analyse ab. Die Angebotselastizität ist langfristig zumeist größer als kurzfristig.
- Die Preiselastizität des Angebots wird berechnet als Quotient des Prozentsatzes der Mengenänderung und des Prozentsatzes der Preisänderung. Wenn die Elastizität kleiner als 1 ist, sich also die Menge proportional weniger verändert als der Preis, spricht man von unelastischem oder inelastischem Angebot. Ist die Elastizität größer als 1 und damit die proportionale Mengenänderung größer als die proportionale Preisänderung, so bezeichnet man das Angebot als elastisch.
- Die Analysewerkzeuge von Angebot und Nachfrage können auf ganz unterschiedliche Märkte angewandt werden. Das Kapitel enthält Anwendungsbeispiele für den Weizenmarkt, für den Rohölmarkt und für den Rauschgiftmarkt.

Stichworte

Elastizität	Umsatz, Ausgaben und Einnahmen
Preiselastizität der Nachfrage	Einkommenselastizität der Nachfrage
Preiselastizität des Angebots	

Wiederholungsfragen

1. Definieren Sie die Preiselastizität und die Einkommenselastizität der Nachfrage.
2. Zählen Sie die wichtigen Bestimmungsgründe der Preiselastizität der Nachfrage auf und geben Sie Erläuterungen dazu.
3. Ist die Nachfrage elastisch oder unelastisch, wenn die Elastizität größer als 1 ist? Ist die Nachfrage vollkommen unelastisch oder vollkommen elastisch, wenn die Elastizität gleich 0 ist?
4. Zeigen Sie die Gesamtausgaben der Konsumenten in einem Angebots-Nachfrage-Diagramm. Stellen Sie einen Vergleich mit den Gesamteinnahmen und Einkommen der Unternehmer an.
5. Wie verändert eine Preissteigerung bei elastischer Nachfrage den Umsatz?

6. Wie nennt man ein Gut, dessen Einkommenselastizität negativ ist?
7. Wie lautet die Rechenformel zur Preiselastizität des Angebots? Erläutern Sie das Gemessene.
8. Wie groß wird wohl die Preiselastizität von Picasso-Gemälden sein?
9. Ist die Preiselastizität des Angebots üblicherweise größer auf kurze Sicht oder auf lange Sicht? Warum?
10. In den siebziger Jahren löste die OPEC einen dramatischen Anstieg des Ölpreises aus. Warum ist es der OPEC während der achtziger Jahre nicht gelungen, den hohen Preis zu halten?

Aufgaben und Anwendungen

1. Vergleichen Sie die nachfolgenden Paare von Gütern. Für welches Gut würde man aus welchen Gründen eine höhere Elastizität erwarten?
   a) Gefragte Lehrbücher und Unterhaltungsromane
   b) Aufnahmen von Beethoven und Aufnahmen klassischer Musik allgemein
   c) Heizöl während der nächsten 6 Monate und Heizöl während der kommenden 5 Jahre
   d) Fruchtlimonade oder Wasser
2. Nehmen wir an, Geschäftsreisende und Urlaubsreisende hätten die folgenden Nachfragewerte für Flüge von München nach Hamburg:

Preis (DM)	Nachfragemenge für Geschäftsreisen	Nachfragemenge für Urlaubsreisen
150	2.100	1.000
200	2.000	800
250	1.900	600
300	1.800	400

   a) Wie groß ist die Preiselastizität der Nachfrage (1) für Geschäftsreisen und (2) für Urlaubsreisen beim Preisanstieg von DM 200 auf DM 250?
   b) Warum haben wohl Urlaubsreisende eine andere Preiselastizität als Geschäftsreisende?
3. Nehmen wir an, Ihre persönliche Nachfragetabelle für Compact-Discs ist wie folgt:

Preis (DM)	Nachfragemenge (bei DM 30.000 Jahreseinkommen)	Nachfragemenge (bei DM 36.000 Jahreseinkommen)
8	40	50
10	32	45
12	24	30
14	16	20
16	8	12

   a) Berechnen Sie die Preiselastizität der Nachfrage für einen Preisanstieg von DM 8 auf DM 10, sofern das Einkommen (1) DM 30.000 oder (2) DM 36.000 beträgt.

b) Berechnen Sie die Einkommenselastizität der Nachfrage für einen Einkommensanstieg von DM 30.000 auf DM 36.000, sofern der Preis (1) DM 12 oder (2) DM 16 beträgt.

4. Emilie will stets ein Drittel ihres Einkommens für Bekleidung ausgeben.

   a) Wie groß ist die Einkommenselastizität ihrer Bekleidungsnachfrage?

   b) Wie groß ist die Preiselastizität ihrer Bekleidungsnachfrage?

   c) Wie verändert sich die Nachfragekurve, wenn sich Emilie entscheidet, künftig nur ein Viertel für Bekleidung auszugeben? Wie groß sind in diesem Falle Einkommenselastizität und Preiselastizität?

5. Zwei Autofahrer – Hans und Franz – fahren zur Autobahntankstelle. Ehe sie auf den Preis schauen, nennen sie dem Tankwart ihre Bestellungen. Hans sagt: Ich hätte gerne 50 Liter. Franz sagt: Ich möchte für DM 70,– Benzin tanken. Wie groß ist die Preiselastizität der beiden Nachfrager?

6. In der empirischen Wirtschaftsforschung hat man beobachtet, daß während eines Konjunkturabschwungs die Ausgaben in Speiserestaurants stärker zurückgehen als die Nahrungsmitteleinkäufe. Wie kann man das Phänomen mit dem Begriff der Elastizität erklären?

7. Zu den staatlichen Maßnahmen gegen das Rauchen:

   a) Die empirisch ermittelte Preiselastizität der Zigarettennachfrage ist ungefähr 0,4. Um wieviel sollte der Preis steigen, wenn die Packung Zigaretten DM 4 kostet und eine Senkung des Zigarettenkonsums um 20% beabsichtigt ist?

   b) Durch Besteuerung werde der Zigarettenpreis fortlaufend erhöht. Werden die Auswirkungen innerhalb eines Jahres oder innerhalb einer Periode von fünf Jahren größer sein?

   c) Warum haben Teenager bei Zigaretten – wie empirische Studien belegen – eine größere Preiselastizität als Erwachsene?

8. Erwarten Sie eine größere Preiselastizität *des Angebots* für Speiseeis insgesamt oder für Vanilleeis?

9. Im Sommer 1997 haben Überschwemmungen in Ostdeutschland, Tschechien und Polen einen Teil der Ernte zerstört.

   a) Inwiefern profitieren Landwirte ohne Ernteschaden von den Zerstörungen anderswo?

   b) Welche zusätzlichen Informationen benötigen Sie, um die mikro- und makroökonomischen Wirkungen für einzelne Produkte und Sektoren zu beurteilen?

10. Begründen Sie, warum dies richtig sein könnte: Weltweite Unwetter erhöhen die Gesamterlöse der Landwirtschaft aus dem Getreideverkauf, ein Unwetter in Mecklenburg-Vorpommern senkt die Einnahmen der dortigen Landwirtschaft.

11. In Gegenden mit günstigem landwirtschaftlichem Klima sind die Böden teuerer als in Landstrichen mit ungünstigem Klima. Technischer Fort-

schritt mit Produktivitätssteigerungen des landwirtschaftlichen Bodens überall hat zum Rückgang der Bodenpreise geführt (inflationsbereinigt). Begründen Sie mit der Konzeption der Elastizität, warum Produktivität und Bodenpreise quer über alle Gegenden positiv korreliert sind, im Längsschnitt über die Zeit aber negativ verknüpft sind.

12. Verschiedene Staaten Europas wenden gelegentlich eine Sonderbesteuerung auf Luxusautos an. Das Steueraufkommen entsprach jeweils dem Produkt aus Steuersatz und Preis. Um das Aufkommen der Steuer in späteren Jahren zu erhöhen, wurden im Parlament Erhöhungen der Luxussteuer auf Autos vorgeschlagen. Wären dadurch notwendigerweise die Einnahmen aus der Steuerart gestiegen?

Angebot, Nachfrage und wirtschaftspolitische Maßnahmen

Kapitel 6

In diesem Kapitel werden Sie

- die Auswirkungen staatlicher Höchstpreispolitik klären,
- die Effekte staatlicher Mindestpreisregelungen nachvollziehen,
- analysieren, wie eine Steuer auf Güter die Preise und die Mengen verändert,
- lernen, daß Steuererhebung bei den Käufern und bei den Verkäufern gleich wirkt,
- einsehen, wie die Steuerlast unter Käufern und Verkäufern geteilt wird.

Ökonomen haben im Leben zwei Rollen zu spielen. Als Wissenschaftler entwickeln und prüfen sie Theorien zur Erklärung der sie umgebenden Welt. Als Politiker oder politische Menschen versuchen Ökonomen, ihre Theorien zur Verbesserung der Welt einzusetzen. Die Blickrichtung der letzten beiden Kapitel war eine wissenschaftliche. Wir haben geklärt, wie Angebot und Nachfrage den Preis eines Gutes und die verkaufte Menge bestimmen. Wir haben auch geklärt, wie bestimmte Ereignisse die Angebots- und Nachfragekurven verschieben und dadurch zu Veränderungen des Gleichgewichtspreises und der Gleichgewichtsmenge beitragen.

Das vorliegende Kapitel bietet einen ersten Ausblick auf die Politik. Wir untersuchen hier unterschiedliche staatliche Maßnahmen, die nur auf Angebot und Nachfrage gerichtet sind. Wie Sie gleich sehen werden, wird diese Untersuchung zu einigen überraschenden Erkenntnissen führen. Politische Maßnahmen haben sehr oft Wirkungen, die ihre Befürworter nicht beabsichtigen oder nicht vorhersehen.

Wir beginnen mit politischen Maßnahmen, die unmittelbar in die Preisbildung eingreifen. So gibt es bereichsweise z.B. gesetzliche Obergrenzen für Wohnungsmieten, die Vermieter von ihren Mietern verlangen dürfen. Zum anderen gibt es Vorschriften für Mindestlöhne und Gehälter, die sich faktisch zumeist aus der gesetzlichen Stellung der Tarifvertragsparteien ableiten. Vorschriften zur Preiskontrolle werden zumeist dann erlassen, wenn die politische Meinung bestimmte Marktpreise für Waren oder Dienstleistungen als unfair und ungerecht für Käufer oder Verkäufer ansieht. Doch werden wir erkennen müssen, daß derartige Markteingriffe wiederum Ungerechtigkeiten besonderer Art hervorrufen können.

Nach unserer Diskussion der Preiskontrollen werden wir uns den Steuerwirkungen zuwenden. Für Politiker haben die Steuern einen zweifachen Zweck: Einnahmen für öffentliche Aufgaben zu erzielen und Marktergebnisse zu beeinflussen. So offenkundig das Vorhandensein von Steuern in den Volkswirtschaften ist, so unklar sind die Wirkungen der Steuern. Nehmen wir die auf Löhne und Gehälter erhobene und von den Unternehmungen abgeführt Lohnsteuer. Tragen letztlich die Unternehmungen oder die Arbeitnehmer die Steuerlast? Solange wir nicht die scharfen Analyseinstrumente von Angebot und Nachfrage anwenden, ist die Antwort ganz und gar nicht klar.

Preiskontrollen

Schauen wir wiederum auf den Markt für Speiseeis, um zu sehen, wie Preiskontrollen wohl die Marktergebnisse beeinflussen. Wie wir im Kapitel 4 gesehen haben, spielt sich der Preis auf einem Konkurrenzmarkt so ein, daß Angebots- und Nachfragemenge übereinstimmen. Zum Gleichgewichtspreis wollen die Nachfrager genau die Menge Speiseeis kaufen, die die Anbieter verkaufen möchten. Denken wir konkret an einen Gleichgewichtspreis von DM 3,– für eine Kugel Eis.

Nicht jeder mag mit diesem Ergebnis des Marktprozesses zufrieden sein. Der »Interessenverband der Eisesser« könnte öffentlich darüber Klage führen, daß der Preis von DM 3,– zu hoch ist für das pro Tag empfehlenswerte Quantum von einer Kugel Eis für jeden. Zugleich mag der »Nationale Verband der Eishersteller« die ruinöse Konkurrenz und die zu niedrigen Einkommen seiner Mitglieder beklagen. Jede Gruppe versucht die Regierung zu Gesetzesvorlagen im Parlament zu bewegen, die das Marktergebnis durch unmittelbare Preisvorschriften zugunsten ihrer Mitglieder verändern.

Höchstpreis, price ceiling
Ein gesetzlicher Höchstpreis, zu dem ein Gut verkauft werden darf.

Mindestpreis, price floor
Ein gesetzlicher Mindestpreis, zu dem ein Gut verkauft werden kann.

Natürlich besteht ein Interessenkonflikt, weil Käufer stets einen möglichst niedrigen und Verkäufer immer einen möglichst hohen Preis wollen. Wenn sich die Eisesser mit ihren Interessen durchsetzen, wird es zu einem gesetzlich vorgeschriebenen **Höchstpreis** für Speiseeis kommen. Man spricht auch von einer Preisobergrenze oder einem »price ceiling«. Die Produzenten von Speiseeis setzen im Erfolgsfalle für sich die Vorschrift eines **Mindestpreises**, einer Preisuntergrenze oder eines »price floor« für Speiseeis durch. Die Auswirkungen der Vorschriften wollen wir näher betrachten.

Wie Höchstpreise die Marktergebnisse verändern

Wenn auf dem Markt für Speiseeis zum Schutz der Eisesser staatliche Höchstpreise eingeführt werden, kann es zu zweierlei Auswirkungen kommen. Im Diagramm (a) von Schaubild 6-1 verfügt die Regierung einen Höchstpreis von DM 4,– pro Kugel Speiseeis. Da in diesem Fall der Gleichgewichtspreis niedriger liegt, bleibt die Vorschrift einer Preisobergrenze wirkungslos.

Den interessanteren zweiten Fall zeigt Diagramm (b) des Schaubildes 6-1. Hier liegt der vorgeschriebene Höchstpreis von DM 2,– unter dem Gleichgewichtspreis von DM 3,–. Die Preisbeschränkung ist wirksam und bindend. Zwar tendieren die Marktkräfte von Angebot und Nachfrage hin

a) Ein unwirksamer Höchstpreis

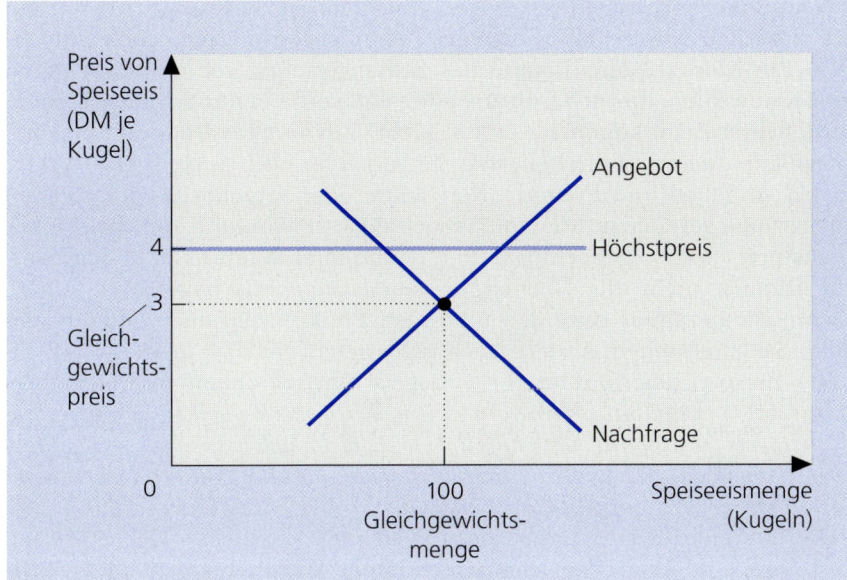

b) Ein wirksamer Höchstpreis

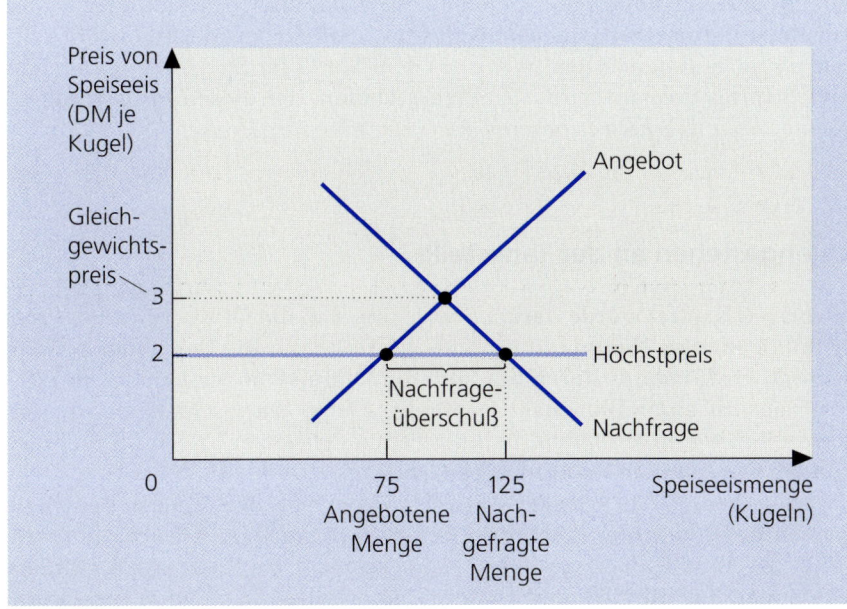

Schaubild 6-1
Ein Markt mit einem vorgeschriebenen Höchstpreis. Im Diagramm (a) setzt die Regierung einen Höchstpreis von DM 4,– fest. Da der Gleichgewichtspreis niedriger liegt, kann es ungeachtet des Höchstpreises zum Marktgleichgewicht kommen. Im Diagramm (b) besteht ein vorgeschriebener Höchstpreis von DM 2,–. Wegen dieser Vorschrift liegt der Marktpreis ungeachtet des denkbaren Gleichgewichtspreises von DM 3,– nur bei DM 2,–. Zu diesem Preis beträgt die Nachfragemenge 125 Stück, die Angebotsmenge jedoch nur 75 Stück, so daß ein Nachfrageüberschuß von 50 Stück bestehen bleibt.

zum Gleichgewichtspreis, doch wenn der Preis an die Obergrenze stößt, kann er nicht weiter ansteigen. Der Marktpreis ist dann gleich dem vorgeschriebenen Höchstpreis. Zu diesem Preis ist die Nachfragemenge (125 Kugeln) größer als die Angebotsmenge (75 Kugeln). Beim Höchstpreis besteht also ein Nachfrageüberschuß oder eine Angebotslücke von 50 Kugeln. Einige Kaufwillige müssen leer ausgehen.

Wenn eine Nachfragelücke wegen eines Höchstpreises auftritt, werden sich natürlich andere als preisliche Rationierungsmechanismen entwickeln. Ein Mechanismus könnte das Schlangestehen vor den Geschäften sein: Kaufwillige, die sich früh anstellen und vorne in der Schlange stehen, werden zum Zuge kommen, andere nicht. Ein anderes Rationierungsverfahren könnte darin bestehen, daß die Verkäufer nach persönlichen Präferenzen vorgehen und Freunde, Verwandte oder Angehörige der eigenen Volksgruppe vorziehen. Man merke sich dies: Obwohl die Vorschrift eines Höchstpreises dazu gedacht war, den potentiellen Käufern zu helfen, werden offenbar nicht alle Nachfrager vom Höchstpreis begünstigt. Einige Nachfrager bezahlen zwar den niedrigen Preis, haben aber Zeitaufwand durch Schlangestehen. Andere Nachfrager gehen gänzlich leer aus.

Das Beispiel des Marktes für Speiseeis führt zu einem verallgemeinerungsfähigen Ergebnis: *Wenn auf einem Wettbewerbsmarkt ein wirksamer Höchstpreis unterhalb des möglichen Gleichgewichtspreises eingeführt wird, kommt es zu einem Nachfrageüberschuß und der Notwendigkeit einer Rationierung des knappen Gutes unter der großen Nachfragerzahl.*

Die Rationierungsmechanismen, die sich bei staatlichen Höchstpreisen einstellen, sind kaum wünschenswert. Lange Warteschlangen sind ineffizient, weil sie die Zeit der Nachfrager vergeuden. Rationierung oder Diskriminierung nach den Vorlieben der Anbieter sind zum einen ineffizient (weil das Gut nicht zum Käufer mit der höchsten Wertschätzung für das Gut gelangt) und zum anderen in vielen Fällen unfair. Im Gegensatz dazu ist der preisliche Rationierungsmechanismus auf dem freien Markt sowohl effizient als auch unpersönlich. Wenn auf dem Markt für Speiseeis der Gleichgewichtspreis erreicht wird, kann jeder kaufen, der diesen Preis bezahlen möchte. *Freie Märkte rationieren die Güter über ihre Preise.*

Fallbeispiel | ## Schlangestehen an der Tankstelle

Im vorigen Kapitel wurde darüber berichtet, daß die OPEC 1973 den Preis für Rohöl auf dem Weltmarkt erhöhte. Da Rohöl für die Benzinherstellung benötigt wird, kam es durch die höheren Ölpreise in verschiedenen Ländern auch zu einer Benzinverknappung. Lange Warteschlangen vor den Tankstellen waren alltäglich, und die Fahrzeugbesitzer hatten oft mehrere Stunden wegen einer Tankfüllung anzustehen.

Warum kam es zu diesen Warteschlangen vor den Tankstellen? Die meisten Leute machten die OPEC dafür verantwortlich. Gewiß, hätte die OPEC das Rohöl nicht verteuert, wäre es nicht zur Benzinverknappung gekommen. Für die USA und andere Länder sehen Ökonomen den Grund für die Warteschlangen in staatlichen Regulierungen, die Höchstpreise für Benzin festlegen.

Schaubild 6-2 illustriert das Geschehen. Wie Diagramm (a) zeigt, war der vorgeschriebene Höchstpreis vor der OPEC-Aktion wirkungslos. Der Gleichgewichtspreis (P_1) lag unter der Preisobergrenze. Als der Rohölpreis anstieg, änderte sich die Lage. Es kam zu einem Kostenanstieg bei der Benzinproduktion und als Folge davon zu einer Linksverschiebung der Angebotskurve von S_1 nach S_2. Auf dem freien Markt hätte die Verschiebung der Angebotskurve zu einem Preisanstieg von P_1 auf P_2 geführt, wie das Diagramm (b) des Schaubildes 6-2 zeigt. Dabei wären keine Mengendiskrepanzen zwischen Angebot und Nachfrage aufgetreten. Die vorge-

a) Der Höchstpreis für Benzin ist nicht wirksam

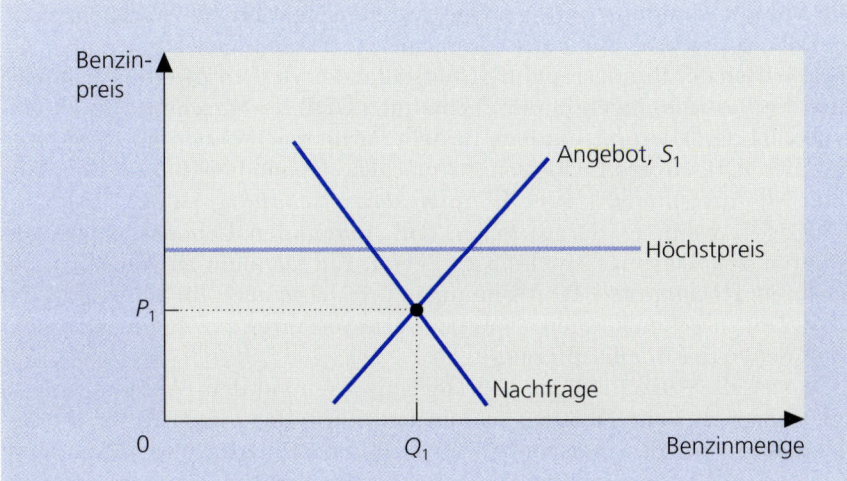

b) Der Höchstpreis für Benzin ist wirksam

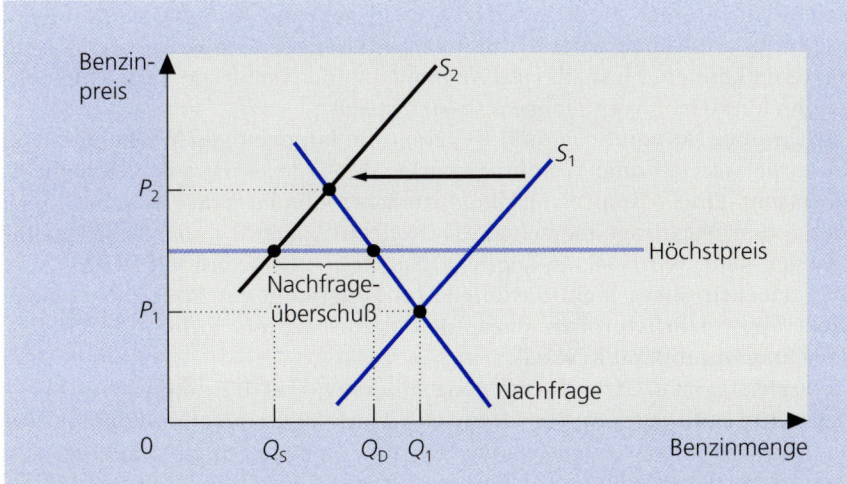

Schaubild 6-2
Der Benzinmarkt mit einer Preisobergrenze. Diagramm (a) zeigt den Benzinmarkt für den Fall, daß der Gleichgewichtspreis P_1 unter dem (unwirksamen) Höchstpreis liegt. Diagramm (b) zeigt den Benzinmarkt nach einer kosten-, preis- und angebotswirksamen Verteuerung des Rohölpreises. Die Angebotskurve wird von S_1 nach S_2 verschoben; der neue Gleichgewichtspreis wäre nun P_2. Durch den vorgeschriebenen Höchstpreis kommt es jedoch zu einer Angebotslücke oder einem Nachfrageüberschuß in Höhe von Q_D–Q_S.

schriebene Preisobergrenze hinderte den Preis jedoch daran, das Gleichgewichtsniveau zu erreichen. Bei der staatlich gesetzten Preisobergrenze waren die Unternehmer zum Angebot Q_S bereit, die Konsumenten wollten jedoch die Menge Q_D kaufen. Auf diese Weise kam es nach der Verschiebung der Angebotskurve durch die Preisregulierung zu einer ernsten Knappheitslage.

Nach den Erfahrungen von damals kam es in den USA zu einer Modifikation der gesetzlichen Preisvorschriften. Inzwischen kann sich bei Ölpreisänderungen der Benzinpreis so anpassen, daß ein Marktgleichgewicht nicht verhindert wird.

Fallbeispiel   ## Mietpreisbindung kurzfristig und langfristig

Die Mietpreisbindung liefert einige gute Beispiele für die Wirkungsweise von Höchstpreisen. Für konkrete rechtliche Regelungen könnte man die Vorschriften der Bundesrepublik Deutschland nach dem Zweiten Weltkrieg oder die Bestimmungen in der ehemaligen DDR heranziehen. Das eigentliche Ziel der Mietpreisbindung besteht darin, das Wohnen für die Armen und Bedürftigen erschwinglich zu machen. Ökonomen halten den Weg einer Mietpreisbindung oder *Wohnungsbewirtschaftung* jedoch für höchst ineffizient, wenn es darum gehen soll, damit den Lebensstandard der ärmeren Bevölkerungsschichten zu heben. Ein Ökonom aus den USA bezeichnete Höchstpreise für Wohnungen – er hätte auch für Leipzig in der DDR-Zeit sprechen können – »als das beste Verfahren zur Zerstörung einer Stadt neben der Bombardierung«.

Da sich die Auswirkungen von Höchstpreisen auf dem Wohnungsmarkt erst über viele Jahre hinweg schleichend einstellen, sind sie für die Bevölkerung weniger offensichtlich als staatliche Höchstpreise auf anderen Märkten. Auf kurze Sicht ist das Wohnungsangebot fest gegeben; denn die Eigentümer und Vermieter können die Angebotsmenge nur langsam an die veränderte Marktlage anpassen. Im übrigen wird die Anzahl der Wohnungsuchenden in einer Stadt kurzfristig nicht sehr auf Mietpreisänderungen reagieren, weil auch Mieter nur mit gewissen zeitlichen Verzögerungen reagieren können. Deshalb sind Angebot an und Nachfrage nach Mietwohnungen kurzfristig vergleichsweise inelastisch.

Diagramm (a) von Schaubild 6-3 zeigt die kurzfristigen Wirkungen von Höchstpreisen auf dem Wohnungsmarkt. Wie jeder wirksame Höchstpreis verursacht eine Mietpreisbindung zunächst einmal eine Angebotslücke oder einen Nachfrageüberschuß. Da jedoch Angebot und Nachfrage inelastisch sind, wird der anfängliche Nachfrageüberschuß auf die Setzung eines Höchstpreises klein ausfallen. Im Diagramm (a) führt der Primäreffekt eines Höchstpreises dazu, daß der Mietpreis unter den Gleichgewichtspreis abgesenkt wird.

Langfristig ist die Geschichte ganz anders, weil sich Anbieter und Nachfrager im Laufe der Zeit besser auf die Marktlage einstellen können. Auf der Angebotsseite werden Neubauten von Miethäusern zurückgehen und Reparaturen ausbleiben. Auf der Nachfrageseite werden niedrige Miet-

a) Mietpreisbindung kurzfristig

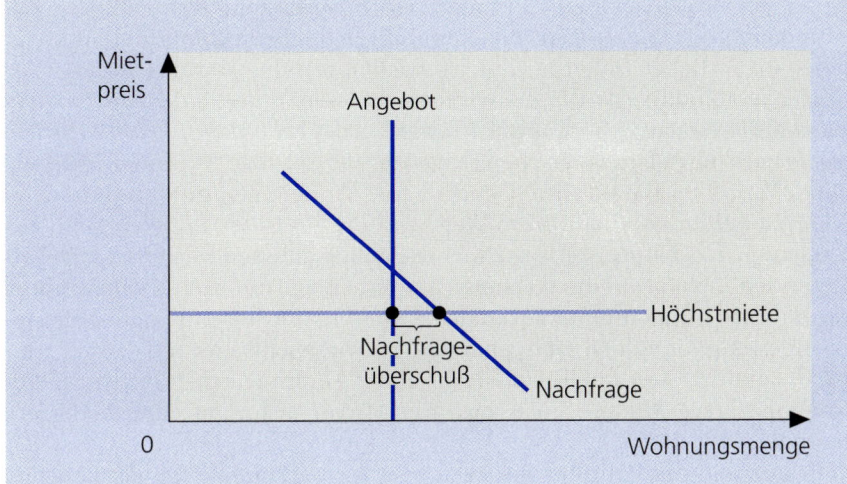

b) Mietpreisbindung langfristig

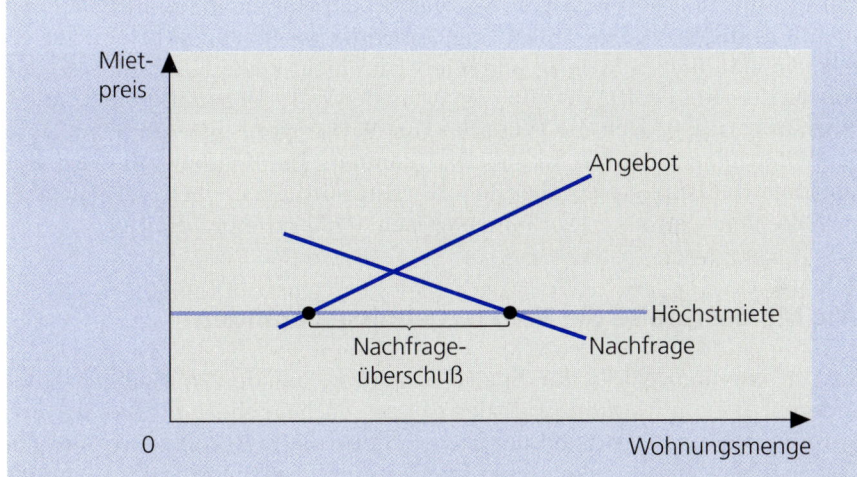

Schaubild 6-3
Mietpreisbindung kurzfristig und langfristig. Diagramm (a) zeigt die kurzfristigen Wirkungen von Höchstpreisen auf dem Wohnungsmarkt: Weil Angebot und Nachfrage relativ unelastisch sind, verursacht der gesetzlich verhängte Höchstpreis zunächst nur eine kleine Angebotslücke oder einen kleinen Nachfrageüberschuß. Diagramm (b) zeigt die langfristigen Wirkungen: Weil Angebot und Nachfrage nun elastischer sind, bewirkt ein Höchstpreis einen größeren Nachfrageüberschuß.

preise mehr Menschen dazu ermuntern, Wohnungen zu suchen (anstatt z.B. noch bei den Eltern oder in Gemeinschaftswohnungen zu wohnen) und vom Land in die Stadt zu ziehen. Deshalb sind Angebot und Nachfrage langfristig sehr viel elastischer als kurzfristig.

Bei Höchstpreisen auf dem Mietwohnungsmarkt kommen vielerlei Verfahren der Rationierung zur Anwendung. Potentielle Vermieter oder ihre beauftragten Häuserverwaltungen führen Wartelisten, die in bestimmten Städten wie München stets recht lang waren. Einige bevorzugen ganz offen kinderlose und berufstätige Ehepaare. Wieder andere, etwa Vermieter in Leipzig, schließen trotz des hier gegebenen »Käufermarktes« Ausländer als Mieter aus (z.B. griechische Universitätsprofessoren und einfache Gastarbeiter). Manchmal wurden von Vermietern – so vor Jahrzehnten in München – über Mittelsmänner Prämien und Schmiergelder genommen. Zusammen mit dem zulässigen Mietpreis führen die Bestechungsgelder näher an den eigentlichen höheren Gleichgewichtspreis des Marktes heran.

Zum Verständnis der Effekte wirksamer Höchstpreise auf Märkten kann man auf die eingangs im Kapitel 1 formulierten *zehn volkswirtschaftlichen Regeln* zurückgreifen: Menschen reagieren auf Anreize. Auf freien Märkten achten Vermieter darauf, ihre Gebäude und Wohnungen intakt, sauber und sicher zu halten, weil auf diese Weise höhere Preise zu erzielen sind. Bei wirksamen Höchstpreisen mit Nachfrageüberschüssen verlieren die Vermieter den Anreiz, auf die bekannte Interessenlage der Mieter einzugehen. Warum sollten Eigentümer zusätzliches Geld in die Gebäude und Wohnungen stecken, wenn doch viele überzählige Mietnachfrager nur darauf warten, die Objekte so zu nehmen wie sie sind? Am Ende erhält der Vermieter zwar niedrigere Mieten, doch auch der Mieter bekommt eine niedrigere Qualität.

Oft nehmen die Politiker die negativen Auswirkungen von gesetzlichen Höchstpreisen zum Anlaß, zusätzliche regulierende Vorschriften zu verhängen. In den USA z.B. wurde Rassendiskriminierung auf dem Wohnungsmarkt für unzulässig erklärt, ferner wurden per Gesetz minimale Qualitätsstandards definiert. Die Umsetzung derartiger gesetzlicher Vorschriften ist selbstverständlich schwierig und wiederum nicht kostenlos zu haben. Die Vorschriften sind völlig überflüssig, wenn der Wohnungsmarkt ein Konkurrenzmarkt ist und sich die Wünsche von Nachfragern und Anbietern über den Gleichgewichtspreis angleichen können. Im Wettbewerb wird der Gleichgewichtspreis zwar über dem Höchstpreis liegen, doch werden dabei auch die unerwünschten Verhaltensweisen der Vermieter beseitigt.

Wie Mindestpreise die Marktergebnisse verändern

Kehren wir zum Markt für Speiseeis zurück, um den Wirkungen einer anderen Art von Markteingriff des Staates nachzugehen. Stellen wir uns vor, der »Nationale Verband der Eishersteller« hätte es mit seinen ewigen Klagen in der Öffentlichkeit schließlich erreicht, daß ein Mindestpreis oder »price floor« verfügt wird. Mindestpreise sind wie Höchstpreise staatliche Maßnahmen mit dem Ziel, auf Märkten andere Preise als die Gleichgewichtspreise durchzusetzen. Während Höchstpreise ein gesetzliches Maximum setzen, fixieren Mindestpreise jeweils ein gesetzliches Minimum für Preise.

Im Falle eines Mindestpreises auf dem Markt für Speiseeis sind nach Schaubild 6-4 zweierlei Ergebnisse denkbar. Falls die Regierung beim Gleichgewichtspreis von DM 3,– einen Mindestpreis von DM 2,– verfügt, ist der Mindestpreis nach Diagramm (a) unwirksam. Die Marktkräfte bringen die Volkswirtschaft ungehindert zum Gleichgewicht.

Sollte die Regierung dagegen einen Mindestpreis von DM 4,– je Kugel Speiseeis vorschreiben, stellt sich die im Diagramm (b) von Schaubild 6-4 skizzierte Lage ein. Da der Gleichgewichtspreis von DM 3,– unter dem vorgeschriebenen Mindestpreis liegt, stellt der Mindestpreis eine wirksame Marktbeschränkung dar. Zwar tendieren die Kräfte von Angebot und Nachfrage dazu, den Preis zum Gleichgewichtspreis hin zu senken, doch sobald der Marktpreis den »floor« erreicht, kann er nicht weiter fallen. Der Marktpreis gleicht dem Mindestpreis. Dabei überschreitet die Angebotsmenge (120 Kugeln Speiseeis) die Nachfragemenge (80 Kugeln Speiseeis). Einige Eisverkäufer werden zum herrschenden Mindest- und Marktpreis

a) Ein unwirksamer Mindestpreis

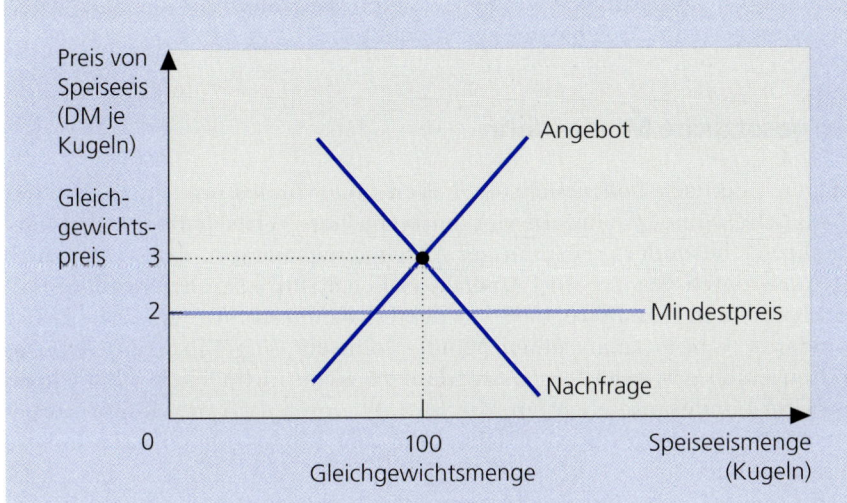

Schaubild 6-4
Ein Markt mit einem Mindestpreis. Nach Diagramm (a) wird ein Mindestpreis von DM 2 vorgeschrieben. Weil dieser Mindestpreis unter dem Gleichgewichtspreis von DM 3 liegt, bleibt er auf das Marktgeschehen wirkungslos. Es kommt zum Gleichgewicht bei einem Preis von DM 3 und einer Menge von 100 Stück (Kugeln Speiseeis). Nach Diagramm (b) wird ein Mindestpreis von DM 4 gesetzt, der über dem Gleichgewichtspreis von DM 3 liegt und für den Markt wirksam ist. Zum Marktpreis von DM 4 wird sich ein Angebotsüberschuß von 40 Stück einstellen (Angebot 120 minus Nachfrage 80).

b) Ein wirksamer Mindestpreis

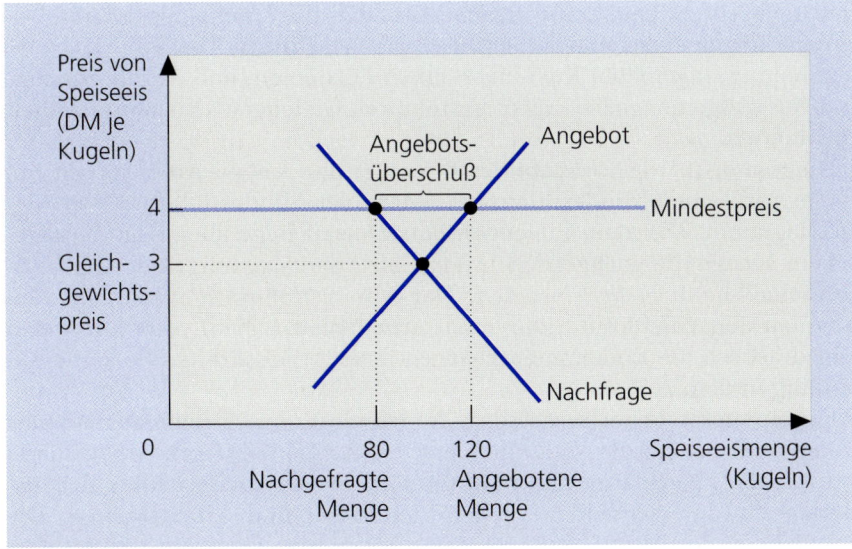

von DM 4,– nicht die gewünschten Mengen verkaufen können. *Ein wirksamer Mindestpreis verursacht einen Angebotsüberschuß.*

Ebenso wie Höchstpreise und Nachfrageüberschüsse zu unerwünschten Rationierungsmechanismen führen, geschieht dies auch bei Mindestpreisen und Angebotsüberschüssen. Im Falle wirksamer Mindestpreise sind einige Anbieter nicht in der Lage, ihr Angebot abzusetzen. Einige Verkäufer werden sich die persönlichen Vorlieben der Nachfrager zunutze machen wollen, wie etwa verwandtschaftliche Beziehungen oder ethnische bzw. nationale Trends (»Buy British«, Gaststätte »Deutsches Haus«). Auf dem Konkurrenzmarkt dagegen dient nur der Preis als Rationierungs- oder Zuteilungsmechanismus, und die Anbieter können zum Gleichgewichtspreis ihre gesamte Angebotsmenge verkaufen.

Fallbeispiel | ## Der gesetzliche Mindestlohn

Zu den praktisch bedeutsamsten Fällen von Mindestpreisen gehört der gesetzliche Mindestlohn. In der europäischen Wirtschaftspolitik bietet Frankreich besonders reichhaltiges Anschauungsmaterial dazu. Doch auch die Vereinigten Staaten von Amerika haben historische Erfahrungen mit Mindestlöhnen. Im Jahre 1938 hat der US-Kongreß mit dem »Fair Labor Standards Act« erstmals einen Mindestlohnsatz eingeführt, um Arbeitskräften einen gewissen Lebensstandard zu sichern. Im Jahre 1996 war in den USA bundesgesetzlich ein Mindestlohn von $ 4,75 pro Stunde vorgeschrieben. Einige US-Staaten haben darüber hinausgehend noch höhere Mindestlöhne.

Um die Auswirkungen eines gesetzlichen Mindestlohnes zu studieren, betrachten wir den Arbeitsmarkt. Bei dem Schaubild 6-5 denken wir an das Beispiel USA und Lohnsätze in US-$ pro Stunde. Diagramm (a) zeigt den Arbeitsmarkt als einen Konkurrenzmarkt mit einem bestimmten Marktgleichgewicht. Arbeitskräfte entscheiden über ihr Arbeitsangebot und Unternehmungen entscheiden über ihre Arbeitsnachfrage. Der Lohnsatz wird sich beim gezeichneten Kurvenverlauf so einspielen, daß Angebotsmenge und Nachfragemenge bei einem bestimmten Gleichgewichtslohnsatz übereinstimmen.

Diagramm (b) des Schaubildes 6-5 zeigt den selben Arbeitsmarkt mit einem wirksamen Mindestlohnsatz. Sofern der Mindestlohnsatz, wie hier im Diagramm, über dem Gleichgewichtslohnsatz liegt, übersteigt die angebotene Menge die nachgefragte Menge an Arbeitsleistung. Der Angebotsüberschuß heißt *Arbeitslosigkeit*. Der Mindestlohnsatz erhöht die Einkommen der Arbeitkräfte, die einen Arbeitsplatz haben, vermindert aber sehr drastisch die Einkommenschancen jener Arbeitskräfte, die keine Anstellung finden.

Für ein umfassendes Verständnis der Mindestlohn-Wirkungen muß man daran denken, daß die Volkswirtschaft nicht einen einzigen Arbeitsmarkt mit Angebot, Nachfrage und Marktpreis aufweist, sondern viele Arbeitsmärkte für unterschiedliche Typen von Arbeit und Arbeitskräften. Die Auswirkung der Mindestlohnvorschrift hängt also auch von persönlicher

a) Freier Arbeitsmarkt

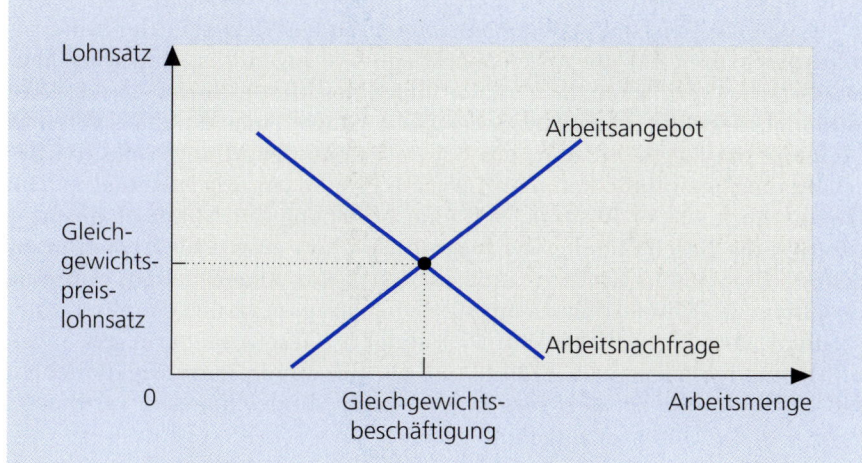

b) Arbeitsmarkt mit wirksamem Mindestlohn

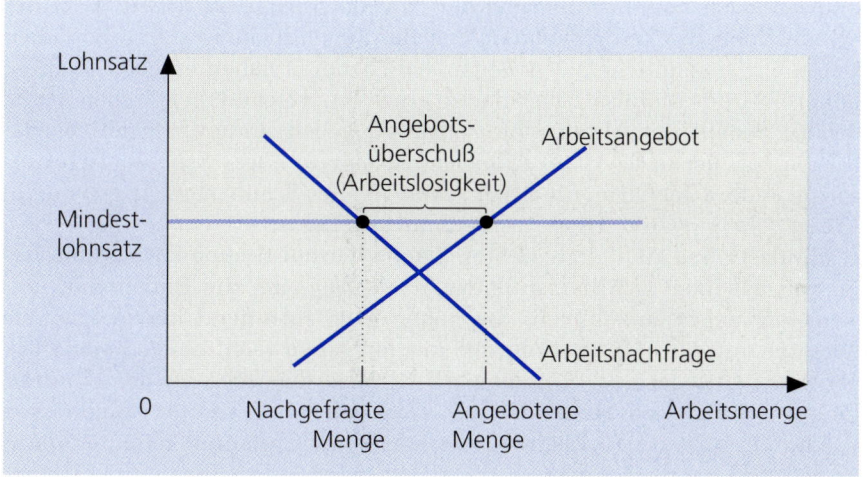

Schaubild 6-5
**Wie der Mindest-
lohn auf den
Arbeitsmarkt wirkt.**
Diagramm (a) zeigt
einen Arbeitsmarkt
als Konkurrenz-
markt mit Gleichge-
wicht. Diagramm
(b) unterstellt einen
wirksamen Mindest-
lohnsatz über dem
Niveau des Gleich-
gewichtslohnsatzes.
Da der Mindest-
lohnsatz als Preisun-
tergrenze wirkt,
kommt es zu einem
Angebotsüberschuß
(Arbeitslosigkeit).

Ausbildung und Erfahrung der Arbeitskräfte ab. Hochqualifizierte Arbeitskräfte mit reichlicher Berufserfahrung werden nicht tangiert sein, da ihre
Gleichgewichtslohnsätze ein gutes Stück über dem vorgeschriebenen Mindestlohnsatz liegen. Für diese besseren und leistungsstärkeren Arbeitskräfte wird der Mindestlohnsatz unwirksam bleiben.

Seine härteste Auswirkung hat ein vorgeschriebener Mindestlohn in den
USA auf den Markt für jugendliche Arbeitskräfte. Der Gleichgewichtslohnsatz für »Teenager« liegt zumeist unter dem Mindestlohnsatz, weil diese
Jugendlichen oft schlecht ausgebildet und beruflich unerfahren sind. Überdies akzeptieren Jugendliche oft eine niedrigere Bezahlung, die formal über
Ausbildungsverhältnisse geregelt wird. (Gelegentlich arbeiten Jugendliche
völlig ohne Bezahlung als Praktikanten.) In jedem Falle haben die Mindest-

lohnvorschriften in den USA auf die Jugendlichen und eine altersspezifische Jugendarbeitslosigkeit die stärkste negative Auswirkung.

Oft schon haben Nationalökonomen über die Auswirkungen der Mindestlohnvorschriften auf die Arbeitsmarktlage der Jugendlichen geschrieben. Die Forscher verglichen die Veränderungen des Mindestlohnsatzes mit den Veränderungen der *Jugendarbeitslosigkeit*. Obwohl man durchaus geteilter Meinung darüber sein kann, um wieviel genau der Mindestlohn die Beschäftigung beeinflußt, kommen die vorliegenden empirischen Analysen im Durchschnitt zu der Aussage, daß eine Anhebung des Mindestlohnsatzes um 10% die Beschäftigung der Jugendlichen um etwa 1 bis 3% herunterdrückt. Bei diesem Ergebnis muß man sich vor Augen halten, daß eine Erhöhung des Mindestlohnes um 10% keineswegs auch den Durchschnittsverdienst der Jugendlichen um 10% steigert. Gesetzesänderungen haben selbstverständlich keinen Einfluß auf die Bezahlung jener Jugendlichen, die bereits mehr als den vorgeschriebenen Mindestlohnsatz verdienen. Ferner ist die Durchsetzung der Mindestlohnvorschriften keineswegs vollkommen. Insofern ist ein Beschäftigungsrückgang um 1 bis 3% recht beachtlich.

Über eine Veränderung der Nachfragemenge hinaus bewirkt der Mindestlohnsatz auch eine Veränderung der Angebotsmenge an Arbeit. Weil der Mindestlohn die Verdienstaussichten der Jugendlichen erhöht, bemühen sich mehr Jugendliche um Arbeitsplätze. Studien haben ergeben, daß ein höherer Mindestlohnsatz auch darauf einwirkt, welche Jugendlichen Arbeit haben. Sobald der Mindestlohn ansteigt, geben einige Jugendliche die Schule auf, um nach Arbeit Ausschau zu halten. Diese Schulabgänger ersetzen andere Teenager, die zuvor schon von der Schule abgegangen und in Arbeit gelangt waren. Diese werden nun arbeitslos.

Mindestlöhne sind ein beliebtes Thema der politischen Diskussion. Befürworter sehen in Mindestlöhnen einen Weg, um die Einkommen der »working poor« zu erhöhen. Sie heben ganz zutreffend hervor, daß die Arbeiter mit dem Mindestlohnsatz nur auf einen recht bescheidenen Lebensstandard kommen. So haben z.B. 1994 in den USA, als der Mindestlohnsatz $ 4,25 pro Stunde betrug, zwei ganzjährig mit 40 Stunden pro Woche beschäftigte Erwachsene ein jährliches Gesamteinkommen von $ 17.680 und damit weniger als die Hälfte des Median-Einkommens einer Familie erzielt. Viele Befürworter räumen ein, daß von Mindestlöhnen auch gegensätzliche, unerwünschte Wirkungen ausgehen, wie z.B. erhöhte Arbeitslosigkeit. Doch diese Negativeffekte seien klein und die Gesamtwirkungen auf die Lage der ärmeren Bevölkerung alles in allem positiv.

Gegner bestehen darauf, daß Mindestlöhne nicht dazu geeignet sind, die Armut zu bekämpfen. Sie halten die Verursachung von Arbeitslosigkeit, den Anreiz für Schulabbrecher und die erschwerte Beschäftigung ungelernter Kräfte als Mängel der Politikmaßnahme fest. Überdies wären Mindestlöhne eine kaum zielführende politische Maßnahme. Nicht alle Mindestlohn-Arbeitskräfte sind Familienvorstände mit dem Ziel, ihre Familie von Armut zu befreien. Viele Mindestlohn-Arbeitskräfte seien Jugendliche aus Familien der Mittelklasse, die Teilzeitarbeit wegen ganz bestimmter Anschaffungen ausüben.

Zur Bewertung von Preiskontrollen

Märkte sind gewöhnlich gut für die Organisation des Wirtschaftslebens, lautet eine der *zehn volkswirtschaftlichen Regeln* des Kapitels 1. Deshalb wenden sich Nationalökonomen fast immer gegen Mindestpreise oder Höchstpreise. Ökonomen betrachten Preise nicht als Ergebnisse von irgendwelchen willkürlichen Mechanismen oder Zufallsprozessen, sondern als Resultate von Millionen von Einzelentscheidungen der Konsumenten und der Unternehmungen, die hinter den Angebots- und Nachfragekurven stehen. Preise haben die heikle Aufgabe, Angebot und Nachfrage zum Gleichgewicht zu führen und dadurch alle ökonomischen Aktivitäten zu koordinieren. Sobald die Politiker die Preise durch gesetzliche Vorschriften setzen, verdunkeln und verfälschen sie die Marktsignale, die gewöhnlich zur Allokation der gesellschaftlichen Ressourcen führen.

Regierungen können manchmal die Marktergebnisse verbessern, lautet eine andere der behandelten *zehn volkswirtschaftlichen Regeln* des Kapitels 1. In der Tat werden Politiker bisweilen dadurch zu Preiskontrollen bewegt, daß sie bestimmte Marktergebnisse als unfair und ungerecht einschätzen. Oft sind Preiskontrollen darauf angelegt, den Armen zu helfen. So suchen etwa Mietpreisbindungen das Wohnen für jedermann erschwinglich zu gestalten, und Mindestlohn-Vorschriften wollen Menschen aus Armut befreien.

Doch oft schaden die Preiskontrollen gerade jenen, denen geholfen werden soll. Höchstmieten halten zwar die Mietpreise niedrig, doch nehmen sie den Eigentümern den Antrieb für Instandhaltungen und für eine Vergrößerung des Angebots. Mindestlöhne mögen wohl die Einkommen einiger Arbeitskräfte steigern, doch sie führen teilweise auch zur Arbeitslosigkeit.

Die Hilfe für Bedürftige kann anders als durch Preiskontrollen erreicht werden. So können z.B. staatliche Mietbeihilfen für bedürftige Familien gewährt werden. Anders als Höchstmieten schränken prozentuale *Mietbeihilfen* für Bedürftige (»Wohngeld«) das Wohnungsangebot nicht ein. Auf ähnliche Weise sind *Lohnsubventionen* für Niedrigverdienende zur Hebung des Lebensstandards geeignet, ohne daß die Unternehmungen durch die Lohnhöhe vor Anstellungen zurückschrecken würden. In der Diskussion befinden sich spezielle Maßnahmen, wie etwa auch eine *negative Einkommensteuer.*

Obwohl die angesprochenen Alternativen oft viel besser sind als Preiskontrollen, sind sie auch nicht rundum fehlerfrei. Miet- und Lohnsubventionen kosten den Staat einiges Geld und erfordern deshalb höhere Steuern. Wie wir gleich anschließend sehen werden, verursacht die Besteuerung spezielle Kosten.

Definieren Sie bitte *Höchstpreis* und *Mindestpreis*, und geben Sie je ein **Schnelltest** Beispiel dafür. Welche Maßnahme führt zur Verknappung, welche zu einem Überschuß? Warum?

Steuern

Regierungen auf allen Ebenen – ob Bundes- oder Landesregierungen oder auch zuletzt Städte und Gemeinden – erheben Steuern, um Einkünfte für öffentliche Aufgaben zu gewinnen. Da Steuern herausragend wichtige politische Instrumente sind, und da sie unser Leben auf vielerlei Art beeinflussen, bilden die Steuern ein Thema, auf das wir im Verlaufe des Buches mehrfach eingehen wollen. In diesem Abschnitt beginnen wir mit unserer Analyse zur Wirkung von Steuern auf die Volkswirtschaft.

Um das Thema für die Analyse zu inszenieren, stellen wir uns ein Stadtparlament vor, das sich für ein jährliches Speiseeisfest entscheidet – mit einem Umzug, Feuerwerk und Ansprachen der Offiziellen. Um Einkünfte für die Bezahlung der Jahresfeste zu erzielen, kommt es zu einer Verbrauchsteuer von DM –,50 pro Kugel Speiseeis. Als der Plan dafür bekannt wird, kommen die zuvor schon erwähnten beiden Gruppen von Lobbyisten in Bewegung. Der »Nationale Verband der Eishersteller« erklärt, seine Mitglieder führten einen Überlebenskampf in einem Konkurrenzmarkt, weshalb die *Käufer* von Speiseeis die Steuer zahlen und tragen müßten. Dagegen bringt der »Interessenverband der Eisesser« vor, die Konsumenten hätten größte Schwierigkeiten, mit ihrem Einkommen auszukommen, weshalb die *Verkäufer* von Speiseeis die Steuer zahlen und tragen müßten. Ein Kompromißvorschlag geht dahin, daß Käufer und Verkäufer je die Hälfte der Steuer tragen sollten.

Will man diese Vorschläge untersuchen, muß man eine ebenso einfache wie scharfsinnige Frage stellen: Wer trägt die Steuerlast, wenn eine Regierung ein bestimmtes Gut besteuert? Die Käufer des Gutes? Die Verkäufer des Gutes? Oder, wenn eine gewisse Teilung der Steuerlast eintritt, wovon hängt die Aufteilung ab? Kann man die Aufteilung so einfach von oben verfügen, oder wird die Aufteilung von den Marktkräften der Volkswirtschaft bestimmt? Nationalökonomen gebrauchen den Fachausdruck **Steuerinzidenz** für Fragen nach der Aufteilung der Steuerlast. Einige überraschende Erkenntnisse dazu gewinnen wir beim Gebrauch der Instrumente von Angebot und Nachfrage.

Steuerinzidenz
Wer trägt die Last der Besteuerung?

Wie eine Besteuerung der Käufer die Marktergebnisse verändert

Zuerst betrachten wir eine Steuer, die den Käufern eines Gutes auferlegt wird. Unterstellen wir z.B., eine Verordnung würde vorschreiben, daß jeder Eiskäufer je Kugel Speiseeis DM –,50 an die Gemeindeverwaltung zu bezahlen hat. Wie wird diese Vorschrift Käufer und Verkäufer von Speiseeis tangieren? Um diese Frage zu beantworten, können wir den in Kapitel 4 für die Analyse von Angebot und Nachfrage empfohlenen drei Schritten folgen: (1) Wir entscheiden darüber, ob die Vorschrift die Angebotskurve oder die Nachfragekurve verändert. (2) Wir klären, in welche Richtung die Verschiebung geschieht. (3) Wir prüfen, wie die Verschiebung das Gleichgewicht verändert.

Der Erstanstoß der Steuer geschieht bei der Nachfrage nach Speiseeis. Die Angebotskurve wird nicht berührt, weil die potentiellen Verkäufer bei bestimmten Preisen die gleichen Anreize zum Angebot haben wie vor der Steuer. Anders verhält es sich bei den Nachfragern und potentiellen Käufern, die nun (neben dem Preis an die Verkäufer) bei jedem Kauf eine Steuer abführen müssen. Deshalb wird die Nachfragekurve verschoben.

Die Richtung der Verschiebung ist leicht zu klären. Da die Besteuerung der Käufer den Kauf von Speiseeis weniger attraktiv werden läßt, wird zu jedem denkbaren Preis eine geringere Menge als zuvor nachgefragt. Als Ergebnis stellt sich eine Linksverschiebung (oder Verschiebung nach unten) ein.

Wir können im vorliegenden Falle genauer angeben, um wieviel sich die Kurve verschiebt. Wegen der pro Kugel erhobenen DM –,50 ist der effektive Preis für die Nachfrager nun um DM –,50 höher als der Marktpreis. Wäre der Preis für eine Kugel Speiseeis z.B. DM 2,–, so beliefe sich der effektive Preis für den Käufer auf DM 2,50. Da die Nachfrager die gesamten Kosten einschließlich der Steuer veranschlagen, werden sie eine entsprechend geringere Menge kaufen wollen. Man kann es auch anders ausdrücken. Um die Nachfrager nun zum Kauf bestimmter Mengen zu bewegen, muß der Preis zum Ausgleich der Steuerlast um DM –,50 niedriger liegen. Wie im Schaubild 6-6 gezeigt, verschiebt die Steuer die Nachfragekurve von D_1 nach D_2 um genau die Steuer pro Stück (DM –,50) *abwärts*.

Um die Steuerwirkung zu sehen, vergleichen wir alte und neue Gleichgewichtswerte. Der Gleichgewichtspreis geht von DM 3,– auf DM 2,80

Schaubild 6-6
Eine Besteuerung der Käufer. Wenn bei den Käufern eine Steuer von DM –,50 erhoben wird, verschiebt sich die Nachfragekurve von D_1 um DM –,50 abwärts zu D_2. Die Gleichgewichtsmenge geht dadurch von 100 auf 90 Kugeln zurück. Der Preis, den die Verkäufer erlösen, sinkt von DM 3,– auf DM 2,80. Der Preis, den die Käufer einschließlich der Steuer bezahlen, steigt von DM 3,– auf DM 3,30 an. Obwohl die Steuer bei den Käufern erhoben wird, tragen Käufer und Verkäufer letztlich die Steuer gemeinsam.

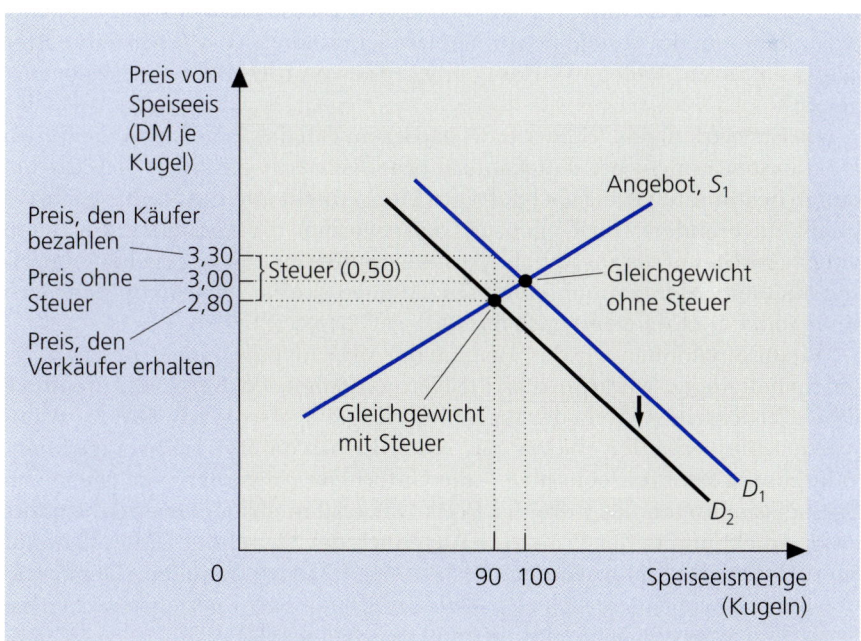

Preis von Speiseeis (DM je Kugel)

Preis, den Käufer bezahlen — 3,30

Preis ohne — 3,00
Steuer — 2,80

Preis, den Verkäufer erhalten

Steuer (0,50)

Angebot, S_1

Gleichgewicht ohne Steuer

Gleichgewicht mit Steuer

D_1
D_2

0   90 100   Speiseeismenge (Kugeln)

zurück und die Gleichgewichtsmenge fällt von 100 auf 90 Stück. Da die Verkäufer im neuen Gleichgewicht weniger verkaufen und die Käufer weniger kaufen, reduziert die Speiseeissteuer das Marktvolumen des Speiseeismarktes.

Kehren wir nun zur Frage nach der *Steuerinzidenz* zurück: Wer bezahlt die Steuer letztlich? Obwohl die Käufer den gesamten Steuerbetrag entrichten, teilen sich Käufer und Verkäufer letzten Endes die Steuerlast. Da der Marktpreis nach Einführung der Steuer von DM 3,– auf DM 2,80 fällt, erhalten die Verkäufer nun DM –,20 pro Kugel weniger als zuvor. Insofern stellt die Steuer die Unternehmer nun schlechter. Die Käufer bezahlen einen niedrigeren Preis an die Verkäufer (DM 2,80), aber der effektive Preis einschließlich der Steuer steigt von DM 3,– auf DM 3,30 (DM 2,80 + DM –,50 = DM 3,30). Insofern werden durch die Besteuerung auch die Käufer schlechter gestellt.

Zusammenfassend kann man aus dem Beispielfall zwei allgemeine Schlußfolgerungen ziehen:
- Steuern entmutigen die Marktkräfte. Sobald ein Gut besteuert wird, kommt es zu kleineren gehandelten Mengen im neuen Gleichgewicht.
- Käufer und Verkäufer tragen die Steuerlast anteilig gemeinsam. Im neuen Gleichgewicht bezahlen die Käufer mehr und die Verkäufer erlösen weniger.

Wie eine Besteuerung der Verkäufer die Marktergebnisse verändert

Betrachten wir nun eine bei den Verkäufern eines Gutes erhobene Steuer. Angenommen, die Verkäufer von Speiseeis müßten DM –,50 pro verkaufter Kugel abführen. Welche Wirkungen werden von diesem Steuergesetz ausgehen?

Die Erstwirkung der Steuer trifft in diesem Fall das Angebot an Speiseeis. Da die Steuer nicht bei den Käufern erhoben wird, verändert sich die bei einem bestimmten Preis nachgefragte Menge nicht und die Nachfragekurve bleibt unverändert. Im Gegensatz dazu werden die Verkäufer die ihnen auferlegte Steuer als zusätzliche Kosten empfinden und zu gegebenen Preisen kleinere Mengen anbieten. Die Angebotskurve verschiebt sich nach links (oder entsprechend nach oben).

Wiederum können wir das Ausmaß der Verschiebung genau angeben. Zu jedem beliebigen Marktpreis ist die Nettoeinnahme der Verkäufer pro Stück DM –,50 niedriger. Wenn der Preis einer Kugel Speiseeis z. B. DM 2,– wäre, würden die Verkäufer effektiv nur einen Erlös von DM 1,50 verzeichnen. Wie immer der Preis sein mag – die Unternehmer werden jene Menge an Speiseeis anbieten, als wäre der Preis DM –,50 niedriger als er ist. Anders ausgedrückt müßte der Preis zum Ausgleich der Steuer um DM –,50 höher sein, damit die Unternehmer die bisherige Menge anbieten. Die Angebotskurve S_1 verschiebt sich also – wie im Schaubild 6-7 gezeigt – *nach oben* zu S_2, und zwar genau um das Ausmaß der Steuer (DM –,50).

Wenn sich der Markt vom alten zum neuen Gleichgewicht bewegt, steigt der Gleichgewichtspreis von DM 3,– auf DM 3,30 an und die Gleichgewichtsmenge fällt von 100 auf 90 Stück zurück. Wiederum führt die Steuer zur Verringerung des Marktvolumens. Aufs neue findet eine Teilung der Steuerlast zwischen Käufern und Verkäufern statt. Weil der Marktpreis steigt, haben die Käufer DM –,30 pro Stück mehr zu bezahlen als vor Einführung der Steuer. Die Verkäufer erlösen zwar brutto einen höheren Verkaufspreis, doch ist der Nettopreis nach Abführung der Steuer nun DM 2,80 (statt DM 3,–).

Ein Vergleich der Schaubilder 6-6 und 6-7 führt zu einem überraschenden Ergebnis: *Steuern auf Käufer und auf Verkäufer sind äquivalent.* In beiden Fällen schiebt sich die Steuer wie ein Keil zwischen den von Käufern bezahlten und den von Verkäufern erlösten Preis. Der Keil ist gleich groß – gleichgültig, ob die Steuer dem Käufer oder dem Verkäufer auferlegt wird. In jedem Falle verändert sich durch die Besteuerung die relative Position von Angebots- und Nachfragekurven. Im neuen Gleichgewicht kommt es zu einer Teilung der Steuerlast zwischen Käufern und Verkäufern. Der einzige Unterschied liegt darin, daß einmal der Verkäufer und einmal der Käufer die Steuer abführt.

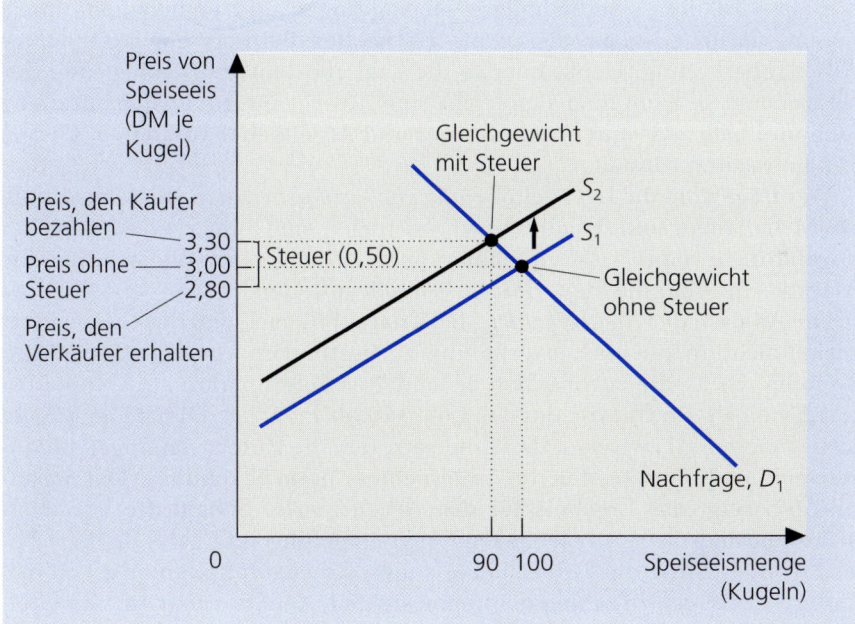

Schaubild 6-7
Eine Besteuerung der Verkäufer. Wenn die Steuer von DM –,50 bei den Verkäufern erhoben wird, verschiebt sich die Angebotskurve von S_1 zu S_2 nach oben. Die Gleichgewichtsmenge fällt von 100 auf 90 Stück. Der von den Käufern bezahlte Preis steigt von DM 3,– auf DM 3,30. Der bei den Verkäufern nach Abführung der Steuer verbleibende Preis geht von DM 3,– auf DM 2,80 zurück. Obwohl die Steuer bei den Verkäufern erhoben wird, kommt es zu einer Lastenteilung zwischen Käufern und Verkäufern.

Die Äquivalenz der beiden Besteuerungsarten ist leichter einzusehen, wenn man sich eine Schale auf der Ladentheke des Eisgeschäftes vorstellt, in die man (Käufer oder Verkäufer) bei der Bezahlung jeweils DM –,50 pro Kugel hineinlegt. Von welcher Hand das Geld hineingelegt wird, spielt für das Ergebnis keine Rolle. Käufer und Verkäufer teilen sich am Ende im neuen Gleichgewicht die Steuerlast – gleichgültig wer die Steuer abführt.

Fallbeispiel

Kann der Gesetzgeber die Lastenverteilung der Lohnsteuer oder der Sozialversicherungsbeiträge beschließen?

Die Gewerbesteuer in der Bundesrepublik Deutschland enthielt bis zum 1. 1. 1980 als eine von drei Komponenten eine Lohnsummensteuer. Sie wäre nach dem Wortsinn das beste Beispiel für eine deutsche »payroll tax« (eine Steuer auf die von den Unternehmungen bezahlten Löhne und Gehälter). Für die USA wird die FICA (nach dem Federal Insurance Contribution Act) als preistheoretisch interessanter Besteuerungsfall herangezogen. Sie betrug 1995 für den Durchschnittsverdiener insgesamt 15,3% des Lohnes. Untersucht werden soll, wie sich eine auf Löhne und Gehälter erhobene Steuer oder Abgabe – entweder ganz vom Arbeitgeber abgeführt oder halbe-halbe von Arbeitgeber und Arbeitnehmer zu zahlen – auf den Arbeitsmarkt auswirkt.

Für den ersten Fall zieht man am besten die deutsche *Lohnsteuer* heran, eine an der Quelle erhobene Form der Einkommensteuer. Vom Bruttolohn oder -gehalt wird die Lohnsteuer durch den Unternehmer einbehalten und abgeführt; die Arbeitnehmer erhalten Lohn oder Gehalt netto ausbezahlt. Für den zweiten Fall nimmt man die deutsche Regelung bei den Sozialversicherungsbeiträgen (insbesondere Rentenversicherung). Vom Lohn oder Gehalt wird der Arbeitnehmeranteil abgezogen und einbehalten; hinzu kommt darüber hinaus als zweite Hälfte des Beitrags ein sogenannter Arbeitgeberbeitrag. Denkt man an die bald 100 Jahre zurückliegende Gesetzgebung, so kann man sich leicht eine Absicht für die Lastenaufteilung halb und halb zwischen Arbeitnehmer und Arbeitgeber vorstellen. Diesen Fall betrachten wir näher.

Wer trägt wohl die Last der *Sozialversicherungsbeiträge*, die je zur Hälfte von Arbeitgeber und Arbeitnehmer »zu tragen sind« und vom Arbeitgeber abgeführt werden – Arbeitnehmer oder Arbeitgeber? Wie werden die Marktkräfte wohl die Steuerlast tatsächlich aufteilen?

Die Analyse der *Steuerinzidenz* läuft darauf hinaus, daß der Gesetzgeber nicht leichthin die Lastenverteilung zu bestimmen vermag. Gedanklich knüpfen wir an die zuvor schon behandelten Gütermärkte an. Wir stellen uns Arbeit als ein Gut vor, das den Lohnsatz als Preis hat. Die Steuer schiebt sich wie ein Keil zwischen den Lohnsatz, den die Unternehmungen bezahlen und den Lohnsatz, den die Arbeitnehmer netto bekommen. Das Schaubild 6-8 zeigt das Ergebnis für den Arbeitsmarkt. Sobald die Sozialversicherungsbeiträge – in Gedanken – neu eingeführt und halbe-halbe erhoben werden, sinkt die Lohnzahlung an die Arbeitskräfte, und die von den Unternehmungen zu zahlenden Löhne steigen. Am Ende tritt eine Zweiteilung der Beitragslast ein – in etwa so, wie es bei der Sozialgesetzgebung beabsichtigt war. Dennoch hat die Lastenaufteilung zwischen Arbeitnehmern und Arbeitgebern nichts mit der Gesetzgebung zu tun: Die Lastenaufteilung durch den Markt nach Schaubild 6-8 geschieht nicht notwendigerweise fünfzig zu fünfzig, und das Ergebnis käme selbst dann zustande, wenn die gesamten Sozialversicherungsbeiträge dem Arbeitgeber oder dem Arbeitnehmer auferlegt würden.

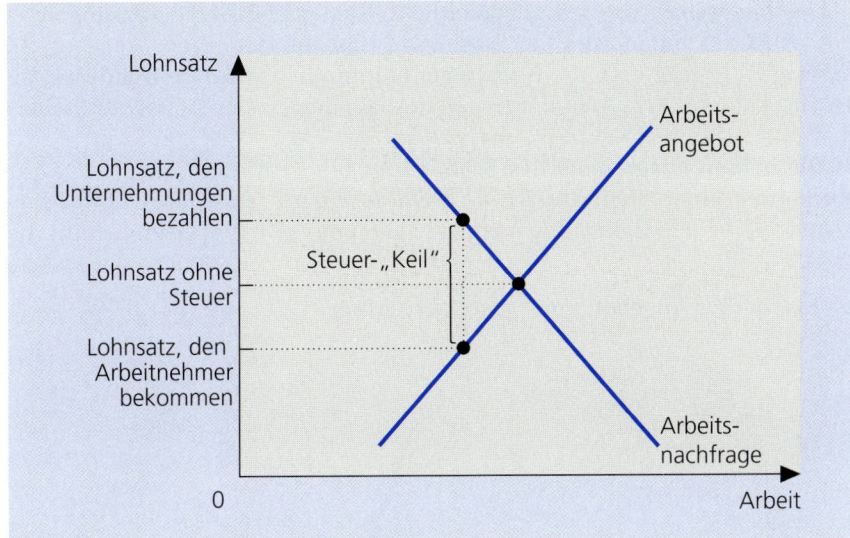

Schaubild 6-8
Eine proportionale Besteuerung der Löhne und Gehälter. Eine derartige Steuer schiebt einen Keil zwischen die brutto bezahlten Löhne und die netto empfangenen Löhne. Vergleicht man die Lohn- und Gehaltszahlungen mit und ohne Steuer, so sieht man, daß es zu einer Lastenteilung zwischen Arbeitgebern und Arbeitnehmern kommt. Diese hängt nicht von den gesetzlichen Aufteilungs- oder Erhebungsvorschriften ab, sondern vom Markt.

Das Beispiel zeigt zusammen mit den bereits behandelten Fällen, daß die elementaren Lehren zur Steuerinzidenz in der öffentlichen Debatte ignoriert werden. Der Gesetzgeber entscheidet zwar, ob die Steuerzahlung aus der Tasche des Käufers oder aus der Tasche des Verkäufers kommt. Er ist jedoch nicht in der Lage, die effektive Lastenverteilung gesetzlich zu regeln. Die Steuerinzidenz hängt von Angebot und Nachfrage ab.

Elastizität und Steuerinzidenz

Sobald ein Gut besteuert wird, kommt es zu einer Aufteilung der Steuerlast zwischen Käufern und Verkäufern. Doch wie wird die Steuerlast exakt geteilt? Selten nur teilt der Markt die Steuerlast genau halbe-halbe auf. Schauen wir uns die beiden Märkte des Schaubildes 6-9 näher an. In beiden Fällen haben wir die ursprünglichen Angebots- und Nachfragekurven vor uns, wobei die Steuer einen Keil zwischen bezahlte und erlöste Preise treibt. (Es wird in den Diagrammen keine neue Angebots- oder Nachfragekurve gezeichnet. Wie wir bereits wissen, ist dies für die *Steuerinzidenz* irrelevant.) Der auffällige Unterschied zwischen beiden Diagrammen besteht in der relativen Elastizität von Angebot und Nachfrage.

Diagramm (a) des Schaubildes 6-9 betrifft einen Markt mit sehr elastischem Angebot und relativ inelastischer Nachfrage. D. h. die Verkäufer reagieren mit ihren Mengen sehr stark auf Preisänderungen, während Nachfrager nicht sehr empfindlich auf Preisänderungen antworten. Wenn auf einem derartigen Markt eine Steuer eingeführt wird, geht der von den Verkäufern erlöste Nettopreis nicht sehr stark zurück, d.h. die Verkäufer trifft nur ein kleiner Teil der Steuerlast. Der von den Nachfragern bezahlte Preis steigt jedoch sehr stark an, d.h. die Nachfrager tragen den größten Teil der Steuerlast.

Das Diagramm (b) des Schaubildes 6-9 zeigt die Steuerwirkungen in einem Markt mit elastischer Nachfrage und unelastischem Angebot. In diesem Falle reagieren die Nachfrager empfindlicher auf Preisänderungen als die Anbieter. Die Anbieter tragen deshalb den größeren Teil der Steuerlast.

Die beiden Diagramme des Schaubildes 6-9 vermitteln eine Lehre zur Aufteilung einer Steuerlast: *Eine Steuerlast trifft jene Seite des Marktes schwerer, die weniger elastisch ist.* Wie kann das sein? Im Grunde mißt die

Schaubild 6-9
Wie die Last einer Steuer aufgeteilt wird. Im Diagramm (a) ist die Angebotskurve elastisch und die Nachfagekurve unelastisch. Der von den Anbietern erlöste Preis geht nur relativ wenig zurück, der von den Nachfragern bezahlte Preis steigt vergleichsweise stark. Die Käufer tragen den größten Teil der Steuerlast. Dagegen ist im Diagramm (b) die Angebotskurve inelastisch und die Nachfragekurve elastisch. In diesem Falle geht der von den Anbietern erlöste Preis kräftig zurück, während der von den Nachfragern bezahlte Preis wenig ansteigt. Den größten Teil der Steuerlast tragen die Verkäufer.

a) Elastisches Angebot, unelastische Nachfrage

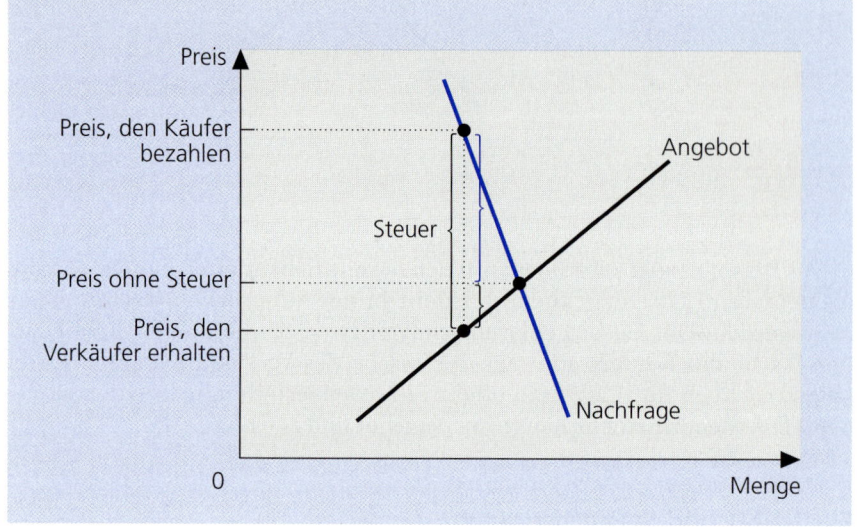

b) Unelastisches Angebot, elastische Nachfrage

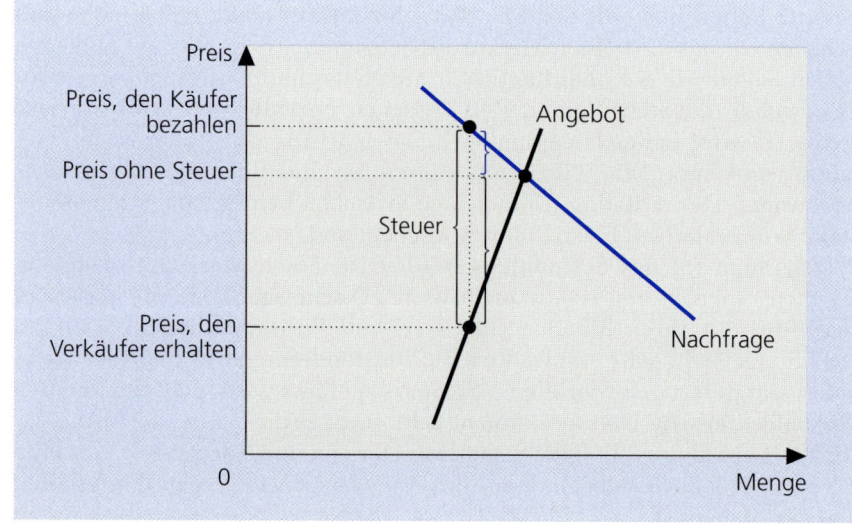

Elastizität die Bereitschaft von Anbietern und Nachfragern, bei Verschlech-
terung der Bedingungen den Markt zu verlassen. Eine niedrige Preiselastizität der Nachfrage besagt, daß die Nachfrager keine guten Alternativen zum
Kauf und Konsum eines bestimmten Gutes haben. Eine niedrige Preiselastizität des Angebots bedeutet, daß die Anbieter keine lohnenswerten
Alternativen zu Produktion und Verkauf des Gutes besitzen. Sobald das Gut
besteuert wird, können die Marktteilnehmer mit den schlechteren Alternativen weniger leicht aus dem Markt gehen; sie müssen deshalb einen
größeren Teil der Steuerlast tragen.

Wer zahlt die Luxussteuer?

Fallbeispiel

Im Jahre 1990 hat der US-amerikanische Kongreß eine neue Luxussteuer
auf Güter wie Yachten, Privatflugzeuge, Pelze, Juwelen und Luxusautos
eingeführt. Das Ziel bestand darin, Staatseinnahmen von denen zu bekommen, die besonders leistungsfähig sind. Da sich nur wirklich Reiche
den Kauf extravaganter Konsumgüter leisten können, kann man die Besteuerung der Luxusgüter als den logisch schlüssigen Versuch ansehen, dem
Staat von dorther Einkünfte zu verschaffen.

   Doch nachdem die Kräfte von Angebot und Nachfrage gewirkt hatten,
waren die Ergebnisse ganz anders als vom Kongreß beabsichtigt. Nehmen
wir den Markt für Yachten als Beispiel. Die Nachfrage nach Yachten ist sehr
elastisch. Einer Millionärin fällt es recht leicht, auf den Kauf einer Yacht zu
verzichten, um – vielleicht – in ein größeres Haus zu investieren, Urlaub in
Europa zu verbringen oder den Erben mehr zu hinterlassen. Das Angebot an
Yachten ist dagegen – kurzfristig zumindest – sehr inelastisch. Yachtfa-
briken kann man nicht leicht auf andere Produkte umstellen und die Fach-
kräfte sind auch nicht scharf darauf, wegen der Marktlage bei Yachten eine
neue Berufslaufbahn einzuschlagen.

   Die Analyse erlaubt eine klare Aussage über den Fall. Bei elastischer
Nachfrage und inelastischem Angebot wird die Steuerlast weitgehend auf
die Anbieter fallen. D. h. eine Besteuerung von Yachten belastet die Her-
steller und ihre Arbeitskräfte, weil die Verkäufer am Ende einen geringeren
Preis für ihr Produkt erlösen. Die Arbeitskräfte jedoch sind nicht die
Reichen, von denen der Kongreß per Luxussteuer Einkünfte haben wollte.
Die Luxussteuer trifft also die Mittelklasse viel stärker als die Reichen.

   Die falschen Vorstellungen der Politiker über die Steuerinzidenz der
Luxussteuer wurden schnell sichtbar, als die Steuer eingeführt war. Die
Produzenten machten ihre Abgeordneten über die Härten problembewußt,
und bereits 1993 wurde die Luxussteuer fast gänzlich abgeschafft.

Zeigen Sie mit einem Angebots-Nachfrage-Diagramm, wie eine Steuerbelastung des Käufers mit DM 1.000,– pro Pkw den Autopreis und die
verkaufte Menge verändert. Zeigen Sie in einem weiteren Diagramm,
welche Auswirkungen eine Besteuerung der Verkäufer mit DM 1.000,– pro
Pkw hat. Zeigen Sie in beiden Diagrammen, wie sich der von den Käufern
bezahlte und der von den Verkäufern erlöste Preis verändert.

Schnelltest

Schlußfolgerung

Die Volkswirtschaft wird durch zweierlei Gesetze regiert: zum einen durch die Gesetze von Angebot und Nachfrage und zum anderen durch staatliche Gesetze. Wir haben in diesem Kapitel damit begonnen, das Zusammenwirken der beiden Gesetzesbereiche zu betrachten. Preiskontrollen und Steuern sind allgemein verbreitet und ihre Wirkungen werden häufig in der Presse und in der Politik diskutiert. Sogar ein klein wenig Volkswirtschaftslehre nur zum besseren Verständnis und zur Bewertung der Eingriffe ist sehr schwer zu vermitteln.

In späteren Kapiteln gehen wir bei der Analyse politischer Maßnahmen mehr in die Details. Wir werden die Steuerwirkungen vollständiger erörtern und im übrigen eine größere Anzahl politischer Maßnahmen in die Betrachtung einbeziehen. Doch die grundlegenden Erkenntnisse des vorliegenden Kapitels werden unverändert bleiben: Bei der Untersuchung politischer Maßnahmen sind Angebot und Nachfrage die vorrangigen und nützlichsten Werkzeuge.

Zusammenfassung

- Ein Höchstpreis (price ceiling) ist ein gesetzlich vorgeschriebener maximaler Preis für ein Gut (Ware oder Dienstleistung). Beispiele gibt die Mietpreisbindung. Sofern der Höchstpreis unter dem Gleichgewichtspreis liegt, übersteigt die nachgefragte Menge die angebotene Menge. Wegen der Verknappung müssen die Anbieter zusätzlich zum Marktmechanismus ein Verfahren der Rationierung unter den Nachfragern finden.
- Ein Mindestpreis (price floor) ist ein gesetzlich vorgeschriebener minimaler Preis für ein Gut (Ware oder Dienstleistung). Ein Beispiel ist der Mindestlohn. Sofern der Mindestpreis über dem Gleichgewichtspreis liegt, übersteigt die angebotene Menge die nachgefragte Menge. Wegen des Überschusses muß zusätzlich zum Marktmechanismus ein Verfahren der Rationierung unter den Anbietern angewandt werden.
- Sobald Steuern auf ein gehandeltes Gut erhoben werden, geht die Gleichgewichtsmenge des Gutes zurück. Eine Steuer reduziert also das Marktvolumen.
- Eine Steuer treibt einen Keil zwischen den vom Käufer bezahlten und den vom Verkäufer erlösten Preis. Wenn der Markt beim neuen Gleichgewicht ankommt, bezahlen die Käufer mehr für ein Gut und die Verkäufer erlösen weniger dafür. In diesem Sinne tritt eine Teilung der Steuerlast zwischen Käufern und Verkäufern ein. Die Steuerinzidenz hängt nicht davon ab, ob die Steuer vom Käufer oder vom Verkäufer bezahlt wird.
- Die Steuerinzidenz hängt von der Preiselastizität von Angebot und Nachfrage ab. Die Steuerlast fällt tendenziell stärker auf jene Seite des Marktes, die eine geringere Preiselastizität aufweist, also weniger leicht mit Mengenänderungen auf die Steuer reagieren kann.

Stichworte

Höchstpreis   Steuerinzidenz
Mindestpreis

Wiederholungsfragen

1. Nennen Sie je ein Beispiel für einen Höchstpreis und einen Mindest-preis.
2. Welcher von beiden – Höchstpreis oder Mindestpreis – verursacht eine Verknappung? Welcher einen Überschuß?
3. Erläutern Sie, warum Nationalökonomen generell gegen Preiskontrollen sind.
4. Wie unterscheiden sich eine beim Käufer und eine beim Verkäufer erhobene Steuer?
5. Wie verändert die Besteuerung eines Gutes den vom Käufer bezahlten und den vom Verkäufer erlösten Preis sowie die gehandelte Menge des Gutes?
6. Was ist ausschlaggebend dafür, wie die Steuerlast zwischen Käufern und Verkäufern geteilt wird?

Aufgaben und Anwendungen

1. Angenommen, für jeden Kasten Bier würde vom Käufer eine Steuer von DM 2,– erhoben.
   a) Zeichnen Sie das Angebots-Nachfrage-Diagramm des Bier-Marktes ohne Steuer. Zeigen Sie den vom Konsumenten bezahlten und den vom Produzenten erlösten Preis sowie die verkaufte Menge auf. Welches ist der Unterschied zwischen dem vom Konsumenten be-zahlten und dem vom Produzenten erlösten Preis?
   b) Nun zeichnen Sie bitte das Angebots-Nachfrage-Diagramm des Bier-Marktes mit der Steuer. Bestimmen Sie den vom Konsumenten bezahlten und den vom Produzenten erlösten Preis. Ist die gehan-delte Menge nun größer oder kleiner als zuvor?
2. Die Regierung steht auf dem Standpunkt, daß der Käsepreis auf dem freien Markt zu niedrig ist.
   a) Nehmen wir an, es wird ein verbindlicher Mindestpreis für den Käse-Markt vorgeschrieben. Benützen Sie ein Angebots-Nachfrage-Diagramm, um die Auswirkung der politischen Maßnahme auf Preis

und Mengen zu zeigen. Wird es zu einer Verknappung oder zu einem Überschuß an Käse kommen?

b) Landwirte beklagen sich gelegentlich darüber, daß Mindestpreise ihre Erlöse und Einkommen vermindern. Kann das sein? Erklärung?

c) Als Reaktion auf die Klagen der Landwirte kommt es dazu, daß staatliche Stellen die Überschußmengen zum Mindestpreis aufkaufen. Wer profitiert von dieser neuen politischen Maßnahme, wenn man vom zuvor eingeführten Mindestpreis aus argumentiert? Gibt es dabei auch Verlierer?

3. Angenommen, Luxusautos werden mit einer Luxussteuer in Höhe von DM 1.000,– belegt. Wird der vom Käufer bezahlte Preis um mehr oder weniger als DM 1.000,– oder um genau DM 1.000,– steigen? Begründung?

4. Die Marktforschung hat die nachfolgenden Angebots- und Nachfragekurven für Frisbee-Scheiben ermittelt:

Preis (DM/Stück)	Nachfragemenge (Stück)	Angebotsmenge (Stück)
11	1.000.000	15.000.000
10	2.000.000	12.000.000
9	4.000.000	9.000.000
8	6.000.000	6.000.000
7	8.000.000	3.000.000
6	10.000.000	1.000.000

a) Bestimmen Sie Gleichgewichtspreis und Gleichgewichtsmenge der Frisbees.

b) Den Frisbee-Produzenten gelingt es, die Regierung davon zu überzeugen, daß der Wissenschaftlereinsatz bei aerodynamischen Forschungen in der Produktion auch verteidigungspolitische Bedeutung hat und deshalb ein Mindestpreis DM 2,– über dem Gleichgewichtspreis verordnet werden muß. Welches ist der neue Marktpreis? Wieviel Stück Frisbees werden verkauft?

c) Verärgerte Schüler demonstrieren für eine Preissenkung bei Frisbee-Scheiben. Darauf hin wird der Mindestpreis abgeschafft und ein Höchstpreis DM 1,– unter dem früheren Mindestpreis eingeführt. Wie hoch sind nun die Marktpreis und verkaufte Menge?

5. Man will die Luftverschmutzung mildern und deshalb den Benzinverbrauch senken. Es kommt zu einer (neuen) Steuer von DM 2,– je Liter Benzin.

a) Soll diese Steuer den Produzenten oder den Konsumenten auferlegt werden? Klären Sie dies bitte genau anhand eines Angebots-Nachfrage-Diagramms.

b) Wäre die neue Steuer mehr oder weniger wirksam, je nachdem ob die Nachfrage nach Benzin elastischer wäre als das Angebot oder umgekehrt? Geben Sie eine Erklärung in Worten und mit einem Angebots-Nachfrage-Diagramm.

c) Wird den Benzinverbrauchern durch die neue Steuer geholfen oder geschadet? Warum?

    d) Wird den Raffineriearbeitern durch die neue Steuer geholfen oder geschadet? Warum?

6. Ein Fallbeispiel des vorliegenden Kapitels behandelt die Mindestlohnsatz-Problematik.

    a) Unterstellen wir einen Mindestlohnsatz über dem Gleichgewichtslohnsatz auf dem Markt für ungelernte Arbeitskräfte. Zeigen Sie anhand eines Angebots-Nachfrage-Diagramms für diesen Markt den Marktlohnsatz, die Anzahl der Beschäftigten und die Anzahl der Arbeitslosen. Ermitteln Sie auch die gesamten Lohnzahlungen an die Ungelernten.

    b) Eine politische Partei tritt für die Erhöhung des Mindestlohnsatzes für ungelernte Arbeitskräfte ein. Wie wären voraussichtlich die Auswirkungen auf die Beschäftigung? Hängt die Beschäftigungswirkung von der Preiselastizität der Nachfrage oder des Angebots, von beiden Elastizitäten oder von keiner der beiden Elastizitäten ab?

    c) Wie wäre die Auswirkung einer Erhöhung des Mindestlohnsatzes auf die Arbeitslosigkeit? In welcher Weise wäre die Auswirkung auf die Arbeitslosigkeit von Elastizitäten bestimmt?

    d) Die Nachfrage nach ungelernten Arbeitskräften sei annahmegemäß unelastisch. Würde die vorgeschlagene Erhöhung des Mindestlohnsatzes die an Ungelernte insgesamt bezahlten Lohnsummen erhöhen oder vermindern? Käme man im Falle elastischer Nachfrage zu einem anderen Ergebnis?

7. Es ist über einige politische Maßnahmen in den USA nachzudenken, die alle darauf ausgerichtet sind, die Zahl der Gewaltverbrechen dadurch zu senken, daß man die Verbreitung von Schußwaffen einschränkt. Zu jeder einzelnen Maßnahme skizzieren Sie bitte ein Angebots-Nachfrage-Diagramm:

    a) Besteuerung der Waffenkäufer

    b) Besteuerung der Waffenverkäufer

    c) Mindestpreis für Waffen

    d) Besteuerung der Munition

8. Es gibt staatliche Programme, die den Zigarettenmarkt beeinflussen. Medienberichte und Etikettierungsvorschriften schaffen öffentliche Aufmerksamkeit für die Gefahren des Rauchens. Zur gleichen Zeit betreibt das Landwirtschaftsministerium ein Preisstützungsprogramm für den Tabakanbau, das den Tabakpreis über den Gleichgewichtspreis anhebt.

    a) Wie verändern diese beiden Programme den Zigarettenkonsum? Verwenden Sie bei der Beantwortung eine graphische Darstellung des Zigarettenmarktes.

    b) Wie werden sich beide Programme zusammen auf den Preis von Zigaretten auswirken?

    c) Zigaretten unterliegen auch der Tabaksteuer. Wie wirkt die Tabaksteuer auf den Zigarettenkonsum?

9. Der Markt für Eintrittskarten für Symphoniekonzerte wird durch folgende Funktionen der Angebots- und Nachfragekurven beschrieben:

$$Q^S = 10.000 + 110\,P \qquad Q^D = 20.000 - 90\,P$$

a) Wie groß sind Gleichgewichtspreis und Gleichgewichtsmenge auf dem Markt für Eintrittskarten?

b) Liebhaber klassischer Musik erreichen die Vorschrift eines Höchstpreises von DM 40,– pro Eintrittskarte. Wie viele Eintrittskarten werden nun verkauft? Wird diese Maßnahme mehr oder weniger Menschen zum Besuch der Konzerte führen?

10. Die Nachfragekurve für Pizza entspricht der Gleichung $Q^D = 20 - 2P$, wobei Q^D für die Nachfragemenge und P für den Preis steht. Die Angebotskurve wird durch diese Gleichung repräsentiert: $Q^S = P - 1$. Wie wäre es, wenn nun eine Steuer von DM 3,– pro Pizza eingeführt würde? Wieviel mehr werden die Konsumenten nun für eine Pizza bezahlen?

11. Eine *Subvention* ist das Gegenteil einer Steuer. Mit einer Steuer auf Speiseeis in Höhe von DM –,50 je Kugel kassiert der Staat von jedem Käufer, mit einer Subvention für die Käufer von Speiseeis in Höhe von DM –,50 je Kugel zahlt der Staat Geld aus.

a) Zeigen Sie bitte die Auswirkungen einer Subvention in Höhe von DM –,50 auf die Nachfragekurve für Speiseeis, den von den Käufern bezahlten Preis und den von den Verkäufern erlösten Preis sowie die Gleichgewichtsmenge.

b) Haben die Konsumenten von dieser Maßnahme Vorteile oder Nachteile? Verlieren oder gewinnen die Produzenten durch die Maßnahme? Wie steht es um Vor- und Nachteile für den Staat und die Allgemeinheit?

Teil III

Angebot und Nachfrage II: Märkte und Wohlstand

Konsumenten, Produzenten und die Effizienz von Märkten

Kapitel 7

In diesem Kapitel werden Sie

- die Verknüpfung zwischen der individuellen Zahlungsbereitschaft eines Nachfragers und der Nachfragekurve analysieren,
- Definition und Messung der Konsumentenrente lernen,
- die Verknüpfung zwischen den individuellen Kosten eines Produzenten und der Angebotskurve analysieren,
- Definition und Messung der Produzentenrente lernen,
- erkennen, inwiefern Marktgleichgewichte den Wohlstand einer Gesellschaft maximieren.

Wenn die Konsumenten zu Weihnachten eine Gans kaufen, werden sie vielleicht über den hohen Preis der Weihnachtsgans erstaunt sein. Das ändert nichts daran, daß die Geflügelbauern gerne einen noch höheren Preis hätten, damit sie mehr an der mit Futter und Kosten aufgezogenen Gans verdienten. Die unterschiedlichen Betrachtungsweisen sind naheliegend: Käufer möchten stets möglichst wenig bezahlen und Verkäufer wollen möglichst viel erlösen. Doch gibt es einen »gerechten oder richtigen Preis« für Gänse vom Standpunkt der Gesellschaft aus?

In den vorangegangenen Kapiteln haben wir verstanden, wie die Marktkräfte von Angebot und Nachfrage in Marktwirtschaften die gehandelten Mengen und die Preise bestimmen. Andeutungsweise haben wir dabei bereits den Weg beschrieben, auf dem Märkte knappe Ressourcen zuteilen, ohne daß diese Frage ausdrücklich gestellt worden wäre oder die Wünschbarkeit der Marktergebnisse geklärt wurde. Wir haben eine *positive Analyse* (zum Ist-Zustand) und keine *normative Analyse* (zum Soll-Zustand) vor uns gehabt. Wir wissen, daß sich der Gleichgewichtspreis der Weihnachtsgans so einstellt, daß angebotene und nachgefragte Mengen an Weihnachtsgänsen übereinstimmen. Doch ist die zu diesem Preis produzierte und konsumierte Menge an Weihnachtsgänsen zu klein, zu groß oder gerade richtig?

In diesem Kapitel wenden wir uns der **Wohlfahrtsökonomik** zu, der Lehre davon, wie die Allokation der Ressourcen die wirtschaftliche Wohlfahrt einer Gesellschaft beeinflußt. Wir beginnen mit den Nutzen und Vorteilen, die Käufer und Verkäufer als Marktteilnehmer erlangen. Sodann überlegen wir, wie diese Vorteile in einer Gesellschaft möglichst groß werden können. Die Analyse führt zu einer grundlegenden Erkenntnis: Das Marktgleichgewicht maximiert den Gesamtnutzen, den Käufer und Verkäufer erreichen.

Wohlfahrts-ökonomik
Lehre davon, wie die Allokation der Ressourcen die wirtschaftliche Wohlfahrt beeinflußt.

Wie Sie sich noch vom Kapitel 1 her erinnern, lautet eine der *zehn volkswirtschaftlichen Regeln*, daß Märkte gewöhnlich gut sind für die Organisation des Wirtschaftslebens. Die Wohlfahrtsökonomik begründet dies näher. Sie beantwortet auch unsere Frage nach dem richtigen Preis der Weihnachtsgans: Der Preis, der angebotene und nachgefragte Mengen an Weihnachtsgänsen zur Übereinstimmung bringt, ist in dem Sinne der beste Preis, als er den Gesamtnutzen der Produzenten und Konsumenten von Weihnachtsgänsen maximiert.

Konsumentenrente

Am Anfang unserer Betrachtungen zur Wohlfahrtsökonomik schauen wir auf die Nutzen der Käufer, die sie durch ihre Marktteilnahme erlangen.

Zahlungsbereitschaft

Zahlungsbereit-schaft
Der Höchstbetrag, den ein Käufer für ein Gut zu zahlen bereit ist.

Stellen Sie sich vor, Sie wären im Besitz einer Neubearbeitung des ersten Albums von Elvis Presley. Da Sie kein Fan sind, wollen Sie das Album zu Geld machen. Eine Möglichkeit des Verkaufs besteht darin, eine Versteigerung abzuhalten.

Zur Versteigerung erscheinen vier Elvis-Fans: John, Paul, George und Ringo. Jeder möchte das Album haben, doch für jeden gibt es eine finanzielle Grenze, bis zu der er geht. Die Tabelle 7-1 zeigt die Höchstpreise für die vier potentiellen Käufer. Der Höchstpreis jedes Käufers sei seine **Zahlungsbereitschaft**. Sie drückt aus, wie hoch der Käufer das Gut bewertet. Jeder würde das Album gerne zu einem Preis unterhalb seiner maximalen Zahlungsbereitschaft kaufen, jeder würde eine Bezahlung jenseits dieser Zahlungsbereitschaft verweigern, und jeder wäre »indifferent« bei einem Preis genau in Höhe der Zahlungsbereitschaft.

Um das Album bei der Versteigerung zu verkaufen, beginnen Sie mit einem niedrigen Gebot, sagen wir DM 10,–. Da alle vier potentiellen Käufer eine viel höhere Zahlungsbereitschaft haben, wird der Preis rasch ansteigen. Die wechselweisen Gebote hören auf, sobald John DM 80,– (oder etwas mehr) bietet. An diesem Punkt steigen Paul, George und Ringo aus der Versteigerung aus, da sie nicht bereit sind, mehr als DM 80,– zu bezahlen. John zahlt DM 80,– an Sie und bekommt das Album. Sie bemerken, daß derjenige den Zuschlag für das Album bekommen hat, der ihm den höchsten Wert beimißt.

Tabelle 7-1
Zahlungsbereit-schaft von vier möglichen Käufern

Käufer	Zahlungsbereitschaft (DM)
John	100
Paul	80
George	70
Ringo	50

Welchen Nutzen hat John vom Kauf des Elvis-Presley-Albums? In einem gewissen Sinn hat John ein reelles Geschäft gemacht: Er ist bereit, DM 100,– für das Album zu bezahlen, und er bekommt es für nur DM 80,–. Wir sagen, John hat eine *Konsumentenrente* von DM 20,– empfangen. Die **Konsumentenrente** ist der Betrag, den ein Käufer für ein Gut bezahlen würde (Zahlungsbereitschaft), minus dem tatsächlich bezahlten Betrag.

Die Konsumentenrente mißt den Nutzen eines Käufers aus der Teilnahme am Marktgeschehen. Im erwähnten Beispiel bekommt John DM 20,– durch die Teilnahme an der Versteigerung, weil er nur DM 80,– für etwas bezahlt, was ihm DM 100,– wert ist. Paul, George und Ringo haben keine Konsumentenrente bekommen, da sie die Versteigerung ohne Album und ohne Bezahlung verlassen haben.

Nehmen wir nun ein etwas anderes Beispiel. Gesetzt den Fall, Sie hätten zwei gleiche Elvis-Presley-Alben zu verkaufen. Wieder würden Sie in der Versteigerung auf die vier Interessenten zugehen. Zur Vereinfachung unterstellen wir, daß beide Alben zum selben Preis verkauft werden sollen und kein Käufer mehr als ein Album haben möchte. Deshalb steigt der Preis solange an, bis zwei Bieter übrig geblieben sind.

In diesem Falle hören die Gebote auf, sobald John und Paul DM 70,– (oder geringfügig mehr) bieten. Bei diesem Preis sind beide – John und Paul – glücklich darüber, ein Album zu bekommen, und George und Ringo wollen nicht höher bieten. John und Paul beziehen eine Konsumentenrente gleich ihrer Zahlungsbereitschaft minus dem tatsächlichen Preis. Johns Konsumentenrente beträgt DM 30,– und Pauls DM 10,–. Die Konsumentenrente von John ist nun höher als zuvor, da er das Album billiger bekommt. Die gesamte Konsumentenrente auf dem Markt beträgt DM 40,–.

Messung der Konsumentenrente mit der Nachfragekurve

Die Konsumentenrente ist eng mit der Nachfragekurve eines Gutes verknüpft. Um diesen Zusammenhang zu erläutern, führen wir das Fallbeispiel mit einer Betrachtung der Nachfragekurve für das seltene Elvis-Presley-Album fort.

Wir setzen bei der Zahlungsbereitschaft der vier potentiellen Käufer an, um die Nachfragekurve abzuleiten. Die Tabelle 7-2 zeigt die in Schaubild 7-1 gezeichnete Nachfragekurve. Wenn der Preis über DM 100,– liegt, beträgt die Nachfragemenge 0, weil niemand mehr zum Kauf bereit ist. Liegt der Preis zwischen DM 80,– und DM 100,–, so wird 1 Stück nachgefragt, da nur John so einen hohen Preis zu zahlen bereit ist. Bei einem Preis zwischen DM 70,– und DM 80,– werden 2 Alben nachgefragt, da sowohl John als auch Paul Kauf- oder Zahlungsbereitschaft zeigen. Wir könnten diese Betrachtung auch auf andere Preise ausdehnen. Auf diese Weise wird die Nachfragekurve aus der Zahlungsbereitschaft der vier möglichen Käufer abgeleitet.

Der Kurvenzug des Schaubilds 7-1 ist die Nachfragekurve gemäß Tabelle 7-2. Beachten Sie die Beziehung zwischen der Höhe der Kurvenpunkte und der Zahlungsbereitschaft der Nachfrager. Der Preis der Nachfragekurve

Konsumentenrente
Zahlungsbereitschaft (persönlicher Höchstpreis) des Käufers minus tatsächlich bezahlter Preis.

Tabelle 7-2
Nachfrage der vier
Käufer von Tabelle
7-1

Preis (DM)	Käufer	Nachfragemenge (Stück)
Mehr als 100	Niemand	0
80–100	John	1
70–80	John, Paul	2
50–70	John, Paul, George	3
Weniger als 70	John, Paul, George, Ringo	4

Schaubild 7-1
Die Nachfragekurve.
Der Kurvenzug stellt
die Nachfragekurve
gemäß Tabelle 7-2
dar. Die abgetrage-
nen Höhen zeigen
die Zahlungsbereit-
schaft der Käufer.

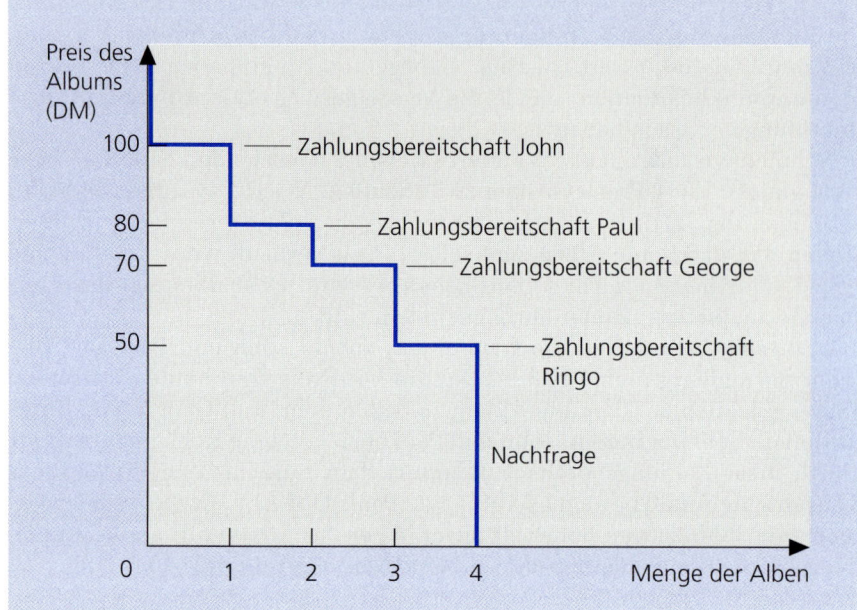

gibt zu jeder Menge die Zahlungsbereitschaft des *Grenznachfragers* an, des Nachfragers also, der den Markt bei einem noch höheren Preis als erster verlassen würde. Zu einer Menge von vier Alben gehört z.B. die Höhe DM 50,–, der Preis, den Ringo (der Grenznachfrager) für ein Album bezahlen möchte. Bei einer Menge von drei Stück hat die Nachfragekurve eine Höhe von DM 70,–. Dies ist der Preis, den George (nun der Grenznachfrager) bezahlen will.

Da die Nachfragekurve die Zahlungsbereitschaft der Nachfrager spiegelt, können wir sie zur Messung der Konsumentenrente heranziehen. Das Schaubild 7-2 ermittelt die Konsumentenrente mit der Nachfragekurve des Beispiels. Im Diagramm (a) ist der Preis DM 80,– (oder ein bißchen mehr) und die nachgefragte Menge 1 Stück. Das Flächenstück oberhalb des Preises und unterhalb der Kurve macht DM 20,– aus. Dies ist genau der Betrag der Konsumentenrente, den wir weiter oben schon berechnet haben.

Das Diagramm (b) des Schaubildes 7-2 zeigt die Konsumentenrente für einen Preis von DM 70,– (oder darüber). In diesem Fall setzt sich die Fläche oberhalb DM 70,– und unterhalb der Kurve aus zwei Rechtecken zusammen: Die Konsumentenrente von John beträgt DM 30,–, die von Paul DM

10,–. Insgesamt mißt die markierte Fläche DM 40,–. Wiederum stimmt das Ergebnis mit den früheren Berechnungen überein.

Die Lehre aus diesem Beispiel gilt für alle Nachfragekurven: *Der Bereich*

a) Preis = DM 80,–

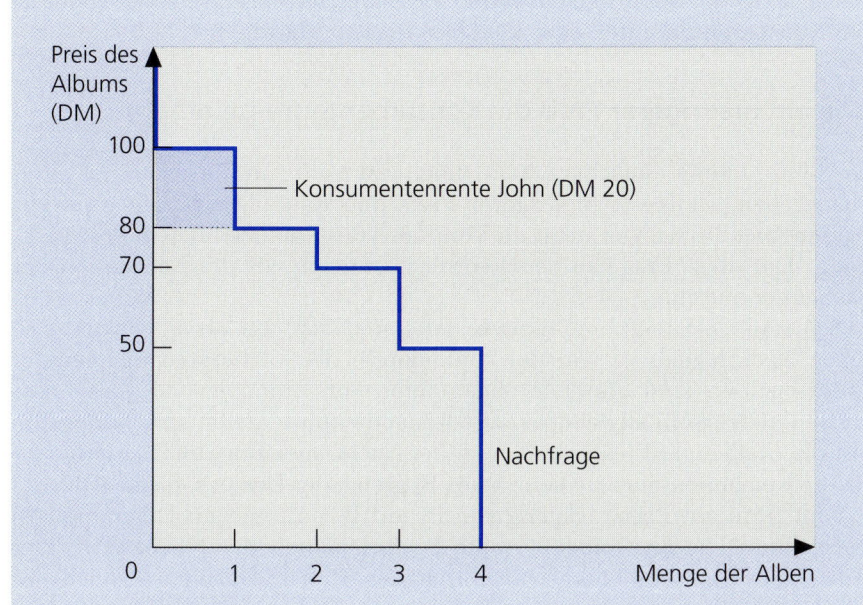

b) Preis = DM 70,–

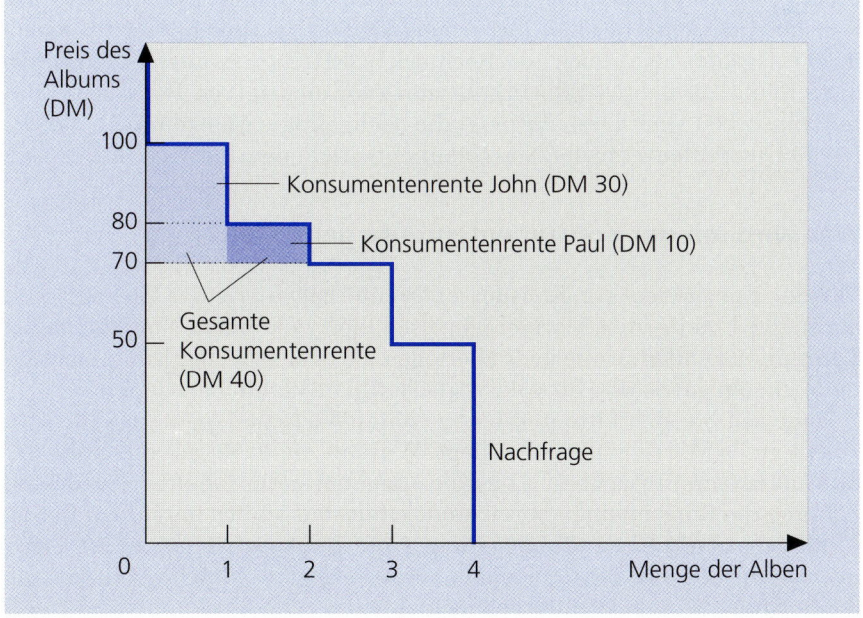

Schaubild 7-2
Messung der Konsumentenrente mit der Nachfragekurve. Im Diagramm (a) ist der Preis DM 80,– und die Konsumentenrente DM 20,–. Im Diagramm (b) beträgt der Preis des Gutes DM 70,– und die Konsumentenrente DM 40,–

unterhalb der Kurve und oberhalb des Preises mißt die Konsumentenrente eines Marktes. Der Grund liegt darin, daß die Höhe der Kurvenpunkte die Bewertung des Gutes durch die potentiellen Käufer ausdrückt (Zahlungsbereitschaft). Der Unterschiedsbetrag zwischen Zahlungsbereitschaft und Marktpreis ist die Konsumentenrente jedes Käufers. Somit ist die Gesamtfläche unter der Nachfragekurve und oberhalb des Marktpreises die Summe der Konsumentenrenten aller Käufer in diesem Markt.

Wie ein niedrigerer Preis die Konsumentenrente erhöht

Da Käufer immer danach trachten, möglichst wenig für die gekauften Güter auszugeben, stellt ein niedrigerer Preis den Käufer eines Gutes jeweils besser. Aber um wieviel steigt die Wohlfahrt des Käufers mit dem Preisrückgang? Um diese Frage zu beantworten, benützen wir die Konzeption der Konsumentenrente.

Schaubild 7-3 zeigt eine typische fallende Nachfragekurve. Obwohl sich diese Nachfragekurve von der Stufenkurve der vorherigen Schaubilder unterscheidet, sind die eben abgeleiteten Vorstellungen und Vorgehensweisen gleichwohl anwendbar: Die Konsumentenrente entspricht der Fläche oberhalb eines Preises und unter der Nachfragekurve. Im Diagramm (a) ist die Konsumentenrente beim Preis P_1 gleich der Dreiecksfläche ABC.

Nun trete ein Preisrückgang von P_1 auf P_2 ein, wie im Diagramm (b) gezeichnet. Die Konsumentenrente entspricht nun der Fläche ADF. Der Anstieg der Konsumentenrente durch den Preisrückgang ist gleich der Fläche BCFD.

Dieser Anstieg der Konsumentenrente setzt sich aus zwei Teilen zusammen. Erstens einmal sind die bisherigen Käufer des Gutes Q_1 beim Preis P_1 nun durch den niedrigeren Preis besser daran. Der Zuwachs der Konsumentenrente bei den bisherigen Käufern ist gleich dem Rückgang ihrer Ausgaben, also gleich dem Rechteck BCED. Zum zweiten treten einige neue Käufer in den Markt ein, die nun zum niedrigeren Preis kauf- und zahlungsbereit sind. Deshalb steigt die nachgefragte Menge von Q_1 auf Q_2. Die Konsumentenrente der Newcomer entspricht dem Dreieck CEF.

Was wird mit der Konsumentenrente gemessen?

Mit der Konzeption der Konsumentenrente haben wir das Ziel verfolgt, normative Urteile über Marktergebnisse fällen zu können. Nun, da Sie die Konzeption kennen, wollen wir überlegen, ob es sich bei der Konsumentenrente um ein gutes Maß für volkswirtschaftliche Wohlfahrt handelt.

Versetzen Sie sich bitte in die Lage eines Wirtschaftspolitikers, dem an einem guten Wirtschaftssystem liegt. Würden Sie dabei auf die Höhe der Konsumentenrente achten? Die Konsumentenrente – Betrag, zu dessen Zahlung die Konsumenten bereit sind, minus tatsächlich bezahltem Betrag – mißt den Nutzen der Käufer eines Gutes, *so wie sie ihn selbst wahrnehmen*. Insofern ist die Konsumentenrente ein gutes Maß für Politiker, die Käuferpräferenzen respektieren möchten.

Vielleicht wollen sich die Wirtschaftspolitiker bei einigen Maßnahmen nicht nach der Konsumentenrente richten, weil sie die Motive und Antriebskräfte der Käufer nicht zur Richtschnur nehmen möchten. Drogenab-

a) Konsumentenrente beim Preis P$_1$

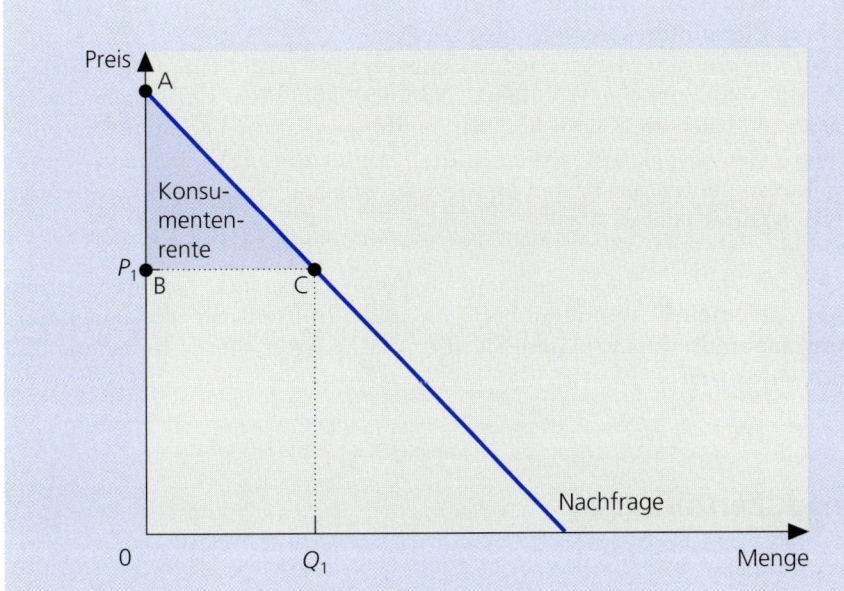

b) Konsumentenrente beim Preis P$_2$

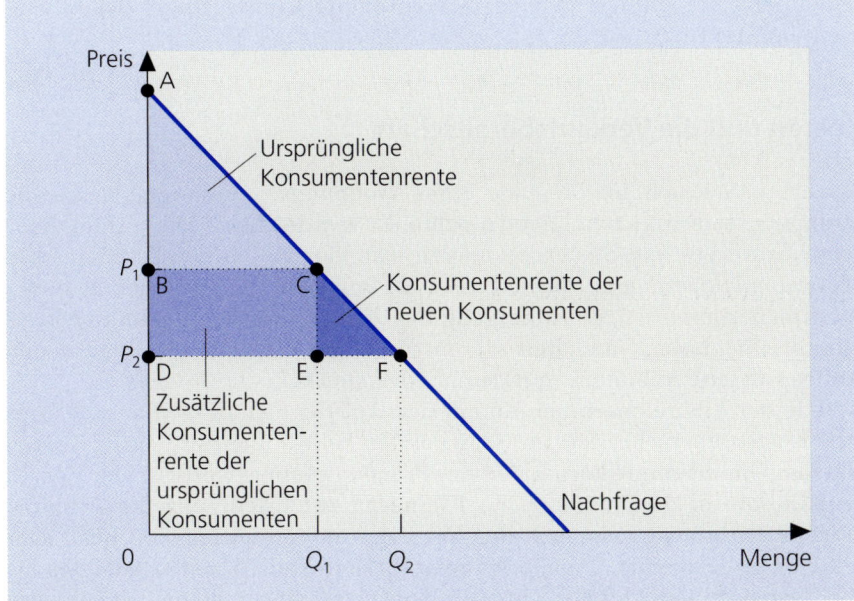

Schaubild 7-3
Wie der Preis die Konsumentenrente beeinflußt. Im Diagramm (a) wird zum Preis P$_1$ die Menge Q$_1$ nachgefragt. Die Konsumentenrente entspricht der Dreiecksfläche ABC. Wenn der Preis – wie in Diagramm (b) – von P$_1$ auf P$_2$ fällt und die Nachfragemenge von Q$_1$ auf Q$_2$ ansteigt, wächst die Konsumentenrente nun bis zur Dreiecksfläche ADF an. Der Zuwachs der Konsumentenrente (BCFD) ist teilweise den bisherigen Konsumenten wegen der geringeren Preise (BCED) und teilweise den neuen Konsumenten im Markt (CEF) zuzurechnen.

hängige wären z.B. bereit, einen hohen Preis für Heroin zu bezahlen. Dennoch würde man nicht sagen, daß Drogenabhängige einen großen Nutzen dadurch bekommen, daß sie billig zu Heroin kommen (obwohl das die Abhängigen selbst wohl so sehen würden). Vom Standpunkt der Gesellschaft aus ist Zahlungsbereitschaft in diesem Falle kein guter Maßstab für den Käufernutzen, und die Konsumentenrente ist folglich kein gutes Maß für ökonomische Wohlfahrt, da die Abhängigen ja nur unzulänglich die wahren Eigeninteressen verfolgen können.

Auf den meisten Märkten jedoch spiegelt die Konsumentenrente tatsächlich die ökonomische Wohlfahrt. Nationalökonomen setzen gewöhnlich voraus, daß sich die Käufer bei Entscheidungen rational verhalten und ihre Präferenzen respektiert werden sollten. Unter diesen Umständen können die Konsumenten am besten beurteilen, welchen Nutzen sie von den gekauften Gütern haben.

Schnelltest   Zeichnen Sie eine Nachfragekurve für Weihnachtsgänse. Nehmen Sie beispielhaft einen bestimmten Preis an und ermitteln Sie die zugehörige Konsumentenrente. Erklären Sie die Aussagekraft dieser Konsumentenrente in Worten.

Produzentenrente

Nun wenden wir uns der anderen Seite des Marktes zu und betrachten die Nutzen der Verkäufer aus der Teilnahme am Marktgeschehen. Wie Sie gleich sehen werden, ist die Analyse der Wohlfahrtswirkungen für die Verkäufer ganz ähnlich angelegt wie zuvor die Untersuchung der Konsumentenrenten.

Kosten und die Verkaufsbereitschaft

Versetzen Sie sich in die Lage eines Wohnungseigentümers, der seine Wohnung neue streichen lassen möchte. Er wendet sich – ungeachtet deutscher Gewerbe- und Steuerregelungen – an vier potentielle Verkäufer von Malerdienstleistungen: Maria, Luise, Georgine und Großmutter. Jede der Anstreicherinnen ist zur Erledigung des Auftrages bereit, wenn der Preis stimmt. Sie holen von allen vieren Angebote ein und versteigern den Auftrag an jene Anbieterin mit dem niedrigsten Preis.

Kosten
Wert von allem, worauf ein Unternehmer bei der Herstellung eines Gutes verzichten muß (Geldwert der Faktoreinsätze).

Jede der Anstreicherinnen nimmt den Auftrag dann an, wenn der Preis ihre Kosten überschreitet. Im vorliegenden Falle sollte der Begriff **Kosten** mit den Opportunitätskosten der vier Frauen definiert werden: Der Begriff enthält sowohl die Ausgaben für Kleinzeug zur Erledigung der Arbeiten (Pinsel, Farbe usw.) als auch den Wert der aufgewandten Zeit nach subjektiver Einschätzung. Tabelle 7-3 zeigt diese Kosten für jeden Anbieter. Da die Kosten für jede der vier potentiellen Anstreicherinnen die Untergrenze des akzeptablen Preises markieren, sind die Kosten ein Maß für die Verkaufsbereitschaft der Dienste. Jede der vier Frauen würde ihre Anstreicherdienste gerne zu einem Preis über dem Kostenniveau verkaufen. Unter dem Kostenniveau würde ein Verkauf der Dienste verweigert. Bei einem Preis gleich den Kosten wäre man indifferent.

Verkäufer	Kosten (DM)
Maria	900
Luise	800
Georgine	600
Großmutter	500

Tabelle 7-3
Die Kosten der vier potentiellen Verkäufer

Die Versteigerung mag bei einem hohen Gebot beginnen, doch der Preis wird im Verlauf rasch fallen. Sobald die Großmutter DM 600,– (oder ein bißchen weniger) geboten hat, ist sie als einzige übrig. Die Großmutter wird den Auftrag gerne übernehmen, denn ihre Kosten betragen nur DM 500,–. Maria, Luise und Georgine machen es nicht für weniger als DM 600,–. Bemerkenswert ist, daß der Auftrag an jene Person geht, die zu den geringsten Kosten arbeiten kann.

Welchen Nutzen zieht die Großmutter aus diesem Auftrag? Da Sie den Auftrag für DM 500,– übernehmen würde, aber DM 600,– bekommt, hat sie – wie man sagt – eine *Produzentenrente* von DM 100,–. Die **Produzentenrente** ist der an den Verkäufer bezahlte Verkaufspreis minus Produktionskosten. Die Produzentenrente mißt den Nutzen eines Verkäufers aus seiner Teilnahme am Marktgeschehen.

Produzentenrente
Verkaufspreis minus Kosten eines Gutes.

Nun verändern wir das Beispiel ein wenig. Nehmen wir an, Sie hätten zwei renovierungsbedürftige Wohnungen. Wieder versteigern Sie die beiden Aufträge unter den vier Anstreicherinnen. Zur Vereinfachung nehmen wir an, daß keine der Frauen beide Wohungen streichen kann und für jeden Wohnungsanstrich der gleiche Preis bezahlt wird. Deshalb fällt der Preis in der Versteigerung so lange, bis zwei Bieter übrig bleiben.

Im vorliegenden Falle endet die Versteigerung, wenn Georgine und Großmutter für den Auftrag DM 800,– (oder ein bißchen weniger) bieten. Bei diesem Preis sind Georgine und Großmutter zur Arbeit bereit, Maria und Luise ziehen nicht mehr mit. Bei einem Preis von DM 800,– hat Großmutter eine Produzentenrente von DM 300,– und Georgine eine Produzentenrente von DM 200,–. Die gesamte Produzentenrente aller Anbieter in diesem Markt beträgt DM 500,–.

Messung der Produzentenrente mit der Angebotskurve

Ebenso wie die Konsumentenrente in enger Beziehung zur Nachfragekurve steht, ist die Produzentenrente eng mit der Angebotskurve verknüpft. Wie – das wollen wir anhand unseres Beispiels sehen.

Wir beginnen mit den Kosten der vier Anstreicherinnen, um damit die Angebotstabelle 7-4 aufzustellen und die zugehörige Angebotskurve nach

Tabelle 7-4
Das Angebot der
vier potentiellen
Verkäufer nach
Tabelle 7-3

Preis (DM)	Anbieter	Angebotsmenge (Stück)
900 oder mehr	Maria, Luise, Georgine, Großmutter	4
800 bis 900	Luise, Georgine, Großmutter	3
600 bis 800	Georgine, Großmutter	2
500 bis 600	Großmutter	1
Weniger als 500	Niemand	0

Schaubild 7-4 zu zeichnen. Wenn der Preis unter DM 500,– liegt, ist niemand zur Übernahme des Auftrags bereit, die Angebotsmenge ist 0. Liegt der Preis zwischen DM 500,– und DM 600,–, so wird nur die Großmutter arbeitswillig sein und die Angebotsmenge liegt bei 1. Bei einem Preis zwischen DM 600,– und DM 800,– bieten sowohl die Großmutter als auch Georgine an, die Angebotsmenge für den Auftrag beträgt 2 – und so fort. So also wird die Angebotskurve aus den Kosten der vier Anstreicher abgeleitet.

Die zur Tabelle 7-4 passende Angebotskurve ist in Schaubild 7-4 gezeichnet. Man beachte wiederum, daß die Höhe der Kurve mit den Kosten der

Schaubild 7-4
Die Angebotskurve.
Der Kurvenzug stellt
die Angebotskurve
gemäß Tabelle 7-4
dar. Die Höhe der
Kurvenpunkte ent-
spricht den Kosten
der Anbieter.

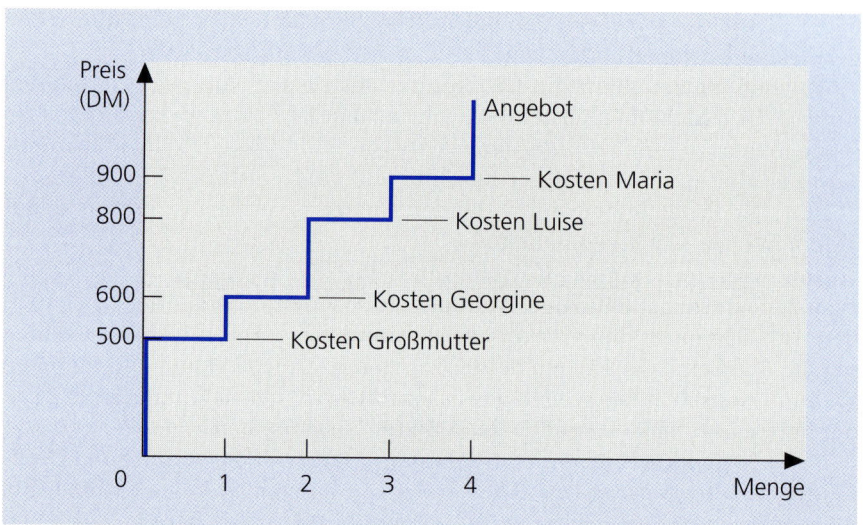

Anbieter korrespondiert. Bei jeder beliebigen Angebotsmenge zeigt der Preis auf der Angebotskurve die Kosten des *Grenzanbieters*, des potentiellen Verkäufers also, der bei einem noch niedrigeren Preis als erster den Markt verlassen würde. Bei 4 durch die Anstreicher zu richtenden Wohnungen hat die Angebotskurve z. B. die Höhe von DM 900,–, das sind die Kosten von Maria (Grenzanbieterin), die diese beim Verkauf ihrer Anstreicherdienste hereinbringen muß. Bei 3 hat die Kurve eine Höhe von DM 800,–, den Kosten von Luise entsprechend, die nun Grenzanbieterin ist.

Da die Angebotskurve die Kosten der Anbieter spiegelt, kann man sie zur Bestimmung der Produzentenrente heranziehen. Die Produzentenrente unseres Beispiels wird in Schaubild 7-5 ermittelt. Im Diagramm (a) wird ein Preis von DM 600,– unterstellt. In diesem Falle beträgt die Angebotsmenge

1 Stück. Das Flächenstück unter dem Preis und über der Kurve ist gleich DM 100,–. Der Betrag entspricht genau der zuvor für die Großmutter berechneten Produzentenrente.

Das Diagramm (b) des Schaubilds 7-5 weist die Produzentenrente beim Preis von DM 800,– aus. Der Bereich unter dem Preis und oberhalb der Angebotskurve entspricht in diesem Falle der Fläche zweier Rechtecke. Der Betrag von DM 500,– gleicht genau der Produzentenrente, die zuvor für Georgine und Großmutter beim Malern zweier Wohnungen ausgerechnet wurde.

a) Preis = 600 DM

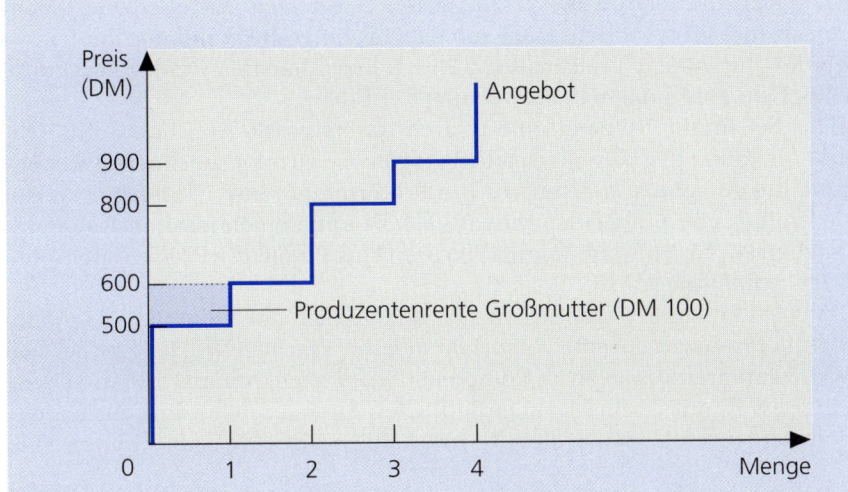

Schaubild 7-5
Messung der Produzentenrente mit der Angebotskurve. Im Diagramm (a) ist der Preis des Gutes DM 600,– und die Produzentenrente DM 100,–. Im Diagramm (b) beläuft sich der Preis auf DM 800,–, die Produzentenrente beträgt DM 500,–.

b) Preis = 800 DM

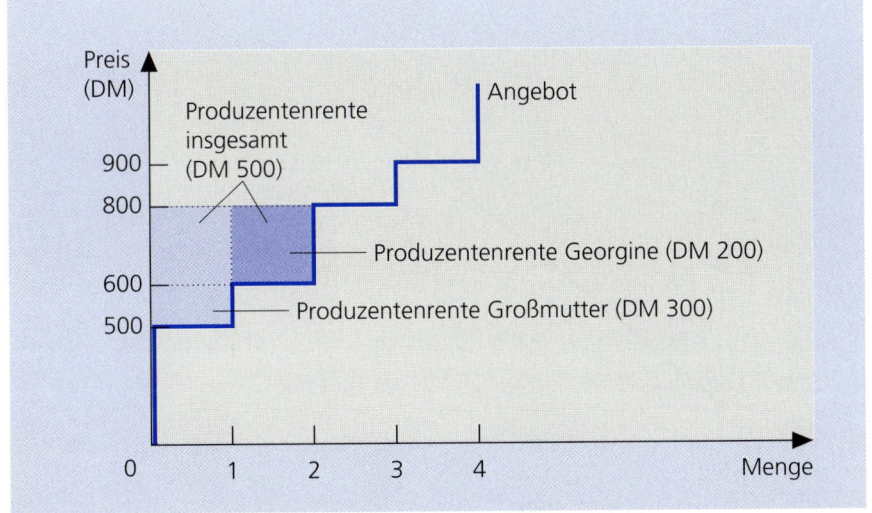

Die Lehre aus dem Beispiel gilt für alle Angebotskurven: *Der Bereich unterhalb eines Preises und oberhalb der Angebotskurve mißt die Produzentenrente eines Marktes.* Der Grund liegt darin, daß die Höhe der Angebotskurve die Kosten mißt und die Differenz zwischen Preis und Produktionskosten jeweils die Produzentenrente darstellt. So ist die gesamte Fläche die Summe aller Produzentenrenten des Marktes.

Wie ein höherer Preis die Produzentenrente steigert

Sie werden nicht überrascht sein, wenn Sie zum wiederholten Male erfahren, daß Unternehmer die produzierten Güter stets zu möglichst hohen Preisen verkaufen wollen. Doch um wieviel steigt die Wohlfahrt der Unternehmer mit einem Preisanstieg? Die Konzeption der Produzentenrente ermöglicht eine genaue Beantwortung der Frage.

Das Schaubild 7-6 zeigt eine typische ansteigende Angebotskurve. Obwohl die Kurve der Form nach anders ist als die zuvor gezeichnete Treppenkurve des Angebots, messen wir die Produzentenrente in gleicher Weise: Die Produzentenrente entspricht der Fläche unter einem Preis und über der Angebotskurve. Im Diagramm (a) ist der Preis P_1 und die Produzentenrente gleich dem Dreieck ABC.

Was bei einem Preisanstieg von P_1 auf P_2 geschieht, zeigt das Diagramm (b). Die Produzentenrente entspricht nun der Fläche ADF. Der Zuwachs an Produzentenrente hat zwei Komponenten. Erstens einmal erhalten jene bisher bei P_1 mit Q_1 im Markt befindlichen Anbieter mehr. Ihre zusätzliche Produzentenrente gleicht der Rechtecksfläche BCED. Zum zweiten sind

Schaubild 7-6
Wie der Preis die Produzentenrente verändert. Im Diagramm (a) ist der Preis P_1, die angebotene Menge Q_1 und die Produzentenrente gleich der Dreiecksfläche ABC. Wenn der Preis – wie in Diagramm (b) – von P_1 auf P_2 steigt, erhöht sich die Angebotsmenge von Q_1 auf Q_2, und die Produzentenrente wächst auf die Fläche ADF an. Der Zuwachs an Produzentenrente (BCFD) ist teils auf eine Erhöhung bei den bisherigen Anbietern (BCED) und teils auf die Newcomer-Rente beim höheren Preis zurückzuführen (CEF).

a) Produzentenrente beim Preis P_1

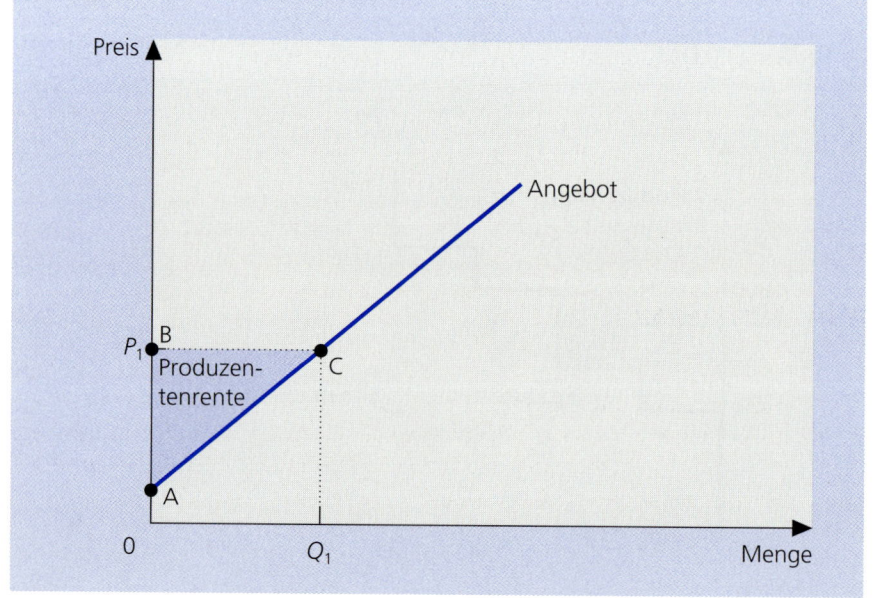

b) Produzentenrente beim Preis P_2

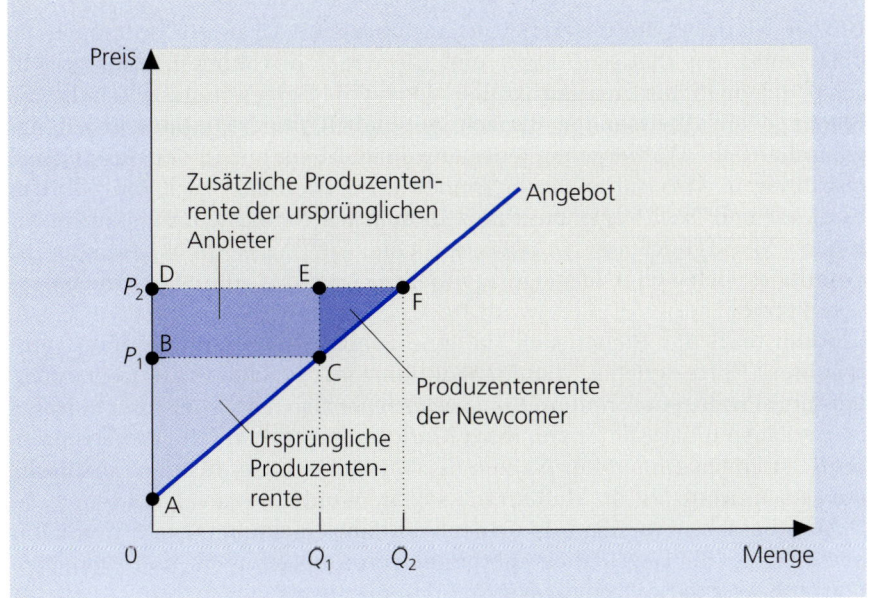

zum höheren Preis neue Anbieter für die zusätzliche Menge von Q_1 zu Q_2 aufgetreten. Die Produzentenrente der Newcomer entspricht der Dreiecksfläche CEF.

Wir verwenden die Produzentenrente in analoger Weise zur Messung der Wohlfahrt der Produzenten wie wir die Konsumentenrente zur Wohlfahrtsmessung für die Konsumenten herangezogen haben. Da sich die Konzeptionen so sehr gleichen, ist es naheliegend, sie gemeinsam zu verwenden. Genau das geschieht im nachfolgenden Abschnitt.

Zeichnen Sie bitte eine Angebotskurve für Weihnachtsgänse. Markieren Sie **Schnelltest** einen Preis und zeigen Sie dafür die Produzentenrente. Erklären Sie die Produzentenrente bitte in Worten näher.

Markteffizienz

Konsumentenrente und Produzentenrente sind die Grundwerkzeuge der Nationalökonomen, um die Wohlfahrt von Käufern und Verkäufern auf Märkten zu untersuchen. Die Werkzeuge helfen uns bei der Behandlung einer wichtigen Frage: Ist die Allokation der Ressourcen, so wie sie durch freie Märkte geschieht, letztlich wünschenswert?

Der wohlmeinende gesellschaftliche Planer

Um die Marktergebnisse zu bewerten, führen wir in unsere Untersuchung eine neue, hypothetische Figur ein, die wir den wohlmeinenden gesellschaftlichen Planer nennen wollen. Der wohlmeinende gesellschaftliche Planer sei ein allwissender, allmächtiger und allgütiger Diktator. Er will das wirtschaftliche Wohlergehen jedes einzelnen Menschen in der Gesellschaft maximieren. Was sollte dieser Planer Ihrer Meinung nach tun? Soll er Anbieter und Nachfrager ungestört in dem per Selbststeuerung zu erwartenden Marktgleichgewicht belassen? Oder vermag er die wirtschaftliche Wohlfahrt noch weiter zu steigern, indem er irgendwie die Marktergebnisse verändert?

Vorab muß der Planer sich für eine Meßmethode der Wohlfahrt entscheiden. Ein mögliches Maß für Wohlfahrt ist die Summe der Konsumenten- und Produzentenrenten, die *Gesamtrente* also. Die Konsumentenrente ist der Nutzen der Käufer von ihrer Marktteilnahme, und die Produzentenrente ist entsprechend der Nutzen der Verkäufer. Es ist insofern schlüssig, die Gesamtrente als ein Maß für die soziale Wohlfahrt zu verwenden.

Zum besseren Verständnis dieser Wohlfahrtsmessung erinnern wir uns nochmals an die Begriffsbestimmungen von Konsumenten- und Produzentenrente. Wir definieren die Konsumentenrente als

Güterwert für die Käufer – Bezahlung durch die Käufer.

Entsprechend definieren wir die Produzentenrente als

Empfangene Bezahlung der Verkäufer – Kosten der Verkäufer.

Wenn wir Konsumenten- und Produzentenrente zusammenzählen, erhalten wir

Gesamtrente = Güterwert für die Käufer – Bezahlung durch die Käufer
+ Empfangene Bezahlung der Verkäufer – Kosten der Verkäufer.

Die von den Käufern an die Verkäufer bezahlten Beträge und die von den Verkäufern von den Käufern empfangenen Zahlungen sind selbstverständlich gleich. Man kann beide Größen gegeneinander aufrechnen und in der Definition der Gesamtrente wegstreichen. Als Ergebnis können wir die Summe der Renten so schreiben:

Gesamtrente = Güterwert für die Käufer – Kosten der Verkäufer

Die Gesamtrente aus dem Markt entspricht dem subjektiven Güterwert für die Käufer, gemessen als Zahlungsbereitschaft, minus den Kosten der Verkäufer für die Bereitstellung der Güter.

Effizienz
Eigenschaft einer bestimmten Ressourcenallokation, die Wohlfahrt aller Mitglieder der Gesellschaft zu maximieren.

Sofern eine Allokation der Ressourcen die Gesamtheit der Renten maximiert, zeichnet sich diese Allokation durch **Effizienz** aus. Ist eine Allokation nicht effizient, so werden einige Handelsvorteile zwischen Käufern und Verkäufern nicht verwertet. So ist eine Allokation z.B. ineffizient, wenn ein Gut nicht zu den geringstmöglichen Kosten produziert wird. In diesem Falle würde eine Verlagerung der Produktion vom Hochkosten-Produzenten zum Niedrigkosten-Produzenten die Gesamtkosten der Produzenten senken und die Gesamtrenten der Gesellschaft steigern. Ein anderes Beispiel für Ineffizienz liegt dann vor, wenn ein Gut nicht von den Käufern mit der höchsten Wertschätzung und Zahlungsbereitschaft konsumiert wird. Die Gesamtrenten der Gesellschaft würden steigen, wenn man den Konsum vom Niedrigbewertungs-Käufer zum Hochbewertungs-Käufer verlagern könnte.

Zusätzlich zur Effizienz würde der gesellschaftliche Planer vielleicht auch die **Gerechtigkeit** mit heranziehen – die Fairneß der Wohlfahrtsverteilung unter Käufern und Verkäufern. Im Wesentlichen sind die Handelsvorteile in einem Markt wie ein Kuchen, der unter den Marktteilnehmern aufgeteilt wird. Die Kernfrage der Effizienz richtet sich darauf, ob der Kuchen so groß wie möglich ist. Die Kernfrage der Gerechtigkeit dagegen richtet sich darauf, ob der Kuchen fair geteilt wird. Es ist schwieriger, die Gerechtigkeit als die Effizienz von Marktergebnissen zu beurteilen. Während die Effizienz ein objektives Ziel darstellt, das man durch eine positive Analyse untersuchen kann, schließt Gerechtigkeit normative Wertungen ein, die außerhalb der Ökonomik liegen und in den Bereich der Sozialphilosophie hinein reichen.

Wir konzentrieren uns im vorliegenden Abschnitt auf die Effizienz als Ziel des gesellschaftlichen Planers. Denken Sie aber daran, daß die Politiker im wirklichen Leben ebenso oft Gerechtigkeit anstreben. Sie sorgen sich also sowohl um die Größe des Kuchens als auch um die Stückelung und Verteilung des Kuchens auf die Mitglieder der Gesellschaft.

Gerechtigkeit
Fairneß der Wohlfahrtsverteilung unter den Mitgliedern der Gesellschaft.

Bewertung des Marktgleichgewichts

Das Schaubild 7-7 zeigt Konsumentenrente und Produzentenrente für den Zustand des Marktgleichgewichts. Sie erinnern sich, daß die Konsumentenrente dem Flächenstück oberhalb des Preises und unter der Nachfragekurve, die Produzentenrente dem Flächenstück unterhalb des Preises und

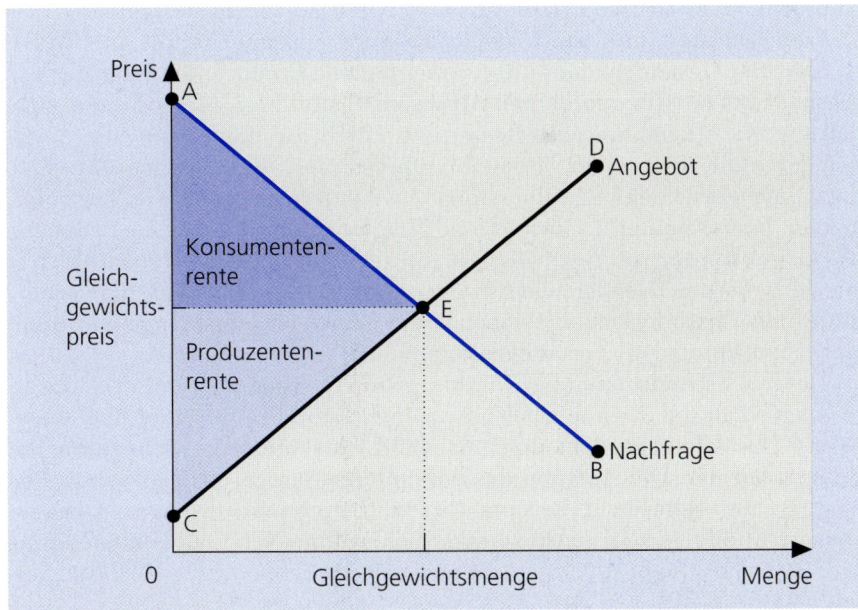

Schaubild 7-7
Konsumentenrente und Produzentenrente im Marktgleichgewicht. Die Gesamtrente – die Summe aus Konsumenten- und Produzentenrente – entspricht der Fläche zwischen der Angebots- und der Nachfragekurve bis hin zur Gleichgewichtsmenge.

über der Angebotskurve entspricht. Somit repräsentiert der Bereich zwischen Angebots- und Nachfragekurve bis zum Gleichgewichtspunkt die Gesamtrente aus dem Markt.

Ist diese *Allokation der Ressourcen* im Marktgleichgewicht effizient? Maximiert diese Allokation die Summe aller Renten? Bei der Beantwortung dieser Fragen muß man zunächst einmal sehen, daß der Preis im Marktgleichgewicht darüber entscheidet, welche Käufer und welche Verkäufer zum Zuge kommen und partizipieren. Jene Käufer, die das Gut mit mehr als dem zu bezahlenden (Gleichgewichts-) Preis bewerten (dargestellt durch den Abschnitt AE der Nachfragekurve), entscheiden sich für den Kauf; jene Käufer, die es mit weniger als dem Preis bewerten (dargestellt durch den Abschnitt EB), kaufen nicht. Auf der anderen Seite werden Verkäufer, deren Kosten niedriger sind als der zu bezahlende Preis (dargestellt durch den Abschnitt CE auf der Angebotskurve), das Gut herstellen und verkaufen; jene Anbieter, deren Kosten über dem Preis liegen (dargestellt durch den Abschnitt ED), werden es nicht tun.

Damit kommen wir zu zwei Erkenntnissen über Marktergebnisse:
1. Freie Märkte teilen das Güterangebot jenen Käufern zu, die es – gemessen an der Zahlungsbereitschaft – am höchsten schätzen und bewerten.
2. Freie Märkte teilen die Güternachfrage jenen Verkäufern zu, die zur Produktion mit den niedrigsten Kosten in der Lage sind.

So kann die im Marktgleichgewicht produzierte und verkaufte Menge vom gesellschaftlichen Planer nicht in der Weise durch Umverteilung unter Anbietern und Nachfragern verändert werden, daß die Wohlfahrt größer würde.

Doch kann der gesellschaftliche Planer die Gesamtwohlfahrt dadurch steigern, daß er die Gütermenge erhöht oder vermindert? Die Antwort ist Nein, wie in der dritten Erkenntnis über Marktergebnisse festgehalten:
3. Freie Märkte führen zur Produktion jener Gütermenge, die zum Maximum der Gesamtrente der Konsumenten und Produzenten führt.

Weshalb das zutrifft, entnehmen wir dem Schaubild 7-8. Man erinnere sich, daß die Nachfragekurve die Bewertung durch die Käufer und die Angebotskurve die Kosten der Verkäufer repräsentiert. Bei Mengen unterhalb der Gleichgewichtsmenge übersteigt die Käuferbewertung die Verkäuferkosten. In diesem Bereich bringt eine Steigerung der Menge eine Erhöhung der Gesamtrente, und zwar solange, bis die Gleichgewichtsmenge erreicht ist. Jenseits der Gleichgewichtsmenge jedoch liegt die Käuferbewertung unter den Verkäuferkosten. Mehr als die Gleichgewichtsmenge zu produzieren, würde also die Gesamtrente mindern.

Die drei Erkenntnisse über Marktergebnisse sagen uns, daß das Marktgleichgewicht die Summe aus Konsumenten- und Produzentenrente maximiert. Das Gleichgewichtsergebnis stellt eine effiziente Allokation der Ressourcen dar. Die Aufgabe des wohlmeinenden gesellschaftlichen Planers ist somit sehr leicht: Er kann die Marktergebnisse unverändert lassen. Diese Schlußfolgerung macht verständlich, warum Nationalökonomen freie Märkte oft als die beste Organisationsform für ökonomische Aktivität verteidigen.

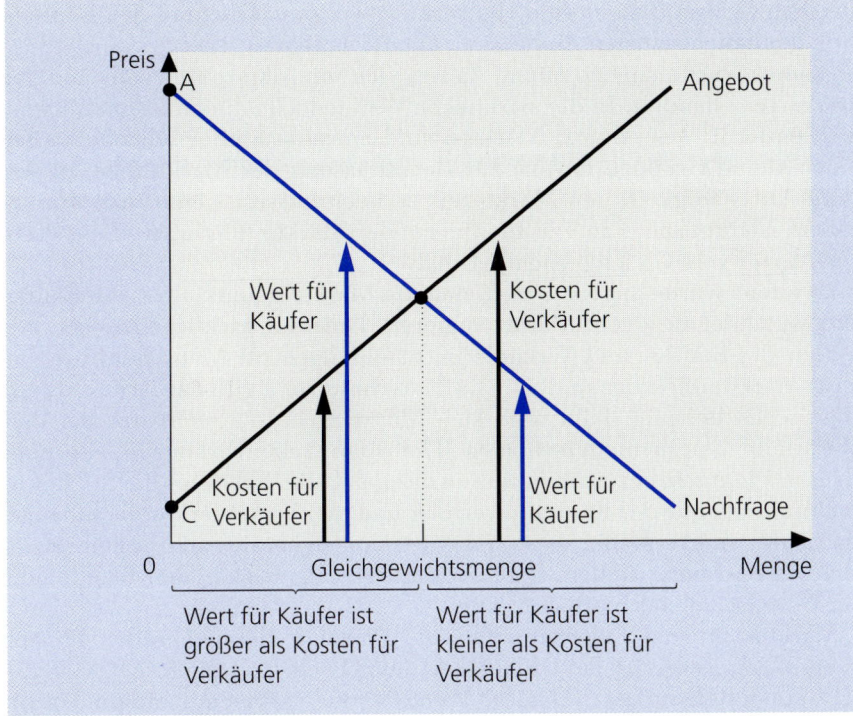

Schaubild 7-8
Die Effizienz der Gleichgewichts-menge. Bei Mengen unterhalb der Gleich-gewichtsmenge über-steigt die Käuferbe-wertung die Verkäuferkosten. Bei Mengen oberhalb der Gleichgewichts-menge übersteigen die Verkäuferkosten die Käuferbewer-tung. Deshalb maxi-miert das Markt-gleichgewicht die Summe aus Konsu-menten- und Produ-zentenrente.

Zeichnen Sie bitte Angebots- und Nachfragekurve für Weihnachtsgänse. **Schnelltest** Zeigen Sie im Marktgleichgewicht die Konsumentenrente und die Produ-zentenrente. Erklären Sie, weshalb eine größere Produktionsmenge an Weihnachtsgänsen die Gesamtwohlfahrt mindern würde.

Schlußfolgerung: Markteffizienz und Marktversagen

Im vorliegenden Kapitel wurden die elementaren Werkzeuge der Wohl-fahrtsökonomik – Konsumentenrente und Produzentenrente – eingeführt und für die Abschätzung der Effizienz freier Märkte eingesetzt. Es wurde gezeigt, daß die Marktkräfte von Angebot und Nachfrage zur effizienten Allokation der Ressourcen führen. Obwohl die einzelnen Käufer und Ver-käufer nur ihre eigenen Ziele verfolgen, werden sie gemeinsam durch eine unsichtbare Hand zu einem Marktgleichgewicht geführt, das die Gesamt-nutzen von Käufern und Verkäufern maximiert.

Ein warnendes Wort ist angebracht. Bei der Begründung von Effizienz haben wir einige Annahmen darüber getroffen, wie Märkte funktionieren. Sofern diese Annahmen in einer konkreten Volkswirtschaft nicht haltbar sind, mag auch unsere Schlußfolgerung nicht länger zutreffen, daß Marktgleichgewichte effizient sind. Betrachten wir zum Abschluß des Kapitels zwei der bedeutsamsten Annahmen, um die es geht.

Erstens wurde angenommen, daß es sich um Märkte mit vollständiger Konkurrenz handelt. In der wirklichen Welt jedoch ist man davon oft sehr weit entfernt. Auf einigen Märkten sind einzelne Käufer oder Verkäufer (oder kleine Gruppen davon) zur Beeinflussung der Marktpreise in der Lage. Die Fähigkeit, den Marktpreis zu beeinflussen, nennt man *Marktmacht*. Marktmacht kann zu Ineffizienz der Märkte führen, weil sie Preis und Menge vom Gleichgewicht fernhält.

Zweitens wurde angenommen, daß die Marktergebnisse nur die Käufer und Verkäufer in jenem Markt tangieren. Doch im wirklichen Leben betreffen die Käufer- und Verkäuferentscheidungen oft Menschen, die gar nicht Marktteilnehmer sind. Die Luftverschmutzung gilt inzwischen als ein klassisches Beispiel dafür, daß sich Marktergebnisse nicht nur bei den Marktteilnehmern niederschlagen. Derartige Nebenwirkungen, die man als *Externalitäten* bezeichnet, führen dazu, daß die Wohlfahrt durch Märkte von mehr als nur der Käuferbewertung und den Verkäuferkosten abhängt. Da Käufer und Verkäufer diese Nebenwirkungen bei ihren Entscheidungen nicht in Rechnung stellen, können Marktgleichgewichte vom Standpunkt der Gesellschaft aus ineffizient sein.

Marktmacht und Externalitäten sind Beispiele des generellen Phänomens *Marktversagen* – der Unfähigkeit einiger selbstgesteuerter Märkte zur effizienten Ressourcenallokation. Wenn Märkte versagen, kann die Politik das Problem möglicherweise heilen und die Effizienz steigern. Mikroökonomen verwenden viel Mühe darauf herauszubekommen, unter welchen Bedingungen Marktversagen wahrscheinlich ist und welche politischen Maßnahmen sich am besten eignen, das Marktversagen zu beheben. Beim weiteren Studium der Volkswirtschaftslehre werden Sie bemerken, daß die hier entwickelten wohlfahrtsökonomischen Werkzeuge bei diesem Bestreben Verwendung finden.

Trotz der Möglichkeit des Marktversagens ist die unsichtbare Hand des Marktes außerordentlich bedeutsam. Auf nicht wenigen Märkten sind die getroffenen Annahmen empirisch gültig und die Schlußfolgerungen der Markteffizienz unmittelbar zutreffend. Zudem kann unsere Analyse der Wohlfahrtsökonomik und der Markteffizienz dazu dienen, Licht in die Wirkungsweisen verschiedener politischer Maßnahmen zu bringen. Im Verlauf der nächstfolgenden beiden Kapitel setzen wir die gerade entwickelten Werkzeuge für die Untersuchung zweier wichtiger politischer Felder ein: die Wohlfahrtswirkungen der Besteuerung und die Wohlfahrtswirkungen des internationalen Handels.

Zusammenfassung

- Die Konsumentenrente ist gleich der Zahlungsbereitschaft der Käufer minus der Summe der Kaufpreiszahlungen. Sie mißt die Nutzen der Käufer aus der Marktteilnahme. Die Konsumentenrente kann durch

Berechnung des Flächenstücks unter der Nachfragekurve und über dem Preis bestimmt werden.

- Die Produzentenrente ist gleich der Summe der eingenommenen Zahlungen für die Güter minus den Produktionskosten. Sie mißt die Nutzen der Verkäufer aus der Marktteilnahme. Die Produzentenrente kann durch die Berechnung des Flächenstücks unter dem Preis und über der Angebotskurve bestimmt werden.

- Eine Allokation der Ressourcen, die zur Maximierung der Summe aus Konsumentenrente und Produzentenrente führt, nennt man effizient. Politiker haben sich sehr oft mit der Effizienz der Märkte, aber auch mit der Gerechtigkeit der Marktergebnisse zu befassen.

- Das Marktgleichgewicht von Angebot und Nachfrage maximiert die Summe der Konsumentenrente und der Produzentenrente. Insofern führt die unsichtbare Hand des Marktes Käufer und Verkäufer zu einer effizienten Allokation der Ressourcen,

- Märkte führen dann nicht zur effizienten Allokation der Ressourcen, wenn Umstände des Marktversagens vorliegen, wie z.B. Marktmacht oder Externalitäten.

Stichworte

Effizienz	Produzentenrente
Gerechtigkeit	Wohlfahrtsökonomik
Konsumentenrente	Zahlungsbereitschaft
Kosten	

Wiederholungsfragen

1. Erklären Sie den Zusammenhang von Zahlungsbereitschaft, Konsumentenrente und Nachfragekurve.
2. Erklären Sie bitte, wie die Kosten der Verkäufer, die Produzentenrente und die Angebotskurve zusammenhängen.
3. Zeigen Sie in einem Angebots-Nachfrage-Diagramm, wie im Marktgleichgewicht Konsumentenrente und Produzentenrente bestimmt sind.
4. Was ist Effizienz? Ist Effizienz das einzige Kriterium für Politiker?
5. Was macht die unsichtbare Hand?
6. Nennen Sie bitte zwei Arten von Marktversagen. Erklären Sie, inwiefern beide zu ineffizienten Marktergebnissen führen können.

Aufgaben und Anwendungen

1. Ein Regenjahr verdirbt und mindert die Weinernte in Baden. Welche Folgen hat dies für die Konsumentenrente auf dem Markt für Trauben? Welche Folgen für die Produzentenrente auf dem Weinmarkt sind denkbar? Illustrieren Sie die Antworten mit Diagrammen.

2. Angenommen, die Nachfrage nach Weißbrot steigt. Wie wirkt sich das auf die Produzentenrente des Weißbrotmarktes aus? Was geschieht mit der Produzentenrente auf dem Mehlmarkt? Illustrieren Sie die Antworten mit Angebots-Nachfrage-Diagrammen.

3. Es ist ein glühend heißer Tag in München, und Stefan ist sehr durstig. Hier sind seine Bewertungen für eine Flasche Mineralwasser:
Wert der ersten Flasche DM 7,–, Wert der zweiten Flasche DM 5,–, Wert der dritten Flasche DM 3,–, Wert der vierten Flasche DM 1,–.
   a) Leiten Sie aus diesen Informationen Stefans Nachfragetabelle und Stefans Nachfragekurve für Mineralwasser ab.
   b) Wieviele Flaschen Mineralwasser kauft Stefan beim Preis von DM 4,–? Welche Konsumentenrente bezieht Stefan aus diesem Kauf? Zeigen Sie Stefans Konsumentenrente im Diagramm.
   c) Wie verändert sich die Nachfragemenge, wenn der Preis auf DM 2,– zurückgeht? Wie verändert sich dabei Stefans Konsumentenrente? Zeigen Sie diese Veränderungen im Diagramm.

4. Alexander kann mit seiner Pumpe aus einer Mineralwasserquelle Flaschen abfüllen. Da die Abfüllung von Flaschen nach und nach immer mehr anstrengt, steigt der Preis mit der Anzahl der für den einzelnen Käufer gefüllten Flaschen. Dies sind Alexanders Kostenangaben für die Wasserflaschen:
Kosten der ersten Flasche DM 1,–, Kosten der zweiten Flasche DM 3,–, Kosten der dritten Flasche DM 5,–, Kosten der vierten Flasche DM 7,–.
   a) Leiten Sie aus den Informationen Alexanders Angebotstabelle und Alexanders Angebotskurve für Wasserflaschen ab.
   b) Wieviele Flaschen Wasser produziert und verkauft Alexander beim Marktpreis von DM 4,–? Wie hoch ist dabei die Produzentenrente? Zeigen Sie bitte Alexanders Produzentenrente im Diagramm.
   c) Wie verändert sich die angebotene Menge, wenn der Preis auf DM 6,– ansteigt? Wie verändert sich dabei die Produzentenrente? Zeigen Sie die Veränderung im Diagramm.

5. Betrachten Sie einen Markt, auf dem Stefan von Aufgabe 3 als Nachfrager und Alexander von Aufgabe 4 als Anbieter zusammentreffen.
   a) Benützen Sie Stefans Nachfragekurve und Alexanders Angebotskurve, um die nachgefragten und angebotenen Mengen zum Preis von DM 2,–, DM 4,– und DM 6,– zu bestimmen. Welcher dieser Preise bringt Angebot und Nachfrage ins Gleichgewicht?
   b) Bestimmen Sie Konsumentenrente, Produzentenrente und Gesamtrente in diesem Gleichgewicht.
   c) Wie veränderte sich die Gesamtrente, wenn Alexander eine Flasche weniger erzeugen und Stefan eine Flasche weniger konsumieren würde?

    d) Was geschähe mit der Gesamtrente, wenn die beiden aus dem Gleichgewicht heraus eine zusätzliche Flasche produzieren bzw. konsumieren würden?

6. Die Produktionskosten für Computer sind im vergangenen Jahrzehnt erheblich zurückgegangen. Einige Implikationen dieser Tatsache sollen hier hinterfragt werden.

    a) Zeigen Sie die Auswirkung fallender Produktionskosten auf Preis und Menge verkaufter Computer in einem Angebots-Nachfrage-Diagramm.

    b) Zeigen Sie in Ihrem Diagramm, was bei dem Kostenrückgang mit Konsumentenrente und Produzentenrente geschieht.

    c) Angenommen, das Computer-Angebot sei sehr elastisch. Wer profitiert mehr von fallenden Kosten – Käufer oder Hersteller?

7. Vier Konsumenten sind bereit, sich zu diesen Preisen das Haar schneiden zu lassen:

    Fredy DM 7,–, Peter DM 2,–, Hans DM 8,–, Marco DM 5,–

    Es gebe in Albdorf vier schwarzarbeitende arbeitslose Jungfriseure mit folgenden Preisen:

    DM 3,– bei A, DM 6,– bei B, DM 4,– bei C, DM 2,– bei D.

    Jede »Unternehmung« hat nur die Kapazität für einen Haarschnitt (pro Analyseperiode).

    a) Wie viele Haarschnitte sollten aus Gründen der Effizienz sein? Welche Unternehmungen sollten Haare schneiden, und welche Konsumenten sollten ihr Haar schneiden lassen? Wie groß ist die maximal mögliche Gesamtrente?

    b) Nehmen Sie bitte an, die Unternehmen A, C und D würden Haare schneiden und Fredy, Peter und Marco bekämen ihr Haar geschnitten. Wie könnte die Allokation der Haarschnitte verändert werden, so daß die Gesamtrente größer würde?

8. Ein wohlmeinender politischer Planer entdeckt einen Markt, auf dem Angebot und Nachfrage den Gleichgewichtspreis und die Gleichgewichtsmenge bestimmen. Zeigen Sie in einem Angebots-Nachfrage-Diagramm die Auswirkungen auf die Gesamtrente für den Fall auf, daß der Planer die Produktion des Gutes vermindert. Zeigen Sie in einem weiteren Angebots-Nachfrage-Diagramm die Effekte auf die Gesamtrente auf, die bei einer durch den Planer verfügten Produktionssteigerung einträten. Geben Sie bitte Erläuterungen.

9. In den späten achtziger Jahren und den frühen neunziger Jahren erlebte Kalifornien ernste Dürreperioden.

    a) Entwerfen Sie ein Diagramm des Wassermarktes, um die Wirkungen der Dürre auf Gleichgewichtspreis und Gleichgewichtsmenge zu zeigen.

    b) Viele Kommunen gestatteten keine Veränderungen des Wasserpreises. Welche Wirkungen hat eine solche politische Maßnahme auf den Wassermarkt? Zeigen Sie im Diagramm Überschüsse und Fehlmengen, die entstehen könnten.

    c) In einem Zeitungsartikel wurde 1991 vorgeschlagen, »daß alle Einwohner von Los Angeles aufgefordert werden, ihren Wasserverbrauch am 1. März um 10% und am 1. Mai nochmals um 5% unter den Wasserverbrauch des Jahres 1986 absenken«. Anschließend wurde die vorgeschlagene politische Maßnahme sowohl aus Effizienz- als auch aus Gerechtigkeitsgründen kritisiert. Wie lauteten die Argumente?

d) Stellen Sie sich nun eine Freigabe des Wasserpreises vor. Wäre die daraus folgende Allokation effizienter? Wie steht es um die Gerechtigkeit? Was könnte getan werden, um das Marktergebnis nach Gerechtigkeitskriterien zu modifizieren?

10. Welches ist die Schlüsselannahme dafür, daß Ökonomen die Konsumentenrente als ein Maß für wirtschaftliche Wohlfahrt benützen? Wie könnten Werbung und Reklame das Vertrauen in den Wohlfahrtsindikator mindern?

Anwendung:
Die Kosten der Besteuerung

Kapitel 8

In diesem Kapitel werden Sie

- nachprüfen, inwiefern Steuern die Konsumenten- und die Produzentenrente reduzieren,
- Bedeutung und Ursachen der Wohlfahrtsverluste einer Steuer erkennen,
- klären, warum einige Steuern größere Nettowohlfahrtsverluste mit sich bringen als andere,
- nachprüfen, inwiefern Steueraufkommen und Wohlfahrtsverluste mit dem Ausmaß der Besteuerung variieren.

Steuern lösen oft hitzige politische Debatten aus. Im Jahre 1776 führte der Ärger der amerikanischen Kolonisten über die britischen Steuern zur Amerikanischen Revolution. Mehr als zwei Jahrhunderte später wurde Ronald Reagan mit einem Programm rigoroser Senkungen der Einkommensteuern zum Präsidenten gewählt, und während seiner achtjährigen Amtszeit im Weißen Haus ging der Spitzensteuersatz von 70% auf 28% zurück. Im Jahre 1992 wurde Bill Clinton zum Teil deshalb gewählt, weil der Amtsinhaber George Bush sein inzwischen legendäres Versprechen des Wahlkampfes von 1988 gebrochen hatte: »Read my lips: no new taxes.« Alle Politiker und Parlamente der westlichen Welt sind mittlerweile zumindest mit einer »Absenkung der Spitzensteuersätze« befaßt.

Mit Steuern haben wir bereits im Kapitel 6 begonnen. Wir haben gesehen, wie die Besteuerung eines Gutes seinen Preis und die verkaufte Menge beeinflußt und wie schließlich die Marktkräfte von Angebot und Nachfrage eine Aufteilung der Steuerlast auf Käufer und Verkäufer bewirken. Im vorliegenden Kapitel führen wir diese Untersuchung fort und fragen, wie Steuern die ökonomische Wohlfahrt, das Wohlergehen der Marktteilnehmer, verändern.

Die Wohlfahrtswirkungen der Besteuerung mögen auf den ersten Blick klar erscheinen. Die Regierung verordnet Steuern, um die Staatseinnahmen zu erhöhen, und die Staatseinnahmen müssen irgendwie aus dem Geldbeutel der Bürger kommen. Wie wir bereits vom Kapitel 6 her wissen, sind sowohl Käufer als auch Verkäufer schlechter daran, wenn ein Gut besteuert wird: Eine Steuer erhöht den vom Käufer bezahlten Preis und mindert den vom Verkäufer eingenommenen Preis. Dennoch müssen wir zum vollen Verständnis des Steuereinflusses auf die Wohlfahrt die reduzierten Wohlfahrtsniveaus der Marktteilnehmer mit den vergrößerten Staatseinnahmen vergleichen. Den Vergleich durchzuführen, erlauben uns die Instrumente der Konsumentenrente und der Produzentenrente. Die

Analyse wird zeigen, daß die Kosten der Besteuerung bei Käufern und Verkäufern die vom Staat erzielten Einkünfte übersteigen.

Der Nettowohlfahrtsverlust einer Steuer

Zunächst einmal rufe man sich eine überraschende Lektion des Kapitels 6 in Erinnerung: Es spielt keine Rolle, ob die Steuer beim Käufer oder beim Verkäufer eines Gutes erhoben wird. Wenn die Steuer beim Käufer erhoben wird, verschiebt sich die Nachfragekurve um die Steuer nach unten; wenn die Steuer dem Verkäufer auferlegt wird, verschiebt sich die Angebotskurve um den Steuerbetrag nach oben. In beiden Fällen wird durch die Steuer der vom Käufer bezahlte Preis steigen und der vom Verkäufer erlöste Preis sinken. Am Ende teilen sich Käufer und Verkäufer in die Steuerlast, ganz gleich wie die Erhebung geschieht.

Das Schaubild 8-1 illustriert diese Effekte. Um die Diskussion zu vereinfachen, lassen wir die Verschiebungen von Angebots- und Nachfragekurven beiseite, obwohl sich selbstverständlich eine der beiden Kurven verändern muß. Welche Kurve sich tatsächlich verschieben wird, hängt davon ab, ob die Steuer bei den Verkäufern (Verschiebung der Angebotskurve) oder bei den Käufern (Verschiebung der Nachfragekurve) erhoben wird. Für unsere gegenwärtige Fragestellung sind die Verschiebungen unwichtig. Als Schlüsselergebnis ist uns bereits bekannt, daß die Steuer einen Keil zwischen den vom Käufer bezahlten und den vom Verkäufer erlösten Preis treibt. Wegen dieses Steuerkeils fällt die verkaufte Menge unter die ohne Steuer mögliche Gütermenge. Eine Besteuerung der Güter läßt also das Marktvolumen schrumpfen. Damit sind wir vom Kapitel 6 her bereits vertraut.

Wie eine Steuer die Marktteilnehmer tangiert

Wenden wir nun die Werkzeuge der Wohlfahrtsökonomik an, um Gewinne und Verluste aus der Besteuerung eines Gutes zu messen. Dazu muß man wissen, wie die Steuer Käufer, Verkäufer und den Staat berührt. Der Käufernutzen wird durch die Konsumentenrente gemessen – d.h. den Betrag, zu dem die Käufer zahlungsbereit sind, minus tatsächlicher Zahlung der Käufer. Der Verkäufernutzen wird durch die Produzentenrente gemessen – d.h. den Betrag, den die Verkäufer einnehmen, minus Kosten. Wie wir bereits vom Kapitel 7 her wissen, sind dies die exakten Quantifizierungen der ökonomischen Wohlfahrt.

Wie steht es nun aber mit der dritten beteiligten Partei, dem Staat? Wenn T den Steuerbetrag pro Stück ausmacht und Q die verkaufte Gütermenge ausdrückt, so erhält der Staat insgesamt den Betrag T mal Q als Steueraufkommen. Der Staat kann damit Leistungen bereitstellen, wie z.B. Straßen, Polizei oder Bildung, oder aber den Bedürftigen helfen. Deshalb verwenden wir bei der Wohlfahrtsmessung der Besteuerung für den Staat das

Steueraufkommen. Man muß jedoch daran denken, daß der Nutzen letztlich nicht dem Staat zufällt, sondern denjenigen, für die man die Steuerbeträge ausgibt.

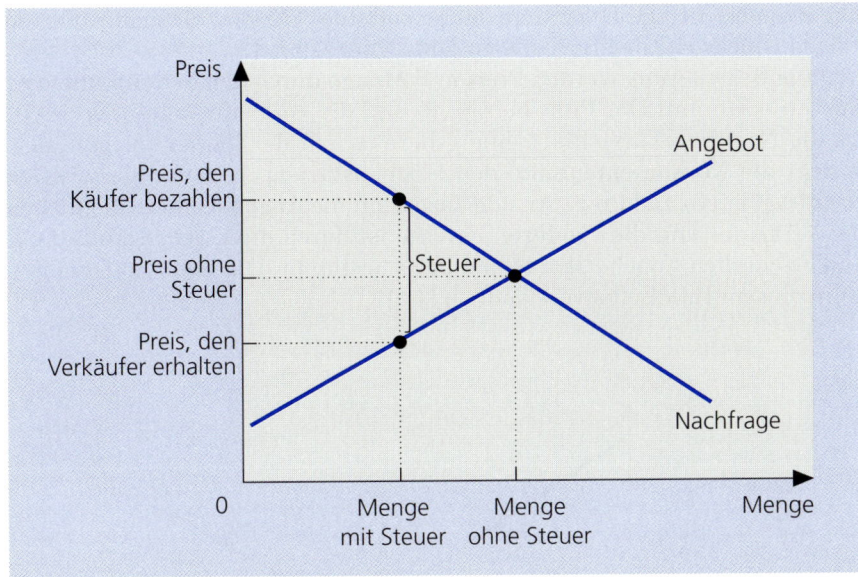

Schaubild 8-1
Die Wirkungen einer Steuer. Eine Steuer auf ein Gut treibt einen Keil zwischen den vom Käufer bezahlten und den vom Verkäufer erlösten Preis. Die verkaufte Menge geht zurück.

Das Schaubild 8-2 zeigt die Steuereinnahmen des Staates durch ein Rechteck zwischen der Angebots- und der Nachfragekurve. Die Höhe des Rechtecks entspricht der Steuer T, die Breite der Menge verkaufter Güter Q. Da die Rechtecksfläche gleich Breite mal Länge ist, stellt sie mit T mal Q das Steueraufkommen dar.

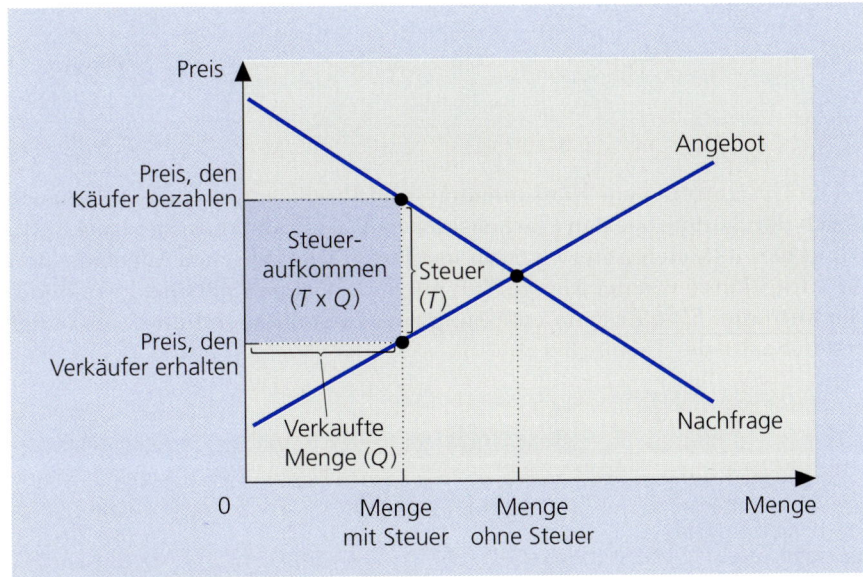

Schaubild 8-2
Steueraufkommen. Die Steuereinnahmen des Staates entsprechen der Rechtecksfläche T mal Q (Steuer pro Stück mal verkaufte Menge).

Wohlfahrt ohne Besteuerung

Um die Wohlfahrtswirkungen der Besteuerung zu analysieren, stellen wir zunächst das Wohlfahrtsniveau vor Einführung der Steuer fest. In dem Angebots-Nachfrage-Diagramm des Schaubildes 8-3 sind die maßgeblichen Flächenstücke mit den Buchstaben A bis F bezeichnet.

Ohne Besteuerung werden Preis und Menge durch den Schnittpunkt der Kurven bestimmt. Der Preis beträgt P_1 und die verkaufte Gütermenge Q_1. Da die Nachfragekurve die Zahlungsbereitschaft der Käufer spiegelt, entspricht die Konsumentenrente den Flächenstücken A, B und C zwischen Nachfragekurve und Preis. Analog dazu zeigt die Angebotskurve die Kosten der Verkäufer und die Produzentenrente ist durch die Flächenstücke D, E und F zwischen Angebotskurve und Preis bestimmt. Das Steueraufkommen ist in diesem Falle selbstverständlich Null.

Schaubild 8-3
Wohlfahrtswirkungen einer Steuer. Die Steuer auf ein Gut vermindert die Konsumentenrente (um die Fläche B + C) und die Produzentenrente (um die Fläche D + E). Da die Minderung von Konsumenten- und Produzentenrente größer ist als das Steueraufkommen (Fläche B + D), stellt man einen Nettowohlfahrtsverlust durch die Besteuerung fest (Fläche C + E).

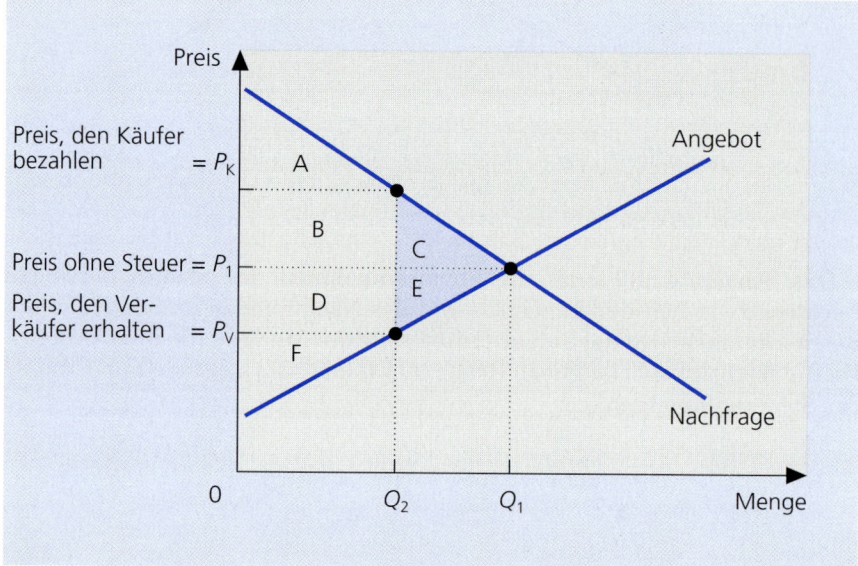

Die Gesamtrente aus Konsumenten- und Produzentenrente ist demnach gleich der Summe aus den Flächenstücken A bis F. Anders ausgedrückt, wie wir es bereits vom Kapitel 7 her wissen: Die Fläche zwischen Angebots- und Nachfragekurve von der Menge Null bis zur Gleichgewichtsmenge mißt die Gesamtrente. Eine Zusammenfassung der Feststellungen findet sich in der ersten Spalte der Tabelle 8-1.

Tabelle 8-1
Veränderungen der Wohlfahrt durch eine Steuer. Die Tabelle bezieht sich auf die im Schaubild 8-3 markierten Flächenstücke.

	Ohne Steuer	Mit Steuer	Unterschied
Konsumentenrente	A + B + C	A	– (B + C)
Produzentenrente	D + E + F	F	– (D + E)
Steueraufkommen	Null	B + D	+ (B + D)
Gesamtrente	A+B+C+D+E+F	A+B+D+F	– (C + E)

Wohlfahrt mit Besteuerung

Betrachten wir nun die Lage nach Einführung einer Steuer. Der vom Käufer zu zahlende Preis steigt von P_1 auf P_K an, so daß die Konsumentenrente nur mehr dem Flächenstück A gleicht (Fläche unter der Nachfragekurve und über dem vom Käufer zu bezahlenden Preis). Der vom Verkäufer erlöste Preis geht von P_1 auf P_V zurück, so daß die Produzentenrente nur noch dem Flächenstück F entspricht (Fläche über der Angebotskurve und unter dem vom Käufer empfangenen Preis). Die Verkaufsmenge fällt von Q_1 auf Q_2 zurück, und der Staat streicht Steuern in Höhe der Fläche B plus D ein.

Um die Gesamtrente mit der Steuer zu berechnen, addieren wir Konsumenten- und Produzentenrente sowie das Steueraufkommen. Die Gesamtrente ist demnach gemäß der zweiten Spalte in der Tabelle 8-1 A plus B plus D plus F.

Veränderungen der Wohlfahrt

Wir können nun die Wohlfahrt vor und nach einer Besteuerung vergleichen und damit die Steuerwirkung erkennen. Die dritte Spalte der Tabelle 8-1 legt die Veränderungen offen. Die Einführung einer Steuer führt zu einem Rückgang der Konumentenrente (Fläche B + C) und der Produzentenrente (Fläche D + E). Das Steueraufkommen steigt an (Fläche B + D). Käufern und Verkäufern geht es schlechter, dem Staat besser, was nicht weiter überrascht.

Die Veränderung der Gesamtwohlfahrt umschließt die Änderung der Konsumentenrente (negativ), die Änderung der Produzentenrente (ebenfalls negativ) und das Steueraufkommen (positiv). Wenn wir diese drei Komponenten zusammenrechnen, stellen wir einen Rückgang der Gesamtrente fest (um die Fläche C + E). *Die Verluste der Käufer und Verkäufer durch die Einführung einer Steuer übersteigen also die staatlichen Steuereinnahmen.* Die Minderung der Gesamtrente durch die Einführung einer Steuer nennt man **Nettowohlfahrtsverlust**. Die Fläche C + E mißt das Ausmaß des Nettowohlfahrtsverlustes.

Nettowohlfahrtsverlust
Minderung der Gesamtrente durch eine Steuer

Man kann auf eine der *zehn volkswirtschaftlichen Regeln* aus Kapitel 1 zurückgreifen, um den Nettowohlfahrtsverlust aus einer Besteuerung plausibel zu machen: Menschen reagieren auf Anreize. Im Kapitel 7 haben wir gelernt, daß die Märkte für gewöhnlich die knappen Ressourcen effizient zuteilen. Im Marktgleichgewicht wird die Gesamtrente maximal. Sofern jedoch eine Steuer den Preis für die Käufer erhöht und für die Verkäufer vermindert, gibt sie Anreize dafür, daß Käufer weniger konsumieren und Verkäufer weniger produzieren als im Zustand ohne Steuer. Indem Käufer und Verkäufer auf diese Anreize reagieren, schrumpft der Markt unter seine optimale Größe. Es kommt durch die Steuern zur Vernichtung von Leistungsanreizen und zur ineffizienten Allokation der Ressourcen.

Nettowohlfahrtsverluste und die Handelsvorteile

Wir betrachten ein Beispiel, um intuitiv die von der Besteuerung ausgelösten Nettowohlfahrtsverluste einzusehen. Stellen wir uns vor, Alexander
putzt für Claudia jede Woche einmal für DM 100 die Wohnung. Die Opportunitätskosten für Alexanders Zeit machen DM 80 aus, und für Claudia ist
eine saubere Wohnung DM 120 wert. Auf diese Weise haben sowohl Alexander als auch Claudia von dem »Deal« je einen Vorteil im Wert von DM 20.
Die Gesamtrente macht DM 40 aus, und dies sind auch die »Handelsvorteile« zwischen den beiden.

Nun unterstellen wir weiter, der Staat besteuere die Reinigungsdienste
mit DM 50. Danach gibt es keinen Preis mehr, zu dem Alexander und
Claudia handelseins über die Wohnungsreinigung werden könnten. Claudia würde maximal DM 120 zahlen und Alexander stünde dann mit DM 70
da, also mit weniger als seinen Opportunitätskosten von DM 80. Umgekehrt
müßte Alexander von Claudia zum Ausgleich seiner Opportunitätskosten
ohne Steuern DM 80 und mit Steuern DM 130 bekommen, also um DM 10
mehr als Claudia für eine saubere Wohnung ausgeben möchte. Als Endergebnis kommt heraus, daß Alexander und Claudia ihre Geschäftsverbin-
dung über die Wohnungsreinigung aufkündigen. Alexander bekommt kein
Geld und Claudia lebt in einer schmutzigen Wohnung.

Die Besteuerung stellt Alexander und Claudia damit entsprechend der
eingebüßten Gesamtrente um insgesamt DM 40 schlechter. Zugleich bekommt der Staat keine Steuereinnahme, da ja das zu besteuernde Geschäft
entfällt. Der Betrag von DM 40 stellt einen reinen Nettowohlfahrtsverlust
dar, einen Verlust der Käufer und Verkäufer eines Marktes, der nicht durch
einen Anstieg der staatlichen Einnahmen kompensiert wird. Das Beispiel
legt den Ursprung des Nettowohlfahrtsverlustes offen: *Steuern verursachen*

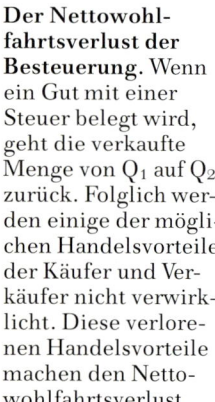

Schaubild 8-4
Der Nettowohl-
fahrtsverlust der
Besteuerung. Wenn
ein Gut mit einer
Steuer belegt wird,
geht die verkaufte
Menge von Q_1 auf Q_2
zurück. Folglich wer-
den einige der mögli-
chen Handelsvorteile
der Käufer und Ver-
käufer nicht verwirk-
licht. Diese verlore-
nen Handelsvorteile
machen den Netto-
wohlfahrtsverlust
aus.

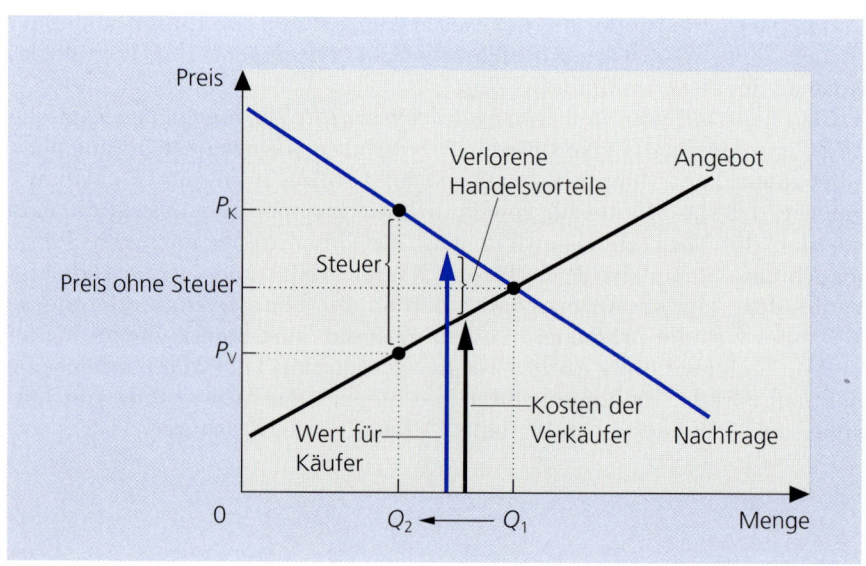

deshalb Nettowohlfahrtsverluste, weil sie die Käufer und die Verkäufer davon abhalten, in bestimmtem Umfange Handelsvorteile zu verwirklichen.

Die Dreiecksfläche zwischen Angebots- und Nachfragekurve (Fläche C + E in Schaubild 8-3) mißt diese Wohlfahrtsverluste. Ganz leicht zu sehen ist der Verlust im Schaubild 8-4 dann, wenn man sich vergegenwärtigt, daß die Nachfragekurve den Wert eines Gutes für die Käufer und die Angebotskurve die Kosten des Gutes für die Produzenten ausdrückt. Wenn der Preis für die Käufer durch die Steuer auf P_K ansteigt und der Preis für die Verkäufer durch die Steuer auf P_V zurückgeht, ziehen sich die Grenzanbieter und Grenznachfrager aus dem Markt zurück, so daß die gehandelte Menge von Q_1 auf Q_2 fällt. Wie aber das Schaubild verrät, liegt der Güterwert für die im Markt verbleibenden Käufer immer noch über den Kosten der lieferbereiten Verkäufer. Wie in unserem Beispiel mit Alexander und Claudia sind die Handelsvorteile für die ausgeschiedenen Marktteilnehmer – der Unterschied zwischen dem Käuferwert der Güter und den Verkäuferkosten der Güter – dann allerdings geringer als die Steuer. Die Geschäfte unterbleiben also, sobald die Steuer eingeführt ist. Der Nettowohlfahrtsverlust entspricht der Einbuße, die durch Entmutigung potentieller Geschäfte wegen einer Besteuerung eintritt.

Zeichnen Sie die Angebots- und die Nachfragekurve für Kekse. Zeigen Sie, was mit der Menge und dem Preis geschieht, wenn Kekse besteuert werden. Ihr Diagramm soll den Nettowohlfahrtsverlust der Besteuerung ausweisen. Erklären Sie diesen Nettowohlfahrtsverlust näher.

Schnelltest

Die Bestimmung des Nettowohlfahrtsverlusts

Wovon hängt es ab, ob der Nettowohlfahrtsverlust durch eine Steuer groß oder klein ausfällt? Von den Preiselastizitäten des Angebots und der Nachfrage, ist zu antworten. Diese drücken nämlich aus, wie die angebotenen und die nachgefragten Mengen auf Preisänderungen reagieren.

Schauen wir zuerst, wie die Preiselastizität des Angebots das Ausmaß des Nettowohlfahrtsverlusts beeinflußt. In den oberen beiden Diagrammen des Schaubildes 8-5 sind die Nachfragekurve und die Steuer jeweils gleich. Der einzige Unterschied besteht in der Preiselastizität des Angebots. Im Diagramm (a) ist die Angebotskurve vergleichsweise unelastisch: Die Angebotsmenge reagiert nur wenig auf Preisänderungen. Im Diagramm (b) ist die Angebotskurve relativ elastisch: Die Angebotsmenge reagiert recht deutlich auf Preisänderungen. Festzuhalten ist, daß der Nettowohlfahrtsverlust (das Dreieck zwischen Angebotskurve und Nachfragekurve) um so größer ausfällt, je elastischer die Angebotskurve ist.

Ähnlich verhält es sich mit den unteren beiden Diagrammen des Schaubildes 8-5, die zeigen sollen, wie die Preiselastizität der Nachfrage das Ausmaß des Nettowohlfahrtsverlustes durch Besteuerung beeinflußt. In diesem Falle werden Angebotskurve und Steuer konstant gehalten. Im

a) Unelastisches Angebot

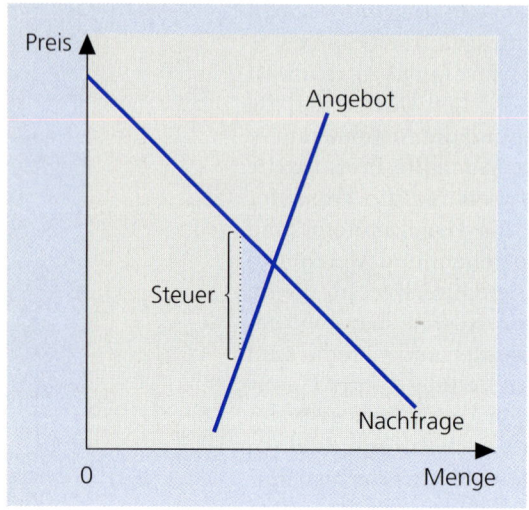

b) Elastisches Angebot

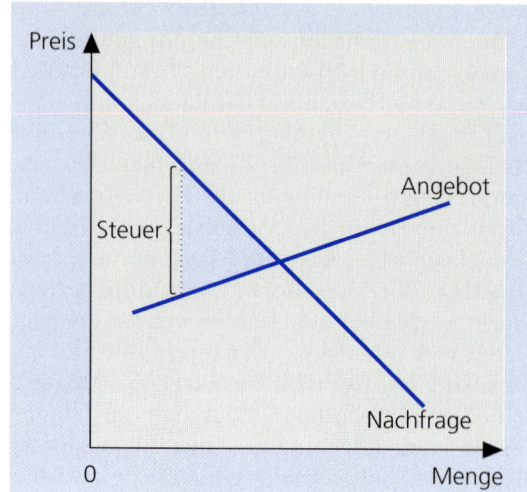

Schaubild 8-5
Steuereinflüsse und Elastizitäten. In den Diagrammen (a) und (b) sind Nachfragekurve und Steuer jeweils gleich, aber die Preiselastizitäten der Angebotskurven verschieden. Je elastischer die Angebotskurve ist, um so größer fällt der Nettowohlfahrtsverlust der Besteuerung aus. In den Diagrammen (c) und (d) sind Angebotskurve und Steuer gleich, aber die Preiselastizitäten der Nachfragekurven verschieden. Je elastischer die Nachfragekurve ist, um so größer fällt wiederum der Nettowohlfahrtsverlust der Besteuerung aus.

c) Unelastische Nachfrage

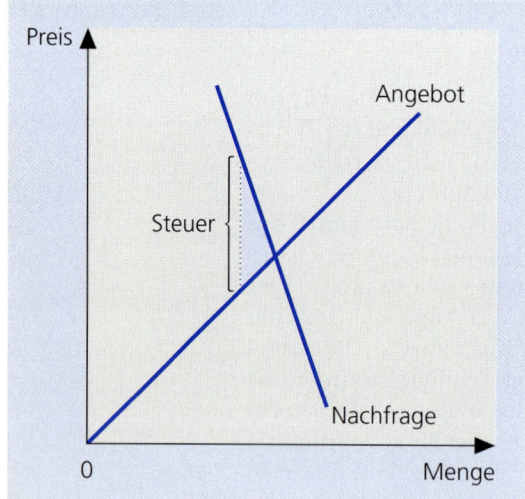

d) Elastische Nachfrage

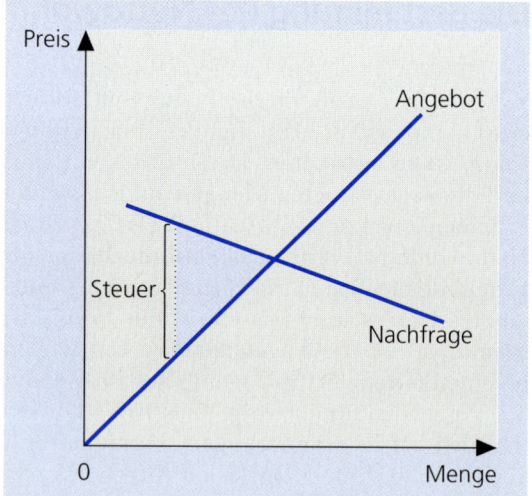

Diagramm (c) ist die Nachfragekurve vergleichsweise unelastisch und der Nettowohlfahrtsverlust klein. Im Diagramm (d) ist die Nachfragekurve elastischer und der Nettowohlfahrtsverlust der Steuer größer.

Die Schlußfolgerungen aus Schaubild 8-5 sind leicht zu vermitteln. Eine Steuer verursacht einen Nettowohlfahrtsverlust, weil sie Käufer und Verkäufer zu Verhaltensänderungen bringt. Die Steuer erhöht den von den Käufern zu bezahlenden Preis, so daß diese weniger konsumieren. Zugleich vermindert die Steuer den Preis, den die Verkäufer einnehmen, weshalb sie weniger produzieren. Wegen dieser Verhaltensänderungen schrumpft der Markt unter sein optimales Volumen. Die Preiselastizitäten von Angebot und Nachfrage drücken aus, wie stark Anbieter und Nachfrager auf Preisänderungen reagieren; sie bestimmen deshalb, in welchem Ausmaße eine Steuer das Marktergebnis stört. *Je größer die Preiselastizitäten von Angebot und Nachfrage sind, um so größer werden die Nettowohlfahrtsverluste einer Steuer ausfallen.*

Der Nettowohlfahrtsverlust einer Besteuerung des Faktors Arbeit   Fallbeispiel

In Deutschland werden Arbeitern und Angestellten vom Bruttolohn oder -gehalt Beiträge zur Rentenversicherung, zur Krankenversicherung, zur Arbeitslosenversicherung und zur Pflegeversicherung abgezogen, ferner wird die Lohnsteuer als eine Form der Einkommensteuer »an der Quelle« einbehalten und abgeführt. Die Sozialversicherungsbeiträge (Arbeitnehmer- und Arbeitgeberanteil) machten 1996 insgesamt 41,1% aus. Sie werden bis zum Jahre 2030 voraussichtlich auf rund 50% ansteigen. Zusammen mit der Lohnsteuer könnten sich die Abzüge im Jahre 2030 durchaus auf etwa 80% belaufen. In den USA machen alle Formen von »labor taxes« zusammen für viele Beschäftigte gegenwärtig einen Grenzsteuersatz von 50% aus (Abzug vom letzten verdienten Dollar). Wie sich eine Belastung des Faktors Arbeit mit Steuern und Abgaben auswirkt, ist allein schon vom Ausmaß der Belastung her eine wichtige Frage. Sie schließt an die vorangegangenen theoretischen Ausführungen an.

Wie sehr stört die Besteuerung des Faktors Arbeit die Ergebnisse und die Effizienz der Arbeitsmärkte? Nationalökonomen sind über das Ausmaß der Nettowohlfahrtsverluste geteilter Meinung. Die Meinungsverschiedenheiten entspringen den unterschiedlichen *Hypothesen über die Lohnsatzelastizität des Arbeitsangebots.* Die einen sagen, das Arbeitsangebot ist ziemlich unelastisch (Kurve fast senkrecht) und somit der Nettowohlfahrtsverlust klein. Die meisten Arbeitskräfte lebten ganz von Arbeitseinkommen; sie müßten ohne Rücksicht auf die Lohnsatzhöhe einen »ganzen« Arbeitsplatz anstreben.

Andere Ökonomen, die einer Besteuerung des Faktors Arbeit einen großen Nettowohlfahrtsverlust zuschreiben und darin eine gravierende Störung der effizienten Marktergebnisse sehen, haben eine andere Meinung über den Verlauf der Angebotskurve. Sie halten das Arbeitsangebot für recht preis- und das heißt lohnsatzelastisch. Sie räumen zwar ein, daß viele Arbeitsanbieter unelastisch sind, weisen aber auf andere Gruppen mit beachtlicher Reaktionsfähigkeit auf Lohnsatzänderungen hin. Das aggregierte Arbeitskräfteangebot sei somit lohnsatzelastisch. Einige Beispiele für elastische Komponenten des Arbeitskräfteangebotes sind diese:

- Viele Arbeitskräfte können die effektive Arbeitszeit durch Bemessung der Überstunden variieren. Höhere Lohnsätze regen – so lautet die Hypothese – zur Mehrarbeit an.
- In einigen Familien gibt es Zweitverdiener mit variablen Beschäftigungen im Arbeitsmarkt oder mit unbezahlter Tätigkeit im Haushalt (verheiratete Frauen mit Kindern etwa). Bei der Entscheidung für oder gegen einen Job wägt die Familie das zusätzliche Einkommen gegen den Nutzen einer häuslichen Beschäftigung ab (einschließlich ersparter Kosten für die Kinderbetreuung o. dgl.).
- Ältere Beschäftigte haben bei der Wahl des Pensionierungszeitpunkts gewisse Freiheiten. Diese Entscheidung, aber auch die Entscheidung einer anschließenden Teilzeitarbeit hängt von der Lohnsatzentwicklung ab.
- Einige Leute, die Steuern vermeiden wollen, weichen bei steuerbedingten Einkommensminderungen in illegale Beschäftigungen aus. Ökonomen sprechen von der *Schattenwirtschaft*. Die potentiellen Kriminellen vergleichen die legalen mit den illegalen Verdienstmöglichkeiten und revidieren ihre Entscheidung je nach der Steueränderung.

In jedem einzelnen der erwähnten Fälle reagiert die angebotene Menge an Arbeit auf den Lohnsatz als Preis der Arbeit. Deshalb werden die Verhaltensweisen der Arbeitskräfte und die Marktergebnisse insgesamt verändert, wenn man den Faktor Arbeit höher oder niedriger besteuert. Eine höhere Besteuerung regt dazu an, weniger Überstunden zu machen, zu Hause zu bleiben, früher in Rente zu gehen oder in die Schattenwirtschaft abzutauchen. *Angelpunkt der Aussagen ist die tatsächliche Elastizität des Arbeitsangebotes.* Es muß für ein bestimmtes Land und eine bestimmte Zeit geklärt werden, welche der beiden Hypothesen *empirische Gültigkeit* beanspruchen kann.

Schnelltest   Die Nachfrage nach Bier ist elastischer als die Nachfrage nach Milch. Würde eine Steuer auf Bier oder auf Milch einen größeren Nettowohlfahrtsverlust verursachen? Warum?

Nettowohlfahrtsverlust und Steueraufkommen bei variierendem Steuersatz

Steuern bleiben nie sehr lange unverändert. Die Bundes-, Landes- und Lokalpolitiker kommen immer wieder dazu, die Sätze einzelner Steuern zu erhöhen und anderer zu senken. Hier wollen wir nun überlegen, wie diese Steuersatzänderungen den Nettowohlfahrtsverlust und die Steuereinnahmen tangieren.

Das Schaubild 8-6 zeigt die Effekte einer kleinen, mittleren oder großen Steuer bei den selben Angebots- und Nachfragekurven. Der Nettowohlfahrtsverlust – die aus der Besteuerung folgende Absenkung der Gesamtrente und des optimalen Marktvolumens – ist gleich der Dreiecksfläche zwischen den Angebots- und Nachfragekurven. Für die kleine Steuer im Diagramm (a) ist das Dreieck des Nettowohlfahrtsverlustes ziemlich klein. Doch so wie die Steuer in den Diagrammen (b) und (c) größer wird, wächst auch der Nettowohlfahrtsverlust an.

Die Steuereinnahmen des Staates sind in den vorliegenden Fällen stets Steuersatz mal gehandelter Gütermenge. Im Schaubild 8-6 steht dafür jeweils ein Rechteck zwischen der Angebots- und der Nachfragekurve. Beim niedrigen Steuersatz in Diagramm (a) sind die staatlichen Steuereinnahmen gering. Beim Übergang zu einem höheren Steuersatz von Diagramm (a) zu Diagramm (b) steigen die Steuereinnahmen. Doch bei weiterer Steigerung des Steuersatzes vom Diagramm (b) zum Diagramm (c)

a) Kleine Steuer

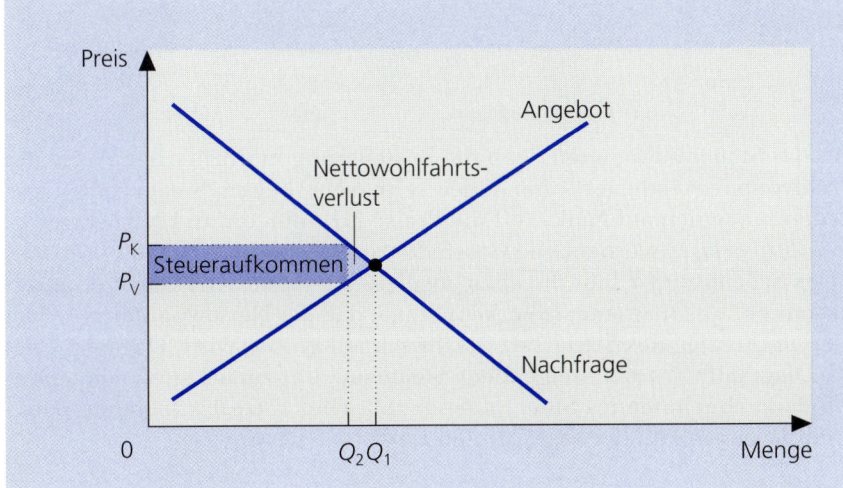

b) Mittlere Steuer

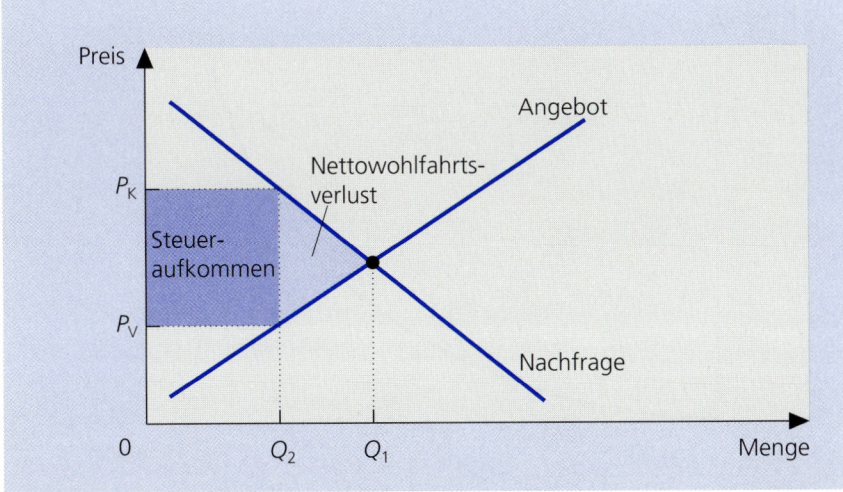

Schaubild 8-6
Nettowohlfahrtsverlust und Steueraufkommen bei unterschiedlicher Steuerhöhe. Der Nettowohlfahrtsverlust entspricht der steuerbedingten Verminderung der Gesamtrenten. Das Steueraufkommen ist gleich Steuersatz mal verkaufter Gütermenge. Im Diagramm (a) bewirkt eine kleine Steuer einen kleinen Nettowohlfahrtsverlust und ein geringes Steueraufkommen. Im Diagramm (b) sind Steuer, Nettowohlfahrtsverlust und Steueraufkommen ein wenig größer. Im Diagramm (c) bei sehr hohem Steuersatz ergibt sich ein sehr großer Nettowohlfahrtsverlust, doch wegen des reduzierten Marktvolumens ein relativ niedriges Steueraufkommen.

c) Hohe Steuer

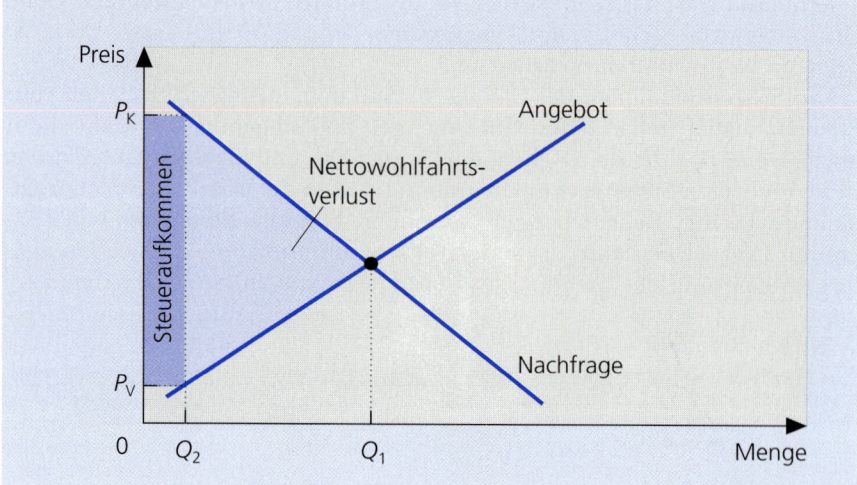

fällt das Steueraufkommen, weil die Besteuerung in drastischer Weise das Marktvolumen reduziert. Bei einer sehr, sehr hohen Steuer fallen die Steuereinnahmen auf Null, weil die Preise für Anbieter und Nachfrager zu *Prohibitivpreisen* werden. Die Geschäfte kommen zum Erliegen.

Das Schaubild 8-7 faßt die eben abgeleiteten Steuerwirkungen pointiert zusammen. Im Diagramm (a) erkennt man, daß der Nettowohlfahrtsverlust mit dem Anstieg des Steuersatzes sehr schnell größer wird. Dagegen zeigt das Diagramm (b) bei steigendem Steuersatz ein zunächst zunehmendes und dann abnehmendes Steueraufkommen. Hier setzt das folgende populäre Fallbeispiel mit der sogenannten *Laffer-Kurve* an.

Schaubild 8-7
Wie Nettowohl-fahrtsverlust und Steueraufkommen mit dem Steuersatz variieren. Nach Diagramm (a) nimmt der Nettowohlfahrtsverlust mit dem Steuersatz zu. Das Diagramm (b) zeigt die sogenannte Laffer-Kurve: Bei zunehmendem Steuersatz steigt das Steueraufkommen zunächst an, ehe es dann ab einem bestimmten Maximum zurückgeht.

a) Nettowohlfahrtsverlust

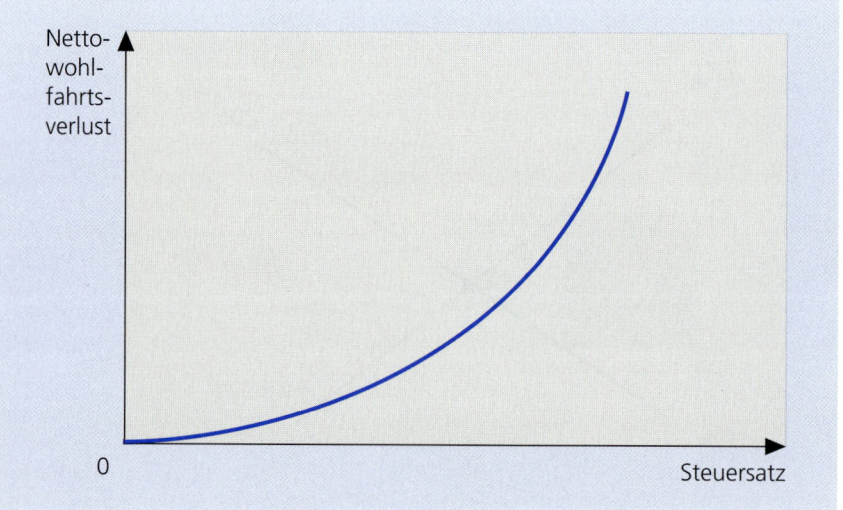

b) Steuereinnahmen (Laffer-Kurve)

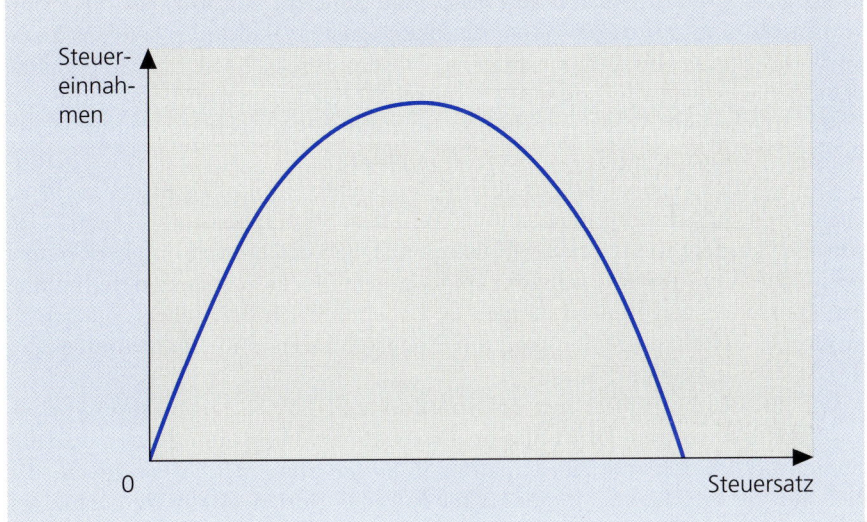

Laffer-Kurve und »Supply-Side Economics«   **Fallbeispiel**

Eines Tages im Jahre 1974 saß der Volkswirt Arthur Laffer in einem Washingtoner Restaurant mit einigen bekannten Journalisten und Politikern zusammen. Er nahm eine Papierserviette und kritzelte eine Kurve darauf, mit der er den Zusammenhang zwischen Steuersatz und Steueraufkommen zeigen wollte. Sie sah ziemlich genau so aus wie das Diagramm (b) des Schaubildes 8-7. Laffer behauptete dann, die USA befänden sich auf dem fallenden zweiten Ast der Kurve, weshalb man mit einer Steuersenkung einen Anstieg der Steuereinnahmen erreichen könne.

Wenige Ökonomen nur nahmen Laffers Vorschlag ernst. Als theoretische Erwägung mochte der Gedanke ja einiges für sich haben, doch ob in der Praxis tatsächlich nach einer Steuersenkung höhere Steuereinnahmen zu erzielen wären, war fraglich. Aus der empirischen Wirtschaftsforschung gab es keine Befunde für die USA, die einen Wendepunkt oder überhaupt einen derartigen Kurvenverlauf stützen konnten.

Dennoch war der damalige US-Präsident Ronald Reagan von der *Laffer-Kurve*, wie man sie später nannte, fasziniert. David Stockman, Budgetdirektor der ersten Reagan-Administration, erzählt dazu die folgende Anekdote: »[Reagan] had once been on the Laffer curve himself. ›I came into the Big Money making pictures during World War II,‹ he would always say. At that time the wartime income surtax hit 90 percent. ›You could only make four pictures and then you were in the top bracket,‹ he would continue. ›So we all quit working after four pictures and went off to the country.‹ High tax rates caused less work. Low tax rates caused more. His experience proved it.«

Als Reagan sich 1980 um das Präsidentenamt bewarb, nahm er Steuersenkungen in sein Programm auf. Reagan behauptete, die Steuersätze wären so hoch, daß sie die Leute von der Leistung abhielten. Er meinte, niedrigere Steuern würden den Menschen die richtigen Anreize zur Arbeit vermitteln und auf diese Weise die ökonomische Wohlfahrt wie am Ende auch die Steuereinnahmen steigern. Da der Rückschnitt der Steuersätze dazu gedacht war, die Leistungsbereitschaft der Bürger und damit die von ihnen angebotene Arbeit zu erhöhen, wurden die Sehweisen von Laffer und Reagan als »*Supply-Side Economics*« populär.

Die spätere Wirtschaftsgeschichte vermochte die Laffer-Kurve nicht zu bestätigen. Als Reagan nach seiner Wahl den Steuersatz senkte, kam es zu weniger statt zu mehr Steuereinnahmen. Doch die einmal eingeschlagene politische Richtung war schwer zu korrigieren. Es kam während der beiden Amtsperioden von Ronald Reagan und auch noch in den Jahren danach zu großen Haushaltsdefiziten, weil die Steuereinnahmen nicht zur Abdeckung der Staatsausgaben reichten.

Gleichwohl hat Laffer mit der von ihm ausgelösten Diskussion gewisse Verdienste erworben. Obwohl eine pauschale Senkung aller Steuersätze das Steueraufkommen reduziert, mag es ja *einige* Steuerpflichtige geben, die sich auf der falschen Seite der Laffer-Kurve befinden. Als in den achtziger Jahren die von den reichsten Amerikanern erhobenen Spitzensteuersätze reduziert wurden, stiegen die Steuerzahlungen der Superreichen tatsächlich an. Wenn man die Idee, mit Senkungen des Steuersatzes das Steueraufkommen zu erhöhen, auf die Gruppe der Spitzenverdiener anwendet, mag sie korrekt sein. Im übrigen wird die Laffer-Kurve in Ländern mit höheren Steuersätzen als den USA noch leichter empirische Stützung erfahren. So hatte der durchschnittliche Arbeiter z.B. während der achtziger Jahre in Schweden einen Grenzsteuersatz von rund 80%. Ein so hoher Steuersatz läßt den Leistungswillen gewiß erlahmen.

Den Grundgedanken der Laffer-Kurve trifft man noch häufig in der politischen Diskussion an. Als Bill Clinton 1993 in das Weiße Haus einzog, erhöhte er die Einkommensteuer des Bundes für die Spitzenverdiener unter den Steuerzahlern auf 40%. Einige Ökonomen kritisierten ihn sofort und meinten, der Plan zur Steigerung der Steuereinnahmen müsse wegen zu erwartender Verhaltensänderungen scheitern. Umgekehrt hat Clintons Herausforderer Bob Dole 1996 versprochen, die Einkommensteuer der natürlichen Personen zu senken. Obwohl Dole nicht behaupten wollte, Steuersenkungen zahlten sich unmittelbar in höheren Steuereinnahmen aus, vertrat er doch die Meinung, daß 28% der Steuersenkung durch ein von der Steuersenkung ausgelöstes höheres Wirtschaftswachstum kompensiert würden. Ökonomen debattierten hitzig darüber, ob die 28-%-Projektion von Dole vernünftig, extrem optimistisch oder (wie Laffer gesagt hätte) extrem pessimistisch war.

Die Politiker sind bei diesen Fragen zum Teil deshalb unterschiedlicher Meinung, weil sie über die Größenordnung der empirisch gegebenen Elastizitäten verschiedene Vermutungen haben. Je elastischer Angebot und Nachfrage auf einem Markt sind, um so mehr wird eine Steuer das Verhalten beeinträchtigen und um so größer wird die Wahrscheinlichkeit einer Einnahmensteigerung durch Steuersenkungen. Keine Diskussion gibt es über die allgemeine Lehre aus der Angelegenheit: Welche Steuereinnahmen eine Regierung durch Steueränderungen gewinnen oder verlieren wird, kann man durch den Blick auf Steuersätze allein nicht sagen. Man muß schon wissen, wie Steueränderungen das Verhalten der Haushalte und Unternehmungen verändern und welche Effekte im Rahmen des empirisch gültigen makroökonomischen Modells eines Landes zu erwarten sind.

Denken Sie, daß eine Verdoppelung der Treibstoffbesteuerung auch das entsprechende Steueraufkommen verdoppelt? Kann man sicher sein, daß der Nettowohlfahrtsverlust der Treibstoffbesteuerung dabei ansteigen wird? Erklären Sie die Zusammenhänge näher. **Schnelltest**

Schlußfolgerung

Steuern sind der Preis für eine zivilisierte Gesellschaft, soll ein weiser Oliver Wendell Holmes einmal gesagt haben. Tatsächlich kann keine Gesellschaft der Welt ohne irgendwelche Steuereinnahmen bestehen. Alle erwarten von der Regierung bestimmte Leistungen, wie zumindest die Bereitstellung von Straßen, Parkanlagen, Polizei oder Landesverteidigung.

Das Kapitel hat einen Eindruck davon vermittelt, wie hoch der Preis einer zivilisierten Gesellschaft tatsächlich ausfallen kann. Eine der am Anfang in Kapitel 1 angeführten *zehn volkswirtschaftlichen Regeln* lautet, daß Märkte für gewöhnlich gut sind zur Organisation des Wirtschaftslebens. Wenn der Staat jedoch den Käufern und Verkäufern Steuern auferlegt, büßt die Gesellschaft einiges von der Markteffizienz ein. Steuern kommen die Marktteilnehmer nicht nur deshalb teuer zu stehen, weil damit Ressourcen von Anbietern und Nachfragern auf den Staat übergehen, sondern auch deshalb, weil sie Leistungsanreize verändern und die Marktergebnisse verfälschen.

Zusammenfassung

- Eine Steuer auf ein Gut vermindert die Wohlfahrt von Käufern und Verkäufern dieses Gutes, wobei der Rückgang von Konsumenten- und Produzentenrente nicht von den erzielten Staatseinnahmen kompensiert wird. Den Rückgang der Gesamtrenten – zusammengerechnet aus Konsumentenrente, Produzentenrente und Steueraufkommen – nennt man den Nettowohlfahrtsverlust einer Steuer.
- Steuern bewirken deshalb Nettowohlfahrtsverluste, weil sie die Käufer zur Einschränkung des Konsums und die Verkäufer zur Verminderung der Produktion veranlassen und dadurch die Marktgröße unter das Optimum schrumpfen lassen. Mit den Preiselastizitäten von Angebot und Nachfrage kann man die zu erwartenden Reaktionen der Marktteilnehmer abschätzen: Größere Elastizitäten implizieren höhere steuerbedingte Nettowohlfahrtsverluste.

- Eine wachsende Besteuerung schwächt zunehmend die Leistungsanreize und führt zu einem Anwachsen der Nettowohlfahrtsverluste. Mit dem Anstieg des Steuersatzes nehmen die Steuereinnahmen zunächst zu. Die Steigerung eines hohen Steuersatzes läßt jedoch gelegentlich das Steueraufkommen sinken, weil die Marktgröße stark zurückgeht.

Stichworte

Nettowohlfahrtsverlust

Wiederholungsfragen

1. Wie verändern sich Konsumenten- und Produzentenrente, wenn der Verkauf eines Gutes besteuert wird? Wie sind die Größenverhältnisse zwischen den Renten und den erzielten Steuereinnahmen? Geben Sie nähere Erklärungen.
2. Zeichnen Sie bitte ein Angebots-Nachfrage-Diagramm mit einer Steuer auf den Verkauf des Gutes. Markieren Sie den Nettowohlfahrtsverlust. Bestimmen Sie das Steueraufkommen.
3. Wie beeinflussen die Preiselastizitäten von Angebot und Nachfrage den Nettowohlfahrtsverlust einer Steuer? Weshalb kommt es zu dieser Auswirkung?
4. Wie verändert eine Steuererhöhung den Nettowohlfahrtsverlust und das Steueraufkommen?

Aufgaben und Anwendungen

1. Der Markt für Pizza weise eine normal fallende Nachfragekurve und eine normal steigende Angebotskurve auf. Zeichnen Sie das Marktgleichgewicht für vollständige Konkurrenz ein.
   a) Benennen Sie Preis, Menge, Konsumentenrente und Produzentenrente. Gibt es dabei einen Nettowohlfahrtsverlust? Geben Sie Erläuterungen.
   b) Angenommen, für jede verkaufte Pizza muß das Geschäft DM 1,— Steuer abführen. Zeichnen Sie ein Angebots-Nachfrage-Diagramm und markieren Sie darin Konsumentenrente, Produzentenrente, Steueraufkommen und Nettowohlfahrtsverlust. Erörtern Sie die Unterschiede im Vergleich zu a).
   c) Wenn die Steuer wieder abgeschafft würde, wären die Pizza-Esser und die Pizza-Verkäufer besser daran, doch dem Staat gingen die

Steuereinnahmen verloren. Könnten nicht die Käufer und Verkäufer freiwillig einen Teil ihrer Renten an den Staat abführen? Könnten dann vielleicht alle Beteiligten besser fahren als mit der Steuer? Verwenden Sie bei den Erläuterungen Ihre Zeichnung zu b).

2. Bewerten Sie die nachfolgenden beiden Aussagen. Können Sie zustimmen? Warum oder warum nicht?
   a) »Wenn das Grundeigentum besteuert wird, wälzen die Eigentümer die Steuer auf die schwächeren Pächter ab.«
   b) »Wenn der Wohnungsbau besteuert wird, geben die Eigentümer die Steuerlast an die Mieter weiter.«

3. Bewerten Sie die nachfolgenden beiden Aussagen. Können Sie zustimmen? Warum oder warum nicht?
   a) »Eine Steuer, die keinen Nettowohlfahrtsverlust verursacht, kann auch keine Staatseinnahmen erbringen.«
   b) »Eine Steuer, die keine Steuereinnahmen erbringt, kann auch keinen Nettowohlfahrtsverlust verursachen.«

4. Denken wir an eine Besteuerung des Heizöls.
   a) Wäre der Nettowohlfahrtsverlust im ersten Jahr oder im fünften Jahr nach Einführung der Steuer größer?
   b) Wäre das Steueraufkommen aus dieser Heizölsteuer im ersten oder im fünften Jahr nach der Einführung größer?

5. Nach der Volkswirtschaftsvorlesung meint Ihr Freund eines Tages, die Besteuerung der Nahrungsmittel wäre deshalb zweckmäßig zur Erzielung von Staatseinnahmen, weil die Nachfrage unelastisch ist. In welcher Hinsicht ist die Besteuerung von Nahrungsmitteln tatsächlich ein »guter« Weg zu Steuereinnahmen? In welcher Hinsicht ist diese Besteuerung weniger empfehlenswert?

6. Der Staat besteuert den Kauf von Strümpfen.
   a) Illustrieren Sie die Auswirkungen auf Gleichgewichtspreis und Gleichgewichtsmenge auf dem Strumpfmarkt. Bestimmen Sie mit und ohne Besteuerung diese Bereiche: Ausgaben der Konsumenten, Einnahmen der Produzenten, Steuereinnahmen des Staates.
   b) Wird der von den Produzenten erlöste Preis steigen oder fallen? Werden die Gesamteinnahmen der Produzenten steigen oder fallen?
   c) Wird der von den Konsumenten bezahlte Preis steigen oder fallen? Kann man klären, ob die Gesamtausgaben der Konsumenten steigen oder fallen? Denken Sie genau nach. Steigt die Konsumentenrente, wenn die Gesamtausgaben der Konsumenten zurückgehen?

7. Die meisten amerikanischen Staaten kennen eine Autosteuer auf die Neuwagen. New Jersey verlangt von den Autohändlern derzeit $ 100 pro Auto und plant für das kommende Jahr eine Erhöhung auf $ 150.
   a) Skizzieren Sie die Auswirkungen der Steuererhöhung auf die Verkaufsmenge sowie den von Käufern bezahlten und den von Verkäufern eingenommenen Preis.
   b) Fertigen Sie eine Tabelle für Konsumentenrente, Produzentenrente, Steuereinnahmen und Gesamtrente vor und nach der Besteuerung an.

c) Wie verändern sich die Steuereinnahmen des Staates. Steigen sie an oder gehen sie zurück?

d) Welche (positive oder negative) Änderung des Nettowohlfahrtsverlustes ergibt sich?

e) Nennen Sie mögliche Gründe dafür, daß die Autonachfrage in New Jersey ziemlich elastisch sein kann. Würde dann eine zusätzliche Steuereinnahme wahrscheinlicher oder weniger wahrscheinlich? Wodurch könnte man vom Staat aus versuchen, die Elastizität der Nachfrage zu senken?

8. Früher gab es da und dort eine »Kopfsteuer«, die jeder ohne Rücksicht auf Einkommen oder Vermögen zahlen mußte. Wie ist die Auswirkung auf die ökonomische Effizienz? Wie steht es dabei mit der Gerechtigkeit?

9. Diskutieren wir nun das Gegenteil der Besteuerung eines Gutes, die *Subventionierung*. Der Käufer erhält für jedes gekaufte Stück DM 2,– aus der Staatskasse. Wie verändert diese Subvention die Konsumentenrente, die Produzentenrente, das Steueraufkommen und die Gesamtrente? Kann es durch eine Subvention zu einem Nettowohlfahrtsverlust kommen?

10. Angenommen, ein Markt ließe sich durch die folgenden Angebots- und Nachfragegleichungen beschreiben:

$$Q^S = 2 P$$
$$Q^D = 300 - P$$

a) Ermitteln Sie Gleichgewichtspreis und Gleichgewichtsmenge als Lösungen.

b) Durch eine Steuer T zulasten der Käufer entstehe eine neue Nachfragefunktion:

$$Q^D = 300 - (P + T)$$

Ermitteln Sie wiederum die Lösung. Wie verändern sich erlöster Preis, bezahlter Preis und verkaufte Menge im Vergleich zu a)?

c) Das Steueraufkommen ist T mal Q. Bestimmen Sie anhand von b) die Steueraufkommensfunktion (in Abhängigkeit von T). Zeichnen Sie die Kurve für einen Definitionsbereich von T von 0 bis 300.

d) Der Nettowohlfahrtsverlust der Steuer entspricht der Dreiecksfläche zwischen Angebots- und Nachfragekurve. Nach der Formel, daß die Dreiecksfläche z.B. als halbe Grundlinie mal Höhe berechnet werden kann, definieren Sie bitte den Nettowohlfahrtsverlust als eine Funktion von T. Zeichnen Sie diesen Zusammenhang für einen Definitionsbereich von T zwischen 0 und 300.

e) Nun legt die Regierung eine Steuer von DM 200 pro Mengeneinheit auf das Gut. Wäre dies – aus welchen Gründen – eine gute politische Maßnahme? Könnten Sie eine bessere Maßnahme vorschlagen?

Anwendung: Zwischenstaatlicher Handel

Kapitel 9

In diesem Kapitel werden Sie

- klären, unter welchen Bedingungen ein Land exportiert oder importiert,
- Gewinner und Verlierer des zwischenstaatlichen Handels ausmachen,
- einsehen, daß die Vorteile der Gewinner die Nachteile der Verlierer übersteigen,
- die Wohlfahrtswirkungen von Zolltarifen und Importquoten analysieren,
- die Argumente hinterfragen, mit denen die Leute für Handelsbeschränkungen eintreten.

Wenn Sie die Herstellernachweise in Ihren Kleidungsstücken anschauen, werden Sie gewiß einzelne im Ausland erzeugte Stücke bemerken. Die Zeit, in der Alltagskleidung gewöhnlich im eigenen Land hergestellt wurde, ist lange schon vorüber. Bei Textilien gab es Jahre mörderischen Wettbewerbs zwischen den Herstellern, und inzwischen kommt vieles aus Billigländern in Asien.

Die historische Entwicklung der Textilindustrie ist in den USA und in Deutschland von Betriebsstillegungen und Arbeitskräfteentlassungen geprägt. Danach hat man einige Fragen zu klären: Wie beeinflußt der zwischenstaatliche Handel die Wohlfahrt? Wer gewinnt und wer verliert durch den internationalen Freihandel? Und wie geht ein Vergleich der Summen von Nachteilen und Vorteilen aus?

Durch Anwendung des Prinzips vom komparativen Vorteil haben wir im Kapitel 3 bereits den zwischenstaatlichen Handel kennengelernt. Nach diesem Prinzip können alle vom Handel profitieren, weil der Außenhandel jedem Land die Möglichkeit gibt, sich auf das zu spezialisieren, was es am besten kann. Doch die Analyse im Kapitel 3 war noch unvollständig. Sie konnte nicht erklären, wie der Weltmarkt zu den Handelsvorteilen gelangt, und wie die Handelsvorteile unter den Beteiligten verteilt werden.

Kehren wir zum internationalen Handel und zu den noch offenen Fragen zurück. Im Verlauf der bisher behandelten Kapitel sind uns bereits mehrere analytische Werkzeuge zum Funktionieren von Märkten verfügbar geworden: Angebot, Nachfrage, Gleichgewicht, Konsumentenrente, Produzentenrente und anderes mehr. Durch ihren Einsatz können wir noch mehr über die Wohlfahrtswirkungen des internationalen Handels lernen.

Die Ursachen des Handels

Betrachten wir den Markt für Stahl. Der Stahlmarkt ist gut geeignet, die volkswirtschaftlichen Vorteile und Nachteile aus dem internationalen Handel zu diskutieren; denn Stahl wird in vielen Ländern rund um den Erdball erzeugt und zwischenstaatlich gehandelt. Zudem ist der Stahlmarkt oft im Blick der Politiker, wenn es um Handelsbeschränkungen und den Schutz inländischer Produzenten vor ausländischer Konkurrenz geht. Wir wollen den Stahlmarkt der imaginären Volkswirtschaft »Isoland« untersuchen.

Das Gleichgewicht ohne Außenhandel

Am Anfang unserer Geschichte ist der Stahlmarkt von Isoland isoliert vom Rest der Welt. Durch einen Erlaß der Regierung ist es jedermann verboten, Stahl zu importieren oder zu exportieren. Die Strafandrohung für eine Verletzung des Erlasses ist so riesengroß, daß niemand einen Versuch der Umgehung wagt. Da es keinen internationalen Handel gibt, umfaßt der Stahlmarkt in Isoland nur isoländische Käufer und Verkäufer. Wie aus dem Schaubild 9-1 zu entnehmen ist, spielt sich der Inlandspreis so ein, daß die von den Inländern angebotenen und die von den Inländern nachgefragten Mengen übereinstimmen. Das Diagramm zeigt Konsumentenrente und Produzentenrente für das Marktgleichgewicht ohne Außenhandel. Wie bekannt messen Konsumenten- und Produzentenrente die gesamten Vorteile der Käufer und Verkäufer aus dem Stahlmarkt.

Schaubild 9-1
Das Marktgleichgewicht ohne internationalen Handel. Wenn sich eine Volkswirtschaft nicht am Weltmarkt beteiligen kann, pendelt sich der Preis so ein, daß Angebot und Nachfrage im Inland übereinstimmen. Man erkennt Konsumentenrente und Produzentenrente auf dem geschlossenen Stahlmarkt des imaginären Landes Isoland.

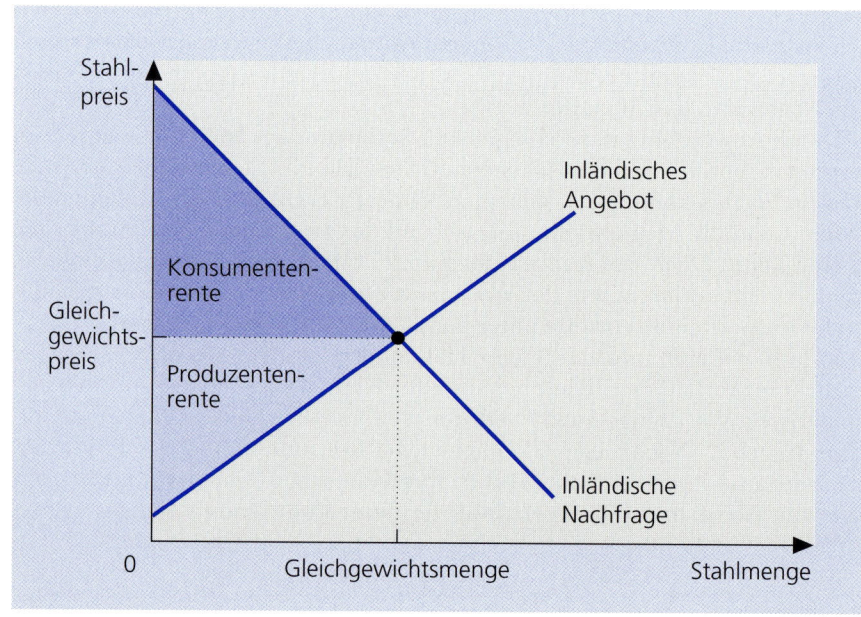

Nun wollen wir uns vorstellen, daß Isoland durch Wahlen einen neuen Präsidenten bekommen hätte. Der Wahlkampf stand unter dem Motto »Veränderungen« und versprach den Wählern kühne Neuerungen. Der erste Akt des oder der Neuen besteht darin, einen Sachverständigenrat von Nationalökonomen für die Bewertung der isoländischen Außenhandelspolitik zu berufen. Dem Rat ist die Beantwortung folgender Fragen aufgegeben:

- Wie würden sich der Stahlpreis und die auf dem Markt von Isoland abgesetzte Stahlmenge verändern, wenn den Isoländern von der Regierung Export und Import erlaubt wären?
- Wer würde vom freien Stahlhandel gewinnen oder verlieren; könnten die Handelsgewinne die Handelsverluste kompensieren?
- Sollten Zölle (z.B. eine Steuer auf den Stahlimport) und Importquoten (d.h. eine Begrenzung für Stahlimporte) mit zu einer neuen Handelspolitik gehören?

Nach dem Studium von Angebot und Nachfrage in den beliebtesten Lehrbüchern (etwa dem vorliegenden und einem von Adolf Wagner) beginnen die Nationalökonomen von Isoland mit ihrem Untersuchungsbericht.

Weltmarktpreis und komparative Vorteile

Als ersten Diskussionspunkt wählt der Sachverständigenrat die Frage, ob Isoland wohl zu einem Importeur oder zu einem Exporteur von Stahl werden könnte. Würden die Isoländer bei Freihandel überwiegend als Käufer oder als Verkäufer von Stahl auf dem Weltmarkt auftreten? Die Fachleute vergleichen zunächst den Stahlpreis in Isoland mit dem Stahlpreis in anderen Ländern. Sie müssen dabei natürlich erhebliche statistische Feinarbeit leisten; denn es unterscheiden sich die Währungseinheiten, und man muß sich eine gemeinsame Basis ausdenken. Man erhält relative Preise, die bekanntlich die komparativen Vorteile ausdrücken und die Verlaufsmuster des Handels bestimmen.

Wir bezeichnen den auf den Weltmärkten vorherrschenden Preis als **Weltmarktpreis**. Ist der Weltmarktpreis für Stahl höher als der Inlandspreis, würde Isoland zum Exporteur für Stahl werden, sofern Außenhandel erlaubt ist. Die Stahlhersteller in Isoland wären begierig darauf, die höheren Auslandspreise für ihre Erzeugnisse zu erzielen. Wäre im umgekehrten Fall der Weltmarktpreis niedriger als der Inlandspreis, so würde Isoland zu einem Importland für Stahl. Da ausländische Anbieter zu einem günstigeren Preis anbieten, würden die Nachfrager in Isoland rasch im Ausland einkaufen wollen.

    Vergleicht man also Weltmarktpreis und Inlandspreis vor Aufnahme von Außenhandel, so kann man daraus leicht folgern, ob Isoland einen komparativen Vorteil bei der Stahlproduktion hat oder nicht. Der Inlandspreis spiegelt die Opportunitätskosten der Stahlproduktion. Er verrät uns, auf wieviel ein Isoländer für eine Einheit Stahl verzichten muß. Ist der Inlandspreis niedrig, so sind die Kosten der Stahlproduktion in Isoland niedrig, und Isoland hat bei der Stahlproduktion im Vergleich zum Rest der Welt

Weltmarktpreis
Preis eines Gutes, der auf den Weltmärkten vorherrscht.

einen komparativen Vorteil. Ist der Inlandspreis dagegen hoch, so sind die Kosten der Stahlproduktion in Isoland hoch, und Isoland hat bei der Stahlproduktion im Vergleich zum Rest der Welt einen komparativen Nachteil.

Bereits im Kapital 3 kam heraus, daß der zwischenstaatliche Handel letztlich auf komparativen Vorteilen beruht. Außenhandel ist für alle nützlich, weil er jedem Land die Spezialisierung auf seine Stärken in der Güterproduktion erlaubt. Durch einen Vergleich des Weltmarktpreises und des Inlandspreises vor der Aufnahme des Handels kann geklärt werden, ob Isoland in der Stahlproduktion besser oder schlechter ist als die übrige Welt.

Schnelltest   Das Land Autarka hat den Außenhandel verboten. In Autarka kann man ein Wollkleid für 3 Unzen Gold kaufen. In den Nachbarländern kostet so ein Kleid 2 Unzen Gold. Würde Autarka nach Einführung des Freihandels Wollkleider exportieren oder importieren?

Gewinner und Verlierer beim Außenhandel

Um die Wohlfahrtswirkungen des Freihandels zu untersuchen, beginnen die Ökonomen von Isoland mit der Annahme, daß das eigene Land eine vergleichsweise kleine offene Volkswirtschaft ist, deren Maßnahmen keine meßbaren Auswirkungen auf den Weltmarkt haben. Für die Analyse des Stahlmarktes hat die Annahme eine besondere Bedeutung: Wenn Isoland eine kleine Volkswirtschaft ist, so werden Änderungen der isoländischen Handelspolitik keinen Einfluß auf den Weltmarktpreis des Stahls haben. In der Weltwirtschaft sind die Isoländer sogenannte *Mengenanpasser* oder »Preisnehmer«. Sie betrachten den gerade geltenden Preis als gegeben. Sie können zu diesem Preis Stahl verkaufen oder exportieren, und sie können Stahl einkaufen oder importieren.

Die Annahme der kleinen Volkswirtschaft ist zwar nicht notwendig für die Untersuchung der Handelsvorteile. Die isoländischen Ökonomen wissen jedoch aus der Erfahrung, daß die Annahme die Untersuchung erheblich vereinfacht. Sie wissen auch, daß sich die grundlegenden Erkenntnisse bei komplizierteren Annahmen über eine große Volkswirtschaft nicht ändern.

Gewinne und Verluste eines Exportlandes

Das Schaubild 9-2 zeigt den geschlossenen isoländischen Stahlmarkt ohne Außenhandel für den Fall eines Inlandspreises unter dem Weltmarktpreis. Nach Freigabe des Handels wird der Inlandspreis auf die Höhe des Weltmarktpreises ansteigen. Kein Verkäufer würde weniger als den Weltmarktpreis akzeptieren, und kein Käufer würde mehr als den Weltmarktpreis bezahlen.

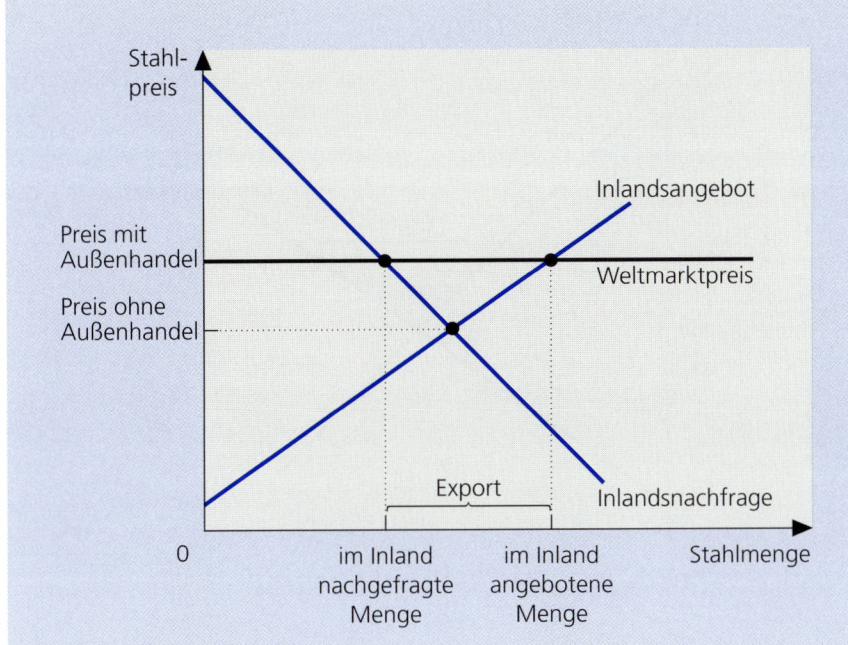

Schaubild 9-2
Internationaler Handel und das Exportland. Nach Einführung des Freihandels wird der Inlandspreis auf die Höhe des Weltmarktpreises für Stahl ansteigen. Angebots- und Nachfragekurve zeigen die zu diesem Preis im Inland angebotenen und nachgefragten Stahlmengen. Die beim Weltmarktpreis in Isoland auftretende Differenzmenge zwischen inländischem Angebot und inländischer Nachfrage wird exportiert.

Bei einem Inlandspreis, der nun mit dem Weltmarktpreis gleich ist, weicht die inländische Angebotsmenge von der inländischen Nachfragemenge ab. Auf der Angebotskurve kann man die von isoländischen Unternehmen produzierte und angebotene Stahlmenge ablesen. Die Nachfragekurve zeigt die zum Weltmarktpreis im Inland nachgefragte Stahlmenge. Da die inländische Angebotsmenge größer ist als die inländische Nachfragemenge, wird Isoland Stahl an andere Länder verkaufen. Isoland wird zum Exporteur von Stahl.

Obwohl inländische Angebotsmenge und inländische Nachfragemenge differieren, befindet sich der Stahlmarkt weiterhin im Gleichgewicht, da es nun einen weiteren Marktteilnehmer gibt: die übrige Welt. Man kann die waagerechte Linie im Schaubild 9-2 als die Stahlnachfrage aus der übrigen Welt ansehen. Diese Nachfragekurve ist vollkommen elastisch, weil Isoland – eine kleine Volkswirtschaft – jede beliebige Menge an Stahl zum Weltmarktpreis verkaufen kann.

Betrachten wir nun die Gewinne und Verluste nach der Öffnung des Landes für den Handel. Klarerweise werden nicht alle profitieren. Die Marktkräfte treiben den Inlandspreis auf das Niveau des Weltmarktpreises hoch. Die inländischen Anbieter sind besser daran als zuvor, weil sie ihren Stahl nun zu einem höheren Preis verkaufen können. Die inländischen Nachfrager und Konsumenten jedoch sind schlechter gestellt, weil sie den Stahl zu einem höheren Preis einkaufen müssen.

Um diese Gewinne und Verluste aus dem Freihandel zu messen, ziehen wir die Veränderungen der Konsumenten- und der Produzentenrenten heran (Schaubild 9-3 und Tabelle 9-1). Solange der Außenhandel verboten ist, wird der Stahlpreis Angebot und Nachfrage im Inland angleichen. Die

Schaubild 9-3
Wie Freihandel die Wohlfahrt eines Exportlandes verändert. Wenn der Inlandspreis ansteigt und sich dem Weltmarktpreis angleicht, haben die inländischen Verkäufer Vorteile (Anstieg der Produzentenrente von C auf B + C + D) und die inländischen Käufer Nachteile (Rückgang der Konsumentenrente von A + B auf A). Die Gesamtrenten erhöhen sich um den Betrag D, woraus ein Anstieg der Wohlfahrt des Landes folgt.

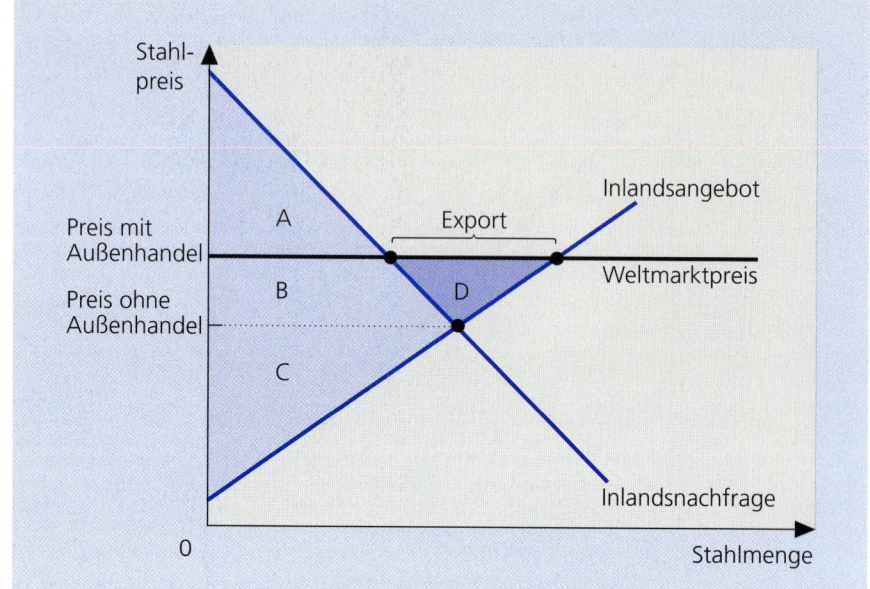

Tabelle 9-1
Veränderungen der Wohlfahrt durch Freihandel: der Fall des Exportlandes. Mit der Tabelle kann man die Wohlfahrtswirkungen einer Marktöffnung nachrechnen. Die Großbuchstaben beziehen sich auf die im Schaubild 9-3 markierten Bereiche.

	Ohne Außenhandel	Mit Außenhandel	Veränderungen
Konsumentenrente	A + B	A	– B
Produzentenrente	C	B + C + D	+ (B + D)
Gesamtrenten	A + B + C	A + B + C + D	+ D

Konsumentenrente entspricht dem Bereich A + B zwischen der Nachfragekurve und dem Preis ohne Außenhandel. Die Produzentenrente entspricht dem Bereich C zwischen der Angebotskurve und dem Preis ohne Außenhandel. Die Gesamtrenten ohne Außenhandel sind gleich A + B + C.

Nach der Öffnung des Landes für den Außenhandel steigt der Inlandspreis auf die Höhe des Weltmarktpreises an. Die Konsumentenrente gleicht dem Flächenstück A (Bereich zwischen der Nachfragekurve und dem Weltmarktpreis). Die Produzentenrente entspricht der Fläche B + C + D (Bereich zwischen der Angebotskurve und dem Weltmarktpreis). Auf diese Weise stellt sich nach Aufnahme des Außenhandels eine Gesamtrente in Höhe von A + B + C + D ein.

Diese Berechnungen zur Wohlfahrt zeigen, wer in einem Exportland vom Handel gewinnt oder verliert. Es gewinnen die Verkäufer, da die Produzentenrente um die Flächenstücke B + D ansteigt. Schlechter daran sind die Käufer, da die Konsumentenrente um das Flächenstück B abnimmt. Da die Wohlfahrtsgewinne der Verkäufer die Wohlfahrtsverluste der Käufer um das Flächenstück D übersteigen, nimmt die Wohlfahrt von Isoland insgesamt zu.

Diese Betrachtung eines Exportlandes gestattet zwei Schlußfolgerungen:

- Wenn ein Land Außenhandel erlaubt und zum Exporteur eines Gutes wird, so geht es den inländischen Produzenten besser und den inländischen Konsumenten des Gutes schlechter.
- Handel steigert die wirtschaftliche Wohlfahrt eines Landes; denn die Vorteile der Gewinner übersteigen die Nachteile der Verlierer.

Gewinne und Verluste eines Importlandes

Nun nehmen wir an, der Inlandspreis vor der Handelsöffnung des Landes läge über dem Weltmarktpreis. Wiederum muß sich nach der Öffnung des Landes der Inlandspreis an den Weltmarktpreis angleichen. Wie das Schaubild 9-4 zeigt, ist die inländische Angebotsmenge nun niedriger als die inländische Nachfragemenge. Die Differenz zwischen inländischer Nachfragemenge und inländischer Angebotsmenge wird in anderen Ländern der Erde eingekauft und importiert, Isoland wird zum Stahlimporteur.

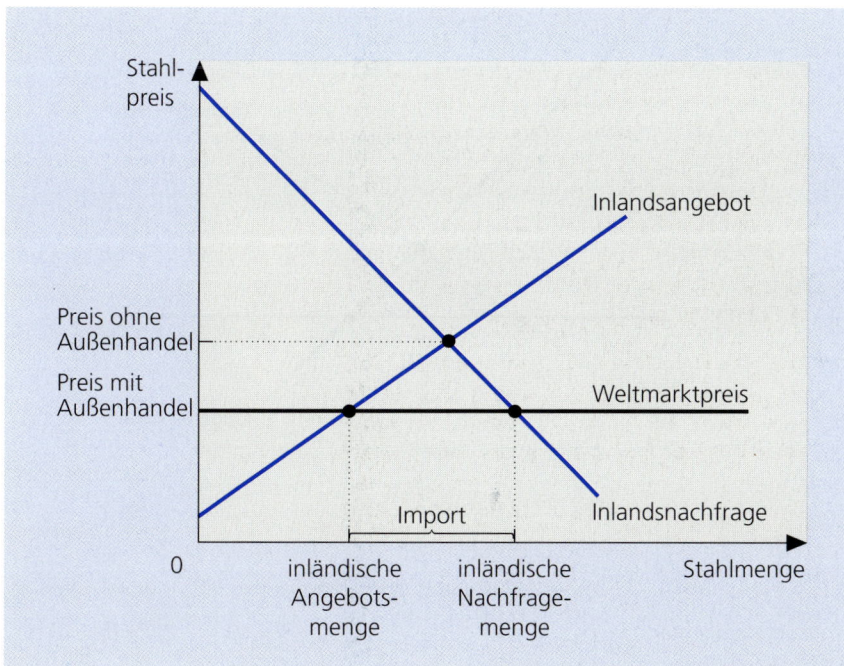

Schaubild 9-4
Internationaler Handel und das Importland. Sobald Außenhandel gestattet ist, fällt der Inlandspreis auf das niedrigere Niveau des Weltmarktpreises. Von der Angebotskurve kann man die im Inland produzierte Menge ablesen, die Nachfragekurve zeigt den Inlandskonsum. Importe gleichen den Unterschied zwischen inländischer Nachfragemenge und inländischer Angebotsmenge aus, der sich beim Weltmarktpreis einstellt.

Die waagerechte Linie beim Weltmarktpreis stellt in diesem Falle das Angebot aus der übrigen Welt dar. Die Angebotskurve ist vollständig elastisch, da Isoland eine kleine Volkswirtschaft ist und beliebig viel Stahl einkaufen kann, ohne daß dies eine Wirkung auf den Weltmarktpreis hätte.

Betrachten wir nun die Gewinne und Verluste durch Außenhandel. Wieder einmal zählen nicht alle zu den Gewinnern. Wenn der Handel den Inlandspreis auf das Niveau des Weltmarktpreises herunterdrückt, sind die inländischen Konsumenten besser gestellt (sie können nun den Stahl billiger einkaufen) und die inländischen Produzenten sind schlechter daran (sie müssen den Stahl zu einem niedrigeren Preis abgeben). Veränderungen der Produzenten- und der Konsumentenrente messen die Gewinne und Verluste (vgl. Schaubild 9-5 und Tabelle 9-2). Ohne Außenhandel ist die Konsumentenrente gleich dem Flächenstück A, die Produzentenrente gleich den Flächen B + C und die Gesamtrente entspricht dem Bereich A + B + C. Mit Außenhandel ergibt sich eine Konsumentenrente von A + B + D, eine Produzentenrente von C und eine Gesamtrente von A + B + C + D.

Die Berechnungen zur Wohlfahrt zeigen, wer in einem Importland durch den Handel gewinnt oder verliert. Die Käufer profitieren, da die Konsumentenrente um B + D ansteigt. Die Verkäufer sind schlechter daran, da die Produzentenrente um B zurückgeht. Die Gewinne der Käufer können die Verluste der Verkäufer überkompensieren, so daß die Gesamtrente um D ansteigt.

Schaubild 9-5
Wie Freihandel die Wohlfahrt eines Importlandes verändert. Wenn der Inlandspreis auf das niedrigere Niveau des Weltmarktpreises fällt, sind die Käufer besser daran (Anstieg der Konsumentenrente von A auf A + B + D) und die Verkäufer schlechter gestellt (Rückgang der Produzentenrente von B + C auf C). Die Gesamtrente steigt um dem Betrag D, so daß ein Anstieg der nationalen Wohlfahrt des Importlandes festzustellen ist.

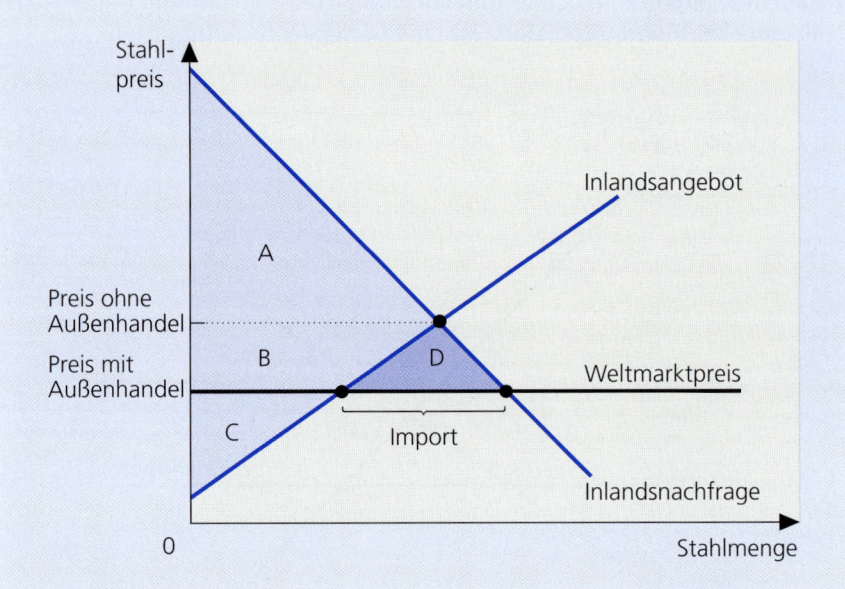

Tabelle 9-2
Veränderungen der Wohlfahrt durch Freihandel: der Fall des Importlandes. Mit der Tabelle kann man die Wohlfahrtswirkungen einer Marktöffnung nachrechnen. Die Großbuchstaben bezeichnen Regionen des Schaubildes 9-5.

	Ohne Außenhandel	Mit Außenhandel	Veränderungen
Konsumentenrente	A	A + B + D	+ (B + D)
Produzentenrente	B + C	C	– B
Gesamtrente	A + B + C	A + B + C + D	+ D

Die Betrachtung eines Importlandes erlaubt wie beim Exportland zwei Schlußfolgerungen:
- Wenn ein Land Außenhandel gestattet und zum Importeur eines Gutes wird, sind die inländischen Konsumenten des Gutes besser und die inländischen Produzenten schlechter gestellt.
- Außenhandel erhöht die ökonomische Wohlfahrt eines Volkes, denn die Vorteile der Gewinner übersteigen die Nachteile der Verlierer.

Nun, da wir unsere Analyse des Handels vervollständigt haben, können wir eine der *zehn volkswirtschaftlichen Regeln* des Kapitels 1 noch besser verstehen: Durch Handel kann es jedem besser gehen. Wenn Isoland seinen Stahlmarkt zum Ausland hin öffnet, wird es Gewinner und Verlierer geben, gleichgültig ob Isoland letzten Endes zum Exporteur oder zum Importeur von Stahl wird. In jedem der beiden Fälle übersteigen die Vorteile der Gewinner die Nachteile der Verlierer, so daß die Gewinner die Verlierer entschädigen könnten und immer noch besser daran wären. In diesem Sinne *kann* Handel tatsächlich jeden besser stellen. Doch *wird* er auch jeden besser stellen? Wahrscheinlich nicht. In der Praxis kommt es kaum jemals dazu, daß die Verlierer des Außenhandels entschädigt werden. Ohne die theoretisch mögliche Kompensation der Verlierer durch die Gewinner führt die Außenhandelsöffnung einer Volkswirtschaft dazu, daß zwar der nationale Wohlfahrtskuchen größer wird, dabei aber einige Beteiligte des Wirtschaftsgeschehens mit einem kleineren Stück als zuvor dastehen.

Die Wirkungen eines Importzolls

Die Nationalökonomen von Isoland nehmen sich als nächsten Schritt bei ihrer Arbeit vor, die Wirkungen eines **Zolls** – einer Steuer auf die im Ausland produzierten und im Inland verkauften Güter – zu untersuchen. Sie sehen sofort, daß so ein Zoll keinerlei Wirkung hätte, wenn Isoland ein Exporteur von Stahl würde. Sofern niemand in Isoland am Import von Stahl interessiert ist, bleibt ein Importzoll irrelevant. Nur im Falle des Stahlimports nach Isoland erhält ein Importzoll seine Bedeutung. Darauf konzentrieren sich die Nationalökonomen. Sie vergleichen die nationale Wohlfahrt mit und ohne Importzoll.

> **Zoll (Importzoll)**
> Eine Steuer auf die im Ausland produzierten und im Inland verkauften Güter.

Das Schaubild 9-6 zeigt wiederum den Stahlmarkt von Isoland. Bei Freihandel gleicht der Inlandspreis dem Weltmarktpreis. Ein Importzoll steigert den Preis des importierten Stahls um den Betrag des Zolls über den Weltmarktpreis. Inländische Stahlproduzenten, die mit den ausländischen Anbietern von Importstahl konkurrieren, können ihren Stahl nun zum Weltmarktpreis plus Zoll verkaufen. So kommt es dazu, daß der Preis des Stahls – ob importiert oder im Inland hergestellt – um den Betrag des Zolls steigt und näher an dem Preis dran ist, der ohne Außenhandel herrschen würde.

Die Preisänderung beeinflußt das Verhalten der inländischen Käufer und Verkäufer. Da der Zoll den Stahl verteuert, senkt er die im Inland nachgefragte Menge von Q_1^D auf Q_2^D. Zugleich steigt durch den Zoll die im Inland angebotene Menge von Q_1^S auf Q_2^S. *Der Importzoll reduziert die Importmenge und führt den Inlandsmarkt näher an das Marktgleichgewicht ohne Außenhandel heran.*

Nun untersuchen wir die Gewinne und Verluste aus dem Importzoll. Da der Zoll den Inlandspreis erhöht, haben die inländischen Verkäufer Vorteile und die inländischen Käufer Nachteile. Im übrigen hat der Staat Einkünfte. Um die Gewinne und Verluste zu messen, stellen wir die Veränderungen der

Konsumentenrente, der Produzentenrente und der Staatseinkünfte zusammen (vgl. Tabelle 9-3).

Tabelle 9-3
Veränderungen der Wohlfahrt durch Zölle. Mit der Tabelle kann man die Wohlfahrtswirkungen eines Zolls nachrechnen. Verglichen wird die Wohlfahrt bei Freihandel mit der Wohlfahrt bei einer zollbedingten Handelsbeschränkung. Die Großbuchstaben bezeichnen Regionen des Schaubildes 9-6.

	Ohne Zollschranken	Mit Zollschranken	Veränderungen
Konsumentenrente	A + B + C + D + E + F	A + B	–(C + D + E + F)
Produzentenrente	G	C + G	+ C
Staatseinnahmen	nichts	E	+ E
Gesamtrente	A + B + C + D + E + F + G	A + B + C + E + G	–(D + F)

Ohne Zollschranken stimmt der Inlandspreis mit dem Weltmarktpreis überein. Die Konsumentenrente, der Bereich zwischen der Nachfragekurve und dem Weltmarktpreis, ist gleich den Flächenstücken A + B + C + D + E + F. Die Produzentenrente, der Bereich zwischen der Angebotskurve und dem Weltmarktpreis, gleicht dem Flächenstück G. Die Staatseinnahmen sind null. Die Gesamtrente, d.h. Konsumentenrente, Produzentenrente und Staatseinnahmen, ist gleich den Flächenstücken A + B + C + D + E + F + G.

Sobald der Staat den Importzoll einführt, übersteigt der Inlandspreis den Weltmarktpreis um die Höhe des Zolls. Die Konsumentenrente beträgt nun A + B, die Produzentenrente ist C + G. Die Staatseinnahmen (Zollsatz mal Einfuhrmenge nach Einführung des Zolls) betragen E. Mit Zollschranken beläuft sich die Gesamtrente auf A + B + C + E + G.

Um die Gesamtwohlfahrtswirkungen des Zolls herauszufinden, addieren wir die Veränderungen der Konsumentenrente (negativ), der Produzentenrente (positiv) und der Staatseinkünfte (positiv). Wir stellen fest, daß sich durch den Zoll ein Wohlfahrtsverlust einstellt, der dem Bereich D + F entspricht.

Es ist nicht überraschend, daß der Zoll einen Wohlfahrtsverlust verursacht; denn ein Zoll ist ja eine Steuer. Wie jedwede Steuer auf den Verkauf eines Gutes stört der Zollsatz die Anreize der Marktteilnehmer und führt vom Optimum weg. Wir können zwei Effekte benennen. Erstens erhöht der Importzoll auf Stahl den Stahlpreis, den die inländischen Produzenten erlösen, über den Weltmarktpreis hinaus und als Folge davon werden die Erzeuger angeregt, die Stahlproduktion zu steigern (von Q_1^S auf Q_2^S). Zweitens erhöht der Importzoll den Preis, den inländische Käufer zu bezahlen haben und als Folge davon werden die Konsumenten den Verbrauch reduzieren (von Q_1^D auf Q_2^D). Das Flächenstück D stellt den Wohlfahrtsverlust aus der Überproduktion und das Flächenstück F den Wohlfahrtsverlust aus der Unterkonsumtion dar. Beide Dreiecke zusammen machen den gesamten Wohlfahrtsverlust aus.

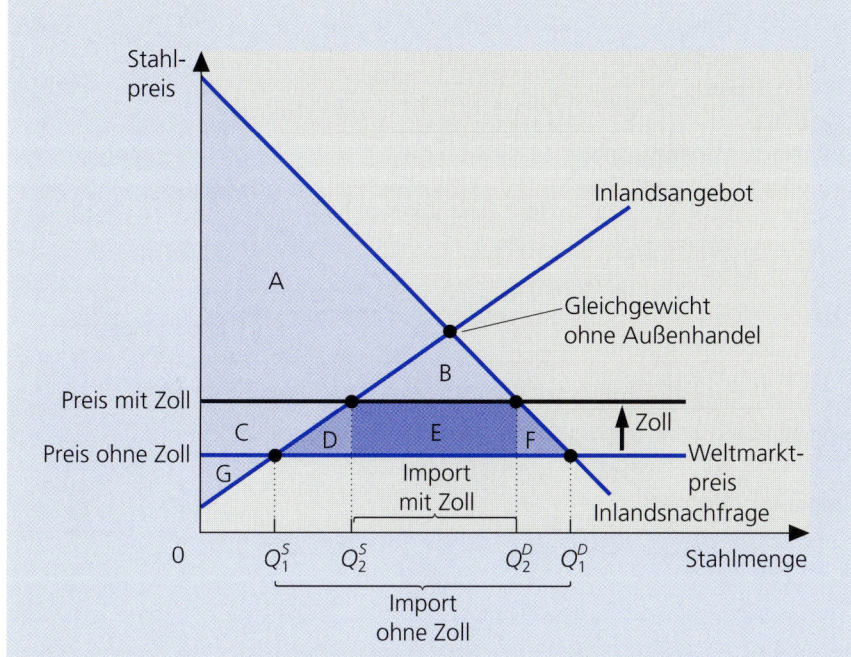

Schaubild 9-6
Die Wirkungen
eines Importzolls.
Ein Zollsatz reduziert die Importmenge und führt den
Markt näher an das
Gleichgewicht ohne
Außenhandel heran.
Die Gesamtrenten
gehen um den Betrag
der Flächenstücke D
+ F zurück. Diese
beiden Dreiecke stellen den gesamten
Wohlfahrtsverlust
aus der Einführung
des Zolls dar.

Die Wirkungen von Importquoten

Die Nationalökonomen von Isoland begutachten nun **Importquoten** – Begrenzungen der zulässigen Importmengen. Dabei gehe man von einer begrenzten Zahl von Importlizenzen aus, die der isoländische Staat vergibt. Jede Lizenz erlaube es dem Lizenznehmer, eine Tonne Stahl nach Isoland einzuführen. Die isoländischen Sachverständigen wollen die Wohlfahrt bei Freihandel mit der Wohlfahrt bei Handel mit Importquotierung vergleichen.

Das Schaubild 9-7 zeigt die Auswirkungen der Importquote auf den Stahlmarkt von Isoland. Da eine Importquote die Isoländer davon abhält, soviel Stahl im Ausland zu kaufen wie sie nur wollen, ist das Angebot nicht mehr vollständig elastisch zum Weltmarktpreis. Statt dessen werden die Lizenznehmer soviel wie möglich importieren, solange der Inlandspreis von Stahl über dem Weltmarktpreis liegt, und das Stahlangebot in Isoland entspricht dem Inlandsangebot plus dem Kontingent aus der Importquotierung. D. h. die Angebotskurve wird oberhalb dem Weltmarktpreis um die Quotenmenge nach rechts verschoben. (Die Angebotskurve unterhalb verschiebt sich nicht, weil in diesem Falle der Import für die Lizenznehmer nicht lohnend ist.)

Der Stahlpreis in Isoland spielt sich so ein, daß Angebot (inländisches Angebot plus Importe) und Nachfrage übereinstimmen. Wie das Schaubild zeigt, bringt die Quote den Stahlpreis zu einem Anstieg über den Weltmarktpreis. Die inländische Nachfragemenge geht von Q_1^D auf Q_2^D zurück,

Importquote
Mengenbeschränkung für ein Gut, das
im Ausland produziert und im Inland
verkauft wird.

Schaubild 9-7
Die Wirkungen einer Importquote. Eine Importquote reduziert wie ein Zoll die Importmenge und bringt den Markt näher an das Gleichgewicht ohne Außenhandel heran. Die Gesamtrente geht um einen Betrag entsprechend den Flächenstücken D und F zurück. Die beiden Dreiecke stellen den von der Importquote verursachten Wohlfahrtsverlust dar. Im übrigen kommt es zu einem Transfer von E' und E'' zu den Lizenznehmern.

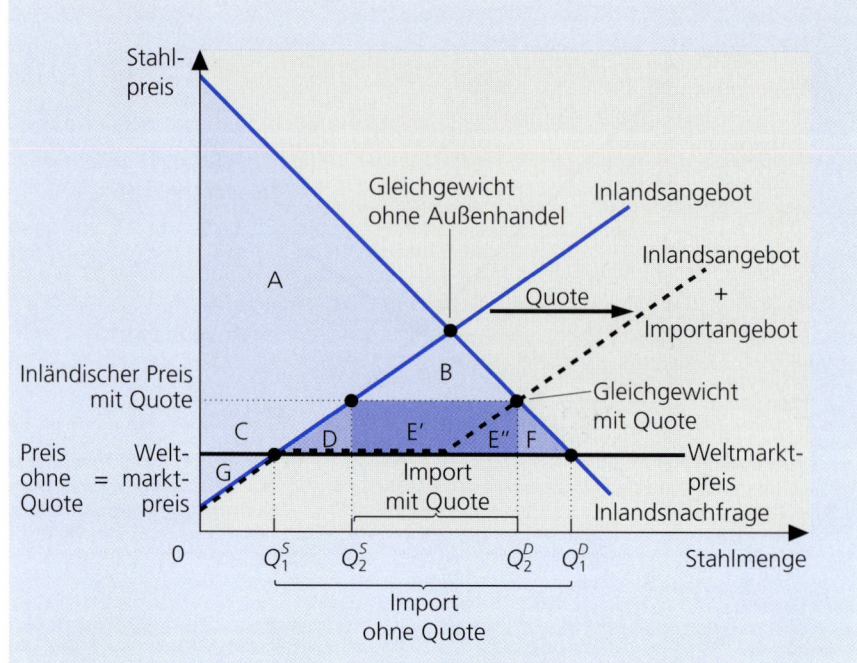

Tabelle 9-4
Veränderungen der Wohlfahrt durch eine Importquote. Die Tabelle vergleicht die Situation ohne Handelsbeschränkung mit der Marktlage nach einer Handelsbeschränkung durch Quotierung. Die Großbuchstaben beziehen sich auf Regionen des Schaubildes 9-7.

	Ohne Quote	Mit Quote	Veränderungen
Konsumentenrente	A + B + C + D + E' + E'' + F	A + B	– (C + D + E' + E'' + F)
Produzentenrente	G	C + G	+ C
Lizenznehmer-Rente	nichts	E' + E''	+ (E' + E'')
Gesamtrente	A + B + C + D + E' + E'' + F + G	A + B + C + E' + E'' + G	– (D + F)

die inländische Angebotsmenge steigt von Q_1^S auf Q_2^S an. Die Importquote vermindert verständlicherweise die Stahlimporte.

Betrachten wir nun die Gewinne und Verluste an Wohlfahrt, die durch die Quote eintreten. Da die Importquote den Inlandspreis über den Weltmarktpreis ansteigen läßt, haben die inländischen Verkäufer Vorteile und die inländischen Käufer Nachteile. Darüber hinaus haben die Lizenznehmer deshalb Vorteile, weil sie zum Weltmarktpreis einkaufen und zum höheren Inlandspreis verkaufen. Wir betrachten wieder die Veränderungen von Konsumenten-, Produzenten- und Lizenznehmer-Renten nach der Tabelle 9-4.

Ehe die Regierung die Quote festlegt, ist der Inlandspreis gleich dem Weltmarktpreis. Die Konsumentenrente, der Bereich zwischen Nachfragekurve und Weltmarktpreis, entspricht den Flächen A + B + C + D + E' + E'' + F. Die Produzentenrente, der Bereich zwischen Angebotskurve und Weltmarktpreis, ist gleich der Fläche G. Die Lizenznehmer-Renten sind Null, da es zunächst keine Lizenzen gibt. Die Gesamtrente – die Summe aus Konsumenten-, Produzenten- und Lizenznehmer-Rente – gleicht A + B + C + D + E' + E'' + F + G.

Nach Verhängung der Importquote durch die Regierung und Ausgabe der Lizenzen steigt der Inlandspreis über den Weltmarktpreis. Die inländischen Konsumenten erlangen Renten in Höhe von A + B, die inländischen Produzenten bekommen C + G. Die Lizenznehmer profitieren von jedem importierten Stück die Differenz zwischen dem höheren Inlandspreis und dem niedrigeren Weltmarktpreis für Stahl. Ihre Rente beläuft sich auf Preisunterschied mal importierte Menge, also auf die Rechtecksfläche E' + E''. Nach Einführung der Importquote beträgt die Gesamtrente A + B + C + E' + E'' + G.

Um die mit der Quotenverhängung eintretende Wohlfahrtsänderung zu sehen, addieren wir die (negative) Änderung der Konsumentenrente, die (positive) Änderung der Produzentenrente und die (positive) Änderung der Lizenznehmer-Rente. Wir stellen eine Abnahme der Gesamtrente um D + F fest. Diese Fläche stellt den Wohlfahrtsverlust dar, den die Importquote verursacht.

Das Untersuchungsverfahren sollte uns inzwischen schon vertraut sein. Wenn man die Analyse der Importquoten nach Schaubild 9 7 mit der Analyse der Zölle in Schaubild 9-6 vergleicht, erkennt man die Übereinstimmung in wesentlichen Punkten. *Sowohl Zölle als auch Importquoten erhöhen den Inlandspreis eines Gutes und die Wohlfahrt der inländischen Produzenten; sie mindern die Wohlfahrt der inländischen Konsumenten und verursachen insgesamt einen Wohlfahrtsverlust.* Ein Unterschied nur besteht zwischen den beiden Arten der Handelsbeschränkung: Zölle bringen Staatseinnahmen (Bereich E im Schaubild 9-6); Importquoten führen dagegen zu Renten für die Lizenznehmer (Bereich E' + E'' im Schaubild 9-7).

Man kann Zölle und Importquoten in der vergleichenden Analyse noch näher zusammenführen. Angenommen, die Regierung beschneidet die Lizenznehmer-Renten durch eine Lizenzgebühr zugunsten des Staatshaushalts. Eine Lizenz zum Verkauf von einer Tonne Importstahl hat den Wert der Differenz zwischen dem Stahlpreis in Isoland und dem Weltmarktpreis. Die Regierung kann bei der Festlegung der Lizenzgebühr bis zur Höhe dieses Preisunterschiedes gehen. Wenn man so vorgeht, wirkt die Lizenzgebühr für Importe wie ein Zoll: Konsumentenrente, Produzentenrente und Staatseinnahmen sind bei den beiden Maßnahmen gleich.

In der Praxis jedoch kommt es selten vor, daß die Länder mit Handelsbeschränkungen durch Importquoten die Importlizenzen verkaufen. Als die US-Regierung zeitweilig Druck auf Japan ausübte, den Verkauf japanischer Autos in die Vereinigten Staaten »freiwillig« zu beschränkten, verteilte die japanische Regierung die Importlizenzen auf die japanischen Autohersteller, und diesen fiel dann die Lizenznehmer-Rate zu (Bereich E' + E''). Diese Art der Importquotierung ist vom Standpunkt der US-amerikanischen Wohlfahrt aus deutlich schlechter als ein US-Zoll auf importierte Autos. Zwar verursachen beide Maßnahmen – Zoll wie Quotierung – Preissteigerungen, Handelsbeschränkungen und Wohlfahrtsverluste, doch führt der Zoll wenigstens zu Staatseinnahmen in den USA statt zu Lizenzeinnahmen der japanischen Autohersteller.

Obwohl es nach unserer Analyse so aussieht, als würden Importquoten und Importzölle zu gleichen Wohlfahrtsverlusten führen, muß dieser Eindruck relativiert werden. Je nach der Art des Verteilungsverfahrens für die Lizenzen kann eine Quotierung zu einem erheblich größeren Wohlfahrtsverlust führen. In Isoland können die Lizenzen z.B. an jene Lobbyisten gehen, die am meisten für die Regierungsparteien spenden. In diesem Falle besteht eine heimliche, implizite Lizenzgebühr – die Kosten der Lobbyisten. Die Einnahmen gehen nicht an die Regierung, sondern an die Lobbyisten. Der Wohlfahrtsverlust aus dieser Art von Importquotierung umfaßt nicht nur einen Verlust aus Überproduktion (Bereich D) und Unterkonsumtion (Bereich F), sondern auch jene Teile der Lizenznehmer-Renten (Bereiche E' + E''), die durch die Lobbyisten verschwendet werden.

Lehren für die Handelspolitik

Der Sachverständigenrat von Nationalökonomen in Isoland kann nun an die neue Präsidentin schreiben:

Verehrte Frau Präsidentin,

Sie haben uns für eine mögliche Handelsöffnung des Landes drei Fragen zur Untersuchung aufgegeben. Nach ziemlich harter Arbeit können wir Ihnen nun die Antworten unterbreiten.

Frage: Wie würden sich der Stahlpreis und die gehandelte Stahlmenge auf dem Stahlmarkt in Isoland verändern, wenn jeder Isoländer zum Import und zum Export von Stahl berechtigt wäre?
Antwort: Sobald Freihandel erlaubt ist, gleicht sich der Stahlpreis in Isoland dem Weltmarktpreis an. – Ist der Weltmarktpreis höher als der Preis in Isoland, steigt der Inlandspreis. Dadurch würde die Nachfrage in Isoland zurückgehen und das Angebot aus inländischer Produktion ansteigen. Isoland würde deshalb Stahl exportieren. Der Grund liegt darin, daß Isoland über einen komparativen Vorteil bei der Stahlproduktion verfügt. – Ist der Weltmarktpreis niedriger als der Preis in Isoland, so fällt der Inlandspreis. Der niedrigere Inlandspreis würde die Stahlnachfrage anregen und die inländische Stahlproduktion dämpfen. Isoland würde deshalb Stahl importieren. Der Grund wäre darin zu suchen, daß in diesem Falle andere Länder über komparative Vorteile bei der Stahlproduktion verfügen.

Frage: Wer sind die Gewinner und die Verlierer beim Freihandel in Stahl, und übersteigen die Vorteile insgesamt die Nachteile?
Antwort: Die Antwort hängt davon ab, ob der Preis beim Übergang zum Freihandel steigt oder fällt. Sofern der Inlandspreis steigt, haben die Stahlhersteller Vorteile und die Stahlverbraucher Nachteile. Sofern jedoch der Inlandspreis zurückgeht, haben die Produzenten Verluste und die Konsumenten Gewinne an Wohlfahrt. In beiden Fällen sind die Gewinne größer als die Verluste, so daß Freihandel die Wohlfahrt der Isoländer insgesamt erhöht.

Frage: Sollten Zölle oder Importquoten zur neuen Handelspolitik gehören?

Antwort: Ein Zoll verursacht – wie die meisten Steuern – Wohlfahrtsverluste: Die erzielten staatlichen Einnahmen wären niedriger als die Verluste für Käufer und Verkäufer. Die Wohlfahrtsverluste treten ein, weil ein Zoll das Marktgleichgewicht näher an die Marktlage ohne Außenhandel heranführt. Eine Importquote wirkt sich ganz ähnlich aus und würde vergleichbare Wohlfahrtsverluste verursachen. Vom Standpunkt ökonomischer Effizienz aus bestünde die beste Handelspolitik darin, den Freihandel ohne Zölle oder Quoten zuzulassen.

Wir hoffen sehr, daß Sie unsere Antworten bei der anstehenden Entscheidung über eine neue Handelspolitik als hilfreich empfinden.

Ihr Ihnen sehr ergebener
Sachverständigenrat von Isoland

Schnelltest

Zeichnen Sie die Angebotskurve und die Nachfragekurve für Garnituren wollener Unterwäsche im Land Autarka. Sobald Freihandel erlaubt ist, fällt der Preis einer Garnitur von 3 auf 2 Unzen Gold. Bestimmen Sie zeichnerisch die Veränderungen der Konsumentenrente, der Produzentenrente und der Gesamtrente. Wie würde ein Importzoll die Wohlfahrtseffekte verändern?

Die Argumente für Handelsbeschränkungen

Der Brief des ökonomischen Sachverständigenrates veranlaßt die neue Präsidentin von Isoland, die Öffnung des Landes für den freien Handel von Stahl in Erwägung zu ziehen. Sie bemerkt, daß der Inlandspreis zur Zeit höher ist als der Weltmarktpreis. Freihandel würde deshalb zu einem Preisrückgang führen und zum Nachteil der inländischen Stahlhersteller ausgehen. Vor der Einführung der neuen Politik ersucht die Präsidentin die Stahlhersteller von Isoland in einer Anhörung um ihren Kommentar zum Sachverständigengutachten.

Wie nicht anders zu erwarten, stellen sich die Stahlhersteller gegen den Freihandel. Sie meinen, daß ihre Regierung die heimischen Stahlerzeuger gegen den Wettbewerb aus dem Ausland schützen sollte. Wenden wir uns den Argumenten der Stahlhersteller und den möglichen Antworten der Ökonomen zu.

Das Beschäftigungsargument

Gegner des Freihandels bringen häufig vor, daß der Außenhandel mit anderen Ländern im Inland Arbeitsplätze zerstört. Im vorliegenden Fall käme es durch den Freihandel zu einem Preisrückgang beim Stahl, zu einem Rückgang der Erzeugungsmenge in Isoland und auf diese Weise zu einem Beschäftigungsrückgang in der Stahlindustrie von Isoland. Isoländische Stahlarbeiter würden zum Teil arbeitslos.

Gleichzeitig mit der Vernichtung von Arbeitsplätzen läßt der Freihandel jedoch auch neue Arbeitsplätze entstehen. Sofern die Isoländer Stahl im Ausland einkaufen, erlangen diese Länder die Mittel für den Kauf anderer Erzeugnisse in Isoland. Isoländische Arbeiter würden von der Stahlindustrie zu jenen neuen Industrien überwechseln, bei denen Isoland einen komparativen Vorteil hat. Obwohl die Produktionsverlagerung kurzfristig gewisse Härten für die zum Arbeitsplatzwechsel gezwungenen Arbeiter mit sich bringt, erhalten die Einwohner von Isoland dadurch langfristig die Gelegenheit zu einem höheren Lebensstandard.

Gegner des Freihandels ziehen oft in Zweifel, daß der Handel Arbeitsplätze schafft. Sie bringen vor, daß *jedes Gut* irgendwo im Ausland billiger produziert werden könnte. Unter Freihandel, sagen sie, könnten die Isoländer in keinem Wirtschaftszweig rentabel beschäftigt werden. Im Kapitel 3 wurde jedoch bereits erklärt, daß die Handelsvorteile auf komparativen Vorteilen, nicht auf absoluten Vorteilen, beruhen. Sogar dann, wenn ein Land gar alles günstiger produzieren könnte als ein anderes Land, bringt der gegenseitige Handel für alle Vorteile. Die Arbeitskräfte der beiden Länder finden ihre Arbeitsplätze vorwiegend in den Wirtschaftszweigen mit nationalen komparativen Vorteilen.

Das Sicherheitsargument

Sobald eine Industrie von ausländischer Konkurrenz bedroht wird, argumentieren die Gegner des Freihandels oft, diese Industrie sei lebenswichtig für die nationale Sicherheit. In unserem Beispiel könnten die Stahlhersteller von Isoland darauf verweisen, daß Stahl zur Erzeugung von Kanonen und Panzern benötigt wird. Freihandel mache Isoland beim Stahlangebot von anderen Ländern abhängig. Bei Ausbruch eines Krieges wäre Isoland nicht in der Lage, genügend Stahl und Waffen zur Verteidigung zu produzieren.

Die Nationalökonomen räumen ein, daß der Schutz von Schlüsselindustrien angebracht sein kann, wenn berechtigte Besorgnis um die nationale Sicherheit besteht. Sie fürchten aber, daß dieses Argument allzu rasch und leichtfertig von den Produzenten herangezogen wird, um auf Kosten der Konsumenten Vorteile zu erlangen. So hat die Uhrenindustrie der USA ihre Bedeutung für die nationale Sicherheit lange Zeit davon abgeleitet, daß sie Spezialisten beschäftigt, die in Kriegszeiten wichtig wären. Es besteht eine nicht geringe Versuchung für die Unternehmen, ihre Bedeutung für die nationale Sicherheit zum eigenen Vorteil zu übertreiben.

Das Schutzargument

Junge Industriezweige verlangen als Schutz und Hilfestellung für die Anfangszeit Handelsbeschränkungen für die ausländische Konkurrenz. Bereits im 19. Jahrhundert entwickelte Friedrich List ein Schutzzoll- oder *Erziehungszollargument*. Der Aufbau »junger« und in Zukunft erfolgversprechender Industrien könne kaum gelingen, wenn diese in ihrer Aufbauphase – wenn bei noch kleinen Mengen die Produktionskosten je Einheit hoch sind – ungeschützt dem Wettbewerb ausländischer Konkurrenten ausgesetzt sind. Nach einer gewissen Zeit des Schutzes, so wird argumentiert, sind die neuen Industrien schließlich reif und konkurrenzfähig. Ganz ähnlich argumentieren jedoch gelegentlich die alten Industrien. Sie wollen zeitweilig geschützt werden, um sich neuen Bedingungen anpassen und dem Strukturwandel stellen zu können. So hat der Vorstandsvorsitzende einer weltbekannten US-Automobilfabrik zur Zeit besonderer Herausforderungen durch die japanische und deutsche Konkurrenz Protektion für eine gewisse Umstellungszeit verlangt, um die heimische Industrie »wieder auf die Füße zu stellen«.

Solchen Wünschen stehen Ökonomen meist skeptisch gegenüber. Erstens einmal ist das Schutzargument nur sehr schwer einzuschätzen und in die Praxis umzusetzen. Die erfolgreiche Handhabung der Protektion würde dem Staat eine prognostische Beurteilung des unternehmerischen Zukunftserfolges und ein Kalkül abverlangen, wonach die Nutzen höher sind als die Kosten der Protektion zulasten der Konsumenten. Eine Politik, die »picking the winners« versucht, ist außerordentlich schwierig. Sie wird noch durch politische Maßnahmen der Praxis erschwert, die politisch einflußreiche Industrien unter Protektion stellt. Und wenn erst einmal ein politisch einflußreicher Sektor gegen die ausländische Konkurrenz geschützt wird, ist die »vorübergehende« Schutzmaßnahme kaum jemals wieder rückgängig zu machen.

Im übrigen begegnen viele Ökonomen dem Schutzargument prinzipiell mit Mißtrauen. Nehmen wir einmal an, die Stahlindustrie von Isoland sei jung und tatsächlich unfähig, zu rentablen Preisen gegen die ausländische Konkurrenz zu bestehen. Es gibt aber doch Gründe für die Hoffnung auf eine langfristige Gewinnträchtigkeit. In diesem Falle sollten die Eigentümer die vorübergehenden Verluste in Kauf nehmen, um die später möglichen Gewinne zu erlangen. Protektion ist grundsätzlich unnötig, damit eine Industrie entstehen und wachsen kann. Unternehmungen unterschiedlicher Wirtschaftszweige – wie heutzutage etwa in der Biotechnologie – nehmen Anfangsverluste auf sich, in der Hoffnung auf Wachstum und Rentabilität in der Zukunft. Und viele von ihnen haben – ohne Schutz vor der ausländischen Konkurrenz – Erfolg.

Das Argument vom unfairen Wettbewerb

Eine gängige Stellungnahme lautet, Freihandel sei nur dann wünschbar, wenn für alle Handelspartner die gleichen Regeln gelten. Unfair sei der internationale Wettbewerb dann, wenn die Unternehmungen in verschiedenen Ländern ganz unterschiedlichen Gesetzen und Regulierungen unterliegen. Nehmen wir z.B. an, in einem Nachbarland werde die Stahlindustrie durch große Steuervergünstigungen gefördert. Die Stahlhersteller in Isoland würden dann Schutz gegen die ausländische Konkurrenz begehren, weil ihnen der Wettbewerb aus dem Nachbarland unfair erscheint. Ähnlich haben süddeutsche Zementhersteller vor einigen Jahren argumentiert. Sie hätten unter strengen Auflagen des Umweltschutzes neue Produktionsanlagen erstellt, und nun kämen Billigimporte an Zement aus der Slowakei auf den Markt, die einerseits hohe Umweltverschmutzung bei der Produktion verursachen und andererseits riesige Transportsubventionen verschlingen.

Hätte Isoland tatsächlich Schäden vom Import subventionierten Stahls aus anderen Ländern? Gewiß, die isoländischen Erzeuger von Stahl würden unter den niedrigen Preisen leiden, doch die isoländischen Nachfrager hätten Vorteile. Im übrigen macht es für den Freihandel keinen Unterschied: Die Gewinne der Konsumenten aus dem billigen Einkauf übersteigen die Verluste der Produzenten. Die Subventionen des Nachbarlandes an die nationale Stahlindustrie mögen eine schlechte Politik darstellen, doch die Last tragen die Steuerzahler des Nachbarlandes. Isoland profitiert von der Möglichkeit, Stahl zu einem subventionierten Preis einkaufen zu können. Bei einer vertieften Analyse wird man u.a. zwischen lokalen Umweltschäden (z.B. Bodenverseuchung) und globalen Umweltschäden (z.B. CO_2-Gehalt der Atmosphäre) unterscheiden.

Das Argument vom Verhandlungsvorteil

Ein weiteres Argument für Handelsbeschränkungen wird aus dem internationalen Verhandlungsprozeß abgeleitet. Viele Politiker nehmen für sich in Anspruch, für Freihandel zu sein, doch gleichzeitig sagen sie, Handelsbeschränkungen können nützlich sein, wenn man mit Handelspartnern verhandelt. Sie bestehen darauf, daß eine Drohung mit Handelsbeschränkungen dabei helfen kann, die bereits in anderen Ländern vom Staat verhängten Beschränkungen des Handels zu beseitigen. So könnte Isoland z.B. damit drohen, einen Einfuhrzoll für Stahl einzuführen, wenn das Nachbarland nicht den Einfuhrzoll für Weizen abschafft. Sofern das Nachbarland mit der Abschaffung des Einfuhrzolls auf Weizen reagiert, ist ein Schritt näher zum Freihandel getan.

Problematisch ist die Sache, wenn die Drohung nicht wirkt. Bei einer unwirksamen Drohung steht das Land vor einer schwierigen Wahl. Es kann seine Drohung wahr machen und eine Handelsbeschränkung einführen, die zu einer Wohlfahrtsminderung im eigenen Land führt. Das Land kann aber auch von seiner Drohung Abstand nehmen, wodurch ein internationaler Verlust an Ansehen eintritt. Mit diesen Alternativen konfrontiert würde das Land vermutlich wünschen, die Drohung nie ausgesprochen zu haben.

Das GATT und die multilateralen Bemühungen um Freihandel   Fallstudie

Jedes Land kann auf einem von zwei Wegen zum Freihandel gelangen. Es kann *einseitig* vorgehen und die eigenen Handelsbeschränkungen abschaffen. So war es bei Großbritannien im 19. Jahrhundert und bei Chile oder Süd-Korea in den vergangenen Jahren. Alternativ kann ein Land *multilateral* vorgehen und seine eigenen Handelsbeschränkungen im Gleichschritt mit anderen Ländern reduzieren oder beseitigen. Das Land kann – mit anderen Worten – mit seinen Handelspartnern verhandeln und feilschen, um die Handelsbeschränkungen rund um den Erdball abzubauen.

Ein bedeutsames Beispiel des multilateralen Ansatzes ist das GATT (General Agreement on Tariffs and Trade). Das GATT besteht in einer fortdauernden Folge von Verhandlungen zwischen vielen Ländern der Erde, mit dem Ziel, den Freihandel zu fördern. Das nach dem zweiten Weltkrieg gegründete GATT ist als eine späte Reaktion auf die Hochzollpolitik vieler Staaten zur Zeit der Weltwirtschaftskrise in den dreißiger Jahren zu verstehen. Viele Ökonomen glauben, daß die hohen Zölle die wirtschaftlichen Schäden jener Zeit noch verstärkt haben. Das GATT hat den Durchschnittszoll zwischen den Mitgliedsländern erfolgreich gesenkt, und zwar von rund 40% nach dem zweiten Weltkrieg auf gegenwärtig etwa 5%.

Wie steht es um Pro und Contra des multilateralen Ansatzes für den Freihandel? Auf der einen Seite kann der multilaterale Ansatz bei Erfolg gleichsam definitionsgemäß zu einem größeren Maß an Liberalisierung führen als das unilaterale Vorgehen. Auf der anderen Seite würden Fehlschläge der Verhandlungen insgesamt zu weniger Freihandel führen als ein einseitiges Vorgehen.

Darüber hinaus wird dem multilateralen Ansatz ein politischer Vorteil zugeschrieben. Auf den meisten Märkten sind die Produzenten weniger zahlreich und besser organisiert als die Konsumenten und deshalb mit größerem politischem Einfluß ausgestattet. Die Senkung eines Importzolls in Isoland z.B. kann deshalb für sich allein betrachtet politisch schwierig sein. Die Stahlhersteller würden sich dem Freihandel widersetzen und die Mobilisierung der zahlreichen begünstigten Stahlverbraucher wäre nahezu aussichtslos. Wenn jedoch das Nachbarland versprechen würde, im Gegenzug zur Senkung der Stahlzölle die Weizenzölle abzubauen, sähe die Sache anders aus. In diesem Falle würden die Weizenbauern in Isoland, die gut organisiert und politisch stark sind, das Handelsabkommen befürworten. Der multilaterale Ansatz kann also bisweilen dann politische Fürsprecher gewinnen, wenn unilaterale Maßnahmen nicht mehrheitsfähig sind.

Die Textilindustrie von Autarka propagiert ein Einfuhrverbot für wollene   Schnelltest
Unterwäsche. Stellen Sie fünf Argumente zusammen, die Lobbyisten der Textilindustrie gebrauchen würden. Schreiben Sie auch die Antwort zu jedem der Argumente auf.

Schlußfolgerung

Beim Freihandel scheiden sich die Geister von Ökonomen und breiter Öffentlichkeit. Im Jahre 1993 z.B. standen die Vereinigten Staaten von Amerika vor der Ratifizierung des »North American Free Trade Agreement« (NAFTA), das die Handelsbeschränkungen zwischen den USA, Kanada und Mexiko verringern sollte. Meinungsumfragen zeigten eine Spaltung der Öffentlichkeit in zwei nahezu gleich große Lager, und das Abkommen ging im Kongreß nur mit hauchdünner Mehrheit durch. Die Gegner stuften den Freihandel als eine Bedrohung für die Sicherheit der Arbeitsplätze und den amerikanischen Lebensstandard ein. Im Gegensatz dazu gab es unter den Ökonomen eine überwältigende Mehrheit von Befürwortern des Abkommens. Sie werteten den Freihandel als einen Weg zur Effizienzsteigerung der Produktion und zur Steigerung des Lebensstandards in allen drei Ländern.

Nationalökonomen betrachten die Vereinigten Staaten von Amerika insgesamt als den fortgesetzten und fortzusetzenden Versuch, dessen Ergebnisse die Vorteile des Freihandels bestätigen. Durch ihre gesamte Geschichte hindurch haben die USA den unbeschränkten zwischenstaatlichen Handel ermöglicht und dabei von den Spezialisierungen durch Handel profitiert. In Florida werden Orangen angebaut, Texas fördert Öl, Kalifornien kultiviert Wein – um nur einige Beispiele anzuführen. Die Amerikaner würden sich nicht des heutigen hohen Lebensstandards erfreuen, wenn die Leute nur auf den Konsum inländischer Waren und Dienstleistungen angewiesen wären. Entsprechend könnte die ganze Welt durch Freihandel gewinnen.

Damit die Sicht der Ökonomen vom Freihandel leichter verständlich wird, knüpfen wir an unsere Parabel an. Angenommen, die Regierung von Isoland ignoriert die Empfehlung ihrer Sachverständigen und entscheidet sich gegen den Freihandel von Stahl. Das Land verharrt im Gleichgewicht der geschlossenen Volkswirtschaft.

Eines Tages dann entdeckt irgendein isoländischer Erfinder ein neues und sehr kostengünstiges Produktionsverfahren für Stahl. Das Verfahren ist nicht durchschaubar, und der Erfinder besteht auf seiner Geheimhaltung. Im übrigen benötigt man bei dem Verfahren rätselhafterweise weder Arbeitskräfte noch Eisenerz zur Stahlerzeugung. Der einzige notwendige Faktoreinsatz besteht in Weizen.

Man preist den Erfinder als ein Genie. Da Stahl in zahlreichen Produkten zum Einsatz kommt, senkt die Anwendung der Neuerung wie eine Basisinnovation die Kosten zahlreicher anderer Güter. Alle Einwohner von Isoland erfreuen sich eines höheren Lebensstandards. Nachteile haben selbstverständlich die bisher in der Stahlherstellung beschäftigten Arbeitskräfte, da ihre Fabriken schließen müssen. Doch sie finden wohl in anderen Unternehmungen Arbeit. Einige werden Landwirte und bauen Weizen an, der sich nach dem neuen Produktionsverfahren in Stahl verwandeln läßt. Andere gehen in neue Industriezweige, die mit dem höheren Lebensstandard nun in Isoland entstehen. Jedermann wird verstehen, daß die Freisetzung und Neubeschäftigung der Arbeitskräfte ein unvermeidlicher Teil des Fortschritts ist.

Nach einigen Jahren macht sich ein Zeitungsreporter daran, den wundersamen neuen Produktionsprozeß für Stahl zu erkunden. Er spioniert ein wenig in der Fabrik des Erfinders und entdeckt, daß dieser ein Betrüger ist. Er hat überhaupt keinen Stahl hergestellt. Statt dessen hat er illegal Weizen ins Ausland verschifft und dafür Stahl eingeführt. Alles, was der Erfinder entdeckt hatte, waren die Vorteile des zwischenstaatlichen Handels.

Als die Wahrheit schließlich ans Licht kommt, unterbindet die Regierung die Aktivitäten des »Erfinders«. Der Stahlpreis steigt und die Stahlarbeiter kehren an ihre früheren Arbeitsplätze zurück. Der Lebensstandard von Isoland fällt auf das frühere niedrigere Niveau zurück. Der Erfinder wird verhaftet und öffentlich der Lächerlichkeit preisgegeben. Am Ende war er kein Erfinder, sondern nur ein Ökonom.

Zusammenfassung

- Die Wirkungen des Freihandels können dadurch bestimmt werden, daß man den Inlandspreis ohne Außenhandel mit dem Weltmarktpreis vergleicht. Ein niedriger Inlandspreis deutet darauf hin, daß ein Land bei der Produktion eines Gutes einen komparativen Vorteil hat und deshalb zum Exporteur werden wird. Ein hoher Inlandspreis zeigt dagegen an, daß die übrige Welt einen komparativen Vorteil bei der Güterproduktion hat und das Land zum Importeur werden wird.

- Wenn ein Land den Freihandel gestattet und zum Exporteur eines Gutes wird, so sind die Produzenten des Gutes besser und die Konsumenten schlechter gestellt. Wird das Land bei Freihandel umgekehrt zum Importeur eines Gutes, so haben die Konsumenten Vorteile und die Produzenten Nachteile. In beiden denkbaren Fällen sind die Handelsgewinne höher als die Nachteile aus dem Außenhandel.

- Ein Importzoll – eine Steuer auf Importe – bringt den Markt näher an das Gleichgewicht heran, das ohne Außenhandel bestehen würde. Er mindert die Handelsvorteile. Obwohl nun die inländischen Produzenten besser gestellt sind und der Staat Einnahmen erzielt, übersteigen die Wohlfahrtsverluste der Konsumenten – verglichen mit Freihandel – die Vorteile von Produzenten und Staat.

- Eine Importquote hat ganz ähnliche Wirkungen wie ein Importzoll. Bei einer Quotierung beziehen jedoch die Lizenznehmer die Einkünfte, die bei einem Zoll an den Staat gingen.

- Es gibt verschiedene Begründungen für Handelsbeschränkungen: Arbeitsplätze schützen, die nationale Sicherheit verteidigen, neue Industrien schützen, unfairem Wettbewerb vorbeugen und auf ausländische Handelsbeschränkungen reagieren. Obwohl einige dieser Argumente unter besonderen Bedingungen zutreffen, halten Ökonomen den Freihandel für die gewöhnlich bessere Politik.

Stichworte

Importquote   Weltmarktpreis
Importzoll

Wiederholungsfragen

1. Was sagt der in der geschlossenen Volkswirtschaft vorherrschende Preis über den möglichen komparativen Vorteil einer nationalen Volkswirtschaft aus?
2. Wann wird ein Land Exporteur, wann Importeur eines bestimmten Gutes?
3. Zeichnen Sie das Angebots-Nachfrage-Diagramm für ein Importland. Bestimmen Sie Konsumentenrente und Produzentenrente ohne Außenhandel und nach Übergang zum Freihandel. Welche Veränderung der Gesamtwohlfahrt ist zu bemerken?
4. Zählen Sie fünf häufig gebrauchte Argumente zur Stützung von Handelsbeschränkungen auf. Was antworten Ökonomen auf diese Argumente?

Aufgaben und Anwendungen

1. Trotz geographischer Größe bilden die Vereinigten Staaten von Amerika einen kleinen Teil des Weltmarktes für Orangen.
   a) Zeichnen Sie ein Diagramm für das Gleichgewicht des US-Orangenmarktes ohne Außenhandel. Bestimmen Sie Gleichgewichtspreis, Gleichgewichtsmenge, Konsumentenrente und Produzentenrente.
   b) Angenommen, der Weltmarktpreis für Orangen sei unter dem US-Preis ohne Handel und der US-Orangenmarkt werde für den Freihandel geöffnet. Bestimmen Sie den neuen Gleichgewichtspreis, die konsumierte Menge, die im Inland produzierte Menge und die Importmenge. Zeigen Sie auch die Änderungen der Konsumenten- und Produzentenrente. Wird die inländische Wohlfahrt insgesamt zunehmen oder abnehmen?
2. Der Weltmarktpreis für Wein ist niedriger als der Preis für Wein ohne Außenhandel in den USA.
   a) Geben Sie eine graphische Darstellung für den US-Weinmarkt bei Freihandel, wobei angenommen werden kann, daß die US-Importe einen relativ kleinen Teil der Weltproduktion ausmachen. Machen Sie eine Tabelle für Konsumentenrente, Produzentenrente und Gesamtrente.

b) Nehmen wir nun an, eine ungewöhnliche Verlagerung des Golfstroms führe zu einem außergewöhnlich kalten Sommer in Europa, wobei die Traubenernte großenteils zerstört wird. Welche Wirkungen werden davon auf den Weltmarktpreis des Weines ausgehen? Zeigen Sie anhand der Graphik und der Tabelle aus a) die Wirkungen auf Konsumentenrente, Produzentenrente und Gesamtrente in den USA. Wer sind die Gewinner und Verlierer? Sind die Vereinigten Staaten insgesamt besser oder schlechter daran?

3. Der Weltmarktpreis für Baumwolle liege unter dem Preis ohne Außenhandel im Land A und über dem Preis ohne Außenhandel im Land B. Zeigen Sie die Handelsvorteile unter Verwendung von Angebots-Nachfrage-Diagrammen und Wohlfahrtstabellen. Vergleichen Sie die Ergebnisse der beiden Länder miteinander.

4. Wie wäre die Wirkung eines Importzolls auf ein Gut, wenn der Weltmarktpreis über dem Inlandspreis ohne Außenhandel liegt? Welches wäre der Effekt eines Importzolls, der größer ist als der Unterschied zwischen dem niedrigeren Weltmarktpreis und dem Inlandspreis ohne Außenhandel?

5. Der Kongreß der Vereinigten Staaten von Amerika verhängt einen Importzoll auf eingeführte Autos, um die US-Automobilindustrie gegenüber der ausländischen Konkurrenz zu schützen. Zeigen Sie unter der Annahme, daß die USA im Weltautomarkt Mengenanpasser oder Preisnehmer sind, in einem Diagramm die Veränderung der Importmenge, den Wohlfahrtsverlust der US-Konsumenten, den Wohlfahrtsgewinn der US-Produzenten, die Staatseinnahmen und den mit dem Zoll verknüpften Wohlfahrtsverlust. Der Nachteil der Konsumenten kann in drei Komponenten aufgespalten werden: einen Transfer zu den inländischen Produzenten, einen Transfer hin zum Staat und einen Wohlfahrtsverlust. Benützen Sie Ihr Diagramm, um die drei Komponenten zu bestimmen.

6. Die nachfolgende Tabelle gibt Nachfrage nach und Angebot an Uhren in den Vereinigten Staaten und in der Schweiz an (hier annahmegemäß die einzigen beiden relevanten Länder der Welt):

Uhrenpreis ($)	Q^D USA (Tausend Stück)	Q^S USA (Tausend Stück)	Q^D Schweiz (Tausend Stück)	Q^S Schweiz (Tausend Stück)
10	110	0	80	30
20	90	20	50	50
30	70	40	35	65
40	60	60	20	80
50	50	80	5	95
60	40	95	0	105
70	30	105	0	110
80	20	110	0	115

a) Wie hoch sind ohne zwischenstaatlichen Handel Gleichgewichtspreis und Gleichgewichtsmenge auf dem Uhrenmarkt der USA und der Schweiz?

b) Es herrsche nun Freihandel zwischen den USA und der Schweiz. Wie hoch ist der neue Gleichgewichtspreis auf dem Weltmarkt für Uhren? Wie steht er im Vergleich zu den nationalen Preisen der beiden Länder ohne Außenhandel?

c) Wie hoch ist im neuen Gleichgewicht die Gesamtmenge der produzierten Uhren in den beiden Ländern? Welches Land exportiert Uhren? Und wie viele?

d) Was geschieht bei der Handelsöffnung mit der Produktionsmenge und der Beschäftigung in der US-Uhrenindustrie und in der Schweizer Uhrenindustrie? Wer gewinnt und wer verliert beim Übergang zum Freihandel?

7. Stellen Sie sich nun den merkwürdigen Fall vor, daß die Weinbauern im US-Bundesstaat Washington eine Besteuerung der aus Kalifornien importierten Weine verlangen, damit Steuereinnahmen anfallen und die Beschäftigung in der Washingtoner Weinherstellung steigt. Stimmen Sie den Forderungen zu? Wäre das eine vernünftige politische Maßnahme?

8. Als die Regierung von Handelsland sich für eine Importquote auf ausländische Autos entscheidet, geht es um dreierlei Vorschläge: (1) Verkauf der Importlizenzen in einer Auktion. (2) Zufällige Verteilung der Lizenzen in einer Lotterie. (3) Schlangestehen der Bewerber und Verteilung der Reihe nach. Vergleichen Sie diese Maßnahmen und überlegen Sie, mit welcher der Maßnahmen der größte und der kleinste Wohlfahrtsverlust verknüpft ist. Begründungen?

9. Betrachten Sie ein kleines Land, das Stahl exportiert. Eine sehr handelsfreundliche Regierung entscheidet sich dafür, jede Tonne exportierten Stahls mit einem bestimmten Betrag zu subventionieren. Wie beeinflußt diese Exportsubvention den Inlandspreis für Stahl, die Produktionsmenge von Stahl, die Verbrauchsmenge und die Exportmenge? Wie werden Konsumentenrente, Produzentenrente, Staatseinnahmen und Gesamtrente verändert?

Die Ökonomik des öffentlichen Sektors

Teil IV

In diesem Kapitel werden Sie

- lernen, was Externalitäten oder externe Effekte sind,
- verstehen, warum externe Effekte zu ineffizienten Marktergebnissen führen,
- sehen, inwiefern die Menschen externe Effekte manchmal selbst auflösen können,
- klären, warum private Lösungen des Externalitätenproblems oft nicht bestehen,
- nachprüfen, ob sich politische Maßnahmen zur Vermeidung externer Effekte eignen.

Unternehmungen, die Papier herstellen und verkaufen, setzen als Nebenprodukt des Produktionsprozesses auch das Umweltgift Dioxin frei. Wissenschaftler befürchten, daß Dioxin das Risiko von Krebserkrankungen und Mißgeburten erhöht und verschiedene andere gesundheitliche Probleme birgt.

Ist die Produktion und Freisetzung von Dioxin wirklich ein gesellschaftliches Problem? Überall in den Kapiteln 4 bis 9 haben wir doch gelernt, wie Märkte mit den Kräften von Angebot und Nachfrage zu einem Marktgleichgewicht gelangen, das typischerweise eine effiziente Verteilung der Ressourcen einschließt. Im Anschluß an das von Adam Smith stammende populäre Bild der »unsichtbaren Hand« des Marktes konnte man sagen, daß eigeninteressierte Käufer und Verkäufer für eine größtmögliche gesellschaftliche Wohlfahrt sorgen. Diese Erkenntnis ist die Grundlage für eine der *zehn volkswirtschaftlichen Regeln* des Kapitels 1: Märkte sind gewöhnlich gut für die Organisation des Wirtschaftslebens. Können wir daraus nicht schließen, daß die unsichtbare Hand die Papierhersteller davon abhält, zu viel Dioxin in die Umwelt auszustoßen?

Märkte machen vieles sehr gut, aber eben doch nicht alles. Im vorliegenden Kapitel beginnen wir damit, eine weitere der *zehn volkswirtschaftlichen Regeln* näher zu untersuchen: Regierungen können manchmal die Marktergebnisse verbessern. Wir wollen wissen, warum es den Märkten bisweilen nicht gelingt, die Ressourcen effizient zuzuteilen, auf welche Weise staatliche Maßnahmen vielleicht die Allokation des Marktes verbessern, und welche Arten politischer Maßnahmen wahrscheinlich am besten wirken.

Die hier behandelten Formen des Marktversagens fallen unter die Kategorie der Externalitäten oder externen Effekte. Ein **externer Effekt** ist die Auswirkung ökonomischen Handelns auf die Wohlfahrt eines unbeteiligten Dritten, für die niemand bezahlt oder einen Ausgleich erhält. Ist der Effekt schädigend, so spricht man von einem *negativen externen Effekt*, ist er

Externalität, externer Effekt
Unkompensierte Auswirkung ökonomischen Handelns auf die Wohlfahrt eines unbeteiligten Dritten.

begünstigend, so handelt es sich um einen *positiven externen Effekt*. Sofern externe Effekte vorkommen, muß das Interesse der Gesellschaft am Marktergebnis mehr als nur die Wohlfahrt von Käufern und Verkäufern umfassen und auch die Wohlfahrt der an den Geschäften nicht beteiligten, jedoch davon betroffenen Dritten einschließen. Da die Käufer und Verkäufer die externen Effekte bei ihren Entscheidungen nicht berücksichtigen können, ist das Marktergebnis bei Externalitäten nicht effizient. Die Wohlfahrt der Gesellschaft wird durch die Marktgleichgewichte also nicht maximiert. So ist z.B. die Abgabe von Dioxin an die Umwelt ein negativer externer Effekt. Die Papierhersteller werden die volkswirtschaftlichen Kosten der Umweltverschmutzung, die sie hervorrufen, nicht weiter beachten und bestimmt zu viel Dioxin emittieren, wenn sie nicht durch staatliche Maßnahmen davon abgehalten werden.

Externe Effekte haben vielerlei Erscheinungen und entsprechend vielfältig sind die politischen Reaktionsweisen darauf. Betrachten wir einige Beispiele:

- Die Automobil-Auspuffgase stellen negative externe Effekte dar, denn sie führen zu Smog, den andere Leute einatmen müssen. Aufgrund der Externalität nehmen die Autofahrer den Abgasausstoß zu wenig ernst. Der Staat sucht dem Problem dadurch beizukommen, daß er technische Standards für die Emission der Autos bestimmt sowie die Kraftstoffe besteuert, damit das Fahraufkommen zurückgeht.

- Restaurierte historische Gebäude bringen positive externe Effekte, weil sich die vorbeigehenden Menschen an der Schönheit und an der Geschichte erfreuen. Die Eigentümer von renovierungsbedürftigen Gebäuden bekommen nicht den gesamten Nutzen aus der Restaurierung bezahlt und neigen deshalb dazu, die alten Gebäude zu schnell abzustoßen. Deshalb gibt es Denkmalschutzvorschriften sowie Steuervergünstigungen für die Restaurierung.

- Bellende Hunde stellen negative externe Effekte dar, weil die Nachbarn durch den Lärm gestört werden. Die Hundebesitzer tragen nicht die vollen Kosten des Gebells. Sie treffen deshalb zu wenig Vorkehrungen gegen das Hundegebell. Es gibt deshalb ortspolizeiliche Vorschriften gegen die Störung der Mittagsruhe oder der Nachtruhe.

- Die Erforschung neuer Technologien entfaltet positive externe Effekte, weil dadurch Wissen zum Gebrauch für andere Leute zustande kommt. Solange die Erfinder nicht die ganzen Früchte ihrer Erfindungen ernten, neigen sie zur Minderung ihres Forschungseinsatzes. Deshalb gibt es das Patentrecht, mit dem Erfinder eine gewisse Zeit lang das ausschließliche Recht der wirtschaftlichen Verwertung haben.

In jedem der vier Beispiele übersieht ein Entscheidungsträger die Berücksichtigung externer Effekte seines Verhaltens. Der Staat reagiert darauf, indem er das Verhalten zu beeinflussen und dadurch die Interessen der an Entscheidungen und Geschäften unbeteiligten Dritten zu schützen versucht.

Externe Effekte und Ineffizienz der Märkte

In diesem Abschnitt verwenden wir die Werkzeuge des Kapitels 7, um nachzuprüfen, wie Externalitäten die ökonomische Wohlfahrt beeinflussen. Die Analyse zeigt genau, warum externe Effekte die Ursachen für eine ineffiziente Ressourcenallokation der Märkte sind. Im weiteren Verlauf des Kapitels werden wir verschiedene Wege prüfen, auf denen private und öffentliche Entscheidungsträger diese Art von Marktversagen heilen können.

Wohlfahrtsökonomik: Eine Wiederholung

Wir rufen uns zuerst die Kernsätze der Wohlfahrtsökonomik aus dem Kapitel 7 in Erinnerung. Wir betrachten dann einen speziellen Markt, den Aluminiummarkt, um zu konkreten Aussagen zu gelangen. Das Schaubild 10-1 zeigt die Angebots- und die Nachfragekurve für den Markt von Aluminium.

Wie Sie noch vom Kapitel 7 her wissen, enthalten die Angebots- und die Nachfragekurven wichtige Informationen über Kosten und Nutzen. Die Nachfragekurve nach Aluminium spiegelt den Wert von Aluminium für die Konsumenten, wie er in der Zahlungsbereitschaft bestimmter Preise zum Ausdruck kommt. Bei jeder beliebigen Menge zeigt die Höhe der Nachfragekurve die Zahlungswilligkeit des Grenznachfragers. Sie zeigt – mit anderen Worten – den Wert der letzten gekauften Mengeneinheit an Aluminium. Auf entsprechende Weise bildet die Angebotskurve die Kosten der Aluminiumhersteller ab. Bei jeder beliebigen Menge zeigt die Höhe der

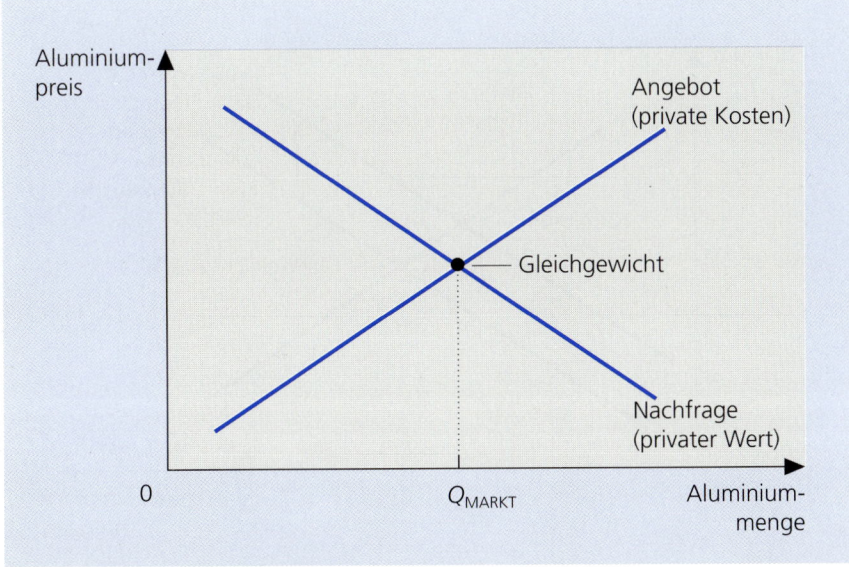

Schaubild 10-1
Der Markt für Aluminium. Die Nachfragekurve spiegelt den Wert für die Käufer und die Angebotskurve spiegelt die Kosten der Verkäufer. Die Gleichgewichtsmenge Q_{Markt} maximiert den Saldo aus dem gesamten Wert für die Käufer und den gesamten Kosten der Verkäufer. Bei Abwesenheit von Externalitäten ist das Marktgleichgewicht daher effizient.

Angebotskurve die Kosten des Grenzanbieters. Sie spiegelt – anders gesagt – die Kosten der letzten verkauften Mengeneinheit an Aluminium.

Ohne Staatseingriff pendelt sich der Aluminiumpreis so ein, daß Angebot und Nachfrage übereinstimmen. Die Gleichgewichtsmenge Q_{Markt} in Schaubild 10-1 ist in dem Sinne effizient, als die Summe aus Produzenten- und Konsumentenrente maximiert wird. Der Marktmechanismus teilt die Ressourcen also in der Weise zu, daß er dabei den Gesamtnutzen für die Käufer und Konsumenten von Aluminium minus den Gesamtkosten für die Verkäufer und Produzenten möglichst groß werden läßt.

Negative externe Effekte bei der Produktion

Nehmen wir nun an, daß die Aluminiumfabriken die Luft verschmutzen: Für jede produzierte Mengeneinheit an Aluminium tritt eine bestimmte Menge an Abgas in die Atmosphäre aus. Da dieses Abgas zu Gesundheitsrisiken für all jene Menschen führt, die Luft einatmen, liegen negative externe Effekte vor. Wie verändert diese Externalität die Effizienz des Marktergebnisses?

Wegen der externen Effekte sind die gesellschaftlichen oder *volkswirtschaftlichen* Kosten der Aluminiumproduktion höher als die privaten oder betriebswirtschaftlichen Kosten für die Produzenten von Aluminium. Für jede produzierte Mengeneinheit an Aluminium belaufen sich die *volkswirtschaftlichen Kosten* auf die privaten Kosten der Unternehmen plus die Kosten der negativ betroffenen unbeteiligten Dritten. Das Schaubild 10-2 weist die volkswirtschaftlichen Kosten der Aluminiumproduktion aus. Die soziale oder volkswirtschaftliche Kostenkurve liegt oberhalb von der betriebswirtschaftlichen Kostenkurve, weil sie die der Gesellschaft von den

Schaubild 10-2
Luftverschmutzung und soziales Optimum. Bei negativen externen Effekten der Produktion übersteigen die volkswirtschaftlichen Kosten die betriebswirtschaftlichen Kosten der Aluminiumerzeugung. Die volkswirtschaftlich optimale Menge an Aluminium $Q_{Optimum}$ ist deshalb kleiner als die Gleichgewichtsmenge des Marktes Q_{Markt}.

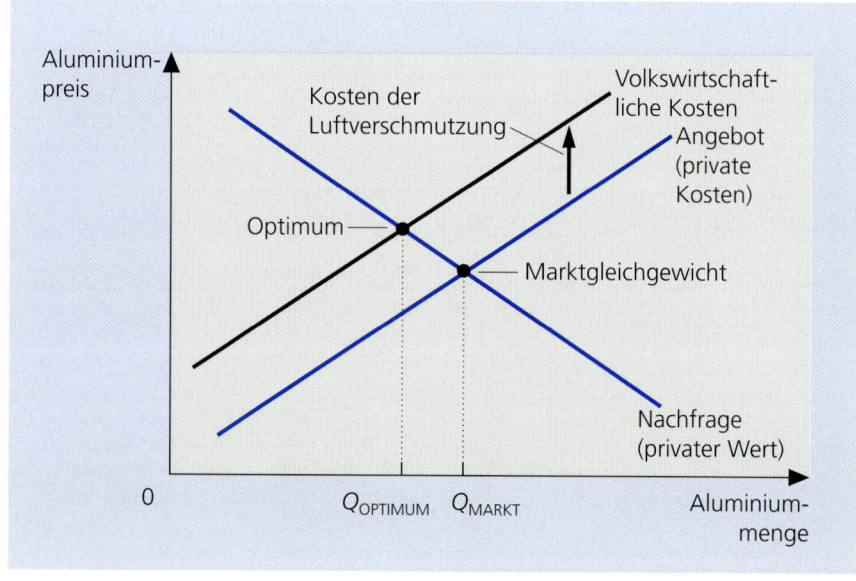

Aluminiumherstellern aufgebürdeten Kosten mit enthält. Die Differenz der beiden Angebots- oder Kostenkurven bringt die Kosten der Luftverschmutzung zum Ausdruck.

Welche Menge an Aluminium sollte produziert werden? Um diese Frage zu beantworten, stellen wir uns auch diesmal vor, was ein wohlmeinender gesellschaftlicher Planer tun würde. Der Planer wünscht die Gesamtrente aus dem Markt zu maximieren – den Wert des Aluminiums für die Konsumenten minus die Kosten der Aluminiumerzeugung für die Produzenten. Der Planer sieht jedoch sehr wohl, daß die Produktionskosten volkswirtschaftlich die Kosten der Umweltverschmutzung mit umfassen.

Der Planer würde jenes Niveau der Aluminiumproduktion wählen, bei dem die Nachfragekurve die volkswirtschaftliche Kostenkurve schneidet. Der Schnittpunkt bestimmt die optimale Menge an Aluminium vom Standpunkt der Gesellschaft insgesamt aus. Der Planer verwirklicht zumindest dieses Produktionsniveau, da unterhalb davon der Wert für die Konsumenten (abzulesen an der Höhe der Nachfragekurve) die volkswirtschaftlichen Kosten der Produktion übertreffen würde (abzulesen an der Höhe der volkswirtschaftlichen Kostenkurve). Mehr als diese Menge läßt der Planer jedoch auch nicht zu, denn die volkswirtschaftlichen Kosten zusätzlicher Aluminiumproduktion überstiegen den Wert für die Konsumenten.

Die Markt-Gleichgewichtsmenge an Aluminium Q_{Markt} ist größer als die sozial oder volkswirtschaftlich optimale Menge $Q_{Optimum}$. Der Grund für die Ineffizienz liegt darin, daß der Markt nur die privaten oder betriebswirtschaftlichen Kosten der Produktion berücksichtigt. Im Marktgleichgewicht bewertet der Grenznachfrager das Aluminium niedriger als mit den volkswirtschaftlichen Produktionskosten. Bei Q_{Markt} liegt die Nachfragekurve unter der volkswirtschaftlichen Kostenkurve. Deshalb erhöht eine Absenkung der Aluminiumproduktion und -konsumtion unter die Markt-Gleichgewichtsmenge die gesamtwirtschaftliche Wohlfahrt.

Wie kann der wohlmeinende gesellschaftliche Planer dieses Optimum verwirklichen? Ein Weg wäre der, die Aluminiumhersteller für jede Tonne verkauften Aluminiums zu besteuern. Die Besteuerung würde die Angebotskurve für Aluminium um den Steuerbetrag nach oben verschieben. Entspräche die Steuer genau den volkswirtschaftlichen Kosten für die Luftverschmutzung, so wäre die neue Angebotskurve mit der volkswirtschaftlichen Kostenkurve deckungsgleich. Im neuen Marktgleichgewicht nach der Besteuerung würden die Aluminiumproduzenten die volkswirtschaftlich optimale Menge erzeugen.

Man sagt von solch einer Steuer, sie **internalisiere die externen Effekte**, da sie Käufer und Verkäufer im Markt den Anreiz vermittelt, die externen Effekte ihrer Aktivitäten mit zu berücksichtigen. Die Aluminiumproduzenten würden im wesentlichen die Kosten der Umweltverschmutzung mit veranschlagen, wenn sie über die Angebotsmengen entscheiden. Denn sie müssen nun per Besteuerung für die negativen externen Effekte bezahlen, so daß volkswirtschaftliche Kosten zu betriebswirtschaftlichen Kosten werden. Andere Möglichkeiten der politischen Kompensation externer Effekte diskutieren wir später.

Internalisierung externer Effekte
Eine Veränderung der Anreize derart, daß die Menschen die externen Effekte ihrer Aktivitäten bei Entscheidungen mit veranschlagen.

Positive externe Effekte bei der Produktion

Obwohl es viele Märke gibt, auf denen die volkswirtschaftlichen Kosten der Produktion die betriebswirtschaftlichen Kosten übersteigen, gibt es auch einzelne Märkte mit der umgekehrten Konstellation. Auf diesen Märkten begünstigen die externen Effekte Dritte, so daß die volkswirtschaftlichen Kosten der Produktion geringer sind als die betriebswirtschaftlichen Kosten. Ein Beispiel ist der Markt für Industrieroboter.

Roboter stehen an der vordersten Front einer rasch veränderlichen Technologie. Wann immer eine Unternehmung einen neuen Roboter konstruiert, wird sie mit einiger Wahrscheinlichkeit eine neue und noch bessere Ausführung entdecken. Die Neuerung wird nicht nur der eigenen Unternehmung, sondern der ganzen Volkswirtschaft und Gesellschaft zugute kommen; sie wird das Reservoir technologischen Wissens anreichern. Man spricht bei dieser Art positiver externer Effekte von Spillover-Effekten oder auch von Fortschrittsdiffusion.

Die Analyse positiver externer Effekte geht ganz ähnlich vonstatten wie die zuvor durchgeführte Analyse negativer externer Effekte. Schaubild 10-3 zeigt den Markt für Industrieroboter. Wegen der Fortschrittsdiffusion in andere Unternehmungen und Bereiche der Gesellschaft (Bildungsstand und Humankapital) sind die volkswirtschaftlichen Kosten der Rotoberherstellung niedriger als die betriebswirtschaftlichen Kosten. Deshalb würde der gesellschaftliche Planer eine größere Menge als jene erzeugen, die sich im Marktgleichgewicht ohne Staatseingriff ergibt.

Man kann die positiven externen Effekte der Roboterherstellung ganz einfach durch eine Subvention internalisieren, wenn man den gesellschaftlichen Wert abzuschätzen vermag. Wenn der Staat der produzierenden Unternehmung für jeden Roboter einen bestimmten Betrag bezahlen

Schaubild 10-3
Fortschrittsdiffusion und soziales Optimum. Bei positiven externen Effekten der Produktion von Industrierobotern sind die volkswirtschaftlichen Kosten geringer als die betriebswirtschaftlichen Kosten. Die optimale Menge $Q_{Optimum}$ ist deshalb größer als die Menge des Marktgleichgewichts Q_{Markt}.

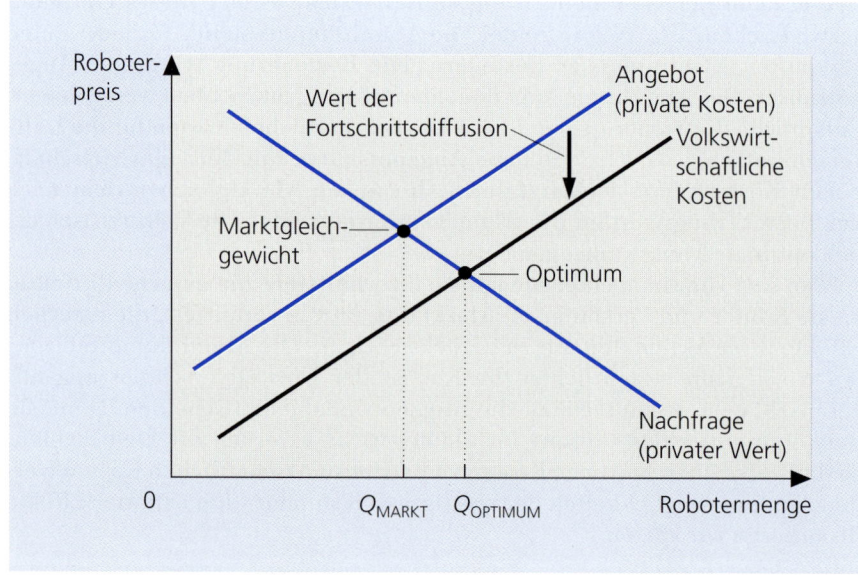

würde, könnte die Angebotskurve um den Betrag der Subvention nach unten verschoben gezeichnet werden. Die Kurvenverschiebung führte zu einer Erhöhung der Gleichgewichtsmenge an Robotern. Damit das Marktgleichgewicht tatsächlich dem sozialen Optimum entspricht, muß die Subvention dem gesellschaftlichen Wert der »Spillovers« entsprechen. Darin besteht eine nicht geringe Schwierigkeit der empirischen Wirtschaftsforschung.

Debatte über die Technologiepolitik **Fallstudie**

Wie groß ist die Fortschrittsdiffusion an Dritte? Welche Folgerungen sind daraus für die staatliche Politik abzuleiten? Dies sind höchst bedeutsame Fragen, weil der technologische Fortschritt die Schlüsselgröße für das Wachstum der Volkswirtschaft und für einen von Generation zu Generation steigenden Lebensstandard ist. Allerdings sind die Nationalökonomen in Fragen der Technologiepolitik oft unterschiedlicher Meinung.

Einige Ökonomen erachten die Fortschrittsdiffusion als so sehr wirksam und greifbar, daß sie der Regierung eine Förderung der Bereiche mit den größten »Spillovers« empfehlen. Sie vergleichen z.B. die Hersteller von Computer-Chips und Kartoffel-Chips. Wenn die Produktion von Computer-Chips größere Spillovers als die Produktion von Kartoffel-Chips mit sich bringt, solle der Staat mit seinen steuergesetzlichen Möglichkeiten dafür sorgen, daß die Computer-Chip-Herstellung im Vergleich zur Kartoffel-Chip-Herstellung begünstigt und ermutigt wird. Staatseingriffe mit dem Ziel einer Förderung der technologisch führenden Industrien nennt man *Technologiepolitik*.

Andere Ökonomen stehen der Technologiepolitik sehr skeptisch gegenüber. Selbst dann, wenn Fortschrittsdiffusion da und dort vorkommt, erfordert diese Art von Technologiepolitik eine vergleichende Messung der Spillover-Effekte verschiedener Märkte. Es ist aber nicht nur das schwierige Meßproblem, das Kopfzerbrechen bereitet. Die Gefahr besteht am Ende in einer Subventionierung der Industrien mit der größten politischen Durchsetzungskraft statt Bereichen mit hohen positiven externen Effekten.

Eine Variante von Technologiepolitik, die alle Ökonomen unterschreiben würden, ist der Patentschutz. Die Patentgesetze schützen die Rechte des Erfinders dadurch, daß sie ihm für eine gewisse Zeit die ausschließliche Nutzung der Erfindung sichern. Sobald eine Unternehmung eine bahnbrechende technologische Neuerung erzielt, kann sie die Idee patentieren lassen und sich damit ein gutes Stück vom ökonomischen Erfolg abschneiden. Vom Patent sagt man, es internalisiere die externen Effekte dadurch, daß die Unternehmung an ihrer Erfindung ein *Eigentumsrecht* erwirbt. Sobald andere Unternehmungen die Erfindung nutzen wollen, müssen sie eine Lizenz erwerben und dafür Lizenzgebühren an den Inhaber des Patents zahlen. Auf diese Weise gibt das Patentwesen Anreize für Forschungsaktivitäten.

Externe Effekte beim Konsum

Bisher haben wir externe Effekte diskutiert, die bei der Produktion entstehen. Doch gibt es auch beim Konsum Externalitäten. Der Alkoholkonsum bringt z.B. negative externe Effekte mit sich, wenn Autofahrer oft unter
Alkoholeinfluß fahren und dabei die Leben anderer Leute aufs Spiel setzen.
Der Konsum von Bildung und Ausbildung entfaltet dagegen positive externe Effekte, da eine Bevölkerung mit höherem Bildungsstand z.B. für eine
bessere Regierung sorgt, wovon schließlich jedermann profitiert.

Die Analyse der Konsum-Externalitäten ist ähnlich durchzuführen wie
die Analyse der Produktions-Externalitäten. Nach Schaubild 10-4 repräsentiert die Nachfragekurve nun nicht länger den sozialen Nutzen oder Wert
eines Gutes. Diagramm (a) zeigt den Fall eines negativen externen Effekts
wie etwa beim Alkohol. In diesem Falle ist der soziale Wert geringer als der
private Wert, und die gesellschaftlich optimale Menge ist niedriger als die
vom Markt bestimmte persönlich optimale Menge. Diagramm (b) zeigt den
Fall eines positiven externen Effekts durch Konsum, wie etwa bei der
Bildung. Hier ist der soziale Wert höher als der private Wert, und die
gesellschaftlich optimale Menge ist größer als die vom Markt bestimmte
persönlich optimale Menge.

Wiederum kann der Staat das Marktversagen durch Internalisierung der
externen Effekte korrigieren. Die passende Antwort auf Externalitäten des
Konsums ist ebenso wie bei Externalitäten der Produktion. Um das Marktgleichgewicht näher an das soziale Optimum heranzuführen, muß man bei
negativen Externalitäten eine Steuer verhängen und bei positiven externen
Effekten eine Subvention gewähren. In der Tat folgt staatliche Politik genau
dieser Linie: alkoholische Getränke gehören zu den am höchsten besteuer-

Schaubild 10-4
Externe Effekte
beim Konsum. Dia-
gramm (a) zeigt
einen Markt mit
einer negativen Kon-
sumexternalität, wie
etwa den Markt für
alkoholische
Getränke. Die Kurve
für den gesellschaft-
lichen Wert verläuft
niedriger als die
Nachfragekurve, und
die gesellschaftlich
optimale Menge
$Q_{Optimum}$ ist niedri-
ger als die Gleichge-
wichtsmenge des
Marktes Q_{Markt}.

a) Negative Konsum-Externalität

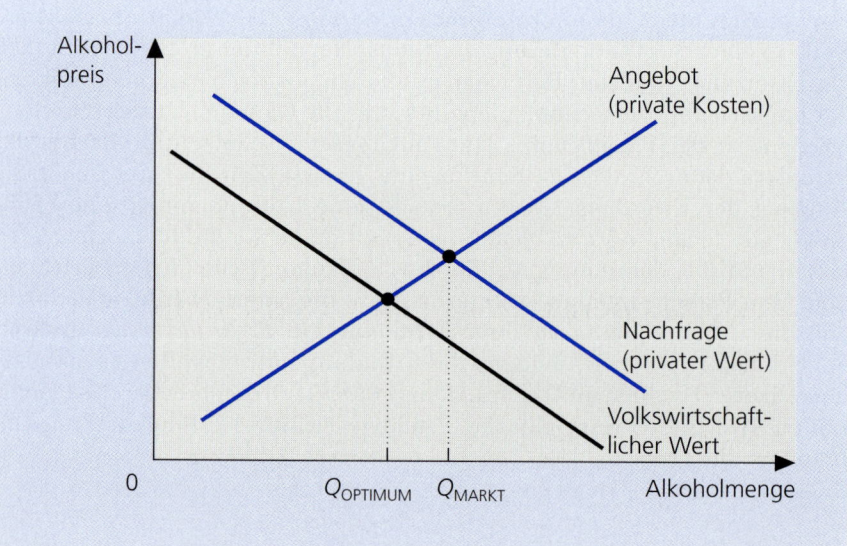

b) Positive Konsum-Externalität

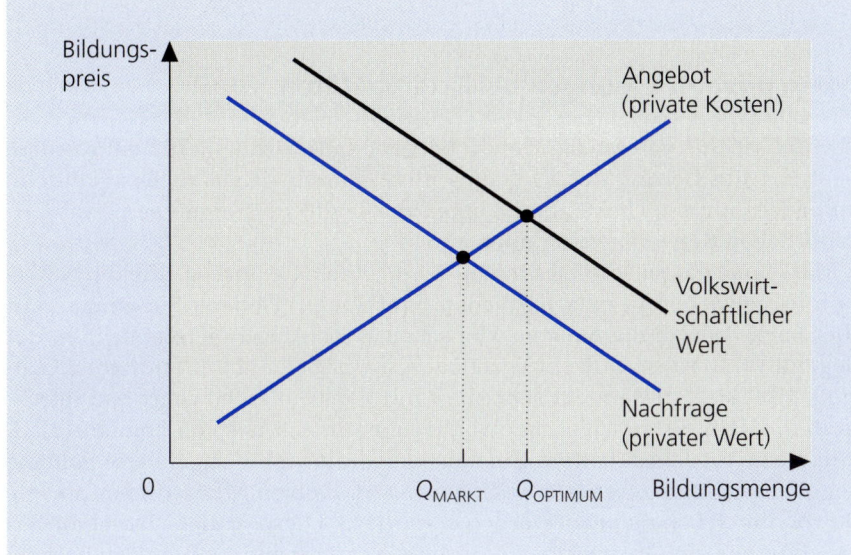

Diagramm (b) kennzeichnet einen Markt mit positiver Konsumexternalität, wie etwa den Markt für Bildungsgüter. Die Kurve für den gesellschaftlichen Wert verläuft oberhalb der Nachfragekurve, und die gesellschaftlich optimale Menge $Q_{Optimum}$ ist größer als die Gleichgewichtsmenge des Marktes Q_{Markt}.

ten Gütern, das Bildungswesen erfährt hohe staatliche Förderung (öffentliche Schulen und Hochschulen, Stipendien usw.).

Wie Sie bereits bemerkt haben dürften, führen die erörterten Beispiele auf einige allgemeine Schlußfolgerungen und Lehren hin: Negative externe Effekte in der Produktion oder beim Konsum bewirken über die Marktmechanismen eine größere Gütermenge als die gesellschaftlich wünschenswerte. Positive externe Effekte dagegen bringen die Märkte dazu, eine geringere als die gesellschaftlich wünschenswerte Menge zu produzieren. Durch Internalisierung der externen Effekte – Besteuerung der Güter mit negativen Externalitäten oder Subventionierung der Güter mit positiven Externalitäten – kann der Staat das Problem beseitigen.

Nennen Sie je ein Beispiel für einen negativen externen Effekt und für einen positiven externen Effekt. Erklären Sie, warum Marktergebnisse bei externen Effekten ineffizient sind.   **Schnelltest**

Private Lösungen im Falle von externen Effekten

Wir haben ausführlich erörtert, warum externe Effekte in Marktwirtschaften zu ineffizienter Zuteilung der Ressourcen führen. Doch wir haben nur kurz erwähnt, wie die Ineffizienzen geheilt werden können. In der Praxis reagieren sowohl private Akteure als auch öffentliche Stellen in unterschiedlicher Weise auf externe Effekte. Allen Maßnahmen ist das Ziel gemeinsam, die Markt-Allokation der Ressourcen näher an das soziale

Optimum heranzuführen. Betrachten wir die Vielfalt privater Lösungen des Problems nun näher.

Typen privater Lösungen bei Externalitäten

Obwohl externe Effekte die Gefahr bergen, daß Märkte ineffizient werden, erfordert die Lösung des Problems nicht unbedingt staatliches Handeln. Unter bestimmten Umständen können die Leute zu geeigneten privatwirtschaftlichen Regelungen kommen.

Manchmal liegen die Lösungen des Problems externer Effekte in Verhaltensregeln und gesellschaftlichen Sanktionen. Denken Sie einmal darüber nach, warum die meisten Menschen ihren Abfall nicht einfach in der Gegend verstreuen. Obwohl es da auch Vorschriften der öffentlichen Ordnung gibt, sind diese nicht sehr stark mit Sanktionen bewehrt und durchsetzbar. Die meisten Menschen verstreuen einfach deshalb keinen Abfall, weil sie es für falsch halten. Eine aus der Philosophie abgeleitete goldene Regel besagt etwa: »Verhalte Dich gegenüber Deinen Mitmenschen so, wie Du von ihnen behandelt zu werden erwartest.« Diese sittliche Regel fordert uns dazu auf, die Auswirkungen unseres Tuns auf andere Leute zu berücksichtigen. In Begriffen der Nationalökonomie verlangt sie von uns, Externalitäten zu internalisieren.

Andere private Lösungen beruhen auf der Hilfsbereitschaft der Menschen. Jeder kennt Stiftungen und Vereine, die als gemeinnützig anerkannt sind. Sie erbitten und erhalten Spenden von Tausenden einfacher und gewiß nicht reicher Menschen. Damit werden Rettungsdienste, Breitensport, Volksbildung, Tierschutz, Naturschutz und vieles mehr betrieben. Fördervereine der Universitäten erhalten von den Ehemaligen Zuwendungen für den Universitätsbetrieb, die dem Grunde nach mit den zuvor erwähnten positiven externen Effekten von Bildung zu tun haben. Man unterschätze das Potential an freiwilliger Hilfe nicht, das in freiheitlichen Gesellschaften besteht.

Oft kann der Markt das Problem der Externalitäten dadurch lösen, daß er sich auf das Eigeninteresse der Betroffenen stützt. Bisweilen ergibt sich die Lösung als eine Bündelung unterschiedlicher Geschäftsabschlüsse. Schauen wir uns z.B. einen Apfelbauern und einen Imker an, die als Nachbarn leben und wechselweise positive externe Effekte aufzuweisen haben: Die Bienen begünstigen die Apfelernte, indem sie die Blüten der Apfelbäume bestäuben, zugleich nehmen die Bienen den Nektar der Apfelblüten für ihre Honigerzeugung auf. Dennoch wird weder der Apfelbauer bei seiner Entscheidung über die Anzahl zu pflanzender Bäume noch der Imker bei der Entscheidung über die Zahl seiner Bienenvölker die positiven Externalitäten mit veranschlagen. Deshalb werden – grundsätzlich – zu wenige Apfelbäume gepflanzt und zu wenige Bienenvölker gehalten. Die Externalitäten würden leicht internalisiert, wenn entweder der Apfelbauer die Bienenstöcke kauft oder der Imker die Apfelplantage erwirbt. Dann spielten sich beide Produktionen in ein und demselben Unternehmen ab, und die einheitliche Unternehmung könnte zugleich die optimalen Zahlen von Bienenstöcken und Apfelbäumen festlegen. Die Internalisierung externer Effekte ist tatsächlich ein Grund dafür, daß sich bestimmte Unternehmungen in verschiedenen Geschäftsfeldern oder Branchen betätigen.

Eine weitere Möglichkeit, externe Effekte privatwirtschaftlich auszugleichen, besteht im Abschluß von Verträgen zwischen den Betroffenen. So könnten im eben behandelten Beispiel der Apfelbauer und der Imker einen Vertrag schließen, um der Gefahr einer gesellschaftlich zu geringen Zahl von Apfelbäumen und zu niedrigen Anzahl von Bienenstöcken vorzubeugen. Mit dem Vertrag können die Zahlen festgelegt werden und vielleicht noch Ausgleichszahlungen der einen Partei an die andere vereinbart werden. Durch eine glückliche Vertragsgestaltung kann die Ineffizienz der Marktlösung beseitigt und jede der Marktparteien besser gestellt werden.

Das Coase-Theorem

Wie leistungsfähig sind die sich selbst überlassenen Märkte bei der Bewältigung von Externalitäten? Nach einem Lehrsatz des Nationalökonomen Ronald Coase, der unter der Bezeichnung Coase-Theorem bekannt geworden ist, können Märkte unter bestimmten Bedingungen sehr effizient mit Externalitäten umgehen. Märkte würden das Problem der Externalitäten stets lösen und die Ressourcen effizient aufteilen, wenn die Marktteilnehmer nur über die Ressourcenallokation verhandeln und ohne Kosten tauschen könnten.

Ein Beispiel aus dem Alltagsleben zeigt, wie das Coase-Theorem gedacht ist. Uschi hat einen Hund namens Arco. Arco bellt gelegentlich und stört damit Peter, den Nachbarn. Uschi hat zwar von ihrem Hund Nutzen, aber das Bellen des Hundes beeinträchtigt Peter mit einer negativen Externalität. Wenn der Nutzen bei Uschi die Wohlfahrtseinbußen bei Peter übersteigt, ist es insgesamt besser, wenn beide mit dem Hund und seinem Gebell weiterleben. Abzuschaffen wäre der Hund – gesamtwirtschaftlich gedacht – dann, wenn die Kosten den Nutzen der Hundehaltung überstiegen.

Wie wird nun nach dem Coase-Theorem ein effizientes Marktergebnis zustande kommen? Peter könnte Uschi mit (sehr viel) Geld dazu bewegen wollen, den Hund Arco wegzugeben. Wäre Uschi zweckrationales Handeln zuzutrauen, würde sie Arco tatsächlich verkaufen, sofern der angebotene Geldbetrag den abgezinsten Zukunftsnutzen der Hundehaltung übersteigt.

Durch Verhandlungen über den Preis können Uschi und Peter grundsätzlich stets ein effizientes Ergebnis erzielen. Nehmen wir z.B. an, Uschi hat von dem Hund DM 500,– Nutzenwert und Peter trägt mit dem Hundegebell DM 800,– Kosten. In diesem Falle wird Peter Uschi einen Betrag von DM 600,– bieten – und der Hund ist weg. Beide sind dann besser gestellt als zuvor, und es wird ein effizientes Ergebnis erreicht.

Natürlich kann es sein, daß Peter keinen Preis bietet, den Uschi annehmen würde. Sofern Uschi von Arco einen Nutzen von DM 1.000,– hat, Peter seinen Schaden oder seine Kosten durch das Gebell aber nur mit DM 800,– veranschlagt, ändert sich die Situation nicht. Denn Peter würde nicht

Coase-Theorem
Die Behauptung von Ronald Coase, die Marktparteien könnten das Problem externer Effekte selbst lösen und mit den Märkten zu effizienter Ressourcenallokation gelangen, wenn sie nur in der Lage wären, über die Allokation zu verhandeln und ohne Kosten zu tauschen.

mehr als DM 800,– bieten, und Uschi würde jedes Angebot unter DM 1.000,– ablehnen. Das Ergebnis wäre volkswirtschaftlich effizient.

Bis hierher haben wir unterstellt, daß Uschi legal ein Recht auf Haltung eines bellenden Hundes hat. Mit anderen Worten sind wir davon ausgegangen, Uschi hält Arco solange bis ihr Peter für eine freiwillige Aufgabe des Hundes genügend bezahlt. Ganz anders wäre das Ergebnis, wenn Peter ein gesetzlich geschütztes Recht auf Ruhe und Frieden hätte.

Nach dem Coase-Theorem spielt die ursprüngliche Verteilung der Rechte keine Rolle bei der Fähigkeit des Marktes, zu einem effizienten Resultat zu gelangen. Nehmen wir an, Peter kann Uschi rechtmäßig dazu zwingen, den Hund Arco abzuschaffen. Trotz dieser Rechtslage würde sich womöglich am Ergebnis nichts ändern. Uschi würde Peter einen Preis dafür bieten, den Hund halten zu dürfen. Wenn der Nutzen des Hundes für Uschi die Kosten des Gebells bei Peter übersteigt, wird es zu einer geschäftlichen Übereinkunft kommen, nach der Uschi den Hund Arco behält.

Obwohl Peter und Uschi ohne Rücksicht auf die anfängliche Verteilung der Rechte zu einem effizienten Ergebnis kommen können, ist die Rechtslage doch nicht völlig unerheblich: Sie sagt etwas über die Verteilung der ökonomischen Wohlfahrt aus. Ob Uschi das Recht auf Haltung eines bellenden Hundes oder Peter das Recht auf Ruhe und Frieden hat, entscheidet am Ende darüber, wer an wen bezahlt. Gleichwohl können die beiden Parteien verhandeln und das Problem der externen Effekte lösen. Uschi wird den Hund schließlich nur dann behalten, wenn der Nutzen die Kosten übersteigt.

Fassen wir zusammen: *Das Coase-Theorem besagt, daß die privaten Akteure das Externalitäten-Problem untereinander lösen können. Wie immer die Anfangsverteilung der Rechte sein mag, können die interessierten Parteien stets eine Übereinkunft erzielen, die jeden besser stellt und ein effizientes Resultat bildet.*

Warum private Lösungen nicht immer funktionieren

Trotz der ansprechenden Logik des Coase-Theorems scheitern die privaten Entscheidungsträger nicht selten bei dem Versuch, das Externalitäten-Problem selbst zu lösen. Das Coase-Theorem ist nur dann anwendbar, wenn die interessierten Parteien keine Schwierigkeiten haben, eine Übereinkunft zu erzielen und umzusetzen. In der wirklichen Welt jedoch funktioniert das Verhandeln bisweilen selbst dann nicht, wenn beiderseits Vorteile zu haben wären.

Transaktionskosten
Die Kosten der Vertragspartner aus dem Abschluß und der Durchführung von Geschäften.

Manchmal mißlingt die Lösung des Externalitäten-Problems wegen der **Transaktionskosten**, d.s. die Kosten, die sich die Vertragspartner mit dem Geschäftsabschluß und seiner Erfüllung aufladen. In unserem Beispiel kann es sein, daß Uschi und Peter verschiedene Sprachen oder Dialekte sprechen und beim Verhandeln auf die Dienste eines Übersetzers angewiesen sind. Wenn die Übersetzerkosten höher sind als der Nutzen aus der vertraglichen Einigung, wird die Lösung des Problems unterbleiben. In lebensnäheren Fällen bestehen die Transaktionskosten in den Aufwendungen für Rechtsanwälte, die man für das Aushandeln und die Durchsetzung von Verträgen benötigt.

Ein andermal brechen Verhandlungen einfach zusammen. Die Wiederkehr von Kriegen und Streiks zeigt uns, daß Übereinkünfte schwierig und gescheiterte Einigungsversuche teuer werden können. Oftmals beharren die Parteien auf ihren Positionen, um einen besseren Abschluß abzuwarten und die Problemlösung »auszusitzen«. Nehmen wir wieder unser Beispiel des Hundegebells. Uschi hat DM 500,– Nutzen von Arco und Peter erleidet Kosten von DM 800,–. Obwohl es für Peter effizient ist, Uschi soviel zu bezahlen, daß sie den Hund abgibt, bestehen viele Preis- und Lösungsmöglichkeiten. Uschi wird vielleicht DM 750,– verlangen und Peter bietet nur DM 550,–. Während die beiden feilschen, hält der ineffiziente Zustand mit dem bellenden Hund an.

Ein effizientes Verhandlungsergebnis zu erzielen ist vor allem dann recht schwierig, wenn die Anzahl der Beteiligten sehr groß ist und die Kosten der Koordination deshalb hoch sind. Denken Sie an eine Fabrik, die das Wasser eines nahegelegenen Sees verschmutzt. Zahlreiche örtliche Fischer bekommen die negativen Externalitäten zu spüren. Nach dem Coase-Theorem könnte es – da die Verschmutzung ineffizient ist – zwischen der Fabrik und den Fischern zu einer Übereinkunft kommen, nach der die Fischer dafür an die Fabrik bezahlen, daß deren schädliche Abwässer unterbleiben. Bei sehr, sehr vielen Fischern als möglichen Vertragspartnern wird ein Vertragsabschluß recht unwahrscheinlich.

Sofern privates Verhandeln nicht klappt, kann der Staat manchmal nachhelfen. Für kollektives Handeln ist der Staat ja wie geschaffen. Im gegebenen Beispiel kann der Staat sogar dann für die zahlreichen Fischer eintreten und kollektiv verhandeln, wenn es individuell höchst unpraktisch wäre. Im nachfolgenden Abschnitt ist darüber zu reden, wie der Staat versuchen kann, das Externalitäten-Problem zu lösen.

Geben Sie ein Beispiel für die private Lösung von externen Effekten. Wie lautet das Coase-Theorem? Warum sind die privaten Wirtschaftseinheiten bisweilen nicht in der Lage, das Externalitäten-Problem zu lösen? **Schnelltest**

Politische Maßnahmen bei externen Effekten

Wenn externe Effekte dazu führen, daß Märkte zur ineffizienten Allokation von Ressourcen tendieren, kann der Staat auf zweierlei Weise reagieren. *Maßnahmen von Befehl und Kontrolle* beeinflussen das Verhalten unmittelbar. *Marktbasierte Maßnahmen* geben dem privaten Entscheidungsträger Anreize für eigenständige Problemlösungen.

Regulierung

Die Regierung kann durch *Gebote und Verbote* Externalitäten beheben. So ist es z.B. bei Strafe verboten, giftige Chemikalien in das Grundwasser zu leiten. Die gesellschaftlichen oder volkswirtschaftlichen Kosten übertreffen in diesem Falle bei weitem den privaten oder individuellen Nutzen für den Verschmutzer. Deshalb stützt sich die Regierung in diesem Falle auf Maßnahmen von Befehl und Kontrolle, die Wasservergiftung gänzlich zu unterbinden.

In dem meisten Fällen von Umweltverschmutzung ist die Lage jedoch nicht so klar überschaubar. Trotz bestehender umweltpolitischer Ziele wäre es unmöglich, jegliche Aktivität mit negativen Externalitäten einfach zu unterbinden. So entstehen praktisch bei allen Formen von Transport – sogar mit Pferden und anderen Zugtieren – gewisse unerwünschte Nebenprodukte an Verschmutzung. Doch wäre es für eine Regierung unmöglich, alle Arten von Transporten schlichtweg zu verbieten. Statt Umweltverschmutzung gänzlich auszurotten, muß eine Gesellschaft Nutzen und Kosten gegeneinander abwägen, um entscheiden zu können, welche Arten und Mengen von Umweltverschmutzung man erlaubt und in Kauf nimmt.

Die umweltpolitische Regulierung kann vielerlei Formen annehmen. Manchmal werden Grenzwerte für tolerierbare Emissionen bestimmter Stoffe verfügt. Ein andermal werden den Unternehmungen bestimmte Technologien vorgeschrieben, um die Umweltverschmutzung zu senken. Um gute und zweckmäßige Regeln festzulegen, benötigen die damit befaßten staatlichen Stellen profunde Kenntnisse der verschiedenen Industriezweige und ihrer alternativen Technologien. Für staatliche Stellen ist der Wissenserwerb oft sehr schwer.

Pigou-Steuern und Subventionen

Statt Gebote und Verbote zur Regulierung zu nutzen, kann der Staat bei Externalitäten marktbasierte politische Maßnahmen ergreifen, um die privaten Anreize auf soziale Effizienz abzustimmen. An anderer Stelle des vorliegenden Buches wurde bereits erörtert, wie der Staat mit der Besteuerung negativer externer Effekte und der Subventionierung positiver externer Effekte zur Internalisierung beitragen kann. Steuern zur Korrektur negativer externer Effekte nennt man **Pigou-Steuern** – nach Arthur C. Pigou (1877–1959), einem frühen Verfechter ihres Einsatzes.

Pigou-Steuer
Eine Steuer zur Korrektur negativer externer Effekte.

Nationalökonomen bevorzugen Pigou-Steuern in der Umweltpolitik gegenüber Regulierungen, weil damit die Umweltverschmutzung mit geringeren gesellschaftliche Kosten gesenkt werden kann. Zur Begründung betrachten wir ein Beispiel. Denken wir uns zwei Fabriken (eine Papierfabrik und eine Stahlfabrik), die pro Jahr je 500 Tonnen ekligen Giftschlamm in einen Fluß ablassen. Eine Umweltbehörde (Environmental Protection Agency in den USA oder Umweltbundesamt in Deutschland) will den Umfang dieser Verschmutzung reduzieren. Sie zieht zweierlei Vorgehensweisen in Betracht:

- Regulierung: Jede der beiden Unternehmungen bekommt einen rechtsverbindlichen Bescheid, den Giftausstoß auf 300 Tonnen pro Jahr zu senken.
- Pigou-Steuer: DM 50.000,– Steuer pro Tonne Giftschlamm.

Die Regulierung würde ein Verschmutzungsniveau diktieren, die Pigou-Steuer dagegen würde den Unternehmungen wirtschaftlich kalkulierbare Anreize zur Minderung der Umweltbelastung vermitteln. Welche Maßnahmenart halten Sie für zweckmäßiger?

Die meisten Nationalökonomen würden die Steuer vorziehen und zunächst einmal darauf hinweisen, daß eine Steuer für die Senkung der Umweltbelastung ebenso wirksam sein kann wie Gebote oder ein Verbot. Durch eine geeignete Bemessung der Steuer kann man jedes gewünschte Niveau erreichen. Je höher die Steuer angesetzt wird, um so mehr wird der Ausstoß an Giftschlamm gesenkt. Mit einer hinreichend hohen Steuer könnte man sogar bewirken (und ungewollt erreichen), daß beide Fabriken wegen fehlender Rentabilität schließen und so die Verschmutzung auf null geht.

Ökonomen sind überzeugt davon, daß eine Steuer umweltpolitisch effizienter ist als Gebote oder Verbote je sein können. Das oben erwähnte Gebot verlangt von jeder Unternehmung eine mengenmäßig gleiche Absenkung des Giftausstoßes, obwohl eine gleiche Mengenabsenkung nicht notwendigerweise auch am billigsten und am wirksamsten für die Verbesserung der Wasserqualität ist. Es ist durchaus möglich, daß die Papierfabrik den Giftschlammausstoß leichter und billiger reduzieren kann als die Stahlfabrik. Wenn dies so ist, wird die Papierfabrik zwecks Steuervermeidung den Giftschlamm rasch und deutlich reduzieren, die Stahlfabrik aber nur mit geringfügiger Senkung reagieren (und im übrigen die Steuer bezahlen).

Im Grunde ist die Pigou-Steuer ein Preis für das Recht zu bestimmten Umweltverschmutzungen. Wie der Marktmechanismus die Güter jenen Käufern zuteilt, die sie am höchsten bewerten, wird mittels einer Pigou-Steuer die Verschmutzung auf jene Fabriken verteilt, die die höchsten Kosten einer Absenkung der Verschmutzung haben und tragen. Mittels der Pigou-Steuer kann man jedes beliebige Verschmutzungs- oder Belastungsniveau mit den geringsten Gesamtkosten erreichen.

Besonders für den Umweltschutz sind Pigou-Steuern von Vorteil. Maßnahmen von Befehl und Kontrolle, Gebote und Verbote der Regulierung würden die Fabriken auf das Ziel von höchstens 300 Tonnen hin zwingen; die Unternehmungen hätten jedoch keine Motivation, die Emission darüber hinaus weiter zu reduzieren. Im Gegensatz dazu gibt die Steuer den Unternehmungen besondere Anreize, umweltfreundlichere Technologien zu entwickeln, denn umweltfreundliche Technologien senken die Steuerpflicht.

Pigou-Steuern sind anders als die meisten übrigen Steuern. Wie im Kapitel 8 ausgeführt, zerstören die meisten Steuern Anreize und verschieben die Allokation der Ressourcen weg vom sozialen Optimum. Die Reduktion der ökonomischen Wohlfahrt – d.h. der Konsumenten- und der Produzentenrente – übersteigt die vom Staat erzielten Steuereinnahmen und führt damit zu einem Nettowohlfahrtsverlust. Anders verhält es sich bei Externalitäten, wenn die Gesellschaft auch die Wohlfahrt Dritter abseits des Marktes berücksichtigen muß. Pigou-Steuern korrigieren die bestehenden Anreize bei Externalitäten in der erwünschten Richtung, so daß die

Allokation näher beim sozialen Optimum liegt. Auf diese Weise bewirken Pigou-Steuern zugleich Staatseinnahmen und ökonomische Effizienz.

Handelbare Umweltzertifikate

Nehmen wir einmal an, die politischen Entscheidungen über eine institutionelle Lösung führen entgegen den Ratschlägen der Fachleute zu Methoden der Regulierung und speziell auf das oben erwähnte Gebot von höchstens 300 Tonnen Giftschlammausstoß pro Jahr hin. Eines Tages, nachdem die Vorschriften in Kraft sind und die beiden Fabriken sie erfüllt haben, machen die beiden Unternehmungen einen gemeinsamen Vorschlag. Die Stahlfabrik möchte den Schlammausstoß um 100 Tonnen erhöhen und die Papierfabrik würde ihren Ausstoß gegen Bezahlung von 5 Millionen DM um 100 Tonnen senken. Soll der Staat in dieses Geschäft der beiden Umweltverschmutzer einwilligen?

Vom Standpunkt der ökonomischen Effizienz aus entspricht die Einwilligung guter Politik. Das Geschäft stellt die Eigentümer beider Fabriken besser, da sie ja freiwillig dazu bereit sind. Darüber hinaus hat der Geschäftsabschluß keinerlei externe Effekte, da das gesamte Volumen der Umweltverschmutzung gleich bleibt. Auf diese Weise kommt man dadurch zu sozialer Wohlfahrt, daß man der Papierfabrik gestattet, ihr Recht auf Umweltverschmutzung an die Stahlfabrik zu verkaufen.

Die gleiche Logik gilt für alle Arten freiwilliger Übertragungen des Rechts auf Umweltverschmutzung von einer Unternehmung auf eine andere. Sofern der Staat derlei Vereinbarungen legalisiert, schafft er im Grunde eine neue knappe Ressource: Umweltzertifikate. Ein Markt für den Handel dieser Zertifikate wird sich herausbilden, und er wird durch die Kräfte von Angebot und Nachfrage gesteuert werden. Die »unsichtbare Hand« sorgt dafür, daß dieser neue Markt zu einer effizienten Allokation der Verschmutzungsrechte gelangt. Jene Unternehmungen, die ihren Schadstoffausstoß nur mit sehr hohen Kosten senken können, werden gewillt sein, am meisten für die Verschmutzungszertifikate zu bezahlen. Unternehmungen, die den Ausstoß an Schadstoffen mit geringen Kosten bewerkstelligen können, werden es dagegen vorziehen, alle ihre Zertifikate zu veräußern.

Ein offenkundiger Vorteil des Marktes für Umweltzertifikate besteht darin, daß die anfängliche Verteilung der Zertifikate auf die Unternehmungen nach dem Kriterium ökonomischer Effizienz belanglos ist. Dahinter steckt eine ähnliche Logik wie beim Coase-Theorem. Jene Unternehmungen, die ihre Schadstoffe am leichtesten senken können, werden alle ihre zugeteilten Zertifikate verkaufen, und jene anderen Unternehmungen, die sich bei hohen Kosten schwer tun mit der Ausstoßsenkung, werden die erforderlichen Zertifikate zukaufen. Solange ein freier Markt für die Zertifikate besteht, wird die am Ende entstehende Allokation effizient sein – unabhängig von der anfänglichen Allokation.

Obwohl der Einsatz von Umweltzertifikaten zur Senkung der Umweltverschmutzung auf den ersten Blick als völlig verschieden von einer Pigou-

a) Pigou-Steuer

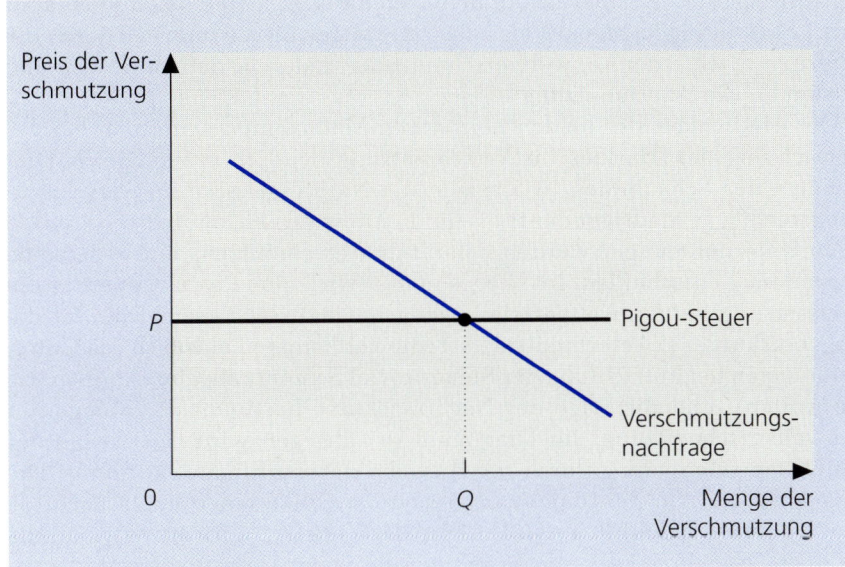

b) Umwelt-Zertifikat

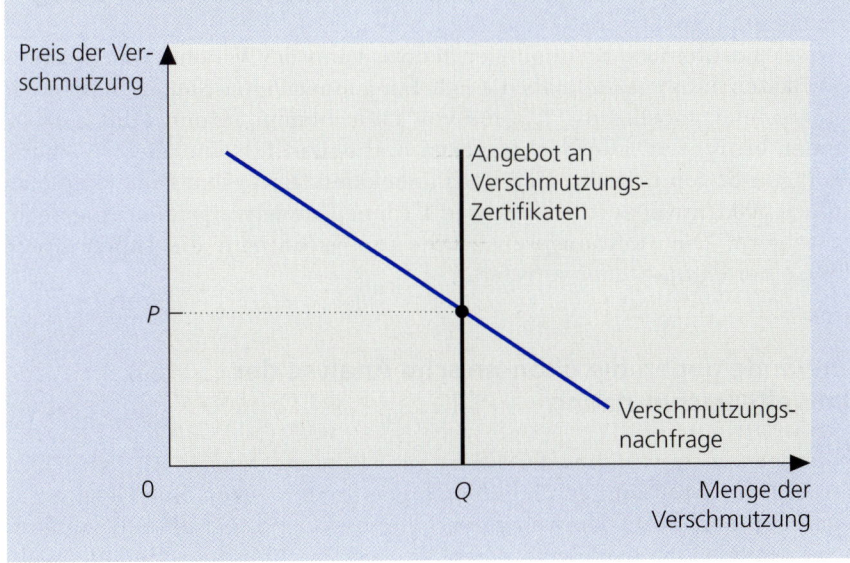

Schaubild 10-5
Die Äquivalenz von Pigou-Steuern und Umweltzertifikaten. Im Diagramm (a) wird durch Erhebung einer Pigou-Steuer vom Staat ein Preis auf die Umweltverschmutzung gelegt, und die Nachfragekurve bestimmt die Verschmutzungsmenge. Im Diagramm (b) wird die Verschmutzungsmenge durch Ausgabe einer beschränkten Zahl staatlicher Umweltzertifikate festgelegt, und die Nachfragekurve bestimmt den Verschmutzungspreis. In beiden Fällen stimmen Preis und Menge der Verschmutzung überein.

Steuer erscheint, haben die beiden Maßnahmen tatsächlich sehr viel gemeinsam. In beiden Fällen bezahlen die Unternehmungen für ihre Umweltverschmutzung. Bei der Pigou-Steuer zahlen die Unternehmungen an den Staat. Bei Zertifikaten zahlen die Unternehmungen an den Verkäufer des Zertifikats. (Auch Unternehmungen, die bereits Umweltzertifikate besitzen, müssen für die Verschmutzung bezahlen: Die Opportunitätskosten der

Verschmutzung bestehen in dem Geldbetrag, den die Unternehmungen beim Verkauf der Zertifikate auf dem freien Markt hätten bekommen können.) Sowohl Pigou-Steuern als auch Umweltzertifikate internalisieren die externen Effekte der Umweltverschmutzung dadurch, daß sie Preise und Kosten für die Verschmutzung setzen.

Die Ähnlichkeit der beiden politischen Maßnahmen kann man bei der Betrachtung des Marktes für Verschmutzung deutlich sehen. Beide Diagramme des Schaubildes 10-5 zeigen die Nachfragekurve für Verschmutzungsrechte. Je niedriger der Preis für die Umweltverschmutzung ist, um so mehr Unternehmungen werden sich für die Verschmutzung und gegen eine Vermeidung entscheiden. Im Diagramm (a) wird eine Pigou-Steuer für die Preissetzung auf Umweltverschmutzung benützt. In diesem Falle ist die Angebotskurve für Verschmutzungsrechte vollkommen elastisch (da Unternehmungen bei Entrichtung der Steuer soviel Schmutz abgeben können wie sie wollen), und die Lage der Nachfragekurve bestimmt die Menge der Umweltverschmutzung. Im Diagramm (b) dagegen wird die Menge der Umweltverschmutzung durch die Ausgabe der Zertifikate bestimmt. Die Angebotskurve für Verschmutzungsrechte ist vollkommen unelastisch (da die Schmutzmenge durch den Umfang der Zertifikate fixiert ist), und die Lage der Nachfragekurve bestimmt den Preis der Umweltverschmutzung. Insofern kann der Staat jeden Punkt einer gegebenen Nachfragekurve nach Umweltverschmutzung durch Maßnahmen ansteuern und erreichen – entweder durch Preissetzung mit einer Pigou-Steuer oder durch Mengensetzung mit Umweltzertifikaten.

Unter bestimmten Bedingungen jedoch kann der Verkauf von Umweltzertifikaten günstiger sein als die Erhebung einer Pigou-Steuer. Stellen wir uns vor, man möchte die Abgabe von Giftschlamm in den Fluß auf 600 Tonnen begrenzen. Die Nachfragekurve, die man für eine Zielerreichung per Pigou-Steuer braucht, ist jedoch unbekannt. In diesem Falle kann man einfach 600 Umweltzertifikate mit je 1 Tonne Umweltverschmutzungsrecht versteigern. Der Auktionspreis würde im Nachhinein die angemessene Höhe einer Pigou-Steuer verraten.

Einwände gegen die ökonomische Analyse der Umweltverschmutzung

Viele denken so, wie dies der US-Senator Edmund Muskie im Jahre 1971 formulierte: »Wir können nicht beliebigen Leuten gegen eine Gebühr das Recht einräumen, die Umwelt zu verschmutzen.« Reine Luft und sauberes Wasser müsse man den elementaren Menschenrechten zuordnen, die nicht durch ökonomische Begriffe zu relativieren sind. Wie kann man nur einen Preis für saubere Luft und für sauberes Wasser festsetzen? Die Umwelt sei so kostbar und wichtig, daß wir sie so viel wie nur möglich und ohne Rücksicht auf die Kosten schützen sollten, sagen sie.

Für diese Art der Argumentation haben Nationalökonomen wenig Verständnis. Gute Umweltpolitik fängt für Nationalökonomen mit der Berücksichtigung der ersten der *zehn volkswirtschaftlichen Regeln* des Kapitels 1 an: Alle Menschen stehen vor abzuwägenden Alternativen. Ganz gewiß sind reine Luft und sauberes Wasser wertvoll. Doch muß ihr Wert mit ihren Opportunitätskosten verglichen werden – dem also, worauf man verzichten muß, um sie zu erlangen. Jegliche Umweltverschmutzung zu vermeiden, ist völlig ausgeschlossen. Man müßte damit viel vom technologischen Fortschritt beseitigen, der uns in den Genuß eines hohen Lebensstandards gebracht hat. Wenige Leute nur würden kärgliche Ernährung, medizinische Unterversorgung oder schäbige Behausungen in Kauf nehmen, nur um die Umwelt so sauber wie nur möglich machen zu können.

Nationalökonomen erinnern daran, daß einige Aktivisten des Umweltschutzes ihrer eigenen Sache dadurch schaden, daß sie nicht wirtschaftlich denken. Eine saubere Umwelt ist ein Gut wie andere Güter auch. Genau genommen ist sie ein Luxusgut: Reiche Länder können sich eine sauberere Umwelt leisten als arme Länder, und deshalb haben reiche Länder gewöhnlich strengere Vorschriften des Umweltschutzes. Wie die Nachfrage nach anderen Gütern reagiert die Nachfrage nach frischer Luft und sauberem Wasser auf den Preis. Je niedriger der Preis für den Schutz der Umwelt ist, um so mehr Umwelt wird die Gesellschaft in Anspruch nehmen wollen. Der ökonomische Denkansatz zum Gebrauch von Umweltzertifikaten und Pigou-Steuern reduziert die Kosten des Umweltschutzes. Er sollte deshalb wohl die Nachfrage der Allgemeinheit nach sauberer Umwelt erhöhen.

Schnelltest

Eine Klebstoff- und eine Stahlfabrik emittieren Rauch mit einer chemischen Substanz, die krank macht, wenn man sie in größeren Mengen einatmet. Skizziere drei Vorgehensweisen staatlicher oder kommunaler Stellen gegen diese Externalitäten. Worin bestehen jeweils Pro und Contra jeder Lösung?

Schlußfolgerung

Die »unsichtbare Hand« ist sehr stark, aber nicht allmächtig. In einem Marktgleichgewicht wird die Summe aus Konsumenten- und Produzentenrente maximiert. Wenn Käufer und Verkäufer die einzigen interessierten und betroffenen Parteien sind, ist das Marktergebnis auch vom volkswirtschaftlichen oder gesellschaftlichen Standpunkt aus effizient. Sofern es jedoch externe Effekte gibt, wie etwa Umweltverschmutzung, muß man bei der Bewertung des Marktergebnisses auch die Wohlfahrt Dritter berücksichtigen. Die »unsichtbare Hand« des Marktes könnte in diesem Falle bei der Aufgabe scheitern, die Ressourcen effizient aufzuteilen.

In einigen Fällen sind die Leute in der Lage, Probleme von Externalitäten alleine zu lösen. Nach dem Coase-Theorem können die interessierten Parteien untereinander verhandeln und als Übereinkunft eine effiziente Lösung erreichen. Bisweilen jedoch kann auf diese Weise kein befriedigendes Ergebnis zustande kommen, z.B. einfach deshalb, weil eine übergroße Teilnehmerzahl Verhandlungen erschwert.

Sind private Verhandlungslösungen zu externen Effekten nicht möglich, wird sich der Staat engagieren. Doch selbst hierbei sollte die Gesellschaft nicht gänzlich auf die Marktkräfte verzichten. Der Staat kann das Problem vielmehr in der Weise angehen, daß er die am Markt agierenden Entscheidungsträger dazu bringt, die vollständigen Kosten ihrer Aktivitäten zu tragen. Pigou-Steuern auf belastende Emissionen und Umweltzertifikate z.B. sind dazu geeignet, die externen Effekte von Umweltverschmutzungen zu internalisieren. Diese politischen Maßnahmen sollten mehr und mehr für den Umweltschutz herangezogen werden. Die richtig umgeleiteten Marktkräfte ergeben zumeist die besten Lösungen in Fällen von Marktversagen.

Zusammenfassung

- Sofern eine Transaktion zwischen Käufer und Verkäufer unmittelbar auch einen Dritten betrifft, spricht man von einem externen Effekt oder von einer Externalität. Negative externe Effekte, wie etwa die Umweltverschmutzung, bringen es mit sich, daß die volkswirtschaftlich oder sozial optimale Menge niedriger ist als die Gleichgewichtsmenge des Marktes. Positive externe Effekte, wie etwa Wissensübertragungen, bewirken, daß die Gleichgewichtsmenge des Marktes zu niedrig ist im Vergleich zur volkswirtschaftlich optimalen Menge.

- Die von externen Effekten betroffenen Menschen können das Problem der Externalitäten bisweilen alleine lösen. Wenn etwa von einer Unternehmung auf eine andere Unternehmung externe Effekte ausgehen, können die beiden Unternehmungen das Problem durch Fusion internalisieren. Auch durch Abschluß eines Vertrages können die beiden betroffenen Unternehmungen zu einer Internalisierung externer Effekte gelangen. Nach dem Coase-Theorem können Privatpersonen immer dann zu einer effizienten Allokation im Verhandlungswege kommen, wenn Verhandlungslösungen ohne besondere Kosten anfallen. In vielen Fällen jedoch sind Verhandlungslösungen nach dem Coase-Theorem schon deshalb ausgeschlossen, weil die Anzahl der potentiellen Partner zu groß ist.

- Der Staat wird sich engagieren, sofern private Verhandlungslösungen bei externen Effekten nicht möglich sind (etwa bei Umweltverschmutzungen). Manchmal beugt der Staat den sozial ineffizienten Aktivitäten durch Gebote und Verbote vor. Ein andermal kommen Pigou-Steuern zur Anwendung, um externe Effekte zu internalisieren. Ein weiterer Weg für den Umweltschutz besteht in der Ausgabe einer begrenzten Anzahl von Umweltzertifikaten. Das Endergebnis dieser politischen Maßnahme stimmt mit dem einer Pigou-Steuer auf Verschmutzer überein.

Stichworte

Coase-Theorem   Pigou-Steuer
Externalität, externer Effekt   Transaktionskosten
Internalisierung externer Effekte   Umweltzertifikate

Wiederholungsfragen

1. Erklären Sie anhand eines Angebots-Nachfrage-Diagramms die Wirkung eines negativen externen Effekts der Produktion.
2. Zählen sie einige Problemlösungen bei Externalitäten ohne Mitwirken des Staates auf.
3. Sie teilen sich als Nichtraucher ein Zimmer mit einem Raucher. Wovon hängt es nach dem Coase-Theorem ab, ob Ihr Zimmergenosse im gemeinsamen Zimmer raucht? Ist das Resultat effizient? Wie kommen Sie und Ihr Zimmergenosse zu dieser Coase-Lösung?
4. Warum geben Nationalökonomen bei Maßnahmen zum Umweltschutz den Pigou-Steuern den Vorzug vor staatlichen Regulierungen?

Aufgaben und Anwendungen

1. Stimmen Sie den folgenden Aussagen zu? Warum oder warum nicht?
   a) »Die nützlichen Wirkungen von Pigou-Steuern gegen Umweltverschmutzungen müssen mit den Nettowohlfahrtsverlusten dieser Steuern verglichen werden.«
   b) »Eine negative Produktions-Externalität erfordert eine Pigou-Steuer auf Produzenten, wogegen eine negative Konsum-Externalität eine Pigou-Steuer auf Konsumenten verlangt.«
2. Betrachten Sie den Markt für Feuerlöscher.
   a) Inwiefern könnten Feuerlöscher positive externe Effekte im Konsum haben?
   b) Zeichnen Sie ein Marktdiagramm für Feuerlöscher und tragen Sie Angebotskurve, Nachfragekurve, Kurve des volkswirtschaftlichen Wertes und Kurve der volkswirtschaftlichen Kosten ein.
   c) Markieren Sie das Markt-Gleichgewichtsniveau und das volkswirtschaftlich effiziente Niveau der Produktion.
   d) Beschreiben Sie eine mögliche politische Maßnahme für den Fall, daß pro Feuerlöscher DM 10,– an externen Nutzeneffekten auftreten.
3. Beiträge und Spenden an gemeinnützige Vereine sind vom steuerpflichtigen Einkommen absetzbar. Inwiefern kann man darin einen staatlichen Anreiz zu privaten Lösungen bei externen Effekten sehen?

4. Es geht das Gerücht, daß die Schweizerische Regierung die Viehhaltung subventioniert, und daß die Subvention in Gegenden mit Fremdenverkehr größer ist als anderswo. Gibt es Gründe dafür, daß so eine Politik effizient sein könnte?

5. Winterreifen mit Spikes sind wegen möglicher Straßenschäden verboten. Bei dieser Regelung sollte der Staat nach dem Kriterium der Effizienz handeln. Zeichnen Sie ein Diagramm, das ein striktes Verbot der Reifen stützt. Zeichnen Sie ein zweites Diagramm, nach dem der Gebrauch von Winterreifen mit Spikes durch die Marktkräfte zurückgedrängt wird.

6. Sowohl die Produktion als der Gebrauch von Konservendosen aus Aluminium verursachen externe Kosten.
   a) Worin könnten diese externen Kosten der Produktion und des Gebrauchs bestehen?
   b) Zeichnen Sie ein Marktdiagramm für Konservendosen mit Nachfragekurve, Angebotskurve, Kurve der volkswirtschaftlichen Kosten und Kurve des volkswirtschaftlichen Wertes. Bezeichnen Sie die Mengen, die auf dem freien Markt verkauft werden und die effizient sind.

7. Ein höherer Alkoholkonsum führt zu mehr Verkehrsunfällen und dadurch zu Kosten auch für Leute, die weder Auto fahren noch Alkohol trinken.
   a) Illustrieren Sie den Markt für alkoholische Getränke mit Nachfragekurve, Angebotskurve, Kurve des volkswirtschaftlichen Werts, Kurve der volkswirtschaftlichen Kosten, Marktgleichgewicht und volkswirtschaftlich effizientem Niveau.
   b) Schraffieren Sie in Ihrem Diagramm den Bereich des Nettowohlfahrtsverlustes des Marktgleichgewichts. (Hinweis: Der Nettowohlfahrtsverlust stellt sich dadurch ein, daß einige Einheiten an Alkohol konsumiert werden, für die die volkswirtschaftlichen Kosten höher sind als der volkswirtschaftliche Wert.) Erläutern Sie dies.

8. Zahlreiche Beobachter glauben, daß die Umweltverschmutzungen in unser Volkswirtschaft zu hoch sind.
   a) Warum könnte es effizient sein, zu verschiedenen Zeiten unterschiedliche Absenkungen der Umweltverschmutzung zu haben, wenn die Gesellschaft eine bestimmte globale Absenkung erreichen möchte.
   b) Staatliche Maßnahmen von Befehl und Kontrolle stützen sich oft auf einheitliche Senkungen der Unternehmungen. Weshalb sind diese Ansätze generell ungeeignet, gezielt jene Unternehmungen zu treffen, die überproportionale Absenkungen der Verschmutzung unternehmen sollten?
   c) Nationalökonomen behaupten, daß angemessene Pigou-Steuern oder handelbare Umwelt-Zertifikate zu effizienter Absenkung der Umweltverschmutzung führen werden. Wie erreichen diese Maßnahmen jene Unternehmungen, denen größere Anstrengungen beim Umweltschutz zugemutet werden müssen als anderen?

9. Das Schaubild 10-5 läßt erkennen, daß der Staat für eine beliebige Nachfragekurve nach Umweltverschmutzung entweder mit einer Pigou-Steuer oder mit Umwelt-Zertifikaten das gleiche Ergebnis an Mengenreduktion zu erreichen vermag. Stellen Sie sich nun eine gewaltige technologische Innovation bei der Kontrolle von Emissionen vor.
   a) Verwenden Sie die Darstellung nach Schaubild 10-5, um die Nachfragewirkungen der Innovation zu illustrieren.
   b) Welche Preis- und Mengenwirkungen für die Umweltverschmutzung ergeben sich unter jedem der beiden Systeme? Erläutern Sie Ihre Antwort.

10. Angenommen, die Regierung führt bei einer bestimmten Art von Umweltverschmutzung handelbare Zertifikate ein.
    a) Ist es irgendwie wichtig für die ökonomische Effizienz, ob die Zertifikate verteilt oder versteigert werden? Hat es sonst eine Bedeutung?
    b) Wenn sich der Staat entschließt, die Zertifikate einfach zu verteilen, beeinflußt die Verteilung die Effizienz? Hat die tatsächliche Verteilung in anderer Hinsicht Bedeutung?

11. Die erste Ursache für eine globale Erwärmung der Erde ist das Kohlendioxyd, das von den einzelnen Ländern in unterschiedlichen Mengen in die Atmosphäre gelangt, sich jedoch innerhalb eines Jahres gleichmäßig über den Erdball verteilt. In einem Zeitungsartikel war behauptet worden, korrekterweise solle man von den Ländern nicht verlangen, ihre Kohlendioxyd-Emissionen auf dem gegenwärtigen Niveau zu stabilisieren. Vielmehr müßten die Emissionen in Ländern mit den niedrigsten Kosten reduziert werden, und diese Länder sollten von den anderen Ersatz bekommen.
    a) Warum ist internationale Kooperation für ein effizientes Resultat notwendig?
    b) Erklären Sie, ob es möglich ist, sich bei einheitlichen Absenkungen der Emissionen ein System von Ersatzzahlungen auszudenken, das jedes Land besser stellt.

12. Einige Leute sind gegen markt-basierte Maßnahmen des Umweltschutzes und bemängeln, daß damit ein DM-Wert für Wasser- und Luftreinhaltung festgelegt wird. Nationalökonomen argumentieren, daß die Gesellschaft auch bei Maßnahmen mit Geboten und Verboten implizit DM-Bewertungen vornimmt. Erklären Sie, inwiefern dies zutrifft.

13. Es gibt drei Industriebetriebe im »Tal der Glückseligen«:

Unternehmung	Verschmutzungsniveau am Anfang	Kosten der Verschmutzungssenkung um 1 Einheit
A	70 Einheiten	DM 20,–
B	80 Einheiten	DM 25,–
C	50 Einheiten	DM 10,–

Die Regierung möchte die Umweltverschmutzung auf 120 Einheiten begrenzen und gibt deshalb jeder einzelnen Unternehmung 40 handelbare Umwelt-Zertifikate für Verschmutzungsrechte.

a) Wer wird Zertifikate verkaufen – und wie viele? Welche Unternehmung wird – wie viele – Zertifikate kaufen? Erklären sie kurz die Motivation der Käufer und der Verkäufer. Wie hoch sind die Gesamtkosten der Absenkung der Umweltverschmutzung?

b) Um wieviel höher wären die Kosten der umweltpolitischen Maßnahme, wenn die Zertifikate nicht handelbar wären?

Öffentliche Güter und gesellschaftliche Ressourcen

In diesem Kapitel werden Sie

- die Definitionen öffentlicher Güter und gesellschaftlicher Ressourcen erfahren,
- das Mißlingen der Bereitstellung öffentlicher Güter durch private Märkte verstehen,
- einige wichtige öffentliche Güter der Volkswirtschaft näher betrachten,
- einsehen, warum die Kosten-Nutzen-Analyse öffentlicher Güter sowohl notwendig als auch schwierig ist,
- darüber nachdenken, warum die Leute zur Übernutzung gesellschaftlicher Ressourcen neigen,
- einige wichtige gesellschaftliche Ressourcen der Volkswirtschaft näher betrachten.

»The best things in life are free«, wird in einem amerikanischen Volkslied behauptet. Bei kurzem Nachdenken fallen jedem eine Reihe von Sachen ein, die der Dichter dabei im Kopf gehabt haben könnte. Einige davon stellt die Natur bereit, wie etwa Flüsse, Berge, Strände, Seen und Meere. Einige gibt der Staat, wie etwa Spielplätze, Parks und Promenaden. In keinem dieser Fälle müssen die Leute etwas bezahlen, wenn sie sich dazu entschließen, sich am Nutzen dieser Güter zu erfreuen.

Freie Güter fordern die ökonomische Analyse in besonderer Weise heraus. Die weitaus meisten Güter unserer Volkswirtschaft werden über Märkte zugeteilt, auf denen Käufer für das bezahlen, was sie bekommen, und Verkäufer für das Bereitgestellte bezahlt werden. Für diese regulären Güter sind Preise die Signale, die die Entscheidungen von Käufern und Verkäufern lenken. Die Märkte und ihre Zuteilungsverfahren sind jedoch ausgeschaltet, sobald Güter kostenlos zu haben sind.

Im vorliegenden Kapitel behandeln wir Fragen, die bei preislosen Gütern auftreten. Wiederum wird unsere Analyse eine der *zehn volkswirtschaftlichen Regeln* aus Kapitel 1 beleuchten: Regierungen können manchmal die Marktergebnisse verbessern. Wenn ein Gut keinen speziellen Preis hat, können die Märkte nicht gewährleisten, daß das Gut produziert und in bestimmten Mengen konsumiert wird. In solchen Fällen kann staatliche Politik das Marktversagen beheben und die ökonomische Wohlfahrt steigern.

Die verschiedenen Arten von Gütern

Wie gut funktionieren die Märkte bei der Bereitstellung der von den Menschen gewünschten Güter? Die Antwort auf diese Frage hängt vom betrachteten Gut ab. Wie wir im Kapitel 7 gesehen haben, können wir uns auf den Marktmechanismus verlassen, wenn er die effiziente Anzahl von Kugeln Speiseeis bereitstellen soll: Der Preis der Eiskugeln spielt sich so ein, daß Angebot und Nachfrage angepaßt werden, und dieses Marktgleichgewicht maximiert die Summe aus Produzenten- und Konsumentenrente. Doch können wir uns nicht auf den Marktmechanismus verlassen, wie wir im Kapitel 10 erfahren haben, wenn die Aluminiumhersteller davon abgehalten werden sollen, unsere Atemluft zu verpesten: Käufer und Verkäufer auf Märkten kalkulieren grundsätzlich nicht die externen Effekte ihrer Entscheidungen ein. So funktionieren Märkte sehr gut, wenn es sich um das Gut Speiseeis handelt, aber sie funktionieren schlecht, wenn es sich um das Gut reine Atemluft handelt.

Wenn man über die unterschiedlichen Güter einer Volkswirtschaft nachdenkt, wird man sie zweckmäßigerweise nach zwei Kriterien einteilen:

Ausschließbarkeit (excludability) der Güternutzung
Eigenschaft eines Gutes, nach der ein Eigentümer oder Besitzer andere von einer Nutzung ausschließen kann.

Konkurrenz (rivalness) der Güternutzung
Eigenschaft eines Gutes, nach der ein Nutzer anderen die Nutzungsmöglichkeit nimmt.

Private Güter
Güter mit ausschließbarer und konkurrierender Nutzung.

- **Ausschließbarkeit (excludability) der Güternutzung**: Ist die tatsächliche und/oder rechtliche Beherrschbarkeit eines Gutes (nach dem Ausschlußprinzip oder Ausschließlichkeitsprinzip) gegeben? Kann man jemanden davon abhalten, sich des Gutes zu bemächtigen und es zu nutzen?
- **Konkurrenz (rivalness) der Güternutzung**: Nimmt die Nutzung durch eine Person anderen Leuten die Möglichkeit der Nutzung?

Nach den beiden Kriterien entstehen vier Kategorien von Gütern (vgl. Schaubild 11-1):

1. **Private Güter** unterliegen sowohl dem Ausschlußprinzip als auch dem Konkurrenzprinzip der Güternutzung. Denken Sie z.B. an die Speiseeiskugel der früheren Kapitel. Speiseeis ist »excludable« einfach deshalb, weil der Besitzer das Eis nicht hergibt und so ein anderer vom Verspeisen ausgeschlossen ist. Eine Speiseeiskugel ist aber auch »rival«, weil sie nur einmal aufgegessen werden kann und die potentiellen Genießer um den Eisgenuß konkurrieren. Die meisten Güter einer Volkswirtschaft sind in diesem Sinne private Güter. Bei der Analyse von Angebot und Nachfrage in den Kapiteln 4, 5 und 6 sowie der Effizienz von Märkten in den Kapiteln 7, 8 und 9 haben wir stillschweigend unterstellt, daß die Güter sowohl dem Ausschlußprinzip als auch dem Konkurrenzprinzip der Güternutzung unterliegen.

Öffentliche Güter
Güter, die weder eine ausschließbare noch eine konkurrierende Nutzung aufweisen.

2. **Öffentliche Güter** unterliegen weder dem Ausschlußprinzip noch dem Konkurrenzprinzip der Güternutzung. Die Menschen können nicht daran gehindert werden, ein öffentliches Gut zu nutzen, und die Nutzer nehmen sich gegenseitig nicht die Nutzungsmöglichkeiten weg. Die Landesverteidigung ist so ein öffentliches Gut oder ein Damm gegen Überschwemmungen. Sobald ein Land gegen einen feindlichen Eindringling oder drohendes Hochwasser verteidigt wird, ist es unmöglich, einen einzelnen Bewohner dieses Landes vom Nutzen der Maßnahmen auszuschließen; jeder hat den Genuß. Im übrigen kann dann jede Person

den Schutz- oder Verteidigungsnutzen haben; niemand wird durch die Nutzung der Verteidigung durch andere von der eigenen Nutzung ausgeschlossen.

3. **Gesellschaftliche Ressourcen** unterliegen zwar dem Konkurrenzprinzip der Nutzung, nicht aber dem Ausschlußprinzip der Güternutzung. Wenn jemand Fische in einem See fängt, sind für andere Fischer zwar weniger Fische vorhanden. Doch handelt es sich bei den Fischen nicht um »ausschließbare« Güter, da die einzelnen zu fangenden Fische niemandem gehören und kein Eigentümer den einzelnen Fisch »Zug um Zug« gegen Bezahlung nur abgibt.

4. Wenn ein Gut dem Ausschließbarkeitsprinzip unterliegt, aber kein Konkurrenzverhältnis der Güternutzung besteht, spricht man von einem **natürlichen Monopol**. Denken Sie z.B. an den Feuerschutz in einem kleinen Ort. Es wäre nicht schwer, einzelne Leute von diesem Gut auszuschließen: Die Feuerwehr könnte einfach ihre Häuser niederbrennen lassen. Doch entspricht Feuerschutz nicht dem Konkurrenzprinzip. Die meiste Zeit über warten die Feuerwehrleute untätig und vergeblich auf einen Brandfall. Der Brandschutz eines zusätzlichen Hauses oder Haushalts wird also kaum jemals den für andere Objekte und ihre Eigentümer möglichen Schutz vermindern. Allenfalls in Kriegszeiten (z.B. Flächenbombardement mit Brandbomben) würde der gesamte Ort gleichzeitig in Flammen stehen. Wenn sich also eine Stadt eine Feuerwehr hält, sind die zusätzlichen Kosten für den Schutz eines weiteren Haushalts – in normalen Zeiten – verschwindend gering. Über natürliche Monopole wird im Kapitel 15 mehr gesagt.

Gesellschaftliche Ressourcen
Güter, die zwar eine konkurrierende Nutzung aufweisen, aber nicht ausschließbar sind.

	Konkurrenzprinzip	
	Ja	**Nein**
Ja **Ausschluß-** **prinzip**	**Private Güter** – Speiseeiskugeln – Kleidung – gebührenpflichtige Straßen mit Stau	**Natürliche Monopole** – Feuerschutz – Kabelfernsehen – gebührenpflichtige Straßen ohne Stau
Nein	**Gesellschaftl. Ressourcen** – Fische im Meer – Umwelt – öffentliche Straßen mit Stau	**Öffentliche Güter** – Nationale Verteidigung – Wissen – öffentliche Straßen ohne Stau

Schaubild 11-1
Vier Kategorien von Gütern. Man kann die Güter nach zwei Fragen in vier Kategorien einteilen: (1) Sind andere von der Güternutzung ausschließbar? (2) Nimmt ein Güternutzer den anderen ganz oder teilweise die Nutzungsmöglichkeit?

Wir befassen uns hier näher mit jenen Gütern, die nicht dem Ausschlußprinzip unterliegen und deshalb für jeden frei zugänglich und kostenlos sind: öffentliche Güter und gesellschaftliche Ressourcen. Die Thematik ist eng verwandt mit der Erörterung der Externalitäten. Sowohl bei öffentlichen Gütern als auch bei gesellschaftlichen Ressourcen entstehen externe

Effekte, weil etwas mit Nutzen und Wert keinen Preis hat. Wenn jemand die Landesverteidigung als ein öffentliches Gut bereitstellen würde, wären alle Leute davon begünstigt, und doch könnte er dafür kein Geld einfordern und »Zug um Zug« kassieren. Ähnlich verhält es sich, wenn jemand im Meer fischt. Durch Nutzung der gesellschaftlichen Ressource Meeresfisch durch einen einzelnen wären zwar die anderen Menschen insgesamt schlechter gestellt, und doch würden sie dafür nicht entschädigt. Wegen dieser externen Effekte kann es zu ineffizienten Entscheidungen über Produktion und Konsumtion kommen. Staatseingriffe vermögen dann die wirtschaftliche Wohlfahrt zu steigern und die Marktergebnisse zu verbessern (siehe Regel Nr. 7).

Schnelltest   Definieren Sie »öffentliche Güter« und »gesellschaftliche Ressourcen« und führen Sie Beispiele an.

Öffentliche Güter

Um den Unterschied zwischen öffentlichen Gütern und anderen Gütern zu verstehen und die besonderen damit verbundenen gesellschaftlichen Fragen zu illustrieren, betrachten wir Vorführungen von Feuerwerken als Beispiele. Das Gut »Feuerwerksaufführung« unterliegt nicht dem Ausschlußprinzip, weil es unmöglich ist, jemanden vom Anschauen eines Feuerwerks abzuhalten. Die Güternutzung ist auch nicht konkurrierend, weil so viele Menschen wie nur möglich zugleich hinschauen können, ohne einander etwas »wegzuschauen« vom schönen Feuerwerk.

Das Trittbrettfahrerverhalten

Die Bürger einer erdachten Kleinstadt namens »Smalltown« in den USA wollen stets am 4. Juli ein Feuerwerk sehen. Ein jeder der 500 Einwohner bewertet das Ereignis mit 10,– Dollar, und ein jeder zahlt diesen Betrag bei der Stadtkasse ein. Die Kosten des Feuerwerks belaufen sich auf 1.000,– Dollar, so daß von den 5.000,– Dollar Einnahmen einiges übrig bleibt. So ist es effizient für die Bürger von Smalltown, jedes Jahr am 4. Juli ein Feuerwerk zu sehen.

Würde der freie Markt zum selben Ergebnis gelangen? Vermutlich nicht. Angenommen, die Unternehmerin Ellen Mankiw würde das Feuerwerk veranstalten wollen und dazu Eintrittskarten anbieten. Mit dem Kartenverkauf käme sie in Schwierigkeiten; denn ihre potentiellen Kunden würden rasch begreifen, daß sie das Feuerwerk auch ohne Eintrittskarte sehen können. Feuerwerke unterliegen nicht dem Ausschlußprinzip und es bestehen für die Leute Anreize, als Trittbrettfahrer oder »free riders« dabei zu sein. Ein **Trittbrettfahrer (free rider)** ist jemand, der den Nutzen eines Gutes erlangt, ohne dafür zu bezahlen.

**Trittbrettfahrer
(free rider)**
Eine Person, die den Nutzen eines Gutes erlangt, es jedoch vermeidet, dafür zu bezahlen.

Eine Möglichkeit, diese Art von Marktversagen zu begreifen, kann aus dem Phänomen der Externalitäten abgeleitet werden. Würde Ellen M. das Feuerwerk zünden und abbrennen, würde sie auf all jene einen externen Nutzen übertragen, die zuschauen. Diese externen Nutzen kann Ellen M. nicht zur Grundlage ihrer Entscheidung machen. Obwohl ein Feuerwerk volkswirtschaftlich nützlich und wünschenswert sein mag, bringt es unternehmerisch keinen Profit. Damit käme Ellen M. zu der volkswirtschaftlich ineffizienten Entscheidung, das Feuerwerk nicht zu veranstalten.

Obwohl es auf dem freien Markt nicht gelingt, das von den Smalltown-Einwohnern nachgefragte Feuerwerk anzubieten, liegt eine Lösung für das Smalltown-Problem auf der Hand: Der Stadtrat kann Ellen M. damit beauftragen, die Feier zum 4. Juli durchzuführen und zur teilweisen Finanzierung eine Gebühr oder »Kopfsteuer« von 2,– Dollar erheben. Jeder wäre dann um 8,– Dollar besser gestellt (10 Dollar Nutzen minus 2 Dollar Gebühr). Ellen M. könnte der Stadt somit als Angestellte im öffentlichen Dienst zum effizienten Resultat verhelfen, jedoch nicht als Unternehmerin.

Das Fallbeispiel ist zwar stilisiert, aber doch auch realistisch. In der Tat bezahlen nicht wenige Kommunen in den USA für Feuerwerke zum 4. Juli. Im übrigen kann man aus dem Beispiel allgemeine Lehren für öffentliche Güter ziehen: Da öffentliche Güter bei der Nutzung nicht dem Ausschlußprinzip unterliegen, ist der Markt wegen des Trittbrettfahrerproblems daran gehindert, diese Güter bereitzustellen. Helfend eingreifen kann die öffentliche Hand. Wenn der Staat in derlei Fällen feststellt, daß der Gesamtnutzen die Kosten übersteigt, wird er das Gut als öffentliches Gut bereitstellen und zur Hebung des Wohlstandsniveaus aus Steuergeldern bezahlen.

Einige wichtige öffentliche Güter

Für öffentliche Güter gibt es viele Beispiele. Hier betrachten wir die drei wichtigsten näher.

Nationale Verteidigung

Klassisches Beispiel eines öffentlichen Gutes ist die Landesverteidigung gegen ausländische Angreifer. Sachaufwand und Personalausgaben für die Bundeswehr zeigen, daß es sich bei diesem öffentlichen Gut um das weitaus teuerste handelt. Die Leute sind zwar uneins darüber, ob die Aufwendungen für die Landesverteidigung zu hoch oder zu niedrig sind, doch kaum jemand zieht die Notwendigkeit der Verteidigungsbereitschaft gänzlich in Zweifel. Sogar Wirtschaftswissenschaftler, die für den »schlanken Staat« plädieren und dabei sogar Hand an die Universitätsetats legen, stimmen im Urteil über die Notwendigkeit des öffentlichen Gutes »nationale Verteidigung« überein.

Grundlagenforschung

Zu den öffentlichen Gütern rechnet auch die Erzeugung von Wissen. Gemeint ist vorrangig das anwendungsferne Basiswissen der Volkswirtschaft. Wenn ein Mathematiker ein neues Theorem entwickelt, geht es in den Wissensbestand einer Gesellschaft ein, und jedermann kann es kostenlos nutzen. Da Wissen ein freies Gut ist, besteht bei Unternehmungen die Tendenz zu Trittbrettfahrerverhalten bei dem von anderen geschaffenen Wissen. Unter diesen Bedingungen kommt es zu einem geringen Faktoreinsatz für die unternehmerische Wissenserzeugung.

Um die angemessene politische Einstellung zur Wissensproduktion herauszufinden, muß man zwischen dem allgemeinen Grundlagenwissen und dem speziellen, technologischen Wissen unterscheiden. Das technologische Spezialwissen, wie etwa die Erfindung einer neuartigen Batterie, kann patentiert werden. Durch das Patent, mit dem geistiges Eigentum gesichert wird, kann der Erfinder einen Anteil an den Früchten der Erfindung erlangen, die der unternehmerische Erstanwender oder Innovator im Erfolgsfalle über den Markt erwirtschaftet. Der erwähnte Mathematiker kann im Gegensatz dazu sein Theorem nicht patentieren lassen. Seine Art von allgemeinem Wissen ist für jedermann frei zugänglich. Mit anderen Worten macht das Patentwesen spezielles technologisches Wissen zu einem Gut, das dem Ausschlußprinzip unterliegt, wogegen die Patentierung und damit das Ausschlußprinzip auf allgemeines Wissen nicht anwendbar ist.

Der Staat sucht das öffentliche Gut allgemeinen Wissens auf verschiedene Weise bereitzustellen. Staatliche Schulen, Hochschulen und Universitäten sind zu erwähnen, ferner die öffentlichen Forschungsinstitute und die Institute an Universitäten. In Deutschland spielt bei der Organisation des Bildungs- und Forschungssektors der Volkswirtschaft die Kulturhoheit der Bundesländer eine Rolle. Es gibt Forschungsinstitute gemeinnütziger Vereine, die teilweise eine von Bund und Ländern garantierte Finanzierung bekommen. So befassen sich etwa die »Institute der Blauen Liste« mit medizinischer, mathematischer, physikalischer, chemischer, biologischer und wirtschaftswissenschaftlicher Forschung. Bekannt sind Max-Planck-Institute und Fraunhofer-Institute sowie zur Forschungsförderung Stiftungen und die Deutsche Forschungsgemeinschaft. In den USA schreibt man sogar dem Weltraumprogramm eine Vermehrung des allgemeinen Grundlagenwissens zu, da zahlreiche neue Güter, wie etwa die Teflonbeschichtung von Bratpfannen, zuerst mit Entwicklungen für die Weltraumerkundung und speziell für die Mondlandung nebenbei angefallen sind. In vielen Fällen ist keine klare Grenze zu ziehen, da die Nutzen der Erst- und Folgeanwendungen kaum abschätzbar und schon gar nicht meßbar sind. Hinzu kommt bei staatlicher Politik zur Wissensproduktion, daß Abgeordnete und Ministerialbeamte ein zu schwaches wissenschaftliches Fundament für die bestmögliche Aufgabenteilung und Steuerung der Gelder haben. Insbesondere eine Innovationspolitik zur Förderung des wirklich Neuen, das prinzipiell noch niemand kennt, stellt sich notwendigerweise alle paar Jahre mit Fehlförderungen bloß.

Armutsbekämpfung

In marktwirtschaftlichen Demokratien, wie etwa einer Sozialen Marktwirtschaft nach deutschem Muster, gibt es vielerlei Ansätze der Armutsbekämpfung. Mit Armut ist dabei nicht etwa Vermögenslosigkeit oder ein niedriger Vermögensbestand gemeint, sondern eine Stromgröße, d.h. »Einkommensarmut«. Wo die »Armutsgrenze« liegt, die für das Niveau der Sozialhilfe interessiert, ist nicht exakt feststellbar. Es gibt nämlich nicht nur physische Komponenten des menschlichen Existenzminimums, sondern auch kulturelle und sozialpsychologische Komponenten. Ferner ist Armut nicht nur absolut aufzufassen, sondern auch im Abstand zu den anderen. Kinderreiche Familien oder alleinerziehende Mütter, Menschen mit mangelhafter Ausbildung oder Gesundheit sind gehäuft in der Gruppierung der Armen anzutreffen. Die erfolgreicheren, einkommensstärkeren Mitglieder der Gesellschaft sollen mit ihren Steuern zum Unterhalt der Armen beitragen.

Die Nationalökonomen sind untereinander nicht ganz einer Meinung darüber, welche Rolle der Staat bei der Armutsbekämpfung einnehmen soll. Obwohl Genaueres dazu im Kapitel 20 zu sagen sein wird, ist hier bereits ein wichtiges Argument zu notieren: Verfechter der Armutsbekämpfung beharren darauf, daß die Armutsbekämpfung ein öffentliches Gut ist. Man stelle sich vor, daß es jedermann vorzieht, in einer Gesellschaft ohne Armut und ohne Arme zu leben. Auch wenn dieses Bedürfnis sehr weit verbreitet wäre, könnte man das »Gut« Armutsfreiheit der Gesellschaft nicht über freie Märkte bereitstellen. Da das Problem von gewaltiger Dimension ist, vermag kein einzelner Bürger allein die Armut zu beseitigen. Überdies wäre die private Wohltätigkeit bei bei der Lösung des Problems überfordert: Hartherzige Menschen ohne Spendenbereitschaft können zulasten der freigebigen Menschen als Trittbrettfahrer durchs Leben kommen. Bei dieser Sachlage wird eine Steuerlösung der Armutsfrage alle besser stellen. Den Armen geht es besser durch eine Erhöhung ihres Lebensstandards. Und den Steuerzahlern geht es auch besser, weil sie sich des Lebens in einer armutsfreien Gesellschaft erfreuen.

Sind Leuchttürme öffentliche Güter?

Fallbeispiel

Je nach den besonderen Umständen können einzelne Güter den Status zwischen öffentlichem und privatem Gut wechseln. So sind z.B. Feuerwerke in einer großen Stadt öffentliche Güter, wohingegen sie in einem privaten Vergnügungspark mit Eintritt zahlenden Besuchern eher zu den privaten Gütern rechnen. Ähnlich verhält es sich mit Leuchttürmen.

Lange Zeit haben Nationalökonomen den Leuchtturm als Beispiel eines öffentlichen Gutes verwendet. Leuchttürme dienen vorbeifahrenden Schiffen bekanntlich dazu, gefährliche Gewässer zu meiden. Der Nutzen des Leuchtturms für den Kapitän unterliegt weder dem Ausschluß- noch dem Konkurrenzprinzip, so daß jeder Kapitän den Leuchtturm ohne Bezahlung für Navigationszwecke als Trittbrettfahrer benutzen wird. Deshalb können Märkte die für Schiffskapitäne erforderlichen Leuchttürme nicht bereitstellen. Folglich sind heutzutage die meisten Leuchttürme in staatlicher Hand.

In einigen Fällen jedoch können Leuchttürme eher den Charakter privater Güter bekommen. Im 19. Jahrhundert standen einzelne Leuchttürme an der englischen Küste in privatem Eigentum und unter privatwirtschaftlicher Leitung. Der Eigentümer und Betreiber eines Leuchtturms versuchte damals nicht, den Kapitän für die Dienstleistung zur Zahlung heranzuziehen. Bezahlt hat der Eigentümer des nächstgelegenen Hafens. War der Hafeneigner nicht zur Zahlung bereit, drehte der Leuchtturmbesitzer das Licht aus und die Schiffe mieden den Hafen.

Soll man darüber entscheiden, ob ein Gut ein öffentliches Gut ist, muß man die Anzahl der Nutznießer bestimmen und insbesondere klären, ob diese von der Nutzung des Gutes ausgeschlossen werden können. Ein Trittbrettfahrerproblem entsteht, wenn die Anzahl der Nutznießer sehr groß ist und die Anwendung des Ausschlußprinzips auf jeden einzelnen von ihnen unmöglich wird. Sofern ein Leuchtturm sehr vielen Schiffskapitänen nützt, ist er ein öffentliches Gut. Sofern er jedoch in erster Linie einem bestimmten Eigner eines Hafens nützt, ist der Leuchtturm eher ein privates Gut.

Die schwierige Aufgabe der Kosten-Nutzen-Analyse

Der Staat stellt öffentliche Güter bereit, da freie Märkte aus sich heraus die effiziente Menge oft nicht zuwege bringen. Doch der Entschluß, daß der Staat eingebunden werden muß, bildet nur den ersten Schritt. Danach ist zu entscheiden, welche Güterarten in welchen Mengen bereitgestellt werden müssen.

Nehmen wir z.B. an, es geht um ein öffentliches Bauprojekt, wie etwa den Bau eines Autobahnabschnitts oder eines Flughafens. Für die Entscheidung muß man die gesamten Nutzen der potentiellen Nutzer mit den Kosten von Bau und Unterhalt vergleichen. Dafür wird der Staat eine Arbeitsgruppe von Ökonomen und Ingenieuren einsetzen; sie sollen eine **Kosten-Nutzen-Analyse** mit Abschätzung der gesamten Nutzen und der gesamten Kosten durchführen und darüber eine Studie anfertigen.

Kosten-Nutzen-Analyse
Eine Studie über den Vergleich der volkswirtschaftlichen Kosten und Nutzen aus der Bereitstellung eines öffentlichen Gutes.

Kosten-Nutzen-Analysen stellen eine schwierige Aufgabe dar. Da der Autobahnabschnitt oder der Flughafen jedermann ohne besondere Gebühren zur Verfügung stehen wird, hat man keinen Güterpreis für die Bewertung der Investition. Die Leute (wie beim Feuerwerk in der Kleinstadt) einfach danach zu fragen, wieviel ihnen die Autobahn oder der Flughafen wert wäre, käme als solide Basierung der Analyse nicht in Betracht. Erstens einmal ist die Quantifizierung von Nutzen aufgrund von Antworten in Fragebogen schwierig. Zweitens haben die Befragten wenig Veranlassung, lange nachzudenken und »die Wahrheit« zu sagen. Die potentiellen Interessenten würden übertreiben, um den Bau zu fördern. Negativ Betroffene, wie z.B. Anwohner, würden die Kosten überbetonen, um das Projekt zu verhindern.

Die effiziente Bereitstellung öffentlicher Güter ist sonach wesentlich schwieriger als die effiziente Bereitstellung privater Güter. Private Güter werden auf Märkten angeboten. Die Käufer decken ihre Bewertung durch die Zahlungsbereitschaft auf. Die Verkäufer zeigen ihre Kosten durch die Preise, die sie noch akzeptieren. Im Gegensatz dazu können die Kosten-Nutzen-Analytiker keinerlei Preissignale beobachten und verwerten, wenn sie anhand ihres Kalküls darüber urteilen, ob der Staat ein bestimmtes öffentliches Gut bereitstellen soll. Die Befunde der Analytiker über öffentliche Vorhaben sind deshalb im besten Falle grobe Schätzungen.

Wieviel zählt ein Menschenleben?   Fallbeispiel

Stellen Sie sich vor, Sie würden in den Stadtrat gewählt und mit diesem Vorschlag des Verkehrsdezernats befaßt: Bau einer Ampelanlage für DM 60.000,– an einer Straßenkreuzung, die bisher nur mit einem Stop- bzw. Vorfahrtzeichen gesichert war. Der Nutzen der Ampelanlage besteht in einer gesteigerten Verkehrssicherheit. Nach statistischen Daten für vergleichbare Straßenkreuzungen kann man erwarten, daß die Ampelanlage die Wahrscheinlichkeit für einen tödlichen Verkehrsunfall von 1,6 auf 1,1% vermindert. Sollte man in die neue Ampelanlage investieren?

Um diese Frage zu beantworten, versuchen Sie eine Kosten-Nutzen-Analyse. Doch dabei stoßen Sie sehr schnell auf ein Hindernis: Wenn Sie Kosten und Nutzen sinnvoll vergleichen wollen, müssen sie in den selben Einheiten gemessen werden. Die Kosten werden in DM gemessen, doch der Nutzen – die Rettung von Menschenleben – ist nicht unmittelbar monetär zu bestimmen. Für die Entscheidung muß man einem Menschenleben irgendwie einen DM-Wert zuordnen.

Zunächst besteht für Sie die Versuchung zu sagen, daß ein Menschenleben keinen Preis hat. Schließlich gibt es vermutlich keinen noch so hohen Geldbetrag, für den Sie freiwillig Ihr Leben oder das Leben eines geliebten Menschen hergeben würden. Danach hätte ein Menschenleben den DM-Wert Unendlich.

Damit käme man bei Kosten-Nutzen-Analysen jedoch zu unsinnigen Ergebnissen. Würden wir tatsächlich ein Menschenleben mit dem DM-Wert Unendlich bewerten, müßten wir an jede Straßenecke Ampeln stellen. Auch müßten wir in diesem Falle große Autos mit den neuesten Sicherheitseinrichtungen fahren, anstatt mit Kleinwagen durch die Gegend zu schaukeln. Doch es befinden sich nicht an jeder Straßenecke Ampeln und die Menschen fahren nun einmal mit kleinen Autos ohne Airbag oder ABS herum. Sowohl im privaten wie im öffentlichen Leben treffen wir Entscheidungen, nach denen wir unser Leben riskieren, um ein wenig Geld einzusparen.

Wenn wir uns schließlich einmal mit dem Gedanken angefreundet haben, daß ein Menschenleben einen impliziten DM-Wert hat, stehen wir vor der Frage: Wie kann man diesen Wert bestimmen? Ein Ansatz, der bisweilen bei Gericht zum finanziellen Ausgleich bei Todesfolgen Anwendung findet, stützt sich auf den im weiteren Leben zu erwartenden Einkommensbetrag. Dagegen spricht oft der Anschein, als hätte das Leben eines Rentners oder eines Behinderten keinen Wert.

Ein besseres Verfahren zur Bewertung von Menschenleben besteht darin, auf die Risikobereitschaft der Menschen gegen Bezahlung bestimmter Beträge zu achten. So variiert das Sterblichkeitsrisiko z.B. von Beruf zu Beruf. Bauarbeiter auf Wolkenkratzern tragen höhere Sterblichkeitsrisiken als Angestellte im Büro. Durch Entlohnungsunterschiede in riskanten und weniger riskanten Beschäftigungen kann man – nach Korrekturen um Bildungs- und Erfahrungsunterschiede der Entlohnung – Anhaltspunkte für die Werte gewinnen, die Menschen ihrem eigenen Leben zumessen. Studien nach diesem methodischen Ansatz kommen zu Werten für ein Menschenleben von etwa 20 Millionen DM.

Wir können uns nun dem vom Verkehrsdezernat unterbreiteten Vorschlag zuwenden. Die Ampelanlage reduziert das Sterblichkeitsrisiko um 0,5 Prozentpunkte. Somit ist der Erwartungswert des Nutzens aus der Ampelanlage 0,005 mal 20 Millionen DM; er beträgt also DM 100.000,–. Dieser Schätzwert des Nutzens übersteigt die Kosten von DM 60.000,– deutlich, so daß man das Projekt annehmen und durchführen sollte.

Schnelltest Worin besteht das Trittbrettfahrerproblem? Warum veranlaßt das Trittbrettfahrerproblem den Staat dazu, öffentliche Güter bereitzustellen? Wie soll der Staat bei der Lösung des Entscheidungsproblems für ein öffentliches Gut vorgehen?

Gesellschaftliche Ressourcen

Allmende-problematik
Eine Parabel, die illustriert, warum gesellschaftliche Ressourcen stärker ausgebeutet werden, als dies vom volkswirtschaftlichen Standpunkt aus wünschenswert ist.

Wie öffentliche Güter so unterliegen auch gesellschaftliche Ressourcen nicht dem Ausschlußprinzip. Sie sind für jedermann frei zugänglich, der sie nutzen will. Gesellschaftliche Ressourcen unterliegen jedoch dem Konkurrenzprinzip: Die Nutzung der Ressource durch eine Person mindert die Nutzungsmöglichkeiten für andere Leute. Insofern führen uns die gesellschaftlichen Ressourcen auf ein neues Problem hin. Sobald das Gut einmal bereitgestellt ist, müssen sich die Politiker damit befassen, in welchem Ausmaß es genutzt wird. Die Allmendeproblematik wird oft mit einer bereits klassisch zu nennenden Parabel vermittelt.

Allmendeproblematik

Schauen wir auf den Alltag in einer kleinen mittelalterlichen Stadt. Von den vielen ökonomischen Aktivitäten, die sich in der Stadt abspielen, ist die Schafehaltung eine der bedeutsamsten. Viele Familien in der Stadt haben eigene Pferche und verdienen den Lebensunterhalt durch Verkauf der Schafwolle, die für Kleidung verwendet wird.

Am Anfang unserer Geschichte grasen die Schafe die meiste Zeit über die Wiesen um die Stadt »Common« herum ab. Das Land gehört keiner Privatperson. Die Einwohner der Stadt sind Kollektiveigentümer und jeder Bürger hat das Recht, die Wiesen abzuweiden. Da Land im Überfluß vorhanden ist, funktioniert das Kollektiveigentum ganz gut. Solange jedermann soviel

Weideland wie er nur will abgrasen kann, ist die Stadt Common insgesamt kein konkurrierend genutztes Gut, und das freie Abweiden der Flächen bringt keine Schwierigkeiten mit sich. Alle in der Stadt sind glücklich und froh.

Im Verlauf von drei Jahren wächst die Einwohnerschaft an und damit auch die Anzahl der weidenden Schafe der Stadt Common. Bei einer wachsenden Anzahl von Schafen und einer fest vorgegebenen Bodenfläche verlieren die Wiesen nach und nach ihre Fähigkeit zur Erneuerung. Schließlich wird das Grasland so nachhaltig abgeweidet, daß es kahl bleibt. Ohne Gras auf den Gemeinschaftswiesen wird die Schafhaltung unmöglich, und die einst blühende Wollerzeugung der Stadt kommt zum Erliegen. Viele Familien verlieren die Quelle ihres Lebensunterhalts.

Worin liegen die Ursachen des Problems? Warum lassen die Schäfer die Herden so sehr anwachsen, daß sie die Stadt Common zerstören? Die Ursache liegt darin, daß soziale und private Anreize divergieren. Um die Zerstörung des Graslands zu vermeiden, wäre eine Gemeinschaftsaktion der Schäfer notwendig. Wären die Schäfer dazu imstande, könnten sie die Schafe auf eine für Common tragfähige Population reduzieren. Jedoch hat keine einzelne Familie für sich allein einen Anreiz, die private Herde im Pferch zu dezimieren. Sie bildet ja nur einen kleinen Teil des Problems.

Letztlich beruht die Problematik der Allmende auf einer Externalität. Wenn die Herde einer Familie auf dem Gemeinschaftsland weidet, vermindert sie die für die übrigen Herden der anderen Familien noch mögliche Weidenutzung. Da die Privatleute die negativen externen Effekte bei der Entscheidung über die Größe ihrer Herde vernachlässigen, kommt es zu übergroßen Herden.

Wäre die Problematik vorhersehbar gewesen, hätte die Stadt auf verschiedenen Wegen dagegen angehen können: Begrenzung der Schafezahl pro Familie, Internalisierung der externen Kosten durch Besteuerung der Schafe, Versteigerung einer begrenzten Anzahl von Weide-Zertifikaten. Die mittelalterliche Stadt hätte dem Problem der Überweidung also mit denselben Methoden beikommen können, mit denen eine moderne Volkswirtschaft das Umweltproblem löst.

Im Falle des Weidelandes gibt es jedoch noch eine einfachere Lösung. Die Stadtverwaltung kann das gemeinschaftliche Weideland auf die Familien verteilen, so daß jede Familie ihre Parzelle einzäunen und vor übermäßigem Abweiden schützen kann. Das Weideland wird dadurch von einer gesellschaftlichen Ressource in ein privates Gut übergeführt. Zu diesem Ergebnis ist es während der englischen Einzäunungs-Bewegung im 17. Jahrhundert gekommen.

Die Allmendeproblematik birgt eine allgemeine Lehre: Sobald jemand eine gesellschaftliche Ressource nutzt, vermindert er anderer Leute Nutzungsmöglichkeiten daran. Wegen dieser negativen externen Effekte besteht eine Tendenz zur Übernutzung gesellschaftlicher Ressourcen. Der Staat kann durch Nutzungsbeschränkungen oder Steuern zur Problemlösung beitragen. Bisweilen bietet die Privatisierung eine Möglichkeit.

Seit Tausenden von Jahren schon weiß man um den Sachverhalt. Der griechische Philosoph Aristoteles kam schon darauf zu sprechen: »Was vielen gehört, wird mit geringer Sorgfalt behandelt, da jeder vorzugsweise eher auf sein privates Eigentum achtet als auf das Gemeinschaftseigentum.«

Kapitalismus, Kommunismus und gesellschaftliche Ressourcen

Eine der *zehn volkswirtschaftlichen Regeln* des Kapitels 1 lautet, daß Märkte für gewöhnlich gut sind zur Organisation des Wirtschaftslebens. Marktwirtschaften funktionieren dann sehr gut, wenn Privateigentum an den Ressourcen besteht. Weniger gut funktionieren die Marktwirtschaften bei gesellschaftlichen Ressourcen im Kollektiveigentum. Auf diese Weise ist die Überzeugung von der Überlegenheit der Märkte untrennbar an das Vertrauen auf Privateigentum gekoppelt. Man spricht dabei auch von der politischen Philosophie des *Kapitalismus*.

Kritiker des Kapitalismus lehnen oft die Institution des Privateigentums ab. Das Privateigentum gibt die Möglichkeit zu ungleicher Verteilung des Wohlstandes. Jene mit Glück, Talent und Scharfsinn besitzen am Ende oft mehr von den Ressourcen einer Volkswirtschaft als die anderen. Viele Kritiker des Kapitalismus möchten das Privateigentum als einen ersten Schritt hin zur klassenlosen Gesellschaft mit gleichen Startbedingungen der Jugend abschaffen. Karl Marx, der philosophische Vater des *Kommunismus*, wollte die gesellschaftlichen Ressourcen so auf die einzelnen verteilt wissen, daß nicht mehr die Leistungsvermögen, sondern die Bedürfnisse zählen. Gemeinschaftseigentum aller Ressourcen würde nach Marx der ausgeprägten Ungleichheit im Kapitalismus vorbeugen.

Doch das Gemeinschaftseigentum bringt selbst wieder spezifische Schwierigkeiten mit sich. Die geschichtliche Erfahrung hat die Idealvorstellung einer klassenlosen Gesellschaft Marxscher Vorstellung nicht gestützt. In der Praxis waren und sind die kommunistischen Länder nicht annähernd so egalitär wie Marx gehofft hatte. Sie substituierten lediglich die Ungleichheit der Marktwirtschaft durch die Ungleichheit des politischen Systems. In einer kapitalistischen Volkswirtschaft werden die Menschen dadurch reich, daß sie Waren und Dienste anbieten, für die andere kaufen und bezahlen wollen. In einer kommunistischen Volkswirtschaft werden die Menschen dadurch reich, daß sie sich mit den politisch Einflußreichen gut stellen.

Die Abschaffung des Privateigentums würde im übrigen riesige Kosten nach Maßstäben von Effizienz verursachen. Wie wir oben gesehen haben, kommt es nicht zur effizienten Nutzung gesellschaftlicher Ressourcen, wenn die Ressourcen im Gemeineigentum stehen. Grundsätzlich kann staatliche Entscheidung die privaten Entscheidungen zwar ersetzen, doch in der Praxis gelingt dies selten zufriedenstellend. Zentrale Planung ist einfach zu komplex und zu schwierig in einer modernen, innovativen und dynamischen Volkswirtschaft. In der Tat liefern die Erfahrungen in der ehemaligen Sowjetunion und ihren Satellitenstaaten, die vor dem Zusammenbruch gesammelt werden mußten, eine historische Bestätigung für die Vorzüge der dezentralen Entscheidungen und des Privateigentums.

Einige wichtige gesellschaftliche Ressourcen

Es gibt zahlreiche Beispiele gesellschaftlicher Ressourcen. Fast in allen Fällen kommt es zu den Schwierigkeiten, die in der Parabel zur Allmende zu bemerken waren: Private Entscheidungsträger neigen zur Übernutzung der gesellschaftlichen Ressourcen. Oft wird der Staat mit Verhaltensvorschriften oder Gebühren eingreifen.

Saubere Luft und sauberes Wasser

Im Kapitel 10 haben wir erkannt, daß freie Märkte die Umwelt nur unzureichend schonen. Die negative Externalität der Umweltverschmutzung kann durch Regulierung oder eine Pigou-Steuer internalisiert werden. Auch als ein Beispiel für die Problematik bei gesellschaftlichen Ressourcen ist diese Art von Marktversagen aufzufassen. Saubere Luft und sauberes Wasser sind gesellschaftliche Ressourcen wie freies Weideland, und übermäßige Umweltverschmutzung ist der übermäßigen Abweidung vergleichbar. Die Entwertung der Umwelt ist eine moderne Fassung der Allmendeproblematik.

Ölvorräte

Man stelle sich ein unterirdisches Lager von Erdöl vor, das sehr groß ist und sich über die Grundstücke sehr vieler Eigentümer erstreckt. Jeder einzelne könnte die Ölblase anbohren und Öl fördern. Doch wenn einer Öl entnimmt, ist für die anderen insgesamt weniger vorhanden. Die Ölvorräte bilden eine gesellschaftliche Ressource.

Ebenso wie die Anzahl weidender Schafe der Stadt Common ineffizient groß wurde, könnte die Zahl der Bohrtürme übergroß und ineffizient werden. Da jeder einzelne Bohrturm für die anderen negative externe Effekte hat, ist der gesellschaftliche Nutzen des Bohrturms niedriger als der privatwirtschaftliche Nutzen. Sogar dann, wenn die Ölförderung volkswirtschaftlich bereits unerwünscht ist, wirft sie vielleicht noch private Rendite ab. Die Einzelentscheidungen zur Ölförderung führen dazu, daß volkswirtschaftlich zu viel Öl entnommen wird.

Um sicherzustellen, daß das Öl zu den niedrigsten Kosten gewonnen wird, wäre eine Gemeinschaftsaktion der Eigentümer zur Lösung des vorliegenden Problems der gesellschaftlichen Ressourcen vorteilhaft. Nach dem Coase-Theorem, das im Kapitel 10 diskutiert wurde, sollte auch eine private Lösung möglich sein. Die Grundstückseigentümer könnten untereinander eine Vereinbarung treffen, wer wieviel fördert und wie der Gewinn verteilt wird. Im Grunde würden die Interessenten wie in einem gemeinschaftlichen Unternehmen agieren.

Die private Verhandlungslösung fällt jedoch schwer, wenn es sich um sehr viele potentielle Vertragspartner handelt. Hier müßte eine staatliche Verordnung zur Regulierung der Ölförderung eingreifen.

Verstopfte Straßen

Straßen sind entweder öffentliche Güter oder gesellschaftliche Ressourcen. Sofern eine Straße frei und nicht verstopft ist, beeinträchtigt ihre Nutzung durch eine Person niemanden sonst. In diesem Falle ist die Straßenbenützung nicht konkurrierend mit anderen Nutzern und die Straße ist ein öffentliches Gut. Ist die Straße jedoch verstopft, dann bringt die Straßenbenützung einen negativen externen Effekt mit sich. Fährt eine Person auf der Straße, nimmt die Verkehrsdichte zu und andere Verkehrsteilnehmer müssen langsamer fahren. In diesem Falle ist die Straße eine gesellschaftliche Ressource.

Um das Problem verstopfter Straßen nach und nach zu lösen, kann die Regierung den Fahrern eine Gebühr auferlegen (Maut). So eine Gebühr ist im Grunde eine Pigou-Steuer auf den externen Effekt des Straßenstaus. Oft jedoch, wie z.B. bei Ortsstraßen, sind Straßenbenutzungsgebühren keine sehr praktische Lösung; denn das Inkasso kommt teuer.

Staus und Verstopfungen auf Straßen sind oft nur eine tageszeitliche Erscheinung. Wenn eine Brücke zur Zeit des Berufsverkehrs besonders stark befahren wird, so ist die negative Externalität während dieser »rush hours« größer als zu den übrigen Tageszeiten. Man sollte deshalb höhere Benutzungsgebühren für die Hauptverkehrszeiten festlegen, was bei den in der Diskussion befindlichen Verfahren des »road pricing« angestrebt wird. Die Abstufung der Benutzungsgebühren soll den Fahrern einen Anreiz bieten, möglichst auf »billigere Zeiten« auszuweichen und dadurch Staus zu mildern.

Eine weitere Möglichkeit, auf verstopfte Straßen und Staus zu reagieren, knüpft bei der Besteuerung des Treibstoffes an. Bekanntlich ist der Treibstoffverbrauch komplementär zum Gut Autofahren. Eine Verteuerung des Produktionsfaktors Treibstoff vermag die nachgefragte Fahrleistung zu dämpfen. Auf diese Weise würde ebenfalls das Problem der Staus gemildert.

Doch ist eine Erhöhung der Besteuerung des Treibstoffs eine sehr unvollkommene Maßnahme gegen Staus und Verstopfungen auf Straßen. Die Besteuerung betrifft nämlich nicht nur das Ausmaß an nachgefragter Fahrleistung, sondern auch noch andere Entscheidungen. Erstens einmal hält die Steuer auch davon ab, die nicht mit Staus belegten freien Straßen zu befahren, obwohl damit keine negative Externalität verbunden ist. Zweitens sodann regt die Steuer dazu an, kleinere aber viel weniger verkehrssichere Autos zu kaufen. In diesen beiden Fällen verursacht eine Steuererhöhung Wohlfahrtsverluste, die zumindest teilweise mit den positiven Auswirkungen eines verminderten Straßenstaus verrechnet werden müssen.

Fische, Wale und andere Wildtiere

Zahlreiche Tierarten muß man als gesellschaftliche Ressourcen einstufen. Meeresfische und Wale z.B. haben erheblichen Handelswert, und jedermann kann aufs Meer hinausfahren und soviel fangen wie er kann. Niemand hat irgendwelche Anreize, die Tierart vom Aussterben zu bewahren und für die nächsten Jahre zu sichern. So wie übermäßige Weidenutzung die oben erwähnte Stadt Common zerstört, vermag exzessiver Fisch- und Walfang wertvolle Meerespopulationen auszurotten.

Die Meere gehören zu den am wenigsten regulierten gesellschaftlichen Ressourcen. Einer einfachen Lösung stehen zwei Probleme im Wege. Zum ersten haben sehr viele Länder Zugang zu den Meeren; man müßte deshalb zu einer internationalen Kooperation bei unterschiedlichen nationalen Wertesystemen gelangen. Zum zweiten sind die Ozeane von so riesiger Ausdehnung, daß die kontrollierte Durchsetzung von Vereinbarungen schwer fällt. Deshalb auch ist es um die Fischereirechte zu erheblichen Spannungen unter Staaten gekommen, die gewöhnlich einträchtig miteinander leben.

In allen hoch entwickelten Staaten gibt es Gesetze zum Schutze der Wildbestände im Lande. Jagd- und Fischrechte werden verliehen, Prüfungen verlangt und Jahreszeiten zur Ausübung der Rechte bestimmt. Jägern ist oft nur der Abschuß einer bestimmten Anzahl von Tieren gestattet, und Fischer müssen die kleinen Fische wieder ins Wasser werfen. Alle Gesetze sind dazu geeignete, die gesellschaftlichen Ressourcen und die Tierpopulationen zu schützen.

Warum die Kuh nicht ausgestorben ist Fallbeispiel

Im Verlaufe der Geschichte sind zahlreiche Tierarten vom Aussterben bedroht gewesen. Als die Europäer erstmals nach Nordamerika kamen, lebten rund 60 Millionen Büffel auf diesem Kontinent. Im 19. Jahrhundert war die Büffeljagd jedoch so verbreitet, daß man um 1900 herum nur noch 400 Exemplare dieser Büffelart zählte und der Staat Schutzmaßnahmen ergreifen mußte. In einigen Ländern Afrikas besteht für Elefanten eine ähnliche Gefahr, weil Wilderer nach dem Elfenbein der Stoßzähne trachten.

Doch nicht alle Tierarten mit wirtschaftlicher Bedeutung sind in diesem Maße bedroht. Die Kuh z.B. ist eine wertvolle Nahrungsmittel-Ressource, doch niemand braucht sich in absehbarer Zeit um ihr Aussterben zu sorgen. Überdies scheint die große Nachfrage nach Rindfleisch den Fortbestand der Spezies geradezu zu sichern.

Warum ist der Handelswert von Elfenbein eine Existenzbedrohung für Elefanten, der Handelswert von Rindfleisch jedoch eine Bestandssicherung für Kühe? Die Elefanten ziehen frei herum und haben keinen Eigentümer. Jeder Wilderer ist geneigt, so viele Elefanten wie nur möglich zu erlegen. Da die Wilderer zahlreich sind, hat jeder einzelne von ihnen nur ein sehr schwach ausgeprägtes Interesse daran, den Bestand der Elefanten-Population zu sichern. Im Gegensatz dazu leben Kühe auf Gehöften und unter bestimmten Eigentümern. Jeder Landwirt unternimmt große Anstrengungen, seinen Bestand an Kühen zu pflegen, weil er die Früchte dieser Bemühungen ernten will.

Das Existenzproblem der Elefanten versuchen Regierungen auf zweierlei Art zu lösen. Einige Länder, wie Kenia, Tansania und Uganda, haben es bei

Strafe verboten, Elefanten zu töten und ihr Elfenbein zu verkaufen. Doch diese Gesetze haben sich als schwer durchsetzbar erwiesen, und die Elefanten nehmen weiter ab. Im Gegensatz dazu haben andere Länder, wie Botswana, Malawi, Namibia und Simbabwe, die Elefanten dadurch zu privaten Gütern gemacht, daß sie es den Leuten gestatteten, die Elefanten auf ihrem eigenen Grund und Boden abzuschießen. Für die Grundeigentümer besteht nun ein Anreiz, die Tierart auf dem eigenen Gelände zu pflegen. Ein Ergebnis ist, daß die Elefanten-Population wieder zunimmt. Mit dem Privateigentum und dem Profitmotiv auf seiner Seite wird der afrikanische Elefant eines Tages so sicher gegen das Aussterben geschützt sein wie die Kuh.

Schnelltest   Warum versuchen Regierungen, die Nutzung gesellschaftlicher Ressourcen zu begrenzen?

Schlußfolgerung: Die Bedeutung der Eigentumsrechte

In diesem und im vorhergehenden Kapitel haben wir festgestellt, daß es einige »Güter« gibt, mit denen der Markt nicht angemessen verfährt. Märkte garantieren keine saubere Luft zum Atmen und keine Landesverteidigung gegen mögliche Angreifer. Die Gesellschaften müssen sich beim Umweltschutz und bei der nationalen Sicherheit auf staatliche Stellen verlassen.

Obwohl die hier erörterten Probleme in ganz unterschiedlichen Märkten auftreten, ist ihnen eines gemeinsam: In allen Fällen kommt es deshalb zu Marktversagen bei der Allokation der Ressourcen, weil es an der richtigen Verankerung der *Eigentumsrechte (property rights)* mangelt. Genauer gesagt heißt das: Eine Einheit hat keinen Eigentümer mit der legalen tatsächlichen und rechtlichen Herrschaft darüber. Zwar besteht z.B. nicht der geringste Zweifel, daß saubere Atemluft oder nationale Sicherheit wertvoll sind, nur hat niemand ein Recht dazu, dafür einen Preis zu verlangen und damit Gewinn zu machen. Eine Fabrik hat deshalb zu viel Ausstoß an Schadstoffen, weil sie von niemandem dafür mit Gebühren und Kosten belastet wird. Der Markt bietet auch keine nationale Sicherheit an, weil niemand die Nutznießer der Verteidigung zur Zahlung heranziehen kann.

Sofern das Fehlen von Eigentumsrechten die Ursache für Marktversagen ist, vermag der Staat die Probleme grundsätzlich durch geeignete Rechtsregelungen zu beheben. Manchmal, wie beim Verkauf von Umweltzertifikaten, besteht die staatliche Hilfestellung in der Definition der Eigentumsrechte und in einer dadurch ermöglichten Freisetzung der Marktkräfte. Ein andermal, wie bei der Beschränkung der Jagdsaison, besteht die staatliche Hilfestellung für Marktlösungen in der Eingrenzung menschlicher Verhaltensspielräume. Wieder ein anderes mal, etwa bei der nationalen Verteidigung, bietet der Staat selbst ein Gut an, das über den Markt nicht angeboten wird. Wenn die politischen Maßnahmen gut geplant und gut durchgeführt werden, können sie in allen diesen Fällen die Effizienz der Allokation von Ressourcen verbessern und die Wohlfahrt steigern.

Zusammenfassung

- Güter unterscheiden sich danach, ob sie nach ihrer Nutzung dem Ausschlußprinzip und dem Konkurrenzprinzip unterliegen. Dem Ausschlußprinzip unterliegt ein Gut, wenn man jemanden davon abhalten kann, es zu nutzen. Dem Konkurrenzprinzip unterliegt ein Gut dann, wenn ein Nutzer die Nutzungsmöglichkeiten der anderen am Gut reduziert. Die Märkte zeigen die besten Resultate für private Güter, die sowohl dem Ausschlußprinzip als auch dem Konkurrenzprinzip unterliegen. Für andere Typen von Gütern funktionieren die Märkte nicht so gut.
- Öffentliche Güter unterliegen weder dem Ausschlußprinzip noch dem Konkurrenzprinzip. Beispiele öffentlicher Güter sind Feuerwerke, Landesverteidigung und Wissenserzeugung. Da die Leute für den Gebrauch öffentlicher Güter nicht zur Zahlung herangezogen werden können, haben sie bei privatwirtschaftlicher Bereitstellung dieser Güter Anreize zum Trittbrettfahrerverhalten. Deshalb werden öffentliche Güter nach Kosten-Nutzen-Analysen vom Staat angeboten.
- Gesellschaftliche Ressourcen unterliegen bei der Nutzung zwar dem Konkurrenzprinzip, nicht aber dem Ausschlußprinzip. Beispiele gesellschaftlicher Ressourcen sind Weideland im Gemeineigentum, frische Luft und viel befahrene Straßen mit Staus. Da die Leute für den Gebrauch der gesellschaftlichen Ressourcen nicht zur Zahlung herangezogen werden können, neigen sie zur Übernutzung der Ressourcen. Deshalb sucht der Staat die Nutzung der gesellschaftlichen Ressourcen zu begrenzen.

Stichworte

Ausschlußprinzip der Güternutzung	öffentliche Güter
Konkurrenzprinzip der Güternutzung	gesellschaftliche Ressourcen
	Trittbrettfahrer
private Güter	Kosten-Nutzen-Analyse
	Allmendeproblematik

Wiederholungsfragen

1. Erklären Sie die Bedeutung des Ausschluß- oder Ausschließlichkeitsprinzips sowie die Bedeutung des Konkurrenzprinzips der Güternutzung. Ist eine Pizza »ausschließlich«? Ist sie »konkurrierend«?

2. Definieren Sie das öffentliche Gut und geben Sie ein Beispiel dafür. Kann der freie Markt dieses Gut aus sich selbst heraus bereitstellen? Erläutern Sie Ihre Antwort.

3. Definieren Sie eine gesellschaftliche Ressource und geben Sie ein Beispiel dafür. Wird die Bevölkerung die Ressource ohne Staatseingriffe zu viel oder zu wenig nutzen? Warum?

Aufgaben und Anwendungen

1. Nach dem Lehrbuchtext umschließen sowohl öffentliche Güter als auch gesellschaftliche Ressourcen externe Effekte.
   a) Sind die mit öffentlichen Gütern verbundenen externen Effekte grundsätzlich positiv oder negativ? Antworten Sie anhand von Beispielen. Ist die Menge öffentlicher Güter nach dem Marktgleichgewicht auf dem freien Markt im allgemeinen größer oder kleiner als die effiziente Gütermenge?
   b) Sind die mit gesellschaftlichen Ressourcen gekoppelten externen Effekte im allgemeinen positiv oder negativ? Geben Sie in Ihrer Antwort auch Beipiele an. Werden die gesellschaftlichen Ressourcen nach dem Gleichgewicht auf dem freien Markt eher stärker oder weniger stark genutzt als dies effizient wäre?

2. Denken sie darüber nach, welche Waren und Dienstleistungen von Ihrer Kommune bereitgestellt werden.
   a) Anhand der Klassifikation des Schaubildes 11-1 ordne man die nachfolgenden Güter ein:
   - Polizeischutz
   - Schneeräumdienst
   - Schulbildung
   - Gemeindestraßen und städtische Straßen
   - Landstraßen und Bundesstraßen
   b) Warum – denken Sie – stellt die öffentliche Hand gelegentlich Güter bereit, die nicht zu den öffentlichen Gütern zählen?

3. Der Lehrbuchtext besagt, Unternehmungen würden nicht in effizienter Höhe Grundlagenforschung betreiben.
   a) Erklären Sie, warum dies so ist. Ordnen Sie die Grundlagenforschung den Kategorien des Schaubildes 11-1 zu.
   b) Welche politischen Maßnahmen der Bundesländer und des Bundes in Deutschland kennen Sie, die dem Problem abhelfen sollen?
   c) Oft wird behauptet, die Maßnahmen steigerten das technologische Potential und die Wettbewerbsfähigkeit der heimischen Unternehmungen im Vergleich zu den Auslandsunternehmungen. Verträgt sich diese Argumentation mit Ihrer Klassifikation der Grundlagenforschung in Teil a)?

4. Warum liegt Abfall an den meisten Straßen, aber selten in den Gärten der Privatleute?

5. Die Untergrundbahn in Washington, D.C., berechnet während der Hauptverkehrszeit höhere Fahrgelder als zu den übrigen Tageszeiten. Worin liegt die Begründung?

6. Im *Economist* vom 19. März 1994 liest man: »In the past decade, most of the rich world's fisheries have been exploited to the point of near-exhaustion.« Der Artikel fährt mit einer Analyse der Problematik fort und erörtert mögliche privatwirtschaftliche und staatliche Lösungen:

   a) »Do not blame fishermen for overfishing. They are behaving rationally, as they have always done«. Inwiefern ist »overfishing« für die Fischer rational?

   b) »A community, held together by ties of obligation and mutual self-interest, can manage a common resource on its own.« Erklären Sie, wie diese Bewirtschaftung funktionieren könnte, und welchen Hindernissen sie im wirklichen Leben begegnen wird.

   c) »Until 1976 most world fish stocks were open to all comers, making conservation almost impossible. Then an international agreement extended some aspects of [national] jurisdiction from 12 to 200 miles offshore.« Begründen Sie aufgrund der Institution der Eigentumsrechte, inwiefern damit die Problemlage gemildert werden kann.

   d) Nach dem zitierten Aufsatz sind manche Staaten den betroffenen Fischern in einer Art und Weise zu Hilfe gekommen, die diese zu größeren Fängen ermutigt haben. Wie könnte sich durch die politischen Maßnahmen ein Teufelskreis des »overfishing« einstellen?

   e) »Only when fishermen believe they are assured a long-term and exclusive right to a fishery are they likely to manage it in the same far-sighted way as good farmers manage their land.« Verteidigen Sie diese These.

   f) Über welche anderen politischen Maßnahmen gegen das Überfischen könnte man nachdenken?

7. In Marktwirtschaften sind Informationen über die Qualität und den Gebrauch von Gütern für sich genommen bereits Güter. Wie stellt der freie Markt diese Informationen bereit? Können Sie sich vorstellen, daß der Staat bei der Bereitstellung der Informationen irgendeine Rolle spielt?

8. Leute mit hohem Einkommen zahlen mehr zur Vermeidung des Sterberisikos als Leute mit niedrigem Einkommen. Das sieht man z.B. an den Sicherheitseinrichtungen in Autos. Glauben Sie, daß Kosten-Nutzen-Analysen zur Bewertung staatlicher Projekte dies berücksichtigen sollten? Betrachten Sie eine reiche Stadt und eine arme Stadt bei der Installation von Ampelanlagen. Sollte die reiche Stadt in die Kosten-Nutzen-Analyse einen höheren DM-Betrag für ein Menschenleben einsetzen? Warum oder warum nicht?

Die Ausgestaltung des Steuersystems

In diesem Kapitel werden Sie

- einen Überblick erhalten, wie der Staat Geld einnimmt und ausgibt,
- die Ineffizienzen untersuchen, die durch Steuern verursacht werden,
- alternative Wege kennenlernen, die Gerechtigkeit eines Steuersystems zu beurteilen,
- sehen, warum eine Untersuchung der Steuerinzidenz entscheidend für die Beurteilung der Steuergerechtigkeit ist,
- den Zielkonflikt zwischen Effizienz und Gerechtigkeit bei der Ausgestaltung eines Steuersystems betrachten.

Al »Narbengesicht« Capone, der bekannte Gangster und Verbrecherboss der zwanziger Jahre, wurde niemals wegen seiner zahlreichen brutalen Verbrechen verurteilt. Schließlich kam er doch noch ins Gefängnis – wegen Steuerhinterziehung. Er hatte es versäumt, Ben Franklins Hinweis zu beachten, »in dieser Welt ist nichts sicher außer dem Tod und den Steuern«.

Als Franklin diese Behauptung im Jahr 1789 aufstellte, machte die Steuerzahlung eines Amerikaners im Durchschnitt weniger als 5 Prozent seines Einkommens aus, und das blieb die nächsten hundert Jahre so. Im Laufe des zwanzigsten Jahrhunderts jedoch haben die Steuern immer mehr an Bedeutung gewonnen. Heute machen alle Steuern zusammen – einschließlich Einkommensteuer, Körperschaftsteuer, Lohnsummensteuer, Umsatzsteuer und Grundsteuer – etwa 35 Prozent des durchschnittlichen Einkommens eines Amerikaners aus.

Steuern sind unvermeidlich, da wir als Bürger vom Staat die Bereitstellung verschiedener Güter und Dienste erwarten. Die letzten zwei Kapitel haben begonnen, Licht in eine der *zehn volkswirtschaftlichen Regeln* von Kapitel 1 zu bringen: Regierungen können manchmal die Marktergebnisse verbessern. Wenn der Staat eine Externalität (z.B. Luftverschmutzung) beseitigt, ein öffentliches Gut (z.B. nationale Verteidigung) bereitstellt oder die Nutzung einer öffentlichen Ressource (z.B. Fisch in einem öffentlichen See) regelt, kann dies die wirtschaftliche Wohlfahrt erhöhen. Doch die Leistungen des Staates gehen mit Kosten einher. Um diese zu bewältigen und seinen vielfältigen anderen Aufgaben nachzukommen, muß der Staat Einnahmen durch Besteuerung erzielen.

Wir haben unsere Untersuchung der Besteuerung in früheren Kapiteln begonnen, wo wir gesehen haben, wie sich die Besteuerung eines Gutes auf Angebot und Nachfrage für dieses Gut auswirkt. In Kapitel 6 haben wir gesehen, daß eine Steuer die in einem Markt verkaufte Menge verringert, und wir haben untersucht, wie die Last einer Steuer zwischen Käufern und

Verkäufern in Abhängigkeit von den Elastizitäten des Angebots und der Nachfrage aufgeteilt wird. In Kapitel 8 haben wir untersucht, wie sich Steuern auf die wirtschaftliche Wohlfahrt auswirken. Wir haben gelernt, daß Steuern *Zusatzlasten* verursachen: Die Verringerung der Konsumenten- und Produzentenrente als Resultat einer Steuer übersteigt die vom Staat erzielten Einnahmen.

In diesem Kapitel bauen wir auf diese Lektionen bei der Diskussion der Ausgestaltung eines Steuersystems auf. Wir beginnen mit einem Überblick über die Staatsfinanzen in der Bundesrepublik Deutschland. Wenn man über das Steuersystem nachdenkt, sind gewisse Grundkenntnisse darüber, wie der Staat Geld einnimmt und ausgibt hilfreich. Wir betrachten sodann die grundlegenden Prinzipien der Besteuerung. Die meisten Menschen sind sich darin einig, daß Steuern der Gesellschaft so geringe Kosten wie möglich auferlegen und die Last der Steuern gerecht verteilt werden sollte. Das heißt, das Steuersystem sollte sowohl *effizient* als auch *gerecht* sein. Wie wir jedoch sehen werden, ist es einfacher, diese Ziele festzulegen, als sie zu erreichen.

Ein Überblick über die Staatsfinanzen in der Bundesrepublik Deutschland

Abbildung 12-1
Staatseinnahmen als Prozentsatz des Bruttoinlandsprodukts. Diese Abbildung stellt die Einnahmen von Bund, Ländern, Gemeinden und Parafisci als Prozentsatz des Bruttoinlandsprodukts (BIP) dar, das als Maß für das Gesamteinkommen in der Wirtschaft herangezogen wird. Aus der Abbildung wird ersichtlich, daß der Staat eine bedeutende Rolle in der deutschen Wirtschaft spielt und seine Bedeutung im Zeitablauf zugenommen hat.

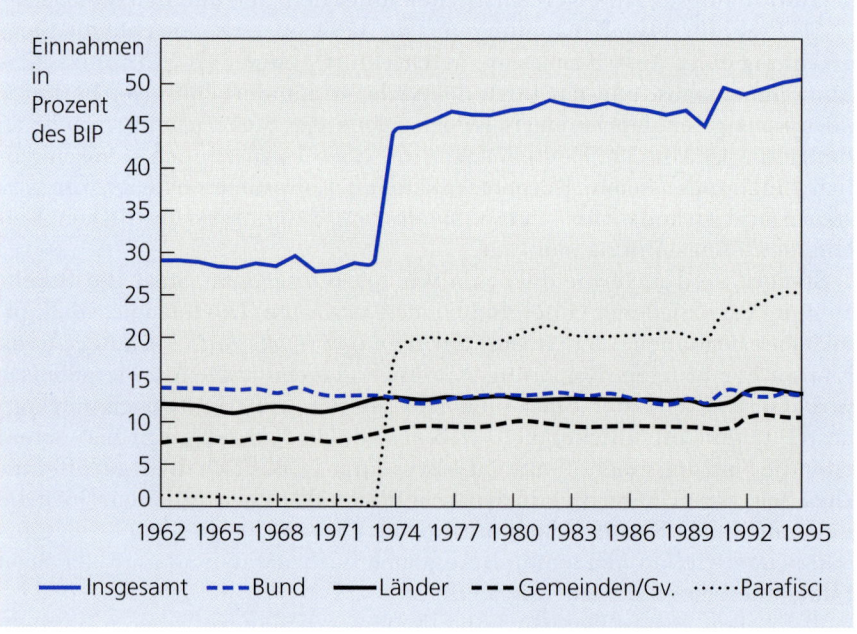

Bis 1991 früheres Bundesgebiet, ab 1992 Deutschland. Gemeinden ab 1974 einschließlich kommunaler Zweckverbände. Parafisci ab 1974 einschließlich Sozialversicherung (ab 1995 einschließlich Pflegeversicherung), EU-Anteile; ab 1990 einschließlich Fonds »Deutsche Einheit«; ab 1991 bis 1994 einschließlich Kreditabwicklungsfonds; ab 1994 einschließlich Bundeseisenbahnvermögen; ab 1995 einschließlich Erblastentilgungsfonds und Entschädigungsfonds.

Welchen Anteil am Einkommen der Nation machen die Staatseinnahmen aus? In Abbildung 12-1 wird die Entwicklung der Staatseinnahmen, also der Einnahmen des Bundes, der Länder, der Gemeinden und der Parafisci (Sozialversicherung, Kirchen, berufsständische Organisationen – Kammern – u.ä.), als Prozentsatz des Gesamteinkommens in der deutschen Wirtschaft dargestellt. Es zeigt sich, daß der Anteil der Staatseinnahmen am Gesamteinkommen im Zeitablauf immer mehr zugenommen hat. Im Jahr 1962 lag er bei 29,2 Prozent (ohne Sozialversicherung); 1995 waren es 50,3 Prozent. Der Staat ist schneller gewachsen als der Rest der Wirtschaft (von 45% Anteil im Jahre 1974 auf 50% im Jahre 1995).

Der Gesamtanteil des Staates erzählt nur einen Teil der Geschichte. Hinter dem Ganzen stehen tausende Einzelentscheidungen über Einnahmen und Ausgaben. Um einen genaueren Einblick in die Staatsfinanzen zu gewinnen, wollen wir die Finanzstruktur der Bundesrepublik Deutschland getrennt für den Bund, die Länder sowie die Gemeinden betrachten.

Bundesfinanzen

Auf den Bund entfällt etwa ein Viertel der Staatseinnahmen in unserer Wirtschaft. Er nimmt dieses Geld auf unterschiedlichste Art und Weise ein und findet noch mehr Wege, es auszugeben.

Einnahmen. In Tabelle 12-1 sind die Einnahmen des Bundes im Jahr 1995 dargestellt. Knapp neun Zehntel der Bundeseinnahmen entfielen auf Steuereinnahmen. Die Gesamteinnahmen betrugen in diesem Jahr 439,3 Mrd. DM, eine Zahl, die in ihrer Größe kaum faßbar ist. Um diese astronomische Zahl auf den Erdboden zurückzubringen, können wir sie durch die Bevölkerungszahl in Deutschland dividieren, die 1995 etwa bei 81,7 Millionen Menschen lag. Daraus ergeben sich Bundeseinnahmen je Einwohner in Höhe von 5.380 DM. Auf eine vierköpfige Familie entfielen durchschnittlich 21.520 DM.

Die größte Einnahmequelle des Bundes ist die Lohn- und Einkommensteuer. Diese Steuer ist eine Gemeinschaftsteuer, bei der ein gesetzlich zu regelnder Anteil an die Gemeinden und die Hauptmasse je zur Hälfte an Bund und Länder fließen. Wenn der 31. Mai herannaht, füllt beinahe jede deutsche Familie eine Steuererklärung aus und ermittelt damit praktisch ihr zu versteuerndes Einkommen. Von jeder Familie wird verlangt, daß sie ihr Einkommen aus allen Quellen angibt: z.B. Einkünfte aus nichtselbständiger Arbeit, Einkünfte aus selbständiger Arbeit und Einkünfte aus Kapitalvermögen. Die *Steuerschuld* der Familie (wieviel sie schuldet) gründet auf ihrem zu versteuernden Einkommen.

Die Steuerschuld einer Familie ist nicht einfach proportional zu ihrem Einkommen. Statt dessen verlangt das Gesetz eine viel kompliziertere Berechnung. Das zu versteuernde Einkommen ermittelt man durch Addition der verschiedenen Einkünfte unter Berücksichtigung bestimmter einkunftsspezifischer und allgemeiner Abzüge (z.B. Sonderausgaben, außergewöhnliche Belastungen, Kinderfreibetrag). Die Steuerschuld ergibt sich

Tabelle 12-1
Einnahmen des
Bundes 1995

Art der Einnahme	Bundeseinnahmen		
	insgesamt		je Einwohner
	Mill. DM	%	DM
Anteil an den Gemeinschaftsteuern und der Gewerbesteuerumlage	*264.891*	*60,3*	*3.244*
Einkommen- und Körperschaftsteuer	143.623	32,7	1.759
Lohn-/veranlagte Einkommensteuer	126.098	28,7	1.544
Nicht veranlagte Steuern vom Ertrag	8.457	1,9	104
Körperschaftsteuer	9.068	2,1	111
Umsatzsteuer	86.387	19,7	1.058
Einfuhrumsatzsteuer	27.112	6,2	332
Gewerbesteuerumlage	2.134	0,5	26
Zinsabschlagsteuer	5.635	1,3	69
Bundessteuern	*134.079*	*30,5*	*1.642*
Versicherungsteuer	14.104	3,2	173
Tabaksteuer	20.595	4,7	252
Mineralölsteuer	64.888	14,8	795
Sonstige Bundessteuern[1]	34.492	7,9	422
abzüglich BSP-Eigenmittel der EU	−8.113	−1,8	−99
Steuern zusammen	**390.856**	**89,0**	**4.786**
Einnahmen aus wirtschaftlicher Tätigkeit	12.004	2,7	147
Laufende Zuweisungen und Zuschüsse, Schuldendiensthilfen	4.649	1,1	57
Gebühren, sonstige Entgelte	6.934	1,6	85
Einnahmen aus Vermögensveräußerung	14.429	3,3	177
Vermögensübertragungen	1.212	0,3	15
Darlehensrückflüsse	3.616	0,8	44
Schuldenaufnahmen beim öffentlichen Bereich	–	–	–
Übrige Einnahmen	5.636	1,3	69
abzüglich Zahlungen von gleicher Ebene	–	–	–
Sonstige Einnahmen zusammen	**48.480**	**11,0**	**594**
Bundeseinnahmen insgesamt	**439.336**	**100,0**	**5.380**

[1] Einschließlich Solidaritätszuschlag.

dann durch Anwendung des Steuertarifs auf das zu versteuernde Einkommen.

Der Steuertarif ist wie folgt gestaltet: Von dem zu versteuernden Einkommen bleibt ein Grundfreibetrag steuerfrei. Er beträgt 1997/1998 DM 12.365/24.731 (Ledige/Verheiratete) und steigt ab 1999 auf DM 13.067/26.135 (Ledige/Verheiratete). In der ersten linear-progressiven Zone steigen die Steuersätze auf das über dem Grundfreibetrag liegende Einkommen von 25,9 bis auf 33,5 Prozent bei einem zu versteuernden Einkommen von DM 58.643/117.287 (Ledige/Verheiratete) an. Ab 1999 liegt dieses Einkommen bei DM 66.365/132.731 (Ledige/Verheiratete). In der anschließenden zweiten linear-progressiven Zone werden die Einkommen mit Steuersätzen zwischen 33,5 und 53 Prozent bei einem zu versteuernden Einkommen von DM 120.041/240.083 (Ledige/Verheiratete) belastet. Im darauffolgenden Bereich, der sogenannten oberen Proportionalzone, wird jeder Einkommenszuwachs gleichbleibend mit 53 Prozent besteuert. Bei den genannten Steuersätzen handelt es sich um *Grenzsteuer-*

sätze. Der Grenzsteuersatz entspricht dem Steuersatz, der auf jede zusätzliche DM Einkommen angewendet wird. Da der Grenzsteuersatz mit dem Einkommen ansteigt, zahlen Familien mit hohem Einkommen einen höheren Prozentsatz ihres Einkommens an Steuern. (Wir werden das Konzept des Grenzsteuersatzes später in diesem Kapitel umfassend diskutieren.)

Die zweitgrößte Einnahmequelle des Bundes ist die Umsatzsteuer. Das Aufkommen aus dieser Steuer steht dem Bund und den Ländern gemeinsam zu. Die Umsatzsteuer ist in ihrer wirtschaftlichen Wirkung eine allgemeine Verbrauchsteuer, mit der grundsätzlich der gesamte private und öffentliche Verbrauch (d.h. vom Endverbraucher erworbene Güter und in Anspruch genommene Dienstleistungen) belastet wird. Sie ist als Verbraucherabgabe darauf angelegt, daß sie wirtschaftlich vom Konsumenten getragen wird. Da es technisch jedoch nicht möglich wäre, die Steuer beim Verbraucher zu erheben, ist der Schuldner der Umsatzsteuer der Unternehmer, der einen Umsatz ausführt. Ihm obliegt es, die Steuer auf die Empfänger seiner Güter und Leistungen als Bestandteil der Preise abzuwälzen.

Eine weitere bedeutsame Einnahmequelle des Bundes stellt die Mineralölsteuer dar. Steuergegenstand sind Mineralöle, wozu Kraftstoffe, leichte, mittelschwere und schwere Öle (Heizöl etc.) sowie Flüssiggase und Erdgas zählen. Die Kraftstoffe stellen die größte und für das Steueraufkommen bedeutsamste Gruppe der steuerpflichtigen Mineralöle dar. Die Mittel aus der Besteuerung der Kraftstoffe sind zweckgebunden für den Straßenbau. Die Mineralölsteuer wird beim Hersteller oder auf nachgelagerten Handelsstufen erhoben und über den Warenpreis auf die Verbraucher abgewälzt.

Ausgaben. Tabelle 12-2 zeigt die Bundesausgaben im Jahr 1995. Die Ausgaben betrugen insgesamt 484,3 Mrd. DM bzw. 5.930 DM pro Einwohner. Aus der Tabelle wird ersichtlich, wie sich die Bundesausgaben auf unterschiedliche Aufgabenbereiche aufgeteilt haben.

Den größten Etatposten in Tabelle 12-2 bilden die Ausgaben für Soziale Sicherung. Der Großteil dieser Ausgaben entfällt auf die Ausgaben für Sozial- einschließlich Arbeitslosenversicherung, wobei die Transferzahlungen im Rahmen der gesetzlichen Rentenversicherung den bedeutendsten Teil der Sozialversicherung ausmachen. (Eine *Transferzahlung* ist eine Zahlung des Staates, die keine Gegenleistung für ein Gut – Ware oder Dienstleistung – darstellt.) Die Ausgaben für Soziale Sicherung beliefen sich 1995 auf 35,8 Prozent der gesamten Bundesausgaben und gewinnen zunehmend an Bedeutung. Der Grund für diesen Bedeutungszuwachs liegt darin, daß infolge der gestiegenen Lebenserwartung und abnehmender Geburtenraten die relative Zunahme der älteren Bevölkerung diejenige der Gesamtbevölkerung übersteigt. Die meisten Analytiker erwarten, daß sich dieser Trend noch viele Jahre in der Zukunft fortsetzt. (Den Großteil der Staatsausgaben für Soziale Sicherung trägt der Parafiscus Sozialversicherung.)

Die zweitgrößte Ausgabenkategorie betrifft die Funktion Allgemeine Finanzwirtschaft. Innerhalb dieser Position sind insbesondere die Schulden bedeutsam. Wenn jemand einen Kredit bei der Bank aufnimmt, verlangt die

Tabelle 12-2
Ausgaben des
Bundes 1995

Art der Ausgabe	Bundesausgaben insgesamt		je Einwohner
	Mill. DM	%	DM
Allgemeine Dienste	77.133	15,9	945
dar.: Verteidigung	47.708	9,9	584
Bildungswesen, Wissenschaft, Forschung, kulturelle Angelegenheiten	19.302	4,0	236
Soziale Sicherung, soziale Kriegsfolge- aufgaben Wiedergutmachung	173.236	35,8	2.121
dar.: Sozial- einschl. Arbeitslosen- versicherung	88.816	18,3	1.088
Familien-, Sozial- und Jugendhilfe	32.344	6,7	396
Gesundheit, Sport und Erholung	2.413	0,5	30
Wohnungswesen, Raumordnung und kommunale Gemeinschaftsdienste	4.928	1,0	60
Ernährung, Landwirtschaft und Forsten	4.163	0,9	51
Energie- und Wasserwirtschaft, Gewerbe, Dienstleistungen	23.186	4,8	284
Verkehr und Nachrichtenwesen	21.553	4,5	264
Wirtschaftsunternehmen, Allgemeines Grund- und Kapitalvermögen, Sonder- vermögen	58.813	12,1	720
Allgemeine Finanzwirtschaft	99.534	20,6	1.219
dar.: Steuern und allg. Finanzzuweisungen	34.240	7,1	419
Schulden	50.306	10,4	616
Versorgung	14.090	2,9	173
Bundesausgaben insgesamt	**484.262**	**100,0**	**5.930**

Bank vom Kreditnehmer Zinszahlungen für den Kredit. Das gleiche gilt, wenn der Staat Kredite aufnimmt. Je höher der Staat verschuldet ist, um so größer ist der Betrag, den er für Zinszahlungen aufwenden muß.

Einen weiteren wichtigen Ausgabenposten bilden die Ausgaben für Allgemeine Dienste. Bedeutsam sind hierbei die Ausgaben für Verteidigung, die zu 100 Prozent vom Bund getragen werden. Die Höhe der Verteidigungsausgaben schwankt im Zeitablauf, wenn sich das internationale politische Klima verändert. Es ist nicht überraschend, daß Verteidigungsausgaben in Kriegszeiten beträchtlich ansteigen.

Budgetdefizit
Überschuß der
Staatsausgaben über
die Staatseinnahmen
Budgetüberschuß
Überschuß der
Staatseinnahmen
über die Staatsaus-
gaben

Sie haben vielleicht bemerkt, daß die in Tabelle 12-2 dargestellten Gesamtausgaben des Bundes seine Gesamteinnahmen gemäß Tabelle 12-1 übersteigen. Ein solcher Fehlbetrag zwischen Ausgaben und Einnahmen wird als **Budgetdefizit** bezeichnet. Der Staat finanziert das Budgetdefizit überwiegend durch Kreditaufnahme. Wenn die Einnahmen die Ausgaben übersteigen, erzielt der Staat einen sogenannten **Budgetüberschuß**. In diesem Fall kann der Staat die überschüssigen Einnahmen dazu verwenden, seine Schulden zu tilgen.

Länderfinanzen

Einnahmen. Auf die Länder entfällt gut ein Fünftel der Staatseinnahmen in unserer Wirtschaft. In Tabelle 12-3 sind die Einnahmen der Länder im Jahr 1995 dargestellt. Die Gesamteinnahmen betrugen 444,7 Mrd. DM,

Art der Einnahme	Ländereinnahmen insgesamt		je Einwohner
	Mill. DM	%	DM
Anteil an den Gemeinschaftsteuern und der Gewerbesteuerumlage	252.898	56,9	3.097
Einkommen- und Körperschaftsteuer	143.636	32,3	1.759
Lohn-/veranlagte Einkommensteuer	126.089	28,4	1.544
Nicht veranlagte Steuern vom Ertrag	8.483	1,9	104
Körperschaftsteuer	9.064	2,0	111
Umsatzsteuer	88.702	19,9	1.086
Einfuhrumsatzsteuer	8.633	1,9	106
Gewerbesteuerumlage	6.276	1,4	77
Zinsabschlagsteuer	5.651	1,3	69
Landessteuern	36.622	8,2	448
Vermögensteuer	7.855	1,8	96
Grunderwerbsteuer	6.088	1,4	75
Kraftfahrzeugsteuer	13.806	3,1	169
Sonstige Landessteuern	8.873	2,0	109
Gemeindesteuern der Stadtstaaten	8.625	1,9	106
Steuern zusammen	**298.146**	**67,0**	**3.651**
Einnahmen aus wirtschaftlicher Tätigkeit	8.116	1,8	99
Laufende Zuweisungen und Zuschüsse, Schuldendiensthilfen	74.508	16,8	912
Gebühren, sonstige Entgelte	30.963	7,0	379
Einnahmen aus Vermögensveräußerung	7.285	1,6	89
Vermögensübertragungen	28.695	6,5	351
Darlehensrückflüsse	3.880	0,9	48
Schuldenaufnahmen beim öffentlichen Bereich	577	0,1	7
Übrige Einnahmen	9.717	2,2	119
abzüglich Zahlungen von gleicher Ebene	−17.164	−3,9	−210
Sonstige Einnahmen zusammen	**146.576**	**33,0**	**1.795**
Ländereinnahmen insgesamt	**444.722**	**100,0**	**5.446**

Tabelle 12-3
Einnahmen der Länder 1995

dies entspricht 5.446 DM pro Einwohner. Die Tabelle zeigt die Untergliederung der Gesamteinnahmen nach verschiedenen volkswirtschaftlichen Arten. An Steuereinnahmen erzielten die Länder 67 Prozent der Gesamteinnahmen.

Die wichtigste Einnahmequelle der Länder ist – wie beim Bund – die Lohn- und Einkommensteuer. Der Länderanteil an dieser Steuer machte 28,4 Prozent der gesamten Ländereinnahmen aus. Die zweitgrößte Einnahmequelle bildet – ebenfalls wie beim Bund – die Umsatzsteuer. Eine weitere bedeutsame Einnahmequelle der Länder sind die Laufenden Zuweisungen und Zuschüsse (z.B. Finanzausgleich zwischen Bund und Ländern, Länderfinanzausgleich).

Ausgaben. Tabelle 12-4 zeigt die Gesamtausgaben der Länder im Jahr 1995 und ihre Untergliederung nach verschiedenen Aufgabenbereichen. Die Ausgaben beliefen sich insgesamt auf 414,4 Mrd. DM bzw. auf 5.075 DM pro Einwohner.

Der größte Anteil des Länderetats (32,5 Prozent) wurde für den Bereich Bildungswesen, Wissenschaft, Forschung und kulturelle Angelegenheiten

Tabelle 12-4
Ausgaben der
Länder 1995

Aufgabenbereich	Länderausgaben		je Einwohner
	insgesamt		
	Mill. DM	%	DM
Allgemeine Dienste	62.621	15,1	767
dar.: Politische Führung und zentrale			
Verwaltung	24.191	5,8	296
Bildungswesen, Wissenschaft, Forschung,			
kulturelle Angelegenheiten	134.801	32,5	1.651
dar.: Schulen und vorschulische Bildung	72.611	17,5	889
Hochschulen	45.854	11,1	562
Soziale Sicherung, soziale Kriegsfolge-			
aufgaben Wiedergutmachung	45.065	10,9	552
dar.: Familien-, Sozial- und Jugendhilfe	29.916	7,2	366
Gesundheit, Sport und Erholung	20.033	4,8	245
Wohnungswesen, Raumordnung und			
kommunale Gemeinschaftsdienste	15.558	3,8	191
Ernährung, Landwirtschaft und Forsten	6.966	1,7	85
Energie- und Wasserwirtschaft, Gewerbe,			
Dienstleistungen	14.832	3,6	182
Verkehr und Nachrichtenwesen	13.340	3,2	163
Wirtschaftsunternehmen, Allgemeines			
Grund- und Kapitalvermögen, Sonder-			
vermögen	12.084	2,9	148
Allgemeine Finanzwirtschaft	89.124	21,5	1.091
dar.: Steuern und allg. Finanzzuweisungen	24.717	6,0	303
Schulden	32.172	7,8	394
Versorgung	27.676	6,7	339
Länderausgaben insgesamt	**414.424**	**100,0**	**5.075**

»verausgabt«. Bedeutsam sind innerhalb dieses Bereichs vor allem die Ausgaben für Schulen und vorschulische Bildung sowie für Hochschulen. Die zweitgrößte Ausgabenkategorie betrifft den Bereich Allgemeine Finanzwirtschaft. Das größte Gewicht innerhalb dieses Bereichs liegt bei den Schulden. Die drittgrößte Ausgabenkategorie bilden die Ausgaben für Allgemeine Dienste. Wichtig sind hier insbesondere die Ausgaben für Politische Führung und zentrale Verwaltung. Eine weitere wichtige Ausgabenkategorie stellen die Ausgaben für Soziale Sicherung dar. Innerhalb dieser Funktion sind vor allem die Ausgaben für Familien-, Sozial- und Jugendhilfe bedeutsam.

Gemeindefinanzen

Einnahmen. Auf die Gemeinden entfallen knapp 13 Prozent der Staatseinnahmen in unserer Wirtschaft. In Tabelle 12-5 sind die Einnahmen der Gemeinden im Jahr 1995 dargestellt. Sie lagen bei insgesamt 326,8 Mrd. DM bzw. bei 4.002 DM pro Einwohner. Die nichtsteuerlichen Einnahmen haben bei den Gemeinden eine ungleich höhere Bedeutung als beim Bund und bei den Ländern. Der Steueranteil an den Gesamteinnahmen der Gemeinden lag 1995 entsprechend lediglich bei 26,3 Prozent.

Knapp die Hälfte der Gemeindeeinnahmen besteht aus den Laufenden Zuweisungen und Zuschüssen (und hier insbesondere aus Zuschüssen aus

Art der Einnahme	Gemeindeeinnahmen		je Einwohner
	insgesamt		
	Mill. DM	%	DM
Anteil an der Lohn-/veranlagten Einkommensteuer	42.114	12,9	516
Gemeindesteuern	43.947	13,4	538
Grundsteuer A	612	0,2	7
Grundsteuer B	11.692	3,6	143
Gewerbesteuer netto (abzügl. Gewerbesteuerumlage)	30.477	9,3	373
Sonstige Gemeindesteuern	1.166	0,4	14
Steuern zusammen	**86.061**	**26,3**	**1.054**
Einnahmen aus wirtschaftlicher Tätigkeit	13.761	4,2	169
Laufende Zuweisungen und Zuschüsse, Schuldendiensthilfen	153.451	47,0	1.879
Gebühren, sonstige Entgelte	75.210	23,0	921
Einnahmen aus Vermögensveräußerung	13.239	4,1	162
Vermögensübertragungen	31.000	9,5	380
Darlehensrückflüsse	1.282	0,4	16
Schuldenaufnahmen beim öffentlichen Bereich	1.124	0,3	14
Übrige Einnahmen	9.991	3,1	122
abzüglich Zahlungen von gleicher Ebene	−58.321	−17,8	−714
Sonstige Einnahmen zusammen	**240.737**	**73,7**	**2.948**
Einnahmen der Gemeinden und Gemeindeverbände insgesamt	**326.798**	**100,0**	**4.002**

Tabelle 12-5
Einnahmen der
Gemeinden/Gv.
1995

öffentlichen Kassen). Die zweitgrößte Einnahmequelle bilden die Gebühren und sonstigen Entgelte, wie z.B. Verwaltungsgebühren, Entgelte für die Benutzung von öffentlichen Einrichtungen und die Inanspruchnahme wirtschaftlicher Dienstleistungen sowie zweckgebundene Abgaben (z.B. Kurtaxe). Die größten steuerlichen Einnahmequellen der Gemeinden stellen die Lohn- und Einkommensteuer sowie die Gewerbesteuer dar.

Ausgaben. Die Gesamtausgaben der Gemeinden im Jahr 1995 sowie ihre Aufteilung auf verschiedene Aufgabenbereiche ist in Tabelle 12-6 dargestellt. Die Ausgaben beliefen sich insgesamt auf 234,8 Mrd. DM bzw. auf 2.876 DM pro Einwohner.

Den größten Ausgabenposten bilden die Ausgaben für Soziale Sicherung mit 26,7 Prozent der gesamten Gemeindeausgaben. Der Großteil dieser Ausgaben entfällt auf die Familien-, Sozial- und Jugendhilfe. Die zweitgrößte Ausgabenkategorie betrifft den Bereich Gesundheit, Sport und Erholung. Innerhalb dieses Bereichs sind insbesondere die Ausgaben für Krankenhäuser bedeutsam. An dritter Stelle stehen die Ausgaben für Bildungswesen, Wissenschaft, Forschung und kulturelle Angelegenheiten. Ausgaben in ähnlicher Höhe entfallen auch auf den Bereich Wohnungswesen, Raumordnung und kommunale Gemeinschaftsdienste. Weitere Ausgaben in nennenswerter Höhe entfallen auf den Bereich Allgemeine Dienste.

Tabelle 12-6
Ausgaben der
Gemeinden/Gv.
1995

Aufgabenbereich	Gemeindeausgaben insgesamt		je Einwohner
	Mill. DM	%	DM
Allgemeine Dienste	37.240	15,9	456
dar.: Politische Führung und zentrale Verwaltung	26.917	11,5	330
Bildungswesen, Wissenschaft, Forschung, kulturelle Angelegenheiten	42.110	17,9	516
dar.: Schulen und vorschulische Bildung	30.657	13,1	375
Soziale Sicherung, soziale Kriegsfolge- aufgaben Wiedergutmachung	62.706	26,7	768
dar.: Familien-, Sozial- und Jugendhilfe	56.725	24,2	695
Gesundheit, Sport und Erholung	52.355	22,3	641
dar.: Krankenhäuser	41.319	17,6	506
Wohnungswesen, Raumordnung und kommunale Gemeinschaftsdienste	41.688	17,8	511
dar.: kommunale Gemeinschaftsdienste	33.437	14,2	409
Ernährung, Landwirtschaft und Forsten	355	0,2	4
Energie- und Wasserwirtschaft, Gewerbe, Dienstleistungen	3.376	1,4	41
Verkehr und Nachrichtenwesen	11.752	5,0	144
Wirtschaftsunternehmen, Allgemeines Grund- und Kapitalvermögen, Sonder- vermögen	15.570	6,6	191
Allgemeine Finanzwirtschaft	−32.326	−13,8	−396
dar.: Steuern und allg. Finanzzuweisungen	−50.808	−21,6	−622
Schulden	11.111	4,7	136
Versorgung	6.177	2,6	76
Ausgaben der Gemeinden und Gemeindeverbände insgesamt	**234.826**	**100,0**	**2.876**

Schnelltest   Welche sind die zwei jeweils wichtigsten Einnahmequellen des Bundes, der
Länder und der Gemeinden?

Steuern und Effizienz

Nachdem wir gesehen haben, wie der Staat auf verschiedenen Ebenen Geld
einnimmt und ausgibt, wollen wir uns nun überlegen, wie man seine
Steuerpolitik beurteilen könnte. Offensichtlich ist es das Ziel eines Steuersystems, Einnahmen für den Staat zu beschaffen. Es gibt allerdings verschiedene Wege, einen gegebenen Geldbetrag einzuziehen. Bei der Ausgestaltung eines Steuersystems verfolgen Politiker zwei Ziele: Effizienz und
Gerechtigkeit.

Ein Steuersystem ist effizienter als ein anderes, wenn die Beschaffung
desselben Einnahmenbetrags mit geringeren Kosten für die Steuerzahler
verbunden ist. Woraus bestehen die Kosten von Steuern für Steuerzahler?
Der offenkundigste Kostenbestandteil ist die Steuerzahlung selbst. Dieser
Geldtransfer vom Steuerzahler zum Staat ist ein unvermeidliches Merkmal
jedes Steuersystems. Steuern bringen aber außerdem noch zwei andere

Arten von Kosten mit sich, die eine wohlausgestaltete Steuerpolitik versucht zu vermeiden oder wenigstens zu minimieren:

- Die Zusatzlasten, die resultieren, wenn Steuern die Entscheidungen der Menschen verzerren.
- Den Erhebungsaufwand, den Steuerzahler tragen, wenn sie die Steuergesetze befolgen.

Ein effizientes Steuersystem ist eines, das geringe Zusatzlasten sowie einen geringen Erhebungsaufwand mit sich bringt.

Zusatzlasten

Steuern beeinflussen die Entscheidungen der Menschen. Wenn der Staat Eiscreme besteuert, essen die Menschen weniger Eiscreme und mehr gefrorenen Joghurt. Wenn der Staat die Unterkunft besteuert, leben die Menschen in kleineren Häusern und geben einen größeren Teil ihres Einkommens für andere Dinge aus. Wenn der Staat Arbeitseinkünfte besteuert, arbeiten die Menschen weniger und genießen mehr Freizeit.

Weil Steuern Anreize verzerren, bringen sie Zusatzlasten mit sich. Wie wir erstmals in Kapitel 8 diskutiert haben, entspricht die Zusatzlast einer Steuer der Verringerung der wirtschaftlichen Wohlfahrt der Steuerzahler, die den vom Staat erzielten Einnahmenbetrag übersteigt. Die Zusatzlast ist die Ineffizienz, die eine Steuer verursacht, wenn Menschen Ressourcen lieber nach dem Anreiz durch die Steuer als nach den wahren Kosten und Nutzen der Güter und Dienste, die sie kaufen und verkaufen, zuteilen.

Um uns daran zu erinnern, wie Steuern Zusatzlasten verursachen, betrachten wir ein Beispiel. Nehmen wir an, daß Joe den Wert einer Pizza mit DM 15,– ansetzt, Jane mit DM 12,–. Wenn Pizza nicht mit einer Steuer belegt ist, spiegelt der Preis für Pizza die Herstellungskosten wider. Angenommen, der Preis für eine Pizza beträgt DM 10,–, dann entscheiden sich sowohl Joe als auch Jane dafür, eine zu kaufen. Für beide Konsumenten übersteigt der Wert der Pizza den dafür gezahlten Betrag. Joe erhält eine Konsumentenrente von DM 5,–, Jane eine von DM 2,–. Die gesamte Konsumentenrente beträgt DM 7,–.

Nehmen wir nun an, der Staat belegt Pizza mit einer Steuer von DM 3,– und der Pizzapreis steigt auf DM 13,–. Joe kauft sich immer noch eine Pizza, hat nun aber nur noch eine Konsumentenrente von DM 2,–. Jane entscheidet sich nun, keine Pizza zu kaufen, da der Preis höher ist als der Wert, den sie für eine Pizza veranschlagt hat. Der Staat erzielt Steuereinnahmen in Höhe von DM 3,– von Joes Pizza. Die gesamte Konsumentenrente hat sich um DM 5,– (von DM 7,– auf DM 2,–) verringert. Da die gesamte Konsumentenrente um einen die Steuereinnahmen übersteigenden Betrag abgenommen hat, bringt die Steuer eine Zusatzlast mit sich. In diesem Fall beträgt die Zusatzlast DM 2,–.

Beachten Sie, daß die Zusatzlast nicht bei Joe entsteht, der Person, die die Steuer zahlt, sondern bei Jane, der Person, die keine Steuer zahlt. Die Verringerung von Joes Konsumentenrente um DM 3,– entspricht genau dem Einnahmenbetrag des Staates. Die Zusatzlast entsteht, da die Steuer

Jane veranlaßt, ihr Verhalten zu ändern. Wenn die Steuer den Pizzapreis erhöht, wird Jane schlechter gestellt, aber dennoch erzielt der Staat keine entsprechenden Einnahmen. Diese Verringerung von Janes Wohlfahrt ist die Zusatzlast der Steuer.

Fallstudie

Sollte das Einkommen oder der Konsum besteuert werden?

Der Großteil der Staatseinnahmen kommt aus der Lohn- und Einkommensteuer. Eine der durch diese Steuer verursachten Ineffizienzen besteht darin, daß sie die Sparneigung beeinträchtigt.

Betrachten wir eine 25jährige Person, die sich mit dem Gedanken trägt, DM 1.000,– zu sparen. Wenn sie dieses Geld auf ein Sparkonto mit achtprozentiger Verzinsung einzahlen und dort belassen würde, hätte sie DM 21.725,– , wenn sie mit 65 Jahren in Rente ginge. Wenn der Staat nun ihr Zinseinkommen jedes Jahr mit 25 Prozent besteuern würde, läge die Effektivverzinsung lediglich bei 6 Prozent. Nach 40 Jahren bei sechsprozentiger Verzinsung wären aus den DM 1.000,– lediglich DM 10.286,– geworden, dies ist weniger als die Hälfte dessen, was sich ohne Besteuerung ergeben hätte. Weil das Zinseinkommen besteuert wird, ist Sparen also weniger attraktiv.

Einige Ökonomen plädieren dafür, die durch die gegenwärtige Einkommensteuer verursachte Beeinträchtigung des Sparanreizes durch eine Änderung der Steuerbemessungsgrundlage zu beseitigen. Anstatt den Betrag des Einkommens zu besteuern, den die Menschen *verdienen*, könnte der Staat vielmehr den Betrag besteuern, den die Menschen *ausgeben*. Nach diesem Vorschlag würde alles Einkommen, das gespart wird, erst besteuert werden, wenn die Ersparnisse später ausgegeben werden. Diese alternative Steuer, die als *Konsumausgabensteuer* bezeichnet wird, würde die Sparentscheidungen der Menschen nicht verzerren. Aufgrund verschiedener Formen der Begünstigung der Ersparnis im deutschen Einkommensteuerrecht kann unsere gegenwärtige Einkommensteuer bereits als ein Zwitter zwischen einer Einkommensteuer und einer Konsumausgabensteuer betrachtet werden.

Erhebungsaufwand

Würden Sie den »Normalbürger« Ende Mai nach seiner Meinung über das Steuersystem fragen, würden Sie vielleicht etwas über die Probleme beim Ausfüllen der Vordrucke für die Einkommensteuererklärung zu hören bekommen. Der Erhebungsaufwand, der mit jedem Steuersystem verbunden ist, ist Teil der durch das System verursachten Ineffizienz. Dieser Aufwand umfaßt nicht nur die Zeit, die das Ausfüllen der Vordrucke in Anspruch nimmt, sondern auch die Zeit, die das Jahr hindurch aufgewendet wird, um Aufzeichnungen für Steuerzwecke zu führen sowie die Ressourcen, die der Staat einsetzt, um die Steuergesetze durchzusetzen.

Viele Steuerzahler – insbesondere die in höheren Steuerklassen – engagieren auf Steuerrecht spezialisierte Juristen und Steuerberater, damit sie ihnen bei ihrer Steuererklärung helfen. Diese Experten auf dem komplexen Gebiet der Steuergesetzgebung füllen für ihre Kunden die Formulare für die Steuererklärung aus und helfen ihnen, die Bestimmungen des Steuerrechts voll auszunutzen, um so die Steuerschuld zu verringern. Hierbei handelt es sich um legale Steuervermeidung, die sich von illegaler Steuerhinterziehung unterscheidet.

Kritiker unseres Steuersystems sagen, daß diese Berater ihren Kunden dabei helfen Steuerzahlungen zu vermeiden, indem sie einige der Detailbestimmungen des Steuerrechts als »Schlupflöcher« mißbrauchen. In einigen Fällen sind die Schlupflöcher Fehler des Gesetzgebers: Sie entstehen aufgrund von Mehrdeutigkeiten oder Auslassungen in den Steuergesetzen. Häufiger entstehen sie, weil der Gesetzgeber sich dafür entschieden hat, bestimmte Verhaltensweisen besonders zu behandeln. Die bedeutsamsten Schlupflöcher entstehen im Zusammenhang mit der Besteuerung von Kapitaleinkommen. Die meisten Schlupflöcher sind bei denen, die die Steuerpolitik machen, wohlbekannt, aber was für den einen Steuerzahler wie ein Schlupfloch aussieht, kann für den anderen wie ein gerechtfertigter Steuerabzug aussehen.

Die Mittel, die für die Befolgung der Steuergesetze aufgewendet werden, sind eine Art von Zusatzlast. Der Staat erhält nur den gezahlten Steuerbetrag. Im Gegensatz dazu verlieren die Steuerzahler nicht nur diesen Betrag, sondern ebenso die Zeit und das Geld, die sie dafür aufgewendet haben, Aufzeichnungen zu führen, Vordrucke auszufüllen und Steuern zu vermeiden.

Der Erhebungsaufwand des Steuersystems könnte durch eine Vereinfachung der Steuergesetze verringert werden. Allerdings ist eine Vereinfachung oftmals politisch schwierig. Die meisten Menschen sind zu einer Vereinfachung des Steuerrechts in der Form bereit, daß die Schlupflöcher beseitigt werden, die anderen zugute kommen, aber nur wenige sind davon begeistert, die Schlupflöcher aufzugeben, die sie selber ausnutzen. Letztendlich resultiert die Komplexität der Steuergesetzgebung aus dem politischen Prozeß, daß verschiedene Steuerzahler mit ihren eigenen speziellen Interessen sich für ihre Sache einsetzen.

Grenzsteuersätze versus Durchschnittssteuersätze

Wenn die Effizienz und die Gerechtigkeit von Einkommensteuern diskutiert werden, unterscheiden Ökonomen zwischen zwei Arten von Steuersätzen: dem Durchschnitts- und dem Grenzsteuersatz. Der **Durchschnittssteuersatz** gibt das Verhältnis von Steuerbetrag zu Einkommen an. Der **Grenzsteuersatz** entspricht dem Verhältnis zwischen einer marginalen Veränderung des Steuerbetrags und der sie auslösenden marginalen Veränderung des Einkommens.

Nehmen wir zum Beispiel an, daß der Staat die ersten DM 50.000,– Einkommen mit 20 Prozent und alles Einkommen, das DM 50.000,– übersteigt, mit 50 Prozent besteuert. Gemäß dieser Steuer zahlt eine Person, die DM 60.000,– verdient, DM 15.000,– Steuern. (Die Steuer ist 0,20 × DM

Durchschnittssteuersatz
Verhältnis von Steuerbetrag zu Einkommen

Grenzsteuersatz
Verhältnis zwischen einer marginalen Veränderung des Steuerbetrags und der sie auslösenden marginalen Veränderung des Einkommens

50.000,– plus 0,50 × DM 10.000,–.) Für diese Person liegt der Durchschnittssteuersatz bei DM 15.000,–/DM 60.000,– oder 25 Prozent. Der Grenzsteuersatz jedoch beträgt 50 Prozent, da der Steuerbetrag um DM 0,50 steigen würde, wenn der Steuerzahler eine zusätzliche DM verdienen würde.

Grenz- und Durchschnittssteuersätze enthalten jeweils eine nützliche Information. Wenn wir versuchen, das von einem Steuerzahler gebrachte Opfer zu messen, ist der Durchschnittssteuersatz geeigneter, weil er den Bruchteil des Einkommens mißt, der für die Steuerzahlung aufgewendet wird. Wenn wir im Gegensatz dazu versuchen zu beurteilen, in welchem Maße die Einkommensteuer Anreize verzerrt, ist der Grenzsteuersatz aussagekräftiger. Eine der *zehn volkswirtschaftlichen Regeln* in Kapitel 1 besagt, daß rational entscheidende Leute in Grenzbegriffen denken. Aus dieser Regel läßt sich folgern, daß der Grenzsteuersatz angibt, inwieweit die Einkommensteuer Menschen davon abbringt, hart zu arbeiten. Es ist somit der Grenzsteuersatz, der die Zusatzlast einer Einkommensteuer bestimmt.

Pauschalsteuern

Pauschalsteuer
Steuer, bei der alle Bürger einen Steuerbetrag in gleicher absoluter Höhe zu entrichten haben

Angenommen, der Staat belegt alle Bürger mit einer Steuer von DM 4.000,–. Das heißt, jeder schuldet den gleichen absoluten Betrag, ungeachtet seines Verdienstes oder seiner anderen wirtschaftlichen Aktivitäten. Eine solche Steuer wird als **Pauschalsteuer** bezeichnet.

Eine Pauschalsteuer macht den Unterschied zwischen Durchschnitts- und Grenzsteuersätzen deutlich. Für einen Steuerzahler mit einem Einkommen von DM 20.000,– liegt der Durchschnittssteuersatz einer Pauschalsteuer von DM 4.000,– bei 20 Prozent; für einen Steuerzahler mit einem Einkommen von DM 40.000,– beträgt der Durchschnittssteuersatz 10 Prozent. Für beide Steuerzahler ist der Grenzsteuersatz 0 Prozent, da eine zusätzliche DM Einkommen den geschuldeten Steuerbetrag nicht verändern würde.

Eine Pauschalsteuer ist so effizient wie eine Steuer nur sein kann. Da die Entscheidungen einer Person den geschuldeten Betrag nicht verändern, verzerrt die Steuer keine Anreize und verursacht daher keine Zusatzlasten. Weil die Steuerschuld feststeht und es keinen Nutzen bringt, Steuerrechtler oder Steuerberater zu engagieren, verursacht die Pauschalsteuer einen minimalen Erhebungsaufwand bei den Steuerzahlern.

Wenn Pauschalsteuern so effizient sind, warum beobachten wir sie in der wirklichen Welt dann nur selten? Der Grund liegt darin, daß Effizienz nur ein Ziel des Steuersystems ist. Eine Pauschalsteuer würde denselben Betrag bei Armen und Reichen erheben, ein Ergebnis, das die meisten Menschen als ungerecht ansehen würden. Um die Steuersysteme, die wir betrachten, zu verstehen, müssen wir daher auch das andere Hauptziel der Steuerpolitik berücksichtigen: Gerechtigkeit.

Schnelltest   Was ist unter *Effizienz* eines Steuersystems zu verstehen? Wodurch kann ein Steuersystem ineffizient sein?

Steuern und Gerechtigkeit

Seit amerikanische Kolonisten importierten Tee in den Bostoner Hafen geworfen haben, um gegen die hohen britischen Steuern zu protestieren, hat die Steuerpolitik zu einigen der hitzigsten Debatten in der amerikanischen Politik geführt. Die Auseinandersetzungen resultieren selten aus Fragen der Effizienz. Statt dessen sind sie auf die bestehende Uneinigkeit darüber zurückzuführen, wie die Steuerlast verteilt werden sollte. Senator Russell Long hat die öffentliche Debatte einmal folgendermaßen parodiert: »Don't tax you. Don't tax me. Tax that fella behind the tree.«

Natürlich, wenn wir darauf angewiesen sind, daß der Staat einige der von uns benötigten Güter und Dienste bereitstellt, müssen die Steuern irgend jemanden treffen. In diesem Abschnitt werden wir die Gerechtigkeit eines Steuersystems erörtern. Wie sollte die Last der Steuern auf die Bevölkerung verteilt werden? Wie beurteilen wir, ob ein Steuersystem gerecht ist? Jeder ist damit einverstanden, daß das Steuersystem gerecht sein sollte, aber es herrscht Uneinigkeit darüber, was Gerechtigkeit bedeutet und wie die Gerechtigkeit eines Steuersystems beurteilt werden kann.

Das Äquivalenzprinzip

Ein Prinzip der Besteuerung, genannt das **Äquivalenzprinzip**, besagt, daß die Bürger Steuern entsprechend den aus den beanspruchten staatlichen Leistungen empfangenen Vorteilen zahlen sollen. Dieses Prinzip versucht, öffentliche Güter mit privaten Gütern gleichzustellen. Es scheint fair, daß jemand, der oft ins Kino geht, insgesamt mehr für Kinokarten zahlt, als jemand, der selten ins Kino geht. Ebenso sollte jemand, der einen großen Vorteil aus einem öffentlichen Gut empfängt, mehr dafür zahlen als jemand, der einen geringen Vorteil erhält.

> **Äquivalenzprinzip**
> Jeder Bürger soll Steuern entsprechend den aus den beanspruchten staatlichen Leistungen empfangenen Vorteilen zahlen

Die Mineralölsteuer, zum Beispiel, wird mit Hilfe des Äquivalenzprinzips gerechtfertigt. Die Einnahmen aus der Mineralölsteuer werden (im wesentlichen) für den Bau und die Unterhaltung des öffentlichen Straßennetzes verwendet. Weil diejenigen, die Kraftstoffe kaufen, dieselben Leute sind wie diejenigen, die die Straßen benutzen, wird die Mineralölsteuer als gerechter Weg angesehen, für diese staatliche Leistung zu zahlen.

Mit dem Äquivalenzprinzip läßt sich auch begründen, daß reiche Bürger höhere Steuern zahlen sollten als arme. Warum? Ganz einfach, weil die Reichen mehr von öffentlichen Leistungen profitieren. Betrachten wir zum Beispiel die Vorteile des Diebstahlschutzes durch die Polizei. Bürger, die viel zu beschützen haben, ziehen einen größeren Vorteil aus der Polizei als diejenigen, die weniger zu beschützen haben. Nach dem Äquivalenzprinzip sollten sich die Reichen deshalb mehr als die Armen an den Kosten der Unterhaltung der Polizei beteiligen. Dasselbe Argument kann für viele andere öffentliche Leistungen herangezogen werden, wie etwa Feuerschutz, nationale Verteidigung und das Rechtswesen.

Es ist sogar möglich, mit Hilfe des Äquivalenzprinzips Antiarmutsprogramme zu rechtfertigen, die mit Steuern zu Lasten der Reichen finanziert werden. Wie wir in Kapitel 11 diskutiert haben, ziehen die Menschen es vor, in einer Gesellschaft ohne Armut zu leben, unter der Voraussetzung, daß Antiarmutsprogramme ein öffentliches Gut sind. Wenn die Reichen einen größeren DM Betrag als Wert für dieses öffentliche Gut ansetzen als die Mittelschicht, vielleicht gerade, weil sie mehr zum Ausgeben haben, dann sollten sie nach dem Äquivalenzprinzip stärker für die Bezahlung dieser Programme besteuert werden.

Das Leistungsfähigkeitsprinzip

Leistungsfähigkeitsprinzip
Jeder Bürger soll entsprechend seiner steuerlichen Leistungsfähigkeit an der Aufbringung des Steueraufkommens beteiligt werden

Einen anderen Weg, die Gerechtigkeit eines Steuersystems zu beurteilen, stellt das sogenannte **Leistungsfähigkeitsprinzip** dar, das besagt, daß jeder Bürger entsprechend seiner steuerlichen Leistungsfähigkeit an der Aufbringung des Steueraufkommens beteiligt werden soll. Dieses Prinzip wird manchmal mit der Behauptung gerechtfertigt, daß alle Bürger ein »gleiches Opfer« tragen sollten, um den Staat zu unterstützen. Das Ausmaß des Opfers einer Person hängt jedoch nicht nur von der Höhe ihrer Steuerzahlung ab, sondern ebenso von ihrem Einkommen und von anderen Umständen. Eine Steuer von DM 1.000,–, gezahlt von einer armen Person, kann ein größeres Opfer verlangen, als eine Steuer von DM 10.000,–, gezahlt von einer reichen Person.

Aus dem Leistungsfähigkeitsprinzip folgen zwei Vorstellungen von Gerechtigkeit: vertikale Gerechtigkeit und horizontale Gerechtigkeit. **Vertikale Gerechtigkeit** bedeutet, daß Steuerzahler mit größerer steuerlicher Leistungsfähigkeit größere Steuerbeträge zahlen sollen. **Horizontale Gerechtigkeit** meint, daß Steuerzahler mit gleicher steuerlicher Leistungsfähigkeit den gleichen Steuerbetrag zahlen sollen. Obwohl diese Gerechtigkeitsvorstellungen weithin akzeptiert werden, ist ihre Anwendung zur Beurteilung eines Steuersystems selten klar.

Vertikale Gerechtigkeit
Steuerzahler mit größerer steuerlicher Leistungsfähigkeit sollen größere Steuerbeträge zahlen

Horizontale Gerechtigkeit
Steuerzahler mit gleicher steuerlicher Leistungsfähigkeit sollen den gleichen Steuerbetrag zahlen

Proportionale Steuer
Steuer, bei der Steuerzahler mit hohem Einkommen und Steuerzahler mit niedrigem Einkommen denselben Bruchteil ihres Einkommens zahlen

Vertikale Gerechtigkeit.

Wenn Steuern auf der Fähigkeit basieren, Steuern zu zahlen, dann sollten reiche Steuerzahler mehr zahlen als arme Steuerzahler. Aber wieviel mehr sollten die Reichen zahlen? Ein Großteil der Debatte über Steuerpolitik betrifft diese Frage.

Betrachten Sie die drei Typen einer Einkommensteuer in Tabelle 12-7. In jedem Fall zahlen Steuerzahler mit höheren Einkommen mehr. Die Steuertypen unterscheiden sich aber darin, wie schnell der Steuerbetrag mit zunehmendem Einkommen ansteigt. Der erste Steuertyp wird als **proportional** bezeichnet, da alle Steuerzahler denselben Bruchteil ihres Einkommens an Steuern zahlen. Der zweite Steuertyp wird **regressiv** genannt, da Steuerzahler mit hohem Einkommen einen geringeren Bruchteil ihres Einkommens an Steuern zahlen, obwohl sie einen höheren absoluten Betrag zahlen. Der dritte Steuertyp wird **progressiv** genannt, da Steuerzahler mit hohem Einkommen einen größeren Bruchteil ihres Einkommens an Steuern zahlen.

Welcher dieser drei Steuertypen ist am gerechtesten? Es gibt keine eindeutige Antwort hierauf und die Wirtschaftstheorie hilft nicht bei dem Versuch, eine zu finden. Gerechtigkeit liegt, ebenso wie Schönheit, im Auge des Betrachters.

Horizontale Gerechtigkeit. Wenn Steuern auf der Fähigkeit basieren, Steuern zu zahlen, dann sollten Steuerzahler mit gleicher steuerlicher Leistungsfähigkeit den gleichen Steuerbetrag zahlen. Aber was bestimmt, ob die Leistungsfähigkeit zweier Steuerzahler gleich ist? Familien unterscheiden sich in vielerlei Hinsicht. Um zu beurteilen, ob ein Steuerrecht horizontal gerecht ist, muß man feststellen, welche Unterschiede für die steuerliche Leistungsfähigkeit einer Familie relevant sind und welche nicht.

Angenommen, die Familien Schmidt und Maier haben je ein Einkommen von DM 50.000.–. Die Schmidts haben keine Kinder, aber Herr Schmidt leidet an einer Krankheit, die Ausgaben für medizinische Zwecke in Höhe von DM 20.000,– verursacht. Die Maiers sind bei guter Gesundheit, aber sie

Regressive Steuer
Steuer, bei der Steuerzahler mit hohem Einkommen einen geringeren Bruchteil ihres Einkommens zahlen als Steuerzahler mit niedrigem Einkommen

Progressive Steuer
Steuer, bei der Steuerzahler mit hohem Einkommen einen größeren Bruchteil ihres Einkommens zahlen als Steuerzahler mit niedrigem Einkommen

Einkommen	Proportionale Steuer			Regressive Steuer		Progressive Steuer	
	Steuerbetrag	Prozent des Einkommens	Steuerbetrag	Prozent des Einkommens	Steuerbetrag	Prozent des Einkommens
DM 50.000	DM 12.500	25%	DM 15.000	30%	DM 10.000	20%
DM 100.000	DM 25.000	25%	DM 25.000	25%	DM 25.000	25%
DM 200.000	DM 50.000	25%	DM 40.000	20%	DM 60.000	30%

Tabelle 12-7
Drei Typen einer Einkommensteuer

haben vier Kinder. Zwei der Kinder besuchen eine private Hochschule, was zu Studiengebühren von DM 30.000,– führt. Wäre es gerecht, wenn diese beiden Familien Steuern in gleicher Höhe zahlen müßten, weil sie das gleiche Einkommen haben? Wäre es gerechter, den Schmidts einen Steuerkredit, d.h. einen Abzug von der Steuerschuld, zu gewähren, um ihnen ihre hohen Ausgaben für medizinische Zwecke zu erleichtern? Wäre es gerechter, den Maiers einen Steuerkredit zu gewähren, um ihnen mit ihren Studiengebühren zu helfen?

Diese Fragen sind nicht leicht zu beantworten. In der Praxis weist die deutsche Einkommensteuer eine Vielzahl spezieller Bestimmungen auf, die die Steuern einer Familie in Abhängigkeit ihrer besonderen Lebensumstände verändern.

Horizontale Gerechtigkeit und das Ehegattensplitting

Fallstudie

Die Behandlung der Ehe liefert ein wichtiges Beispiel dafür, wie schwierig es ist, horizontale Gerechtigkeit in der Praxis zu erreichen. Ein besonderes Merkmal des deutschen Einkommensteuerrechts besteht darin, daß sich Eheleute getrennt oder gemeinsam veranlagen lassen können. Getrennte Veranlagung bedeutet, daß jeder das Einkommen versteuert, das er verdient hat. Der einzelne Ehepartner wird somit behandelt wie ein Alleinstehender. Bei der gemeinsamen Veranlagung wird zur Ermittlung der Steuerschuld das sogenannte Splittingverfahren angewendet. Dabei wird auf die Hälfte des Gesamteinkommens beider Personen der Steuertarif angewendet und der so errechnete Steuerbetrag verdoppelt. Das Splitting führt zu einer Steuerverminderung gegenüber der getrennten Veranlagung (Splittingvorteil), wenn die Einkommen der Ehepartner und die Grenzsteuersätze divergieren. Voraussetzung ist immer ein progressiver Steuertarif, bei einem proportionalen Tarif gibt es keinen Splittingvorteil. Mit dem Splittingverfahren wird eine Gleichbehandlung von Eheleuten mit gleichem Gesamteinkommen bei unterschiedlicher Aufteilung erreicht.

Um zu sehen, wie das Ehegattensplitting funktioniert, betrachten wir das Beispiel der Steuerschuld von Familie Müller. Angenommen, Frau Müller hat ein zu versteuerndes Einkommen von DM 30.000,–, Herr Müller ein zu versteuerndes Einkommen von DM 60.000,–. Dann wäre bei getrennter Veranlagung die Steuerschuld von Frau Müller DM 4.921,–, die von Herrn Müller DM 14.422,–. Die Steuerschuld insgesamt des Paares läge demnach bei DM 19.343,–. Bei Anwendung des Splittingverfahrens (Zusammenveranlagung) wird das Gesamteinkommen von DM 90.000,– halbiert und auf diese DM 45.000,– dann der Steuertarif angewandt. Es ergibt sich eine Steuerschuld von DM 9.471,–. Diese mal zwei genommen ergibt DM 18.942,–, also 2,1% weniger als das Paar bei getrennter Veranlagung zu zahlen hätte. Herr Müller wird bei einer Zusammenveranlagung mit einem niedrigeren Grenzsteuersatz, Frau Müller dagegen mit einem höheren Grenzsteuersatz belastet als dies bei einer getrennten Veranlagung der Fall wäre. Da aufgrund der Progression der Steuervorteil von Herrn Müller den Steuernachteil von Frau Müller übersteigt, erzielt das Paar durch Zusammenveranlagung einen Steuerersparniseffekt.

Die Möglichkeit der Zusammenveranlagung und der daraus resultierende steuerliche Vorteil beschränkt sich auf Ehepaare, weil die Ehe unter dem besonderen Schutz des Grundgesetzes steht. Für »eheähnliche Gemeinschaften« besteht diese Möglichkeit grundsätzlich nicht. Das Prinzip der horizontalen Gerechtigkeit ist also insofern verletzt, als zwei Paare, die ganz genau gleich sind, außer, daß das eine Paar verheiratet ist und das andere nicht, unterschiedlich hohe Steuern zahlen.

Steuerinzidenz und Steuergerechtigkeit

Die Steuerinzidenz bzw. die Tatsache, wer die Last der Steuern trägt, ist zentral für die Beurteilung der Steuergerechtigkeit. Wie wir erstmals in Kapitel 6 gesehen haben, entspricht die Person, die die Last einer Steuer trägt, nicht immer der Person, die den Steuerbescheid vom Staat bekommt. Da Steuern Angebot und Nachfrage verändern, verändern sie Gleichgewichtspreise. Infolgedessen wirken sie sich nicht nur auf diejenigen Menschen aus, die, nach dem Gesetz, tatsächlich die Steuer zahlen. Bei der Beurteilung der vertikalen und horizontalen Gerechtigkeit irgendeiner Steuer ist es wichtig, diesen indirekten Effekten Rechnung zu tragen.

Viele Diskussionen über Steuergerechtigkeit schenken den indirekten Effekten von Steuern keine Beachtung und basieren auf etwas, was Nationalökonomen verächtlich als die *Fliegenfängertheorie* der Steuerinzidenz bezeichnen. Nach dieser Theorie »klebt« die Last einer Steuer, wie eine Fliege am Fliegenfänger, wo immer sie zuerst »landet«. Diese Annahme ist jedoch selten berechtigt.

Beispielsweise könnte eine Person ohne volkswirtschaftliche Ausbildung möglicherweise argumentieren, eine Steuer auf teure Pelzmäntel sei vertikal gerecht, weil die meisten Käufer von Pelzen reich sind. Wenn diese Käufer die Pelze jedoch leicht durch andere Luxusgegenstände ersetzen könnten, würde durch eine Steuer auf Pelze möglicherweise lediglich der Verkauf von Pelzen zurückgehen. Letztendlich würde die Last der Steuer mehr von denjenigen zu tragen sein, die Pelze herstellen und verkaufen, als von denjenigen, die sie kaufen. Da die meisten Arbeiter, die Pelze herstellen, nicht reich sind, könnte die Gerechtigkeit einer Steuer auf Pelze gänzlich anders zu beurteilen sein als die Fliegenfängertheorie vermuten läßt.

Wer zahlt die Körperschaftsteuer?   **Fallstudie**

Die Körperschaftsteuer liefert ein gutes Beispiel für die Wichtigkeit der Steuerinzidenz für die Steuerpolitik. Die Körperschaftsteuer ist unter Wählern beliebt. Schließlich sind Körperschaften keine Menschen. Wähler sind immer eifrig bemüht, ihre Steuern zu verringern und irgendeine unpersönliche Körperschaft die Zeche zahlen zu lassen.

Bevor man aber zu der Ansicht gelangt, daß die Körperschaftsteuer einen guten Weg für den Staat darstellt, Einnahmen zu erzielen, sollte man sich überlegen, wer die Last der Körperschaftsteuer trägt. Dies ist eine schwierige Frage, über die sich die Ökonomen nicht einig sind, aber eines ist sicher: *Alle Steuern werden von Menschen bezahlt.* Wenn der Staat eine Körperschaft besteuert, ist die Körperschaft eher ein Steuereinnehmer als ein Steuerzahler. Die Last der Steuer tragen letzten Endes Menschen – die Eigentümer, Kunden oder Arbeiter der Körperschaft.

Viele Nationalökonomen glauben, daß die Arbeiter und Kunden den Großteil der Last der Körperschaftsteuer tragen. Um zu sehen warum, betrachten wir ein Beispiel. Angenommen, der Staat entscheidet sich, das von Automobilherstellern verdiente Einkommen mit einer Steuer zu belegen. Zunächst schadet diese Steuer den Eigentümern der Fabriken, die weniger Gewinn erzielen. Im Zeitablauf jedoch werden diese Eigentümer auf die Steuer reagieren. Da die Automobilherstellung weniger einträglich ist, investieren sie weniger in den Bau neuer Automobilfabriken. Statt dessen investieren sie ihr Vermögen auf andere Weise – zum Beispiel, indem sie größere Häuser kaufen oder Fabriken in anderen Industriezweigen oder in anderen Ländern aufbauen. Mit einer rückläufigen Zahl von Automobilherstellern geht das Angebot an Autos ebenso wie die Nachfrage nach Arbeitern in der Automobilindustrie zurück. Eine Besteuerung der Automobilhersteller hat daher einen Anstieg der Autopreise sowie einen Rückgang der Arbeiterlöhne zur Folge.

Die Körperschaftsteuer zeigt, wie gefährlich die Fliegenfängertheorie der Steuerinzidenz sein kann. Die Körperschaftsteuer ist teilweise beliebt, weil sie von reichen Körperschaften gezahlt zu werden scheint. Doch sind diejenigen, die letztendlich die Last der Steuer tragen – die Kunden und Arbeiter der Körperschaften – oft nicht reich. Wenn die Kenntnis der wahren Inzidenz der Körperschaftsteuer weiter verbreitet wäre, dann wäre diese Steuer unter den Wählern vielleicht weniger beliebt.

Fallstudie

Die Flat Tax

Aufgrund der mit der Komplexität der Einkommensteuer verbundenen Probleme wurden vor allem in den 80er Jahren verschiedene Reformvorschläge gemacht. Ein insbesondere in den USA diskutierter und ansatzweise realisierter Vorschlag betrifft eine *flat tax*. Die flat tax wurde in den frühen 80er Jahren von dem Nationalökonomen Robert Hall und dem Politikwissenschaftler Alvin Rabushka vorgeschlagen. Der Kern dieser Steuer besteht in einem konstanten niedrigen Grenzsteuersatz, den alle Steuerzahler auf ihr Einkommen jenseits eines Grundfreibetrags zahlen. Diejenigen, die weniger als den Grundfreibetrag verdienen, erhalten eine negative Einkommensteuer mit eben diesem Grenzsteuersatz. Angenommen, der Grenzsteuersatz beträgt 19 Prozent und der Grundfreibetrag DM 10.000,–, dann errechnet sich die Steuerzahlung eines Steuerzahlers wie folgt:

$$\text{Steuerzahlung} = 0{,}19 \times (\text{Einkommen} - \text{DM } 10.000{,}-).$$

Die Berücksichtigung eines Grundfreibetrags führt zur indirekten Progression: Die Durchschnittssteuersätze steigen mit dem Einkommen, obwohl der Grenzsteuersatz konstant ist.

Für den Übergang zu einer flat tax sprechen nach Ansicht ihrer Befürworter insbesondere die folgenden Gründe. Da das Einkommen umfassend definiert wird, würden die verschiedenen Formen der Steuervergünstigungen entfallen. Durch diese Erweiterung der Bemessungsgrundlage könnte mit einem im Durchschnitt geringeren Steuersatz das gleiche Aufkommen wie bisher erzielt werden, was eine größere wirtschaftliche Effizienz bedeuten würde. Weil die flat tax so einfach ist, würde zudem der Erhebungsaufwand der Besteuerung erheblich verringert werden.

Kritiker der flat tax stehen dem Ziel einer einfacheren und effizienteren Einkommensteuer wohlwollend gegenüber, sie lehnen die flat tax aber ab, da sie glauben, daß diese dem Ziel der vertikalen Gerechtigkeit eine zu geringe Bedeutung beimißt. Sie behaupten, daß eine flat tax weniger progressiv wäre, als die gegenwärtige Einkommensteuer und insbesondere einen Teil der Steuerlast von den Reichen auf die Mittelschicht verlagern würde. Diese Besorgnis ist möglicherweise berechtigt, aber niemand weiß es sicher.

Schnelltest

Geben Sie eine Erklärung des Äquivalenzprinzips und des Leistungsfähigkeitsprinzips. Was ist unter horizontaler und vertikaler Gerechtigkeit zu verstehen? Warum ist eine Untersuchung der Steuerinzidenz wichtig, um die Gerechtigkeit eines Steuersystems zu beurteilen?

Schlußfolgerung: Der Zielkonflikt zwischen Gerechtigkeit und Effizienz

Beinahe jeder ist der Meinung, daß Gerechtigkeit und Effizienz die zwei wichtigsten Ziele des Steuersystems darstellen. Jedoch besteht zwischen diesen beiden Zielen oftmals ein Konflikt. Viele vorgeschlagene Änderungen der Steuergesetze steigern die Effizienz, verringern zugleich aber die Gerechtigkeit, oder sie erhöhen die Gerechtigkeit, verringern dabei aber die Effizienz. Die Leute sind sich oftmals nicht über die Steuerpolitik einig, weil sie diesen beiden Zielen unterschiedliche Bedeutung beimessen.

Nationalökonomen allein können nicht den besten Weg festlegen, ein ausgewogenes Verhältnis zwischen den Zielen der Effizienz und der Gerechtigkeit zu erreichen. Diese Entscheidung erfordert sowohl politische Philosophie als auch die Einbeziehung ökonomischer Aspekte. Die Nationalökonomen spielen jedoch eine wichtige Rolle in der politischen Debatte über die Steuerpolitik: Sie können Licht in die Zielkonflikte bringen, denen sich die Gesellschaft gegenübersieht, und uns helfen, eine Steuerpolitik zu vermeiden, die die Effizienz opfert ohne irgendeinen Vorteil im Hinblick auf die Gerechtigkeit.

Zusammenfassung

- Der deutsche Staat erzielt Einnahmen mit Hilfe zahlreicher Steuern und sonstiger Einnahmearten. Die wichtigsten Einnahmequellen des Bundes und der Länder sind die Lohn- und Einkommensteuer sowie die Umsatzsteuer. Die wichtigsten Einnahmequellen der Gemeinden sind die Laufenden Zuweisungen und Zuschüsse sowie die Gebühren und sonstigen Entgelte.
- Die Effizienz eines Steuersystems ergibt sich aus den Kosten, die es den Steuerzahlern auferlegt. Es gibt zwei Arten von Kosten, die Steuern über den Mitteltransfer vom Steuerzahler zum Staat hinaus verursachen. Die erste entspricht der Verzerrung in der Ressourcenzuweisung, die darauf zurückzuführen ist, daß Steuern Anreize und Verhaltensweisen verändern. Die zweite ist der Erhebungsaufwand, den Steuerzahler tragen, wenn sie die Steuergesetze befolgen.
- Die Gerechtigkeit eines Steuersystems hängt davon ab, ob die Steuerlast fair unter der Bevölkerung verteilt ist. Nach dem Äquivalenzprinzip ist es fair, wenn die Bürger Steuern entsprechend den aus den beanspruchten staatlichen Leistungen empfangenen Vorteilen zahlen. Nach dem Leistungsfähigkeitsprinzip ist es fair, wenn die Bürger entsprechend ihrer steuerlichen Leistungsfähigkeit an der Aufbringung des Steueraufkommens beteiligt werden. Bei der Beurteilung der Gerechtigkeit eines Steuersystems ist es wichtig, sich einer Lektion über die Steuerinzidenz zu erinnern: Die Verteilung der Steuerlasten entspricht nicht der Verteilung der Steuerbescheide.
- Beim Nachdenken über Änderungen der Steuergesetze sehen sich die Politiker oftmals einem Zielkonflikt zwischen Effizienz und Gerechtig-

keit gegenüber. Der Großteil der Debatte über die Steuerpolitik ist darauf zurückzuführen, daß die Leute diesen zwei Zielen unterschiedliche Bedeutung beimessen.

Stichworte

Budgetdefizit	Leistungsfähigkeitsprinzip
Budgetüberschuß	vertikale Gerechtigkeit
Durchschnittssteuersatz	horizontale Gerechtigkeit
Grenzsteuersatz	proportionale Steuer
Pauschalsteuer	regressive Steuer
Äquivalenzprinzip	progressive Steuer

Zur Wiederholung

1. Ist der Staat im Laufe der letzten Jahrzehnte schneller oder langsamer gewachsen als der Rest der Wirtschaft?
2. Welche sind die zwei wichtigsten Einnahmequellen des Bundes?
3. Warum ist die Last einer Steuer für die Steuerzahler größer als die vom Staat erzielten Einnahmen?
4. Warum plädieren einige Ökonomen dafür, den Konsum anstelle des Einkommens zu besteuern?
5. Nennen Sie zwei Gründe, warum reiche Steuerzahler mehr Steuern zahlen sollten als arme Steuerzahler.
6. Worin besteht der Aspekt der horizontalen Gerechtigkeit und warum ist sie schwer zu erreichen?

Aufgaben und Anwendungen

1. In Deutschland hat der Anteil der Staatsausgaben am Bruttoinlandsprodukt im Zeitablauf zugenommen. Welche Veränderungen in unserer Wirtschaft und unserer Gesellschaft könnten diesen Trend möglicherweise erklären? Erwarten Sie, daß dieser Trend sich fortsetzt?
2. Die in den meisten Tabellen dieses Kapitels enthaltenen Informationen wurden der Fachserie 14, Finanzen und Steuern, Reihe 3.1, Rechnungsergebnisse des öffentlichen Gesamthaushalts, entnommen, die vom Statistischen Bundesamt jährlich herausgegeben wird. Beantworten Sie die folgenden Fragen unter Zuhilfenahme der neuesten Ausgabe der Fachserie aus Ihrer Bibliothek und ermitteln Sie einige Zahlen, um Ihre Antworten zu untermauern.

a) Abbildung 12-1 zeigt, daß die Staatseinnahmen als Prozentsatz des Bruttoinlandsprodukts im Zeitablauf zugenommen haben. Ist dieser Anstieg in erster Linie auf Veränderungen der Einnahmen des Bundes, der Länder, der Gemeinden oder der Parafisci zurückzuführen?

b) Wie hat sich die Zusammensetzung der Staatseinnahmen insgesamt im Zeitablauf verändert? Hat die Lohn- und Einkommensteuer an Bedeutung gewonnen oder verloren? Wie verhält es sich mit der Umsatzsteuer?

c) Wie hat sich die Struktur der Staatsausgaben im Zeitablauf verändert? Wie hat sich der Anteil der Ausgaben für Soziale Sicherung an der Gesamtheit der öffentlichen Ausgaben entwickelt?

3. In diesem Kapitel wurde festgestellt, daß in Deutschland die relative Zunahme der älteren Bevölkerung diejenige der Gesamtbevölkerung übersteigt. Insbesondere sinkt die Zahl der Arbeitnehmer langsam, während die Zahl der Rentner schnell zunimmt. Angenommen, im Rahmen einer politischen Diskussion wäre mit Blick auf die Zukunft der Sozialen Sicherung der Vorschlag gemacht worden, die Rentenversicherung »einzufrieren«.

a) Wenn die Gesamtheit der Rentenzahlungen auf dem heutigen Niveau eingefroren würde, was würde das für die Rentenzahlung je Rentner in Zukunft bedeuten? Wie würde sich der Beitrag zur Rentenversicherung je Arbeitnehmer entwickeln?

b) Wenn die Rentenzahlung je Rentner eingefroren würde, wie würde sich die Gesamtheit der Rentenzahlungen entwickeln? Wie der Beitrag zur Rentenversicherung je Arbeitnehmer?

c) Wenn der Beitrag zur Rentenversicherung je Arbeitnehmer eingefroren würde, was würde das für die Gesamtheit der Rentenzahlungen in Zukunft bedeuten? Was für die Rentenzahlung je Rentner?

d) Was implizieren Ihre Antworten auf die Teilfragen a), b) und c) im Hinblick auf die schwierigen Entscheidungen, denen sich Politiker gegenübersehen?

4. Erklären Sie, wie sich die folgenden Merkmale des Steuerrechts auf das Verhalten einer Person auswirken:

a) Spenden für wohltätige Zwecke sind steuerlich absetzbar.

b) Der Umsatz an Bier wird besteuert.

c) Zinsen, die ein Hausbesitzer auf seine Hypothek zahlt, sind steuerlich absetzbar.

d) Realisierte Kapitalerträge werden besteuert, aufgelaufene Kapitalerträge hingegen nicht. (Wenn jemand Aktien besitzt, die im Wert gestiegen sind, hat er einen »aufgelaufenen« Kapitalertrag. Wenn er die Aktien verkauft, hat er einen »realisierten« Kapitalertrag.)

5. Stellen Sie sich vor, die Umsatzsteuer wird von 16 auf 20 Prozent angehoben. Ein Steuerpolitiker prognostiziert einen Anstieg des Aufkommens aus der Umsatzsteuer um 25 Prozent. Ist das plausibel? Begründen Sie Ihre Antwort.

6. Klassifizieren Sie jede der nachfolgenden Formen der Finanzierung als Beispiel für das Äquivalenzprinzip oder das Leistungsfähigkeitsprinzip:

a) In vielen Nationalparks zahlen die Besucher Eintrittsgeld.

b) Die Grund- und weiterführenden Schulen in einer Gemeinde werden aus dem Grundsteueraufkommen der Gemeinde finanziell unterstützt.

c) Ein Flughafen-Treuhandvermögen nimmt Steuern für jeden verkauften Flugschein ein und verwendet das Geld für die Verbesserung der Flughäfen und der Luftverkehrsüberwachung.

7. Ein Steuertarif weist zwei Arten von Steuersätzen auf – Durchschnittssteuersätze und Grenzsteuersätze.

a) Der Durchschnittssteuersatz ist definiert als Verhältnis von Steuerbetrag zu Einkommen. Betrachten Sie die in Tabelle 12-7 dargestellte proportionale Einkommensteuer. Wie hoch sind die Durchschnittssteuersätze bei einem Einkommen von DM 50.000,–, DM 100.000,– und DM 200.000,–? Wie hoch sind die entsprechenden Durchschnittssteuersätze im Falle der regressiven bzw. progressiven Einkommensteuer?

b) Der Grenzsteuersatz ist definiert als Verhältnis zwischen einer marginalen Veränderung des Steuerbetrags und der sie auslösenden marginalen Veränderung des Einkommens. Berechnen Sie den Grenzsteuersatz für den Fall der proportionalen Einkommensteuer, wenn sich das Einkommen von DM 50.000,– auf DM 100.000,– erhöht. Wie hoch ist der Grenzsteuersatz, wenn sich das Einkommen von DM 100.000,– auf DM 200.000,– erhöht? Berechnen Sie die entsprechenden Grenzsteuersätze für den Fall der regressiven bzw. progressiven Einkommensteuer.

c) Beschreiben Sie das Verhältnis zwischen Durchschnittssteuersätzen und Grenzsteuersätzen für jeden der drei Typen einer Einkommensteuer. Welcher Steuersatz ist im allgemeinen relevant für jemanden, der entscheiden muß, ob er einen Job annimmt, bei dem die Bezahlung nur geringfügig höher liegt als bei seinem derzeitigen Job? Welcher Steuersatz ist relevant für die Beurteilung der vertikalen Gerechtigkeit einer Einkommensteuer?

8. Wie läßt sich mit Blick auf die Effizienz eine Besteuerung der Konsumausgaben anstelle des Einkommens rechtfertigen? Stellen Sie sich vor, die Bundesrepublik Deutschland würde eine Konsumausgabensteuer einführen. Würde das deutsche Steuersystem dadurch mehr oder weniger progressiv werden? Begründen Sie Ihre Antwort.

9. In Deutschland ist gesetzlich festgelegt, daß die Sozialversicherungsbeiträge je zur Hälfte von Arbeitgeber und Arbeitnehmer zu zahlen sind. Bringt diese gesetzliche Aufteilung der Verantwortung die wahre Inzidenz dieser Beiträge zum Ausdruck? Begründen Sie Ihre Antwort.

10. Wenn ein Geschäftsmann einen Kunden zum Essen einlädt, ist ein Teil der Kosten des Essens für sein Unternehmen als Betriebsausgabe steuerlich absetzbar. In der Öffentlichkeit wird zum Teil die Ansicht vertreten, daß dieses Merkmal des Steuerrechts überwiegend reichen Geschäftsleuten zugute komme und daher beseitigt werden solle. Erklären Sie, warum dieses Argument jedoch mehr Widerstand bei den Gaststätten und Restaurants hervorruft als bei den Unternehmen selbst.

Unternehmensverhalten und Organisation   Teil V

Die Produktionskosten   Kapitel 13

In diesem Kapitel werden Sie

- die einzelnen Posten der unternehmerischen Produktionskosten untersuchen,
- den Zusammenhang zwischen dem Produktionsprozeß und den Produktionskosten der Unternehmung analysieren,
- die Bedeutung von Durchschnittskosten und Grenzkosten sowie ihre funktionale Verknüpfung kennenlernen,
- den typischen Verlauf einer unternehmerischen Kostenkurve betrachten,
- die Beziehung zwischen kurzfristigen und langfristigen Kosten untersuchen.

Die Waren und Dienstleistungen für den täglichen Ge- und Verbrauch werden von Unternehmungen hergestellt. Osram erzeugt Glühbirnen, VW stellt Autos her und Kindernahrung kommt von Alete. Eine Volkswirtschaft besteht aus Tausenden von Unternehmungen. Einige Unternehmungen, wie die eben genannten, sind sehr groß. Sie beschäftigen Tausende von Arbeitskräften und sind auf Tausende von Aktionären angewiesen, die Dividenden erwarten. Andere Unternehmungen, wie etwa Friseurgeschäfte und Süßwarenläden am Ort, sind recht klein. Sie beschäftigen nur wenige Leute und gehören meistens einer einzelnen Person oder einer Familie.

Um die Produktionsentscheidungen einer Unternehmung darzustellen, haben wir in den vorangegangenen Kapiteln die Angebotskurve benützt. Nach dem Gesetz des marktwirtschaftlichen Angebots sind die Unternehmungen geneigt, bei höherem Preis eine größere Menge eines Gutes herzustellen und zu verkaufen; die Angebotskurve hat eine positive Steigung. Für viele interessante Fragen bietet die Angebotsfunktion alles an Wissen, was man für das Unternehmensverhalten benötigt.

Im vorliegenden Kapitel und danach behandeln wir nähere Einzelheiten des Unternehmensverhaltens. Sie werden besser verstehen, welche Entscheidungen der Angebotskurve in einem Markt zu Grunde liegen. Zugleich werden Sie dabei in einen Teil der Nationalökonomik eingeführt, den man *Industrieökonomik* nennt – die unternehmerischen Entscheidungen über Preise und Mengen unter verschiedenen Gegebenheiten des Marktes. Die Stadt, in der Sie wohnen, mag z.B. mehrere Pizza-Restaurants und evtl. nur einen einzigen Anbieter von Kabel-Fernsehen aufweisen. Wie könnte dieser Unterschied in den Anbieterzahlen die Marktpreise und die Effizienz der Marktergebnisse beeinflussen? Über eben diese Frage arbeitet man in der Industrieökonomik.

Am Anfang der Industrieökonomik steht im vorliegenden Kapitel die Frage nach den Produktionskosten. Ausnahmslos alle Unternehmungen –

von BMW bis hin zu den kleinen Bäckereien im Wohnviertel – rufen Kosten hervor, wenn Sie die zum Verkauf bestimmten Waren und Dienstleistungen erzeugen. Die Kosten sind eine Schlüsselgröße für die Produktions- und Preisentscheidungen der Unternehmung. Die Kosten zu bestimmen, ist jedoch nicht ganz so einfach, wie es zunächst scheinen mag.

Was sind Kosten?

Zur Erörterung von Kosten kann man bei der unter jungen Leuten beliebten »Prinzenrolle« ansetzen. Der Fabrikant und Eigentümer der Fabrik kauft Mehl, Zucker, Geschmacksstoffe und andere Backzutaten ein. Er kauft die Mischmaschinen und Backöfen, und er stellt die zum Betrieb notwendigen Arbeitskräfte ein. Die hergestellten Kekse der Prinzenrolle werden schließlich an die Konsumenten verkauft. Bei näherer Betrachtung der speziellen Probleme der Keksherstellung kann man einige Schlußfolgerungen ziehen, die für alle Unternehmungen einer Volkswirtschaft gelten.

Gesamterlöse, Gesamtkosten und Gewinn

Am Anfang steht die Zielsetzung der Unternehmung. Wenn man die Entscheidungen einer Unternehmung begreifen will, muß man zunächst wissen, was sie erreichen möchte. Es ist nicht auszuschließen, daß ein Kekshersteller seinen Betrieb aus Liebe zu diesem Gewerbe aufnimmt oder mit dem uneigennützigen Streben, die Welt mit seinem Gebäck zu beglücken. Viel wahrscheinlicher ist es jedoch, daß man mit dem Geschäftsbetrieb Geld verdienen will. Ökonomen setzen für gewöhnlich voraus, das Unternehmensziel bestehe in der Gewinnmaximierung. Damit kommen sie in den meisten Fällen zu brauchbaren Resultaten.

Gesamterlös, Erlös oder Umsatz
Geldbetrag, den eine Unternehmung für den Verkauf ihrer Produktionsmenge erhält

Gesamtkosten oder Kosten
Geldbetrag, den eine Unternehmung für den Einkauf der produktionsnotwendigen Faktoreinsätze bezahlt

Gewinn oder Profit
Gesamterlös minus Gesamtkosten

Worin besteht der Gewinn einer Unternehmung? Der Betrag, den eine Unternehmung für den Verkauf ihrer Erzeugnisse (z.B. Kekse) einnimmt, ist der **Gesamterlös**. Der Betrag, den eine Unternehmung für den Kauf der Faktoreinsätze aufwendet (z.B. Mehl, Zucker, Arbeits- und Maschinenstunden oder dergleichen), sind die **Gesamtkosten**. Der Prinzenrollen-Fabrikant – und nicht nur er – trachtet nach Erlösen, die nicht gänzlich zur Kostendeckung herangezogen werden müssen. Der **Gewinn** einer Unternehmung errechnet sich aus Gesamterlös minus Gesamtkosten. Diesen Gewinn so groß wie möglich zu machen, ist das Unternehmensziel.

Wenn man genau sehen will, wie eine Unternehmung bei der Gewinnmaximierung vorgeht, muß man sich mit der Bestimmung des Gesamterlöses und der Gesamtkosten näher befassen. Der Gesamterlös ist der einfachere Teil davon: Er ist gleich der Produktionsmenge der Unternehmung mal dem Verkaufspreis. Wenn man 10.000 Prinzenrollen herstellt und sie zum Stückpreis von DM 3,– verkauft, ist der Gesamterlös DM 30.000,–. Im Vergleich dazu ist die Bestimmung der Gesamtkosten um einiges anspruchsvoller.

Kosten als Opportunitätskosten

Bei den Kosten des Prinzenrollen-Herstellers oder irgend einer anderen Unternehmung muß man sich der *zehn volkswirtschaftlichen Regeln* des Kapitels 1 erinnern, und zwar der Regel Nr. 2: Die Kosten eines Gutes bestehen in dem, was man für den Erwerb eines Gutes aufgibt. Die *Opportunitätskosten* einer Einheit setzen sich aus allem zusammen, was dem Erwerb der Einheit als Verzicht vorausgeht. Wenn Ökonomen von den Produktionskosten einer Unternehmung sprechen, meinen sie alle Opportunitätskosten der Erzeugung von Waren und Dienstleistungen.

Die unternehmerischen Opportunitätskosten sind manchmal ganz offenkundig und bisweilen weniger deutlich erkennbar. Wenn der Prinzenrollen-Fabrikant DM 1.000,– für Mehl bezahlt, handelt es sich um Opportunitätskosten, weil er den Betrag dann nicht mehr für andere Einkäufe zur Verfügung hat. Ebenso sind die an Arbeitskräfte ausbezahlten Löhne und Gehälter Kosten der Unternehmung, und zwar offene oder *explizite* Kosten. Im Unterschied dazu sind einige Arten unternehmerischer Kosten *implizite* oder stillschweigende Kosten. Man stelle sich vor, der Prinzenrollen-Fabrikant ist ein Computerfachmann, der DM 200,– pro Stunde als Programmierer verdienen könnte. Mit jeder Arbeitsstunde in der Keksherstellung verzichtet der Fabrikant auf DM 200,– Einkommen, und dieser Einkommensverzicht rechnet ebenfalls zu den Kosten.

Die Unterscheidung zwischen expliziten und impliziten Kosten beleuchtet einen wichtigen Unterschied darin, wie Ökonomen und wie Buchhalter an die Analyse einer Unternehmung herangehen. Den Ökonomen liegt daran, die unternehmerischen Produktions- und Preisentscheidungen zu klären, und so berücksichtigen sie alle Opportunitätskosten als Kosten. Im Gegensatz dazu ist es die Aufgabe der Buchhalter, die einfließenden und ausfließenden Geldströme einer Unternehmung nachzuverfolgen und festzuhalten. Deshalb konzentrieren sie sich auf die expliziten Kosten und vernachlässigen oft die impliziten Kosten.

Der Unterschied zwischen dem Standpunkt des Ökonomen und dem Standpunkt des Buchhalters ist bei der Prinzenrollen-Herstellung leicht zu sehen. Wenn der Fabrikant darauf verzichtet, mit seinen Fachkenntnissen als Computerspezialist DM 200,– pro Arbeitsstunde zu verdienen, wird dies der Buchhalter nicht zu den Kosten der Kekserzeugung rechnen. Es fließt ja kein Geld aus dem Unternehmen hinaus, mit dem man für diese Art Kosten bezahlt. Der Posten kommt im Finanzstatus nicht vor. Der Ökonom jedoch wird den Einkommensverzicht sehr wohl zu den Kosten rechnen, denn er beeinflußt die Entscheidungen des Keks-Fabrikanten. So könnte es z.B. geschehen, daß der Keks-Fabrikant beim Anstieg des Programmierer-Stundenlohnes von DM 200,– auf DM 2.000,– seine Keksfabrik als zu teuer schließt und fortan ganztags als Programmierer arbeitet.

Die Kapitalkosten als Opportunitätskosten

Bedeutsame implizite Kosten jeder Unternehmung sind die Opportunitätskosten der finanziellen Mittel, die in der Unternehmung per Investition gebunden werden. Nehmen Sie z.B. an, der Keks-Fabrikant hat DM 600.000,– aus seinem ersparten Geldvermögen an den vorhergehenden Eigentümer als Kaufpreis bezahlt. Eine bescheidene und sichere Anlage zu nur 5% brächte ein Zinseinkommen von DM 30.000,– pro Jahr. Der Keks-Fabrikant hat also ein jährliches Zinseinkommen von DM 30.000,– aufgegeben, um Eigentümer der Keksfabrik zu werden. Dieser Betrag zählt zweifellos zu den Opportunitätskosten des Keks-Fabrikanten.

Ökonomen und Buchhalter behandeln die Kosten unterschiedlich, und dies trifft speziell auch auf die Kapitalkosten zu. Ein Ökonom betrachtet den Betrag von DM 30.000,– an entgangenem Zinseinkommen als Kosten der Kekserzeugung, obwohl es sich nur um implizite Kosten handelt. Der Buchhalter des Keks-Fabrikanten jedoch läßt diesen Posten weg, weil kein entsprechender Zahlungsstrom der Unternehmung vorhanden ist.

Um den Unterschied zwischen ökonomischer und buchhalterischer Sicht weiter auszuloten, wandeln wir das Beispiel ein wenig ab. Angenommen, der Keks-Fabrikant hätte nicht den gesamten Kaufpreis von DM 600.000,– aus Eigenmitteln aufgebracht, sondern einen Teil von DM 400.000,– als Bankkredit zu 5% aufgenommen. Der Buchhalter, der nach den Zahlungsströmen vorgeht, wird nun DM 20.000,– Zinszahlungen als Kosten veranschlagen, da dieser Geldbetrag aus der Unternehmung hinausfließt. Im Gegensatz dazu wird der Ökonom die Opportunitätskosten für das Eigentum an der Keks-Fabrik nach wie vor mit DM 30.000,– ansetzen. Die Opportunitätskosten entsprechen den Bankzinsen (DM 20.000,– explizite Kosten) und den entgangenen Sparzinsen (DM 10.000,– implizite Kosten). Auch die Abschreibungen rechnen zu den Kapitalkosten.

Wirtschaftlicher Gewinn und buchhalterischer Gewinn

Kehren wir zum Ziel der Unternehmung zurück: Gewinn. Da Ökonomen und Buchhalter die Kosten verschieden erfassen, liefern sie auch unterschiedliche Angaben für den Gewinn. Ein Ökonom mißt den *wirtschaftlichen Gewinn* der Unternehmung als Gesamterlöse minus gesamte Opportunitätskosten der Produktion aller verkauften Güter. Ein Buchhalter dagegen mißt den *buchhalterischen Gewinn* der Unternehmung als Gesamterlöse minus explizite Kosten der Unternehmung.

Das Schaubild 13-1 faßt den Unterschied der Betrachtungsweise anschaulich zusammen. Da der Buchhalter die impliziten Kosten ignoriert, ist der buchhalterische Gewinn stets größer als der wirtschaftliche Gewinn. Damit eine Unternehmung vom ökonomischen Standpunkt aus gewinnträchtig ist, müssen die Erlöse alle Opportunitätskosten decken – die expliziten und die impliziten.

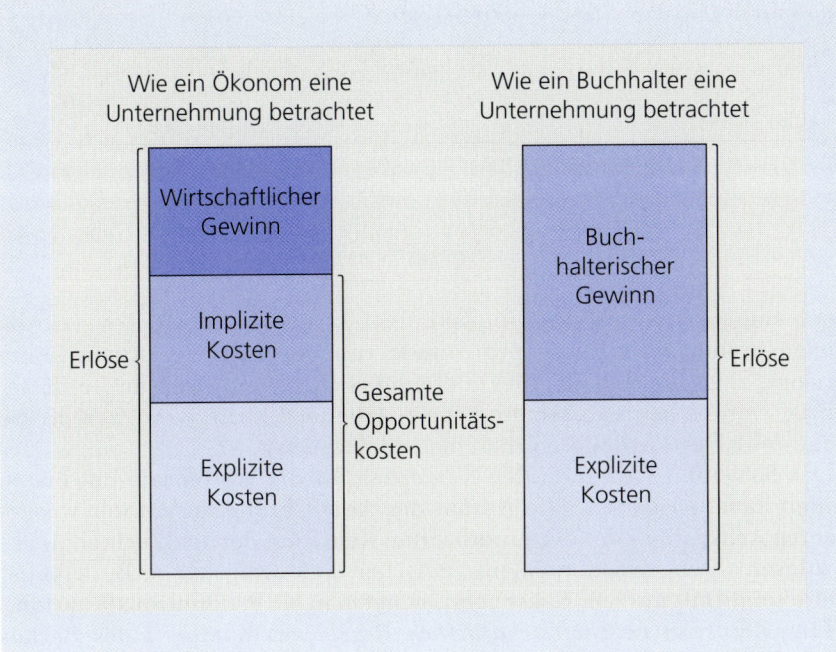

Schaubild 13-1
Wirtschaftlicher und buchhalterischer Gewinn. Ökonomen setzen bei der Analyse einer Unternehmung die gesamten Opportunitätskosten an, wohingegen Buchhalter nur die expliziten Kosten veranschlagen. Deshalb ist der wirtschaftliche Gewinn kleiner als der buchhalterische Gewinn.

Der Bauer Michel gibt für DM 20,– die Stunde Akkordeonunterricht. An einem bestimmten Tag bringt er 10 Stunden damit zu, die für DM 200,– eingekauften Stecklinge zu pflanzen. Welche Opportunitätskosten hat er ausgelöst? Welche Kosten würde sein Buchhalter zusammenrechnen? Wenn er aus der Pflanzung eines Tages im Herbst für DM 400,– Verkaufswert erntet, welchen Gewinn (wirtschaftlich und buchhalterisch) hat Bauer Michel dann erzielt?

Schnelltest

Produktion und Kosten

Die Unternehmungen verursachen Kosten, sobald sie Produktionsfaktoren oder Inputs einkaufen, um die für den Absatz geplanten Güter herzustellen. In diesem Abschnitt geht es um die Verbindung zwischen Produktionsprozeß und Gesamtkosten der Unternehmung. Wiederum kann man zur Illustration das Beispiel mit der Keks-Fabrikation heranziehen.

Die Produktionsfunktion

Um die Analyse einfach zu halten nehmen wir an, daß die Keksfabrik baulich und nach ihrer Maschinenausstattung fest vorgegeben ist und nicht durch Nettoinvestitionen verändert wird. Die Keksproduktion könne nur

Tabelle 13-1
**Produktionsfunk-
tion und Gesamt-
kosten einer Keks-
fabrik**

Anzahl der Arbeits-kräfte	Output (produ-zierte Kekse pro Stunde)	Grenzpro-dukt der Arbeit	Kosten der Fabrikan-lage (DM)	Kosten der Arbeits-kräfte (DM)	Gesamtkosten des Faktorein-satzes (DM)
0	0		30	0	30
1	50	50	30	10	40
2	90	40	30	20	50
3	120	30	30	30	60
4	140	20	30	40	70
5	150	10	30	50	80

durch eine Veränderung des Arbeitskräfteeinsatzes variiert werden. Wie die Menge produzierter Kekse pro Stunde von der Zahl der Arbeitskräfte abhängt, zeigt die Tabelle 13-1. Befinden sich keine Arbeitskräfte in der Fabrik, werden keine Kekse produziert. Arbeitet 1 Kraft, werden 50 Kekse hergestellt. Bei 2 Arbeitern erhält man 90 Kekse usw..

Das Schaubild 13-2 zeigt den Kurvenzug für die Wertepaare der ersten beiden Tabellenspalten. Die Anzahl der Arbeitskräfte ist auf der waage-rechten Achse, die Zahl der produzierten Kekse auf der senkrechten Achse abzulesen. Den Zusammenhang zwischen Faktoreinsatz (z.B. Arbeits-kräfte) und Output (z.B. Kekse) bezeichnet man als **Produktionsfunktion**.

Eine der *zehn volkswirtschaftlichen Regeln* aus Kapitel 1 des Buches besagt (vgl. Nr. 3), daß rational entscheidende Leute in Grenzbegriffen denken. Dies ist der Schlüssel zum Verständnis dafür, wie Unternehmungen

**Produktions-
funktion**
Der Zusammenhang zwischen der Pro-duktmenge eines Gutes und den dafür verwendeten Faktor-einsätzen.

Schaubild 13-2
**Produktionsfunk-
tion der Keksfabrik.**
Eine Produktions-funktion zeigt den Zusammenhang zwi-schen Faktoreinsatz und Produktions-menge. Hier ist die Anzahl beschäftigter Arbeitskräfte (waage-rechte Achse) aus der ersten Spalte der Tabelle 13-1 entnom-men, und die Pro-duktmenge (senk-rechte Achse) stammt aus der zweiten Spalte. Die Kurve der Produktionsfunktion verläuft bei höherem Arbeitseinsatz fla-cher, woraus man die Abnahme des Grenz-produkts ersieht.

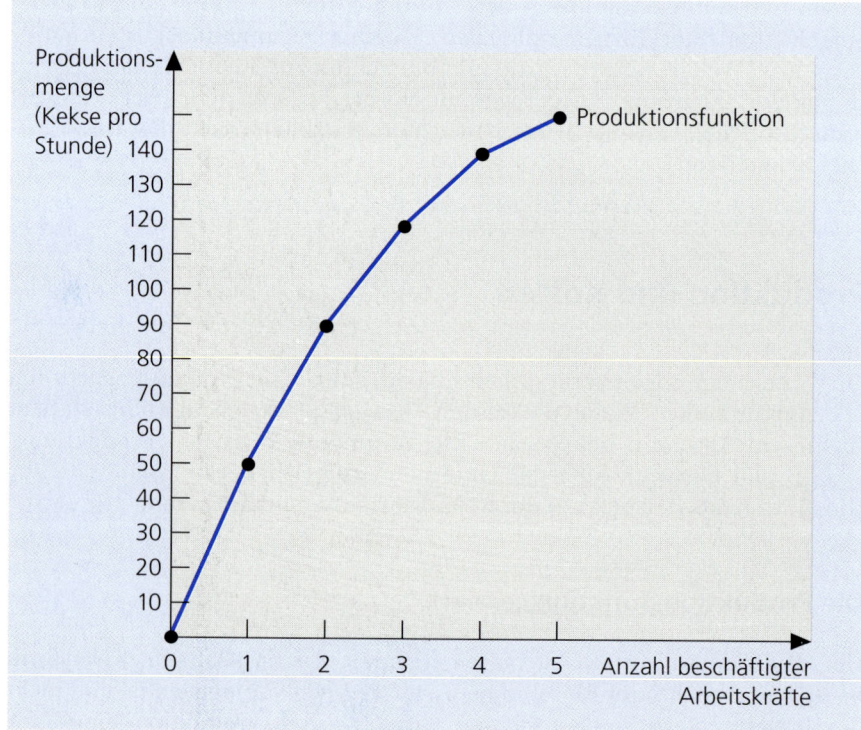

über den Arbeitskräfteeinsatz und den Produktionsausstoß entscheiden. Als einen Schritt in diese Richtung haben wir das Grenzprodukt der Arbeit in der dritten Tabellenspalte. Das **Grenzprodukt** irgend eines Faktoreinsatzes in der Produktion ist der Zuwachs an Produktmenge, den man durch eine zusätzliche Einheit des Inputs erhält. Wenn die Anzahl der Arbeitskräfte von 1 auf 2 ansteigt, nimmt die Keksproduktion von 50 auf 90 Stück zu. Das Grenzprodukt des zweiten Arbeiters beträgt 40 Stück (pro Arbeitskraft). Und wenn die Zahl der Arbeitskräfte nochmals von 2 auf 3 ansteigt, erhöht sich der Keks-Output von 90 auf 120 Stück. Das Grenzprodukt der dritten Arbeitskraft beträgt also 30 Stück (pro Person).

Beim vorliegenden Beispielfall ist zu bemerken, daß das Grenzprodukt der Arbeit nach und nach abnimmt, wenn die Anzahl der eingesetzten Arbeitskräfte ansteigt. Der zweite Arbeiter hat ein Grenzprodukt von 40 Keksen, der dritte eines von 30 Keksen und auf die vierte Arbeitskraft entfällt nur noch ein Grenzprodukt von 20 Keksen. **»Abnehmendes Grenzprodukt«** lautet diese Eigenschaft der Produktionsfunktion. Zuerst, wenn nur wenige Arbeitskräfte in der Keksfabrik »schaffen«, haben sie viel Bewegungsspielraum und leichten Zugang zu den Maschinen. Nach und nach kommt es bei weiteren Einstellungen zu drangvoller Enge und schließlich zu gegenseitiger Behinderung der Arbeitskräfte. So trägt jede zusätzliche Arbeitskraft immer weniger zur Steigerung der Keksproduktion bei.

Man sieht die Abnahme des Grenzprodukts ganz deutlich im Schaubild 13-2. Die Steigung der Produktionsfunktion (Zunahme der Produktmenge je Einheitsschritt der Inputsteigerung) informiert über die Outputänderung in der Keksfabrik je zusätzlichem Faktoreinsatz an Arbeit. Die Steigung der Produktionsfunktion mißt das Grenzprodukt der Arbeit. Mit zunehmendem Arbeitskräfteeinsatz sinkt das Grenzprodukt der Arbeit und die Kurve wird flacher.

Grenzprodukt
Der Zuwachs an Produktmenge, den man durch eine zusätzliche Einheit an Faktoreinsatz erzielt.

Abnehmendes Grenzprodukt
Eine Eigenschaft der Produktionsfunktion, so daß die Zunahme der Produktmenge mit zunehmender Menge an Faktoreinsatz kleiner wird.

Von der Produktionsfunktion zur Kostenkurve

Die letzten drei Spalten der Tabelle 13-1 zeigen die Produktionskosten der Keksfabrikation. Im gewählten Beispiel betragen die Kosten der Fabrikanlage DM 30,– pro Stunde und die Kosten einer Arbeitskraft DM 10,– pro Stunde. Wird mit einem ersten Beschäftigten die Produktion aufgenommen, so belaufen sich die Gesamtkosten auf DM 40,–. Werden zwei Arbeitskräfte beschäftigt, ergeben sich Gesamtkosten von DM 50,–. Usw., usf.... Die Informationen der Tabelle 13-1 legen offen, wie die Anzahl der in der Keksproduktion beschäftigten Arbeitskräfte mit der Produktionsmenge an Keksen und mit den Gesamtkosten funktional verknüpft ist.

In den nächsten Abschnitten geht es darum, die Produktions- und Preisentscheidungen der Unternehmung zu erörtern. Für diesen Zweck ist die wichtigste Beziehung der Tabelle 13-1 diejenige zwischen der Produktionsmenge (zweite Spalte) und den Gesamtkosten (sechste Spalte). Die zeichnerische Wiedergabe der beiden Zahlenreihen führt zur *Gesamtkostenkurve* im Schaubild 13-3, wobei die Produktionsmenge auf der waagerechten und die Kosten auf der senkrechten Achse abgetragen sind.

Mit zunehmender Produktionsmenge wird die gezeichnete Kostenkurve steiler. Dabei spiegelt der Verlauf der Kostenkurve des Schaubildes 13-3 in ganz bestimmter Weise den Verlauf der Produktionsfunktion des Schaubildes 13-2. Sobald immer mehr Arbeitskräfte in den Betriebsräumen der Keksfabrik herumhantieren (und schließlich auch herumstehen), trägt der zuletzt hinzukommende Arbeiter weniger zur Produktionsmenge bei, und diese Eigenschaft abnehmenden Grenzprodukts der Produktionsfunktion äußert sich in einer Abflachung der Kurve bei steigendem Arbeitseinsatz. Doch nun die umgekehrte Logik: Wenn man eine große Menge an Keksen produziert, muß man sehr viele Arbeitskräfte eingestellt haben. Da bei unveränderter Fabrikanlage jedoch eine gewisse Enge besteht und entsteht, wird die Herstellung eines zusätzlichen Kekses teuer. So nimmt die Ge-

Schaubild 13-3
Gesamtkostenkurve der Keksfabrik. Eine Gesamtkostenkurve zeigt den Zusammenhang zwischen der Produktionsmenge und den Gesamtkosten dieser Produktionsmenge. Die Zahlenangaben zur Zeichnung (Produktionsmenge auf der waagerechten Achse und Kosten auf der senkrechten Achse) stammen aus der Tabelle 13-1 (zweite und sechste Spalte). Wegen der Abnahme des Grenzprodukts wird die Kostenkurve bei größeren Produktionsmengen steiler.

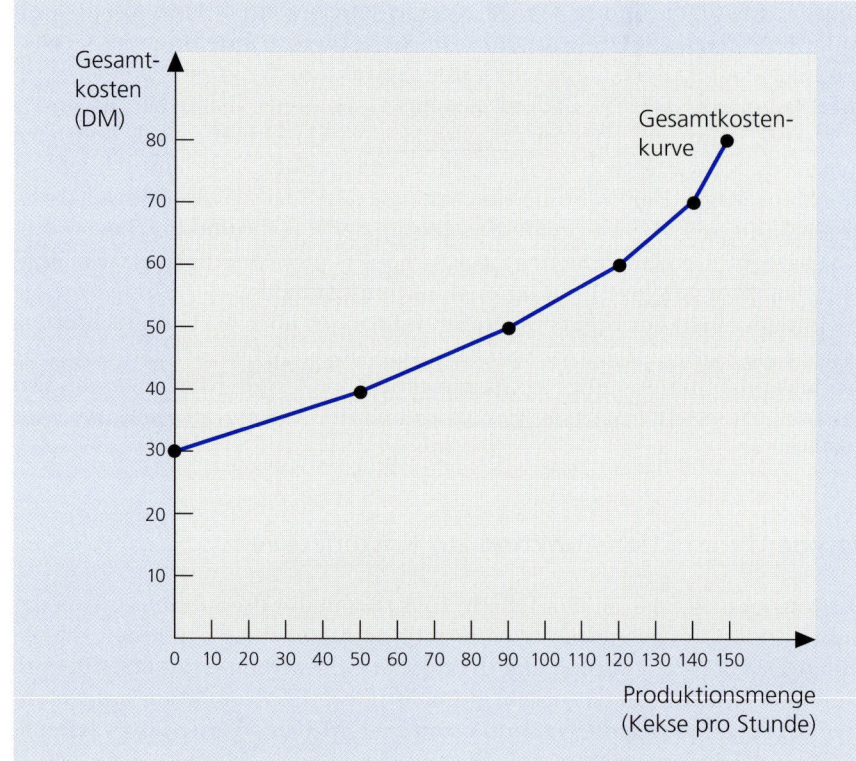

samtkostenkurve mit wachsender Produktionsmenge einen steileren Verlauf.

Schnelltest

Wenn Bauer Alfred nichts sät oder pflanzt, wird er nichts ernten. Wenn er 1 Zentner Weizen sät, wird er auf seinem Ackerland 3 Zentner ernten. Sät er 2 Zentner, bekommt er bei der Ernte 5 Zentner Weizen. Bei 3 Zentnern Saatgut wachsen 6 Zentner. Ein Zentner Saatweizen kostet ihn DM 100,–, und dies sind seine einzigen expliziten Kosten. Fertigen Sie aus den Zahlenangaben Zeichnungen für die Produktionsfunktion und für die Gesamtkostenkurve an. Erläutern Sie die Kurvenverläufe.

Verschiedene Definitionen von Kosten

Für das Beispiel der Keksfabrikation ist der Zusammenhang von Produktionsfunktion und Kostenfunktion geklärt. Aus den Zahlenangaben für die Gesamtkosten der Unternehmung kann man mehrere verwandte Definitionen und Kostenausdrücke erschließen, die sich bei verschiedenen Fragen zu Produktions- und Preisentscheidungen als nützlich erweisen. Wir betrachten das Beispiel der Tabelle 13-2, um den Zusammenhang der Kostendefinitionen leicht zu verstehen. Die Daten der Tabelle stammen annahmegemäß von einem Nachbarn des Keksfabrikanten, der Limonade herstellt und verkauft.

Menge an Limonade (Gläser pro Stunde)	Gesamtkosten (DM)	Fixe Kosten (DM)	Variable Kosten (DM)	Durchschnittliche fixe Kosten (DM)	Durchschnittliche variable Kosten (DM)	Durchschnittliche Gesamtkosten (DM)	Grenzkosten (DM)
0	3,00	3,00	0,00	–	–	–	–
1	3,30	3,00	0,30	3,00	0,30	3,30	0,30
2	3,80	3,00	0,80	1,50	0,40	1,90	0,50
3	4,50	3,00	1,50	1,00	0,50	1,50	0,70
4	5,40	3,00	2,40	0,75	0,60	1,35	0,90
5	6,50	3,00	3,50	0,60	0,70	1,30	1,10
6	7,80	3,00	4,80	0,50	0,80	1,30	1,30
7	9,30	3,00	6,30	0,43	0,90	1,33	1,50
8	11,00	3,00	8,00	0,38	1,00	1,38	1,70
9	12,90	3,00	9,90	0,33	1,10	1,43	1,90
10	15,00	3,00	12,00	0,30	1,20	1,50	2,10

Tabelle 13-2
Verschiedene Kostengrößen eines Limonadenherstellers

Die erste Spalte der Tabelle zeigt die möglichen Produktionsmengen an Gläsern Limonade pro Stunde. Die zweite Spalte weist die Gesamtkosten der Limonadenherstellung aus. Im Schaubild 13-4 finden sich die Produktionsmengen der ersten Tabellenspalte auf der waagerechten Achse und die Gesamtkosten der zweiten Tabellenspalte auf der senkrechten Achse. Die Gesamtkostenkurve der Limonadenherstellung verläuft ganz ähnlich wie die Gesamtkostenkurve der Keksproduktion. Insbesondere nehmen die Steigungen der Kostenkurven wegen der abnehmenden Grenzprodukte zu.

Fixe und variable Kosten

Die Gesamtkosten können in zwei Komponenten aufgespalten werden. Einige der Kosten, man nennt sie **fixe Kosten**, verändern sich nicht mit der hergestellten Produktmenge. Dazu gehören beim Limonadenfabrikanten z.B. die Mietausgaben für die Geschäftsräume und das Gehalt für den Buchhalter. Beide Kostenarten sind unabhängig von der Produktionsmenge. Die fixen Kosten sind in der dritten Spalte von Tabelle 13-2 mit DM 3,– pro Stunde angegeben.

Fixe Kosten
Kosten, die sich nicht mit der Produktionsmenge verändern.

Schaubild 13-4
Gesamtkostenkurve des Limonadenherstellers. Die Produktionsmenge (waagerechte Achse) ist der ersten Spalte der Tabelle 13-2 entnommen, die Gesamtkosten (senkrechte Achse) stammen aus der zweiten Spalte. Wie im Schaubild 13-3 nimmt die Steigung der Kostenkurve mit zunehmender Produktionsmenge zu, weil sich die Abnahme des Grenzprodukts auswirkt.

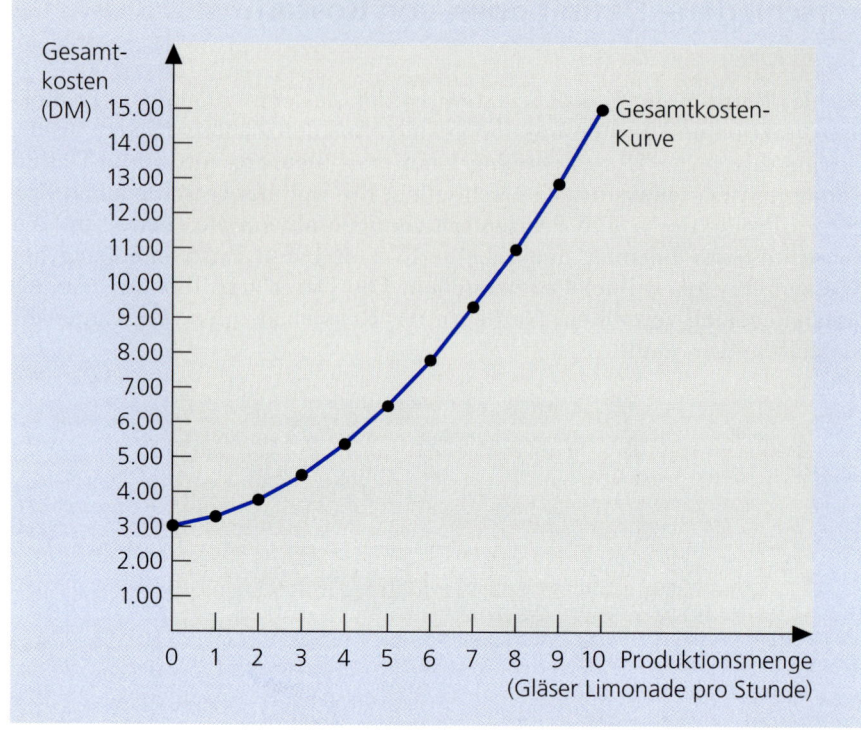

Variable Kosten
Kosten, die mit der Produktionsmenge variieren.

Andere Arten von Kosten, man nennt sie **variable Kosten**, verändern sich mit Änderungen der hergestellten Produktmenge. Dazu gehören im Beispiel der Limonadenherstellung etwa Zitronen und Zucker, von denen man um so mehr benötigt, je mehr Limonade hergestellt wird. Ähnlich ist es mit den Arbeitslöhnen in der Produktion; sie gehören zu den mit der Produktionsmenge variierenden Kosten. Die variablen Kosten sind in der vierten Spalte von Tabelle 13-2 aufgelistet. Sie betragen 0 DM bei der Produktionsmenge 0, sodann DM 0,30 für 1 Glas, DM 0,80 für 2 Gläser pro Stunde usw..

Die Gesamtkosten einer Unternehmung bestehen aus den fixen und den variablen Kosten. Man kann dies anhand der Tabelle 13-2 nachprüfen: Die Gesamtkosten der zweiten Spalte sind gleich den Fixkosten der dritten Spalte und den variablen Kosten der vierten Spalte.

Durchschnittliche Kosten und Grenzkosten

Der Inhaber der Limonadenfabrik entscheidet, welche Menge produziert wird. Wesentlich zu wissen ist dabei, wie sich die Kosten in Abhängigkeit vom Produktionsniveau verändern. Deshalb wird der Unternehmer vor der Entscheidung etwa folgende Fragen an seinen Produktionsleiter richten:
- Wieviel kostet es im Durchschnitt, ein »typisches« Glas Limonade herzustellen?

- Wieviel kostet es, die Limonadenproduktion um ein weiteres Glas auszudehnen?

Obwohl man meinen könnte, die Fragen sind gleich zu beantworten, trifft dies nicht zu. Beide Antworten sind verschieden und auf unterschiedliche Weise wichtig für die unternehmerischen Produktionsentscheidungen.

Um die Kosten der typischen, durchschnittlichen Produkteinheit herauszufinden, dividiert man die Gesamtkosten durch die hergestellte Menge. Wenn die Unternehmung z.B. 2 Gläser Limonade pro Stunde herstellt, betragen die Gesamtkosten DM 3,80 und die Durchschnittskosten DM 1,90. Gesamtkosten dividiert durch Produktmenge ergeben die **durchschnittlichen Gesamtkosten oder Durchschnittskosten**. Da sich die Gesamtkosten aus den fixen und den variablen Kosten zusammensetzen, kann man auch die durchschnittlichen Gesamtkosten als Summe der durchschnittlichen fixen Kosten und der durchschnittlichen variablen Kosten auffassen. **Durchschnittliche fixe Kosten** sind die fixen Kosten dividiert durch die Produktionsmenge, **durchschnittliche variable Kosten** sind entsprechend die variablen Kosten geteilt durch die hergestellte Erzeugnismenge.

Obwohl die durchschnittlichen Gesamtkosten über die Kosten der typischen Produkteinheit informieren, sagen sie nichts darüber aus, um wieviel sich die Gesamtkosten verändern, wenn das Produktionsniveau von einer bestimmten Höhe aus verändert wird. Die letzte Spalte der Tabelle 13-2 zeigt die Beträge an, die mit der Produktionsausdehnung um eine Einheit verbunden sind. Dabei handelt es sich um die sogenannten **Grenzkosten**. Wird die Limonadenproduktion z.B. von 2 auf 3 Gläser pro Stunde erhöht, so steigen die Gesamtkosten von DM 3,80 auf DM 4,50, so daß sich die Grenzkosten für das dritte Glas auf DM 0,70 belaufen.

Man kann die Definitionen mit ein wenig Mathematik präzisieren. Wenn man Q für die Menge, K für die Gesamtkosten, DK für die durchschnittlichen Gesamtkosten und GK für die Grenzkosten setzt, so kann man schreiben:

$$DK = \text{Gesamtkosten/Menge} = K/Q$$

sowie

$$GK = (\text{Änderung der Gesamtkosten})/(\text{Änderung der Menge}) = \Delta K/\Delta Q$$

Dabei steht das große griechische Delta Δ für Veränderungen oder »Differenzen« einer Variablen. Die Gleichungen zeigen, wie Durchschnittskosten und Grenzkosten von den Gesamtkosten her berechnet werden.

Im nächsten Kapitel werden wir noch sehen, wie gut der Limonadenhersteller die Begriffe der Durchschnittskosten und der Grenzkosten bei seiner Entscheidung über die Produktionsmenge anwenden kann. Denken Sie aber daran, daß mit den Begriffen keine neuen Informationen über die Produktionskosten anfallen. Die in den Gesamtkosten bereits enthaltenen Informationen werden lediglich auf eine neue Art und Weise ausgedrückt. *Die durchschnittlichen Gesamtkosten oder Durchschnittskosten (DK) drücken die Kosten der typischen Erzeugniseinheit aus, wenn man die Gesamtkosten (K) gleichmäßig durch alle Produkteinheiten (Q) dividiert. Die Grenzkosten (GK) stellen den Anstieg der Gesamtkosten für die Produktion einer zusätzlichen Einheit ($\Delta K/1$) dar.*

Durchschnittliche Gesamtkosten, Durchschnittskosten (DK) Gesamtkosten dividiert durch die hergestellte Produktmenge.

Durchschnittliche fixe Kosten (DFK) Fixe Kosten dividiert durch die hergestellte Produktmenge.

Durchschnittliche variable Kosten (DVK) Variable Kosten dividiert durch die hergestellte Produktmenge.

Grenzkosten (GK) Zunahme der Gesamtkosten für die Herstellung einer zusätzlichen Produkteinheit.

Kostenkurven und ihre Verläufe

So wie im vorausgegangenen Kapitel Angebots- und Nachfragekurven für die Untersuchung der Märkte sinnvoll waren, werden sich nun Kurven der Durchschnitts- und der Grenzkosten für die Analyse des unternehmerischen Verhaltens als nützlich erweisen. Nimmt man die Angaben der Kosten in der Tabelle 13-2, so kann man damit die Kostenkurven des Schaubildes 13-5 zeichnen. Die waagerechte Achse mißt die Produktionsmenge, die senkrechte Achse des Diagramms mißt Grenz- und Durchschnittskosten. Im Diagramm 13-5 sind vier Kurven zu sehen: Durchschnittliche Gesamtkosten (DK), durchschnittliche fixe Kosten (DFK), durchschnittliche variable Kosten (DVK) und Grenzkosten (GK).

Die Kostenkurven des Limonadenherstellers sind mit ihrem Verlauf repräsentativ für viele Unternehmungen einer Volkswirtschaft. Schauen wir uns drei Eigenschaften der Kurven genauer an: den Verlauf der Grenzkosten, den Verlauf der Durchschnittskosten und das Verhältnis von Grenz- und Durchschnittskosten.

Steigende Grenzkosten. Im gewählten Beispielfall der Limonadenherstellung steigen die Grenzkosten mit zunehmender Produktionsmenge an. Darin spiegelt sich der Umstand abnehmender Grenzprodukte. Bei der Herstellung einer kleinen Menge sind nur wenige Arbeitskräfte beschäftigt und Kapazitäten der Anlagen zum Großteil nicht ausgelastet. Da die brach-

Schaubild 13-5
Kurven der Durchschnittskosten und der Grenzkosten des Limonadenherstellers. Zu sehen sind die durchschnittlichen Gesamtkosten (DK), die durchschnittlichen fixen Kosten (DFK), die durchschnittlichen variablen Kosten (DVK) und die Grenzkosten (GK) für die Limonadenherstellung. Alle gezeichneten Kurven beruhen auf den Zahlenangaben der Tabelle 13-2. Die Kostenkurven weisen drei typische Merkmale auf: (1) Die Grenzkosten steigen mit zunehmender Produktionsmenge an. (2) Die Kurve der Durchschnittskosten verläuft u-förmig. (3) Die Grenzkostenkurve schneidet die Durchschnittskostenkurve in ihrem Minimum.

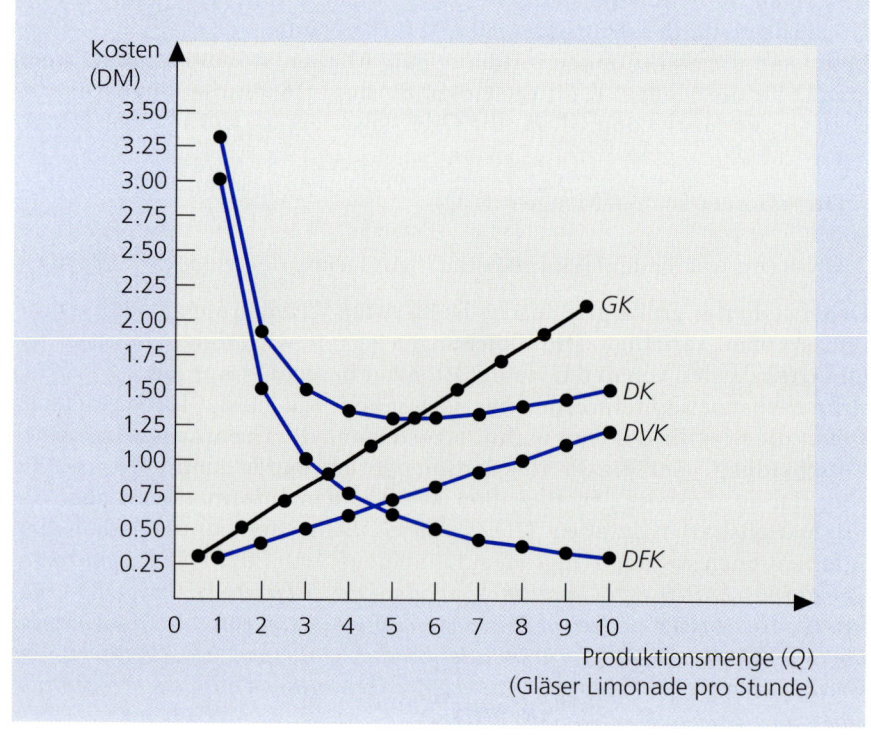

liegenden Ressourcen leicht eingesetzt werden können, erfolgt die Produktionsausdehnung mit vergleichsweise geringen Kosten. Wird jedoch eine sehr große Menge erzeugt, arbeiten zahlreiche Beschäftigte auf engem Raum und die Maschinen laufen auf Vollauslastung. Zwar kann die Produktion mit zusätzlichen Arbeitskräften weiter ausgedehnt werden, doch stehen sich die Beschäftigten bei Wartezeiten an den Maschinen zunehmend mehr im Wege. Deshalb wird die Herstellung eines zusätzlichen Glases Limonade bei bereits hohem Produktionsniveau mit hohen zusätzlichen Kosten verbunden sein.

U-förmiger Verlauf der Durchschnittskostenkurve. Die durchschnittlichen Gesamtkosten des Limonadenbeispiels ergeben einen u-förmigen Verlauf der Kurve. Man versteht dies sofort, wenn man die durchschnittlichen Gesamtkosten als Summe aus durchschnittlichen Fixkosten und durchschnittlichen variablen Kosten betrachtet. Die durchschnittlichen Fixkosten sinken mit zunehmender Produktion beständig, weil sich die Fixkosten auf eine immer größere Anzahl von Kostenträgern verteilen. Die durchschnittlichen variablen Kosten steigen mit zunehmender Produktionsausdehnung dann an, wenn – das soll als typisch gelten – das Grenzprodukt sinkt. Beides zusammen spiegelt sich in den Durchschnittskosten. Bei sehr niedrigem Produktionsniveau, sagen wir bei 1 Glas oder 2 Gläsern pro Stunde, sind die Durchschnittskosten wegen der Fixkosten hoch, die ganz wenige Produkteinheiten belasten. Danach sinken die Durchschnittskosten mit der weiteren Produktionsausdehnung ab – bis hin zur Produktion von 5 Gläsern Limonade pro Stunde und Durchschnittskosten von DM 1,30 pro Glas. Werden danach mehr als 6 Gläser produziert, so beginnen die Durchschnittskosten wieder anzusteigen, weil die variablen Durchschnittskosten vergleichsweise (zum Rückgang der fixen Durchschnittskosten) stark ansteigen.

Die Talsohle der U-Kurve durchschnittlicher Gesamtkosten liegt genau da, wo die Produktionsmenge die Durchschnittskosten minimiert. Diese Menge bezeichnet man auch als die **effiziente Produktmenge (effiziente Betriebsgröße)**. Sie wird auch als »Betriebsoptimum« bezeichnet. Für das Beispiel des Limonadenfabrikanten liegt die effiziente Betriebsgröße bei 5 oder 6 Gläsern Limonade pro Stunde. Wird mehr oder weniger als diese Menge produziert, steigen die Durchschnittskosten über das Minimum von DM 1,30 an.

Effiziente Produktmenge (effiziente Betriebsgröße) Betriebsoptimum
Produktionsmenge, die zur Minimierung der Durchschnittskosten führt.

Das Verhältnis von Grenzkosten und Durchschnittskosten

Wenn man das Schaubild 13-5 betrachtet (oder zur Tabelle 13-2 zurück blättert), erkennt man etwas zunächst Überraschendes. *Wo die Grenzkosten niedriger sind als die Durchschnittskosten, fallen die Durchschnittskosten. Wo die Grenzkosten höher sind als die Durchschnittskosten, steigen die Durchschnittskosten an.* Diese Kurveneigenschaft liegt nicht in dem gewählten Zahlenbeispiel begründet. Sie gilt für alle Unternehmungen mit abnehmendem Grenzprodukt.

Das Verhältnis von Grenzkosten und Durchschnittskosten hat eine bedeutsame Kehrseite: *Die Grenzkostenkurve schneidet die Durchschnittskostenkurve bei der effizienten Produktmenge.* Warum? Bei niedrigen Produktionsmengen liegen die Grenzkosten unter den Durchschnittskosten, so daß die Durchschnittskosten fallen. Doch nach dem Schnittpunkt der beiden Kurven steigen die Grenzkosten über die Durchschnittskosten an. Aus dem eben erörterten Grund müssen die Durchschnittskosten mit zunehmender Produktion ab hier ansteigen. Der Schnittpunkt ist daher das Minimum der Durchschnittskosten. Bei der Untersuchung konkurrierender Unternehmungen, um die es im nächsten Kapitel geht, spielt dieses Minimum der Durchschnittskosten eine besondere Rolle.

Typische Kostenkurven

In den bisher verwendeten Beispielen weisen die Produktionsprozesse der Unternehmungen durchgängig abnehmende Grenzprodukte und deshalb steigende Grenzkosten auf. In vielen Unternehmungen jedoch treten abnehmende Grenzprodukte nicht gleich ab der ersten Beschäftigtenstunde auf. Je nach den besonderen Umständen können beim zweiten und dritten Beschäftigten höhere Grenzprodukte als beim ersten Beschäftigten anfallen. Vielleicht ist ja ein kleines Team gut für die Arbeitsteilung und für eine Produktivitätssteigerung. Solche Unternehmungen verzeichnen bei der Produktionsausdehnung erst steigende und dann sinkende Grenzprodukte.

Für solch eine Unternehmung – den Brezel-Bäcker Paul – gilt das Zahlenbeispiel der Kosten-Tabelle 13-3. Die Zeichnungen zur Tabelle bringt das Schaubild 13-6. Diagramm a) zeigt, wie die Gesamtkosten (K) von der produzierten Menge abhängen, und Diagramm b) illustriert den Verlauf

Tabelle 13-3
Kosten des Brezel-Bäckers Paul (in DM)

Brezel-Menge (pro Stunde)	Gesamt-kosten (K)	Fixe Kosten (FK)	Variable Kosten (VK)	Durch-schnittliche fixe Kosten (DFK)	Durch-schnittliche variable Kosten (DVK)	Durch-schnittliche Gesamtko-sten (DK)	Grenz-kosten (GK)
0	2,00	2,00	0,00	–	–	–	–
1	3,00	2,00	1,00	2,00	1,00	3,00	1,00
2	3,80	2,00	1,80	1,00	0,90	1,90	0,80
3	4,40	2,00	2,40	0,67	0,80	1,47	0,60
4	4,80	2,00	2,80	0,50	0,70	1,20	0,40
5	5,20	2,00	3,20	0,40	0,64	1,04	0,40
6	5,80	2,00	3,80	0,33	0,63	0,96	0,60
7	6,60	2,00	4,60	0,29	0,66	0,95	0,80
8	7,60	2,00	5,60	0,25	0,70	0,95	1,00
9	8,80	2,00	6,80	0,22	0,76	0,98	1,20
10	10,20	2,00	8,20	0,20	0,82	1,02	1,40
11	11,80	2,00	9,80	0,18	0,89	1,07	1,60
12	13,60	2,00	11,60	0,17	0,97	1,14	1,80
13	15,60	2,00	13,60	0,15	1,05	1,20	2,00
14	17,80	2,00	15,80	0,14	1,13	1,27	2,20

a) Gesamtkostenkurve

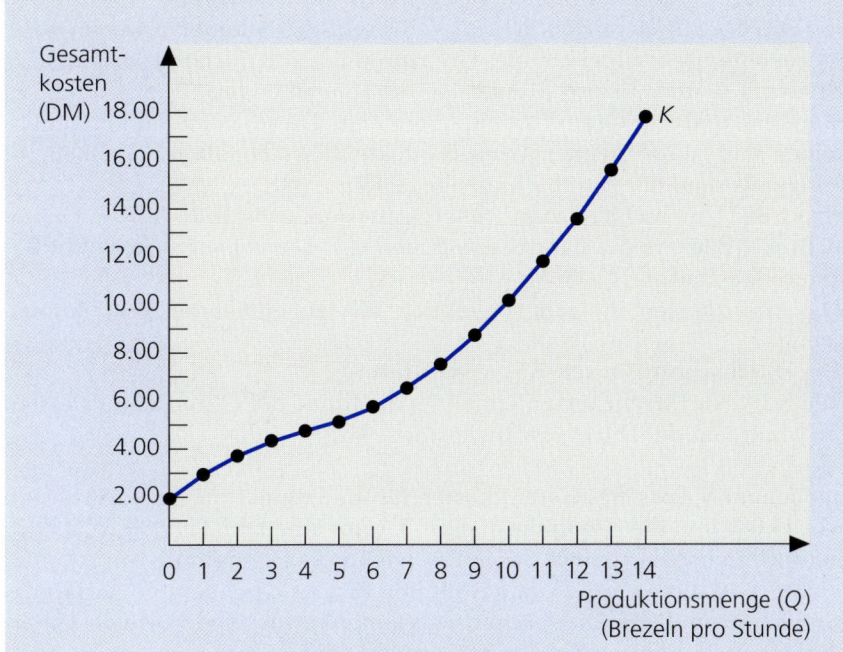

Schaubild 13-6
**Kostenkurven des
Brezel-Bäckers Paul.**
Viele Unternehmun-
gen haben wie Paul
erst ansteigende und
dann rückläufige
Grenzprodukte und
deshalb die hier
gezeichneten Kosten-
kurven. Diagramm a)
zeigt, wie die
Gesamtkosten (K)
von der produzierten
Menge abhängen,
Diagramm b) legt die
zugehörigen anderen
Kostenkurven offen
(Durchschnittskosten
DK, durchschnittli-
che fixe Kosten DFK,
durchschnittliche
variable Kosten DVK
und Grenzkosten
GK). Den Zeichnun-
gen liegen die Daten
der Tabelle 13-3 zu
Grunde.

b) Grenzkosten- und Durchschnittskostenkurven

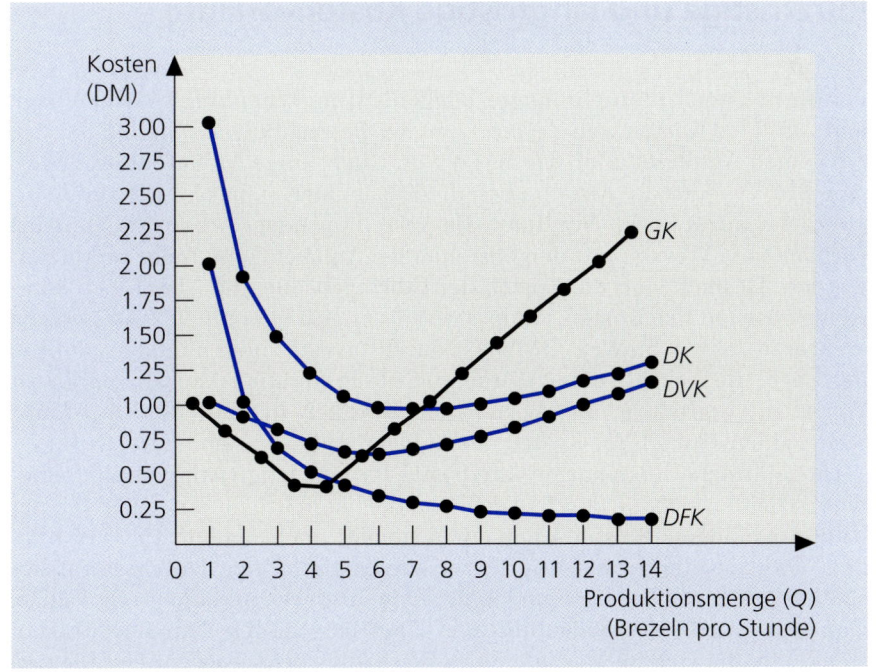

von durchschnittlichen Gesamtkosten (DK), durchschnittlichen fixen Kosten (DFK), durchschnittlichen variablen Kosten (DVK) und Grenzkosten (GK). Im Output-Bereich von 0 bis 4 Brezeln pro Stunde verzeichnet die Unternehmung ein zunehmendes Grenzprodukt, und die Grenzkostenkurve fällt. Nach 5 Brezeln pro Stunde ist ein abnehmendes Grenzprodukt zu bemerken, und die Grenzkostenkurve steigt. Diese Kombination zunehmender und abnehmender Grenzprodukte führt ebenfalls zu einem u-förmigen Verlauf der Durchschnittskostenkurve (DK).

Trotz der Unterschiede zum früheren Beispiel weisen die Kostenkurven des Brezel-Bäckers die bereits erwähnten und bemerkenswerten drei Besonderheiten auf:

- Die Grenzkosten steigen schließlich mit zunehmender Produktionsmenge.
- Die Durchschnittskosten-Kurve ist u-förmig.
- Die Kurve der Grenzkosten schneidet die Kurve der Durchschnittskosten im Minimum der Durchschnittskosten.

Schnelltest

Angenommen, Porsches Gesamtkosten für die Produktion von 4 Autos sind DM 225.000 und die Gesamtkosten für 5 Autos sind DM 250.000. Wie hoch sind die durchschnittlichen Gesamtkosten für die Herstellung von 5 Autos? Welches sind die Grenzkosten des fünften Pkw? – Zeichnen Sie die Grenzkostenkurve und die Durchschnittskostenkurve für eine normale Unternehmung, und erklären Sie den Schnittpunkt der Kurven.

Kurzfristige und langfristige Kostenverläufe

Für die meisten Unternehmungen hängt die Unterscheidung zwischen fixen und variablen Kosten vom Zeithorizont der Betrachtung ab. Stellen Sie sich z.B. einen Autohersteller wie BMW vor. Über einige Monate hinweg vermag BMW weder die Anzahl noch die Kapazitäten seiner Werke veränderten Zielen anzupassen. Nur durch die Anstellung neuer Arbeitskräfte in den vorhandenen Werken mit den bestehenden Anlagen kann mehr produziert werden. Deshalb sind die Kosten der Fabrikgebäude und Maschinen kurzfristig gesehen fixe Kosten. Anders verhält es sich über einen Zeitraum von mehreren Jahren hinweg. BMW ist durch Investitionen nun sehr wohl in der Lage, die Anzahl seiner Werke und die Produktionskapazitäten dieser Werke zu vergrößern oder bestehende Fabriken zu schließen. Auf lange Sicht zählen deshalb die Kosten der Anlagen zu den variablen Kosten.

Da zahlreiche Kostenarten kurzfristig fix und langfristig variabel sind, unterscheiden sich die kurzfristigen und die langfristigen Kostenkurven der Unternehmungen. Beispiele kann man anhand von Schaubild 13-7 erschließen. Das Schaubild präsentiert drei kurzfristig gültige Durchschnittskostenkurven, und zwar für eine kleine, eine mittlere und eine große Fabrik. Daneben enthält das Schaubild eine langfristig gültige Durchschnittskostenkurve, die sich im Verlaufe eines Wachstumsprozesses von der kleinen

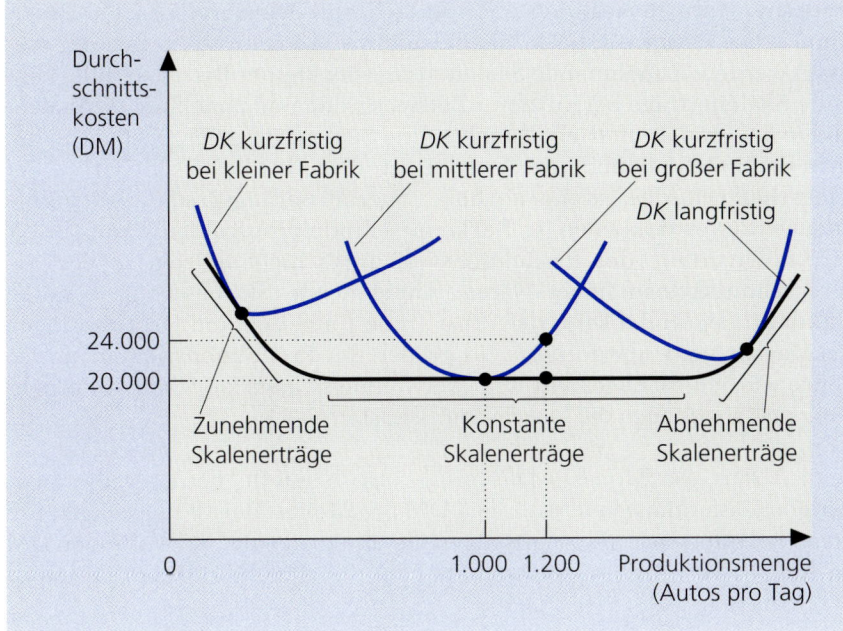

Schaubild 13-7
Langfristige und kurzfristige Durchschnittskosten. Da Fixkosten auf lange Sicht variabel sind, unterscheiden sich kurzfristige und langfristige Durchschnittskostenkurven.

zur großen Fabrik ergeben haben könnte. Der Bewegung der Unternehmung auf der langfristigen Kurve entspricht eine Anpassung der Produktionsanlagen und der Produktionskapazität.

Wie man aus der Graphik entnimmt, sind kurzfristige und langfristige Kurven systematisch verknüpft. Die langfristige Kurve der Durchschnittskosten bildet eine sehr viel flachere u-förmige Kurve als die kurzfristige Kurve der Durchschnittskosten. Im übrigen verläuft die langfristige Kurve unterhalb aller kurzfristig gültigen Kurven. Dies folgt aus der größeren Flexibilität, die Unternehmungen auf lange Sicht haben. Wenn BMW zu einem bestimmten Zeitpunkt die Tagesproduktion von 1.000 auf 1.200 Personenkraftwagen steigern möchte, hat die Unternehmung kurzfristig kaum eine andere Wahl, als in den vorhandenen Werken zusätzliche Arbeitskräfte zu beschäftigen. Wegen sinkender Grenzprodukte könnten dabei die durchschnittlichen Gesamtkosten von DM 20.000 auf DM 24.000 ansteigen. Langfristig jedoch wird BMW beides erweitern: die Fabrikanlagen und die Belegschaft. Dadurch wird man die Durchschnittskosten vielleicht bei DM 20.000 halten können.

Obwohl die langfristig gültige Kurve der Durchschnittskosten im Schaubild 13-7 flacher verläuft als die kurzfristig gültigen Kurven, bleibt die U-Form erhalten. Wenn die langfristigen Durchschnittskosten bei Ausdehnung der Betriebsgröße und der Produktionskapazität sinken, spricht man von **economies of scale** oder **zunehmenden Skalenerträgen**. **Abnehmende Skalenerträge** oder **diseconomies of scale** liegen vor, wenn die langfristigen Durchschnittskosten bei Erweiterungen der Betriebsgröße ansteigen. Sofern die langfristigen Durchschnittskosten nicht mit Betriebsgröße und Produktionskapazität variieren, gelten **konstante Skalenerträge**

Zunehmende Skalenerträge (economies of scale)
Rückgang der langfristigen Durchschnittskosten bei wachsender Betriebsgröße

Abnehmende Skalenerträge (diseconomies of scale)
Anstieg der langfristigen Durchschnittskosten bei wachsender Betriebsgröße

**Konstante Skalener-
träge (constant
returns to scale)**
Gleichbleiben der
langfristigen Durch-
schnittskosten bei
wachsender Betriebs-
größe

(constant returns to scale). Stellt man sich zum Schaubild 13-7 ein Unternehmenswachstum von BMW als Beispiel vor, so kann stichwortartig dies gesagt werden: Zunehmende Skalenerträge bei kleiner Betriebsgröße, konstante Skalenerträge bei mittlerer Betriebsgröße und abnehmende Skalenerträge bei großem Betrieb. Zunehmende Skalenerträge ergeben sich vielleicht dadurch, daß moderne Fertigungsstraßen eine bestimmte Größe der Belegschaft erfordern, wobei ein hoher Spezialisierungsgrad für bestimmte Aufgaben zu verwirklichen ist. Bei kleinen Produktionszahlen könnte BMW die Kostenvorteile des Produktionsverfahrens nicht nutzen, so daß die Durchschnittskosten höher wären. Abnehmende Skalenerträge könnten u. a. darin begründet sein, daß allzu große Einheiten und Organisationen das Management überfordern. Je größer die Produktionszahlen, um so größer würden Management und »Verwaltungswasserkopf« der Unternehmung und somit auch die Durchschnittskosten.

Schnelltest

Wenn Airbus pro Monat 9 Düsenflugzeuge herstellt, betragen die langfristigen Gesamtkosten 9 Millionen DM pro Monat. Bei 10 Flugzeugen pro Monat belaufen sich die langfristigen Gesamtkosten auf 9,5 Millionen DM pro Monat. Hat Airbus zunehmende oder abnehmende Skalenerträge zu verzeichnen?

Schlußfolgerung

Es ging im vorliegenden Kapitel darum, einige Werkzeuge zu entwickeln, mit denen man die Produktions- und Preisentscheidungen von Unternehmungen analysieren kann. Der Leser sollte nun den ökonomischen Begriff der *Kosten* kennen und wissen, wie die Kosten mit der Produktionsmenge variieren. Aus den Kostenkurven alleine sind keine unternehmerischen Entscheidungen abzuleiten. Sie sind jedoch, wie sich im nächstfolgenden Kapitel zeigen soll, eine wichtige Komponente der zu treffenden unternehmerischen Entscheidungen.

Zusammenfassung

- Das übergeordnete Unternehmensziel besteht darin, Gewinn zu erzielen und zu maximieren. Gewinn ist der Überschuß der Gesamterlöse über die Gesamtkosten.
- Alle Opportunitätskosten der Produktion sind zu veranschlagen, wenn man unternehmerische Entscheidungen untersucht. Einige der Opportunitätskosten – wie etwa die an Beschäftigte bezahlten Löhne und Gehälter – sind explizite Kosten. Einige andere Opportunitätskosten – etwa der Einkommensverzicht des Unternehmers aus anderer Betätigung – sind implizite Kosten.

- Die Kosten der Unternehmung spiegeln den Produktionsprozeß. Die Produktionsfunktion flacht bei zunehmender Produktionsmenge normalerweise ab. Darin zeigt sich die Abnahme des Grenzprodukts. Sie begründet zunehmende Grenzkosten und einen immer steileren Verlauf der Gesamtkostenkurve.
- Die Gesamtkosten einer Unternehmung setzen sich aus fixen Kosten und variablen Kosten zusammen. Fixe Kosten liegen dann vor, wenn sie durch die Änderung der Produktionsmenge nicht beeinflußt werden. Variable Kosten variieren dagegen mit Änderungen der Produktionsmenge.
- Aus den Gesamtkosten der Unternehmung leitet man zwei eng verwandte Kostengrößen ab: Erstens die Durchschnittskosten als Kosten dividiert durch Produktmenge. Zweitens die Grenzkosten als Anstieg der Gesamtkosten bei Ausdehnung der Produktmenge um eine Einheit.
- Für die Untersuchung des unternehmerischen Verhaltens ist es oft zweckmäßig, die Kurven der Durchschnittskosten und der Grenzkosten zu zeichnen. Die Grenzkosten steigen im Normalfall bei steigender Produktionsmenge. Die Durchschnittskosten fallen zunächst und steigen im weiteren Verlauf der Produktionsausdehnung. Die Grenzkostenkurve schneidet die Kurve der Durchschnittskosten in ihrem Minimum.
- Die Kosten hängen oft vom Zeithorizont der Betrachtung ab. Zahlreiche Kostenarten sind kurzfristig fix und langfristig variabel. Deshalb kann es sein, daß die Durchschnittskosten mit einer Produktionsausdehnung kurzfristig stärker ansteigen als langfristig.

Begriff	Verbale Definition	Variablen
Explizite Kosten	Kosten, die unternehmerische Geldausgaben erfordern	–
Implizite Kosten	Kosten, die keine unternehmerischen Geldausgaben erfordern	–
Fixe Kosten	Kosten, die nicht mit der Produktmenge variieren	FK
Variable Kosten	Kosten, die mit der Produktmenge variieren	VK
Gesamtkosten	Marktwert aller Inputs einer Unternehmung für die Produktion	$K = FK + VK$
Durchschnittliche fixe Kosten	Fixkosten je Produkteinheit	$DFK = FK/Q$
Durchschnittliche variable Kosten	Variable Kosten je Produkteinheit	$DVK = VK/Q$
Durchschnittliche Gesamtkosten	Kosten je Produkteinheit	$DK = K/Q$
Grenzkosten	Zusätzliche Kosten je zusätzlicher Produkteinheit	$GK = \Delta K/\Delta Q$

Tabelle 13-4
Kostenbegriffe: Zusammenfassende Übersicht

Stichworte

Erlös, Gesamterlöse	durchschnittliche fixe Kosten
Kosten, Gesamtkosten	durchschnittliche variable Kosten
Gewinn	Grenzkosten
Produktionsfunktion	zunehmende Skalenerträge
Grenzprodukt	(economies of scale)
sinkendes Grenzprodukt	abnehmende Skalenerträge
fixe Kosten	(diseconomies of scale)
variable Kosten	konstante Skalenerträge
durchschnittliche Gesamtkosten	(constant returns to scale)

Wiederholungsfragen

1. Welcher Zusammenhang besteht zwischen den Erlösen, dem Gewinn und den Kosten einer Unternehmung?
2. Bilden Sie ein Beispiel für Opportunitätskosten, die ein Buchhalter nicht als Kosten rechnet. Warum wird der Buchhalter diese Kosten außer acht lassen?
3. Definieren Sie Gesamtkosten, durchschnittliche Gesamtkosten und Grenzkosten. Wie hängen die Begriffe zusammen?
4. Zeichnen Sie die Kurven der Grenzkosten und der Durchschnittskosten für eine typische, normale Unternehmung. Geben Sie Erklärungen zu den Verlaufsformen und zum Schnittpunkt der Kurven.
5. Inwiefern und warum unterscheiden sich kurzfristige und langfristige Durchschnittskosten-Kurven einer Unternehmung?

Aufgaben und Anwendungen

1. Mehrere Kostenbegriffe wurden bisher verwendet: Opportunitätskosten, Gesamtkosten, Fixkosten, variable Kosten, durchschnittliche Gesamtkosten oder Durchschnittskosten, Grenzkosten. Ergänzen Sie bitte die nachfolgenden Sätze mit den passenden Begriffen:
   a) Die wahren Kosten einer Aktivität sind die ....
   b) Die .... fallen, wenn die Grenzkosten darunter liegen, und steigen, wenn die Grenzkosten höher sind.
   c) Eine von der Produktionsmenge unbeeinflußte Kostenart gehört zu den ....
   d) Bei der Speiseeiserzeugung enthalten .... kurzfristig die Kosten für Zucker und Milch, aber nicht Gebäude- und Maschinenkosten.
   e) Der Gewinn ist gleich den Gesamterlösen minus ....

f) Die Kosten der Herstellung einer zusätzlichen Produkteinheit nennt man ....

2. Ihre Tante trägt sich mit dem Gedanken, ein Geschäft für PC-Hardware zu eröffnen. Sie schätzt, daß sie pro Jahr DM 500.000,– haben muß, um die Geschäftsräume anzumieten und den Warenbestand zu halten. Dabei müßte sie ihre Stelle als Buchhalterin mit einem Jahresgehalt von DM 50.000,– aufgeben.

   a) Definieren Sie den Begriff der Opportunitätskosten.

   b) Wie hoch sind die Opportunitätskosten Ihrer Tante für den Betrieb des PC-Ladens? Sollte Ihre Tante das Geschäft eröffnen, wenn der Jahresumsatz mit DM 510.000,– prognostiziert wird?

3. Ein professioneller Fischer stellt den folgenden Zusammenhang zwischen der Fangmenge und der beim Fischen verbrachten Zeit fest:

Stunden	Fangmenge an Fischen (Kilogramm)
0	0
1	10
2	18
3	24
4	28
5	30

   a) Wie hoch ist das Grenzprodukt einer aufgewandten Stunde?

   b) Fertigen Sie eine Zeichnung zur Produktionsfunktion des Fischers an und erklären Sie die Verlaufsform.

   c) Der Fischer hat fixe Kosten von DM 20,– und Opportunitätskosten von DM 10,– pro Stunde. Wie sieht die Gesamtkostenkurve aus?

4. Studieren Sie die nachfolgenden Informationen zu den Kosten einer Pizzeria:

Q (Dutzend Stück)	Gesamtkosten (DM)	Variable Kosten (DM)
0	300	0
1	350	50
2	390	90
3	420	120
4	450	150
5	490	190
6	540	240

   a) Wie hoch sind die fixen Kosten der Pizzeria?

   b) Entwerfen Sie eine Tabelle, in der Sie nach den Zahlenangaben die Grenzkosten pro Dutzend kalkulieren. Geben Sie Erläuterungen dazu.

5. Ihrer Base Bärbel gehört ein Malergeschäft mit fixen Kosten von insgesamt DM 200,– und diesen variablen Kosten:

	Gemalerte Wohnungen pro Monat						
	1	2	3	4	5	6	7
Variable Kosten (DM)	10,–	20,–	40,–	80,–	160,–	320,–	640,–

Berechnen Sie bitte die durchschnittlichen fixen Kosten, die durchschnittlichen variablen Kosten und die durchschnittlichen Gesamtkosten für jede Produktionsmenge. Welches ist die effiziente Betriebsgröße des Malergeschäfts?

6. Eine Naturkost-Bar hat folgende Kosten für ihre großen Mixgetränke:

Q (Anzahl Mixgetränke)	Variable Kosten (DM)	Gesamtkosten (DM)
0	0	30
1	10	40
2	25	55
3	45	75
4	70	100
5	100	130
6	135	165

a) Berechnen Sie durchschnittliche variable Kosten, durchschnittliche Gesamtkosten und Grenzkosten für jede Menge.

b) Zeichnen Sie bitte alle drei Kurven. Wie ist der Zusammenhang zwischen der Grenzkosten-Kurve und der Durchschnittskosten-Kurve, zwischen der Kurve der Grenzkosten und der Kurve der durchschnittlichen variablen Kosten? Erläutern Sie die Sachverhalte.

7. Betrachten Sie die folgende Tabelle der langfristigen Gesamtkosten von drei Unternehmungen:

Mengen	1	2	3	4	5	6	7
Firma A	60 DM	70 DM	80 DM	90 DM	100 DM	110 DM	120 DM
Firma B	11 DM	24 DM	39 DM	56 DM	75 DM	96 DM	119 DM
Firma C	21 DM	34 DM	49 DM	66 DM	85 DM	106 DM	129 DM

Sind bei jeder der drei Unternehmungen zunehmende oder abnehmende Skalenerträge festzustellen?

Unternehmungen in Märkten mit Wettbewerb
Kapitel 14

In diesem Kapitel werden Sie

- lernen, was einen Konkurrenz- oder Wettbewerbsmarkt charakterisiert,
- verstehen, wie Unternehmungen im Wettbewerb über die Höhe der Produktionsmenge entscheiden,
- überlegen, unter welchen Bedingungen sich Unternehmungen im Wettbewerb zeitweilig für eine Betriebsstillegung entscheiden,
- die Entscheidungen für den Markteintritt und den Marktaustritt der Unternehmung nachvollziehen,
- einsehen, inwiefern unternehmerisches Verhalten die kurzfristige und die langfristige Angebotskurve eines Marktes bestimmt.

Sofern Ihre Tankstelle am Ort den Preis für Super- oder Normalbenzin um 20% erhöhte, würde sie einen kräftigen Rückgang des Umsatzes erfahren. Die Kunden hätten nämlich zahlreiche andere Tankstellen in der Umgebung zur Auswahl, und viele würden sofort anderswo einkaufen. Nicht annähernd so deutlich und rasch könnten die Kunden reagieren, wenn die Stadtwerke den Trinkwasserpreis um 20% heraufsetzen. Die Leute würden weniger oft den Rasen sprengen, effizientere Duschköpfe einbauen; sie hätten jedoch erhebliche Mühen, durch Verbrauchseinschränkungen die nachgefragte Wassermenge zu senken. Der Unterschied zwischen dem Benzinmarkt und dem Wassermarkt ist ganz offensichtlich: Es gibt für die Bürger einer Stadt zahlreiche Benzin-Anbieter, jedoch nur einen Wasser-Anbieter. Wie Sie ganz richtig vermuten, prägt der Unterschied der Marktstruktur die Mengen- und Preisentscheidungen der Marktteilnehmer.

Im vorliegenden Kapitel untersuchen wir das Verhalten von Unternehmungen im Wettbewerb, wie z.B. der erwähnten Tankstellen. Sie erinnern sich daran, daß ein Konkurrenzmarkt vorliegt, wenn jeder Käufer und Verkäufer im Vergleich zum Marktvolumen klein ist und deshalb wenig Einfluß auf den Marktpreis hat. Im Gegensatz dazu spricht man von *Marktmacht* einer Unternehmung, wenn sie den Marktpreis des von ihr hergestellten und verkauften Gutes mitbestimmen kann. In den drei Kapiteln, die nachfolgen, diskutieren wir das Angebotsverhalten von Unternehmungen mit Marktmacht, wie z.B. der Stadtwerke beim Wasserangebot.

Unsere Analyse konkurrierender Unternehmungen wird die Entscheidungen erhellen, die hinter der Marktangebotskurve des Unternehmenssektors auf Wettbewerbsmärkten stecken. Nicht weiter überraschend wird für uns der Befund sein, daß die Marktangebotskurve eng mit den Produktionskosten der Unternehmungen verknüpft ist. (Dieser Zusammenhang sollte Ihnen bereits vom Kapitel 7 her bekannt sein.) Doch es gibt ja verschiedenerlei Kosten einer Unternehmung: fixe, variable, durchschnittliche und marginale. Welche davon werden am wichtigsten sein für die Entscheidung über die anzubietende Menge? Alle Kostengrößen – so werden wir sehen – spielen auf ihre Weise und im Verbund eine Rolle.

Was versteht man unter einem Konkurrenz- oder Wettbewerbsmarkt?

Wir haben uns in diesem Kapitel vorgenommen, die unternehmerischen Produktionsentscheidungen in Wettbewerbsmärkten zu klären. Deshalb beginnen wir mit Überlegungen zur Definition eines Wettbewerbsmarktes.

Die Bedeutung von Wettbewerb

Wettbewerbsmarkt (Markt mit vollständiger Konkurrenz)
Ein Markt mit vielen Käufern und Verkäufern, die identische Güter handeln, so daß jeder Marktteilnehmer zum Preisnehmer oder Mengenanpasser wird.

Obwohl wir uns bereits im Kapitel 4 eine Vorstellung vom Wettbewerb gebildet haben, wollen wir einiges kurz wiederholen. Ein **Markt mit vollständiger Konkurrenz** – manchmal auch als Polypol auf dem vollkommenen Markt bezeichnet – hat zwei charakteristische Eigenschaften:

- Es gibt auf diesem Markt viele Anbieter und Nachfrager.
- Es sind verschiedene Homogenitätsbedingungen erfüllt, insbesondere sind die von den verschiedenen Unternehmungen angebotenen Güter im großen und ganzen gleich.

Unter diesen Bedingungen haben die Aktivitäten eines einzelnen Käufers oder Verkäufers einen kaum merklichen Einfluß auf den Marktpreis. Jeder Käufer und Verkäufer betrachtet den Marktpreis als gegeben und nicht strategisch beeinflußbar. Jeder einzelne hat jedoch – und das ist das volkswirtschaftlich Wichtige am Wettbewerb – *alternative potentielle Geschäftspartner*.

Ein gutes Beispiel ist der Markt für Milch. Kein einzelner Käufer von Milch kann den Milchpreis beeinflussen, weil jeder Käufer nur einen sehr, sehr kleinen relativen Mengenanteil hat. Auch die Produzenten und Anbieter haben keinerlei Möglichkeit, den Preis zu steuern, denn die Angebote der vielen sind qualitativ weitgehend identisch. Da jeder Anbieter seine Menge zum herrschenden Preis absetzen kann, hat er keinen Grund, weniger als den Marktpreis zu verlangen, und wenn er mehr verlangt, gehen die Käufer anderswo hin. Bei vollständiger Konkurrenz müssen Käufer und Verkäufer den Preis als *Preisnehmer* für marktgegeben akzeptieren; Anbieter und Nachfrager sind *Mengenanpasser* nach ihren eigenen Dispositionen.

Manchmal wird zu den oben genannten beiden Eigenschaften eine dritte hinzugenommen oder stillschweigend mitgedacht, um vollständige Konkurrenz oder Polypole auf vollkommenen Märkten zu kennzeichnen:

- Es steht den Unternehmungen frei, in den Markt einzutreten oder aus dem Markt auszuscheiden.

Wenn z.B. – um bei der Milch zu bleiben – jedermann nach Belieben eine Molkerei eröffnen oder aufgeben könnte, wäre die Bedingung freien Markteintritts und -austritts erfüllt. Zwar ist diese dritte Eigenschaft keine Voraussetzung für das Verhalten der Marktteilnehmer als Mengenanpasser oder Preisnehmer, doch kann man damit später einige wichtige zusätzliche Schlußfolgerungen begründen.

Die Erlöse der Unternehmung auf dem Konkurrenzmarkt

Bei vollständiger Konkurrenz wird eine Unternehmung wie die meisten übrigen Unternehmungen in der Volkswirtschaft versuchen, den Gewinn zu maximieren, der den Gesamterlösen minus den Gesamtkosten entspricht. Dabei haben wir zunächst die Gesamterlöse zu definieren. Wir betrachten – um anschaulich zu bleiben – die Molkerei Moritz Müller.

Die Molkerei Müller produziert die Menge Q und verkauft jede Mengeneinheit zum Marktpreis P. Einnahme, Umsatz, Erlös oder Gesamterlös ist das mathematische Produkt aus Preis mal Menge, $P \times Q$. Wenn z.B. ein Liter Milch demnächst für DM 6,– verkauft wird und die Molkerei 1.000 Liter absetzt, beträgt der Gesamterlös DM 6.000,–.

Menge (Liter) (Q)	Preis (DM) (P)	Gesamt-erlös ($E = P \times Q$)	Durchschnitts-erlös ($DE = E/Q$)	Grenz-erlös ($GE = \Delta E/\Delta Q$)
1	6	6	6	6
2	6	12	6	6
3	6	18	6	6
4	6	24	6	6
5	6	30	6	6
6	6	36	6	6
7	6	42	6	6
8	6	48	6	6

Tabelle 14-1
Gesamt-, Durchschnitts- und Grenzerlös einer Unternehmung bei vollständiger Konkurrenz

Mit Blick auf den Weltmarkt für Milch ist die Molkerei Müller mit ihrem Angebot winzig klein. Sie nimmt deshalb den Preis als durch den Markt gegeben hin. Das bedeutet insbesondere, daß der Preis der Milch nicht von der von der Firma Müller erzeugten und verkauften Menge abhängt. Selbst wenn die Molkerei Müller die Produktionsmenge verdoppelt, bleibt der Preis unverändert, und nur der Erlös oder Umsatz verdoppelt sich. Als Folge der Unveränderlichkeit des Preises bei Mengenänderungen wird sich der Erlös stets nur proportional zur Menge ändern. Das zeigt die Tabelle 14-1. Die ersten beiden Spalten weisen die Produktmenge und den Verkaufspreis aus. Die dritte Spalte gibt den Erlös der Molkerei an.

Ebenso wie die Durchschnitts- und Grenz-Begriffe im vorigen Kapitel bei der Analyse der Kosten hilfreich waren, können sie nun zur Analyse der Erlöse eingesetzt werden. Betrachten wir diese beiden Fragen, um die Aussagekraft der Definitionen einzuschätzen:

- Wieviel erlöst die Molkerei durchschnittlich für den typischen Liter Milch?

- Wieviel zusätzlichen Erlös bekommt die Molkerei, wenn sie Produktion und Absatz um einen Liter ausdehnt?

Die Antworten stehen in den Spalten vier und fünf der Tabelle 14-1.

Durchschnittserlös
Gesamterlös dividiert durch die verkaufte Menge.

In der vierten Spalte der Tabelle steht der **Durchschnittserlös**. Er ist gleich dem Erlös (dritte Spalte) dividiert durch die Produktmenge (erste Spalte). Der Durchschnittserlös informiert darüber, wieviel die Unternehmung für die typische Produkteinheit bekommt. Aus der Tabelle 14-1 liest man DM 6,–, den Milchpreis, als Durchschnittserlös für einen Liter Milch ab. Das bestätigt einen allgemeinen Tatbestand, der nicht nur für Unternehmungen auf Märkten mit vollständiger Konkurrenz gilt. Der Gesamterlös ist Preis mal Menge (P × Q), und der Durchschnittserlös ist Gesamterlös (P × Q) dividiert durch die Menge (Q). *Bei allen Unternehmungen ist der Durchschnittserlös gleich dem Preis.*

Grenzerlös
Die Veränderung des Gesamterlöses durch eine zusätzliche verkaufte Mengeneinheit.

Die fünfte Spalte der Tabelle zeigt den **Grenzerlös**. Er entspricht der Veränderung des Gesamterlöses durch den Verkauf einer zusätzlichen Mengeneinheit des Produktes. In der Tabelle 14-1 steht der Grenzerlös mit DM 6,–, dem Preis für den Liter Milch. Dieses Ergebnis ist nur auf Unternehmungen in Märkten mit vollständiger Konkurrenz anwendbar. Für Unternehmungen auf Wettbewerbsmärkten sind Gesamterlös P × Q und Preis P fixe Größen. Wenn somit Q um eine Einheit steigt, erhöht sich der Gesamterlös um P DM. *Bei Unternehmungen auf Märkten mit vollständiger Konkurrenz ist der Grenzerlös gleich dem Preis des Gutes.*

Schnelltest

Wie verändern sich Verkaufspreis und Gesamterlös einer Unternehmung bei vollständiger Konkurrenz, wenn sich die Produktions- und Absatzmenge verdoppelt?

Gewinnmaximierung und Angebot der Unternehmung bei vollständiger Konkurrenz

Das Unternehmensziel besteht darin, den Gewinn – definiert als Überschuß der Erlöse über die Kosten – zu maximieren. Eben haben wir den Gesamterlös der Unternehmung begrifflich erläutert, und im Kapitel davor wurden die Kosten diskutiert. Damit sind wir nun gerüstet, die Gewinnmaximierung und die unternehmerische Angebotsentscheidung zu behandeln.

Ein einfaches Beispiel zur Gewinnmaximieurng

Beginnen wir den Weg zur Angebotskurve der Unternehmung mit dem Beispiel der Tabelle 14-2. In der ersten Tabellenspalte haben wir wieder die produzierten Mengen der Molkerei Müller. Die zweite Spalte zeigt den Gesamterlös, der sich auf DM 6,– mal die jeweilige Menge beläuft. Die dritte Spalte enthält die Gesamtkosten der Unternehmung. Sie bestehen aus den fixen Kosten (im Beispiel DM 3,–) und den variablen Kosten, die von der produzierten Menge abhängen.

Menge (Q; Liter)	Gesamterlös (E; DM)	Gesamtkosten (K; DM)	Gewinn (E-K; DM)	Grenzerlös (GE=$\Delta E/\Delta Q$)	Grenzkosten (GK=$\Delta K/\Delta Q$)
0	0	3	-3	–	–
1	6	5	1	6	2
2	12	8	4	6	3
3	18	12	6	6	4
4	24	17	7	6	5
5	30	23	7	6	6
6	36	30	6	6	7
7	42	38	4	6	8
8	48	47	1	6	9

Tabelle 14-2
Gewinnmaximierung: Ein Zahlenbeispiel

Die vierte Spalte weist den Gewinn der Molkerei aus, der durch Subtraktion der Gesamtkosten vom Gesamterlös definiert ist. Bei der Produktionsmenge 0 entsteht ein Verlust von DM 3. Wird 1 Liter produziert, ist der Gewinn DM 1. Bei 2 Litern fällt ein Gewinn von DM 4 an usw. Um den Gewinn der Molkerei Moritz Müller zu maximieren, wird jene Produktionsmenge ausgewählt, die den Profit so groß wie nur möglich macht. Im gegebenen Beispiel sind das 4 oder 5 Liter, wobei der Gewinn jeweils DM 7 beträgt.

Man kann die Müllersche Unternehmensentscheidung noch anders betrachten: Moritz Müller findet seine gewinnmaximierende Menge auch durch einen Vergleich der Grenzerlöse und der Grenzkosten bei den verschiedenen Produktionsmengen. Die letzten beiden Spalten der Tabelle 14-2 zeigen die Berechnung von Grenzerlösen und Grenzkosten aus den Gesamterlösen und den Gesamtkosten. Der erste Liter Milch hat einen Grenzerlös von DM 6,– und Grenzkosten von DM 2,–, so daß eine Gewinnerhöhung um DM 4,– herausspringt (von insgesamt – 3 auf + 1 DM). Die zweite produzierte Mengeneinheit bringt einen Grenzerlös von DM 6,– und Grenzkosten von DM 3,–, wodurch ein Gewinnzuwachs von DM 3,– den Gesamtgewinn von DM 1,– auf DM 4,– steigert. So lange der Grenzerlös die Grenzkosten übersteigt, kann man durch eine Mengensteigerung den Gewinn erhöhen. Sobald die Molkerei Müller die Menge von 5 Litern erreicht hat, wird die Lage anders. Die sechste Mengeneinheit hätte DM 6,– Grenzerlös und DM 7,– Grenzkosten. Ihre Herstellung würde den bereits erreichten Gewinn um DM 1,– mindern (von DM 7,– auf DM 6,–). Folglich wird man bei der Produktion nicht über die Menge 5 hinausgehen.

Eine der *zehn volkswirtschaftlichen Regeln* des Kapitels 1 lautet, rational entscheidende Leute denken in Grenzbegriffen. Wie wir sehen, kann Moritz Müller diese Regel anwenden. Wenn der Grenzerlös höher ist als die Grenzkosten (wie bei 1, 2 oder 3 Litern), dehnt die Molkerei Müller die Produktion aus. Wenn der Grenzerlös kleiner ist als die Grenzkosten (wie etwa bei 6, 7 oder 8 Litern), schränkt die Molkerei Müller die Produktion ein. Wenn Müller in Grenzbegriffen denkt und schrittweise Anpassungen der Produktionsmenge vornimmt, findet er wie von selbst zur gewinnmaximierenden Menge.

Die Grenzkostenkurve und die Angebotsentscheidung der Unternehmung

Schauen wir auf die Kostenkurven des Schaubildes 14-1, um die Analyse der Gewinnmaximierung fortzuführen. Die gezeichneten Kostenkurven haben die im Kapitel 13 als typisch bezeichneten drei Eigenschaften: Die Grenzkostenkurve (GK) ist ansteigend, die Durchschnittskostenkurve verläuft u-förmig (DK), und die Grenzkostenkurve schneidet die Durchschnittskostenkurve im Minimum der Durchschnittskosten. Die Zeichnung enthält auch eine waagerechte Linie in Höhe des Marktpreises (P), der mit dem Durchschnittserlös (DE) und dem Grenzerlös (GE) der Unternehmung übereinstimmt. Die Preislinie ist eine Gerade, da die Unternehmung als Mengenanpasser und Preisnehmer agiert: Unabhängig von der Angebotsmenge der betrachteten Unternehmung bleibt der Preis gleich.

Wir können die graphische Darstellung des Schaubildes 14-1 dazu benützen, um die gewinnmaximierende Produktionsmenge zu ermitteln. Stellen wir uns zunächst vor, Moritz Müller würde Q_1 produzieren. Bei dieser Menge ist der Grenzerlös höher als die Grenzkosten. Demnach würde bei einer Mengenerhöhung um eine Einheit der zusätzliche Erlös (GE_1) die zusätzlichen Kosten (GK_1) übersteigen. Der Gewinn (Gesamterlös minus Gesamtkosten) würde steigen. Somit kann eine Unternehmung, deren Grenzerlös höher ist als die Grenzkosten (wie z.B. in Q_1), durch Mehrproduktion den Gewinn steigern.

Eine vergleichbare Argumentation läßt sich von Q_2 aus anwenden. In diesem Falle sind die Grenzkosten höher als der Grenzerlös. Wird die Produktion um eine Einheit eingeschränkt, übertreffen die eingesparten Kosten (GK_2) den eingebüßten Erlös (GE_2). Deshalb kann die Unternehmung dann, wenn der Grenzerlös niedriger ist als die Grenzkosten (wie z.B. in Q_2), durch Einschränkung der Produktion den Gewinn steigern.

Schaubild 14-1
Gewinnmaximierung der Unternehmung bei vollständiger Konkurrenz. Das Schaubild zeigt die Grenzkosten (GK), die durchschnittlichen Gesamtkosten (DK) und die durchschnittlichen variablen Kosten (DVK). Ferner eingetragen ist der Marktpreis (P), der mit Grenzerlös (GE) und Durchschnittserlös (DE) übereinstimmt. Die gewinnmaximierende Menge Q_{MAX} liegt da, wo die waagerechte Preislinie die Kurve der Grenzkosten schneidet.

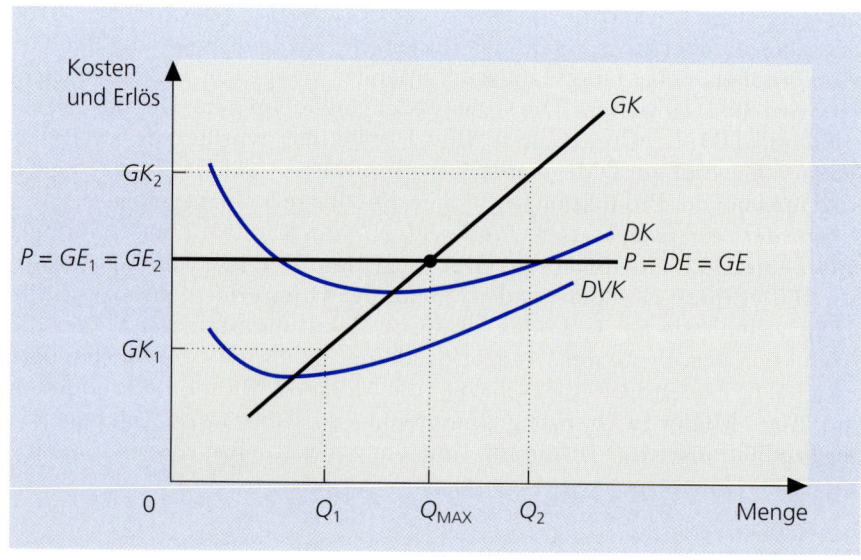

Wo werden die schrittweisen Anpassungen der Produktionsmenge zwecks Gewinnmaximierung enden? Unabhängig davon, ob man bei einem niedrigen Produktionsniveau anfängt (z.B. Q_1) oder bei einem vergleichsweise hohen Niveau beginnt (wie etwa Q_2), gelangt man schließlich zu Q_{MAX} des Schaubildes 14-1. Man erkennt eine allgemeingültige Regel der Gewinnmaximierung: *Bei der gewinnmaximierenden Produktionsmenge sind Grenzerlös und Grenzkosten genau gleich groß.*

Danach können wir nun feststellen, wie eine Unternehmung bei vollständiger Konkurrenz über die Menge entscheidet, die sie auf dem Markt anbieten will. Da die Unternehmung bei vollständiger Konkurrenz als ein Mengenanpasser oder ein Preisnehmer agiert, stimmt der Grenzerlös mit dem Marktpreis überein. Bei jedem beliebigen gegebenen Marktpreis wird die Unternehmung im vollständigen Wettbewerb auf den Schnittpunkt der Preisgeraden mit der Grenzkostenkurve sehen und so wie in Schaubild 14-1 die optimale Menge festlegen.

Wie die Unternehmung auf eine Erhöhung des Marktpreises reagieren wird, zeigt das Schaubild 14-2. Beim Preis P_1 produziert die Unternehmung die gewinnmaximierende Menge Q_1. Beim höheren Marktpreis P_2 dehnt die Unternehmung die Produktion auf Q_2 aus, damit Grenzerlös und Grenzkosten zwecks Gewinnmaximierung wieder übereinstimmen. *Da die Grenzkostenkurve der Unternehmung festlegt, welche Mengen die Unternehmung bei den verschiedenen Preisen anbieten wird, stellt sie bei vollständiger Konkurrenz die Angebotskurve der Unternehmung dar.*

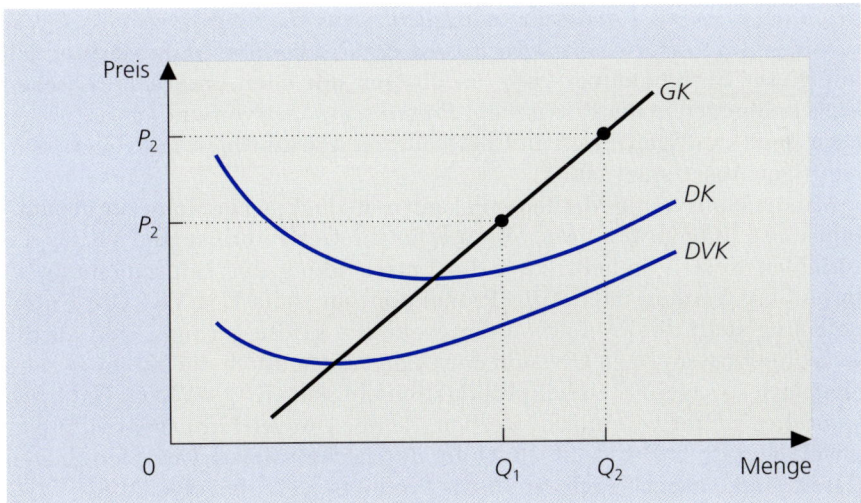

Schaubild 14-2
Grenzkosten als Angebotskurve der Unternehmung bei vollständiger Konkurrenz. Ein Anstieg des Marktpreises von P_1 auf P_2 führt zu einem Anstieg der gewinnmaximierenden Menge von Q_1 auf Q_2. Da die Grenzkostenkurve die Angebotsmengen der Unternehmung zu allen Preisen zeigt, stellt sie auch die Angebotskurve der Unternehmung dar.

Die kurzfristige Entscheidung der Unternehmung zur Produktionseinstellung

Bisher haben wir uns mit der Frage befaßt, welche Menge eine Unternehmung bei vollständiger Konkurrenz herstellen und anbieten wird. Unter bestimmten Umständen jedoch wird die Unternehmung die Produktion einstellen und überhaupt nichts mehr anbieten.

Hier sollten wir nun zwischen einer zeitweiligen Produktionseinstellung einer Unternehmung und dem endgültigen Austritt aus dem Markt unterscheiden. Eine (kurzfristige) *Produktionseinstellung* ist die befristete Entscheidung, mit Blick auf die Marktbedingungen nichts herzustellen. Der (langfristige) *Marktaustritt* meint die endgültige Schließung und Auflösung der Unternehmung. Lang- und kurzfristige Entscheidung sind nicht deckungsgleich; sie unterscheiden sich bezüglich der fixen Kosten. Wenn eine Unternehmung vorübergehend die Produktion einstellt, muß sie weiterhin die fixen Kosten tragen. Dagegen kann man mit einer Auflösung der Unternehmung fixe und variable Kosten vermeiden.

Denken wir an die Produktionsentscheidung eines Landwirts. Die Kosten des Bodens gehören zu den fixen Kosten. Wenn sich der Landwirt dazu entscheidet, in einem bestimmten Jahr nichts anzubauen und das Ackerland brach liegen zu lassen, kann er seine fixen Kosten nicht decken. Die Fixkosten sind bei der Entscheidung zur vorübergehenden Produktionseinstellung als sogenannte *Sunk Costs* („versunkene Kosten") verloren. Bei der endgültigen Aufgabe jedoch kann der Bauer das Ackerland verkaufen und die Fixkosten als Sunk Costs vermeiden.

Sunk Costs
Bereits angefallene Kosten, die uneinbringlich sind

Wovon hängt nun die Entscheidung einer Unternehmung zur Produktionseinstellung ab? Die Unternehmung verliert zwar alle Erlöse aus dem Verkauf möglicher Produkte, sie vermeidet aber auch die dafür anfallenden variablen Kosten (bezahlt jedoch die Fixkosten weiterhin). *Die Unternehmung wird die Produktion einstellen, wenn die zu erwartenden Erlöse niedriger sind als die variablen Kosten der Produktion.* Man beachte, daß mit dieser Entscheidung – wie im übrigen mit allen unternehmerischen Entscheidungen in der Praxis – ein *Prognoseproblem* verbunden ist (Fragen nach dem künftigen Preis und bei anderen Marktformen auch nach dem künftigen Absatzspielraum).

Mit ein klein wenig Mathematik kann man die Entscheidung zur Produktionseinstellung präzisieren. Wenn E für die Gesamterlöse und VK für die variablen Kosten stehen, kann die Entscheidung der Unternehmung so formuliert werden: Stelle die Produktion ein, falls E < VK. Die Unternehmung stellt die Produktion ein, wenn die Erlöse geringer sind als die variablen Kosten. Nach Division der Ungleichung durch die Menge Q kann man auch so sagen: Stelle die Produktion ein, falls E/Q < VK/Q. Natürlich kann dies weiter vereinfacht werden, da der Durchschnittserlös E/Q hier gleich dem Preis P ist und VK/Q die durchschnittlichen variablen Kosten (DVK) sind. Deshalb auch: Stelle die Produktion ein, falls P < DVK.

Damit haben wir nun die vollständige Beschreibung des Gewinnmaximierungsverhaltens einer Unternehmung unter vollständiger Konkurrenz. Wenn die Unternehmung überhaupt etwas produziert und anbietet, so ist es die Menge, bei der Preis und Grenzkosten übereinstimmen. Wenn jedoch bei dieser Menge der Preis niedriger ist als die durchschnittlichen variablen Kosten, ist die Unternehmung mit einer Produktionseinstellung besser daran. Im Schaubild 14-3 sind diese Zusammenhänge illustriert. *Die kurzfristige Angebotskurve der Unternehmung unter vollständiger Konkurrenz*

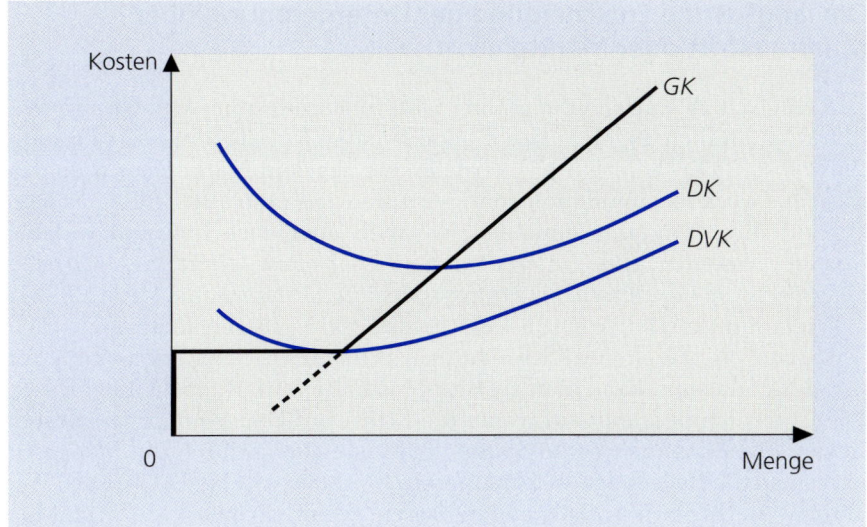

Schaubild 14-3
Die kurzfristige Angebotskurve der Unternehmung bei vollständiger Konkurrenz. Kurzfristig besteht die Angebotskurve der Unternehmung auf dem Wettbewerbsmarkt im aufsteigenden Ast ihrer Grenzkostenkurve (GK) oberhalb der Kurve der durchschnittlichen variablen Kosten (DVK). Fällt der Preis unter die DVK, so wird die Unternehmung die Produktion einstellen.

ist jener Ast der Grenzkostenkurve, der über den durchschnittlichen variablen Kosten verläuft.

Fast leere Gaststätten und Miniaturgolf in der Nachsaison   **Fallbeispiele**

Waren Sie je in einem Gasthaus zum Mittagessen, das fast leer war? Warum, so werden Sie sich gefragt haben, hält das Restaurant überhaupt geöffnet? Offensichtlich können die Umsätze mit den wenigen Gästen nicht die gesamte Betriebskosten decken. Bei seiner Entscheidung über Öffnung oder Schließung seines Restaurants muß der Wirt zwischen fixen und variablen Kosten unterscheiden. Viele Kostenarten – die Miete, die Kücheneinrichtung, Tische und Stühle, das Geschirr usw. – bilden fixe Kosten. Das Restaurant zu den Essenszeiten zu schließen, würde diese Kosten nicht senken. Nur die variablen Kosten – Einkauf der Frischwaren, Bezahlung des zusätzlichen Bedingungspersonals – wird der Wirt bei seiner Entscheidung über eine vorübergehende Schließung des Lokals heranziehen. Das Restaurant wird dann zu den Essenszeiten geschlossen bleiben, wenn die Umsätze mit den wenigen Gästen nicht einmal dazu ausreichen, um die variablen Kosten zu decken.

Der Betreiber einer Minigolf-Anlage in einem Sommer-Kurort steht vor einer ähnlichen Entscheidung. Da der Umsatz über die Monate hinweg erheblich schwankt, muß er entscheiden, wann geöffnet und wann geschlossen sein soll. Wiederum sind dabei die fixen Kosten – Kaufpreis des Bodens und Bau der Bahnen – unerheblich. Die Minigolf-Anlage sollte nur zu den Zeiten des Jahres geöffnet sein, in denen die Einnahmen die variablen Kosten übersteigen.

Die langfristige Entscheidung der Unternehmung über Marktaustritt oder Markteintritt

Die langfristige Entscheidung einer Unternehmung zum Austritt aus dem Markt ist ähnlich angelegt wie die kurzfristige Entscheidung zur Produktionseinstellung. Sofern die Unternehmung aus dem Markt austritt und zu diesem Zweck in Liquidation geht, wird sie wiederum alle Erlöse aus dem Verkauf ihrer Produkte einbüßen; sie wird aber auch fixe und variable Kosten vermeiden. *Eine Unternehmung tritt aus dem Markt aus, sofern der zu erwartende Gesamterlös niedriger ist als die Gesamtkosten.*

Wiederum können wir die Entscheidung mit einigen mathematischen Abkürzungen präzisieren. Schreibt man E für den Gesamterlös und K für die Gesamtkosten, kann man als Regel festhalten: Marktaustritt bei E < K. Die Unternehmung gibt auf, wenn die Erlöse auf Dauer unter den Kosten liegen. Dividiert man beide Seiten der Ungleichung durch die Menge Q, kann man die Regel auch so formulieren: Marktaustritt bei E/Q < K/Q. Wir können die Regel nochmals anders fassen, wenn wir den Preis P und die Durchschnittskosten DK verwenden: Marktaustritt bei P < DK. Die Unternehmung gibt auf und tritt aus dem Markt aus, wenn der Preis auf Dauer unter den Durchschnittskosten liegt.

Eine vergleichbare Entscheidung hat ein Unternehmer vor sich, der erwägt, die Produktion eines Gutes aufzunehmen und gleichsam in einen Markt einzutreten. Die Unternehmung wird dann in den Markt eintreten, wenn sich dieser Schritt lohnt, weil der Preis höher ist als die Durchschnittskosten. Das Kriterium lautet: Markteintritt bei P > DK. Es ist umgekehrt wie beim Marktaustritt.

Nun können wir die langfristige Strategie der unternehmerischen Gewinnmaximierung bei vollständiger Konkurrenz beschreiben. Falls sich eine Unternehmung bereits im Markt befindet, wird sie jene Menge her-

Schaubild 14-4
Die langfristige Angebotskurve der Unternehmung bei vollständiger Konkurrenz. Langfristig besteht die Angebotskurve der Unternehmung in der Kurve der Grenzkosten (GK) oberhalb der Kurve der durchschnittlichen Gesamtkosten (DK). Sinkt der Preis unter die Durchschnittskosten, empfiehlt sich der Marktaustritt.

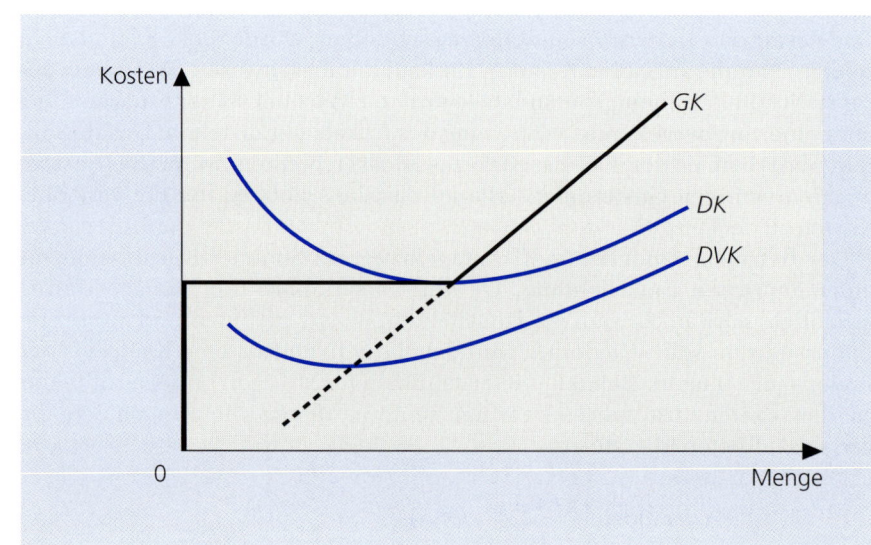

stellen und verkaufen, bei der die Grenzkosten mit dem Preis übereinstimmen. Wenn bei dieser Menge jedoch der Preis niedriger ist als die
Durchschnittskosten, wird sich die Unternehmung zum Marktaustritt und
zur Liquidation durchringen (oder nicht in den Markt eintreten). Das
Schaubild 14-4 faßt die Ergebnisse übersichtlich zusammen. *Bei vollständiger Konkurrenz besteht die langfristige Angebotskurve der Unternehmung
in jenem Teil der Grenzkostenkurve, der über den durchschnittlichen Gesamtkosten liegt.*

Graphische Darstellung des Gewinns einer Unternehmung bei vollständiger Konkurrenz

So wie wir Markteintritt und Marktaustritt untersuchen, empfiehlt es sich
auch, die Gewinnsituation genauer zu analysieren. Sie wissen nun schon,
daß der Gewinn gleich dem Gesamterlös (E) minus den Gesamtkosten (K)
ist: Gewinn = E – K. Durch Multiplikation und Division der rechten Seiten
mit Q kann man die Definition in dieser Weise neu schreiben:
    Gewinn = $(E/Q – K/Q) \times Q$
Da nun aber der Durchschnittserlös gleich dem Preis ist und die Durchschnittskosten mit DK abgekürzt werden, ergibt sich diese Fassung des
Gewinnbegriffs:
    Gewinn = $(P – DK) \times Q$
Mit dieser Definition des Gewinns können wir den Gewinn geometrisch
messen und aus den Zeichnungen ablesen.
    Diagramm a) des Schaubildes 14-5 zeigt eine Unternehmung mit einem
»positiven« Gewinn. Die Unternehmung maximiert ihren Gewinn durch
Erzeugung der Menge, bei der die Grenzkosten mit dem Preis übereinstimmen. Schauen Sie nun auf das markierte Rechteck. Die Höhe beträgt (P
– DK), die Differenz zwischen Preis und Durchschnittskosten, die Breite ist
gleich Q, der produzierten Menge. Deshalb ist die Rechtecksfläche (P – DK)
× Q gleich dem Gewinn. Man kann auch sagen: Stückgewinn mal Menge.
    Vergleichbar ist das Diagramm b) des Schaubildes 14-5 aufgebaut. Es
zeigt allerdings einen Verlust oder »negativen Gewinn«. In diesem Falle
bedeutet Gewinnmaximierung nun Verlustminimierung, d.h. eine Aufgabe,
die erneut mit der Regel Grenzkosten gleich Preis erledigt wird. Betrachten
Sie wiederum das markierte Rechteck. Die Höhe ist (DK – P) und die Breite
des Rechtecks beträgt Q. Die Fläche (DK – P) × Q ist die geometrische
Darstellung des Verlustes der Unternehmung. Man kann auch sagen: Stück-
verlust mal Menge. Vielleicht – je nach den Erwartungen – wird sich die
Unternehmung in dieser Lage für einen Marktaustritt entscheiden.

In welcher Weise vergleicht eine gewinnmaximierende Unternehmung den   **Schnelltest**
Marktpreis, der für sie ein Datum ist, mit ihren Grenzkosten? Geben Sie
nähere Erläuterungen. Bei welcher Lage entscheidet sich eine gewinn-
orientierte Unternehmung für die vorübergehende Produktionseinstellung
oder auch für die endgültige Betriebsschließung?

Schaubild 14-5
Gewinn als Fläche zwischen Preislinie und Durchschnittskosten. Die schattierte Rechtecksfläche mit der Höhe (P – DK) – Preis minus Durchschnittskosten – und der Breite Q – Produktionsmenge – ist ein geometrischer Ausdruck für den Gewinn der Unternehmung. Dieser ist im Diagramm a) positiv und im Diagramm b) negativ (Verlust).

a) Eine Unternehmung mit Gewinn

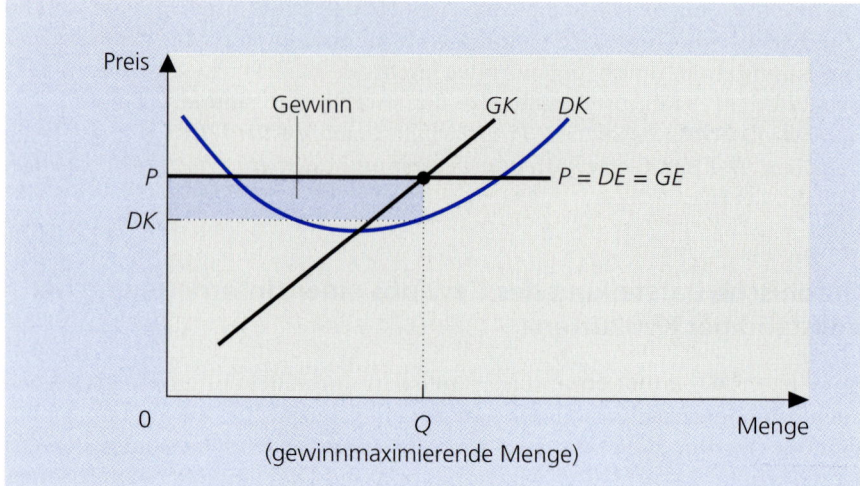

b) Eine Unternehmung mit Verlust

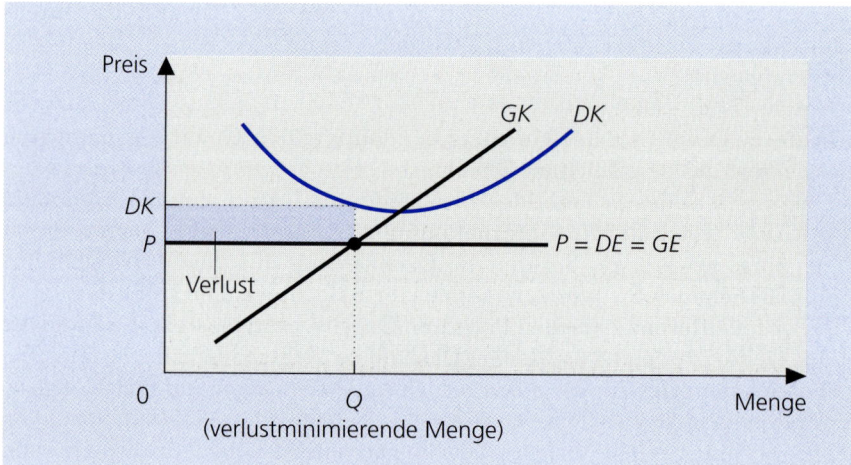

Die Marktangebotskurve bei vollständiger Konkurrenz

Nach der individuellen Angebotskurve einer Unternehmung haben wir nun die Marktangebotskurve des Unternehmenssektors zu behandeln. Man muß zwei Fälle unterscheiden. Zum ersten betrachten wir einen Markt mit einer fest gegebenen Anzahl von Unternehmungen. Zum zweiten untersuchen wir einen Markt, in dem sich die Anzahl der Unternehmungen durch das Ausscheiden »alter« Unternehmungen und den Eintritt der Neulinge (Newcomer) laufend verändert. Beide Fälle sind wichtig; denn jeder ist auf einen bestimmten Zeithorizont abgestellt. Auf kurze Sicht ist es für die Unternehmungen oft schwierig, über Eintritt und Austritt zu entscheiden. Insofern paßt die erste Annahme einer konstanten Zahl von Unternehmungen. Langfristig jedoch wird sich die Anzahl der auf der Anbieterseite am Markt teilnehmenden Unternehmungen sehr wohl verändern.

Marktangebot bei konstanter Anzahl von Unternehmungen

Betrachten wir zuerst einen Markt mit 1.000 völlig gleichen Unternehmungen. Zu jedem beliebigen Preis bietet jede Unternehmung die Gütermenge an, bei der – siehe Diagramm a) in Schaubild 14-6 – ihre Grenzkosten gleich dem Preis sind. Solange der Preis höher ist als die durchschnittlichen variablen Kosten ist die Grenzkostenkurve die Angebotskurve. Die auf dem Markt angebotene Menge ergibt sich als Summe der individuellen Angebotsmenge der Unternehmungen. Wie man anhand des Diagramms b) im

a) Individuelles Angebot

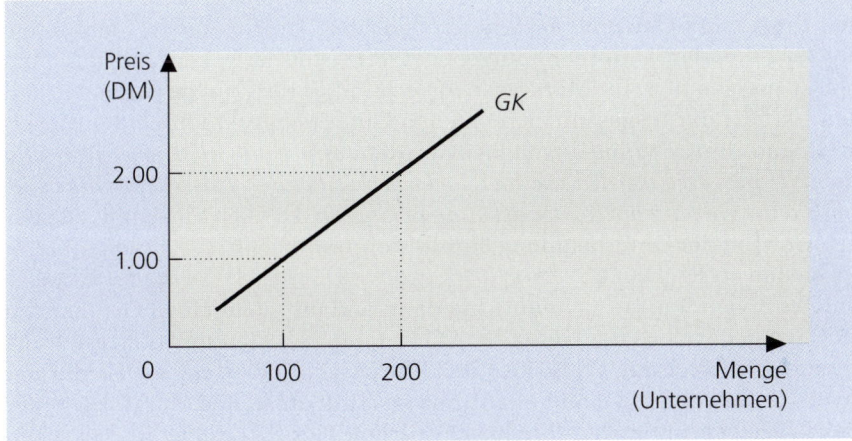

Schaubild 14-6
Marktangebot bei konstanter Anzahl von Unternehmungen. Wenn die Zahl der auf einem Markt befindlichen Unternehmungen konstant ist, spiegelt die Marktangebotskurve des Diagramms b) die individuelle Angebots- und Grenzkostenkurve einer Unternehmung nach Diagramm a). Hier entsteht das Marktangebot durch 1.000 identische Unternehmungen.

b) Marktangebot

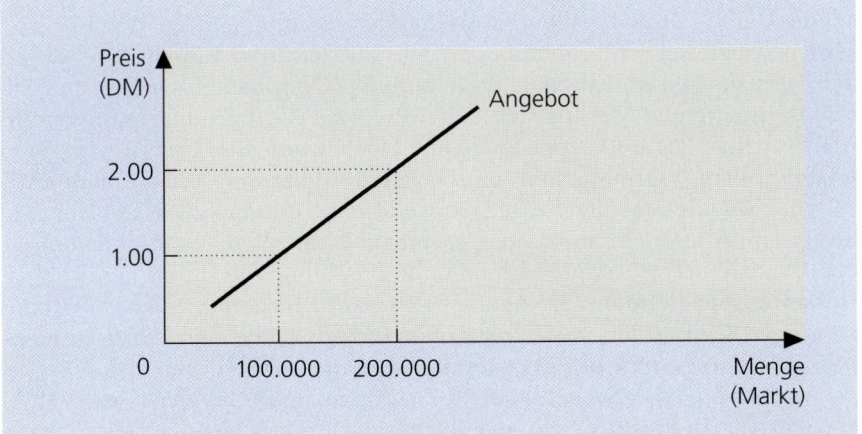

Schaubild 14-6 sieht, ist das Marktangebot der 1.000 identischen Unternehmungen gleich dem Einzelangebot einer Unternehmung mal 1.000.

Marktangebot bei Markteintritt und Marktaustritt

Schauen wir nun, was geschieht, wenn Unternehmungen in Märkte eintreten oder aus Märkten austreten können. Jeder soll annahmegemäß Zugang zur gleichen aktuellen Technologie und zu den Beschaffungsmärkten für die Produktionsfaktoren haben. Folglich haben alle bestehenden und alle potentiellen Unternehmungen dieselben Kostenkurven.

Entscheidungen dieses Typs über Eintritt und Austritt hängen von den Anreizen ab, die Eigentümer bestehender Unternehmungen und mögliche Unternehmensgründer registrieren. Sofern die bereits bestehenden Unternehmungen mit Gewinn arbeiten, werden Gründer einen Anreiz zum Markteintritt empfinden. Mit dem Eintritt wird die Anzahl der Unternehmungen zunehmen und die angebotene Menge anwachsen. Davon werden Preise und Gewinne nach unten gedrückt. Umgekehrt werden einige der bestehenden Unternehmungen bei Verlusten aufgeben und aus dem Markt ausscheiden. Ihr Marktaustritt vermindert die Zahl der Anbieter und den Umfang der insgesamt angebotenen Gütermenge, wodurch der Marktpreis und die Gewinne angehoben werden. *Am Ende aller Eintritts- und Austrittsprozesse werden die im Markt verbleibenden Unternehmungen jeweils ohne Gewinn bei Kostendeckung existieren.* Denken Sie daran, wie wir den Gewinn der Unternehmung bereits definiert haben:

Gewinn = (P – DK) Q

Eine bestehende Unternehmung hat dann und nur dann einen Gewinn von null, wenn der Preis des Gutes den Durchschnittskosten seiner Herstellung entspricht. Liegt der Preis über den Durchschnittskosten, so besteht ein positiver Gewinn und damit ein Anreiz für Eintritte in den Markt. Liegt der Preis dagegen unter den durchschnittlichen Gesamtkosten, so herrschen Verluste und Anreize zum Marktaustritt. *Wenn schließlich die Marktkräfte die Gleichheit von Preis und Durchschnittskosten hergestellt haben, endet das Wechselspiel von Markteintritt und Marktaustritt.*

Die Analyse enthält eine überraschende Schlußfolgerung. Wie wir wissen, produzieren Unternehmungen bei vollständiger Konkurrenz soviel, daß Grenzkosten und Preis übereinstimmen. Nun haben wir gelernt, daß Markteintritte und Marktaustritte den Preis zur Angleichung an die durchschnittlichen Gesamtkosten zwingen. Doch wenn der Preis mit beiden Kostengrößen – Grenzkosten und Durchschnittskosten – übereinstimmen soll, müssen diese beiden Kostengrößen übereinstimmen. Grenzkosten und durchschnittliche Gesamtkosten stimmen tatsächlich überein, aber nur dann, wenn sich eine Unternehmung im Minimum der durchschnittlichen Gesamtkosten befindet. Demnach *müssen die Unternehmungen bei vollständiger Konkurrenz sowie freiem Markteintritt und Marktaustritt langfristig bei ihrer effizienten Betriebsgröße arbeiten.*

Diagramm a) des Schaubildes 14-7 stellt solch ein langfristiges Gleichgewicht dar. In dieser Zeichnung stimmt der Preis P mit den Grenzkosten

a) Null-Gewinn-Bedingung der Unternehmung

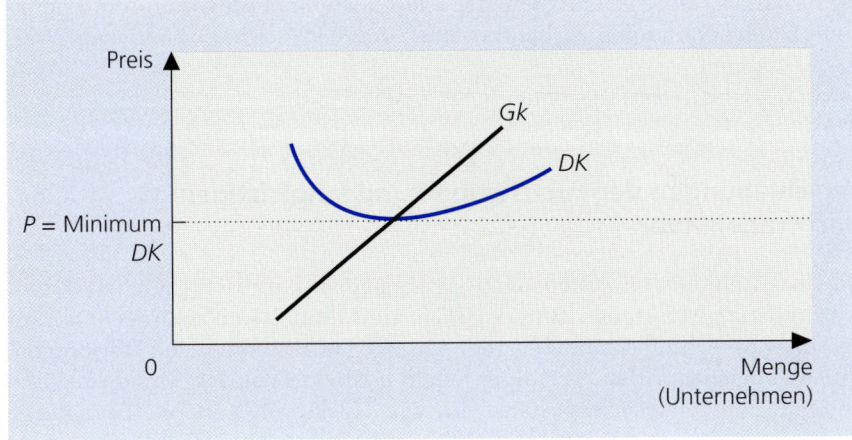

b) Marktangebot

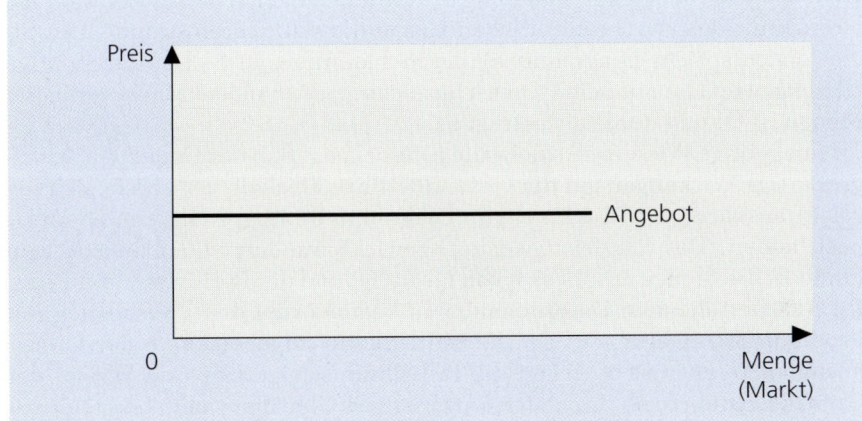

Schaubild 14-7
Marktangebot bei
Markteintritten und
Marktaustritten.
Unternehmungen
werden in den Markt
eintreten oder aus
dem Markt austre-
ten, bis der Gewinn
auf dem Niveau null
angekommen ist.
Somit stimmt der
Preis langfristig –
vgl. Diagramm a) –
mit dem Minimum
der durchschnittli-
chen Gesamtkosten
überein. Die Zahl
der Unternehmungen
gleicht sich in der
Weise an, daß zu die-
sem Preis jegliche
Nachfrage befriedigt
wird. Die langfristige
Markt-Angebots-
kurve verläuft bei
diesem Preis – vgl.
Diagramm b) – waa-
gerecht.

GK überein, wonach die Unternehmung den Gewinn maximiert. Der Preis P stimmt jedoch auch mit den Durchschnittskosten DK überein, so daß sich die Gewinne auf null belaufen. Neue Unternehmungen haben keinen Anreiz zum Markteintritt, und bestehende Unternehmungen empfinden keinen Impuls zum Marktaustritt.

Von dieser Darstellung aus können wir die langfristige Markt-Angebotskurve herleiten. In einem Markt mit freiem Eintritt und Austritt ist nur ein einziger Preis mit der Null-Gewinn-Situation vereinbar – das Minimum der durchschnittlichen Gesamtkosten. Deshalb verläuft die langfristige Markt-Angebotskurve bei diesem Preis waagerecht, wie dies im Diagramm b) des Schaubildes 14-7 dargestellt ist. Jeder Preis darüber würde zu Gewinn, Markteintritten und Steigerungen des Marktangebots führen. Jeder Preis unter den Durchschnittskosten brächte Verlust, Marktaustritte und Verminderungen des Marktangebots. Schließlich wird sich die Anzahl der Unternehmungen im Markt so einspielen, daß der Preis mit dem Minimum der durchschnittlichen Gesamtkosten übereinstimmt und genügend Unternehmungen vorhanden sind, um die Nachfrage zu diesem Preis zu befriedigen.

Verschiebungen der kurzfristigen und langfristigen Nachfragekurven

Da Unternehmungen zwar langfristig aber nicht kurzfristig zum Markteintritt und zum Marktaustritt in der Lage sind, entfalten Nachfrageänderungen über unterschiedliche Zeiträume hinweg unterschiedliche Wirkungen. Um dies nachzuprüfen, verfolgen wir die Effekte von Nachfrageverschiebungen. Die Analyse wird darlegen, wie Märkte im Zeitablauf reagieren und wie sie langfristig durch Eintritte oder Austritte zum Gleichgewicht finden.

Nehmen wir an, der Milchmarkt befinde sich anfangs im langfristigen Gleichgewicht. Die Unternehmungen verdienen nichts, da der Preis gerade einmal mit den durchschnittlichen Gesamtkosten übereinstimmt. Die Situation entspricht Diagramm a) des Schaubildes 14-8. Das langfristige Gleichgewicht ist mit dem Punkt A bezeichnet, die auf dem Markt verkaufte Menge ist Q_1 und der Preis beträgt P_1.

Nun gelinge Wissenschaftlern die Entdeckung, daß der Genuß von Milch großartige Wirkungen auf die Gesundheit hat. Deshalb verschiebt sich die Nachfragekurve von Milch, wie im Diagramm b) dargestellt, von D_1 zu D_2 nach außen. Das kurzfristige Gleichgewicht wandert vom Punkt A zum Punkt B, die Menge erhöht sich von Q_1 auf Q_2 und der Preis steigt von P_1 auf P_2. Alle bestehenden Unternehmungen beantworten den Preisanstieg mit Produktionssteigerungen. Da die individuelle Angebotskurve der Grenzkostenkurve entspricht, hängt die Produktionssteigerung vom Verlauf der Grenzkostenkurve ab. Im neuen kurzfristigen Gleichgewicht übersteigt der Preis die durchschnittlichen Gesamtkosten, weshalb die Unternehmungen nun Gewinne machen.

Im Laufe der Zeit wird der im Markt zu erzielende Gewinn neue Unternehmungen anlocken und zum Markteintritt bewegen. Vielleicht wechseln z.B. einige Landwirte vom Getreideanbau zur Milchwirtschaft. Mit der Zunahme der Unternehmungen verschiebt sich im Diagramm c) die Angebotskurve von S_1 zu S_2 nach rechts, und diese Verschiebung löst einen Preisrückgang aus. Schließlich wird der Preis bis auf das Minimum der durchschnittlichen Gesamtkosten herunter gedrückt, so daß die Gewinne zum Verschwinden kommen und die Markteintritte aufhören. Auf diese Weise erreicht der Markt den neuen langfristigen Gleichgewichtspunkt C. Der Milchpreis ist zwar wieder bei P_1, doch die hergestellte und verkaufte Menge hat sich auf Q_3 erhöht. Jede einzelne Unternehmung produziert wiederum bei ihrer effizienten Betriebsgröße, doch befinden sich mehr Unternehmungen im Milchgeschäft und die umgesetzte Milchmenge ist größer.

Schaubild 14-8

Kurzfristige und langfristige Nachfragesteigerung. Der Markt ist anfangs in einem langfristigen Gleich-gewichtspunkt A nach Diagramm a). Dabei macht keine Unternehmung Gewinn und der Preis beläuft sich auf das Minimum der durchschnittlichen Gesamtkosten. Diagramm b) zeigt die kurzfristigen Auswirkungen eines Nachfrageanstiegs von D_1 auf D_2. Das Gleichgewicht wandert von A nach B, der Preis steigt von P_1 auf P_2 und die verkaufte Menge erhöht sich von Q_1 auf Q_2. Da der Preis nun über den durchschnittlichen Gesamtkosten liegt, machen die Unternehmungen Gewinn, wodurch Newcomer in den Markt gelockt werden. Die Markteintritte verschieben – wie im Diagramm c) dargestellt – die Angebotskurve von S_1 nach S_2. Im neuen langfristigen Gleichgewichtspunkt C kehrt der Preis auf P_1 zurück, doch die Menge erhöht sich auf Q_5. Die Gewinne sind wieder null, der Preis ist wieder beim Minimum der durchschnittlichen Gesamt-kosten, doch der Markt weist mehr Unternehmungen zur Befriedigung einer vergrößerten Nachfrage auf.

a) Anfangsbedingungen

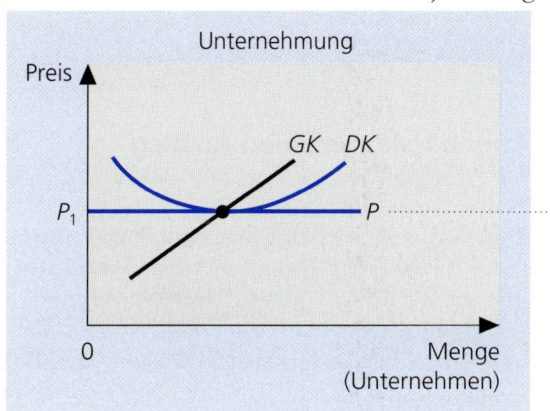

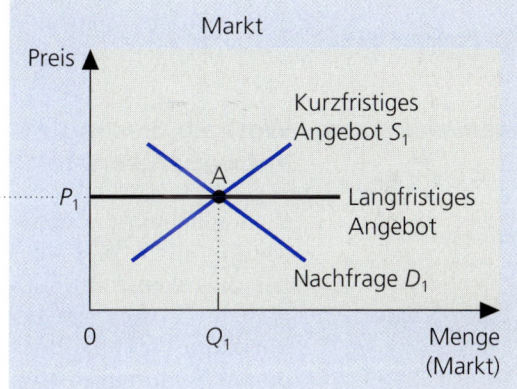

b) Kurzfristige Reaktionen

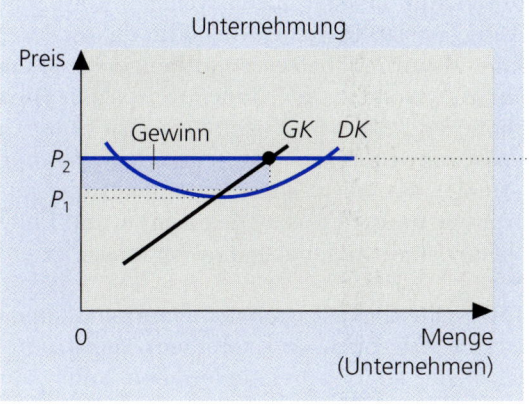

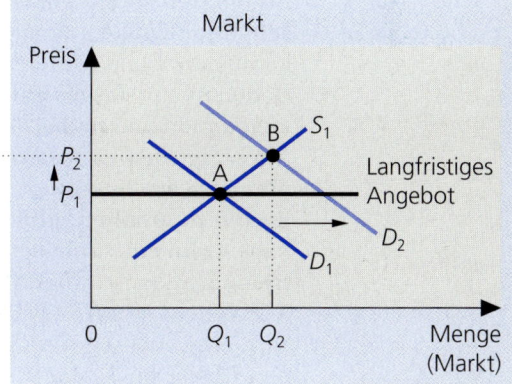

c) Langfristige Reaktionen

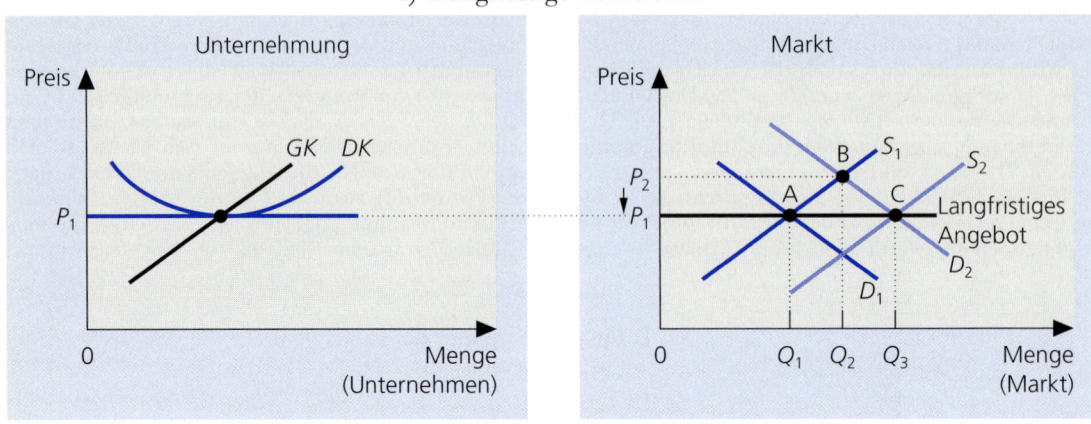

Weshalb die langfristige Angebotskurve einen Anstieg aufweisen könnte

Bisher haben wir eingesehen, daß die langfristige Angebotskurve durch Markteintritte und Marktaustritte waagerecht verlaufen kann. Wesentlich hat dies damit zu tun, daß eine große Anzahl potentieller Newcomer in gleicher Kostenlage bereitsteht. Folglich verläuft die langfristige Angebotskurve in Höhe der durchschnittlichen Gesamtkosten waagerecht. Bei einem Nachfrageanstieg ergibt sich langfristig eine Zunahme der anbietenden Unternehmungen und der Marktangebotsmenge ohne jede Preisänderung.

Es gibt jedoch zwei Gründe, weshalb die langfristige Markt-Angebotskurve einen Anstieg aufweisen könnte. Erstens könnten einige der in der Produktion eingesetzten Faktoren nur in begrenzten Mengen verfügbar sein. Man denke z. B. an den Markt für landwirtschaftliche Produkte. Zwar kann jeder Land kaufen und einen Bauernhof betreiben wollen, doch ist die Bodenmenge insgesamt beschränkt, so daß der Bodenpreis schließlich steigt und alle Landwirte mit höheren Kosten produzieren. Somit kann ein Nachfrageanstieg nach landwirtschaftlichen Erzeugnissen keinen Anstieg der insgesamt angebotenen Menge bewirken, ohne auch die Erzeugerkosten zu erhöhen, die wiederum zu einem Preisanstieg führen. Am Ende haben wir eine ansteigende langfristige Angebotskurve vor uns, obwohl freier Marktzutritt herrscht.

Zweitens könnte es durch unterschiedliche Kosten der Unternehmungen zu einem Anstieg der langfristigen Angebotskurve kommen. Man nehme den Markt für Maler und Anstreicher als Beispiel. Jedermann kann zwar diese Dienstleistungen aufnehmen, doch wird es nicht jeder mit derselben Kostenfunktion schaffen. Teilweise wegen unterschiedlicher Arbeitsgeschwindigkeiten, teilweise aber auch wegen unterschiedlicher alternativer Betätigungsmöglichkeiten variieren die individuellen Kosten. Zu jedem beliebigen Preis werden diejenigen mit niedrigeren Kosten vor jenen anderen mit höheren Kosten zum Markteintritt neigen. Um die Menge der angebotenen Maler- und Anstreicherdienstleistungen auszuweiten, müssen zusätzliche neue Anbieter erst bestimmte Anreize bekommen. Da die Neuen höhere Kosten haben, muß der Preis für einen lohnenden Markteintritt erst ansteigen. Wiederum weist die langfristige Angebotskurve einen Anstieg auf, obwohl freier Marktzutritt herrscht.

Dabei ist zu bemerken, daß wegen der unterschiedlichen Kosten einige Unternehmungen sogar langfristig Gewinne erwirtschaften. In diesem Fall spiegelt der Marktpreis die durchschnittlichen Gesamtkosten der *Grenzunternehmung* – der Unternehmung, die bei ein wenig niedrigerem Preis aus dem Markt ausscheiden würde. Dieser *Grenzanbieter* verdient zwar nichts, doch die Unternehmungen mit niedrigeren Kosten haben Gewinne. Diese Gewinne werden nicht durch Marktzutritte beseitigt, da die potentiellen Neulinge höhere Kosten als die bereits im Markt befindlichen Unternehmungen aufweisen. Hoch-Kosten-Unternehmungen werden erst dann in den Markt eintreten, wenn ein steigender Preis ihren Marktzutritt vorteilhaft macht.

Aus diesen beiden Gründen mag – wie gesagt – ein Anstieg der langfristigen Angebotskurve vorliegen. Eine steigende anstatt waagerechte Angebotskurve zeigt, daß ein höherer Preis erforderlich ist, damit eine größere Menge angeboten wird. Gleichwohl bleibt die Grundaussage über Markteintritt und Marktaustritt richtig. *Da Unternehmungen langfristig leichter als kurzfristig zum Markteintritt und zum Marktaustritt in der Lage sind, ist die langfristige Angebotskurve typischerweise elastischer als die kurzfristige Angebotskurve.*

Ist der Marktpreis langfristig bei freiem Marktzutritt und Marktaustritt   **Schnelltest**
gleich den Grenzkosten oder den durchschnittlichen Gesamtkosten, gleich beiden Kostengrößen oder keiner der beiden Kostengrößen? Argumentieren Sie anhand von Skizzen.

Schlußfolgerung: Hintergrund der Angebotskurve

Wir haben das Verhalten der gewinnmaximierenden Unternehmung bei vollständiger Konkurrenz diskutiert. Nach den *zehn volkswirtschaftlichen Regeln* des Kapitels 1 denken rational entscheidende Leute in Grenzbegriffen. Die Regel hat im vorliegenden Kapitel auf die Unternehmung bei vollständiger Konkurrenz Anwendung gefunden. Die Marginalanalyse hat uns eine Theorie der Angebotskurve geliefert und uns dabei ein tieferes Verständnis von Marktergebnissen erschlossen.

Beim Einkauf eines Gutes auf einem Wettbewerbsmarkt kann man ziemlich sicher sein, daß der bezahlte Preis nahe an den Produktionskosten liegt. Speziell dann, wenn es sich um gewinnmaximierende Unternehmungen bei vollständiger Konkurrenz handelt, stimmt der Marktpreis des Gutes mit den Grenzkosten der Herstellung überein. Darüber hinaus wird der

Preis bei freiem Markteintritt und freiem Marktaustritt den niedrigstmöglichen durchschnittlichen Gesamtkosten der Produktion entsprechen.

Obwohl wir im gesamten Kapitel unterstellt haben, daß die Unternehmungen als Mengenanpasser und Preisnehmer agieren, sind viele der verwendeten Instrumente der Analyse auch für Untersuchungen des Unternehmerverhaltens in Märkten mit weniger Wettbewerb verwendbar. In den nachfolgenden drei Kapiteln werden wir das Unternehmensverhalten bei Marktmacht erörtern. Dabei wird wiederum die Marginalanalyse von Nutzen sein, doch wird sie ganz andere Ergebnisse bringen.

Zusammenfassung

- Da eine Unternehmung bei vollständiger Konkurrenz als Mengenanpasser und Preisnehmer agiert, sind ihre Erlöse proportional zur Produktionsmenge. Der Marktpreis des Gutes entspricht sowohl dem Durchschnittserlös als auch dem Grenzerlös der Unternehmung.
- Zur Gewinnmaximierung wählt die Unternehmung eine Produktionsmenge, bei der Grenzerlös und Grenzkosten übereinstimmen. Da bei vollständiger Konkurrenz der Grenzerlös der Preis ist, entscheidet die Unternehmung nach der Regel Grenzkosten gleich Preis über die gewinnmaximierende Produktionsmenge. Die individuelle Angebotskurve der Unternehmung ist gleich ihrer Grenzkostenkurve.
- Sofern eine Unternehmung kurzfristig ihre fixen Kosten nicht erwirtschaften kann und der Preis niedriger ist als die durchschnittlichen variablen Kosten, wird sie sich zu einer vorübergehenden Produktionseinstellung entschließen. Langfristig wird sich eine Unternehmung für die Betriebsstillegung und den Marktaustritt entscheiden, wenn der Preis unter den durchschnittlichen Gesamtkosten liegt.
- Auf Märkten mit freiem Zutritt und Austritt pendeln sich die Gewinne langfristig bei null ein. Im langfristigen Marktgleichgewicht produzieren die Unternehmungen mit ihrer effizienten Betriebsgröße, der Preis ist gleich dem Minimum der Durchschnittskosten und die Anzahl der Unternehmungen stellt sich auf die Befriedigung der zu diesem Preis bestehenden Nachfrage ein.
- Nachfrageveränderungen haben über verschiedene Zeiträume unterschiedliche Wirkungen. Kurzfristig steigert eine Nachfrageerhöhung den Preis und die Gewinne; ein Nachfragerückgang senkt den Preis und führt zu Verlusten. Doch wenn freier Markteintritt und Marktaustritt möglich sind, pendeln sich die unternehmerischen Marktteilnehmer so ein, daß der Markt wieder auf ein Null-Gewinn-Gleichgewicht zurückkommt.

Stichworte

Wettbewerbsmarkt, Konkurrenzmarkt	Durchschnittserlös
Markt mit vollständiger Konkurrenz	Grenzerlös

Wiederholungsfragen

1. Wie ist die Situation einer Unternehmung auf einem Markt mit vollständiger Konkurrenz?
2. Zeichnen Sie die Kostenkurve für eine typische, repräsentative Unternehmung. Erklären Sie anhand der Kurve, wie die Unternehmung das Produktionsniveau zur Maximierung des Gewinns findet.
3. Unter welchen Bedingungen wird sich die Unternehmung für eine zeitweilige Produktionseinstellung entscheiden?
4. Welche Gegebenheiten bringen eine Unternehmung zur Aufgabe und zum Ausscheiden aus dem Markt?
5. Gleicht der Verkaufspreis der Produkte einer Unternehmung kurzfristig, langfristig oder beide Male den Grenzkosten?
6. Entspricht der Verkaufspreis der Produkte einer Unternehmung kurzfristig, langfristig oder beide Male dem Minimum der durchschnittlichen Gesamtkosten?

Aufgaben und Anwendungen

1. Welches sind die Merkmale eines Konkurrenz- oder Wettbewerbsmarktes? Welche der folgenden Getränke entsprechen am besten diesen Marktbedingungen? Weshalb nicht die anderen?
   a) Leitungswasser
   b) Wasser in Plastikflaschen
   c) Cola
   d) Bier
2. Die langen Stunden Ihrer Zimmerkollegin im Chemielabor haben sich schließlich bezahlt gemacht. Sie entdeckt eine Geheimformel, nach der Menschen in 5 Minuten das geistige Arbeitspensum von bisher einer Stunde erledigen können. Bisher hat sie 200 Dosen des Mittels verkauft, wobei sie diese Durchschnittskosten verzeichnet:

Q (Stück)	Durchschnittskosten (DM)
199	199
200	200
201	201

   Falls ein neuer Kunde die Zahlung von DM 300 für eine Dose anbietet, soll sie auf dieses Angebot eingehen?
3. Die Lakritz-Hersteller arbeiten unter vollständiger Konkurrenz. Jede Unternehmung produziert 2 Millionen Lakritz-Stangen pro Jahr. Die Stangen haben Durchschnittskosten von DM 0,20 und werden für DM 0,30 verkauft.
   a) Wie hoch sind die Grenzkosten einer Stange?
   b) Befindet sich die Branche im langfristigen Gleichgewicht? Erörtern Sie Für und Wider.

4. Im *Wall Street Journal* vom 23. Juli 1991 steht: »Since peaking in 1976, per capita beef consumption in the United States has fallen by 28.6 percent … [and] the size of the U. S. cattle herd has shrunk to a 30-year low.«

   a) Erörtern Sie den Rückgang der Nachfrage nach Rindfleisch und die kurzfristigen Auswirkungen anhand von Unternehmens- und Marktdiagrammen.

   b) Diskutieren Sie anhand einer neuen Skizze die langfristigen Effekte des Nachfragerückgangs.

5. Zahlreiche kleine Boote werden aus Fiberglas hergestellt, das aus Erdöl gewonnen wird. Angenommen, der Ölpreis steigt.

   a) Skizzieren Sie die möglichen Veränderungen der individuellen Kostenkurven der Bootshersteller und der Markt-Angebotskurve.

   b) Wie ändern sich die Gewinne der Bootshersteller kurzfristig? Wie verändert sich langfristig die Zahl der Bootshersteller?

6. Angenommen, die Textilindustrie einer großen Volkswirtschaft arbeitet auf einem Markt mit vollständiger Konkurrenz (und ohne nennenswerten Außenhandel). Im langfristigen Gleichgewicht koste ein Einheitskleidungsstück DM 30,–.

   a) Beschreiben Sie das Gleichgewicht graphisch mit einer Zeichnung für den Markt und für den repräsentativen Anbieter.
      Nun gehen wir davon aus, daß Anbieter anderer Länder das Kleidungsstück in großen Mengen und für DM 25,– verkaufen wollen.

   b) Welches sind die kurzfristigen Auswirkungen der Importe auf die im Inland von den einzelnen Unternehmungen erzeugten Mengen, wenn man hohe Fixkosten unterstellt? Wie verändern sich die Gewinne? Geben Sie eine graphische Illustration.

   c) Welche langfristigen Auswirkungen auf die Anzahl der inländischen Anbieter ergeben sich?

7. Angenommen, in München gebe es 1.000 Verkaufsbuden für Weißwürste. Jede Bude habe eine u-förmige Kurve von Durchschnittskosten. Die Marktnachfragekurve nach Weißwürsten hat einen normalen Verlauf (sinkende Nachfrage bei höherem Preis), und der Weißwurstmarkt des Straßenverkaufs befindet sich im langfristigen Marktgleichgewicht.

   a) Beschreiben Sie das Gleichgewicht mit Zeichnungen für den Markt und für den repräsentativen Anbieter.

   b) Nun verfüge die Stadt, daß es nur noch 800 Lizenzen für Verkaufsbuden gibt. Welche Auswirkungen auf den Markt und die im Markt befindlichen Anbieter wird die Maßnahme haben?

   c) Angenommen, die Stadt erhebe eine Lizenzgebühr. Welche Effekte gehen auf die Anzahl der verkauften Weißwürste und auf den Gewinn eines Anbieters aus? Welche Lizenzgebühr wird die Stadt festsetzen, damit auf Dauer 800 Verkaufsbuden bestehen bleiben und soviel Geld wie möglich in die Stadtkasse kommt? Stützen Sie Ihre Antwort mit einer Zeichnung.

8. Angenommen, für die Industrie der Goldgewinnung herrsche vollständige Konkurrenz.

   a) Beschreiben Sie das langfristige Gleichgewicht zeichnerisch für den Goldmarkt und für eine repräsentative Goldmine.

b) Unterstellen Sie nun, daß ein Anstieg der Nachfrage nach Schmuck die Nachfrage nach Gold erhöht. Verwenden Sie die Zeichnungen aus a) und klären Sie bitte, welche kurzfristigen Wirkungen sich für den Goldmarkt und die einzelne Goldmine ergeben.

c) Wie würde sich der Preis im Laufe der Zeit entwickeln, wenn die Nachfrage hoch bliebe? Läge der neue langfristige Gleichgewichtspreis über, unter oder genau bei dem kurzfristigen Gleichgewichtspreis von b)?

In diesem Kapitel werden Sie

- erfahren, warum einige Märkte nur einen einzigen Anbieter aufweisen,
- untersuchen, wie ein Monopolist die Produktionsmenge und den Preis bestimmt,
- erkennen, wie die Entscheidungen von Monopolisten die Wohlfahrt beeinflussen,
- verschiedene wirtschaftspolitische Maßnahmen zur Lösung des Monopolproblems betrachten,
- verstehen, warum Monopolisten verschiedenen Kunden unterschiedliche Preisen berechnen wollen.

Wenn Sie einen PC besitzen, dann benötigen Sie vermutlich auch irgend eine Version von Windows, dem von der Microsoft Corporation vertriebenen Betriebssystem. Als die Firma Microsoft vor vielen Jahren anfing, Windows zu entwickeln, hat sie dafür ein Copyright beantragt und bekommen. Das Copyright gibt Microsoft das ausschließliche Recht, Kopien des Windows-Betriebssystems herzustellen und zu verkaufen. Wenn also jemand eine Kopie von Windows kaufen will, hat er keine andere Wahl als an Microsoft die etwa DM 200,– zu bezahlen. Im Windows-Markt hat Microsoft – wie man sagt – ein *Monopol*.

Die Unternehmensentscheidungen von Microsoft sind nicht zutreffend mit dem Modell zu beschreiben, das im Kapitel 14 für unternehmerisches Verhalten entwickelt wurde. Dort ging es um Wettbewerbsmärkte mit sehr vielen Anbietern identischer Produkte, so daß die einzelne Unternehmung praktisch keinen Einfluß auf den Marktpreis haben konnte. Im Gegensatz dazu hat ein Anbieter wie Microsoft überhaupt keine Konkurrenten, und deshalb kann ein Monopolist wie Microsoft den Marktpreis seines Produkts entscheidend beeinflussen. War die Unternehmung im Wettbewerb ein *Preisnehmer* oder *Mengenanpasser*, so ist der Monopolist ein »Preismacher« oder Preissetzer, der mit *Mengenfixierung* oder *Preisfixierung* das von der Nachfrageseite her mögliche Marktergebnis bestimmt.

Im vorliegenden Kapitel gehen wir der Bedeutung dieser *Marktmacht* des Monopolisten nach. Wir werden sehen, daß Marktmacht den Zusammenhang zwischen dem Preis und den Kosten einer Unternehmung verändert. Eine Unternehmung unter vollständiger Konkurrenz nimmt den Verkaufspreis als gegeben hin und paßt dann nach der Regel »Grenzkosten gleich Preis« seine Angebotsmenge an. Im Gegensatz dazu liegt der vom Monopolisten gesetzte Preis über den Grenzkosten. Im Fall von Windows aus dem Hause Microsoft trifft dies ganz gewiß zu. Die Grenzkosten von Windows – die zusätzlichen Kosten, die Microsoft durch eine weitere Kopie von Windows auf eine Disk hätte – betragen nur ein paar Mark. Der Marktpreis von Windows ist jedoch ein Vielfaches der Grenzkosten.

Vielleicht ist es gar nicht überraschend, daß Monopolisten hohe Preise für ihre Produkte verlangen. Die Kunden der Monopolisten scheinen keine andere Wahl zu haben als zu bezahlen, was immer der Monopolist verlangt. Doch wenn das so ist: Warum kostet dann eine Kopie von Windows nicht DM 1.000,– oder DM 10.000,–? Der Grund liegt im Zusammenhang von Preis und nachgefragter Menge. Bei hohem Preis wird weniger gekauft. Die Leute nähmen Raubkopien oder andere Computer mit anderen Betriebssystemen (z.B. Apple). Monopolisten können nicht beliebig hohe Gewinne durch beliebig hohe Preise erreichen, weil hohe Preise die abgesetzte Menge vermindern. Obwohl der Monopolist den Preis seines Produkts steuern kann, ist sein Gewinn nicht grenzenlos.

Wenn wir uns die Entscheidungen des Monopolisten zur Produktion und Preissetzung näher ansehen, beziehen wir die Auswirkungen von Monopolen auf die Gesellschaft mit ein. Wie die Unternehmungen im Wettbewerb verfolgen auch Monopolisten das Ziel, den Gewinn zu maximieren. Das Ziel hat jedoch bei beiden ganz unterschiedliche Konsequenzen. Im Kapitel 7 haben wir uns mit dem Gedanken angefreundet, daß die eigeninteressierten Käufer und Verkäufer in Wettbewerbsmärkten unbewußt wie von einer unsichtbaren Hand dazu gebracht werden, dem Gemeinwohl zu dienen. Da die Monopolisten nicht vom Wettbewerb mit Konkurrenten im Zaum gehalten werden, ist das Ergebnis auf Monopolmärkten oft nicht ganz im allgemeinen Interesse der Gesellschaft.

»Regierungen können manchmal die Marktergebnisse verbessern«, lautete die Regel Nr. 7 der im Kapitel 1 vorgestellten *zehn volkswirtschaftlichen Regeln*. Die Analyse dieses Kapitels wird einiges Licht auf diese Regel werfen. Wenn wir Probleme ansprechen, die Monopole für eine Gesellschaft mit sich bringen, können wir beiläufig auch verschiedene wirtschaftspolitische Gegenmaßnahmen diskutieren. Man berührt dabei die Aufgaben des Bundeskartellamtes, der Monopolkommission und der EU-Instanzen für Fusions- und Monopolkontrolle.

Warum Monopole entstehen

Monopolist
Eine Unternehmung als Alleinanbieter eines Gutes, für das es kein nahes Substitut gibt.

Eine Unternehmung hält ein **Monopol** oder ist ein **Monopolist**, wenn sie der Alleinanbieter eines Gutes ist, für das es keine nahen Substitute gibt. Der tiefere Grund für Monopole sind *Eintrittsschranken* (barriers to entry) in den Markt für potentielle Konkurrenten. Die Eintrittsschranken wiederum haben dreierlei Ursachen:

- Ein Produktionsfaktor steht im Eigentum einer einzigen Unternehmung.
- Ein staatliche Lizenz gibt einer Unternehmung ein ausschließliches Produktionsrecht.
- Die Produktionskosten geben einem Alleinhersteller eine viel größere Effizienz als einer größeren Zahl von Produzenten.

Betrachten wir die drei Monopolursachen näher.

Alleineigentum an Produktionsfaktoren

Der theoretisch einfachste Weg zum Monopol geht vom Alleineigentum einer Unternehmung an einem Produktionsfaktor oder einem Schlüsselrohstoff aus. Man denke an eine Ölquelle, eine besondere Quelle für Mineralwasser (Karlsbader Sprudel), an Wasserquellen in Trockengebieten (Oasen) oder an den oft kriegerisch umkämpften Zugang zum Wasser bestimmter Seen und Flüsse (Spannungen zwischen Syrien und Israel). Die Beispiele sind zumeist von lokaler oder regionaler Relevanz. Doch zweifellos verfügt ein Monopolist über eine ungleich größere Marktmacht zur Einflußnahme auf das Marktergebnis (Preis und Menge) als jeder kleine Einzelanbieter in einem beliebigen Wettbewerbsmarkt. Bei lebensnotwendigen Rohstoffen und Gütern wie Wasser ist die Marktmacht besonders groß.

Obwohl das Alleineigentum an Schlüsselfaktoren eine mögliche Ursache für Monopole ist, entstehen Monopole in der Praxis sehr selten aus diesem Grunde. Die Volkswirtschaften sind heutzutage groß, der interregionale und internationale Handel floriert besser denn je, wissenschaftlicher Fortschritt und Entdeckungen führen immer wieder zu Substituten, statt privaten Alleineigentums gibt es oft nur Gemeineigentum und staatliche Monopole. Die empirische Relevanz dieses Monopolfalles ist also gering.

Das Diamantenmonopol von DeBeers   Fallbeispiel

Das klassische Beispiel für eine Monopolentstehung durch Alleineigentum an einem Schlüsselrohstoff bildet die südafrikanische Diamanten-Firma DeBeers. DeBeers kontrolliert ungefähr 80% der Welterzeugung an Diamanten. Obwohl der Anteil nicht 100% beträgt, ist der Anteil von DeBeers groß genug, um das Marktergebnis letztlich zu bestimmen. Genau genommen hat DeBeers damit ein Teilmonopol mit einigen als Konkurrenten unmaßgeblichen Mitanbietern (keine Oligopolisten als ernsthafte Gegenspieler).

Wieviel Marktmacht hat DeBeers? Die Antwort hängt teilweise davon ab, ob es nahe Substitute für dieses Produkt gibt. Wenn die Menschen eines Tages Saphire, Smaragde und Rubine als brauchbare Substitute für Diamanten betrachten und auch die Industrie genügend technische Alternativen für Diamanten hat, dann verfügt DeBeers über wenig Marktmacht. In diesem Falle würde jeder Versuch von DeBeers zu Preiserhöhungen die Menschen veranlassen, auf andere Edelsteine auszuweichen. Doch wenn die Menschen diese anderen Edelsteine als sehr verschieden von den Diamanten einstufen, dann kann DeBeers den Preis seines Produkts ganz wesentlich gestalten.

DeBeers gibt viel Geld für Werbung aus. Dies mag zunächst befremdlich erscheinen. Warum treibt ein Monopolist, der ja dem Wortsinne nach Alleinanbieter seines Produkts ist, Werbung? Ein Ziel der Aktivität ist auf das Bewußtsein der potentiellen Nachfrager gerichtet. Die Konsumenten sollen Diamanten als sehr verschieden von anderen Edelsteinen einschätzen und keine Substitute anerkennen. Wenn ein Slogan lautet »a diamond is forever«, so soll man glauben, dies gelte nicht für Smaragde, Rubine und Saphire. Sind die Werbemaßnahmen erfolgreich, so werden Diamanten in den Augen der Konsumenten als einzigartig und völlig verschieden von den anderen Edelsteinen gelten. Diese Wahrnehmung und Verankerung von Diamanten in der subjektiven Präferenzordnung der Konsumenten verleiht DeBeers größere Marktmacht.

Staatlich legitimierte Monopole

Oft entstehen Monopole dadurch, daß der Staat einzelnen Personen oder Unternehmungen eine Lizenz erteilt, bestimmte Waren oder Dienstleistungen alleine herzustellen und zu verkaufen. Die Entstehung der deutschen Tageszeitungen nach dem zweiten Weltkrieg durch Lizenzen der Besatzungsmächte (Amerikaner, Engländer und Franzosen) in Westdeutschland liefert Beispiele. Gelegentlich entstehen derartige Monopole durch einen politischen Handstreich eines Möchtegern-Monopolisten. Könige z.B. haben Geschäftslizenzen an ihre Freunde und Verbündeten vergeben. Sie wurden u.a. »Hoflieferanten« für verschiedene einträgliche Güter. In einigen Fällen jedoch wird im öffentlichen Interesse vom Staat ein Monopol gewährt oder geschaffen.

Das Patentrecht und die Gesetze für Gebrauchsmusterschutz und Copyrights stellen wichtige Beispiele für staatliche Monopolisierung zum Nutzen der Gesamtgesellschaft dar. Die Entwicklung eines neuen Arzneimittels durch eine pharmazeutische Unternehmung erfordert einen verläßlichen Patentschutz für eine Reihe von Jahren. Die garantierte Alleinnutzung von Forschungsergebnissen auf Märkten bildet einen Anreiz für die Forschung. Forschung ist notwendig für Inventionen, die unternehmerisch zu Innovationen umgesetzt werden können. Wenn man Innovationen – Produkt- und Prozeßinnovationen – völlig zu Recht als den Motor der marktwirtschaftlichen Entwicklung und des für die Standortgunst entscheidenden internationalen Innovationswettbewerbs ansieht, so bekommen Anreize zu Forschungen durch staatlichen Patentschutz einen hohen Rang. Der volkswirtschaftliche Nutzen des Patentwesens liegt in den erhöhten Anreizen zu forscherischer und kreativer Aktivität. Zwar stehen den volkswirtschaftlichen Nutzen auch volkswirtschaftliche Kosten gegenüber, die sich in den höheren Monopolpreisen zeigen, doch gehören die entsprechenden Preisaufschläge bei erfolgreichen Innovationen mit zum Anreizsystem, das den »Löwen des technischen Fortschritts« (Paul A. Samuelson) in Bewegung hält.

Auch das Copyright gehört zum Bereich der staatlich institutionalisierten Monopole. Ein Dichter oder ein wissenschaftlicher Autor soll sicher sein können, daß niemand ohne seine Erlaubnis sein Werk abschreiben, nachdrucken und zu Geld machen kann. Auch hierbei gibt es volkswirtschaftliche Kosten (die zeitweilig höheren Preise durch den Rechtsschutz) und volkswirtschaftlichen Nutzen (den Anreiz zur Kreativität durch Einkommen). Der denkbare Saldo (»volkswirtschaftlicher Gewinn«) legitimiert die

Lizenzierung und staatliche Monopolisierung. Darüber wird noch einmal nachzudenken sein.

Natürliche Monopole

Von einem **natürlichen Monopol** spricht man dann, wenn eine einzelne Unternehmung eine Ware oder eine Dienstleistung dem gesamten Markt zu niedrigeren Kosten bereitstellen kann als zwei oder mehrere Unternehmungen. Ein natürliches Monopol entsteht, wenn zunehmende Skalenerträge für den gesamten relevanten Mengenbereich anfallen. Die Durchschnittskosten einer Unternehmung mit zunehmenden Skalenerträgen sind z.B. im Schaubild 15-1 skizziert. In diesem Falle kann eine einzige Unternehmung jede beliebige Produktmenge zu den niedrigsten Kosten herstellen. Anders betrachtet würde man für jede beliebige Produktmenge durch eine größere Zahl von Herstellern zu höheren Durchschnittskosten und weniger Output je Unternehmung kommen.

Ein Beispiel für ein natürliches Monopol liefert die Verteilung von Wasser. Um den Bürgern einer Stadt Wasser zur Verfügung zu stellen, muß eine Unternehmung ein Leitungsnetz durch die Stadt anlegen. Bei zwei oder mehr Anbietern und Konkurrenten müßte jeder die Fixkosten für ein eigenes Leitungsnetz aufbringen. Sonach sind die durchschnittlichen Gesamtkosten von Trinkwasser dann am niedrigsten, wenn eine einzige Unternehmung den gesamten Markt bedient.

Andere Beispiele natürlicher Monopole sind uns begegnet, als wir im Kapitel 11 öffentliche Güter und gesellschaftliche Ressourcen angesprochen haben. Beiläufig haben wir dort festgestellt, daß einige Güter der Volkswirtschaft zwar dem Ausschlußprinzip, aber nicht dem Rivalitätsprinzip unterliegen. Beispiel war eine wenig befahrene Brücke, bei der kein Stau ent-

Natürliches Monopol
Ein Monopol, das deshalb entsteht, weil eine einzelne Unternehmung ein bestimmtes Gut für den gesamten Markt zu niedrigeren Kosten als zwei oder mehr Unternehmungen produzieren kann.

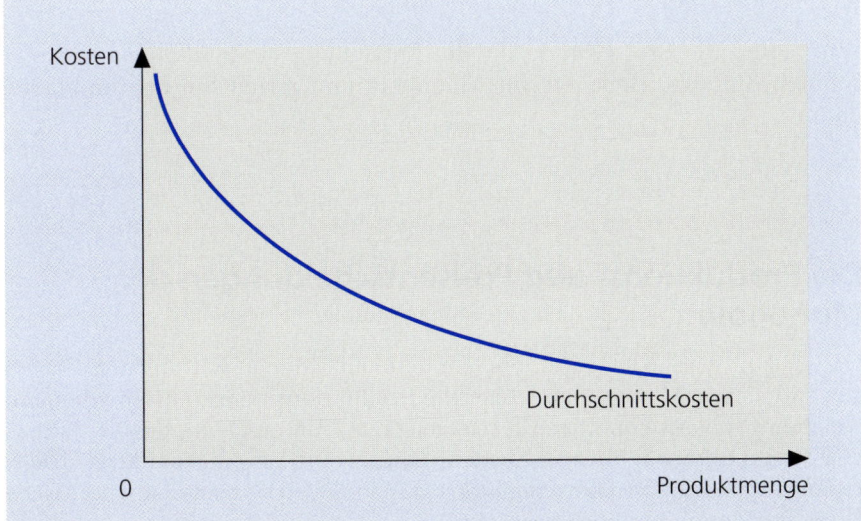

Schaubild 15-1
Zunehmende Skalenerträge als Ursache der Monopolbildung. Wenn die Kurve der durchschnittlichen Gesamtkosten einer Unternehmung ständig fällt, liegt bei der Unternehmung ein natürliches Monopol vor. Bei einer Aufteilung der Produktion auf mehrere Hersteller käme es zu höheren Durchschnittskosten und kleinerer Produktmenge. Eine einzelne Unternehmung kann somit jede Gütermenge zu den geringsten Kosten erzeugen.

steht. Die Brückennutzung unterliegt dem Ausschlußprinzip, weil man die Benützung durch einen Schlagbaum mit einem Zollhäuschen regeln kann. Die Brückennutzung unterliegt jedoch nicht dem Rivalitätsprinzip, weil ein Nutzer keinem anderen Nutzer den Nutzen mindert. Da für die Brücke zwar sehr hohe Fixkosten, jedoch verschwindend geringe Grenzkosten für einen weiteren Nutzer anfallen, sinken die Durchschnittskosten einer Überfahrt über die Brücke (Gesamtkosten dividiert durch die Anzahl der Überfahrten) beständig mit der Zunahme der Überfahrten. Somit bildet die Bücke ein gutes Beispiel für ein natürliches Monopol.

Wenn eine Unternehmung ein natürliches Monopol hat, ist sie nicht sehr besorgt darüber, ob und wann Neulinge im Markt ihre Monopolmacht gefährden könnten. Normalerweise hat eine Unternehmung schon Probleme damit, die Monopolmacht zu erhalten, wenn sie nicht gerade durch das Eigentum an einem Schlüsselrohstoff oder durch staatliche Protektion abgesichert ist. Der Monopolgewinn lockt nämlich neue Anbieter in den Markt, und diese neuen Anbieter bewirken schrittweise mehr Wettbewerb. Im Gegensatz zur üblichen Marktlage bei einem Monopol ist der Eintritt für Newcomer bei einem natürlichen Monopol reizlos. Die Eintrittskandidaten wissen ja, daß sie unmöglich dieselben niedrigen Kosten erreichen können, deren sich der Monopolist erfreut. Nach dem Markteintritt hätte jeder ein kleineres Stück vom Markt und höhere Durchschnittskosten.

In einigen Fällen ist die Größe des Marktes ausschlaggebend dafür, ob ein natürliches Monopol vorliegen kann. Betrachten wir nochmals die Brücke über einen Fluß. Bei kleiner Bevölkerung mag die Brücke ein natürliches Monopol schaffen. Eine einzige Brücke kann die gesamte Nachfrage nach Flußüberquerungen mit den niedrigsten Kosten ermöglichen. Wenn die Bevölkerung jedoch wächst und auf der Brücke zunehmend Staus entstehen, kann nach und nach eine zweite und eine dritte Brücke über diesen Fluß zur Befriedigung der gesamten Nachfrage notwendig werden. Auf diese Weise kann sich ein natürliches Monopol mit dem Wachstum des Marktes in einen Konkurrenzmarkt verwandeln.

Schnelltest   Wie lauten die drei Gründe für die Entstehung eines Monopolmarktes? Nennen Sie zwei Beispiele für Monopole und geben Sie Begründungen dafür.

Die Produktions- und Preisentscheidungen der Monopole

Da wir nun wissen, wie Monopole entstehen, können wir uns den Fragen zuwenden, wie Monopolisten über die Produktionsmenge entscheiden und welchen Preis Monopolisten festsetzen. Die Untersuchung des Verhaltens von Monopolisten in diesem Abschnitt bildet den Ausgangspunkt der Überlegung, ob Monopole wünschenswert sind und welche wirtschaftspolitische Linie für Monopolmärkte angezeigt ist.

Monopol und Konkurrenz

Der Hauptunterschied zwischen einer Unternehmung bei vollständiger Konkurrenz und einem Anbieter im Monopolmarkt besteht darin, daß der Monopolist den Preis seiner Produkte beeinflussen kann. Die wettbewerbliche Unternehmung ist relativ klein im Vergleich zum Marktvolumen und nimmt daher den Preis als durch den Markt gegeben an. Im Gegensatz dazu ist der Monopolist der Alleinanbieter im Markt, der den Marktpreis seines Produkts durch Variation seiner Angebotsmenge zu verändern vermag.

Eine Möglichkeit zur näheren Betrachtung von Wettbewerbs- und Monopolmarkt besteht darin, die Nachfragekurven zu betrachten, denen sich die Unternehmungen gegenüber sehen. Als wir im Kapitel 14 die Gewinnmaximierung bei vollständiger Konkurrenz untersuchten, zeichneten wir den Marktpreis als eine waagerechte Linie. Da eine Unternehmung bei vollständiger Konkurrenz zum herrschenden Preis so viel oder so wenig wie sie will verkaufen kann, steht diese Unternehmung vor einer horizontalen Nachfragekurve, wie wir sie im Diagramm a) des Schaubildes 15-2 sehen. Da ein Anbieter bei vollständiger Konkurrenz letztlich ein Produkt herstellt, zu dem es viele vollkommene Substitute gibt (nämlich die Produkte aller anderen Mitanbieter in diesem Markt), ist die Nachfragekurve aus der Sicht jeder einzelnen Unternehmung vollkommen elastisch.

Ganz anders verhält es sich für den Monopolisten. Da er der Alleinanbieter in seinem Markt ist, gehört ihm sozusagen die ganze Marktnachfragekurve. Deshalb weist die Nachfragekurve für den Monopolisten – wie im Diagramm b) des Schaubildes 15-2 gezeichnet – aus allen bereits bekannten Gründen eine negative Steigung auf. Wenn der Monopolist den Preis des Gutes erhöht, kaufen die Konsumenten weniger. Anders herum betrachtet: Wenn der Monopolist die Verkaufsmenge reduziert, steigt der Preis seines Produkts an.

Die Marktnachfragekurve markiert eine Grenze für den Monopolisten bei der Umsetzung seiner Marktmacht in Gewinn. Selbstverständlich würde es ein Monopolist nach Möglichkeit vorziehen, einen hohen Preis zu verlangen und zu diesem hohen Preis eine große Menge zu verkaufen. Dem steht die Kurve der Marktnachfrage im Wege. Die Kurve der Marktnachfrage zeigt die für einen Monopolisten erreichbaren Preis-Mengen-Wertepaare an. Durch Fixierung einer bestimmten Menge (oder umgekehrt Fixierung eines bestimmten Preises) kann der Monopolist jeden beliebigen Punkt auf der Nachfragekurve auswählen. Doch er vermag keine Punkte oberhalb der Nachfragekurve zu verwirklichen.

Welchen der möglichen Punkte auf der Nachfragekurve wird der Monopolist wählen? Wir unterstellen ihm dafür zunächst einmal das übliche unternehmerische Ziel der Gewinnmaximierung. Sodann wissen wir bereits hinlänglich, daß als Gewinn die Differenz zwischen Gesamterlös und Gesamtkosten zu gelten hat. Unsere nächste Aufgabe bei der Erklärung des Verhaltens besteht also darin, den Erlös des Monopolisten darzustellen.

Schaubild 15-2
Nachfragekurven für Polypolisten und Monopolisten. Da Polypolisten auf dem vollkommenen Markt Mengenanpasser oder Preisnehmer sind, sehen sie sich vor waagerechte Nachfragekurven wie im Diagramm (a) gestellt. Der Monopolist als Alleinanbieter in seinem Markt hat dagegen eine fallende Nachfragekurve wie im Diagramm (b) als Handlungsrahmen. Der Monopolist muß deshalb einen niedrigeren Preis hinnehmen, wenn er eine größere Menge verkaufen will.

a) Nachfragekurve des Polypolisten

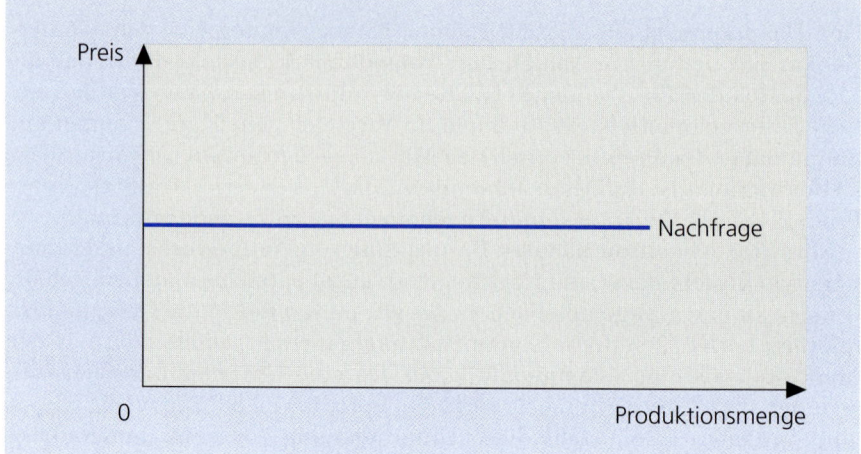

b) Nachfragekurve des Monopolisten

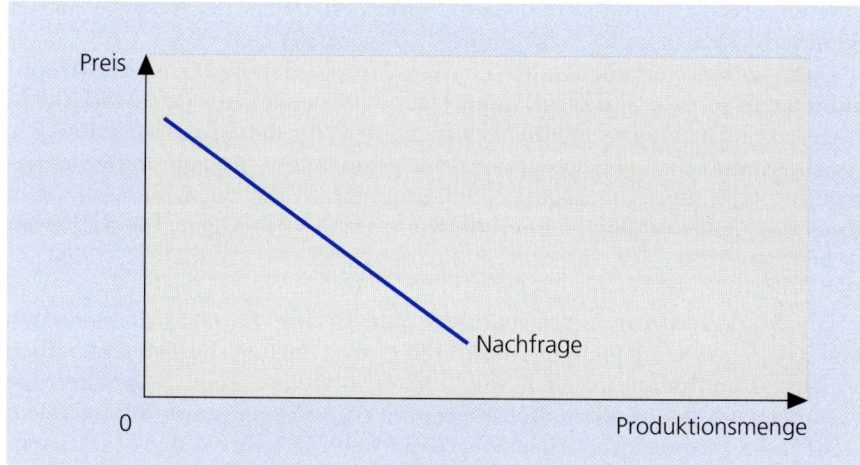

Tabelle 15-1
Gesamterlös, Durchschnittserlös und Grenzerlös eines Monopolisten

Wassermenge (5-Liter-Ballon)	Wasserpreis (DM)	Gesamterlös (DM)	Durchschnitts-erlös (DM)	Grenzerlös (DM)
Q	P	$E = P \times Q$	$DE = E/Q$	$GE = \Delta E / \Delta Q$
0	11	0	–	–
1	10	10	10	10
2	9	18	9	8
3	8	24	8	6
4	7	28	7	4
5	6	30	6	2
6	5	30	5	0
7	4	28	4	–2
8	3	24	3	–4

Der Erlös eines Monopolisten

Nehmen wir wieder eine Stadt mit einem einzigen Wasserwerk. Die Tabelle 15-1 läßt erkennen, wie der Erlös dieses Monopolisten von der Menge des produzierten Wassers abhängen könnte.

Die ersten beiden Spalten bilden die tabellarische Werteangabe zur Nachfragekurve des Monopolisten. Wenn er einen Ballon Trinkwasser herstellt, kann er diesen für DM 10,– verkaufen. Bei 2 Ballons muß er beim Verkauf auf DM 9,– herunter gehen. Und wenn er drei Stück produzieren und verkaufen will, senkt er den Preis auf DM 8,–. Und so weiter, ganz nach dem Bild der negativ geneigten Nachfragekurve.

Die dritte Spalte der Tabelle gibt den *Gesamterlös* des Monopolisten an (verkaufte Menge nach der ersten Tabellenspalte mal Preis der zweiten Tabellenspalte). In der vierten Spalte wird der *Durchschnittserlös* der Unternehmung berechnet (Erlös nach Spalte drei pro verkaufter Mengeneinheit nach Spalte eins). Wie wir schon im Kapitel 14 erkannt haben, gleicht der Durchschnittserlös immer dem Preis eines Gutes. Das gilt für Monopolisten ebenso wie für Polypolisten.

Die letzte Spalte der Tabelle 15-1 weist den *Grenzerlös* aus, den zusätzlichen Erlös der Unternehmung für jede zusätzlich verkaufte Mengeneinheit. Berechnet wird der Grenzerlös durch die Veränderung des Gesamterlöses bei einem Anstieg der Produktionsmenge um eine Einheit. So nimmt die Unternehmung z.B. bei Produktion und Verkauf von 3 Ballons Wasser insgesamt DM 24,– ein. Eine Steigerung der Produktion auf 4 Ballons steigert die Markterlöse um DM 4,– auf DM 28,–. Der Grenzerlös ist also DM 4,–.

Diese Angabe in der Tabelle 15-1 ist besonders wichtig für das Verständnis des Monopolisten-Verhaltens: *Der Grenzerlös eines Monopolisten ist stets geringer als der Preis des Gutes.* Wenn die Unternehmung beispielsweise die Wasserproduktion von 3 auf 4 Ballons erhöht, wird der Gesamterlös nur um DM 4,– steigen, obwohl jeder einzelne Ballon für DM 7,– verkauft werden kann. Für einen Monopolisten ist der Grenzerlös deshalb niedriger als der Preis, weil für die Marktform des Monopols eine fallende Nachfragekurve gilt. Zur Steigerung der Absatzmenge muß der Monopolist den Preis senken. Deshalb wird der Monopolist zwecks Verkaufs eines vierten Ballons Wasser auch weniger für die drei zuvor produzierten und verkauften Mengeneinheiten erlösen.

Der Grenzerlös des Monopolisten entsteht ganz anders als der Grenzerlös des Polypolisten. Wenn ein Monopolist die produzierte und zum Verkauf angebotene Menge steigert, so hat das zweierlei Wirkungen auf den Gesamterlös ($P \times Q$):

- Einen *Mengeneffekt:* Da mehr verkauft wird, ist Q größer.
- Einen *Preiseffekt:* Da der Preis zurückgeht, ist P kleiner.

Da eine Unternehmung bei vollständiger Konkurrenz mit vielen anderen davon ausgeht, daß sie beliebige Mengen zum herrschenden Marktpreis verkaufen kann, gibt es im Wettbewerbsfall keinen Preiseffekt. Wenn sie die Produktion um eine Einheit erhöht, bekommt sie dafür den Marktpreis – auch für die zuvor schon für den Verkauf vorgesehenen Mengeneinheiten.

Da die Konkurrenzunternehmung ein Preisnehmer ist, kalkuliert und bekommt sie den Preis des Gutes. Wenn dagegen der Monopolist die Produktion um eine Mengeneinheit erhöht, muß er den Preis für die gesamte Menge zurücknehmen, und diese Preissenkung reduziert den Erlös pro Stück bei allen Einheiten. Der Grenzerlös des Monopolisten ist also niedriger als der Preis.

Das Schaubild 15-3 zeigt die Nachfragekurve und die Grenzerlöskurve eines Monopolisten im Bilde. (Da der Preis dem Durchschnittserlös der Unternehmung entspricht, ist die Nachfragekurve zugleich die Kurve des Durchschnittserlöses.) Beide Kurven beginnen jeweils im selben Punkt auf der senkrechten Achse, weil Grenzerlös und Durchschnittserlös der ersten Einheit stets gleich sind. Doch nach den eben zuvor erörterten Überlegungen ist der Grenzerlös des Monopolisten niedriger als der Preis des Gutes. Somit liegt die Grenzerlöskurve des Monopolisten unterhalb der Nachfragekurve.

Schaubild 15-3
Die Kurven der Nachfrage und des Grenzerlöses beim Monopol. Die Nachfragekurve zeigt, wie die Menge den Preis des Gutes beeinflußt. Die Grenzerlöskurve zeigt dagegen, wie sich der Gesamterlös oder Umsatz der Unternehmung verändert, wenn die Menge um eine Einheit erhöht wird. Da beim Produktions- und Absatzanstieg des Monopolisten *alle* Einheiten zu niedrigerem Preis verkauft werden müssen, ist der Grenzerlös stets niedriger als der Preis.

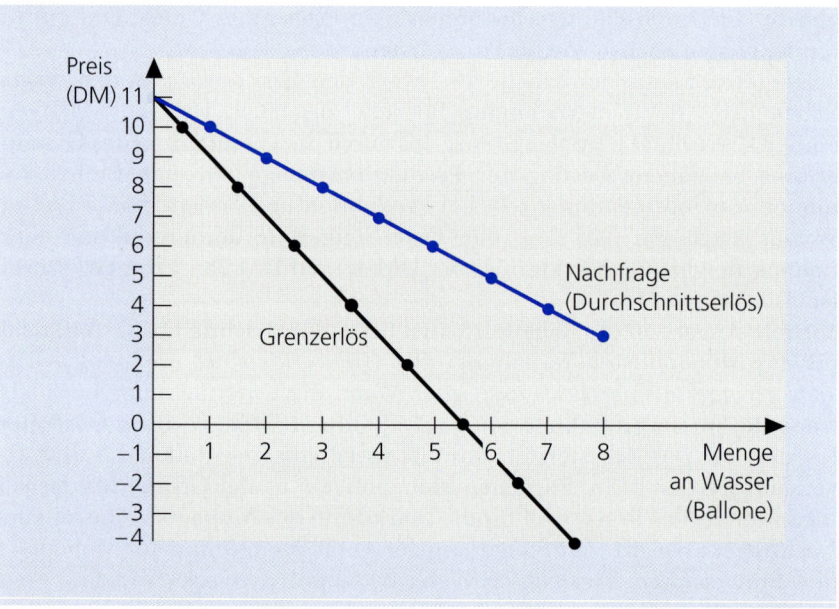

Aus dem Schaubild können Sie ebenso wie aus der Tabelle 15-1 entnehmen, daß der Grenzerlös sogar negativ werden kann. Der Grenzerlös ist dann negativ, wenn der Preiseffekt auf den Gesamterlös stärker wirkt als der Mengeneffekt. Wenn die Unternehmung in dieser Situation eine zusätzliche Einheit produziert, fällt der Preis genügend ab, um trotz höherer Absatzmenge eine Einbuße am Gesamterlös zu bewirken.

Gewinnmaximierung

Nachdem wir nun mit dem Erlös des Alleinanbieters vertraut sind, können wir die Gewinnmaximierung behandeln. Von den *zehn volkswirtschaft-*

lichen Regeln des Kapitels 1 ist jene heranzuziehen, nach der vernünftige Leute in Grenzbegriffen denken. Das gilt für Monopolisten wie für Polypolisten. Wir wenden hier die Logik der Marginalanalyse auf das Entscheidungsproblem des Monopolisten über die Produktionsmenge an.

Im Schaubild 15-4 sieht man die Nachfragekurve, die Grenzerlöskurve und die Kostenkurven der Monopolunternehmung. All diese Kurven sind dem Leser bereits vertraut: Nachfrage und Grenzerlös sind wie im Schaubild 15-3, und die Kostenkurven verlaufen wie jene im Kapitel 13, die bei der Behandlung der Unternehmung auf dem Markt mit vollständiger Konkurrenz im Kapitel 14 verwendet wurden. Die Kurven enthalten alle Informationen, die ein Monopolist zur Gewinnmaximierung durch Festlegung der geeigneten Produktionsmenge benötigt.

Zuerst stellen wir uns vor, daß die Unternehmung ein vergleichsweise niedriges Produktionsniveau Q_1 verwirklicht. Hierbei sind die Grenzkosten niedriger als der Grenzerlös. Wenn die Produktmenge um eine Einheit erhöht wird, übersteigt der zusätzliche Erlös die zusätzlichen Kosten und der Gewinn steigt. Sonach kann eine Unternehmung dann durch Ausdehnung der Produktion den Gewinn steigern, wenn und solange die Grenzkosten unter dem Grenzerlös liegen.

Eine entsprechende Argumentation kann bei einem vergleichsweise hohen Produktionsniveau Q_2 ansetzen. Dort sind die Grenzkosten höher als der Grenzerlös. Wenn die Unternehmung ihre Produktmenge um eine Einheit senkt, ist die Kostenersparnis größer als die Erlöseinbuße. Sonach kann eine Unternehmung den Gewinn durch eine Einschränkung der Produktion steigern, wenn und solange die Grenzkosten höher sind als der Grenzerlös.

Schließlich reguliert die Unternehmung von beiden Seiten her ihre Produktion auf die Menge Q_{MAX} ein, bei der Grenzerlös und Grenzkosten

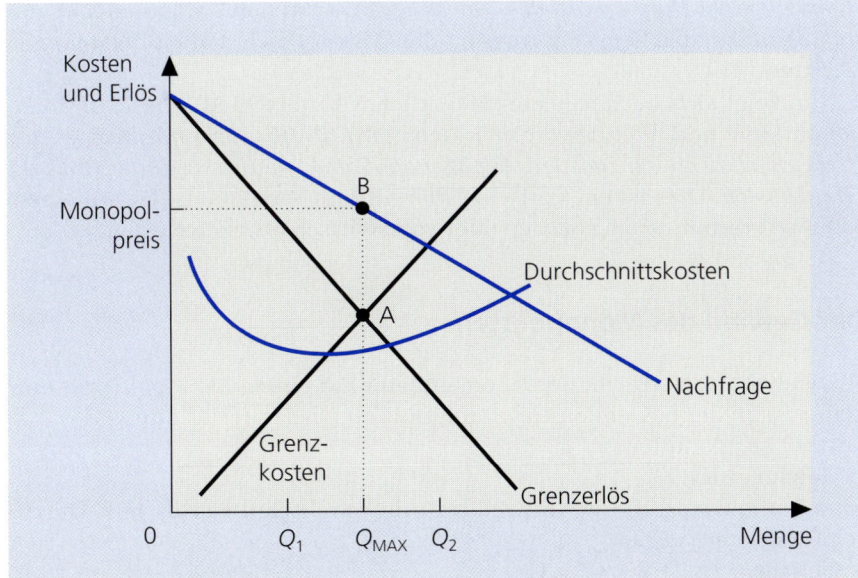

Schaubild 15-4
Gewinnmaximierung eines Monopolisten. Ein Monopolist maximiert seinen Gewinn mit der Produktionsmenge, bei der Grenzerlös und Grenzkosten gleich groß sind (Punkt A). Sodann benützt er die Nachfragekurve, um den Preis herauszufinden, der die Konsumenten zum Kauf der Menge veranlassen wird (Punkt B).

genau übereinstimmen. *Die gewinnmaximierende Produktionsmenge des Monopolisten wird durch den Schnittpunkt von Grenzerlöskurve und Grenzkostenkurve bestimmt.* Im Schaubild 15-4 liegt der Schnittpunkt in A.

Im Kapitel 14 ist nachzulesen, daß auch die Unternehmung im Wettbewerb jene Menge wählt, bei der Grenzerlös und Grenzkosten übereinstimmen. Insofern besteht bei dieser Regel eine Gemeinsamkeit zwischen Monopolisten und Polypolisten. Aber es gibt da auch einen wichtigen Unterschied zwischen beiden Typen von Unternehmungen: Der Grenzerlös entspricht bei vollständiger Konkurrenz dem Preis, während der Grenzerlös im Monopolfall niedriger ist als der Preis. Somit gilt

- für eine Unternehmung bei vollständiger Konkurrenz: P = GE = GK
- für einen Monopolisten: P > GE = GK

Die Gleichheit von Grenzerlös und Grenzkosten bei der gewinnmaximierenden Menge trifft für beide Unternehmungen zu. Der Unterschied liegt im Größenverhältnis des Preises zum Grenzerlös und zu den Grenzkosten.

Wie findet der Monopolist den gewinnmaximierenden Preis für sein Produkt heraus? Die Frage nach dem gewinnmaximierenden Preis beantwortet die Nachfragekurve; denn die Nachfragekurve verknüpft die Zahlungsbereitschaft der Konsumenten mit der Absatzmenge. Sobald ein Monopolist die Produktmenge ermittelt hat, bei der Grenzerlös und Grenzkosten übereinstimmen, findet er mit Hilfe der Nachfragekurve den zur geplanten Menge passenden Preis. Im Schaubild 15-4 wird der Punkt B markiert, dem der gewinnmaximierende Preis der optimalen Produktionsmenge des Monopolisten zugeordnet ist.

Es macht keinen Sinn, analog zum Konkurrenzmarkt mit Angebotskurve und Nachfragekurve eine Angebotskurve des Monopolmarktes zu suchen. Der Monopolist als Alleinanbieter hat keine Liste optimaler Angebotsmengen, die er passend zu verschiedenen vorgegebenen Marktpreisen setzt. Er bestimmt den Marktpreis selbst mit Blick auf die Marktnachfrage. *Die Auswahl eines Punktes auf der Nachfragekurve* ist beim Monopolisten das Analogon zu den Angebotskurven der Polypolisten auf vollkommenen Märkten.

Nun zeigt sich nochmals ein wesentlicher Unterschied zwischen Monopolmärkten und Wettbewerbsmärkten: *Auf Wettbewerbsmärkten ist der Preis gleich den Grenzkosten. Auf Monopolmärkten übersteigt der Preis die Grenzkosten.* Dies ist ein kritischer Befund zum Verständnis der mit einem Monopol verbundenen sozialen oder volkswirtschaftlichen Kosten.

Der Gewinn des Monopolisten

Wieviel Gewinn streicht der Alleinanbieter auf einem Monopolmarkt ein? Dafür ist an der bekannten Gewinndefinition (Gesamterlös minus Gesamtkosten) anzuknüpfen:

Gewinn = E – K

Eine Umformung dieser Gleichung (mit Durchschnittserlös und Durchschnittskosten) ergibt:

Gewinn = (E/Q – K/Q) × Q

Somit gilt auch:

Gewinn = (P – DK) × Q

Diese definitorische Gewinngleichung, die selbstverständlich auch für Unternehmungen bei vollständiger Konkurrenz gilt, ermöglicht eine geometrische Messung des Gewinns im üblichen Entscheidungs- und Marktdiagramm (schattierte Rechtecksfläche im Schaubild 15-5).

Die Höhe des Gewinn-Rechtecks im Schaubild 15-5, die Strecke BC, ist gleich dem Stückgewinn (P – DK). Die Breite des Rechtecks, die Strecke DC, entspricht der Absatzmenge Q_{MAX}. Gewinn pro Stück mal verkaufte Stückzahl ergibt den geometrisch abgebildeten Gesamtgewinn der Unternehmung.

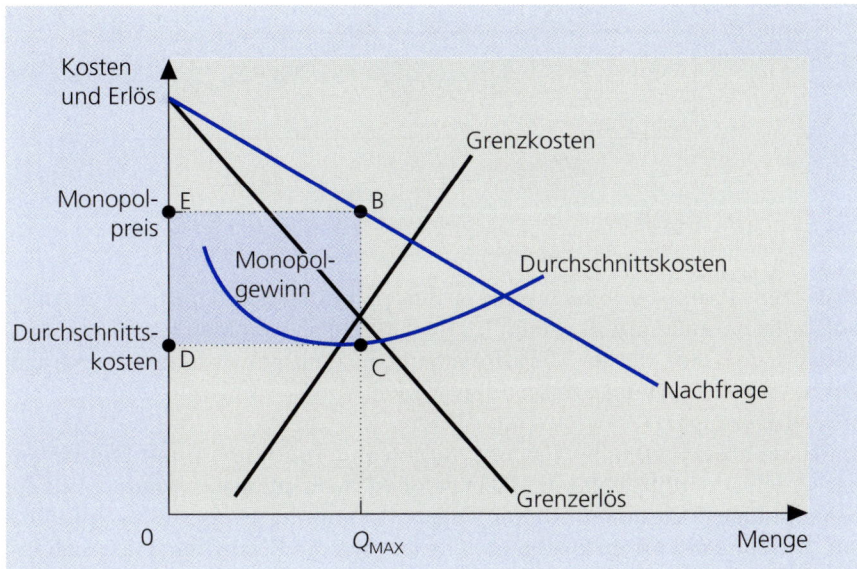

Schaubild 15–5
Der Gewinn des Monopolisten. Den Gewinn des Monopolisten stellt die Fläche des Rechtecks BCDE dar. Die Höhe BC, Preis minus Durchschnittskosten, mißt den Stückgewinn. Die Breite DC zeigt die zu verkaufende Produktmenge Q_{MAX}.

Arzneimittel mit Monopol- und Konkurrenzpreisen

Fallbeispiel

In Monopolmärkten und in Konkurrenzmärkten werden die Preise ganz unterschiedlich bestimmt. Die Erkenntnisse können leicht auf den Arzneimittelmarkt übertragen werden; denn da gibt es nebeneinander Monopole durch den Patentschutz neuer Medikamente und Wettbewerb bei den nicht mehr geschützten Pharmaka, die jedermann herstellen kann. Bei Auslaufen des Patentschutzes verwandeln sich Monopolmärkte zu Konkurrenzmärkten. Was geschieht dann mit dem Preis?

Betrachten wir dazu das Schaubild 15-6. Die Grenzkosten der Arzneimittelherstellung sind als konstant angenommen, was näherungsweise für zahlreiche Arzneimittel zutrifft. Während der Laufzeit des Patents maximiert der Monopolist seinen Gewinn aus dem Arzneimittelverkauf, indem er jene Menge produziert und anbietet, bei der Grenzkosten und Grenzerlös gleich sind. Bei ein wenig lebensferner Betrachtung könnte er diese Menge »auf den Markt werfen« (Mengenfixierung) und dann den passenden Preis

Schaubild 15-6
**Der Markt für Arz-
neimittel.** Solange
der Hersteller ein
Patent hat und
Alleinanbieter eines
Arzneimittels ist,
setzt er den deutlich
über den Grenzko-
sten liegenden
Monopolpreis fest.
Nach dem Wegfall
des Patentschutzes
werden neue Anbie-
ter in den Markt ein-
treten und für Wett-
bewerb sorgen.
Deshalb wird der
Preis schließlich auf
die Grenzkosten
absinken.

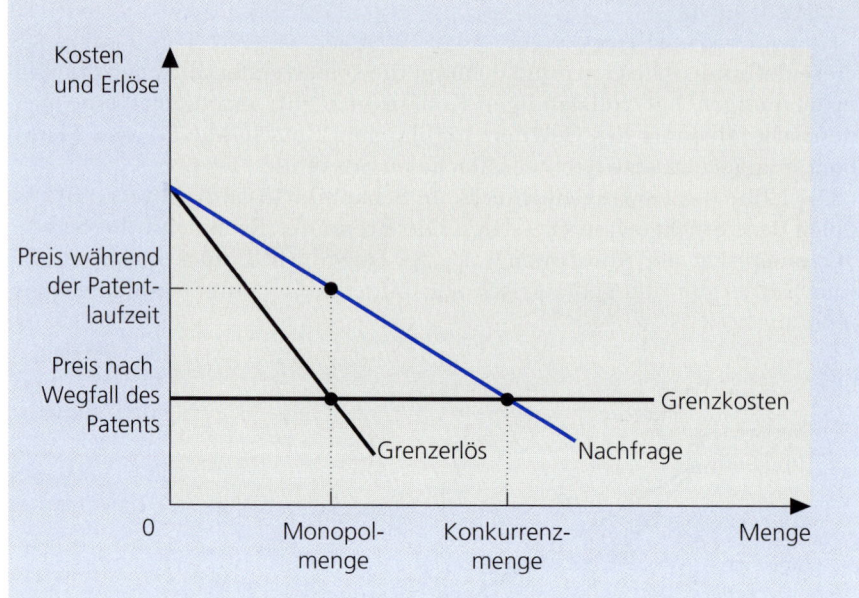

kassieren. Praktisch jedoch muß er den potentiellen Käufern einen Ange-
botspreis nennen und in seinen Listen ausweisen, weshalb der Monopolist
anhand der ihm durch Marktforschung bekanntgewordenen Nachfragekurve den zur Menge passenden Verkaufspreis ermittelt und festsetzt
(Preisfixierung).

Mit dem Auslaufen des Patents werden andere Anbieter und Wettbewerber in den gewinnträchtigen Markt gelockt. Nach und nach wandelt sich der
Monopolmarkt zu einem Konkurrenzmarkt und der Preis sinkt schließlich
auf die Höhe der Grenzkosten ab. Die empirische Erfahrung deckt sich mit
den Hypothesen der Theorie. Neben den bisherigen Markenartikel des
Alleinanbieters treten pharmakologisch äquivalente Generica anderer Hersteller. All seine Marktmacht verliert der Monopolist eines Arzneimittels
mit dem Ende des Patentschutzes jedoch nicht. Einige Käufer bleiben seiner
Marke treu, weil sie sich über Jahre hinweg an den Namen des Produkts
gewöhnt haben oder weil sie insgeheim über die Qualität der Generica
unsicher sind.

Schnelltest   Erläutern Sie das Vorgehen eines Monopolisten bei der Festsetzung der
Produktionsmenge und bei der Preisfestsetzung.

Die Wohlfahrtseinbußen durch Monopole

Märkte sind gewöhnlich gut für die Organisation des Wirtschaftslebens, so
lautet die Regel Nr. 7 der *zehn volkswirtschaftlichen Regeln* aus dem Kapi-

tel 1. Ist ein Monopol gut für die Organisation eines Marktes? Oder bringen Monopole besondere Wohlfahrtseinbußen mit sich, weil sie soziale oder volkswirtschaftliche Kosten verursachen? Wir haben gesehen, daß ein Monopolist anders als eine Unternehmung im Wettbewerb einen deutlich höheren Preis – höher als die Grenzkosten – verlangt. Vom Standpunkt der Nachfrager und Konsumenten her kann ein Monopol also nicht wünschenswert sein. Doch die makroökonomische Partialanalyse muß ausgedehnt und am Ende möglichst zu einer Totalanalyse als Beurteilungsrahmen erweitert werden. Dem Nachteil der Konsumenten durch die höheren Monopolpreise stehen partielle Vorteile durch höhere Preise auf der Produzentenseite gegenüber. Vom Standpunkt der Eigentümer einer Unternehmung aus erscheinen Monopole als sehr wünschenswert. Werden die Vorteile der Unternehmer eventuell die Nachteile der Konsumenten übersteigen, so daß Monopole vom Standpunkt der Gesellschaft aus per Saldo vorteilhaft und wünschenswert sind?

Um der Antwort auf diese Frage näher zu kommen, können wir methodisch so vorgehen wie bereits im Kapitel 7. Dort haben wir Renten – Konsumentenrente und Produzentenrente – zur Wohlfahrtsmessung verwendet. Die Gesamtrente, die Summe aus Konsumentenrente und Produzentenrente, wäre demnach beim vorliegenden Monopolproblem zur Beurteilung der Wohlfahrtswirkungen heranzuziehen. Die Konsumentenrente entspricht der Zahlungsbereitschaft der Konsumenten minus dem Preis, den sie tatsächlich bezahlen. Die Produzentenrente besteht im Erlös der Unternehmer minus ihren Kosten für die Produktion. Wir haben es mit einem einzigen Produzenten zu tun, dem Monopolisten.

Sie ahnen bereits, worauf das Untersuchungsergebnis hinausläuft. Im Kapitel 7 haben wir gesagt, das Marktgleichgewicht zwischen Angebot und Nachfrage auf dem vollkommenen Konkurrenzmarkt sei ebenso ein natürliches wie ein wünschenswertes Marktergebnis. Die unsichtbare Hand der Märkte lenke die Allokation der Ressourcen so, daß die Gesamtrenten maximal werden. Da ein Monopol zu einer anderen Allokation führt als das Marktgeschehen bei vollständiger Konkurrenz, muß es irgendwie das Wohlfahrtsmaximum verfehlen.

Der Nettowohlfahrtsverlust

Beginnen wir mit der Frage, wie ein Monopolist agieren würde, der sich als wohlmeinender gesellschaftlicher Planer versteht. Er würde zweifellos versuchen, neben den Einkommen der Unternehmenseigner die Nutzen der Konsumenten zu berücksichtigen. Der wohlmeinende Planer als Monopolist sucht die Gesamtwohlfahrt – die Summe aus Konsumenten- und Produzentenrente – zu maximieren. Hier beliefen sich die Gesamtrenten auf den Nutzen der Güter für die Konsumenten minus Kosten des produzierenden Monopolunternehmens.

Aus dem Schaubild 15-7 ist zu erschließen, welches Produktionsniveau der wohlmeinende gesellschaftliche Planer und Betreiber der Monopolunternehmung wählen würde. Die Nachfragekurve spiegelt die Bewertung des

**Das effiziente Pro-
duktionsniveau.** Ein
wohlmeinender Pla-
ner, der die Gesamt-
wohlfahrt der Gesell-
schaft maximieren
möchte, wählt jenes
Produktionsniveau,
bei dem sich Nach-
fragekurve und
Grenzkostenkurve
schneiden. Unter
diesem Niveau ist
der Wert für den
Grenznachfrager grö-
ßer als die Grenzko-
sten, oberhalb des
effizienten Produkti-
onsniveaus überstei-
gen die Grenzkosten
den Wert für den
Grenznachfrager.

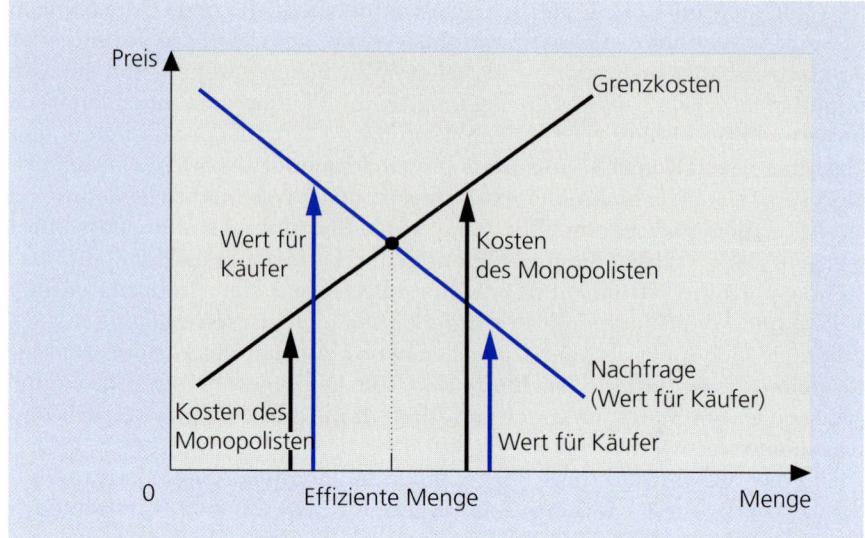

Gutes durch die potentiellen Käufer, gemessen mit ihrer Zahlungsbereitschaft. Die Grenzkostenkurve stellt die Kosten des Monopolisten dar. *Die
gesellschaftlich effiziente Menge liegt beim Schnittpunkt der Nachfragekurve und der Grenzkostenkurve.* Bei einer niedrigeren Menge wäre der
Nutzen für die Konsumenten höher als die Grenzkosten des Anbieters, und
durch eine Mengensteigerung ließen sich die Gesamtrenten erhöhen. Bei
einer höheren Menge als der Menge am Schnittpunkt übersteigen die
Grenzkosten den Wert für die Konsumenten, und man könnte durch eine
Senkung der Menge die Gesamtrenten erhöhen.

Würde der Sozialplaner die Monopolunternehmung betreiben, könnte
die Unternehmung dadurch die gesamtwirtschaftliche Effizienz verwirklichen, daß sie den Preis setzt, der zum Schnittpunkt von Nachfragekurve und
Grenzkostenkurve gehört. Wie eine Unternehmung bei vollständiger Konkurrenz würde die Monopolunternehmung unter der Leitung des Sozialpla-
ners den Preis in Höhe der Grenzkosten fixieren. Weil dieser Preis den
Konsumenten das richtige Signal über die Produktionskosten übermittelte,
würden sie die effiziente Menge kaufen.

Die Wohlfahrtseffekte des Monopols sind durch einen Vergleich be-
stimmbar. Wir vergleichen das Produktionsniveau, das der Monopolist
wählt, mit dem Produktionsniveau, das der Sozialplaner wählen würde.
Der Monopolist geht vom Schnittpunkt der Grenzerlös- und der Grenzkostenkurve aus (Grenzerlös gleich Grenzkosten); der Sozialplaner dagegen orientiert sich am Schnittpunkt von Nachfrage- und Grenzkostenkurve
(Nachfragepreis gleich Grenzkosten). Welche Mengenunterschiede dabei
herauskommen, zeigt das Schaubild 15-8 sehr anschaulich. *Der Monopolist
produziert weniger als die sozial oder volkswirtschaftlich effiziente Produktmenge.*

Wir können die Ineffizienz eines Monopols auch mit dem Monopolpreis
auszudrücken versuchen. Da die Marktnachfragekurve eine gegenläufige

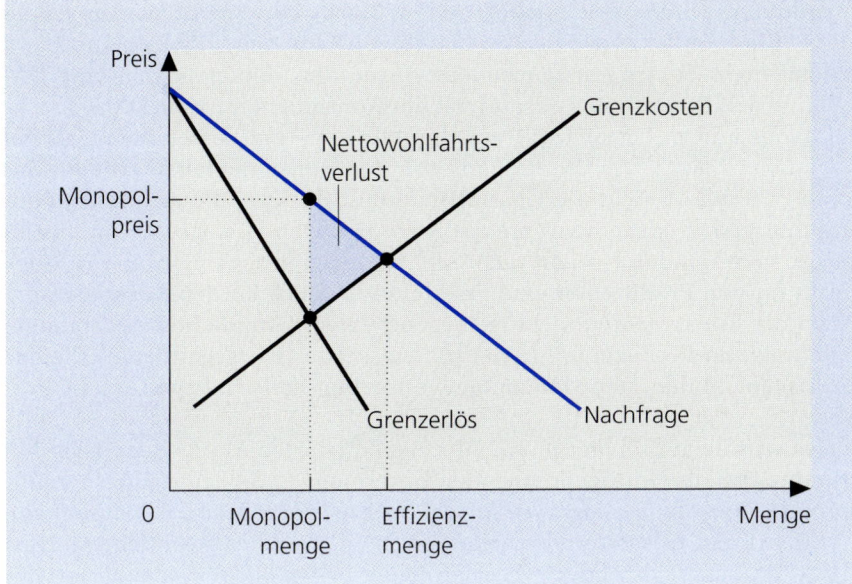

Schaubild 15-8
**Die Ineffizienz des
Monopols.** Da der
Monopolist einen
höheren Preis setzt
als die Grenzkosten,
wird das Gut nicht
von allen Konsumen-
ten gekauft, die es
mit mehr als den
Kosten bewerten. So
liegt die im Mono-
polmarkt produzierte
und verkaufte Güter-
menge unter dem
gesellschaftlich effi-
zienten Niveau. Der
Nettowohlfahrtsver-
lust wird durch eine
Dreiecksfläche zwi-
schen der Nachfrage-
kurve (sie spiegelt
die Güterbewertung
durch die Konsumen-
ten) und der Grenz-
kostenkurve (sie
spiegelt die Kosten
des Monopolisten)
ausgedrückt.

Verknüpfung zwischen Menge und Preis festlegt, muß eine ineffizient niedrige Gütermenge mit einem ineffizient hohen Preis korreliert sein. Wenn
ein Monopolist einen Preis über dem Niveau der Grenzkosten setzt, so
werden einige potentielle Konsumenten das Gut mit mehr als den Grenzkosten aber doch mit weniger als dem Monopolpreis bewerten, weshalb
diese Konsumenten dann doch nicht zum Kauf kommen. Weil der von
Konsumenten veranschlagte Güterwert höher ist als die Kosten der Güter-
erzeugung, ist das Marktergebnis ineffizient. Der Monopolpreis ist die
Ursache dafür, daß einige eigentlich nützliche Kaufabschlüsse nicht zustande kommen.

Analog zur Messung der Ineffizienz der Besteuerung mit dem Dreieck des
Nettowohlfahrtsverlustes im Kapitel 8 kann auch die Messung der Ineffizienz des Monopols hier gemäß Schaubild 15-8 konzipiert werden. Der
vom Monopol ausgelöste Nettowohlfahrtsverlust ist ganz ähnlich dem von
Steuern verursachten Nettowohlfahrtsverlust. Man kann es anschaulich so
ausdrücken: Ein Monopolist wirkt wie ein privater Steuereintreiber. Auch
der Monopolist treibt einen Keil zwischen Nutzen und Kosten. Nicht der
Staat erhält daraus die Einnahmen, sondern ein privater Monopolist.

Der Monopolgewinn – ein Posten volkswirtschaftlicher Kosten?

Es besteht eine gewisse Versuchung, die Monopolisten als »Profiteure«
zulasten der Allgemeinheit in Verruf zu bringen. Und tatsächlich streichen
die Monopolisten ihre hohen Gewinne ja aufgrund ihrer Marktmacht ein.
Die Analyse zeigt uns jedoch, daß der unternehmerische Gewinn an sich
nicht notwendigerweise ein gesellschaftliches Problem darstellt.

Wohlfahrt in einem monopolisierten Markt umschließt wie in jedem Markt die Wohlfahrt der beiden beteiligten Gruppen: Konsumenten und Produzenten. Sofern ein Konsument wegen der Monopolmacht eine DM mehr an den Produzenten bezahlt, ist der Konsument um eine DM schlechter daran und der Produzent um denselben Betrag besser daran als im Konkurrenzmarkt. Die Übertragung von den Konsumenten auf die Produzenten verändert nicht die Gesamtrente des Marktes, die aus Konsumentenrente und Produzentenrente addiert wird. Der Monopolgewinn macht den zu verteilenden Kuchen nicht kleiner; es gibt nur ein größeres Stück davon für den Produzenten und ein kleineres Stück für den Konsumenten. Wenn die Konsumenten nicht aus irgend einem Grunde mehr bekommen sollen als die Produzenten (ein Urteil, das über wirtschaftliche Effizienz hinausgeht), bildet der Monopolgewinn kein gesellschaftspolitisches Problem.

Das wirkliche Problem in einem monopolisierten Markt liegt darin begründet, daß die Unternehmung eine Gütermenge produziert und verkauft, die unter der Menge liegt, die für das volkswirtschaftliche Maximum von Wohlfahrt und Gesamtrenten erforderlich ist. Der Nettowohlfahrtsverlust drückt aus, um wieviel der wirtschaftliche Kuchen kleiner ist aufgrund des Monopols. Die Ineffizienz ist unauflöslich mit dem Hochpreis des Monopolisten verbunden: Die Konsumenten kaufen weniger, wenn die Unternehmung den Preis über die Grenzkosten hinaus steigert. Doch die Gewinne auf die immer noch verkauften Mengen bilden nicht das wirkliche Problem. Kern des Problems ist die ineffizient niedrige Verkaufsmenge. Man kann es noch anders ausdrücken. Wenn der hohe Monopolpreis nicht einige Konsumenten vom Kauf abhielte, stiege lediglich die Produzentenrente um die Kürzung der Konsumentenrente an und die Gesamtrente bliebe so, wie sie auch der gesellschaftliche Planer erreichen würde.

Es gibt da jedoch eine mögliche Ausnahme von dieser Schlußfolgerung. Nehmen wir an, ein Monopolist muß zur Aufrechterhaltung seiner Monopolstellung besondere zusätzliche Kosten auf sich nehmen. Sie könnten bei einem staatlichen Privileg z.B. darin bestehen, daß man Lobbyisten bezahlen und auf die Abgeordneten ansetzen muß. Die Kosten werden einen Teil des Monopolgewinns aufzehren. Wenn dem so ist, errechnet sich die soziale Wohlfahrtseinbuße durch das Monopol aus diesen Kosten und aus dem Nettowohlfahrtsverlust wegen des überhöhten Monopolpreises.

Schnelltest   Was ist aus einem Vergleich der Produktionsmenge eines Monopolisten und der gesellschaftlich wohlfahrtsmaximalen Produktionsmenge zu schließen?

Wirtschaftspolitische Maßnahmen gegen Monopole

Monopole versagen also – verglichen mit Konkurrenzunternehmen – dabei, die Ressourcen effizient zuzuteilen. Monopolisten produzieren weniger als

gesellschaftlich wünschenswert ist, und sie verlangen folglich Preise über den Grenzkosten. Gegen das Monopolproblem können Wirtschaftspolitiker mit viererlei Maßnahmen vorgehen:
- Mit dem Versuch, den Wettbewerb in Monopolmärkten zu steigern.
- Mit Verhaltensvorschriften für Monopolisten.
- Mit der Umwandlung privater Monopole in staatliche Unternehmungen.
- Mit Nichtstun.

Steigerung des Wettbewerbs durch Fusionskontrollen

Unternehmenszusammenschlüsse zu Großunternehmungen zu verhindern oder doch zumindest politisch zu überwachen, ist eine wichtige Vorkehrung gegen Monopole. Schauen wir auf Deutschland und auf die Europäische Union, so sind Verfahren der nationalen Fusionskontrolle und der europäischen Fusionskontrolle angesprochen. In Deutschland müssen Zusammenschlüsse von Unternehmungen bestimmter Größenordnungen nach dem Gesetz gegen Wettbewerbsbeschränkungen (GWB) beim Kartellamt angemeldet oder angezeigt werden. Das Kartellamt prüft, ob ein vorgesehener Zusammenschluß zur Entstehung oder Verstärkung einer marktbeherrschenden Stellung auf einem nationalen Markt führt. Dabei ist der relevante Markt abzugrenzen, und es sind bestehende Verflechtungen zu analysieren. Gesetzliche Vermutungen für eine marktbeherrschende Stellung sowie für fusionsbedingte Verbesserungen von Wettbewerbsbedingungen gilt es vor dem Kartellamt zu entkräften.

Die zu behandelnden Tatbestände sind wissenschaftlich keineswegs einfach. Zumeist wird bei der Prüfung der Struktur-Verhaltens-Ergebnis-Ansatz als Richtschnur herangezogen, wonach ein Zusammenhang zwischen Marktform, Verhaltensweisen und Marktergebnissen unterstellt werden kann. Bei der Interpretation empirischer Befunde und Projektionen stehen sich in der Mikroökonomik zwei Lehrmeinungen gegenüber. Angelpunkt der Schwierigkeiten ist stets, daß man kontrafaktisch argumentieren muß; denn man kennt nicht die parallele Marktentwicklung mit und ohne Fusion.

Wird ein vorgesehener Zusammenschluß vom Bundeskartellamt untersagt, so kann in Deutschland ein Antrag auf Ministererlaubnis gestellt werden. Der Bundeswirtschaftsminister trifft seine Entscheidung nach Abwägung von fusionsbedingten Wettbewerbseffekten und darüber hinaus von »gesamtwirtschaftlichen Vorteilen« der Fusion. Ein bekanntes Fallbeispiel für eine sogenannte Ministererlaubnis ist der Zusammenschluß von Daimler-Benz und Messerschmidt-Bölkow-Blohm in den Jahren 1988/89.

Bei Zusammenschlüssen von gemeinschaftsweiter Bedeutung ist die Kommission der EU zuständig. Einige Faustregeln zu den Aufgreifkriterien der EU: Zweidrittel des Umsatzes nicht in nur einem EU-Land, gemeinschaftsweiter Umsatz größer als 250 Millionen ECU, weltweiter Gesamtumsatz größer als 5 Milliarden ECU. In den USA sind die Antitrust-Gesetze maßgeblich, insbesondere der Sherman Antitrust Act von 1890 und der Clayton Act von 1914. Im Kapitel 16 wird nochmals darauf Bezug genommen. Selbstverständlich haben Fusionskontrollen und Verbote von Zusammenschlüssen volkswirtschaftliche Kosten. Manchmal wollen die Unternehmungen ja nicht den Wettbewerb einschränken, sondern die Kosten senken und rationeller produzieren. Die Nutzen der Zusammenschlüsse werden bisweilen als *Synergien* bezeichnet. Dennoch sollte bei dieser Argumentation der Niedergang der Zentralverwaltungswirtschaften sowjetischen Typs nachdenklich stimmen. Man war bestens dazu in der Lage, *große Einheiten* von Unternehmungen und Monopole in allen Bereichen zu schaffen. Doch damit wurde die Volkswirtschaft insgesamt ineffizient, und es erfolgte schließlich der Zusammenbruch.

Regulierung

Der Begriff Regulierung bezeichnet staatliche Übernahmen von mikroökonomischen Entscheidungen (durch öffentliche Unternehmungen) oder unmittelbare staatliche Einflußnahme auf mikroökonomische Entscheidungen bestimmter privater Unternehmungen. Einfach ausgedrückt geht es insbesondere darum, die Verhaltensmöglichkeiten und das Verhalten von Monopolisten zu bestimmen. Dies ist recht naheliegend bei natürlichen Monopolen für Trinkwasser und elektrischen Strom. Den Unternehmungen ist es nicht gestattet, beliebig hohe Preise zu verlangen.

Welchen Preis soll der Staat im Falle eines natürlichen Monopols setzen? Die Frage ist gar nicht einfach zu beantworten. Einige würden vorschlagen, dafür die Grenzkosten des Monopolisten heranzuziehen. Auf diese Weise würde die effiziente Allokation der Ressourcen und die Maximierung der gesamtgesellschaftlichen Wohlfahrt erreicht. Es bestehen jedoch zwei praktische Einwendungen gegen eine Regulierung der Preissetzung mit Grenz-

Schaubild 15-9
Grenzkosten-Preise bei natürlichem Monopol? Da ein natürliches Monopol sinkende Durchschnittskosten aufweist, sind die Grenzkosten stets niedriger als die Durchschnittskosten. Die Verpflichtung der Unternehmung auf Preise in Höhe der Grenzkosten würde also zu Verlusten führen.

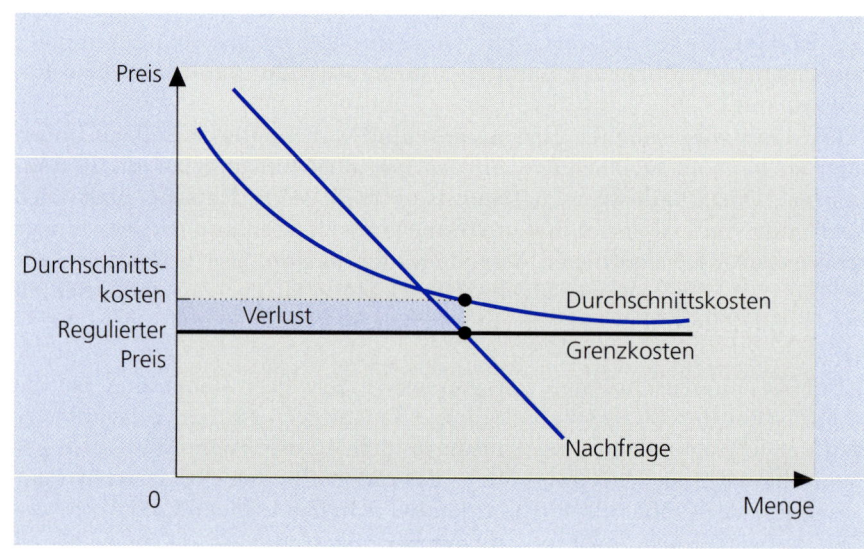

kosten. Die erste ist im Schaubild 15-9 anschaulich dargestellt. Natürliche Monopole haben definitionsgemäß sinkende Durchschnittskosten. Vom Kapitel 13 her wissen wir, daß bei sinkenden Durchschnittskosten die Grenzkosten stets noch niedriger sind als die Durchschnittskosten. Wenn man eine Preissetzung in Höhe der Grenzkosten verlangte, würde man dem Monopolisten Verluste zudiktieren. Statt den Preis in Höhe der Grenzkosten durchzuhalten, würde die Unternehmung schließen und aus dem Markt ausscheiden. Dafür gibt es für die Regulierungsbehörden zweierlei Hilfslösungen, die Nachteile haben. Zunächst einmal könnte der Staat die aus der Grenzkosten-Preissetzung entstehenden Verluste per Subventionierung übernehmen. Doch dafür müssen Steuern erhoben werden, die ihre eigenen Nettowohlfahrtsverluste verursachen. Eine andere Möglichkeit bestünde darin, dem Monopolisten die Preissetzung in Höhe seiner Durchschnittskosten zu gestatten. Doch damit hätte die Unternehmung einen Gewinn von null und die Volkswirtschaft praktisch eine Besteuerung des vom Monopolisten angebotenen Gutes.

Der zweite Einwand gegen eine Preissetzung in Höhe der Grenzkosten (ebenso wie in Höhe der Durchschnittskosten) lautet, daß der Monopolist dabei keine Anreize zur Kostensenkung hat. Jede erfolgsorientierte Unternehmung in Wettbewerbsmärkten trachtet durch Prozeßinnovationen nach Kostensenkungen, weil auf diese Weise der Gewinn steigt. Wenn jedoch ein Monopolist unter Regulierungsbedingungen weiß, daß er bei Kostensenkungen zu Preissenkungen verpflichtet ist, hat er nichts von Rationalisierungserfolgen. In der Praxis wird es dazu kommen, daß die Behörden dem Monopolisten eine gewisse Gewinnspanne per Einzelfallentscheidung belassen. Eine durchgängige regelgebundene Anwendung des Grenzkosten- oder des Durchschnittskosten-Prinzips für die Preissetzung ist unzweckmäßig.

Öffentliches Eigentum und Staatsunternehmungen

Ein dritter Weg, mit privaten Monopolen umzugehen, besteht darin, sie in öffentliches Eigentum überzuführen und zu Staatsunternehmungen zu machen. Der Staat kann die Unternehmung selbst betreiben. In vielen europäischen Ländern ist diese Lösung verbreitet – allzusehr verbreitet muß man hinzufügen. Dem Staat gehören z.B. Gesellschaften für Telefondienste, Wasser- und Elektrizitätsversorgung.

Ökonomen ziehen es gewöhnlich vor, natürliche Monopole in privatem Eigentum zu belassen. Die Schlüsselfrage dabei ist, ob und wie das Eigentum an der Unternehmung die Kosten der Produktion beeinflußt. Private Eigentümer haben einen ständigen Antrieb zur Kostenminimierung, solange sich daraus zum Teil auch Gewinnsteigerungen ergeben. Wenn das Spitzenmanagement dabei versagt, die Kosten zu senken, wird es auf Betreiben der Eigentümer alsbald entlassen. Im Gegensatz dazu wird ein Versagen der staatlichen Manager die Kunden und die Steuerzahler treffen, die sich dann nur via politisches System beschweren können. Die leitenden Mitarbeiter des öffentlichen Dienstes könnten unversehens zu einer besonderen Interessengruppe werden, die sich allen Reformen zur Kostensenkung widersetzt. Einfach ausgedrückt wird der Stimmzettel der Wähler als Sicherung guter Unternehmungsleitung weniger verläßlich sein als das Profitmotiv.

Nichtstun

Jede der bisher erörterten politischen Maßnahmen gegen das Monopolproblem hat Nachteile und Schattenseiten. Deshalb treten Nationalökonomen oftmals dafür ein, daß der Staat gar nicht erst den Versuch unternimmt, die Ineffizienzen der Monopolpreise zu beheben. Lesen wir dazu, was der Nobelpreisträger George Stigler in der *Fortune Encyclopedia of Economics* schrieb: »A famous theorem in economics states that a competitive enterprise economy will produce the largest possible income from a given stock of resources. No real economy meets the exact conditions of the theorem, and all real economies will fall short of the ideal economy – a difference called ›market failure‹. In my view, however, the degree of ›market failure‹ for the American economy is much smaller than the ›political failure‹ arising from the imperfections of economic policies found in real political systems.« Mit diesen Bemerkungen über »Marktversagen« und »Politikversagen« wird auch deutlich, daß die Rolle des Staates in den marktwirtschaftlichen Demokratien sowohl politische als auch wirtschaftliche Wertungen und Entscheidungen einschließt.

Schnelltest

Beschreiben Sie die möglichen Vorgehensweisen der Wirtschaftspolitik gegen die von Monopolen verursachten Ineffizienzen. Führen Sie jeweils ein damit verbundenes besonderes Problem an.

Preisdifferenzierung

Preisdifferenzierung, Preisdiskriminierung
Die Geschäftspraktik, gleiche Güter an verschiedene Kunden zu unterschiedlichen Preisen zu verkaufen.

Wir haben bisher unterstellt, daß der Monopolist von allen Kunden dieselben Preise fordert. In vielen Fällen jedoch trachten die Unternehmungen danach, gleiche Güter an verschiedene Kunden zu unterschiedlichen Preisen zu verkaufen. Es ist dies die Praktik der **monopolistischen Preisdifferenzierung** oder auch **Preisdiskriminierung** zwecks stärkerer Abschöpfung der Konsumentenrenten durch den Monopolisten.

Am Anfang der Überlegungen über eine *Preisdifferenzierung* des Monopolisten sollten wir uns klar vor Augen führen, daß die Preisdifferenzierung *einen unvollkommenen Markt zur Voraussetzung* hat. Auf dem vollkommenen Markt (sachliche, persönliche, räumliche und zeitliche Homogenität sowie Transparenz) kann es bekanntlich nur einen einheitlichen Preis geben. Die Preisdifferenzierung setzt eine gewisse Marktmacht voraus, die z.B. auch *Polypolisten durch die Unvollkommenheit des Marktes* erlangen, die sich in einem sogenannten monopolistischen Absatzbereich äußert.

Eine Parabel über die Preissetzung

Mit einem einfachen Beispiel wollen wir die Absicht des Monopolisten zur Preisdifferenzierung untermauern. Stellen Sie sich vor, Sie wären der Geschäftsführer der Verlagsgesellschaft Readalot GmbH. Der Bestsellerautor von Readalot hat soeben seinen neuesten Roman geschrieben. Nehmen wir der Einfachheit halber an, Sie hätten dem Autor lumpige 2 Millionen DM für die Exklusivrechte der Publikation bezahlt. Nehmen wir weiter an, die Druckkosten wären praktisch null. Der Gewinn der Readalot GmbH besteht also im dem Betrag, der von den künftigen Markterlösen aus dem Buchverkauf nach Abzug des Autorenhonorars übrig bleibt. Welchen Preis würden Sie als Geschäftsführer der Readalot GmbH für das Buch festsetzen?

Der erste Schritt zu dieser Preisentscheidung besteht in einer Abschätzung der Nachfrage. Ihre Marketing-Abteilung sagt Ihnen, das Buch werde zwei Lesertypen ansprechen. Erstens wird das Buch die etwa 100.000 unbeirrbaren Fans des Autors erreichen, die rund DM 30,– bezahlen würden. Zweitens wird das neue Buch etwa 400.000 Durchschnittsleser interessieren, die bis zu einem Ladenpreis von etwa DM 5,– kaufen.

Welche Preise sind dazu geeignet, den Gewinn der Readalot GmbH zu maximieren? Selbstverständlich wird man zwei Preisen besondere Aufmerksamkeit widmen: DM 30,– ist der höchste Preis, bei dem Readalot die 100.000 Fans als Kunden kriegen kann, und DM 5,– ist der höchste Preis, zu dem die Verlagsgesellschaft den gesamten Markt mit 500.000 potentiellen Käufern gewinnt. Die Problemlösung besteht sodann in einem Stückchen Rechenarbeit. Zum Preis von DM 30,– werden 100.000 Exemplare verkauft, bei DM 2.000.000 Kosten bleibt vom Erlös noch ein Gewinn in Höhe von DM 1.000.000 übrig. Zum Preis von DM 5,– kann Readalot 500.000 Stück absetzen; der Erlös von DM 2.500.000 vermindert sich um DM 2.000.000 Autorenhonorar, so daß dem Verlag ein Gewinn in Höhe von DM 500.000 bleibt. Somit erreicht die Readalot GmbH ihre Gewinnmaximierung bei einem Preis von DM 30,–, zu dem 400.000 weniger enthusiastische Interessenten auf den Kauf verzichten werden.

Man beachte, daß die Preisentscheidung von Readalot einen Nettowohlfahrtsverlust mit sich bringt. Es gibt 400.000 Interessenten an dem Buch, die immerhin DM 5,– bezahlen würden, und die Grenzkosten ihrer Belieferung wären im gewählten Beispiel null. Mit der Setzung des höheren Preises gehen also DM 2.000.000 von der Gesamtrente verloren. Wir haben hier wiederum den Nettowohlfahrtsverlust vor Augen, der sich immer dann einstellt, wenn ein Monopolist einen Preis über seinen Grenzkosten verlangt.

Stellen Sie sich vor, die Marketing-Abteilung von Readalot macht eine wichtige Beobachtung: Die beiden Gruppen von Lesern befinden sich in unterschiedlichen, getrennten Märkten. Alle wirklichen Fans wohnen in Australien, und die übrigen Leser leben in den Vereinigten Staaten. Es soll für die geographisch entfernten Leser der beiden Länder schwierig und kostspielig sein, sich Bücher aus dem jeweils anderen Land zu beschaffen. Wie wird dieser Befund die Abatzüberlegungen der Readalot GmbH verändern?

Der Verlag kann mit unterschiedlichen Preisen einen noch höheren Gewinn erzielen als mit dem gewinnmaximierenden Einheitspreis von DM 30,–. Für die 100.000 australischen Leser kostet das Buch DM 30,–, für die 400.000 amerikanischen Leser kostet das Buch DM 5,–. Als Erlöse kommen DM 3.000.000 in Australien und DM 2.000.000 in den USA zusammen. Von dem Gesamterlös in Höhe von DM 5.000.000 bleiben nach Abzug von DM 2.000.000 Honorar noch DM 3.000.000 an Gewinn. Der Gewinn ist nun um zwei Millionen höher als zuvor. Kein Wunder: Readalot geht ja vom Einheitspreis ab und folgt der Strategie der Preisdifferenzierung.

Obwohl das verwendete Beispiel zurechtgemacht ist, beschreibt es doch recht gut die in der Praxis anzutreffenden Verlagsentscheidungen. Gleiche Lehrbücher z.B. werden in den USA und in Europa zu unterschiedlichen Preisen verkauft. Wichtiger ist die Preisdifferenzierung zwischen Hardcover- und Paperback-Buchausgaben. Ein neuer Roman von Lars Gustafsson wird zuerst als teuere Buchausgabe in Leinen auf den Markt gebracht. Die billigere Taschenbuchausgabe folgt vielleicht nach einem Jahr.

Die Moral von der Geschichte

Wie jede Parabel ist die Geschichte der Readalot GmbH stilisiert. Doch wie jede Parabel vermittelt sie auch eine wichtige und allgemeingültige Einsicht. Hier werden dreierlei Lehrsätze über die Preisdifferenzierung aufgestellt.

Die erste und ganz offensichtliche Lehre besteht darin, daß Preisdifferenzierung eine rationale Strategie für einen gewinnmaximierenden Monopolisten ist. Ein Monopolist kann seinen Gewinn steigern, indem er verschiedene Kunden mit unterschiedlichen Preisen zur Kasse bittet. Mit unterschiedlichen Preisen vermag man der unterschiedlichen Zahlungsbereitschaft der Kunden besser gerecht zu werden als mit einem Einheitspreis.

Eine zweite Lehre besteht darin, daß Preisdifferenzierung eine vorgegebene oder eine machbare Marktspaltung der Kunden nach ihrer Zahlungsbereitschaft voraussetzt. In unserem Beispiel war die Marktspaltung bereits geographisch vorgegeben. Doch manchmal folgen die Anbieter bei der Marktspaltung anderen Kriterien (z.B. Einkommen oder Alter).

Eine Kehrseite des zweiten Lehrsatzes ist, daß bestimmte Marktkräfte Unternehmungen an der Preisdifferenzierung zu hindern vermögen. *Arbitrage* ist eine dieser Marktkräfte, d.h. der Einkauf des Gutes zum niedrigen Preis in einem Markt und der Wiederverkauf zum hohen Preis im anderen Markt. Die Gewinne aus Preisdifferenzen locken Arbitrageure zu ihrer Aktivität. In unserem Buchbeispiel werden die Arbitrageure abklären, ob und wieviel sie beim Kauf des Buches in den USA und beim anschließenden Wiederverkauf in Australien verdienen. Es kann dazu kommen, daß niemand in Australien für DM 30,– pro Stück kauft und die verlegerische Preisdifferenzierung unterlaufen wird.

Die dritte Lehre aus unserer Parabel ist überraschend: Preisdifferenzierung steigert die gesamtwirtschaftliche Wohlfahrt. Denken Sie daran, daß

400.000 potentielle Kunden beim Preis von DM 30,– leer ausgegangen sind, obwohl sie dem Buch einen höheren Wert als die Grenzkosten von null zugemessen haben. Wenn jedoch Readalot die vorgesehene Preisdifferenzierung durchführt, hat am Ende jeder interessierte Leser ein Buch und das Resultat ist effizient. Auf diese Weise kann Preisdifferenzierung eine der einheitlichen Preissetzung beim Monopol inhärente Ineffizienz ausschalten.

Die Wohlfahrtssteigerung der Preisdifferenzierung zeigt sich eher in einer erhöhten Produzentenrente als in einer höheren Konsumentenrente. In unserem Beispiel sind die Käufer des Buches nicht besser gestellt, da ihre Kaufpreiszahlung dem zugemessenen Wert des Buches entspricht. Der gesamte Anstieg der Wohlfahrt fällt in unserem Beispiel der Readalot GmbH in Form höherer Gewinne zu.

Die Analyse der Preisdifferenzierung

Schauen wir nun ein wenig formeller auf die Preisdifferenzierung und ihre Wohlfahrtswirkungen. Wir beginnen mit der Vorstellung, daß der Monopolist den Preis vollständig differenzieren kann. *Vollständige Preisdifferenzierung* beschreibt eine Situation, in der ein Unternehmer die Zahlungsbereitschaft jedes einzelnen potentiellen Käufers genau kennt und durch einen individuell passenden Preis nutzen kann. Auf diese Weise könnte der Monopolist die gesamte Konsumentenrente abschöpfen.

Das Schaubild 15-10 zeigt Produzenten- und Konsumentenrente mit und ohne Preisdifferenzierung. Ohne Preisdifferenzierung setzt die Unternehmung – wie im Diagramm a) zu sehen – einen Einheitspreis oberhalb der Grenzkosten fest. Weil einige potentielle Kunden, die das Gut höher als mit den Grenzkosten bewerten, das Gut am Ende nicht kaufen können, verursacht der einheitliche Monopolpreis einen Nettowohlfahrtsverlust. Vermag eine Unternehmung dagegen – wie im Diagramm b) gezeichnet – den Preis vollständig nach einzelnen Kunden zu differenzieren, kauft jeder einzelne mit Preis gleich Zahlungsbereitschaft. Alle wechselseitig nützlichen Geschäfte werden getätigt, es gibt keinen Nettowohlfahrtsverlust, und die Gesamtrente aus dem Markt geht als Gewinn an den Monopolisten.

In der wirklichen Welt jedoch kann die Preisdifferenzierung niemals vollständig gelingen. Die Kunden gehen ja nicht in die Geschäfte, um vorab ihre Zahlungsbereitschaft anzusagen. Nur gruppenweise (Alte – Junge, Inländer – Ausländer, Werktagskäufer – Sonntagskäufer usw.) kann Unternehmungen die Preisdifferenzierung gelingen, und selbst dabei ist die Marktspaltung oft sehr schwer zu bewerkstelligen. Anders als in unserem Beispiel von der Readalot GmbH werden die Kunden in jeder Gruppe gewisse Unterschiede nach ihrer Zahlungsbereitschaft aufweisen.

Wie wirkt sich die unvollständige Preisdifferenzierung auf das Wohlfahrtsniveau aus? Die Analyse ist ziemlich kompliziert und führt zu keiner allgemeingültigen Antwort. Anders als die Vorgehensweise des Monopolisten mit Setzung eines Einheitspreises kann die unvollständige Preisdifferenzierung je nach den näheren Umständen die Gesamtrente des Marktes

Schaubild 15-10
Wohlfahrtsniveau mit und ohne Preisdifferenzierung.
Diagramm a) zeigt einen Monopolisten, der allen Kunden denselben Einheitspreis abverlangt. Die Gesamtrente auf diesem Markt entspricht der Summe aus Gewinn (Produzentenrente) und Konsumentenrente. Ein Monopol mit vollständiger Preisdifferenzierung illustriert das Diagramm b). Da die Konsumentenrente hier null ist, entspricht die Gesamtrente dem Gewinn der Unternehmung. Beim Vergleich der beiden Diagramme erkennt man, daß vollständige Preisdifferenzierung den Gewinn erhöht, die Gesamtrente steigert und die Konsumentenrente vermindert.

a) Monopolist mit Einheitspreis

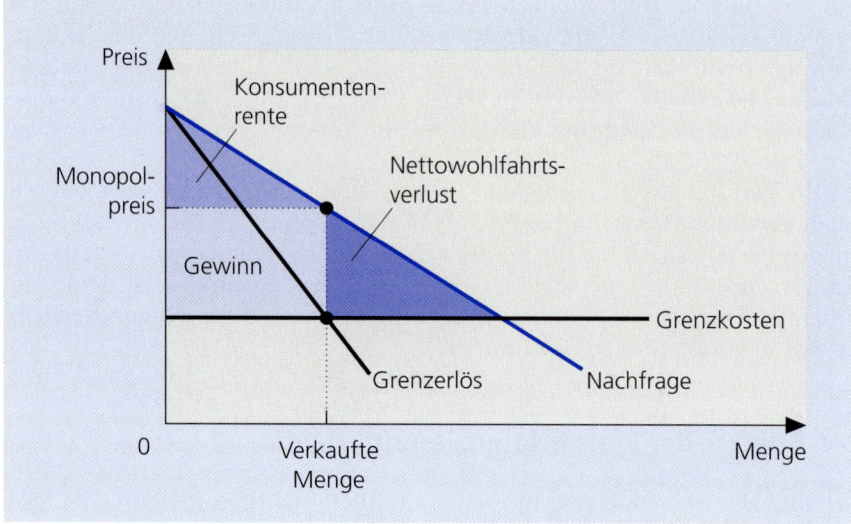

b) Monopolist mit vollständiger Preisdifferenzierung

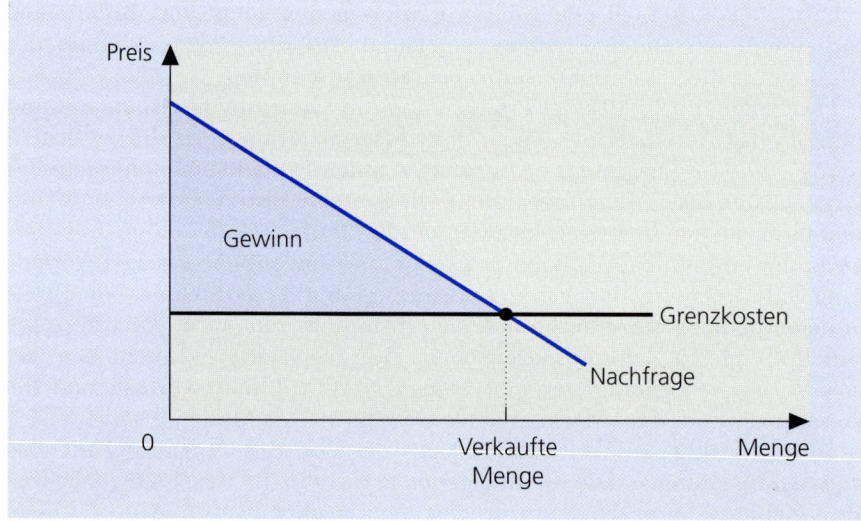

erhöhen, senken und unverändert lassen. Die einzig verläßliche Schlußfolgerung ist, daß Preisdifferenzierung – wenn sie stattfindet – den Gewinn des Monopolisten erhöht.

Beispiele für Preisdifferenzierung

Was Unternehmungen in ihren Tätigkeitsfeldern in der Praxis an Preisdifferenzierung versuchen, läßt sich systematisieren in *personelle, räum-*

liche, zeitliche, quantitative und qualitative Preisdifferenzierung. Hier sollen einige konkrete Beispiele zur Illustration genügen. Bei *Kinokarten* gibt es neben dem »Normalpreis« z.B. Preise für Kinder, Studenten, alte und behinderte Menschen. Flugkarten und *Bahnfahrkarten* werden für gleiche Fahrstrecken zu sehr verschiedenen Preisen abgegeben. Die vom Komfort der Bahn her nicht gerechtfertigte Unterscheidung einer 1. und 2. Klasse soll hier nicht weiter interessieren. In der 2. Klasse ist lediglich der Geräuschpegel durch Jugendliche und Kinder höher. Die Bahnpreise sind für Jahres- und Monatskarten (für Gesamt- und Teilnetze) sowie für Bahncard-Inhaber oder Einzel- und Gruppenreisende (evtl. am Wochenende oder aus Anlaß bestimmter Feste und Ferien) sehr unterschiedlich. Es gibt für verschiedene Waren und Dienste *Sonderpreise,* evtl. zur Markteinführung. Verschiedentlich werden in Zeitschriften Rabattcoupons angeboten. Von erheblicher Bedeutung sind *Mengenrabatte.* Praktisch alle Güterarten kann man in größeren Mengen zu niedrigeren Preisen einkaufen. Jede Tageszeitung bringt z.B. die nach Einkaufsmengen differenzierten Heizölpreise.

Nennen Sie zwei Beispiele für Preisdifferenzierung. Wie berührt voll-   **Schnelltest** ständige Preisdifferenzierung die Konsumentenrente, die Produzentenrente und die Gesamtrente?

Schlußfolgerung: Die Allgegenwart von Monopolen

Das vorliegende Kapitel betrifft die Verhaltensweisen aller Unternehmungen, die über eine mehr oder weniger große Steuerungsmöglichkeit ihrer Preise verfügen. Vorrangig analysiert wird das Agieren eines Monopolisten auf dem vollkommenen Markt. Wir haben erfahren, daß Monopolisten weniger als die gesamtwirtschaftlich effizienten Mengen produzieren und durch ihre Preissetzung über den Grenzkosten Nettowohlfahrtsverluste der Gesellschaft auslösen. Diese Ineffizienzen können durch kluge wirtschaftspolitische Maßnahmen oder in einigen Fällen durch Preisdifferenzierung gemildert werden.

Wie steht es um die empirische Relevanz von Monopolproblemen? Auf diese Frage gibt es zwei Antworten. Zum einen sind Elemente von Monopolmacht allgegenwärtig. Die meisten Unternehmungen verfügen über gewisse preisstrategische Möglichkeiten, die ihnen aufgrund von Unvollkommenheiten des Marktes (durch Unterschiede der Güter sowie Unterschiede persönlicher, räumlicher und zeitlicher Art bei Lieferung und Zahlung, fehlende Markttransparenz) zuwachsen. Sogar bei sehr vielen Anbietern (Polypol) kann es zu monopolartiger Marktmacht kommen; jeder verfügt dann über einen gewissen monopolistischen Preis-Absatz-Bereich der Nachfrager. *Monopolistische Konkurrenz* ist die Bezeichnung für Polypole auf dem unvollkommenen Markt. Polypole auf dem vollkommenen Markt ergeben die zuvor schon bearbeitete vollständige Konkurrenz.

Als eine zweite Antwort bleibt die Feststellung, daß regelrechte Monopole mit wirklich großer Marktmacht nicht sehr häufig sind. In erster Linie hängt dies wohl damit zusammen, daß sich Substitute finden und die Nachfrager in den meisten Fällen bei hohen Preisen andere Güter kaufen. Mitzudenken ist auch der potentielle Wettbewerb, bei dem man in Wartestellung befindliche Newcomer sieht. Ihr Markteintritt verwandelt ein aktuelles Monopol bisweilen rasch in einen Konkurrenzmarkt. Insgesamt handelt es sich bei Monopolmacht um ein graduelles Problem nach strategischen Spielräumen in sachlicher, räumlicher und zeitlicher Relativierung.

Zusammenfassung

- Ein Monopolist ist ein Alleinverkäufer auf seinem Markt. Ein Monopol entsteht, wenn eine Unternehmung das Eigentum an einem Schlüsselrohstoff hält, wenn der Staat Exklusivrechte zur Produktion gibt, oder wenn eine einzige Unternehmung den gesamten Markt zu geringeren Kosten als mehrere Unternehmungen bedienen kann.
- Da ein Monopolist der einzige Produzent und Anbieter auf seinem Markt ist, steht er vor einer fallenden Markt-Nachfragekurve (als seiner Preis-Absatz-Kurve). Wenn der Monopolist seine Produktmenge um eine Einheit vergrößert, verursacht er damit einen Rückgang des Preises für alle seine Gütereinheiten. Der Grenzerlös des Monopolisten liegt stets unter dem aktuellen Preis des Gutes.
- Wie eine Unternehmung bei vollständiger Konkurrenz trachtet der Monopolist nach der gewinnmaximierenden Produktionsmenge, bei der Grenzerlös und Grenzkosten gleich sind. Sodann setzt der Monopolist jenen Preis, bei dem die gewinnmaximierende Produktionsmenge Absatz findet. Anders als bei der Konkurrenzunternehmung ist der Monopolpreis höher als ihr Grenzerlös und höher als ihre Grenzkosten.
- Die gewinnmaximierende Produktmenge des Monopolisten liegt unter der Produktmenge, die die Summe aus Produzenten- und Konsumentenrente maximieren würde. Demnach werden bei einem Monopolpreis über den Grenzkosten einige potentielle Kunden nicht kaufen, die das Gut höher als zu den Produktionskosten bewerten. Folglich verursacht ein Monopol wie die Besteuerung einen Nettowohlfahrtsverlust.
- Auf die Ineffizienz des Monopolmarktes kann die Wirtschaftspolitik auf viererlei Weise reagieren. Sie kann erstens Wettbewerbsgesetze, insbesondere für eine Fusionskontrolle, zur Steigerung des Wettbewerbs einsetzen. Sie kann zweitens das Preissetzungsverhalten des Monopolisten regulieren. Sie kann drittens das Monopolunternehmen in ein Staatsunternehmen umwandeln. Sie kann sich viertens zum Nichtstun entschließen, wenn das Marktversagen geringere Auswirkungen hat als das zu befürchtende Politikversagen.
- Monopolisten können ihren Gewinn oft dadurch steigern, daß sie für ein und dasselbe Gut von verschiedenen Kunden unterschiedliche

Preise verlangen. Diese Praktik der Preisdifferenzierung vermag die gesellschaftliche Wohlfahrt dadurch zu erhöhen, daß das Gut nun zu einigen Konsumenten kommt, die es sonst bei einem Einheitspreis nicht kaufen würden. Im Extremfall kann vollständige Preisdifferenzierung den monopolbedingten Nettowohlfahrtsverlust völlig beseitigen. Wenn die Preisdifferenzierung jedoch – wie stets in der Praxis – unvollständig ist, kann sie das Wohlfahrtsniveau des Monopols mit dem Einheitspreis entweder erhöhen oder vermindern.

Stichworte

Monopol	Preisdifferenzierung, Preis-
natürliches Monopol	diskriminierung

Wiederholungsfragen

1. Nennen Sie ein Beispiel für ein vom Staat geschaffenes Monopol. Stellt die Schaffung eines Monopols notwendigerweise eine schlechte Wirtschaftspolitik dar?

2. Definieren Sie den Begriff des natürlichen Monopols. Was hat die Größe des Marktes mit der Frage nach dem natürlichen Monopol zu tun?

3. Warum ist der Grenzerlös des Monopolisten niedriger als der Preis des Gutes?

4. Zeichnen Sie die Kurven der Nachfrage, des Grenzerlöses und der Grenzkosten für den Monopolisten. Zeigen Sie die Herleitung der gewinnmaximierenden Produktionsmenge und des gewinnmaximierenden Preises.

5. Zeichnen Sie in Ihr Diagramm zu 4. die wohlfahrtsmaximierende Produktionsmenge ein. Bestimmen Sie den Nettowohlfahrtsverlust des Monopols.

6. Wodurch werden staatliche Stellen in die Lage versetzt, Fusionen zwischen Unternehmungen zu regulieren? Geben Sie vom gesamtwirtschaftlichen Standpunkt aus ein gutes und ein schlechtes Beispiel dafür, daß Unternehmungen eine Fusion anstreben.

7. Beschreiben Sie zwei besondere Schwierigkeiten, die dann entstehen, wenn ein natürliches Monopol zu einer Preissetzung gleich den Grenzkosten verpflichtet wird.

8. Geben Sie zwei Beispiele der Preisdifferenzierung. Erläutern Sie jeweils, weshalb der Monopolist dieser Strategie folgen will.

Aufgaben und Anwendungen

1. Definieren Sie den Grenzerlös einer Unternehmung. Kann der Grenzerlös eines Monopolisten je negativ werden, wenn der Preis stets größer als null ist?

2. Wer steht einer elastischeren Nachfragefunktion gegenüber, der Monopolist oder der Polypolist auf dem vollkommenen Markt? Welche Gütereigenschaft führt zu einer größeren Elastizität?

3. Angenommen, ein natürlicher Monopolist werde gesetzlich zu einer Preissetzung in Höhe der Durchschnittskosten verpflichtet. Markieren Sie in einer Zeichnung die Preissetzung und den gesellschaftlichen Nettowohlfahrtsverlust im Vergleich zur Preissetzung nach Grenzkosten.

4. Denken Sie an die Zustellung der Post. Welche Form wird die Kurve der Durchschnittskosten aufweisen? Welche Unterschiede im Kurvenverlauf werden sich zwischen entlegenen ländlichen Gegenden und Stadtgebieten mit hoher Bevölkerungsdichte einstellen? Wie werden sich die Kurven im Zeitablauf verändern?

5. Es gebe in einer kleinen Stadt zahlreiche konkurrierende Supermärkte mit konstanten Grenzkosten.
   a) Zeichnen Sie ein Diagramm für den Lebensmittelmarkt und zeigen Sie damit Konsumentenrente, Produzentenrente und Gesamtrente.
   b) Nun unterstellen Sie bitte, daß sich die bislang unabhängigen Supermärkte zu einer Handelskette zusammenschließen. Zeichnen Sie ein neues Diagramm mit Konsumenten-, Produzenten- und Gesamtrente. Welcher Transfer von Produzenten zu Konsumenten ergibt sich bei einem Vergleich mit dem Konkurrenzmarkt? Wie groß ist der Nettowohlfahrtsverlust?

6. Einer neuen CD von Mark Knopfler wird folgende Absatzprognose gestellt:

Preis (in DM)	Absatzmenge (in Stück CD)
24	10.000
22	20.000
20	30.000
18	40.000
16	50.000
14	60.000

   Es fallen nur variable Kosten von DM 5,– pro CD, keine fixen Kosten an.
   a) Ermitteln Sie die Gesamterlöse für 10.000, 20.000 usw. Stück. Wie hoch sind die Grenzkosten pro 10.000 Stück Zunahme?
   b) Welche Menge an CD würde den Gewinn maximieren? Welches wäre dazu der Preis? Welcher Gewinn ergäbe sich?
   c) Angenommen, Sie wären Knopflers Agent. Welches Aufnahmehonorar, das die Plattenfirma zu bezahlen hätte, würden Sie Knopfler empfehlen? Warum?

7. Eine Gesellschaft plant den Bau einer Brücke über einen Fluß. Sie hätte dabei 2 Millionen DM an Baukosten und keine laufenden Unterhalts-

kosten. Die nachfolgende Tabelle zeigt die von der Gesellschaft prognostizierte Nachfrage während der Lebenszeit der Brücke.

P (DM je Überquerung)	Q (Überquerungen in Tausend)
8	0
7	100
6	200
5	300
4	400
3	500
2	600
1	700
0	800

a) Wenn sich die Gesellschaft zum Bau der Brücke entschließt, welches wäre der gewinnmaximierende Preis? Ergäbe sich dabei das
effiziente Output-Niveau? Warum oder warum nicht?

b) Soll die Gesellschaft die Brücke überhaupt bauen, wenn sie an der
Gewinnmaximierung interessiert ist? Wie steht es um Gewinn und
Verlust?

c) Welchen Preis sollte der Staat verlangen, wenn er den Brückenbau
durchführt?

d) Soll der Staat die Brücke bauen? Begründung?

8. Die Placebo GmbH hat Patente auf verschiedene Erfindungen.

a) Illustrieren Sie die bei der Produktion anfallende gewinnmaximierende Menge und den Preis, wenn Sie von steigenden Grenzkosten
ausgehen.

b) Nun erhebe der Staat von jedem produzierten Fläschchen eine
Steuer. Skizzieren Sie mit einem neuen Diagramm den neuen Preis
und die neue Menge der Placebo GmbH. Diskutieren Sie einen
Vergleich der Werte mit a).

c) Die Steuer senkt den Gewinn von Placebo, obwohl man das in der
Zeichnung nicht leicht sieht. Begründen Sie, warum dies so sein
muß.

d) Statt einer Steuer pro Fläschchen setzt der Staat nun ohne Rücksicht
auf die Menge eine Steuer je DM 10.000 Umsatz fest. Erklären Sie,
wie dies den Preis, die Menge und die Gewinne der Placebo GmbH
beeinflußt.

9. Die Firma SAP entwickelt einen neuen Chip, auf den sie sofort ein
Patent erhält.

a) Zeichnen Sie bitte ein Diagramm, das Produzentenrente, Konsumentenrente und Gesamtrente für den Markt des neuen Chip zeigt.

b) Wie ändern sich die Größen von a), wenn SAP zu vollständiger
Preisdifferenzierung in der Lage ist? Wie ändert sich der Nettowohlfahrtsverlust? Welche Transfers stellen sich ein?

10. Erklären Sie bitte, warum ein Monopolist stets eine Menge produzieren
wird, bei der die Nachfragekurve elastisch ist.

11. Der Rock-Sänger Rod Stewart hat ein Monopol dank einer knappen
Ressource: seiner eigenen Person. Er ist die einzige Person, die ein Rod-
Stewart-Konzert produzieren kann. Sollte der Staat aufgrund dieser
Tatsache die Eintrittspreise der Rod-Stewart-Konzerte regulieren?

In diesem Kapitel werden Sie

- erfahren, welche Marktstrukturen zwischen Konkurrenz und Monopol liegen,
- folgern, welche Ergebnisse ein Oligopolmarkt haben kann,
- etwas über das Gefangenendilemma und seine Anwendung lernen,
- überlegen, wie durch Wettbewerbsgesetze der Wettbewerb in Oligopolmärkten gefördert werden kann.

Wenn Sie in ein Sportgeschäft gehen, um Tennisbälle zu kaufen, ist es ziemlich wahrscheinlich, daß Sie mit einer dieser vier Marken nach Hause kommen: Dunlop, Wilson, Penn oder Spalding. Diese Hersteller bestimmen letztlich die Menge der produzierten Tennisbälle und – bei gegebener Marktnachfragekurve – den Verkaufspreis von Tennisbällen.

Wie kann man den Markt für Tennisbälle zutreffend beschreiben? Die vorhergehenden beiden Buchkapitel waren auf zwei ganz unterschiedliche Marktformen ausgerichtet. Auf einem Konkurrenzmarkt ist jede Einzelunternehmung so verschwindend klein, daß sie den Preis ihres Produkts nicht beeinflussen kann und den Preis so nehmen muß, wie er zustande kommt. Auf einem Monopolmarkt stellt eine einzige Unternehmung das gesamte Angebot, und sie kann entlang der Nachfragekurve jede beliebige Preis-Mengen-Kombination auswählen und erreichen.

Der Markt für Tennisbälle paßt weder zum Konkurrenzmodell noch zum Monopolmodell des Marktes. Konkurrenz und Monopol sind extreme Marktformen. Konkurrenz ergibt sich ausgeprägt bei sehr vielen Anbietern gleicher Güter, also auf dem vollkommenen Markt. Beim Monopol befindet sich ein einziger Anbieter auf dem Markt. Es ist jedoch ganz naheliegend und zweckmäßig, die Untersuchung mit diesen beiden gegensätzlichen Ausprägungen von Marktstrukturen zu beginnen. Sie sind am leichtesten zu verstehen. Viele Branchen aber, wie etwa die Tennisbälle-Erzeugung, fallen irgendwo zwischen die beiden Extremfälle. Die Unternehmungen in diesen Wirtschaftszweigen haben zwar Konkurrenten, doch zugleich sind sie keinem ausgeprägten Wettbewerb als Preisnehmer oder Mengenanpasser ausgeliefert. Ökonomen sprechen von *unvollständiger Konkurrenz.*

Im vorliegenden Kapitel kommen Formen der unvollständigen Konkurrenz zur Sprache, insbesondere befassen wir uns mit der Marktform *Oligopol*. Das Wesentliche an der Marktform des Oligopols besteht darin, daß es nur einige wenige Anbieter gibt. Deshalb können sich die Maßnahmen jedes einzelnen Anbieters deutlich spürbar auf die Gewinne aller anderen auswirken. Im Oligopol besteht zwischen den Unternehmungen also eine Interdependenz oder wechselseitige Abhängigkeit, wie sie Unternehmungen auf Konkurrenzmärkten nicht empfinden. Wir wollen im vorliegenden

Kapitel klären, wie sich diese Interdependenz der anbietenden Unternehmungen auf ihr Verhalten auswirkt, und welche Probleme damit für die Wirtschaftspolitik entstehen.

Zwischen Monopol und vollständiger Konkurrenz

Die vorhergehenden beiden Kapitel hatten Märkte mit vielen konkurrierenden Unternehmungen und mit einer einzigen Monopolunternehmung zum Gegenstand. Im Kapitel 14 war festzuhalten, daß sich der Preis bei vollständiger Konkurrenz stets auf die Grenzkosten der Produktion einstellt. Ferner wird der Gewinn langfristig durch Markteintritte und -austritte stets auf null hin gedrückt, so daß der Preis den Durchschnittskosten entspricht. Im Kapitel 15 war dagegen zu sehen, wie Unternehmungen mit Marktmacht den Preis auf einem Niveau über den Grenzkosten halten können, so daß ein positiver Gewinn für die Unternehmung entsteht und ein Nettowohlfahrtsverlust für die Gesellschaft herauskommt.

Die Fälle der vollständigen Konkurrenz und des Monopols vermitteln wichtige Einsichten in das Funktionieren von Märkten. Die weitaus meisten Märkte einer Volkswirtschaft weisen jedoch Merkmale von beiden Modellen auf, weshalb sie weder durch das eine noch durch das andere Modell zutreffend beschrieben werden können. Die typische Unternehmung erfährt Wettbewerb, doch die Konkurrenz ist nicht so stark, daß die Unternehmung gänzlich zum Mengenanpasser oder Preisnehmer gemäß Kapitel 14 werden müßte. Die typische Unternehmung verfügt auch über eine gewisse Marktmacht, doch die Marktmacht ist nicht so stark, daß die Unternehmung als Monopol gemäß Kapitel 15 beschrieben werden könnte. Die typische Unternehmung unserer Volkswirtschaft agiert bei unvollständiger Konkurrenz.

Es gibt zwei Arten von Märkten mit unvollständiger Konkurrenz. Ein **Oligopol** ist ein Markt mit einigen wenigen Anbietern, die jeweils gleiche oder sehr ähnliche Produkte anbieten (*Oligopol auf dem vollkommenen Markt*). Ein Beispiel ist der Markt für Tennisbälle, ein anderes Beispiel der Weltmarkt für Rohöl. Einige wenige Länder im Nahen Osten kontrollieren die Ölbestände der Welt. **Monopolistische Konkurrenz** ist die Bezeichnung für einen Markt mit sehr vielen Anbietern, die ähnliche, aber nicht gleiche Produkte anbieten (*Polypol auf dem unvollkommenen Markt*). Beispiele dafür sind Romane, Spielfilme, CDs und Computer-Spiele. Bei monopolistischer Konkurrenz hat jeder Anbieter ein Monopol für sein Produkt, doch besteht zwischen den vielen Anbietern ähnlicher Produkte ein Wettbewerb um dieselben Nachfrager. Ein grundlegender Sachverhalt vom Entscheidungszusammenhang der Nachfrager aus: Jedes Produkt konkurriert mit jedem Produkt um die Kaufkraft der Kunden.

Das Schaubild 16-1 benennt vier Fälle unterschiedlicher Wettbewerbslagen. Die erste Frage bei der Untersuchung eines Marktes lautet: Wie viele anbietende Unternehmungen gibt es? Bei nur einem Anbieter handelt es

Oligopol (Oligopol auf dem vollkommenen Markt)
Ein Markt mit einigen wenigen Anbietern gleicher oder sehr ähnlicher Produkte.

Monopolistische Konkurrenz (Polypol auf dem unvollkommenen Markt)
Ein Markt mit sehr vielen Anbietern ähnlicher aber nicht gleicher Produkte.

sich um ein Monopol. Bei mehreren Anbietern liegt ein Oligopol vor. Gibt es sehr viele anbietende Unternehmungen, so muß eine zweite Frage gestellt und beantwortet werden: Verkaufen die Unternehmungen gleiche oder unterschiedliche Produkte? Handelt es sich um unterschiedliche Produkte, so liegt monopolistische Konkurrenz vor (*Polypol auf dem unvollkommenen Markt*). Handelt es sich um gleiche Produkte, so befinden wir uns in der eingangs bereits betrachteten Marktform vollständiger Konkurrenz (*Polypol auf dem vollkommenen Markt*).

In der Realität sind die von der Theorie her vorgegebenen Klassifikationen selbstverständlich nie genau durchzuhalten. Bisweilen fällt es bereits nach der Zahl der Marktteilnehmer schwer zu entscheiden, ob »einige« oder »viele« Anbieter agieren. Machen ein Dutzend Anbieter von Personenkraftwagen einen Oligopolmarkt oder einen Konkurrenzmarkt aus? Ähnlich unsicher ist ein Urteil darüber, ob Produkte unterschiedlich oder ziemlich ähnlich sind. Liefern unterschiedliche Molkereien tatsächlich das gleiche Produkt »Milch«? Bei der empirischen Untersuchung von Märkten müssen Ökonomen alle Denkmöglichkeiten der Lehrbücher im Kopf haben und dann das am ehesten passende Lehrstück bei der Anwendung abwandeln.

Mit der Klassifikation des Schaubildes 16-1 nach Wettbewerbslagen können wir nun zur Analyse von einzelnen Märkten übergehen. Im nächstfolgenden Kapitel untersuchen wir die monopolistische Konkurrenz. Hier befassen wir uns mit dem Oligopol.

Definieren Sie den *Oligopolmarkt* und die *monopolistische Konkurrenz*,   **Schnelltest**
und führen Sie Beispiele dafür an.

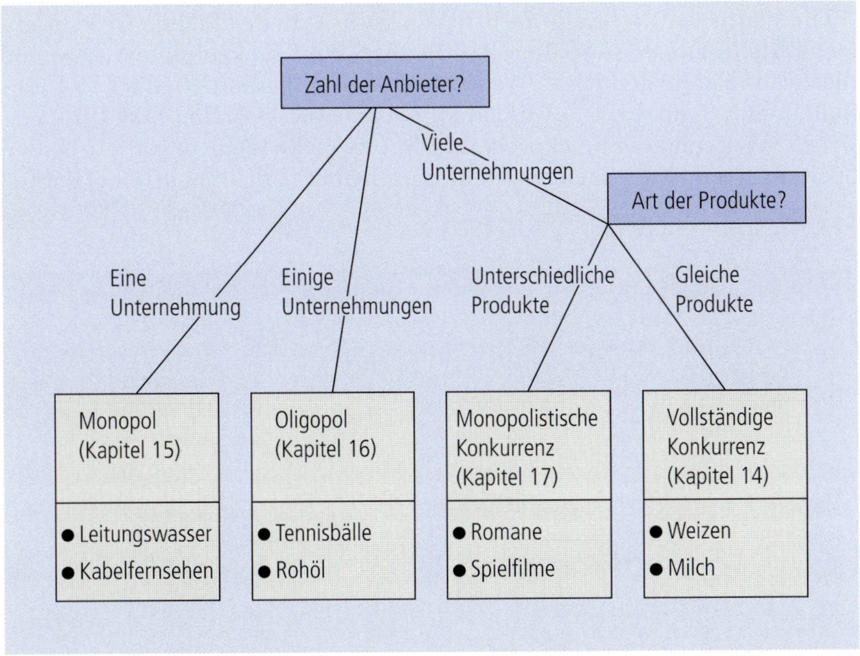

Schaubild 16-1
Vier typische Marktstrukturen. Ökonomen unterscheiden bei empirischen Analysen von Märkten zumeist vier Fälle: Monopol, Oligopol, monopolistische Konkurrenz und vollständige Konkurrenz.

Märkte mit nur wenigen Anbietern

Da ein Oligopolmarkt nur eine kleine Gruppe von Anbietern und potentiellen Verkäufern umfaßt, ist für das Oligopol eine ständige Spannungslage zwischen Kooperation und Eigeninteresse charakteristisch. Die Gruppe ist am besten daran, wenn sie zusammenarbeitet und wie ein Monopolist agiert (d.h. eine kleine Menge mit einem Preis über den Grenzkosten anbietet). Doch da jeder Oligopolist letztlich doch nur seinen eigenen Gewinn im Auge hat, gibt es kraftvolle Anreize gegen eine Aufrechterhaltung des Monopolergebnisses.

Ein Duopol-Beispiel

Um das Marktgeschehen besser verstehen zu lernen, befassen wir uns mit einem Oligopol, das nur zwei Anbieter hat und deshalb *Duopol* oder *Dyopol* genannt wird. Oligopole mit drei und mehr Anbietern haben grundsätzlich dieselben Probleme. Wir verlieren also kaum etwas, wenn wir mit dem denkbar einfachsten Fall beginnen.

Man stelle sich eine Stadt im armen Süden vor, in der nur zwei Einwohner – Vera und Marco – Eigentümer von guten Trinkwasserbrunnen sind. Samstag für Samstag legen Vera und Marco gemeinsam die zu fördernde Wassermenge fest, bringen diese Menge auf den Markt und verkaufen sie zu dem Preis, den der Markt hergibt. Der Einfachheit halber nehmen wir an, daß den beiden beim Wasserpumpen keine Kosten entstehen. Die Grenzkosten von Trinkwasser sind also null.

Die städtische Nachfrage nach Trinkwasser ist in der Tabelle 16-1 zusammengestellt. Die erste Spalte zeigt die insgesamt nachgefragte Menge und die zweite Spalte den Preis. Wenn die beiden insgesamt 10 Stück (5-Liter-Ballone mit Trinkwasser) verkaufen, nehmen sie je Ballon DM 110,– ein. Bei 20 Stück sinkt der Stückpreis auf DM 100,– usw. Wenn man diese beiden Spalten in ein Koordinatensystem einzeichnet, erhält man eine normal

Tabelle 16-1
Die Nachfrage nach Trinkwasser

Menge (5-Liter-Ballone)	Preis (DM je Ballon)	Erlös (und Profit) (in DM)
0	120	0
10	110	1.100
20	100	2.000
30	90	2.700
40	80	3.200
50	70	3.500
60	60	3.600
70	50	3.500
80	40	3.200
90	30	2.700
100	20	2.000
110	10	1.100
120	0	0

preisabhängige Nachfragekurve, bei der die Mengen mit steigendem Preis sinken.

Die letzte Spalte der Tabelle 16-1 weist den Gesamterlös des Wasserverkaufs aus (Menge mal Preis). Da es keine Förderkosten des Wassers gibt, entspricht der Erlös der beiden Produzenten unmittelbar dem gemeinsamen Gewinn.

Überlegen wir nun, wie die Organisation der Trinkwassererzeugung in der Stadt den Preis und die Qualität des verkauften Wassers beeinflußt.

Konkurrenz, Monopole und Kartelle

Bevor wir die Marktergebnisse von Preisen und Mengen unter den Bedingungen des Dyopols von Vera und Marco diskutieren, wollen wir kurz auf die uns bereits vertrauten Marktstrukturen eingehen: Konkurrenz und Monopol.

Wie wäre die Lage bei vollständiger Konkurrenz? Die Produktionsentscheidungen der einzelnen Unternehmungen treiben dabei den Marktpreis schließlich auf das Niveau der Grenzkosten. Die Grenzkosten betragen im vorliegenden Beispielfall des Marktes für Trinkwasser null. Unter Konkurrenzbedingungen wäre der Preis also schließlich null und die dabei abgesetzte Menge betrüge 120 Stück. Der Wasserpreis spiegelte die Produktionskosten, und es würde die effiziente Menge produziert und konsumiert.

Wie wäre das Marktergebnis bei einem Monopol? Die Tabelle 16-1 zeigt das Erlös- und Gewinnmaximum für 60 Ballone und einen Preis von DM 60,– pro Ballon. Ein gewinnmaximierender Monopolist würde sich für diese Preis-Mengen-Kombination entscheiden. Wie das im Monopolfall so ist, liegt der Preis über den Grenzkosten. Das Marktergebnis wäre ineffizient, denn produzierte und konsumierte Wassermenge verfehlen das gesellschaftlich effiziente Niveau von 120 Stück.

Welches Marktergebnis wäre im Dyopolfall zu erwarten? Vielleicht würden Vera und Marco sich zusammentun und gemeinsam über die Produktionsmenge und den Preis entscheiden. Solch eine Absprache zwischen Unternehmungen über Produktion und Preis nennt man **Kollusion**, und die beteiligte Gruppe von Unternehmungen heißt **Kartell**. Sobald sich einmal ein Kartell gebildet hat, wird der Markt tatsächlich von einem Monopol beliefert, und wir können die Analyse gemäß Kapitel 15 verwenden. Wenn sich Vera und Marco also zusammenschließen, so einigen sie sich auf das Monopolresultat, weil dabei der mögliche Gewinn aus dem Markt maximiert wird. Unsere beiden Anbieter würden zusammen 60 Stück produzieren (5-Liter-Ballone Trinkwasser) und diese zum Preis von DM 60,– je Stück absetzen. Wieder liegt der Preis über den Grenzkosten, und das Marktergebnis ist sozial ineffizient.

Ein Kartell muß sich nicht nur über die Gesamtmenge an Produkten verständigen, sondern auch über die Produktmengen der einzelnen Kartellmitglieder. In unserem Beispielfall müssen sich Vera und Marco einigen, wie sie die Monopolproduktion von 60 Stück untereinander aufteilen. Jedes

Kollusion
Absprache von Unternehmungen über Produktionsmengen und Preise

Kartell
Gruppe von Unternehmungen, die einvernehmlich (per Kollusion) agiert

Mitglied wird einen möglichst großen Anteil haben wollen, weil ein großer Produktions- und Marktanteil gleichbedeutend ist mit einem großen Gewinn. Könnten sich Vera und Marco auf eine Teilung halbe-halbe einigen, so entfiele auf jede Person eine Produktionsmenge von 30 Stück und ein Gewinn von DM 1.800,–. Der Preis wäre selbstverständlich DM 60,–.

Das Gleichgewicht auf dem Oligopolmarkt

Obwohl Oligopolisten gerne Kartelle bilden und Monopolgewinne verdienen würden, ist dies oft nicht möglich und sogar verboten. Kartellgesetze stehen der Ausschaltung des Wettbewerbs per Absprachen im gesamtwirtschaftlichen Interesse entgegen. Zank unter den Kartellmitgliedern über die Gewinnverteilung trägt ein Übriges dazu bei, daß der Bestand der Kartelle stets gefährdet ist. Überlegen wir deshalb das zu erwartende Marktergebnis für den Fall, daß Vera und Marco ihren Weg alleine gehen wollen – bei Produktion, Verkauf und Gewinn.

Zuerst könnte man versucht sein daran zu denken, daß jedes Kartellmitglied einzeln sich als Monopolist aufspielen und den Monopolgewinn einstreichen möchte. Ohne eine bindende Absprache jedoch ist das Monopolergebnis unwahrscheinlich. Stellen wir uns vor, daß Marco Vera unterstellt, sie würde nur 30 Stück (die halbe Monopolmenge) produzieren. Er würde vielleicht so kalkulieren: »Ich könnte ebensogut 30 Stück produzieren und anbieten. In diesem Falle würde eine Gesamtmenge von 60 Ballon Wasser zum Stückpreis von DM 60,– abgesetzt. Mein Gewinn dabei wäre DM 1.800,– (30 Stück mal DM 60,– je Stück). Ich könnte jedoch auch 40 Stück herstellen und verkaufen. Die Gesamtmenge von 70 Stück käme zum Stückpreis von DM 50,– an den Mann und an die Frau. Mein Gewinn wäre sonach DM 2.000,– (40 Stück mal DM 50,– je Stück). Obwohl der Gesamtgewinn aus dem Markt niedriger würde, könnte mein eigener Gewinn steigen; denn ich hätte einen größeren Marktanteil.«

Gewiß könnte Vera insgeheim ähnliche Überlegungen anstellen. Falls dies zuträfe, brächten die beiden zusammen 80 Stück auf den Markt, und der Preis ginge auf DM 40,– pro Stück zurück. Obwohl also jeder Dyopolist einzeln nach seinem Vorteil strebt, wenn er über die Produktionsmenge entscheidet, stellen sie zusammen schließlich mehr als die Monopolmenge zu einem niedrigeren Preis als dem Monopolpreis her, und sie verdienen weniger als der Monopolist mit dem Monopolgewinn.

Die Triebkraft des Eigeninteresses steigert den Dyopol-Output zwar über die Monopolmenge hinaus, sie führt aber nicht zur Allokation bei vollständiger Konkurrenz. Schauen wir noch einmal was geschieht, wenn jeder Dyopolist bei der Produktionsmenge von 40 Stück steht. Der Preis beträgt DM 40,– und jeder Dyopolist macht einen Gewinn in Höhe von DM 1.600,–. In diesem Falle lauten die eigennützigen Überlegungen von Marco etwa so: »Derzeit beträgt mein Gewinn DM 1.600,–. Ich denke, ich dehne meine Produktion auf 50 Stück aus. Danach kämen, wenn die Konkurrenz still hält, insgesamt 90 Mengeneinheiten auf den Markt und der Preis wäre DM

30,– pro Stück. Dann hätte ich nur noch einen Gewinn von DM 1.500,–.
Also bleibe ich lieber bei der Produktionsmenge von 40 Stück.«

Das Marktergebnis, bei dem Vera und Marco je 40 Stück produzieren und
verkaufen, sieht wie eine Art Marktgleichgewicht aus. In der Tat nennt man
es ein *Nash-Gleichgewicht* (benannt nach dem Mathematiker John Nash).
Ein **Nash-Gleichgewicht** ist eine Situation, in der miteinander verbundene
Akteure ihre bestmögliche Strategie mit Blick auf die Strategie der anderen
gewählt haben. Im Beispielfall besteht bei einer Produktionsmenge von 40
Stück durch Vera die beste Strategie für Marco darin, ebenfalls 40 Stück
herzustellen. Sobald die beiden einmal das Nash-Gleichgewicht erreichen,
hat niemand mehr einen Vorteil davon, eine andere Entscheidung zu treffen.

Die Beispiele illustrieren die erwähnte Spannung zwischen Kooperation
und Eigennutz. Die Oligopolisten sind als Gruppe insgesamt besser daran,
wenn sie kooperieren und gemeinsam das Monopolergebnis auf dem Markt
erzielen. Da sie jedoch auch und vor allem ihr Eigeninteresse verfolgen,
kommen sie doch nicht dauerhaft dort hin und zur gemeinsamen Gewinnmaximierung. Jeder einzelne Oligopolist ist sehr stark versucht, seine
Produktion zu erhöhen und einen größeren Nachfrageteil zu bedienen. Da
alle so denken und handeln, wird die produzierte und angebotene Gesamtmenge steigen und der Preis sinken.

Bis zum Marktergebnis bei vollständiger Konkurrenz wird man jedoch
nicht kommen, wenn die Oligopolisten ihrem Eigeninteresse folgen. Wie
Monopolisten haben Oligopolisten sehr wohl ein Gespür dafür, daß ihre
Mengensteigerungen den Marktpreis des Produkts nach unten drücken.
Deshalb werden sie stehen bleiben, kurz bevor es zur Situation Preis gleich
Grenzprodukt kommt.

Wenn also die Oligopolisten ihre individuelle Produktions- und Ange-
botsmenge zur eigenen Gewinnmaximierung wählen, werden sie zusammen
eine größere Menge als ein Monopolist und eine kleinere Menge als ein
Polypolist auf den Markt bringen. Der Marktpreis des Oligopols ist dann
niedriger als der Monopolpreis, jedoch höher als der Konkurrenzpreis.

Nash-Gleichgewicht
Eine Situation, in der
wechselweise ver-
bundene Akteure
einzeln ihre best-
mögliche Strategie
mit Blick auf die Ent-
scheidungen der
anderen treffen

Wie die Größe eines Oligopols das Marktergebnis bestimmt

Mit den Erkenntnissen des Dyopolfalles können wir uns an die Behandlung
der Frage wagen, wie die Größe eines Oligopols wohl das Marktergebnis
beeinflussen wird. Nehmen wir an, daß Harald und Hans plötzlich Trinkwasserquellen auf ihren Grundstücken entdecken und sich dem Dyopol von
Vera und Marco anschließen. Die Nachfragefunktion der Tabelle 16-1 gilt
weiterhin, aber es bemühen sich nun mehr Anbieter um die Geschäftsabschlüsse mit den potentiellen Nachfragern. Wie wird ein Anwachsen der
Anbieterzahl von zwei auf vier den Preis und die in der Stadt verkaufte
Menge an Trinkwasser verändern?

Könnten die Wasserverkäufer ein Kartell bilden, so würden sie zur gemeinsamen Gewinnmaximierung selbstverständlich wiederum danach
trachten, die Monopolmenge herzustellen und den Monopolpreis zu ver-

langen. Wie zuvor schon die beiden Oligopolisten, müssen nunmehr die vier Anbieter Wege finden, zu Vereinbarungen zu kommen und diese notfalls auch durchzusetzen. Dies wird jedoch schwieriger und weniger wahrscheinlich, wenn die Teilnehmerzahl des Kartells anwächst.

Sofern die Oligopolisten kein Kartell bilden, etwa weil dies gesetzlich verboten ist, müssen sie sich einzeln für ihre individuelle Produktions- und Angebotsmenge entscheiden. Betrachten wir die Entscheidungslage des einzelnen, um die mögliche Auswirkung einer größeren Gruppe von Anbietern abzuschätzen. Zu jeder Zeit hat jeder der vier Eigentümer von Trinkwasserquellen die Möglichkeit, 1 Stück (Ballon mit 5 Litern) mehr zu produzieren. Bei dieser Entscheidung wird er zwei Effekte abwägen:

- Den *Mengeneffekt*: Da der Preis über den Grenzkosten liegt, wird der Verkauf der zusätzlichen Einheit zum herrschenden Preis den Gewinn erhöhen.
- Den *Preiseffekt*: Die Produktionssteigerung wird das Marktangebot und den Mengenabsatz erhöhen, wodurch eine Preissenkung und Gewinnminderung bei allen verkauften Einheiten eintritt.

Ist der Mengeneffekt größer als der Preiseffekt, so ist eine Produktionserhöhung vorteilhaft. Dominiert der Preiseffekt jedoch den Mengeneffekt, so unterbleibt die Produktionserhöhung. (In dieser Lage empfiehlt sich vielleicht sogar eine Senkung der Produktion.) Jeder Oligopolist dehnt – bei Unterstellung unveränderten Konkurrentenverhaltens – die Produktion solange aus, bis sich die beiden Effekte genau die Waage halten.

Wie wirkt sich die Anbieterzahl auf die Marginalanalyse der einzelnen Unternehmung aus? Je größer die Zahl der Anbieter ist, um so weniger wird jeder Anbieter eine Eigenwirkung auf den Marktpreis veranschlagen. Je größer also das Oligopol wird, um so kleiner fällt die Kalkulation des Preiseffekts eigener Mengenänderungen aus. Bei einer sehr großen Anbieterzahl gerät der Preiseffekt völlig aus dem Blickfeld, und jeder Oligopolist weitet seine Angebotsmenge – gleich einem Polypolisten auf dem vollkommenen Markt – aus, solange der Preis über den Grenzkosten liegt.

Wir sehen, daß ein sehr großes Oligopol im wesentlichen eine Gruppe konkurrierender Unternehmungen ist. Bei vollständiger Konkurrenz schaut eine Unternehmung nur auf den Mengeneffekt: Da eine Unternehmung im Wettbewerb ein Mengenanpasser oder Preisnehmer ist, entfällt für sie der Preiseffekt. *Wenn also die Anbieterzahl auf dem Oligopolmarkt größer und größer wird, ähnelt er mehr und mehr einem Konkurrenzmarkt. Der Preis nähert sich den Grenzkosten und die Produktionsmenge bewegt sich zum volkswirtschaftlich effizienten Niveau hin.*

Die Untersuchung des Oligopols bietet einen neuen Blickwinkel für Auswirkungen des internationalen Handels. Nehmen wir einmal an, Toyota und Honda sind die einzigen Automobilhersteller in Japan, Volkswagen und Mercedes-Benz die einzigen Produzenten in Deutschland, und Ford sowie General Motors die beiden Automobilfirmen in den Vereinigten Staaten. Würde jedes Land den Außenhandel mit Autos unterbinden, hätte jedes Land ein Oligopol mit nur zwei Mitgliedern und das Marktergebnis wäre gewiß sehr weit entfernt vom Konkurrenzergebnis. Bei Freihandel jedoch gibt es einen Welt-Automobilmarkt und ein Oligopol mit sechs Mitgliedern.

Der Übergang von der geschlossenen Volkswirtschaft zum Freihandel erhöht die Anbieterzahl und die Zahl der möglichen Geschäftspartner für die Nachfrager; der Wettbewerb verstärkt sich und der Marktpreis wird näher bei den Grenzkosten liegen. So liefert die Oligopoltheorie zusätzlich zu dem im Kapitel 3 diskutierten Prinzip der komparativen Kosten eine Begründung dafür, daß alle Länder Vorteile aus dem Freihandel erlangen.

Die OPEC und der Weltmarkt für Öl **Fallbeispiel**

Unsere Geschichte vom städtischen Wassermarkt ist selbstverständlich fiktiv, doch wenn wir statt Trinkwasser Rohöl setzen und statt Vera und Marco Iran und Irak sagen, werden die bisherigen Überlegungen recht realitätsnah. Ein Großteil des Rohöls der Welt wird in einigen wenigen Ländern gefördert, die zumeist im Nahen Osten liegen. Diese Länder bilden mit der Nachfrageseite zusammen einen Oligopolmarkt. Ihre Entscheidung darüber, wieviel Öl gefördert werden soll, entspricht ganz der Entscheidung von Vera und Marco über die zu fördernde und auf dem Markt anzubietende Wassermenge.

Die größten Ölförderländer der Welt haben ein Kartell gebildet, die Organisation Erdölexportierender Länder (OPEC). Die erste Formierung der OPEC von 1960 schloß Iran, Irak, Kuwait, Saudiarabien und Venezuela ein. Um 1973 schlossen sich acht weitere Staaten an: Qatar, Indonesien, Lybien, die Vereinigten Arabischen Emirate, Algerien, Nigeria, Ecuador und Gabun. Diese Länder halten ungefähr drei Viertel der Ölvorräte der Welt unter ihrer Kontrolle. Wie jedes Kartell versucht die OPEC den Preis ihres Produkts durch eine abgestimmte Mengenverringerung zu steigern. Für jedes einzelne Mitgliedsland sucht die OPEC Produktionsniveaus festzusetzen.

Das Problem der OPEC ist so ziemlich das gleiche wie das von Vera und Marco in unserem Wasserbeispiel. Die OPEC-Länder möchten einen hohen Ölpreis halten, aber jedes einzelne Mitglied des Kartells ist versucht, die Produktionsmenge zu steigern, um einen größeren Anteil am Gesamtgewinn zu erzielen. Die OPEC-Mitglieder treffen häufig Vereinbarungen zur Produktionseinschränkung, doch dann betrügen sie und umgehen ihre Abkommen.

Am erfolgreichsten war die OPEC in den Jahren von 1973 bis 1985. Der Rohölpreis stieg von $ 2,64 je Barrel im Jahre 1972 auf $ 11,17 im Jahre 1974 und danach auf $ 35,10 im Jahre 1981. In den frühen achtziger Jahren begannen Auseinandersetzungen über die Kontingente und die OPEC verlor ihre Schlagkraft. Schließlich fiel der Rohölpreis bis auf $ 12,52 je Barrel im Jahre 1986 zurück.

Heute noch treffen sich die OPEC-Mitglieder ungefähr zweimal im Jahr, doch das Kartell ist nicht mehr sehr wirksam beim Erzielen und Durchsetzen von Absprachen. Die Mitgliedsländer treffen ihre Produktionsentscheidungen weitgehend unabhängig voneinander und der Weltmarkt für Rohöl weist einen nicht geringen Wettbewerb auf. Inflationsbereinigt steht der Rohölpreis heute in etwa da, wo er sich vor der Gründung der OPEC befand.

Welche Menge würden die Oligopolisten wählen, wenn sie sich auf eine Gesamtmenge einigen sollten? Werden die Oligopolisten mehr oder weniger produzieren, wenn Sie unabhängig voneinander individuelle Produktionsentscheidungen treffen?

Die Spieltheorie und die Ökonomik der Kooperation

Wie wir gesehen haben, würden die Oligopolisten gemeinschaftlich gerne das Marktergebnis des Monopols erreichen. Doch dazu ist eine Kooperation erforderlich, die zeitweilig schwer fällt. Damit, daß Kooperation wünschenswert, aber schwierig ist, befassen wir uns im vorliegenden Abschnitt näher. Für die Ökonomik der Kooperation müssen wir uns ein wenig Spieltheorie aneignen.

Spieltheorie
Die Analyse menschlichen Verhaltens in strategischen Situationen

Spieltheorie befaßt sich mit der Analyse menschlichen Verhaltens in strategischen Situationen. Als »strategisch« bezeichnen wir eine Lage, in der jeder bei der Entscheidung über eigene Aktivitäten berücksichtigen muß, wie andere wohl darauf reagieren. Da die Zahl der auf einem Oligopolmarkt aktiven Unternehmungen klein ist, muß jede der Unternehmungen strategisch denken und entscheiden. Jede Unternehmung weiß, daß ihr Gewinn nicht nur von der eigenen Produktionsmenge abhängt, sondern auch von den Produktionsmengen der anderen Anbieter. Bei seiner Produktionsentscheidung sollte sich jeder Oligopolist überlegen, wie seine Entscheidung die Produktionsentscheidungen der anderen Unternehmungen beeinflußt.

Die Spieltheorie ist keine Voraussetzung zum Verständnis von Konkurrenz- oder Monopolmärkten. In einem Konkurrenzmarkt ist jede Unternehmung gemessen am Marktvolumen so klein, daß strategische Interaktionen mit anderen Unternehmungen vernachlässigt werden können. In einem Monopolmarkt gibt es keine strategischen Interaktionen, weil der Monopolist der Alleinanbieter ist. Zum Verständnis der Vorgänge auf Oligopolmärkten jedoch ist die Anwendung der Spieltheorie ganz nützlich.

Gefangenen-dilemma
Ein besonderes »Spiel« zwischen zwei Gefangenen, das zeigt, warum Kooperation selbst dann schwer fällt, wenn sie für beide Seiten Vorteile bringt.

Ein »Spiel« mit spezieller Bedeutung trägt die Bezeichnung **Gefangenen-dilemma**. Es verschafft Einblick in die Schwierigkeiten, Kooperation aufrecht zu erhalten. Oftmals im Leben mißlingt es den Menschen zusammenzuarbeiten – sogar dann, wenn es jedem durch Kooperation besser gehen könnte. Ein Beispiel nur unter vielen liefert das Oligopol. Die Geschichte vom Gefangenendilemma enthält eine allgemeine Lehre für alle Gruppen, die unter ihren Mitgliedern die Zusammenarbeit hochhalten.

Das Gefangenendilemma

Das Gefangenendilemma ist eine Geschichte von zwei Kriminellen, die der Polizei in die Hände gefallen sind. Nennen wir sie Bonnie und Clyde. Die Polizei hegt den begründeten Verdacht, die beiden hätten sich des Waffentragens ohne Waffenschein schuldig gemacht. Auf dieses minder schwere Vergehen steht bis zu ein Jahr Gefängnis. Die Polizei verdächtigt Bonnie und Clyde jedoch auch, gemeinsam einen Bankraub begangen zu haben. Sie hat keine Beweise in Händen, um die beiden als Schwerverbrecher überführen zu können.

Bonnie und Clyde werden in verschiedenen Räumen getrennt verhört, und man macht ihnen dieses Angebot: »Zur Zeit können wir Sie für ein Jahr hinter Schloß und Riegel bringen. Wenn Sie jedoch den Bankraub gestehen und ihren Kumpanen belasten, gewähren wir Ihnen Straffreiheit und Sie können sofort als freier Mensch gehen. Ihr Partner bekommt dann 20 Jahre Gefängnis. Doch wenn Sie beide das Verbrechen eingestehen, brauchen wir Ihre Zeugenaussage nicht mehr und wir können die Kosten der Verhandlung vermeiden. Deshalb bekommt dann jeder einzelne eine mittelschwere Strafe von 8 Jahren Gefängnis.«

Wenn Bonnie und Clyde als herzlose Bankräuber, die sie nun einmal sind, nur an sich und ihre eigene Bestrafung denken, wie werden sie sich wohl verhalten? Werden sie gestehen oder schweigen? Das Schaubild 16-2 skizziert ihre Alternativen. Jeder Gefangene hat zwei Strategien: Gestehen oder schweigen. Die von jedem zu erwartende Strafe hängt von der eigenen gewählten Strategie ab und von der Strategie des Mitverbrechers.

Betrachten wir zuerst die Entscheidungslage von Bonnie. Sie überlegt so: »Ich weiß ja nicht, was Clyde tun wird. Wenn er schweigt, lautet meine beste Strategie Gestehen, da ich dann frei bin statt ein Jahr im Gefängnis zu sitzen. Wenn er gesteht, lautet meine beste Strategie immer noch Gestehen, denn dann werde ich nur 8 statt 20 Jahre einsitzen. Somit bin ich unabhängig davon, was Clyde machen wird, mit Gestehen am besten daran.«

In der Sprache der Spieltheorie ist dies eine **dominante Strategie**: die beste Vorgehensweise eines Spielers ungeachtet der von den anderen Spielern verfolgten Strategie. Gestehen ist im vorliegenden Beispielfall eine dominante Strategie für Bonnie. Sie verbringt weniger Zeit im Gefängnis – unabhängig davon, ob Clyde gesteht oder schweigt.

Dominante Strategie
Eine beste Strategie für einen Spieler, unabhängig davon, welche Strategien andere Spieler wählen.

		Entscheidung Bonnie	
		Gestehen	Schweigen
Entscheidung Clyde	**Gestehen**	8 Jahre für jeden	20 Jahre für Bonnie, Freiheit für Clyde
	Schweigen	Freiheit für Bonnie, 20 Jahre für Clyde	1 Jahr für jeden

Schaubild 16-2
Das Gefangenendilemma. In diesem Spiel zwischen zwei Kriminellen, die eines Verbrechens verdächtigt werden, hängt die Bestrafung des einen sowohl von seiner Entscheidung Gestehen oder Schweigen ab als auch von der Entscheidung des anderen.

Nun betrachten wir die Entscheidungslage von Clyde. Er steht vor denselben Alternativen wie Bonnie; und er überlegt ähnlich. Ungeachtet dessen was Bonnie tut, kann Clyde seine zu erwartende Zeit im Gefängnis durch ein Geständnis minimieren. Gestehen ist also die dominante Strategie auch für Clyde.

So werden am Ende beide gestehen und für 8 Jahre ins Gefängnis kommen. Von ihrem Standpunkt aus ist dies jedoch ein schreckliches Resultat. Wenn sie *beide* schweigsam geblieben wären, wären sie mit nur einem Jahr Gefängnis wegen unerlaubten Waffentragens besser weggekommen. Folgt jeder seinem Eigeninteresse, kommen beide Gefangenen zu einem schlechteren Ergebnis für jeden einzelnen.

Stellen wir uns zur weiteren Illustration der Schwierigkeiten einer Kooperation vor, Bonnie und Clyde hätten vor ihrer Gefangennahme durch die Polizei abgemacht, nicht zu gestehen. Offensichtlich sind beide mit der Abmachung besser gestellt, vorausgesetzt sie halten sich daran. Sie haben nur 1 Jahr Gefängnis zu erwarten. Doch würden die beiden tatsächlich eisern schweigen, nur weil sie es vereinbart haben? Sobald sie fortlaufend getrennt verhört werden, gewinnt nach und nach das Eigeninteresse die Oberhand und ein Geständnis wird wahrscheinlich. Die Kooperation zwischen den beiden Gefangenen ist schwerlich durchzuhalten; denn Kooperation ist individuell irrational.

Oligopole im Gefangenendilemma

Was hat das Gefangenendilemma mit Märkten und mit unvollständigem Wettbewerb zu tun? Es stellt sich heraus, daß das Spiel der beiden Oligopolisten um das Monopolergebnis dem Spiel der beiden Gefangenen sehr ähnlich ist.

Stellen wir uns ein Oligopol mit den beiden Anbietern Iran und Irak vor. Beide Länder verkaufen Rohöl. Nach langwierigen Verhandlungen kommen die beiden Länder überein, das Produktionsniveau niedrig zu halten, damit der Weltmarktpreis des Rohöls hoch bleibt. Nach dem Vertragsabschluß über die Produktionsniveaus muß jedes der beiden Länder für sich entscheiden, ob es kooperieren und den Vertrag einhalten will oder aber betrügen und mehr produzieren möchte. Das Schaubild 16-3 zeigt, wie die Gewinne der beiden Länder von den gewählten Strategien der beiden abhängen.

Schaubild 16-3
Ein Oligopolspiel.
In diesem Spiel zwischen Oligopolisten hängt der Gewinn eines jeden von der eigenen Produktionsentscheidung und der Entscheidung des Gegenspielers ab.

		Iraks Entscheidung	
		Hohe Produktion	**Niedrige Produktion**
Irans Entscheidung	**Hohe Produktion**	Gewinn 40 Mrd.$ für jeden	Gewinn Irak 30 Mrd.$ Gewinn Iran 60 Mrd.$
	Niedrige Produktion	Gewinn Irak 60 Mrd.$ Gewinn Iran 30 Mrd.$	Gewinn 50 Mrd.$ für jeden

Stellen Sie sich vor – eine zeitweilig ungute Vorstellung – Sie wären der Präsident des Irak. Sie überlegen wie folgt: »Ich könnte die Produktion vereinbarungsgemäß niedrig halten, oder ich könnte meine Produktion erhöhen und mehr Öl als vereinbart auf den Weltmarkt bringen. Sofern sich der Iran an das Abkommen hält und seine Produktion niedrig bleibt, erzielt mein Land mit hoher Produktion 60 Mrd. $ und mit niedriger Produktion 50 Mrd. $ Gewinn. In diesem Falle fährt Irak mit hoher Produktion besser. Sofern jedoch der Iran die Vereinbarung verfehlt und eine größere Menge produziert, so erzielt mein Land bei hoher Produktion einen Gewinn von 40 Mrd. $ und bei niedriger Produktion 30 Mrd. $. Wiederum kommt der Irak mit einer hohen Produktionsmenge besser weg. Unabhängig davon, wie sich der Iran entscheidet, ist mein Land also zum eigenen Vorteil gut beraten, das Abkommen insgeheim zu verletzen und ein hohes Produktionsniveau zu verwirklichen.«

Ein hohes Produktionsniveau (bei Verletzung des Abkommens) ist also eine dominante Strategie für den Irak. Selbstverständlich stellt sich die Entscheidungslage für den Iran ebenso dar. Somit werden schließlich beide Länder ein hohes Produktionsniveau realisieren. Das Gesamtergebnis ist für beide Länder mit niedrigen Gewinnen inferior.

Das Beispiel illustriert anschaulich, warum Oligopolisten erhebliche Probleme damit haben, die Monopolgewinne vom Markt abzukassieren. Das Monopolergebnis ist für die Gemeinschaft der Oligopolisten rational, jedoch nicht für den einzelnen Oligopolisten, so daß Anreize für jeden zur Vertragsverletzung bestehen. So wie das Eigeninteresse die Gefangenen in das Gefangenendilemma und zum Geständnis treibt, macht es das Eigeninteresse für die Oligopolisten sehr schwer, die Kooperation beizubehalten und auf diese Weise durch ein niedriges Produktionsniveau hohe Preise und hohe Gewinne zu erzielen.

Weitere Beispiele für das Gefangenendilemma

Wir haben gesehen, wie man anhand des Gefangenendilemmas die konflikthafte Entscheidungslage von Oligopolisten besser verstehen kann. Für viele andere strategische Situationen gilt die gleiche Logik. Drei Beispiele schauen wir uns noch an, in denen jeweils das Eigeninteresse die Kooperation verhindert und damit für die beteiligten Parteien zu zweitbesten Ergebnissen führt.

Rüstungswettlauf

Ganz dem Gefangenendilemma entspricht der Rüstungswettlauf der Nationen. Betrachten wir die Entscheidung zweier Weltmächte – USA und GUS-Staaten – über Abrüstung oder die Herstellung neuer Waffen. Jedes Land wird es vorziehen, sein Waffenarsenal zu vergrößern, weil es damit einen größeren weltpolitischen Einfluß gewinnt. Doch jedes Land wird auch Wert darauf legen, sicher vor den Waffen anderer Länder zu leben.

Das tödliche Spiel ist im Schaubild 16-4 schematisch abgebildet. Wählen die GUS-Staaten die Aufrüstung, so werden die USA zum eigenen Vorteil ebenfalls aufrüsten. Entschließen sich die GUS-Staaten zur Abrüstung, empfiehlt sich für die USA dennoch die Aufrüstung zur Vergrößerung der

Schaubild 16-4
Ein Spiel des Rüstungswettlaufs.
In diesem Spiel zwischen zwei Ländern hängen Sicherheit und Macht sowohl von der nationalen Rüstungsentscheidung als auch von der Entscheidung des Gegenspielers ab.

	Entscheidung der USA	
	Aufrüstung	**Abrüstung**
Aufrüstung	Beide Länder steigern ihr Risiko	USA gefährdet und schwach UdSSR sicher und mächtig
Abrüstung	USA sicher und mächtig UdSSR gefährdet und schwach	Beide Länder erhöhen ihre Sicherheit

(Zeilenbeschriftung: **Entscheidung der früheren UdSSR** — Aufrüstung / Abrüstung)

Macht. Für jedes Land ist Aufrüstung – leider – eine dominante Strategie. Jedes Land entscheidet sich immer wieder für die Fortsetzung des Rüstungswettlaufs, und alle zusammen enden stets erneut im Risiko der gemeinsamen Vernichtung.

Die ganze Zeit des Kalten Krieges über versuchten die USA und die vormalige Sowjetunion ständig durch Abrüstungsverhandlungen und Abkommen zur Rüstungsbegrenzung das Problem des Rüstungswettlaufs zu lösen. Das ganze lief so ähnlich ab wie die vergeblichen Versuche von Oligopolisten, ein Kartell zur Mengenbeschränkung aufrecht zu erhalten. Sowohl beim Rüstungswettlauf wie auf Oligopolmärkten bestehen unerbittliche Zwänge zu nicht-kooperativem Vorgehen, das für alle Beteiligten ungünstig ist.

Werbung

Suchen zwei Unternehmungen denselben Kundenkreis mit Werbung auf sich aufmerksam zu machen, so befinden sie sich alsbald ebenfalls in einem Gefangenendilemma. Man kann dabei an die schreckliche Tabakwerbung zum Schaden der Gesundheit aller denken und zwei Zigarettenhersteller – Marlboro und Camel – als Beispielfall betrachten. Wirbt keine der beiden Marken, so werden sich die beiden Unternehmungen den Markt teilen. Werben beide, so wird es ebenfalls zur Marktaufteilung kommen, doch sind die Gewinne der beiden wegen der Reklamekosten geringer. Wenn jedoch nur eine der beiden Unternehmungen Werbung betreibt und die andere nicht, zieht die werbende Unternehmung von der anderen Firma die Kunden ab.

In welcher Weise die Gewinne der beiden Unternehmungen von ihren Aktivitäten abhängen, zeigt das Schaubild 16-5. Werbung ist eine dominante Strategie für jede Unternehmung. So werden beide Unternehmungen werben, obwohl sie ganz ohne Werbung besser daran wären.

Eine empirische Bestätigung der Theorie ergab sich 1971 in den USA, als im Kongreß ein Gesetz behandelt wurde, das Zigarettenwerbung im Fernsehen verbieten sollte. Zur Überraschung vieler Beobachter boten die Zigarettenhersteller ihren beachtlichen politischen Einfluß nicht auf, um das Gesetz zu verhindern. Als das Gesetz wirksam wurde, entfiel die Zigaret-

Schaubild 16-5
Ein Reklamespiel.
In diesem Spiel zwischen den Anbietern
ähnlicher Produkte
hängt der Gewinn
eines jeden von der
eigenen Werbeentscheidung und der
Entscheidung des
Gegenspielers ab.

		Entscheidung Marlboro	
		Werbung	Keine Werbung
Entscheidung Camel	**Werbung**	Gewinn 3 Mrd. $ für jeden	Gewinn Marlboro 2 Mrd. $ Gewinn Camel 5 Mrd. $
	Keine Werbung	Gewinn Marlboro 5 Mrd. $ Gewinn Camel 2 Mrd. $	Gewinn 4 Mrd. $ für jeden

tenwerbung und die Gewinne der Zigarettenhersteller stiegen. Der Gesetzgeber machte zugunsten der Zigarettenhersteller das, was sie selbst im Eigeninteresse nicht vermochten: Er löste das Gefangenendilemma durch Zwang zum Kooperationsresultat mit geringer Werbung und hohen Gewinnen.

Gesellschaftliche Ressourcen

Im Kapitel 11 haben wir erkannt, daß die Menschen zur Übernutzung der gesellschaftlichen Ressourcen neigen. Auch diese Mechanismen kann man nach dem Gefangenendilemma deuten.

Stellen wir uns vor, zwei Ölgesellschaften – z.B. Exxon und Arco – sind Eigentümer benachbarter Ölfelder. Unter dem Gelände befindet sich ein zusammenhängendes Reservoir im Werte von 12 Millionen $. Eine Bohrung zur Erschließung des Öls kostet 1 Million $. Sofern jede der beiden Unternehmungen eine eigene Bohrung nieder bringt, kommt sie an die Hälfte der Ölvorräte mit einem Gewinn von rund 5 Millionen $ (6 Millionen $ Erlös minus 1 Million $ Kosten). Da das Ölreservoir eine gesellschaftliche Ressource bildet, werden die beiden Ölgesellschaften sie nicht effizient nutzen. Nehmen wir an, jede Unternehmung könnte eine zweite Bohrleitung legen. Die Gesellschaft mit zwei von drei Leitungen erlangt zwei Drittel der Ölvorräte und macht damit einen Gewinn von 6 Millionen $. Wenn aber

Schaubild 16-6
Ein Spiel um gesellschaftliche Ressourcen. In diesem Spiel
zwischen zwei Ölgesellschaften, die aus
einem gemeinsamen
Reservoir fördern,
hängt der unternehmerische Gewinn
sowohl von den eigenen Bohrungen als
auch von den Bohrungen des Konkurrenten ab.

		Entscheidung Exxon	
		Zwei Bohrungen	Eine Bohrung
Entscheidung Arco	**Zwei Bohrungen**	Gewinn 4 Mill. $ für jeden	Gewinn Exxon 3 Mill. $ Gewinn Arco 6 Mill. $
	Eine Bohrung	Gewinn Exxon 6 Mill. $ Gewinn Arco 3 Mill. $	Gewinn 5 Mill. $ für jeden

jede Ölgesellschaft eine zweite Leitung hat, teilt sich die Ölförderung erneut. Jeder trägt in diesem Fall die Kosten der zweiten Bohrleitung, und der Gewinn beträgt nur 4 Millionen $ für jeden (vgl. Schaubild 16-6).

Für jede der beiden Ölgesellschaften besteht die dominante Strategie darin, zwei Bohrleitungen zu legen. Das Eigeninteresse der beiden Spieler führt erneut zu einem insgesamt ungünstigeren Ergebnis.

Das Gefangenendilemma und die gesellschaftliche Wohlfahrt

Das Gefangenendilemma beschreibt vielerlei Lebenslagen sehr zutreffend, und es liefert damit Gründe, warum Kooperation selbst dann nicht durchzuhalten ist, wenn sie beiden Spielern nützen würde. Selbstverständlich bringt die fehlende Kooperation Nachteile für die einzelnen Akteure. Doch bildet die fehlende Kooperation auch ein Problem vom gesellschaftlichen Standpunkt aus? Die Antwort hängt von den näheren Umständen ab.

In einigen Fällen ist das »nichtkooperative Gleichgewicht« sowohl für die Beteiligten als auch für die Gesellschaft von Nachteil. Im Spiel »Rüstungswettlauf« nach Schaubild 16-4 stehen sowohl die USA als auch die ehemalige UdSSR am Ende in einer erhöhten Gefahrenlage. Im Spiel »gesellschaftliche Ressourcen« nach Schaubild 16-6 sind die zusätzlichen Bohrungen durch Arco und Exxon reine Verschwendung. Beide Male wäre die Gesellschaft mit einer Kooperation der Gegenspieler besser daran.

Völlig anders liegen die Dinge dann, wenn die Oligopolisten gemeinsam per Kartell die Monopolgewinne erlangen wollen. Vom gesellschaftlichen Standpunkt aus ist dann ein Mißlingen der Kooperation wünschenswert. Das Monopolergebnis ist zwar gut für die beiden Unternehmungen, aber schlecht für die Konsumenten ihrer Produkte. Vom Kapitel 7 her wissen wir bereits, daß das Wettbewerbsergebnis gesamtwirtschaftlich am besten ist, denn es maximiert die Gesamtrenten. Mißlingt es den Oligopolisten zusammenzuarbeiten, so liegt die Gesamtmenge der Produktion und des Angebots näher an den optimalen Mengen. Die unsichtbare Hand führt – anders gesagt – die Märkte nur dann zur effizienten Allokation der Ressourcen, wenn es sich um Konkurrenzmärkte handelt. Bei Konkurrenz jedoch darf es keine Kooperation zwischen den anbietenden Unternehmungen geben.

Ähnlich ist es bei den beiden Verdächtigen im Polizeiverhör. Das Mißlingen von Kooperation unter Verbrechern ist wünschenswert, weil dann mehr Spitzbuben hinter Schloß und Riegel kommen. Das Gefangenendilemma ist ein Dilemma für die Gefangenen, aber unter Umständen etwas Gutes für alle anderen.

Warum die Leute bisweilen zusammenarbeiten

Kooperation ist zwar schwierig, wie das Gefangenendilemma zeigt. Doch ist sie unmöglich? Nicht alle Gefangenen im Polizeiverhör liefern ihre Komplizen aus. Kartellen gelingt es bisweilen, die Kollusion trotz störender Anreize für die einzelnen durchzuhalten. Sehr oft in diesen Fällen liegt der

Grund für die erfolgreiche Lösung des Gefangenendilemmas darin, daß die Beteiligten das Spiel nicht zum erstenmal spielen, sondern schon von Wiederholungen her kennen.

In wiederholten Spielen ist Kooperation leichter zu erreichen. Kehren wir zu den Trinkwasser-Dyopolisten Vera und Marco zurück. Sie wollen das Monopolmarktergebnis mit je 30 Stück (5-Liter-Ballonen) Produktionsmenge verwirklichen, doch das Eigeninteresse treibt sie auf ein Gleichgewicht mit je 40 Stück hin. Schaubild 16-7 zeigt die Zusammenhänge schematisch. Die Produktion von 40 Stück bildet die dominante Strategie in diesem Spiel.

Angenommen, Vera und Marco versuchen ernsthaft, ein Kartell zu bilden. Sie einigen sich auf ein kooperatives Verhalten mit Produktionsmengen von je 30 Stück. Spielen Vera und Marco das Spiel nur einmal, so haben sie keine

		Entscheidung Marco	
		Verkauf 40 Stück	**Verkauf 30 Stück**
Entscheidung Vera	**Verkauf 40 Stück**	Gewinn DM 1.600 für jeden	Gewinn Marco DM 1.500 Gewinn Vera DM 2.000
	Verkauf 30 Stück	Gewinn Marco DM 2.000 Gewinn Vera DM 1.500	Gewinn DM 1.800 für jeden

Schaubild 16-7
Das Oligopolspiel von Vera und Marco. In diesem Spiel zwischen Vera und Marco hangt der Gewinn aus dem Trinkwasserverkauf sowohl von der eigenen Produktions- und Angebotsmenge als auch von der Menge des anderen ab.

wirkliche Veranlassung zur Vertragstreue. Das Eigeninteresse treibt beide zur Abweichung vom Vertrag und zur Produktion von 40 Stück.

Nun nehmen wir an, Vera und Marco wüßten, daß sie das Spiel Woche für Woche wiederholen. Bei ihrer ersten Vereinbarung der niedrigen Produktionsmengen wissen sie bereits, was bei Vertragsverletzungen eines Partners geschehen wird. Denkbar wäre eine Zusatzvereinbarung, nach der bei einem Bruch der Vereinbarung für alle ferneren Perioden (Wochen) 40 Stück produziert werden. Diese Bestrafung ist leicht durchzusetzen, denn sie folgt der Logik des Eigeninteresses, die bereits skizziert wurde.

Vielleicht reicht diese Strafandrohung bereits aus, um die Kooperation nach dem geschlossenen Vertrag zu sichern. Jede der beiden Personen weiß, daß ihr Gewinn zwar in der Woche mit Betrug von DM 1.800 auf DM 2.000 steigt, jedoch danach für immer auf wöchentlich DM 1.600 zurückgeht. Solange sich die Spieler überhaupt um ihre Zukunft kümmern, werden sie dem einmaligen Vorteil widerstehen und ihre Absprachen zur Mengenbeschränkung einhalten. *In einem wiederholten Gefangenendilemma-Spiel können die Spieler also zur Kooperation in der Lage sein.*

Fallbeispiel   **Das Gefangenendilemma als Turnier**

Stellen Sie sich vor, Sie spielen das Spiel Gefangenendilemma mit jemandem, der in einem gesonderten Raum »befragt« wird. Stellen Sie sich weiter vor, Sie spielen das Spiel viele Male. Ihre Punktezahl am Ende sei die Summe der Jahre im Gefängnis. Sie wollen eine möglichst niedrige Punktezahl erreichen. Welche Strategie werden Sie einschlagen? Werden Sie damit anfangen, daß Sie gestehen oder schweigen? Wie würden die Entscheidungen des Gegenspielers ihre nachfolgenden Entscheidungen beeinflussen?

Das wiederholte Gefangenendilemma ist ein recht kompliziertes Spiel. Um Anreize für die Kooperation zu setzen, müssen sich die Spieler gegenseitig für Nicht-Kooperation bestrafen. Doch die bereits zuvor für das Wasserkartell von Vera und Marco beschriebene Lösung – einmal verletzt für immer verletzt und bestraft – ist nicht sehr verständnisvoll. In einem viele Male zu wiederholenden Spiel ist eine Konstruktion vorzuziehen, die den Beteiligten nach einer Zeit der Nicht-Kooperation die Rückkehr zur Kooperation ermöglicht.

Um die besten Strategien herauszubekommen, hat der Politikwissenschaftler Robert Axelrod ein Turnier veranstaltet. Wer mitmachen wollte, schickte ein eigenes Computer-Programm für wiederholte Spiele des Gefangenendilemmas ein. Jedes Programm spielte sodann gegen alle anderen Programme. »Sieger« wurde das Programm mit den geringsten Jahren an Gefängnis insgesamt.

Als überlegen zeigte sich die simple *Strategie*, die unter der Bezeichnung *»tit-for-tat«* bekannt ist, was ungefähr »Wie du mir, so ich dir« bedeutet. Nach dieser Erfolgsstrategie soll der Spieler mit Kooperation beginnen und danach das tun, was der Gegner zuletzt gemacht hat. Der Tit-for-tat-Spieler kooperiert solange, bis der andere ausbüchst. Danach weicht auch er solange von der Vereinbarung ab, bis der Gegenspieler erneut kooperiert. Die Strategie beginnt also freundlich, bestraft unfreundliche Spieler und vergibt diesen nach Befriedigung wieder. Zur Überraschung von Axelrod schnitt diese simple Strategie besser als alle anderen und teilweise hochkomplexen Vorgehensweisen ab, die man eingeschickt hatte.

Die Tit-for-tat-Strategie hat eine lange Geschichte. Sie entspricht der im Alten Testament notierten Strategie »Auge um Auge, Zahn um Zahn«. Das Gefangenendilemma-Turnier läßt darauf schließen, daß die Strategie eine gute Faustregel für einige wiederkehrende Spiele des Lebens ist.

Schnelltest   Erzählen Sie bitte die Geschichte vom Gefangenendilemma. Stellen Sie eine Tabelle mit den Alternativen der Gefangenen auf und erläutern Sie das wahrscheinliche Ergebnis. Was lernen wir aus dem Gefangenendilemma über Oligopolmärkte?

Wirtschaftspolitische Maßnahmen gegen Oligopole

Eine der *zehn volkswirtschaftlichen Regeln* des Kapitels 1 lautete, Regierungen können manchmal die Marktergebnisse verbessern. Eine geradlinige Anwendung dieser Regel auf Oligopole bietet sich an. Wie wir gesehen haben, wäre die Kooperation von Oligopolisten aus gesamtwirtschaftlicher Sicht nicht wünschenswert, da sie auf ein zu niedriges Produktionsniveau und auf einen zu hohen Preis hinführte. Um die Allokation der Ressourcen näher an das soziale Optimum heranzuführen, sollte die Wirtschaftspolitik für die Oligopolisten Anreize setzen, die Konkurrenz der Kooperation vorzuziehen. Überlegen wir, wie dies die Wirtschaftspolitik versuchen könnte und warum darüber Kontroversen entstehen.

Konkurrenz bewirkt im Idealfall, daß kein einzelner Anbieter das Marktergebnis (Marktpreis und Marktmenge) strategisch im eigenen Interesse beeinflussen kann. Graduelle Abweichungen von diesem Idealfall stellen Ausprägungen unternehmerischer *Marktmacht* dar (vgl. Einleitung von Kapitel 14). Marktmacht zeigt sich insbesondere darin, daß eine Unternehmung den Marktpreis des von ihr hergestellten und verkauften Gutes gezielt mitbestimmen kann. Gewöhnlich führt Marktmacht dazu, daß der Verkaufspreis über dem Marktpreis bei vollständiger Konkurrenz auf einem vollkommenen Markt liegt. Doch gibt es bei Vorliegen von Marktmacht auch strategische Niedrigpreise: die *Preisunterbietung* zur Abschreckung potentieller Wettbewerber (Predatory Pricing). Von der Zielsetzung des Anbieters her ist Predatory Pricing dem Dumping im internationalen Handel verwandt. Insbesondere zur Rückgewinnung einer Monopolstellung wird die zeitweise Preisunterbietung mit Preisen unter den Gestehungskosten eingesetzt. Zu den wettbewerbspolitisch umstrittenen Verhaltensweisen, die es nach herrschender Meinung zu verhindern gilt, gehören die *Preisunterbietung* (Predatory Pricing) sowie auch die *Preisbindung der zweiten Hand* (Resale Price Maintenance) und die *Bündelung von angebotenen Gütern* (Tying). Aktuell bedeutsam ist das Predatory Pricing. Zu wirtschaftspolitischen Kontroversen und Rechtsstreitigkeiten kommt es oft deshalb, weil Geschäftspraktiken, die auf den ersten Blick die Wettbewerbsintensität mindern, bei näherem Hinsehen positive Wirkungen zu ihrer Rechtfertigung haben (vgl. Diskussion um die Buchpreisbindung).

Handelsbeschränkungen und Kartellgesetze

Ein Weg zur Entmutigung der Kooperationswilligen führt über das Zivilrecht. Normalerweise bildet die Vertragsfreiheit ein wesentliches Element einer Marktwirtschaft. Geschäftsleute und Privatpersonen nützen Verträge, um allerlei potentiell aussichtsreiche Abmachungen zu regeln. Dabei vertrauen Vertragspartner darauf, daß sie die Vereinbarungen notfalls mit Hilfe der Gerichte durchsetzen können. Doch in vielen Kulturstaaten sind wettbewerbsbeschränkende Absprachen verboten. So heißt es z.B. in § 1 Abs. 1 des deutschen Gesetzes gegen Wettbewerbsbeschränkungen von 1957: »(1)

Verträge, die Unternehmen oder Vereinigungen von Unternehmen zu einem gemeinsamen Zweck schließen, und Beschlüsse von Vereinigungen von Unternehmen sind unwirksam, soweit sie geeignet sind, die Erzeugung oder die Marktverhältnisse für den Verkehr mit Waren oder gewerblichen Leistungen durch Beschränkung des Wettbewerbs zu beeinflussen. Dies gilt nicht, soweit in diesem Gesetz etwas anderes bestimmt ist.«

Ein ganzes System an *wettbewerbsordnenden Gesetzen* in Deutschland wäre zu referieren, das nach dem Zweiten Weltkrieg vom anglo-amerikanischen Kulturkreis aus erneuert wurde. Dazu zählen das Gesetz gegen den unlauteren Wettbewerb (Erstfassung von 1909), das Gesetz zur Regelung des Rechts der Allgemeinen Geschäftsbedingungen von 1976, das Rabattgesetz, die Zugabeverordnung, das Warenzeichengesetz, das Patentgesetz.

Unternehmungen auf Oligopolmärkten haben starke Anreize zur Kollusion, um die Angebotsmengen zu senken, die Preise zu erhöhen und die Gewinne zu steigern. Bereits Adam Smith, der große Nationalökonom des 18. Jahrhunderts, war sich der ständigen Gefahr zur Unterbindung des Wettbewerbs bewußt. In *The Wealth of Nations* schrieb er, »People of the same trade seldom meet together, but the conversation ends in a conspiracy against the public, or in some diversion to raise prices.« Deshalb sind oft schon Gespräche über Preise untersagt, wie etwa in den USA nach dem Sherman Antitrust Act von 1890.

Behördliche Maßnahmen zum Schutz des Wettbewerbs auf nationaler und auf europäischer Ebene sind gang und gäbe. Häufig kommt es zu Gerichtsentscheidungen, die in der Tagespresse ein kontroverses Echo finden.

Einiges trägt die Geschichte dazu bei. Bis zum Jahre 1923 bestand in Deutschland völlige *Kartellfreiheit*. Die Unternehmungen waren damals frei, sich zum Zwecke von Wettbewerbsbeschränkungen zusammenzuschließen. Erst mit der Kartellverordnung von 1923 wurde eine staatliche Kartellaufsicht eingeführt. Die Kartellverordnung gab dem Reichswirtschaftsminister die Möglichkeit, Kartellverträge und Kartellbeschlüsse gerichtlich für nichtig erklären zu lassen, die das Gemeinwohl und die Gesamtwirtschaft bedrohen. Die Mitglieder von Kartellen erhielten damals Kündigungsmöglichkeiten bei wichtigem Grund. Ab 1933 instrumentalisierte ein Zwangskartellgesetz die Kartelle für die staatliche Wirtschaftslenkung. Deutschland galt bis zum Ende des Zweiten Weltkriegs als das klassische Land der Kartelle. Dem wurde erst 1945 mit dem Kartellverbot durch die Alliierten ein Ende bereitet.

Schnelltest Welche Arten von Verträgen sind im Geschäftsleben verboten? Warum sind kartellrechtliche Vorschriften nicht ohne Einwendungen geblieben?

Schlußfolgerung

Oligopolisten würden gerne gemeinsam wie ein Monopolist agieren, doch die Kräfte des Eigeninteresses drängen sie zum Wettbewerb. Deshalb können Oligopolmärkte am Ende – das hängt von der Zahl der Unternehmungen und von ihrer Neigung zu kooperativem Verhalten ab – entweder mehr einem Monopolmarkt oder mehr einem Konkurrenzmarkt ähneln. Die Geschichte vom Gefangenendilemma macht verständlich, warum Oligopolisten eine Kooperation selbst dann nicht durchzuhalten vermögen, wenn sie davon den größten Vorteil hätten.

Wirtschaftspolitisch kontrolliert und geregelt wird das Verhalten von Oligopolisten durch das Kartell- und Wettbewerbsrecht. Durch die Entwicklung der Rechtsprechung sowie vor allem den Fortgang der europäischen Vereinigung und Angleichung wird das Wettbewerbsrecht insgesamt weiterhin in der Diskussion bleiben und verändert werden. Selbstverständlich gehen z.B. Preisabsprachen unter konkurrierenden Unternehmungen zu Lasten der Allgemeinheit. Sie sind deshalb verboten. Doch gibt es andere Verbote – etwa in den amerikanischen Antitrust-Gesetzen – die man einer Überprüfung unterziehen und behutsam anwenden sollte.

Zusammenfassung

- Theoretisch können Oligopolisten ihren Gewinn dadurch maximieren, daß sie ein Kartell bilden und gemeinsam wie ein Monopolist agieren. Wenn jedoch die Oligopolisten ihre Produktionsentscheidungen individuell treffen, kommen größere Mengen und ein niedrigerer Preis als beim Monopol heraus. Je größer die Anzahl der in einem Oligopolmarkt tätigen Unternehmungen ist, desto mehr werden sich die Marktergebnisse dem Konkurrenzmarkt nähern.
- Nach dem Gefangenendilemma werden eigeninteressiert handelnde Personen selbst dann von einer Kooperation abgehalten, wenn die Kooperation im besten beiderseitigen Interesse läge. Die Logik des Gefangenendilemmas gilt für vielerlei Konfliktsituationen, wie etwa auch Rüstungswettlauf, Werbung, Nutzung gesellschaftlicher Ressourcen und eben Oligopole.
- Durch das Wettbewerbsrecht werden Oligopolisten an Verhaltensweisen gehindert, die den Wettbewerb einschränken oder unterbinden. Die Fortentwicklung des Wettbewerbsrechts in der Europäischen Union ist aufmerksam zu verfolgen.

Stichworte

Oligopol	Nash-Gleichgewicht
monopolistische Konkurrenz	Spieltheorie
Kollusion	Gefangenendilemma
Kartell	dominante Strategie

Wiederholungsfragen

1. Welche Menge und welchen Preis würde eine Gruppe von Anbietern setzen wollen, die zur Bildung eines Kartells in der Lage ist?
2. Vergleichen Sie Mengen und Preise eines Oligopolmarktes und eines Monopolmarktes im Gleichgewicht.
3. Vergleichen Sie Mengen und Preise eines Oligopolmarktes und eines vollständigen Konkurrenzmarktes.
4. Wie beeinflußt die Zahl der am Oligopolmarkt agierenden Unternehmungen das Marktergebnis?
5. Worin besteht das Gefangenendilemma, und was hat es mit dem Oligopolmarkt zu tun?
6. Geben Sie unabhängig vom Oligopol zwei Beispiele dafür, wie mit dem Gefangenendilemma Verhalten erklärt werden kann.
7. Kennen Sie Beispiele von Vorschriften des Wettbewerbsrechts zur Verhinderung bestimmter Verhaltensweisen?

Aufgaben und Anwendungen

1. Am 30. 11. 1993 berichtete *The New York Times*, daß »the inability of OPEC to agree last week to cut production has sent the oil market into turmoil … [leading to] the lowest price for domestic crude oil since June 1990«.
   a) Warum wollten die OPEC-Mitglieder Vereinbarungen zur Produktionsminderung treffen?
   b) Warum waren die OPEC-Mitglieder wohl nicht in der Lage, Senkungen der Produktionsmengen zu vereinbaren? Warum kam dadurch der Ölmarkt durcheinander?
   c) Die Zeitung vermerkt auch den OPEC-Standpunkt, »that producing nations outside the organisation, like Norway and Britain, should do their share and cut production«. Was sagt die Formulierung »do their share« über die von der OPEC gewünschte Beziehung zu Norwegen und Großbritannien aus?
2. Ein Großteil des Weltangebots an Diamanten kommt von den GUS-Staaten und von Südafrika. Angenommen, die Grenzkosten der Förderung betragen DM 1.000,– pro Diamant und die Diamantennachfrage entspreche dieser Tabelle:

Preis (DM)	Menge (Stück)
8.000	5.000
7.000	6.000
6.000	7.000
5.000	8.000
4.000	9.000
3.000	10.000
2.000	11.000
1.000	12.000

a) Welcher Preis und welche Menge stellten sich bei sehr vielen Anbietern auf dem Markt ein?

b) Wie wären Marktpreis und Menge bei nur einem Anbieter?

c) Wie wäre wohl das Marktergebnis (Preis und Menge), wenn Südafrika und die GUS ein Kartell bildeten? Wie hoch wären Produktion
und Gewinn von Südafrika bei gleichmäßiger Marktaufteilung? Wie
verändert sich der Gewinn von Südafrika, wenn es seine Produktion
um 1.000 erhöht, GUS jedoch die Kartellabsprache einhält?

d) Begründen Sie anhand von c), warum Kartellabsprachen oft erfolglos
bleiben.

3. Das vorliegende Kapitel behandelt Oligopole auf dem Absatzmarkt.
Vieles davon gilt auch für Oligopole auf Beschaffungsmärkten der Unternehmungen. Was ist das entsprechende Ziel von Oligopolisten auf dem
Beschaffungsmarkt, wenn Oligopolisten auf dem Absatzmarkt den Verkaufspreis zu erhöhen versuchen?

4. Warum ist die Spieltheorie hilfreich für das Verständnis des Markt-
geschehens mit wenigen Unternehmungen, aber nicht mit sehr vielen
Unternehmungen?

5. Beschreiben Sie Aktivitäten in Ihrem Leben, bei denen die Anwendung
der Spieltheorie nützlich sein könnte? Welche gemeinsamen Merkmale
haben diese Aktivitäten?

6. Betrachten wir die Handelsbeziehungen zwischen den Vereinigten Staaten von Amerika und Mexiko. Angenommen, die Führungskreise der
beiden Länder schreiben den unterschiedlichen politischen Maßnahmen
folgende Bewertungen zu:

		Entscheidung USA	
		Niedrige Zölle	**Hohe Zölle**
Entscheidung Mexiko	**Niedrige Zölle**	* Gewinn USA 25 Mrd. $ * Gewinn Mexiko 25 Mrd. $	* Gewinn USA 30 Mrd. $ * Gewinn Mexiko 10 Mrd. $
	Hohe Zölle	* Gewinn USA 10 Mrd. $ * Gewinn Mexiko 30 Mrd. $	* Gewinn USA 20 Mrd. $ * Gewinn Mexiko 20 Mrd. $

a) Welches ist die dominante Strategie für die USA und für Mexiko?

b) Definieren Sie *Nash-Gleichgewicht*. Welches ist das Nash-Gleichgewicht in der betrachteten Handelspolitik?

c) Im Jahre 1993 ratifizierte der US-Kongreß das »North American Free
Trade Agreement« (NAFTA), in welchem die USA und Mexiko eine
simultane Reduktion der Handelsschranken vereinbarten. Rechtfertigen die hier veranschlagten Vorteile dieses Abkommen?

d) Greifen Sie bitte auf das Verständnis der Handelsvorteile aus dem
Kapiteln 3 und 9 zurück und urteilen Sie, ob die hier tabellierten

Vorteile tatsächlich die nationale Wohlfahrt bei den vier möglichen Politikkonstellationen spiegeln!

7. Im vorliegenden Kapitel wurde ausgeführt, das Verbot der Zigarettenwerbung im US-Fernsehen von 1971 habe die Gewinne der Zigarettenhersteller erhöht. Kann das Verbot dennoch eine gute politische Maßnahme sein?

8. Bauer Meier und Bauer Huber lassen ihre Rinder auf einer gemeinsamen Weide grasen. Wenn 20 Stück Vieh auf der Weide sind, produziert jede Kuh während ihrer Lebenszeit für DM 8.000 Milch. Sofern mehr Kühe auf der Weide sind, erhält jedes Tier weniger Futter und die Milchproduktion sinkt. Bei 30 Kühen geht die Milchproduktion pro Tier auf DM 6.000 zurück, bei 40 Kühen produziert jede Kuh noch im Wert von DM 4.000. Die Kosten pro Stück Rind machen DM 2.000 aus.

   a) Angenommen, Huber und Meier können entweder je 10 oder 20 Kühe kaufen, doch keiner von beiden kennt im Moment des Kaufes die Kaufentscheidung des anderen. Kalkulieren Sie den Nutzen jedes Ergebnisses.

   b) Wie lautet das wahrscheinliche Ergebnis dieses Spiels? Welches wäre das beste Ergebnis?

   c) Früher gab es mehr gemeinsame Weidegrundstücke als heutzutage. Warum? Lesen Sie dazu bitte nochmals im Kapitel 11 nach.

Monopolistische Konkurrenz   Kapitel 17

In diesem Kapitel werden Sie

- die Konkurrenz von Unternehmungen analysieren, die Produktvarianten anbieten,
- die Marktergebnisse bei vollständiger und bei monopolistischer Konkurrenz vergleichen,
- die Wünschbarkeit der Ergebnisse von monopolistischer Konkurrenz überdenken,
- die Debatte über Wirkungen der Werbung nachlesen,
- die Rolle von Markennamen analysieren.

Sie gehen in einen Buchladen, um ein Buch für Ihre bevorstehenden Ferien zu kaufen. In den Regalen sehen Sie die Romane »Seelenarbeit« von Martin Walser und »Geheimnisse zwischen Liebenden« von Lars Gustafsson, die Gedichtbände »Kiosk« von Hans Magnus Enzensberger und »Körper in Cafés« von Robert Gernhardt, Aufzeichnungen »Vor der Verwandlung« von Erwin Strittmatter und einige Ihrer wirtschaftspolitischen Neigung besonders nahe Werke: u.a. die zeitlose »Geschichte der Abderiten« von Christoph Martin Wieland und »Staatsinfarkt – Wie die Politik die öffentliche Verwaltung ruiniert« von Peter Gutjahr-Löser. Sie nehmen eines der Bücher heraus und kaufen es. An welcher Art von Markt nehmen Sie damit teil?

Auf der einen Seite erscheint uns der Büchermarkt als stark wettbewerblich geprägt. Sie sehen im Buchladen sehr viele Autoren und Verleger, die Ihre Aufmerksamkeit ansprechen wollen. Als Käufer eines Buches wählen Sie unter Tausenden von konkurrierenden Produkten aus. Und da jeder ein Buch schreiben, drucken und verkaufen kann, also mühelos als Anbieter in den Markt einzutreten vermag, ist der Buchhandel nicht sehr gewinnträchtig. Zu jedem hochbezahlten Romanschreiber von Bestsellern gibt es Hunderte von Autoren, die um das Überleben kämpfen.

Auf der anderen Seite kommt uns der Büchermarkt ziemlich monopolistisch vor. Da jedes Buch einzigartig ist, haben die Verleger einige Freiheit bei der Preisgestaltung. Die Anbieter in diesem Markt sind nicht »Preisnehmer« oder Mengenanpasser, sondern »Preismacher« oder Preisfixierer mit Strategiefähigkeit. Und in der Tat übersteigt der Preis eines Buches die Grenzkosten erheblich. Der Preis eines Romans mit hartem Einband beträgt rund DM 40,–, die Grenzkosten der Herstellung machen jedoch weniger als DM 10,– aus.

Im vorliegenden Kapitel befassen wir uns mit Märkten, die einige Charakteristika der Konkurrenz und einige Merkmale des Monopols aufweisen. Man spricht bei dieser Marktstruktur von **monopolistischer Konkurrenz**. Klassifiziert man einerseits nach der Teilnehmerzahl und andererseits nach

Monopolistische Konkurrenz (Polypol auf dem unvollkommenen Markt) Ein Markt mit vielen Anbietern ähnlicher, aber nicht gleicher Produkte.

dem Vollkommenheitsgrad des Marktes, so entspricht monopolistische Konkurrenz dem *Polypol auf dem unvollkommenen Markt.* Sie ist begrifflich verwandt mit der bereits behandelten vollständigen Konkurrenz, dem *Polypol auf dem vollkommenen Markt.* Man kann monopolistische Konkurrenz auch so beschreiben:

- *Viele Anbieter:* Es gibt viele Unternehmungen, die mit ihrem Angebot um die gleiche (sehr große) Gruppe von Nachfragern konkurrieren.
- *Produktdifferenzierung:* Jede Unternehmung stellt ein Produkt her, das zumindest geringfügig anders ist als die Erzeugnisse der Konkurrenten. So sieht sich ein Anbieter nicht als Preisnehmer oder Mengenanpasser, sondern als Nutzer einer fallenden Nachfragekurve.
- *Freier Marktzutritt:* Die Unternehmungen können in den Markt ohne Beschränkungen eintreten und frei aus dem Markt ausscheiden. Die Anbieterzahl im Markt paßt sich solange an, bis die Gewinne auf null hin getrieben werden.

Denkt man eine Weile nach, kommt man auf eine stattliche Liste solcher Märkte: Bücher, CDs, Spielfilme, Computerspiele, Restaurants, Klavierunterricht, Gebäck, Möbel usw.

Ähnlich wie das Oligopol ist die monopolistische Konkurrenz irgendwo zwischen den Extremfällen der vollständigen Konkurrenz und des Monopolmarktes angesiedelt. Doch unterscheiden sich das Oligopol und die monopolistische Konkurrenz sehr deutlich. Das Oligopol weicht vom Ideal vollständiger Konkurrenz nach Kapitel 14 hauptsächlich deshalb ab, weil nur einige wenige Anbieter vorhanden sind. Die geringe Anbieterzahl macht rigorosen Wettbewerb weniger wahrscheinlich und strategische Interaktion lebenswichtig. Im Gegensatz dazu befinden sich bei monopolistischer Konkurrenz viele Anbieter auf dem Markt, die allerdings relativ zum Marktvolumen im einzelnen sehr klein sind. Ein Markt mit monopolistischer Konkurrenz weicht vom Ideal der vollständigen Konkurrenz vor allem wegen der unterschiedlichen Produkte ab (weitere Marktunvollkommenheiten, wie etwa persönliche, zeitliche und räumliche Unterschiede sowie fehlende Transparenz können hinzukommen).

Wettbewerb mit unterschiedlichen Produkten

Zum besseren Verständnis des Marktes mit monopolistischer Konkurrenz betrachten wir zuerst die Entscheidungslage der einzelnen Unternehmung. Danach untersuchen wir die langfristige Entwicklung bei Markteintritten und Marktaustritten. Sodann vergleichen wir das Marktgleichgewicht bei monopolistischer Konkurrenz mit dem Marktgleichgewicht bei vollständiger Konkurrenz (gemäß Kapitel 14). Zu guter Letzt fragen wir, ob das Ergebnis der monopolistischen Konkurrenz vom Standpunkt der Gesellschaft aus wünschenswert ist.

Die Unternehmung bei monopolistischer Konkurrenz in kurzfristiger Sicht

Jede Unternehmung auf einem Markt mit monopolistischer Konkurrenz hat mancherlei mit einem Monopolisten gemeinsam. Wegen der Unterschiedlichkeit ihres Produkts im Vergleich zu den Konkurrenzangeboten hat sie eine fallende Nachfragekurve vor sich. (Eine Unternehmung auf dem Markt mit vollständiger Konkurrenz sieht dagegen eine horizontale Nachfragekurve in Höhe des gegebenen Marktpreises vor sich.) Deshalb folgt die Unternehmung bei monopolistischer Konkurrenz der Entscheidungsregel des Monopolisten für die Gewinnmaximierung: Sie wählt die Produktions-

a) Unternehmung mit Gewinn

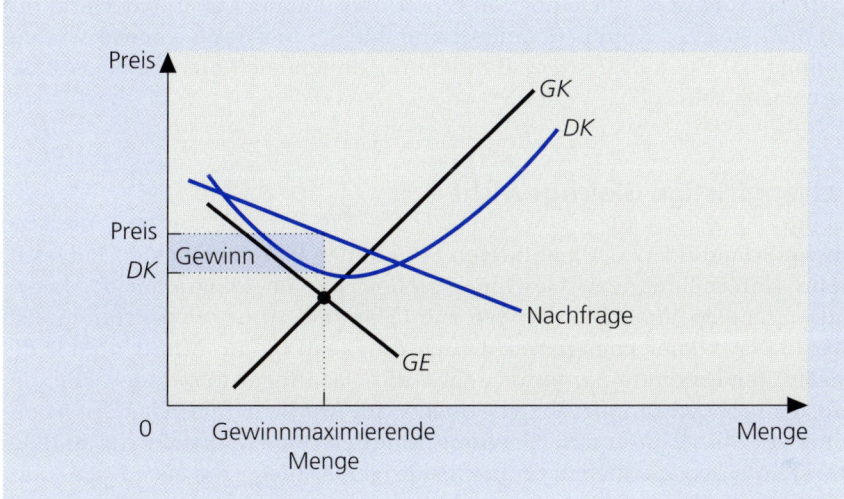

b) Unternehmung mit Verlust

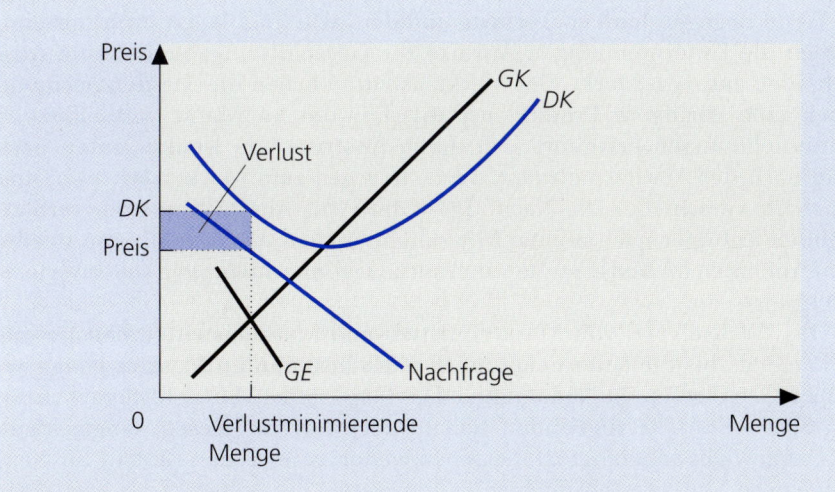

Schaubild 17-1
Monopolistische Konkurrenz in kurzfristiger Sicht. Unternehmungen der monopolistischen Konkurrenz maximieren ihren Gewinn wie Monopolisten durch Erzeugung der Menge, bei der Grenzerlös und Grenzkosten gleich sind. Die Unternehmung des Diagramms a) macht Gewinn, da bei dieser Menge der Preis über den Durchschnittskosten liegt. Die Unternehmung des Diagramms b) macht Verlust, da bei der optimalen Menge der Preis unter den Durchschnittskosten liegt.

und Angebotsmenge, bei der Grenzkosten und Grenzerlös übereinstimmen, und sie setzt den zu dieser Menge passenden Preis aufgrund der Nachfragekurve fest.

Das Schaubild 17-1 zeigt die Kurven der Kosten, der Nachfrage und des Grenzerlöses für zwei typische Unternehmungen – jede in einem anderen Markt mit monopolistischer Konkurrenz tätig. In beiden Diagrammen des Schaubildes wird die gewinnmaximierende Menge beim Schnittpunkt von Grenzerlös- und Grenzkostenkurve abgelesen. Die beiden Diagramme zeigen unterschiedliche Gewinnsituationen. Im Diagramm a) übersteigt der Preis die Durchschnittskosten, so daß die Unternehmung Gewinn macht. Im Diagramm b) liegt der Preis unter den Durchschnittskosten. In diesem Falle ist kein Gewinn möglich, sondern nur eine Minimierung des Verlustes.

All das kommt uns bekannt vor. Eine Unternehmung in einem Markt mit monopolistischer Konkurrenz bestimmt Menge und Preis ebenso wie ein Monopolist. Bei kurzfristiger Betrachtung ähneln sich die beiden Wettbewerbslagen sehr.

Das langfristige Gleichgewicht

Die im Schaubild 17-1 abgebildeten Situationen halten nicht sehr lange an. Wenn Unternehmungen Gewinn erzielen, wie im Diagramm a), haben andere Unternehmungen Anreize zum Markteintritt, und es werden sich alsbald Newcomer engagieren. Durch die Neulinge im Markt nimmt die Anzahl der Produkte zu, unter denen die Nachfrager auswählen können, und dadurch schrumpft für jede bisher im Markt befindliche Unternehmung der Absatzspielraum. Gewinne ermutigen zum Markteintritt, und die Markteintritte verschieben für die bisherigen Anbieter die Nachfrage- oder Preis-Absatz-Kurven nach links. Mit dem Absatzrückgang erfahren die bisher im Markt befindlichen Unternehmungen zugleich einen Gewinnrückgang.

Wenn dagegen laufend Verluste anfallen, wie im Diagramm b) gezeigt, haben die Unternehmungen Anreize zur Geschäftsaufgabe und zum Ausscheiden aus dem Markt. Bei Marktaustritten haben die Kunden nach und nach eine geringere Produktauswahl. Für die im Markt verbleibenden Unternehmungen erweitert sich durch Austritte von Konkurrenten nach und nach der Absatzspielraum. Verluste regen zum Marktaustritt an, und Austritte verschieben die Nachfrage- oder Preis-Absatz-Kurve der verbleibenden Anbieter nach rechts. Mit zunehmendem Absatzspielraum für die Unternehmen im Markt stellen sich auch Gewinnerhöhungen (oder Verlustrückgänge) ein.

Das Wechselspiel von Markteintritten und Marktaustritten hält jeweils solange an, bis die Unternehmungen eines bestimmten Marktes genau bei einem Gewinn von null ankommen. Das langfristige Marktgleichgewicht ist im Schaubild 17-2 abgebildet. Sobald der Markt in diesem langfristigen Gleichgewicht angelangt ist, bestehen weder Anreize zum Eintritt für Neulinge noch Motive zur Aufgabe für Altanbieter.

Beim Betrachten des Schaubildes bemerkt man, daß die Nachfragekurve die Durchschnittskostenkurve gerade berührt. Mathematisch sagt man, die Kurven sind *Tangenten* zu einander. Die beiden Kurven müssen Tangenten zu einander sein, sobald Eintritte und Austritte den Gewinn auf null gebracht haben. Da der Gewinn pro verkauftem Stück dem Unterschiedsbetrag zwischen dem Preis (bestimmt entlang der Nachfragekurve) und den Durchschnittskosten entspricht, ist der größtmögliche Gewinn nur dann null, wenn sich die beiden Kurven – ohne sich zu schneiden – berühren.

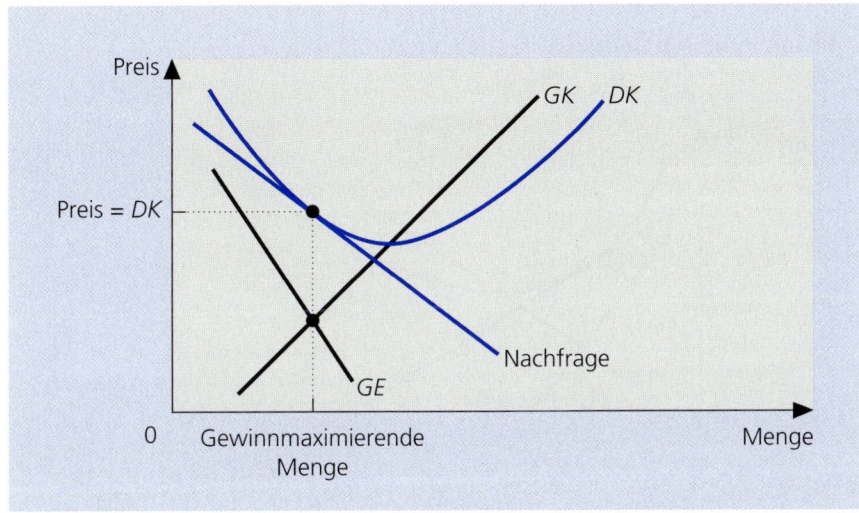

Schaubild 17-2
Monopolistische Konkurrenz in langfristiger Sicht. In einem Markt mit monopolistischer Konkurrenz gibt es Marktzutritte von neuen Anbietern sowie Nachfrageverschiebungen für die vorhandenen Anbieter nach links, solange Gewinne gemacht werden. Entsprechend kommt es bei Verlusten zu Marktaustritten und Verschiebungen der Nachfragekurven für die verbleibenden Anbieter nach rechts. Deshalb gelangt eine Unternehmung bei monopolistischer Konkurrenz vermutlich in das hier abgebildete langfristige Gleichgewicht. In diesem langfristigen Gleichgewicht stimmen Preis und Durchschnittskosten überein; der Gewinn ist null.

Zusammenfassend kann man zwei Charakteristika des langfristigen Gleichgewichts auf einem Markt mit monopolistischer Konkurrenz festhalten:

- Wie auf einem Monopolmarkt übersteigt der Preis die Grenzkosten. Dies kommt daher, daß bei Gewinnmaximierung Grenzerlös und Grenzkosten übereinstimmen und wegen der fallenden Nachfragekurve der Grenzerlös stets unter dem Preis liegt.
- Wie auf einem Konkurrenzmarkt stimmt der Preis mit den Durchschnittskosten überein. Dazu kommt es wegen des fortlaufenden Eintritts oder Austritts auf dem Markt und dem resultierenden Gewinn von null.

Der zweite Punkt drückt den Unterschied zwischen der monopolistischen Konkurrenz und dem Monopol aus. Da ein Monopolist der Alleinverkäufer eines Produktes ohne nahe Substitute ist, kann er sogar langfristig positive Gewinne verdienen. Der Gewinn der Unternehmungen im Markt mit monopolistischer Konkurrenz dagegen wird wegen der freien Zugänge auf null heruntergedrückt.

Monopolistische Konkurrenz und vollständige Konkurrenz

Schaubild 17-3 stellt das langfristige Gleichgewicht bei monopolistischer Konkurrenz dem langfristigen Gleichgewicht bei vollständiger Konkurrenz gegenüber. (Im Kapitel 14 wurde die vollständige Konkurrenz bereits ausführlich erörtert.) Es gibt zwei bemerkenswerte Unterschiede zwischen monopolistischer und vollständiger Konkurrenz – die Überkapazität und den Preisaufschlag.

Schaubild 17-3
Monopolistische und vollständige Konkurrenz. Diagramm a) zeigt das langfristige Gleichgewicht bei monopolistischer Konkurrenz, und Diagramm b) stellt das langfristige Gleichgewicht bei vollständiger Konkurrenz dar. Zwei Unterschiede sind bemerkenswert: (1) Bei vollständiger Konkurrenz produziert die Unternehmung die effiziente Menge mit einem Minimum an Durchschnittskosten. Bei monopolistischer Konkurrenz dagegen wird weniger produziert. (2) Der Preis entspricht bei vollständiger Konkurrenz den Grenzkosten, bei monopolistischer Konkurrenz liegt der Preis über den Grenzkosten.

a) Monopolistisch konkurrierende Unternehmung

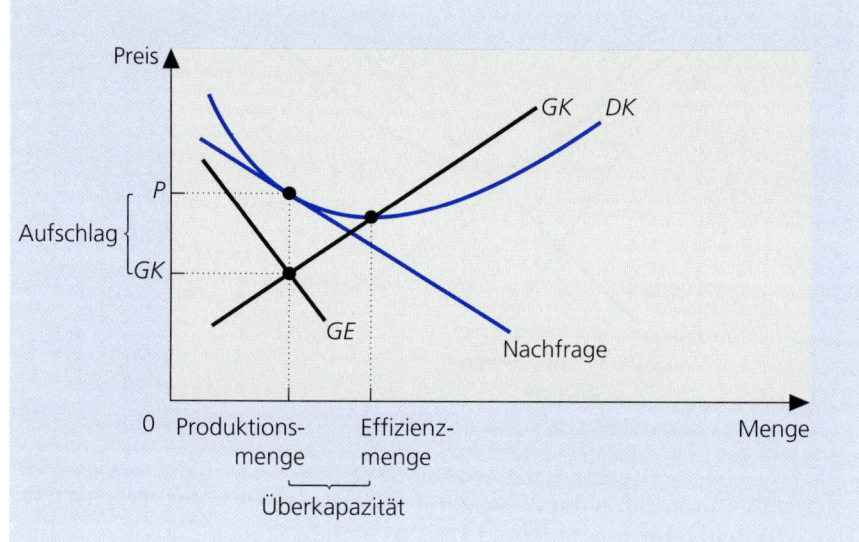

b) Vollständig konkurrierende Unternehmung

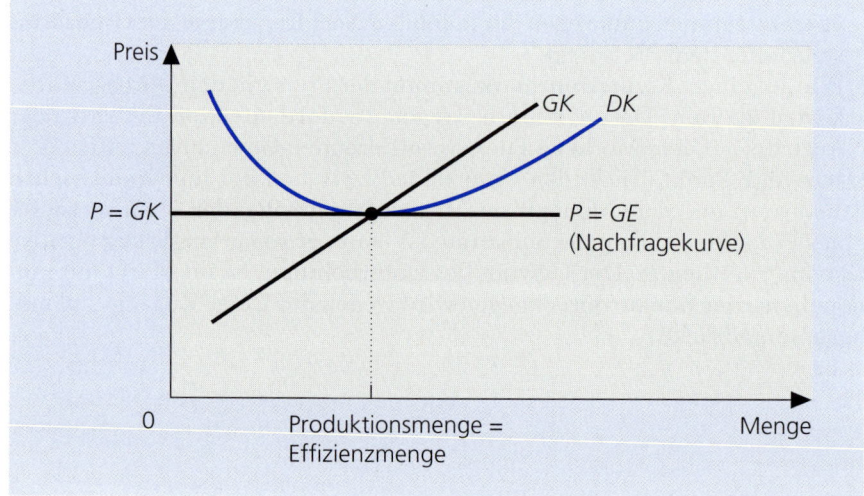

Überkapazität

Markteintritte und Marktaustritte führen jede Unternehmung bei monopolistischer Konkurrenz zum Tangentialpunkt ihrer Nachfrage- und Durchschnittskostenkurve. Wie das Diagramm a) des Schaubildes 17-3 zeigt, ist die Produktionsmenge bei diesem Punkt kleiner als die Menge mit minimalen Durchschnittskosten. Bei monopolistischer Konkurrenz produzieren die Unternehmungen auf dem fallenden Teil ihrer Durchschnittskostenkurve. Insofern unterscheidet sich die monopolistische Konkurrenz sehr stark von der vollständigen Konkurrenz. Nach Diagramm b) des Schaubildes 17-3 treibt freier Marktzutritt die Unternehmungen in Wettbewerbsmärkten dazu, im Minimum der Durchschnittskosten zu produzieren.

Eine die Durchschnittskosten minimierende Produktionsmenge nennt man die *effiziente Unternehmens- oder Betriebsgröße*. Langfristig gesehen produzieren die Unternehmungen bei vollständiger Konkurrenz mit der effizienten Betriebsgröße, die Unternehmungen bei monopolistischer Konkurrenz jedoch darunter. Man sagt, die Unternehmungen haben bei monopolistischer Konkurrenz eine *Überkapazität*. Anders als ein Polypolist auf dem vollkommenen Markt könnte also ein Polypolist auf dem unvollkommenen Markt die Produktionsmenge erhöhen und dadurch die Durchschnittskosten senken.

Aufschlag auf die Grenzkosten

Das Größenverhältnis von Preis und Grenzkosten führt auf einen zweiten Unterschied zwischen vollständiger und monopolistischer Konkurrenz hin. Bei vollständiger Konkurrenz stimmt gemäß Diagramm b) des Schaubildes 17-3 der Preis mit den Grenzkosten der Unternehmung überein. Bei monopolistischer Konkurrenz jedoch liegt der Preis gemäß Diagramm a) über den Grenzkosten, weil die Unternehmung immer über eine gewisse Marktmacht verfügt.

Inwiefern ist dieser Aufschlag auf die Grenzkosten mit freiem Marktzutritt und Null-Gewinn verträglich? Die Null-Gewinn-Bedingung stellt nur sicher, daß der Preis mit den Durchschnittskosten übereinstimmt, *nicht* jedoch, daß Preis und Grenzkosten gleich sind. Die Unternehmungen der monopolistischen Konkurrenz (Polypolisten auf dem unvollkommenen Markt) arbeiten langfristig auf dem fallenden Teil der Durchschnittskostenkurve; die Grenzkosten liegen unter den Durchschnittskosten. Damit der Preis mit den Durchschnittskosten übereinstimmt, muß der Preis also über den Grenzkosten stehen.

In diesem Größenverhältnis von Preis und Grenzkosten liegt ein Hauptunterschied zwischen Unternehmungen der vollständigen und der monopolistischen Konkurrenz. Stellen Sie sich vor, sie würden einen Unternehmer dies fragen: »Wären Sie über einen zusätzlichen Kunden froh, der zur Türe hereinkommt und ihr Produkt zum herrschenden Preis kaufen möchte?« Ein Unternehmer der vollständigen Konkurrenz antwortet, dies wäre ihm gleichgültig. Da der Preis genau mit den Grenzkosten übereinstimmt, ist der Stückgewinn von einer zusätzlichen Einheit null. Bei monopolistischer

Konkurrenz jedoch bleibt ein Unternehmer ständig um zusätzliche Kunden bemüht. Da sein Preis über den Grenzkosten liegt, bedeutet zusätzlicher Absatz beim gegebenen Preis mehr Gewinn. Nach einem alten Scherz befinden sich jene Märkte in monopolistischer Konkurrenz, in denen die Unternehmer den Kunden Weihnachtskarten schreiben.

Monopolistische Konkurrenz und gesellschaftlicher Wohlstand

Ist das Marktergebnis von monopolistischer Konkurrenz vom Standpunkt der Gesellschaft aus wünschenswert? Können Wirtschaftspolitiker das Marktergebnis irgendwie verbessern? Auf diese Fragen gibt es keine einfachen Antworten.

Eine Ursache der Ineffizienz ist der höhere Preis durch den Aufschlag auf die Grenzkosten. Durch den Aufschlag werden einige Kunden vom Kauf abgehalten, die das Gut mit mehr als den Grenzkosten aber mit weniger als dem Preis bewerten. Somit gibt es bei monopolistischer Konkurrenz einen Nettowohlfahrtsverlust wie auf dem Monopolmarkt. Diese Art von Ineffizienz ist uns bereits im Kapitel 15 bei der Behandlung des Monopols begegnet.

Obwohl dieses Marktergebnis offenkundig unerwünscht ist (verglichen mit dem besten Ergebnis bei Preis gleich Grenzkosten), ist es für die Wirtschaftspolitiker alles andere als leicht, das Problem in den Griff zu bekommen. Um eine Preissetzung in Höhe der Grenzkosten zu erzwingen, müßte man alle Unternehmungen mit ihren unterschiedlichen Produkten regulieren. Es käme dabei zu einer ziemlich umfassenden Gängelung der Unternehmungen.

Überdies würde eine Regulierung der monopolistischen Wettbewerber alle Schwierigkeiten nach sich ziehen, die bei der Überwindung natürlicher Monopole bestehen und bereits erwähnt wurden. Vor allem wäre es schwierig, die ohnehin schon gewinnlos arbeitenden Unternehmungen durch einen Zwang zur Grenzkosten-Preissetzung zu fortlaufenden Verlusten zu bringen. Um sie im Markt zu halten, müßte der Staat die Verluste abdecken. Ehe man für diese Subventionen jedoch Steuergelder einsetzt, wird man sich lieber mit der Ineffizienz der monopolistischen Preissetzung abfinden.

Ein anderer Gesichtspunkt gesellschaftlicher Ineffizienz der monopolistischen Konkurrenz mag damit zu tun haben, daß die Anzahl der Anbieter nicht die »ideale« Größe hat. Es gibt vielleicht zu viele oder zu wenige Markteintritte. Eine Möglichkeit, diese Frage anzugehen, liegt darin, externe Effekte von Markteintritten zu veranschlagen. Wann immer eine Unternehmung über einen Markteintritt mit einem neuen Produkt entscheidet, achtet sie nur auf ihren eigenen Gewinn. Der Markteintritt zieht jedoch auch zwei externe Effekte nach sich:

- Die *Produktvielfalts-Externalität*: Da die Konsumenten von der Einführung eines neuen Produkts eine gewisse Konsumentenrente beziehen, ist mit dem Markteintritt ein positiver externer Effekt verbunden.
- Die *Geschäftsminderungs-Externalität*: Da die vorhandenen Unterneh-

mungen durch einen Newcomer Kunden und Gewinn einbüßen, ist mit dem Markteintritt ein negativer externer Effekt verbunden.

Positive und negative externe Effekte sind also mit dem Markteintritt eines neuen Anbieters in das Marktgeschehen der monopolistischen Konkurrenz verbunden. Je nachdem, welcher dieser Effekte überwiegt, hat man bei monopolistischer Konkurrenz entweder zu viele oder zu wenige Anbieter. Nur bei einer gegenseitigen Kompensation der beiden externen Effekte wäre die gewinngesteuerte Anbieterzahl auch volkswirtschaftlich richtig.

Beide Arten externer Effekte sind mit den spezifischen Bedingungen monopolistischer Konkurrenz verknüpft. Die Produktvielfalts-Externalität entsteht, weil ein neuer Marktteilnehmer ein etwas anderes Produkt als die bisher im Markt befindlichen Unternehmungen anbietet. Die Geschäftsminderungs-Externalität kommt daher, daß Preise über den Grenzkosten gesetzt werden und deshalb alle Anbieter mehr verkaufen wollen. Im Unterschied dazu werden bei vollständiger Konkurrenz gleiche Güter produziert und zu Preisen in Höhe der Grenzkosten verkauft. Bei vollständiger Konkurrenz entsteht keiner der erwähnten externen Effekte.

Alles in allem können wir feststellen, daß bei monopolistischer Konkurrenz nicht alle für die gesellschaftliche Wohlfahrt wünschenswerten Bedingungen wie bei vollständiger Konkurrenz verwirklicht sind. Die unsichtbare Hand gewährleistet bei monopolistischer Konkurrenz also nicht die Maximierung der Gesamtrenten. Da jedoch die Ineffizienzen subtil, kaum meßbar und nicht faßbar sind, gibt es für die Wirtschaftspolitik praktisch keinen gangbaren Weg zur Verbesserung des Marktergebnisses.

Nennen Sie drei Schlüsseleigenschaften von monopolistischer Konkurrenz. Zeichnen und erläutern Sie ein Diagramm zur Darstellung des langfristigen Gleichgewichts bei monopolistischer Konkurrenz. Wie unterscheidet sich dieses Gleichgewicht von jenem bei vollständiger Konkurrenz? **Schnelltest**

Werbung

In einer modernen Volkswirtschaft ist es für die Menschen nahezu unmöglich, einen Tag ohne Werbung zu erleben. Ob man eine Tageszeitung liest, das Fernsehen einschaltet oder durch die Straßen geht – stets wird irgendeine Unternehmung den Versuch unternehmen, vom eigenen Produkt zu überzeugen. Dies ist bei monopolistischer Konkurrenz völlig selbstverständlich. Sofern Unternehmungen differenzierte Produkte verkaufen und Preise über den Grenzkosten verlangen, besteht für alle ein Anreiz, durch Werbung noch mehr Kunden anzulocken.

Die Budgets für Werbung variieren erheblich von Produkt zu Produkt. Anbieter sehr differenzierter Konsumgüter, wie beispielsweise Vitaminpillen, Parfums, Rasierklingen, Fruchtsäfte, Frühstücksmüsli und Hundefutter, geben etwa 10 bis 20% des Umsatzes für Werbung aus. Unternehmungen jedoch, die Industrieprodukte verkaufen, wie z.B. Nachrichtensatelliten oder Bohrmaschinen, geben üblicherweise sehr wenig für ihre Werbung aus. Überhaupt nichts für Reklame wenden Anbieter homogener Produkte auf, wie etwa bei Weizen, Erdnüssen oder Rohöl. In der Volkswirtschaft insgesamt machen die Werbeaufwendungen in Normaljahren rund 2% der Umsätze aus.

Die Formen der Werbung sind vielfältig. In den USA entfällt die Hälfte der Werbeetats auf Anzeigen in Zeitungen und Zeitschriften, ein Drittel etwa auf Reklame in Rundfunk und Fernsehen. Der Rest wird für vielfältige andere Versuche ausgegeben, potentielle Kunden zu erreichen, z.B. für Postwurfsendungen, Plakate auf Reklametafeln und Litfaßsäulen, Bandenwerbung in Sportstadien und bei Rennen.

Zur Debatte über die Werbung

Verschwendet eine Volkswirtschaft ihre Ressourcen mit Werbung? Oder dient Werbung einem guten Zweck? Zum gesellschaftlichen Nutzen der Werbung bekommt man nur schwer Zugang, und man gerät unversehens in hitzige Debatten unter Ökonomen. Betrachten wir Pro und Contra der Diskussion.

Gegen die Werbung

Kritiker bringen vor, daß die Unternehmungen mit Werbung den Geschmack und die Präferenzen der Leute zu ihren Gunsten manipulieren. Weniger der Information als der psychischen Beeinflussung diene die Werbung. Nehmen wir z.B. die Getränkewerbung im Fernsehen. Dem Zuschauer wird zumeist nichts über den Preis und die Qualität gesagt. Statt dessen wird eine Gruppe fröhlicher Leute an einem sonnigen Sommertag bei einer Feier gezeigt, die z.B. ein bestimmtes Bier im Glas haben. Vermittelt wird unterbewußt die Botschaft: Auch Sie können als unsere Käufer viele Freunde haben und glücklich sein. Die Gegner der Werbung meinen, es werden verfehlte Wünsche geweckt, die sonst gar nicht vorhanden wären.

Kritiker bringen ferner vor, die Werbung behindere den Leistungswettbewerb. Die Reklame sucht den Leuten oft einzureden, die Produkte seien unterschiedlicher, als sie es tatsächlich sind. Bei gesteigerter Wahrnehmung von Qualitätsunterschieden und verfestigter Markentreue würden die Käufer durch die Werbung von Preisunterschieden ähnlicher Güter abgelenkt. Bei einer weniger elastischen Nachfragekurve gelingt jeder Unternehmung ein höherer Aufschlag auf die Grenzkosten.

Für die Werbung

Verfechter der Werbung bestehen darauf, mit der Werbung würden Informationen an die Kunden vermittelt. Reklame transportiere die Existenz neuer Produkte, Güterpreise und Bezugsquellen. Diese Informationen ermöglichten den Kunden bessere Kaufentscheidungen und erhöhten damit die Fähigkeit der Märkte zur effizienten Allokation der Ressourcen.

Befürworter von Werbung sagen auch, der Wettbewerb würde gestärkt. Da Werbung die Kunden umfassender über alle Anbieter informiert, können Käufer leichter Preisunterschiede erkennen und nützen. Dadurch habe jede Unternehmung eine geringere Marktmacht. Ferner erleichtere die Werbung neuen Anbietern den Markteintritt, die auf sich aufmerksam machen und von den Altanbietern Kunden abwerben können.

Im Laufe der Zeit haben sich die Wirtschaftspolitiker für den Standpunkt gewinnen lassen, die Werbung erhöhe den Leistungswettbewerb. Ein wichtiges Gegenbeispiel ist die bestehende Regulierung in bestimmten Berufsfeldern, wie z.B. bei Rechtsanwälten, Ärzten und Apothekern. Hier ist es den Interessengruppen in der Vergangenheit gelungen, beim Staat ein Werbeverbot mit der Begründung zu erreichen, Werbung wäre nicht standesgemäß. Im Laufe der Zeit wird es vermutlich durch die Rechtsprechung dazu kommen, daß Werbeverbote gelockert und aufgehoben werden.

Werbung und der Preis von Brillen   **Fallbeispiel**

Welche Auswirkung hat die Werbung auf den Preis eines Gutes? Einerseits werden die Konsumenten aufgrund von Werbung ein stärkeres Bewußtsein für die Unterschiedlichkeit von Produkten bekommen. Wenn dem so ist, nimmt die Konkurrenz ab und die Elastizität der Nachfragekurven ab, wodurch Unternehmungen zu höheren Preisen gelangen. Andererseits könnte es Kunden mit Hilfe der Werbung besser gelingen, die günstigsten Einkaufsmöglichkeiten herauszufinden. In diesem Falle nähme die Konkurrenz ebenso wie die Elastizität der Nachfragekurven zu; es käme zu niedrigeren Preisen.

Man muß jeweils herausfinden, welcher Standpunkt eher empirische Gültigkeit hat in einem Markt. Lee Benham unternahm eine empirische Untersuchung zu den beiden Denkmöglichkeiten und veröffentlichte darüber 1972 im *Journal of Law and Economics* einen Aufsatz. In den USA hatten die einzelnen Bundesstaaten während der sechziger Jahre sehr unterschiedliche rechtliche Regeln über die Werbung von Optikern. Einige Staaten erlaubten Werbung für Brillen ebenso wie Sehtests. Viele Staaten verboten dies. So lautete z.B. die Vorschrift im Staate Florida: »It is unlawful for any person, firm, or corporation to … advertise either directly or indirectly by any means whatsoever any definite or indefinite price or credit terms on prescriptive or corrective lens, frames, complete prescriptive or corrective glasses, or any optometric service. … This section is passed in the interest of public health, safety, and welfare, and its provisions shall be liberally construed to carry out its objects and purposes.« Der Berufsstand der Optiker hat diesen Beschränkungen von Werbung begeistert beigepflichtet.

Benham verwendete die Gesetzesunterschiede zum Test der beiden Hypothesen über die Wirkungen der Werbung. Das Ergebnis war eindrucksvoll. In den US-Bundesstaaten mit einem Werbeverbot für Brillen betrug der durchschnittliche Preis $ 33,– (Basis von 1963). In jenen Staaten ohne Beschränkung der Werbung jedoch war der mittlere Brillenpreis nur $ 26,–. Reklame reduzierte demnach die Preise um mehr als 20%. Auf dem Markt für Brillen und vermutlich auf vielen anderen Märkten verstärkt die Werbung den Wettbewerb und senkt zugleich die Preise für die Kunden.

Werbung als ein Zeichen von Qualität

Viele Arten der Werbung enthalten kaum offenkundige Informationen über das Produkt. Eine Unternehmung will neue Frühstücksgetreideflocken einführen. Eine typische Werbesendung im Fernsehen könnte eine hochbezahlte Schauspielerin zeigen, wie sie die Flocken ißt und dabei ausruft: »Wie großartig das schmeckt.« Wie steht es da mit dem Informationsgehalt?

Die Antwort: Mehr als Sie denken. Die Verfechter der Werbung behaupten, daß sogar eine Werbung, die scheinbar informationslos ist, den Konsumenten einiges über die Produktqualität vermittelt. Die Entschlossenheit der Unternehmung zu hohen Geldausgaben für die Werbung kann für sich genommen bereits als *Signal* an die Konsumenten über die hohe Qualität des angebotenen Produkts wirken.

Denken Sie an das Anliegen, vor dem zwei Unternehmungen stehen, z.B. »Post« und »Kellog«. Jede ist gerade mit einem neuen Müsli auf den Markt gekommen, das für DM 6,– je Packung verkauft werden soll. Der Einfachheit halber nehmen wir Grenzkosten von null an, so daß der Erlös vollständig Gewinn ist. Jeder Hersteller weiß, daß er mit 10 Millionen DM an Werbeausgaben 1 Million Konsumenten dazu bekommen wird, das neue Müsli auszuprobieren. Und jeder Hersteller weiß auch, daß die Verbraucher erneut kaufen, wenn ihnen die erste Packung geschmeckt hat.

Betrachten wir die Entscheidung der Firma Post. Von der Marktforschung her weiß man bei Post, daß das Müsli nur als mittlere Qualität gilt. Obwohl man mit Reklame je eine Packung an eine Million Konsumenten verkaufen wird, könnten die Verbraucher rasch bemerken, daß das Zeug nicht sehr gut ist und die Käufe einstellen. Die Firma Post legt fest, daß man nicht 10 Millionen DM für Werbung ausgibt, wenn man nur 6 Millionen DM einnimmt. Sie unterläßt die Werbung und schickt ihre Köche in die Studios zurück, um eine bessere Rezeptur zu entwickeln.

Die Firma Kellog dagegen weiß durch Marktforschung, daß ihr Müsli großartig ankommt. Wer es versucht, wird eine Packung pro Monat für ein ganzes Jahr im voraus kaufen. Die 10 Millionen DM für die Werbung werden also 72 Millionen DM Erlös einbringen. Werbung lohnt sich hier wegen des guten Produkts, das die Konsumenten nach der ersten Probe immer wieder kaufen werden. Kellog entscheidet sich für die Werbung.

Nachdem wir das Verhalten der beiden Unternehmungen betrachtet haben, müssen wir die Konsumenten ins Auge fassen. Wir haben oben unterstellt, daß die Konsumenten ein mit Reklame angepriesenes neues Müsli versuchen werden. Doch ist so ein Verhalten rational? Sollte ein Verbraucher allein deshalb ein neues Müsli probieren, weil ein Produzent sich zur Werbung entschlossen hat?

In der Tat ist es sehr vernünftig für die Konsumenten, neue Produkte auszuprobieren, die sie in der Werbung kennenlernen. In unserer Geschichte entscheiden sich die Verbraucher für Probekäufe von Kellogs neuem Müsli, weil Kellog wirbt. Die Firma Kellog entschließt sich ja zur Werbung, weil ihr Produkt gut ist, anders als die Firma Post, die für ihr schlechteres Produkt keine Werbung unternimmt. Mit dem Entschluß, Geld für Reklame auszugeben, signalisiert Kellog den Verbrauchern die gute Qualität ihres Produkts. Jeder Verbraucher überlegt hellwach: »Mensch, wenn die Firma Kellog so viel Geld für die Werbung ausgeben will, dann muß ihr neues Müsli ziemlich gut sein.«

Besonders überraschend an dieser Theorie über Werbung ist, daß es auf den Inhalt der Reklame gar nicht ankommt. Kellog signalisiert die Qualität ihres Produkts durch den bloßen Willen zur Geldausgabe für Reklame. Welche Aussagen in der Werbung vermittelt werden, ist nicht annähernd so wichtig wie die Tatsache, daß die Konsumenten wissen, wie teuer Reklame ist. Billige Werbung kann kein Qualitätssignal an die Verbraucher übermitteln. Deshalb auch engagieren die Unternehmen bekannte Schauspieler für hohe Gagen in der Werbung. Die relevante Information ist nicht der Inhalt der Werbung, sondern ihr Vorhandensein und ihre Kosten.

Markennamen

Die Werbung ist eng verbunden mit Markennamen. In manchen Märkten gibt es zwei Arten von Unternehmungen. Einige Unternehmen verkaufen Produkte mit weithin bekannten Markennamen, andere haben Noname-Produkte ähnlicher Qualität als Substitute anzubieten. Sie finden z.B. Aspirin von Bayer sowie Generika gleicher Zusammensetzung. In der Getränkehandlung wird Pepsi Cola neben weniger bekannten Cola-Getränken angeboten. Meist geben Unternehmungen für ihre Markenartikel erheblich mehr für die Werbung aus, verlangen dann aber auch höhere Preise für ihre Markenprodukte.

So wie unterschiedliche Ansichten über die Ökonomik der Werbung bestehen, gibt es auch abweichende Meinungen über die Ökonomik der Markenartikel. Wir wollen uns kurz darüber informieren.

Kritiker der Markennamen bringen vor, die Marken würden Konsumenten zur Wahrnehmung von Unterschieden anstoßen, die es in Wirklichkeit gar nicht gibt. In vielen Fällen ist das namenlose Substitut qualitativ vom Markenartikel nicht zu unterscheiden. Die Bereitschaft der Konsumenten, für einen Markenartikel mehr zu bezahlen, ist nach Meinung der Kritiker eine Form von Irrationalität, die auf Werbung beruht. Der Nationalökonom Edward Chamberlin, ein Pionier auf dem Gebiet der monopolistischen Konkurrenz, war deshalb der Meinung, Markennamen seien ungünstig für die Volkswirtschaft. Er schlug vor, daß der Staat den Schutz einschränkt oder verweigert.

In neuerer Zeit jedoch haben Ökonomen den Gebrauch der Markennamen von der Qualitätssicherung der Produkte her verteidigt. Dazu gibt es noch zwei verwandte Argumente. Erstens bieten Markennamen den Konsumenten *Informationen* über die Qualität, und zwar zu einem gewissen Zeitpunkt im voraus, da der Kunde das Produkt noch nicht kennen und beurteilen kann. Zweitens vermitteln Markennamen den Herstellern *Anreize* zur Aufrechterhaltung hoher Produktqualität, da die Markennamen und ihre Reputation für die Unternehmungen Vermögenswerte darstellen.

Man kann die vorgebrachten Argumente in der Praxis nachvollziehen und zu diesem Zweck einen bekannten Markenartikel untersuchen: *Hamburger von McDonald's*. Stellen Sie sich vor, Sie fahren durch eine fremde Stadt und wollen anhalten, um zu essen. In der Nähe sehen Sie ein McDonald's-Restaurant und ein örtliches Gasthaus. Welches Restaurant werden Sie wählen? Vielleicht bietet das örtliche Lokal bessere Speisen zu niedrigeren Preisen, aber Sie können das ja nicht wissen. Bei McDonald's erhält man aber, wie Ihnen bekannt ist, überall standardisierte Gerichte bestimmter Güte. Der Firmenname ist nützlich und hilfreich bei Ihrem Urteil über die zu erwartende Qualität der Angebots.

Der Name McDonald's stellt auch sicher, daß die Unternehmung motiviert ist zur Qualitätssicherung. Wenn z.B. einige Kunden nach McDonald's-Essen ins Krankenhaus eingeliefert werden müßten, käme es zu Zeitungsmeldungen mit verheerenden Folgen für die Unternehmung. Im Nu wäre ein Großteil der wertvollen Reputation von McDonald's verloren, die man über Jahre hinweg mühevoll mit Leistung und mit viel Werbung aufgebaut hat. Als Folge davon wären Umsatz- und Gewinneinbußen zu erwarten, und zwar nicht nur in der Filiale, die den Schaden angerichtet hat. Bei dem örtlichen Restaurant wären die Auswirkungen verdorbenen Essens andere. Der entgangene Gewinn durch die Erkrankungen der Gäste wäre insgesamt geringer, obwohl das Lokal vielleicht schließen müßte. McDonald's hat einen höheren Goodwill zu verteidigen und damit einen höheren Anreiz, die Qualität der Gerichte zu garantieren.

Die Diskussion um die Markennamen zentriert sich auf die Frage, ob Kunden bei ihrer Wahl zwischen Markenartikeln und Eigenmarken unbekannter Unternehmen rational entscheiden. Die Kritiker behaupten, Markennamen sind das Ergebnis einer irrationalen Reaktion der Konsumenten auf die Werbung. Die Befürworter dagegen meinen, die Konsumenten hätten gute Gründe, für Markenartikel höhere Preise zu bezahlen, denn man könne in die Qualität der Produkte ein größeres Vertrauen setzen.

Fallbeispiel   **Markennamen im Kommunismus**

Verfechter der Markennamen finden eine gewisse Unterstützung durch empirische Erfahrungen in der früheren Sowjetunion. Als die Sowjetunion noch den Prinzipien des Kommunismus folgen wollte, gab es für die Aufgaben der unsichtbaren Hand der Marktwirtschaft eine zentrale Planungsbehörde als sichtbare Hand der verwaltungswirtschaftlichen Steuerung. Dabei haben die Planer wie die Konsumenten in der Marktwirtschaft gelernt, daß Markennamen nützlich sind, um eine bestimmte Produktqualität zu sichern und zu signalisieren.

Marshall Goldman, ein Fachmann auf dem Gebiet der Sowjetwirtschaft, veröffentlichte dazu 1960 einen Aufsatz im *Journal of Political Economy*. Er schrieb über die sowjetischen Erfahrungen: »In the Soviet Union, production goals have been set almost solely in quantitative or value terms, with the result that, in order to meet the plan, quality is often sacrificed. ... Among the methods adopted by the Soviets to deal with this problem, one is of particular interest to us – intentional product differentiation. ... In order to distinguish one firm from similar firms in the same industry or ministry, each firm has ist own name. Whenever it is physically possible, it is obligatory that the firm identify itself on the good or packaging with a production mark.«

Goldman zitiert die Analyse eines sowjetischen Markting-Experten: »This [trademark] makes it easy to establish the actual producer of the product in case it is necessary to call him to account for the poor quality of his goods. For this reason, it is one of the most effective weapons in the battle for the quality of products. ... The trademark makes it possible for the consumer to select the good which he likes. ... This forces other firms to undertake measures to improve the quality of their own product in harmony with the demands of the consumer.« Goldman merkt an, »these arguments are clear enough and sound as if they might have been written by a bourgeois apologist.«

Wie könnte es geschehen, daß Werbung auf einem Markt den Wettbewerb vermindert? Könnte Werbung auch die Konkurrenz erhöhen? Nennen Sie die Argumente für und gegen Markennamen. **Schnelltest**

Schlußfolgerung

Monopolistische Konkurrenz entspricht ganz dieser Bezeichnung: Sie ist eine Kreuzung aus Monopol und Konkurrenz. Wie ein Monopolist hat der Anbieter eine fallende Nachfragekurve vor sich, und er kann folglich einen höheren Preis als die Grenzkosten verlangen. Wie ein Anbieter bei vollständiger Konkurrenz hat er jedoch viele Konkurrenten, und die Markteintritte und -austritte drücken seinen Gewinn in Richtung null herunter.

Da die Unternehmungen bei monopolistischer Konkurenz differenzierte Produkte herstellen, versuchen sie mit Werbung, Kunden für sich und ihr Erzeugnis zu gewinnen. Bis zu einem gewissen Grad führt Werbung zu veränderten Vorlieben der Konsumenten, zu einer unvernünftigen Markentreue und damit zu Verminderung des Wettbewerbs. In größerem Umfange jedoch bewirkt Werbung die Übertragung von Informationen, Markenbezeichnungen mit verläßlicher Produktqualität und damit eine Verstärkung des Wettbewerbs.

Die Theorie der monopolistischen Konkurrenz eignet sich zur Beschreibung vieler Märkte einer Volkswirtschaft. Deshalb ist es ein wenig enttäuschend, daß man daraus keine einfachen und zwingenden Ratschläge für die Politik ableiten kann. Vom wirtschaftstheoretischen Standpunkt aus ist bei monopolistischer Konkurrenz keine optimale Allokation der Ressourcen zu erwarten. Vom Standpunkt der praktischen Wirtschaftspolitik her kann man jedoch wenig unternehmen, um das Marktergebnis zu verbessern.

Zusammenfassung:

- Ein Markt mit monopolistischer Konkurrenz wird durch drei Eigenschaften gekennzeichnet: zahlreiche anbietende Unternehmungen, differenzierte Produkte, freier Marktzutritt.
- Das Gleichgewicht bei monopolistischer Konkurrenz unterscheidet sich vom Gleichgewicht bei vollständiger Konkurrenz durch zwei Aspekte, die miteinander verknüpft sind. Zum ersten hat jede Unternehmung eine Überkapazität. Sie operiert auf dem fallenden Teil der Durchschnittskostenkurve. Zum zweiten verlangt jede Unternehmung einen Preis, der höher ist als die Grenzkosten.
- Monopolistische Konkurrenz hat nicht all die wünschenswerten Eigenschaften der vollständigen Konkurrenz. Es gibt den üblichen Nettowohlfahrtsverlust wie beim Monopol, der durch den Aufschlag auf die Grenzkosten bei der Preissetzung verursacht wird. Ferner kann die Anzahl der Anbieter (und somit die Vielfalt der Produkte) zu klein oder zu groß sein. In der Praxis bestehen kaum Möglichkeiten für die Wirtschaftspolitik, diese Ineffizienzen zu korrigieren.
- Die bei monopolistischer Konkurrenz inhärent mit vorgegebene Produktdifferenzierung führt zum Einsatz der Werbung und der Markennamen. Kritiker von Werbung und Markennamen behaupten, man nutze damit die Unvernunft der Konsumenten aus und vermindere die Konkurrenz. Befürworter von Werbung und Markennamen setzen dagegen, man informiere die Konsumenten besser und steigere die Konkurrenz über Preise und Qualitäten.

Stichworte

monopolistische Konkurrenz

Wiederholungsfragen

1. Nennen Sie die drei Merkmale von monopolistischer Konkurrenz. Inwiefern ist monopolistische Konkurrenz mit dem Monopol verwandt? Inwiefern entspricht die monopolistische Konkurrenz der vollständigen Konkurrenz?
2. Zeichnen Sie für einen Markt mit monopolistischer Konkurrenz das Diagramm des langfristigen Gleichgewichts. Wie hängt der Preis mit den Durchschnittskosten zusammen? Wie ist das Verhältnis zwischen Preis und Grenzkosten?

3. Produziert ein Unternehmen bei monopolistischer Konkurrenz zu viel oder zu wenig, wenn man das effiziente Produktionsniveau als Maßstab anlegt? Welche praktischen Erwägungen machen es für Wirtschaftspolitiker unmöglich, diese Schwierigkeiten zu überwinden?

4. Inwiefern könnte die Werbung die gesamtgesellschaftliche Wohlfahrt senken? Inwiefern trägt Werbung vielleicht zur Wohlfahrtssteigerung bei?

5. Wie vermittelt eine Werbung, die keinen erkennbaren Informationsgehalt aufweist, in der Tat doch Informationen an die Verbraucher?

6. Legen Sie zwei Vorteile dar, die aus dem Gebrauch von Markennamen entstehen.

Aufgaben und Anwendungen

1. Versuchen Sie die Märkte folgender Güter zu klassifizieren (vollständige Konkurrenz, Monopol, monopolistische Konkurrenz) und begründen Sie Ihre Entscheidungen:
   a) Lippenstifte
   b) Butter
   c) Bleistifte
   d) Telefon
   e) Mineralwasser

2. Welche Podukteigenschaften unterscheiden eine Unternehmung bei monopolistischer Konkurrenz und eine Unternehmung auf einem regelrechten Monopolmarkt?

3. Sie haben gelesen, daß die Unternehmungen bei monopolistischer Konkurrenz die produzierte Menge steigern und die Durchschnittskosten senken könnten. Warum machen sie es nicht?

4. Stellen Sie sich den Markt für Zahnpaste vor. »Procto« sei die Marke eines Anbieters, mit der sich der Anbieter im langfristigen Gleichgewicht befindet.
   a) Zeichnen sie ein Diagramm mit der Nachfrage-, der Grenzerlös-, der Durchschnittskosten- und der Grenzkostenkurve. Markieren Sie bitte den gewinnmaximierenden Preis-Mengen-Punkt für »Procto«.
   b) Wie hoch ist der Gewinn von »Procto«?
   c) Zeigen Sie anhand Ihres Diagramms die Konsumentenrente, die beim Verkauf von »Procto« entsteht? Zeigen Sie ferner den Nettowohlfahrtsverlust, der im Vergleich zum effizienten Niveau bei vollständiger Konkurrenz entsteht.
   d) Was würde aus der Unternehmung, wenn sie staatlich gezwungen würde, die gesamtwirtschaftlich effiziente Menge von »Procto« zu produzieren? Was würde aus den Kunden?

5. Haben die Märkte bei monopolistischer Konkurrenz typischerweise die optimale Anzahl von Anbietern?

6. Vervollständigen Sie bitte die folgende Tabelle mit JA, NEIN oder VIELLEICHT:

Werden Unternehmungen	Vollständige Konkurrenz	Mono- polistische Konkurrenz	Monopol
Differenzierte Produkte herstellen?			
Überkapazität haben?			
Die Menge Q von GE = GK wählen?			
Die Menge Q von P = GK wählen?			
Gewinne im langfristigen Gleichgewicht haben?			
Einer fallenden Nachfragekurve gegenüberstehen?			
Mit dem Markteintritt anderer Unternehmungen rechnen?			
Bei einem langfristigen Verlust aus dem Markt ausscheiden?			

7. Im vorliegenden Kapitel wurde erwähnt, daß Unternehmungen bei monopolistischer Konkurrenz Weihnachtskarten an die Kunden verschicken. Was wollen sie damit erreichen? Erklären Sie das Verhalten unter Benützung eines Diagramms.

8. Beschreiben Sie drei Werbespots des Fernsehens, die Sie kürzlich gesehen haben. In welcher Hinsicht, wenn überhaupt, waren die Einblendungen gesellschaftlich von Nutzen? Waren sie gesamtgesellschaftlich schädlich? Haben die Sendungen bei Ihnen persönlich dazu beigetragen, die Kaufneigung zu erhöhen?

9. Welche der nachfolgenden Unternehmungen würden sich eher in der Werbung engagieren?

    a) Ein familieneigener Bauernhof oder eine familieneigene Gaststätte?

    b) Ein Produzent von Gabelstaplern oder ein Hersteller von Personenautos?

    c) Eine Unternehmung mit einer neuen und sehr zuverlässigen Armbanduhr oder eine Unternehmung mit einer neuen, aber weniger zuverlässigen Armbanduhr, wenn beide Produkte gleiche Kosten haben?

10. Der Hersteller von Aspirin tätigt beachtliche Werbeausgaben, während für Generica nicht geworben wird. Diese Kunden kaufen nur zu niedrigsten Preisen ein. Nehmen Sie an, die Grenzkosten wären für beiderlei Produkte gleich und konstant.

    a) Zeichnen Sie für Aspirin die Nachfrage-, Grenzerlös- und Grenzkostenkurve. Markieren Sie den Preis und den Aufschlag auf die Grenzkosten.

    b) Wiederholen Sie a) für ein generisches Produkt. Worin bestehen die Unterschiede? Wer hat den größeren Stückgewinn?

    c) Welcher Hersteller hat den größeren Anreiz zu sorgfältiger Qualitätskontrolle?

Arbeitsmarktökonomik   Teil VI

Kapitel 18

Die Märkte für die Produktionsfaktoren

In diesem Kapitel werden Sie

- die Arbeitskräftenachfrage der Unternehmungen bei vollständiger Konkurrenz analysieren,
- die Gleichheit des Gleichgewichtslohnsatzes und des Grenzprodukts der Arbeit lernen,
- überlegen, wie die übrigen Produktionsfaktoren – Boden und Kapital – entlohnt werden,
- nachprüfen, wie Angebotsänderungen eines Produktionsfaktors die Entlohnung der anderen Faktoren verändern.

Nach Schule und Studium wird Ihr Einkommen wesentlich davon abhängen, welche Art von Beschäftigung Sie ausüben. Wenn Sie ein Computer-Programmierer werden, verdienen Sie mehr als ein Bankangestellter. Die Tatsache ist nicht überraschend, doch die Begründung liegt nicht einfach auf der Hand. Kein Gesetz schreibt den Unterschied vor. Keine ethische Norm besagt, ein Programmierer müsse mehr verdienen. Wovon hängt es dann ab, in welchem Beruf Sie mehr verdienen?

Ihr Einkommen ist natürlich ein kleines Teilchen einer umfassenderen ökonomischen Größe. Im Jahre 1997 betrug das Volkseinkommen in Deutschland 2,7 Billionen DM. Die Einwohner der Bundesrepublik Deutschland verdienten es auf verschiedene Weise. Knapp 70% davon flossen als Löhne und Gehälter für »unselbständige Arbeit«. Die Bruttoeinkommen aus »Unternehmertätigkeit und Vermögen« im Sinne der Volkswirtschaftlichen Gesamtrechnung machten 30% aus. Dazu gehören auch Mieten, Zinsen und Pachten. Wovon hängt es ab, wieviel an die Arbeitskräfte und wieviel an die Kapitaleigner geht? Warum sind die Einkommen gleicher Art so sehr ungleich? Wie steht es mit der Querverteilung des Einkommens, d.h. mit den Summen aus Arbeits- und Kapitaleinkommen bei den einzelnen Personen?

Die Antworten auf diese Fragen hängen – wie meistens in der Ökonomik – irgendwie von Angebot und Nachfrage ab. Das Angebot und die Nachfrage nach Arbeit, Boden und Kapital bestimmen die an Arbeitskräfte, Grundstückseigentümer und Kapitaleigner bezahlten Preise. Um verstehen zu können, warum einige Leute höhere Einkommen als andere haben, müssen wir genauer auf die von den Menschen auf den Märkten angebotenen Dienste schauen. Darum geht es uns im vorliegenden Kapitel und in den danach folgenden beiden Kapiteln des Buches.

Dieses Kapitel legt den Grundstein für die Analyse der Faktormärkte. Wie Sie noch vom Kapitel 2 her wissen, sind die **Produktionsfaktoren** die

Produktionsfaktoren
Die Inputs zur Produktion von Waren und Dienstleistungen.

bei der Herstellung von Waren und Dienstleistung eingesetzten Inputs. Arbeit, Boden und Kapital sind die traditionell bedeutendsten drei Produktionsfaktoren. Wenn eine Computerfirma eine neue Software herstellt, setzt sie dabei Programmierer-Arbeitszeit (Arbeit) ein, Grundstücksfläche für das Gebäude (Boden) sowie das Bürogebäude und die Computer- und sonstige Ausrüstung (Kapital). Eine Tankstelle wird beim Verkauf des Treibstoffs ebenfalls Angestelltenzeit (Arbeit), das Betriebsgrundstück (Boden) sowie die Tanks und Zapfsäulen (Kapital) verwenden.

Obwohl die Faktormärkte weitgehend den bereits behandelten Gütermärkten ähneln, sind sie auf eine wichtige Art und Weise anders: Die Nachfrage nach einem Produktionsfaktor ist eine *abgeleitete Nachfrage*. Die Nachfrage einer Unternehmung nach den verschiedenen Faktoren der Produktion leitet sich von der unternehmerischen Entscheidung ab, ein bestimmtes Gut auf einem anderen Markt anzubieten. Die Nachfrage nach Computer-Programmierern ist unauflöslich mit dem Angebot an Computer-Software verbunden, und die Nachfrage nach Tankwarten an einer Tankstelle ist mit dem Angebot an Treibstoff verknüpft.

Im vorliegenden Kapitel analysieren wir die Faktornachfrage, indem wir die Nachfrageentscheidung einer gewinnmaximierenden Unternehmung analysieren. Wir beginnen mit der Nachfrage nach Arbeit, genauer: nach Arbeitskräften oder Arbeitsstunden. Arbeit stellt den wichtigsten Produktionsfaktor dar; denn der größte Teil des Volkseinkommens sind Arbeitseinkommen. Später werden wir sehen, daß die Lehren aus dem Arbeitsmarkt unmittelbar auch für die übrigen Faktormärkte gelten.

Die Einführung in die Theorie der Faktormärkte trägt uns ein gutes Stück weit bei der Frage nach der Einkommensverteilung auf Arbeitskräfte, Grundstückseigentümer und Kapitaleigner. Das Kapitel 19 wird darauf aufbauend genauer nach den Gründen der ungleichen Arbeitseinkommen fragen. Im Kapitel 20 wird das Ausmaß an Ungleichheit aus den Marktprozessen zur Sprache kommen und zu überlegen sein, ob und wie die Einkommensverteilung vom Staat verändert werden soll.

Die Nachfrage der Unternehmung nach Arbeit

Arbeitsmärkte werden wie andere Märkte einer Volkswirtschaft durch die Kräfte von Angebot und Nachfrage regiert. Eine Illustration dazu bietet das Schaubild 18-1. Im Diagramm a) bestimmen das Angebot an und die Nachfrage nach Äpfeln den Apfelpreis. Im Diagramm b) bestimmen Angebot und Nachfrage den Preis oder Lohn der Pflücker.

Doch wie wir bereits wissen, sind die Arbeitsmärkte deshalb von den meisten anderen Märkten verschieden, weil die Arbeitskräftenachfrage eine abgeleitete Nachfrage ist. Die meisten Dienste der Arbeitskräfte sind – statt unmittelbar zum Nutzen der Konsumenten herangezogen zu werden – Faktoreinsätze zur Produktion anderer Güter. Für die weitere Untersuchung der *Arbeitsnachfrage* befassen wir uns mit den Unternehmungen, die Ar-

beitskräfte einstellen und sie im Produktionsprozeß für Güter der Endnach-
frage beschäftigen. Das Verbindungsglied zwischen Güterproduktion und
Arbeitsnachfrage ist wichtig für die Bestimmung der Gleichgewichtslohnsätze.

Die gewinnmaximierende Unternehmung bei vollständiger Konkurrenz

Wie wird ein typischer Unternehmer, wie z.B. ein Apfelbauer, über seine
Nachfragemenge an Arbeit entscheiden? Dem Apfelbauern gehört eine
Plantage, und jede Woche muß entschieden werden, wie viele Pflücker für

a) Der Apfelmarkt

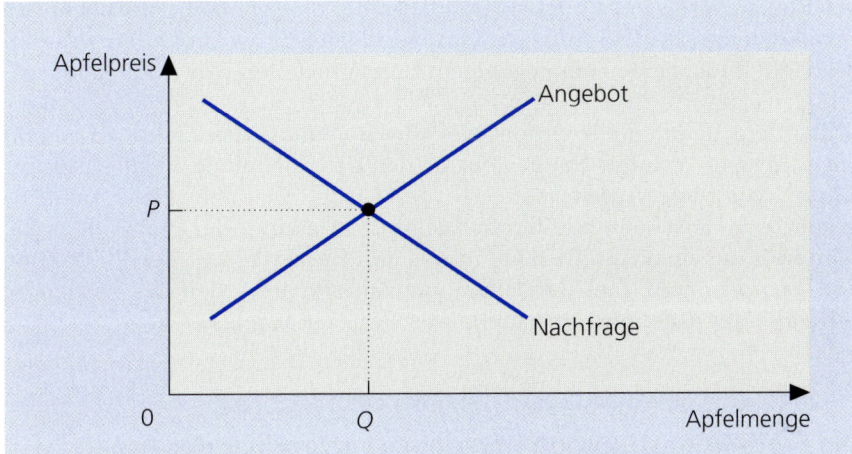

b) Der Pflückermarkt

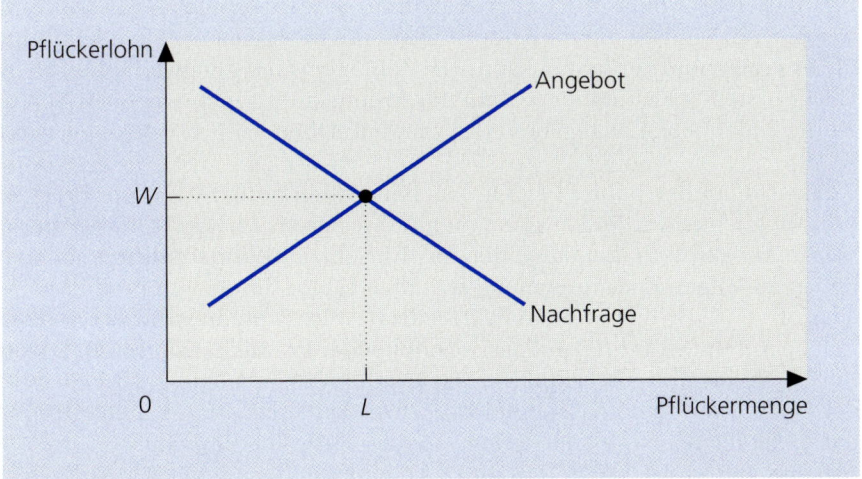

Schaubild 18-1
**Die Vielseitigkeit
von Angebot und
Nachfrage.** Die
Werkzeuge von
Angebot und Nach-
frage sind auf Güter
wie auf Arbeitskräfte
anwendbar. Dia-
gramm a) zeigt für
Äpfel, wie Angebot
und Nachfrage den
Preis bestimmen.
Diagramm b) zeigt
für Apfelpflücker,
wie aus Angebot und
Nachfrage die Ent-
lohnung der Pflücker
folgt.

die Apfelernte einzusetzen sind. Nach getroffener Entscheidung zur Beschäftigung der Pflücker gehen die Arbeitskräfte an die Arbeit und pflücken soviel sie können. Die Unternehmung verkauft die Äpfel, bezahlt die Arbeitskräfte und behält den Rest des Erlöses als Gewinn zurück.

Zur Modellierung der Unternehmung treffen wir zwei Annahmen. Erstens unterstellen wir, daß die betrachtete Unternehmung sowohl auf dem Absatzmarkt (wo die Unternehmung Anbieter von Äpfeln ist) als auch auf dem Beschaffungsmarkt (wo die Unternehmung Nachfrager von Arbeitskräften ist) in vollständiger *Konkurrenz* steht. Sie erinnern sich vom Kapitel 14 her daran, daß eine Unternehmung bei vollständiger Konkurrenz ein Mengenanpasser oder Preisnehmer ist. Da es viele andere Unternehmungen gibt, die Äpfel verkaufen und Pflücker einstellen, hat die einzelne Unternehmung kaum Einfluß auf den Apfelpreis oder auf den Lohn der Apfelpflücker. Die Unternehmung nimmt den Absatzpreis der Äpfel und den Einkaufspreis der Pflücker (Lohn) als marktgegeben hin. Sie hat nur zu entscheiden, wie viele Äpfel sie zum gegebenen Preis verkaufen will und wie viele Pflücker sie zum gegebenen Lohn einstellen will (Mengenanpasser).

Zweitens nehmen wir an, daß die Unternehmung das Ziel der *Gewinnmaximierung* verfolgt. Somit geht es der Unternehmung nicht vorrangig darum, wie viele Arbeitskräfte sie beschäftigt oder wie viele Äpfel sie produziert. Entscheidende Größe bleibt der Gewinn, der gleich dem Gesamterlös aus dem Apfelverkauf minus den Gesamtkosten der Produktion ist. Vom primären Ziel der Gewinnmaximierung werden die Zahlen zu verkaufender Äpfel und einzustellender Pflücker abgeleitet.

Die Produktionsfunktion und das Grenzprodukt der Arbeit

Um die Arbeitsnachfrage zu bestimmen, muß die Unternehmung wissen, wie der Umfang ihres Arbeitskräftepotentials das mögliche Volumen der Produktion bestimmt. Mit anderen Worten muß der Apfelbauer in unserem Beispiel klären, wie die Zahl der Pflücker die Menge an Äpfeln beeinflußt, die er ernten und verkaufen kann. Ein Zahlenbeispiel gibt die Tabelle 18-1. In der ersten Spalte steht die Zahl der Arbeitskräfte. In der zweiten Spalte ist die Apfelmenge angegeben, die von den Arbeitern pro Woche geerntet wird.

Produktions-funktion
Der funktionale Zusammenhang zwischen den im Produktionsprozeß verwendeten Faktoreinsatzmengen und den erzielten Produktionsmengen.

Die Zahlen der ersten beiden Tabellenspalten beschreiben die Produktionsmöglichkeiten der Unternehmung. Wie bereits im Kapitel 13 vermerkt wurde, verwenden Ökonomen den Ausdruck **Produktionsfunktion**, um den mengenmäßigen Zusammenhang zwischen Faktoreinsatz und Produktionsausstoß zu beschreiben. Beim Faktoreinsatz oder Input handelt es sich hier um die Apfelpflücker (L) und beim Output oder Produktionsausstoß (Q) um die Äpfel. Die übrigen Faktoreinsätze bei der Apfelerzeugung – die Bäume, der Boden, die Landmaschinen usw. – werden konstant gehalten. Die für das Beispiel der Apfelerzeugung tabellierte Produktionsfunktion (bei 1 Arbeiter 100 Kisten pro Woche, bei 2 Arbeitern 180 Kisten usw.) wird in der

Arbeitsein-satz (Zahl der Arbeits-kräfte)	Produktions-ergebnis (Apfelkisten pro Woche)	Grenz-produkt der Arbeit	Wertgrenz-produkt der Arbeit (DM)	Lohnsatz (DM)	Grenzgewinn (DM)
(L)	(Q)	($\Delta Q/\Delta L$)	($P\ \Delta Q/\Delta L$)	(W)	($P\Delta Q/(\Delta L-W)$)
0	0				
1	100	100	1.000	500	500
2	180	80	800	500	300
3	240	60	600	500	100
4	280	40	400	500	– 100
5	300	20	200	500	– 300

Tabelle 18-1
Wie die Konkurrenzunternehmung über ihre Arbeitsnachfrage entscheidet

Volkswirtschaftstheorie als geschlossene mathematische Formel spezifiziert $Q = Q\ (L)$ und niedergeschrieben.

Im Schaubild 18-2 sind Arbeitseinsätze (L) und Produktionsergebnisse (Q) nach den ersten beiden Spalten der Tabelle 18-1 graphisch dargestellt. Schaubild 18-2 ist die zeichnerische Darstellung der hier beispielhaft behandelten Produktionsfunktion.

Eine der *zehn volkswirtschaftlichen Regeln* des Kapitels 1 lautete, daß rational entscheidende Leute in Grenzbegriffen denken. Damit wird verständlich, wie Unternehmungen über den Arbeitseinsatz und ihre Arbeitskräftenachfrage entscheiden. Einen Schritt bei dieser Entscheidung geht man mit den Zahlen der dritten Spalte in der Tabelle 18-1. Das **Grenzprodukt der Arbeit** gibt den Zuwachs an Produktionsmenge je zusätzlicher Arbeitseinheit an. Wenn man den Arbeitseinsatz z.B. von 1 auf 2 steigert, erhöht sich die Apfelerzeugung von 100 auf 180 Kisten pro Woche. Somit ist das Grenzprodukt des zweiten Arbeiters 80 Kisten.

Man sieht, wie das Grenzprodukt der Arbeit bei zunehmendem Arbeitseinsatz nach und nach sinkt. Diese Eigenschaft einer Produktion und einer

Grenzprodukt der Arbeit
Der Zuwachs an Produktionsmenge je zusätzlicher Arbeitseinheit.

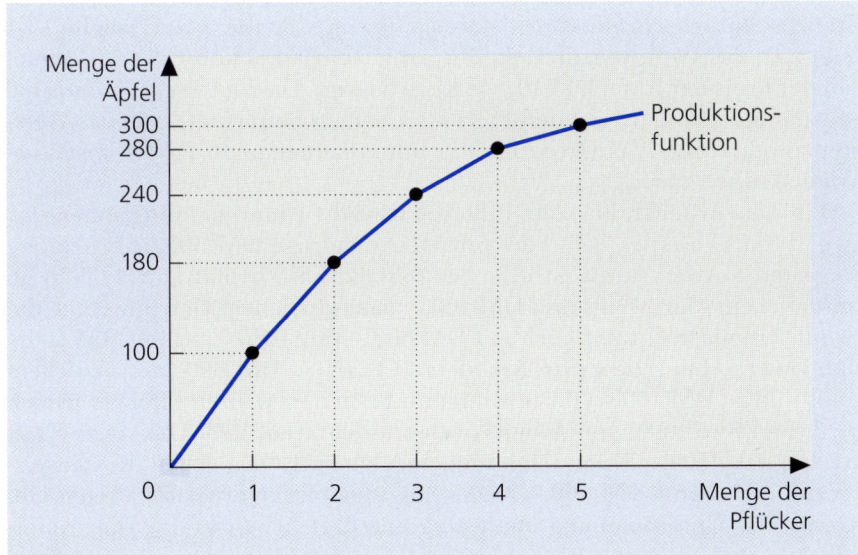

Schaubild 18-2
Eine Produktionsfunktion. Die Produktionsfunktion ist der funktionale Zusammenhang zwischen den im Produktionsprozeß verwendeten Faktoreinsatzmengen (d.s. Apfelpflücker) und den erzielten Produktionsmengen (d.s. Äpfel). Mit zunehmendem Faktoreinsatz wird die Kurve der Produktionsfunktion wegen abnehmender Grenzprodukte flacher.

**Abnehmendes
Grenzprodukt**
Eigenschaft der Produktionsfunktion, wonach der Zuwachs an Produktionsmenge je zusätzlicher Einheit eines Produktionsfaktors mit wachsender Produktionsausdehnung abnimmt.

zugehörigen Produktionsfunktion ist uns bereits vom Kapitel 13 her als **abnehmendes Grenzprodukt** bekannt. Wenn am Anfang nur einige wenige Pflücker arbeiten, nehmen sie die Äpfel von den besten Bäumen der Plantage. Beim Anstieg des Arbeitseinsatzes müssen die hinzukommenden Pflücker nach und nach die schwächer tragenden Bäume leeren und schließlich sogar von spärlich behangenen Apfelbäumen pflücken. Daher wird jeder zusätzlich angeheuerte Pflücker immer weniger zur Apfelproduktion beitragen. Aus diesem Grunde verläuft die Kurve im Schaubild 18-2 mit zunehmendem Arbeitseinsatz immer flacher.

Das Wertgrenzprodukt und die Nachfrage nach Arbeitskräften

Unserer gewinnmaximierenden Unternehmung liegt mehr am Geld als an den Äpfeln. Deshalb fragt man sich in der Leitung, wieviel Gewinn jede zusätzliche Arbeitskraft bringt, ehe man die Zahl der einzustellenden Arbeitskräfte festlegt. Da wir als Gewinn die Gesamterlöse abzüglich den Gesamtkosten definieren, errechnet sich der zusätzliche Gewinn einer weiteren Arbeitskraft aus ihrem Beitrag zur Erlössteigerung minus ihrer Entlohnung.

Um den Beitrag einer Arbeitskraft zum Erlös der Unternehmung festzustellen, müssen wir das Grenzprodukt der Arbeit (das real in Kisten mit Äpfeln gemessen wird) umrechnen in den Marktwert oder *Wert* des Grenzprodukts (monetär in DM gemessen). Wir verwenden den Preis (P) als Faktor. Um im gewählten Beispiel zu bleiben: Wenn eine Kiste Äpfel für DM 10,– verkauft wird und die zusätzliche Arbeitskraft 80 Kisten zustande bringt, so erzielt die Arbeitskraft einen zusätzlichen Erlös von DM 800,–.

Wertgrenzprodukt
Das Grenzprodukt eines Faktoreinsatzes multipliziert mit dem Güterpreis.

Der **Wert des Grenzprodukts** oder das **Wertgrenzprodukt** irgend eines Produktionsfaktors ist das mathematische Produkt aus dem Preis und dem Grenzprodukt des Produktionsfaktors. Die vierte Spalte in der Tabelle 18-1 zeigt z.B. das Wertgrenzprodukt des Arbeitseinsatzes unter der Annahme, daß der Preis der Äpfel DM 10,– je Kiste beträgt. Da die Unternehmung bei vollständiger Konkurrenz den Preis als konstant betrachtet, geht das Wertgrenzprodukt wie das Grenzprodukt mit zunehmendem Faktoreinsatz an Arbeitskräften zurück.

Wie viele Arbeitskräfte zum Pflücken wird die Unternehmung anheuern? Der Marktlohn eines Pflückers pro Woche betrage DM 500,–. Die zuerst eingestellte Arbeitskraft ist offenbar rentabel: Sie bringt DM 1.000,– an zusätzlichem Markterlös und DM 500,– an zusätzlichem Gewinn. Auch die zweite Arbeitskraft trägt noch mit DM 800,– zum Erlös und mit DM 300,– zum Gewinn bei. Die dritte Arbeitskraft führt zu DM 600,– zusätzlichem Erlös und zu DM 100,– Gewinnsteigerung. Ab dem dritten Pflücker jedoch wird die Einstellung von Arbeitskräften unwirtschaftlich. Die vierte Kraft brächte DM 400,– Erlössteigerung, jedoch auch DM 500,– Kostensteigerung und somit DM 100,– Minderung des bisher erwirtschafteten Gewinns. Die Unternehmung stellt also nur drei Arbeitskräfte zum Apfelpflücken ein.

Es ist ganz instruktiv, sich die Entscheidung der Unternehmung graphisch vor Augen zu führen. Im Schaubild 18-3 fällt das Wertgrenzprodukt mit steigendem Arbeitseinsatz wegen des abnehmenden Grenzprodukts der Arbeit. Der Marktlohnsatz ist als Waagerechte eingezeichnet. Zum Zwecke der Gewinnmaximierung stellt die Unternehmung solange Arbeitskräfte ein, bis der Schnittpunkt der beiden Kurven erreicht ist. Unter diesem Beschäftigungsniveau bleiben Möglichkeiten zur Gewinnsteigerung ungenutzt, über dem gewinnmaximalen Beschäftigungsniveau sinkt der Gewinn. *Eine gewinnmaximierende Unternehmung bei vollständiger Konkurrenz wird bis zu jenem Punkt Arbeitskräfte einstellen, wo das Wertgrenzprodukt der Arbeit genau der Entlohnung entspricht.*

Von der Einstellungsstrategie einer einzelnen Unternehmung aus können wir die Überlegungen nun auf eine Theorie der Arbeitskräftenachfrage ausdehnen. Sie erinnern sich, daß die Arbeitsnachfragekurve einer Unternehmung besagt, welche Arbeitsmenge sie bei einem gegebenen Lohnsatz auf dem Arbeitsmarkt nachfragt. Aus dem Schaubild 18-3 haben wir eben entnommen, daß die Entscheidung für jene Beschäftigungsmenge fällt, bei der das Wertgrenzprodukt mit dem Lohnsatz übereinstimmt. Folglich *ist die Kurve des Wertgrenzprodukts der Arbeit die individuelle Arbeitsnachfragekurve einer gewinnmaximierenden Unternehmung bei vollständiger Konkurrenz.*

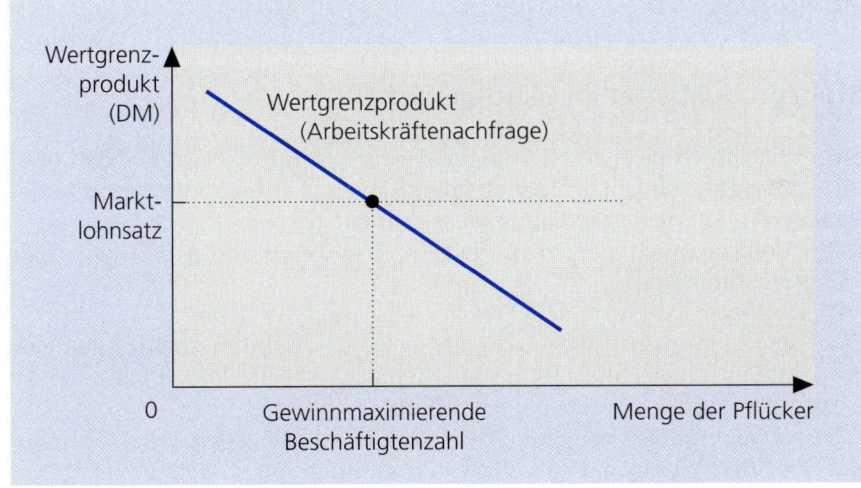

Schaubild 18-3
Das Wertgrenzprodukt der Arbeit. Die Kurve des Wertgrenzprodukts zeigt einen Rückgang bei steigendem Arbeitseinsatz; denn mit der Produktionsfunktion ist ein abnehmendes Grenzprodukt als Annahme vorgegeben. Für eine gewinnmaximierende Unternehmung unter vollständiger Konkurrenz stellt die Kurve des Wertgrenzprodukts zugleich die individuelle Arbeitsnachfrage dar.

Inputregel und Outputregel der Gewinnmaximierung

Vom Kapitel 14 her wissen wir, wie eine gewinnmaximierende Unternehmung bei vollständiger Konkurrenz ihr Produktions- und Angebotsniveau festlegt: Der Verkaufspreis muß mit den Grenzkosten übereinstimmen. Gerade eben haben wir erfahren, wie weit die Unternehmung bei der Einstellung von Arbeitskräften geht: Der Lohnsatz (Einkaufspreis) muß mit dem Wertgrenzprodukt der Arbeit übereinstimmen. Das ist nicht überraschend; Input und Output hängen ja über die Produktionsfunktion streng funktional zusammen. Der gewinnmaximierende Punkt auf der Produktionsfunktion kann also vom Input an Arbeit her wie auch vom Output an Produkten aus bestimmt werden. *Sofern eine gewinnmaximierende Unternehmung bei vollständiger Konkurrenz Arbeitskräfte nach der Inputregel »Wertgrenzprodukt gleich Lohnsatz« einstellt, produziert sie zugleich nach der Outputregel »Grenzkosten gleich Preis«.* Die beiden Regeln sind zwei Seiten derselben Münze. Die Betrachtungsweisen der Kapitel 18 und 14 sind konsistent.

Schnelltest   Definieren Sie *Grenzprodukt der Arbeit* und *Wertgrenzprodukt der Arbeit*. Beschreiben Sie, wie eine gewinnmaximierende Unternehmung bei vollständiger Konkurrenz über die Höhe der zu beschäftigenden Arbeitskräfte entscheidet.

Gleichgewicht auf dem Arbeitsmarkt

Nach Betrachtung des Dispositionsgleichgewichts der individuellen, repräsentativen Unternehmung bei vollständiger Konkurrenz verknüpfen wir die Beschäftigungsentscheidung mit der Marktnachfrage nach Arbeit.

Grenzproduktivität im Gleichgewicht

Bisher haben wir zwei Feststellungen darüber getroffen, wie sich die Lohnsätze auf wettbewerblichen Arbeitsmärkten herausbilden, die dem Bild der Konkurrenz auf dem vollkommenen Markt entsprechen:

- Der Lohnsatz paßt sich so an, daß Arbeitsangebot und Arbeitsnachfrage übereinstimmen.
- Der Lohnsatz ist gleich dem Wertgrenzprodukt der Arbeit.

Es erscheint zunächst überraschend, wenn der Lohnsatz beides zugleich erreicht. Doch tatsächlich gibt es hier nichts zu rätseln. Dies einzusehen ist wichtig für das Verständnis der Lohnfindung.

Das Schaubild 18-4 zeigt den Arbeitsmarkt im Gleichgewicht. Der Lohnsatz und die Arbeitsmenge haben sich so eingespielt, daß Angebot und Nachfrage übereinstimmen. Sofern sich der Markt in dieser Lage befindet, hat jede Unternehmung so viele Arbeitskräfte eingestellt, wie sie für profitabel hält. Jede Unternehmung folgt im markierten Marktgleichgewicht der Regel für die Gewinnmaximierung: Sie hat solange Arbeitskräfte nachgefragt, bis das Wertgrenzprodukt mit dem Lohnsatz übereinstimmt. Insofern muß der Lohnsatz dem Wertgrenzprodukt der Arbeit entsprechen, wenn er Angebot und Nachfrage einmal zum Gleichgewicht gebracht hat.

Damit ist für uns eine wichtige Aussage verknüpft: *Jedes Ereignis, das das Arbeitsangebot oder die Arbeitsnachfrage verändert, muß proportional auch den Gleichgewichtslohnsatz und das damit übereinstimmende Wert-*

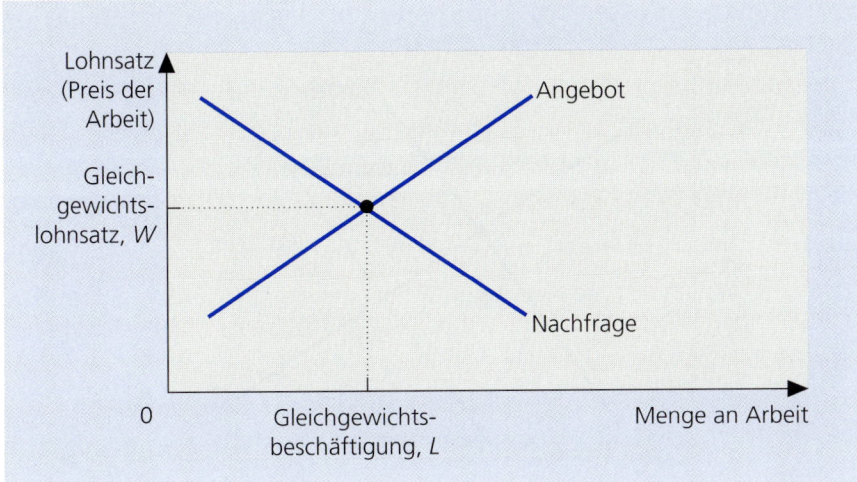

Schaubild 18-4
Gleichgewicht auf dem Arbeitsmarkt. Wie alle Preise hängt auch der Preis der Arbeit (der Lohnsatz) von Angebot und Nachfrage ab. Da die Nachfragekurve das Wertgrenzprodukt der Arbeit spiegelt, erhalten die Arbeitskräfte im Gleichgewicht eine Entlohnung in Höhe des Wertgrenzprodukts.

grenzprodukt der Arbeit verändern. Um dies besser zu verstehen, betrachten wir einige denkbare Ereignisse, die zu Verschiebungen der Kurven führen.

Verschiebungen der Kurve des Arbeitsangebots

Angenommen, Einwanderer vergrößern das Potential an Apfelpflückern einer Volkswirtschaft. Gemäß Schaubild 18-5 verschiebt sich dadurch das Arbeitsangebot von S_1 zu S_2. Beim ursprünglichen Gleichgewichtslohnsatz W_1 übersteigt nun das Arbeitsangebot die Arbeitsnachfrage. Der Angebotsüberschuß an Arbeitskräften entfaltet Druck auf die Löhne der Apfelpflücker, und ein nachfolgender Rückgang des Lohnsatzes auf W_2 macht es für die Unternehmer wieder lohnend, mehr Leute einzustellen. So wie die Zahl der Beschäftigten in jeder Apfelplantage ansteigt, geht das Grenzprodukt eines Arbeiters und ebenso das Wertgrenzprodukt zurück. Im neuen Marktgleichgewicht sind sowohl das Wertgrenzprodukt als auch der Lohnsatz niedriger als in dem Arbeitsmarktgleichgewicht vor dem *Zustrom neuer Arbeitskräfte.*

In Deutschland ist dieser Zusammenhang politisch tabuisiert. Deshalb nehmen wir eine Episode aus der jüngeren Geschichte Israels. Während der achtziger Jahre wechselten Tausende von Palästinensern ganz regulär aus ihren von Israel besetzten Gebieten der Westbank und des Gazastreifens auf Arbeitsplätze – überwiegend des Baugewerbes und der Landwirtschaft – in Israel. Als die israelische Regierung jedoch 1988 wegen politischer Unruhen in den besetzten Gebieten Beschränkungen einführte, kam es als Nebenwirkung auch zu einem Angebotsrückgang bei Arbeitskräften in Israel. Sperrstunden wurden verhängt, die Arbeitserlaubnisse noch gründlicher als üblich kontrolliert und Nachtaufenthalte in Israel waren rigoros untersagt. Die ökonomischen Auswirkungen waren genau so wie von der Theorie her zu erwarten: Die Zahl der Palästinenser mit Beschäftigungen in

Schaubild 18-5
Eine Verschiebung der Arbeitsange-botskurve. Sofern das Arbeitsangebot von S_1 auf S_2 ansteigt (vielleicht wegen Zuwanderung neuer Arbeitskräfte), fällt der Gleichgewichts-lohnsatz von W_1 auf W_2. Bei diesem niedrigeren Lohnsatz erhöht sich die Beschäftigung von L_1 auf L_2. Die Veränderung des Lohnsatzes spiegelt auch eine Veränderung des Wertgrenzprodukts der Arbeit: Mit mehr Beschäftigten fällt die zusätzliche Produktionsmenge einer weiteren Arbeitskraft geringer aus.

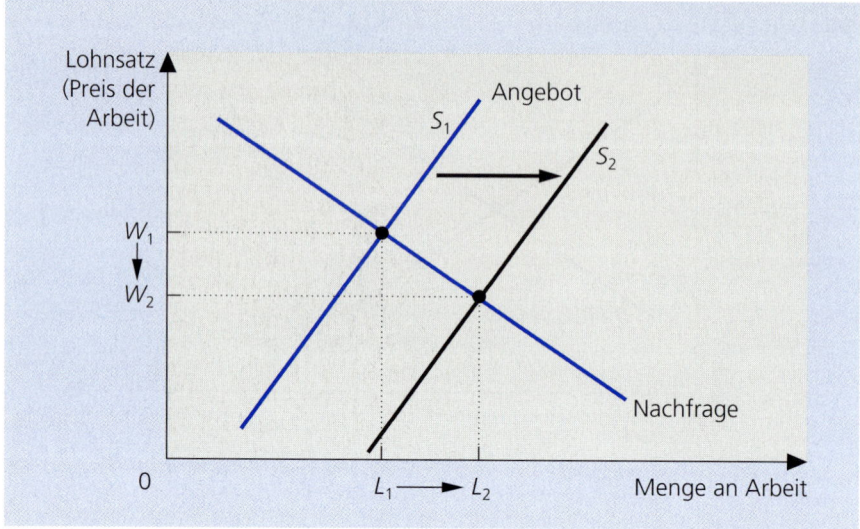

Israel fiel auf die Hälfte, doch die verbliebenen palästinensischen Arbeitskräfte erfreuten sich einer Lohnsteigerung von etwa 50%. Bei reduzierter Zahl palästinensischer Arbeitskräfte in Israel war das Wertgrenzprodukt der weiterhin Beschäftigten nun viel höher.

Verschiebungen der Kurve der Arbeitsnachfrage

Nun stellen wir uns vor, die Beliebtheit der Äpfel bei den Nachfragern nimmt stark zu und deshalb steigt auch der Preis der Äpfel. Der Preisanstieg ändert zwar nichts am Grenzprodukt der Arbeit der beschäftigten Arbeitskräfte, aber er erhöht das Wertgrenzprodukt. Durch einen höheren Preis der Äpfel rentiert es sich, mehr Pflücker zu beschäftigen. Wie man im Schaubild 18-6 erkennt, steigt der Gleichgewichtslohnsatz von W_1 auf W_2 und die gleichgewichtige Beschäftigung von L_1 auf L_2, sofern eine Verschiebung der Nachfragekurve von D_1 zu D_2 eintritt. Wiederum bewegen sich Lohnsatz und Wertgrenzprodukt gemeinsam.

Man erkennt aus der Analyse beiläufig, daß die Prosperität der Unternehmungen und der Beschäftigten verknüpft sind. Steigt der Apfelpreis, verdienen die Apfelbauern mehr und die Apfelpflücker bekommen auch höhere Löhne. Wenn der Preis dagegen fällt, sinkt der Gewinn und die Pflücker bekommen niedrigere Löhne. Beschäftigten in Sektoren mit fluktuierenden Preisen ist dies wohl bekannt. Arbeiter auf den Ölfeldern wissen z.B. aus der Erfahrung sehr gut, daß ihre Einkünfte eng an den Rohölpreis auf dem Weltmarkt gebunden sind.

Nach diesen Beispielen verstehen Sie gut, wie Arbeitsmärkte mit vollständiger Konkurrenz funktionieren. Arbeitsnachfrage und Arbeitsangebot bestimmen zusammen den Gleichgewichtslohnsatz, und Verschiebungen der Angebots- wie der Nachfragekurve verursachen Änderungen des

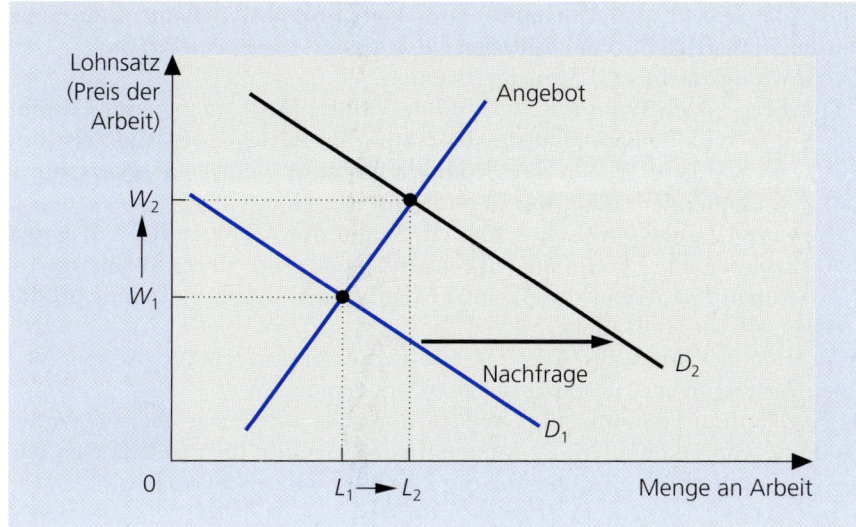

Schaubild 18-6
Eine Verschiebung der Arbeitsnachfragekurve. Sofern die Arbeitsnachfrage von D_1 auf D_2 anwächst (z.B. wegen Preissteigerungen auf den Absatzmärkten der Unternehmung), so steigt der Gleichgewichtspreis von W_1 auf W_2 und die gleichgewichtige Beschäftigung nimmt von L_1 auf L_2 zu. Wiederum spiegelt die Lohnsatzänderung eine Veränderung des Wertgrenzprodukts der Arbeit: Bei höherem Absatzpreis ist die zusätzliche Produktmenge eines weiteren Arbeiters mehr wert.

Gleichgewichtslohnsatzes. Dabei führen die von Gewinnmaximierung geleiteten Verhaltensweisen der nachfragenden Unternehmungen stets dazu, daß der Lohnsatz mit dem Wertgrenzprodukt der Arbeit übereinstimmt.

Produktivität und Löhne

Fallbeispiel

Eine der *zehn volkswirtschaftlichen Regeln* des Kapitels 1 lautete, der Lebensstandard eines Landes hängt von der Fähigkeit ab, Waren und Dienstleistungen herzustellen. Wir können nun sehen, wie diese Regel das Geschehen auf den Arbeitsmärkten prägt. Vor allem wissen wir nun von der Analyse der Arbeitsnachfrage her, daß die Lohnsätze mit der Produktivität – gemessen als Wertgrenzprodukt – übereinstimmen. Simplifizierend kann man sagen: Hoch produktive Arbeitskräfte werden hohe Löhne bekommen, weniger produktive ArbeiterInnen erhalten weniger.

Daraus folgen Lehren, mit denen man verstehen kann, warum es Arbeitskräften heutzutage besser geht als in früheren Generationen. Es gibt Tabellen mit statistischen Daten für einzelne Länder im Zeitvergleich und für mehrere Länder im Querschnittsvergleich, aus denen der Betrachter dies entnimmt: In Zeiten mit hohen Wachstumsraten der Produktivität sind auch die Wachstumsraten der Löhne und Gehälter hoch, Länder mit hohen Wachstumsraten der Produktivität haben relativ hohe Wachstumsraten der Löhne und Gehälter. Statistiker haben die Meßkonzepte oft sehr kritisch überprüft und viele Einwendungen gegen die augenfälligen Zusammenhänge von Leistung und Entlohnung vorgebracht.

Die statistischen Befunde stimmen weltweit darin überein: Produktivität und Löhne sind hoch korreliert. Soweit die Ceteris-paribus-Klausel bedacht wird, sind die hier präsentierten partialökonomischen Zusammenhänge mit gutem Grund auch makroökonomisch auszudeuten. Bei längerfristiger Betrachtung jedoch muß man Schritt für Schritt von der Annahme sonst gleicher übriger Umstände abrücken. Produktivität und Lohnhöhe werden längerfristig von Faktoren geprägt, die in der *Wachstums- und Entwicklungstheorie* zur Sprache kommen.

Die Frage nach Gründen für Produktivitäts-, Wachstums- und Entlohnungsunterschiede geht über den Horizont des vorliegenden Kapitels hinaus. Drei Schlüsselgrößen der Produktivität sind jedoch für eine spätere und tiefer gehende Diskussion zu notieren:

- *Realkapital* oder physisches Kapital: Wenn die Arbeitskräfte mit guten Werkzeugen und Maschinen ausgestattet sind, produzieren sie mehr.
- *Humankapital*: Wenn die Arbeitskräfte besser ausgebildet sind, produzieren sie ebenfalls mehr.
- *Technologie*: Wenn die Arbeitskräfte zu besserem technologischen Wissen Zugang haben, produzieren sie wiederum mehr.

In Realkapital, Humankapital und Technologie sind nach überwiegender Meinung von Ökonomen die letztendlichen Gründe für die Unterschiede der Produktivität, der Löhne und der Lebensstandards zu suchen.

Schnelltest   Wie beeinflußt die Einwanderung von Menschen im arbeitsfähigen Alter das Arbeitsangebot, die Arbeitsnachfrage, das Grenzprodukt der Arbeit und den Gleichgewichtslohnsatz?

Sonstige Produktionsfaktoren: Boden und Kapital

Wir haben gesehen, in welcher Weise die Unternehmungen ihre Entscheidungen zur Beschäftigung von Arbeitskräften anlegen und wie diese Entscheidungen die Lohnsätze der Arbeitskräfte bestimmen. Zugleich mit der Einstellung von Arbeitskräften befinden die Unternehmungen über den Einsatz sonstiger Produktionsfaktoren. Der Apfelbauer unseres Beispiels hat z.B. über die Größe seiner Anbaufläche oder über die Zahl der Leitern für seine Erntearbeiter zu entscheiden. Man kann die Produktionsfaktoren einer Unternehmung – wie die der gesamten Volkswirtschaft – in drei Kategorien unterteilen: Arbeit, Boden und Kapital.

Die Bedeutung der Begriffe *Arbeit* und *Boden* ist klar, doch die Definition von *Kapital* ist mehrdeutig und mißverständlich. Zumeist – und das geschieht auch hier – bezeichnet der Begriff **Kapital** das sogenannte *Realkapital*: Fabrikgebäude und Maschinen oder – anders gesagt – alle produzierten Produktionsmittel, die wiederum für die Güterproduktion eingesetzt werden. Das Kapital stellt insofern die in der Vergangenheit produzierten und akkumulierten Güter für Zwecke der Produktion dar. Im Beispiel des Apfelbauern umfaßt das Realkapital die Leitern zum Besteigen der Bäume, die Traktoren zum Transport der Äpfel, die Lagergebäude und auch die Apfelbäume selbst.

Kapitalkontroversen haben damit zu tun, daß die einzelnen Realkapitalgüter nicht nur nach ihrem physischen Vorhandensein zählen, sondern in einem bestimmten gesamtwirtschaftlichen Umfeld entweder nützlich und

Kapital (Realkapital) Ausrüstungen und Anlagen zur Produktion von Gütern.

relativ zu anderen Gütern hochwertig sind oder aber trotz voller technischer Funktionsfähigkeit als ökonomisch wertlos zu gelten haben. Produktion, Kauf und – einerseits – die technische Nutzung sowie – andererseits – die wirtschaftliche Nutzung bestimmen den Bestand an Realkapital. Nicht nur rückwärtsgewandt nach den Produktions- und Beschaffungskosten sind Kapitalbestände zu messen und zu beurteilen, sondern viel mehr vorwärtsgewandt nach den mit den Produkten des Kapitalbestandes erzielbaren Markterlösen und Gewinnen. Der Umbruch in Ostdeutschland und Turbulenzen in den Nachfolgeländern der ehemaligen Sowjetunion haben dies empirisch belegt. Beide Aspekte des Kapitalbegriffs passen nicht in eine einzige Zahl (höchst unwahrscheinliche theoretische Ausnahme: sehr lange schon anhaltendes Gleichgewicht einer stationären Volkswirtschaft). Neben dem Begriff des Realkapitals benützt man gelegentlich den Begriff des Geldkapitals (investitionsbereite oder bereits unternehmerisch investierte Geldsummen).

Gleichgewicht auf den Märkten für Grundstücke und Realkapital

Wovon hängt es ab, wieviel die Eigentümer von Grundstücken und Realkapital für ihren Beitrag zum gesamtwirtschaftlichen Produktionsprozeß vom Volkseinkommen erhalten? Bevor wir antworten, müssen wir zweierlei Preise unterscheiden: den Anschaffungspreis und den Ertragspreis. Der *Anschaffungspreis* ist jener Betrag, den ein Käufer bezahlt, um für unbegrenzte Zeit Eigentümer zu werden. Der *Ertragspreis* dagegen ist jener Betrag, den eine Person für eine begrenzte Nutzungszeit des Faktors bezahlt. Diesen Unterschied muß man sich stets vor Augen halten, da die Preise durch unterschiedliche ökonomische Kräfte und Prozesse bestimmt werden. Zu verweisen ist auf die immer wiederkehrenden kapitaltheoretischen Kontroversen.

Nach diesen Begriffsklärungen können wir nun die für den Arbeitsmarkt entwickelte Theorie der Faktornachfrage auf Boden und Realkapital anwenden. Der Lohnsatz wäre demnach einfach der *Ertragspreis* der Arbeit. Deshalb läßt sich vieles vom Arbeitsmarkt auf die Ertragspreise der anderen Faktoren übertragen. Wie im Schaubild 18-7 zu sehen, sind der Ertragspreis des Bodens gemäß Diagramm a) und der Ertragspreis des Kapitals gemäß Diagramm b) durch Angebot und Nachfrage bestimmt. Die Ertragspreise von Boden und Kapital sind im übrigen in derselben Weise angebots- und nachfragedeterminiert. Für den Apfelbauern des Beispiels heißt dies, daß die Entscheidung über das Ausmaß der Anbaufläche und über die Anzahl der Leitern der Logik bei der Einstellung von Arbeitskräften folgt. Auch für Boden und Kapital wird die Unternehmung die Nachfrage solange steigern, bis Wertgrenzprodukt und Preis übereinstimmen. Damit spiegelt die Nachfragekurve für jeden Produktionsfaktor die Grenzproduktivität dieses Faktors.

Nun können wir erklären, wieviel Einkommen an den Faktor Arbeit, an die Eigentümer des Bodens und an die Kapitaleigner geht. Solange wie die

Schaubild 18-7
Die Märkte für Boden und Kapital. Angebot und Nachfrage bestimmen die Zahlungen an die Eigentümer des Bodens gemäß Diagramm a) und des Kapitals gemäß Diagramm b). Die Nachfrage nach jedem Faktor wiederum hängt vom Wertgrenzprodukt des Faktors ab.

a) Der Bodenmarkt

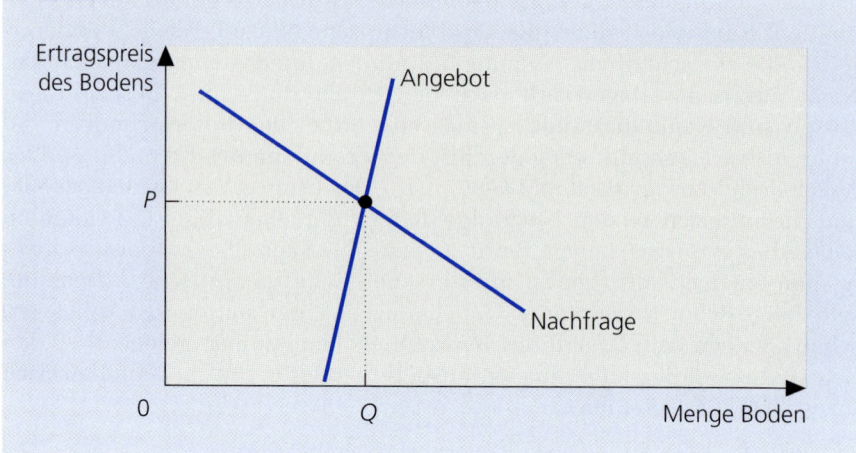

b) Der Kapitalmarkt

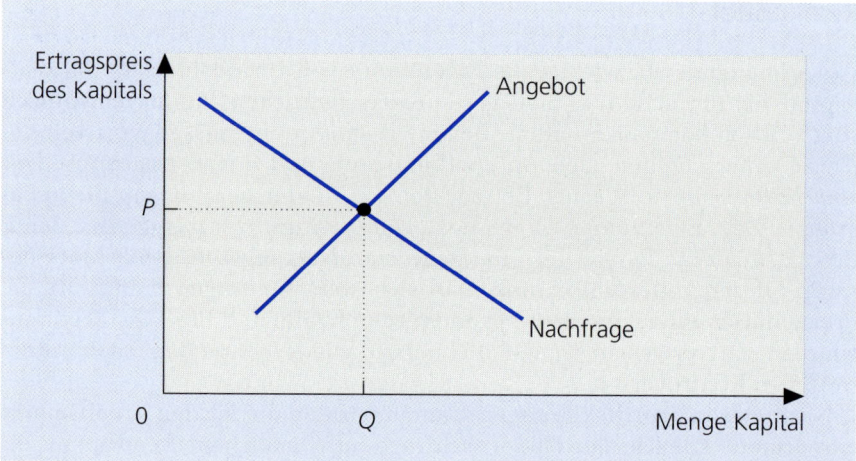

produzierenden Unternehmungen in vollständiger Konkurrenz stehen und das Ziel der Gewinnmaximierung verfolgen, muß der Ertragspreis jedes Produktionsfaktors seinem Wertgrenzprodukt entsprechen. *Arbeit, Boden und Kapital verdienen jeweils ihr Wertgrenzprodukt im Produktionsprozeß.*

Betrachten wir nun den Anschaffungspreis von Boden und Kapital. Offenbar stehen Ertragspreis und Anschaffungspreis in einem gewissen Zusammenhang: Die Käufer eines Stücks Land oder eines Kapitalgutes sind offenbar gewillt mehr zu bezahlen, wenn sich davon ein wertvoller Strom an Rendite ableitet. Und, wie wir eben gesehen haben, es stimmt das gleichgewichtige Ertragseinkommen zu jedem Zeitpunkt mit dem Wertgrenzprodukt des Faktors überein. Deshalb hängt der gleichgewichtige Anschaffungspreis eines Stücks Land oder eines Stücks Realkapital von zweierlei ab: *vom Tageswert des Grenzprodukts und vom künftigen Erwartungswert des Grenzprodukts*. Damit jedoch sind die kniffligen Fragen der Wirtschaftstheoretiker und der Statistiker, die sich mit der Definition und Adäquation der Variablen befassen, noch nicht befriedigend zu beantworten.

Zusammenhänge zwischen den Produktionsfaktoren

Die Preise für alle Produktionsfaktoren – Arbeit, Boden und Kapital – sind also gleich den Wertgrenzprodukten der Faktoren. Das Grenzprodukt jedes Faktors wiederum hängt von der verfügbaren Menge des Produktionsfaktors ab. Wegen der abnehmenden Grenzerträge hat ein sehr reichlich vorhandener und eingesetzter Produktionsfaktor ein niedriges Grenzprodukt und deshalb einen niedrigen Preis, entsprechend hat ein sehr knapper Faktor ein hohes Grenzprodukt und einen hohen Preis. Somit steigt der Gleichgewichtspreis eines Produktionsfaktors an, wenn seine Verfügbarkeit und Angebotsmenge zurückgeht.

Wenn sich aber das Angebot irgend eines Produktionsfaktors verändert, bleiben die Auswirkungen nicht auf den Markt dieses Produktionsfaktors beschränkt. Meistens sind die Produktionsfaktoren beim Einsatz in einer Art und Weise verbunden, so daß die relativen Mengen die partiellen Produktivitäten bestimmen. Ändern sich Verfügbarkeit und Angebotsmenge eines Faktors, so sind in der Regel die Einkommen aller Faktoren betroffen.

Zum Beispiel könnte ein Hurrikan alle Leitern der Apfelplantage zerstören. Was geschieht mit den Einkommen der übrigen Produktionsfaktoren? Offensichtlich sind weniger Leitern »im Angebot« der Plantagen und deshalb steigt der gleichgewichtige Ertragspreis der Leitern an. Jene Eigentümer, die glücklicherweise die Beschädigung ihrer Leitern vermeiden konnten, verdienen nun mehr, wenn sie ihre Leitern vermieten.

Die Auswirkungen des Hurrikans bleiben nicht auf den Leiternmarkt beschränkt. Da weniger Leitern zum Pflücken zur Verfügung stehen, verdienen die Pflücker aufgrund eines kleineren Grenzprodukts weniger. Die Verminderung der vorhandenen Leitern senkt die Nachfrage nach Apfelpflückern und dies wiederum bewirkt einen Rückgang des Gleichgewichtslohnsatzes.

Die Geschichte läßt eine allgemeingültige Schlußfolgerung zu: Ein Ereignis, das die vorhandene Menge irgend eines Faktors verändert, vermag die Einkünfte aller Produktionsfaktoren zu ändern. Die zu erwartenden Einkommensänderungen spürt man auf, indem man nach den zu erwartenden Änderungen der Grenzprodukte sucht.

Die Ökonomik des Schwarzen Todes   Fallbeispiel

Im Europa des 14. Jahrhunderts vernichtete die Beulenpest innerhalb weniger Jahre rund ein Drittel der Bevölkerung. Mit diesem Ereignis, genannt *Der Schwarze Tod*, hat man ein grausiges Naturexperiment zur Gültigkeit der Theorie der Faktormärkte vor sich. Betrachten wir die Wirkungen des

Schwarzen Todes auf jene Glücklichen, die überlebten. Wie werden sich die Arbeitseinkommen und die Pachten der Grundbesitzer entwickelt haben?

Um diese Frage zu beantworten, müssen wir die Effekte einer verkleinerten Bevölkerung auf das Grenzprodukt der Arbeit und auf das Grenzprodukt des Bodens untersuchen. Bei einem kleineren Angebot an Arbeitskräften steigt das Grenzprodukt der Arbeit an. (Darin besteht ganz einfach die Umkehrung der abnehmenden Grenzprodukte.) Wir würden also erwarten, daß der Schwarze Tod die Arbeitseinkünfte erhöht.

Da Arbeit und Boden zusammen in der Produktion eingesetzt werden, betrifft ein verkleinertes Arbeitsangebot auch den Bodenmarkt und andere wichtige Produktionsfaktoren im mittelalterlichen Europa. Mit weniger Arbeitskräften zur Bebauung des Bodens erbrachte die zusätzliche Bodeneinheit weniger an zusätzlicher Produktmenge. Das Grenzprodukt des Bodens fiel also. Wir würden erwarten, daß der Schwarze Tod die Pachten senkt.

Beide Vermutungen gehen in der Tat mit den historischen Befunden konform. Die Löhne verdoppelten sich ungefähr in jener Zeit und die Pachten gingen um 50% oder mehr zurück. Der Schwarze Tod brachte den Bauern ökonomische Blüte und dem Landadel Einkommensminderungen.

Schnelltest Wovon hängen die Einkommen der Bodeneigentümer und der Kapitaleigentümer ab? Wie würde ein Kapitalzuwachs die Einkommen jener beeinflussen, die bisher bereits Kapitalisten waren? Wie würde Kapitalakkumulation die Arbeitseinkommen tangieren?

Schlußfolgerung

Dieses Kapitel versuchte zu klären, wie Arbeit, Boden und Kapital für ihre Aufgaben im volkswirtschaftlichen Produktionsprozeß entlohnt werden. Wir gelangten dabei zur *neoklassischen Theorie der Einkommensverteilung.* Nach dieser Theorie hängt der an jeden Faktor bezahlte Betrag von Angebot und Nachfrage ab. Die Nachfrage wiederum hängt von der Grenzproduktivität des einzelnen Produktionsfaktors ab. Im Gleichgewicht wird jeder Produktionsfaktor mit seinem Wertgrenzprodukt entlohnt.

Die neoklassische Theorie der Einkommensverteilung wird weithin akzeptiert. Die meisten Ökonomen beginnen mit dieser Theorie, wenn sie die Verteilung des Volkseinkommens erklären sollen. In den nachfolgenden beiden Kapiteln untersuchen wir die Einkommensverteilung genauer. Die neoklassische Theorie stellt, wie sich zeigen wird, einen nützlichen Rahmen für die Diskussion bereit.

Sogar zu dem Punkt der Einleitung in das vorliegende Kapitel kann man die Theorie nutzen: Warum verdienen Computer-Programmierer mehr als Bankangestellte? Es liegt daran, daß Computer-Programmierer ein Gut mit einem höheren Marktwert als Bankangestellte erzeugen. Die Leute zahlen viel für ein gutes Computer-Spiel, aber sie bezahlen wenig für die Erledigung von Überweisungen und Auskünfte zum Zahlungsverkehr. Die Faktorentlohnung spiegelt die Marktpreise der erzeugten Güter. Wenn sich die Leute irgendwann mit den Computern langweilen und lieber im Geldbereich herumspielen, werden sich die unterschiedlichen Einkommen wegen der Annäherung der Produktpreise aufeinander zu bewegen.

Zusammenfassung

- Das Volkseinkommen wird auf den Märkten für Produktionsfaktoren verteilt. Die drei wichtigsten Produktionsfaktoren sind Arbeit, Boden und Kapital.
- Die Nachfrage nach den Produktionsfaktoren ist eine abgeleitete Nachfrage, die sich aus dem Einsatz der Faktoren für die Erzeugung bestimmter Produkte ergibt. Gewinnmaximierende Unternehmungen setzen bei vollständiger Konkurrenz jeden Faktor soweit ein, daß Wertgrenzprodukt und Preis übereinstimmen.
- Jeder Faktorpreis spielt sich so ein, daß Angebot und Nachfrage auf dem Faktormarkt übereinstimmen. Weil die Faktornachfrage das Wertgrenzprodukt des Faktors spiegelt, wird im Gleichgewicht jeder Produktionsfaktor nach seinem Grenzbeitrag zur volkswirtschaftlichen Güterproduktion entlohnt.
- Da die Produktionsfaktoren im Verbund genutzt werden, hängen die Grenzprodukte der Faktoren wechselweise von den verfügbaren Mengen ab. Eine Mengenänderung bei einem Faktor tangiert also die Gleichgewichtseinkommen aller Produktionsfaktoren.

Stichworte

Produktionsfaktoren	abnehmendes Grenzprodukt
Produktionsfunktion	Wertgrenzprodukt
Grenzprodukt der Arbeit	Kapital

Wiederholungsfragen

1. Erklären Sie, wie die Produktionsfunktion einer Unternehmung mit dem Grenzprodukt der Arbeit zusammenhängt.
2. Erklären Sie, wie das Grenzprodukt der Arbeit einer Unternehmung mit dem Wertgrenzprodukt verbunden ist.
3. Erklären Sie, wie das Wertgrenzprodukt einer Unternehmung von der Nachfrage nach Arbeit abhängt.
4. Wenn die Bevölkerung der Bundesrepublik Deutschland plötzlich durch eine große Einwanderungswelle anwachsen würde, was hätte dies für

Auswirkungen auf die Löhne? Welche Wirkungen ergäben sich für die Eigentümer von Grundstücken und von Realkapital?

Aufgaben und Anwendungen

1. Angenommen, man will auf gesetzlichem Weg die Krankheitskosten senken und verpflichtet jeden deutschen Bürger, täglich einen Apfel zu essen.
   a) Wie würde dieses Gesetz die Nachfrage und den Preis für Äpfel beeinflussen?
   b) Wie würde das Gesetz das Grenzprodukt und das Wertgrenzprodukt der Apfelpflücker verändern?
   c) Wie würde das Gesetz für die Apfelpflücker die Nachfrage und den Gleichgewichtslohn ändern?
2. Erläutern Sie diesen Ausspruch von Henry Ford: »It is not the employer who pays wages – he only handles the money. It is the product that pays wages.«
3. Untersuchen Sie die Auswirkung jedes nachfolgend erwähnten Ereignisses auf den Arbeitsmarkt der Computer-Branche:
   a) Der Bundesforschungsminister läßt für alle deutschen Schüler und Studenten Computer kaufen.
   b) Mehr Studenten wenden sich den Ingenieurwissenschaften und der Informatik zu.
   c) Unternehmen der Computer-Industrie bauen neue Werke.
4. Erklären Sie bitte, warum eine gewinnmaximierende Unternehmung bei vollständiger Konkurrenz einen Produktionsfaktor bis zu jenem Punkt einsetzt, bei dem Wertgrenzprodukt und Preis gleich sind, und nicht etwa eine etwas geringere Menge des Faktors nachfragt.
5. Ihr unternehmungslustiger Onkel eröffnet eine luxuriöse Würstchenbude mit 7 Arbeitskräften. Er bezahlt seinen Arbeitskräften DM 6,– pro Stunde, und er verkauft die Wurst für DM 3,–. Wenn Ihr Onkel den Gewinn maximieren wollte, wie hoch wäre dann das Wertgrenzprodukt der zuletzt gerade noch eingestellten Arbeitskraft? Wir hoch wäre das Grenzprodukt dieser »Grenzarbeitskraft«?
6. Während der achtziger Jahre erlebten die USA einen bemerkenswerten Kapitalimport aus anderen Ländern. So bauten z.B. BMW, Toyota und andere Automobilunternehmen Niederlassungen in den Vereinigten Staaten.
   a) Skizzieren Sie ein Diagramm für den US-Kapitalmarkt und zeigen Sie die Wirkungen des Kapitalzuflusses für den Ertragspreis und die genutzte Menge des Kapitals auf.
   b) Zeigen Sie bitte mit einem Diagramm für den US-Arbeitsmarkt die Auswirkungen des Kapitalzuflusses auf den durchschnittlichen Arbeitslohn.

7. Angenommen, Arbeit wäre der einzige Produktionsfaktor einer Unternehmung auf einem Markt mit vollständiger Konkurrenz. Die Unternehmung kann Arbeiter für DM 50,– pro Tag beschäftigen. Die Produktionsfunktion der Unternehmung sieht so aus:

Arbeitstage	Produktionseinheiten
0	0
1	7
2	13
3	19
4	25
5	28
6	29

Jede Produktionseinheit wird für DM 10,– verkauft. Zeichnen Sie bitte die Arbeitsnachfragekurve der Unternehmung. Wie viele Beschäftigtentage sollte die Unternehmung einkaufen? Zeigen Sie diesen Punkt auf Ihrer Kurve.

8. Im vorliegenden Kapitel war unterstellt worden, daß die Arbeit individuell und in vollständiger Konkurrenz angeboten wird. In einigen Märkten jedoch wird das Angebot von starken Gewerkschaften bestimmt.

   a) Erläutern Sie, inwiefern die von einer Gewerkschaft vorfindliche Situation der Lage eines Monopolisten ähnelt.

   b) Das Ziel des Monopolisten besteht in der Gewinnmaximierung. Gibt es ein entsprechendes Ziel für die Gewerkschaft?

   c) Nun dehnen Sie bitte die Analogie zwischen Monopolisten und Gewerkschaften noch ein wenig weiter aus. Wie wird wohl der von der Gewerkschaft bestimmte Lohnsatz im Vergleich zum Konkurrenz-Lohnsatz ausfallen? Wie wird sich vermutlich die Beschäftigung in den beiden Fällen unterscheiden?

   d) Welche anderen gewerkschaftlichen Ziele könnten dazu führen, daß Gewerkschaften anders als Monopolisten entscheiden?

Einkommen und Diskriminierung   Kapitel 19

In diesem Kapitel werden Sie

- untersuchen, wie Löhne für Unterschiede in den Merkmalen von Tätigkeiten entschädigen,
- die Humankapitaltheorie und die Signaling-Theorie kennenlernen und vergleichen,
- erörtern, warum in manchen Berufen einige wenige Superstars enorme Einkommen erzielen,
- überlegen, warum es schwierig ist, die Auswirkungen von Diskriminierung auf Löhne zu messen,
- sehen, wann Marktkräfte ein natürliches Mittel gegen Diskriminierung bereitstellen können und wann nicht,
- die Debatte über die Forderung »Gleicher Lohn für gleichwertige Arbeit« betrachten.

Im Jahr 1992 verdiente ein Zahnarzt durchschnittlich DM 223.000,–, ein Architekt durchschnittlich DM 133.000,– und ein Tischler durchschnittlich DM 50.000,–. Diese drei Beispiele veranschaulichen die großen Einkommensunterschiede, die in unserer Wirtschaft häufig vorkommen. Diese Unterschiede erklären, warum manche Leute in Villen leben, mit Limousinen fahren und die Ferien an der Französischen Riviera verbringen, während andere Leute in kleinen Wohnungen hausen, mit dem Bus fahren und Ferien vor der eigenen Haustür machen.

Wodurch werden die großen Einkommensunterschiede zwischen den Menschen verursacht? Kapitel 18, in dem die Grundlagen der neoklassischen Arbeitsmarkttheorie näher ausgeführt wurden, gibt eine Antwort auf diese Frage. Dort haben wir gesehen, daß die Löhne durch Arbeitsangebot und Arbeitsnachfrage bestimmt werden. Die Arbeitsnachfrage ihrerseits spiegelt die Grenzproduktivität der Arbeit wider. Im Gleichgewicht entspricht der Lohn einer Arbeitskraft ihrem Wertgrenzprodukt.

Diese Arbeitsmarkttheorie ist, obwohl sie von den Volkswirten weithin akzeptiert wird, lediglich der Anfang der Geschichte. Um die Gründe für die zu beobachtenden großen Einkommensunterschiede zu verstehen, müssen wir über diese allgemeinen Grundlagen hinausgehen und präziser untersuchen, wodurch Angebot und Nachfrage nach verschiedenen Arten von Arbeit bestimmt werden. Das ist unser Ziel in diesem Kapitel.

Einige Bestimmungsgründe von Gleichgewichtslöhnen

Arbeitskräfte unterscheiden sich in vielerlei Hinsicht. Tätigkeiten weisen ebenfalls Unterschiede auf – sowohl von ihrer Entlohnung als auch von ihren nichtmonetären Eigenschaften her. In diesem Abschnitt betrachten wir, wie sich die Merkmale von Arbeitskräften und Tätigkeiten auf das Arbeitsangebot, die Arbeitsnachfrage und die Gleichgewichtslöhne auswirken.

Lohndifferenzierung

Wenn sich eine Arbeitskraft entscheidet, ob sie eine bestimmte Tätigkeit annehmen soll, ist der Lohn nur eines der vielen Merkmale der Tätigkeit, die die Arbeitskraft bei ihrer Entscheidung berücksichtigt. Manche Tätigkeiten sind einfach, amüsant und sicher; andere sind schwierig, langweilig und gefährlich. Je vorteilhafter eine Tätigkeit nach diesen nichtmonetären Merkmalen eingeschätzt wird, um so mehr Leute sind bereit, sie zu einer gegebenen Entlohnung auszuüben. Anders ausgedrückt, das Arbeitsangebot für einfache, amüsante und sichere Tätigkeiten ist größer als das Arbeitsangebot für schwierige, langweilige und gefährliche Tätigkeiten. Infolgedessen sind die Gleichgewichtslöhne für »gute« Tätigkeiten tendenziell niedriger als für »schlechte« Tätigkeiten.

Stellen Sie sich z.B. vor, Sie suchen eine Beschäftigung für den Sommer im städtischen Freibad. Es stehen zwei Arten von Tätigkeiten zur Wahl. Sie können entweder eine Stelle als Rettungsschwimmer oder eine Stelle als Reinigungskraft annehmen. Der Rettungsschwimmer spaziert den ganzen Tag gemächlich am Schwimmbeckenrand entlang und wacht über die Sicherheit der Badegäste. Die Reinigungskraft steht vor Tagesanbruch auf, um mit einem schmutzigen Karren die Mülleimer auf der Liegewiese zu leeren und die sanitären Anlagen zu reinigen. Welche der Tätigkeiten würden Sie ausüben wollen? Bei gleicher Entlohnung würden die meisten Leute die Rettungsschwimmerstelle bevorzugen. Um den Leuten einen Anreiz zu bieten, Reinigungskraft zu werden, muß die Stadt höhere Löhne für Reinigungskräfte als für Rettungsschwimmer bieten.

Lohndifferenzierung
Ein Lohnunterschied, der auf die nichtmonetären Eigenschaften verschiedener Tätigkeiten zurückzuführen ist.

Volkswirte verwenden den Begriff **Lohndifferenzierung**, wenn sie von einem Lohnunterschied sprechen, der auf die nichtmonetären Eigenschaften verschiedener Tätigkeiten zurückzuführen ist. Lohndifferenzierungen sind in der Wirtschaft weit verbreitet. Hier sind einige Beispiele:

- Grubenarbeiter im Kohlenbergbau verdienen mehr als andere Arbeiter mit vergleichbarer Ausbildung. Ihr höherer Lohn entschädigt sie für die schmutzige und gefährliche Arbeit im Kohlenbergbau ebenso wie für die bei Grubenarbeitern langfristig auftretenden Gesundheitsprobleme.

- Fabrikarbeiter, die in der Nachtschicht arbeiten, verdienen mehr als Arbeiter, die in der Tagschicht arbeiten. Der höhere Lohn entschädigt sie dafür, daß sie nachts arbeiten und tagsüber schlafen müssen – ein Lebensstil, der bei den meisten Leuten unerwünscht ist.

- Professoren verdienen weniger als Rechtsanwälte und Ärzte, die ein vergleichbares Ausbildungsniveau aufweisen. Die niedrigeren Gehälter der Professoren »entschädigen« sie für die große geistige und persönliche Befriedigung, die ihre Tätigkeit bietet. (In der Tat macht es so viel Spaß, Volkswirtschaftslehre zu unterrichten, daß es überraschend ist, daß Volkswirtschaftsprofessoren überhaupt etwas verdienen!)

Humankapital

Wie wir im vorhergehenden Kapitel diskutiert haben, bezieht sich das Wort *Kapital* gewöhnlich auf den Bestand an Realkapital in einer Wirtschaft. Der Kapitalstock umfaßt z.B. den Traktor des Landwirts, die Fabrik des Unternehmers sowie die Wandtafel des Lehrers. Das Wesen des Kapitals besteht darin, daß es einen Produktionsfaktor darstellt, der seinerseits produziert worden ist.

Es gibt eine weitere Art von Kapital, die, obwohl weniger greifbar als das Realkapital, ebenso wichtig für die Produktion in einer Wirtschaft ist. **Humankapital** entspricht der Summe aller in der Vergangenheit vorgenommenen Erziehungs- und Ausbildungsinvestitionen. Die wichtigste Art von Humankapital ist die Ausbildung. Wie alle Formen von Kapital stellt Ausbildung eine Verausgabung von Ressourcen zu einem bestimmten Zeitpunkt dar, mit dem Ziel, die Produktivität in der Zukunft zu erhöhen. Aber im Gegensatz zu einer Investition in andere Kapitalformen ist eine Investition in Ausbildung an eine bestimmte Person gebunden, und diese Verbindung macht sie zu Humankapital.

> **Humankapital**
> Summe aller in der Vergangenheit vorgenommenen Erziehungs- und Ausbildungsinvestitionen

Es ist nicht überraschend, daß Arbeitskräfte mit höherem Humankapital im Durchschnitt mehr verdienen als diejenigen mit geringerem Humankapital. Dieser Einkommensunterschied ist in vielen Ländern auf der ganzen Welt dokumentiert worden. Er ist in unterentwickelten Ländern, in denen das Angebot an qualifizierten Arbeitskräften knapp ist, tendenziell größer als in Industriestaaten.

Es ist leicht zu verstehen, warum Ausbildung unter dem Blickwinkel von Angebot und Nachfrage zu einer Erhöhung der Löhne beiträgt. Unternehmungen – die Nachfrager nach Arbeit – sind bereit, mehr für hochqualifizierte Arbeitskräfte zu zahlen, da diese höhere Grenzprodukte erwirtschaften. Arbeitskräfte – die Anbieter von Arbeit – sind nur dann bereit, die Kosten für eine Ausbildung zu tragen, wenn sich diese auszahlt. Der Lohnunterschied zwischen hochqualifizierten und weniger qualifizierten Arbeitskräften kann im wesentlichen als eine Ausgleichszahlung für die Kosten der Ausbildung betrachtet werden.

Der steigende Wert von Qualifikationen   Fallstudie

»Die Reichen werden reicher, und die Armen werden ärmer.« Wie viele Sprichwörter ist dieses nicht immer wahr, hat sich in der letzten Zeit aber als zutreffend erwiesen. Zahlreiche Studien haben belegt, daß sich der Einkommensabstand zwischen Arbeitskräften mit hoher Qualifikation und

Arbeitskräften mit niedriger Qualifikation im Laufe der letzten zwei Jahrzehnte vergrößert hat.

Warum hat der Einkommensabstand zwischen qualifizierten und unqualifizierten Arbeitskräften in den letzten Jahren zugenommen? Niemand weiß es sicher, allerdings haben die Volkswirte zwei Hypothesen für die Erklärung dieses Trends aufgestellt. Beide Hypothesen unterstellen, daß die Nachfrage nach qualifizierter Arbeit im Zeitablauf relativ zur Nachfrage nach unqualifizierter Arbeit gestiegen ist. Diese Verlagerung der Nachfrage hat zu einer entsprechenden Veränderung in der Entlohnung geführt, die ihrerseits eine größere Ungleichheit zur Folge hatte.

Die erste Hypothese lautet, daß der internationale Handel die Nachfrage nach qualifizierter und unqualifizierter Arbeit verändert hat. In den letzten Jahren hat das Außenhandelsvolumen beträchtlich zugenommen. Importe in das frühere Bundesgebiet haben sich von 19,1 Prozent des Bruttoinlandsprodukts im Jahr 1970 auf 25,9 Prozent im Jahr 1994 erhöht. Exporte aus dem früheren Bundesgebiet sind von 21,2 Prozent des Bruttoinlandsprodukts im Jahr 1970 auf 33,4 Prozent im Jahr 1994 angestiegen. Da unqualifizierte Arbeitskräfte im Ausland oftmals reichlich vorhanden und billig sind, herrscht in Deutschland die Tendenz, mit unqualifizierter Arbeit hergestellte Güter zu importieren und mit qualifizierter Arbeit hergestellte Güter zu exportieren. Bei einer *Ausweitung des internationalen Handels* kommt es deshalb zu einem Anstieg der Binnennachfrage nach qualifizierter Arbeit bzw. zu einem Rückgang der Binnennachfrage nach unqualifizierter Arbeit.

Die zweite Hypothese lautet, daß *der technologische Wandel* die Nachfrage nach qualifizierter und unqualifizierter Arbeit verändert hat. Denken Sie z.B. an die Einführung der Computer. Computer erhöhen die Nachfrage nach qualifizierten Arbeitskräften, die die neuen Geräte bedienen können, und verringern die Nachfrage nach unqualifizierten Arbeitskräften, deren Arbeitsplätze durch die Computer ersetzt werden. Beispielsweise bedienen sich viele Unternehmungen nun verstärkt Computerdatenbanken statt Aktenschränken, um die Geschäftsunterlagen aufzubewahren. Diese Änderung erhöht die Nachfrage nach Programmierern und verringert die Nachfrage nach Angestellten in der Registratur. Die zunehmende Verbreitung von Computern in Unternehmungen hat daher einen Anstieg der Nachfrage nach qualifizierter Arbeit bzw. eine Verringerung der Nachfrage nach unqualifizierter Arbeit zur Folge.

Die Volkswirte sind bei der Beurteilung der Gültigkeit dieser beiden Hypothesen auf Schwierigkeiten gestoßen. Es ist natürlich denkbar, daß beide Hypothesen richtig sind: Der zunehmende internationale Handel sowie der technologische Wandel teilen sich möglicherweise die Verantwortung für den in den letzten Jahrzehnten zu beobachtenden Anstieg der Einkommensungleichheit.

Begabung, Anstrengung und Zufall

Warum verdienen die Fußballspieler in der ersten Bundesliga mehr als die Spieler in der zweiten Bundesliga? Der höhere Lohn stellt sicherlich keine Lohndifferenzierung dar. In der ersten Bundesliga zu spielen, ist keine weniger angenehme Aufgabe als in der zweiten Bundesliga zu spielen; tatsächlich ist das Gegenteil der Fall. Die erste Bundesliga erfordert keine längeren Ausbildungszeiten oder mehr Erfahrung. In erster Linie verdienen Spieler in der ersten Bundesliga mehr, weil sie einfach eine größere *natürliche Begabung* haben.

Die natürliche Begabung spielt in jedem Beruf eine wichtige Rolle. Aufgrund von Vererbung und Erziehung unterscheiden sich die Menschen in ihren körperlichen und geistigen Eigenschaften. Manche Menschen sind stark, andere schwach. Manche Menschen sind klug, andere weniger. Manche Menschen sind kontaktfreudig, andere zeigen sich eher unbeholfen im Umgang mit Menschen. Diese und viele andere persönliche Eigenschaften bestimmen die Produktivität der Arbeitskräfte und spielen daher eine Rolle bei der Festsetzung ihrer Löhne.

In einem engen Zusammenhang mit der Begabung steht die *Anstrengung*. Manche Leute arbeiten hart, andere sind faul. Es sollte uns nicht überraschen, daß diejenigen, die hart arbeiten, produktiver sind und mehr verdienen. Bisweilen belohnen Unternehmungen Arbeitskräfte direkt, indem sie die Leute auf der Basis dessen bezahlen, was sie produzieren bzw. umsetzen. Verkäufer z.B. erhalten oftmals einen Prozentsatz des Umsatzes, den sie tätigen. Sonst wird harte Arbeit weniger direkt in Form eines höheren jährlichen Gehalts oder einer Prämie belohnt.

Der Zufall spielt ebenfalls eine Rolle bei der Bestimmung der Löhne. Wenn jemand in einer Berufsfachschule erlernt hätte, mit Röhren ausgestattete Fernsehgeräte zu reparieren, und diese Fertigkeit durch die Erfindung der Halbleiterelektronik veraltet wäre, würde diese Arbeitskraft letztendlich einen niedrigeren Lohn beziehen als andere Arbeitskräfte mit vergleichbarer Ausbildung. Der niedrige Lohn dieser Arbeitskraft wäre durch den *Zufall* bedingt – ein Phänomen, das die Volkswirte erkennen, in das sie aber nicht viel Licht bringen.

Wie wichtig sind Begabung, Anstrengung und Zufall für die Bestimmung der Löhne? Diese Frage ist nicht leicht zu beantworten, da Begabung, Anstrengung und Zufall schwer gemessen werden können. Allerdings sprechen indirekte Anzeichen dafür, daß diese Faktoren sehr wichtig sind. Wenn Arbeitsmarkttheoretiker die Lohnbildung untersuchen, bringen sie den Lohn einer Arbeitskraft in Zusammenhang mit den Variablen, die gemessen werden können – Anzahl der Schuljahre, Berufserfahrung, Alter und Merkmale der Tätigkeit. Obwohl sich alle diese Variablen nach der Arbeitsmarkttheorie auf den Lohn einer Arbeitskraft auswirken, können sie weniger als die Hälfte der Lohnunterschiede in unserer Wirtschaft erklären. Da sich ein so großer Teil der Lohnunterschiede nicht erklären läßt, müssen nicht berücksichtigte Variablen, einschließlich Begabung, Anstrengung und Zufall, eine wichtige Rolle spielen.

Fallstudie   **Die Vorteile der Schönheit**

Menschen unterscheiden sich in vielerlei Hinsicht. Ein Unterschied besteht darin, wie attraktiv sie sind. Der Schauspieler Mel Gibson z.B. ist ein gutaussehender Mann. Zum Teil aus diesem Grund locken seine Filme eine große Anzahl von Zuschauern an. Es ist nicht überraschend, daß die großen Zuschauerzahlen ein hohes Einkommen für Herrn Gibson bedeuten.

Wie gewichtig sind die wirtschaftlichen Vorteile der Schönheit? Die Arbeitsmarkttheoretiker Daniel Hamermesh und Jeff Biddle haben versucht, diese Frage in einer Studie zu beantworten, die 1994 in der Dezemberausgabe des *American Economic Review* veröffentlicht wurde. Hamermesh und Biddle haben Ergebnisse von Personenbefragungen in den Vereinigten Staaten und Kanada untersucht. Die Interviewer, die die Befragung durchgeführt haben, wurden darum gebeten, die äußere Erscheinung jedes Befragten zu bewerten. Hamermesh und Biddle haben dann untersucht, inwieweit die Löhne der Befragten von den üblicherweise betrachteten Bestimmungsfaktoren – Ausbildung, Berufserfahrung usw. – bzw. von der äußeren Erscheinung abhingen.

Hamermesh und Biddle fanden heraus, daß sich Schönheit auszahlt. Leute, die für überdurchschnittlich attraktiv erachtet werden, verdienen 5 Prozent mehr als Leute mit durchschnittlichem Aussehen. Leute mit durchschnittlichem Aussehen verdienen 5 bis 10 Prozent mehr als Leute, die als unterdurchschnittlich attraktiv gelten. Für Männer und Frauen ergaben sich ähnliche Ergebnisse.

Wie lassen sich diese Lohnunterschiede erklären? Es gibt mehrere Möglichkeiten, die »Schönheitsprämie« zu interpretieren. Eine Interpretation besteht darin, daß gutes Aussehen an sich eine Art von natürlicher Begabung darstellt, die Produktivität und Löhne bestimmt. Manche Menschen werden mit den Eigenschaften eines Kinostars geboren, andere nicht. Gutes Aussehen ist bei jeder Tätigkeit von Nutzen, bei der sich die Arbeitskräfte in der Öffentlichkeit präsentieren – wie z.B. Schauspielerei, Verkauf und Service. In diesem Fall ist eine attraktive Arbeitskraft für die Unternehmung wertvoller als eine unattraktive Arbeitskraft. Die Bereitschaft der Unternehmung, einer attraktiven Arbeitskraft mehr zu bezahlen, spiegelt die Präferenzen ihrer Kunden wider.

Eine zweite Interpretation besteht darin, daß die Schönheit ein indirektes Maß für andere Arten der Begabung darstellt. Wie attraktiv ein Mensch erscheint, hängt von mehr als der bloßen Vererbung ab. Es kommt dabei ebenfalls auf die Kleidung, die Frisur, das Benehmen und andere Eigenschaften an, die von einer Person beeinflußt werden können. Vielleicht ist davon auszugehen, daß eine Person, der es in einem Interview gelingt, einen attraktiven Eindruck zu vermitteln, auch intelligent genug ist, andere Aufgaben ebenso erfolgreich zu bewältigen.

Eine dritte Interpretation besteht darin, daß die Schönheitsprämie eine Art von Diskriminierung darstellt – ein Thema, auf das wir später zurückkommen.

Ausbildung als Signal

Weiter oben haben wir die *Humankapitaltheorie* diskutiert, nach der Ausbildung zu einem Anstieg der Löhne führt, da sie die Produktivität der Arbeitskräfte erhöht. Obwohl diese Betrachtungsweise weithin akzeptiert wird, haben einige Volkswirte eine alternative Theorie vorgeschlagen, die besagt, daß Unternehmungen den Bildungsabschluß heranziehen, um die hochbegabten Arbeitskräfte von den weniger begabten Arbeitskräften zu unterscheiden. Nach dieser Theorie werden Menschen durch einen Universitätsabschluß beispielsweise nicht produktiver, sondern sie *signalisieren* dadurch potentiellen Arbeitgebern ihre hohe Begabung. Da es für hochbegabte Menschen einfacher ist, einen Universitätsabschluß zu erreichen, als für weniger begabte Menschen, erzielen mehr Hochbegabte Universitätsabschlüsse. Infolgedessen ist es für Unternehmungen rational, einen Universitätsabschluß als Signal für eine hohe Begabung zu interpretieren.

Die Humankapital- und die *Signaling-Theorie* weisen wichtige Gemeinsamkeiten und Unterschiede auf. Beide Theorien können erklären, weshalb hochqualifizierte Arbeitskräfte tendenziell mehr verdienen als weniger qualifizierte Arbeitskräfte. Nach der Humankapitaltheorie erhöht Ausbildung die Produktivität der Arbeitskräfte; nach der Signaling-Theorie ist Ausbildung ein Signal für natürliche Begabung. Allerdings machen die beiden Theorien grundlegend unterschiedliche Aussagen hinsichtlich der Auswirkungen von politischen Maßnahmen, die darauf abzielen, das Ausbildungsniveau zu erhöhen. Nach der Humankapitaltheorie würde ein zunehmendes Ausbildungsniveau aller Arbeitskräfte ihre Produktivität und damit ihre Löhne erhöhen. Nach der Signaling-Theorie hätte eine Steigerung des Ausbildungsniveaus aller Arbeitskräfte keine Auswirkung auf die Löhne.

Kritiker der Signaling-Theorie weisen darauf hin, daß Ausbildung einen sehr kostspieligen Weg darstellt, um für Unternehmungen die Möglichkeit zu schaffen, Bewerber nach ihrer Begabung zu sortieren. Wenn die Signalfunktion der einzige Vorteil der Universitätsausbildung wäre, könnten Unternehmungen bessere Wege finden, hochbegabte Bewerber einzustellen. Eignungstests und Probezeiten, zum Beispiel, sind weniger kostspielig, als von den Leuten zu verlangen, vier Jahre an der Universität zu verbringen, nur um ihre natürliche Begabung unter Beweis zu stellen. Da Unternehmungen weiterhin lieber auf einen Universitätsabschluß als auf diese kostengünstigeren Alternativen vertrauen, um Arbeitskräfte zu beurteilen, scheint die Universitätsausbildung selbst eine gewisse vorteilhafte Auswirkung auf die Produktivität der Arbeitskräfte zu besitzen.

Humankapital, natürliche Begabung und Schulpflicht   Fallstudie

Erhöht der Schulbesuch die Löhne, weil er die Produktivität steigert, oder scheint er nur die Produktivität zu erhöhen, weil es wahrscheinlicher ist, daß hochbegabte Menschen mehr Zeit in der Schule verbringen? Diese Frage ist sowohl für die Beurteilung der verschiedenen Arbeitsmarkttheorien als auch für die Bewertung alternativer Regelungen der Ausbildungsdauer wichtig.

Wenn Volkswirte wie Laboranten Kontrollversuche durchführen könnten, wäre diese Frage einfach zu beantworten. Wir könnten einige Versuchspersonen aus der Bevölkerung im schulpflichtigen Alter auswählen und diese dann willkürlich in verschiedene Gruppen einteilen. Für jede Gruppe könnten wir eine unterschiedliche Dauer des Schulbesuchs festlegen. Durch den Vergleich der Unterschiede im Hinblick auf den Bildungsabschluß und die späteren Löhne zwischen den verschiedenen Gruppen könnten wir feststellen, ob Ausbildung tatsächlich die Produktivität erhöht. Da die Gruppen zufällig ausgewählt würden, könnten wir sicher sein, daß der Lohnunterschied nicht auf einen Unterschied in der natürlichen Begabung zurückzuführen wäre.

Obwohl es schwierig erscheinen könnte, ein solchen Versuch durchzuführen, ermöglichen die Gesetze in den USA unbeabsichtigterweise ein Experiment, das dem oben beschriebenen Versuch ziemlich ähnlich ist. In den USA sind alle Schüler gesetzlich verpflichtet die Schule zu besuchen, allerdings sind die Gesetze von Bundesstaat zu Bundesstaat unterschiedlich. In manchen Staaten ist es den Schülern erlaubt, mit Vollendung des sechzehnten Lebensjahres von der Schule abzugehen, während in anderen Staaten eine Schulpflicht bis zur Vollendung des siebzehnten oder achtzehnten Lebensjahres besteht. Außerdem haben sich die Gesetze im Zeitablauf geändert. Zwischen 1970 und 1980 wurde beispielsweise in Wyoming das schulpflichtige Alter von siebzehn auf sechzehn Jahre herabgesetzt, während es in Washington von sechzehn auf achtzehn Jahre angehoben wurde. Diese Unterschiede zwischen den einzelnen Bundesstaaten und im Zeitablauf erlauben es, die Auswirkungen des Schulbesuchs zu untersuchen.

Selbst innerhalb eines Bundesstaates hat die gesetzliche Schulpflicht unterschiedliche Auswirkungen für unterschiedliche Menschen. Die Schüler beginnen in unterschiedlichem Alter mit der Schule, je nach ihrem Geburtsmonat. Allerdings können alle Schüler die Schule abbrechen, sobald sie das gesetzliche Mindestalter erreicht haben; sie sind nicht verpflichtet, das angefangene Schuljahr zu beenden. Infolgedessen müssen Schüler, die relativ jung mit der Schule beginnen, mehr Zeit in der Schule verbringen als die Schüler, die relativ spät mit der Schule beginnen. Dieser Unterschied zwischen den Schülern eines Bundesstaates ermöglicht es ebenfalls, die Auswirkungen des Schulbesuchs zu untersuchen.

In einem Artikel, der 1991 in der Novemberausgabe des *Quarterly Journal of Economics* veröffentlicht wurde, haben die Arbeitsmarkttheoretiker Joshua Angrist und Alan Krueger den Zusammenhang zwischen Schulbildung und Löhnen untersucht. Da die Mindestdauer des Schulbesuchs eines jeden Schülers von seinem Wohnort und seinem Geburtsmonat abhängt und nicht von seiner natürlichen Begabung, war es möglich, den produktivitätssteigernden Effekt der Ausbildung von dem Signaleffekt zu trennen. Nach den Forschungsergebnissen von Angrist und Krueger erzielten Schüler, die verpflichtet waren, mehr Jahre in der Schule zu verbringen, später signifikant höhere Löhne als Schüler, die weniger Zeit in der Schule verbracht haben. Diese Ergebnisse deuten darauf hin, daß Ausbildung die Produktivität einer Arbeitskraft entsprechend der Humankapitaltheorie erhöht.

Obwohl es hilfreich ist, den Nutzen des Schulbesuchs zu ermitteln, erlaubt dies allein noch keine Aussage darüber, ob eine gesetzliche Regelung der Ausbildungsdauer wünschenswert ist. Eine derartige Beurteilung erfordert eine vollständigere Analyse der Kosten und Nutzen. Wir müßten zumindest den Nutzen der Schulbildung mit den Opportunitätskosten – dem Lohn, den ein Schüler hätte verdienen können, wenn er von der Schule abgegangen wäre – vergleichen. Außerdem könnte es zu externen Effekten bei anderen Mitgliedern der Gesellschaft führen, von einem Schüler zu verlangen, mehr Zeit in der Schule zu verbringen. Einerseits führt die Schulpflicht vielleicht zu einer Verringerung der Kriminalitätsrate bei den Jugendlichen. Andererseits könnten Schüler, die den Schulbesuch nur deshalb fortsetzen, weil sie dazu verpflichtet sind, die Gelehrsamkeit der anderen Schüler beeinträchtigen, die ihre Ausbildung mit mehr Engagement vorantreiben.

Das Superstar-Phänomen

Obwohl die meisten Schauspieler sehr wenig verdienen und oftmals eine Beschäftigung als Bedienung annehmen müssen, um ihren Lebensunterhalt zu bestreiten, verdiente der Schauspieler Jim Carrey 29 Millionen Dollar im Jahr 1995. Während Basketball für die meisten Menschen ein Hobby darstellt, das sie unentgeltlich betreiben, spielt Shaquille O'Neal für die L.A. Lakers für ein jährliches Gehalt von 17 Millionen Dollar. Jim Carrey und Shaquille O'Neal sind Superstars auf ihren Gebieten und ihre große Anziehungskraft in der Öffentlichkeit spiegelt sich in astronomischen Einkommen wider.

Warum verdienen Jim Carrey und Shaquille O'Neal so viel? Es ist nicht überraschend, daß es Einkommensunterschiede bei ein und derselben Tätigkeit gibt. Gute Tischler verdienen mehr als mittelmäßige Tischler, und gute Klempner verdienen mehr als mittelmäßige Klempner. Menschen unterscheiden sich hinsichtlich Begabung und Anstrengung, und diese Unterschiede führen zu Einkommensunterschieden. Dennoch erzielen die besten Tischler und Klempner keine Einkommen in Millionenhöhe, die im Kreise der besten Schauspieler und Sportler üblich sind. Wie läßt sich dieser Unterschied erklären?

Um die Gründe für die enormen Einkommen von Jim Carrey und Shaquille O'Neal zu verstehen, müssen wir die besonderen Merkmale der Märkte untersuchen, in denen sie ihre Leistungen verkaufen. Superstars entstehen in Märkten, die zwei Merkmale aufweisen:

- Jeder Kunde im Markt möchte in den Genuß des Gutes kommen, das vom besten Hersteller angeboten wird.
- Das Gut wird mit Hilfe einer Technologie hergestellt, die es dem besten Hersteller ermöglicht, jeden Kunden kostengünstig zu versorgen.

Wenn Jim Carrey der lustigste Schauspieler ist, den es gibt, dann wird jeder seinen nächsten Kinofilm ansehen wollen; doppelt so viele Filme eines halb so lustigen Schauspielers anzuschauen wäre kein guter Ersatz. Außerdem hat jeder die *Möglichkeit*, die Komödie mit Jim Carrey anzuschauen. Da es einfach ist, zahlreiche Kopien eines Films herzustellen, kann Jim Carrey seine Leistung Millionen Menschen gleichzeitig zur Verfügung stellen. Entsprechend können Millionen Fans die außergewöhnlichen sportlichen Leistungen von Shaquille O'Neal bewundern, da die Spiele der Lakers im Fernsehen übertragen werden.

Wir sehen nun, warum es keine Superstars unter den Tischlern und Klempnern gibt. Unter sonst gleichen Bedingungen, kann jeder es vorziehen, den besten Tischler zu beschäftigen, aber im Gegensatz zu einem Kinoschauspieler kann ein Tischler seine Dienste nur einer begrenzten Anzahl von Kunden zur Verfügung stellen. Obwohl der beste Tischler einen etwas höheren Lohn als der »durchschnittliche« Tischler verlangen kann, wird dieser dennoch in der Lage sein, ein auskömmliches Einkommen zu erzielen.

Schnelltest Definieren Sie den Begriff Lohndifferenzierung und geben Sie ein Beispiel. Nennen Sie zwei Gründe, weshalb hochqualifizierte Arbeitskräfte mehr verdienen als weniger qualifizierte Arbeitskräfte.

Die ökonomischen Aspekte der Diskriminierung

Diskriminierung
Eine ungleiche Behandlung von vergleichbaren Individuen, die sich nur im Hinblick auf Rasse, ethnische Gruppe, Geschlecht, Alter oder andere persönliche Merkmale unterscheiden.

Eine andere Quelle von Lohnunterschieden stellt die Diskriminierung dar. **Diskriminierung** liegt vor, wenn auf dem Arbeitsmarkt eine ungleiche Behandlung vergleichbarer Individuen, die sich nur im Hinblick auf Rasse, ethnische Gruppe, Geschlecht, Alter oder andere persönliche Merkmale unterscheiden, erfolgt. Diskriminierung spiegelt das Vorurteil mancher Menschen gegen gewisse Gruppen in der Gesellschaft wider. Obwohl Diskriminierung ein gefühlsgeladenes Thema ist, das oft hitzige Debatten hervorruft, versuchen die Volkswirte sachliche Untersuchungen zu diesem Thema anzustellen, um den Mythos von der Wirklichkeit zu trennen.

Messung der Diskriminierung auf dem Arbeitsmarkt

In welchem Maße wirkt sich die Diskriminierung auf Arbeitsmärkten auf die Einkommen verschiedener Gruppen von Arbeitskräften aus? Diese Frage ist wichtig, sie läßt sich jedoch nicht leicht beantworten.

Es könnte einleuchtend erscheinen, das Ausmaß der Diskriminierung auf Arbeitsmärkten mit Hilfe einer Betrachtung der durchschnittlichen Löhne unterschiedlicher Gruppen zu beurteilen. Beispielsweise lag in den USA in den letzten Jahren der durchschnittliche Lohn einer schwarzen Arbeitskraft rund 20 Prozent unter dem durchschnittlichen Lohn einer weißen Arbeitskraft. Der durchschnittliche Lohn einer weiblichen Arbeitskraft war ungefähr 30 Prozent niedriger als der durchschnittliche Lohn einer männlichen Arbeitskraft. Diese Lohnunterschiede werden in politischen Debatten manchmal als Anzeichen dafür gewertet, daß viele Arbeitgeber Schwarze und Frauen diskriminieren.

Allerdings ist mit dieser Betrachtungsweise ein offenkundiges Problem verbunden. Selbst auf einem Arbeitsmarkt ohne Diskriminierung erhalten unterschiedliche Menschen Löhne in unterschiedlicher Höhe. Menschen unterscheiden sich im Hinblick auf ihr Humankapital und auf die Arten von Tätigkeiten, die sie ausüben können und wollen. Die Lohnunterschiede, die wir in der Wirtschaft beobachten, sind in einem hohen Maße den Bestimmungsgründen der Gleichgewichtslöhne zuzuschreiben, die wir im letzten Abschnitt diskutiert haben. Das alleinige Beobachten von Lohnunterschieden zwischen großen Gruppen – Weißen und Schwarzen, Männern und Frauen – erlaubt keine Aussagen über die Gewichtigkeit der Diskriminierung.

Betrachten Sie z.B. die Rolle des Humankapitals. Etwa 80 Prozent der weißen männlichen Arbeitskräfte verfügen über einen High-School-Abschluß und 25 Prozent über einen Collegeabschluß. Im Gegensatz dazu verfügen lediglich 67 Prozent der schwarzen männlichen Arbeitskräfte über einen High-School-Abschluß und nur 12 Prozent über einen Collegeabschluß. Deshalb kann wenigstens ein Teil des Lohnunterschieds zwischen Schwarzen und Weißen auf Unterschiede im Hinblick auf den Bildungsabschluß zurückgeführt werden. Entsprechend weisen bei den weißen Arbeitskräften 25 Prozent der männlichen Arbeitskräfte, aber nur 19 Prozent der weiblichen Arbeitskräfte einen Collegeabschluß auf, was darauf hindeutet, daß ein Teil des Lohnunterschieds zwischen Männern und Frauen ihrem Bildungsabschluß zuzuschreiben ist.

Tatsächlich ist das Humankapital wahrscheinlich noch wichtiger für die Erklärung von Lohngefällen als die vorhergehenden Anmerkungen vermuten lassen. Viele Jahre lang war die Ausbildungsqualität öffentlicher Schulen – gemessen an den Ausgaben, der Klassengröße usw. – in überwiegend von Schwarzen bewohnten Gegenden geringer als die Ausbildungsqualität öffentlicher Schulen in überwiegend von Weißen bewohnten Gegenden. Ebenso haben Schulen viele Jahre lang den Mädchen von den naturwissenschaftlichen Fächern abgeraten, obwohl diese Fächer vielleicht einen größeren Wert auf dem Arbeitsmarkt besitzen als manche der Alternativen. Wenn wir die Qualität der Ausbildung ebenso gut wie ihre Quantität messen könnten, würden die Unterschiede im Hinblick auf das Humankapital zwischen diesen Gruppen sogar noch größer erscheinen.

Humankapital, das in Form von *Berufserfahrung* erworben wird, kann ebenfalls zur Erklärung der Lohnunterschiede beitragen. Insbesondere haben Frauen im Durchschnitt tendenziell weniger Berufserfahrung als Männer. Ein Grund dafür besteht darin, daß die Erwerbsbeteiligung der Frauen im Laufe der letzten Jahrzehnte zugenommen hat. Aufgrund dieses Wandels sind die weiblichen Arbeitskräfte heutzutage im Durchschnitt jünger als die männlichen Arbeitskräfte. Außerdem unterbrechen weibliche Arbeitskräfte eher ihre berufliche Laufbahn, um Kinder großzuziehen. Aus diesen beiden Gründen ist die Berufserfahrung der weiblichen Arbeitskräfte im Durchschnitt geringer als die der männlichen Arbeitskräfte.

Eine weitere Quelle von Lohnunterschieden stellen die Lohndifferenzierungen dar. Einige Wissenschaftler haben darauf hingewiesen, daß Frauen im Durchschnitt angenehmere Tätigkeiten ausüben als Männer, und daß diese Tatsache einen Teil des *Einkommensgefälles* zwischen Männern und Frauen erklärt. Zum Beispiel sind Frauen eher Sekretärinnen und Männer eher Lastwagenfahrer. Die relativen Löhne von Sekretärinnen und Lastwagenfahrern hängen zum Teil von den Arbeitsbedingungen der jeweiligen Tätigkeit ab. Da diese nichtmonetären Aspekte schwer gemessen werden können, ist es schwierig, die tatsächliche Bedeutung von Lohndifferenzierungen für die Erklärung der zu beobachtenden Lohnunterschiede zu beurteilen.

Letztendlich erlaubt die Untersuchung von Lohnunterschieden zwischen Personengruppen keine klare Schlußfolgerung im Hinblick auf die Gewichtigkeit der Diskriminierung auf dem Arbeitsmarkt. Die meisten Nationalökonomen glauben, daß ein Teil der beobachteten Lohnunterschiede auf Diskriminierung zurückzuführen ist, aber es herrscht keine Einigkeit darüber, wieviel. Die Ökonomen sind sich lediglich in einem Punkt einig: *Da die Unterschiede zwischen den Durchschnittslöhnen bestimmter Gruppen teilweise Unterschiede im Hinblick auf die Ausstattung mit Humankapital und die Merkmale der Tätigkeiten widerspiegeln, erlauben sie keine Aussagen über das Ausmaß der Diskriminierung auf dem Arbeitsmarkt.*

Natürlich können Unterschiede in der Ausstattung mit Humankapital zwischen Gruppen von Arbeitskräften ihrerseits Diskriminierung widerspiegeln. Die Tatsache z.B., daß in den USA schwarzen Schülern früher nur Schulen mit geringer Ausbildungsqualität offenstanden, läßt sich vielleicht auf ein Vorurteil seitens der Stadträte und Schulbehörden zurückführen. Aber diese Art von Diskriminierung erfolgt lange bevor die Arbeitskräfte in den Arbeitsmarkt eintreten. In diesem Fall ist die »Krankheit« politischer Natur selbst wenn das »Symptom« ökonomischer Art ist.

Diskriminierung durch Arbeitgeber

Wir wollen uns nun den wirtschaftlichen Kräften zuwenden, die hinter der Diskriminierung auf Arbeitsmärkten stehen. Wer ist dafür verantwortlich zu machen, wenn eine Gruppe in der Gesellschaft einen niedrigeren Lohn als eine andere Gruppe erhält, selbst wenn keine Unterschiede hinsichtlich der Ausstattung mit Humankapital und der Tätigkeitsmerkmale vorliegen?

Die Anwort auf diese Frage ist nicht einfach. Es könnte vielleicht einleuchtend erscheinen, den Arbeitgebern die Schuld an diskriminatorischen Lohnunterschieden zu geben. Schließlich entscheiden die Arbeitgeber über Einstellungen und bestimmen damit die Arbeitsnachfrage und die Löhne. Wenn manche Arbeitnehmergruppen weniger verdienen, als sie sollten, dann scheint es, daß die Arbeitgeber dafür verantwortlich sind. Allerdings stehen viele Volkswirte dieser einfachen Antwort skeptisch gegenüber. Sie glauben, daß wettbewerbsfähige Marktwirtschaften ein natürliches Mittel gegen die Diskriminierung durch Arbeitgeber bereitstellen. Dieses Gegenmittel wird als Gewinnziel bezeichnet.

Stellen Sie sich eine Wirtschaft vor, in der sich die Arbeitskräfte durch ihre Haarfarbe unterscheiden. Blonde und Brünette haben die gleiche Qualifikation, Berufserfahrung und Arbeitseinstellung. Allerdings ziehen es die Arbeitgeber aufgrund von Diskriminierung vor, keine blonden Arbeitskräfte einzustellen. Die Nachfrage nach blonden Arbeitskräften ist daher niedriger als sie sonst wäre. Infolgedessen verdienen Blonde weniger als Brünette.

Wie lange kann dieses Lohngefälle fortbestehen? In dieser Wirtschaft gibt es für eine Unternehmung einen einfachen Weg, ihre Konkurrenten zu verdrängen: Sie kann blonde Arbeitskräfte einstellen. Indem sie Blonde einstellt, bezahlt eine Unternehmung niedrigere Löhne und hat somit geringere Kosten als Unternehmungen, die Brünette einstellen. Im Zeitablauf dringen immer mehr »blonde« Unternehmungen in den Markt ein, um sich diesen Kostenvorteil zunutze zu machen. Die bestehenden »brünetten« Unternehmungen haben höhere Kosten und beginnen deshalb Geld zu verlieren, wenn sie den neuen Konkurrenten gegenübertreten. Diese Verluste bringen die »brünetten« Unternehmungen dazu ihr Geschäft aufzugeben. Schließlich führen der Markteintritt der »blonden« Unternehmungen und der Marktaustritt der »brünetten« Unternehmungen zu einem Anstieg der Nachfrage nach blonden Arbeitskräften sowie zu einem Rückgang der Nachfrage nach brünetten Arbeitskräften. Dieser Prozeß setzt sich fort bis das Lohngefälle verschwindet.

Einfach ausgedrückt sind Unternehmer, die nur daran interessiert sind ihren Gewinn zu maximieren, im Vorteil, wenn sie mit Unternehmern konkurrieren, die auch daran interessiert sind zu diskriminieren. Unternehmungen, die nicht diskriminieren, ersetzen folglich tendenziell solche, die diskriminieren. Insofern stellen wettbewerbsfähige Märkte ein natürliches Mittel gegen Diskriminierung durch Arbeitgeber bereit.

Diskriminierung durch Kunden und Staat

Obwohl das Gewinnziel ein wirksames Mittel zur Beseitigung diskriminatorischer Lohnunterschiede darstellt, sind seinen korrigierenden Wirkungen Grenzen gesetzt. Wir betrachten hier zwei der wichtigsten Grenzen: *Präferenzen der Kunden* und *politische Maßnahmen des Staates*.

Um zu sehen, wie sich Präferenzen der Kunden für Diskriminierung auf die Löhne auswirken können, betrachten wir wieder unsere imaginäre Wirtschaft mit den blonden und brünetten Arbeitskräften. Angenommen, Restaurantbesitzer würden Blonde bei der Einstellung von Bedienungen diskriminieren. Infolgedessen würden blonde Bedienungen weniger verdienen als brünette Bedienungen. In diesem Fall könnte ein Restaurant mit blonden Bedienungen eröffnet werden, in dem niedrigere Preise verlangt werden. Wenn die Kunden lediglich an der Qualität und den Preisen ihrer Mahlzeiten interessiert wären, würden die diskriminierenden Unternehmungen aus dem Geschäft vertrieben werden und der Lohnunterschied würde verschwinden.

Auf der anderen Seite ist es möglich, daß Kunden brünette Bedienungen vorziehen. Wenn diese Präferenz für Diskriminierung stark ist, muß die Eröffnung von Restaurants mit blonden Bedienungen nicht zu einer Beseitigung des Lohngefälles zwischen Brünetten und Blonden führen. Das heißt, wenn Kunden diskriminatorische Präferenzen haben, ist ein wettbewerbsfähiger Markt mit einem diskriminatorischen Lohnunterschied vereinbar. In einer Wirtschaft mit einer derartigen Diskriminierung gäbe es zwei Arten von Restaurants. »Blonde« Restaurants würden blonde Bedienungen einstellen, hätten niedrigere Kosten zu tragen und würden niedrigere Preise verlangen. »Brünette« Restaurants würden brünette Bedienungen einstellen, hätten höhere Kosten zu tragen und würden höhere Preise verlangen. Kunden, die sich nicht um die Haarfarbe der Bedienungen kümmern, würden von den niedrigeren Preisen der »blonden« Restaurants angelockt werden. Intolerante Kunden würden in die »brünetten« Restaurants gehen. Sie würden in Form höherer Preise für ihre diskriminatorische Präferenz bezahlen.

Eine weitere Möglichkeit, wie Diskriminierung auf wettbewerbsfähigen Märkten fortbestehen kann, besteht darin, daß der Staat diskriminatorische Praktiken vorschreibt. Wenn der Staat z.B. ein Gesetz verabschieden würde, nach dem Blonde in Restaurants Geschirr spülen, aber nicht als Bedienungen arbeiten dürften, könnte ein Lohnunterschied auf einem wettbewerbsfähigen Markt fortbestehen. Bevor in Südafrika die Apartheid abgeschafft wurde, war es Schwarzen verboten, in bestimmten Berufen zu arbeiten. Diskriminierende Regierungen verabschieden solche Gesetze, um die ausgleichende Kraft freier und wettbewerbsfähiger Märkte zu unterdrücken.

Zusammenfassend läßt sich sagen: *Wettbewerbsfähige Märkte verfügen über ein natürliches Mittel gegen Diskriminierung durch Arbeitgeber. Der Markteintritt von Unternehmungen, die nur an ihrem Gewinn interessiert sind, läßt diskriminatorische Lohnunterschiede tendenziell verschwinden. Diese Lohnunterschiede können auf wettbewerbsfähigen Märkten lediglich dann fortbestehen, wenn Kunden bereit sind, für die Beibehaltung der diskriminatorischen Praktiken zu bezahlen oder wenn der Staat diese Praktiken vorschreibt.*

Fallstudie   ## Diskriminierung im Sport

Wie wir gesehen haben, ist es oftmals schwierig, das Ausmaß der Diskriminierung zu messen. Um festzustellen, ob eine Gruppe von Arbeitskräften diskriminiert wird, muß ein Wirtschaftsforscher die Produktivitätsunterschiede zwischen dieser Gruppe und anderen Arbeitskräften in der Wirtschaft berücksichtigen. In den meisten Unternehmungen ist es jedoch schwierig, das Grenzprodukt einer bestimmten Arbeitskraft zu ermitteln.

Eine Art von Unternehmung, in der die Messung der Produktivität einfacher ist, ist die Sportmannschaft. Professionelle Mannschaften haben viele objektive Produktivitätsmaße. Im Fußball z.B. können wir die Anzahl der Tore eines Spielers messen.

Untersuchungen von Sportmannschaften in den USA lassen darauf schließen, daß Rassendiskrimierung tatsächlich häufig vorkommt und ein Großteil der Schuld bei den Zuschauern liegt. Eine 1988 im *Journal of Labour Economics* veröffentlichte Studie hat die Gehälter von Basketballspielern untersucht. Ein Ergebnis bestand darin, daß schwarze Spieler 20 Prozent weniger verdient haben als weiße Spieler mit vergleichbarer Begabung. Die Studie hat ferner gezeigt, daß die Zuschauerzahlen bei Basketballspielen mit einem größeren Anteil weißer Spieler höher waren. Eine Interpretation dieser Ergebnisse besteht darin, daß schwarze Spieler aufgrund der Diskriminierung durch die Zuschauer für Teambesitzer weniger gewinnbringend sind als weiße Spieler. Bei Vorhandensein einer derartigen Diskriminierung durch die Zuschauer kann ein diskriminatorischer Lohnunterschied fortbestehen, selbst wenn die Teambesitzer nur am Gewinn interessiert sind.

Eine ähnliche Situation bestand früher einmal für Baseballspieler. Eine Studie auf der Grundlage von Daten aus den späten 60er Jahren hat gezeigt, daß schwarze Spieler weniger verdient haben als weiße Spieler mit vergleichbarer Begabung. Außerdem haben Spiele mit schwarzen Werfern weniger Fans angelockt als Spiele mit weißen Werfern, obwohl die schwarzen Werfer bessere Leistungen vorweisen konnten als die weißen Werfer. Neuere Untersuchungen der Entlohnung im Baseball haben jedoch keinerlei Anhaltspunkte für diskriminatorische Lohnunterschiede erbracht.

Eine weitere Studie, die 1990 im *Quarterly Journal of Economics* veröffentlicht wurde, hat die Marktpreise für alte Baseballkarten untersucht. Die Untersuchung erbrachte ähnliche Ergebnisse im Hinblick auf die Diskriminierung. Die Preise für die Karten schwarzer Schlagmänner lagen 10 Prozent unter den Preisen für die Karten weißer Schlagmänner mit vergleichbarem Talent. Die Preise für die Karten schwarzer Werfer waren 13 Prozent niedriger als die Preise für die Karten vergleichbarer weißer Werfer. Diese Ergebnisse lassen auf eine Präferenz der Baseballfans für Diskriminierung schließen.

Die Debatte über die Forderung »Gleicher Lohn für gleichwertige Arbeit«

Sollte Ingenieuren mehr bezahlt werden als Bibliothekaren? Diese Frage verdeutlicht den Kern der Debatte über die Forderung **»Gleicher Lohn für gleichwertige Arbeit«**, ein Grundsatz, nach dem für Tätigkeiten, die für vergleichbar erachtet werden, der gleiche Lohn bezahlt werden soll.

Befürworter dieser Forderung weisen darauf hin, daß für traditionelle Männerberufe höhere Löhne bezahlt werden als für traditionelle Frauenberufe. Sie glauben, daß diese Entlohnungsunterschiede eine Diskriminierung von Frauen darstellen. Selbst wenn Frauen den gleichen Lohn wie Männer für die gleiche Art von Arbeit erhalten würden, würde der Lohnunterschied aufgrund des Geschlechts fortbestehen, bis für vergleichbare Tätigkeiten der gleiche Lohn bezahlt werden würde. Befürworter des oben genannten Grundsatzes verlangen, daß Tätigkeiten nach einer Reihe gerechter Kriterien – Ausbildung, Berufserfahrung, Arbeitsbedingungen usw. – beurteilt werden. In diesem Fall würde für vergleichbare Tätigkeiten ein Lohn in gleicher Höhe bezahlt werden. Ein Bibliothekar mit Universitätsdiplom, zehnjähriger Berufserfahrung und 40-Stunden-Woche, z.B., würde

»Gleicher Lohn für gleichwertige Arbeit« Ein Grundsatz, nach dem für Tätigkeiten, die für vergleichbar erachtet werden, der gleiche Lohn bezahlt werden soll.

den gleichen Lohn erhalten wie ein Ingenieur mit Universitätsdiplom, zehnjähriger Berufserfahrung und 40-Stunden-Woche.

Die meisten Volkswirte stehen der Forderung »Gleicher Lohn für gleichwertige Arbeit« kritisch gegenüber. Sie vertreten die Ansicht, daß ein wettbewerbsfähiger Markt den besten Mechanismus für die Lohnbildung darstellt. Es wäre ihrer Meinung nach nahezu unmöglich, alle Faktoren, die für die Festsetzung des richtigen Lohnes für jede Tätigkeit relevant sind, zu messen. Außerdem ist allein die Tatsache, daß für traditionelle Frauenberufe niedrigere Löhne bezahlt werden als für traditionelle Männerberufe kein Beweis für Diskriminierung. Frauen haben in der Vergangenheit mehr Zeit als Männer darauf verwendet, Kinder großzuziehen. Es ist deshalb davon auszugehen, daß Frauen eher Tätigkeiten wählen, die flexible Arbeitszeiten und andere Arbeitsbedingungen bieten, die mit dem Großziehen von Kindern vereinbar sind. In gewissem Maße stellt der geschlechtsspezifische Lohnunterschied eine Lohndifferenzierung dar.

Die Volkswirte weisen ferner darauf hin, daß »Gleicher Lohn für gleichwertige Arbeit« einen wichtigen unbeabsichtigten Nebeneffekt hat. Die Befürworter dieser Formel sprechen sich für eine Erhöhung der Löhne für traditionelle Frauenberufe per gesetzlichem Erlaß aus. Eine derartige Maßnahme hätte viele der Auswirkungen eines Mindestlohnes, den wir erstmals in Kapitel 6 diskutiert haben. Insbesondere würde bei einem Anstieg des Lohnes über das Gleichgewichtsniveau hinaus das Arbeitsangebot für diese Berufe steigen und die Arbeitsnachfrage sinken. Das Ergebnis wäre eine höhere Arbeitslosigkeit in traditionellen Frauenberufen. Auf diese Weise könnte sich ein »Gleicher Lohn für gleichwertige Arbeit«-Gesetz nachteilig für diejenigen Arbeitskräfte auswirken, denen die Maßnahme zu helfen beabsichtigt.

Schnelltest   Warum läßt es sich schwer feststellen, ob eine Gruppe von Arbeitskräften diskriminiert wird? Erklären Sie, wie Unternehmungen, die nach Gewinnmaximierung streben, tendenziell diskriminatorische Lohnunterschiede beseitigen. Unter welchen Umständen könnte ein diskriminatorischer Lohnunterschied fortbestehen?

Schlußfolgerung

In wettbewerbsfähigen Märkten entspricht der Lohn der Arbeitskräfte ihrem Wertgrenzprodukt. Es gibt jedoch vielerlei Faktoren, die sich auf das Wertgrenzprodukt auswirken. Unternehmungen bezahlen mehr für talentiertere, fleißigere, erfahrenere und besser ausgebildete Arbeitskräfte, da diese produktiver sind. Unternehmungen bezahlen denjenigen Arbeitskräften weniger, die von den Kunden diskriminiert werden, da diese Arbeitskräfte weniger zu den Einnahmen beitragen.

Die Arbeitsmarkttheorie, die wir in den letzten zwei Kapiteln erörtert haben, erklärt, weshalb manche Arbeitskräfte höhere Löhne erzielen als andere. Die Theorie macht keine Aussage darüber, ob die resultierende Einkommensverteilung gleich, gerecht oder in irgendeiner Weise wünschenswert ist. Mit diesem Thema werden wir uns in Kapitel 20 befassen.

Zusammenfassung

- Arbeitskräfte erzielen aus vielerlei Gründen unterschiedliche Löhne. In einem gewissen Maße entschädigen Lohnunterschiede die Arbeitskräfte für die Eigenschaften ihrer Tätigkeiten. Unter sonst gleichen Bedingungen erhalten Arbeitskräfte, die schwere, unangenehme Tätigkeiten ausüben, höhere Löhne als Arbeitskräfte, deren Tätigkeiten leicht und angenehm sind.

- Arbeitskräfte mit höherem Humankapital verdienen mehr als Arbeitskräfte mit geringerem Humankapital. Der Gewinn aus Investitionen in Humankapital ist hoch und hat im Laufe der letzten zehn Jahre zugenommen.

- Obwohl sich Dauer der Ausbildung, Berufserfahrung und Tätigkeitsmerkmale entsprechend der Arbeitsmarkttheorie auf das Einkommen auswirken, läßt sich ein Großteil der Einkommensunterschiede nicht durch diese Faktoren erklären, die von den Volkswirten gemessen werden können. Die unerklärten Einkommensunterschiede sind im wesentlichen auf natürliche Begabung, Anstrengung und Zufall zurückzuführen.

- Einige Nationalökonomen haben unterstellt, daß höher qualifizierte Arbeitskräfte nicht deshalb mehr verdienen, weil Ausbildung zu einer Erhöhung der Produktivität beiträgt, sondern weil Arbeitskräfte mit hoher natürlicher Begabung Ausbildung dazu verwenden, Arbeitgebern ihre hohe Begabung zu signalisieren. Wenn diese Signaling-Theorie zutreffend wäre, würde ein höherer Bildungsabschluß bei allen Arbeitskräften das Lohnniveau insgesamt nicht erhöhen.

- Ein Teil der Einkommensunterschiede ist auf Diskriminierung aufgrund von Rasse, Geschlecht oder anderen Faktoren zurückzuführen. Es bereitet jedoch Schwierigkeiten, die Bedeutung der Diskriminierung abzuschätzen, da Unterschiede im Hinblick auf die Ausstattung mit Humankapital und die Eigenschaften der Tätigkeiten berücksichtigt werden müssen.

- Wettbewerbsfähige Märkte begrenzen tendenziell die Auswirkungen von Diskriminierung auf Löhne. Wenn die Löhne einer Gruppe von Arbeitskräften niedriger sind als die einer anderen Gruppe und diese Lohnunterschiede nicht in Zusammenhang mit der Grenzproduktivität stehen, werden nicht diskriminierende Unternehmungen rentabler sein als diskriminierende Unternehmungen. Das Streben nach Gewinnmaximierung kann somit einen Rückgang diskriminatorischer Lohnunterschiede bewirken. Diskriminierung kann in wettbewerbsfähigen Märkten fortbestehen, sofern Kunden bereit sind, diskriminierenden Unternehmungen mehr zu bezahlen oder der Staat Gesetze erläßt, die von den Unternehmungen diskriminatorische Praktiken verlangen.

Stichworte

Lohndifferenzierung   Diskriminierung
Humankapital   »Gleicher Lohn für gleichwertige Arbeit«

Zur Wiederholung

1. Warum werden Grubenarbeitern im Kohlenbergbau höhere Löhne bezahlt als anderen Arbeitern mit vergleichbarer Ausbildung?
2. In welcher Hinsicht entspricht Ausbildung einer Art von Kapital?
3. Wie könnte Ausbildung den Lohn einer Arbeitskraft erhöhen, ohne ihre Produktivität zu erhöhen?
4. Welche Schwierigkeiten treten auf bei der Beurteilung, ob der niedrigere Lohn einer Gruppe von Arbeitskräften durch Diskriminierung verursacht wird?
5. Führen die Kräfte des wirtschaftlichen Wettbewerbs tendenziell zu einer Verschärfung oder zu einer Abschwächung der Diskriminierung aufgrund der Rasse?
6. Geben Sie ein Beispiel, wann Diskriminierung in einem wettbewerbsfähigen Markt fortbestehen könnte.

Aufgaben und Anwendungen

1. Studenten arbeiten manchmal in den Semesterferien als Praktikanten bei privaten Unternehmungen oder beim Staat. Viele dieser Tätigkeiten werden schlecht oder gar nicht bezahlt.
   a) Worin bestehen die Opportunitätskosten einer derartigen Tätigkeit?
   b) Erklären Sie, weshalb Studenten bereit sind, diese Tätigkeiten anzunehmen.
   c) Welches Ergebnis würden Sie erwarten, wenn Sie die späteren Einkommen derjenigen, die als Praktikanten gearbeitet haben, mit den späteren Einkommen derjenigen vergleichen würden, die besser bezahlte Ferienjobs ausgeübt haben?
2. Wie in Kapitel 6 ausgeführt, verzerrt ein Mindestlohngesetz den Markt für Niedriglohnarbeit. Um diese Verzerrung zu verringern, plädieren einige Ökonomen für ein zweistufiges Mindestlohnsystem mit einem regulären Mindestlohn für erwachsene Arbeitskräfte und einem darunter liegenden Mindestlohn für jugendliche Arbeitskräfte. Nennen Sie zwei Gründe, weshalb ein einziger Mindestlohn den Arbeitsmarkt für jugendliche Arbeitskräfte mehr verzerren könnte als den Markt für erwachsene Arbeitskräfte.

3. Eine wesentliche Erkenntnis der Arbeitsmarkttheorie besteht darin, daß bei gleichem Ausbildungsniveau Arbeitskräfte mit größerer Berufserfahrung mehr verdienen als Arbeitskräfte mit geringerer Berufserfahrung. Warum könnte das so sein? Einige Untersuchungen haben außerdem gezeigt, daß die Dauer der Betriebszugehörigkeit einen zusätzlichen positiven Einfluß auf die Löhne hat. Geben Sie eine Erklärung dieses Sachverhalts.

4. Entwicklungsländer weisen im Verhältnis zu den Industriestaaten mehr unqualifizierte und weniger qualifizierte Arbeitskräfte auf. Würden Sie den Wert der Qualifikation in Entwicklungsländern höher oder niedriger als in Industriestaaten einschätzen? Begründen Sie Ihre Antwort.

5. In der New York Times vom 13. Dezember 1993 wurde berichtet, daß die Clinton Regierung beabsichtigte, einen Umschulungsplan größeren Umfangs für entlassene Arbeitskräfte mit veralteten Qualifikationen, ein neues Ausbildungsprogramm für junge Leute, die keinen Zugang zum College haben, und ein Kreditprogramm, mit dessen Hilfe sich einkommensschwache junge Leute das College leisten können, vorzuschlagen. Die Regierung vertrat die Ansicht, daß diese Programme zu einer Verringerung der Einkommensungleichheit führen würden. Beurteilen Sie den Standpunkt der Regierung unter Zuhilfenahme von Angebots- und Nachfragediagrammen der Märkte für qualifizierte und unqualifizierte Arbeit.

6. Als vor beinahe 100 Jahren die ersten Aufzeichnungsgeräte erfunden wurden, konnten Musiker ihre Musik plötzlich einem breiten Publikum kostengünstig zur Verfügung stellen. Wie glauben Sie hat sich dieses Ereignis auf das Einkommen der besten bzw. durchschnittlicher Musiker ausgewirkt?

7. Alan betreibt eine Beratungsunternehmung. Er stellt in erster Linie weibliche Volkswirte ein, weil er sich sagt »Frauen werden für weniger Geld arbeiten als Männer mit vergleichbarer Qualifikation, da sie weniger Arbeitsgelegenheiten haben«. Ist Alans Verhaltensweise bewundernswert oder verabscheuungswürdig? Was würde mit dem Lohngefälle zwischen Männern und Frauen passieren, wenn sich mehr Arbeitgeber wie Alan verhalten würden?

8. Nehmen Sie an, es wäre wahr (was es nicht ist), daß der gesamte Einkommensunterschied zwischen schwarzen und weißen Arbeitskräften auf die Unterschiede hinsichtlich der Anzahl der Schuljahre und der Ausbildungsqualitäten der besuchten Schulen zurückgeführt werden könnte. Würde dies bedeuten, daß Diskriminierung für den Einkommensunterschied zwischen Gruppen unterschiedlicher Rasse keine Rolle spielt? Begründen Sie Ihre Antwort.

9. Eine Fallstudie in diesem Kapitel verdeutlicht, daß die Diskriminierung durch Zuschauer im Sport für die Einkommen der Sportler bedeutsam zu sein scheint. Beachten Sie, daß dies möglich ist, weil die Sportfans die Eigenschaften der Sportler, einschließlich ihrer Rasse, kennen. Weshalb ist diese Kenntnis wichtig für die Existenz von Diskriminierung? Nennen Sie einige Beispiele von Branchen, in denen damit zu rechnen ist, daß Diskriminierung durch Kunden die Löhne der Arbeitskräfte beeinflußt bzw. nicht beeinflußt.

10. Nehmen Sie an, alle jungen Frauen würden veranlaßt, den Beruf der Sekretärin, der Krankenschwester oder der Lehrerin zu ergreifen; gleichzeitig würden junge Männer ermutigt, neben diesen drei Berufen auch viele andere Berufe zu ergreifen.

   a) Zeichnen Sie ein Diagramm, das den gemeinsamen Arbeitsmarkt für Sekretärinnen, Krankenschwestern und Lehrerinnen zeigt. Zeichnen Sie ein Diagramm, das den gemeinsamen Arbeitsmarkt für alle anderen Berufe zeigt. In welchem Markt ist der Lohn höher? Erzielen Männer oder Frauen im Durchschnitt höhere Löhne?

   b) Nehmen Sie nun an, daß sich die Gesellschaft verändert hat und sowohl junge Frauen als auch junge Männer ermutigt werden, einen Beruf aus einer breiten Palette möglicher Berufe zu ergreifen. Welche Auswirkungen würden sich im Zeitablauf von dieser Veränderung auf die Löhne in den beiden Märkten ergeben, die Sie in Teilaufgabe a) dargestellt haben? Wie würde sich diese Veränderung auf die durchschnittlichen Löhne von Männern und Frauen auswirken?

11. Die Volkswirtin June O'Neill vertritt die folgende Ansicht: »Solange sich die Rollen von Mann und Frau innerhalb der Familie nicht mehr angleichen, ist nicht damit zu rechnen, daß Frauen die gleichen Arten von Tätigkeiten ausüben und die gleichen Einkommen erzielen wie Männer.« Was ist mit den »gleichen Arten von Tätigkeiten« gemeint? Wie wirken sich die Merkmale dieser Tätigkeiten auf die Einkommen aus?

12. Dieses Kapitel betrachtet die wirtschaftlichen Aspekte der Diskriminierung durch Arbeitgeber, Kunden und Staat. Betrachten wir nun die Diskriminierung durch Arbeitskräfte. Stellen Sie sich vor, daß manche brünetten Arbeitskräfte nicht mit blonden Arbeitskräften zusammen arbeiten wollten. Denken Sie, diese Art der Diskriminierung könnte niedrigere Löhne für blonde Arbeitskräfte erklären? Was würde ein nach Gewinnmaximierung strebender Unternehmer im Falle eines solchen Lohnunterschieds tun? Was würde im Zeitablauf passieren, wenn es viele solcher Unternehmer gäbe?

Die Einkommensverteilung   Kapitel 20

In diesem Kapitel werden Sie

- das Ausmaß der wirtschaftlichen Ungleichheit in unserer Gesellschaft untersuchen,
- einige Probleme betrachten, die bei der Messung wirtschaftlicher Ungleichheit entstehen,
- erfahren, wie politische Philosophen die Rolle des Staates bei der Einkommensumverteilung sehen,
- verschiedene politische Maßnahmen anschauen, die darauf abzielen, Armut zu überwinden bzw. zu vermeiden.

»Der einzige Unterschied zwischen den Reichen und den anderen Menschen«, sagte Mary Colum einst zu Ernest Hemingway, »besteht darin, daß die Reichen mehr Geld haben.« Vielleicht ist das so. Dennoch läßt diese Behauptung viele Fragen unbeantwortet. Die Kluft zwischen reich und arm ist ein faszinierendes und wichtiges Studienobjekt – für die bequem lebenden Reichen, für die ums Überleben kämpfenden Armen sowie für die aufstrebende und besorgte Mittelschicht.

Nach den vorhergehenden zwei Kapiteln sollten Sie ein gewisses Verständnis dafür haben, warum unterschiedliche Menschen Einkommen in unterschiedlicher Höhe erzielen. Das Einkommen einer Person hängt von Angebot und Nachfrage nach der Arbeitskraft dieser Person ab, die ihrerseits von natürlicher Begabung, Humankapitalausstattung, Lohndifferenzierungen, Diskriminierung usw. bestimmt werden. Da die Einkommen aus unselbständiger Arbeit rund 70 Prozent des Volkseinkommens in der Bundesrepublik Deutschland ausmachen, sind die Bestimmungsgründe der Lohnbildung in einem hohen Maße dafür verantwortlich, wie das Volkseinkommen unter den Gesellschaftsmitgliedern verteilt wird. Anders ausgedrückt, sie bestimmen, wer reich ist und wer arm.

In diesem Kapitel diskutieren wir die Einkommensverteilung. Wie wir sehen werden, wirft dieses Thema einige grundlegende Fragen zur Rolle der Wirtschaftspolitik auf. Eine der *zehn volkswirtschaftlichen Regeln* in Kapitel 1 besagt, daß Regierungen manchmal die Marktergebnisse verbessern können. Diese Möglichkeit ist insbesondere wichtig, wenn es um die Einkommensverteilung geht. Die unsichtbare Hand des Marktes bewirkt eine effiziente Allokation der Ressourcen, aber sie gewährleistet nicht notwendigerweise, daß die Ressourcen gerecht verteilt werden. Infolgedessen sind viele Volkswirte – aber nicht alle – der Ansicht, daß der Staat das Einkommen umverteilen sollte, um mehr Gleichheit zu schaffen. Indem der Staat dies tut, gerät er in Konflikt mit einer anderen der *zehn volkswirtschaftlichen Regeln*: Alle Menschen stehen vor abzuwägenden Alternativen. Wenn der Staat Maßnahmen ergreift, um die Einkommensverteilung gerechter zu gestalten, verzerrt er Anreize, verändert Verhaltensweisen und bewirkt eine weniger effiziente Ressourcenallokation.

Unsere Diskussion der Einkommensverteilung erfolgt in drei Schritten. Zunächst beurteilen wir das Ausmaß der Ungleichheit in unserer Gesellschaft. Sodann betrachten wir einige unterschiedliche Ansichten über die Rolle, die der Staat bei der Veränderung der Einkommensverteilung spielen sollte. Schließlich diskutieren wir unterschiedliche staatliche Maßnahmen, die darauf abzielen, den ärmsten Mitgliedern der Gesellschaft zu helfen.

Die Messung der Ungleichheit

Wir beginnen unsere Untersuchung der Einkommensverteilung mit den folgenden vier Fragen:
- Wie groß ist das Ausmaß der Ungleichheit in unserer Gesellschaft?
- Wie viele Menschen leben in Armut?
- Welche Probleme entstehen bei der Messung des Ausmaßes der Ungleichheit?
- In welchem Ausmaß fluktuieren die Menschen zwischen Einkommensklassen?

Diese Fragen bilden den natürlichen Ausgangspunkt, von dem aus staatliche Maßnahmen zur Veränderung der Einkommensverteilung zu diskutieren sind.

Die Einkommensungleichheit in der Bundesrepublik Deutschland

Es gibt zahlreiche Wege, die Einkommensverteilung in der Wirtschaft zu beschreiben. In Tabelle 20-1 ist ein besonders einfacher Weg dargestellt. Die Tabelle zeigt den Anteil der Haushalte in fünf verschiedenen Einkommensklassen. Sie können mit Hilfe dieser Tabelle die Position Ihres Haushalts innerhalb der Einkommensverteilung bestimmen.

Tabelle 20-1
Schichtung der privaten Haushalte[1] 1993 nach der Höhe des monatlichen Haushaltsnettoeinkommens
Ergebnis der Einkommens- und Verbrauchsstichprobe

Gebietsstand	Haushalte insgesamt	Monatliches Haushaltsnettoeinkommen von ... bis unter ... DM				
		unter 2.500	2.500– 5.000	5.000– 7.500	7.500– 10.000	10.000– 35.000
	1.000	%				
Deutschland	35.601	25,9	40,8	20,2	8,0	5,1
Früheres Bundesgebiet	28.917	22,7	39,5	22,3	9,4	6,1
Neue Länder und Berlin-Ost	6.684	37,9	47,1	12,1	2,0	0,8

[1]Ohne Haushalte mit einem monatlichen Haushaltsnettoeinkommen von 35.000 DM und mehr und ohne Personen in Anstalten und Gemeinschaftsunterkünften.

Für eine Untersuchung der Entwicklung der Einkommensverteilung im Zeitablauf oder für internationale Vergleiche der Einkommensverteilung bedienen sich die Volkswirte insbesondere der Quantilsdarstellung (vgl. Tabellen 20-2 und 20-3). Um zu verstehen, wie die Angaben in Tabelle 20-2 zu interpretieren sind, betrachten wir das folgende Gedankenexperiment. Stellen Sie sich vor, Sie würden alle Haushalte nach der Höhe ihres monatlichen Nettoeinkommens in aufsteigender Reihenfolge sortieren. Danach würden Sie die Haushalte in zehn gleich große Gruppen, in das 1. bis 10. Zehntel (Dezil), unterteilen und anschließend den Anteil jeder Gruppe am Gesamtbetrag des monatlichen Nettoeinkommens errechnen. Auf diese Weise könnten Sie die Zahlen in Tabelle 20-2 ermitteln.

Diese Angaben ermöglichen uns zu beurteilen, wie das Einkommen in der Wirtschaft verteilt ist. Wenn das Einkommen gleichmäßig über alle Haushalte verteilt wäre, würden auf die Haushalte jedes Dezils 10 Prozent des gesamten Haushaltsnettoeinkommens entfallen. Wenn das Einkommen auf wenige Haushalte konzentriert wäre, würden die »oberen« 10 Prozent aller Haushalte 100 Prozent des Haushaltsnettoeinkommens erhalten, die übrigen 90 Prozent der Haushalte dagegen 0 Prozent. In Wirklichkeit liegt die Einkommensverteilung natürlich zwischen diesen beiden Extremen. Aus Tabelle 20-2 ist zu ersehen, daß 1993 im früheren Bundesgebiet auf die Haushalte im untersten Dezil 2,7 Prozent des gesamten monatlichen Nettoeinkommens privater Haushalte entfielen, auf die Haushalte im obersten Dezil entfielen dagegen 24,3 Prozent des Nettoeinkommens. Anders ausgedrückt, obwohl die Zahl der Haushalte im untersten Dezil der Zahl der Haushalte im obersten Dezil entspricht, betrug das Nettoeinkommen der »obersten« 10 Prozent aller Haushalte etwa das Neunfache des Nettoeinkommens der »untersten« 10 Prozent aller Haushalte.

Dezil	Anteil des Haushaltsnettoeinkommens			
	1978	1983	1988	1993
1. Dezil	2,8	2,8	2,9	2,7
2. Dezil	4,4	4,3	4,2	4,3
3. Dezil	5,7	5,5	5,4	5,4
4. Dezil	7,0	6,7	6,6	6,6
5. Dezil	8,3	8,0	7,9	7,9
6. Dezil	9,7	9,5	9,3	9,3
7. Dezil	11,2	11,1	10,9	10,8
8. Dezil	12,8	13,0	13,0	12,9
9. Dezil	15,3	15,7	15,8	15,8
10. Dezil	22,8	23,4	24,0	24,3

Tabelle 20-2
Verteilung der monatlichen Haushaltsnettoeinkommen nach Dezilen
Früheres Bundesgebiet
Ergebnisse der Einkommens- und Verbrauchsstichproben
Prozent

Tabelle 20-2 zeigt ferner die Entwicklung der Einkommensverteilung seit 1978. Auf den ersten Blick scheint die Einkommensverteilung im Zeitablauf außerordentlich stabil zu sein. Bei näherem Hinsehen zeigt sich jedoch eine leichte Zunahme der Ungleichmäßigkeit der Einkommensverteilung, da die Einkommensanteile der unteren Dezile tendenziell abgenommen und die Anteile der oberen Dezile tendenziell zugenommen haben. Dieses Ergebnis relativiert sich jedoch dadurch, daß 1978 Haushalte mit einem monatlichen

Nettoeinkommen von 20.000 DM und mehr, 1983 und 1988 Haushalte mit einem monatlichen Nettoeinkommen von 25.000 DM und mehr und 1993 Haushalte mit einem monatlichen Nettoeinkommen von 35.000 DM und mehr in der Darstellung fehlen und außerdem 1993 erstmals Ausländerhaushalte in die Erhebung einbezogen worden sind.

In Kapitel 19 haben wir einige der Gründe für diesen Anstieg der Einkommensungleichheit diskutiert. Die Zunahme des internationalen Handels mit Niedriglohnländern und der technologische Wandel haben tendenziell die Nachfrage nach unqualifizierter Arbeit verringert und die Nachfrage nach qualifizierter Arbeit erhöht. Infolgedessen sind die Löhne der unqualifizierten Arbeitskräfte relativ zu den Löhnen der qualifizierten Arbeitskräfte gefallen, was einen Anstieg der Ungleichheit bei den Haushaltseinkommen zur Folge hatte.

Fallstudie

Die Frauenbewegung und die Einkommensverteilung

Im Laufe der letzten Jahrzehnte hat sich die Rolle der Frau in der Wirtschaft erheblich gewandelt. Die Erwerbsquote der Frauen, d.h. der prozentuale Anteil der weiblichen Erwerbspersonen an der weiblichen Wohnbevölkerung, ist im früheren Bundesgebiet von gut 33 Prozent Ende der 50er Jahre auf knapp 40 Prozent Mitte der 90er Jahre gestiegen. Mit dem Rückgang der Zahl der Nur-Hausfrauen wurden die Einkommen der Frauen zu einer immer wichtigeren Determinante für die Haushaltseinkommen.

Während die Frauenbewegung zu einer größeren Gleichheit zwischen Männern und Frauen im Hinblick auf den Zugang zu Ausbildung und Beruf führte, hatte sie eine Abnahme der Gleichheit bei den Haushaltseinkommen zur Folge. Der Grund besteht darin, daß die Erwerbsbeteiligung der Frauen nicht über alle Einkommensklassen gleichmäßig zugenommen hat. Die Frauenbewegung hatte insbesondere Auswirkungen für die Frauen in einkommensstarken Haushalten. Die Frauen in einkommensschwachen Haushalten wiesen schon lange hohe Erwerbsquoten auf, selbst in den 50er Jahren, und ihr Verhalten hat sich weit weniger geändert.

Die Frauenbewegung hat im wesentlichen das Verhalten derjenigen Frauen geändert, deren Männer hohe Einkommen erzielen. In den 50er Jahren heiratete ein leitender Angestellter oder ein Arzt meistens eine Frau, die zu Hause blieb und die Kinder aufzog. Heute ist die Frau eines leitenden Angestellten oder eines Arztes häufig selbst leitende Angestellte oder Ärztin. In der Folge wurden reiche Haushalte noch reicher, eine Tatsache, die zu einem Anstieg der Ungleichheit bei den Haushaltseinkommen führte.

Wie dieses Beispiel verdeutlicht, gibt es sowohl soziale als auch ökonomische Bestimmungsgründe der Einkommensverteilung. Außerdem kann die allzu simple Auffassung »Einkommensungleichheit ist schlecht« irreführend sein. Es war sicherlich eine gute Veränderung für die Gesellschaft, die Möglichkeiten der Frauen zu erweitern, auch wenn dies eine Zunahme der Ungleichheit bei den Haushaltseinkommen zur Folge hatte. Bei der Beurteilung irgendeiner Veränderung der Einkommensverteilung müssen die Politiker die Ursachen der Veränderung betrachten, bevor sie sich entscheiden, ob diese ein Problem für die Gesellschaft darstellt.

Einkommensungleichheit im internationalen Vergleich   Fallstudie

Wie stellt sich die Einkommensungleichheit im internationalen Vergleich dar? Diese Frage ist interessant, läßt sich jedoch nicht einfach beantworten. Nicht jedes Land auf der Welt erhebt seine Einkommensdaten auf dieselbe Art und Weise; beispielsweise erfassen manche Länder die individuellen Einkommen, während andere Länder die Haushaltseinkommen erheben. Infolgedessen sind die Einkommensangaben eines Landes häufig nicht uneingeschränkt mit den Daten eines anderen Landes vergleichbar. Wann immer wir einen Unterschied hinsichtlich der Einkommensungleichheit zwischen zwei Ländern feststellen, können wir niemals sicher sein, ob dieser einen wirklichen Unterschied zwischen den Volkswirtschaften widerspiegelt oder vielmehr einen Unterschied in der Art und Weise der Datenerhebung.

Betrachten Sie mit dieser Warnung im Hinterkopf Tabelle 20-3, in der die Verteilung des Haushaltseinkommens vor Steuern in sieben größeren Ländern nach Quintilen dargestellt ist. Die Länder sind nach dem Ausmaß der Einkommensungleichheit, beginnend mit dem Land mit der geringsten Ungleichheit, angeordnet. An erster Stelle steht Japan, wo das Einkommen des obersten Fünftels der Bevölkerung lediglich das Vierfache des Einkommens des untersten Fünftels beträgt. Das Schlußlicht bildet Brasilien, wo das Einkommen des obersten Fünftels mehr als das Dreißigfache des Einkommens des untersten Fünftels ausmacht. Obwohl alle Länder eine beträchtliche Einkommensungleichheit aufweisen, ist das Ausmaß der Ungleichheit überall anders.

Land	1. Fünftel	2. Fünftel	3. Fünftel	4. Fünftel	5. Fünftel
Japan	8.7	13.2	17.5	23.1	37.5
Südkorea	7.4	12.3	16.3	21.8	42.2
China	6.4	11.0	16.4	24.4	41.8
Vereinigte Staaten	4.7	11.0	17.4	25.0	41.9
Vereinigtes Königreich	4.6	10.0	16.8	24.3	44.3
Mexiko	4.1	7.8	12.3	19.9	55.9
Brasilien	2.1	4.9	8.9	16.8	67.5

Tabelle 20-3
Einkommensungleichheit im internationalen Vergleich nach Quintilen
Prozent

Werden die Länder nach den Ausmaß der Einkommensungleichheit in eine Reihenfolge gebracht, liegen die USA in der Mitte. Auf das unterste Quintil der US-Bevölkerung entfallen 4,7 Prozent des Gesamteinkommens, verglichen mit 8,7 Prozent in Japan und 2,1 Prozent in Brasilien. Die Einkommensverteilung in den Vereinigten Staaten entspricht nahezu der Einkommensverteilung im Vereinigten Königreich. Die Ähnlichkeit der Wirtschaftssysteme in den beiden Ländern spiegelt sich in einer ähnlichen Einkommensverteilung wider.

Die Armutsquote

Armutsquote
Anteil der Personen
mit einem Einkom-
men unterhalb der
Armutsgrenze in Pro-
zent der Gesamtbe-
völkerung.

Armutsgrenze
Einkommensgrenze,
bei deren Unter-
schreiten Armut
besteht; i.d.R. 50
Prozent des durch-
schnittlichen Netto-
äquivalenzeinkom-
mens.

Ein häufig verwendeter Maßstab für die Einkommensverteilung ist die Armutsquote. Die **Armutsquote** entspricht dem Anteil der Personen mit einem Einkommen unterhalb der Armutsgrenze in Prozent der Gesamtbevölkerung. Armut wird im Rahmen empirischer sozialwissenschaftlicher Untersuchungen in den westlichen Industrieländern hauptsächlich als relative Einkommensarmut definiert. Die üblicherweise verwendete **Armutsgrenze** liegt bei 50 Prozent des durchschnittlichen Nettoäquivalenzeinkommens. Das *Nettoäquivalenzeinkommen* ist ein aus dem Haushaltsnettoeinkommen ermitteltes bedarfsgewichtetes Pro-Kopf-Einkommen, das jeder Person im Haushalt zugewiesen wird. Armut besteht dann, wenn das individuelle Nettoäquivalenzeinkommen unter der Armutsgrenze liegt.

In Tabelle 20-4 ist die Entwicklung der Armutsquote in West- und Ostdeutschland seit 1962/63 bzw. 1990 dargestellt. Für das frühere Bundesgebiet zeigt sich von 1962/63 bis 1978 eine rückläufige Armutsquote und in der folgenden Dekade eine Umkehr dieser Entwicklung. Die Armutsquote liegt 1988 sogar deutlich über dem Wert von 1969. Die auf der Basis des Sozio-ökonomischen Panels (SOEP) für Westdeutschland nachgewiesene Armutsquote für 1990 liegt nochmals deutlich höher, was aber zum Teil methodisch bedingt sein kann. Die Einbeziehung von Haushalten mit einer ausländischen Bezugsperson sowie das im Vergleich zur Einkommens- und Verbrauchsstichprobe einfachere Konzept der Einkommenserhebung im SOEP können tendenziell ein höheres Niveau relativer Einkommensarmut bewirken, so daß der Sprung zwischen 1988 und 1990 sehr vorsichtig interpretiert werden muß. In den Jahren 1990 bis 1995 zeigt sich jedoch ein eindeutiger Entwicklungstrend, die Armutsquote ist erheblich gestiegen. In Westdeutschland lebte Mitte der neunziger Jahre annähernd ein Achtel der Bevölkerung unter der Armutsgrenze. Es ist zu vermuten, daß sich das Armutsproblem angesichts zunehmender Arbeitslosigkeit, geringerer

Tabelle 20-4
**Armutsquoten in
West- und Ost-
deutschland 1962/63
bzw. 1990 bis 1995**
Prozent

Jahr	Westdeutschland	Ostdeutschland
1962/63	10,6	–
1969	7,1	–
1973	6,5	–
1978	6,5	–
1983	7,7	–
1988	8,8	–
1990	10,5	3,7
1991	10,1	4,3
1992	9,6	6,3
1993	11,0	6,4
1994	11,5	8,1
1995	11,8	8,0

Datenbasis: 1962/63–1988: Einkommens- und Verbrauchsstichprobe (nur Haushalte mit deutschem Haushaltsvorstand); ab 1990: Sozio-ökonomisches Panel (SOEP).
Quelle: Becker, I./ R. Hauser (1996): Einkommensverteilung und Armut in Deutschland von 1962 bis 1995, Arbeitspapier Nr. 9 des EVS-Projekts »Personelle Einkommensverteilung in der Bundesrepublik Deutschland«, Frankfurt am Main.

Lohnzuwachsraten und einer restriktiven Sozialpolitik seither nochmals verschärft hat. In Ostdeutschland liegt die Armutsquote zwar nach wie vor auf einem niedrigeren Niveau, allerdings ist hier ein wesentlich stärkerer Anstieg festzustellen. Die Armutsquote hat sich seit 1990 mehr als verdoppelt. Das Armutsproblem erscheint in Ostdeutschland noch gravierender, wenn man berücksichtigt, daß die Armutsgrenze hier auf ein im Vergleich zu Westdeutschland um etwa 25 Prozent niedrigeres durchschnittliches Nettoäquivalenzeinkommen bezogen ist.

Vom Armutsproblem sind jedoch nicht alle Bevölkerungsgruppen gleichermaßen betroffen. Tabelle 20-5 zeigt die Entwicklung der Armutsquote für ausgewählte Bevölkerungsgruppen. In Westdeutschland sind für Alleinerziehenden- und für Arbeitslosenhaushalte wesentlich höhere Armutsquoten als für die Gesamtbevölkerung festzustellen. Auch die Armutsquote für Haushalte von Ehepaaren mit Kindern liegt leicht über dem gesamtwirtschaftlichen Durchschnitt. Personen über 65 Jahre weisen eine unterdurchschnittliche Armutsquote auf. Im Zeitablauf sind bei den älteren Menschen und den Ehepaarhaushalten mit Kindern nur leichte Schwankungen der Armutsquote festzustellen. Hervorzuheben ist insbesondere die Zunahme der Armutsquote bei den Personen in Arbeitslosenhaushalten, die weitaus höher ist als die Zunahme der Armutsquote der Gesamtbevölkerung. Gut ein Drittel der Personen, die in einem Haushalt mit mindestens einem Arbeitslosen lebten, mußte 1995 in Westdeutschland mit weniger als der Hälfte des durchschnittlichen Nettoäquivalenzeinkommens auskommen und ist damit als *relativ einkommensarm* anzusehen. Aber auch die Personen in Alleinerziehendenhaushalten stehen nicht weit zurück, hier waren es 31 Prozent.

In Ostdeutschland zeigt sich bei insgesamt niedrigeren, aber stärker zunehmenden Armutsquoten eine ganz ähnliche Situation. Personen über 65 Jahre weisen eine weit unterdurchschnittliche Armutsquote auf, allerdings sind die Fallzahlen bei dieser Bevölkerungsgruppe so gering, daß die

Bevölkerungsgruppe		1990	1991	1992	1993	1994	1995
Personen über 65 Jahre	West	9,6	7,9	8,9	10,3	10,4	7,9
	Ost	8,7	*	(2,7)	(3,8)	(3,9)	*
Personen in Haushalten							
– von Ehepaaren mit mind. 1 Kind bis einschl. 16 Jahre	West	13,4	12,4	11,4	12,7	11,4	13,2
	Ost	2,5	4,0	7,8	7,0	10,9	10,5
– von Alleinerziehenden mit mind. 1 Kind bis einschl. 16 Jahre	West	26,5	30,5	26,4	24,4	28,7	31,0
	Ost	14,7	13,6	20,9	31,3	24,0	27,2
– mit mind. einem Arbeitslosen	West	24,2	29,8	27,8	33,3	29,6	33,6
	Ost	–	9,8	14,2	12,1	17,7	20,3

Tabelle 20-5
Armutsquoten für ausgewählte Bevölkerungsgruppen in West- und Ostdeutschland 1990 bis 1995
Prozent

Datenbasis: Sozio-ökonomisches Panel. ( ) = Zellenbesetzung zwischen 10 und 30; * = Zellenbesetzung unter 10.
Quelle: Becker, I./ R. Hauser (1996): Einkommensverteilung und Armut in Deutschland von 1962 bis 1995, Arbeitspapier Nr. 9 des EVS-Projekts »Personelle Einkommensverteilung in der Bundesrepublik Deutschland«, Frankfurt am Main.

Ergebnisse mit einer hohen Unsicherheit behaftet sind. Die Armutsquote der Ehepaare mit Kindern liegt nur leicht über dem Gesamtdurchschnitt. Personen in Alleinerziehenden- und in Arbeitslosenhaushalten weisen die höchsten Armutsquoten auf, wobei jedoch die Armutsquote der Arbeitslosenhaushalte, im Unterschied zu Westdeutschland, etwas niedriger ist als die Quote der Alleinerziehendenhaushalte. In Ostdeutschland mußten 1995 über ein Viertel der Personen in Alleinerziehendenhaushalten und ein Fünftel der Personen in Arbeitslosenhaushalten mit weniger als der Hälfte des dortigen durchschnittlichen Nettoäquivalenzeinkommens auskommen.

Probleme der Ungleichheitsmessung

Obwohl uns die Angaben zur Einkommensverteilung und zur Armutsquote eine gewisse Vorstellung vom Ausmaß der Ungleichheit in unserer Gesellschaft geben, ist die Interpretation dieser Daten nicht so klar wie es auf den ersten Blick scheint. Die Angaben beziehen sich auf das monatliche oder jährliche Haushaltseinkommen. Was die Leute jedoch interessiert, ist weniger ihr Einkommen als vielmehr ihre Fähigkeit, einen guten Lebensstandard zu erreichen. Die Angaben zur Einkommensverteilung und zur Armutsquote zeichnen aus verschiedenen Gründen ein unvollständiges Bild der Ungleichheit im Hinblick auf den Lebensstandard. Wir werden diese Gründe im folgenden untersuchen.

Der wirtschaftliche Lebenszyklus.
Die Höhe des Einkommens eines Menschen ändert sich in voraussagbarer Weise im Laufe seines Lebens. Das Einkommen steigt zunächst mit zunehmendem Alter einer Person an. Es erreicht seinen Höhepunkt bei einem Alter von 45 bis 55 Jahren, um danach rapide abzusinken. Diese Entwicklung des Einkommens nach einem regelmäßigen Muster wird als **Lebenszyklus** bezeichnet.

Lebenszyklus
Die Einkommensentwicklung einer Person folgt, über die Lebensspanne der Person betrachtet, einem regelmäßigen Muster.

Da die Leute einen Kredit aufnehmen oder sparen können, um ihr Einkommen über ihre Lebensspanne zu glätten, hängt ihr Lebensstandard in einem Jahr mehr von ihrem Lebenszeiteinkommen ab als von dem Einkommen in dem betreffenden Jahr. Junge Menschen nehmen oftmals Kredite auf, etwa um ihre Ausbildung oder den Kauf eines Hauses zu finanzieren und zahlen diese dann später zurück, wenn ihre Einkommen ansteigen. Die höchsten Sparquoten weisen die Menschen im mittleren Lebensalter auf. Da die Menschen zum Zweck der Altersvorsorge sparen können, müssen die erheblichen Einkommensrückgänge im Rentenalter nicht zu entsprechenden Rückgängen im Hinblick auf den Lebensstandard führen.

Die Einkommensänderungen im Laufe des Lebens führen zu einer ungleichen Verteilung des Jahreseinkommens, stellen aber keine wirkliche Ungleichheit im Hinblick auf den Lebensstandard dar. Für eine Beurteilung der Ungleichheit des Lebensstandards in unserer Gesellschaft ist eher die Verteilung der Lebenszeiteinkommen bedeutsam als die Verteilung der Jahreseinkommen. Leider sind Angaben zu den Lebenszeiteinkommen nicht ohne weiteres verfügbar. Bei der Betrachtung jedweder Angaben zur

Ungleichheit ist es jedoch wichtig, den Lebenszyklus im Hinterkopf zu behalten. Da das Lebenszeiteinkommen einer Person die Einkommensänderungen im Laufe ihres Lebens glättet, sind die Lebenszeiteinkommen in der Bevölkerung sicher gleichmäßiger verteilt als die Jahreseinkommen.

Transitorisches versus permanentes Einkommen. Die Höhe des Einkommens eines Menschen ändert sich nicht nur in voraussagbarer Weise im Laufe seines Lebens, sondern ist ebenfalls von Jahr zu Jahr zufälligen und vorübergehenden Veränderungen unterworfen. Wenn ein Frost die gesamte Orangenernte eines Jahres in Florida vernichtet, müssen die Besitzer von Orangenplantagen in Florida temporäre Einkommenseinbußen hinnehmen. Gleichzeitig führt der Frost zu einem Anstieg des Preises für Orangen, wodurch die Besitzer von Orangenplantagen in Kalifornien einen vorübergehenden Einkommenszuwachs erzielen können. Im darauffolgenden Jahr könnte der umgekehrte Fall eintreten.

Permanentes Einkommen
Das normale bzw. durchschnittliche Einkommen einer Person.

Ebenso wie die Leute Kredite aufnehmen und gewähren können, um ihr Einkommen über ihre Lebensspanne zu glätten, können sie Kredite aufnehmen und gewähren, um transitorische Änderungen des Einkommens auszugleichen. Wenn die kalifornischen Besitzer von Orangenplantagen ein besonders ertragreiches Jahr haben, wären sie dumm, wenn sie ihr gesamtes zusätzliches Einkommen ausgeben würden. Statt dessen sparen sie einen Teil davon, weil sie nicht damit rechnen können, daß sich die sie begünstigende Situation im nächsten Jahr wiederholt. Entsprechend reagieren die Plantagenbesitzer in Florida auf ihre vorübergehend geringen Einkommen mit einer Verringerung ihrer Spartätigkeit oder einer Kreditaufnahme. In dem Maße, wie ein Haushalt spart oder Kredit aufnimmt, um transitorische Einkommensänderungen abzufedern, wirken sich diese Änderungen nicht auf seinen Lebensstandard aus. Die Fähigkeit eines Haushalts, sich Güter und Dienste leisten zu können, hängt weitgehend von seinem permanenten Einkommen ab, das seinem normalen bzw. durchschnittlichen Einkommen entspricht.

Für eine Beurteilung der Ungleichheit im Hinblick auf den Lebensstandard ist die Verteilung des permanenten Einkommens bedeutsamer als die Verteilung des Jahreseinkommens. Obwohl es Schwierigkeiten bereitet, das permanente Einkommen zu messen, stellt dieses ein wichtiges Konzept dar. Da das permanente Einkommen transitorische Einkommensänderungen ausschließt, ist es gleichmäßiger verteilt als das gegenwärtige Einkommen.

Wirtschaftliche Mobilität

Die Leute sprechen manchmal von »den« Reichen und »den« Armen als ob sich diese Gruppen Jahr für Jahr aus denselben Haushalten zusammensetzen würden. Tatsächlich ist das ganz und gar nicht der Fall. Das Ausmaß der wirtschaftlichen Mobilität, die Fluktuation der Menschen zwischen Einkommensklassen, ist in unserer Wirtschaft beträchtlich. Bewegungen nach oben auf der »Einkommensleiter« können eine Folge von Glück oder harter Arbeit sein, Bewegungen nach unten können auf Pech oder Faulheit zurückzuführen sein. Diese Mobilität spiegelt teils transitorische Einkommensänderungen teils dauerhafte Einkommensänderungen wider.

Aufgrund des erheblichen Ausmaßes der wirtschaftlichen Mobilität bleiben viele der unterhalb der Armutsgrenze liegenden Haushalte nur vorübergehend dort. Armut ist nur für relativ wenige Haushalte ein langfristiges Problem. Da die vorübergehend Armen höchstwahrscheinlich ganz anderen Problemen gegenüberstehen als die dauerhaft Armen, müssen politische Maßnahmen der Armutsbekämpfung zwischen diesen beiden Gruppen unterscheiden.

Eine andere Möglichkeit, das Ausmaß der wirtschaftlichen Mobilität zu beurteilen, besteht darin, das Fortbestehen des wirtschaftlichen Erfolgs von Generation zu Generation zu betrachten. Volkswirte, die derartige Untersuchungen in den USA durchgeführt haben, sind auf eine beträchtliche Mobilität gestoßen. Wenn das Einkommen eines Vaters 20 Prozent über dem durchschnittlichen Einkommen seiner Generation liegt, wird das Einkommen seines Sohnes höchstwahrscheinlich 8 Prozent über dem durchschnittlichen Einkommen seiner Generation liegen. Aber es besteht beinahe kein Zusammenhang zwischen dem Einkommen eines Großvaters und dem Einkommen seines Enkels.

Eine Folge dieser großen wirtschaftlichen Mobilität sind die Self-made-Millionäre (und Erben, die ihr ererbtes Vermögen verschleudern) in der Wirtschaft. Nach Berechnungen für das Jahr 1993 besitzen etwa 131.000 Haushalte im früheren Bundesgebiet ein Gesamtvermögen von 1 Million DM und mehr. Diese Haushalte machen die reichsten 0,4 Prozent der Bevölkerung aus.

Schnelltest   Was wird mit der Armutsquote gemessen? Beschreiben Sie zwei bedeutsame Probleme bei der Interpretation der gemessenen Armutsquote.

Die politische Philosophie der Einkommensumverteilung

Wir haben nun gesehen, wie das Einkommen in der Wirtschaft verteilt ist, und wir haben einige der Probleme diskutiert, die bei der Interpretation der gemessenen Ungleichheit auftreten. Wir wenden uns nun der folgenden Grundsatzfrage zu: Was sollte der Staat gegen die wirtschaftliche Ungleichheit unternehmen?

Diese Frage beinhaltet nicht nur ökonomische Aspekte. Wirtschaftliche Analysen allein erlauben kein Urteil darüber, ob Politiker versuchen sollten, mehr Gleichheit in der Gesellschaft zu erreichen. Unsere Ansichten zu diesem Problem sind in hohem Maße eine Frage von politischer Philosophie. Da die Rolle des Staates bei der Einkommensumverteilung jedoch den Mittelpunkt vieler Debatten über Wirtschaftspolitik bildet, schweifen wir im folgenden von den Wirtschaftswissenschaften ab, um uns ein wenig mit politischer Philosophie zu befassen, und betrachten die drei wichtigsten Ansätze des zeitgenössischen Liberalismus, den Utilitarismus, den egalitären Liberalismus sowie den Libertarismus[1].

Utilitarismus

Eine bekannte Denkschule der politischen Philosophie ist der **Utilitarismus**. Die Begründer des Utilitarismus waren die englischen Philosophen Jeremy Bentham (1748–1832) und John Stuart Mill (1806–1873). Das Ziel der Utilitaristen besteht im wesentlichen darin, die Logik der individuellen Beschlußfassung auf Fragen bezüglich der Moral und der staatlichen Politik anzuwenden.

Der Ausgangspunkt des Utilitarismus ist der Begriff des **Nutzens** – der Grad des Glücks oder der Zufriedenheit, den eine Person aus ihren Lebensumständen erzielt. Der Nutzen ist ein Wohlfahrtsmaß und, nach den Utilitaristen, das oberste Ziel allen staatlichen und privaten Handelns. Das eigentliche Ziel des Staates besteht ihrer Meinung nach darin, die Summe der Nutzen aller Gesellschaftsmitglieder zu maximieren.

Das Argument der Utilitaristen für Einkommensumverteilung basiert auf der Annahme des *abnehmenden Grenznutzens*. Es erscheint realistisch, daß eine zusätzliche DM Einkommen für eine arme Person einen größeren zusätzlichen Nutzen stiftet als für eine reiche Person. Anders ausgedrückt, mit steigendem Einkommen einer Person nimmt der Nutzen einer zusätzlichen DM Einkommen ab. Diese plausible Annahme impliziert, zusammen mit dem utilitaristischen Ziel der Maximierung des gesamten Nutzens, daß der Staat versuchen sollte, eine *gleichmäßigere Einkommensverteilung* zu erreichen.

Die Begründung ist einfach. Stellen Sie sich vor, Peter und Paul sind genau gleich, außer daß Peter DM 80.000,– verdient und Paul DM 20.000,–. Wenn man Peter eine DM wegnimmt, um sie Paul zu geben, dann sinkt Peters Nutzen und Pauls Nutzen steigt. Aufgrund des abnehmenden Grenznutzens sinkt Peters Nutzen jedoch weniger als Pauls Nutzen steigt. Diese Einkommensumverteilung erhöht somit den Gesamtnutzen, was dem Ziel der Utilitaristen entspricht.

Das utilitaristische Argument könnte zunächst vermuten lassen, daß der Staat solange fortfahren sollte das Einkommen umzuverteilen, bis jedes Mitglied der Gesellschaft ein Einkommen in genau gleicher Höhe hat. Dies wäre in der Tat der Fall, wenn der Gesamtbetrag des Einkommens – in unserem Beispiel DM 100.000,– – fest wäre. Dies trifft jedoch nicht zu. Die Utilitaristen lehnen eine vollständige Gleichverteilung der Einkommen ab, da sie eine der *zehn volkswirtschaftlichen Regeln*, die in Kapitel 1 präsentiert wurden, akzeptieren: Die Menschen reagieren auf Anreize.

Um Peter Einkommen wegzunehmen und es Paul zu geben, muß der Staat Maßnahmen durchführen, die das Einkommen umverteilen, wie z.B. die

Utilitarismus
Politische Philosophie, wonach der Staat Maßnahmen ergreifen sollte, die den gesamten Nutzen aller Gesellschaftsmitglieder maximieren.
Nutzen
Ein Maß für Glück und Zufriedenheit.

---

[1] Vgl. hierzu Eduardo Rivera López (1995): Die moralischen Voraussetzungen des Liberalismus, Freiburg/München.

Einkommensbesteuerung und das System der sozialen Sicherung. Aufgrund dieser Maßnahmen bezahlen Menschen mit hohen Einkommen hohe Steuern und Menschen mit geringen bzw. ohne Einkommen erhalten Transferzahlungen. Wie wir jedoch in den Kapiteln 8 und 12 gesehen haben, werden durch Steuern Anreize verzerrt und Zusatzlasten verursacht. Wenn der Staat ein mögliches zusätzliches Einkommen durch eine höhere Einkommensteuer oder verringerte Transferzahlungen wegnimmt, haben sowohl Peter als auch Paul einen geringeren Anreiz hart zu arbeiten. In dem Maße, wie sie weniger arbeiten, sinkt das Einkommen der Gesellschaft und damit der gesamte Nutzen. Der utilitaristische Staat muß die Gewinne einer größeren Gleichheit und die Verluste aufgrund verzerrter Anreize gegeneinander abwägen. Um den Gesamtnutzen zu maximieren, schreckt der Staat deshalb davor zurück, eine völlige Einkommensgleichheit in der Gesellschaft herbeizuführen.

Eine berühmte Parabel bringt Licht in die utilitaristische Logik. Stellen Sie sich vor, Peter und Paul sind durstige Reisende, die an unterschiedlichen Orten in der Wüste festsitzen. In Peters Oase gibt es viel Wasser, in Pauls Oase gibt es nur wenig Wasser. Wenn der Staat, ohne daß ihm Kosten dafür entstehen, Wasser von einer Oase zur anderen transportieren könnte, würde er den Gesamtnutzen aus dem Wasser maximieren, indem er dafür sorgt, daß es in jeder Oase gleichviel Wasser gibt. Aber angenommen, der Staat verfügt lediglich über einen undichten Eimer. Wenn er versucht, das Wasser von einem Ort zum anderen zu bringen, verschüttet er einen Teil des Wassers beim Transport. In diesem Fall könnte ein utilitaristischer Staat vielleicht noch versuchen, etwas Wasser von Peter zu Paul zu bringen, je nachdem, wie durstig Paul und wie undicht der Eimer ist. Allerdings wird der Staat, nur mit einem undichten Eimer zu seiner Verfügung, nicht versuchen, völlige Gleichheit zu erreichen.

Egalitärer Liberalismus

Egalitärer Liberalismus
Politische Philosophie, wonach der Staat Maßnahmen ergreifen sollte, die von einem unparteiischen Beobachter hinter einem »Schleier der Nichtwissens« für gerecht erachtet werden.

Eine zweite Betrachtungsweise der Ungleichheit könnte als **egalitärer Liberalismus** bezeichnet werden. Der Philosoph John Rawls entwickelte diese Sichtweise in seinem Buch *A Theory of Justice*. Dieses erstmals 1971 veröffentlichte Buch wurde rasch zu einem Klassiker in der politischen Philosophie.

Rawls beginnt mit der Prämisse, daß die Institutionen, Gesetze und politischen Maßnahmen in einer Gesellschaft gerecht sein sollten. Dann stellt er die naheliegende Frage: Wie können wir, die Gesellschaftsmitglieder, jemals Einigkeit darüber erzielen, was Gerechtigkeit bedeutet? Es könnte doch sein, daß sich der Standpunkt jeder Person unvermeidlich auf ihren besonderen Lebensumständen gründet – ob sie mehr oder weniger talentiert ist, fleißig oder faul, mehr oder weniger gebildet, ob sie in eine wohlhabende oder in eine arme Familie hineingeboren wurde. Können wir jemals *objektiv* festlegen, wie eine gerechte Gesellschaft sein soll?

Zur Beantwortung dieser Frage schlägt Rawls das folgende Gedankenexperiment vor. Stellen Sie sich vor, wir kommen alle vor unserer Geburt zusammen und gestalten die Regeln des Zusammenlebens in der Gesellschaft. An diesem Punkt wissen wir noch nicht, welche Position ein jeder von uns im Leben einmal einnehmen wird. In Rawls Worten ausgedrückt, befinden wir uns in einem »Urzustand« hinter einem »Schleier des Nichtwissens«. In diesem Urzustand, so Rawls, sind wir in der Lage, gerechte Regeln des Zusammenlebens in der Gesellschaft festzulegen, da wir überlegen müssen, wie sich diese Regeln für jeden einzelnen auswirken werden. Wie Rawls es ausdrückt: »Since all are similarly situated and no one is able to design principles to favor his particular conditions, the principles of justice are the result of fair agreement or bargain.« Die Gestaltung staatlicher Maßnahmen und Institutionen auf diese Weise erlaubt uns ein objektives Urteil im Hinblick auf die Gerechtigkeit der Maßnahmen.

Rawls überlegt weiter, welche Ziele mit den hinter dem Schleier des Nichtwissens festgelegten staatlichen Maßnahmen verfolgt würden. Insbesondere fragt er danach, welche Einkommensverteilung eine Person als gerecht ansehen würde, wenn sie nicht wüßte, ob sie schließlich am oberen Ende, am unteren Ende oder in der Mitte der Verteilung landen wird. Rawls vertritt die Ansicht, daß eine Person im Urzustand besonders besorgt über die Möglichkeit wäre, sich am *unteren Ende* der Einkommensverteilung wiederzufinden. Die Gestaltung staatlicher Maßnahmen sollte deshalb darauf abzielen, die Wohlfahrt der am schlechtesten gestellten Person in der Gesellschaft zu erhöhen. Anstatt den gesamten Nutzen aller Gesellschaftsmitglieder zu maximieren, wie es die Utilitaristen tun würden, stellt Rawls vielmehr darauf ab, den geringstmöglichen Nutzen zu maximieren. Rawls Regel wird als **Maximin-Kriterium** bezeichnet.

Da das Maximin-Kriterium dem am schlechtesten gestellten Gesellschaftsmitglied eine große Bedeutung bemißt, rechtfertigt es staatliche Maßnahmen, die darauf abzielen, die *Einkommensverteilung gleichmäßiger* zu gestalten. Durch einen Einkommenstransfer von den Reichen zu den Armen erhöht die Gesellschaft die Wohlfahrt der am schlechtesten gestellten Person. Die Anwendung des Maximin-Kriteriums hätte jedoch keine völlig egalitäre Gesellschaft zur Folge. Wenn der Staat eine vollständige Gleichverteilung des Einkommens versprechen würde, hätten die Menschen keinen Anreiz, hart zu arbeiten. Das gesamte Einkommen der Gesellschaft würde beträchtlich sinken, und die Lage der am schlechtesten gestellten Person würde sich verschlechtern. Das Maximin-Kriterium läßt somit Einkommensdisparitäten zu, da diese Arbeitsanreize steigern und dadurch die Fähigkeit der Gesellschaft erhöhen können, den Armen zu helfen. Nichtsdestoweniger verlangt Rawls Philosophie ein höheres Ausmaß an Einkommensumverteilung als der Utilitarismus, da sie sich nur an dem am schlechtesten gestellten Gesellschaftsmitglied orientiert.

Obwohl Rawls Ansichten umstritten sind, ist das von ihm vorgeschlagene Gedankenexperiment sehr interessant. Es erlaubt uns insbesondere, die Einkommensumverteilung als eine Art von *Sozialversicherung* zu betrachten. Aus der Perspektive des Urzustandes hinter dem Schleier des Nichtwissens stellt die Einkommensumverteilung eine Sicherheitsvorkehrung dar. Hausbesitzer schließen eine Feuerversicherung ab, um sich gegen das Risiko eines Hausbrandes abzusichern. Wenn wir als Gesellschaft Maß-

Maximin-Kriterium
Die Forderung, daß der Staat darauf abzielen sollte, die Wohlfahrt des am schlechtesten gestellten Gesellschaftsmitglied zu maximieren.

nahmen festsetzen, durch die die Reichen besteuert werden, um das Einkommen der Armen zu ergänzen, versichern wir uns alle gegen die Möglichkeit, ein Mitglied einer armen Familie zu sein. Da Menschen eine Abneigung gegen Risiko haben, sollten wir glücklich sein, in eine Gesellschaft hineingeboren worden zu sein, die uns diese Versicherung bietet.

Es ist jedoch ganz und gar nicht sicher, daß rational entscheidende Menschen hinter dem Schleier des Nichtwissens wirklich so risikoavers wären und sich für das Maximin-Kriterium entscheiden würden. Da eine Person im Urzustand letztendlich überall in der Einkommensverteilung landen kann, könnte sie alle möglichen Ergebnisse bei der Gestaltung der staatlichen Maßnahmen gleich behandeln. In diesem Fall bestünde die beste Politik hinter dem Schleier des Nichtwissens darin, den Nutzen im Durchschnitt aller Gesellschaftsmitglieder zu maximieren, wobei der daraus resultierende Gerechtigkeitsbegriff eher utilitaristisch als liberalistisch im Rawlsschen Sinne wäre.

Libertarismus

Libertarismus
Politische Philosophie, wonach der Staat Verbrechen bestrafen und für die Einhaltung freiwilliger Verträge sorgen, nicht aber Einkommen umverteilen sollte.

Eine dritte Betrachtungsweise der Ungleichheit wird als **Libertarismus** bezeichnet. Die zwei Sichtweisen, die wir bisher betrachtet haben – Utilitarismus und egalitärer Liberalismus – sehen beide das gesamte Einkommen einer Gesellschaft als eine aufgeteilte Ressource an, die ein Sozialplaner frei umverteilen kann, um ein bestimmtes gesellschaftliches Ziel zu erreichen. Im Gegensatz dazu vertreten die Libertaristen die Ansicht, daß die Gesellschaft an sich kein Einkommen erzielt – lediglich die einzelnen Gesellschaftsmitglieder erzielen Einkommen. Nach Meinung der Libertaristen sollte der Staat nicht irgendwelchen Individuen einen Teil ihres Einkommens wegnehmen und an andere verteilen, um eine bestimmte Einkommensverteilung zu erreichen.

Beispielsweise schreibt der Philosoph Robert Nozick das folgende in seinem berühmten Buch *Anarchy, State and Utopia* von 1974:

>»We are not in the position of children who have been given portions of pie by someone who now makes last minute adjustments to rectify careless cutting. There is no *central* distribution, no person or group entitled to control all the resources, jointly deciding how they are to be doled out. What each person gets, he gets from others who give to him in exchange for something, or as a gift. In a free society, diverse persons control different resources, and new holdings arise out of the voluntary exchanges and actions of persons.«

Während die Utilitaristen und Liberalisten versuchen zu beurteilen, welches Ausmaß der Ungleichheit in einer Gesellschaft wünschenswert ist, bestreitet Nozick die Wichtigkeit eben dieser Frage.

Die libertaristische Alternative zur Beurteilung wirtschaftlicher *Ergebnisse* besteht darin, den *Prozeß* zu beurteilen, durch den diese Ergebnisse entstehen. Wenn die Einkommensverteilung unrechtmäßig zustande gekommen ist – z.B. weil eine Person eine andere bestohlen hat – dann hat der

Staat das Recht und die Pflicht, das Problem zu beheben. Solange der Prozeß der Festsetzung der Einkommensverteilung aber rechtmäßig ist, ist die resultierende Verteilung gerecht, egal wie ungleich sie auch sein mag.

Nozick kritisiert Rawls Liberalismus, indem er eine Analogie herstellt zwischen der Einkommensverteilung in einer Gesellschaft und der Notenverteilung in einem Kurs. Angenommen, Sie werden aufgefordert, die Gerechtigkeit der Benotung in dem Seminar zu beurteilen, das Sie zur Zeit besuchen. Würden Sie sich vorstellen, Sie wären hinter einem Schleier des Nichtwissens, und eine Notenverteilung ohne Berücksichtigung der Begabungen und Anstrengungen der einzelnen Studenten bevorzugen? Oder würden Sie einen gerechten Prozeß der Notenvergabe vorziehen, ohne Rücksicht darauf, ob die resultierende Verteilung gleich oder ungleich ist? Zumindest für den Fall der Noten ist die libertaristische stärkere Betonung des Prozesses als der Ergebnisse bezwingend.

Die Libertaristen folgern, daß die Gleichheit der Möglichkeiten wichtiger ist als die Gleichheit der Einkommen. Sie sind der Ansicht, daß der Staat für die Einhaltung der individuellen Rechte sorgen sollte, um sicherzustellen, daß jeder dieselbe Möglichkeit hat, sein Talent einzusetzen und Erfolg zu haben. Wenn diese Spielregeln einmal festgelegt sind, gibt es für den Staat keinen Grund, die resultierende Einkommensverteilung zu verändern.

Pamela verdient mehr als Pauline. Jemand schlägt vor, Pamela zu besteuern, um Paulines Einkommen zu ergänzen. Wie würden ein Utilitarist, ein Vertreter des egalitären Liberalismus und ein Libertarist diesen Vorschlag beurteilen? **Schnelltest**

Politische Maßnahmen zur Armutsbekämpfung

Wie wir gesehen haben, vertreten politische Philosophen unterschiedliche Ansichten im Hinblick auf die Rolle, die der Staat bei der Veränderung der Einkommensverteilung spielen sollte. Die politische Debatte, die unter einem Großteil der Wähler stattfindet, spiegelt eine ähnliche Uneinigkeit wider. Ungeachtet dieser fortwährenden Debatten sind die meisten Leute jedoch der Meinung, daß der Staat zumindest versuchen sollte, den am meisten Notleidenden zu helfen. Nach einer beliebten Metapher sollte der Staat ein »Sicherheitsnetz« aufspannen, um zu verhindern, daß irgendein Bürger allzu tief fällt.

Armut ist eines der schwerwiegendsten Probleme, denen Politiker gegenüberstehen. Arme Haushalte sind mit größerer Wahrscheinlichkeit als die Gesamtbevölkerung von Obdachlosigkeit, Drogenabhängigkeit, Gewalt in der Familie, Gesundheitsproblemen, Schwangerschaft bei Jugendlichen, Analphabetentum, Arbeitslosigkeit und geringem Bildungsniveau betroffen. Mitglieder armer Haushalte weisen sowohl eine höhere Kriminalitätsrate auf als auch eine höhere Wahrscheinlichkeit, das Opfer eines Verbrechens zu werden. Obwohl es Schwierigkeiten bereitet, die Ursachen der Armut von den Auswirkungen zu trennen, besteht kein Zweifel daran, daß Armut mit zahlreichen wirtschaftlichen und sozialen Mißständen in Verbindung steht.

Stellen Sie sich vor, Sie wären ein Politiker und Ihr Ziel bestünde darin, die Zahl der in Armut lebenden Menschen zu verringern bzw. Armut zu vermeiden. Auf welche Weise würden Sie dieses Ziel erreichen? Wir betrachten im folgenden einige mögliche Maßnahmen, die Sie in Erwägung ziehen könnten. Obwohl jede der Maßnahmen einem Teil der Leute hilft, der Armut zu entkommen, ist keine dieser Maßnahmen perfekt, und die Entscheidung, welche die beste ist, fällt nicht leicht.

Mindestlohngesetzgebung

Gesetze, die einen Mindestlohn festsetzen, den Arbeitgeber den Arbeitskräften bezahlen müssen, geben unaufhörlich Anlaß zu Debatten. Befürworter sehen in den Mindestlöhnen einen Weg, den in Armut lebenden Arbeitnehmern zu helfen, ohne daß dies den Staat etwas kostet. Kritiker sind der Ansicht, daß Mindestlöhne denjenigen, denen sie zu helfen beabsichtigen, eher schaden.

Wie wir erstmals in Kapitel 6 gesehen haben, ist die Wirkungsweise des Mindestlohnes unter Zuhilfenahme der »Werkzeuge« von Angebot und Nachfrage leicht zu verstehen. Für ungelernte und unerfahrene Arbeitskräfte hebt ein hoher Mindestlohn ihre Entlohnung über das Gleichgewichtsniveau. Er erhöht deshalb die Arbeitskosten der Unternehmungen und vermindert ihre Nachfrage nach Arbeit. Die Folge ist eine höhere Arbeitslosigkeit bei denjenigen Gruppen von Arbeitskräften, die von den Mindestlohnvorschriften betroffen werden. Obwohl die weiterhin beschäftigten Arbeitskräfte von dem höheren Lohn profitieren, werden diejenigen, die zu einem niedrigeren Lohn hätten beschäftigt werden können, schlechter gestellt.

Das Ausmaß dieser Effekte hängt in entscheidendem Maße von der Elastizität der Nachfrage ab. Befürworter eines hohen Mindestlohnes vertreten die Ansicht, die Nachfrage nach ungelernter Arbeit sei relativ unelastisch, so daß ein hoher Mindestlohn die Beschäftigung nur geringfügig verringere. Kritiker der Mindestlohnvorschriften sind der Meinung, die Arbeitsnachfrage sei elastischer, vor allem langfristig gesehen, wenn die Unternehmungen Beschäftigung und Produktion genauer aufeinander abstimmen können. Sie geben ferner zu bedenken, daß sich die Mindestlohnvorschriften am stärksten für jugendliche Arbeitskräfte aus der Mittelschicht auswirken, so daß ein hoher Mindestlohn eine unzulängliche Maßnahme darstellt, um den Armen zu helfen.

System der sozialen Sicherung in der Bundesrepublik Deutschland

Das System der sozialen Sicherung i.e.S. umfaßt alle Einrichtungen und Maßnahmen, die darauf abzielen, die Gesellschaftsmitglieder gegen diejenigen Risiken zu schützen, die mit dem Verlust von Arbeitseinkommen und mit unplanmäßigen Ausgaben im Falle von Krankheit, Mutterschaft, Unfall, Alter, Arbeitslosigkeit oder Tod verbunden sind und gegen die durch private Versicherungen nicht oder nicht in ausreichendem Maße vorgesorgt werden kann. Das System der sozialen Sicherung i.e.S. setzt sich aus der Berufs- und Erwerbsunfähigkeitsversicherung, der Alters- und Hinterbliebenenversicherung, der Unfallversicherung, der Krankenversicherung und der Arbeitslosenversicherung zusammen. Dieses System wird auch als *Sozialversicherungssystem* bezeichnet. Zum System der sozialen Sicherung i.w.S. zählen neben den genannten Elementen noch die Kriegsopferversorgung, die Sozialhilfe sowie weitere Sozialtransfers im Rahmen der Wohnungspolitik, der Politik der Ausbildungsförderung und der Familienpolitik. Da ein vorrangiges Ziel sozialer Sicherungssysteme im Ausgleich von Einkommensausfall besteht (Lohnersatzfunktion von Sozialeinkommen), dominieren die einkommens- und beitragsbezogenen Geldleistungen. Allerdings ist die Bedeutung der Sachleistungen – z.B. Maßnahmen der Unfallverhütung, der gesundheitlichen Aufklärung, unentgeltliche Versorgung mit Arzneimitteln u.ä., Maßnahmen zu Wiederherstellung der Berufs- und Erwerbsfähigkeit – im Laufe der Zeit erheblich gestiegen.[2] Die vielfältigen ökonomischen, sozialen, gesundheitlichen und politischen Wirkungen, die das Systems der sozialen Sicherung erzeugt, sind zum Teil nur unzureichend erforscht. Dies gilt insbesondere auch für die Wirkungen sozialpolitischer Maßnahmen auf die Lebensformen und die sozialen Verhaltensweisen der Menschen. Ein wichtiges Problem des bestehenden Systems sozialer Sicherung liegt in der Schwierigkeit, die Hilfe zur Selbsthilfe zu stärken. Bei Kritikern der sozialen Sicherung weit verbreitet ist die Ansicht, sie stelle einen Anreiz dar, notleidend zu werden.

Negative Einkommensteuer

Sobald sich der Staat für ein bestimmtes System der Besteuerung entscheidet, beeinflußt er die Einkommensverteilung. Dies trifft eindeutig für den Fall einer progressiven Einkommensteuer zu, bei der einkommensstarke Haushalte einen höheren Prozentsatz ihres Einkommens an Steuern bezahlen als einkommensschwache Haushalte. Wie wir in Kapitel 12 diskutiert haben, stellt Gerechtigkeit über alle Einkommensgruppen ein wichtiges Kriterium bei der Ausgestaltung eines Steuersystems dar.

---

[2]Für eine umfangreiche Darstellung des Systems der sozialen Sicherung in der Bundesrepublik Deutschland vgl. beispielsweise Heinz Lampert (1996): Lehrbuch der Sozialpolitik, 4., überarbeitete Auflage, Berlin u.a.O.

Negative Einkommensteuer
Eine Einkommensteuer, bei der einkommensstarke Haushalte Abgaben leisten müssen und einkommensschwache Haushalte Transferzahlungen erhalten.

Viele Volkswirte haben dafür plädiert, das Einkommen der Armen mit Hilfe einer **negativen Einkommensteuer** zu ergänzen. Bei dieser Maßnahme würden einkommensstarke Haushalte in Abhängigkeit von der Höhe ihres Einkommens Steuern bezahlen. Einkommensschwache Haushalte würden einkommensbezogene Transferzahlungen erhalten. Anders ausgedrückt, sie hätten eine »negative Steuer« zu »bezahlen«.

Nehmen Sie z.B. an, der Staat würde die Steuerschuld eines Haushalts mit der folgenden Formel ermitteln:

$$\text{Steuerschuld} = (1/3 \text{ des Einkommens}) - \text{DM } 10.000,-$$

In diesem Fall würde ein Haushalt mit einem Einkommen von DM 60.000,– Steuern in Höhe von DM 10.000,– bezahlen; für einen Haushalt mit einem Einkommen von DM 90.000,– beliefe sich die Steuerschuld auf DM 20.000,–. Ein Haushalt mit einem Einkommen von DM 30.000,– hätte keine Steuern zu bezahlen und ein Haushalt mit einem Einkommen von DM 15.000,– würde Steuern in Höhe von –DM 5.000,– »schulden«. Anders ausgedrückt, der Haushalt würde vom Staat eine Transferzahlung in Höhe von DM 5.000,– erhalten.

Befürworter einer negativen Einkommensteuer halten ihr zugute, ein einheitliches und in sich stimmiges Programm zur Einkommenssicherung zu sein. Sie stellt eine Verlängerung der üblichen Einkommensteuer in Richtung auf geringe Einkommen dar, die durch Zuzahlung oder Vollzahlung gewährleistet, daß nicht nur das Existenzminimum steuerbefreit bleibt, sondern bei Unterschreiten dieser Grenze aufgrund geringer eigener Einkommen bis zu diesem Minimum zugezahlt wird. Kritiker einer negativen Einkommensteuer weisen auf die ausschließliche Einkommensorientierung der Maßnahme hin und geben ferner zu bedenken, daß aufgrund der Nichtberücksichtigung der Ursachen von Einkommensarmut auch diejenigen finanziell unterstützt werden, die bloß faul und damit der staatlichen Unterstützung unwürdig sind.

Antiarmutsprogramme und Arbeitsanreize

Viele Maßnahmen, die darauf abzielen, den Armen zu helfen, können aufgrund der Einkommensorientierung den unbeabsichtigten Nebeneffekt aufweisen, daß sie die Armen entmutigen, aus eigener Kraft der Armut zu entkommen. Um zu sehen weshalb, betrachten wir das folgende Beispiel. Nehmen Sie an, ein Haushalt benötigt ein Jahreseinkommen in Höhe von DM 35.000,–, um einen angemessenen Lebensstandard zu erreichen. Nehmen Sie weiter an, der Staat würde jedem Haushalt ein Einkommen in dieser Höhe garantieren. Unabhängig von der Höhe des Einkommens würde der Staat die Differenz zwischen dem Einkommen des Haushalts und DM 35.000,– ausgleichen. Wie würde sich diese Maßnahme Ihrer Meinung nach auswirken?

Die Anreizwirkungen dieser Maßnahme sind offensichtlich: Alle, die mit Arbeit weniger als DM 35.000,– verdienen würden, hätten keinerlei Anreiz, eine Arbeit zu finden bzw. ihre Arbeit weiter auszuüben. Für jede verdiente

DM würde der Staat die Ergänzung des Einkommens um eine DM verringern. Praktisch würde der Staat zusätzliche Einkommen zu 100 Prozent besteuern. Ein effektiver Grenzsteuersatz von 100 Prozent stellt natürlich eine Maßnahme mit einer erheblichen Zusatzlast dar.

Die nachteiligen Auswirkungen dieses hohen effektiven Steuersatzes können im Zeitablauf fortbestehen. Jemand, der entmutigt wird zu arbeiten, kommt nicht in den Genuß einer Ausbildung am Arbeitsplatz, die möglicherweise angeboten wird. Außerdem könnte eine solche Person ihren Kindern ein schlechtes Vorbild sein, so daß diese später ebenfalls Schwierigkeiten haben könnten, eine Arbeit zu finden und zu halten.

Nennen Sie drei Maßnahmen, die darauf abzielen, den Armen zu helfen **Schnelltest** und diskutieren Sie ihre Vor- und Nachteile.

Schlußfolgerung

Die Menschen haben lange über die Einkommensverteilung in der Gesellschaft nachgedacht. *Plato*, der alte griechische Philosoph, kam zu dem Schluß, daß in einer idealen Gesellschaft das Einkommen der reichsten Person höchstens das Vierfache des Einkommens der ärmsten Person betrage. Obwohl die Messung der Ungleichheit Schwierigkeiten bereitet, ist es offensichtlich, daß das Ausmaß der Ungleichheit in unserer Gesellschaft weit höher ist als von Plato empfohlen.

Eine der *zehn volkswirtschaftlichen Regeln*, die in Kapitel 1 diskutiert wurden, besagt, daß Regierungen manchmal die Marktergebnisse verbessern können. Es herrscht jedoch kaum Einigkeit darüber, wie diese Regel auf die Einkommensverteilung angewendet werden sollte. Philosophen und Politiker stimmten heutzutage nicht darin überein, welches Ausmaß der Einkommensungleichheit wünschenswert ist bzw. ob staatliche Maßnahmen überhaupt darauf abzielen sollten, die Einkommensverteilung zu ändern. Ein Großteil der öffentlichen Debatte spiegelt diese Uneinigkeit wider. Immer wenn Steuern erhöht werden, z.B., kommt es zum Streit darüber, welcher Anteil der Steuererhöhung von den Reichen, der Mittelschicht und den Armen getragen werden sollte.

Eine andere der *zehn volkswirtschaftlichen Regeln* besagt, daß alle Menschen vor abzuwägenden Alternativen stehen. Es ist wichtig, diese Regel beim Nachdenken über wirtschaftliche Ungleichheit im Hinterkopf zu behalten. Politische Maßnahmen, die die Erfolgreichen bestrafen und die Erfolglosen belohnen, verringern den Anreiz, erfolgreich zu sein. Die Politiker sehen sich deshalb einem Zielkonflikt zwischen Gerechtigkeit und Effizienz gegenüber. Je gerechter der Kuchen verteilt wird, um so kleiner wird er. Dies ist die einzige Lektion bezüglich der Einkommensverteilung, der fast jeder zustimmt.

Zusammenfassung

- Die Angaben zur Einkommensverteilung zeigen eine große Disparität in unserer Gesellschaft. Das Nettoeinkommen der reichsten 10 Prozent aller Haushalte betrug 1993 im früheren Bundesgebiet etwa das Neunfache des Nettoeinkommens der ärmsten 10 Prozent aller Haushalte.

- Da wirtschaftlicher Lebenszyklus, transitorisches Einkommen und wirtschaftliche Mobilität so wichtig für das Verständnis von Einkommensunterschieden sind, ist es schwierig, den Grad der Ungleichheit in unserer Gesellschaft anhand von Daten zur Einkommensverteilung für ein einziges Jahr zu beurteilen. Bei Berücksichtigung dieser Faktoren ist zu vermuten, daß die wirtschaftliche Wohlfahrt tendenziell gleichmäßiger verteilt ist als die Jahreseinkommen.

- Politische Philosophen unterscheiden sich in ihren Ansichten darüber, welche Rolle der Staat bei der Veränderung der Einkommensverteilung spielen sollte. Utilitaristen (z.B. John Stuart Mill) würden diejenige Einkommensverteilung vorziehen, die den gesamten Nutzen aller Gesellschaftsmitglieder maximiert. Vertreter des egalitären Liberalismus (z.B. John Rawls) würden eine Einkommensverteilung veranlassen, wie wir sie hinter einem »Schleier des Nichtwissens« für gerecht erachten würden, der uns daran hindert, unsere eigenen Positionen im Leben zu kennen. Nach Meinung der Libertaristen (z.B. Robert Nozick) sollte der Staat für die Einhaltung individueller Rechte sorgen, um einen gerechten Prozeß der Einkommensverteilung zu gewährleisten, nicht aber in die dann resultierende Einkommensverteilung eingreifen.

- Verschiedene politische Maßnahmen sind möglich, um Armut zu überwinden und zu vermeiden – z.B. Mindestlohngesetze, das System der sozialen Sicherung sowie eine negative Einkommensteuer. Obwohl jede dieser Maßnahmen einigen armen Haushalten helfen kann, der Armut zu entkommen, haben sie ebenfalls unbeabsichtigte Nebeneffekte. Da die finanzielle Unterstützung mit steigendem Einkommen abnimmt, sehen sich die Armen oftmals sehr hohen effektiven Grenzsteuersätzen gegenüber. Die hohen effektiven Steuersätze entmutigen arme Haushalte, aus eigener Kraft der Armut zu entkommen.

Stichworte

Armutsquote	Egalitärer Liberalismus
Armutsgrenze	Maximin-Kriterium
Lebenszyklus	Libertarismus
Dauerhaftes Einkommen	Wohlfahrt
Utilitarismus	Negative Einkommensteuer
Nutzen	

Zur Wiederholung

1. Hat das Nettoeinkommen der reichsten 10 Prozent aller Haushalte im früheren Bundesgebiet 1993 etwa das Doppelte, das Vierfache oder das Neunfache des Nettoeinkommens der ärmsten 10 Prozent aller Haushalte betragen?
2. Welche Bevölkerungsgruppen leben am häufigsten in Armut?
3. Warum verursachen transitorische Einkommensänderungen sowie Einkommensänderungen im Laufe des Lebens einer Person Schwierigkeiten bei der Beurteilung des Ausmaßes der Einkommensungleichheit?
4. Wie würden ein Utilitarist, ein Vertreter des egalitären Liberalismus und ein Libertarist das zulässige Ausmaß der Einkommensungleichheit bestimmen?
5. Worin bestehen die Vor- und Nachteile einer Gewährung von Sachleistungen anstelle von Geldleistungen für die Armen?

Aufgaben und Anwendungen

1. Tabelle 20-2 zeigt den Anstieg der Einkommensungleichheit in der Bundesrepublik Deutschland seit 1978. Einige Faktoren, die zu dieser Entwicklung beigetragen haben, wurden in Kapitel 19 diskutiert. Um welche handelt es sich?
2. Volkswirte betrachten oftmals die Einkommensschwankungen im Laufe des Lebens einer Person als vorübergehende Einkommensänderungen bezogen auf das Lebenszeiteinkommen oder das permanente Einkommen der Person. Wie stellt sich Ihr gegenwärtiges Einkommen im Verhältnis zu Ihrem permanenten Einkommen dar? Glauben Sie, daß Ihr gegenwärtiges Einkommen Ihren Lebensstandard exakt widerspiegelt?
3. In diesem Kapitel wurde unterstellt, daß die Haushalte transitorische Änderungen des Einkommens durch Sparen oder Kreditaufnahme ausgleichen, um den Zeitpfad des Konsums zu glätten.
   a) Wodurch könnte ein solcher Ausgleich verhindert werden?
   b) Halten Sie es somit für angebracht, die Einkommensungleichheit lediglich auf der Basis des permanenten Einkommens zu messen?
4. In diesem Kapitel wurde die Bedeutung der wirtschaftlichen Mobilität diskutiert.
   a) Welche Maßnahmen könnte der Staat durchführen, um die wirtschaftliche Mobilität *im Laufe eines Menschenlebens* zu erhöhen?
   b) Welche Maßnahmen könnte der Staat durchführen, um die wirtschaftliche Mobilität *über die Generationen* zu erhöhen?
   c) Sind Sie der Meinung, wir sollten die Ausgaben für das System der sozialen Sicherung reduzieren und statt dessen mehr Geld für Maß-

nahmen zu Erhöhung der wirtschaftlichen Mobilität ausgeben? Worin bestünden einige der Vor- und Nachteile eines solchen Vorgehens?

5. Betrachten Sie zwei Gemeinschaften. In der einen Gemeinschaft verfügen zehn Haushalte jeweils über ein Einkommen von DM 100,– und zehn Haushalte jeweils über ein Einkommen von DM 20,–. In der anderen Gemeinschaft verfügen zehn Haushalte jeweils über ein Einkommen von DM 200,– und zehn Haushalte jeweils über ein Einkommen von DM 22,–.

   a) In welcher Gemeinschaft ist das Einkommen ungleicher verteilt? In welcher Gemeinschaft ist das Armutsproblem wahrscheinlich schlimmer?

   b) Welche Einkommensverteilung würde Rawls vorziehen? Begründen Sie Ihre Antwort.

   c) Welche Einkommensverteilung ziehen Sie vor? Begründen Sie Ihre Antwort.

6. In diesem Kapitel wurde die Analogie zu einem »undichten Eimer« hergestellt, um eine Grenze der Einkommensumverteilung zu verdeutlichen. Erläutern Sie, welche Elemente des Systems der Einkommensumverteilung in Deutschland die undichten Stellen im Eimer bewirken.

7. Angenommen, es gibt zwei mögliche Einkommensverteilungen in einer Gesellschaft von zehn Menschen. Im Fall der ersten Verteilung verfügen neun Leute jeweils über ein Einkommen von DM 30.000,– und eine Person über ein Einkommen von DM 10.000,–. Im Fall der zweiten Verteilung verfügen alle zehn Personen über ein Einkommen von DM 25.000,–.

   a) Wie würde für den Fall der ersten Einkommensverteilung das utilitaristische Argument für eine Umverteilung des Einkommens lauten?

   b) Welche Einkommensverteilung würde Rawls für gerechter ansehen? Begründen Sie Ihre Antwort.

   c) Welche Einkommensverteilung würde Nozick für gerechter ansehen? Begründen Sie Ihre Antwort.

8. Denken Sie, eine Person, die glaubt, daß der Staat armen Kindern, nicht aber armen Erwachsenen helfen sollte, würde im Rahmen des Systems der sozialen Sicherung eher Geldleistungen oder Sachleistungen befürworten?

9. Angenommen, die Steuerschuld eines Haushalts wäre gleich der Hälfte seines Einkommens abzüglich DM 10.000,–. Unter diesen Umständen würden manche Haushalte Steuern an den Staat bezahlen, andere würden infolge einer »negativen Einkommensteuer« Geld vom Staat erhalten.

   a) Betrachten Sie Haushalte mit einem Bruttoeinkommen von DM 0,–, DM 10.000,–, DM 20.000,–, DM 30.000,– und DM 40.000,–. Erstellen Sie eine Tabelle mit dem Bruttoeinkommen (Einkommen vor Steuer), der an den Staat bezahlten Steuer bzw. vom Staat empfangenen Transferzahlung sowie dem Nettoeinkommen (Einkommen nach Steuer) eines jeden Haushalts.

   b) Wie hoch ist der Grenzsteuersatz bei dieser Einkommensteuer? (Für die Definition des Grenzsteuersatzes siehe Kapitel 12.) Wie hoch darf das Einkommen eines Haushalts maximal sein, damit er Geld vom Staat erhält?

   c) Nehmen Sie nun an, der Steuertarif hätte sich geändert und die Steuerschuld eines Haushalts wäre nun gleich einem Viertel seines Einkommens abzüglich DM 10.000,–. Wie hoch ist jetzt der Grenzsteuersatz? Wie hoch darf das Einkommen eines Haushalts maximal sein, damit er Geld vom Staat erhält?

   d) Worin liegt der Hauptvorteil eines jeden der hier diskutierten Steuertarife?

10. John und Jeremy sind beide Utilitaristen. John ist der Ansicht, daß das Arbeitsangebot in hohem Maße elastisch ist, während Jeremy glaubt, daß das Arbeitsangebot ziemlich unelastisch ist. Wie werden sich ihre Ansichten im Hinblick auf die Umverteilung des Einkommens unterscheiden?

11. Betrachten Sie die folgenden Aussagen. Stimmen Sie zu oder nicht? Was implizieren Ihre Ansichten im Hinblick auf die Ausgestaltung bestimmter staatliche Maßnahmen, wie z.B. die Besteuerung oder die Regelung der Vererbung?

   a) »Alle Eltern haben das Recht, hart zu arbeiten und zu sparen, um ihren Kindern ein besseres Leben zu ermöglichen.«

   b) »Kein Kind sollte aufgrund der Faulheit oder des Pechs seiner Eltern benachteiligt werden.«

Ein Thema für Fortgeschrittene

Teil VII

In diesem Kapitel werden Sie

- sehen, wie eine Budgetbeschränkung die Wahlmöglichkeiten, die sich ein Konsument leisten kann, repräsentiert,
- lernen, wie mit Hilfe von Indifferenzkurven die Präferenzen eines Konsumenten dargestellt werden können,
- analysieren, wie die Wahl der optimalen Konsumstruktur zustande kommt,
- sehen, wie ein Konsument auf Veränderungen des Einkommens sowie der Preise reagiert,
- die Wirkung einer Preisänderung zerlegen in einen Einkommenseffekt und einen Substitutionseffekt,
- die Theorie der Konsumentscheidungen anwenden auf vier Fragen zum Verbraucherverhalten.

Wenn Sie ein Geschäft betreten, werden Sie mit Tausenden von Gütern konfrontiert, die Ihnen angeboten werden. Da Ihre finanziellen Mittel jedoch begrenzt sind, können Sie nicht alles kaufen, was Sie sich wünschen. Daher werden Sie unter Berücksichtigung der Preise der verschiedenen angebotenen Güter ein Bündel an Gütern erwerben, das bei gegebener Mittelausstattung Ihren Bedürfnissen und Wünschen am besten entspricht.

In diesem Kapitel werden wir die zugehörige Theorie entwickeln, die beschreibt, wie die Konsumenten Ihre Entscheidung darüber treffen, was Sie kaufen. Im bisherigen Verlauf der Ausführungen haben wir die Entscheidungen der Konsumenten zusammengefaßt mit Hilfe der Nachfragekurve dargestellt. Wie in den Kapiteln 4 bis 7 deutlich wurde, spiegelt die Nachfragekurve die Zahlungsbereitschaft der Verbraucher wider. Steigt der Preis eines Gutes, so sind die Konsumenten nur noch bereit, für weniger Einheiten des betroffenen Gutes zu zahlen, so daß die nachgefragte Menge fällt. Wir werden uns nun ausführlicher mit den Entscheidungen beschäftigen, die hinter der Nachfragekurve stehen. Die Theorie der Konsumentscheidung, die in diesem Kapitel präsentiert wird, liefert ein besseres Verständnis der Nachfrage, ebenso wie die Theorie der Unternehmung auf kompetitiven Märkten in Kapitel 14 ein tieferes Verständnis der Angebotsseite erbrachte.

Eine der in Kapitel 1 aufgestellten zehn Regeln lautete, daß Menschen Zielkonflikten ausgesetzt sind. Die Theorie des Konsumverhaltens untersucht diejenigen Zielkonflikte, denen sich die Menschen in ihrer Rolle als Konsumenten gegenübersehen. Wenn ein Verbraucher eine größere Menge eines Gutes erwirbt, so kann er sich im Gegenzug weniger von anderen

Gütern leisten. Wenn er mehr Zeit damit verbringt, die Freizeit zu genießen, und weniger Zeit für Arbeit aufwendet, so fällt sein Einkommen geringer aus, und er kann sich nur ein geringeres Konsumniveau leisten. Gibt er einen größeren Teil seines Einkommens in der Gegenwart aus und spart einen geringeren Anteil, so muß er ein niedrigeres Konsumniveau in der Zukunft in Kauf nehmen. Die Theorie der Konsumentscheidungen untersucht, wie Verbraucher unter diesen Zielkonflikten Entscheidungen treffen und wie sie auf Änderungen in Ihrem Umfeld reagieren.

Anschließend an die Entwicklung der Grundzüge der Theorie der Konsumentscheidungen werden wir diese auf einige Fragen bezüglich der Entscheidung von Haushalten anwenden. Insbesondere werden wir die folgenden Fragen stellen:
- Verlaufen alle Nachfragekurven fallend?
- Wie beeinflussen die Löhne das Arbeitsangebot?
- Wie beeinflussen die Zinssätze das Sparvolumen der Haushalte?
- Ziehen Ärmere es vor, Geldzahlungen oder Sachleistungen zu erhalten?
Auf den ersten Blick scheint keine enge Verbindung zwischen diesen Fragen zu bestehen. Wie wir jedoch sehen werden, kann uns die Theorie des Konsumentenverhaltens dazu dienen, jede dieser Fragen zu untersuchen.

Die Budgetbeschränkung oder was der Konsument sich leisten kann

Die meisten Menschen würden gerne die Quantität oder die Qualität der von ihnen konsumierten Güter steigern – wie z.B. längeren Urlaub machen, schickere Autos fahren oder in besseren Restaurants essen. Die Menschen konsumieren weniger, als sie wünschen, weil ihre Ausgaben durch ihr Einkommen *beschränkt* sind. Wir beginnen unsere Untersuchung des Verbraucherverhaltens, indem wir den Zusammenhang zwischen Einkommen und Ausgaben näher betrachten.

Um die Analyse einfach zu halten, untersuchen wir die Entscheidungssituation eines Modell-Konsumenten, der nur zwei Güter kauft: Pepsi und Pizza. Selbstverständlich konsumieren wirkliche Menschen Tausende von unterschiedlichen Gütern. Die Annahme, es gebe nur zwei Güter, vereinfacht das Problem jedoch beträchtlich, ohne dabei die grundlegenden Einsichten in das Konsumentenverhalten zu beeinträchtigen.

Wir überlegen uns zuerst, wie das Einkommen des Konsumenten die jeweils für Pepsi und Pizza ausgegebenen Summen beschränkt. Nehmen wir an, der Konsument erziele ein monatliches Einkommen von 1.000 DM und er gebe dieses jeden Monat vollständig für Pepsi und Pizza aus. Der Preis einer Dose Pepsi betrage 2 DM, eine Pizza koste 10 DM.

Die Tabelle 21-1 weist einige der vielen denkbaren Kombinationen von Pepsi und Pizza aus, die der Konsument bezahlen kann. Die erste Zeile der Tabelle zeigt, daß der Konsument – wollte er sein gesamtes Einkommen für Pizza ausgeben – 100 Pizzas im Monat essen kann; dabei wäre es ihm unmöglich, eine einzige Dose Pepsi zu kaufen. Die zweite Zeile zeigt ein weiteres mögliches Konsumbündel: 90 Pizzas und 50 Dosen Pepsi. Usw. Jedes in der Tabelle aufgeführte Konsumbündel kostet genau 1.000 DM.

Dosen Pepsi	Anzahl an Pizzas	Ausgaben für Pepsi	Ausgaben für Pizza	gesamte Ausgaben
0	100	DM 0	DM 1.000	DM 1.000
50	90	100	900	1.000
100	80	200	800	1.000
150	70	300	700	1.000
200	60	400	600	1.000
250	50	500	500	1.000
300	40	600	400	1.000
350	30	700	300	1.000
400	20	800	200	1.000
450	10	900	100	1.000
500	0	1.000	0	1.000

Tabelle 21-1
Die (Wahl-)Möglichkeiten des Verbrauchers. Diese Tabelle zeigt, welche Kombinationen aus Pepsi und Pizza sich der Konsument bei einem Einkommen von 1.000 DM leisten kann, wenn der Preis einer Dose Pepsi 2 DM und der Preis einer Pizza 10 DM beträgt.

Das Schaubild 21-1 verdeutlicht graphisch die Konsumbündel, die der Verbraucher wählen kann. Die vertikale Achse mißt die Anzahl an Dosen Pepsi, auf der horizontalen Achse ist die Anzahl der Pizzas abgetragen. Drei Punkte sind in dieser Abbildung hervorgehoben. Im Punkt A kauft der Konsument überhaupt keine Pepsi und verzehrt 100 Pizzas. Im Punkt B kauft der Verbraucher keine einzige Pizza und trinkt 500 Dosen Pepsi. Im Punkt C kauft der Konsument 50 Pizzas und 250 Dosen Pepsi. Im Punkt C, der genau in der Mitte der Strecke von A nach B liegt, wendet der Verbraucher eine jeweils gleiche Summe (jeweils 500 DM) für Pepsi und Pizza auf. Selbstverständlich sind dies nur drei der vielen denkbaren Kombinationen aus Pepsi und Pizza, die der Konsument wählen kann. Alle Punkte auf der Linie von A nach B sind möglich. Diese Linie, die Budgetgerade oder **Budgetbeschränkung** genannt wird, repräsentiert diejenigen Konsumbündel, die der Konsument sich leisten kann. Im hier geschilderten Fall zeigt die Budgetbeschränkung den Zielkonflikt zwischen Pepsi und Pizza.

Budgetbeschränkung
Die Begrenzung der Konsumbündel, die der Verbraucher sich leisten kann

Die Steigung der Budgetbeschränkung gibt das Ausmaß wider, in welchem der Konsument das eine Gut gegen das andere tauschen kann. Erinnern Sie sich aus dem Anhang des 2. Kapitels daran, daß sich die Steigung zwischen zwei Punkten als Veränderung der vertikalen Entfernung geteilt durch die Veränderung der horizontalen Entfernung (›rise over run‹) ergibt. Von Punkt A zu Punkt B beträgt die vertikale Entfernung 500 Dosen Pepsi, die horizontale Entfernung 100 Pizzas. Also ergibt sich für die Steigung 5 Dosen Pepsi pro Pizza. (Genau genommen trägt die Steigung ein negatives Vorzeichen, da die Budgetbeschränkung eine fallende Kurve ist. Für unsere Zwecke können wir diesen Umstand vernachlässigen.)

Beachten Sie, daß die Steigung der Budgetgeraden dem *relativen Preis* der beiden Güter entspricht – also dem Preis des einen Gutes verglichen mit dem Preis des anderen Gutes. Eine Pizza kostet fünf mal mehr als eine Dose Pepsi. Also kann der Konsument eine Pizza gegen fünf Dosen Pepsi tauschen. Diesen Zielkonflikt spiegelt eine Budgetbeschränkung mit der Steigung 5 wider.

Schaubild 21-1
Die Budgetbe-
schränkung des Ver-
brauchers (Budget-
gerade). Die
Budgetbeschränkung
zeigt die verschiede-
nen Güterbündel, die
ein Konsument sich
bei einem gegebenen
Einkommen leisten
kann. Hier erwirbt
unser Konsument
Kombinationen aus
Pepsi und Pizza. Je
mehr Pepsi er kauft,
desto weniger Pizza
kann er sich leisten
und umgekehrt.

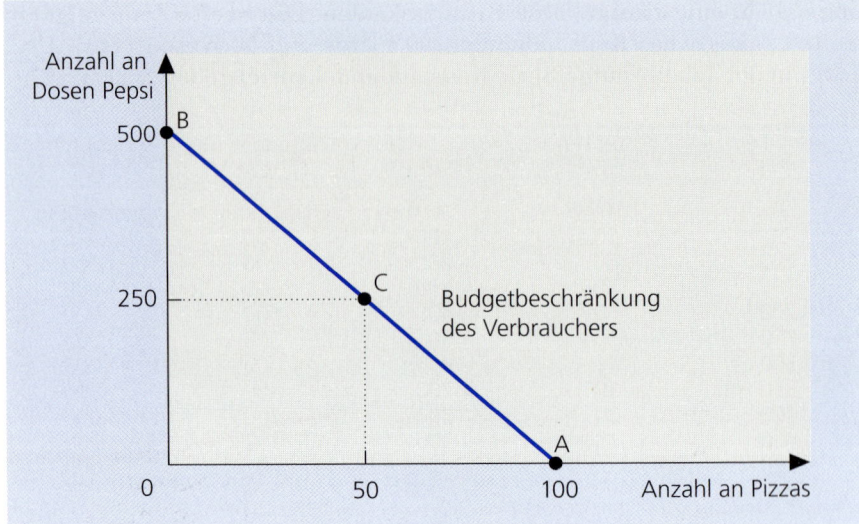

Schnelltest   Zeichnen Sie die Budgetbeschränkung einer Person mit einem Einkommen
von 1.000 DM, wenn der Preis einer Dose Pepsi 5 DM beträgt und eine Pizza
10 DM kostet. Wie groß ist die Steigung dieser Budgetbeschränkung?

Präferenzen oder was der Konsument will

Unser Ziel in diesem Kapitel besteht darin zu erkennen, wie Konsumenten
Entscheidungen treffen. Die Budgetbeschränkung stellt dabei einen Teil
der Analyse dar: Sie zeigt auf, welche Güterkombination der Konsument bei
gegebenem Einkommen und gegebenen Güterpreisen sich leisten kann. Die
Wahl des Konsumenten hängt jedoch nicht allein von seiner finanziellen
Budgetbeschränkung ab, sondern wird auch von seinen Präferenzen bezüglich der Güter bestimmt. Daher stellen die Präferenzen des Konsumenten
den nächsten Baustein in unserer Analyse dar.

Die Darstellung von Präferenzen mit Hilfe von Indifferenzkurven

Die Präferenzen des Verbrauchers ermöglichen es diesem, sich zwischen
unterschiedlichen Bündeln von Pepsi und Pizza zu entscheiden. Bietet man
dem Konsumenten zwei verschiedene Güterbündel an, so wird er dasjenige
wählen, welches seinem Geschmack am ehesten entspricht. Erfüllen beide
Güterbündel seine Vorstellungen gleich gut, so sagen wir, der Konsument
ist *indifferent* zwischen diesen zwei Bündeln.

Ebenso wie wir die Budgetbeschränkung des Konsumenten graphisch
dargestellt haben, können wir seine Präferenzen graphisch veranschau-

lichen. Dazu benutzen wir die Indifferenzkurvenanalyse. Eine **Indifferenzkurve** zeigt all diejenigen Konsumbündel, die den Verbraucher gleichermaßen glücklich machen. In unserem Fall gibt die Indifferenzkurve diejenigen Kombinationen von Pepsi und Pizza an, die den Konsumenten gleichermaßen zufriedenstellen.

Das Schaubild 21-2 zeigt zwei der vielen Indifferenzkurven eines Konsumenten. Der Verbraucher ist indifferent zwischen den Kombinationen A, B und C, denn diese liegen alle auf derselben Kurve. Nicht überraschend ist daher die Tatsache, daß – beispielsweise im Übergang von Punkt A zu Punkt B – bei einer Reduktion des Pizza-Konsums der Pepsi-Konsum ansteigen muß, um den Verbraucher gleichermaßen glücklich zu machen. Eine weitere Senkung des Pizza-Konsums von Punkt B zu Punkt C ist mit einem weiteren Anstieg der konsumierten Pepsi-Menge verbunden.

Die Steigung der Indifferenzkurve entspricht in jedem Punkt genau dem Verhältnis, zu welchem der Verbraucher bereit ist, ein Gut durch das andere zu substituieren. Dieses Verhältnis wird **Grenzrate der Substitution** (GdS) genannt. In unserem Fall gibt die Grenzrate der Substitution an, wie vieler Pepsi-Dosen es bedarf, um den Konsumenten für den Verzicht auf eine Pizza zu »entschädigen«. Beachten Sie, daß die Grenzrate der Substitution, da die Indifferenzkurven keine geraden Linien sind, nicht in allen Punkten einer gegebenen Indifferenzkurve gleich groß ist. Das Verhältnis, zu dem der Konsument bereit ist, ein Gut gegen das andere zu tauschen, hängt davon ab, welche Gütermengenkombination er im Betrachtungszeitpunkt gerade konsumiert. D.h., das Verhältnis, zu welchem der Konsument bereit ist, Pizza gegen Pepsi zu tauschen, hängt davon ab, ob er eher hungrig oder eher durstig ist, was wiederum davon abhängt, wie viele Pizzas und wie viele Dosen Pepsi er schon hat.

Der Konsument ist in allen Punkten einer jeden gegebenen Indifferenzkurve gleich glücklich, aber er zieht einige Indifferenzkurven anderen vor.

Indifferenzkurve
Eine Kurve, die all jene Konsumbündel aufzeigt, die dem Verbraucher den gleichen Grad an Zufriedenheit stiften

Grenzrate der Substitution
Das Verhältnis, zu welchem ein Konsument bereit ist, ein Gut gegen das andere zu tauschen

Schaubild 21-2
Die Präferenzen des Verbrauchers. Die Konsumentenpräferenzen werden mit Hilfe von Indifferenzkurven dargestellt, die jene Kombinationen von Pepsi und Pizza aufzeigen, die den Verbraucher gleichermaßen zufriedenstellen. Da der Verbraucher höhere Mengen eines jeden Gutes vorzieht, werden Punkte auf einer höher liegenden Indifferenzkurve (hier I_2) gegenüber Punkten auf einer niedriger liegenden Indifferenzkurve (I_1) präferiert. Die Grenzrate der Substitution gibt das Verhältnis an, zu dem der Verbraucher bereit ist, Pizza gegen Pepsi zu tauschen.

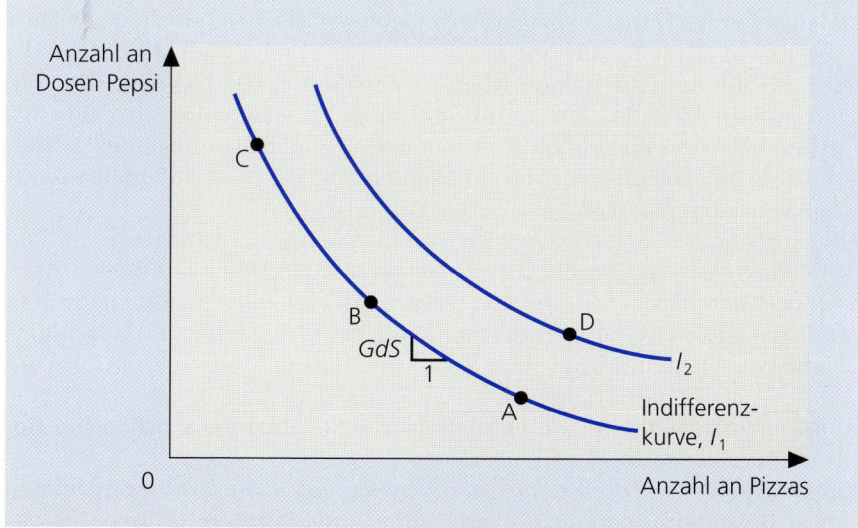

Da er ein höheres Konsumniveau einem niedrigeren vorzieht, werden höher liegende Indifferenzkurven gegenüber niedriger liegenden bevorzugt. Im Schaubild 21-2 wird daher jeder Punkt auf I_2 gegenüber I_1 bevorzugt.

Die Schar von Indifferenzkurven eines Konsumenten bildet damit die vollständige Rangordnung der Präferenzen dieses Verbrauchers ab. D.h. wir können die Indifferenzkurven dazu benutzen, zwei beliebige Konsumgüterbündel in eine Rangordnung zu setzen. Die hier dargestellten Indifferenzkurven sagen uns beispielsweise, daß der Punkt D gegenüber dem Punkt A bevorzugt wird, da der Punkt D auf einer höheren Indifferenzkurve als der Punkt A liegt. (Diese Schlußfolgerung ist naheliegend, denn der Punkt D repräsentiert ein Güterbündel, welches mehr Pizza und mehr Pepsi als Punkt A enthält.) Die Indifferenzkurven zeigen uns außerdem, daß der Punkt D auch gegenüber dem Punkt C vorgezogen wird, da sich D auf einer höher liegenden Indifferenzkurve befindet. Obwohl in Punkt D weniger Dosen Pepsi konsumiert werden können als in Punkt C, enthält der Punkt D mehr als genug zusätzliche Pizzas, um den Konsumenten dieses Güterbündel bevorzugen zu lassen. Indem wir prüfen, welcher Punkt auf einer höheren Indifferenzkurve liegt, können wir die Schar von Indifferenzkurven dazu nutzen, alle denkbaren Pepsi-Pizza-Kombinationen in eine Rangordnung zu bringen.

Vier Eigenschaften von Indifferenzkurven

Da Indifferenzkurven die Präferenzen eines Konsumenten darstellen, weisen sie bestimmte Eigenschaften auf, die diese Präferenzen widerspiegeln. Hier werden wir vier Eigenschaften näher betrachten, mit deren Hilfe die meisten Indifferenzkurven beschrieben werden können:

- *Eigenschaft 1: Höher liegende Indifferenzkurven werden gegenüber niedriger liegenden bevorzugt.* Die Konsumenten ziehen in der Regel höhere Mengen eines Gutes niedrigeren Mengen vor. (Daher sprechen wir auch von einem »Gut« [good] und nicht von einem Ungut oder »Übel« [bad].) Diese Präferenz für höhere Mengen wird durch die Indifferenzkurven dargestellt. Wie das Schaubild 21-2 zeigt, stehen höher liegende Indifferenzkurven für größere Gütermengen als niedriger liegende Indifferenzkurven. Daher zieht der Konsument es vor, sich auf höheren Indifferenzkurven aufzuhalten.
- *Eigenschaft 2: Indifferenzkurven weisen eine negative Steigung auf.* Die Steigung einer Indifferenzkurve gibt das Verhältnis an, zu dem ein Konsument bereit ist, das eine Gut gegen das andere zu tauschen. In den meisten Fällen wollen Verbraucher beide zur Wahl stehenden Güter konsumieren. Daher muß bei einer Verminderung der Menge eines Gutes die Menge des anderen Gutes ansteigen, um den Konsumenten gleichermaßen zufriedenzustellen. Deshalb ist die Steigung der meisten Indifferenzkurven negativ.
- *Eigenschaft 3: Indifferenzkurven schneiden sich nicht.* Um zu zeigen, daß diese Behauptung stimmt, nehmen wir an, zwei Indifferenzkurven schnit-

ten sich tatsächlich, wie in Schaubild 21-3 gezeichnet. Da Punkt A auf derselben Indifferenzkurve liegt wie Punkt B, würden diese beiden Punkte den Konsumenten gleichermaßen zufriedenstellen. Da Punkt B auch auf derselben Indifferenzkurve liegt wie Punkt C, würden auch diese beiden Punkte den Konsumenten gleichermaßen glücklich machen. Diese Schlußfolgerungen führen zu dem Ergebnis, daß auch die Punkte A und C den Verbraucher gleichermaßen zufriedenstellen müßten, obwohl in Punkt C größere Mengen von beiden Gütern konsumiert werden können. Dies widerspricht unserer Annahme, daß ein Konsument stets größere Mengen an Güterkonsum geringeren vorzieht. Also können sich Indifferenzkurven nicht schneiden.

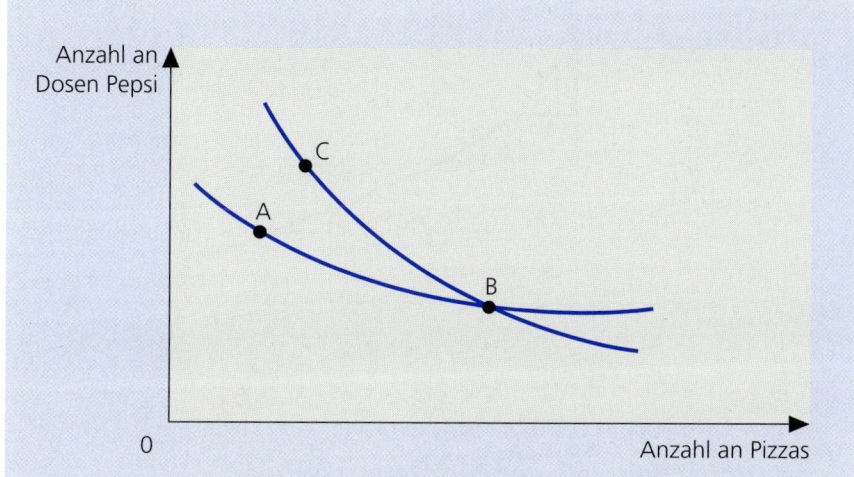

Schaubild 21-3
Die Unmöglichkeit sich schneidender Indifferenzkurven. Eine Situation, wie sie hier gezeichnet ist, kann niemals eintreten. Entsprechend der hier abgebildeten Indifferenzkurven wäre der Konsument mit den Punkten A, B und C gleichermaßen zufrieden – und dies obwohl Punkt C höhere Mengen beider Güter repräsentiert als der Punkt A.

■ *Eigenschaft 4: Indifferenzkurven verlaufen konvex.* Die Steigung einer Indifferenzkurve entspricht der Grenzrate der Substitution – also demjenigen Verhältnis, zu dem der Verbraucher bereit ist, das eine Gut gegen das andere zu tauschen. Die Grenzrate der Substitution (GdS) hängt in der Regel davon ab, welche Mengen der entsprechenden Güter der Konsument im Betrachtungszeitpunkt bereits zur Verfügung hat. Da die Menschen eher bereit sind, von demjenigen Gut etwas herzugeben bzw. zu tauschen, das ihnen im Überfluß zur Verfügung steht, und nur in geringerem Ausmaß bereit sind, von demjenigen Gut, von dem sie sowieso schon wenig haben, etwas herzugeben, sind die Indifferenzkurven nach innen gekrümmt (verlaufen also konvex). Betrachten Sie dazu z.B. das Schaubild 21-4. Im Punkt A stehen dem Konsumenten viele Dosen Pepsi, aber vergleichsweise wenige Pizzas zur Verfügung; er ist daher sehr hungrig und nur wenig durstig. Um den Verbraucher dazu zu bringen, eine Pizza aufzugeben, muß man ihm statt dessen sechs Dosen Pepsi anbieten: Die Grenzrate der Substitution beträgt also sechs Dosen Pepsi pro Pizza. Im Gegensatz dazu stehen dem Konsumenten im Punkt B nur eine geringere Anzahl an Dosen Pepsi, jedoch vergleichsweise viele Pizzas zur Verfü-

Schaubild 21-4
Gekrümmte Indiffe-
renzkurven. Indiffe-
renzkurven sind in
der Regel nach innen
gekrümmt (konvex).
Ein solcher Verlauf
beinhaltet, daß die
Grenzrate der Substi-
tution (GdS) von den
derzeit konsumierten
Mengen beider Güter
abhängt. Im Punkt A
stehen dem Verbrau-
cher wenige Pizzas
und viele Dosen
Pepsi zur Verfügung,
also verlangt er auch
eine große Anzahl an
zusätzlichen Dosen
Pepsi für die Bereit-
schaft, im Gegenzug
dafür eine Pizza
abzugeben: Die
Grenzrate der Substi-
tution beträgt 6
Dosen Pepsi pro
Pizza. Im Punkt B
stehen dem Verbrau-
cher viele Pizzas,
aber nur wenige
Dosen Pepsi zur Ver-
fügung, also wird es
nur eine geringe
zusätzliche Anzahl an
Dosen Pepsi erfor-
dern, um ihn zum
Verzicht auf eine
Pizza zu veranlassen.
Die Grenzrate der
Substitution beträgt
hier eine Dose Pepsi
pro Pizza.

gung; er ist also sehr durstig und nur wenig hungrig. In diesem Punkt
wäre er bereit, auf eine Pizza zu verzichten, um dafür im Gegenzug eine
Dose Pepsi zu erhalten: Die Grenzrate der Substitution beträgt also eine
Dose Pepsi pro Pizza. Daher zeigt der gekrümmte Verlauf der Indifferenz-
kurve die größere Bereitschaft eines Konsumenten, auf etwas von dem
Gut zu verzichten, das er schon in großer Menge besitzt.

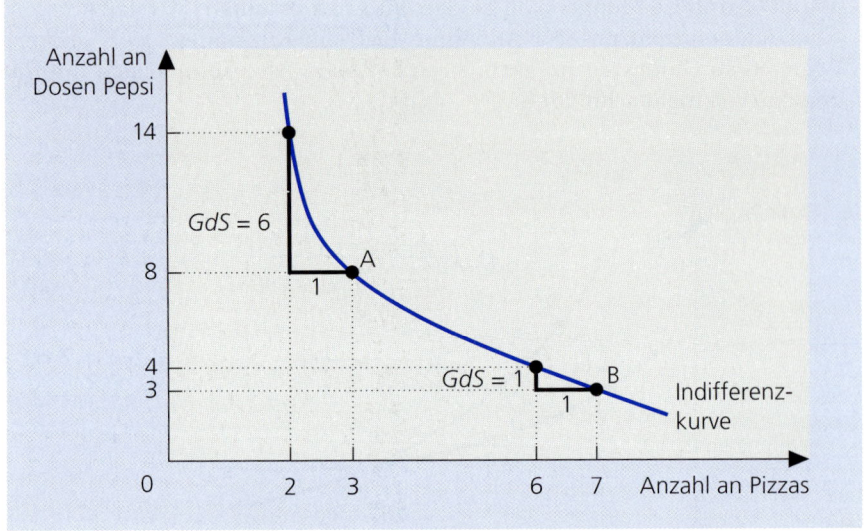

Zwei extreme Beispiele von Indifferenzkurven

Der Verlauf einer Indifferenzkurve gibt uns Auskunft über die Bereitschaft
eines Konsumenten, ein Gut gegen das andere zu tauschen. Wenn die
betreffenden Güter leicht gegenseitig zu ersetzen sind, so sind die Indifferenzkurven weniger gekrümmt. Fällt die Substitution der Güter
schwer, so weisen die Indifferenzkurven dagegen eine starke Krümmung
auf. Zur Verdeutlichung dieser Behauptungen werden wir die Extremfälle
betrachten.

Vollkommene Substitute.   Nehmen wir an, jemand biete ihnen Rollen
bestehend aus 1-DM-Stücken und aus 2-DM-Stücken an. Wie würden Sie
die unterschiedlichen Rollen in eine Rangordnung bringen?

Höchstwahrscheinlich wäre Ihnen allein der gesamte (Geld-)Wert der
entsprechenden Rollen wichtig. Wenn dies so ist, so würden sie den Wert
nach der Anzahl der 1-DM-Stücke sowie der mit 2 multiplizierten Anzahl
der 2-DM-Stücke beurteilen. Anders ausgedrückt wären Sie stets bereit, ein
2-DM-Stück gegen zwei 1-DM-Stücke zu tauschen, unabhängig davon, wie
viele 1-DM- und 2-DM-Stücke ihre Rolle an Geldstücken enthält. Ihre
Grenzrate der Substitution zwischen 1-DM- und 2-DM-Stücken wäre eine
feste Zahl, hier −2.

Ihre Präferenzen bezüglich 1-DM- und 2-DM-Stücken lassen sich mit den in Darstellung a) des Schaubildes 21-5 gezeichneten Indifferenzkurven veranschaulichen. Da die Grenzrate der Substitution konstant ist, sind die Indifferenzkurven Geraden. In diesem extremen Fall linear verlaufender Indifferenzkurven sprechen wir davon, daß die zwei betrachteten Güter **vollkommene Substitute** sind.

Vollkommene Komplemente.   Nehmen Sie nun an, jemand biete Ihnen ein Bündel von Schuhen an. Einige der Schuhe passen an Ihren linken Fuß, andere an Ihren rechten Fuß. Wie würden Sie diese verschiedenen Bündel in eine Rangordnung bringen?

Vollkommene Substitute
Zwei Güter, deren Indifferenzkurven linear verlaufen

a) Vollkommene Substitute

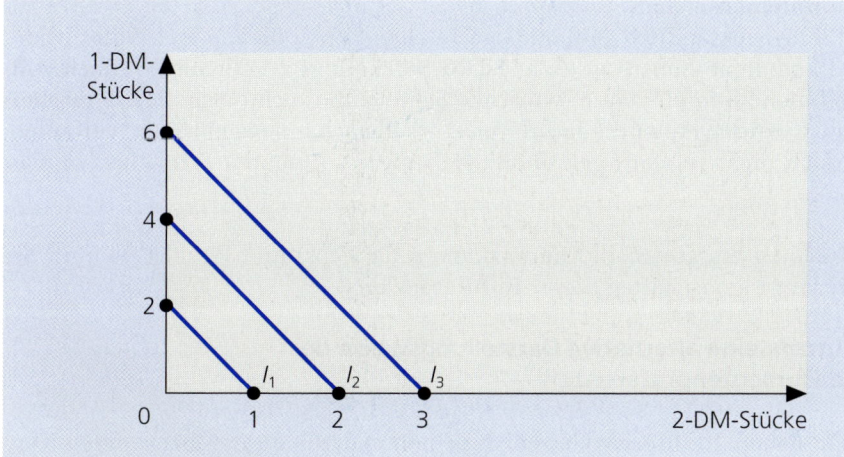

b) Vollkommene Komplemente

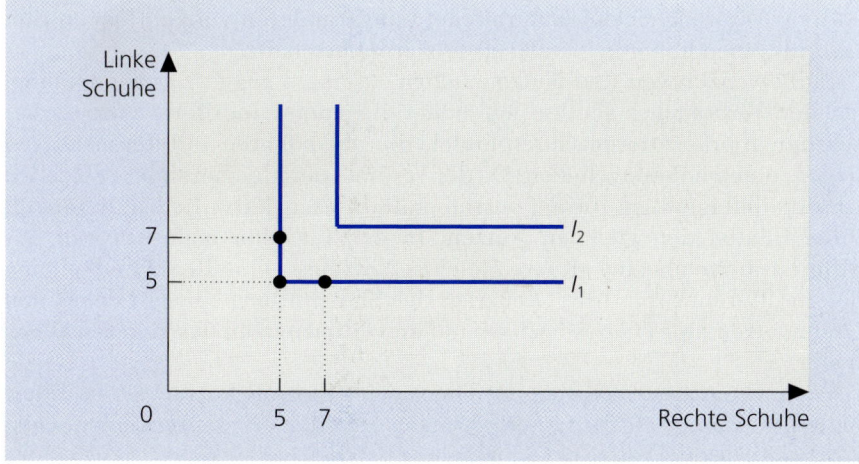

Schaubild 21-5
Vollkommene substitutive und vollkommene komplementäre Güter. Sind zwei Güter leicht gegenseitig zu ersetzen, so wie z.B. 1-DM- und 2-DM-Stücke, so sind die Indifferenzkurven Geraden, wie in der Darstellung a) abgebildet. Stehen zwei Güter in einem stark komplementären Verhältnis zueinander, so wie z.B. linke Schuhe und rechte Schuhe, so sind die Indifferenzkurven rechtwinklig, wie in der Darstellung b) gezeigt.

In diesem Fall wird Ihnen wahrscheinlich nur die paarweise Anzahl an Schuhen wichtig sein. Anders ausgedrückt würden Sie wohl ein Bündel an Schuhen nach der Anzahl an zusammenpassenden Paaren bewerten. Ein Bündel bestehend aus fünf linken Schuhen und sieben rechten Schuhen ergibt nur fünf Paare. Ein zusätzlicher rechter Schuh hat keinen Wert, wenn kein dazu passender linker Schuh übrig ist.

Ihre Präferenzen bezüglich linker und rechter Schuhe lassen sich mit den in Darstellung b) des Schaubildes 21-5 gezeichneten Indifferenzkurven veranschaulichen. In diesem Fall ist ein Bündel mit fünf linken und fünf rechten Schuhen ebenso gut wie ein Bündel mit fünf linken Schuhen und sieben rechten Schuhen. Und es ist ebenso gut wie ein Bündel mit sieben linken Schuhen und fünf rechten Schuhen. Daher sind die Indifferenz-kurven Winkelzüge. In diesem extremen Fall rechtwinkliger Indifferenz-kurven sprechen wir davon, daß die zwei betrachteten Güter **vollkommene Komplemente** sind.

Selbstverständlich sind im tatsächlichen Leben die meisten Güter weder vollkommene Substitute (wie 1-DM-Stücke und 2-DM-Stücke) noch voll-kommene Komplemente (wie linke Schuhe und rechte Schuhe). Typischer-weise werden daher die Indifferenzkurven nach innen gekrümmt verlaufen, jedoch nicht so stark gekrümmt, daß diese zu rechten Winkelzügen wer-den.

Vollkommene Komplemente
Zwei Güter, deren Indifferenzkurven rechtwinklig ver-laufen

Schnelltest

Zeichnen Sie einige Indifferenzkurven für Pepsi und Pizza. Erläutern Sie die vier Eigenschaften dieser Indifferenzkurven.

Information

Nutzen: eine alternative Darstellungsweise der Konsumentenpräferenzen

Wir haben Indifferenzkurven dazu benutzt, die Präferenzen eines Kon-sumenten darzustellen. Eine andere weitverbreitete Darstellung von Präfe-renzen geschieht mit Hilfe des *Nutzenkonzepts*. Nutzen ist ein abstraktes Maß für die Zufriedenheit bzw. die Glücksgefühle, die ein bestimmtes Güterbündel einem Konsumenten verschafft. Ökonomen sprechen davon, daß ein Verbraucher ein Güterbündel einem anderen vorzieht, wenn ihm ersteres einen höheren Nutzen als letzteres verschafft.

Indifferenzkurven und Nutzen stehen in einem engen Zusammenhang. Da der Verbraucher Punkte auf höher liegenden Indifferenzkurven be-vorzugt, repräsentieren Güterbündel, die auf höheren Indifferenzkurven liegen, einen höheren Nutzen. Da der Verbraucher gleichermaßen glücklich ist mit allen Punkten, die auf derselben Indifferenzkurve liegen, liefern all diese Bündel den gleichen Nutzen. In der Tat kann man sich eine In-differenzkurve als eine »Kurve gleichen Nutzens« vorstellen. Die Steigung der Indifferenzkurve (die Grenzrate der Substitution) spiegelt damit den Grenznutzen eines Gutes bezogen auf den Grenznutzen des anderen Gutes wider.

Wenn Ökonomen sich über die Theorie des Verbraucherverhaltens unter-halten, so können sie die Grundgedanken mit Hilfe einer unterschiedlichen Wortwahl ausdrücken. Ein Ökonom mag beispielsweise sagen, das Ziel des

Konsumenten sei es, den Nutzen zu maximieren. Ein anderer drückt diesen Gedanken in der Formulierung aus, das Ziel des Konsumenten bestehe darin, die höchstmögliche Indifferenzkurve zu erreichen. Grundsätzlich sind dies zwei Arten, denselben Sachverhalt auszudrücken.

Optimierung: Was der Konsument wählt

Konsum optimum des Haushalts

Das Ziel dieses Kapitels liegt darin zu verstehen, wie der Konsument Entscheidungen trifft. Bisher haben wir zwei Teilstücke entwickelt, die für die Analyse notwendig sind: die Budgetbeschränkung des Konsumenten und die Präferenzen des Konsumenten. Nun werden wir diese Teilstücke zusammensetzen und die konkrete Kaufentscheidung des Konsumenten betrachten.

Die (bestmögliche) Konsumentscheidung

Nehmen Sie nochmals unser ›Pepsi und Pizza‹-Beispiel zur Hand. Der Konsument möchte die bestmögliche Kombination aus Pepsi und Pizza realisieren – d.h. diejenige Kombination, die auf der höchstmöglichen Indifferenzkurve liegt. Der Verbraucher muß dabei jedoch darauf achten, daß er auf oder unterhalb seiner Budgetbeschränkung bleibt, die ja die gesamten zur Verfügung stehenden Mittel angibt.

Das Schaubild 21-6 zeigt die Budgetbeschränkung des Konsumenten und drei seiner vielen Indifferenzkurven. Die höchstmögliche erreichbare Indifferenzkurve (I_2 in unserer Abbildung) ist diejenige, die gerade noch die Budgetbeschränkung berührt. Der Punkt, in dem die Budgetbeschränkung und die Indifferenzkurve sich berühren, wird *Optimum* genannt. Der Konsument würde zwar den Punkt A vorziehen, diesen kann er jedoch nicht erreichen, da er außerhalb seiner Budgetbeschränkung liegt und »unbezahlbar« ist. Der Verbraucher kann sich den Punkt B leisten, aber dieser Punkt liegt auf einer niedrigeren Indifferenzkurve und bietet dem Konsumenten daher nur einen geringeren Zufriedenheitsgrad. Der optimale Punkt zeigt die beste Kombination der konsumierbaren Mengen aus Pepsi und Pizza auf, die dem Verbraucher zur Verfügung steht.

Beachten Sie, daß im Optimum die Steigung der Indifferenzkurve gleich der Steigung der Budgetgeraden ist. Wir sprechen davon, daß die Indifferenzkurve die Budgetbeschränkung *tangiert*. Die Steigung der Indifferenzkurve entspricht der Grenzrate der Substitution zwischen Pepsi und Pizza, und die Steigung der Budgetbeschränkung gibt den relativen Preis von Pepsi und Pizza wieder. *Der Konsument wählt also die Konsummengen der beiden Güter so, daß die Grenzrate der Substitution dem relativen Preis (dem Preisverhältnis) entspricht.*

In Kapitel 7 haben wir gesehen, wie der Marktpreis den Grenzwert, den die Konsumenten dem entsprechenden Gut beimessen, widerspiegelt. Die

Schaubild 21-6
Das Haushaltsoptimum (der optimale Verbrauchsplan). Der Konsument wählt denjenigen Punkt auf seiner Budgetbeschränkung, der auf der höchsten Indifferenzkurve liegt. In diesem Punkt, (Haushalts-)Optimum genannt, entspricht die Grenzrate der Substitution genau dem relativen Preis der beiden Güter. Hier ist I_2 die höchstmöglich erreichbare Indifferenzkurve des Konsumenten. Der Verbraucher würde den Punkt A, der auf der Indifferenzkurve I_3 liegt, vorziehen, er kann sich jedoch die dadurch repräsentierte Kombination aus Pepsi und Pizza nicht leisten. Im Gegensatz dazu kann er sich den Punkt B leisten, da dieser auf einer niedrigeren Indifferenzkurve liegt, aber er wird ihn nicht wählen.

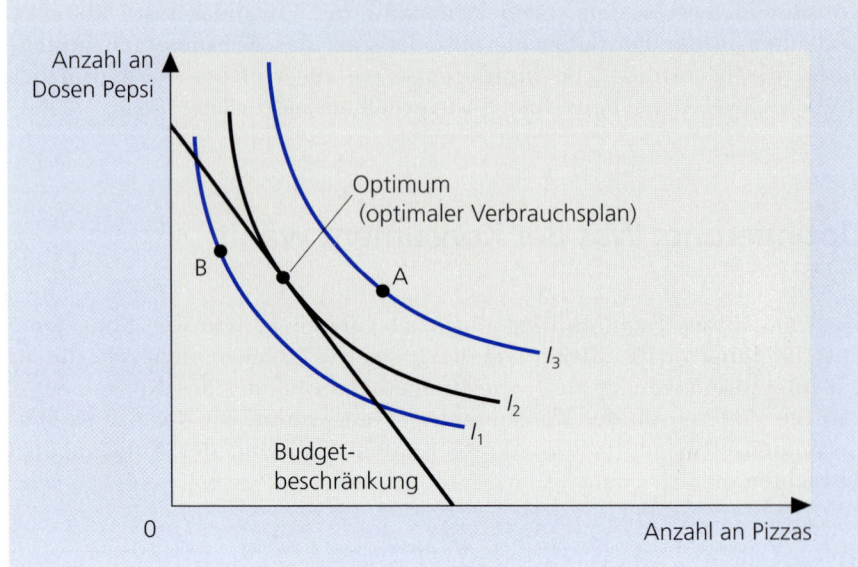

Anzahl an Dosen Pepsi

Optimum (optimaler Verbrauchsplan)

B

A

I_3

I_2

I_1

Budgetbeschränkung

0

Anzahl an Pizzas

Untersuchung des Konsumentenverhaltens erbringt das gleiche Ergebnis in anderer Weise. Bei der Wahl seiner Konsumentscheidung nimmt der Verbraucher die relativen Preise der beiden Güter als vom Markt gegeben an und wählt dann ein Optimum, in dem die Grenzrate der Substitution deren Preisverhältnis entspricht. Der relative Preis ist dasjenige Verhältnis, zu welchem der *Markt* bereit ist, ein Gut gegen das andere zu tauschen, wohingegen die Grenzrate der Substitution dasjenige Verhältnis angibt, zu welchem der *Konsument* bereit ist, ein Gut gegen das andere zu tauschen. Im Optimum des Verbrauchers (Haushaltsoptimum) entspricht die Bewertung der beiden Güter durch den Konsumenten (gemessen durch die Grenzrate der Substitution) genau der Bewertung durch den Markt (gemessen durch den relativen Preis). Als ein Ergebnis des Optimierungsverhaltens des Konsumenten läßt sich ableiten, daß die Marktpreise verschiedener Güter den jeweiligen Wert, den die Konsumenten diesen Gütern beimessen, reflektieren.

Wie Einkommensänderungen die Entscheidung des Konsumenten beeinflussen

Nachdem wir nun gesehen haben, wie der Verbraucher seine Konsumentscheidung trifft, wenden wir uns der Frage zu, wie der Konsum auf Änderungen des Einkommens reagiert. Lassen sie uns hier beispielsweise annehmen, das Einkommen steige an. Mit einem höheren Einkommen kann sich der Verbraucher mehr von beiden Gütern leisten. Daher bewirkt der Einkommensanstieg eine Verschiebung der Budgetbeschränkung nach außen, wie im Schaubild 21-7 dargestellt. Da sich das relative Preisverhältnis der beiden Güter nicht geändert hat, ist die Steigung der neuen Budgetbeschränkung die gleiche wie diejenige der ursprünglichen Budgetbeschränkung. D.h. ein Einkommensanstieg führt zu einer Parallelverschiebung der Budgetbeschränkung nach außen.

Die erweiterte Budgetbeschränkung ermöglicht es dem Konsumenten, eine bessere Kombination aus Pepsi und Pizza zu wählen. Anders ausgedrückt kann der Verbraucher nun eine höher liegende Indifferenzkurve erreichen. Bei gegebener Verschiebung der Budgetbeschränkung und den durch Indifferenzkurven dargestellten Präferenzen des Verbrauchers, bewegt sich nun das Optimum des Konsumenten von dem mit »ursprünglichem Optimum« bezeichneten Punkt hin zu dem mit der Bezeichnung »neues Optimum« versehenen Punkt.

Beachten Sie, daß laut Schaubild 21-7 der Konsument im neuen Optimum mehr von beiden Gütern wählt. Obwohl die Logik des Modells als Antwort auf eine Einkommenserhöhung nicht zwangsläufig einen Mehrkonsum beider Güter erfordert, ist dieser Fall der übliche. Wie Sie schon aus Kapitel 4 wissen, nennen Ökonomen ein Gut, dessen Nachfrage mit steigendem Einkommen steigt, ein **normales Gut**. Die im Schaubild 21-7 dargestellten Indifferenzkurven unterliegen der Annahme, sowohl Pepsi als auch Pizza seien normale Güter.

Normales Gut
Ein Gut, dessen nachgefragte Menge bei einem Einkommenszuwachs ansteigt.

Schaubild 21-7
Ein Einkommensanstieg. Steigt das Einkommen des Verbrauchers, so verschiebt sich seine Budgetbeschränkung nach außen. Sind beide Güter normale Güter, so wird der Konsument die Einkommenserhöhung damit beantworten, daß er von beiden Gütern mehr kauft. Hier erwirbt der Verbraucher größere Mengen an Pizza und Pepsi.

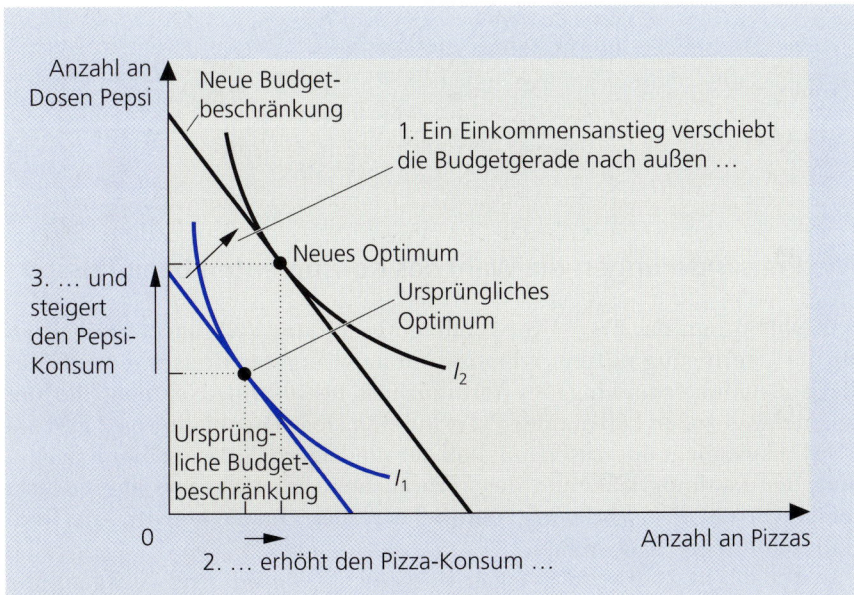

Das Schaubild 21-8 zeigt einen anderen Fall, in dem ein Einkommensanstieg den Konsumenten dazu veranlaßt, mehr Pizza, aber weniger Pepsi zu kaufen. Erwirbt ein Verbraucher weniger von einem Gut, wenn sein Einkommen ansteigt, so nennen Ökonomen dieses ein **inferiores Gut**. Die Darstellung im Schaubild 21-8 unterliegt der Annahme, Pizza sei ein normales Gut und Pepsi ein inferiores Gut.

Obwohl die meisten Güter normale Güter sind, gibt es einige inferiore Güter in der Welt. Ein Beispiel dafür sind Busfahrten. Konsumenten mit

Inferiores Gut
Ein Gut, dessen nachgefragte Menge bei einem Einkommenszuwachs sinkt.

hohem Einkommen besitzen mit hoher Wahrscheinlichkeit ein eigenes Autos und werden daher mit geringerer Wahrscheinlichkeit Bus fahren als Verbraucher mit einem niedrigen Einkommen. Bus fahren ist daher ein inferiores Gut; es wird bei einem Einkommensanstieg weniger nachgefragt.

Schaubild 21-8
Ein inferiores Gut. Ein Gut ist dann ein inferiores Gut, wenn der Verbraucher bei einem Einkommensanstieg weniger davon kauft. Hier ist Pepsi ein inferiores Gut. Wenn das Einkommen des Konsumenten ansteigt und die Budgetbeschränkung sich nach außen verschiebt, so kauft der Konsument mehr Pizzas, aber weniger Dosen Pepsi.

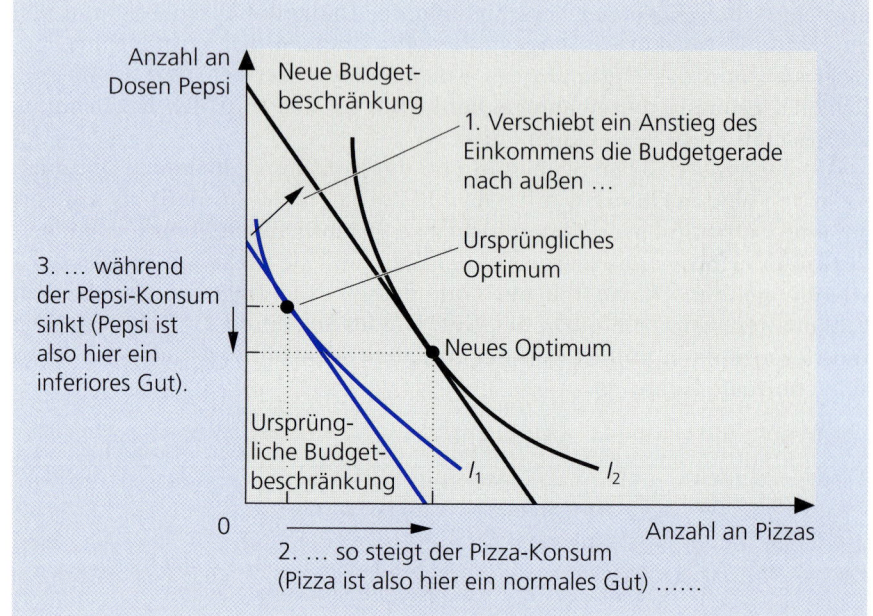

Preisänderung

_____

Wie Preisänderungen die Wahl des Konsumenten beeinflussen

Wir wollen nun das bisher verwendete Modell des Verbraucherverhaltens für die Überlegung nutzen, wie eine Veränderung des Preises eines Gutes die Konsumentscheidung des Verbrauchers beeinflußt. Nehmen Sie hier beispielsweise den Fall an, der Preis für eine Dose Pepsi falle von 2 DM auf 1 DM. Es ist nicht überraschend, daß der niedrigere Preis zu einer Erweiterung der Kaufmöglichkeiten des Verbrauchers führt. Anders ausgedrückt verschiebt ein Preisrückgang, einerlei welches Gut er betrifft, die Budgetbeschränkung nach außen.

In Schaubild 21-9 wird genauer untersucht, wie ein Preisrückgang die Budgetbeschränkung beeinflußt. Gibt der Verbraucher sein gesamtes Einkommen von 1.000 DM ausschließlich für den Konsum von Pizza aus, so ist der Preis für Pepsi irrelevant. Daher bleibt der Punkt A in der Abbildung stets unverändert. Gibt der Konsument jedoch sein gesamtes Einkommen von 1.000 DM ausschließlich für Pepsi aus, so kann er sich nun 1.000 Dosen leisten im Vergleich zu 500 vorher. Daher endet die Budgetbeschränkung nun nicht mehr in B, sondern in D.

Beachten Sie, daß in diesem Fall die Verschiebung der Budgetbeschränkung nach außen einer Drehung der Budgetgeraden in A entspricht und

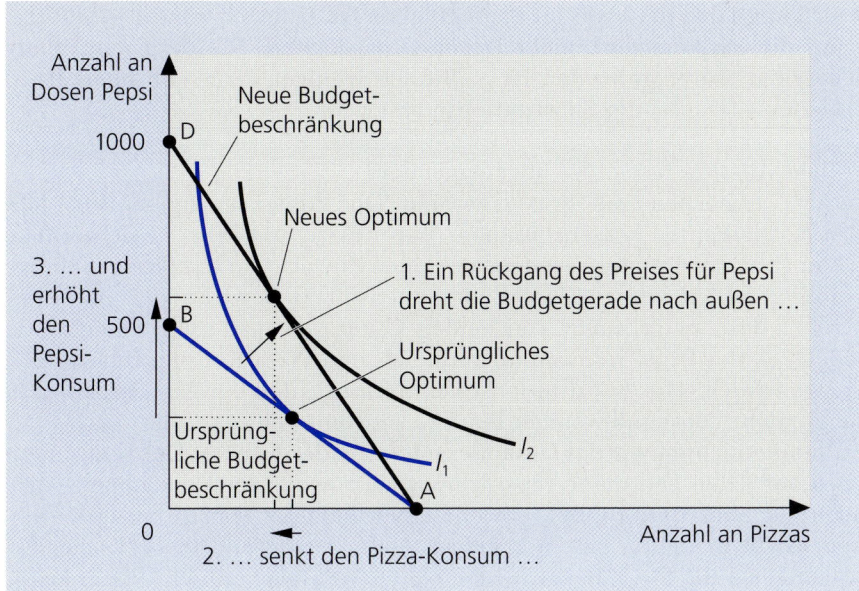

Schaubild 21-9
Eine Preisänderung. Fällt der Preis für Pepsi, so dreht sich die Budgetgerade des Verbrauchers nach außen bei gleichzeitiger Änderung der Steigung. Der Konsument bewegt sich weg vom ursprünglichen Optimum hin zum neuen Optimum, wobei sich die erworbenen Mengen an Pizza und Pepsi ändern. Im hier abgebildeten Fall steigt der Pepsi-Verbrauch an, während der Pizza-Konsum sinkt.

somit die Steigung der Budgetbeschränkung verändert. (Dieses Ergebnis unterscheidet sich also vom vorherigen Fall, in welchem die Güterpreise konstant blieben, während sich das Einkommen änderte.) Wie schon oben erläutert, spiegelt die Steigung der Budgetbeschränkung das Preisverhältnis von Pepsi und Pizza wider. Da der Preis für Pepsi von 2 DM auf 1 DM gefallen ist, während der Preis für Pizza bei 10 DM geblieben ist, kann der Konsument nun eine Pizza gegen 10 Dosen Pepsi entgegen 5 Dosen vor der Preissenkung tauschen. Im Ergebnis verläuft daher die neue Budgetbeschränkung steiler.

Wie eine solche Veränderung in der Budgetbeschränkung die Konsummengen der beiden Güter beeinflußt, hängt von den Präferenzen des Konsumenten ab. Für die in der obigen Abbildung gezeichneten Indifferenzkurven ergibt sich ein Anstieg des Pepsi-Konsums und ein Rückgang des Pizza-Konsums.

Einkommens- und Substitutionseffekte

Der Einfluß einer Preisänderung eines Gutes auf die konsumierten Mengen kann in zwei Effekte unterteilt werden: einen Einkommenseffekt und einen Substitutionseffekt. Um diese beiden Effekte zu erklären, überlegen wir uns, wie unser Verbraucher reagieren wird, wenn er erfährt, daß der Preis für Pepsi gefallen ist. Voraussichtlich wird er die folgenden Überlegungen anstellen:

- »Tolle Neuigkeit! Da Pepsi nun billiger geworden ist, hat mein Einkommen eine größere Kaufkraft. Effektiv gesehen bin ich nun reicher als vorher. Da ich reicher geworden bin, kann ich mir mehr Pizza und mehr Pepsi leisten.« (Das ist der Einkommenseffekt.)

Einkommenseffekt
Diejenige Veränderung der Konsummenge, die eintritt, wenn eine Preisveränderung den Konsumenten auf eine höher oder niedriger liegende Indifferenzkurve gelangen läßt.

Substitutionseffekt
Diejenige Veränderung der Konsummenge, die eintritt, wenn eine Preisveränderung eine Bewegung entlang einer gegebenen Indifferenzkurve hin zu einem Punkt mit einer neuen Grenzrate der Substitution auslöst.

■ »Dadurch daß der Preis für Pepsi gefallen ist, kann ich mir für jede Pizza, auf die ich verzichte, mehr Dosen Pepsi kaufen. Da Pizza nun relativ gesehen teurer geworden ist, sollte ich weniger Pizza und mehr Pepsi kaufen.« (Das ist der Substitutionseffekt.)

Welche Aussage finden Sie überzeugender?
In der Tat machen beide Aussagen Sinn. Der Preisrückgang bei Pepsi läßt den Konsumenten besser dastehen. Wenn Pizza und Pepsi beide normale Güter sind, so wird der Verbraucher seinen Zuwachs an Kaufkraft auf beide Güter verteilen wollen. Der Einkommenseffekt bewirkt, daß der Konsument dazu neigt, mehr von beiden Gütern zu erwerben. Gleichzeitig jedoch ist der Pepsi-Konsum im Vergleich zum Pizza-Konsum relativ billiger geworden. Der Substitutionseffekt bewirkt, daß der Konsument dazu neigt, mehr Pepsi und weniger Pizza zu konsumieren.

Nun betrachten wir das Gesamtergebnis beider Effekte. Der Konsument wird auf jeden Fall mehr Pepsi kaufen, da sowohl der Einkommens- wie auch der Substitutionseffekt jeweils einen höheren Pepsi-Konsum bewirken. Nicht eindeutig läßt sich jedoch – allein aufgrund theoretischer Erwägungen – die Frage beantworten, ob der Verbraucher mehr Pizzas kauft, denn bezüglich dieses Gutes sind Einkommens- und Substitutionseffekt entgegengesetzt gerichtet. Diese Schlußfolgerungen sind zusammenfassend in der Tabelle 21-2 dargestellt.

Tabelle 21-2
Einkommens- und Substitutionseffekt für den Fall einer Preissenkung bei Pepsi

Gut	Einkommens-effekt	Substitutions-effekt	Gesamteffekt
Pepsi	Der Verbraucher ist reicher, also kauft er mehr Pepsi	Pepsi ist relativ billig, also kauft der Verbraucher mehr Pepsi	Einkommens- und Substitutionseffekt wirken in dieselbe Richtung, also kauft der Verbraucher mehr Pepsi
Pizza	Der Verbraucher ist reicher, also kauft er mehr Pizza	Pizza ist relativ teuer, also kauft der Verbraucher weniger Pizza	Einkommens- und Substitutionseffekt wirken in entgegengesetzter Richtung; daher ist der Gesamteffekt bezüglich der konsumierten Pizza-Menge nicht eindeutig

Wir können Einkommens- und Substitutionseffekt mit Hilfe der Indifferenzkurven interpretieren. *Der Einkommenseffekt ist diejenige Veränderung in der Konsummenge, die das Ergebnis einer Bewegung hin auf eine höher liegende Indifferenzkurve ist. Der Substitutionseffekt ist diejenige Änderung der Konsummenge, die aus der Bewegung hin zu einem anderen Punkt auf der Indifferenzkurve (mit einer geänderten Grenzrate der Substitution) resultiert.*

Das Schaubild 21-10 zeigt, wie man die Veränderung in der Konsumentscheidung des Verbrauchers graphisch in den Einkommens- und den Substitutionseffekt zerlegen kann. Wenn der Preis für Pepsi fällt, bewegt sich der Konsument vom ursprünglichen Optimum, also vom Punkt A, hin zum neuen Optimum, zum Punkt C. Wir können diese Veränderung als zweischrittigen Vorgang interpretieren. Zuerst bewegt sich der Verbraucher entlang seiner ursprünglichen Indifferenzkurve I₁ von Punkt A zu Punkt B. Der Konsument ist in beiden Punkten gleichermaßen glücklich, aber im Punkt B spiegelt die Grenzrate der Substitution das neue Preisverhältnis wider. Dann begibt der Verbraucher sich auf die höher liegende Indifferenzkurve I₂, indem er sich von Punkt B zu Punkt C bewegt. Obwohl die Punkte B und C sich auf unterschiedlichen Indifferenzkurven befinden, liegt in beiden die gleiche Grenzrate der Substitution vor. D.h. die Steigung der Indifferenzkurve I₁ im Punkt B entspricht der Steigung der Indifferenzkurve I₂ im Punkt C.

Obwohl der Konsument niemals tatsächlich den Punkt B wählt, ist dieser hypothetische Punkt nützlich, um die zwei Effekte, die die Konsumentscheidung bestimmen, zu verdeutlichen. Beachten Sie dabei, daß die Bewegung von Punkt A zu Punkt B ausschließlich die Änderung der Grenzrate der Substitution beinhaltet, ohne den Wohlstand des Verbrauchers zu tangieren. In gleicher Weise gibt die Bewegung von Punkt B zu Punkt C die reine Wohlstandsänderung an, ohne eine Änderung der Grenzrate der Substitution. Also zeigt die Bewegung von A nach B den Substitutionseffekt, die Bewegung von B nach C den Einkommenseffekt.

Schaubild 21-10
Einkommens- und Substitutionseffekt. Die Wirkung einer Preisänderung kann in einen Einkommenseffekt und einen Substitutionseffekt zerlegt werden. Der Substitutionseffekt – die Bewegung entlang einer Indifferenzkurve hin zu einem Punkt mit veränderter Grenzrate der Substitution – ist hier als Bewegung von Punkt A zu Punkt B entlang der Indifferenzkurve I_1 abgebildet. Der Einkommenseffekt – der Übergang auf eine höher liegende Indifferenzkurve – ist hier als Bewegung von Punkt B auf der Indifferenzkurve I_1 zu Punkt C auf der Indifferenzkurve I_2 dargestellt.

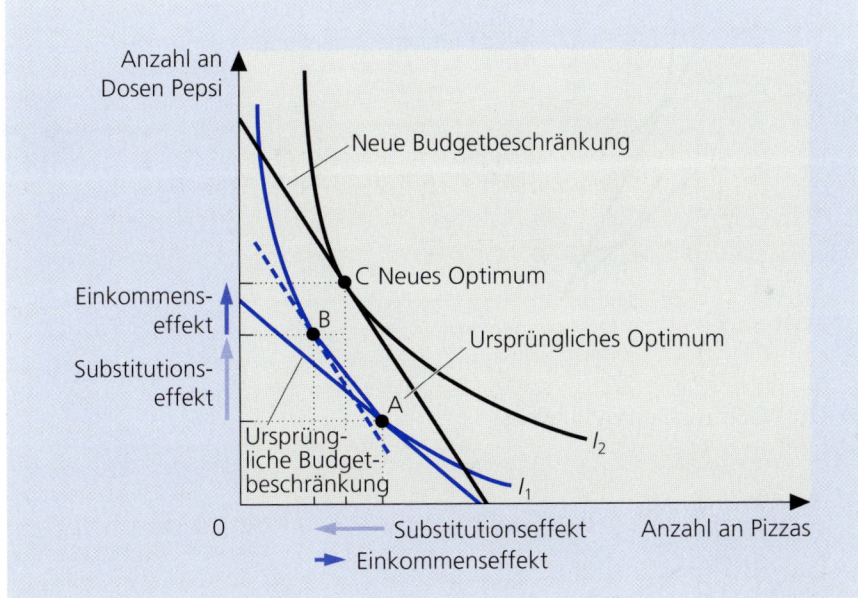

Die Ableitung der Nachfragekurve

Soeben haben wir gesehen, wie die Änderung im Preis eines Gutes die Budgetbeschränkung verändert und daher auch die gewählten Mengen beider zu erwerbender Güter beeinflußt. Die Nachfragekurve für jedes dieser Güter spiegelt die Konsumentscheidung wider. Sie sollten sich an dieser Stelle daran erinnern, daß die Nachfragekurve angibt, wie der Preis eines Gutes die nachgefragte Menge beeinflußt. Wir können die Nachfragekurve eines Verbrauchers als Summe seiner optimalen Konsumentscheidungen interpretieren, die sich aus seiner Budgetgeraden und seiner Indifferenzkurvenschar ergeben.

Das Schaubild 21-11 beispielsweise gibt die Nachfrage nach Pepsi wieder. Die Darstellung a) zeigt, daß sich im Zuge einer Preissenkung von 2 DM auf 1 DM je Dose Pepsi die Budgetbeschränkung nach außen dreht. Aufgrund des Einkommens- sowie des Substitutionseffekts erhöht der Verbraucher die erworbene Anzahl an Pepsi-Dosen von 50 auf 150. Die Darstellung b) zeigt die Nachfragekurve, die sich aus dieser Entscheidung des Verbrauchers ergibt. In dieser Hinsicht liefert die Theorie der (optimalen) Konsumwahl die formale Grundlage für die Nachfragekurve des Verbrauchers, die wir schon in Kapitel 4 eingeführt haben.

Schaubild 21-11
Die Ableitung der Nachfragekurve.
Die Darstellung a) zeigt, daß sich im Zuge einer Preissenkung bei Pepsi von 2 DM auf 1 DM pro Dose das Haushaltsoptimum von Punkt A zu Punkt B verschiebt und die konsumierte Menge an Pepsi von 50 Dosen auf 150 Dosen steigt. Die Nachfragekurve in Darstellung b) gibt die Beziehung zwischen Preis und nachgefragter Menge wieder.

a) Das Haushaltsoptimum

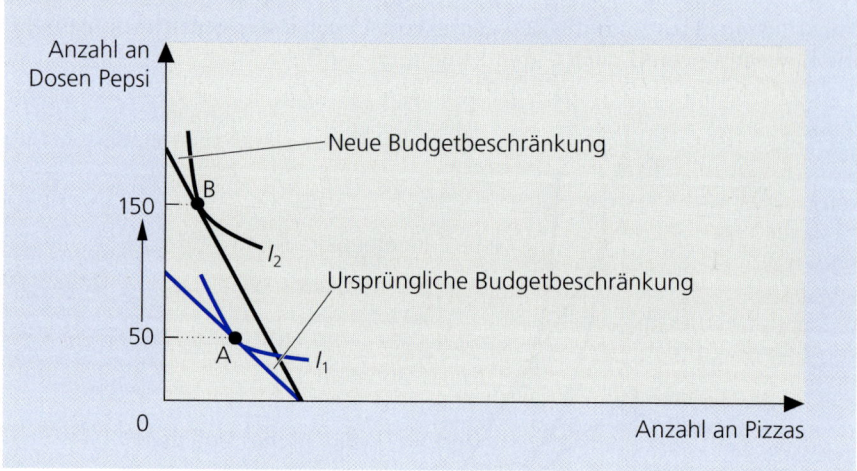

b) Die Nachfragekurve für Pepsi

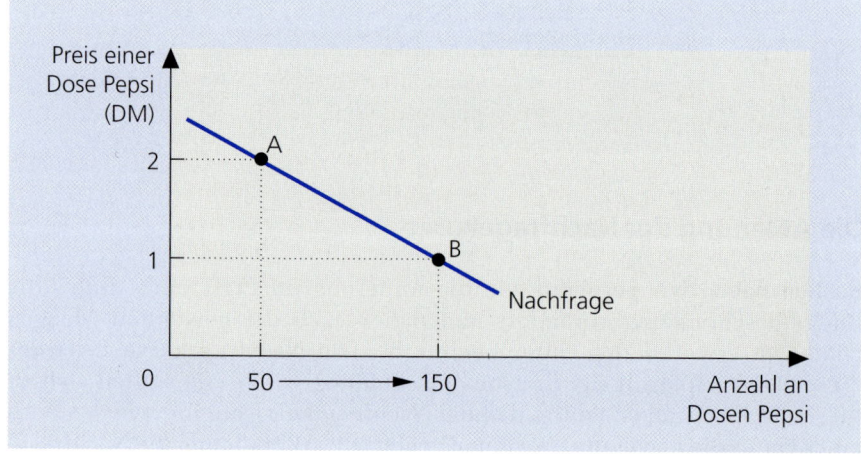

Obwohl es beruhigend ist zu wissen, daß die Nachfragekurve aus der Theorie des Konsumverhaltens ableitbar ist, rechtfertigt diese gedankliche Übung allein noch nicht die Entwicklung der Theorie. Es bedarf keines strengen analytischen Rahmens, um die Tatsache zu zeigen, daß Menschen auf Preisänderungen reagieren. Dennoch ist die Theorie der Konsumentscheidungen sehr nützlich. Wie wir im nächsten Abschnitt sehen werden, können wir die theoretischen Zusammenhänge benutzen, um tiefer in die Bestimmungsgründe des Haushalts-Verhaltens einzudringen.

Zeichnen Sie eine Budgetgerade und einige Indifferenzkurven für Pepsi **Schnelltest** und Pizza. Zeigen Sie was mit der Budgetgerade und dem Haushaltsoptimum geschieht, wenn der Preis für Pizza steigt. Zerlegen Sie in Ihrer Darstellung die Veränderung in einen Einkommens- und einen Substitutionseffekt.

Vier Anwendungen

Nachdem wir nun die Grundlagen der Theorie des Verbraucherverhaltens entwickelt haben, wollen wir diese dazu benutzen, vier Fragen darüber, wie die Wirtschaft funktioniert, auszuleuchten. Diese vier Fragen mögen auf den ersten Blick wenig gemeinsam haben. Aber da jede dieser Fragen Entscheidungen eines Haushalts beitrifft, können wir alle mit dem gerade entwickelten Modell des Konsumverhaltens angehen.

Weisen alle Nachfragekurven einen negativen Verlauf auf?

In der Regel kaufen die Menschen weniger von einem Gut, wenn sein Preis steigt. In Kapitel 4 wurde dieses normale Verhalten als *Gesetz der Nachfrage* bezeichnet. Dieses Gesetz spiegelt sich im negativen Verlauf der Nachfragekurve wider.

In der Tat können in der ökonomischen Theorie Nachfragekurven jedoch manchmal mit positiver Steigung verlaufen. Anders ausgedrückt kann es vorkommen, daß Verbraucher manchmal das Gesetz der Nachfrage brechen und mehr von einem Gut kaufen, wenn der Preis steigt. Um zu sehen, wie dies zustande kommen kann, betrachten wir das Schaubild 21-12. In diesem Beispiel erwirbt der Verbraucher zwei Güter – Fleisch und Kartoffeln. In der Ausgangssituation verläuft die Budgetbeschränkung des Verbrauchers zwischen den Punkten A und B. Das Optimum liegt in Punkt C. Steigt nun der Preis für Kartoffeln, so dreht sich die Budgetgerade nach innen und wird nun durch die Strecke von Punkt A nach Punkt D dargestellt. Das Optimum liegt nun in Punkt E. Beachten Sie, daß ein Anstieg des Preises für Kartoffeln dazu geführt hat, daß der Verbraucher eine größere Menge an Kartoffeln kauft.

Warum handelt der Konsument in dieser scheinbar widersinnigen Art und Weise? Der Grund hierfür liegt darin, daß Kartoffeln hier ein stark inferiores Gut sind. Steigt der Preis für Kartoffeln, so wird der Verbraucher ärmer. Der Einkommenseffekt bewirkt, daß der Konsument weniger Fleisch und mehr Kartoffeln kaufen möchte. Gleichzeitig bewirkt der Substitutionseffekt, daß der Verbraucher mehr Fleisch und weniger Kartoffeln kaufen möchte, da Kartoffeln relativ teurer geworden sind. In diesem speziellen Fall ist jedoch der Einkommenseffekt so stark, daß er den Substitutionseffekt übersteigt. Letztendlich reagiert der Verbraucher auf den höheren Kartoffelpreis, indem er weniger Fleisch und mehr Kartoffeln kauft.

Ökonomen benutzen den Begriff des **Giffen-Gutes**, um ein Gut zu beschreiben, das das Gesetz der Nachfrage verletzt. (Die Begriffsbildung geht auf den Ökonomen Robert Giffen zurück, der als erster diese Möglichkeit in Betracht zog.) In unserem Beispiel sind Kartoffeln ein Giffen-Gut. Giffen-Güter sind *inferiore Güter, bei denen der Einkommenseffekt den Substitutionseffekt dominiert.* Sie weisen daher steigend verlaufende Nachfragekurven auf.

Schaubild 21-12
Ein Giffen-Gut. In diesem Beispiel verschiebt sich das Haushaltsoptimum bei einem Anstieg des Preises für Kartoffeln von Punkt C zu Punkt E. In diesem Fall reagiert der Verbraucher auf den höheren Preis für Kartoffeln damit, daß er weniger Fleisch und mehr Kartoffeln kauft.

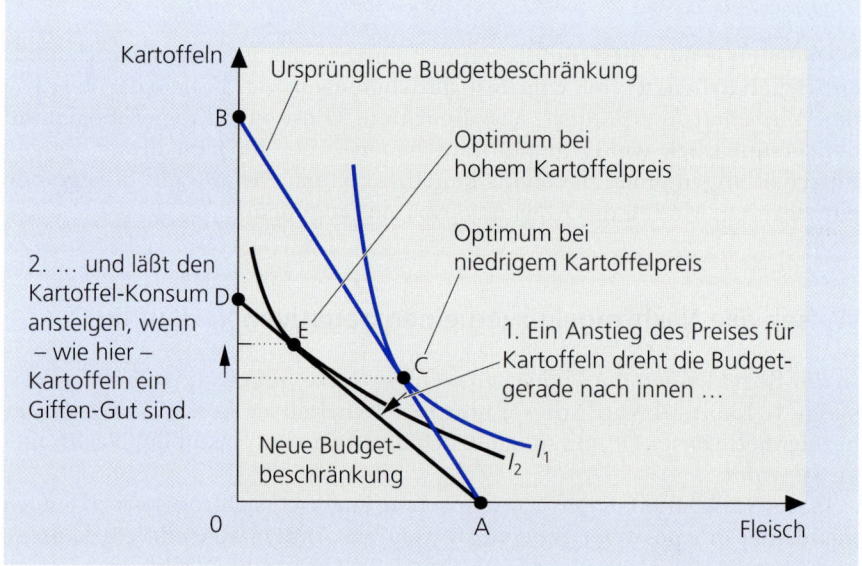

Ökonomen sind unterschiedlicher Meinung darüber, ob es jemals in der Realität ein Giffen-Gut gegeben hat. Die Frage ist empirisch zu klären. Einige Historiker vermuten, daß in der Tat Kartoffeln zu Zeiten der großen irischen Hungersnot im 19. Jahrhundert ein Giffen-Gut darstellten. Kartoffeln machten einen so großen Anteil an der (Mangel-)Ernährung der Menschen aus, daß ein Anstieg des Kartoffelpreises einen sehr großen Einkommenseffekt auslöste. Die Menschen reagierten auf den gesunkenen Lebensstandard, indem sie sich bei den Luxusgütern wie Fleisch beschränkten und statt dessen mehr vom Massenprodukt Kartoffeln kauften. So habe, wird argumentiert, ein höherer Kartoffelpreis in der Tat die nachgefragte Menge an Kartoffeln erhöht.

Unabhängig davon, ob dieser historische Bericht stimmt oder nicht, kann man vermuten, daß Giffen-Güter sehr selten sind. Die Theorie der Konsumwahl beinhaltet die Möglichkeit, daß Nachfragekurven eine positive Steigung aufweisen. Jedoch sind solche Vorkommnisse so ungewöhnlich, daß das Gesetz der Nachfrage als ein ebenso verläßliches ökonomisches Gesetz betrachtet werden kann wie viele andere auch.

Wie beeinflussen die Löhne das Arbeitsangebot?

Bisher haben wir die Theorie des Verbraucherverhaltens dazu genutzt zu untersuchen, wie eine Person darüber entscheidet, ihr Einkommen auf den Erwerb zweier Güter aufzuteilen. Wir können eben diese Theorie auch anwenden, um herauszufinden, wie eine Person darüber entscheidet, ihre Zeit zwischen Arbeit und Freizeit aufzuteilen.

Betrachten wir die Entscheidung, vor der Sally steht, eine selbständige Software-Entwicklerin. Sally ist 100 Stunde pro Woche wach. Einen Teil dieser Zeit verbringt sie damit, ihre Freizeit zu genießen – sie fährt Fahrrad, sitzt vor dem Fernseher, studiert Ökonomie-Lehrbücher usw. Den übrigen Teil ihrer Zeit verbringt sie damit, Computer-Software zu entwickeln. In jeder Stunde, die sie der Entwicklung von Software widmet, verdient sie 50 DM, die sie zum Kauf von Konsumgütern ausgibt. Daher spiegelt also der Lohnsatz (50 DM) den Zielkonflikt wider, dem Sally in ihrer Entscheidung zwischen Freizeit und Konsum gegenübersteht. Für jede Stunde Freizeit,

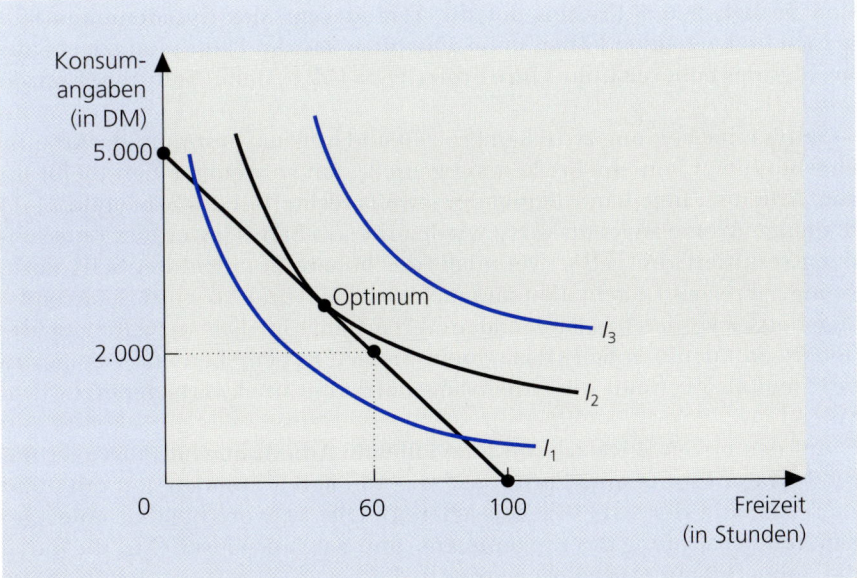

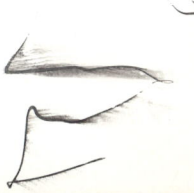

Schaubild 21-13
Die Entscheidung zwischen Arbeit und Freizeit. Die Abbildung zeigt Sallys Budgetbeschränkung für die Entscheidung, wie viele Stunden sie arbeiten soll, sowie ihre Indifferenzkurven bezüglich Güterkonsum und Freizeit und schließlich ihre optimale Wahl.

auf die sie verzichtet, kann sie eine Stunde mehr arbeiten und sich Konsumgüter im Wert von 50 DM leisten.

Das Schaubild 21-13 zeigt Sallys Budgetbeschränkung. Verbringt sie die gesamten ihr zur Verfügung stehenden 100 Stunden damit, ihre Freizeit zu genießen, so kann sie sich überhaupt keinen Konsum leisten. Arbeitet sie die gesamten 100 Stunden, so kann sie sich wöchentlich Konsumgüter im Gegenwert von 5.000 DM leiten, hat aber überhaupt keine Freizeit. Arbeitet sie normale 40 Stunden pro Woche, so bleiben ihr 60 Stunden Freizeit und ein wöchentlicher Konsum in Höhe von 2.000 DM.

Im Schaubild 21-13 werden Indifferenzkurven dazu verwendet, Sallys Präferenzen bezüglich Konsum und Freizeit darzustellen. Hier sind Konsum und Freizeit die beiden Güter, zwischen denen Sally wählen muß. Da Sally stets mehr Freizeit und ein höheres Konsumniveau vorzieht, präferiert sie Punkte auf höher liegenden Indifferenzkurven stets gegenüber solchen auf niedriger liegenden. Bei einem Stundenlohn von 50 DM wählt Sally eine Kombination aus Konsum und Freizeit, die dem mit ›Optimum‹ bezeichneten Punkt entspricht. Das ist derjenige Punkt auf der Budgetgerade, der gleichzeitig auf der höchstmöglich erreichbaren Indifferenzkurve – hier I_2 – liegt.

Überlegen wir nun, was passiert, wenn Sallys Stundenlohn von 50 DM auf 60 DM steigt. Das Schaubild 21-14 zeigt zwei mögliche Ergebnisse. In jedem Fall verschiebt sich die Budgetgerade, die jeweils im linken Teil der Abbildung dargestellt ist, nach außen von BB_1 auf BB_2. Dabei wird die Budgetgerade steiler, wodurch sich die Änderung der relativen Preise zeigt: Bei einem höheren Stundenlohn erhält Sally einen jeweils höheren Konsumgegenwert für jede Stunde Freizeit, auf die sie verzichtet.

Sallys Präferenzen, wie sie durch ihre Indifferenzkurven abgebildet werden, bestimmen ihre Reaktionen bezüglich Konsum und Freizeit auf eine Lohnerhöhung. In beiden Darstellungen steigt der Konsum an. Die Reaktion bezüglich der Freizeit auf die Veränderung des Stundenlohns fällt jedoch in den beiden Fällen unterschiedlich aus. Im Fall a) reduziert Sally in Folge des höheren Lohns ihre Freizeit. Im Fall b) dehnt Sally ihre Freizeit aus.

Sallys Entscheidung zwischen Freizeit und Konsum bestimmt ihr Arbeitsangebot, denn je mehr Freizeit sie genießt, um so weniger Zeit bleibt ihr zum Arbeiten. In jedem Fall gibt der jeweils rechte Teil des Schaubild 21-14 diejenige Arbeitsangebotskurve wieder, die aus Sallys jeweiliger Entscheidung resultiert. Im Fall a) veranlaßt der höhere Stundenlohn Sally dazu, weniger Freizeit zu genießen und mehr zu arbeiten, also weist die Arbeitsangebotskurve einen ansteigenden Verlauf auf. Im Fall b) veranlaßt der höhere Stundenlohn Sally dazu, mehr Freizeit zu genießen und weniger zu arbeiten, also verläuft die Arbeitsangebotskurve ›rückwärts geneigt‹, d.h. fallend.

Auf den ersten Blick scheint eine fallende Arbeitsangebotskurve irritierend. Warum sollte eine Person auf einen höheren Stundenlohn mit einer Zurücknahme der Arbeitszeit reagieren? Die Antwort liegt in einer genaueren Betrachtung des Einkommens- und Substitutionseffekts, die durch die Lohnerhöhung ausgelöst werden.

Betrachten wir zuerst den *Substitutionseffekt*. Steigt Sallys Lohn an, so wird Freizeit im Vergleich zu Konsum relativ teurer, und dies veranlaßt Sally, Freizeit durch Konsum zu ersetzen. Anders ausgedrückt bewirkt der Substitutionseffekt, daß Sally als Reaktion auf einen höheren Lohn härter arbeitet, wodurch tendenziell die Arbeitsangebotskurve einen steigenden Verlauf annimmt.

Betrachten wir nun den *Einkommenseffekt*. Steigt Sallys Stundenlohn, so bewegt sie sich hin auf eine höhere Indifferenzkurve. Sie steht nun besser da als zuvor. Solange Konsum und Freizeit beide normale Güter sind, neigt sie dazu, den Anstieg im Wohlstand in höheren Konsum und längeren Freizeitgenuß umzusetzen. Anders ausgedrückt bewirkt der Einkommenseffekt, daß sie weniger arbeitet, wodurch tendenziell die Arbeitsangebotskurve einen fallenden Verlauf annimmt.

Letztendlich macht die ökonomische Theorie keine klare Aussage darüber, ob ein Lohnanstieg Sally zu mehr oder weniger Arbeit veranlaßt. Es kommt auf die empirische Gültigkeit bestimmter Ausnahmen an. Fällt für Sally der Substitutionseffekt größer aus als der Einkommenseffekt, so wird sie mehr arbeiten. Ist hingegen der Einkommenseffekt größer als der Substitutionseffekt, so wird sie weniger arbeiten. Die Arbeitsangebots-

a) Eine Person mit diesen Präferenzen…

…weist eine Arbeitsangebotskurve steigenden Verlaufs auf.

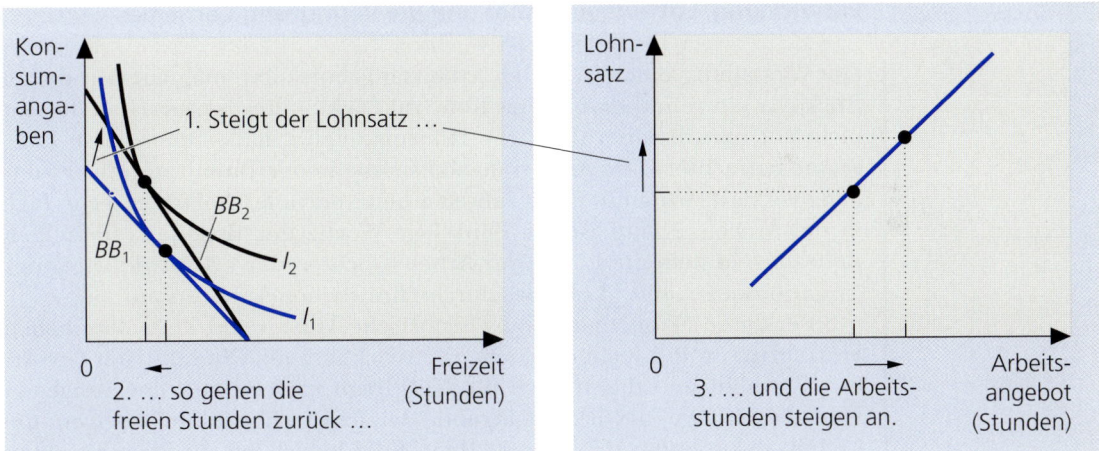

Schaubild 21-14
Eine Lohnerhöhung. Die zwei Darstellungen a) und b) zeigen, wie eine Person möglicherweise auf einen Lohnanstieg reagieren könnte. Die linken Koordinatensysteme geben jeweils die ursprüngliche Budgetbeschränkung BB₁, die neue Budgetbeschränkung BB₂ sowie die optimale Konsum-Freizeit-Entscheidung des Verbrauchers an. Die rechten Koordinatensysteme zeigen die jeweils resultierende Angebotsfunktion. Da sich die Arbeitsstunden aus den insgesamt zur Verfügung stehenden Stunden abzüglich der für Freizeit genutzten Stunden ergeben, bedeutet jede Änderung der Anzahl an freien Stunden auch gleichzeitig eine entgegengesetzte Änderung der Anzahl der Arbeitsstunden. In der Darstellung a) steigt im Zuge einer Lohnerhöhung der Konsum und die als Freizeit verbrachte Zeit sinkt, was zu einer ansteigenden Arbeitsangebotskurve führt. In der Darstellung b) steigen im Zuge einer Lohnerhöhung sowohl der Konsum als auch die Freizeit, woraus sich eine fallende Arbeitsangebotskurve ergibt.

b) Eine Person mit diesen Präferenzen...   ...weist eine Arbeitsangebotskurve fallenden Verlaufs auf.

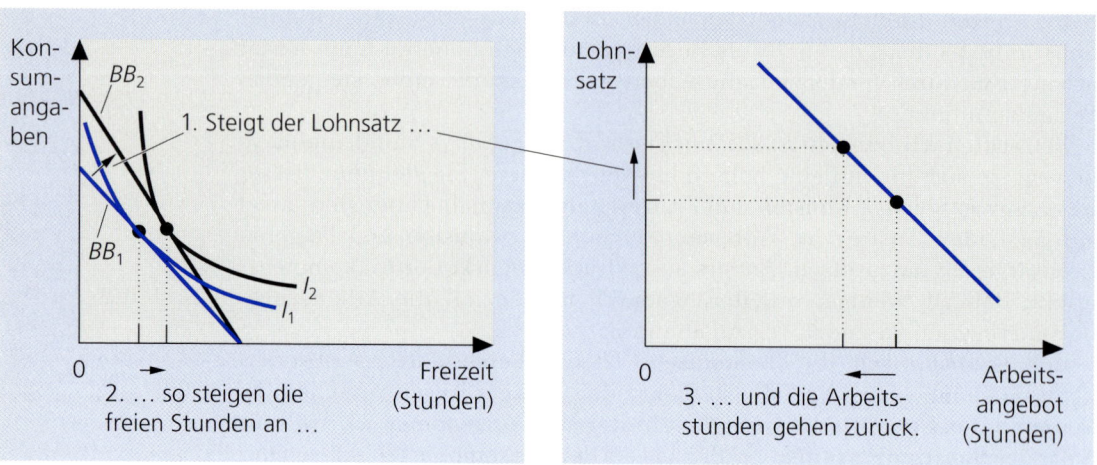

kurve kann daher steigend oder fallend verlaufen – je nach der Lage der Indifferenzkurven.

Fallstudie   ### Zur Wirkung des Einkommens auf das Arbeitsangebot: historische Entwicklung, Lotteriegewinner und die Vermutung Carnegies

Die Vorstellung einer fallenden Arbeitsangebotskurve mag auf den ersten Blick nur ein rein theoretisches Konstrukt sein – dies ist jedoch in der Tat nicht so. Es existieren deutliche Hinweise dafür, daß – über lange Zeiträume betrachtet – die Arbeitsangebotskurve in der Tat mit negativer Steigung verläuft. Vor einhundert Jahren arbeiteten viele Menschen sechs Tage in der Woche. Heute ist die Fünf-Tage-Woche der Regelfall. Im selben Zeitraum, in dem die Länge der Arbeitswoche reduziert wurde, stieg der (inflationsangepaßte) Lohn des durchschnittlichen Arbeiters an.

So erklären Ökonomen dieses historische Muster: Im Zeitablauf haben Fortschritte in der technologischen Entwicklung die Produktivität der Arbeiter erhöht und damit auch die Nachfrage nach Arbeit. Die steigende Arbeitsnachfrage bewirkte steigende Gleichgewichtslöhne. Steigen die Löhne, so steigt der Ertrag der Arbeit. Statt jedoch auf diesen verstärkten Anreiz mit einer Ausweitung des Arbeitsangebots zu reagieren, entschieden die meisten Arbeiter sich dafür, an ihrer höheren Produktivität in Form von mehr Freizeit teilzuhaben. Anders ausgedrückt dominiert der Einkommenseffekt den Substitutionseffekt.

Weitere Unterstützung dafür, daß der Einkommenseffekt bezüglich des Arbeitsangebots stark ausfällt, stammt aus einem völlig unterschiedlichen Datensatz, nämlich von Lotteriegewinnern. Gewinner hoher Summen aus Lotteriespielen sehen sich einem sehr großen Einkommensanstieg gegenüber und damit im Ergebnis einer deutlichen Verschiebung ihrer Budgetgerade nach außen. Da jedoch die Stundenlöhne der Gewinner unverändert geblieben sind, bleibt auch die Steigung der Budgetgerade dieselbe. Daher gibt es keinen Substitutionseffekt. In der Untersuchung des Verhaltens von Lotteriegewinnern können wir daher den Einkommenseffekt bezüglich des Arbeitsangebots isoliert betrachten.

Die Ergebnisse einer amerikanischen Studie über Lotteriegewinner sind erstaunlich. Von denjenigen Gewinnern, die mehr als 50.000 $ gewinnen, hören fast 25% innerhalb eines Jahres auf zu arbeiten, und weitere 9% reduzieren die Anzahl ihrer Arbeitsstunden. Von denjenigen Gewinnern, die mehr als 1 Million $ gewinnen, hören fast 40% auf zu arbeiten. Der Einkommenseffekt des Gewinns einer solchen Summe ist also beträchtlich.

Ähnliche Ergebnisse erbrachte eine Studie neueren Datums, die im Mai 1993 im *Quarterly Journal of Economics* veröffentlicht wurde und die sich mit der Frage beschäftigte, wie der Erhalt einer Erbschaft das Arbeitsangebot beeinflußt. Die Untersuchung fand heraus, daß eine Person, die mehr als 150.000 $ erbt, vier mal eher bereit ist, aufzuhören zu arbeiten, als jemand, der weniger als 25.000 $ erbt. Dieses Ergebnis hätte den Industriellen Andrew Carnegie des vorigen Jahrhundert nicht überrascht. Carnegie warnte davor, daß »Eltern, die ihrem Sohn enorme Reichtümer hinterlassen, damit in der Regel die Talente und Energien des Sohnes beschneiden und ihn dazu verführen, ein weniger nützliches und weniger wertvolles Leben zu führen als er es sonst getan hätte.« D.h. Carnegie sah den Einkommenseffekt bezüglich des Arbeitsangebots als beträchtlich an und – aus seiner paternalistischen Sichtweise heraus – als bedauerlich. Zu Lebzeiten und bei seinem Tode spendete Carnegie große Teile seines riesigen Vermögens für wohltätige Zwecke.

Wie beeinflussen Zinsen die Sparentscheidung eines Haushalts?

Eine wichtige Entscheidung jedes Menschen besteht darin, wieviel von seinem Einkommen er für Konsum heute ausgeben soll und wieviel er für die Zukunft sparen soll. Wir können die Theorie des Konsumentenverhaltens auch dazu heranziehen, um zu analysieren, wie die Menschen diese Entscheidung treffen und in welcher Weise die Höhe der Ersparnis von dem Zinssatz, den diese Ersparnis erbringen wird, abhängt.

Betrachten wir die Entscheidung Sams, eines Arbeiters, der für sein Rentenalter im voraus planen möchte. Um die Dinge einfach zu halten, unterteilen wir Sams Leben in nur zwei Abschnitte. Im ersten Lebensabschnitt ist Sam jung und arbeitet. Im zweiten Abschnitt ist er alt und hat sich zur Ruhe gesetzt. In jungen Jahren verdient Sam 100.000 DM. Er teilt dieses Einkommen auf zwischen Konsum heute und Ersparnis für morgen. Im Alter möchte Sam das konsumieren, was er gespart hat, einschließlich der Zinszahlungen, die ihm die Ersparnis eingebracht hat.

Nehmen wir an, der Zinssatz betrage für die aktive Zeit insgesamt 10%. Damit kann Sam für jede DM, die er in jungen Jahren spart, Konsum im Gegenwert von 1,10 DM im Alter realisieren. Wir können ›Konsum in jungen Jahren‹ und ›Konsum im Alter‹ als die zwei Güter ansehen, zwischen denen Sam sich entscheiden muß. Der Zinssatz bestimmt den relativen Preis dieser zwei Güter.

Das Schaubild 21-15 zeigt Sams Budgetbeschränkung. Spart er gar nichts, so kann er 100.000 DM in jungen Jahren konsumieren und im Alter nichts. Spart er alles, so konsumiert er nichts in jungen Jahren und 110.000 DM im Alter. Die Budgetgerade zeigt diese beiden und alle weiteren, dazwischen liegenden Möglichkeiten auf.

Im Schaubild 21-15 werden Indifferenzkurven verwendet, um Sams Präferenzen bezüglich des jeweiligen Konsums in den beiden Perioden abzubilden. Da Sam stets ein höheres Konsumniveau in beiden Perioden bevorzugt, präferiert er Punkte auf höher liegenden Indifferenzkurven gegenüber Punkten auf niedriger liegenden. Unter diesen gegebenen Präferenzen wählt Sam die optimale Konsumkombination in beiden Lebensabschnitten – dies ist genau der Punkt auf der Budgetgerade, der auf der höchstmöglich erreichbaren Indifferenzkurve liegt. In diesem Optimum konsumiert Sam 50.000 DM in jungen Jahren und 55.000 DM im Alter.

Betrachten wir nun, was passiert, wenn der Zinssatz von 10% auf 20% steigt. Das Schaubild 21-16 zeigt zwei mögliche Ergebnisse. In beiden Fällen verschiebt sich die Budgetgerade nach außen und wird steiler. Bei dem neuen, höheren Zinssatz, kann sich Sam für jede DM, die er in jungen Jahren zu konsumieren verzichtet, im Alter mehr leisten.

Die zwei Darstellungen zeigen eine jeweils unterschiedliche Präferenzstruktur für Sam und die jeweils resultierende Antwort auf einen höheren Zinssatz. In beiden Fällen steigt der Konsum im Alter. Die Konsumreaktion in jungen Jahren in Reaktion auf eine Zinssatzänderung fällt jedoch in den beiden Fällen unterschiedlich aus. Im Fall a) beantwortet Sam den höheren

Schaubild 21-15
Die Konsum-Spar-Entscheidung. Diese Abbildung gibt die Situation einer Person wieder, die entscheiden muß, wieviel sie jeweils in ihren beiden Lebensabschnitten konsumieren soll. Dargestellt sind die Budgetbeschränkung, die Indifferenzkurven, die die entsprechenden Präferenzen abbilden, sowie die optimale Entscheidung.

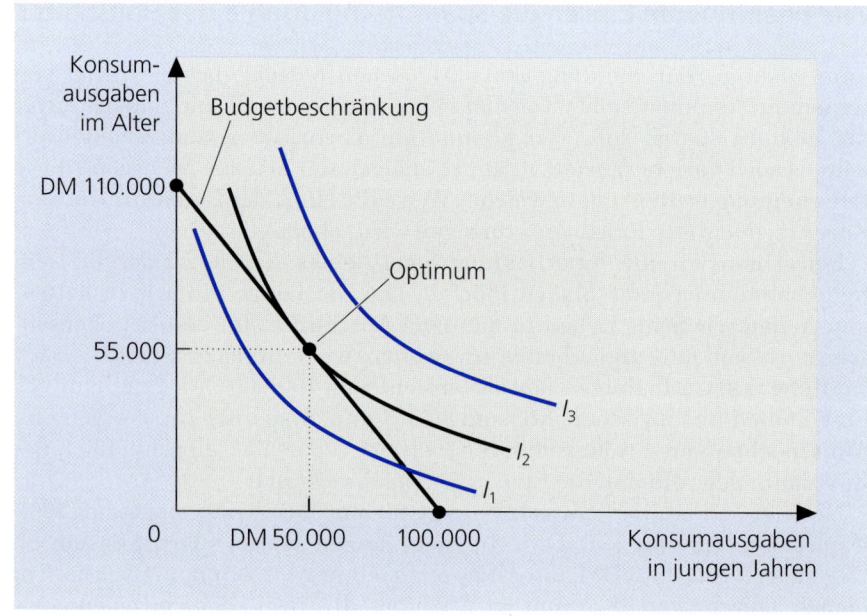

Zinssatz mit einer Rücknahme des Konsums in jungen Jahren. Im Fall b) reagiert Sam mit höherem Konsum in jungen Jahren.

Sams Ersparnis ergibt sich selbstverständlich aus seinem Einkommen in jungen Jahren abzüglich dessen, was er in jungen Jahren konsumiert. In der Darstellung a) fällt der Konsum in jungen Jahren bei einem Anstieg des Zinssatzes, also muß die Ersparnis ansteigen. In der Darstellung b) steigt Sams Konsum in jungen Jahren, also muß die Ersparnis zurückgehen.

a) Ein höherer Zinssatz erhöht die Ersparnis

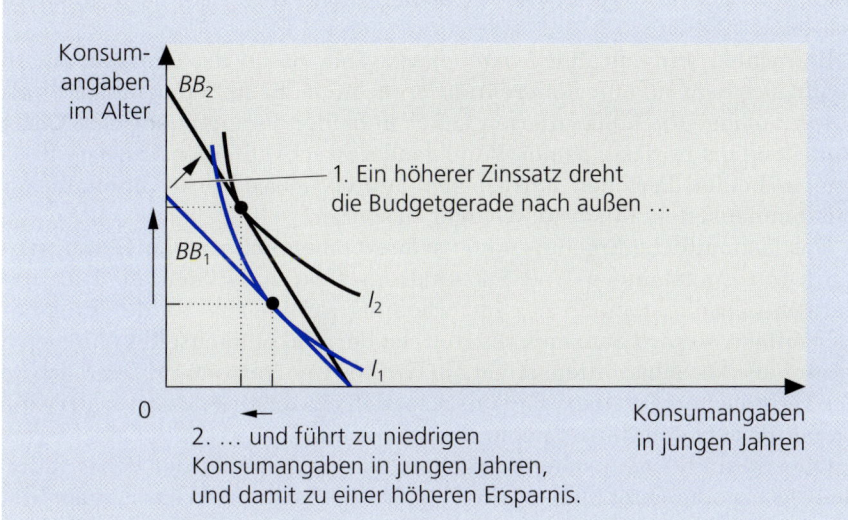

b) Ein höherer Zinssatz senkt die Ersparnis

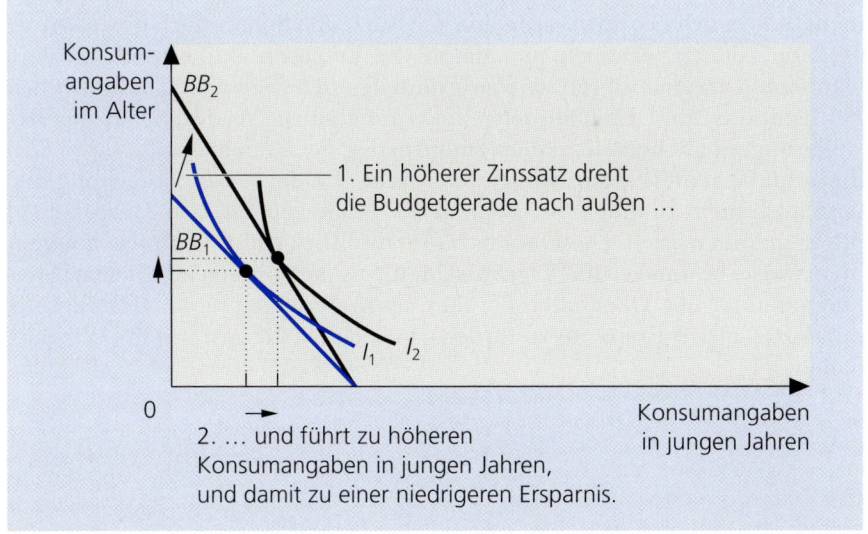

Schaubild 21-16
Ein Zinsanstieg. In beiden Darstellungen bewirkt ein Anstieg des Zinssatzes eine Drehung der Budgetgeraden nach außen. In der Darstellung a) fällt der Konsum in jungen Jahren, während der Konsum im Alter ansteigt. In der Darstellung b) steigt der Konsum in beiden Lebensabschnitten; das Ergebnis ist ein Rückgang der Ersparnis in jungen Jahren.

Der in Darstellung b) skizzierte Fall mag auf den ersten Blick seltsam scheinen: Sam reagiert auf einen Anstieg des Ertrags der Ersparnis mit einer Zurücknahme der Ersparnis. Dieses Ergebnis ist jedoch nicht so sonderbar, wie es anfangs scheinen mag. Wir können diesen Fall verstehen, indem wir den Einkommens- und Substitutionseffekt einer Zinserhöhung näher betrachten.

Betrachten wir zuerst den *Substitutionseffekt*. Steigt der Zinssatz an, wird der Konsum im Alter im Vergleich zum Konsum in jungen Jahren weniger kostspielig. Daher wird der Substitutionseffekt Sam dazu veranlassen, mehr im Alter und weniger in der Jugend zu konsumieren. Anders ausgedrückt veranlaßt der Substitutionseffekt Sam dazu, mehr zu sparen.

Betrachten wir nun den *Einkommenseffekt*. Steigt der Zinssatz an, so begibt sich Sam auf eine höhere Indifferenzkurve. Er steht nun besser da als zuvor. Solange die konsumierten Güter in beiden Perioden normale Güter sind, tendiert er dazu, seinen Wohlstandszuwachs in einen höheren Konsum in beiden Perioden umzusetzen. Anders ausgedrückt veranlaßt der Einkommenseffekt ihn dazu, weniger zu sparen.

Das letztendliche Ergebnis hängt selbstverständlich von der Gesamtwirkung von Einkommens- und Substitutionseffekt zusammen ab. Fällt der Substitutionseffekt einer Zinssatzerhöhung größer aus als der Einkommenseffekt, so wird Sam mehr sparen. Ist der Einkommenseffekt hingegen größer als der Substitutionseffekt, so wird er weniger sparen. Die Theorie des Verbraucherverhaltens sagt uns also, daß ein Anstieg des Zinssatzes die Ersparnis entweder fördern oder dämpfen kann.

Obwohl dieses ambivalente Ergebnis vom Standpunkt der Wirtschaftstheorie aus betrachtet interessant ist, ist es aus Sicht der Wirtschaftspolitik enttäuschend. Es stellt sich heraus, daß ein wichtiger Aspekt der Steuerpolitik zumindest zum Teil davon abhängt, wie die Ersparnis auf den Zinssatz reagiert. Einige Ökonomen haben eine Verringerung der Besteuerung von Zins- und anderen Kapitaleinkünften befürwortet, mit dem Argument, eine solche Politik werde den Zinssatz, den Sparer nach Besteuerung erzielen können, erhöhen und damit die Ersparnis stimulieren. Andere Ökonomen argumentieren, daß aufgrund des sich gegenseitig aufhebenden Substitutions- und Einkommenseffekts eine solche Änderung in der Besteuerung möglicherweise nicht zum Anstieg der Ersparnis führt, sondern diese im Gegenteil sogar reduzieren könne. Leider ist die Forschung bislang noch nicht zu einem Konsens in der Frage gelangt, wie Zinssätze auf die Ersparnis wirken. Der Dissens bleibt mit Blick auf die Empirie notwendigerweise bestehen. Im Ergebnis bleibt es bei unterschiedlichen Meinungen unter den Ökonomen darüber, ob Änderungen in der Besteuerung mit dem Ziel, die Ersparnis zu fördern, tatsächlich die gewünschte Wirkung haben.

a) Die Beschränkung ist nicht bindend

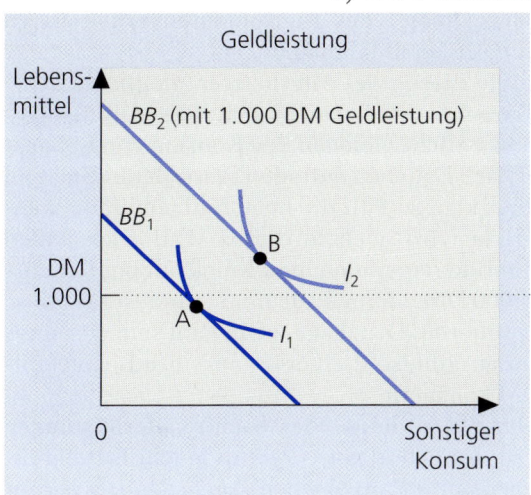
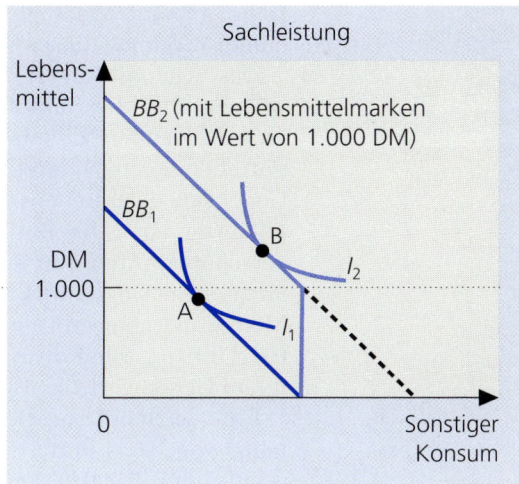

b) Die Beschränkung ist bindend

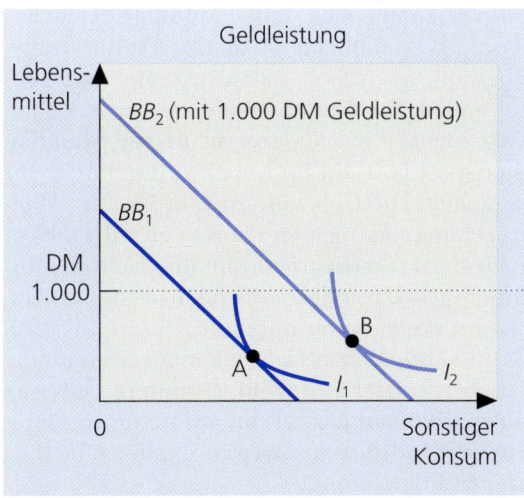
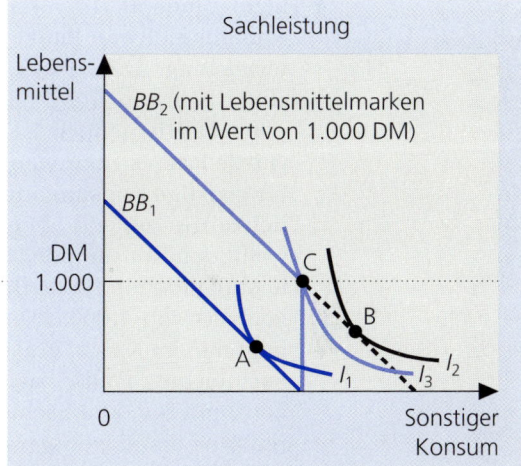

Schaubild 21-17
Geldleistungen oder Sachleistungen. Beide Darstellungen vergleichen Transferleistungen in Form von Geld mit Transferleistungen in Form von Sachmitteln (hier: Lebensmittel auf Marken). In der Darstellung a) ist der Sachleistungstransfer keine bindende Beschränkung; der Verbraucher erreicht unter beiden Maßnahmen dieselbe Indifferenzkurve. In der Darstellung b) hingegen stellt der Sachleistungstransfer eine bindende Beschränkung dar; der Konsument kann nun bei Sachleistungstransfer nur eine tiefer liegende Indifferenzkurve erreichen als bei Transferleistungen in Form von (nicht zweckgebundenem) Geld.

Erhalten Arme lieber Geld- oder Sachleistungen vom Staat?

Paul ist arm. Aufgrund seines geringen Einkommens ist sein Lebensstandard ärmlich. Die Regierung möchte ihm helfen. Der Staat kann Paul entweder Lebensmittel im Gegenwert von 1.000 DM (möglicherweise durch die Ausgabe von Lebensmittelmarken) oder 1.000 DM bar auf die Hand geben. Was sagt uns die Theorie des Konsumentenverhaltens zu einem Vergleich dieser beiden Politikmaßnahmen?

Das Schaubild 21-17 zeigt, wie diese zwei Alternativen möglicherweise wirken. Gibt der Staat Paul Bargeld, so verschiebt sich dessen Budgetgerade nach außen. Er kann das zusätzliche Geld auf den Konsum von Lebensmittel oder sonstigen Gütern nach Belieben aufteilen. Verteilt der Staat im Gegensatz dazu Lebensmittelmarken, so fällt die neue Budgetgerade komplizierter aus. Die Budgetgerade wird auch in diesem Fall nach außen verschoben. Aber nun weist die Budgetgerade einen Knick auf bei Lebensmitteln im Gegenwert von 1.000 DM, denn Paul muß mindestens diese Menge an Lebensmitteln konsumieren. D.h. auch wenn Paul sein gesamtes Geld für sonstige Konsumgüter ausgibt, so wird er immer noch Lebensmittel im Gegenwert von 1.000 DM konsumieren.

Eine letztendliche Beurteilung der Geld- oder Sachtransferleistungen hängt von Pauls Präferenzen ab. Im Fall a) wäre Paul in jedem Fall bereit, mindestens 1.000 DM für Lebensmittel auszugeben, auch dann, wenn er direkte Geldzahlungen seitens des Staates erhält. Daher ist die durch die Sachleistung (in Form von Lebensmittelmarken) auferlegte Beschränkung nicht bindend. In diesem Fall verschiebt sich seine optimale Konsum-Kombination von Punkt A zu Punkt B – unabhängig von der Art der Transferleistung. D.h. Pauls Entscheidung zwischen Lebensmitteln und sonstigen Konsumgütern fällt unter beiden Politikmaßnahmen gleich aus.

Im Fall b) jedoch ist die Geschichte eine andere. In dieser Situation würde Paul es vorziehen, weniger als 1.000 DM für Lebensmittel und mehr für sonstige Konsumgüter auszugeben. Die Geldzahlung gibt ihm die Möglichkeit, sein Geld ohne Überwachung auszugeben für was er will, und er wählt den Konsumpunkt B. Im Gegensatz dazu erlegt ihm die Sachtransferleistung die bindende Beschränkung auf, mindestens Lebensmittel im Gegenwert von 1.000 DM zu konsumieren. Seine optimale Güterallokation liegt nun im Knick, in Punkt C. Im Vergleich zur Geldleistung veranlaßt die Sachleistung Paul dazu, mehr Lebensmittel und weniger andere Güter zu konsumieren. Die Sachleistung zwingt Paul auch dazu, auf einer niedrigeren (und damit weniger präferierten) Indifferenzkurve zu ›landen‹. Paul ist schlechter gestellt als im Fall der Geldleistung.

Die Theorie der Konsumentenentscheidung lehrt uns also eine einfache Lektion über Geld- versus Sachleistungen. Zwingt ein Sachleistungstransfer einen Verbraucher dazu, mehr dieses Gutes zu konsumieren als er bei eigener freier Entscheidung davon konsumieren würde, so zieht der Konsument die Geldleistung vor. Zwingt der Sachleistungstransfer den Verbraucher nicht dazu, mehr dieses Gutes zu konsumieren als er bei eigener freier Entscheidung davon konsumieren würde, so haben Geld- und Sachleistungstransfer genau dieselbe Wirkung auf Konsum und Wohlstand des Empfängers.

Schnelltest   Erklären Sie, wie ein Lohnanstieg möglicherweise die Anzahl an Stunden, die eine Person bereit ist zu arbeiten, reduziert.

Schlußfolgerung: Denken die Menschen wirklich so?

Die Theorie des Verbraucherverhaltens beschreibt, wie Menschen Entscheidungen treffen. Wie gesehen, eröffnen sich breite Anwendungsmöglichkeiten. Die Theorie kann erklären, wie sich eine Person zwischen Pepsi und Pizza, Arbeit und Freizeit, Konsum und Ersparnis, usw. entscheidet.

An dieser Stelle mögen Sie jedoch vielleicht geneigt sein, die Theorie des Verbraucherverhaltens mit einiger Skepsis zu beurteilen. Immerhin sind Sie selbst Konsument. Jedesmal, wenn Sie ein Geschäft betreten, entscheiden Sie, was Sie kaufen. Und Sie wissen, daß Sie nicht mit Hilfe des Niederschreibens von Budgetbeschränkungen und Indifferenzkurven entscheiden. Liefert dann nicht dieses Wissen über ihren eigenen Entscheidungsprozeß einen Beweis gegen die Theorie?

Die Antwort lautet: nein. Die Theorie des Verbraucherverhaltens versucht nicht, genau abzubilden, wie Menschen tatsächlich Entscheidungen treffen. Es ist ein Modell. Und, wie wir schon in Kapitel 2 gesehen haben, brauchen Denkodelle nicht empirisch gültig oder vollständig realistisch zu sein.

Am besten betrachtet man die Theorie des Verbraucherverhaltens als eine Metapher dafür, wie Konsumenten Entscheidungen treffen. Kein Konsument (außer zufälligerweise ein Ökonom) macht den expliziten Optimierungsprozeß durch, den die Theorie beschreibt. Aber Konsumenten sind sich bewußt, daß ihre Entscheidungen durch ihre finanziellen Ressourcen beschränkt werden. Und unter diesen gegebenen Beschränkungen werden sie das bestmögliche tun, um den höchsten Grad an Zufriedenheit zu erreichen. Die Theorie des Verbraucherverhaltens versucht diesen impliziten, psychologischen Prozeß so zu beschreiben, daß eine explizite, ökonomische Analyse möglich wird.

Ein Essen ist so gut wie es schmeckt. Und der Test einer Theorie liegt in ihren Anwendungen. Im letzten Abschnitt dieses Kapitels haben wir die Theorie des Verbraucherverhaltens auf vier ökonomische Probleme der Praxis angewendet. Wenn Sie einen Kurs für Fortgeschrittene auf diesem Gebiet belegen, so werden Sie lernen, daß diese Theorie den Rahmen für viele weitere Analysen abgibt.

Zusammenfassung

- Die Budgetgerade eines Konsumenten zeigt die möglichen Kombinationen unterschiedlicher Güter, die er sich bei gegebenen Preisen leisten kann.
- Die Indifferenzkurven eines Konsumenten bilden seine Präferenzen ab. Eine Indifferenzkurve zeigt die verschiedenen Güterbündel, die den Verbraucher gleichermaßen glücklich machen. Punkte auf höheren Indifferenzkurven werden gegenüber Punkten auf niedriger liegenden Indifferenzkurven vorgezogen. Die Steigung einer Indifferenzkurve entspricht in jedem Punkt der Grenzrate der Substitution des Kon-

sumenten – das ist dasjenige Verhältnis, zu dem ein Verbraucher bereit ist, ein Gut gegen das andere zu tauschen.

- Der Konsument optimiert, indem er denjenigen Punkt auf der Budgetgerade wählt, der auf der höchstmöglich erreichbaren Indifferenzkurve liegt. In diesem Punkt entspricht die Steigung der Indifferenzkurve (die Grenzrate der Substitution zwischen den Gütern) genau der Steigung der Budgetbeschränkung (dem relativen Preis der Güter).

- Fällt der Preis eines Gutes, so kann die Wirkung auf die Konsumentscheidung des Verbrauchers in einen Einkommens- und einen Substitutionseffekt aufgeteilt werden. Der Einkommenseffekt gibt die Veränderung der konsumierten Mengen an, die dadurch entsteht, daß ein niedrigerer Preis den Verbraucher besser stellt. Der Substitutionseffekt ist diejenige Veränderung in den konsumierten Mengen, die daraus resultiert, daß eine Preisänderung einen höheren Konsum desjenigen Gutes fördert, das relativ billiger geworden ist. Der Einkommenseffekt spiegelt sich in der Bewegung von einer niedrigeren zu einer höheren Indifferenzkurve wider, wohingegen der Substitutionseffekt durch eine Bewegung entlang einer Indifferenzkurve hin zu einem Punkt mit veränderter Steigung charakterisiert ist.

- Die Theorie des Verbraucherverhaltens kann auf viele Situationen Anwendung finden. Mit ihrer Hilfe kann erklärt werden, warum Nachfragekurven eine positive Steigung aufweisen können, warum Lohnerhöhungen das Arbeitsangebot sowohl erhöhen als auch senken können, warum höhere Zinssätze die Ersparnis fördern oder auch dämpfen können und warum die Ärmeren Geldleistungen gegenüber Sachleistungen vorziehen.

Stichworte

Budgetbeschränkung	normales Gut
Indifferenzkurve	inferiores Gut
Grenzrate der Substitution	Einkommenseffekt
vollkommene Substitute	Substitutionseffekt
vollkommene Komplemente	Giffen-Gut

Zur Wiederholung

1. Ein Verbraucher hat ein Einkommen von 3.000 DM. Ein Glas Wein kostet 3 DM, ein Pfund Käse kostet 6 DM. Zeichnen Sie die Budgetbeschränkung des Konsumenten. Welche Steigung weist diese Budgetbeschränkung auf?

2. Zeichnen Sie die Indifferenzkurven für Wein und Käse. Beschreiben und erläutern Sie die vier Eigenschaften dieser Indifferenzkurven.

3. Wählen Sie einen beliebigen Punkt auf der Indifferenzkurve und verdeutlichen Sie die Grenzrate der Substitution. Was gibt die Grenzrate der Substitution an?

4. Zeichnen Sie eine Budgetgerade des Konsumenten und die Indifferenzkurven für Wein und Käse. Zeigen Sie den optimalen Verbrauchspunkt, den der Konsument wählt. Wenn der Preis eines Glases Wein 3 DM und der Preis eines Pfundes Käse 6 DM betragen, wie hoch ist dann die Grenzrate der Substitution in diesem Optimum?

5. Eine Person, die Wein und Käse konsumiert, erhält eine Gehaltserhöhung von 3.000 DM auf 4.000 DM. Zeigen Sie, was passiert, wenn Wein und Käse beide normale Güter sind. Zeigen Sie anschließend, was passiert, wenn Käse ein inferiores Gut ist.

6. Der Preis für ein Pfund Käse steigt von 6 DM auf 10 DM, während der Preis für ein Glas Wein bei 3 DM belassen wird. Zeigen Sie, wie sich der Konsum von Wein und Käse eines Verbrauchers verändert, der ein konstantes Einkommen von 3.000 DM erhält. Zerlegen Sie diese Veränderung in Einkommens- und Substitutionseffekt.

6. Kann ein Anstieg des Preises für Käse den Konsumenten möglicherweise dazu veranlassen, mehr Käse zu kaufen? Erklären Sie Ihre Antwort.

Aufgaben und Anwendungen

1. Jennifer teilt ihr Einkommen auf Kaffee und Croissants auf. Ein früher Frosteinbruch in Brasilien verursacht einen starken Anstieg des Kaffeepreises in Deutschland.
   a) Zeigen Sie die Auswirkungen des Frosteinbruchs auf Jennifers Budgetbeschränkung.
   b) Zeigen Sie die Auswirkungen des Frosteinbruchs auf Jennifers optimales Konsumbündel unter der Annahme, daß der Substitutionseffekt den Einkommenseffekt für Croissants überwiegt.
   c) Zeigen Sie die Auswirkungen des Frosteinbruchs auf Jennifers optimales Konsumbündel unter der Annahme, daß der Einkommenseffekt den Substitutionseffekt für Croissants überwiegt.

2. Vergleichen Sie die folgenden Paare von Gütern:
   - Coke und Pepsi
   - Skier und Skibindungen

   In welchem Fall erwarten Sie annähernd lineare Indifferenzkurven, und in welchem Fall erwarten Sie, daß die Indifferenzkurven eine starke Krümmung aufweisen. In welchem Fall wird der Konsument stärker auf eine Änderung des relativen Preises der beiden Güter reagieren?

3. Mario ißt nur Käse und Cracker.
   a) Können Käse und Cracker beides inferiore Güter für Mario sein? Erläutern Sie Ihre Antwort.

b) Nehmen wir an, Käse sei für Mario ein normales Gut, während Cracker ein inferiores sind. Was geschieht mit Marios Cracker-Verbrauch, wenn der Preis für Käse fällt? Was passiert bezüglich seines Käse-Konsums? Erklären Sie Ihre Antwort.

4. Jim kauft ausschließlich Milch und Kekse.

a) Im Jahr 1997 verdient Jim 100 DM, Milch kostet 2 DM pro Liter, ein Dutzend Kekse kostet 4 DM. Zeichnen Sie Jims Budgetbeschränkung.

b) Nehmen Sie nun an, im Jahr 1998 steigen alle Preise um 10% und Jims Einkommen steige ebenfalls um 10%. Zeichnen Sie Jims neue Budgetgerade. Wie sieht Jims optimale Kombination aus Milch und Keksen im Jahr 1998 im Vergleich zur optimalen Kombination des Jahres 1997 aus?

5. Betrachten Sie Ihre Entscheidung, wie viele Stunden Sie arbeiten wollen.

a) Zeichnen Sie Ihre Budgetbeschränkung unter der Annahme, Sie zahlten keine Steuern auf Ihr Einkommen. Zeichnen Sie in dasselbe Diagramm eine weitere Budgetbeschränkung, die der Annahme unterliegt, sie müßten 15% Steuern zahlen.

b) Zeigen Sie, wie die Steuer Sie dazu veranlassen kann, mehr, weniger oder die gleiche Anzahl an Stunden zu arbeiten wie im Fall ohne Besteuerung. Erläutern Sie Ihre Skizzen.

6. Sarah ist 100 Stunden in der Woche wach und aktiv. Zeichnen Sie in ein gemeinsames Diagramm Sarahs jeweilige Budgetbeschränkung, wenn sie einen Stundenlohn von 6 DM, 8 DM und 10 DM erhält. Zeichnen Sie nun zusätzlich in dieses Diagramm Indifferenzkurven derart ein, daß Sarahs Arbeitsangebotskurve für Stundenlöhne zwischen 6 und 8 DM steigend und für Stundenlöhne zwischen 8 und 10 DM fallend verläuft.

7. Zeichen Sie eine Indifferenzkurve für einen Menschen, der sich entscheiden muß, wieviel er arbeitet. Nehmen Sie nun an, der Lohn steigt. Ist es möglich, daß der Konsum dieses Menschen zurückgeht? Ist dies plausibel? Diskutieren Sie. (Hinweis: Denken sie an Einkommens- und Substitutionseffekte.)

8. Der Anteil der verheirateten Frauen an der Erwerbsbevölkerung hat sich in den letzten 50 Jahren mehr als verdoppelt. Ein ökonomischer Einflußfaktor war der Anstieg der Entlohnung für Frauen in diesem Zeitraum. Ein weiterer ökonomischer Einflußfaktor war der Anstieg der Löhne für Männer, wodurch sich der Lebensstandard der meisten verheirateten Frauen erhöhte.

a) Zeigen Sie graphisch mit Hilfe der Indifferenzkurvendarstellung und erklären Sie sodann, wie ein Einkommensanstieg des Ehemanns zu einem Rückgang der Arbeitsstunden der Ehefrau führen kann. Welche Annahme über die Freizeit müssen Sie treffen, um dieses Ergebnis zu erzielen?

b) Zeigen Sie in einem weiteren Indifferenzkurvenschema und erklären Sie sodann, wie ein Anstieg der Löhne für Frauen die Entscheidung der Frau darüber, wie viele Stunde sie arbeitet, beeinflußt.

9. Nehmen Sie an, sie treten eine Arbeitsstelle an, die Ihnen ein Einkommen von 30.000 DM pro Jahr verschafft; einen Teil dieses Einkommens legen Sie auf einem Sparbuch beiseite, das eine jährliche Verzinsung von 5% erbringt. Zeigen Sie in einer Graphik mit Hilfe von Budgetbeschränkung und Indifferenzkurven, wie sich Ihr Konsumverhalten in jeder der nachfolgenden Situationen ändert. Um die Dinge einfach zu halten, nehmen Sie an, sie würden keine Steuern auf Ihr Einkommen zahlen.

   a) Ihr Einkommen steigt auf 40.000 DM.

   b) Der Zinssatz für Ihre Ersparnisse steigt auf 8%.

10. Wie im Text erläutert, kann man das Leben eines Menschen in zwei hypothetische Perioden unterteilen: »Jugend« und »Alter«. Nehmen Sie an, der betrachtete Mensch erziele nur in der Jugend ein Einkommen und spare einen Teil davon, um im Alter Konsum zu ermöglichen. Was wird voraussichtlich mit dem Konsum in jungen Jahren geschehen, wenn der Zinssatz für Spareinlagen sinkt? Können Sie sagen, was mit dem Konsum im Alter geschehen wird? Erläutern Sie Ihre Überlegungen.

11. Nehmen Sie an, Ihr Bundesland unterstütze jede Stadt mit 5 Mio. DM im Jahr. Für welche Zwecke das besagte Geld ausgegeben wird, ist bisher noch nicht vorgeschrieben, aber der Ministerpräsident hat vorgeschlagen, daß die Städte dazu verpflichtet werden sollen, die gesamten 5 Mio. DM für Bildungszwecke auszugeben. Sie können die Wirkung dieses Vorschlags auf die Ausgaben Ihrer Stadt mit Hilfe einer Budgetgerade und eines Indifferenzkurvendiagramms verdeutlichen. Die zwei zu betrachtenden Güter sind Ausgaben für den Bildungsbereich und sonstige Ausgaben.

   a) Zeichnen Sie die Budgetgerade Ihrer Stadt unter der bislang vorherrschenden Politik; nehmen Sie dabei an, daß die einzigen Einnahmen Ihrer Stadt zusätzlich zu den staatlichen Zuwendungen aus einer Grundsteuer resultieren, die 10 Mio. DM einbringt. Zeichnen Sie in dasselbe Diagramm die Budgetbeschränkung unter Berücksichtigung des neuen Vorschlags des Ministerpräsidenten.

   b) Würde Ihre Stadt bei Verwirklichung des Vorschlags des Ministerpräsidenten mehr für Erziehung und Bildung ausgeben als in der bisherigen Situation? Erläutern Sie Ihre Antwort.

   c) Vergleichen Sie nun zwei Städte, Jungstadt und Altstadt, die Steuereinnahmen und staatliche Hilfeleistungen in gleicher Höhe erhalten. Jungstadt hat einen hohen schulpflichtigen Bevölkerungsanteil, während Altstadt eine alte Bevölkerungsstruktur aufweist. In welcher Stadt wird der Vorschlag des Ministerpräsidenten eher zu einem Anstieg der Bildungsausgaben führen? Erläutern Sie ihre Überlegungen.

12. Das Wohlfahrtssystem stellt einigen bedürftigen Familien Einkommen zur Verfügung. Normalerweise erhalten diejenigen Familien, die überhaupt kein eigenes Einkommen erzielen, die höchsten Zahlungen; mit steigendem eigenen Einkommen der Familien sinken die staatlichen Zuwendungen allmählich bis diese ganz verschwinden. Wir wollen nun

die möglichen Auswirkungen dieses Programms auf das Arbeitsangebot einer Familie untersuchen.

a) Zeichnen Sie eine Budgetbeschränkung für eine Familie unter der Annahme, daß das Wohlfahrtssystem nicht existiert. Zeichnen Sie in dasselbe Diagramm eine Budgetbeschränkung, die die Existenz des Wohlfahrtsstaates widerspiegelt.

b) Fügen Sie Indifferenzkurven zu dieser Abbildung hinzu, und zeigen Sie, wie das Wohlfahrtssystem die Anzahl der Arbeitsstunden einer Familie möglicherweise reduzieren kann. Erläutern Sie Ihre Ideen unter Berücksichtigung des Einkommens- und Substitutionseffekts.

c) Zeigen Sie anhand Ihrer Zeichnung aus Aufgabenteil b) den Einfluß des Wohlfahrtssystems auf den Wohlstand der Familie.

13. Nehmen Sie an, eine Person müsse auf die ersten verdienten 10.000 DM keine Steuern zahlen, jegliches weitere Einkommen aber mit 15% versteuern. Nehmen Sie nun an, daß der Staat zwei unterschiedliche Ansätze in Betracht zieht, die Steuerlast zu reduzieren: entweder eine Reduktion des Steuersatzes oder eine Erhöhung der Summe, die nicht der Besteuerung unterliegt (Freibetrag).

a) Welche Wirkung hätte eine Verminderung des Steuersatzes auf das individuelle Arbeitsangebot, wenn das Anfangsgehalt 30.000 DM beträgt? Verwenden Sie in Ihrer Erklärung die Worte Einkommens- und Substitutionseffekt. Sie müssen keine Skizze anfertigen.

b) Welche Wirkung hätte eine Anhebung des Betrages, der nicht versteuert werden muß, auf das individuelle Arbeitsangebot? Verwenden Sie auch hier wiederum die Begriffe Einkommens- und Substitutionseffekt in Ihrer Erläuterung.

14. Betrachten wir eine Person, die eine Entscheidung treffen muß, wieviel sie konsumieren soll und wieviel sie für das Alter sparen soll. Diese Person hat spezielle Präferenzen: Das niedrigere der beiden in den jeweiligen Lebensabschnitten erzielte Konsumniveau bestimmt den Nutzen. Formal heißt das

Nutzen = Minimum {Konsum in jungen Jahren, Konsum im Alter}

a) Zeichnen Sie die Indifferenzkurven dieser Person. (Hinweis: Erinnern Sie sich daran, daß die Indifferenzkurven diejenigen Konsum-Kombinationen beider Lebensperioden aufzeigen, die denselben Nutzen stiften.)

b) Zeichnen Sie die Budgetbeschränkung und das Optimum.

c) Wird diese Person bei einem Anstieg des Zinssatzes mehr oder weniger sparen? Erläutern Sie Ihre Antwort unter Verwendung des Substitutions- und Einkommenseffekts.

Die makroökonomischen Daten

Teil VIII

Die Messung des Volkseinkommens   Kapitel 22

In diesem Kapitel werden Sie

- überlegen, warum das gesamte Einkommen eines Landes seinen gesamten Ausgaben entspricht,
- lernen, wie das Bruttoinlandsprodukt (BIP) definiert und ermittelt wird,
- erfahren, in welche vier Hauptbestandteile das BIP zerlegt werden kann,
- zu unterscheiden lernen zwischen dem realen und dem nominalen BIP,
- sich fragen, ob das BIP einen guten Maßstab für die ökonomische Wohlfahrt eines Landes darstellt.

Wenn Sie die Schule verlassen und beginnen sich nach einer Vollzeit-Beschäftigung umzusehen, so werden Ihre Erfahrungen zu einem Großteil durch die vorherrschenden ökonomischen Bedingungen geprägt sein. In manchen Jahren weiten Unternehmungen aller Wirtschaftszweige ihre Produktion von Waren und Dienstleistungen aus, die Beschäftigung steigt und Arbeitsplätze sind leicht zu finden. In anderen Jahren fahren Unternehmungen ihre Produktion zurück, die Beschäftigung sinkt, und es dauert lange, eine gute Anstellung zu finden. Es überrascht nicht, daß jeder Schul- und Hochschulabbgänger lieber in einem Jahr ökonomischer Expansion als in einem Jahr wirtschaftlicher Kontraktion den Arbeitsmarkt betreten möchte.

Da die Lage der Gesamtwirtschaft jeden von uns zutiefst beeinflußt, werden Veränderungen der ökonomischen Bedingungen von den Medien in großem Umfang aufgegriffen und berichtet. Es ist in der Tat schwierig, eine Zeitung aufzuschlagen, ohne einige neu zusammengetragene Statistiken über die Wirtschaft zu erblicken. Die Statistiken mögen das gesamte Einkommen aller in einer Volkswirtschaft (BIP) messen oder die Rate, mit der die durchschnittlichen Preise steigen (Inflation), oder den Anteil an den Erwerbspersonen, die keine Arbeit haben (Arbeitslosigkeit) oder die Gesamtausgaben in Geschäften (Einzelhandelsumsätze) oder das Ungleichgewicht des Handels zwischen Deutschland und dem Rest der Welt (Außenhandelssaldo – Defizit oder Überschuß). All dies sind *makroökonomische* Statistiken. Sie sagen weniger etwas über einen speziellen Haushalt oder eine spezifische Unternehmung aus, sondern geben uns vielmehr Auskunft über die gesamte Volkswirtschaft.

Wie Sie noch aus Kapitel 2 wissen, wird die Volkswirtschaftslehre in zwei Felder unterteilt: Mikroökonomik und Makroökonomik. Die **Mikroökonomik** untersucht, wie Haushalte und Unternehmungen Entscheidungen treffen und wie sie miteinander auf Märkten interagieren. Die **Makro-**

Mikroökonomik
Die Analyse, wie Haushalte und Unternehmungen Entscheidungen treffen und wie diese auf den Märkten zusammenwirken.

Makroökonomik
Die Untersuchung
gesamtwirtschaft-
licher Phänomene,
einschließlich
Inflation, Arbeits-
losigkeit und Wirt-
schaftswachstum.

ökonomik untersucht die Volkswirtschaft als Ganzes. Ziel der Makroökonomik ist es, ökonomische Veränderungen zu erklären, die viele Haushalte, Unternehmungen und Märkte gleichzeitig betreffen. Makroökonomen befassen sich mit verschiedenen Fragen: Warum ist das durchschnittliche Einkommen in manchen Ländern hoch, während es in anderen
Ländern niedrig ist? Warum steigen in manchen Zeitabschnitten die Preise
sehr schnell, während sie in anderen Zeitabschnitten sehr viel stabiler
sind? Warum werden Produktion und Beschäftigung in manchen Perioden
ausgeweitet und in anderen eingeschränkt? Diese unterschiedlichen Fragen
sind alle makroökonomischer Natur, denn sie betreffen die Funktionsweise
der gesamten Volkswirtschaft.

Da die Volkswirtschaft als Ganzes nicht mehr ist als eine Zusammenfassung vieler Haushalte und vieler Unternehmungen, die auf vielen Märkten
in Interaktionen treten, sind Mikroökonomik und Makroökonomik eng
verbunden. Die grundsätzlichen Instrumente, wie Angebot und Nachfrage
beispielsweise, stehen ebenso im Mittelpunkt der makroökonomischen wie
der mikroökonomischen Analyse. Jedoch ergeben sich bei der Analyse der
Volkswirtschaft einige neue und interessante Herausforderungen.

In diesem Kapitel und dem nächsten wollen wir einige der Daten behandeln, die Ökonomen und Politiker benutzen, um die Gesamtwirtschaft
zu überwachen. Diese Daten spiegeln die ökonomischen Veränderungen
wider, die Volkswirte zu erklären versuchen. Dieses Kapitel behandelt das
Bruttoinlandsprodukt, abgekürzt BIP genannt, welches das Gesamteinkommen eines Landes mißt. Das BIP wird besonders genau beobachtet und
in ökonomischen Statistiken abgebildet, da es als das beste verfügbare Maß
des wirtschaftlichen Wohlstandes einer Gesellschaft gilt.

Einkommen und Ausgaben einer Volkswirtschaft

Müßten Sie beurteilen, wie eine Person unter ökonomischen Gesichts-
punkten dasteht, würden Sie wahrscheinlich zuerst auf das Einkommen
dieser Person schauen. Eine Person mit einem hohen Einkommen kann
leichter ihre Grundbedürfnisse decken und Luxuswünsche befriedigen. Es
ist daher keine Überraschung, daß Menschen mit höherem Einkommen
einen höheren Lebensstandard genießen – ausgedrückt in besseren Wohn-
verhältnissen, besserer Gesundheitsversorgung, schickeren Autos, ausgie-
bigeren Urlaubsvergnügungen, usw.

Die gleiche Logik läßt sich auf die Gesamtwirtschaft eines Landes anwenden. Möchte man beurteilen, ob eine Volkswirtschaft gut oder schlecht
dasteht, so liegt es nahe, einen Blick auf das Gesamteinkommen dieser
Volkswirtschaft zu werfen. Das ist das Ziel des Bruttoinlandsprodukts
(BIP).

Das BIP mißt zwei Dinge gleichzeitig: das Gesamteinkommen der Volkswirtschaft und die Gesamtausgaben für die Erstellung von Waren und
Dienstleistungen. Der Grund dafür, daß das BIP beide Größen, das gesamte

Einkommen und die gesamten Ausgaben, messen kann, liegt darin, daß diese beiden Dinge in Wirklichkeit ein und dasselbe sind. *Für eine Volkswirtschaft als Ganzes muß das Einkommen den Ausgaben entsprechen.*

Warum stimmt diese Behauptung? Der Grund dafür, daß das Einkommen einer Volkswirtschaft genau deren Ausgaben entspricht, liegt ganz einfach darin, daß jede Transaktion zwei Seiten hat: einen Käufer und einen Verkäufer. Jede Mark, die von einem Käufer ausgegeben wird, ist eine Mark Einkommen für einen Verkäufer. Nehmen wir beispielsweise an, Karen zahlt Doug 100 DM, damit er ihren Rasen mäht. In diesem Fall ist Doug der Verkäufer einer Dienstleistung und Karen ist die Käuferin. Doug verdient 100 DM, und Karen gibt 100 DM aus. Daher trägt diese Transaktion in gleichem Maße zum Einkommen einer Volkswirtschaft wie zu deren Ausgaben bei. Das BIP, ob es nun als Gesamteinkommen oder Gesamtausgaben gemessen wird, steigt um 100 DM.

Ein anderer Ansatz, um die Übereinstimmung von Einkommen und Ausgaben zu verdeutlichen, ist das Flußdiagramm in Schaubild 22-1. (Sie werden sich an dieses Flußdiagramm aus dem Kapitel 2 erinnern.) Diese Darstellung beschreibt alle Transaktionen zwischen Haushalten und Unternehmungen in einer einfachen Volkswirtschaft. In dieser Volkswirtschaft erwerben die Haushalte Güter und Dienstleistungen von den Unterneh-

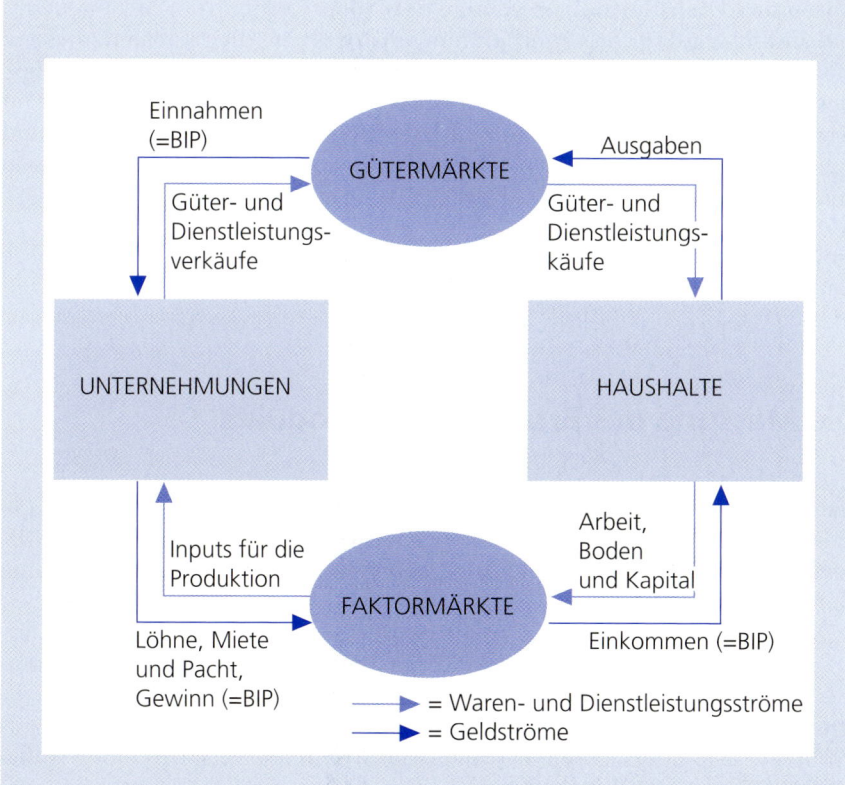

Schaubild 22-1
Das Flußdiagramm. Haushalte kaufen Waren und Dienstleistungen von den Unternehmungen, und die Unternehmungen benutzen ihre Einkünfte aus den Verkäufen, um Löhne an die Beschäftigten, Miete oder Pacht an die Grundbesitzer und Gewinne an die Unternehmenseigner auszuzahlen. Das BIP entspricht der gesamten Summe, die die Haushalte auf dem Markt für Waren und Dienstleistungen ausgeben. Es entspricht ebenfalls den gesamten Zahlungen der Unternehmungen an Löhnen, Mieten oder Pacht und Gewinnen auf den Märkten für Produktionsfaktoren.

mungen; diese Ausgaben fließen durch die Märkte für Waren und Dienstleistungen. Die Unternehmungen nutzen im Gegenzug das Geld, das sie aus den Verkäufen erhalten, um den Beschäftigten Löhne, den Grundbesitzern Miete oder Pacht und den Unternehmenseignern Gewinne auszuzahlen; dieses Einkommen fließt durch die Märkte für den Produktionsfaktor(einsatz). In dieser Volkswirtschaft fließt Geld kontinuierlich von den Haushalten zu den Unternehmungen und dann wieder zurück zu den Haushalten.

Wir können das BIP für diese Volkswirtschaft auf jede der beiden folgenden Arten errechnen: einerseits durch Summation der gesamten Ausgaben der Haushalte, andererseits durch Summation der gesamten Einkommen (Löhne, Mieten/Pacht, Gewinne), die von den Unternehmungen gezahlt werden. Da jegliche Ausgaben in dieser Volkswirtschaft auch gleichzeitig das Einkommen von jemandem darstellen, fällt das BIP immer gleich aus – gleichgültig, wie wir es berechnen.

Eine reale Volkswirtschaft ist selbstverständlich komplizierter als diejenige, die in Schaubild 22-1 dargestellt ist. Insbesondere geben die Haushalte ihr Einkommen nicht vollständig aus. Haushalte zahlen einen Teil ihres Einkommens in Form von Steuern an den Staat, und sie sparen und investieren einen Teil ihres Einkommens für zukünftige Zwecke. Zusätzlich erwerben die Haushalte nicht alle in der Volkswirtschaft produzierten Waren und Dienstleistungen. Einige der Güter werden vom Staat gekauft, und andere werden von Unternehmungen erworben, die vorhaben, diese in Zukunft zu nutzen, um ihren eigenen Output herzustellen. Unabhängig davon jedoch, ob ein Haushalt, der Staat oder eine Unternehmung ein Gut erwirbt, hat die Transaktion einen Käufer und einen Verkäufer. Daher sind für die Volkswirtschaft als Ganze betrachtet Ausgaben und Einkommen immer gleich.

Schnelltest

Welche zwei Dinge werden durch das Bruttoinlandsprodukt gemessen? Wie kann es zwei Dinge gleichzeitig messen?

Die Messung des Bruttoinlandsprodukts

Bruttoinlandsprodukt (BIP)
Der Marktwert aller für den Endverbrauch bestimmten Waren und Dienstleistungen, die in einem Land in einem bestimmten Zeitabschnitt hergestellt werden.

Nachdem wir nun die Bedeutung des Bruttoinlandsprodukts im allgemeinen besprochen haben, werden wir uns etwas genauer damit beschäftigen, wie dieser statistische Wert gemessen (erhoben) wird. Hier eine Definition des BIP:

- Das **Bruttoinlandsprodukt (BIP)** ist der Marktwert aller für den Endverbrauch bestimmten Waren und Dienstleistungen, die in einem Land in einem bestimmten Zeitabschnitt hergestellt werden.

Diese Definition sieht möglicherweise sehr einfach aus. Aber viele Detail-Probleme treten tatsächlich erst dann auf, wenn man das BIP einer Volkswirtschaft messen möchte. Daher sollten wir den genauen Wortlaut dieser Definition sorgfältig untersuchen.

»Das BIP ist der Marktwert…«

Sie kennen wahrscheinlich das Sprichwort: »Man kann Äpfel nicht mit Birnen vergleichen.« Das BIP tut jedoch genau das. Im BIP werden viele unterschiedliche Arten an Gütern in ein einziges Maß für die ökonomische Aktivität zusammengerechnet. Um dieses möglich zu machen, werden Marktpreise verwendet. Da Marktpreise diejenige Geldsumme messen, die die Menschen bereit sind für unterschiedliche Güter zu zahlen, spiegeln diese den Wert der entsprechenden Güter wider. Ist der Preis eines Apfels doppelt so hoch wie der Preis einer Birne, dann trägt ein Apfel doppelt so viel zum BIP bei wie eine Birne.

»…aller…«

Das BIP versucht, ein umfassendes Maß zu sein. Es beinhaltet alles, was in einer Volkswirtschaft hergestellt und legal auf den Märkten verkauft wird. Das BIP mißt also nicht nur den Wert von Äpfeln und Birnen, sondern ebenso denjenigen von Orangen oder Pampelmusen, Büchern und Filmen, Haarschnitten und Gesundheitsvorsorge, usw.

Das BIP umfaßt auch den Marktwert des Wohnraums, der vom Wohnraumangebot einer Volkswirtschaft abhängt. Bei Mietobjekten ist der Wert einfach zu berechnen – die Miete entspricht sowohl den Ausgaben des Bewohners als auch den Einnahmen des Besitzers. Viele Menschen sind jedoch Eigentümer des Hauses oder der Wohnung und zahlen daher keine Miete. Der Staat bezieht diese von den Eignern bewohnten Objekte in das BIP ein, indem deren Mietwert geschätzt wird. Grundsätzlich geht damit die Berechnung des BIP davon aus, daß der Besitzer an sich selbst die zugeschriebene Miete zahlt, damit ist die Miete also sowohl in seinen Ausgaben als auch in seinem Einkommen enthalten.

Es gibt jedoch einige Produkte, die aufgrund der auftretenden Schwierigkeiten bei der Messung nicht in das BIP einfließen. Das BIP schließt all diejenigen Dinge aus, die illegal hergestellt und verkauft werden, wie z.B. illegale Drogen. Es schließt ebenso die meisten Dinge aus, die zu Hause produziert und konsumiert werden und damit nicht über den Markt gehandelt werden. Gemüse, das Sie beim Gemüsehändler kaufen, ist ein Teil des BIP; Gemüse, das Sie im eigenen Garten anbauen, zählt hingegen nicht zum BIP.

Diese Abgrenzung des BIP kann teilweise zu paradoxen Ergebnissen führen. Bezahlt Karen beispielsweise Doug dafür, daß er ihren Rasen mäht, so geht diese Transaktion in das BIP ein. Würde Karen Doug heiraten, so würde sich die Situation ändern. Auch wenn Doug weiterhin Karens Rasen mäht, bleibt der Wert des Rasenmähens nun außerhalb des BIP, denn Dougs Dienstleistung wird nicht mehr über den Markt entlohnt. Wenn also Karen und Doug heiraten, so fällt das BIP.

»...für den Endverbrauch bestimmten...«

Wenn eine Unternehmung Papier herstellt, welches eine andere Unternehmung dazu benutzt, Grußkarten herzustellen, so wird das Papier *Zwischenprodukt* genannt und die Karte wird *Endprodukt* genannt. Das BIP umfaßt nur den Wert der Endprodukte. Der Grund dafür liegt darin, daß der Wert der Zwischenprodukte schon im Preis des Endproduktes enthalten ist. Das Hinzurechnen des Marktwertes des Papiers zum Marktwert der Karte würde eine Doppelzählung beinhalten. D. h. man würde das Papier zweimal zählen (was nicht korrekt wäre).

Eine wichtige Ausnahme von diesem Prinzip stellt der Fall dar, in dem ein Zwischenprodukt hergestellt wird und, anstatt sofort verbraucht zu werden, die Lagerhaltung einer Unternehmung erhöht, um zu einem späteren Zeitpunkt genutzt oder verkauft zu werden. In diesem Fall wird das Zwischenprodukt im Betrachtungszeitraum als Endprodukt behandelt und dessen Wert fließt als Lagerinvestition in das BIP ein. Wird der Lagerbestand an Zwischenprodukten später benutzt oder verkauft, so ist dies gleichbedeutend mit negativen Lagerinvestitionen, und das BIP dieser späteren Periode wird dementsprechend niedriger ausfallen.

»...Waren und Dienstleistungen...«

Das BIP umfaßt sowohl materielle Güter (Lebensmittel, Kleidung, Autos) als auch immaterielle Dienste (Haarschnitte, Hausreinigung, Arztbesuche). Wenn Sie eine CD Ihrer Lieblings-Band kaufen, so kaufen Sie eine Ware, und der Kaufpreis ist ein Teil des BIP. Wenn Sie dafür zahlen, ein Konzert eben dieser Band zu besuchen, so kaufen Sie eine Dienstleistung, und der Kaufpreis der Eintrittskarte ist ebenfalls ein Teil des BIP.

»...die in einem Land...«

Das BIP mißt den Wert der Produktion innerhalb der geographischen Grenzen eines Landes. Arbeitet ein französischer Staatsbürger vorübergehend in Deutschland, so zählt seine Produktionsleistung zum deutschen BIP. Besitzt ein deutscher Staatsbürger eine Fabrik in Portugal, so zählt die Produktionsleistung in seiner Fabrik nicht zum deutschen BIP. (Sie zählt zum portugiesischen BIP.) In das BIP eines Landes fließen also Dinge ein, die in diesem Lande hergestellt werden, unabhängig von der Staatsangehörigkeit der Produzenten.

Eine weitere statistische Größe, das **Bruttonationaleinkommen** oder (in älterer Bezeichnung) **Bruttosozialprodukt (BSP)**, setzt anders an in der Behandlung von Gütern und Dienstleistungen, die von Ausländern erbracht werden. Das BSP ist der Produktionswert, der von den dauerhaften Bewohnern eines Landes erwirtschaftet wird. Wenn ein französischer Staatsbürger vorübergehend in Deutschland arbeitet, so stellt seine Produktionsleistung keinen Anteil am deutschen BSP dar. (Sie ist ein Teil des französi-

Bruttonationaleinkommen, ehemals Bruttosozialprodukt (BSP)
Der Marktwert aller für den Endverbrauch bestimmten Waren und Dienstleistungen, die von den dauerhaft in einem Land lebenden Personen in einem bestimmten Zeitabschnitt hergestellt werden.

schen BSP.) Besitzt ein deutscher Staatsbürger eine Fabrik in Portugal, so zählt der Gewinn aus der Produktion in dieser Fabrik zum deutschen BSP. Also wird dasjenige Einkommen im BSP eines Landes zusammengefaßt, das von den dauerhaft in diesem Land lebenden Personen (*Inländer* genannt) verdient wird, unabhängig davon, wo diese es erwirtschaften. Das BSP ist ein *Inländerprodukt*.

Im weiteren Verlauf dieses Buches werden wir der gängigen Praxis folgen und das BIP verwenden, um den Wert der wirtschaftlichen Aktivität eines Landes zu messen. Für die meisten Zwecke ist die Unterscheidung zwischen BIP und BSP ohnehin nicht sonderlich wichtig. In Deutschland sowie den meisten anderen Ländern sind die dauerhaft im Inland lebenden Personen verantwortlich für den größten Teil der inländischen Produktion, so daß die Werte für BIP und BSP ohnehin relativ nahe beieinander liegen.

»…in einem bestimmten Zeitabschnitt…«

Das BIP mißt den Wert der Produktion, die innerhalb eines bestimmten Zeitintervalls stattfindet. In der Regel ist dieses Intervall ein Jahr oder ein Quartal (drei Monate). Das BIP mißt die Einkommens- und Ausgabenströme während dieses Zeitraumes.

Gibt das statistische Zentralamt eines Staates (z.B. Statistisches Bundesamt) das BIP für ein Quartal an, so sind dies in der Regel Daten, die zuvor durch einen statistischen Vorgang, *saisonale Anpassung* genannt, modifiziert wurden. Die nicht angepaßten Daten zeigen deutlich, daß in der Volkswirtschaft während einiger Zeiten innerhalb des Jahres mehr Waren produziert und Dienstleistungen erbracht werden als während anderer. (Wie Sie vielleicht schon vermuten, ist die vorweihnachtliche Einkaufszeit ein Höhepunkt.) Bei der Beobachtung der wirtschaftlichen Bedingungen wollen Ökonomen und Politiker oftmals über diese normalen saisonalen Schwankungen hinaus sehen. Daher passen die staatlichen Statistiker die Quartalsdaten an, indem sie saisonale Zyklen herausnehmen. Die BIP-Werte, die in den Nachrichten berichtet werden, sind meist saisonbereinigte Zahlen.

»…hergestellt werden…«

Das BIP umfaßt Waren und Dienstleistungen, die derzeit gerade hergestellt werden. Es umfaßt keine Transaktionen, die in der Vergangenheit produzierte Dinge beinhalten. Wenn VW ein neues Auto herstellt und verkauft, so fließt der Wert dieses Autos in das BIP ein. Verkauft jedoch eine Person einen Gebrauchtwagen an eine andere Person, so ist der Wert des gebrauchten Autos nicht im BIP enthalten.

Nun wollen wir nochmals die Definition des BIP wiederholen:
- Das **Bruttoinlandsprodukt (BIP)** ist der Marktwert aller für den Endverbrauch bestimmten Waren und Dienstleistungen, die in einem Land in einem bestimmten Zeitabschnitt hergestellt werden.

Inzwischen sollte deutlich geworden sein, daß das BIP ein genau durchdachtes Maß des Wertes der ökonomischen Aktivität darstellt. In Makroökonomik-Veranstaltungen für Fortgeschrittene werden Sie mehr über die Feinheiten der Ermittlung des BIP lernen. Aber schon an dieser Stelle können Sie erkennen, daß jedes Wort dieser Definition bedeutungsschwer ist.

Schnelltest

Was trägt in höherem Maße zum BIP bei – die Herstellung eines Pfundes Hamburger oder die Produktion eines Pfundes Kaviar? Warum?

Information

Drei weitere Einkommensmaße

Wenn das deutsche Statistische Bundesamt alle drei Monate das BIP des Landes errechnet, werden dabei auch verschiedene andere Maßzahlen für das Einkommen eines Landes ausgewiesen. Diese anderen Maßzahlen unterscheiden sich vom BIP dadurch, daß sie bestimmte Einkommenskategorien einschließen oder ausschließen. Im folgenden geben wir eine kurze Beschreibung von drei wichtigen Einkommensmaßen.

- Das *Nettonationaleinkommen* oder – früher – *Nettosozialprodukt (NSP)* ist das gesamte Einkommen der dauerhaften Bewohner eines Landes, von dem die Verluste durch Abschreibungen abgezogen werden. *Abschreibungen* bilden den Verschleiß im Anlagenbestand einer Volkswirtschaft ab, so wie verrostende Lastwagen oder durchbrennende Glühbirnen. In den nationalen Einkommensstatistiken, die vom Statistischen Bundesamt erstellt werden, wird der Posten der Abschreibungen auch als »Verschleiß von fixem Kapital« bezeichnet.
- Das *Einkommen der privaten Haushalte* ist das Einkommen, welches Haushalte und Selbständige erhalten. Anders als das BIP oder das NSP werden hier einbehaltene Gewinne, also Unternehmenseinkommen, die nicht in Form von Dividenden an die Eigner ausgezahlt werden, nicht mitgezählt.
- Das *Verfügbare Einkommen* ist das Einkommen, das den Haushalten und Selbständigen nach Erfüllung ihrer Pflichten gegenüber dem Staat bzw. Geltendmachung ihrer Rechte verbleibt. Es entspricht damit dem Haushaltseinkommen abzüglich der geleisteten Steuern und Sozialbeiträge und zuzüglich der empfangenen Sozialleistungen.

Obwohl die verschiedenen Einkommensmaße sich im Detail unterscheiden, geben sie uns fast immer dieselben Informationen über die ökonomischen Bedingungen. Wenn das BIP stark ansteigt, so steigen in der Regel auch die anderen hier diskutierten Größen stark an. Und wenn das BIP fällt, so fallen auch die anderen Maßzahlen. Um Schwankungen in der Gesamtwirtschaft aufzuzeigen, ist es in den meisten Fällen unerheblich, welches Einkommensmaß wir verwenden.

Die Bestandteile des BIP

Ausgaben können in einer Volkswirtschaft viele verschiedene Formen annehmen. In diesem Moment kann z.B. die Familie Schmidt in einem Schnellrestaurant zu Mittag essen, ein inländischer PKW-Hersteller baut vielleicht eine neue Produktionsstätte, die Marine beschafft sich ein neues U-Boot, und eine ausländische Fluggesellschaft kauft ein Flugzeug eines inländischen Flugzeugbauers. Das BIP beinhaltet all diese verschiedenen Ausprägungen von Ausgaben für im Inland hergestellte Waren und Dienstleistungen.

Um zu verstehen, wie eine Volkswirtschaft ihre knappen Ressourcen nutzt, sind Ökonomen oft an der Untersuchung der Zusammensetzung des BIP bzw. dessen Aufteilung auf die verschiedenen Ausgabenbestandteile interessiert. Dazu wird das BIP (welches wir im folgenden mit Y bezeichnen) in vier Bestandteile zerlegt: Konsum/Privater Verbrauch (C), Investitionen (I), Staatsausgaben (G) und Nettoexporte (NX):

$$Y = C + I + G + NX.$$

Diese Gleichung ist eine *Identität* – eine Gleichung also, die durch die Art und Weise, wie die darin auftauchenden Variablen definiert wurden, erfüllt sein muß. In diesem Fall muß die Gesamtsumme aller vier Komponenten genau dem BIP entsprechen, denn jede Mark an Ausgaben, die im BIP enthalten ist, kann einer der vier Komponenten zugeordnet werden.

Wir haben gerade ein Beispiel für jede dieser Komponenten gesehen. **Konsum oder Privater Verbrauch** umfaßt Ausgaben der Haushalte für Waren und Dienstleistungen, wie z.B. das Mittagessen der Familie Schmidt im Schnellrestaurant. **Investitionen** sind der Kauf von Kapitalausstattung, Lagerbeständen und Bauten, wie beispielsweise die neue Fabrikanlage des PKW-Herstellers. In den Investitionen sind ebenfalls Ausgaben für den Neubau von Häusern und Wohnungen enthalten. (Ausgaben für den Kauf von Grundstücken und Gebäuden bzw. den Neubau von Häusern und Wohnungen sind eine Art von Haushaltsausgaben, die per Konvention eher zu den Investitions- als zu den Konsumausgaben gerechnet werden.) **Staatsausgaben** umfassen Ausgaben des Staates auf Ebene der Städte und Gemeinden, der Bundesländer und des Gesamtstaates, wie z.B. der Kauf eines U-Bootes durch die Marine. **Nettoexporte** entsprechen den Käufen von im Inland produzierten Gütern durch Ausländer (Exporte) abzüglich der Käufe ausländischer Güter durch Inländer (Importe). Ein Verkauf einer inländischen Unternehmung an einen ausländischen Kunden, wie der Verkauf von im Inland hergestellten Flugzeugen an das Ausland, erhöht die Nettoexporte.

Das Wort »netto« in »Nettoexporte« bezieht sich auf die Tatsache, daß die Importe von den Exporten abgezogen werden. Diese Subtraktion findet statt, weil der Import von Waren und Dienstleistungen in anderen Komponenten des BIP schon enthalten ist. Nehmen wir beispielsweise an, daß ein deutscher Haushalt ein Auto im Wert von 30.000 DM vom schwedischen Autohersteller Volvo kauft. Diese Transaktion erhöht den Konsum um 30.000 DM, denn der Autokauf ist ein Teil der Konsumausgaben. Außerdem

Konsum/Privater Verbrauch
Ausgaben der Haushalte für Waren und Dienstleistungen mit der Ausnahme des Erwerbs von Grundstücken und Gebäuden sowie des Neubaus von Häusern und Wohnungen

Investitionen
Ausgaben für Kapitalausstattung, Lagerbestände und Bauten einschließlich der Ausgaben der Haushalte für den Erwerb von Grundstücken und Gebäuden sowie den Neubau von Häusern und Wohnungen

Staatsausgaben
Ausgaben der Gebietskörperschaften (Länder, Städte und Gemeinden) und des Gesamtstaates für Waren und Dienstleistungen

Nettoexporte
Ausgaben von Ausländern für im Inland produzierte Güter (Exporte) abzüglich der Ausgaben von Inländern für im Ausland produzierte Güter (Importe)

werden dadurch die Nettoexporte um 30.000 DM verringert, denn es handelt sich bei dem Auto um einen Import. Anders ausgedrückt umfassen die Nettoexporte Waren und Dienstleistungen, die im Ausland hergestellt werden, mit negativem Vorzeichen, denn diese Güter sind in den Größen Konsum, Investitionen und Staatsausgaben mit positivem Vorzeichen enthalten. Erwirbt also ein inländischer Haushalt, eine inländisch ansässige Unternehmung oder der Staat ein Gut aus dem Ausland, so reduziert dieser Kauf die Nettoexporte – da er aber in gleichem Maße die Größe Konsum, Investitionen oder Staatsausgaben erhöht, bleibt das BIP unverändert.

Die Bedeutung des Begriffs der »Staatsausgaben« bedarf auch ein wenig der Erhellung. Zahlt der Staat den Sold eines Bundeswehr-Generals, so ist dieser Sold Teil der Staatsausgaben. Was passiert aber, wenn der Staat Sozialhilfe an einen älteren Mitbürger zahlt? Diese Art von Staatsausgaben werden *Transferleistungen* genannt, denn dieser Zahlung steht im Austausch kein derzeit produziertes Gut gegenüber. Von einem makroökonomischen Standpunkt aus gesehen sind solche Transferzahlungen vergleichbar mit Steuererstattungen. Wie Steuern verändern Transferleistungen das Einkommen eines Haushalts, aber sie spiegeln keine volkswirtschaftliche Produktionsleistung wider. Da das BIP dazu dienen soll, das Einkommen aus (und die Ausgaben für) die Produktion von Waren oder die Bereitstellung von Dienstleistungen zu messen, werden Transferzahlungen nicht als Teil der Staatsausgaben gezählt (Ausnahmen stellen Sachleistungen der Sozialversicherung und Sozialhilfe u.ä. dar).

Tabelle 22-1
Das BIP und seine Zusammensetzung. Diese Tabelle gibt das BIP für die Bundesrepublik Deutschland und die Zerlegung des BIP in seine vier Komponenten für das Jahr 1996 an.

	Gesamt (in Milliarden DM in jeweiligen Preisen)	Pro Kopf (in DM)	in Prozent
Bruttoinlandsprodukt	3.541,00	43.237,76	100 %
Privater Verbrauch	2.039,14	24.904,95	57,6
Bruttoinvestitionen	760,58	9.296,12	21,5
Staatsverbrauch	695,44	8.474,60	19,6
Außenbeitrag	45,84	562,09	1,3

Quelle: Statistisches Bundesamt (Statistisches Jahrbuch 1997, S. 675 u. 46)

Die Tabelle 22-1 zeigt die Zusammensetzung des bundesdeutschen BIP im Jahr 1996. In diesem Jahr betrug das BIP der Bundesrepublik Deutschland 3.541 Mrd. DM. Teilen wir diese Zahl durch eine Bevölkerungszahl von ca. 82 Mio., so erhalten wir ein BIP pro Kopf – also die Höhe der Ausgaben eines durchschnittlichen Deutschen – in Höhe von ca. 43.238 DM. Der Konsum machte dabei etwa zwei Drittel des BIP aus, oder 24.905 DM pro Person. Die Investitionen betrugen 9.296 DM pro Kopf. Die Staatsausgaben beliefen sich auf 8.475 DM pro Person. Nettoexporte lagen in einer Höhe von 562 DM pro Kopf vor. Diese Zahl ist positiv, denn Deutschland verdiente mehr aus den Verkäufen an Ausländer als wir für ausländische Güter ausgaben.

Schnelltest   Zählen Sie die vier Ausgabenbestandteile des BIP auf. Welcher davon ist der größte?

Reales und nominales BIP

Wie wir gesehen haben, mißt das BIP die Gesamtausgaben für Waren und Dienstleistungen auf allen Märkten der Volkswirtschaft. Steigen die Gesamtausgaben von einem Jahr zum nächsten, so muß einer der beiden folgenden Punkte gelten: (1) Die Volkswirtschaft produziert einen höheren Output an Waren und Dienstleistungen, oder (2) die Güter werden zu höheren Preisen verkauft. Ökonomen wollen diese zwei Effekte bei der Untersuchung von Veränderungen in der Volkswirtschaft im Zeitablauf getrennt betrachten. Insbesondere möchten sie ein Maß der Gesamtmenge an Waren und Dienstleistungen, die die Volkswirtschaft produziert, entwickeln, das nicht durch Änderungen in den Preisen beeinflußt wird.

Dazu benutzen die Ökonomen eine Maßzahl, die *reales BIP* genannt wird. Das reale BIP beantwortet die hypothetische Frage: Wie hoch wäre der Wert der in diesem Jahr hergestellten Güter und Dienstleistungen, wenn wir diese Güter und Dienstleistungen zu Preisen eines bestimmten Jahres der Vergangenheit bewerten würden? Durch die Bewertung der laufenden Produktion mit Preisen, die auf einem früheren Niveau fixiert wurden, gibt das reale BIP an, wie sich die gesamtwirtschaftliche Produktion von Gütern und Diensten im Zeitablauf verändert.

Um genauer zu erkennen, wie das reale BIP berechnet wird, wenden wir uns nun einem Beispiel zu.

Ein Zahlenbeispiel

Die Tabelle 22-2 zeigt uns einige Daten für eine Volkswirtschaft, die nur zwei Güter produziert – Hot Dogs und Hamburger. In der Tabelle sind die hergestellten Mengen der beiden Güter und deren Preise für die Jahre 2001, 2002 und 2003 enthalten.

Um die Gesamtausgaben für diese Volkswirtschaft zu errechnen, multiplizieren wir die Mengen an Hot Dogs und Hamburgern mit ihren entsprechenden Preisen. Im Jahr 2001 werden 100 Hot Dogs zu einem Preis von 1 DM verkauft, die Ausgaben für Hot Dogs entsprechen demnach 100 DM. Im gleichen Jahr werden 50 Hamburger zu einem Preis von 2 DM je Hamburger verkauft, die Ausgaben für Hamburger belaufen sich also ebenfalls auf 100 DM. Die Gesamtausgaben dieser Volkswirtschaft – die Summe der Ausgaben für Hot Dogs und der Ausgaben für Hamburger – beträgt also 200 DM. Diese Größe, die Produktion von Waren und Dienstleistungen bewertet zu laufenden Preisen, wird **nominales BIP** genannt.

Die Tabelle zeigt die Berechnung des nominalen BIP für diese drei Jahre. Die Gesamtausgaben steigen von 200 DM im Jahr 2001 auf 600 DM im Jahr 2002 und dann auf 1.200 DM im Jahr 2003. Ein Teil dieses Anstiegs ist auf den Anstieg der Mengen an Hot Dogs und Hamburgern zurückzuführen, und ein Teil ist dem Anstieg in den Preisen für Hot Dogs und Hamburger zuzurechnen.

Nominales BIP
Die Produktion von Waren und Dienstleistungen bewertet zu laufenden Preisen.

Tabelle 22-2
Reales und nominales BIP. Diese Tabelle zeigt, wie man das reale BIP, das nominale BIP und den BIP-Deflator für eine hypothetische Volkswirtschaft berechnet, die nur Hot Dogs und Hamburger herstellt.

Preise und Mengen				
Jahr	Preis eines Hot Dogs	Menge an Hot Dogs	Preis eines Hamburgers	Menge an Hamburgern
2001	1	100	2	50
2002	2	150	3	100
2003	3	200	4	150

Jahr	Berechnung des nominalen BIP
2001	(DM 1 pro Hot Dog × 100 Hot Dogs) + (DM 2 pro Hamburger × 50 Hamburger) = 200 DM
2002	(DM 2 pro Hot Dog × 150 Hot Dogs) + (DM 3 pro Hamburger × 100 Hamburger) = 600 DM
2003	(DM 3 pro Hot Dog × 200 Hot Dogs) + (DM 4 pro Hamburger × 150 Hamburger) = 1.200 DM

Jahr	Berechnung des realen BIP (Basisjahr 2001)
2001	(DM 1 pro Hot Dog × 100 Hot Dogs) + (DM 2 pro Hamburger × 50 Hamburger) = 200 DM
2002	(DM 1 pro Hot Dog × 150 Hot Dogs) + (DM 2 pro Hamburger × 100 Hamburger) = 350 DM
2003	(DM 1 pro Hot Dog × 200 Hot Dogs) + (DM 2 pro Hamburger × 150 Hamburger) = 500 DM

Jahr	Berechnung des Preisentwicklung (des BIP-Deflators)
2001	(DM 200/DM200) × 100 = 100
2002	(DM 600/DM350) × 100 = 171
2003	(DM 1.200/DM500) × 100 = 240

Reales BIP
Die Produktion von Waren und Dienstleistungen bewertet zu konstanten Preisen.

Um ein von Preisänderungen unbeeinflußtes Maß für die produzierte Menge an Waren und Dienstleistungen zu erhalten, benutzen wir das **reale BIP**, das die Produktion von Waren und Dienstleistungen bewertet zu konstanten Preisen angibt. Wir berechnen das reale BIP, indem wir zunächst ein Jahr als *Basisjahr* wählen. Dann benutzen wir die Preise für Hot Dogs und Hamburger in diesem Basisjahr, um den Wert der Güter und Dienstleistungen in allen Jahren zu berechnen. Anders ausgedrückt stellen die Preise im Basisjahr die Grundlage für einen Vergleich der Mengen in den verschiedenen Jahren dar.

Nehmen wir an, wir wählen 2001 in unserem Beispiel als Basisjahr. Wir können dann die Preise für Hot Dogs und Hamburger im Jahr 2001 dazu verwenden, den Wert der produzierten Güter und Dienstleistungen in den Jahren 2001, 2002 und 2003 zu berechnen. Die Tabelle 22-2 gibt diese Berechnungen an. Um das reale BIP für das Jahr 2001 zu berechnen, verwenden wir die Preise für Hot Dogs und Hamburger im Jahr 2001 (dem Basisjahr) sowie die im Jahr 2001 produzierten Mengen an Hot Dogs und Hamburgern. (Für das Basisjahr entspricht also das reale BIP stets dem nominalen BIP.) Um das reale BIP für das Jahr 2002 zu berechnen, verwenden wir die Preise für Hot Dogs und Hamburger aus dem Jahr 2001 (dem Basisjahr) sowie die im Jahr 2002 produzierten Mengen an Hot Dogs und Hamburgern. In gleicher Weise berechnen wir das reale BIP für das Jahr 2003, indem wir die Preise des Jahres 2001 und die Mengen des Jahres 2003 verwenden. Wenn wir nun feststellen, daß das reale BIP von 200 DM in 2001 über 350 DM in 2002 auf 600 DM in 2003 gestiegen ist, so wissen wir, daß dieser Anstieg auf den Anstieg der produzierten Mengen zurückzuführen ist, denn die Preise wurden auf dem Niveau des Basisjahres fixiert.

Zusammenfassend ist festzustellen: *Das nominale BIP verwendet die laufenden (aktuellen) Preise, um die Produktion an Waren und Dienstleistungen einer Volkswirtschaft zu bewerten. Das reale BIP verwendet die konstanten Preise des Basisjahres, um die Produktion an Waren und Dienstleistungen einer Volkswirtschaft zu bewerten.* Da Preisänderungen nicht in das reale BIP eingehen, spiegeln Änderungen des realen BIP nur Änderungen in den produzierten Mengen wider. Das reale BIP ist daher ein Maßstab für die Produktionsleistung einer Volkswirtschaft.

Unser Ziel bei der Berechnung des BIP ist es abzuschätzen, wie gut die Gesamtwirtschaft sich entwickelt. Da das reale BIP die Produktion an Gütern einer Volkswirtschaft mißt, ist es damit auch ein Spiegel für die Fähigkeit einer Volkswirtschaft, die Bedürfnisse und Wünsche der Bewohner zu befriedigen. Daher stellt das reale BIP einen besseren Maßstab für das ökonomische Wohlergehen dar als das nominale BIP. Wenn Ökonomen daher über das BIP einer Volkswirtschaft sprechen, so meinen sie in der Regel eher das reale als das nominale BIP. Und wenn sie über das Wachstum einer Volkswirtschaft sprechen, so wird dieses Wachstum an der prozentualen Änderung im realen BIP bezogen auf eine frühere Periode gemessen.

Der BIP-Deflator (die Preisentwicklung des Inlandsprodukts)

Aus dem nominalen und dem realen BIP können wir eine dritte nützliche Größe ermitteln: den BIP-Deflator. Der BIP-Deflator mißt das aktuelle Preisniveau bezogen auf das Preisniveau des Basisjahres. Anders ausgedrückt gibt uns der BIP-Deflator denjenigen Anstieg im nominalen BIP an, der auf einen Anstieg der Preise (im Gegensatz zu einem Anstieg der produzierten Mengen) zurückzuführen ist.

Der **BIP-Deflator** berechnet sich folgendermaßen:

$$BIP\text{-}Deflator = \frac{nominales\ BIP}{reales\ BIP} \times 100.$$

Diese Formel zeigt, wieso der BIP-Deflator das Preisniveau der Volkswirtschaft mißt. Eine Änderung in den Preisen einiger Güter oder Dienstleistungen ohne irgendeine Änderung in den produzierten Mengen beeinflußt nur das nominale, nicht jedoch das reale BIP. Diese Preisänderung wird daher mit Hilfe des BIP-Deflators wiedergegeben.

Der BIP-Deflator in unserem Beispiel wird im letzten Abschnitt der Tabelle 22-2 berechnet. Im Jahr 2001 beläuft sich das nominale BIP auf 200 DM und das reale BIP beläuft sich ebenfalls auf 200 DM; der BIP-Deflator beträgt daher 100. (Der BIP-Deflator beträgt im Basisjahr immer 100.) Im Jahr 2002 beläuft sich das nominale BIP auf 600 DM und das reale BIP beträgt 350 DM; es ergibt sich ein BIP-Deflator von 171. Da der BIP-

Deflator im Jahr 2002 von 100 auf 171 gestiegen ist, können wir sagen, das Preisniveau erhöhte sich um 71 Prozent.

Der BIP-Deflator ist ein Maß, das Ökonomen verwenden, um das durchschnittliche Preisniveau einer Volkswirtschaft zu beobachten. Im nächsten Kapitel werden wir ein weiteres Maß – den Preisindex für die Lebenshaltung der privaten Haushalte (den Konsumentenpreisindex) – untersuchen.

Fallstudie

Die Entwicklung des realen BIP in den vergangenen Jahren

Nachdem wir nun wissen, wie das reale BIP definiert ist und gemessen wird, wollen wir einen Blick darauf werfen, was uns diese makroökonomische Variable über die jüngere deutsche Geschichte erzählt.

Schaubild 22-2
Das reale BIP der Bundesrepublik Deutschland. Diese Abbildung enthält Jahresdaten des realen BIP für die deutsche Volkswirtschaft seit 1970 (bis 1990 für das frühere Bundesgebiet, ab 1991 für das vereinigte Deutschland). Rezessionen – also Perioden, in denen das reale BIP fällt – sind mit Hilfe schattierter Balken hervorgehoben.

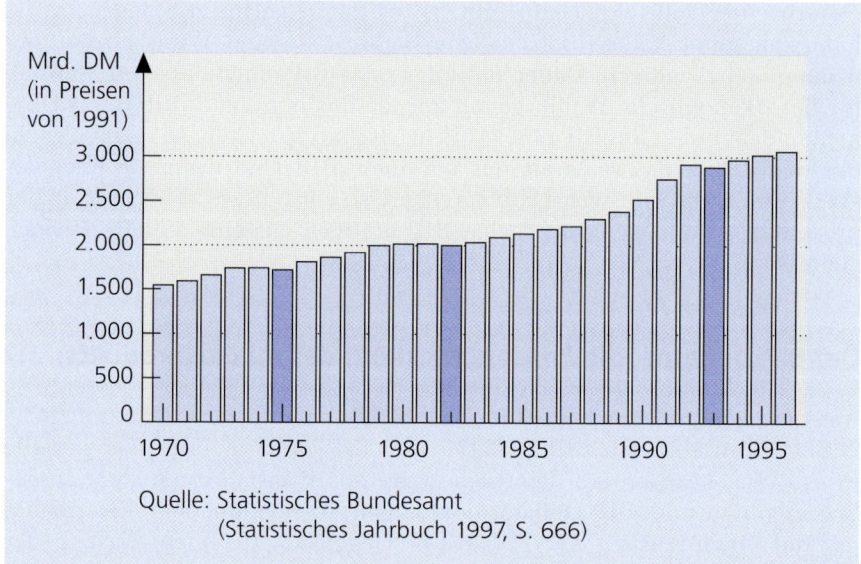

Quelle: Statistisches Bundesamt
(Statistisches Jahrbuch 1997, S. 666)

Das Auffälligste an diesen Zahlen ist, daß das reale BIP im Lauf der Zeit ansteigt. Im Jahr 1996 lag das reale BIP Deutschlands etwa doppelt so hoch wie 1970. Anders ausgedrückt bedeutet dies, daß der in Deutschland erstellte Output an Waren und Dienstleistungen durchschnittlich mit einer Jahresrate von 3% angewachsen ist. Dieser beständige Zuwachs des realen BIP ermöglicht es dem durchschnittlichen Deutschen, einen größeren ökonomischen Wohlstand als seine Eltern oder Großeltern zu genießen.

Eine weitere wichtige Erkenntnis aus den BIP-Zahlen liegt darin, daß das Wachstum nicht stetig vonstatten geht. Der Anstieg des realen BIP wird gelegentlich durch Perioden des Rückgangs, *Rezessionen* genannt, unterbrochen. Im Schaubild 22-2 sind Rezessionen durch schattierte vertikale Balken hervorgehoben. Rezessionen sind nicht nur mit niedrigeren Einkommen verbunden, sondern auch mit anderen Arten ökonomischer Schwierigkeiten: steigende Arbeitslosigkeit, sinkende Gewinne, höhere Konkurszahlen usw.

Ein Hauptanliegen der Makroökonomik ist es, das langfristige Wachstum einer Volkswirtschaft sowie die kurzfristigen Schwankungen im realen BIP zu erklären. Wie wir in den folgenden Kapiteln sehen werden, benötigen wir unterschiedliche Modelle, um diese zwei Zwecke zu verfolgen. Da die kurzfristigen Schwankungen Abweichungen vom langfristigen Trend darstellen, werden wir zuerst das Verhalten der Volkswirtschaft für die lange Frist untersuchen. Insbesondere in den Kapiteln 24 bis 30 werden wir analysieren, wie makroökonomische Schlüsselgrößen, einschließlich des BIP, langfristig bestimmt werden. Auf dieser Analyse aufbauend werden wir dann in den Kapiteln 31 bis 33 kurzfristige Schwankungen untersuchen.

Definieren Sie das reale und das nominale BIP. Welches ist ein besserer **Schnelltest**
Maßstab für ökonomischen Wohlstand? Warum?

BIP und ökonomischer Wohlstand

Zu Beginn dieses Kapitels wurde das BIP als das beste verfügbare (Einzel-) Maß für den ökonomischen Wohlstand einer Gesellschaft bezeichnet. Nachdem wir nun wissen, was das BIP ist, können wir diese Behauptung überprüfen.

Wie wir gesehen haben, mißt das BIP sowohl das Gesamteinkommen einer Volkswirtschaft als auch die gesamten Ausgaben für Güter und Dienstleistungen einer Volkswirtschaft. Das BIP pro Kopf gibt uns also das Einkommen und die Ausgaben eines Durchschnittsmenschen der entsprechenden Volkswirtschaft an. Da die meisten Menschen es vorziehen würden, ein höheres Einkommen zu erhalten und höhere Ausgaben zu tätigen, scheint das BIP pro Kopf ein natürlicher Maßstab für das Wohlergehen des Durchschnittsmenschen zu sein.

Einige Leute bestreiten allerdings die Gültigkeit des BIP als Wohlstandsmaß. Der amerikanische Senator Robert Kennedy lieferte während seines Wahlkampfs im Jahre 1968 eine bewegende Kritik eines solchen ökonomischen Maßstabes:

> [Das Bruttoinlandsprodukt] sagt nichts aus über die Gesundheit unserer Kinder, die Qualität der Erziehung und Ausbildung oder der Lebensfreude. Es enthält nicht die Schönheit unserer Poesie oder die Stärke unserer Ehen, die Intelligenz unserer öffentlichen Auseinandersetzungen oder die Integrität unserer Staatsbediensteten. Es mißt auch weder unseren Mut, noch unsere Weisheit oder unsere Hingabe an unser Land. Kurz gesagt, es mißt alles, außer den Dingen, die das Leben lebenswert machen, und es kann uns alles über Amerika sagen, außer warum wir stolz darauf sind, Amerikaner zu sein.

Vieles von dem, was Robert Kennedy sagte, stimmt. Warum aber interessiert uns dann überhaupt das BIP?

Die Antwort lautet: Ein hohes BIP hilft uns tatsächlich, ein gutes Leben zu führen. Das BIP mißt zwar nicht die Gesundheit unserer Kinder, aber Länder mit einem höheren BIP können sich ein besseres Gesundheitssystem für ihre Kinder leisten. Das BIP mißt auch nicht die Qualität der Ausbildung, aber Länder mit einem höheren BIP können sich ein besseres Bildungssystem leisten. Das BIP mißt ebensowenig die Schönheit der Poesie, aber Länder mit einem höheren BIP können es sich leisten, mehr Bürgern das Lesen und damit auch den Genuß von Poesie zu lehren. Das BIP berücksichtigt auch nicht unsere Intelligenz, unsere Integrität, unseren Mut oder unsere Ergebenheit gegenüber unserem Land, aber alle diese lobenswerten Eigenschaften lassen sich leichter fördern, wenn die Menschen weniger damit beschäftigt sind, sich um die materiellen Notwendigkeiten des Lebens zu sorgen. Kurz gesagt mißt also das BIP die Dinge, die das Leben lebenswert machen, nicht direkt, aber es mißt unsere Fähigkeit, die Einsatzfaktoren für ein lebenswertes Leben zu erhalten.

Das BIP ist jedoch bei weitem kein perfekter Maßstab für den Wohlstand. Einige Dinge, die zu einem guten Leben beitragen, bleiben ausgeklammert. Eines davon ist Freizeit. Nehmen Sie beispielsweise an, jeder Beschäftigte finge auf einmal an, an jedem Tag der Woche zu arbeiten, anstatt an den Wochenenden seine Freizeit zu genießen. Mehr Waren und Dienstleistungen würden produziert, und das BIP stiege an. Trotz des Anstiegs des BIP sollten wir jedoch nicht die Schlußfolgerung ziehen, es ginge damit jedem besser. Der Wohlfahrtsverlust aus der geschmälerten Freizeit würde vermutlich den Wohlfahrtsgewinn aus der Produktion und dem Konsum einer größeren Menge an Waren und Dienstleistungen wettmachen.

Ein weiterer Aspekt, der nicht im BIP enthalten ist, ist die Qualität der Umwelt. Stellen Sie sich vor, der Staat würde jegliche Umwelt(schutz)auflagen aufheben. Die Unternehmungen könnten dann Waren und Dienstleistungen herstellen, ohne auf die damit einhergehende Verschmutzung Rücksicht zu nehmen, und das BIP würde steigen. Das Wohlergehen jedoch würde höchstwahrscheinlich sinken. Die Verschlechterung der Luft- und Wasserqualität würde den Wohlfahrtsgewinn aus der höheren Produktion wohl mehr als wettmachen.

Da das BIP Marktpreise zur Bewertung von Gütern verwendet, wird damit auch der Wert all derjenigen Aktivitäten ausgeschlossen, die abseits der Märkte stattfinden. Das Aufziehen von Kindern oder freiwillige (ehrenamtliche) Tätigkeiten beispielsweise tragen ebenso zum Wohlergehen einer Gesellschaft bei, aber das BIP spiegelt deren Beitrag nicht wider. Würden Eltern sich dafür entscheiden, weniger Stunden zu arbeiten, um statt dessen mehr Zeit mit ihren Kindern zu verbringen, würde die Volkswirtschaft weniger Waren und Dienste produzieren und das BIP würde sinken, aber damit wäre nicht notwendigerweise eine niedrigere Lebensqualität verbunden.

Zusammenfassend können wir die Schlußfolgerung ziehen, daß das BIP für die meisten – aber nicht für alle – Zwecke einen guten Maßstab abgibt. Es ist wichtig, im Hinterkopf zu behalten, was das BIP beinhaltet und was nicht. Und es ist wichtig, um die potentiellen wirtschaftsstatistischen Ungenauigkeiten zu wissen.

Internationale Unterschiede im BIP und die Lebensqualität

Eine Möglichkeit, die Nützlichkeit des BIP als Maß des ökonomischen Wohlstands zu beurteilen, besteht darin, internationale Angaben zu untersuchen und zu vergleichen. Reiche und arme Länder weisen enorme Unterschiede im BIP pro Kopf auf. Wenn also ein hohes BIP einen höheren Lebensstandard ermöglicht, so sollten wir eine hohe Korrelation des BIP mit anderen Maßen für die Lebensqualität beobachten können. Dies ist in der Tat der Fall.

Die Tabelle 22-3 zeigt 12 der bevölkerungsreichsten Länder der Erde, aufgelistet nach der Höhe des BIP pro Kopf. Die Tabelle gibt außerdem Auskunft über die Lebenserwartung (die zu erwartende Lebenszeit zum Zeitpunkt der Geburt) und die Alphabetisierungsquote (der Prozentsatz der erwachsenen Bevölkerung, der des Lesens mächtig ist). Diese Zahlen weisen ein deutlich erkennbares Muster auf. In reichen Ländern, wie den Vereinigten Staaten, Japan und Deutschland, können die Menschen erwarten, weit über 70 Jahre alt zu werden und annähernd die gesamte Bevölkerung kann lesen. In armen Ländern, wie Nigeria, Bangladesh und Indien, werden die Menschen normalerweise nur gut 50 Jahre alt und nur etwa die Hälfte der Bevölkerung ist alphabetisiert.

Obwohl die Angaben über andere Aspekte der *Lebensqualität* weniger vollständig sind, ergeben sie ein ähnliches Bild. So weisen beispielsweise Säuglinge in Ländern mit einem niedrigen BIP pro Kopf tendenziell ein geringeres Gewicht bei der Geburt auf, die Sterblichkeit von Säuglingen und Müttern liegt höher, die Kinder sind schlechter ernährt und der Zugang zu sauberem Trinkwasser fällt schlechter aus. In Ländern mit niedrigem BIP pro Kopf gehen weniger Kinder im schulpflichtigen Alter tatsächlich zur Schule, und diejenigen, die die Schule besuchen, müssen mit weniger Lehrern pro Schüler auskommen. Diese Länder haben auch weniger Radio- und Fernsehgeräte, weniger Telefone, weniger befestigte Straßen, und weniger Haushalte sind an die Elektrizitätsversorgung angeschlossen. Die internationalen Daten lassen keinen Zweifel daran, daß das BIP eines Landes in enger Verbindung zum Lebensstandard seiner Bürger steht.

Land	Reales BIP pro Kopf (1993 in $)	Lebenserwartung (Jahre)	Alphabetisierungsquote (in %)
Vereinigte Staaten	24.680	76	99
Japan	20.660	80	99
Deutschland	18.840	76	99
Mexiko	7.010	71	89
Brasilien	5.500	67	82
Russland	4.760	67	99
Indonesien	3.270	63	83
China	2.330	69	80
Pakistan	2.160	62	36
Nigeria	1.540	51	54
Bangladesh	1.290	56	37
Indien	1.240	61	51

Quelle: Weltentwicklungsbericht 1996, Vereinte Nationen.

Tabelle 22-3
BIP, Lebenserwartung und Alphabetisierungsquote. Die Tabelle gibt das BIP pro Kopf und zwei weitere Maßzahlen für den Lebensstandard in 12 Ländern an.

Warum sollten Politikverantwortliche sich für das BIP interessieren?

Schlußfolgerung

In diesem Kapitel haben wir uns damit beschäftigt, wie Ökonomen das Gesamteinkommen eines Landes messen. Selbstverständlich ist die Messung nur der Anfang. Ein großer Teil der makroökonomischen Forschung befaßt sich damit, die kurz- und langfristigen Determinanten des Bruttoinlandsprodukts zu untersuchen. Warum ist beispielsweise das BIP Deutschlands oder Japans höher als das Indiens oder Nigerias? Was können die Regierungen in den ärmsten Ländern unternehmen, um ein höheres BIP-Wachstum zu erzielen? Warum steigt das BIP in Deutschland in manchen Jahren stark an und fällt in anderen? Was können Politiker tun, um die Stärke dieser Schwankungen abzuschwächen? All das sind Fragen, die wir in Kürze aufgreifen werden.

An dieser Stelle ist es wichtig, sich der Bedeutung der Messung des BIP bewußt zu sein. Wir alle haben aus unserem täglichen Leben ein Gefühl dafür, wie sich die Wirtschaft entwickelt. Aber Ökonomen, die die Veränderung der Volkswirtschaft untersuchen, und Politiker, die wirtschaftspolitische Ideen formulieren, benötigen mehr als nur dieses vage Gefühl – sie brauchen konkrete Zahlen, auf die sie ihr Urteil gründen können. Die Quantifizierung des Verhaltens einer Volkswirtschaft mit Hilfe von statistischen Kennzahlen, wie z.B. dem BIP, ist daher der erste Schritt in der Entwicklung einer wissenschaftlichen Theorie auf makroökonomischem Gebiet.

Zusammenfassung

- Da jede Transaktion einen Käufer und einen Verkäufer umfaßt, müssen die gesamten Ausgaben einer Volkswirtschaft dem gesamten Einkommen dieser Volkswirtschaft entsprechen.
- Das Bruttoinlandsprodukt (BIP) mißt die gesamten Ausgaben für neu produzierte Waren und Dienstleistungen und das gesamte Einkommen, das aus der Produktion dieser Güter erzielt wird. Genauer gesagt ist das BIP der Marktwert aller Endprodukte und Dienste, die innerhalb eines Landes in einer bestimmten Periode hergestellt werden.
- Das BIP läßt sich in vier Ausgabenbestandteile aufteilen: Konsum, Investitionen, Staatsausgaben und Nettoexporte. Der Konsum umfaßt Ausgaben für Waren und Dienstleistungen seitens der Haushalte mit Ausnahme des Grundstückskaufs sowie des Neubaus von Wohnungen und Häusern. Die Investitionen beinhalten Ausgaben für Ausrüstungen und Bauten, einschließlich des Erwerbs von Grundstücken und Neubauten durch die privaten Haushalte. Die Staatsausgaben enthalten Ausgaben für Waren und Dienstleistungen seitens des Staates sowie seiner Gebietskörperschaften (Länder, Städte, Gemeinden). Die Net-

toexporte entsprechen dem Wert der Waren und Dienstleistungen, die im Inland hergestellt und an das Ausland verkauft werden (Exporte), abzüglich des Wertes der Güter, die im Ausland produziert und im Inland abgesetzt werden (Importe).

- Das nominale BIP verwendet die laufenden Preise, um den Wert der gesamtwirtschaftlichen Produktionsleistung an Waren und Diensten zu ermitteln. Das reale BIP verwendet die konstanten Preise eines Basisjahres, um den Wert der gesamtwirtschaftlichen Produktionsleistung an Gütern zu ermitteln. Der BIP-Deflator – berechnet als Verhältnis von nominalem zu realem BIP – mißt das Preisniveau einer Volkswirtschaft.
- Das BIP ist ein guter Maßstab für den ökonomischen Wohlstand, denn die Menschen ziehen höhere Einkommen niedrigeren vor. Es ist jedoch kein perfektes Wohlstandsmaß. So umfaßt das BIP beispielsweise weder den Wert der Freizeit noch den Wert einer sauberen Umwelt.

Stichworte

Mikroökonomik	Staatsausgaben/-konsum
Makroökonomik	Nettoexporte
Bruttoinlandsprodukt (BIP)	nominales BIP
Bruttosozialprodukt (BSP)	reales BIP
Konsum	BIP-Deflator
Investitionen	

Zur Wiederholung

1. Erklären Sie, warum das Einkommen einer Volkswirtschaft deren Ausgaben entsprechen muß.
2. Was trägt in höherem Maße zum BIP bei – die Herstellung eines sparsamen Autos oder die Herstellung eines Luxuswagens? Warum?
3. Ein Bauer verkauft Mehl an einen Bäcker für 2 DM. Der Bäcker verwendet dieses Mehl zum Backen von Brot, welches er für 3 DM verkauft. Was trägt in welcher Höhe zum BIP bei?
4. Vor vielen Jahren hat Peggy insgesamt 500 DM für ihre Plattensammlung ausgegeben. Nun hat sie diese für 100 DM auf dem Flohmarkt verkauft. Wie beeinflußt dieser Verkauf das laufende BIP?
5. Zählen Sie die vier Bestandteile des BIP auf. Geben Sie zu jeder Kategorie ein Beispiel an.
6. Im Jahr 2001 produziert eine Volkswirtschaft 200 Laibe Brot, die für 2 DM je Stück verkauft werden. Im Jahr 2002 stellt diese Volkswirtschaft ebenfalls 200 Laibe Brot her, die für 3 DM je Laib verkauft werden. Berechnen Sie das nominale BIP, das reale BIP und den BIP-Deflator für

jedes Jahr. (Nehmen Sie 2001 als Basisjahr.) Um welchen Prozentsatz steigt jede dieser drei Größen von einem Jahr zum nächsten?

7. Warum ist für ein Land ein hohes BIP wünschenswert? Geben Sie ein Beispiel für etwas, das zwar das BIP erhöht, jedoch nicht wünschenswert ist.

Aufgaben und Anwendungen

1. Welche der Komponenten des BIP (wenn überhaupt) werden durch die folgenden Transaktionen berührt? Erläutern Sie Ihre Antwort.
   a) Eine Familie kauft einen neuen Kühlschrank.
   b) Tante Jane kauft ein neues Haus.
   c) Volkswagen verkauft ein Auto aus seinen Lagerbeständen.
   d) Sie kaufen eine Pizza.
   e) Das Bundesland Sachsen läßt eine Straße ausbessern.
   f) Ihre Eltern kaufen eine Flasche kalifornischen Weins.
   g) Sony erweitert eine seiner deutschen Produktionsstätten.

2. Die Komponente ›Staatsausgaben‹ des BIP enthält (abgesehen von Sachleistungen der Sozialversicherung u.ä.) keine Transferzahlungen, wie z.B. Sozialhilfeleistungen. Erklären Sie anhand der Definition des BIP, wieso Transferzahlungen nicht im BIP enthalten sein sollten.

3. Warum zählt Ihrer Meinung nach der Erwerb neuer Häuser oder Wohnungen seitens der Haushalte zu den Investitionen und nicht zum Konsum? Können Sie sich eine Begründung dafür vorstellen, warum der Kauf neuer Autos auch eher zu den Investitionen als zum Konsum gezählt werden sollte? Auf welche anderen Konsumgüter ließe sich diese Logik auch anwenden?

4. Wie wir in diesem Kapitel gesehen haben, enthält das BIP nicht den Wert von wieder-/weiterverkauften gebrauchten Gütern. Warum wäre das BIP unter Einbeziehung solcher Transaktionen ein Maß von geringerem Informationsgehalt für den ökonomischen Wohlstand?

5. Worin liegt der Vorteil, das BIP auf Grundlage der entsprechenden Preise der unterschiedlichen Güter zu messen, anstatt beispielsweise Größe oder Gewicht dieser Güter heranzuziehen?

6. Betrachten Sie die folgenden Angaben zum deutschen BIP:

Jahr	nominales BIP (in Mrd. DM)	BIP-Deflator (Basisjahr 1991)
1993	3.154,9	107,6
1994	3.320,3	109,8

   a) Berechnen Sie die Wachstumsrate des Nominaleinkommens zwischen 1993 und 1994. (Hinweis: Die Wachstumsrate ist die prozentuale Änderung von einer Periode zur nächsten.)
   b) Berechnen Sie die Wachstumsrate des BIP-Deflators zwischen 1993 und 1994.

c) Wie hoch fiel das Realeinkommen im Jahr 1993 aus, gemessen in 1991er Preisen?

d) Wie hoch fiel das Realeinkommen im Jahr 1994 aus, gemessen in 1991er Preisen?

e) Berechnen Sie die Wachstumsrate des Realeinkommens zwischen 1993 und 1994.

f) Welche Wachstumsrate war höher, die des nominalen oder die des realen Einkommens? Erklären Sie Ihr Ergebnis.

7. Bei einem Anstieg der Preise steigt das Einkommen der Menschen aus dem Verkauf von Gütern. Das Wachstum des realen BIP jedoch ignoriert diese Gewinne. Warum ziehen dann Ökonomen das reale BIP als Maßstab für das ökonomische Wohlergehen vor?

8. Revidierte Schätzungen des deutschen BIP werden in der Regel am Ende eines jeden Monats vom Statistischen Bundesamt bekanntgegeben. Gehen Sie in eine Bibliothek und suchen Sie nach einer Veröffentlichung, die die neuesten Zahlen enthält. Beschreiben und erklären Sie die Veränderungen im realen und nominalen BIP sowie in dessen Zusammensetzung.

9. Verkauft ein Bauer dieses Jahr die gleiche Menge an Korn wie vergangenes Jahr, jedoch zu einem diesjährig höheren Preis, so ist sein Einkommen angewachsen. Können Sie daraus schließen, daß es ihm besser geht? Erläutern Sie Ihre Überlegungen.

10. Ein Freund erzählt Ihnen, daß das BIP Chinas drei Mal so hoch ist wie das BIP Schwedens. Beinhaltet diese Tatsache, daß es China ökonomisch gesehen besser geht als Schweden? Warum oder warum nicht?

11. Waren und Dienstleistungen, die nicht über Märkte gehandelt werden, wie Lebensmittel, die zu Hause hergestellt und auch dort konsumiert werden, fließen in der Regel nicht in das BIP ein. Können Sie sich denken, warum diese Tatsache die Zahlen in der zweiten Spalte der Tabelle 22-3 so irreführend erscheinen läßt, wenn man mit deren Hilfe den ökonomischen Wohlstand Deutschlands mit demjenigen Indiens vergleichen möchte?

12. Bis in die frühen 90er Jahre hinein wurde in den Vereinigten Staaten eher das BSP als das BIP als Wohlstandsmaß herangezogen. Welches Maß sollte angelegt werden, wenn man am Gesamteinkommen aller Inländer interessiert ist? Welches Maß sollte man wählen, wenn man sich über die gesamte Wirtschaftsaktivität innerhalb eines Landes informieren möchte?

13. Die Beteiligung von Frauen am Erwerbsleben hat in den letzten Jahrzehnten in Deutschland stark zugenommen (insbesondere nochmals nach der deutschen Vereinigung).

a) Wie hat sich dies Ihrer Meinung nach auf das BIP ausgewirkt?

b) Stellen Sie sich nun ein Wohlstandsmaß vor, das Hausarbeit und Freizeit miteinbezieht. Wie würde sich dieses Maß im Vergleich zur Veränderung des BIP verhalten?

c) Können Sie sich andere Wohlstands-Aspekte vorstellen, die mit einer erhöhten Erwerbsbeteiligung von Frauen verbunden sind? Wäre es sinnvoll, ein Wohlstandsmaß zu entwickeln, das solche Aspekte mit umfaßt?

Die Messung der Lebenshaltungskosten

Kapitel 23

In diesem Kapitel werden Sie

- lernen, wie der Preisindex für die Lebenshaltung berechnet wird,
- überlegen, weshalb der Preisindex für die Lebenshaltung ein unzureichendes Maß für die Lebenshaltungskosten darstellt,
- den Preisindex für die Lebenshaltung und den BIP-Deflator als Maße für das allgemeine Preisniveau vergleichen,
- sehen, wie ein Preisindex dafür verwendet werden kann, Geldbeträge von unterschiedlichen Zeitpunkten miteinander zu vergleichen,
- den Unterschied zwischen Nominal- und Realzinssätzen kennenlernen.

Im Jahre 1931, als die US-Wirtschaft unter der großen Depression zu leiden hatte, verdiente der berühmte Baseballspieler Babe Ruth $ 80.000,–. Dieses Gehalt war für die damalige Zeit ungewöhnlich, selbst unter den Stars des Baseball. Es wird erzählt, daß ein Reporter Ruth gefragt habe, ob er denke, es sei richtig, daß er mehr als Präsident Herbert Hoover verdient hat, dessen Gehalt nur $ 75.000,– betrug. Ruths Antort darauf lautete: »Bei mir lief es eben besser.«

Heutzutage verdient ein Baseballspieler im Durchschnitt mehr als das Zehnfache von Ruths Gehalt im Jahr 1931, und die besten Spieler können das Hundertfache verdienen. Diese Tatsache könnte Sie zunächst zu der Vermutung veranlassen, daß Baseball in den letzten sechzig Jahren erheblich lukrativer geworden ist. Allerdings sind, wie jedermann weiß, die Preise für Waren und Dienstleistungen ebenfalls gestiegen. Im Jahr 1931 kostete in den USA eine Eistüte fünf Cent, eine Kinokarte einen Vierteldollar. Da die Preise zu Babe Ruths Zeiten so viel niedriger waren als heutzutage, ist nicht klar, ob Ruths Lebensstandard höher oder niedriger war als der Lebensstandard der Spieler heute.

Im vorhergehenden Kapitel haben wir uns angeschaut, wie die Volkswirte das Bruttoinlandsprodukt (BIP) dazu verwenden, die Menge der in der Wirtschaft produzierten Waren und Dienstleistungen zu messen. In diesem Kapitel wird untersucht, wie die Ökonomen die Lebenshaltungskosten messen. Um Babe Ruths Gehalt in Höhe von $ 80.000,– mit den Gehältern heutzutage vergleichen zu können, müssen wir einen Weg finden, Geldbeträge in sinnvolle Kaufkraftmaße umzurechnen. Dies ist genau die Aufgabe einer statistischen Größe, die als *Preisindex für die Lebenshaltung* bezeichnet wird. Nachdem wir gesehen haben, wie der Preisindex für die Lebenshaltung ermittelt wird, werden wir diskutieren, wie wir einen solchen Preisindex dazu verwenden können, Geldbeträge von unterschiedlichen Zeitpunkten miteinander zu vergleichen.

Der Preisindex für die Lebenshaltung wird dazu verwendet, Veränderungen der Lebenshaltungskosten im Zeitablauf zu erfassen. Wenn der Preisindex für die Lebenshaltung steigt, müssen die Haushalte im Durchschnitt mehr ausgeben, um ihren bisherigen Lebensstandard aufrechtzuerhalten. Volkswirte verwenden den Begriff *Inflation* für einen Anstieg des allgemeinen Preisniveaus der Volkswirtschaft. Die *Inflationsrate* entspricht der prozentualen Veränderung des Preisniveaus gegenüber der Vorperiode. Wie wir in den folgenden Kapiteln sehen werden, ist Inflation ein genau betrachteter Aspekt der gesamtwirtschaftlichen Entwicklung und eine Schlüsselvariable, die die makroökonomische Politik lenkt. Dieses Kapitel liefert den Hintergrund für diese Betrachtungen, indem es zeigt, wie Volkswirte die Inflationsrate mit Hilfe des Preisindex für die Lebenshaltung messen.

Der Preisindex für die Lebenshaltung

Preisindex für die Lebenshaltung
Ein Maß für die Preisentwicklung der von einem »durchschnittlichen« Konsumenten gekauften Waren und Dienstleistungen.

Der Preisindex für die Lebenshaltung aller Haushalte, im folgenden als **Preisindex für die Lebenshaltung** bezeichnet, ist ein Maß für die Preisentwicklung der von einem »durchschnittlichen« Konsumenten gekauften Waren und Dienstleistungen. Der Preisindex für die Lebenshaltung wird vom Statistischen Bundesamt allmonatlich ermittelt und bekanntgegeben. In diesem Abschnitt diskutieren wir, wie der Preisindex für die Lebenshaltung berechnet wird und welche Probleme bei seiner Messung entstehen. Wir betrachten ferner das Verhältnis zwischen dem Preisindex für die Lebenshaltung und dem Deflator des Bruttoinlandsprodukts, einem anderen Maß für die Erfassung des allgemeinen Preisniveaus, das wir im letzten Kapitel untersucht haben.

Wie der Preisindex für die Lebenshaltung berechnet wird

Wenn das Statistische Bundesamt den Preisindex für die Lebenshaltung und die Inflationsrate berechnet, verwendet es Angaben über die Preise von einigen hundert Waren und Dienstleistungen. Um genau zu sehen, wie diese statistischen Maße ermittelt werden, wollen wir eine einfache Volkswirtschaft betrachten, in der die Konsumenten nur zwei Güter kaufen – Hot Dogs und Hamburger. Tabelle 23-1 zeigt die fünf Schritte, denen das Statistische Bundesamt bei seinen Berechnungen folgt.

1. *Festlegung des Warenkorbs.* Der erste Schritt bei der Berechnung des Preisindex für die Lebenshaltung besteht darin, festzulegen, welche Preise am wichtigsten für den »durchschnittlichen« Konsumenten sind. Wenn der »durchschnittliche« Konsument mehr Hot Dogs als Hamburger kauft, dann ist der Preis für Hot Dogs wichtiger als der Preis für Ham-

burger und sollte daher bei der Messung der Lebenshaltungskosten ein höheres Gewicht erhalten. Das Statistische Bundesamt gewichtet die verschiedenen Waren und Dienstleistungen, indem es die Verbrauchsgewohnheiten der Konsumenten umfassend und detailliert erfaßt und den Warenkorb festlegt, der von dem »durchschnittlichen« Konsumenten gekauft wird. In dem in Tabelle 23-1 dargestellten Beispiel setzt sich der Warenkorb aus 4 Hot Dogs und 2 Hamburgern zusammen.

Schritt 1: Erfassung der Verbrauchsgewohnheiten zur Festlegung des Warenkorbs

4 Hot Dogs, 2 Hamburger

Schritt 2: Feststellung des Preises für jedes Gut in jedem Jahr

Jahr	Preis für Hot Dogs	Preis für Hamburger
2001	DM 1,–	DM 2,–
2002	DM 2,–	DM 3,–
2003	DM 3,–	DM 4,–

Schritt 3: Berechnung des Preises des Warenkorbs für jedes Jahr

Jahr	Preis des Warenkorbs
2001	(DM 1,– pro Hot Dog × 4 Hot Dogs) + (DM 2,– pro Hamburger × 2 Hamburger) = 8,– DM
2002	(DM 2,– pro Hot Dog × 4 Hot Dogs) + (DM 3,– pro Hamburger × 2 Hamburger) = 14,– DM
2003	(DM 3,– pro Hot Dog × 4 Hot Dogs) + (DM 4,– pro Hamburger × 2 Hamburger) = 20,– DM

Schritt 4: Auswahl eines Basisjahres (2001) und Berechnung des Preisindex für die Lebenshaltung für jedes Jahr

Jahr	Preisindex für die Lebenshaltung
2001	(DM 8,–/DM 8,–) × 100 = 100
2002	(DM 14,–/DM 8,–) × 100 = 175
2003	(DM 20,–/DM 8,–) × 100 = 250

Schritt 5: Berechnung der Inflationsrate mit Hilfe des Preisindex für die Lebenshaltung

Jahr	Inflationsrate
2002	(175–100)/100 × 100 = 75 %
2003	(250–175)/175 × 100 = 43 %

Tabelle 23-1
Berechnung des Preisindex für die Lebenshaltung und der Inflationsrate: ein Beispiel

2. *Feststellung der Preise.* Der zweite Schritt bei der Berechnung des Preisindex für die Lebenshaltung umfaßt die Feststellung der Preise für jedes Gut im Warenkorb für verschiedene Zeitpunkte. Die Tabelle zeigt die Preise für Hot Dogs und Hamburger in drei verschiedenen Jahren.

3. *Berechnung des Preises des Warenkorbs.* Der dritte Schritt besteht in der Ermittlung des Preises des Warenkorbs in verschiedenen Jahren mit Hilfe der Güterpreise. In der Tabelle wird diese Berechnung für alle drei Jahre durchgeführt. Beachten Sie, daß sich nur die Preise in der Berechnung ändern. Indem die Verbrauchsstruktur konstant gehalten wird (4

Hot Dogs und 2 Hamburger), trennen wir die Auswirkungen von Preisänderungen von den Auswirkungen irgendwelcher Mengenänderungen,
die gleichzeitig stattfinden könnten.

4. *Auswahl eines Basisjahres und Berechnung des Index.* Der vierte Schritt
   besteht darin, ein Jahr als Basisjahr festzulegen, das den Vergleichsmaß-
   stab für die anderen Jahre darstellt. Zur Berechnung des Index wird der
   Preis des Warenkorbs in jedem Jahr durch den Preis des Warenkorbs im
   Basisjahr dividiert, dieses Verhältnis wird sodann mit 100 multipliziert.
   Das Ergebnis entspricht dem Preisindex für die Lebenshaltung.
   In unserem Beispiel ist das Jahr 2001 das Basisjahr. In diesem Jahr liegt
   der Preis des Warenkorbs bei DM 8,–. Der Preis des Warenkorbs in den
   anderen Jahren wird daher durch DM 8,– dividiert und mit 100 multipli-
   ziert. Der Preisindex für die Lebenshaltung ist gleich 100 im Jahr 2001.
   (Der Index ist im Basisjahr immer 100). Im Jahr 2002 beträgt der
   Preisindex für die Lebenshaltung 175. Dies bedeutet, daß der Preis des
   Warenkorbs im Jahr 2002 bei 175 Prozent seines Preises im Basisjahr
   liegt. Anders ausgedrückt, ein Warenkorb, der im Basisjahr DM 100,–
   kostet, wird im Jahr 2002 DM 175,– kosten. Entsprechend bedeutet ein
   Preisindex für die Lebenshaltung von 250 im Jahr 2003, daß 2003 das
   Preisniveau 250 Prozent des Preisniveaus im Basisjahr beträgt.

5. *Berechnung der Inflationsrate.* Der fünfte und letzte Schritt besteht
   darin, mit Hilfe des Preisindex für die Lebenshaltung die **Inflationsrate**
   zu berechnen, die der prozentualen Veränderung des Preisindex gegenüber der Vorperiode entspricht. In unserem Beispiel erhöht sich der
   Preisindex für die Lebenshaltung um 75 Prozent von 2001 bis 2002 und
   um 43 Prozent von 2002 bis 2003. Somit beträgt die Inflationsrate 75
   Prozent im Jahr 2002 und 43 Prozent im Jahr 2003.

Inflationsrate
Eine prozentuale Ver-
änderung des Preis-
index gegenüber der
Vorperiode.

Obwohl dieses Beispiel eine Vereinfachung der Realität darstellt, da es
lediglich zwei Güter umfaßt, verdeutlicht es, auf welche Weise das Statistische Bundesamt den Preisindex für die Lebenshaltung sowie die Inflationsrate berechnet. Gemäß den obigen fünf Schritten ermittelt das Statistische
Bundesamt allmonatlich mit Hilfe der Preise von einigen hundert Waren
und Dienstleistungen, wie schnell die Lebenshaltungskosten für den
»durchschnittlichen« Konsumenten ansteigen. Sie können die entsprechenden Bekanntgaben des Statistischen Bundesamtes den Nachrichten im
Fernsehen oder der Tageszeitung entnehmen.

Was ist im Warenkorb enthalten?

Der Preisindex für die Lebenshaltung will ein umfassendes Bild der Preisentwicklung vermitteln, von der die privaten Haushalte betroffen sind. Es
ist jedoch weder möglich noch notwendig, die Preise für alle von den
Haushalten gekauften Waren und Dienstleistungen zu erheben. Es reicht
vielmehr aus, einige hundert Güter auszuwählen, die stellvertretend den
gesamten privaten Verbrauch repräsentieren. Der Warenkorb für den Preisindex der Lebenshaltung umfaßt in der Bundesrepublik Deutschland zur
Zeit etwa 750 Waren und Dienstleistungen, das Basisjahr ist 1991. Die
Wägungsschemata enthalten die Gewichte, mit denen die Preisentwicklung

der einzelnen Lebenshaltungsgüter in den Preisindex für die Lebenshaltung eingeht. Sie quantifizieren, welchen Anteil z.B. die Ausgaben für Wohnungsmieten oder andere Ausgabepositionen an den gesamten Verbrauchsausgaben der privaten Haushalte haben. Diese Wägungsanteile weisen Unterschiede zwischen den alten und den neuen Bundesländern auf. Einen groben Überblick über die Wägungsschemata vermittelt Abbildung 23-1. Die größte Ausgabeposition bilden in West- und Ostdeutschland die Ausgaben für Nahrungsmittel, Getränke und Tabakwaren. In Westdeutschland entfällt gut ein Fünftel, in Ostdeutschland knapp ein Drittel der Verbrauchsausgaben privater Haushalte auf diese Position. Die zweitgrößte Ausgabeposition bilden in Westdeutschland die Ausgaben für Wohnungsmieten, an dritter Stelle stehen die Ausgaben für Verkehr und Nachrichtenübermittlung. In Ostdeutschland stehen an zweiter Stelle die Ausgaben für Verkehr und Nachrichtenübermittlung, die drittgrößte Ausgabenkategorie bilden die Ausgaben für Möbel, Haushaltsgeräte u.ä. Eine weitere bedeutsame Ausgabeposition stellen die Ausgaben für Bildung, Unterhaltung und Freizeit dar, die in beiden Teilen Deutschlands an vierter Stelle der privaten Verbrauchsausgaben stehen.

Schaubild 23-1
Die Wägungs-
schemata 1991

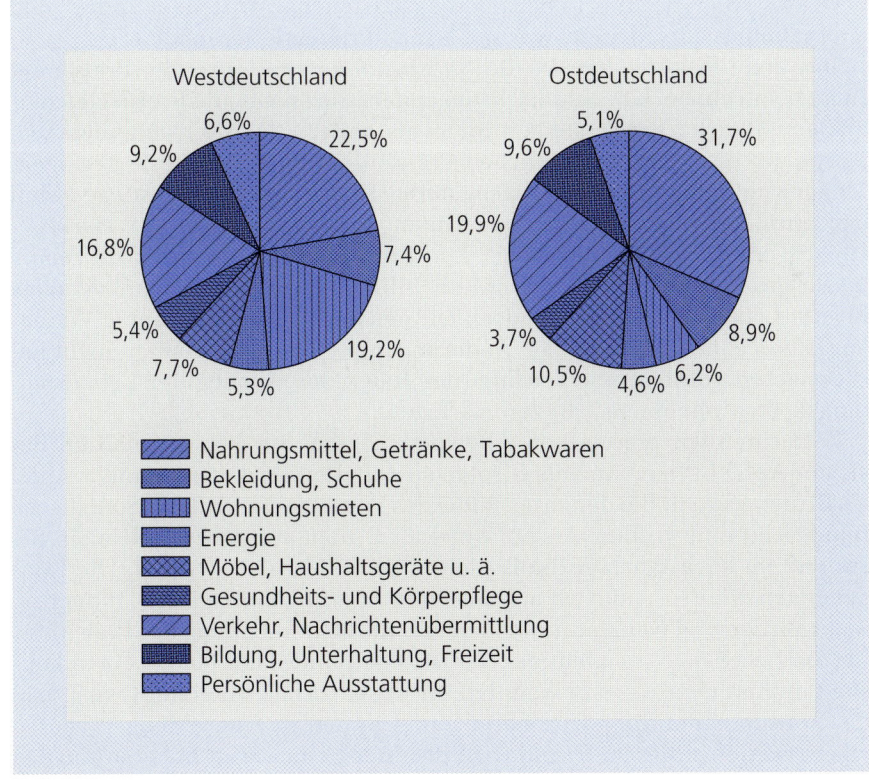

Zusätzlich zu dem Preisindex für die Lebenshaltung aller Haushalte berechnet das Statistische Bundesamt Preisindizes für die Lebenshaltung verschiedener Haushaltstypen. Alle Indizes werden außer in der Darstellung

Erzeugerpreisindex
Ein Maß für die
Preisentwicklung der
von Unternehmun-
gen gekauften land-
wirtschaftlichen,
forstwirtschaftlichen
oder gewerblichen
Produkte.

für die Lebenshaltung insgesamt für eine große Zahl von Gütergruppen verschiedener Aggregationsstufen ermittelt. Das Statistische Bundesamt berechnet ferner **Erzeugerpreisindizes**, die die Entwicklung der Preise für bestimmte landwirtschaftliche, forstwirtschaftliche und gewerbliche Produkte messen, die eher von Unternehmungen als von privaten Haushalten gekauft werden. Da Unternehmungen schließlich steigende Kosten in Form von höheren Verbraucherpreisen an die Konsumenten weitergeben, werden Veränderungen der Erzeugerpreisindizes oftmals als hilfreich für die Voraussage von Veränderungen des Preisindex für die Lebenshaltung angesehen.

Probleme bei der Messung der Lebenshaltungskosten

Das Ziel des Preisindex für die Lebenshaltung besteht darin, Veränderungen der Lebenshaltungskosten zu messen. Anders ausgedrückt, der Preisindex für die Lebenshaltung versucht zu messen, welche Einkommenserhöhung erforderlich ist, um einen konstanten Lebensstandard aufrechtzuerhalten. Allerdings stellt der Preisindex für die Lebenshaltung kein perfektes Maß für die Lebenshaltungskosten dar. Mit dem Index sind anerkanntermaßen drei schwer zu lösende Probleme verbunden.

Das erste Problem betrifft die *Substitutionsverzerrung*. Bei Preisänderungen von einem Jahr zum nächsten ändern sich nicht alle Preise gleichermaßen: Manche Preise steigen mehr als andere. Die Konsumenten reagieren auf diese unterschiedlichen Preisänderungen, indem sie geringere Mengen derjenigen Güter kaufen, deren Preise erheblich gestiegen sind bzw. größere Mengen derjenigen Güter, deren Preise weniger stark gestiegen oder sogar gefallen sind. Die Konsumenten ersetzen also relativ teurer gewordene Güter durch relativ billiger gewordene. Der Preisindex für die Lebenshaltung wird jedoch auf der Basis eines konstanten Warenkorbs berechnet. Da mögliche Änderungen im Konsumverhalten nicht berücksichtigt werden, überzeichnet der Index den Anstieg der Lebenshaltungskosten von einem Jahr zum nächsten.

Betrachten wir ein einfaches Beispiel. Stellen Sie sich vor, daß im Basisjahr Äpfel billiger sind als Birnen, so daß die Konsumenten mehr Äpfel als Birnen kaufen. Bei der Festsetzung des Warenkorbs wird das Statistische Bundesamt eine größere Anzahl Äpfel als Birnen aufnehmen. Nehmen Sie an, daß im nächsten Jahr die Birnen billiger sind als die Äpfel. Die Konsumenten werden natürlich auf die Preisänderungen reagieren, indem sie mehr Birnen und weniger Äpfel kaufen. Für die Berechnung des Preisindex für die Lebenshaltung zieht das Statistische Bundesamt jedoch einen konstanten Warenkorb heran, wodurch im wesentlichen unterstellt wird, daß die Konsumenten die jetzt teueren Äpfel in den gleichen Mengen kaufen wie vorher. Aus diesem Grund wird der Index einen weit höheren Anstieg der Lebenshaltungskosten anzeigen, als die Konsumenten tatsächlich erfahren.

Das zweite Problem mit des Preisindex für die Lebenshaltung ergibt sich im Zusammenhang mit der *Einführung neuer Güter*. Wird ein neues

Gut auf den Markt gebracht, dann können die Konsumenten ihre Auswahl aus einem erhöhten Warenangebot treffen. Ein größeres Angebot erhöht seinerseits den Wert jeder D-Mark, so daß die Konsumenten weniger Geld benötigen, um einen gegebenen Lebensstandard aufrechtzuerhalten. Da die Berechnung des Preisindex für die Lebenshaltung jedoch auf einem konstanten Warenkorb basiert, spiegelt er diese Änderung der Kaufkraft der D-Mark nicht wider.

Betrachten wir wiederum ein Beispiel. Als die Videorecorder auf den Markt kamen, konnten die Konsumenten plötzlich ihre Lieblingsfilme zu Hause anschauen. Dieses neue Gut hat die Wohlfahrt der Konsumenten erhöht, indem es ihre Konsummöglichkeiten erweitert hat. Ein perfekter Lebenshaltungskostenindex würde diese Änderung durch einen Rückgang der Lebenshaltungskosten widerspiegeln. Der Preisindex für die Lebenshaltung hat sich jedoch infolge der Einführung des Videorecorders nicht verringert. Das Statistische Bundesamt hat schließlich die Zusammensetzung des Warenkorbs überarbeitet und Videorecorder neu aufgenommen, so daß der Index später Preisänderungen bei den Videorecordern berücksichtigt hat. Die mit der anfänglichen Einführung des Videorecorders verbundene Verringerung der Lebenshaltungskosten wurde aus dem Index jedoch niemals ersichtlich.

Das dritte Problem mit dem Preisindex für die Lebenshaltung besteht in *nicht erfaßten Qualitätsänderungen*. Verschlechtert sich die Qualität eines Gutes von einem Jahr zum nächsten, dann sinkt der Wert einer D-Mark, selbst wenn der Preis des Gutes unverändert bleibt. Entsprechend erhöht sich der Wert einer D-Mark, wenn die Qualität von einem Jahr zum nächsten ansteigt. Das Statistische Bundesamt versucht, Qualitätsänderungen so gut wie möglich zu berücksichtigen. Wenn sich die Qualität eines Gutes aus dem Warenkorb ändert – z.B. wenn ein bestimmtes Automodell mehr PS hat oder sein Kraftstoffverbrauch von einem zum nächsten Jahr abgenommen hat – korrigiert das Statistische Bundesamt den Preis des Gutes, um der Qualitätsänderung Rechnung zu tragen. Das Statistische Bundesamt versucht im wesentlichen, den Preis eines Warenkorbs mit Gütern konstanter Qualität zu berechnen. Nichtsdestoweniger bleiben Qualitätsänderungen ein Problem, da Qualität schwer gemessen werden kann.

Es wird unter Volkswirten viel darüber diskutiert, wie bedeutsam diese Probleme bei der Messung der Lebenshaltungskosten sind und was dagegen unternommen werden sollte. Diese Fragen sind wichtig; so wirken sich die Lebenshaltungskosten beispielsweise auf die Höhe der Regelsätze im Rahmen der Sozialhilfe aus.

BIP-Deflator versus Preisindex für die Lebenshaltung

Im vorhergehenden Kapitel haben wir ein anderes Maß für die Erfassung des allgemeinen Preisniveaus in der Volkswirtschaft betrachtet – den BIP-Deflator. Der BIP-Deflator ist das Verhältnis von nominalem zu realem BIP. Da das nominale BIP dem in laufenden Preisen gemessenen Wert der Produktionsleistung einer Wirtschaft, das reale BIP der Produktionsleistung bewertet zu den Preisen eines Basisjahrs entspricht, spiegelt der BIP-Deflator das Verhältnis von laufendem Preisniveau zu dem Preisniveau des Basisjahres wider.

Sowohl Volkswirte als auch Politiker beobachten den BIP-Deflator und den Preisindex für die Lebenshaltung, um zu beurteilen, wie schnell die Preise steigen. Normalerweise unterscheiden sich diese beiden statistischen Maße kaum im Hinblick auf ihre Aussage über die Entwicklung des Preisniveaus der Volkswirtschaft. Sie weisen jedoch zwei wichtige konzeptionelle Unterschiede auf, die zu Abweichungen führen können.

Der erste Unterschied besteht darin, daß der BIP-Deflator die Preise derjenigen Waren und Dienstleistungen erfaßt, die *im Inland erzeugt* worden sind, während der Preisindex für die Lebenshaltung die Preise derjenigen Güter enthält, die *von den privaten Haushalten gekauft* worden sind. Der Anstieg des Preises eines im Inland produzierten Gutes, das ausschließlich von Unternehmungen oder vom Staat gekauft wird, erhöht somit den BIP-Deflator, nicht aber den Preisindex für die Lebenshaltung. Entsprechend führt ein Preisanstieg bei schwedischen Importwagen z.B. zu einer Erhöhung des Preisindex für die Lebenshaltung, da die Autos von den Konsumenten gekauft werden, der BIP-Deflator erhöht sich jedoch nicht.

Der zweite und subtilere Unterschied zwischen dem BIP-Deflator und dem Preisindex für die Lebenshaltung betrifft die Frage, wie die vielen verschiedenen Preise durch Gewichtung zu einer einzigen Zahl für das allgemeine Preisniveau aggregiert werden. Der Preisindex für die Lebenshaltung vergleicht den Preis eines *festen* Warenkorbs mit dem Preis des Warenkorbs im Basisjahr. Das Statistische Bundesamt überarbeitet die Zusammensetzung des Warenkorbs lediglich in Zeitabständen von etwa fünf Jahren. Dagegen vergleicht der BIP-Deflator den Preis der *gegenwärtig produzierten* Waren und Dienstleistungen mit dem Preis der gleichen Waren und Dienstleistungen im Basisjahr. Die Zusammensetzung der Gruppe von Waren und Dienstleistungen, die der Berechnung des BIP-Deflators zugrunde liegt, ändert sich also automatisch im Zeitablauf. Dieser Unterschied ist nicht wichtig, wenn sich alle Preise gleichermaßen ändern. Wenn sich jedoch die Preise verschiedener Waren und Dienstleistungen in unterschiedlichem Maße ändern, wirkt sich die Art und Weise der Gewichtung der verschiedenen Preise auf die ermittelte Inflationsrate aus.

Abbildung 23-2 zeigt die Entwicklung der Inflationsrate seit 1965 gemessen mit Hilfe des BIP-Deflators und des Preisindex für die Lebenshaltung. Sie können sehen, daß es manchmal zu Abweichungen zwischen den beiden Maßen kommt. Im Falle von Abweichungen ist es möglich, diese anhand der beiden Unterschiede zu erklären, die wir soeben diskutiert haben. Die Abbildung zeigt jedoch, daß Abweichungen zwischen den beiden Maßen eher die Ausnahme darstellen als die Regel. Beide Indizes zeigen, daß sich der Preisauftrieb in den siebziger Jahren beschleunigt, in den achtziger und neunziger Jahren dagegen wieder verlangsamt hat.

Schnelltest   Erklären Sie kurz, was mit dem Preisindex für die Lebenshaltung gemessen werden soll und wie er ermittelt wird.

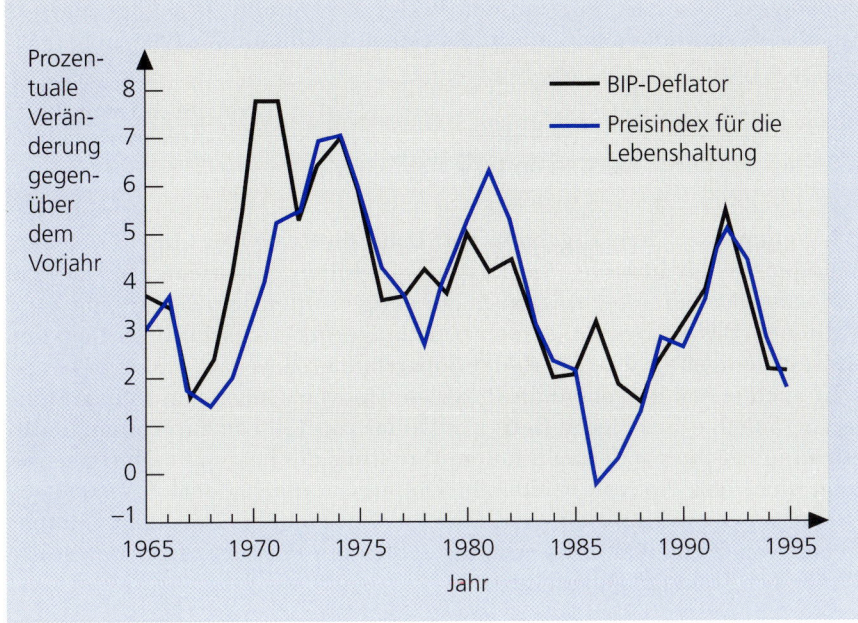

1965 bis 1990 früheres Bundesgebiet. Ab 1991 Deutschland.

Inflationsbereinigung von wirtschaftlichen Variablen

Der Zweck der Messung des allgemeinen Preisniveaus in der Wirtschaft besteht darin, einen Vergleich von Geldbeträgen von unterschiedlichen Zeitpunkten zu ermöglichen. Da wir nun wissen, wie Preisindizes berechnet werden, wollen wir uns im folgenden anschauen, wie wir einen solchen Index dazu verwenden können, einen Geldbetrag aus der Vergangenheit mit einem Geldbetrag in der Gegenwart zu vergleichen.

Geldbeträge von unterschiedlichen Zeitpunkten

Kommen wir zunächst wieder auf Babe Ruths Gehalt zurück. War sein Gehalt in Höhe von $ 80.000,– im Jahr 1931 viel oder wenig, verglichen mit den Gehältern der Baseballspieler heutzutage?

Um diese Frage zu beantworten, müssen wir das Preisniveau des Jahres 1931 sowie das aktuelle Preisniveau kennen. Ein Teil des Anstiegs der Gehälter im Baseball entschädigt die Spieler für das höhere Preisniveau heutzutage. Für einen Vergleich von Ruths Gehalt mit dem der heutigen Spieler müssen wir Ruths Gehalt inflationieren, um die Dollar von 1931 in heutige Dollar umzurechnen. Ein Preisindex bestimmt den Umfang dieser »Inflationskorrektur«.

Die amtliche Statistik in den USA weist einen Preisindex von 8,7 für 1931 und von 107,6 für 1995 aus. (Das Basisjahr ist 1992). Das allgemeine

Preisniveau hat sich somit um den Faktor 12,4 erhöht. Wir können diese Angaben dazu verwenden, um Ruths Gehalt in Dollar von 1995 zu berechnen. Die Berechnung ist wie folgt:

$$\text{Gehalt von 1995 in Dollar} = \text{Gehalt von 1931 in Dollar} \times \frac{(\text{Preisniveau von 1995})}{(\text{Preisniveau von 1931})}$$

$$= \$\,80.000,- \times \frac{107,6}{8,7}$$

$$= \$\,989.425,-$$

Wir kommen zu dem Ergebnis, daß Babe Ruths Gehalt von 1931 einem heutigen Gehalt in Höhe von knapp $ 1 Million entspricht. Das ist kein schlechtes Einkommen, liegt aber um einiges unter dem Gehalt von $ 1,2 Millionen, das ein Baseballspieler heutzutage im Durchschnitt verdient und ist weit weniger als das Gehalt der Superstars im Baseball.

Betrachten wir nun ebenfalls Präsident Hoovers Gehalt von 1931 in Höhe von $ 75.000,–. Um diesen Betrag in Dollar von 1995 umzurechnen, multiplizieren wir ihn wiederum mit dem Verhältnis der beiden Preisniveaus. Es zeigt sich, daß Hoovers Gehalt in Dollar von 1995 gleich $ 75.000,– × (107,6/8,7) bzw. $ 927.586,– ist. Dies ist weit mehr als Präsident Clintons Gehalt von $ 200.000,–. Es scheint, daß es bei Präsident Hoover alles in allem doch recht gut gelaufen ist.

Indexierung

Indexierung
Bindung nominaler Kontrakte an die Entwicklung eines bestimmten Preisindex, um inflationsbedingte Umverteilungseffekte auszuschalten.

Wie wir gerade gesehen haben, werden Preisindizes dazu verwendet, die Wirkungen der Inflation bei einem Vergleich von Geldbeträgen von unterschiedlichen Zeitpunkten auszuschalten. Eine Bindung nominaler Kontrakte an die Entwicklung eines bestimmten Preisindex, um inflationsbedingte Umverteilungseffekte auszuschalten, wird als **Indexierung** bezeichnet. Nach dem Objekt der Indexierung kann zwischen Lohnindexierung, Zinsindexierung, Steuerindexierung usw. unterschieden werden. Beispielsweise werden in den USA die Sozialversicherungsrenten automatisch an Veränderungen des Preisindex für die Lebenshaltung angepaßt. Ein ähnlicher Effekt ergibt sich im deutschen System der sozialen Sicherung aufgrund der dynamischen Rentenanpassung an die Lohn- und Gehaltsentwicklung.

Real- und Nominalzinssätze

Eine Bereinigung wirtschaftlicher Variablen um die Wirkungen der Inflation ist besonders wichtig – und gar nicht so einfach – im Hinblick auf Zinssätze. Wenn Sie Ihre Ersparnisse auf einem Bankkonto anlegen, erhalten Sie Zinsen auf Ihr Sparguthaben. Umgekehrt müssen Sie Zinsen bezahlen, wenn Sie einen Kredit bei einer Bank aufnehmen. Zinsen stellen eine Zahlung in der Zukunft für eine Geldübertragung in der Vergangenheit dar. Infolgedessen beinhalten Zinssätze immer einen Vergleich von Geldbeträgen von unterschiedlichen Zeitpunkten.

Betrachten wir ein Beispiel. Nehmen Sie an, Sally legt DM 1.000,– auf einem Bankkonto an und erhält dafür jährlich 10 Prozent Zinsen. Nach einem Jahr haben sich Zinsen in Höhe von DM 100,– angesammelt und Sally hebt die DM 1.100,– von ihrem Konto ab. Ist Sally um DM 100,– reicher als im Jahr zuvor, als sie ihre Ersparnisse angelegt hat?

Die Antwort hängt davon ab, was wir unter dem Wort »reicher« verstehen. Sally hat DM 100,– mehr als vorher. Anders ausgedrückt, der DM-Betrag hat sich um 10 Prozent erhöht. Sind jedoch die Preise gleichzeitig gestiegen, können mit jeder D-Mark weniger Güter gekauft werden als im Jahr zuvor. Die Kaufkraft ist dann nicht um 10 Prozent gestiegen. Im Falle einer Inflationsrate von 4 Prozent hat sich der Güterberg, der gekauft werden kann, nur um 6 Prozent erhöht. Falls die Inflationsrate 15 Prozent betrug, ist Sallys Kaufkraft sogar um 5 Prozent gesunken.

Der Zinssatz, den die Bank bezahlt, wird als **Nominalzinssatz**, der um die Inflationsrate bereinigte Zinssatz als **Realzinssatz** bezeichnet. Wir können die Beziehung zwischen Nominalzinssatz, Realzinssatz und Inflationsrate durch folgende Gleichung ausdrücken:

$$\text{Realzinssatz} = \text{Nominalzinssatz} - \text{Inflationsrate.}$$

Der Realzinssatz entspricht der Differenz zwischen Nominalzinssatz und Inflationsrate. Der Nominalzinssatz gibt an, wie schnell das Guthaben auf Ihrem Bankkonto im Zeitablauf zunimmt. Der Realzinssatz drückt aus, wie schnell die Kaufkraft Ihres Sparguthabens im Zeitablauf ansteigt.

Nominalzinssatz
Zinssatz ohne Bereinigung um die Wirkungen der Inflation.

Realzinssatz
Zinssatz, der um die Wirkungen der Inflation bereinigt ist.

Tabelle 23-2
Entwicklung des Nominal- und des Realzinssatzes seit 1961

Jahr	Nominalzinssatz[1]	Realzinssatz[2]
	Jahresdurchschnitt in Prozent	
	früheres Bundesgebiet	
1961/65	6,2	2,5
1966/70	7,3	3,5
1971/75	9,0	2,7
1976/80	7,3	3,3
1980	8,6	3,6
1981	10,6	6,4
1982	9,1	4,7
1983	8,0	4,8
1984	7,8	5,7
1985	6,9	4,8
1986	6,0	2,8
1987	5,8	3,9
1988	6,0	4,4
1989	7,1	4,7
	Deutschland	
1990[3]	8,9	5,7
1991	8,7	4,9
1992	8,1	2,6
1993	6,4	2,6
1994	6,7	4,5
1995	6,5	4,3
1996	5,6	4,6
1997	5,1	4,5

[1]Umlaufrendite für festverzinsliche Wertpapiere inländischer Emittenten (Kapitalmarktzins).
[2]Umlaufrendite abzüglich Inflationsrate.
[3]Deutsch-deutsche Währungsunion 01.07. 1990.
Quelle: Institut der deutschen Wirtschaft.

Tabelle 23-1 zeigt die Entwicklung von Nominal- und Realzinssatz seit 1961. Der Nominalzinssatz wird hier gemessen an der Umlaufrendite für festverzinsliche Wertpapiere inländischer Emittenten (Kapitalmarktzins). Der Realzinssatz ermittelt sich aus dem Nominalzinssatz abzüglich der Inflationsrate, der prozentualen Veränderung des BIP-Deflators.

Es ist festzustellen, daß sich Real- und Nominalzinssatz nicht immer parallel entwickeln. Für die Untersuchung der Ursachen und Wirkungen von Zinssatzänderungen in den kommenden Kapiteln ist es wichtig, den Unterschied zwischen Real- und Nominalzinssätzen im Hinterkopf zu behalten.

Schnelltest   Im Jahr 1914 bezahlte Henry Ford seinen Arbeitern einen Lohn in Höhe von $ 5,– pro Tag. Wie hoch ist 1996 der Wert von Fords Lohnscheck bei einem Preisindex von 11 im Jahr 1914 und 131 im Jahr 1996?

Schlußfolgerung

Der reale Wert des Geldes war in der jüngsten Vergangenheit nicht stabil. Es kam fortgesetzt zu Anstiegen des allgemeinen Preisniveaus. Eine solche Inflation verringert die Kaufkraft jeder Geldeinheit im Zeitablauf. Bei einem Vergleich von DM-Beträgen von unterschiedlichen Zeitpunkten ist es wichtig, daran zu denken, daß eine D-Mark heute nicht genauso viel wert ist wie eine D-Mark vor 20 Jahren und höchstwahrscheinlich auch nicht so viel wie eine D-Mark in 20 Jahren.

In diesem Kapitel wurde diskutiert, wie Volkswirte das allgemeine Preisniveau in der Volkswirtschaft messen und wie sie Preisindizes dazu verwenden, wirtschaftliche Variablen um die Effekte der Inflation zu bereinigen. Diese Analyse stellt lediglich einen Ausgangspunkt dar. Wir haben bisher weder die Ursachen und Auswirkungen der Inflation noch die Wechselwirkungen zwischen Inflation und anderen wirtschaftlichen Variablen untersucht. Wir müssen dafür über die Fragen der Inflationsmessung hinausgehen. Dies ist unsere nächste Aufgabe. Nachdem in den letzten zwei Kapiteln erklärt wurde, wie Volkswirte gesamtwirtschaftliche Mengen und Preise messen, werden im folgenden die Modelle dargestellt, die das langfristige und kurzfristige Verhalten dieser Variablen erklären.

Zusammenfassung

- Der Preisindex für die Lebenshaltung gibt den Preis eines Warenkorbs im Verhältnis zum Preis desselben Warenkorbs im Basisjahr an. Der Index wird als Maßstab für das allgemeine Preisniveau in der Volkswirtschaft verwendet. Die prozentuale Veränderung des Preisindex für die Lebenshaltung entspricht der Inflationsrate.

- Der Preisindex für die Lebenshaltung stellt aus drei Gründen ein unvollkommenes Maß für die Lebenshaltungskosten dar. Erstens berücksichtigt er nicht die Möglichkeit der Konsumenten, relativ teurer gewordene Güter durch relativ billiger gewordene Güter zu substituieren. Zweitens spiegelt er nicht die Erhöhung der Kaufkraft des Geldes aufgrund der Einführung neuer Güter wider. Drittens wird er durch nicht erfaßte Qualitätsänderungen bei Waren und Dienstleistungen verzerrt. Aufgrund dieser Meßprobleme überzeichnet der Preisindex für die Lebenshaltung die Inflation.
- Obwohl der BIP-Deflator ebenfalls ein Maß für das allgemeine Preisniveau der Volkswirtschaft darstellt, unterscheidet er sich vom Preisindex für die Lebenshaltung, da er eher die erzeugten Waren und Dienstleistungen erfaßt anstatt die konsumierten. Infolgedessen wirken sich Preisänderungen bei importierten Gütern auf den Preisindex für die Lebenshaltung aus, lassen den BIP-Deflator aber unverändert. Während der Preisindex für die Lebenshaltung unter Verwendung eines festen Warenkorbs berechnet wird, läßt der BIP-Deflator Veränderungen des Warenkorbs im Zeitablauf zu, wenn sich die Zusammensetzung des BIP ändert.
- Geldbeträge von unterschiedlichen Zeitpunkten erlauben keinen zuverlässigen Kaufkraftvergleich. Für einen Vergleich eines Geldbetrags aus der Vergangenheit mit einem aktuellen Geldbetrag, muß der ältere Geldbetrag mit Hilfe eines Preisindex inflationiert werden.
- Eine Inflationsbereinigung ist insbesondere im Hinblick auf Zinssätze wichtig. Der Nominalzinssatz ist der üblicherweise bekanntgegebene Zinssatz; er gibt an, wie schnell das Guthaben auf einem Bankkonto im Zeitablauf zunimmt. Im Gegensatz dazu berücksichtigt der Realzinssatz Geldwertänderungen im Zeitablauf. Der Realzinssatz entspricht dem Nominalzinssatz abzüglich der Inflationsrate.

Stichworte

Preisindex für die Lebenshaltung	Indexierung
Inflationsrate	Nominalzinssatz
Erzeugerpreisindex	Realzinssatz

Zur Wiederholung

1. Was, denken Sie, hat eine größere Auswirkung auf den Preisindex für die Lebenshaltung: ein Anstieg des Preises für Hähnchen um 10 Prozent oder eine Erhöhung des Kaviarpreises um 10 Prozent? Begründen Sie Ihre Anwort.

2. Beschreiben Sie die drei Probleme, aufgrund derer der Preisindex für die Lebenshaltung ein unvollkommenes Maß für die Lebenshaltungskosten darstellt.

3. Wird der BIP-Deflator oder der Preisindex für die Lebenshaltung durch einen Preisanstieg für Marine-U-Boote beeinflußt? Begründen Sie Ihre Anwort.

4. Im Laufe einer längeren Periode ist der Preis für eine Zuckerstange von 0,10 DM auf DM 0,60 angestiegen. Im gleichen Zeitraum hat sich der Preisindex für die Lebenshaltung von 150 auf 300 erhöht. Um wieviel hat der Preis für eine Zuckerstange inflationsbereinigt zugenommen?

5. Erklären Sie, was unter dem *Nominalzinssatz* und dem *Realzinssatz* zu verstehen ist. In welcher Beziehung stehen diese beiden Größen zueinander?

Aufgaben und Anwendungen

1. Stellen Sie sich vor, daß die privaten Haushalte lediglich die drei in der folgenden Tabelle aufgeführten Güter kaufen:

	Tennisbälle	Tennisschläger	Gatorade
1998 Preis	DM 4,–	DM 200,–	DM 2,–
1998 Menge	100	10	200
1999 Preis	DM 4,–	DM 300,–	DM 4,–
1999 Menge	100	10	200

a) Wie hoch ist die prozentuale Preisänderung bei jedem der drei Güter? Wie hoch ist die prozentuale Änderung des allgemeinen Preisniveaus?

b) Werden die Tennisschläger relativ zu Gatorade teurer oder billiger? Verändert sich die Wohlfahrt mancher Leute relativ zu der Wohlfahrt anderer Leute? Begründen Sie Ihre Antwort.

2. Nehmen Sie an, die Einwohner von »Veggieland« geben ihr gesamtes Einkommen für Blumenkohl, Brokkoli und Karotten aus. 1998 kaufen sie 100 Stück Blumenkohl für DM 200,–, 50 Bund Brokkoli für DM 75,– und 500 Karotten für DM 50,–. 1999 kaufen sie 75 Stück Blumenkohl für DM 225,–, 80 Bund Brokkoli für DM 120,– und 500 Karotten für DM 100,–. Das Basisjahr sei 1998. Wie hoch ist in den beiden Jahren jeweils der Preisindex für die Lebenshaltung? Wie hoch ist die Inflationsrate 1999?

3. Der Preisindex für die Lebenshaltung ist in den USA von 1947 bis 1997 um 637 Prozent gestiegen. Verwenden Sie diese Angabe, um jeden der folgenden Preise von 1947 um die Wirkungen der Inflation zu bereinigen. Welche der Positionen kosten 1997 nach der Inflationsbereinigung weniger als 1947, welche kosten mehr?

Position	Preis von 1947	Preis von 1997
Studiengebühren der Universität von Iowa	$ 130,–	$ 2.470,–
Eine Gallone Benzin	$ 0,23	$ 1,22
Ein dreiminütiges Telefongespräch von New York nach Los Angeles	$ 2,50	$ 0,45
Ein Tag im Krankenhaus auf der Intensivstation	$ 35,–	$ 2.300,–
Ein Hamburger von McDonald's	$ 0,15	$ 0,59

4. Erläutern Sie anhand der nachfolgenden Sachverhalte die Probleme bei der Ermittlung des Preisindex für die Lebenshaltung.
   a) Die Erfindung des Sony Walkmans.
   b) Die Einführung des Airbags in Personenkraftwagen.
   c) Eine Zunahme der Käufe von Personal Computern als Folge eines Preisrückgangs.
   d) Ein zunehmender Einsatz kraftstoffsparender Autos infolge eines Anstiegs des Benzinpreises.

5. In den USA kostete die *New York Times* $ 0,15 im Jahr 1970 und $ 0,40 im Jahr 1990. Der durchschnittliche Stundenlohn im verarbeitenden Gewerbe betrug $ 3,35 im Jahr 1970 und $ 10,82 im Jahr 1990.
   a) Um welchen Prozentsatz hat sich der Zeitungspreis erhöht?
   b) Um welchen Prozentsatz ist der Lohn gestiegen?
   c) Wie viele Minuten mußte ein Arbeiter in den beiden Jahren jeweils arbeiten, um sich eine Zeitung leisten zu können?
   d) Ist die Kaufkraft der Arbeiter, gemessen in Zeitungen, gestiegen oder gesunken?

6. Nehmen Sie an, ein Kreditnehmer und ein Kreditgeber sind sich über den für einen Kredit zu bezahlenden Nominalzinssatz einig. Später stellt sich heraus, daß die Inflation höher ist, als die beiden erwartet haben.
   a) Ist der Realzinssatz für diesen Kredit höher oder niedriger als erwartet?
   b) Kommt es für den Kreditgeber zu einem Gewinn oder zu einem Verlust aufgrund der unerwartet hohen Inflation? Wie sieht es für den Kreditnehmer aus?
   c) In den USA war die Inflation im Laufe der siebziger Jahre weit höher als von den meisten Leuten zu Beginn des Jahrzehnts erwartet. Welche Folgen hatte dies für Hausbesitzer, die in den sechziger Jahren Hypotheken zu festgesetzten Zinssätzen aufgenommen haben und welche für die Banken, die das Geld verliehen haben?

7. In diesem Kapitel wurde der Realzinssatz als Nominalzinssatz abzüglich Inflationsrate definiert. Da nach dem deutschen Einkommensteuerrecht nominale Zinseinkünfte besteuert werden, können wir den Realzinssatz *nach Steuer* als Nominalzinssatz nach Steuer abzüglich Inflationsrate definieren.
   a) Nehmen Sie an, die Inflationsrate beträgt 0 Prozent, der Nominalzinssatz 5 Prozent und der Steuersatz 33 Prozent. Wie hoch ist der Realzinssatz vor Steuern? Wie hoch ist der Realzinssatz nach Steuern?

Wie hoch ist der effektive Steuersatz auf die realen Zinseinkünfte (die prozentuale Verringerung der realen Zinseinkünfte aufgrund der Steuer?)

b) Nehmen Sie nun an, die Inflationsrate steigt auf 3 Prozent, der Nominalzinssatz auf 6 Prozent. Wie hoch ist jetzt der Realzinssatz vor Steuern? Wie hoch ist der Realzinssatz nach Steuern? Wie hoch ist der effektive Steuersatz auf die realen Zinseinkünfte?

c) Einige Volkswirte vertreten die Ansicht, daß die Inflation aufgrund unserer Einkommensteuer zu einer Verringerung des Sparanreizes führe. Erklären Sie diese Sichtweise unter Zuhilfenahme Ihrer Antworten zu den Teilfragen a) und b).

Die langfristige realökonomische Entwicklung

Teil IX

Produktion und Wachstum Kapitel 24

In diesem Kapitel werden Sie

- die Unterschiede im Wirtschaftswachstum rund um die Welt anschauen,
- überlegen, weshalb die Produktivität den maßgeblichen Bestimmungsfaktor für den Lebensstandard eines Landes darstellt,
- die Faktoren analysieren, die die Produktivität eines Landes bestimmen,
- untersuchen, wie die politischen Maßnahmen eines Landes sein Produktivitätswachstum beeinflussen.

Rund um die Welt lassen sich beträchtliche Unterschiede im Hinblick auf den Lebensstandard ausmachen. Das Einkommen einer Person in einem reichen Land, z.B. in den Vereinigten Staaten, in Japan oder in Deutschland, beträgt im Durchschnitt mehr als das Zehnfache des durchschnittlichen Einkommens einer Person in einem armen Land, wie z.B. Indien, Indonesien oder Nigeria. Diese großen Einkommensunterschiede spiegeln sich in großen Unterschieden im Hinblick auf die Lebensqualität. In reicheren Ländern gibt es mehr Autos, mehr Telefone, mehr Fernsehapparate, eine bessere Ernährung, sichere Unterkünfte, eine bessere Gesundheitsfürsorge sowie eine höhere Lebenserwartung.

Selbst innerhalb eines Landes sind beträchtliche Änderungen des Lebensstandards im Zeitablauf festzustellen. In den Vereinigten Staaten ist das Durchschnittseinkommen, gemessen am realen BIP pro Kopf, im Laufe des letzten Jahrhunderts jährlich um 2 Prozent angestiegen. Obwohl 2 Prozent wenig erscheinen, impliziert diese Wachstumsrate eine Verdopplung des durchschnittlichen Einkommens alle 35 Jahre. Das Durchschnittseinkommen beträgt daher heute etwa das achtfache des entsprechenden Wertes vor hundert Jahren. Infolgedessen genießt der »durchschnittliche« Amerikaner einen bedeutend höheren wirtschaftlichen Wohlstand als seine Eltern, Großeltern und Urgroßeltern.

Die Wachstumsraten weisen von Land zu Land beträchtliche Unterschiede auf. In einigen ostasiatischen Ländern, wie z.B. Hong Kong, Singapur, Süd-Korea und Taiwan hat das Durchschnittseinkommen in den letzten Jahrzehnten jährlich um etwa 7 Prozent zugenommen. Bei dieser Wachstumsrate verdoppelt sich das Einkommen alle zehn Jahre. Diese Länder haben ihren Platz unter den ärmsten Ländern der Welt im Laufe einer Generation mit einem Platz unter den reichsten Ländern eingetauscht. Im Gegensatz dazu stagnierte das Durchschnittseinkommen in einigen afrikanischen Ländern, wie z.B. dem Tschad, Äthiopien und Nigeria viele Jahre lang.

Wie lassen sich diese unterschiedlichen Entwicklungen erklären? Können die reichen Länder sicher sein, ihren hohen Lebensstandard aufrechtzuerhalten? Welche Maßnahmen zur Förderung eines schnelleren Wachstums sollten die armen Länder ergreifen, um sich den Industriestaaten anzuschließen? Diese Fragen zählen zu den wichtigsten der Makroökonomik. Der Volkswirt Robert Lucas drückt dies wie folgt aus: »Die Bedeutung von Fragen wie diesen für die menschliche Wohlfahrt ist einfach enorm: Wenn man einmal anfängt darüber nachzudenken, fällt es einem schwer, an irgend etwas anderes zu denken.«

In den vorhergehenden zwei Kapiteln haben wir diskutiert, wie Volkswirte gesamtwirtschaftliche Mengen und Preise messen. In diesem Kapitel beginnen wir mit der Untersuchung der Kräfte, die diese Variablen bestimmen. Wie wir gesehen haben, mißt das Bruttoinlandsprodukt (BIP) sowohl die gesamten Einkommen, die in einer Volkswirtschaft entstehen als auch die gesamten Ausgaben für den Erwerb der produzierten Waren und Dienstleistungen. Die Höhe des realen BIP stellt ein geeignetes Maß für wirtschaftlichen Wohlstand, das Wachstum des realen BIP ein geeignetes Maß für den wirtschaftlichen Fortschritt dar. Wir konzentrieren uns in diesem Kapitel auf die langfristigen Bestimmungsgründe der Höhe und des Wachstums des realen BIP. Später in diesem Buch werden wir die kurzfristigen Schwankungen des realen BIP um seinen langfristigen Trend untersuchen.

Unsere Vorgehensweise im folgenden umfaßt drei Schritte. Zunächst betrachten wir internationale Daten über das reale BIP pro Kopf. Diese Daten werden Ihnen eine gewisse Vorstellung von den Unterschieden im Hinblick auf Höhe und Wachstum des Lebensstandards in der Welt geben. Danach untersuchen wir die Rolle der *Produktivität* – der Menge der pro Arbeitsstunde produzierten Waren und Dienstleistungen. Wir sehen insbesondere, daß der Lebensstandard eines Landes durch die Produktivität seiner Arbeitskräfte bestimmt wird und schauen uns die Faktoren an, die die Produktivität eines Landes bestimmen. Schließlich betrachten wir den Zusammenhang zwischen der Produktivität und den in einem Land ergriffenen wirtschaftspolitischen Maßnahmen.

Das Wirtschaftswachstum rund um die Welt

Als Ausgangspunkt unserer Untersuchung des langfristigen Wachstums wollen wir die Entwicklungen in einigen Volkswirtschaften betrachten. In Tabelle 24-1 sind Daten über das reale BIP pro Kopf für 13 Länder dargestellt. Die Angaben umfassen für jedes Land einen Zeitraum von etwa hundert Jahren. In der ersten und zweiten Spalte der Tabelle sind die betrachteten Länder und die Zeiträume aufgeführt. (Die Zeiträume weisen aufgrund von Unterschieden in der Verfügbarkeit der Daten von Land zu Land geringe Abweichungen auf.) Die dritte und vierte Spalte weisen das

Land	Periode	Reales BIP[1] pro Kopf zu Beginn der Periode ($ pro Person)	Reales BIP[1] pro Kopf am Ende der Periode ($ pro Person)	Durchschnittliche Wachstumsrate (% pro Jahr)
Japan	1890–1990	842	16.144	3.00
Brasilien	1900–1987	436	3.417	2.39
Kanada	1870–1990	1.330	17.070	2.15
Westdeutschland	1870–1990	1.223	14.288	2.07
Vereinigte Staaten	1870–1990	2.244	18.258	1.76
China	1900–1987	401	1.748	1.71
Mexiko	1900–1987	649	2.667	1.64
Vereinigtes Königreich	1870–1990	2.693	13.589	1.36
Argentinien	1900–1987	1.284	3.302	1.09
Indonesien	1900–1987	499	1.200	1.01
Pakistan	1900–1987	413	885	0.88
Indien	1900–1987	378	662	0.65
Bangladesch	1900–1987	349	375	0.08

Tabelle 24-1
Die Entwicklung des Wirtschaftswachstums rund um die Welt

[1]In Preisen von 1985.
Quelle: Robert J.Barro and Xavier Sala-i-Martin, Economic Growth (New York: McGraw-Hill, 1995), Tabellen 10.2 und 10.3; und Berechnungen des Autors.

reale BIP pro Kopf vor etwa hundert Jahren sowie für ein aktuelles Jahr aus.

Die Daten über das reale BIP pro Kopf zeigen erhebliche Unterschiede im Hinblick auf den Lebensstandard von Land zu Land. Das Pro-Kopf-Einkommen in den Vereinigten Staaten z.B. beträgt etwa das Zehnfache des entsprechenden Wertes in China und beinahe das Dreißigfache des Wertes in Indien. Das Durchschnittseinkommen der ärmsten Länder liegt in den Vereinigten Staaten schon einige Jahrzehnte zurück. Ein Mexikaner verfügte im Jahr 1987 im Durchschnitt in etwa über das Realeinkommen eines Amerikaners im Jahr 1870. Das Durchschnittseinkommen eines Inders machte im Jahr 1987 etwa ein Drittel des entsprechenden Wertes eines Amerikaners vor hundert Jahren aus.

Die letzte Spalte der Tabelle zeigt die Wachstumsrate für jedes Land. Die Wachstumsrate gibt an, wie schnell das reale BIP pro Kopf im Jahresdurchschnitt gewachsen ist. In Westdeutschland z.B. betrug das reale BIP pro Kopf $ 1.223 im Jahr 1870 und $ 14.288 im Jahr 1990. Die Wachstumsrate lag bei 2,07 Prozent pro Jahr. Dies bedeutet, daß das reale BIP pro Kopf, ausgehend von einem Wert in Höhe von $ 1.223, durch einen jährlichen Anstieg um 2,07 Prozent nach 120 Jahren schließlich einen Wert in Höhe von $ 14.288 erreicht hätte. Natürlich hat sich das reale BIP pro Kopf nicht tatsächlich um genau 2,07 Prozent jedes Jahr erhöht: Es gibt kurzfristige Schwankungen um den langfristigen Trend. Die Wachstumsrate von 2,07 Prozent entspricht einer durchschnittlichen Wachstumsrate des realen BIP pro Kopf über viele Jahre.

In Tabelle 24-1 sind die Länder nach der Höhe ihrer Wachstumsrate in absteigender Reihenfolge angeordnet. An der Spitze steht Japan mit einer Wachstumsrate von 3,00 Prozent pro Jahr. Vor hundert Jahren war Japan kein reiches Land. Das durchschnittliche Einkommen in Japan lag lediglich etwas über dem entsprechenden Wert in Mexiko und um einiges unter dem entsprechenden Wert in Argentinien. Das Einkommen in Japan im Jahr 1890 entsprach in etwa dem Einkommen in Pakistan im Jahr 1987. Japan stellt aufgrund seines spektakulären Wachstums – trotz der aktuellen Krise – heute eine wirtschaftliche Supermacht dar, mit einem Durchschnittseinkommen ähnlich dem der Vereinigten Staaten. Am Ende der Liste steht Bangladesch, das nahezu kein Wachstum in den letzten hundert Jahren zu verzeichnen hatte. Der »durchschnittliche« Einwohner Bangladeschs lebt, ähnlich wie seine Urgroßeltern, in bitterer Armut.

Die Reihenfolge der Länder nach der Einkommenshöhe ändert sich im Zeitablauf aufgrund der Unterschiede im Hinblick auf die Wachstumsraten beträchtlich. Wie wir gesehen haben, hat sich Japans Einkommenssituation relativ zu der der anderen Länder verbessert. Zwei Länder sind zurückgefallen, und zwar das Vereinigte Königreich und Argentinien. Im Jahr 1870 war das Vereinigte Königreich das reichste Land der Welt, dessen Durchschnittseinkommen etwa 20 Prozent über dem entsprechenden Wert in den Vereinigten Staaten lag und rund das Doppelte des Einkommens in Kanada betrug. Heutzutage liegt das durchschnittliche Einkommen im Vereinigten Königreich um einiges unter dem Durchschnittseinkommen in seinen beiden ehemaligen Kolonien. Im Jahr 1900 war das Einkommen in Argentinien etwa dreimal so hoch wie bei seinem südamerikanischen Nachbarn Brasilien. Heute ist das Einkommen in beiden Ländern fast gleich hoch.

Diese Angaben machen deutlich, daß die reichsten Länder der Welt keine Garantie dafür besitzen, die reichsten zu bleiben, und daß die ärmsten Länder der Welt nicht dazu verurteilt sind, für immer in Armut zu leben. Wie aber lassen sich diese Veränderungen im Zeitablauf erklären? Warum entwickeln sich manche Länder vorwärts, während andere zurückbleiben? Genau diese Fragen werden wir im folgenden aufgreifen.

Schnelltest   Wie hoch ist die durchschnittliche Wachstumsrate des realen BIP pro Kopf in Westdeutschland? Nennen Sie ein Land, in dem das Wachstum höher bzw. niedriger war.

Produktivität: Rolle und Bestimmungsfaktoren

Die Erklärung der beträchtlichen Unterschiede in der Welt im Hinblick auf den Lebensstandard ist einerseits sehr einfach. Wie wir sehen werden, läßt sich die Erklärung mit einem einzigen Wort zusammenfassen - *Produktivität*. Andererseits sind die internationalen Unterschiede äußerst rätselhaft. Um zu erklären, weshalb die Einkommen in manchen Ländern so viel höher sind als in anderen Ländern, müssen wir die zahlreichen Faktoren betrachten, die die Produktivität eines Landes bestimmen.

Warum Produktivität so wichtig ist

Wir wollen unsere Untersuchung der Produktivität und des Wirtschaftswachstums mit der Entwicklung eines einfachen Modells beginnen, das auf Daniel DeFoes berühmtem Roman *Robinson Crusoe* basiert. Robinson Crusoe ist, wie Sie sich vielleicht erinnern, ein Seemann, der auf einer einsamen Insel gestrandet ist. Da Crusoe allein lebt, fängt er selbst Fisch, baut selbst Gemüse an und schneidert seine Kleidung selbst. Wir können Crusoes Aktivitäten – Produktion und Konsum von Fisch, Gemüse und Kleidung – als eine einfache Volkswirtschaft betrachten. Mit Hilfe der Untersuchung von Robinsons Volkswirtschaft können wir einige Erkenntnisse gewinnen, die sich auch auf komplexere und realistische Volkswirtschaften übertragen lassen.

Wodurch wird Robinsons Lebensstandard bestimmt? Die Antwort ist offensichtlich. Wenn sich Robinson beim Fischfang, beim Gemüseanbau und beim Schneidern der Kleidung geschickt anstellt, lebt er gut. Wenn er sich dabei ungeschickt anstellt, lebt er schlecht. Da Robinson nur das konsumieren kann, was er hergestellt hat, ist sein Lebensstandard von seiner Produktivität abhängig.

Der Begriff **Produktivität** bezieht sich auf die Menge der Waren und Dienstleistungen, die eine Arbeitskraft in einer Arbeitsstunde herstellen kann. Im Falle von Crusoes Wirtschaft ist es leicht zu verstehen, daß die Produktivität den maßgeblichen Bestimmungsfaktor für den Lebensstandard darstellt und das Produktivitätswachstum das Wachstum des Lebensstandards bestimmt. Je mehr Fisch Robinson pro Stunde fangen kann, um so mehr hat er zum Abendessen. Wenn Robinson einen besseren Platz für den Fischfang findet, steigt seine Produktivität. Dieser Anstieg der Produktivität stellt Robinson besser: Er könnte den zusätzlichen Fisch essen oder er könnte weniger Zeit für den Fischfang und mehr Zeit für die Herstellung anderer Güter aufwenden, die er benötigt.

Produktivität
Die Menge der pro Arbeitsstunde produzierten Waren und Dienstleistungen.

Die Schlüsselrolle der Produktivität bei der Bestimmung des Lebensstandards trifft für Länder ebenso zu wie für gestrandete Seeleute. Wie Sie sich erinnern, mißt das Bruttoinlandsprodukt (BIP) einer Volkswirtschaft zwei Dinge gleichzeitig: die gesamten Einkommen, die in einer Volkswirtschaft entstehen und die gesamten Ausgaben für den Erwerb der produzierten Waren und Dienstleistungen. Der Grund, weshalb das BIP diese beiden Dinge gleichzeitig messen kann, besteht darin, daß sie – für die Volkswirtschaft als Ganze – gleich sein müssen. Einfach ausgedrückt, das Einkommen einer Volkswirtschaft entspricht den Ausgaben für ihren Output.

Ebenso wie Robinson kann ein Land nur dann einen hohen Lebensstandard erreichen, wenn es in der Lage ist, eine große Menge an Waren und Dienstleistungen zu produzieren. Amerikaner leben besser als Nigerianer, da die Produktivität der amerikanischen Arbeitskräfte höher ist als die der nigerianischen Arbeitskräfte. Der Lebensstandard der Japaner ist schneller gestiegen als der Lebensstandard der Argentinier, da die Produktivität der japanischen Arbeitskräfte schneller zugenommen hat. Wie eine der *zehn volkswirtschaftlichen Regeln* in Kapitel 1 besagt: Der Lebensstandard eines Landes hängt von der Fähigkeit ab, Waren und Dienstleistungen herzustellen.

Um die Ursachen der großen Unterschiede im Lebensstandard zwischen Ländern oder im Zeitablauf zu verstehen, müssen wir uns daher auf die Produktion von Waren und Dienstleistungen konzentrieren. Das Erkennen des Zusammenhangs zwischen Lebensstandard und Produktivität stellt jedoch lediglich den ersten Schritt dar. Es schließt sich natürlich die Frage an: Weshalb sind manche Volkswirtschaften besser als andere in der Lage, Waren und Dienstleistungen zu produzieren?

Wie die Produktivität bestimmt wird

Obwohl der Lebensstandards Robinson Crusoes einzig und allein durch seine Produktivität bestimmt wird, bestimmen wiederum zahlreiche Faktoren seine Produktivität. Crusoe fängt z.B. mehr Fische, wenn er mehr Angelruten hat, in den besten Fischfangtechniken ausgebildet ist, es bei seiner Insel reichlich Fisch gibt und er die besten Plätze zum Fischen ausfindig gemacht hat. Jeder dieser Bestimmungsfaktoren der Produktivität Crusoes – wir können sie als *Realkapital*, *Humankapital*, *natürliche Ressourcen* und *technologisches Wissen* bezeichnen – hat ein Gegenstück in komplexeren und realistischen Volkswirtschaften. Wir wollen nun diese Faktoren im einzelnen betrachten.

Realkapital Der Bestand an produzierten Produktionsmitteln, die für die Produktion von Waren und Dienstleistungen verwendet werden.

Realkapital. Arbeitskräfte sind produktiver, wenn sie Werkzeuge zum Arbeiten haben. Der Bestand an produzierten Produktionsmitteln, die für die Produktion von Waren und Dienstleistungen verwendet werden, wird als **Realkapital** oder kurz als *Kapital* bezeichnet. Wenn z.B. Tischler Möbel herstellen, verwenden sie Sägen, Drechselbänke und Bohrer. Eine umfangreichere Ausstattung mit Werkzeugen ermöglicht es, die Arbeit schneller und genauer zu erledigen. Eine Arbeitskraft, die lediglich über die Grundausstattung an Handwerkzeug verfügt, kann also weniger Möbel pro Woche herstellen, als eine Arbeitskraft mit hochentwickelten speziellen Maschinen für die Holzverarbeitung.

Wie Sie aus Kapitel 2 wissen, werden die zur Produktion von Waren und Dienstleistungen eingesetzten Inputs – Arbeit, Kapital usw. – als *Produktionsfaktoren* bezeichnet. Ein wichtiges Merkmal des Kapitals besteht darin, daß es ein *produzierter* Produktionsfaktor ist. Kapital stellt somit einen Input des Produktionsprozesses dar, der in der Vergangenheit ein Output des Produktionsprozesses war. Der Tischler verwendet eine Drechselbank, um ein Tischbein herzustellen. Zuvor war die Drechselbank ihrerseits der Output einer Unternehmung, die Drechselbänke herstellt. Der Hersteller von Drechselbänken hat seinerseits andere Produktionsmittel eingesetzt, um sein Produkt herzustellen. Kapital ist somit ein Produktionsfaktor, der zur Herstellung aller Arten von Waren und Dienstleistungen, einschließlich Kapital, eingesetzt wird.

Humankapital Das Wissen und die Fähigkeiten, die Arbeitskräfte durch Ausbildung und Berufserfahrung erwerben.

Humankapital. Eine zweiter Bestimmungsfaktor der Produktivität ist das Humankapital. Als **Humankapital** bezeichnet der Volkswirt das Wissen und die Fähigkeiten, die Arbeitskräfte durch Ausbildung und Berufserfahrung

erwerben. Die Akkumulation von Humankapital reicht von der Vorschuler-
ziehung bis zur innerbetrieblichen Weiterbildung für Erwachsene.

Obwohl Ausbildung und Berufserfahrung weniger greifbar sind als
Drechselbänke, Planierraupen und Gebäude, läßt sich Humankapital in
vielerlei Hinsicht analog zum Realkapital betrachten. Wie Realkapital erhöht Humankapital die Fähigkeit eines Landes zur Produktion von Waren
und Dienstleistungen. Außerdem stellt Humankapital, ebenso wie Realkapital, einen produzierten Produktionsfaktor dar. Die Erhöhung der Humankapitalausstattung erfordert Inputs in Form von Lehrern, Bibliotheken
und Zeitaufwand der Lernenden. In der Tat können Schüler als »Arbeitskräfte« betrachtet werden, die die wichtige Aufgabe haben, das Humankapital herzustellen, das zukünftig in der Produktion eingesetzt wird.

Natürliche Ressourcen. Einen dritten Bestimmungsfaktor der Produktivität stellen die **natürlichen Ressourcen** dar. Natürliche Ressourcen sind
bei der Produktion eingesetzte Inputs, die von der Natur bereitgestellt
werden, z.B. Land, Flüsse und Bodenschätze. Es werden zwei Arten von
natürlichen Ressourcen unterschieden: regenerierbare und nichtregenerierbare. Ein Beispiel für eine regenerierbare natürliche Ressource ist der
Wald. Wenn ein Baum gefällt wird, kann ein Setzling an seine Stelle
gepflanzt werden, der in der Zukunft geschlagen wird. Ein Beispiel für eine
nichtregenerierbare natürliche Ressource ist Erdöl. Da die Entstehung von
Erdöl in der Natur viele tausend Jahre dauert, ist Erdöl nur begrenzt
verfügbar. Wenn die Erdölvorkommen einmal erschöpft sind, ist es unmöglich, mehr davon herzustellen.

Unterschiede im Hinblick auf natürliche Ressourcen sind verantwortlich
für einige der Unterschiede hinsichtlich des Lebensstandards in der Welt.
Einige Länder im Nahen Osten, wie z.B. Kuwait und Saudi Arabien, sind
heute einfach deshalb reich, weil sie an der Spitze einiger der größten
Erdölvorkommen der Welt stehen.

Natürliche Ressourcen können zwar wichtig für eine hohe Produktivität
einer Volkswirtschaft sein, sie sind dafür aber nicht notwendig. Japan z.B.
ist eines der reichsten Länder der Welt, obwohl es über wenig natürliche
Ressourcen verfügt. Der Erfolg Japans wird durch den internationalen
Handel ermöglicht. Japan importiert viele der benötigten natürlichen Ressourcen, wie z.B. Erdöl, und exportiert die produzierten Güter an diejе-
nigen Länder, die reich an natürlichen Ressourcen sind.

**Natürliche
Ressourcen**
Bei der Produktion
von Waren und
Dienstleistungen
eingesetzte Inputs,
die von der Natur
bereitgestellt wer-
den, z.B. Land,
Flüsse und Boden-
schätze.

Begrenzen natürliche Ressourcen das Wachstum?

Fallstudie

Die Zahl der Weltbevölkerung ist weit größer als vor hundert Jahren und
viele Menschen haben einen erheblich höheren Lebensstandard. Eine fort-
während Debatte betrifft die Frage, ob sich dieser Anstieg der Bevölkerung und des Lebensstandards in Zukunft fortsetzen kann.

Viele Leute vertreten die Ansicht, daß natürliche Ressourcen eine Grenze
des Wirtschaftswachstums darstellen. Diese Behauptung scheint zunächst
schwer von der Hand zu weisen. Wie können Bevölkerungszahl, Produktion
und Lebensstandard im Zeitablauf weiter ansteigen, wenn auf der Welt

lediglich ein begrenzter Vorrat nichtregenierbarer natürlicher Ressourcen vorhanden ist? Werden die Vorräte an Erdöl und anderen Bodenschätzen nicht irgendwann zu Ende gehen? Wird der dann eintretende Mangel an diesen Ressourcen nicht das Wirtschaftswachstum zum Stillstand bringen und vielleicht sogar zu einem Sinken des Lebensstandards führen?

Obwohl dies einleuchtend erscheint, sind die meisten Volkswirte über solche Grenzen des Wachstums weniger beunruhigt als man vermuten könnte. Sie vertreten die Ansicht, daß der technologische Fortschritt oftmals Wege eröffnet, diese Grenzen zu umgehen. Wenn wir die Volkswirtschaft von heute mit der Volkswirtschaft in der Vergangenheit vergleichen, sehen wir zahlreiche Beispiele einer verbesserten Nutzung natürlicher Ressourcen. Moderne Autos verbrauchen weniger Benzin. Neue Häuser haben eine bessere Isolierung und erfordern weniger Heizenergie. Leistungsfähigere Fördertürme verschwenden bei der Erdölgewinnung weniger Öl. Recycling ermöglicht die Wiederverwendung einiger nichtregenierbarer natürlicher Ressourcen. Die Entwicklung alternativer Kraftstoffe, wie z.B. Äthanol statt Benzin, erlaubt es uns, nichtregenierbare durch regenerierbare natürliche Ressourcen zu ersetzen.

Vor fünfzig Jahren waren einige Naturschützer besorgt über die übermäßige Verwendung von Zinn und Kupfer. Damals waren dies wichtige Rohstoffe: Zinn wurde dazu verwendet, Behälter für Lebensmittel herzustellen, aus Kupfer wurden Telefonleitungen hergestellt. Einige Leute plädierten für eine obligatorische Wiederaufbereitung und Rationierung von Zinn und Kupfer, um die Vorräte auch für zukünftige Generationen zu erhalten. Heute ist jedoch Kunststoff an die Stelle von Zinn bei der Herstellung von Verpackungen von Lebensmitteln getreten und Telefongespräche werden über Glasfaserkabel geleitet. Durch den technologischen Fortschritt haben somit einst wichtige natürliche Ressourcen an Bedeutung verloren.

Sind jedoch all diese Bemühungen für ein fortgesetztes Wirtschaftswachstum ausreichend? Ein Weg, diese Frage zu beantworten, besteht darin, die Preise natürlicher Ressourcen anzuschauen. In einer Marktwirtschaft spiegelt sich Knappheit in den Marktpreisen. Wenn die Vorräte bestimmter natürlicher Ressourcen in der Welt zu Ende gingen, würden die Preise dieser Ressourcen im Zeitablauf ansteigen. Tatsächlich ist jedoch eher das Gegenteil der Fall. Die Preise der meisten natürlichen Ressourcen sind (inflationsbereinigt) stabil oder sinken sogar. Es scheint, daß unsere Fähigkeit, diese Ressourcen zu bewahren, schneller zunimmt als die Vorräte abnehmen. Die Marktpreise geben keinen Anlaß zu der Vermutung, daß die natürlichen Ressourcen eine Grenze des Wirtschaftswachstums darstellen.

Technologisches Wissen

Das Wissen der Gesellschaft um die besten Wege zur Herstellung von Waren und Dienstleistungen.

Technologisches Wissen.   Ein vierter Bestimmungsfaktor der Produktivität ist das **technologische Wissen** – das Wissen um die besten Wege zur Herstellung von Waren und Dienstleistungen. Vor hundert Jahren arbeiteten die meisten Amerikaner in der Landwirtschaft, da das Betreiben der Farmen einen hohen Einsatz von Arbeit erforderte, um die gesamte Bevölkerung mit Nahrungsmitteln zu versorgen. Heute kann dank des technologischen Fortschritts in der Landwirtschaft ein Bruchteil der Bevölkerung genug Nahrungsmittel herstellen, um das ganze Land zu versorgen. Dieser technologische Wandel setzte Arbeit frei für die Produktion anderer Waren und Dienstleistungen.

Es gibt unterschiedliche Formen des technologischen Wissens. Manche Technologien stellen gemeinsames Wissen dar – nachdem sie von einer Person angewendet werden, kennt sie jeder. Sobald beispielsweise Henry Ford die Fließbandproduktion erfolgreich eingeführt hatte, taten andere Automobilhersteller schnell das Gleiche. Andere Technologien sind in Privatbesitz – sie sind lediglich der Unternehmung bekannt, die sie entdeckt hat. Beispielsweise kennt nur der Hersteller von Coca-Cola das Geheimrezept für das bekannte alkoholfreie Getränk. Wieder andere Technologien sind für eine kurze Zeit gesetzlich geschützt. Wenn ein Arzneimittelhersteller ein neues Arzneimittel entdeckt, wird ihm aufgrund des Patentrechts die ausschließliche, zeitlich begrenzte Befugnis erteilt, die Erfindung zu nutzen. Wenn das Patent jedoch erlischt, können auch andere Unternehmungen das Arzneimittel herstellen. Alle diese Formen des technologischen Wissens sind wichtig für die Produktion von Waren und Dienstleistungen in einer Volkswirtschaft

Es ist sinnvoll, zwischen technologischem Wissen und Humankapital zu unterscheiden. Obwohl beide Begriffe miteinander in engem Zusammenhang stehen, gibt es einen wichtigen Unterschied. Das technologische Wissen betrifft das Verständnis der Gesellschaft, wie die Welt funktioniert. Das Humankapital betrifft die Ressourcen, die dazu aufgewendet werden, den Arbeitskräften dieses Verständnis zu vermitteln. Bildlich gesprochen, stellt *das technologische Wissen die Qualität der Lehrbücher* der Gesellschaft dar, während *das Humankapital der Zeit entspricht, die die Bevölkerung dem Lesen dieser Bücher gewidmet hat*. Die Produktivität der Arbeitskräfte hängt sowohl von der Qualität der verfügbaren Lehrbücher als auch von der Zeit ab, die darauf verwendet wurde, die Bücher zu lesen.

Die Produktionsfunktion

Volkswirte verwenden oftmals eine *Produktionsfunktion*, um den Zusammenhang zwischen den Mengen der in der Produktion eingesetzten Inputs und der Menge des Outputs zu beschreiben. Angenommen Y bezeichnet die produzierte Menge, L die Menge des Produktionsfaktors Arbeit, K die Menge des Produktionsfaktors Realkapital, H die Menge des Produktionsfaktors Humankapital und N die Menge des Produktionsfaktors natürliche Ressourcen. Wir können dann schreiben

$$Y = A\,F(L, K, H, N),$$

wobei $F(\ )$ eine Funktion darstellt, die angibt, wie die Inputs zur Produktion des Output kombiniert werden. A ist eine Variable, die die verfügbare Produktionstechnologie repräsentiert. Mit zunehmender Verbesserung der Technologie steigt A, so daß die Volkswirtschaft mehr Output mit einem gegebenen Einsatz an Inputs erzeugen kann.

Viele Produktionsfunktionen weisen eine Eigenschaft auf, die als *konstante Skalenerträge* bezeichnet wird. Bei einer Produktionsfunktion mit konstanten Skalenerträgen führt eine Verdoppelung des Einsatzes aller Produktionsfaktoren ebenfalls zu einer Verdoppelung des Outputs. Mathematisch weist eine Produktionsfunktion dann konstante Skalenerträge auf, wenn für jede positive Zahl x gilt

$$xY = A \, F(xL, \, xK, \, xH, \, xN).$$

Eine Verdoppelung aller Faktoreinsatzmengen wird in dieser Gleichung durch $x = 2$ ausgedrückt. Die rechte Seite der Gleichung zeigt dabei die Verdopplung der Inputs, die linke Seite die Verdopplung des Outputs.

Produktionsfunktionen mit konstanten Skalenerträgen weisen eine interessante Implikation auf. Zur Verdeutlichung setzen wir $x = 1/L$. Aus der obigen Gleichung ergibt sich damit

$$Y/L = A \, F(1, \, K/L, \, H/L, \, N/L).$$

Beachten Sie, daß Y/L dem Output pro Arbeitskraft entspricht, einem Maß für die Produktivität. Diese Gleichung besagt, daß die Produktivität vom eingesetzten Realkapital pro Arbeitskraft *(K/L)*, vom eingesetzten Humankapital pro Arbeitskraft *(H/L)* und von den eingesetzten natürlichen Ressourcen pro Arbeitskraft *(N/L)* anhängt. Die Produktivität wird außerdem durch den Stand der Technologie bestimmt, der sich in der Variablen A widerspiegelt. Damit stellt die obige Gleichung eine mathematische Zusammenfassung der eben diskutierten vier Bestimmungsfaktoren der Produktivität dar.

Schnelltest   Nennen und beschreiben Sie die vier Bestimmungsfaktoren der Produktivität eines Landes.

Wirtschaftswachstum und staatliche Politik

Bisher haben wir festgestellt, daß der Lebensstandard einer Gesellschaft von ihrer Fähigkeit abhängt, Waren und Dienstleistungen herzustellen. Ihre Produktivität wird wiederum von ihrer Ausstattung mit Realkapital, Humankapital, natürlichen Ressourcen und technologischem Wissen bestimmt. Wir wollen uns nun der Frage zuwenden, der die Politiker auf der ganzen Welt gegenüberstehen: Welche politischen Maßnahmen kann der Staat ergreifen, um die Produktivität und den Lebensstandard zu erhöhen?

Die Bedeutung von Ersparnis und Investitionen

Da Kapital einen produzierten Produktionsfaktor darstellt, kann eine Gesellschaft ihre Kapitalausstattung verändern. Wenn die Volkswirtschaft heute eine große Menge neuer Kapitalgüter produziert, dann wird sie morgen einen größeren Kapitalstock besitzen und in der Lage sein, mehr Waren und Dienstleistungen aller Art herzustellen. Ein Weg, die zukünftige Produktivität zu erhöhen, besteht deshalb darin, mehr der laufenden Ressourcen in die Produktion von Kapital zu investieren.

Eine der *zehn volkswirtschaftlichen Regeln* in Kapitel 1 besagt, daß alle Menschen vor abzuwägenden Alternativen stehen. Diese Regel ist insbesondere wichtig im Hinblick auf die Akkumulation des Kapitals. Da Ressourcen knapp sind, erfordert ein höherer Einsatz von Ressourcen zur Produktion von Kapital, daß weniger Ressourcen zur Herstellung von Waren und Dienstleistungen für den laufenden Konsum eingesetzt werden. Damit eine Gesellschaft mehr in Kapital investieren kann, darf sie also lediglich einen geringeren Teil ihres laufenden Einkommens konsumieren bzw. muß einen größeren Teil davon sparen. Das Wachstum, das durch die Kapitalakkumulation entsteht ist nicht kostenlos: Es verlangt, daß die Gesellschaft ihren gegenwärtigen Konsum von Waren und Dienstleistungen einschränkt, um einen höheren Konsum in der Zukunft zu ermöglichen.

Das nächste Kapitel untersucht näher, wie die Finanzmärkte der Volkswirtschaft Ersparnis und Investitionen koordinieren. Es untersucht ferner, wie die politischen Maßnahmen des Staates die Höhe des Spar- und Investitionsvolumens beeinflussen. An dieser Stelle ist insbesondere anzumerken, daß eine Förderung des Spar- und Investitionsanreizes einen Weg für den Staat darstellt, das Wachstum zu fördern und, auf lange Sicht, den Lebensstandard der Volkswirtschaft zu erhöhen.

Die Bedeutung der Investitionen für das Wirtschaftswachstum wird aus Abbildung 24-1 ersichtlich, in der Daten für 15 Länder enthalten sind. In Teil a) der Abbildung ist die Entwicklung der Wachstumsrate für jedes Land von 1960 bis 1991 dargestellt. Die Länder sind dabei nach der Höhe ihrer

a) Wachstumsrate 1960–1991

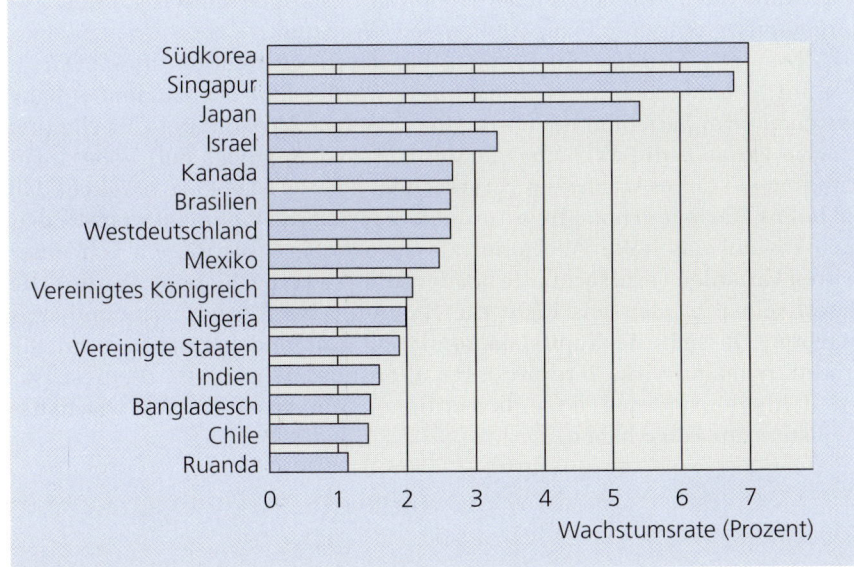

Schaubild 24-1
Wachstum und Investitionen. Teil a) der Abbildung zeigt die Wachstumsrate des BIP pro Kopf für 15 Länder im Zeitraum von 1960 bis 1991. In Teil b) ist der Prozentsatz des BIP dargestellt, den jedes Land im betrachteten Zeitraum für Investitionen aufgewendet hat. Zwischen Investitionen und Wachstum besteht ein positiver Zusammenhang.

b) Investitionen 1960–1991

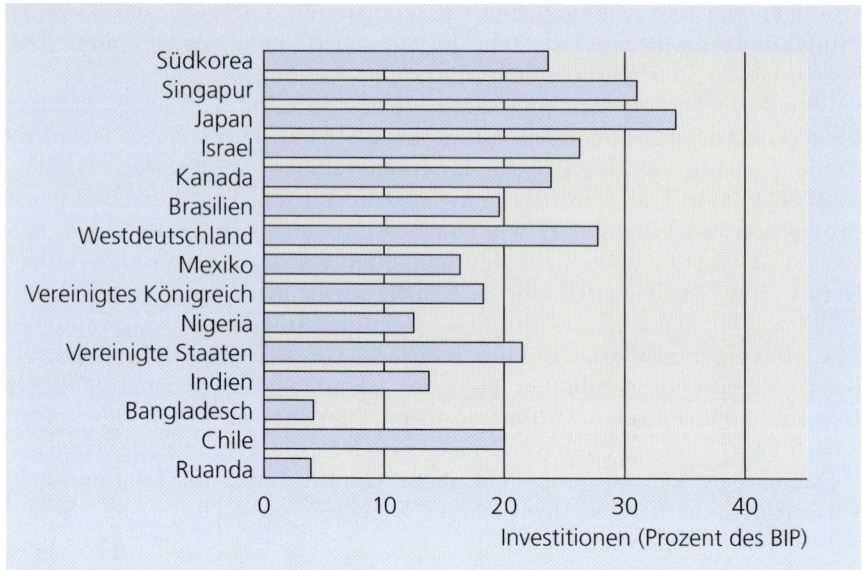

Wachstumsrate in absteigender Reihenfolge sortiert. Teil b) der Abbildung zeigt den Prozentsatz des BIP, den jedes Land im Laufe dieser Periode für Investitionen aufwendet. Es zeigt sich eine positive Beziehung zwischen Wachstum und Investitionen, auch wenn sich kein streng proportionaler Verlauf ergibt. Länder, die einen hohen Anteil am BIP für Investitionen aufwenden, wie z.B. Singapur und Japan, haben tendenziell hohe Wachstumsraten. Länder, die einen geringen Anteil am BIP für Investitionen aufwenden, wie z.B. Ruanda und Bangladesch, haben tendenziell niedrige Wachstumsraten. Umfangreichere Studien bestätigen diesen starken Zusammenhang zwischen Investitionen und Wachstum.

Es besteht allerdings ein Problem bei der Interpretation dieser Daten. Wie im Anhang zu Kapitel 2 diskutiert wurde, läßt ein Zusammenhang zwischen zwei Variablen nicht erkennen, welche Variable die Ursache und welche Variable die Wirkung darstellt. Es ist möglich, daß hohe Investitionen ein hohes Wachstum verursachen, aber es ist ebenso möglich, daß ein hohes Wachstum hohe Investitionen verursacht. (Vielleicht werden aber auch sowohl das hohe Wachstum als auch hohe Investitionen von einer dritten Variablen verursacht, die bei der Analyse vernachlässigt wurde.) Die Daten selbst können uns nicht die Richtung des Kausalzusammenhangs angeben. Da sich die Kapitalakkumulation klar und unmittelbar auf die Produktivität auswirkt, interpretieren allerdings viele Volkswirte diese Daten dahingehend, daß hohe Investitionen ein schnelleres Wirtschaftswachstum zur Folge haben.

Abnehmende Skalenerträge und der Catch-up Effekt

Angenommen, eine Regierung verfolgt, angesichts des in Abbildung 24-1 dargestellten Sachverhalts, politische Maßnahmen zur Erhöhung der gesamtwirtschaftlichen Sparquote – dem Anteil der Ersparnis am BIP. Was geschieht? In dem Maße, wie die Ersparnis zunimmt, werden weniger Ressourcen für die Herstellung von Konsumgütern benötigt bzw. stehen mehr Ressourcen für die Herstellung von Kapitalgütern zur Verfügung. Infolgedessen nimmt der Kapitalstock zu, was zu einem Anstieg der Produktivität und einem schnelleren Wachstum des BIP führt. Aber wie lange hält dieses höhere Wachstum an? Angenommen, die Sparquote verbleibt auf ihrem neuen höheren Niveau. Bleibt die Wachstumsrate des BIP dann unbegrenzt hoch oder nur über einen bestimmten Zeitraum?

Die traditionelle Sichtweise des Produktionsprozesses besteht darin, daß Kapital durch **abnehmende Skalenerträge** gekennzeichnet ist: Wenn der Kapitalstock zunimmt, verringert sich der mit einer zusätzlichen Einheit Kapital hergestellte Output. Anders ausgedrückt, wenn den Arbeitskräften bereits ein hoher Kapitalstock für die Herstellung von Waren und Dienstleistungen zur Verfügung steht, erhöht eine weitere Einheit Kapital ihre Produktivität nur geringfügig. Aufgrund der abnehmenden Skalenerträge führt ein Anstieg der Sparquote lediglich vorübergehend zu einem höheren Wachstum. In dem Maße, wie die höhere Sparquote eine höhere Akkumulation des Kapitals ermöglicht, wird der Nutzen einer zusätzlichen Einheit Kapital im Zeitablauf geringer, und damit verlangsamt sich das Wachstum. *Langfristig hat die höhere Sparquote ein höheres Niveau bei Produktivität und Einkommen zur Folge, nicht aber ein schnelleres Wachstum dieser Variablen.* Es kann jedoch einige Zeit dauern, bis es soweit ist. Internationale Analysen des Wirtschaftswachstums haben ergeben, daß eine Erhöhung der Sparquote zu einem beträchtlich höheren Wachstum für einige Jahrzehnte führen kann.

Die abnehmenden Skalenerträge des Kapitals weisen eine andere wichtige Implikation auf: Unter sonst gleichen Bedingungen, ist es für ein Land einfacher, ein schnelles Wachstum zu erreichen, wenn es zunächst relativ arm ist. Diese Auswirkung der Startbedingungen auf das spätere Wachstum wird manchmal als **Catch-up-Effekt** bezeichnet. Da es den Arbeitskräften in armen Ländern selbst an den einfachsten Werkzeugen mangelt, ist ihre Produktivität niedrig. Bereits geringe Investitionen in Kapital würden die Produktivität dieser Arbeitskräfte beträchtlich erhöhen. Im Gegensatz dazu haben Arbeitskräfte in reichen Ländern einen großen Kapitalstock zur Verfügung, mit dem sie arbeiten können, wodurch sich ihre hohe Produktivität teilweise erklärt. Bei einem bereits hohen Bestand an Kapital pro Arbeitskraft, hat eine zusätzliche Investition in Kapital eine relativ geringe Auswirkung auf die Produktivität. Internationale Untersuchungen des Wirtschaftswachstums bestätigen diesen Catch-up Effekt: Eine Betrachtung des Anteils am BIP, der für Investitionen aufgewendet wird, z.B. zeigt, daß arme Länder tendenziell schneller wachsen als reiche Länder.

Mit Hilfe dieses Catch-up-Effekts lassen sich einige der rätselhaften Ergebnisse in Abbildung 24-1 erklären. Im Verlauf des betrachteten Zeit-

Abnehmende Skalenerträge
Bei abnehmenden Skalenerträgen nimmt der Nutzen einer zusätzlichen Einheit eines Produktionsfaktors mit zunehmender vorhandener Menge dieses Produktionsfaktors ab.

Catch-up-Effekt (Aufhol-Effekt)
Arme Länder erreichen, von einem gegebenen Ausgangspunkt betrachtet, tendenziell ein schnelleres Wachstum als reiche Länder.

raums von 31 Jahren haben die Vereinigten Staaten und Südkorea einen ähnlichen Anteil am BIP für Investitionen aufgewendet. Allerdings wiesen die Vereinigten Staaten lediglich eine mittelmäßige Wachstumsrate von etwa 2 Prozent auf, während Südkorea eine spektakuläre Wachstumsrate von über 6 Prozent erzielte. Die Erklärung hierfür liefert der Catch-up-Effekt. Im Jahr 1960 betrug das BIP pro Kopf in Südkorea weniger als ein Zehntel des entsprechenden Wertes in den Vereinigten Staaten, und zwar teilweise deshalb, weil die früheren Investitionen so niedrig waren. Aufgrund des anfänglich geringen Kapitalstocks war der Nutzen der Kapitalakkumulation in Korea viel höher, was dort zu einer höheren späteren Wachstumsrate führte.

Dieser Catch-up-Effekt zeigt sich auch in anderen Aspekten des Lebens. Wenn eine Schule am Schuljahresende demjenigen Schüler eine Auszeichnung verleiht, der sich am meisten verbessert hat, ist dieser Schüler normalerweise jemand, der das Schuljahr mit schlechten Leistungen begonnen hat. Für Schüler, die das Schuljahr faul begonnen haben, ist eine Verbesserung leichter zu erreichen als für Schüler, die immer hart gearbeitet haben. Bedenken Sie, daß es, von einem gegebenen Ausgangspunkt betrachtet, gut ist, derjenige Schüler zu sein, der sich am meisten verbessert hat, aber es ist noch besser, der beste Schüler zu sein. Entsprechend war das Wirtschaftswachstum im Laufe der letzten Jahrzehnte in Süd-Korea höher als in den Vereinigten Staaten, aber das BIP pro Kopf ist in den Vereinigten Staaten immer noch höher.

Auslandsinvestitionen

Bisher haben wir diskutiert, wie politische Maßnahmen, die darauf abzielen, die gesamtwirtschaftliche Sparquote zu erhöhen, die Investitionen und dadurch das langfristige Wirtschaftswachstum steigern können. Die Ersparnis der Inländer stellt jedoch nicht den einzigen Weg für ein Land dar, in neues Kapital zu investieren. Der andere Weg sind Investitionen von Ausländern.

Es lassen sich unterschiedliche Formen von Auslandsinvestitionen unterscheiden. Ford könnte eine Automobilfabrik in Mexiko bauen. Eine Investition, die von einem ausländischen Wirtschaftssubjekt finanziert und durchgeführt wird, wird als *ausländische Direktinvestition* bezeichnet. Alternativ könnte ein Amerikaner Aktien einer mexikanischen Unternehmung kaufen (d.h. eine Beteiligung an der Unternehmung erwerben); die mexikanische Unternehmung kann die Erlöse aus dem Aktienverkauf in den Aufbau einer neuen Fabrik investieren. Eine Investition, die mit Geld aus dem Ausland finanziert, aber von Inländern durchgeführt wird, wird als *ausländische Portfolioinvestition* bezeichnet. In beiden Fällen werden die für die Erhöhung des Kapitalstocks in Mexiko notwendigen Ressourcen von Amerikanern bereitgestellt. Es werden also amerikanische Ersparnisse dazu verwendet, mexikanische Investitionen zu finanzieren.

Wenn Ausländer Investitionen in einem Land tätigen, so tun sie dies, weil sie einen Ertrag aus ihrer Kapitalanlage erwarten. Fords Automobilfabrik erhöht den mexikanischen Kapitalstock und dadurch die mexikanische Produktivität sowie das mexikanische Bruttoinlandsprodukt. Allerdings überführt Ford einen Teil seines zusätzlichen Einkommens als Gewinn in die Vereinigten Staaten. Entsprechend hat ein amerikanischer Investor, der mexikanische Aktien gekauft hat, ein Anrecht auf einen Teil des Gewinns der mexikanischen Unternehmung.

Auslandsinvestitionen wirken sich daher unterschiedlich auf BIP und BSP aus. Wie wir uns erinnern, entspricht das Bruttoinlandsprodukt dem gesamten im Inland von In- und Ausländern erzielten Einkommen, während das Bruttosozialprodukt das Gesamteinkommen umfaßt, das die Inländer im In- und Ausland verdient haben. Wenn Ford seine Automobilfabrik in Mexiko eröffnet, fließt ein Teil des in der Unternehmung erzeugten Einkommens Leuten zu, die nicht in Mexiko leben. Infolgedessen erhöht diese Investition das mexikanische BIP mehr als das mexikanische BSP.

Investitionen aus dem Ausland stellen einen Weg für ein Land dar, zu wachsen. Auch wenn ein Teil des Nutzens aus diesen Investitionen an die ausländischen Eigentümer zurückfließt, erhöhen sie den Kapitalstock der Volkswirtschaft und führen damit zu einem Anstieg der Produktivität und der Löhne. Außerdem stellen Auslandsinvestitionen einen Weg für arme Länder dar, den gegenwärtigen Stand der Technik, die in den reicheren Ländern entwickelt und angewendet wird, kennenzulernen. Aus diesen Gründen plädieren viele Volkswirte, die Regierungen in weniger entwickelten Ländern beraten, für politische Maßnahmen zur Förderung von Auslandsinvestitionen. Dies bedeutet oftmals eine Beseitigung von Restriktionen, mit denen die Regierungen ausländischen Besitz an inländischem Kapital belegt haben.

Eine Organisation, die versucht, den Investitionsstrom zu den armen Ländern zu fördern, ist die Weltbank. Diese internationale Organisation erhält Mittel von den am höchsten entwickelten Ländern der Welt, wie z.B. den Vereinigten Staaten, und verwendet diese Ressourcen für die Vergabe von Krediten an weniger entwickelte Länder, damit diese in Straßen, Kanalisation, Schulen und andere Arten von Kapital investieren können. Außerdem berät sie diese Länder im Hinblick auf die bestmögliche Verwendung der erhaltenen Mittel. Die Weltbank wurde, zusammen mit ihrer Schwesterorganisation, dem Internationalen Währungsfonds, nach dem Zweiten Weltkrieg gegründet. Eine Erkenntnis aus dem Krieg bestand darin, daß wirtschaftliches Elend oftmals zu politischem Aufruhr, internationalen Spannungen und militärischem Konflikt führt. Deshalb hat jedes Land ein Interesse daran, den wirtschaftlichen Wohlstand in der Welt zu fördern. Die Weltbank und der Internationale Währungsfonds sind auf die Erreichung dieses gemeinsamen Ziels ausgerichtet.

Ausbildung

Ausbildung – Investitionen in Humankapital – ist mindestens genauso wichtig für den langfristigen wirtschaftlichen Erfolg eines Landes wie die Investitionen in Realkapital. In den Vereinigten Staaten erhöht jedes Schuljahr den Lohn einer Person im Durchschnitt um etwa 10 Prozent. In weniger entwickelten Ländern, in denen Humankapital besonders knapp ist, ist der Lohnabstand zwischen qualifizierten und unqualifizierten Arbeitskräften noch größer. Ein Weg, den Lebensstandard zu erhöhen, besteht für die staatliche Politik deshalb darin, gute Schulen zur Verfügung zu stellen und die Bevölkerung dazu zu ermutigen, sie zu nutzen.

Investitionen in Humankapital sind, ebenso wie Investitionen in Realkapital, mit Opportunitätskosten verbunden. Wenn Schüler die Schule besuchen, verzichten sie auf den Lohn, den sie hätten verdienen können. In weniger entwickelten Ländern gehen die Kinder oftmals schon frühzeitig von der Schule ab, obwohl der Nutzen einer zusätzlichen Schulbildung sehr hoch ist, ganz einfach deshalb, weil ihre Arbeitskraft benötigt wird, um die Familie zu ernähren.

Manche Volkswirte vertreten die Ansicht, daß Humankapital insbesondere deshalb wichtig für das Wirtschaftswachstum ist, da es positive Externalitäten verursacht. Eine *Externalität* ist die Wirkung der Handlungen einer Person auf die Wohlfahrt eines unbeteiligten Dritten. Eine qualifizierte Person z.B. kann neue Ideen im Hinblick auf die besten Verfahren zur Herstellung von Waren und Dienstleistungen entwickeln. Wenn diese Ideen in den Fundus der Gesellschaft an Wissen eingehen, so daß ein jeder sie anwenden kann, dann stellen die Ideen einen positiven externen Effekt der Ausbildung dar. In diesem Fall ist der Gewinn aus der Schulbildung für die Gesellschaft noch größer als für das Individuum. Hiermit lassen sich die zu beobachtenden hohen Subventionen des Humankapitals in Form des öffentlichen Bildungswesens rechtfertigen

Ein Problem, dem einige arme Länder gegenüberstehen, ist der *Brain-Drain* – die Abwanderung vieler hochqualifizierter Arbeitskräfte in reiche Länder, in denen diese Arbeitskräfte einen höheren Lebensstandard erreichen können. Wenn Humankapital wirklich positive Externalitäten verursacht, werden die Menschen in den armen Ländern aufgrund des Brain-Drains noch ärmer zurückgelassen als sie sonst wären. Die Politiker befinden sich dadurch in einem Dilemma. Auf der einen Seite haben die reichen Länder die besten Bildungssysteme und es erscheint nur natürlich, daß arme Länder ihre besten Schüler ins Ausland schicken, damit sie höhere Bildungsabschlüsse erzielen. Auf der anderen Seite entscheiden sich diejenigen Schüler, die eine gewisse Zeit im Ausland verbracht haben, vielleicht dafür, nicht nach Hause zurückzukehren, was die Humankapitalausstattung der armen Länder noch weiter verringert.

Eigentumsrechte und politische Stabilität

Ein anderer Weg für Politiker, das Wirtschaftswachstum zu fördern, besteht darin, Eigentumsrechte zu schützen und für politische Stabilität zu sorgen. Wie wir bei unserer Diskussion der wirtschaftlichen Verflechtung in Kapitel 2 zunächst festgestellt haben, entsteht die Produktion in Marktwirtschaften durch die Interaktionen von Millionen von Haushalten und Unternehmungen. Wenn Sie z.B. ein Auto kaufen, kaufen Sie den Output eines Autohändlers, eines Automobilherstellers, eines Stahlwerkes, eines Eisenerzbergwerks usw. Diese Aufteilung der Produktion zwischen vielen Unternehmungen erlaubt es, die Produktionsfaktoren der Volkswirtschaft so effektiv wie möglich einzusetzen. Dazu muß die Volkswirtschaft Transaktionen zwischen diesen Unternehmungen ebenso wie zwischen Unternehmungen und Konsumenten koordinieren. In Marktwirtschaften wird diese Koordination durch Marktpreise erreicht. Die Marktpreise stellen das Instrument dar, mit dem die unsichtbare Hand des Marktes Angebot und Nachfrage ins Gleichgewicht bringt.

Eine wichtige Grundvoraussetzung für das Funktionieren des Preissystems ist die Wahrung der *Eigentumsrechte* in der Volkswirtschaft. Eigentumsrechte betreffen die Fähigkeit der Menschen zur Machtausübung über die in ihrem Besitz befindlichen Ressourcen. Eine Bergbauunternehmung wird sich nicht die Mühe machen, Eisenerz abzubauen, wenn sie erwartet, daß das Erz gestohlen wird. Die Unternehmung baut das Erz nur dann ab, wenn sie darauf vertraut, von dem späteren Verkauf des Erzes zu profitieren. Aus diesem Grund kommt Gerichten eine wichtige Rolle in einer Marktwirtschaft zu: Sie sorgen für die Wahrung der Eigentumsrechte. Durch die Durchsetzung des Strafrechts suchen die Gerichte Diebstahl zu unterbinden. Zusätzlich sorgen sie durch die Durchsetzung des Zivilrechts dafür, daß Käufer und Verkäufer ihre Verträge einhalten.

Während die Menschen, die in Industriestaaten leben, Eigentumsrechte tendenziell für selbstverständlich halten, erkennen diejenigen, die in weniger entwickelten Ländern leben, daß fehlende Eigentumsrechte ein großes Problem darstellen können. In vielen Ländern funktioniert das Rechtssystem nicht besonders gut. Die Einhaltung von Verträgen läßt sich schwer durchsetzen und Betrug wird häufig nicht bestraft. In extremen Fällen scheitert die Regierung nicht nur bei der Durchsetzung der Eigentumsrechte, sondern verstößt sogar dagegen. In manchen Ländern wird von den Unternehmungen erwartet, daß sie mächtige Regierungsbeamte bestechen, um ein Geschäft betreiben zu können. Ein solche Korruption behindert die Selbststeuerung der Märkte. Außerdem beeinträchtigt sie die inländische Ersparnis sowie Investitionen aus dem Ausland.

Eine Bedrohung der Eigentumsrechte stellt politische Instabilität dar. Für den Fall, daß Revolutionen und Putsche an der Tagesordnung sind, ist es zweifelhaft, ob die Eigentumsrechte in Zukunft gewahrt werden. Wenn eine revolutionäre Regierung das Kapital einiger Unternehmungen beschlagnahmen kann, wie es oftmals nach von Kommunisten angeführten Revolutionen der Fall war, haben die Inländer wenig Anreiz, zu sparen, zu investieren und neue Unternehmungen zu gründen. Gleichzeitig haben Ausländer wenig Anreiz, in diesem Land zu investieren. Sogar die drohende Gefahr einer Revolution kann dazu führen, daß der Lebensstandard eines Landes sinkt.

Wirtschaftlicher Wohlstand hängt damit zum Teil von politischem Wohlstand ab. Ein Land mit einem effizienten Rechtswesen, rechtschaffenen Regierungsbeamten und einer stabilen Staatsform wird einen höheren Lebensstandard aufweisen als ein Land mit einem ineffizienten Rechtswesen, korrupten Beamten und häufigen Revolutionen und Putschen.

Fallstudie | **Wodurch wird Hungersnot verursacht?**

Ein immer wiederkehrendes Problem, dem die ärmsten Länder der Welt gegenüberstehen, ist die Hungersnot. Alle paar Jahre werden in den Abendnachrichten bedrückende Bilder verhungernder Menschen in einem unterentwickelten Land gezeigt. Solche Tragödien zählen mit Sicherheit zu den ernstesten wirtschaftlichen Problemen in der Welt.

Ein verlockender Gedanke besteht darin, daß das Problem der Hungersnot einfach auf ein zu hohes Bevölkerungswachstum zurückzuführen ist. Schließlich könnte jeder Mensch einen größeren Anteil am verfügbaren Nahrungsangebot erhalten, wenn es weniger Menschen gäbe. Ein Rückgang des Bevölkerungswachstums scheint damit ein natürliches Mittel gegen wiederkehrende Hungersnöte zu sein. Es zeigt sich jedoch, daß diese klare Logik nicht richtig ist.

In vielen Fällen wird Hungersnot nicht durch ein unzulängliches *Angebot* an Nahrung verursacht, sondern durch eine unzulängliche *Verteilung* der Nahrung. Es ist also Nahrung vorhanden, die aber nicht zu den Leuten gelangt, die sie brauchen. Das Verteilungsproblem seinerseits wird durch politische Instabilität und eine Verletzung von Eigentumsrechten verursacht. Ein Beispiel ist die Hungersnot in Somalia in den frühen neunziger Jahren. Kämpfe unter rivalisierenden Splittergruppen im Bürgerkrieg haben verhindert, daß die Lastwagen mit Nahrung zu den Hungernden gelangten. Schließlich entsandte der U.S. Präsident George Bush amerikanische Truppen, um die Ordnung wieder herzustellen und die vorhandene Nahrung richtig zu verteilen.

Freihandel

Einige der ärmsten Länder der Welt haben versucht, ein schnelleres Wirtschaftswachstum zu erreichen, indem sie *nach innen gerichtete politische Maßnahmen* verfolgt haben. Diese Maßnahmen sind darauf ausgerichtet, die Produktivität und den Lebensstandard innerhalb des Landes zu erhöhen, indem Interaktionen mit dem Rest der Welt vermieden werden. Wie wir in Kapitel 9 diskutiert haben, fordern inländische Unternehmungen manchmal Schutz vor ausländischer Konkurrenz, um konkurrieren und wachsen zu können. Dieses Argument hat, zusammen mit einem allgemeinen Mißtrauen gegenüber Ausländern, die Politiker in weniger entwickelten Ländern gelegentlich dazu geführt, Zölle und andere Handelsschranken zu verhängen.

Die meisten Ökonomen glauben heute, daß arme Länder besser gestellt sind, wenn sie *nach außen gerichtete politische Maßnahmen* verfolgen, die diese Länder in die Weltwirtschaft integrieren. Die Kapitel 3 und 9 haben gezeigt, wie der internationale Handel die wirtschaftliche Wohlfahrt der Bürger eines Landes verbessern kann. Der Handel stellt in gewisser Hinsicht eine Art von Technologie dar. Wenn ein Land Weizen exportiert und Stahl importiert, profitiert das Land in der gleichen Weise, wie wenn es eine Technologie erfunden hätte, um Weizen in Stahl zu verwandeln. Ein

Land, das Handelsschranken abbaut, wird daher das gleiche Wirtschaftswachstum erfahren wie nach einem größeren technologischen Fortschritt.

Die nachteilige Auswirkung einer nach innen gerichteten Orientierung wird klar, wenn man die geringe Größe vieler wenig entwickelter Volkswirtschaften betrachtet. Das gesamte BIP Argentiniens z.B. entspricht in etwa demjenigen von Philadelphia. Stellen Sie sich vor, was passieren würde, wenn der Stadtrat von Philadelphia den Stadtbewohnern verbieten würde, mit außerhalb der Stadtgrenzen lebenden Menschen Handel zu treiben. Ohne die Möglichkeit, die Vorteile des Handels auszunutzen, müßte Philadelphia alle seine Konsumgüter selbst herstellen. Es müßte ebenfalls seine Kapitalgüter selbst herstellen, anstelle Anlagen auf dem neuesten Stand der Technik aus anderen Städten zu importieren. Der Lebensstandard in Philadelphia würde sofort sinken, und das Problem würde im Zeitablauf wahrscheinlich nur noch schlimmer werden. Genau dies ist geschehen, als Argentinien einen Großteil des zwanzigsten Jahrhunderts hindurch nach innen gerichtete politische Maßnahmen verfolgt hat. Im Gegensatz dazu erzielten Länder, die nach außen gerichtete politische Maßnahmen verfolgt haben, wie z.B. Süd-Korea, Singapur und Taiwan, hohe Raten des Wirtschaftswachstums.

Das Außenhandelsvolumen eines Landes wird nicht nur durch politische Maßnahmen der Regierung, sondern auch durch seine geographische Lage bestimmt. Länder mit natürlichen Seehäfen können leichter Handel treiben als andere Länder. Es ist kein Zufall, daß viele der größten Städte der Welt, wie z.B. New York, San Francisco und Hongkong, nahe dem Meer gelegen sind. Da es für vom Land eingeschlossene Länder schwieriger ist, Handel zu treiben, weisen sie tendenziell auch ein niedrigeres Einkommensniveau auf als die Länder mit leichtem Zugang zu den Wasserstraßen der Welt.

Die Kontrolle des Bevölkerungswachstums

Die Produktivität und der Lebensstandard eines Landes werden zum Teil durch sein Bevölkerungswachstum bestimmt. Offensichtlich stellt die Bevölkerung einen maßgeblichen Bestimmungsfaktor für die Beschäftigten eines Landes dar. Es ist deshalb nicht überraschend, daß Länder mit einer großen Bevölkerungszahl (wie z.B. die Vereinigten Staaten und Japan) tendenziell ein größeres BIP erwirtschaften als Länder mit einer geringen Bevölkerungszahl (wie z.B. Luxemburg und die Niederlande). Allerdings stellt das *gesamte* BIP kein geeignetes Maß für die wirtschaftliche Wohlfahrt dar. Für Politiker, die sich mit dem Lebensstandard befassen, ist das BIP *pro Kopf* wichtiger, das uns die Menge der Waren und Dienstleistungen angibt, die in der Volkswirtschaft im Durchschnitt pro Person verfügbar ist.

Wie wirkt sich ein Anstieg der Bevölkerungszahl auf die Höhe des BIP pro Kopf aus? Die Antwort ist, daß ein hohes Bevölkerungswachstum das BIP pro Kopf verringert. Der Grund besteht darin, daß bei einem schnellen Wachstum der Zahl der Arbeitskräfte die anderen Produktionsfaktoren auf eine größere Zahl von Arbeitskräften verteilt werden müssen. Insbesondere ist es bei einem hohen Bevölkerungswachstum schwieriger, jede Arbeitskraft mit einer großen Menge Kapital auszustatten. Eine geringere Menge Kapital pro Arbeitskraft hat eine geringere Produktivität und ein niedrigeres BIP pro Arbeitskraft zur Folge.

Dieses Problem tritt am deutlichsten im Fall des Humankapitals zutage. Länder mit hohem Bevölkerungswachstum weisen eine hohe Zahl von Kindern im schulpflichtigen Alter auf. Dies bedeutet eine größere Last für das Bildungssystem. Es ist daher nicht überraschend, daß die Bildungsabschlüsse in Ländern mit hohem Bevölkerungswachstum tendenziell niedrig sind.

Es sind große Unterschiede im Bevölkerungswachstum rund um die Welt festzustellen. In Industriestaaten, wie z.B. den Vereinigten Staaten und Westeuropa, hat die Bevölkerung in den letzten Jahrzehnten um etwa 1 Prozent jährlich zugenommen, und es ist zu erwarten, daß sich dieses Wachstum in Zukunft noch verlangsamt. Im Gegensatz dazu beträgt das Wachstum der Bevölkerung in vielen armen afrikanischen Ländern jährlich etwa 3 Prozent. Bei dieser Wachstumsrate verdoppelt sich die Bevölkerung alle 23 Jahre.

Eine Verringerung der Wachstumsrate der Bevölkerung wird vielfach als ein Weg angesehen, wie weniger entwickelte Länder versuchen können, ihren Lebensstandard zu erhöhen. In manchen Ländern wird dieses Ziel direkt mit Hilfe von Gesetzen erreicht, die vorschreiben, wie viele Kinder eine Familie haben kann. In China z.B. ist nur ein Kind pro Familie erlaubt; Paare, die diese Regel verletzen, werden mit einer hohen Geldstrafe belegt. In Ländern mit größerer Freiheit wird das Ziel eines abnehmenden Bevölkerungswachstums weniger direkt durch eine Erhöhung des Bewußtseins der Maßnahmen zur Geburtenkontrolle erreicht.

Der letzte Weg für ein Land, das Bevölkerungswachstum zu beeinflussen, besteht darin, eine der *zehn volkswirtschaftlichen Regeln* anzuwenden: Die Menschen reagieren auf Anreize. Das Kinderhaben ist, wie jede Entscheidung, mit Opportunitätskosten verbunden. Wenn die Opportunitätskosten ansteigen, werden sich die Menschen für kleinere Familien entscheiden. Insbesondere Frauen, die die Gelegenheit haben, eine gute Ausbildung und eine attraktive Beschäftigung zu erhalten wollen tendenziell weniger Kinder als Frauen mit weniger Gelegenheiten außer Haus. Politische Maßnahmen, die eine Gleichbehandlung der Frau fördern, sind daher ein Weg für weniger entwickelte Volkswirtschaften, die Rate des Bevölkerungswachstum zu verringern.

Forschung und Entwicklung

Der primäre Grund, weshalb der Lebensstandard heutzutage höher ist als vor hundert Jahren, besteht darin, daß sich das technologische Wissen weiterentwickelt hat. Das Telefon, der Transistor, der Computer und der Verbrennungsmotor gehören zu den Tausenden Erfindungen, die die Fähigkeit zur Herstellung von Waren und Dienstleistungen verbessert haben.

Obwohl der Großteil des technologischen Fortschritts auf die private

Forschung in Unternehmungen und von einzelnen Erfindern zurückzuführen ist, besteht auch ein öffentliches Interesse daran, diese Anstrengungen zu fördern. Wissen stellt in hohem Maße ein *öffentliches Gut* dar: Wenn
jemand eine neue Idee entwickelt, geht diese Idee in den Fundus der
Gesellschaft an Wissen ein und andere Leute können sie frei anwenden.
Neben seiner Rolle bei der Bereitstellung öffentlicher Güter, wie z.B.
nationale Verteidigung, spielt der Staat ebenfalls eine Rolle bei der Förderung von Forschung und Entwicklung neuer Technologien.

Ein Weg, auf dem staatliche Maßnahmen die Forschung fördern stellt das
Patentrecht dar. Wenn eine Person oder eine Unternehmung ein neues
Produkt erfindet, wie z.B. ein neues Arzneimittel, kann sie ein Patent
anmelden. Ist die Erfindung grundsätzlich neu, erhält der Erfinder ein
Patent, das ihm das ausschließliche, zeitlich begrenzte Recht erteilt, die
Erfindung zu benutzen. Im wesentlichen stellt das Patent ein Eigentumsrecht des Erfinders an seiner Erfindung dar, indem es seine neue Idee von
einem öffentlichen Gut in ein privates Gut verwandelt. Indem das Patentrecht den Erfindern zugesteht, von ihren Erfindungen – wenn auch nur
zeitlich begrenzt – zu profitieren, erhöht es für Personen und Unternehmungen den Anreiz, sich in der Forschung zu betätigen.

Das verlangsamte Produktivitätswachstum   **Fallstudie**

Von 1959 bis 1973 hat die Produktivität, gemessen an den pro Arbeitsstunde
produzierten Gütern, in den Vereinigten Staaten mit einer Rate von 3,2
Prozent jährlich zugenommen. Von 1973 bis 1994 ist die Produktivität
lediglich um 1,3 Prozent pro Jahr gestiegen. Es ist nicht überraschend, daß
sich dieses verlangsamte Produktivitätswachstum in einem Rückgang des
Wachstums der Reallöhne und der Haushaltseinkommen gespiegelt hat. Es
wird ebenso in wirtschaftlicher Angst allgemein reflektiert. Der Rückgang
des Produktivitätswachstums um 1,9 Prozentpunkte hatte beträchtliche
Auswirkungen auf das Einkommen. Wäre es nicht zu diesem Rückgang
gekommen, wäre das Einkommen des »durchschnittlichen« Amerikaners
heute etwa 50 Prozent höher.

Das nachlassende Wirtschaftswachstum war eines der bedeutendsten
Probleme, denen die Politiker gegenüberstanden. Die Ökonomen werden
häufig gefragt, was diesen Rückgang verursacht hat und was getan werden
kann, um ihn rückgängig zu machen. Obwohl viel über diese Fragen nachgedacht wurde, bleiben die Antworten leider unklar.

Zwei Tatsachen stehen fest. Erstens ist das verlangsamte Produktivitätswachstum ein weltweit zu beobachtendes Phänomen. Irgendwann Mitte der
siebziger Jahre verlangsamte sich das Wirtschaftswachstum nicht nur in
den Vereinigten Staaten, sondern auch in anderen Industriestaaten einschließlich Kanada, Frankreich, Deutschland, Italien, Japan und dem Ver-
einigtem Königreich. Obwohl einige dieser Länder ein schnelleres Wachstum aufwiesen als die Vereinigten Staaten, zeigte sich bei allen, verglichen
mit der Entwicklung in der Vergangenheit, ein langsames Wachstum.

Zweitens läßt sich das verlangsamte Wachstum nicht auf diejenigen
Produktionsfaktoren zurückführen, die am einfachsten gemessen werden

können. Die Volkswirte können direkt die Menge des für die Arbeitskräfte verfügbaren Realkapitals messen. Sie können ebenfalls die Ausstattung mit Humankapital in Form der Anzahl der Schuljahre messen. Es scheint, daß das nachlassende Produktivitätswachstum nicht in erster Linie auf einen Rückgang des Wachstums dieser Inputs zurückzuführen ist.

Die Technologie scheint einer der wenigen verbleibenden Übeltäter zu sein. Viele Volkswirte führen das verlangsamte Wirtschaftswachstum auf eine nachlassende Entstehung neuer Ideen im Hinblick auf die Herstellung von Waren und Dienstleistungen zurück, nachdem sie die meisten der anderen Erklärungen ausgeschlossen haben. Da die Menge der »Ideen« schwer gemessen werden kann, ist es schwierig, diese Erklärung zu bestätigen oder zu widerlegen.

In gewisser Hinsicht ist es merkwürdig zu sagen, daß die letzten 20 Jahre eine Periode langsamen technologischen Fortschritts darstellen. Diese Periode war Zeuge der Verbreitung der Computer – eine technologische Revolution, die sich nahezu auf jede Branche und jede Unternehmung ausgewirkt hat. Aus irgendeinem Grund hat sich dieser Wandel jedoch nicht in einem schnelleren wirtschaftlichen Wachstum niedergeschlagen. Wie der Volkswirt Robert Solow es ausdrückt, »schlägt sich das Computerzeitalter überall nieder, außer in den statistischen Angaben zur Produktivität«.

Wie wird sich das Wirtschaftswachstum in der Zukunft entwickeln? Ein optimistisches Szenario besteht darin, daß die Computer das Wirtschaftswachstum neu beleben werden, sobald sie in die Volkswirtschaft integriert

Schaubild 24-2
Das Wachstum des realen BIP pro Kopf. Diese Abbildung zeigt die durchschnittliche Wachstumsrate des realen BIP pro Kopf für 16 fortgeschrittene Volkswirtschaften, einschließlich der größeren Länder Europas, Kanada, der Vereinigten Staaten, Japan und Australien. Es zeigt sich, daß die Wachstumsrate nach 1950 beträchtlich angestiegen und dann nach 1970 gefallen ist.

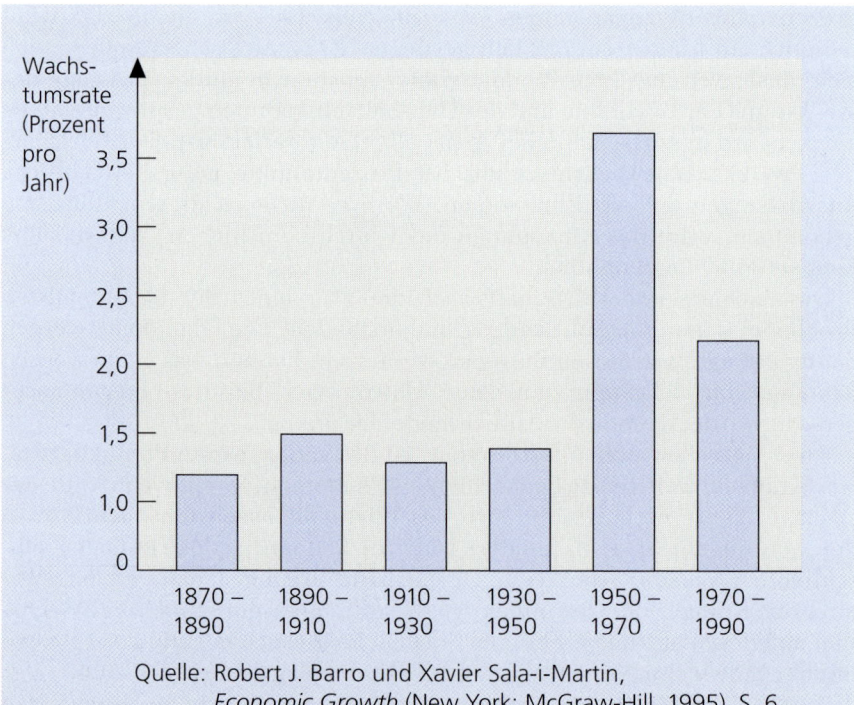

Quelle: Robert J. Barro und Xavier Sala-i-Martin,
Economic Growth (New York: McGraw-Hill, 1995), S. 6.

sind und ihr Potential voll ausgeschöpft wird. Wirtschaftshistoriker zeigen, daß es viele Jahrzehnte dauerte, bis die Entdeckung der Elektrizität eine große Auswirkung auf Produktivität und Lebensstandard hatte, da die Menschen erst die besten Wege zur Nutzung dieser neuen Ressource herausfinden mußten. Vielleicht wird die Erfindung der Computer eine ähnlich verspätete Wirkung haben.

Ein eher pessimistisches Szenario besteht darin, daß wir nach einer Periode schnellen wissenschaftlichen und technologischen Fortschritts in eine neue Phase langsameren Wachstums von Wissen, Produktivität und Einkommen eingetreten sind. Daten für eine längere Zeitspanne scheinen diese Schlußfolgerung zu bestätigen. Abbildung 24-2 zeigt das durchschnittliche Wachstum des realen BIP pro Kopf in Industriestaaten seit 1870. Das verlangsamte Produktivitätswachstum wird an den letzten zwei Säulen der Abbildung sichtbar: Um 1970 sank die Wachstumsrate von 3,7 auf 2,2 Prozent. Verglichen mit früheren Jahren besteht die Besonderheit jedoch nicht in dem langsamen Wachstum in den letzten Jahren, sondern vielmehr in dem schnellen Wachstum in den fünfziger und sechziger Jahren. Vielleicht stellen die Jahrzehnte nach dem Zweiten Weltkrieg eine Periode ungewöhnlich schnellen technologischen Fortschritts dar, und das Wachstum hat sich einfach deshalb verlangsamt, weil der technologische Fortschritt wieder zu einem eher normalen Wachstum zurückgekehrt ist.

Beschreiben Sie drei Wege, auf denen Politiker versuchen können, das Wachstum des Lebensstandards einer Gesellschaft zu erhöhen. Weisen diese politischen Maßnahmen irgendwelche Nachteile auf?   **Schnelltest**

Schlußfolgerung: Die Bedeutung des langfristigen Wachstums

In diesem Kapitel haben wir diskutiert, wovon der Lebensstandard eines Landes abhängt und wie sich Politiker durch politische Maßnahmen um die Förderung des Wirtschaftswachstums bemühen können, den Lebensstandard zu erhöhen. Das meiste dieses Kapitels ist in einer der *zehn volkswirtschaftlichen Regeln* zusammengefaßt: Der Lebensstandard eines Landes hängt von der Fähigkeit ab, Waren und Dienstleistungen herzustellen. Politiker, die eine Erhöhung des Lebensstandards erreichen wollen, müssen darauf abzielen, die Produktivität ihres Landes zu steigern, indem sie eine rasche Akkumulation der Produktionsfaktoren fördern und dafür Sorge tragen, daß diese Faktoren so effektiv wie möglich eingesetzt werden.

Die Volkswirte unterscheiden sich in ihrer Ansicht über die Rolle des Staates bei der Förderung des Wirtschaftswachstums. Einigkeit herrscht zumindest darüber, daß der Staat die unsichtbare Hand unterstützen kann, indem er die Eigentumsrechte garantiert und für politische Stabilität sorgt. Umstritten ist dagegen, ob der Staat bestimmte Branchen subventionieren sollte, die besonders wichtig für den technologischen Fortschritt sein könnten. Es besteht kein Zweifel, daß diese Fragen zu den wichtigsten in den Wirtschaftswissenschaften gehören. Der Erfolg der Politiker einer Generation beim Lernen und Beachten der grundlegenden Zusammenhänge im Hinblick auf das Wirtschaftswachstum bestimmt, wie die Welt aussieht, die die nächste Generation erbt.

Zusammenfassung

- Der wirtschaftliche Wohlstand, gemessen am BIP pro Kopf, weist beträchtliche Unterschiede rund um die Welt auf. Das Durchschnittseinkommen in den reichsten Ländern der Welt beträgt mehr als das Zehnfache des entsprechenden Wertes in den ärmsten Ländern der Welt. Da die Wachstumsraten des realen BIP ebenfalls beträchtliche Unterschiede aufweisen, können sich die relativen Positionen der Länder im Zeitablauf erheblich verändern.
- Der Lebensstandard einer Volkswirtschaft hängt von der Fähigkeit ab, Waren und Dienstleistungen herzustellen. Die Produktivität ihrerseits hängt von der Ausstattung mit Realkapital, Humankapital, natürlichen Ressourcen und dem für die Arbeitskräfte verfügbaren technologischen Wissen ab.
- Staatliche Maßnahmen können die Wachstumsrate der Volkswirtschaft auf vielerlei Weise beeinflussen: durch Spar- und Investitionsanreize, Förderung von Investitionen aus dem Ausland, Unterstützung der Ausbildung, Gewährleistung von Eigentumsrechten und politischer Stabilität, Schaffung von Freihandel, Kontrolle des Bevölkerungswachstums und Förderung von Forschung und Entwicklung neuer Technologien.
- Die Akkumulation des Kapitals ist mit abnehmenden Skalenerträgen verbunden: Je mehr Kapital eine Volkswirtschaft hat, um so geringer ist der Output, den die Volkswirtschaft mit einer zusätzlichen Einheit Kapital erwirtschaftet. Aufgrund der abnehmenden Skalenerträge führt ein Anstieg der Ersparnis vorübergehend zu einem höheren Wachstum, das Wachstum verlangsamt sich jedoch schließlich, wenn die Volkswirtschaft sich einem höheren Niveau des Kapitals, der Produktivität und des Einkommens nähert. Die abnehmenden Skalenerträge führen dazu, daß der Kapitalertrag in armen Ländern besonders hoch ist. Unter sonst gleichen Bedingungen können diese Länder aufgrund des Catch-up-Effekts schneller wachsen.

Stichworte

Produktivität	Technologisches Wissen
Realkapital	Abnehmende Skalenerträge
Humankapital	Catch-up-Effekt
Natürliche Ressourcen	

Zur Wiederholung

1. Welche zwei Dinge werden durch das BIP gemessen? Was sagt uns diese doppelte Bedeutung über die Bestimmungsfaktoren des Lebensstandards einer Gesellschaft?
2. Nennen und beschreiben Sie die vier Bestimmungsfaktoren der Produktivität.
3. Inwiefern stellt ein Universitätsabschluß eine Form von Kapital dar?
4. Erklären Sie, wie höhere Ersparnisse zu einem höheren Lebensstandard führen. Was könnte einen Politiker von dem Versuch abhalten, die Sparquote zu erhöhen?
5. Führt eine höhere Sparquote vorübergehend oder dauerhaft zu einem höheren Wachstum?
6. Warum würde der Abbau einer Handelsschranke, wie z.B. ein Zoll, zu einem schnelleren Wirtschaftswachstum führen?
7. Wie beeinflußt die Rate des Bevölkerungswachstums die Höhe des BIP pro Kopf?

Aufgaben und Anwendungen

1. Die meisten Länder importieren beträchtliche Mengen von Waren und Dienstleistungen aus anderen Ländern. In diesem Kapitel wurde jedoch gesagt, daß ein Land nur dann einen höheren Lebensstandard erreichen kann, wenn es selbst eine große Menge an Waren und Dienstleistungen herstellen kann. Können Sie diese beiden Aussagen miteinander in Einklang bringen?
2. Nennen Sie die Kapitalinputs, die für die Herstellung jedes der nachfolgenden Güter notwendig sind:
   a) Autos
   b) Universitätsausbildung
   c) Flugreise
   d) Obst und Gemüse
3. Das Durchschnittseinkommen in den USA beträgt heute etwa das Achtfache des entsprechenden Wertes vor hundert Jahren. Für viele andere Länder ist ebenfalls ein beträchtliches Wachstum im Laufe dieser Periode festzustellen. In welcher Weise unterscheidet sich Ihr Lebensstandard von dem Ihrer Urgroßeltern?
4. In diesem Kapitel wurde dargelegt, daß in der Landwirtschaft die Beschäftigung relativ zum Output abgenommen hat. Können Sie sich einen anderen Bereich der Volkswirtschaft vorstellen, in dem dasselbe Phänomen kürzlich eingetreten ist? Würden Sie die Veränderung der Beschäftigung in diesem Bereich als Zeichen für einen Erfolg oder für einen Mißerfolg vom Standpunkt der Gesellschaft als ganzer betrachten?

5. Nehmen Sie an, daß die Gesellschaft entschieden hat, den Konsum zu verringern und die Investitionen zu erhöhen.
   a) Wie würde sich diese Veränderung auf das Wirtschaftswachstum auswirken?
   b) Welche Gruppen in der Gesellschaft würden von dieser Veränderung profitieren? Welche Gruppen würden Nachteile erleiden?

6. Gesellschaften entscheiden, welcher Teil ihrer Ressourcen für Konsum und welcher Teil für Investitionen aufgewendet wird. Einige dieser Entscheidungen betreffen die privaten Ausgaben; andere betreffen die Ausgaben des Staates.
   a) Beschreiben Sie einige Formen von privaten Ausgaben, die Konsum darstellen, und einige Formen, die Investitionen darstellen.
   b) Beschreiben Sie einige Formen von Ausgaben des Staates, die Konsum darstellen, und einige Formen, die Investitionen darstellen.

7. Worin bestehen die Opportunitätskosten einer Investition in Realkapital? Denken Sie, daß ein Land in Realkapital »überinvestieren« kann? Worin bestehen die Opportunitätskosten einer Investition in Humankapital? Denken Sie, daß ein Land in Humankapital »überinvestieren« kann? Begründen Sie Ihre Antwort.

8. Stellen Sie sich vor, ein Automobilhersteller, der vollständig im Besitz deutscher Staatsbürger ist, eröffnet eine neue Fabrikanlage in South Carolina.
   a) Um welche Art von Auslandsinvestition handelt es sich hierbei?
   b) Wie würde sich diese Investition auf das BIP der Vereinigten Staaten auswirken? Wäre die Auswirkung auf das BSP höher oder geringer?

9. In den achtziger Jahren haben japanische Investoren beträchtliche Direkt- und Portfolioinvestitionen in den Vereinigten Staaten getätigt. Damals waren viele Amerikaner unglücklich über diese Investitionen.
   a) In welcher Hinsicht war es für die Vereinigten Staaten von Vorteil, daß diese japanischen Investitionen vorgenommen wurden?
   b) In welcher Hinsicht wäre es aber besser gewesen, die Amerikaner hätten diese Investitionen selbst getätigt?

10. In den Ländern Südasiens kamen 1992 in höheren Schulen auf 100 junge Männer lediglich 56 junge Frauen. Beschreiben Sie verschiedene Wege, auf denen eine Verbesserung der Ausbildungsmöglichkeiten für junge Frauen zu einem höheren Wirtschaftswachstum in diesen Ländern führen könnte.

11. Stellen Sie sich vor, der Staat verlängert die Patentlaufzeit. Welche Auswirkung hätte diese Änderung auf den Anreiz, Forschung zu betreiben? Könnte diese Änderung einen Rückgang der Wachstumsrate des BIP zur Folge haben? Begründen Sie Ihre Antwort.

12. Internationale Daten zeigen einen positiven Zusammenhang zwischen politischer Stabilität und Wirtschaftswachstum.
   a) Inwiefern könnte politische Stabilität zu einem hohen Wirtschaftswachstum führen?
   b) Inwiefern könnte ein hohes Wirtschaftswachstum zu politischer Stabilität führen?

Sparen, Investieren und das Finanzsystem

Kapitel 25

In diesem Kapitel werden Sie

- etwas über die wichtigsten finanziellen Institutionen Deutschlands erfahren,
- lernen, in welchem Zusammenhang das Finanzsystem mit den makroökonomischen Schlüsselgrößen steht,
- ein Modell für das Angebot an und die Nachfrage nach Kreditmitteln auf den Finanzmärkten entwickeln,
- dieses Modell des Kreditmarktes zur Analyse verschiedener staatlicher Maßnahmen verwenden,
- sich überlegen, welchen Einfluß ein staatliches Budgetdefizit auf die Volkswirtschaft ausübt.

Stellen Sie sich vor, Sie haben soeben Ihr Studium (selbstverständlich mit einem Diplom in Wirtschaftswissenschaften) abgeschlossen und Sie entscheiden sich dafür, sich selbständig zu machen und ein Unternehmen für Wirtschaftsprognosen zu gründen. Bevor Sie jedoch mit dem Verkauf Ihrer Vorhersagen ein Einkommen erzielen können, haben Sie erhebliche Kosten zu tragen, um das Geschäft ins Laufen zu bringen. Sie müssen die entsprechende Hard- und Software sowie Möbel kaufen, um Ihr Büro auszustatten. Jedes Teil davon stellt Kapital dar, das Ihre Unternehmung benutzen wird, um Dienstleistungen anzubieten.

Wie gelangen Sie an die Mittel, um in diese Kapitalgüter zu investieren? Vielleicht können Sie diese aus Ersparnissen der Vergangenheit bezahlen. Wahrscheinlicher ist es jedoch, daß Sie – wie die meisten Unternehmer – nicht genug eigenes Geld haben, um die Gründung Ihrer Firma zu finanzieren. Daher müssen Sie das benötigte Geld aus anderen Quellen erschließen.

Es gibt verschiedene Mittel zur Finanzierung dieser (Kapital-)Investitionen. Sie könnten sich das Geld leihen, vielleicht von einer Bank, einem Freund oder einem Verwandten. In diesem Fall würden Sie nicht nur versprechen, das Geld zu einem späteren Zeitpunkt zurückzuzahlen, sondern auch Zinsen für die Überlassung des entsprechenden Betrags zu entrichten. Eine andere Möglichkeit wäre, daß Sie versuchen jemanden zu überzeugen, Ihnen das benötigte Geld zu überlassen – als Gegenleistung bieten Sie ihm einen Anteil an Ihren zukünftigen Gewinnen, wie hoch diese auch immer ausfallen mögen. In beiden Fällen wird jedoch Ihre Investition in Computer und sonstige Büroausstattung mit den Ersparnissen einer anderen Person finanziert.

Finanzsystem
Eine Gruppe von Institutionen in einer Volkswirtschaft, die helfen, die Ersparnisse einer Person mit den Investitionswünschen einer anderen Person zusammenzubringen.

Das **Finanzsystem** besteht aus denjenigen Institutionen in einer Volkswirtschaft, die dazu beitragen, die Ersparnisse einer Person mit den Investitionswünschen einer anderen Person in Übereinstimmung zu bringen. Ersparnis und Investitionen stellen die Hauptbestandteile des ökonomischen Wachstumsprozesses dar, wie wir im vorangegangenen Kapitel gelernt haben. Spart ein Land einen großen Teil seines BIP, so sind mehr Ressourcen für Investitionen in Kapitalgüter vorhanden, und ein höherer Kapitalstock erhöht die Produktivität eines Landes und den Lebensstandard seiner Bewohner. Aber dieses Kapitel erklärte nicht, wie in einer Volkswirtschaft Ersparnis und Investitionen koordiniert werden. Zu jeder Zeit wollen einige Menschen einen Teil ihres Einkommens für zukünftige Zwecke sparen, während andere finanzielle Mittel aufnehmen möchten, um Investitionen in neue Projekte oder wachsende Unternehmungen zu tätigen. Was bringt diese zwei Gruppen von Menschen zusammen? Wie wird sichergestellt, daß das Angebot an Mitteln von denjenigen, die sparen wollen, der Nachfrage derer entspricht, die investieren wollen?

Dieses Kapitel untersucht, wie das Finanzsystem arbeitet. Als erstes betrachten wir die Vielzahl von unterschiedlichen Institutionen, die zusammen das Finanzsystem unserer Volkswirtschaft ausmachen. In einem zweiten Schritt analysieren wir die Beziehung zwischen dem Finanzsystem und einigen makroökonomischen Schlüsselgrößen – insbesondere Ersparnis und Investitionen. Drittens entwickeln wir sodann ein Modell, welches das Angebot an und die Nachfrage nach finanziellen Mitteln (Kreditmitteln) abbildet. In diesem Modell ist der Zinssatz derjenige Preis, der sich anpaßt, um Angebot und Nachfrage auszugleichen. Das Modell zeigt, wie verschiedene staatliche Eingriffe den Zinssatz und damit die Zuteilung knapper Ressourcen in einer Gesellschaft beeinflussen.

Finanzinstitutionen in Deutschland

Im weitesten Sinne definiert kanalisiert das Finanzsystem die knappen Ressourcen einer Volkswirtschaft von den Sparern (Menschen, die weniger ausgeben, als sie einnehmen) hin zu Schuldnern (Menschen, die mehr ausgeben, als sie einnehmen). Sparer sparen aus verschiedenen Gründen – um ihrem Kind in einigen Jahren eine Ausbildung zu ermöglichen oder um sich in einigen Jahrzehnten gemütlich zur Ruhe zu setzen. Auch Schuldner nehmen Geld für verschieden Zwecke auf – um ein Haus für den Eigenbedarf zu kaufen oder um ein Geschäft zu gründen, mit dem sie ihren Lebensunterhalt bestreiten können. Sparer stellen ihr Geld dem Finanzsystem zur Verfügung in der Erwartung, es später verzinst zurückzubekommen. Schuldner fragen Geld im Finanzsystem nach in dem Wissen, daß sie dieses später mit Zinsen zurückzahlen müssen.

Das Finanzsystem besteht aus verschiedenen Institutionen, die zu einer Koordination von Sparern und Schuldnern beitragen. Bevor wir uns mit den treibenden ökonomischen Kräften des Finanzsystems befassen, wollen wir als Einleitung die wichtigsten der beteiligten Institutionen näher betrachten. Finanzinstitutionen können in zwei Kategorien eingeteilt werden – Finanzmärkte und Finanzintermediäre. Beide Gruppen betrachten wir nun nacheinander.

Finanzmärkte

Finanzmärkte sind diejenigen Institutionen, über die eine Person, die sparen möchte, Mittel direkt an eine Person weitergeben kann, die Geld aufnehmen möchte. Die beiden wichtigsten Finanzmärkte in unserer Volkswirtschaft sind der Anleihe- oder Rentenmarkt und der Aktienmarkt.

Der Anleihemarkt (Rentenmarkt)

Benötigt die BASF, ein großes deutsches Chemie-Unternehmen, Geld, um den Bau einer neuen Fabrikanlage zu finanzieren, so kann die Unternehmung sich direkt von der Öffentlichkeit Mittel leihen. Dies geschieht über die Ausgabe einer Anleihe. Eine **Anleihe**, auch **Rentenpapier** genannt, ist eine Schuldverschreibung, die die Verpflichtung des Emittenten der Anleihe gegenüber dem Käufer der Anleihe spezifiziert. Einfach ausgedrückt ist eine Anleihe nichts anderes als ein Schuldschein (IOU – »I owe you«). Sie gibt den Zeitpunkt an, zu dem der Kredit zurückgezahlt wird (*Fälligkeit* genannt), und den Zinssatz, der pro Periode bis zur Fälligkeit der Anleihe gezahlt wird. Der Käufer einer Anleihe gibt sein Geld an die BASF und erhält im Gegenzug das Versprechen auf die verzinste Rückzahlung der zur Verfügung gestellten Summe (*Kapitalschuld* genannt). Der Käufer kann die Anleihe bis zum Fälligkeitsdatum behalten oder er kann die Anleihe zu einem früheren Zeitpunkt an jemand anderen verkaufen.

Es existiert eine sehr große Anzahl an Anleihen in den meisten Ländern. Wenn große Unternehmungen oder der Staat (Bund oder Gebietskörperschaften) Geld benötigen, um den Bau oder Kauf einer neuen Fabrikanlage, eines neuen Jagdflugzeuges oder eines neuen Schulgebäudes zu finanzieren, so geben sie dazu oftmals Anleihen aus. Wenn Sie in eine große Tageszeitung schauen, so finden Sie eine Aufstellung der Preise und Zinssätze der wichtigsten Anleihen. Obwohl sich diese Anleihen in vielerlei Hinsicht unterscheiden können, so sind hier doch drei Hauptcharakteristika anzuführen, die für alle Anleihen wichtig sind.

Die erste Eigenschaft ist die *Laufzeit* der Anleihe – die Zeit, bis die Anleihe fällig wird. Einige Anleihen haben kurze Laufzeiten von nur wenigen Monaten, während andere beispielsweise Laufzeiten von 30 Jahren aufweisen. (Die britische Regierung hat sogar eine Anleihe begeben, die niemals ausläuft, eine sog. ›perpetuity‹. Dieses Papier wirft ewig Zinsen ab, es kommt aber nie zur Rückzahlung der geliehenen Summe.) Die Zinszahlungen auf eine Anleihe hängen zum Teil von deren Laufzeit ab. Anleihen mit langen Laufzeiten sind riskanter als Anleihen mit kurzen Laufzeiten, denn die Halter langlaufender Anleihen müssen länger auf die Rückzahlung der zur Verfügung gestellten Summe warten. Benötigt ein Halter einer langlaufenden Anleihe sein Geld vor dem Fälligkeitsdatum, so hat er keine

Finanzmärkte
Finanzinstitutionen, durch die Sparer Mittel direkt an Schuldner weitergeben können

Anleihe/Rentenpapier (bond)
Eine Schuldverschreibung

andere Wahl als seine Anleihe an jemand anderen, möglicherweise zu einem geringeren Preis, zu verkaufen. Um für das damit verbundene Risiko zu entschädigen, werden auf langfristige Anleihen in der Regel höhere Zinsen gezahlt als auf kurzfristige.

Die zweite wichtige Eigenschaft einer Anleihe ist das *Kreditrisiko* – also die Wahrscheinlichkeit, daß der Schuldner nicht in der Lage sein wird, einen Teil der Zinsen oder der Tilgungssumme zu zahlen. Solch eine Zahlungsunfähigkeit wird *Konkurs* genannt. Schuldner können zahlungsunfähig werden (und dies passiert manchmal) und müssen dann Konkurs anmelden. Wenn die Käufer von Anleihen den Eindruck haben, daß die Konkurswahrscheinlichkeit hoch ist, verlangen diese einen höheren Zinssatz, um für das Risiko entschädigt zu werden. Da deutsche Staatsanleihen als sicher eingeschätzt werden, werden auf Staatsanleihen tendenziell niedrige Zinsen gezahlt. Im Gegensatz dazu können finanziell unter Druck stehende Unternehmungen Geld durch die Ausgabe sogenannter *Junk Bonds* aufnehmen, die sehr hohe Zinszahlungen versprechen. Käufer von Anleihen können das Kreditrisiko beispielsweise dadurch beurteilen, daß sie Untersuchungen verschiedener privater Rating-Agenturen zu Rate ziehen, die die Kreditrisiken unterschiedlicher Anleihen bewerten.

Die dritte wichtige Eigenschaft einer Anleihe ist ihre *steuerliche Behandlung* – also die Art und Weise, wie die Steuergesetzgebung die Zinserträge aus Anleihen behandelt. Die Zinszahlungen auf die meisten Anleihen zählen als Kapitalerträge zum zu versteuernden Einkommen, so daß der Besitzer einer Anleihe ab der Überschreitung eines bestimmten Freibetrags einen Teil der Zinserträge als Einkommensteuer abführen muß. (Eine Besonderheit der amerikanischen Steuergesetzgebung liegt jedoch beispielsweise darin, daß Zinserträge aus Anleihen, die von Bundesstaaten, Städten oder Gemeinden begeben werden, nicht der Entrichtung von Bundessteuern unterliegen. Aufgrund dieses Steuervorteils werden auf solche Anleihen jedoch auch nur geringere Zinsen gezahlt als auf Bundesanleihen [federal government bonds] oder Anleihen, die von privaten Unternehmungen ausgegeben werden.)

Der Aktienmarkt

Eine andere Möglichkeit Geld aufzunehmen, um den Bau einer neuen Fabrikanlage zu finanzieren, besteht für die BASF darin, Aktien auszugeben. Aktien repräsentieren Eigentumsanteile an einer Unternehmung und stellen daher eine Forderung auf die Gewinne, die die Unternehmung erwirtschaftet, dar. Während in Deutschland nur *Summenaktien* zulässig sind, die auf einen bestimmten Nennwert oder Nominalwert lauten (der Nennwert beträgt in der Regel 5 DM oder 50 DM; das Grundkapital einer Aktiengesellschaft entspricht der Summe der Nominalwerte aller ausgegebenen Aktien), sind z.B. in den Vereinigten Staaten nennwertlose Quotenaktien weit verbreitet, die einen bestimmten Bruchteil am Kapital einer Aktiengesellschaft repräsentieren.

Aktie (stock)
Ein Eigentumsanteil an einer Unternehmung (Aktiengesellschaft)

Die Ausgabe von Aktien zur Aufnahme von finanziellen Mitteln wird *Eigenkapitalfinanzierung* genannt, wohingegen die Ausgabe von Anleihen zur *Fremdkapitalfinanzierung* zählt. Obwohl größere Unternehmungen sowohl Eigen- als auch Fremdkapitalfinanzierung zur Aufnahme finanzieller Mittel für neue Investitionen benutzen, unterscheiden Aktien und Anleihen sich beträchtlich. *Der Besitzer einer BASF-Aktie ist ein Teilhaber der BASF; der Besitzer einer BASF-Anleihe ist eine Gläubiger der Unternehmung.* Wenn die BASF sehr profitabel arbeitet, so kommt der Aktienbesitzer in den Genuß dieser Gewinne, wohingegen die Anleihebesitzer nur die Zinszahlungen auf ihre Anleihe erhalten. Kommt die BASF jedoch in finanzielle Schwierigkeiten, so werden zuerst die Ansprüche der Anleihebesitzer befriedigt, bevor die Aktionäre überhaupt etwas erhalten. Im Vergleich zu Anleihen bieten also Aktien ihrem Besitzer ein höheres Risiko und einen möglicherweise höheren Ertrag.

Nimmt eine Unternehmung Eigenkapital durch die Ausgabe von Aktien auf, so werden diese Papiere sodann auf organisierten Aktienmärkten unter den Aktionären gehandelt. Wenn die Aktien den Besitzer wechseln, so verdient die betreffende Unternehmung an diesen Transaktionen nicht. Der wichtigste Aktienmarkt in Deutschland ist die Frankfurter Wertpapierbörse, an der Aktien der großen nationalen Unternehmungen sowie auch internationale Titel gehandelt werden; daneben existieren noch Regionalbörsen in den einzelnen Bundesländern, an denen neben den überregionalen Titeln vorwiegend kleinere und regionale Unternehmungen notiert werden.

Die Preise, zu denen Aktien an der Börse gehandelt werden, *Kurse* genannt, werden durch Angebot und Nachfrage nach den Papieren der betreffenden Unternehmungen bestimmt. Da Aktien ein Miteigentum an einer Unternehmung darstellen, spiegelt die Nachfrage nach Aktien (und damit deren Preis) die Wahrnehmung der Menschen bezüglich der zukünftigen Gewinnaussichten einer Unternehmung wider. Beurteilen die Menschen die Zukunft einer Unternehmung optimistisch, werden sie die Nachfrage nach diesen Aktien erhöhen und damit den Preis für eine Aktie der entsprechenden Unternehmung nach oben treiben. Umgekehrt wird der Preis einer Aktie fallen, wenn die Menschen erwarten, daß eine bestimmte Unternehmung nur geringe Gewinne oder gar Verluste machen wird.

Es sind verschiedene Aktienindizes verfügbar, um die Gesamtentwicklung des Marktes abzubilden. Ein *Aktienindex* wird als Durchschnitt einer bestimmten Gruppe von Aktien bzw. deren Kursen berechnet. Für den deutschen Aktienmarkt zeichnet der DAX (Deutscher Aktienindex), der die 30 größten und umsatzstärksten deutschen Aktien (sog. ›Blue Chips‹) umfaßt, ein börsenminütlich aktualisiertes Bild. (Außerhalb der Börsenöffnungszeiten wird der XETRA-DAX berechnet.) Der MDAX (Mid Cap-DAX) bildet weitere 70 Aktien ab, die bezüglich Marktkapitalisierung und Börsenumsatz unmittelbar nach den 30 DAX-Werten folgen. Auf europäischer Ebene werden beispielsweise der (Dow Jones) STOXX50, der 50 Blue Chips aus europäischen Ländern enthält, sowie der (Dow Jones) EURO-STOXX50, der nur Aktien der Teilnehmerländer an der Europäischen Währungsunion beinhaltet, berechnet. Für den amerikanischen Markt sind der Dow Jones Industrial sowie der Standard & Poor's 500-Index die bedeutendsten Maßzahlen. Die Entwicklung der wichtigsten Werte der japa-

Variabler Handel: Blue Chips können während der gesamten Börsenzeit gehandelt werden. Die Tabellen zeigen die Preise zu Handelsbeginn (**Anfang**) sowie die jeweiligen Tageshöchst- und -tiefstkurse (**Tages H/T**).

Code zur Identifizierung von Wertpapieren

Bardividende und Dividendenschätzung

Aktienarten:

Stamm- und Vorzugsaktien (StA./VA.):

Hier geht es um die Rechte der Aktieninhaber. Stammaktien verbriefen Stimmrechte und einen Anspruch auf Dividende, Vorzugsaktien hingegen kein Stimmrecht, dafür aber zum Beispiel den Vorzug, höhere Dividenden zu erhalten. In den Tabellen werden Stammaktien für gewöhnlich nicht extra gekennzeichnet, es sei denn, ein Unternehmen hat neben Stamm- auch Vorzugsaktien emittiert.

Inhaber- und Namensaktien (Inh./NA):

Unterscheidung danach, ob beim Wechsel des Aktienbesitzers eine Eintragung im Aktienbuch des Unternehmens erforderlich ist (Namensaktien) oder nicht (Inhaberaktien). Inhaberaktien sind nur selten gesondert gekennzeichnet.

DAX-30 FRANKFURTER KURSE (ANGABEN IN EURO)

17.5.2000 / 17.00 Uhr	WPKN	Letzte Div.	Div.-Sch. für 2000	Börsenkap. in Mill.Euro	Anfang	Tages H/T		Kassa
Adidas-Salomon(o.N.)	500340	0,92	0,92	3045,2	67,25 b	67,50	65,00	67,00 b
Allianz NA vink.(o.N.)[3]	840400	1,12	1,28	101286,7	412,50 b	12,50	04,00	407,50 b
BASF (o.N.)[3]	515100	1,13	1,23	30840,9	49,25 b	49,25	48,40	48,80 b
Bayer (o.N.)[3] ♣	575200	1,30	1,07	31696,8	43,30 b	43,38	42,40	43,00 b
BMW StA (1€)	519000	0,40	0,40	22417,1	33,20 xD	33,20	31,60	32,60 xD
Commerzbank (o.N.)	803200	0,80	0,80	21950,0	42,20 b	42,66	41,50	42,30 b
DaimlerChr.NA(o.N.)[3]	710000	2,35	2,35	62912,3	62,30 b	62,30	60,65	61,00 b
Degussa-Hüls (o.N.)	542500	1,15	0,82	5433,7	35,25 b	35,25	33,95	34,00 bG
Deutsche Bank NA (o.N.)[3]	514000	1,15	k. A.	50560,4	82,40 b	82,60	81,40	82,00 b
Dt. Telekom NA(o.N.)[3]	555750	0,62	0,61	200393,7	64,70 b	65,00	62,11	62,40 b
Dresdner Bank NA(o.N.)[3]	535000	0,90	0,90	24932,9	45,30 b	46,30	45,30	45,90 b
Epcos NA (o.N.)	512800		k. A.	9475,0	147,00 b	48,00	42,50	147,00 b
Fres.Med.Care StA (5)	578580	0,69	0,78	6361,4	81,50 b	83,80	80,00	82,30 b
Henkel VA (o.N.)	604843	0,93	0,90	9051,2	62,00 b	62,00	59,50	60,50 b
Hypo-Vereinsbk. (o.N.)[3] ♣	802200	0,85	0,82	27616,9	70,00 b	70,00	68,50	69,10 b

Nennwert (o.N.: ohne Nennwert)

Börsenkapitalisierung

Kassakurs: Für kleinere Orders, die mangels ausreichenden Volumens nicht fortlaufend ausgeführt werden können, berechnet der Makler einmal am Tag (gewöhnlich gegen 12.00 Uhr) einen so genannten Einheits- oder Kassakurs.

Einheitskurse werden auch für Aktien ermittelt, die vom variablen Handel ausgeschlossen sind.

Xetra-Handel: Aktienhandel am Computer. Beginnt sehr früh (8.30 Uhr) und endet relativ spät (20.00 Uhr). In den Tabellen werden neben Eröffnungs- auch Höchst-, Tiefst- und Verlaufskurse angegeben.

Höchst- und Tiefstkurs der letzten 52 Wochen. Gibt Anhaltspunkte für Schwankungsbreite.

Kurs-Gewinn-Verhältnis auf Basis geschätzter Gewinne

Dividendenrendite auf Basis der Bruttodividende

Börsenplatz

Aktuelle Kurse im Internet @ www.handelsblatt.de

Xetra (E)	Tages H/T		Xetra (V)	52 Wochen		Ergebnis je Aktie			KGV		Div.	Umsatz 16.5.2000		
				Hoch	Tief	1999	2000s	2001s	2000	2001	Rend.	Stück	Tsd. Euro	Stück (F)
67,65	67,65	65,10	65,59	106,00	47,50	5,01s	4,05	5,62	16,6	11,9	1,4	109065	7370	104850
411,99	13,90	04,10	406,60	444,50	235,50	8,32s	9,11	10,40	44,7	39,2	0,5	448601	185278	413701
49,39	49,39	48,30	48,47	53,00	36,45	2,15s	2,92	3,47	16,7	14,1	3,6	1467164	71328	1433672
43,49	43,49	42,28	42,75	49,30	35,10	2,24s	2,37	2,78	18,1	15,5	3,6	2041778	88181	1963711
33,00	33,10	31,50	31,75	35,20	23,20	1,01	1,38	2,48	23,6	13,2	1,8	1318310	43560	1291138
42,29	42,60	41,50	41,53	47,50	25,90	1,47	2,19	2,79	19,3	15,2	2,7	803850	33645	747609
62,30	62,44	60,55	61,15	92,10	59,80	6,21	6,47	7,11	9,4	8,6	5,5	2755317	171775	2594177
35,00	35,00	33,91	34,50	45,00	30,25	2,08	2,29	2,72	14,8	12,5	3,4	316134	11057	308634
82,89	82,89	81,22	82,00	95,70	49,55	k. A.	k. A.	k. A.	k. A.	k. A.	k. A.	5366521	441425	5296226
64,80	65,00	62,05	62,66	104,00	32,31	0,52s	0,55	0,96	k. A.	65,0	1,4	5181512	335685	5101726
45,83	46,30	45,70	45,85	60,00	33,10	1,41	1,83	2,54	25,1	18,1	2,8	2108076	94743	2095040
147,00	48,24	42,57	147,10	189,80	32,00	k. A.	k. A.	k. A.	k. A.	k. A.	k. A.	300002	42906	290225
80,60	84,00	80,00	83,22	90,00	44,50	-2,00s	3,51	4,17	23,5	19,7	1,0	109055	8742	106555
61,50	62,00	59,16	60,55	75,00	46,20	3,48	4,12	4,57	14,7	13,3	2,1	200463	12428	198299
70,50	70,69	68,61	69,70	74,20	50,70	0,61s	3,03	4,33	22,8	16,0	1,7	986072	69454	969790

Börsenumsätze

Kurszusätze: Um Anlegern einen Überblick über Angebot und Nachfrage beim Zustande-kommen der jeweiligen Börsenkurse zu geben, werden die Preise mit entsprechenden Zusätzen versehen. Zu den am häufigsten verwendeten zählen: b, B, G, bG, bB, T.

b: Angebot und Nachfrage waren ausgeglichen. Typisch für Blue Chips.

B: Zu diesem Preis bestand nur Angebot. Keiner wollte kaufen.

G: Zu diesem Kurs bestand nur Nachfrage. Keiner wollte verkaufen.

bG/bB: Zu diesem Kurs bestand noch mehr Nachfrage/Angebot.

T: Es fanden keine Umsätze statt. Der Makler konnte den Preis daher nur schätzen (»taxieren«).

Quelle: Rolf Beike / Johannes Schlütz, Ratgeber Börse – Aktien – Anleihen – Optionsscheine – Investmentfonds – Optimale Vermögensaufteilung, 2. Auflage, Stuttgart 2000

nischen Börsenlandschaft bildet der Nikkei ab. Da die Aktienkurse die Gewinnerwartungen widerspiegeln, werden diese Indizes genau beobachtet und als Indikatoren für die zukünftigen ökonomischen Bedingungen interpretiert.

Information   **Wie man den Kursteil einer Zeitung liest**

Die meisten Tageszeitungen enthalten tabellarische Übersichten, Kurszettel genannt, die die aktuellen Informationen über den Handel von Aktien mehrerer hundert Unternehmungen enthalten. Diese Übersichten liefern in der Regel die folgenden Informationen:

- *Preis/Kurs*. Die wichtigste Information über eine Aktie ist der Preis, Kurs genannt. Die Zeitung liefert in der Regel mehrere Kurse. Der »letzte« oder »Schlußkurs« ist der Preis der letzten Transaktion, die vor dem Schluß des Aktienhandels am Vortag zustande kam. Viele Zeitungen geben ebenfalls die höchsten (»hoch«) und niedrigsten (»tief«) Kurse des letzten Handelstages und manchmal auch des vergangenen Jahres an.
- *Menge/Handelsvolumen*. Die meisten Zeitungen geben die Anzahl an umgeschlagenen Aktien des vergangenen Handelstages an. Diese Zahl wird *»(täglicher) Aktien-Umsatz«* genannt.
- *Dividende*. Aktiengesellschaften zahlen einen Teil ihrer Gewinne an die Aktionäre aus; diese Zahlung wird *Dividende* genannt. (Nicht ausgezahlte Gewinne werden *»einbehaltene Gewinne«* genannt und von den Unternehmungen für zusätzliche Investitionen verwendet.) Die Zeitungen geben oftmals die im vergangenen Geschäftsjahr gezahlte Dividende pro Aktie an. Manchmal wird zusätzlich die *Dividendenrendite* – die Dividende ausgedrückt als Anteil am Aktienkurs – angegeben.
- *Kurs-Gewinn-Verhältnis (KGV)*. Der Ertrag einer Aktiengesellschaft, also ihr Gewinn, ist der Erlös, der durch den Verkauf von Produkten (oder Diensten) erzielt wird, abzüglich der Produktionskosten, wie sie von den Buchhaltern ermittelt werden. Ein Teil der Erträge wird in Form von Dividenden an die Aktionäre ausgeschüttet, der Rest verbleibt in der Unternehmung zum Zwecke neuer Investitionen. Das Kurs-Gewinn-Verhältnis, kurz KGV, ermittelt sich aus dem Aktienkurs einer Gesellschaft geteilt durch diejenige Summe, die die Unternehmung pro Aktie im Verlauf des vergangenen Jahres verdient hat. Historisch gesehen liegt das typische KGV bei etwa 15. Ein höheres KGV zeigt an, daß die Aktien einer Gesellschaft relativ teuer sind verglichen mit den jüngsten Gewinnen; dies läßt darauf schließen, daß die (potentiellen) Anleger entweder erwarten, daß die Gewinne in Zukunft steigen werden, oder daß die Aktie überbewertet ist. Umgekehrt gibt ein niedriges KGV an, daß die Aktien einer Gesellschaft relativ billig sind verglichen mit den jüngsten Gewinnen; dies läßt darauf schließen, daß die (potentiellen) Anleger entweder erwarten, daß die Gewinne in Zukunft fallen werden, oder daß die Aktie unterbewertet ist.

Warum stehen all diese Angaben jeden Tag in der Zeitung? Viele Menschen, die ihre Ersparnisse in Aktien anlegen, verfolgen diese Zahlen aufmerksam, um zu entscheiden, welche Aktien sie kaufen oder verkaufen sollen.

Andere Aktionäre folgen im Gegensatz dazu einer Kaufe-und-Halte-Strategie: Sie kaufen Aktien von bewährten Unternehmungen, halten diese für lange Zeit und reagieren nicht auf die täglichen Kursschwankungen, die in der Zeitung berichtet werden.

Finanzintermediäre

Finanzintermediäre sind Finanzinstitutionen, über welche Sparer finanzielle Mittel auf indirektem Weg an Schuldner weiterleiten (lassen) können. Der Ausdruck *Intermediär* verdeutlicht die Rolle dieser Institutionen als Mittler zwischen Sparern und Schuldnern. Im folgenden werden wir zwei der wichtigsten Finanzintermediäre genauer untersuchen – Banken und Kapitalanlage- bzw. Investmentgesellschaften.

Finanzintermediäre
Finanzinstitutionen, durch die Sparer indirekt Mittel für Schuldner bereitstellen können

Banken

Für den Fall, daß ein kleiner Gemüsehändler eine Erweiterung seines Geschäfts finanzieren möchte, wird er vermutlich eine andere Vorgehensweise als die BASF wählen. Im Gegensatz zur BASF wird es für den Gemüsehändler schwierig sein, sich Mittel über den Anleihe- oder Aktienmarkt zu verschaffen. Die meisten Käufer von Anleihen oder Aktien erwerben lieber Titel, die von größeren und bekannteren Unternehmungen ausgegeben werden. Höchstwahrscheinlich wird daher der kleine Gemüsehändler seine Geschäftsausweitung über einen Kredit einer örtlichen Bank finanzieren.

Banken sind diejenigen Finanzintermediäre, die den Menschen am geläufigsten sind. Eine Hauptaufgabe der Banken besteht darin, Einlagen von denjenigen anzunehmen, die sparen wollen, und diese Einlagen zur Kreditvergabe an diejenigen zu verwenden, die Geld aufnehmen möchten. Banken zahlen den Sparern Zinsen auf deren Einlagen und verlangen von den Schuldnern etwas höhere Zinsen für deren Kredite. Die Differenz zwischen diesen Zinssätzen deckt die Kosten der Banken und erbringt zusätzlich Gewinne für die Eigner der Banken.

Neben ihrer Rolle als Finanzintermediäre haben Banken eine zweite wichtige Aufgabe in der Volkswirtschaft: Sie erleichtern den Erwerb von Gütern und Dienstleistungen, indem sie es den Kunden ermöglichen, Schecks auf ihre Guthaben auszustellen. Anders ausgedrückt schaffen Banken damit spezielle Aktiva, die von den Kunden als *Tauschmittel* benutzt werden können. Ein Tauschmittel ist ein Gut, das die Menschen in einfacher Art und Weise nutzen können, um Transaktionen abzuwickeln. Die Aufgabe der Bereitstellung eines Tauschmittels unterscheidet Banken von vielen anderen Finanzinstitutionen. Aktien und Anleihen sind, ebenso wie Bankeinlagen, eine mögliche Art der *Wertaufbewahrung* für das Vermögen, das die Menschen durch Sparen angesammelt haben, aber der Zugang zu diesen Mitteln ist nicht so einfach, billig und schnell möglich wie das Ausstellen eines Schecks. Wir werden diese zweite Aufgabe der Banken hier fürs erste ignorieren, aber wir werden später darauf zurückkommen, wenn wir uns in einem weiteren Kapitel mit dem monetären System beschäftigen.

Investmentgesellschaften

Investment-gesellschaft
Eine Institution, die Aktien an die Öffentlichkeit ausgibt und die Einnahmen daraus dazu verwendet, ein Portfolio aus Aktien und Anleihen zu kaufen

Finanzintermediäre von zunehmender Bedeutung sind Investmentgesellschaften. Eine **Investmentgesellschaft** ist eine Institution, die Anteilsscheine an die Öffentlichkeit vergibt und die Einnahmen daraus dazu verwendet, eine Auswahl, ein *Portfolio*, von verschiedenen Aktien, Anleihen oder einer Kombination beider Anlageformen zu kaufen. Der Aktionär der Investmentgesellschaft akzeptiert damit alle Risiken und Erträge, die mit besagtem Portfolio verbunden sind. Steigt der Wert des Portfolios, so profitiert der Halter davon; weist das Portfolio eine sinkende Wertentwicklung auf, so muß der Halter den Verlust tragen.

In den Vereinigten Staaten sind Investmentgesellschaften weitverbreitet (deren Entwicklung ist im amerikanischen *Trennbankensystem* angelegt). In Deutschland haben erst wenige Fuß gefaßt. Hier ist es jedoch (im Rahmen des *Universalbankensystems*) üblich, daß *Investmentfonds* (Aktienfonds, Rentenfonds, kombinierte Fonds) hauptsächlich von Banken verwaltet werden.

Der wichtigste Vorteil von Investmentfonds liegt darin, daß sie es auch Menschen mit nur geringen Summen an Geld ermöglichen zu diversifizieren. Käufer von Aktien und Anleihen sollten den Rat beherzigen: Setze nicht alles auf ein Pferd. Da die Wertentwicklung einer einzelnen Aktie oder Anleihe vom Geschick der Unternehmung abhängt, ist es sehr riskant, nur eine Art von Aktie oder Anleihe zu halten. Diejenigen, die im Gegensatz dazu ein breiter gestreutes Portfolio oder Portefeuille an Aktien und Anleihen halten, stehen einem geringeren Risiko gegenüber, denn sie halten nur einen kleinen Anteil an jeder Unternehmung. Investmentgesellschaften machen diese Art der Diversifikation einfach. Selbst mit nur wenigen hundert DM oder $ kann man Anteile an einer Investmentgesellschaft erwerben und damit indirekt Anteilseigner oder Gläubiger vieler hundert größerer Unternehmungen werden. Die Gesellschaft, die den Investmentfonds betreut, erhebt für diese Dienstleistung eine Gebühr von den Aktionären, in der Regel zwischen 0,5 und 2% der Anlagebeträge pro Jahr.

Ein zweiter Vorteil, den man Investmentfonds zuschreibt, ist die Tatsache, daß diese dem ›Normalbürger‹ Zugang zu den Möglichkeiten eines professionellen Anlagemanagements gewähren. Die Manager der meisten Investmentfonds verfolgen sehr genau die Entwicklungen und Zukunftsaussichten derjenigen Unternehmungen, deren Aktien sie kaufen. Diese Manager kaufen Aktien von Unternehmungen, deren Zukunft sie rentabel einschätzen, und verkaufen Aktien von denjenigen Unternehmungen mit schlechteren Aussichten. Dieses professionelle Anlagemanagement, so wird argumentiert, erhöhe den Ertrag, den Besitzer von Investmentfonds auf ihre Ersparnisse erzielen.

Finanzökonomen stehen diesem zweiten Argument jedoch oftmals skeptisch gegenüber. Da täglich Tausende von Anlagemanagern die Gewinnaussichten einer jeden Unternehmung genau beobachten, spiegelt der Aktienkurs einer Unternehmung in der Regel ziemlich gut den wahren Wert der Unternehmung wider. Daraus ergibt sich, daß es sehr schwer ist, durch den Kauf von guten Aktien und den Verkauf von schlechten, »den Markt zu schlagen«. In der Tat weisen sogenannte *Indexfonds*, d. s. Investmentfonds, die alle Aktien eines bestimmten Aktienindex kaufen, durchschnittlich eine etwas bessere Entwicklung (*Performance* genannt) auf als Investmentfonds, die aktiv durch professionelle Anlagemanager geführt werden. Die Erklärung für die überlegene Performance der Indexfonds liegt darin, daß die Kosten niedrig gehalten werden, da sehr selten Posten gekauft oder verkauft werden und da keine Gehälter für professionelle Anlagemanager gezahlt werden müssen.

Wir fassen zusammen

In Deutschland und weltweit existiert eine Vielzahl von Finanzinstitutionen. Zusätzlich zum Anleihe- und Aktienmarkt sowie den Banken und Investmentgesellschaften gibt es auch noch Pensionsfonds, Kreditvereinigungen, Versicherungsgesellschaften und überdies vielleicht einen örtlichen Kredithai. Diese Institutionen unterscheiden sich in vielerlei Hinsicht. Für die Untersuchung der makroökonomischen Rolle des Finanzsystems ist es jedoch wichtiger, die Gemeinsamkeiten zwischen diesen Institutionen statt der Unterschiede im Gedächtnis zu behalten. Diese Finanzinstitutionen dienen alle demselben Zweck – sie leiten Ressourcen von den Sparern in die Hände von Schuldnern.

Was ist eine Aktie? Was ist eine Anleihe? Wie unterscheiden sich diese? In welcher Hinsicht ähneln sie sich?　　**Schnelltest**

Sparen und Investieren in der nationalen Einkommensrechnung

Die Geschehnisse innerhalb des Finanzsystems sind zentral für das Verständnis der Entwicklungen in der gesamten Volkswirtschaft. Wie wir gerade gesehen haben, erfüllen die Institutionen, die dieses System ausmachen – der Anleihemarkt, der Aktienmarkt, Banken und Investmentgesellschaften – die Aufgabe, die Ersparnisse und die Investitionen in einer Volkswirtschaft zu koordinieren. Und wie wir im vorherigen Kapitel gelernt haben, sind Ersparnisse und Investitionen wichtige Bestimmungsfaktoren für das langfristige Sozialproduktswachstum und den Lebensstandard. Als Ergebnis halten wir fest, daß Makroökonomen verstehen müssen, wie Finanzmärkte funktionieren und wie verschiedene Ereignisse und Politikmaßnahmen darauf Einfluß nehmen.

Als Ausgangspunkt für die Analyse der Finanzmärkte werden wir in diesem Abschnitt die makroökonomischen Schlüsselgrößen untersuchen, die Aktivitäten auf diesen Märkten messen. Unser Schwerpunkt liegt hier nicht auf dem Verhalten, sondern auf der Berechnung bzw. Bilanzierung (accounting). Die *Bilanzierung* bezieht sich darauf, wie die verschiedenen Zahlen definiert und zusammengezählt werden. Genau wie ein Buchhalter Einzelpersonen hilft, das Einkommen und die Ausgaben aufzurechnen, so verrichtet ein Buchhalter auf nationaler Ebene dieselbe Aufgabe für die Gesamtwirtschaft. Die nationale Einkommensstatistik umfaßt insbesondere das Bruttoinlandsprodukt (BIP) und die vielen damit verbundenen Aufstellungen.

Die Regeln für die Berechnung des Sozialprodukts beinhalten einige wichtige Identitäten. Erinnern Sie sich daran, daß eine *Identität* eine Gleichung ist, die erfüllt sein muß aufgrund der Definition der Variablen in dieser Gleichung. Es ist nützlich, diese Identitäten im Gedächtnis zu behalten, denn sie zeigen, wie unterschiedliche Variablen miteinander in Verbindung stehen. Wir werden nun einige bilanzielle Identitäten betrachten, die ein Licht auf die makroökonomische Rolle der Finanzmärkte werfen.

Einige wichtige Identitäten

Sie erinnern sich sicherlich daran, daß das Bruttoinlandsprodukt (BIP) sowohl das gesamte Einkommen einer Volkswirtschaft als auch die gesamten Ausgaben dieser Volkswirtschaft mißt. Das BIP (mit Y abgekürzt) läßt sich in vier Ausgabenkomponenten unterteilen: Konsum (C), Investitionen (I), Staatsausgaben (G) und Nettoexporte (NX). Wir schreiben

$$Y = C + I + G + NX.$$

Diese Gleichung ist eine Identität, denn jede DM an Ausgaben, die auf der linken Seite der Gleichung auftaucht, zeigt sich auch in einer der vier Komponenten auf der rechten Seite. Aufgrund der Definition und Messung dieser Variablen muß diese Gleichung stets erfüllt sein.

In diesem Kapitel vereinfachen wir unsere Analyse durch die Annahme, die zu untersuchende Volkswirtschaft sei geschlossen. Eine *geschlossene Volkswirtschaft* ist eine Volkswirtschaft, die nicht mit anderen Volkswirtschaften in Interaktion steht. Insbesondere beteiligt sich eine geschlossene Volkswirtschaft nicht am internationalen Waren- und Dienstleistungsaustausch, ebensowenig wie am internationalen Kapitalverkehr. Selbstverständlich sind die Volkswirtschaften der wirklichen Welt *offene Volkswirtschaften*, d.h. sie stehen in Wechselbeziehung mit anderen Volkswirtschaften rund um den Erdball. (Wir werden die Makroökonomik offener Volkswirtschaften an späterer Stelle in diesem Buch untersuchen.) Nichtsdestotrotz ist die Annahme einer geschlossenen Volkswirtschaft eine nützliche Vereinfachung, mit deren Hilfe wir einige Einsichten gewinnen können, die auf alle Volkswirtschaften anwendbar sind. Darüber hinaus ist diese Annahme bei Betrachtung der Weltwirtschaft als Ganze in vollem Umfang gerechtfertigt (denn interplanetarischer Handel ist noch nicht an der Tagesordnung).

Da eine geschlossene Volkswirtschaft sich nicht am internationalen Handel beteiligt, betragen die Importe und Exporte genau null. In diesem Fall können wir schreiben

$$Y = C + I + G$$

Diese Gleichung gibt an, daß sich das BIP als Summe aus Konsum, Investitionen und Staatsausgaben errechnet. Jede Einheit an Output, die in einer geschlossenen Volkswirtschaft verkauft wird, wird entweder konsumiert oder investiert oder vom Staat erworben.

Um zu sehen, was uns diese Identität über die Finanzmärkte sagen kann, subtrahieren wir C und G von beiden Seiten der Gleichung. Wir erhalten

$$Y - C - G = I$$

Die linke Seite dieser Gleichung $(Y - C - G)$ gibt das Gesamteinkommen der Volkswirtschaft an, das nach der Bezahlung der Konsumwünsche und der Staatskäufe verbleibt: Diese Größe wird **nationale bzw. gesamtwirtschaftliche Ersparnis**, oder einfach **Ersparnis**, genannt und wird mit S bezeichnet. Wenn wir $Y - C - G$ durch S ersetzen, so können wir die letzte Gleichung wie folgt schreiben

$$S = I$$

Diese Gleichung sagt uns, daß die Ersparnis den Investitionen entspricht. Um die Bedeutung der Ersparnis zu verstehen, ist es hilfreich, die Definition noch ein wenig weiter umzuformulieren. Nun soll T für den Betrag stehen, den der Staat von den Haushalten über Steuern einsammelt, abzüglich desjenigen Betrags, den der Staat an die Haushalte in Form von Transferleistungen (z.B. als Sozialhilfe) zurückzahlt. Dann können wir die Ersparnis in einer der beiden folgenden Formen ausdrücken:

$$S = Y - C - G$$

oder

$$S = (Y - T - C) + (T - G)$$

Diese zwei Gleichungen sind identisch, da die beiden T's in der zweiten Gleichung sich gegenseitig aufheben, aber jede einzelne Gleichung spiegelt eine bestimmte Denkart bezüglich der nationalen Ersparnis wider. Insbesondere die zweite Gleichung teilt die Ersparnis in zwei Teile auf: private Ersparnis $(Y - T - C)$ und öffentliche Ersparnis $(T - G)$.

Betrachten wir nun jeden Teil einzeln. Die **private Ersparnis** ist derjenige Betrag des Einkommens, der den Haushalten nach Abzug der Steuerzahlungen und der Konsumausgaben verbleibt. Da die Haushalte ein Einkommen von Y erhalten, Steuern in Höhe von T zahlen und den Betrag C für Konsum ausgeben, ergibt sich die private Ersparnis als $Y - T - C$. Die **öffentliche Ersparnis** ist der Betrag an Steuereinnahmen, der dem Staat nach Zahlung seiner Ausgaben verbleibt. Der Staat erhält Steuereinnahmen in Höhe von T und gibt G für Güter und Dienstleistungen aus. Übersteigen die Steuereinnahmen T die Staatsausgaben G, so erzielt der Staat einen **Budgetüberschuß**, denn er erhält mehr Geld als er ausgibt. Dieser Über-

nationale bzw. gesamtwirtschaftliche Ersparnis (Ersparnis)
Das Gesamteinkommen einer Volkswirtschaft, das nach Abzug der Ausgaben für Konsum und Staatsverbrauch übrigbleibt

Private Ersparnis
Das Einkommen, das den Haushalten nach Abzug der Steuern und Konsumausgaben verbleibt

Öffentliche Ersparnis
Die Steuereinnahmen, die dem Staat nach Abzug der Staatsausgaben verbleiben

Budgetüberschuß
Die Steuereinnahmen übersteigen die Staatsausgaben

schuß $T - G$ ist die staatliche Ersparnis. Gibt der Staat mehr aus als er über die Steuern einnimmt (wie dies in der jüngeren deutschen Vergangenheit der Fall war), so ist G größer als T. In diesem Fall liegt ein staatliches **Budgetdefizit** vor, und die öffentliche Ersparnis $T - G$ fällt negativ aus.

Budgetdefizit
Die Steuereinnah-
men fallen geringer
aus als die Staatsaus-
gaben

Überlegen Sie nun, wie diese buchhalterischen Identitäten mit den Finanzmärkten in Verbindung stehen. Die Gleichung $S = I$ deckt eine wichtige Tatsache auf: *Für eine Volkswirtschaft als Ganze muß die Ersparnis den Investitionen entsprechen.* Diese Tatsache wirft jedoch einige wichtige Fragen auf: Welche Mechanismen verbergen sich hinter dieser Identität? Wie findet die Koordination zwischen denjenigen, die darüber entscheiden, wieviel sie sparen möchten, und denjenigen, die darüber entscheiden, wieviel sie investieren möchten, statt? Die Antwort liegt im Finanzsystem. Der Anleihemarkt, der Aktienmarkt und die anderen Finanzmärkte sowie die Intermediäre stehen zwischen diesen beiden Seiten der Gleichung $S = I$. Sie erhalten die Ersparnis des entsprechenden Landes und lenken diese in Investitionen um.

Die Bedeutung von Ersparnis und Investitionen

Die Begriffe *Ersparnis* und *Investition* können manchmal verwirrend sein. Die meisten Menschen benutzen diese Begriffe beiläufig und manchmal auch austauschbar. Im Gegensatz dazu benutzen Makroökonomen, die die nationale Einkommensrechnung aufstellen, diese Begriffe sorgfältig und genau definiert.

Betrachten Sie ein Beispiel. Nehmen Sie an, Larry verdiene mehr als er ausgibt; er legt sein nicht ausgegebenes Einkommen bei einer Bank ein oder verwendet es dazu, Anleihen oder Aktien einer Unternehmung zu kaufen. Da Larrys Einkommen seine Konsumausgaben übersteigt, trägt er zur nationalen Ersparnis bei. Larry selbst mag denken, er investiere sein Geld, aber ein Makroökonom würde Larrys Tun eher als Ersparnis denn als Investition betrachten.

In der Sprache der Makroökonomen beziehen sich Investitionen auf den Kauf von neuem Kapital, wie beispielsweise Ausstattung oder Immobilien. Nimmt Moe einen Bankkredit auf, um sich ein Haus zu bauen, so trägt er zu den gesamtwirtschaftlichen Investitionen bei. Ähnlich liegt der Fall, wenn die Curly Corporation Aktien ausgibt und die Einnahmen daraus dazu verwendet, eine neue Fabrikanlage zu bauen; auch dies zählt zu den gesamtwirtschaftlichen Investitionen.

Obwohl die bilanzielle Identität $S = I$ zeigt, daß für die Volkswirtschaft als Ganze Ersparnis und Investitionen übereinstimmen, muß dies nicht für jeden einzelnen Haushalt und jede einzelne Unternehmung gelten. Larrys Ersparnis kann größer sein als seine Investitionen, und er kann den Überschuß bei einer Bank einlegen. Moes Ersparnis kann geringer ausfallen als seine Investitionen, und er kann die fehlende Summe von einer Bank leihen. Banken und andere Finanzinstitutionen machen diese individuellen Unterschiede zwischen Ersparnis und Investitionen möglich, indem sie es erlauben, daß die Ersparnisse einer Person die Investitionen einer anderen Person finanzieren.

Definieren Sie private Ersparnis, öffentliche Ersparnis, gesamtwirtschaftliche Ersparnis und Investitionen. In welcher Verbindung stehen diese Begriffe zueinander?

Schnelltest

Der Kreditmarkt

Nachdem wir nun einige der wichtigen Finanzinstitutionen und deren makroökonomische Bedeutung untersucht haben, sind wir so weit, daß wir ein Modell der Finanzmärkte erstellen können. Unser Zweck bei der Erstellung dieses Modells liegt darin zu erklären, wie die Finanzmärkte die Ersparnis und die Investitionen einer Volkswirtschaft koordinieren. Dieses Modell gibt uns ein Werkzeug an die Hand, mit Hilfe dessen wir verschiedene staatliche Maßnahmen, die Ersparnis und Investitionen beeinflussen, analysieren können.

Um die Analyse einfach zu halten, nehmen wir an, die betrachtete Volkswirtschaft besitze nur einen Finanzmarkt, nämlich den Markt für Kreditmittel (ausleihbare Mittel – loanable funds), kurz: den Kreditmarkt. Alle Sparer legen auf diesem Markt ihre Ersparnisse an, und alle Schuldner erhalten auf diesem Markt ihre Kredite. Auf diesem Markt existiert ein einziger Zinssatz, der gleichzeitig dem Ertrag der Ersparnisse und den Kosten der Kreditaufnahme entspricht.

Die Annahme eines einzigen Finanzmarktes ist natürlich nicht in vollem Umfang auf die Realität zu übertragen. Wie wir gesehen haben, existieren in einer Volkswirtschaft viele Arten von Finanzinstitutionen. Wie wir aber in Kapitel 2 gelernt haben, besteht die Kunst der ökonomischen Modellbildung darin, die Welt zu vereinfachen, um sie zu erklären. Für die hier verfolgten Zwecke ist es angemessen, die Unterschiedlichkeit der Finanzinstitutionen zu vernachlässigen und anzunehmen, die Volkswirtschaft weise nur einen einzigen Finanzmarkt, den Kreditmarkt, auf.

Der Kapitalmarkt, hier: der Kreditmarkt
Der Markt, auf dem diejenigen, die sparen möchten, Mittel anbieten, und diejenigen, die investieren wollen, Mittel nachfragen

Angebot an und Nachfrage nach Kreditmitteln

Der Kreditmarkt einer Volkswirtschaft wird, ebenso wie andere Märkte der Volkswirtschaft, durch Angebot und Nachfrage bestimmt. Um zu verstehen, wie der Kreditmarkt funktioniert, werfen wir zunächst einmal einen Blick auf die Quellen von Angebot und Nachfrage auf diesem Markt.

Das Angebot an Mitteln stammt von denjenigen Menschen, die einen (derzeit überzähligen) Teil ihres Einkommens sparen und verleihen wollen. Diese »Ausleihung« (Banksprache) kann auf direktem Weg vonstatten gehen, z.B. wenn ein Haushalt eine Anleihe einer Unternehmung erwirbt, oder auf indirektem Weg realisiert werden, z.B. wenn ein Haushalt eine

Bankeinlage macht, die die Bank wiederum zur Kreditvergabe verwendet. In beiden Fällen ist Ersparnis die Quelle des Angebots an Kreditmitteln.

Die Nachfrage nach Kreditmitteln stammt von Haushalten und Unternehmungen, die Mittel aufnehmen möchten, um Investitionen durchzuführen. Diese Nachfrage kann von Familien stammen, die eine Hypothek aufnehmen möchten, um ein Haus zu kaufen, ebenso wie von Unternehmungen, die finanzielle Mittel benötigen, um neue Maschinen zu kaufen oder Fabrikgebäude zu bauen. In beiden Fällen sind Investitionen die Quelle der Nachfrage nach Kreditmitteln.

Der Zinssatz ist der Preis für einen Kredit. Er gibt an, was Schuldner für den Kredit zahlen müssen und was Gläubiger für ihre Ersparnis erhalten. Da ein hoher Zinssatz die Kreditaufnahme verteuert, fällt die nachgefragte Menge an Kreditmitteln mit steigendem Zinssatz. Analog dazu steigt die angebotene Menge an Kreditmitteln mit steigendem Zinssatz, da ein hoher Zinssatz das Sparen attraktiver macht. Anders ausgedrückt bedeutet dies, daß die Nachfragekurve nach Kreditmitteln fallend verläuft und die Angebotskurve an Kreditmitteln steigend.

Das Schaubild 25-1 gibt denjenigen Zinssatz an, der Angebot an und Nachfrage nach Kreditmitteln in Übereinstimmung bringt. Im hier ermittelten Gleichgewicht soll der Zinssatz 5% betragen und die nachgefragte und angebotene Menge an Kreditmitteln soll jeweils bei 1.200 Mrd. DM liegen. Die Anpassung des Zinssatzes hin auf das gleichgewichtige Niveau geschieht auch hier aus den üblichen Gründen. Wäre der Zinssatz niedriger als sein Gleichgewichtswert, wäre die Menge der angebotenen Kreditmittel geringer als die nachgefragte Menge. Die daraus resultierende Verknappung der Kreditmittel würde die Gläubiger ermutigen, den geforderten Zinssatz zu erhöhen. Läge umgekehrt der Zinssatz über seinem gleichgewichtigen Wert, würde die angebotene Menge die nachgefragte Menge an Kreditmitteln übersteigen. Da die Gläubiger um die knappen Schuldner in

Schaubild 25-1.
Der Kreditmarkt. Der Zinssatz paßt sich an, um das Angebot an und die Nachfrage nach Kreditmitteln in einer Volkswirtschaft in Übereinstimmung zu bringen. Das Angebot an Kreditmitteln stammt aus der nationalen Ersparnis, die sowohl die private Ersparnis als auch die öffentliche Ersparnis umfaßt. Die Nachfrage nach Kreditmitteln kommt von seiten der Unternehmungen und Haushalte, die Geld zu Investitionszwecken aufnehmen möchten. Hier liegt der gleichgewichtige Zinssatz bei 5%; zu diesem Zinssatz werden 1.200 Mrd. DM an Kreditmitteln angeboten und nachgefragt.

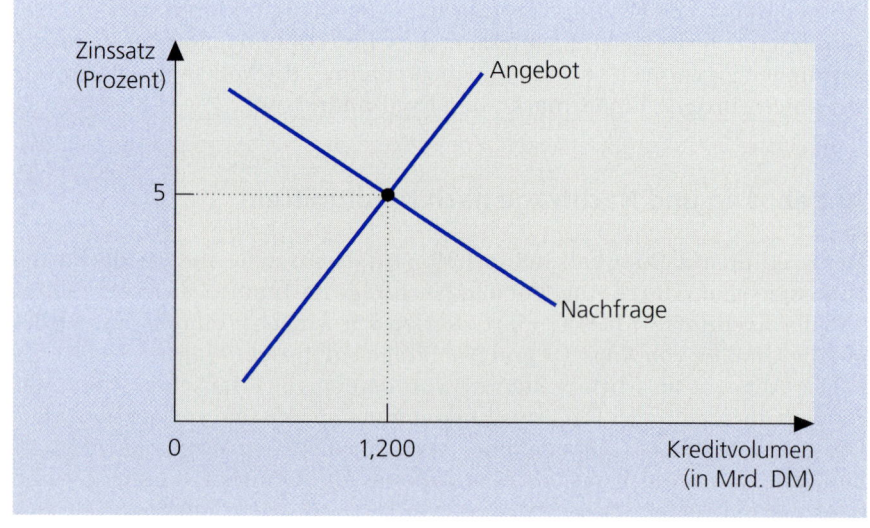

Konkurrenz untereinander stehen, würden die Zinsen im Wettbewerbs-prozeß fallen. In dieser Art und Weise nähert sich der Zinssatz an sein Gleichgewichtsniveau an, bei dessen Erreichen Angebot an und Nachfrage nach Kreditmitteln sich genau entsprechen.

Erinnern Sie sich daran, daß Ökonomen zwischen dem realen Zinssatz und dem nominalen Zinssatz unterscheiden. Der *Nominalzins* ist derjenige Zins, der in der Regel genannt wird – der monetäre Ertrag aus der Ersparnis und die Kosten der Kreditaufnahme. Der *Realzins* ist der Nominalzins korrigiert um die Inflation; er entspricht dem Nominalzinssatz abzüglich der Inflationsrate. Da Inflation den Wert des Geldes im Zeitablauf mindert, gibt der Realzins den realen Ertrag der Ersparnis bzw. die Kosten der Kreditaufnahme genauer wieder. Daher sind Angebot an und Nachfrage nach Kreditmitteln vom realen (eher als vom nominalen) Zinssatz ab-hängig, und das in Schaubild 25-1 ermittelte Gleichgewicht sollte dahin-gehend interpretiert werden, daß damit der Realzins in der Volkswirtschaft bestimmt wird. Für den Fortgang des Kapitels sollten Sie daher bei dem Begriff *Zinssatz* stets daran denken, daß wir hier über den Realzinssatz sprechen.

Dieses Modell zu Kreditangebot und -nachfrage zeigt, daß Finanzmärkte sehr ähnlich wie auch andere Märkte der Volkswirtschaft funktionieren. So paßt sich beispielsweise auf dem Milchmarkt der Milchpreis so an, daß die angebotene Menge an Milch der nachgefragten Menge an Milch entspricht. So koordiniert die unsichtbare Hand das Verhalten der Milchbauern und das Verhalten der Milchtrinker. Haben wir einmal erkannt, daß die Erspar-nis das Angebot an Kreditmitteln und die Investitionen die Nachfrage nach Kreditmitteln darstellen, so können wir sehen, wie die unsichtbare Hand Ersparnis und Investitionen koordiniert. Paßt der Zinssatz sich an, um Angebot an und Nachfrage nach Mitteln auf dem Kreditmarkt in Überein-stimmung zu bringen, so wird damit das Verhalten von denjenigen, die sparen wollen (die Anbieter von Kreditmitteln), und das Verhalten derje-nigen, die investieren wollen (die Nachfrager nach Kreditmitteln), koordi-niert.

Wir können nun diese Analyse des Kreditmarktes dazu verwenden, un-terschiedliche staatliche Maßnahmen zu untersuchen, die die Ersparnis und die Investitionen einer Volkswirtschaft beeinflussen. Da dieses Modell Angebot und Nachfrage auf einem speziellen Markt skizziert, untersuchen wir jede der folgenden wirtschaftspolitischen Maßnahmen anhand der drei Schritte, die wir in Kapitel 4 eingeführt haben. In einem ersten Schritt entscheiden wir, ob die entsprechende Maßnahme die Angebotskurve oder die Nachfragekurve verschiebt. In einem zweiten Schritt bestimmen wir die Richtung der Verschiebung. In einem dritten Schritt schließlich verwenden wir das Angebots-und-Nachfrage-Schema, um zu sehen, wie sich das Gleichgewicht verändert.

Politik Nr. 1: Steuern und Ersparnis

Amerikanische Familien sparen einen geringeren Anteil ihres Einkommens als vergleichbare Familien in vielen anderen Ländern, wie z.B. Deutschland und Japan. Obwohl die Gründe für diese internationalen Unterschiede unklar sind, erachten viele amerikanische Politiker die niedrige Sparquote als wichtiges Problem. Eine der zehn Grundregeln der Volkswirtschaft aus Kapitel 1 besagt, daß der Lebensstandard eines Landes von seiner Fähigkeit zur Güterproduktion abhängt. Und wie wir im vorangegangenen Kapitel gelernt haben, ist die Ersparnis ein wichtiger langfristiger Bestimmungsfaktor für die Produktivität eines Landes. Könnten also die Vereinigten Staaten auf irgendeine Art und Weise ihre *Sparquote* auf das in anderen Ländern vorherrschende Niveau bringen, so würde die Wachstumsrate des BIP ansteigen, und die U.S.-Bürger könnten einen höheren Lebensstandard genießen.

Eine weitere der zehn Regeln der Volkswirtschaft besagt, daß Menschen auf Anreize reagieren. Viele Ökonomen haben diesen Grundsatz zur Stützung der These verwendet, die niedrige Sparquote in den Vereinigten Staaten sei zumindest teilweise auf die Steuergesetzgebung zurückzuführen, die das Sparen hemme. Die amerikanische Bundesregierung sowie auch viele der Bundesstaaten erzielen Einnahmen durch die Besteuerung von Einkommen, einschließlich Zins- und Dividendeneinkommen. Um die Wirkungen dieser Politik zu untersuchen, betrachten wir einen 25jährigen, der 1.000 $ spart und eine 30jährige Anleihe kauft, die eine Verzinsung von 9% abwirft. Ohne Berücksichtigung von Steuern sind die 1.000 $ auf 13.268 $ angewachsen, wenn der Betreffende 55 Jahre alt ist. Werden die Zinseinkünfte jedoch z.B. mit 33% besteuert, so beträgt die Verzinsung nach Steuern nur noch 6%. In diesem Fall wachsen die ursprünglichen 1.000 $ innerhalb von 30 Jahren nur auf 5.743 $ an. Die Steuer auf Zinseinkommen reduziert die zukünftigen Erträge der gegenwärtigen Ersparnis daher beträchtlich; im Ergebnis wird damit der Anreiz der Menschen zum Sparen reduziert.

Auch in Deutschland – und hier fällt die Sparquote im internationalen Vergleich noch relativ hoch aus – werden Zinseinkünfte besteuert, allerdings erst wenn diese eine bestimmte Grenze, den sogenannten Freibetrag, übersteigen. Dieser Freibetrag liegt für Ledige bei 3.000 (3.100) DM pro Jahr, für Verheiratete bei 6.000 (6.200) DM pro Jahr. Zinseinkünfte, die darüber hinaus anfallen, unterliegen einer sog. Zinsabschlagsteuer von 30%. Der Steuerabzug geschieht direkt bei Anfall der Zinseinkünfte, also an der Quelle (daher wird diese Steuer auch Quellensteuer genannt); diese Zahlungen werden jedoch als Vorauszahlung auf die Einkommensteuerschuld angerechnet.

Als Antwort auf dieses Problem haben viele Ökonomen und Gesetzgeber vorgeschlagen, die Steuergesetzgebung dahingehend zu ändern, daß höhere Ersparnisse gefördert werden. So gibt es Modelle, die die Einkommensbesteuerung oder zumindest Teile davon durch eine stärkere Konsumbesteuerung ersetzen möchten. Bei Vorliegen einer Konsumsteuer wird das Einkommen, das gespart wird, erst dann besteuert, wenn es zu einem späteren Zeitpunkt ausgegeben wird; die bekannteste Konsumsteuer ist die Mehrwertsteuer, die auch heute schon zur staatlichen Einnahmenerzielung erhoben wird (mit Sätzen von 16% bzw. 7%). Ein bescheidenerer Vorschlag liegt darin, einige bestimmte Spararten von der Besteuerung auszunehmen; dies ist in der Bundesrepublik z.B. bei Lebensversicherungen der Fall (eine Besteuerung der Erträge ist aber seit einiger Zeit im Gespräch). Wir wollen nun einen solchen Anreiz, mehr zu sparen, auf dem Markt für Kreditmittel, wie er in Schaubild 25-2 dargestellt ist, untersuchen.

Erstens gilt es zu klären, welche Kurve von dieser Politik direkt betroffen ist. Da die Änderung in der Besteuerung den Sparanreiz der Haushalte *bei jedem gegebenen Zinssatz* ändert, wird die zu jedem Zinssatz angebotene Menge an kreditfähigen Mitteln beeinflußt. Also wird sich die Angebotskurve für Kreditmittel verschieben. Da die Änderung in der Besteuerung den Betrag, den die Schuldner zu jedem gegebenen Zinssatz aufnehmen möchten, nicht direkt beeinflußt, bleibt die Nachfrage nach Kreditmitteln unverändert.

Zweitens muß untersucht werden, in welche Richtung die Kurvenverschiebung stattfindet. Da die Ersparnis nach Durchführung der Steuererleichterungen geringer besteuert wird als unter der herrschenden Gesetzgebung, werden die Haushalte ihre Ersparnis erhöhen, indem sie einen geringeren Anteil ihres Einkommens für Konsumzwecke ausgeben. Die Haushalte werden diese zusätzliche Ersparnis dazu verwenden, ihre Bankeinlagen zu erhöhen oder mehr Anleihen zu kaufen. Das Angebot an Kreditmitteln steigt damit an und die Angebotskurve verschiebt sich nach rechts, von S_1 nach S_2, wie in Schaubild 25-2 dargestellt.

Und schließlich können wir drittens das alte und das neue Gleichgewicht vergleichen. In unserer Darstellung reduziert das erhöhte Angebot an Kre-

Schaubild 25-2
Ein Anstieg des Angebots an Kreditmitteln. Eine Änderung der Steuergesetzgebung hin zu höheren Sparanreizen würde die Angebotskurve für Kreditmittel von S_1 nach S_2 nach rechts verschieben. Im Ergebnis würde damit der gleichgewichtige Zinssatz fallen, und die niedrigeren Zinsen würden sich vorteilhaft auf die Investitionen auswirken. In unserem hier gewählten Beispiel fällt der Zinssatz von 5% auf 4% und die Menge an gesparten und investierten Mitteln steigt von 1.200 Mrd. DM auf 1.600 Mrd. DM.

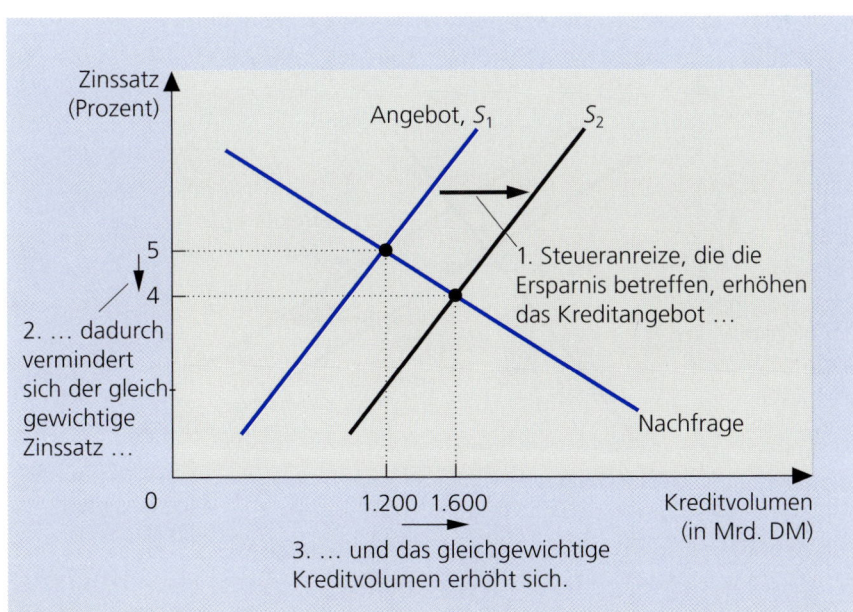

Zinssatz (Prozent)

Angebot, S_1 S_2

5
4

2. ... dadurch vermindert sich der gleichgewichtige Zinssatz ...

1. Steueranreize, die die Ersparnis betreffen, erhöhen das Kreditangebot ...

Nachfrage

0   1.200 1.600   Kreditvolumen (in Mrd. DM)

3. ... und das gleichgewichtige Kreditvolumen erhöht sich.

ditmitteln den Zinssatz von 5% auf 4%. Der niedrigere Zinssatz erhöht die Menge der nachgefragten Kreditmittel von 1.200 Mrd. DM auf 1.600 Mrd. DM. D.h. die Verschiebung der Angebotskurve bewegt das Marktgleichgewicht entlang der Nachfragekurve. Bei geringeren Kreditkosten sind Haushalte und Unternehmungen gewillt, sich höher zu verschulden, um größere Investitionen zu finanzieren. *Wenn also eine Änderung der Steuergesetzgebung dahingehend wirkt, daß sie die Ersparnis stimuliert, so wird dies in niedrigeren Zinssätzen und höheren Investitionen resultieren.*

Obwohl diese Analyse der Auswirkungen einer erhöhten Ersparnis unter Ökonomen breite Zustimmung erfährt, so ist die Frage, welche Steueränderungen vorgenommenen werden sollten, weitaus umstrittener. Viele Ökonomen unterstützen eine Steuerreform, die darauf abzielt, die Ersparnis zu erhöhen, um so Investitionen und Wachstum zu stimulieren. Andere hingegen bleiben skeptisch, ob diese Steueränderungen große Auswirkungen auf die nationale Ersparnis hätten. Diese Skeptiker zweifeln auch an der Ausgewogenheit der vorgeschlagenen Reformen. Sie argumentieren, daß oftmals der Nutzen aus einer Steueränderung in erster Linie den Reichen zugute käme, die eine Steuererleichterung am wenigsten benötigten. Wir werden diese Debatte nochmals ausführlicher im letzten Kapitel dieses Buches führen.

Schaubild 25-3
Ein Anstieg der Nachfrage nach Kreditmitteln. Wenn die Verabschiedung eines Gesetzes, das Investitionen begünstigt, die deutschen Unternehmungen dazu veranlaßt, mehr zu investieren, steigt die Nachfrage nach Kreditmitteln. Im Ergebnis wird der gleichgewichtige Zinssatz ansteigen, und der höhere Zinssatz wird die Ersparnis befördern. Wenn wie in unserem Beispiel sich die Nachfragekurve von D_1 nach D_2 verschiebt, so steigt der gleichgewichtige Zinssatz von 5% auf 6%, und die im Gleichgewicht gesparte und investierte Kreditsumme steigt von 1.200 Mrd. DM auf 1.400 Mrd. DM.

Politik Nr. 2: Steuern und Investitionen

Stellen Sie sich vor, der Bundestag verabschiedet ein Gesetz, das jeder Unternehmung, die eine neue Fabrikanlage errichtet, Steuerminderungen erlaubt. Dies kann man mit dem Begriff *Investitionssteuerfreibetrag bzw.*

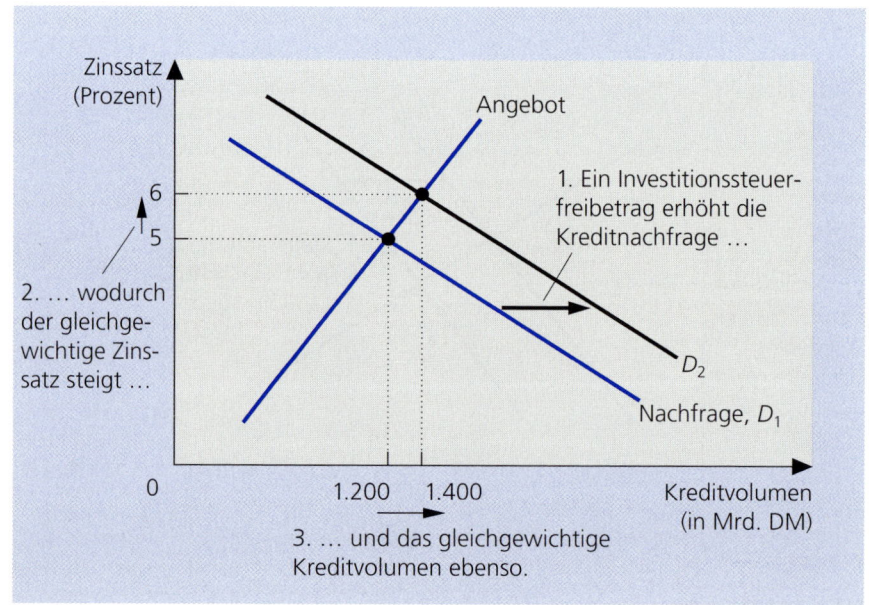

Investitionssteuergutschrift bezeichnen; im Zuge der deutsch-deutschen Vereinigung wurde eine Fülle solcher Maßnahmen (insbesondere auch investitionsfördernde Abschreibungsmodelle) wirksam. Wir wollen nun die Wirkungen eines solchen Gesetzes auf dem Kreditmarkt untersuchen; die zugehörige graphische Darstellung ist das Schaubild 25-3.

Die erste Frage muß wieder lauten, ob dieses Gesetz das Angebot oder die Nachfrage beeinflußt. Da die Steuererleichterung den Anreiz der Unternehmungen zur Aufnahme von Mitteln und zu Investitionen in neues Kapital verändert, wird es die Nachfrage nach Kreditmitteln beeinflussen. Da jedoch im Gegensatz dazu diese Steuererleichterungen den Betrag, den die Haushalte bei jedem gegebenen Zinssatz sparen wollen, nicht beeinflußt, wird die Angebotskurve für Kreditmittel nicht berührt werden.

Die zweite Frage ist auch hier wieder, in welche Richtung sich die Nachfragekurve verschiebt. Da für die Unternehmungen ein Anreiz besteht, ihre Investitionen bei jedem gegebenen Zinssatz zu erhöhen, wird die nachgefragte Kreditsumme bei jedem gegebenen Zinssatz höher sein. Damit verschiebt sich die Kreditnachfragekurve nach rechts, von D_1 nach D_2, wie im Schaubild gezeigt.

Drittens überlegen wir uns wieder, wie sich das Gleichgewicht verändert. Im Schaubild 25-3 erhöht die gestiegene Nachfrage nach Kreditmitteln den Zinssatz von 5% auf 6%, und der höhere Zinssatz wiederum erhöht die angebotene Menge an Kreditmitteln von 1.200 Mrd. DM auf 1.400 Mrd. DM, da die Haushalte mit einem Anstieg der Ersparnis reagieren. Diese Veränderung im Haushaltsverhalten ist hier als eine Bewegung entlang der Angebotskurve dargestellt. *Wenn also eine Änderung der Steuergesetzgebung höhere Investitionen nach sich zieht, wird dies in höheren Zinssätzen und erhöhter Ersparnis resultieren.*

Politik Nr. 3: Staatliche Budgetdefizite

Eines der drängendsten Themen auf der politischen Agenda des zu Ende gehenden Jahrzehnts sind staatliche Budgetdefizite, insbesondere auch im Zusammenhang mit den Konvergenzkriterien der Europäischen Währungsunion. Gibt eine Regierung mehr aus als sie an Steuereinnahmen in die Kassen bekommt, so wird die Differenz *Budgetdefizit* genannt. Die Anhäufung von Budgetdefiziten aus früheren Perioden wird *Staatsverschuldung* genannt. In den vergangenen Jahren hat Deutschland aufgrund der Vereinigung hohe Budgetdefizite angesammelt, die in einem raschen Anstieg der Staatsverschuldung ihren Ausdruck fanden. Ein Großteil der öffentliche Debatte – insbesondere auch im Hinblick auf einige andere Länder, die im europäischen Rahmen noch weitaus höhere Defizite als Deutschland aufweisen – konzentrierte sich daher auf die Auswirkungen von Defiziten sowohl was die Allokation knapper Ressourcen einer Volkswirtschaft angeht als auch was das langfristige Wachstum anbetrifft.

Wir können die Auswirkungen eines Budgetdefizits wiederum anhand der drei vorherigen Schritte auf dem Markt für Kreditmittel untersuchen, wie es in Schaubild 25-4 dargestellt wird. Erstens: Welche Kurve verschiebt

Schaubild 25-4
Die Wirkungen eines staatlichen Budgetdefizits. Gibt der Staat mehr aus, als er an Steuern einnimmt, so reduziert das resultierende Budgetdefizit die nationale Ersparnis. Das Angebot an Kreditmitteln sinkt und der gleichgewichtige Zinssatz steigt. Wenn also der Staat Mittel aufnimmt, um sein Budgetdefizit zu finanzieren, so werden Haushalte und Unternehmungen verdrängt (crowding out), die ansonsten Mittel zu privaten Investitionszwecken aufgenommen hätten. In unserem Fall ergibt sich eine Verschiebung der Angebotskurve von S_1 nach S_2, der gleichgewichtige Zinssatz steigt von 5% auf 6%, und die im Gleichgewicht gesparte und investierte Kreditsumme fällt von 1.200 Mrd. DM auf 800 Mrd. DM.

sich, wenn das Budgetdefizit ansteigt? Erinnern Sie sich an dieser Stelle daran, daß die gesamtwirtschaftliche Ersparnis – die Quelle für das Angebot an Kreditmitteln – sich aus privater Ersparnis und öffentlicher Ersparnis zusammensetzt. Eine Änderung des staatlichen Budgetdefizits stellt damit eine Veränderung der öffentlichen Ersparnis und damit des Angebots an Kreditmitteln dar. Die Nachfragekurve nach Kreditmitteln bleibt unverändert.

Zweitens: In welche Richtung verschiebt sich die Angebotskurve? Erzielt die Regierung ein Budgetdefizit, so fällt die öffentliche Ersparnis negativ aus, und damit wird die nationale Ersparnis vermindert. Anders ausgedrückt bedeutet dies, wenn die Regierung Mittel aufnimmt, um das Budgetdefizit zu finanzieren, so reduziert sie damit das Angebot an Kreditmitteln, die den Haushalten und Unternehmungen zur Finanzierung ihrer Investitionsvorhaben zur Verfügung stehen. Also verschiebt ein Budgetdefizit die Angebotskurve für Kreditmittel nach links, von S_1 auf S_2, wie es das Schaubild 25-4 zeigt.

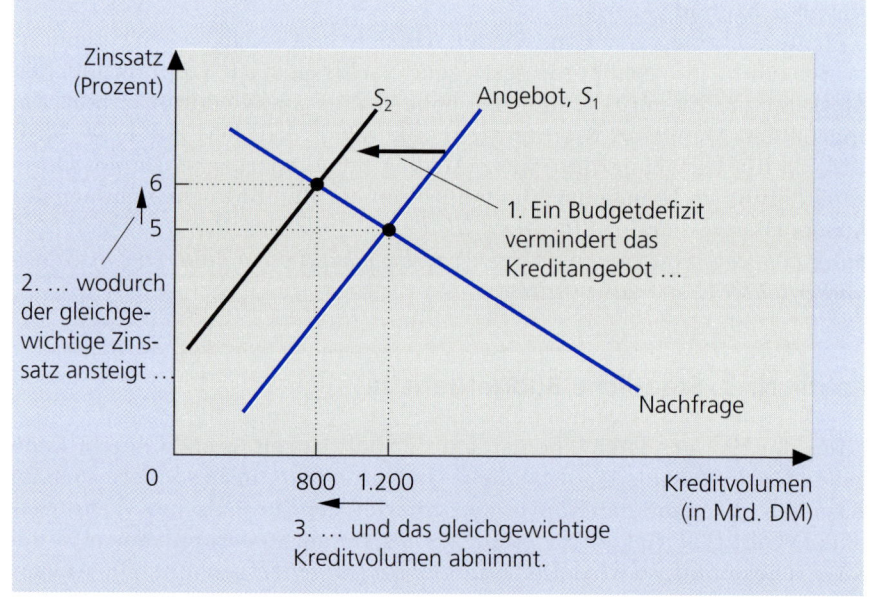

Drittens können wir das alte und das neue Gleichgewicht vergleichen. Das Budgetdefizit vermindert das Angebot an Kreditmitteln; in unserem Schaubild steigt der Zinssatz daraufhin von 5% auf 6%. Dieser höhere Zinssatz wirkt nun auf das Verhalten der Haushalte und Unternehmungen, die am Kreditmarkt auftreten. Viele Nachfrager nach Kreditmitteln werden entmutigt durch den höheren Zinssatz. Weniger Familien kaufen neue Häuser, und weniger Unternehmungen entscheiden sich für den Bau neuer Fabrikanlagen. Der Rückgang der Investitionen aufgrund staatlicher Kreditaufnahme wird **crowding out** (Verdrängung) genannt und läßt sich in unserer Abbildung an der Bewegung entlang der Nachfragekurve von einer ursprünglichen gleichgewichtigen Kreditsumme in Höhe von 1.200 Mrd.

crowding out (Verdrängung)
Ein Rückgang der Investitionen, der aus der Kreditaufnahme des Staates resultiert

DM hin zu einer Höhe von nur noch 800 Mrd. DM ablesen. Wenn also der Staat Mittel benötigt, um sein Budgetdefizit zu finanzieren, so werden damit private Schuldner, die versuchen, Investitionen zu finanzieren, verdrängt.

Damit folgt die grundsätzliche Erkenntnis über Budgetdefizite direkt aus deren Auswirkungen auf Angebot an und Nachfrage nach Kreditmitteln. *Reduziert der Staat die nationale Ersparnis durch die Anhäufung eines Budgetdefizits, so steigt der Zinssatz und die Investitionen gehen zurück.* Da Investitionen wichtig für das langfristige Wachstum sind, verringern staatliche Budgetdefizite die Wachstumsrate einer Volkswirtschaft.

Die Ricardianische Äquivalenz: Eine alternative Sichtweise staatlicher Budgetdefizite   Information

Obwohl die meisten Ökonomen die hier geschilderte Sichtweise unterstützen, daß Budgetdefizite die nationale Ersparnis verringern und private Investitionen verdrängen, gibt es eine kleine Gruppe, die diese Schlußfolgerung in Frage stellt. Deren Vertreter hängen einer Theorie an, die *Ricardianische Äquivalenz* genannt wird. Diese Ansicht wurde nach David Ricardo, einem berühmten Ökonomen des 19. Jahrhunderts, benannt, der als erster das theoretische Argument anführte (und der gleichzeitig daran zweifelte, ob es in der Praxis Gültigkeit habe).

Der Ricardianische Ansatz besagt folgendes: Stellen Sie sich vor, der Staat reduziere die Steuern ohne dabei die Staatsausgaben zurückzufahren. Als Ergebnis des Budgetdefizits fällt die öffentliche Ersparnis. Aber wenn die Haushalte all das sparen, was die Steuerreduzierung mehr in ihren Taschen läßt, statt einen Teil davon zu verausgaben, so wird die private Ersparnis genau um den Betrag steigen, um den die öffentliche Ersparnis fällt. Die nationale Ersparnis, die ja die Summe aus öffentlicher und privater Ersparnis ist, wird unverändert bleiben. Damit werden sich weder das Angebot an Kreditmitteln, noch der Zinssatz im Gleichgewicht ändern. In der Tat wird sich nichts ändern (außer der Aufteilung der nationalen Ersparnis in öffentliche und private Bestandteile). Die Situation mit Budgetdefizit entspricht genau derjenigen ohne Budgetdefizit.

Warum, so werden Sie nun fragen, sollten Haushalte die Steuerersparnis in vollem Umfang sparen? Entsprechend der Theorie der Ricardianischen Äquivalenz verstehen die Menschen angesichts eines Budgetdefizits, daß die Regierung in Zukunft die Steuern erhöhen muß, um die Schuldenlast abzutragen, die sie nun anhäuft. Eine Steuersenkung und das Budgetdefizit vermindern nicht die gesamte Steuerlast der Haushalte; sie bewirken lediglich eine Verschiebung in die Zukunft. In diesem Sinne ist die Steuersenkung, die durch ein Budgetdefizit finanziert wird, eher als Kredit des Staates denn als Geschenk anzusehen. Da eine solche Politik die Menschen nicht reicher macht als sie es zuvor waren, sollten diese das Geld auch nicht zur Erhöhung ihrer Ausgaben verwenden. Sie sollten vielmehr das Geld aus der Steuerersparnis vorsichtshalber für den Tag sparen, an dem der Kredit in Form von Steuererhöhungen fällig wird.

Viele Ökonomen verwerfen die Ricardianische Äquivalenz als rein theoretische Spekulation. Denn die hohen Budgetdefizite in den Vereinigten Staaten seit Anfang der 80er Jahre sowie in der Bundesrepublik seit der deutschen Vereinigung wurden keinesfalls durch einen Anstieg der privaten Ersparnis begleitet, wie Ricardos Theorie es erwarten ließe. In der Tat ist oftmals das genaue Gegenteil der Fall. So fiel beispielsweise in den Vereinigten Staaten mit fallender öffentlicher Ersparnis auch die private Ersparnis.

Die Theorie der Ricardianischen Äquivalenz wirft jedoch eine interessante Frage auf: Wenn ein Anstieg der Staatsverschuldung höhere Steuern in der Zukunft erforderlich macht – und diese Tatsache ist unbestritten – warum sparen Haushalte dann nicht in Erwartung dieser Steuern? Eine mögliche Erklärung dafür ist, daß die Haushalte zu kurzsichtig in ihren Entscheidungen agieren, um vorausschauend die Auswirkungen der aktuellen Wirtschaftspolitik einzukalkulieren. Eine andere mögliche Erklärung liegt darin, daß sie nicht erwarten, daß diese Steuererhöhungen sie selbst treffen, sondern spätere Generationen von Steuerzahlern. In der Tat verweisen viele Ökonomen auf die Umverteilung von Steuern zwischen den Generationen als einen wichtigen Aspekt einer Politik staatlicher Budgetdefizite.

Fallstudie   ### Staatsverschuldung und Budgetdefizite in Deutschland

Die Entwicklung der Staatsverschuldung spiegelt die Geschichte der Bundesrepublik Deutschland wider, wie anhand des Schaubildes 25-5 gezeigt werden kann. Während die absoluten Verschuldungszahlen stetig zunehmen, ist deutlich zu erkennen, daß zu Beginn der 60er Jahre, in der ›Wirtschaftswunderzeit‹, sowie auch zu Beginn der 70er Jahre eine Abnahme der relativen Belastung erzielt werden konnte. Rezessive Perioden, wie sie in den Jahren 1966, 1974 und 1981 zu verzeichnen waren, bewirkten ein starkes Anwachsen der Verschuldung, sowohl absolut wie auch relativ, deren Rückführung scheiterte. Ein weiterer großer Schub in der Verschuldung ergab sich im Zuge der deutschen Vereinigung.

Im vorangegangen Kapitel haben wir die Bedeutung der gesamtwirtschaftlichen Ersparnis für das langfristige Wachstum einer Volkswirtschaft erkannt. Die Tabelle 25-1 gibt einen Überblick über die Sparquoten, berechnet als Prozentsatz des verfügbaren Einkommens, im internationalen Vergleich für das Jahr 1996. Würde man die Entwicklung der Sparquoten im Zeitablauf über die letzten 15–20 Jahre betrachten, so wäre ein deutlicher Rückgang der Spareigung in so gut wie allen hier aufgeführten Ländern festzustellen. Wie die Tabelle 25-1 zeigt, liegt für das Jahr 1996 die deutsche Sparquote im Mittelfeld der hier angeführten Länder, während die amerikanische Sparquote vergleichsweise gering ausfällt. Dadurch daß der Staat jedoch Teile der Ersparnis des privaten Sektors zur Finanzierung des Budgetdefizits verwendet, entzieht er damit der Volkswirtschaft Ressourcen, die ansonsten zur Investition in neues Kapital hätten genutzt werden können – und damit wird die Entwicklung des Lebensstandards zukünftiger Generationen belastet. Persistente Budgetdefizite stellen daher ein ernstes

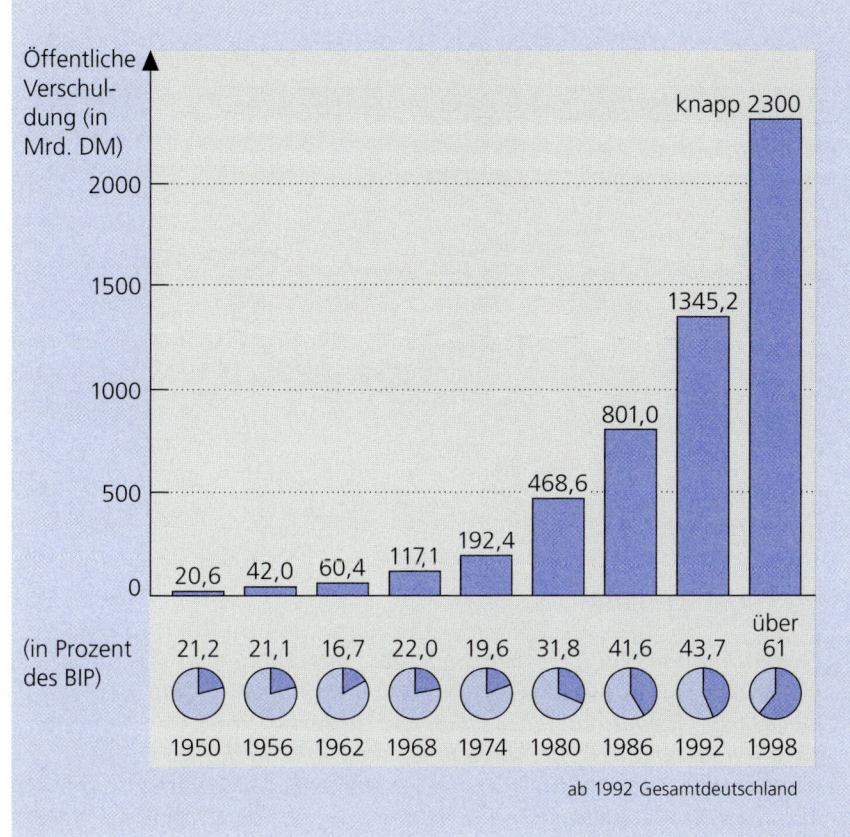

Schaubild 25-5
Die deutsche Staatsverschuldung. Die Staatsverschuldung wird hier in Milliarden DM sowie als Prozentsatz am BIP in 6-Jahres-Abständen für den Zeitraum von 1950 bis 1998 dargestellt.

wirtschaftspolitisches Problem dar, das auch von den meisten Politikern so gesehen wird. Uneinigkeit besteht jedoch in der Frage, wie das Budgetdefizit reduziert werden soll. Rein technisch sinkt das Defizit bei einer Erhöhung der Staatseinnahmen oder/und einer Senkung der Staatsausgaben. Als Möglichkeiten bieten sich Steuererhöhungen an (die möglicherweise nur die Wohlhabenderen betreffen), bei gleichzeitig nur geringer Senkung der Ausgaben. Eine andere Möglichkeiten wären Steuersenkungen (als Anreiz zu höherer privater Ersparnis) und stärkere Einschnitte bei den Staatsausgaben. Jede dieser Möglichkeiten läßt sich grob einer politischen Partei zuordnen. Dazu kommt jedoch auch noch die grundsätzliche Trägheit, solch tiefgreifende Eingriffe der einen oder anderen Art politisch umzusetzen. Daher haben sich die Budgetdefizite über lange Zeiträume nicht vermindert, sondern sind im Gegenteil noch angewachsen.

Wie die meisten politischen Auseinandersetzungen hat die Diskussion über das staatliche Budgetdefizit viele Facetten. Im abschließenden Kapitel dieses Buches werden wir einige weitere Aspekte ansprechen. Aber die grundsätzlichen Bausteine dieser Debatte sollten auch hier schon deutlich geworden sein. Immer wenn Politiker sich mit dem staatlichen Budgetdefizit und dessen Auswirkungen auf die Volkswirtschaft beschäftigen, sind

Sparen, Investieren und Zinssätze die hauptsächlichen Punkte, um die sich ihre Gedanken drehen.

Tabelle 25-1
Sparquoten im internationalen Vergleich. Diese Übersicht gibt die Sparquoten der USA, Japans, Kanadas und Australiens sowie der europäischen Länder für das Jahr 1996 in Prozent des verfügbaren Einkommens an. Wie man sieht, sind erhebliche Unterschiede zwischen den einzelnen Ländern festzustellen. Diese Divergenzen sind neben Mentalitätsunterschieden auch auf unterschiedliche Steuersysteme sowie unterschiedliche Sozial- und Rentensysteme zurückzuführen.

Sparquote 1996 (in % des verfügbaren persönlichen Einkommens)			
USA	4.4	Schweden	4.7
Japan	11.9	Belgien	16.3
Kanada	4.6	Österreich	8.6
Australien	4.9	Finnland	1.3
Deutschland	11.4	Portugal	10.9
Frankreich	12.8	Griechenland	17.5
Italien	12.9	Irland	9.4
Großbritannien	11.9	Schweiz	6.5
Spanien	12.4	Norwegen	6.1
Niederlande	1.2		

Wenn mehr Bürger nach dem »lebe heute«(und kümmere dich weniger um morgen)-Prinzip handeln würden, wie würde sich dies auf Ersparnis, Investitionen und den Zinssatz auswirken?

Artikel 115 Grundgesetz

(1) Die Aufnahme von Krediten sowie die Übernahme von Bürgschaften, Garantien oder sonstigen Gewährleistungen, die zu Ausgaben in künftigen Rechnungsjahren führen können, bedürfen einer der Höhe nach bestimmten oder bestimmbaren Ermächtigung durch Bundesgesetz. Die Einnahmen aus Krediten dürfen die Summe der im Haushaltsplan veranschlagten Ausgaben für Investitionen nicht überschreiten; Ausnahmen sind nur zulässig zur Abwehr einer Störung des gesamtwirtschaftlichen Gleichgewichts. Das Nähere wird durch Bundesgesetz geregelt.
(2) Für Sondervermögen des Bundes können durch Bundesgesetz Ausnahmen von Absatz 1 zugelassen werden.
Dieser Artikel besagt grundsätzlich, daß die Nettoneuverschuldung des Staates die Höhe der geplanten staatlichen Investitionsausgaben nicht überschreiten darf. Ausnahmeregelungen wurden im Zuge der deutschen Vereinigung sowie der anhaltenden Arbeitslosigkeit nötig.

Schlußfolgerung

»Sei weder Schuldner noch Gläubiger«, gibt Polonius seinem Sohn als Rat in Shakespeares *Hamlet* mit auf den Weg. Folgte jeder diesem Rat, so wäre dieses Kapitel überflüssig gewesen.

Nur wenige Ökonomen würden Polonius Recht geben. In unserer Volkswirtschaft leihen und verleihen die Menschen häufig, und oftmals aus gutem Grund. Sie selbst möchten vielleicht eines Tages Geld aufnehmen, um sich selbständig zu machen oder um ein Haus zu kaufen. Und jemand wird ihnen Geld leihen in der Hoffnung, daß der von ihnen gezahlte Zinssatz es ihm ermöglichen wird, ein schöneres Rentnerdasein zu genießen. Das Finanzsystem hat die Aufgabe, all diese Aktivitäten der Kreditaufnahme und Kreditvergabe zu koordinieren.

Finanzmärkte sind in vieler Hinsicht wie andere Märkte der Volkswirtschaft auch. Der Preis der Kreditmittel – der Zinssatz – wird durch die Kräfte von Angebot und Nachfrage bestimmt, genau wie andere Preise in der Volkswirtschaft auch. Und wir können Verschiebungen von Angebot oder Nachfrage auf den Finanzmärkten ebenso untersuchen, wie wir dies auch auf anderen Märkten getan haben. Eine der *zehn Regeln der Volkswirtschaft*, die in Kapitel 1 eingeführt wurden, besagt, daß Märkte in der Regel gut für die Organisation des Wirtschaftslebens sind. Diese Regel gilt auch für Finanzmärkte. Dadurch daß Finanzmärkte das Angebot an und die Nachfrage nach finanziellen Mitteln in Übereinstimmung bringen, tragen sie dazu bei, die knappen Ressourcen einer Volkswirtschaft in die effizienteste Verwendung zu lenken.

In einer Hinsicht jedoch unterscheiden sich Finanzmärkte von den meisten anderen Märkten. *Finanzmärkte dienen dem wichtigen Zweck*, *die Gegenwart mit der Zukunft zu verbinden*. Diejenigen, die finanzielle Mittel anbieten – Sparer – tun dies, weil sie einen Teil ihres jetzigen Einkommens in zukünftige Kaufkraft umwandeln möchten. Diejenigen, die finanzielle Mittel nachfragen – Schuldner – tun dies, da sie heute investieren möchten, um in Zukunft zusätzliches Kapital zur Erstellung von Gütern und Dienstleistungen zur Verfügung zu haben. Daher sind gut funktionierende Finanzmärkte nicht nur für die derzeit lebenden Generationen wichtig, sondern auch für zukünftige Generationen, die viele der resultierenden Vorteile erben werden.

Zusammenfassung

- Das Finanzsystem einer Volkswirtschaft besteht aus vielen unterschiedlichen Finanzinstitutionen, wie dem Anleihemarkt, dem Aktienmarkt, Banken und Investmentgesellschaften. Alle diese Institutionen sind dazu da, Ressourcen von Haushalten, die einen Teil ihres Einkommens sparen wollen, in die Hände von Haushalten und Unternehmungen zu lenken, die investieren möchten.

- Die Identitäten in der nationalen Einkommensrechnung zeigen einige wichtige Beziehungen zwischen makroökonomischen Variablen auf. Insbesondere gilt für eine geschlossene Volkswirtschaft, daß die Ersparnis den Investitionen entsprechen muß. Finanzinstitutionen sind diejenigen Mechanismen, durch die ein Ausgleich zwischen der Ersparnis einer Person und den Investitionen einer anderen Person hergestellt wird.

- Der Zinssatz wird durch das Angebot an und die Nachfrage nach Finanzmitteln bestimmt. Das Angebot an finanziellen Mitteln stammt von Haushalten, die einen Teil ihres Einkommens sparen und verleihen wollen. Die Nachfrage nach finanziellen Mitteln stammt von

Haushalten und Unternehmungen, die Geld für Investitionszwecke benötigen. Um zu untersuchen, wie eine wirtschaftspolitische Maßnahme oder ein sonstiges Ereignis auf den Zinssatz wirkt, muß man sich überlegen, wie dadurch das Angebot an und die Nachfrage nach Finanzmitteln beeinflußt werden.

- Die gesamtwirtschaftliche Ersparnis setzt sich aus privater Ersparnis und staatlicher Ersparnis zusammen. Ein staatliches Budgetdefizit bedeutet eine negative staatliche Ersparnis und vermindert damit die gesamtwirtschaftliche Ersparnis und das Angebot an finanziellen Mitteln, welches zur Investitionsfinanzierung zur Verfügung steht. Verdrängt ein staatliches Budgetdefizit private Investitionen, so wird damit das Wachstum der Produktivität und des BIP verringert.

Stichworte

Finanzsystem	private Ersparnis
Finanzmärkte	staatliche Ersparnis
Anleihe/Rentenpapier	Budgetüberschuß
Aktie	Budgetdefizit
Finanzintermediäre	Markt für ausleihbare Mittel/
Investmentgesellschaft	Kreditmarkt
gesamtwirtschaftliche Ersparnis	crowding out

Zur Wiederholung

1. Welches ist die Aufgabe des Finanzsystems? Bezeichnen und beschreiben Sie zwei Märkte, die Teile des Finanzsystems einer Volkswirtschaft darstellen. Benennen und beschreiben Sie zwei Finanzintermediäre.
2. Was ist die gesamtwirtschaftliche Ersparnis? Was ist die private Ersparnis? Was ist die staatliche Ersparnis? Wie sind diese drei Variablen verbunden?
3. Was sind Investitionen? In welchem Zusammenhang stehen diese zur gesamtwirtschaftlichen Ersparnis?
4. Beschreiben Sie eine Änderung in der Steuergesetzgebung, die dazu führt, daß die private Ersparnis ansteigt. Wenn diese Maßnahme durchgeführt würde, wie würde dies den Kreditmarkt beeinflussen?
5. Was ist ein staatliches Budgetdefizit? Welche Wirkung übt ein solches auf Zinssätze, Investitionen und Wirtschaftswachstum aus?

Aufgaben und Anwendungen

1. Von welcher der beiden jeweils angebotenen Anleihen würden Sie eine höhere Verzinsung erwarten? Erläutern Sie ihre Antwort.
   a) eine deutsche Staatsanleihe oder eine Anleihe eines osteuropäischen Landes

b) eine Anleihe, die im Jahr 2005 fällig wird, oder eine Anleihe, die im Jahr 2025 fällig wird

c) eine Coca-Cola-Anleihe oder eine Anleihe einer Software-Unternehmung, die Sie in ihrer Garage betreiben

2. Die Renditestruktur (»yield curve«) ist die graphische Darstellung der Verzinsung von Anleihen unterschiedlicher Laufzeiten, wobei die Laufzeit auf der horizontalen Achse und die Verzinsung auf der vertikalen Achse abgetragen werden.

a) Würden Sie aufgrund der Ausführungen in diesem Kapitel eher eine steigende oder fallende Kurve erwarten?

b) Zeichnen Sie unter Zuhilfenahme des Wirtschaftsteils einer aktuellen Zeitung die Renditestruktur für deutsche Staatsanleihen. Weist die Kurve den von Ihnen erwarteten Verlauf auf?

3. Theodore Roosevelt äußerte einmal: »Es gibt keinen moralischen Unterschied zwischen Kartenspielen, Lotterien, Pferdewetten und Börsenspekulationen.« Welcher soziale Zweck ist Ihrer Meinung nach mit dem Aktienmarkt verbunden?

4. Ein Rückgang der Börsenkurse wird manchmal als Vorbote eines zukünftigen Rückgangs des realen BIP gesehen. Warum könnte dies stimmen?

5. Dieses Kapitel hat erklärt, daß Investmentgesellschaften es Anlegern mit wenig Geld ermöglichen, ein breit gestreutes Portfolio an Aktien und Anleihen zu erwerben. Worin liegt der Vorteil des Erwerbs eines Portfolios im Gegensatz zum Kauf von Aktien oder Anleihen einer einzigen Unternehmung?

6. Zumindest in den Vereinigten Staaten besitzen viele Arbeiter und Angestellte Aktien der Unternehmung, bei der sie beschäftigt sind. Haben Sie eine Vermutung, warum Unternehmungen ein solches Verhalten fördern mögen? Unter welchen Umständen ist es denkbar, daß eine Person gerade keine Aktien der Unternehmung, bei der sie beschäftigt ist, halten möchte?

7. Ihr Mitbewohner erklärt Ihnen, daß er nur Aktien von Unternehmungen kauft, von denen jeder glaubt, daß sie in Zukunft hohe Gewinnzuwächse aufweisen werden. Wie wird das Kurs-Gewinn-Verhältnis dieser Unternehmungen im Vergleich zu demjenigen anderer Unternehmungen Ihrer Meinung nach ausfallen? Worin kann der Nachteil beim Kauf von Aktien solcher Unternehmungen liegen?

8. Erklären Sie den Unterschied zwischen Sparen und Investieren, wie er von Makroökonomen definiert wird. Welche der folgenden Situationen stellen Investitionen dar? Welche Ersparnis? Erläutern Sie.

a) Ihre Familie nimmt eine Hypothek auf und kauft ein neues Haus.

b) Sie verwenden 200 DM Ihres Gehalts für den Kauf von Telekom-Aktien.

c) Ihre Mitbewohnerin verdient 100 DM und zahlt diese auf ihr Sparkonto bei der Bank ein.

d) Sie leihen sich 1.000 DM von der Bank, um ein Auto für den von Ihnen betriebenen Pizzaservice zu kaufen.

9. Nehmen Sie an, die BASF wolle eine neue Raffinerieanlage errichten.

a) Wenn wir annehmen, daß die BASF auf eine Mittelaufnahme am Anleihemarkt angewiesen ist, warum würde dann ein Anstieg der Zinsen die Entscheidung der BASF, ob sie die Raffinerie bauen soll oder nicht, beeinflussen?

b) Hätte die BASF genug interne Mittel, um die neue Anlage ohne externe Finanzierung zu bauen, würde dann ein Zinsanstieg immer noch die Entscheidung über den Bau der Anlage beeinflussen? Erklären Sie.

10. Nehmen Sie an, der Staat benötigte am Kapitalmarkt nächstes Jahr 20 Mrd. DM mehr als dieses Jahr.

a) Verwenden Sie ein Angebots-Nachfrage-Schema, um diese Maßnahme zu untersuchen. Fällt oder steigt der Zinssatz?

b) Was passiert mit den Investitionen? Was mit der privaten Ersparnis? Was mit der staatlichen Ersparnis? Was mit der gesamtwirtschaftlichen Ersparnis? Vergleichen Sie die Höhe der Änderungen mit den 20 Mrd. DM an zusätzlicher staatlicher Kreditaufnahme.

c) Wie wird die (Zins-)Elastizität des Kreditangebots die Größenordnungen dieser Änderungen beeinflussen? (Hinweis: Schlagen Sie in Kapitel 5 für eine Wiederholung der Definition von Elastizitäten nach.)

d) Wie wird die Elastizität der Kreditnachfrage die Größenordnungen dieser Änderungen beeinflussen?

e) Nehmen Sie an, die Haushalte glaubten, daß die höhere staatliche Kreditaufnahme heute höhere Steuern in Zukunft beinhaltet, um die Staatsschuld abzutragen. Was würde dies für die private Ersparnis und das Kreditangebot heute bedeuten? Werden dadurch die Effekte, die Sie in den Abschnitten a) und b) untersucht haben, verstärkt oder gemindert?

11. Im Laufe der vergangenen zehn Jahre hat es die neue Informationstechnologie vielen Unternehmungen ermöglicht, die Lagerbestände, die diese pro DM an Verkäufen halten, erheblich zu reduzieren. Verdeutlichen Sie die Auswirkungen dieser Veränderung auf den Kreditmarkt. (Hinweis: Ausgaben für Lagerhaltung sind eine Art von Investitionen.) Welches werden Ihrer Meinung nach die Auswirkungen auf Bau- und Ausrüstungsinvestitionen gewesen sein?

12. »Einige Ökonomen sorgen sich darum, daß die alternden Bevölkerungen der Industrieländer gerade dann damit beginnen, ihre Ersparnisse abzuschmelzen, wenn der Investitionshunger der Entwicklungsländer anwächst.« (*Economist*, 6.5. 1995) Verdeutlichen Sie die Auswirkungen des geschilderten Phänomens anhand des Weltkreditmarktes.

13. Dieses Kapitel hat erklärt, daß Investitionen sowohl durch eine Verringerung der privaten Steuerlast als auch durch eine Zurückführung des staatlichen Budgetdefizits erhöht werden können.

a) Warum wird es schwierig sein, beide Maßnahmen zu gleicher Zeit durchzuführen?

b) Was müßten Sie über die private Ersparnis wissen, um beurteilen zu können, welche der beiden Maßnahmen die effektivere wäre, um die Investitionstätigkeit zu erhöhen?

- etwas über statistische Daten und Messung der Arbeitslosigkeit erfahren,
- überlegen, wie es durch Mindestlöhne zu Arbeitslosigkeit kommt,
- erkennen, wie Arbeitslosigkeit aus dem Verhandlungsprozeß der Tarifvertragsparteien entstehen kann,
- die Arbeitslosigkeit wegen Effizienzlöhnen der Unternehmungen zur Kenntnis nehmen,
- die Sucharbeitslosigkeit verstehen.

Im Leben eines Menschen kann der Verlust des Arbeitsplatzes zu den größten Erschütterungen gehören. Die meisten Menschen bestreiten aus Arbeitseinkommen ihren Lebensunterhalt, und viele beziehen aus ihrer beruflichen Arbeit neben dem Einkommen auch persönliche Erfüllung. Ein verlorener Arbeitsplatz bedeutet einen niedrigeren Lebensstandard, Verunsicherung über die Zukunft und ein verringertes Selbstwertgefühl. Deshalb ist es nicht überraschend, daß Politiker bei ihren Bemühungen um ein Amt immer wieder darüber sprechen, wie ihre politischen Vorstellungen zu mehr Arbeitsplätzen verhelfen.

In den vorangegangenen beiden Kapiteln haben wir einige Bestimmungsgründe für das Niveau und das Wachstum des Lebensstandards und des Wohlstandes in einem Land behandelt. Wenn eine Volkswirtschaft z.B. einen höheren Bruchteil ihres Volkseinkommens spart und investiert als eine andere Volkswirtschaft, so wird sie sich eines rascheren Wachstums von Kapital und Bruttoinlandsprodukt erfreuen als diese andere Wirtschaft. Eine noch offenkundigere Bestimmungsgröße für den Lebensstandard eines Landes ist die durchschnittliche Höhe seiner Arbeitslosigkeit. Arbeitswillige Menschen, die keinen Arbeitsplatz finden, tragen nichts zur Produktion von Waren und Dienstleistungen bei. Obwohl ein gewisses Ausmaß an Arbeitslosigkeit in komplexen Volkswirtschaften mit Tausenden von Unternehmungen und Millionen von Arbeitskräften unvermeidlich ist, variiert der Stand der Arbeitslosigkeit im Zeitvergleich und im Querschnittsvergleich der Länder ganz beträchtlich. Ein Land, das sein Arbeitskräftepotential möglichst voll beschäftigt hält, erreicht ein höheres Bruttoinlandsprodukt als ein Land, in dem große Teile der Arbeiterschaft untätig bleiben.

In diesem Kapitel beginnen wir mit der Untersuchung der Arbeitslosigkeit. Das Problem der Arbeitslosigkeit wird zweckmäßigerweise zweigeteilt analysiert: als ein langfristiges und als ein kurzfristiges Problem. Mit der *natürlichen Arbeitslosenquote* einer Volkswirtschaft ist das normale Niveau an langfristiger Arbeitslosigkeit in einer Volkswirtschaft angesprochen. Die Schwankungen von Jahr zu Jahr darum herum sind eng mit den konjunkturellen Auf- und Abschwüngen verknüpft und werden deshalb als *zyklische Arbeitslosigkeit* bezeichnet. Die zyklische Arbeitslosigkeit hat ihre eigenständigen Erklärungen, die wir bis zur Behandlung der kurzfristigen konjunkturellen Schwankungen weiter hinten im Buch zurückstellen. Im vorliegenden Kapitel erörtern wir die Bestimmungsgründe der natürlichen Arbeitslosenquote einer Volkswirtschaft. Wie wir sehen werden, meint man mit der Bezeichnung *natürlich* keineswegs, daß diese Arbeitslosenquote wünschbar oder unvermeidlich ist. Sie bedeutet nur, daß diese Art von Arbeitslosigkeit auch auf lange Sicht nicht von selbst verschwindet.

Wir schauen uns zu Beginn einige Fakten zur Beschreibung von Arbeitslosigkeit an. Vor allem greifen wir drei Fragen auf: Wie wird die Arbeitslosenquote amtlich definiert? Welche Schwierigkeiten ergeben sich bei der Deutung der Arbeitslosenzahlen? Wie lange dauert die Arbeitslosigkeit im Durchschnitt für den einzelnen?

Danach wenden wir uns den Gründen für eine stets anhaltende Arbeitslosigkeit und den politischen Hilfen bei Arbeitslosigkeit zu. Wir diskutieren vier Erklärungsansätze der natürlichen Arbeitslosenquote: Mindestlöhne, Gewerkschaftsmacht, Effizienzlohnsätze und Suchverhalten. Langfristig anhaltende Arbeitslosigkeit hat weder eine einzige Ursache noch eine einzige dafür passende Lösung. Sie spiegelt vielfältige und wechselweise verknüpfte potentielle Ursachen. Deshalb – das kann man vorab schon als einen Befund festhalten – gibt es für die Wirtschaftspolitik grundsätzlich keinen einfachen Weg zur Senkung der natürlichen Arbeitslosenquote und damit auch zur Beseitigung der Härten für die arbeitslosen Menschen.

Erfassung von Arbeitslosigkeit

Wir wollen nun genauer klären, was mit dem Begriff *Arbeitslosigkeit* gemeint ist. Dazu betrachten wir die amtliche Definition von Arbeitslosigkeit, Interpretationsprobleme bei den statistischen Daten sowie die Dauer von Arbeitslosigkeit.

Wie wird Arbeitslosigkeit gemessen?

Für die Messung der Arbeitslosigkeit ist in Deutschland die Bundesanstalt für Arbeit in Nürnberg zuständig, die für ihren Arbeitsbereich (unabhängig von den statistischen Ämtern) mit einer Geschäftsstatistik zur amtlichen oder staatlichen Statistik in Deutschland beiträgt. Die monatliche Bekanntgabe der »Arbeitsmarktzahlen« durch den Präsidenten der Bundesanstalt für Arbeit hat sich zu einem Medienereignis entwickelt. Von den

Statistiken der Bundesanstalt für Arbeit, die fortlaufend bearbeitet werden, sind diese vor allem zu erwähnen:

- Statistiken der Beschäftigung (beschäftigte Arbeitnehmer mit besonderem Nachweis der Ausländer, Teilzeit- und Leiharbeitnehmer sowie Heimarbeiter),
- Statistiken der Arbeitsvermittlung (Arbeitslose, offene Stellen, Vermittlungen),
- Statistiken der Berufsberatung (Schulentlassene, Ratsuchende der Berufsberatung, besetzte und unbesetzt gebliebene Berufsausbildungsstellen),
- Statistiken der beruflichen Förderung (Berufsausbildungsbeihilfen, Ein- und Austritte in Maßnahmen zur beruflichen Fortbildung und Umschulung, Rehabilitationsfälle),
- Statistiken der Leistungen zur Erhaltung und Schaffung von Arbeitsplätzen sowie bei Arbeitslosigkeit (kurzarbeitende Betriebe, Kurzarbeiter, witterungsbedingter Arbeitsausfall im Baugewerbe, Antragsteller und Empfänger von Arbeitslosengeld und -hilfe sowie Unterhaltsgeld),
- Sonstige Statistiken (beitragspflichtige Arbeitnehmer nach dem Arbeitsförderungsgesetz, Streiks und Aussperrungen, psychologische Begutachtungen, Kindergeldzahlungen, Arbeitnehmerüberlassungen und Leiharbeitnehmer, Heimarbeiter, Anzeigen gemäß Schwerbehindertengesetz).

Als *Informationsquellen* für Statistiken der Erwerbstätigkeit sind in Deutschland zu nennen (siehe »Das Arbeitsgebiet der Bundesstatistik«, herausgegeben vom Statistischen Bundesamt):

- *Volks- und Berufszählungen* (bisher in ungefähr zehnjährigem Abstand durchgeführte Vollerhebungen, zuletzt im Mai 1987),
- *Mikrozensus* (Stichprobenerhebung mit einem Auswahlsatz von 1% der Bevölkerung über die Bevölkerung und den Arbeitsmarkt),
- *Beschäftigtenstatistik* (Auswertung der Versicherungsnachweise für die sozialversicherungspflichtig beschäftigten Arbeitnehmer),
- *Durchschnittsberechnungen zur Erwerbstätigkeit* (monatliche, vierteljährliche, halbjährliche und jährliche amtliche Berechnungen aufgrund aller erwerbsstatistischen Daten nach einheitlicher Konzeption der Volkswirtschaftlichen Gesamtrechnung und der Arbeitsmarktbeobachtung)
- *Arbeitsmarktstatistiken* der Bundesanstalt für Arbeit,
- *Statistik der Streiks und Aussperrungen*,
- *Arbeitskräftestichprobe der EU* (jährliche Erhebungen seit 1983),
- *EU-Statistik Ausländische Arbeitnehmer* (jährlich Ende März durch das Statistische Amt der Europäischen Gemeinschaften, EUROSTAT).

Die Bevölkerungszahl eines Landes läßt sich statistisch gliedern in
(1.) die potentiell arbeitsfähigen Menschen der Altersjahrgänge von 15 bis 65 Jahren, die nach den einleitenden Bemerkungen auch willens sind, eine Beschäftigung auf einem Arbeitsplatz zu haben und zu suchen (*Arbeitskräftepotential*, vgl. Erwerbspersonen nach Tabelle 26-1) und in
(2.) die Nicht-Erwerbspersonen oder Nur-Konsumenten (insbesondere Junge und Alte).

Das Arbeitskräftepotential (1.) ist weiter zu untergliedern in
(1.1) Beschäftigte oder Erwerbstätige (vgl. Schaubild 26-1) und
(1.2) Arbeitslose.

Auf definitorische Feinheiten der Unterscheidung von Arbeitslosen und Erwerbslosen und ähnliches mehr sei hier verzichtet.

Einen Überblick für Deutschland gibt die Tabelle 26-1. Die Wohnbevölkerung oder Einwohnerzahl für die Jahre von 1991 bis 1996 ist der zweiten Tabellenspalte zu entnehmen. Die rund 80 bis 82 Millionen Einwohner sind mit ca. 47 bis 49% als Erwerbspersonen am Arbeitsmarkt beteiligt. Die etwa 38 bis 39 Millionen Erwerbspersonen wiederum (dritte Tabellenspalte) sind entweder als Erwerbstätige beschäftigt (vierte Tabellenspalte) oder arbeitslos (fünfte Tabellenspalte). Die Differenz zwischen Erwerbspersonen und Erwerbstätigen ergibt die Arbeitslosenzahl. *Veränderungen der Arbeitslosenzahl resultieren somit aus den demographischen Veränderungen der Erwerbspersonenzahl und den arbeitsmarktbestimmten Veränderungen der Erwerbstätigenzahl.* Demzufolge haben Veränderungen der **Arbeitslosenquote** (das ist der Prozentsatz der Arbeitslosen vom Arbeitskräftepotential) eine demographische Komponente und eine Beschäftigungskomponente. Inwieweit demographische Komponente und Beschäftigungskomponente jenseits der definitorischen Ebene funktional verknüpft sind, ist eine Problemstellung der Bevölkerungsökonomik (population economics).

Bei konstanter Erwerbspersonenzahl hätte sich in Deutschland von 1991 bis 1996 aus der Abnahme der Erwerbstätigenzahl um 2,155 Millionen ein Anstieg der Arbeitslosen von 2,602 Millionen im Jahre 1991 auf 4,757 Millionen Menschen im Jahre 1996 ergeben. Der Anstieg der Arbeitslosenzahl auf 3,965 Millionen im Jahre 1996 war jedoch geringer, weil von 1991 bis 1996 eine Abnahme der Erwerbspersonenzahl um 0,792 Millionen eintrat. Die Änderung der Arbeitslosenzahl (plus 1,363 Millionen) hat eine *Beschäftigungskomponente* (von plus 2,155 Millionen) und eine entlastende *demographische Komponente* (von minus 0,792 Millionen). In einem Jahr nur – nämlich 1994 – war der Anstieg der Arbeitslosigkeit zugleich beschäftigungsbedingt (plus 0,249 Millionen) und demographisch bedingt (plus 0,030 Millionen). Einmal – im Jahr 1995 – ging die Arbeitslosigkeit um 0,086 Millionen zurück, weil die Beschäftigung suchenden Arbeitskräfte mit minus 0,230 Millionen Personen um mehr als die Beschäftigten mit minus 0,144 Millionen Personen zurückgingen.

In dem hier betrachteten Ausschnitt der Wirklichkeit – Deutschland von 1991 bis 1996 – bewegt sich die Arbeitslosenquote (letzte Spalte der Tabelle 26-1) ziemlich regelmäßig nach oben. Nur in früheren Phasen der deutschen Wirtschaftsentwicklung (etwa 1959 bis 1981 in Westdeutschland) oder in Volkswirtschaften anderer Länder (z.B. Vereinigte Staaten von 1970 bis 1995) lassen sich zyklische Bewegungen der Arbeitslosenquote um einen stationären Trend (z.B. 6% in den USA) feststellen. In der Bundesrepublik Deutschland (alter Gebietsstand) hatte sich die Arbeitslosenquote in früheren Jahren (etwa 1961 bis 1973) bereits einmal auf ein Niveau unter 1% eingependelt. Es war dies die Zeit der Anwerbung und selektiven

Arbeitskräftepotential
Gesamtzahl der Arbeitskräfte eines Landes (zu einem bestimmten Zeitpunkt), und zwar der beschäftigten wie der arbeitslosen Menschen

Arbeitslosenquote
Arbeitslose in Prozent des Arbeitskräftepotentials

Erwerbsquote
Arbeitskräftepotential in Prozent der Bevölkerung (Wohnbevölkerung eines Landes zu einem bestimmten Zeitpunkt)

Zeitraum (Jahre)	Einwohner (Millionen Personen)	Erwerbs- personen (Millionen Personen)	Erwerbs- tätige (Millionen Personen)	Arbeitslose (Millionen Personen)	Arbeits- losenquote (Arbeitslose in % der Erwerbs- personen)
1991	79,894	39,165	36,563	2,602	6,6
	+ 0,701	– 0,327	– 0,703	+ 0,376	
1992	80,595	38,838	35,860	2,978	7,7
	+ 0,585	– 0,198	– 0,639	+ 0,441	
1993	81,180	38,640	35,221	3,419	8,8
	+ 0,243	+ 0,030	– 0,249	+ 0,279	
1994	81,423	38,670	34,972	3,698	9,6
	+ 0,239	– 0,230	– 0,144	– 0,086	
1995	81,662	38,440	34,828	3,612	9,4
	+ 0,233	– 0,067	– 0,420	+ 0,353	
1996	81,895	38,373	34,408	3,965	10,3
1992–1996	+ 2,001	– 0,792	– 2,155	+ 1,363	

Tabelle 26-1
Einwohner, Erwerbspersonen, Beschäftigte, Arbeitslose und Arbeitslosenquoten der Bundesrepublik Deutschland von 1991 bis 1996

Quelle: Jahresgutachten 1997/98 des Sachverständigenrates zur Begutachtung der gesamtwirtschaftlichen Entwicklung, Anhang, Tabellen für Deutschland.

Rekrutierung ausländischer Arbeitskräfte. Das Wirtschaftswachstum stieß an eine demographische Kapazitätsgrenze, die man – das sollte sich als illusorisch erweisen – einem kurzfristigen Bedarf entsprechend durch eine vorübergehende und reversible Einwanderung überwinden wollte. Man hielt damals das *Beschäftigungsproblem* für gelöst und für beherrschbar. Die wirtschaftsgeschichtliche Veränderung der beschäftigungspolitischen Problemlage in Deutschland von der Zeit der ersten wissenschaftlichen »Gastarbeiter«-Gutachten (vgl. S. Bullinger, P. Huber, H. Köhler, A. E. Ott und A. Wagner: Die volkswirtschaftliche Bedeutung der Beschäftigung ausländischer Arbeitnehmer in Baden-Württemberg, Tübingen 1972) bis in die neunziger Jahre gemäß Tabelle 26-1 kann hier nicht genauer skizziert werden. Anzumerken bleibt, daß die lange verwendete *amtliche Arbeitslosenquote* (Arbeitslose in Prozent der abhängigen Erwerbspersonen, d. s. beschäftigte Arbeitnehmer plus Arbeitslose) wegen des kleineren Nenners notwendigerweise zu höheren Werten kam als die in 26-1 tabellierte *demographische Arbeitslosenquote.*

Die Tabelle 26-1 verrät einige strukturelle Veränderungen in der Zusammensetzung und den Größenverhältnissen von Makrovariablen. Die Einwohnerzahl, die Erwerbspersonenzahl und die Zahl der Nicht-Erwerbspersonen werden *von der natürlichen Bevölkerungsbewegung durch Geburten und Todesfälle sowie von der Wanderungsbewegung mit Einwanderungen und Auswanderungen verändert.* Insgesamt hat die Bevölkerung von 1991 bis 1996 um 2,001 Millionen Menschen zugenommen, obwohl das Arbeitskräftepotential (Erwerbspersonen) um 0,792 Millionen kleiner geworden ist. Offenbar sind die Nicht-Erwerbspersonen oder Nur-Konsumenten von 1991 bis 1996 in Deutschland um 2,793 Millionen Menschen angestiegen. Dies entspricht einem Anstieg der Konsumenten-Arbeitskräfte-Relation von 2,04 auf 2,13 und einem Rückgang der Erwerbsquote von 49,0 auf 46,9%. Auch in der Altersklasse der 15- bis 65-jährigen

Deutschland	1991	1992	1993	1994	1995	1996
Erwerbsquote: Erwerbspersonen in % der Bevölkerung	49,0	48,2	47,6	47,5	47,1	46,9
Erwerbsquote: Erwerbspersonen in % der 15- bis 65-jährigen Menschen	72,6	72,4	71,9	72,1	71,9	71,4
Konsumenten-Arbeitskräfte-Relation	2,04	2,08	2,10	2,11	2,12	2,13

Menschen ist die Erwerbsbeteiligung zurückgegangen, und zwar von 72,6% im Jahre 1991 auf 71,4% im Jahre 1996.

Handelte es sich bei der deutschen Volkswirtschaft wie vor sehr langer Zeit und zuletzt etwa vor 50 Jahren um eine geschlossene Volkswirtschaft mit reglementiertem Außenhandel, Geld- und Personenverkehr, so würde man die Zunahme der Konsumenten-Arbeitskräfte-Relation (wie in der älteren Bevölkerungsökonomik) positiv deuten: als eine Zunahme der Nachfrage je potentieller Arbeitskraft. Doch wegen der ganz erheblichen Weltmarktbeteiligung der deutschen Volkswirtschaft (Export- und Importquote je etwa 26%) einerseits und der namhaften Außenwanderungen andererseits hat die Konsumenten-Arbeitskräfte-Relation ihre Indikatorrolle für den Makrogütermarkt im Inland verloren. Sie hat – unter anderer Bezeichnung – nur noch einige Aussagekraft für die Umverteilungszwänge im Perioden-umlageverfahren der Rentenversicherung und allgemein für die Finanzierung der Alten- und Jugend-»Last«.

Wenden wir uns der für Deutschland sehr schwierigen Frage nach der **natürlichen Arbeitslosenquote** zu. Diese *»normale Arbeitslosenquote«*, um die herum ein zyklisches Auf und Ab im Konjunkturverlauf zu verzeichnen wäre, ist in Deutschland nicht mehr (wie früher und wie etwa in den USA bis heute) durch das arithmetische Mittel (als stationäre Trendlinie) zu bestimmen. Die statistischen Daten für die USA von 1970 bis 1995 erlauben es uns, *per Augenschein* eine durchschnittliche, normale Arbeitslosenquote von 6% als empirisch bestätigt anzunehmen. Die Befunde geben bisher keine Anhaltspunkte, schließen es aber für künftig nicht grundsätzlich aus, daß die US-Arbeitslosenquote in den kommenden Jahrzehnten nach und nach im Durchschnitt ansteigt. Man kann für die USA also zunächst der Frage ausweichen, *warum* die natürliche Arbeitslosenquote 6% – nicht mehr und nicht weniger – beträgt.

Natürliche Arbeitslosenquote
Die normale (gleichgewichtige) Arbeitslosenquote, um die herum die Arbeitslosenquoten zyklisch schwanken.

Zyklische Arbeitslosigkeit
Die Abweichungen der Arbeitslosenquote von der natürlichen Arbeitslosenquote.

Ein beschreibender Trend erklärt nichts

Für Deutschland ist uns dieses Vorgehen verwehrt. Solange bei den Arbeitslosenquoten gemäß der letzten Spalte der Tabelle 26-1 eine steigende Tendenz auftritt, kann man nicht einfach das arithmetische Mittel der Jahre von 1991 bis 1996 zugrunde legen (das wären 8,7%) und sagen: »Das ist die natürliche Arbeitslosenquote von Deutschland.« Man kann aber auch nicht aus den Arbeitslosenquoten (AQ) von 1991 bis 1996 linear extrapolieren (z.B. Regressionsgerade $AQ_t = 6,3 + 0,7 \cdot t$, für t = 1 (1991), 2 (1992) usw.) und diesen Trend als die Entwicklung der natürlichen Arbeitslosenquote in Deutschland ausgeben. Man käme dann auf 13,3% für 2000, auf 20,2% für

2010 und auf 48,1% Arbeitslosenquote für das Jahr 2050. Ein beschreibender Trend alleine erklärt – nach einem geflügelten Wort des amerikanischen Ökonometrikers C. F. Christ – überhaupt nichts (im Grunde auch nicht den stationären Durchschnitt von 6% für die USA).

Gibt es eine Obergrenze für die »normale« deutsche Arbeitslosenquote? Bewegt sich die Arbeitslosenquote in einem »Korridor«? Wo sind – für die kommenden Jahre und Jahrzehnte – die Ober- und Untergrenzen der Arbeitslosenquote? Die statistischen Daten für Deutschland haben uns unversehens in schwierige Basisprobleme der empirischen Ökonomik hineingeführt. Wir brauchen eine *wirtschaftstheoretische Hypothese als Vorgabe*, die anhand empirischer Befunde auf ihre – vorläufige – Haltbarkeit oder empirische Gültigkeit hin überprüft werden kann. Die unauffällige theoretische Vorgabe für die Interpretation der US-Arbeitslosenquoten lautete: »Es gibt eine konstante Größe für die Normal-Arbeitslosenquote.« Welche? Naheliegend und unwidersprochen anzugeben sind 6% (für die USA von 1970 bis 1995).

Zur Bestimmung der natürlichen Arbeitslosenquote

Für Deutschland und für andere Volkswirtschaften sind verschiedene Denkansätze zur Ermittlung der natürlichen Arbeitslosenquote erwägenswert. Zwei laufen auf eine empirisch-politische Setzung einer konstanten Quote hinaus, zwei sind als theoretische makroökonomische Konstrukte aufzufassen, und zwar nach einem partiellen oder totalen Gleichgewichtsbegriff.

- Sofern eine der Aufwärtsbewegung von 1991 bis 1996 spiegelbildliche Abwärtsbewegung der Arbeitslosenquote für die Jahre 1997 bis 2002 empirisch vorhersehbar wäre, könnte man – wie für die US-Daten – das arithmetische Mittel von 8,7% als natürliche Arbeitslosenquote »feststellen«.
- Wenn man sich um die Empirie nicht kümmert, was zahlreichen Theoretikern und Politikern zu großer Bequemlichkeit verhilft, so kann man sich auf den Standpunkt stellen, die normale, natürliche Arbeitslosenquote soll, muß und wird sich in Deutschland »irgendwie« bei etwa 6 bis 8% einrichten lassen. Man denke an die 3% nach Lord W. H. Beveridge.
- Der exakte Zusammenhang zwischen Arbeitslosenquote, Bevölkerungsentwicklung und Wirtschaftsentwicklung müßte durch ein empirisch gültiges makroökonomisches Modell erklärt werden, wonach eine natürliche Arbeitslosenquote als eine (womöglich veränderliche) **gleichgewichtige Arbeitslosenquote** aus einem Totalmodell folgte.
- Mit einer makroökonomischen Partialanalyse wird die gleichgewichtige oder natürliche Arbeitslosenquote in einer Art und Weise begründet, an die man die nachfolgenden näheren Ausführungen anschließen kann. Die natürliche Arbeitslosenquote ergibt sich danach als ein Mittelwert oder als ein Grenzwert, der
  a) institutionenökonomisch und bevölkerungsökonomisch sowie
  b) anspruchsbedingt, schockbedingt, transferbedingt und heterogenitäts-

* R. J. Barro (1984): Macroeconomics, New York u. a. O., S. 207; A. Wagner (1988): Die »natürliche« Arbeitslosenquote nach Barro, in: Jahrbücher für Nationalökonomie und Statistik, Bd. 204, S. 563–565; W. Franz (1992): Arbeitslosigkeit: Ein makrotheoretischer Analyserahmen, in: W. Franz u. a. (Hrsg.): Mikro- und makroökonomische Aspekte der Arbeitslosigkeit, Nürnberg, S. 9–23.

oder mismatch-bedingt zu verstehen ist (Einzelheiten z. B. nach R. J. Barro 1984, A. Wagner 1988, W. Franz 1992).*

Alles in allem bleibt die natürliche Arbeitslosenquote nach diesen vier Punkten auch für Deutschland prinzipiell »denkbar«, und zwar entweder als eine konstante Größe AQ* oder als eine variable Größe AQ*(t) nach einem bestimmten gleichgewichtigen Wachstumspfad. Im Anschluß an den vierten Punkt sind Mindestlöhne, kollektive Lohnverhandlungen der Tarifvertragsparteien, Effizienzlöhne und Suchverhalten näher zu behandeln. Zuvor jedoch sind noch einige Worte zur Genauigkeit der Daten angebracht, die zur Messung von Arbeitslosigkeit verwendet werden.

Statistische und ökonomische Arbeitslosigkeit

Die Arbeitslosenzahl ist eine Bestandsgröße zu bestimmten Stichtagen oder für den Durchschnitt einer Periode, die sich mit Zugängen und Abgängen als Stromgrößen verändert. Man weiß, daß die ökonomische Zahl der Arbeitslosen in Deutschland um fast 40% höher ist als die statistisch ausgewiesene Zahl der Arbeitslosen. Es gibt nämlich eine sogenannte *verdeckte Arbeitslosigkeit* eheblichen Ausmaßes durch Kurzarbeit, Teilnehmer in Arbeitsbeschaffungsmaßnahmen, nicht mehr statistisch registrierte ältere und kranke Empfänger bestimmter Zahlungen, Teilnehmer an Maßnahmen der beruflichen Fortbildung, Umschulung und Einarbeitung, Teilnehmer an Deutsch-Sprachlehrgängen, Empfänger von Vorruhestandsgeld und Altersübergangsgeld.

Man muß auch jene Arbeitskräfte gedanklich in die verdeckte Arbeitslosigkeit einbeziehen und der Anzahl nach abschätzen, die sich nicht registrieren lassen können oder nicht mehr als Arbeitsuchende melden wollen. Arbeitslose Rechtsanwälte oder Architekten etwa, die als Freiberufler keine abhängige Beschäftigung suchen, werden bei den Arbeitsämtern nicht als arbeitslos und arbeitsuchend registriert. Lange und erfolglos Suchende – *entmutigte Arbeitskräfte* - geben oft auf. Eine *stille Reserve* an arbeitswilligen Verheirateten wird hier vermutet. Nach ökonometrischen Untersuchungen für die Jahre von 1961 bis 1971 folgerte Helmut Maneval 1977: »Wenn die amtliche Arbeitslosenzahl um 1000 Personen ansteigt, dann steigt die Zahl der versteckten Arbeitslosen um 620 Personen an, die sich in 535 Frauen und in 85 Männer aufgliedern«.

Auf der anderen Seite enthalten die statistischen Zahlen vermutlich in einem gewissen Ausmaß *unechte Arbeitslosigkeit* von Leuten, die zwar keine Arbeit ausüben, aber im Grunde vorübergehend oder sogar dauernd weder den Willen noch die Fähigkeit zu einer regelmäßigen Beschäftigung haben. Dazu konnten z. B. junge Ehefrauen nach einem Ortswechsel des Mannes gehören oder auch Hochschulabsolventen mit zögerlichem Übergang in das Erwerbsleben. Eine ungute, weil nicht repräsentative und verletzende Verallgemeinerung gab es mit Diskussionen unter dem Schlagwort der *Drückebergerei*. Eher sollte man in diesem Zusammenhang an Arbeitslose denken, die durch die Zeit der Arbeitslosigkeit ihre *soziale Kompetenz* für eine Berufstätigkeit verloren haben.

Grundsätzlich muß man Diskrepanzen der statistischen und der ökonomischen Arbeitslosigkeit in beiderlei Richtungen für möglich halten: ökonomische Arbeitslose, die nicht als statistische Arbeitslose registriert sind, und statistische Arbeitslose, die im ökonomischen Sinne nicht als arbeitslos aufzufassen sind. *Ökonomische Arbeitslosigkeit* – die theoretische Leitvorstellung für die statistische Messung von Arbeitslosigkeit – ist die Diskrepanz zwischen Arbeitskräfteangebot und Arbeitskräftenachfrage zum herrschenden Lohnsatz. Als Beispiel kann die graphische Darstellung zur Mindestlohn-Arbeitslosigkeit im Schaubild 26-1 dienen. Damit ist zugleich klargestellt, daß es sich bei Arbeitslosigkeit im ökonomischen Sinne stets um *unfreiwillige Arbeitslosigkeit* handelt; denn es gibt Menschen, die zum herrschenden Entlohnungsniveau arbeiten möchten, jedoch keine Anstellung erhalten.

Wie lange dauert die Arbeitslosigkeit im einzelnen?

Wenn man sich eine Meinung darüber bilden will, wie ernst das Problem der Arbeitslosigkeit ist, muß man klären, ob Arbeitslosigkeit typischerweise eine kurzfristige oder eine langfristige Erscheinung ist. Als kurzfristige Erscheinung nur wäre die Arbeitslosigkeit kein großes Problem. Vielleicht dauert es für die Arbeitskräfte eben einige Wochen, wenn sie von der einen Beschäftigung in eine andere wechseln, die ihren Fähigkeiten und Neigungen gut entsprechen soll. Als ein ernstes Problem jedoch wird man die Arbeitslosigkeit dann begreifen, wenn die einzelnen Menschen jeweils lange davon betroffen bleiben. Wer einige Monate oder gar Jahre arbeitslos ist, erleidet wirtschaftliche und psychische Schäden.

Da die Frage der Dauer von Arbeitslosigkeit entscheidend für die Dimension des Problems aus gesellschaftlicher Sicht ist, haben die Nationalökonomen und Statistiker erhebliche Arbeit auf die Untersuchung der Frage verwandt. Im Verlauf der Arbeit sind sie zu Resultaten gelangt, die wichtig, schwer zu beschreiben und scheinbar widersprüchlich sind: *Die meisten Angaben zur Arbeitslosigkeit lauten auf »kurzfristig« (Häufigkeit der Angaben), und die zu beliebigen Zeitpunkten empirisch ermittelte Arbeitslosigkeit ist überwiegend »langfristig« (Anteil am Merkmalsbetrag Arbeitslosigkeit).*

Um zu verstehen, inwiefern dies zutrifft und zusammenpaßt, betrachten wir ein Beispiel. Nehmen wir an, Sie gehen jede Woche einmal zum Arbeitsamt Ihres Bezirks und untersuchen die dort gemeldeten Arbeitslosen. Woche für Woche treffen Sie auf vier Registrierte. Drei davon bleiben das ganze Jahr über im Bestand, während die vierte Person jeweils wöchentlich wechselt. Wenn Sie sich auf diese Erfahrung stützen, werden Sie dann Arbeitslosigkeit als ein typischerweise kurzfristiges oder langfristiges Problem einstufen?

Einige einfache Berechnungen zu einem abgewandelten Beispiel helfen bei dieser Frage. In diesem Beispiel treffen Sie auf eine Gesamtheit von 55 Arbeitslosen. Davon sind 52 eine Woche lang arbeitslos und 3 das ganze Jahr über. Somit dauern 52/55 oder 95% der Einzelfälle von Arbeitslosigkeit

1 Woche, also nur kurze Zeit. Doch betrachten wir das gesamte Ausmaß an Arbeitslosigkeit. Die 3 Personen mit je 1 Jahr (52 Wochen) erbringen insgesamt 156 Wochen an Arbeitslosigkeit. Zusammen mit den jeweils 1 Woche lang arbeitslosen 52 Leuten macht das 208 Wochen Arbeitslosigkeit aus. In diesem Beispiel entfallen also 156/208 oder 75% der Arbeitslosigkeit auf jene Personen, die ein ganzes Jahr über arbeitslos sind. Die beobachtete Arbeitslosigkeit ist also überwiegend langfristig.

Die feinsinnige Deutung der Beispielfälle zeigt, daß Ökonomen und Politiker bei der Interpretation von Daten der Arbeitsmarktstatistik sehr vorsichtig vorgehen müssen. Die meisten der Arbeitslosen werden rasch wieder eine Stelle finden. Doch der größte Teil des gesellschaftlichen Phänomens der Arbeitslosigkeit ist den vergleichsweise wenigen Leuten zuzurechnen, die zu den sogenannten *Langzeitarbeitslosen* gehören.

Entsprechende empirische Befunde für Deutschland haben sich nach einigen Erfahrungen mit unterschiedlichen Methoden herausgeschält: Im Juni 1996 waren in Deutschland 16,8% aller Arbeitslosen bereits länger als 1 Jahr arbeitslos. Für diese Langzeitarbeitslosen wurde eine durchschnittliche Dauer der Arbeitslosigkeit von 792,2 Tagen errechnet. Dagegen war der einzelne normale oder »Kurzzeit«-Arbeitslose jeweils nur 114,5 Tage beim Arbeitsamt registriert.

Warum gibt es überhaupt Arbeitslosigkeit?

Wir haben erörtert, wie eine öffentliche Einrichtung das Ausmaß der Arbeitslosigkeit quantifiziert, welche Fragen bei der Interpretation der statistischen Veröffentlichungen auftreten, und wir haben einige Befunde zur Dauer von Arbeitslosigkeit kennengelernt. Sie verfügen nun über gute Grundkenntnisse zur Arbeitslosigkeit.

Mit der Diskussion haben wir jedoch nicht klären können, warum es überhaupt Arbeitslosigkeit in Volkswirtschaften gibt. Auf den weitaus meisten Märkten einer Volkswirtschaft verändern sich die Preise so, daß Angebotsmenge und Nachfragemenge zur Übereinstimmung kommen. Auf einem idealen Arbeitsmarkt, der den Bedingungen vollständiger Konkurrenz genügt, würde sich auch der Lohnsatz so einstellen, daß angebotene und nachgefragte Arbeitsmenge genau passen. Die flexible Anpassung der Entlohnungshöhe würde stets die Vollbeschäftigung aller Arbeitskräfte sicherstellen.

Natürlich wird die Wirklichkeit nie dem Ideal vollständiger Konkurrenz entsprechen können. Zumindest zwei Kriterien des vollkommenen Arbeitsmarktes lassen sich nicht verwirklichen: Homogenität des Gutes und Irrelevanz räumlicher Unterschiede. Die berufliche Arbeit ist nach Qualifikation und Leistung höchst unterschiedlich. Weder Nachfrager noch Anbieter sind regional mobil. Sogar bei einer insgesamt guten Wirtschaftslage wird es stets eine gewisse Anzahl von Arbeitslosen geben. Die Arbeitslosenquote kann nie auf null fallen; sie schwankt zyklisch um das landes- und zeitspezifische Niveau der natürlichen oder gleichgewichtigen Arbeitslosenquote auf und ab. Zum Verständnis dieser natürlichen Arbeitslosenquote, die irgendwo oberhalb von null liegt, betrachten wir vier Gründe näher: Vorschriften für Mindestlöhne, Kollektive Lohnverhandlungen, Effizienzlöhne und Suchverhalten.

Wie mißt man Arbeitslosigkeit? Inwiefern könnte die Arbeitslosenquote die Arbeitslosigkeit zu hoch oder zu niedrig ausweisen? **Schnelltest**

Vorschriften für Mindestlöhne

Wir untersuchen zunächst jene Arbeitslosigkeit, die durch gesetzlich festgelegte oder tarifvertraglich vorgeschriebene Mindestlöhne entsteht. Das Thema ist uns bereits im Kapitel 6 begegnet. Mindestlöhne eignen sich nicht zur generellen Erklärung hoher Arbeitslosigkeit; sie spielen aber bei einigen Gruppen mit besonders hohen Arbeitslosenquoten eine wichtige Rolle. Im übrigen ist es ganz zweckmäßig, mit den Mindestlöhnen zu beginnen, weil sich von hier aus andere Erklärungen von Arbeitslosigkeit erschließen.

Das Schaubild 26-1 vermittelt die volkswirtschaftlichen Grundlagen zu den vorgeschriebenen Mindestlöhnen. Wenn der Lohnsatz wegen gesetzlicher oder tarifvertraglicher Vorschriften über dem Gleichgewichtsniveau des Lohnsatzes verharren muß, wird durch diesen Lohnsatz – verglichen mit dem Gleichgewicht – die Angebotsmenge an Arbeit erhöht und die Nachfragemenge vermindert. Es bleibt ein Angebotsüberschuß an Arbeit. Da mehr Arbeitskräfte arbeiten wollen als Arbeitsplätze angeboten werden, bleiben einige Arbeitskräfte zwangsläufig arbeitslos.

Da zu Mindestlöhnen bereits im Kapitel 6 einiges gesagt wurde, soll hier nicht weiter darauf eingegangen werden. Festzuhalten bleibt, daß sich

Schaubild 26-1
Arbeitslosigkeit bei einem Lohnsatz über dem Gleichgewichtsniveau. Auf diesem Arbeitsmarkt ist der Gleichgewichtslohnsatz W_G. Bei diesem Lohnsatz stimmen angebotene und nachgefragte Menge mit L_G überein. Wenn jedoch der Lohnsatz wegen bestehender Vorschriften nicht nach unten flexibel ist und auf einem Niveau oberhalb des Gleichgewichtslohnsatzes verharren muß, so steigt das Arbeitskräfteangebot auf L_S, während die Arbeitskräftenachfrage auf L_D sinkt. Der resultierende Angebotsüberschuß an Arbeit $(L_S - L_D)$ repräsentiert die Arbeitslosigkeit.

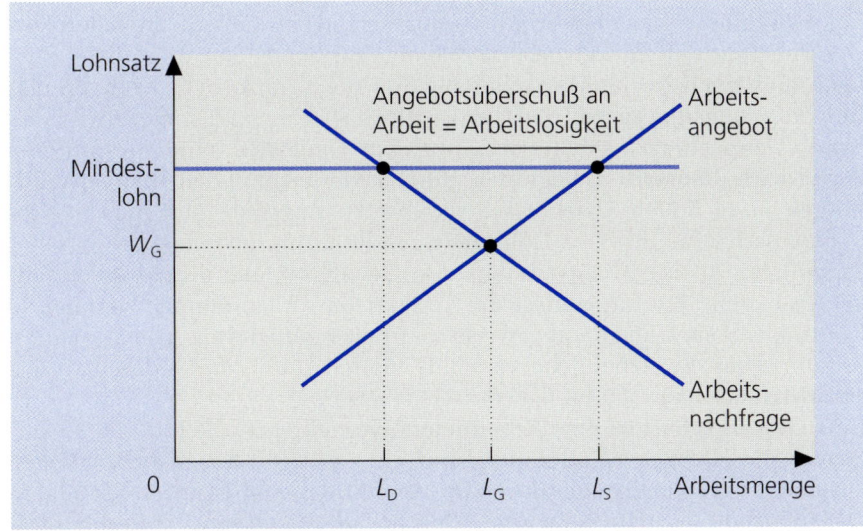

Mindestlöhne – empirisch gesehen – nicht als überwiegende Begründung für Arbeitslosigkeit eignen. Ein Großteil der Arbeitskräfte einer Volkswirtschaft bezieht Arbeitseinkommen deutlich über dem Niveau der vorgeschriebenen Mindestlöhne. Das ist eine Begleiterscheinung der Inhomogenität des Gutes »Arbeit« und der erwähnten Unvollkommenheit des Arbeitsmarktes. Leute ohne Berufsausbildung und ohne berufliche Erfahrung, manchmal auch jugendliche Schulabbrecher werden von den Mindestlohn-Effekten betroffen. Nur für diesen Personenkreis liefern Mindestlohnvorschriften die wissenschaftliche Erklärung von Arbeitslosigkeit.

Dennoch kann man aus dem Schaubild 26-1 noch allgemeinere Lehren ableiten: *Falls der Lohnssatz aus irgendeinem Grund über dem Gleichgewichtsniveau fixiert ist, entsteht daraus Arbeitslosigkeit.* Vorgeschriebene Mindestlöhne sind nur ein Grund dafür, daß Lohnsätze vielleicht »zu hoch« sind für Vollbeschäftigung. Zwei weitere mögliche Gründe für eine zu hohe Entlohnung über dem Gleichgewichtsniveau betrachten wir in den nachfolgenden beiden Abschnitten: Gewerkschaftsmacht bei kollektiven Lohnverhandlungen und Effizienzlöhne. In beiden Fällen kann man mit dem Schaubild 26-1 argumentieren, doch gilt die Argumentation nun für einen viel größeren Ausschnitt des Arbeitsmarktes.

Schnelltest   Zeichnen Sie die Angebotskurve und die Nachfragekurve für einen Arbeitsmarkt mit einem oberhalb dem Gleichgewichtsniveau fixierten Lohnsatz. Zeigen Sie damit Angebotsmenge, Nachfragemenge und Arbeitslosigkeit.

Gewerkschaften und kollektive Lohnverhandlungen

In Deutschland sind die Tarifvertragsparteien – Gewerkschaften und Arbeitgeberverbände – mit Autonomie im Grundgesetz verankert. »Zu hohe« Lohnabschlüsse kommen in Deutschland einvernehmlich zwischen Gewerkschaften und Arbeitsgeberverbänden zustande. Seit etwa 1974 sieht man denn auch in der Wirtschaftstheorie die Verantwortlichkeit für das Beschäftigungsniveau bei den Tarifvertragsparteien und nicht etwa beim Staat. Dennoch ist es lehrreich, bei dem Gedanken einer bestimmten **Gewerkschaftsmacht** zu beginnen, die sich vielleicht in den **Tarifverhandlungen** in zu hohen Abschlüssen durchsetzt. Zugleich muß man makroökonomisch eine gewisse **Lohndrift** zur Kenntnis nehmen, die aus der freiwilligen übertariflichen Lohn- und Gehaltszahlung durch die Arbeitgeber entsteht. Die Ergebnisse der kollektiven Verhandlungen kommen in Deutschland auch den nicht gewerkschaftlich organisierten Arbeitnehmern zugute; denn die Arbeitgeberverbände wollen keinen besonderen Anreiz zur Mitgliedschaft in einer Gewerkschaft setzen.

Gewerkschaft
Eine Arbeitnehmervereinigung, die mit den Arbeitgebern über Entlohnung und Arbeitsbedingungen verhandelt.

Eine **Gewerkschaft** ist eine Arbeitnehmervereinigung, die mit den Arbeitgebern die Höhe der Entlohnung und die sonstigen Arbeitsbedingungen aushandelt. Nicht alle, aber doch sehr viele Arbeiter und Angestellte sind in Deutschland Gewerkschaftsmitglieder. Als größte Organisation mit zahl-

reichen angeschlossenen Gewerkschaften ist der Deutsche Gewerkschafts-
bund (DGB) zu erwähnen. Danach folgen Deutscher Beamtenbund (DBB),
Deutsche Angestellten-Gewerkschaft (DAG) und Christlicher Gewerk-
schaftsbund (CGB). Den DGB-Gewerkschaften gehören 82% aller Gewerkschaftsmitglieder an. Der *Organisationsgrad* (Gewerkschaftsmitglieder –
einschließlich Schüler, Studenten, Arbeitslose und Rentner – in Prozent der
abhängig Erwerbstätigen gemäß Tabelle 26-1) ist unterschiedlich. Im Jahre
1996 betrug er bei Beamten 60,3%, bei Arbeitern 43,1% und bei Angestellten 20,9%. Insgesamt machte der gewerkschaftliche Organisationsgrad
33,8% aus. Frauen waren zu 24,3% organisiert.

In den USA sind nur noch etwa 16% der Arbeitskräfte gewerkschaftlich
organisiert. Auf dem Höhepunkt der Gewerkschaften in den Vereinigten
Staaten in den vierziger und fünfziger Jahren war ein Drittel der Arbeit-
nehmerschaft mitgliedschaftlich gebunden. In einigen europäischen Ländern spielen die Gewerkschaften nach wie vor eine größere Rolle. In
Schweden und Dänemark z.B. beträgt der Organisationsgrad rund 75%.

Ökonomische Aspekte der Gewerkschaften

Eine Gewerkschaft ist eine Art Kartell. Wie jedes Kartell bildet eine
Gewerkschaft eine gemeinschaftlich agierende Gruppe von Anbietern, die
ihre gemeinsame Marktmacht ausüben möchten. Zahlreiche Beschäftigte
verhandeln mit ihren Arbeitgebern individuell über Entlohnung und Arbeitsbedingungen. Gewerkschaftsmitglieder tun dies jedoch kollektiv als
Gruppe. Der Prozeß, in dem sich Gewerkschaften und Arbeitgeberverbände
schließlich über die Arbeitsbedingungen verständigen, ist unter der Bezeichnung **Kollektivverhandlungen** bekannt.

Wenn Gewerkschaften mit den Arbeitgeberverbänden verhandeln, verlangen sie höhere Löhne oder Gehälter und bessere Arbeitsbedingungen,
als sie die Unternehmungen ohne Aktivität der Gewerkschaften anbieten
würden. Kommt es zu keiner Einigung, so kann die Gewerkschaft als
Kampfmaßnahme am Ende einen **Streik** ausrufen (d.h. die Arbeitskräfte
von den Unternehmungen abziehen). Da ein Streik für die Unternehmungen teuer ist (Ausfälle an Produktion, Umsatz und Gewinn), werden sie bei
Abwägung von Vor- und Nachteilen in vielen Fällen in höhere Löhne und
bessere Arbeitsbedingungen einwilligen. In den USA verdienen die gewerkschaftlich organisierten Arbeitskräfte etwa 10 bis 20% mehr als Nicht-
mitglieder. In Deutschland ist dies anders, wie oben bereits bemerkt. Die
Arbeitgeber gestehen die Verhandlungsergebnisse stillschweigend auch
Nichtmitgliedern der Gewerkschaften zu.

Wird das Entlohnungsniveau durch gewerkschaftlichen Verhandlungs-
druck über das Marktgleichgewicht hinaus erhöht, so stehen wir im Prinzip
vor der Lage des Schaubildes 26-1. Die angebotene Menge an Arbeit wird
erhöht und die nachgefragte Menge sinkt, so daß Arbeitslosigkeit entsteht.
Die beschäftigten Arbeitskräfte sind besser daran als zuvor. Doch den
entlassenen und arbeitslosen Menschen geht es schlechter. Auf diese Weise
kann es zwar durch gewerkschaftliche Aktivitäten zu Gruppenkonflikten

**Kollektive Lohn-
verhandlungen**
Der Prozeß, in dem
sich Gewerkschaften
und Arbeitgeberver-
bände über die
Bedingungen der
Beschäftigung eini-
gen.

Streik
Der gewerkschaftlich
organisierte Abzug
der Arbeitskräfte aus
den Unternehmun-
gen.

kommen. Eine ausgesprochene *Insider-Outsider-Problematik* wie in den USA gibt es in Deutschland jedoch nicht.

Die Rollen der Gewerkschaften und der Arbeitgeberverbände in einer Volkswirtschaft hängen von dem legalen Organisations- und Handlungsrahmen ab, den die Rechtsordnung gewährt. In Ländern, in denen die Gewerkschaften aus der Illegalität heraus operieren müssen, sind in der Regel auch beim Schutz der Menschenrechte Defizite zu bemerken.

Sind Gewerkschaften gut oder schlecht für eine Volkswirtschaft?

Diese Form der Fragestellung ist für Deutschland ungewöhnlich. Hier müßte die Frage eher lauten, ob die Tarifhoheit von Gewerkschaften und Arbeitgeberverbänden volkswirtschaftlich zweckmäßig ist, wie sie sich bei der Abfassung des Grundgesetzes und durch die Rechtsprechung herausgebildet hat. Angesprochen ist dabei das Tarifrecht als ein Teil des Arbeitsrechts, die vertragliche Gestaltungsmöglichkeit der Arbeitsbedingungen durch die Gewerkschaften, die Arbeitgeber und die Arbeitgeberverbände. Der Kern des Tarifrechts ist der *Tarifvertrag*. Für Deutschland ist die erstmalige Tarifvertragsordnung von 1918 sowie die Wiedererrichtung der Berufsverbände nach dem Zweiten Weltkrieg durch das Tarifvertragsgesetz vom 9.4. 1949 für das Vereinigte Wirtschaftsgebiet sowie durch Gesetz vom 23.4. 1953 (i.d.F. vom 25.8. 1969) für das gesamte Bundesgebiet zu erwähnen.

Stellen wir die Frage, ob Gewerkschaften gut oder schlecht für die Volkswirtschaft sind, so stoßen wir auf gegensätzliche Ansichten der Nationalökonomen. Beide Positionen sind interessant. Gegner von Gewerkschaften sagen, Gewerkschaften sind nichts weiter als Kartelle. Wenn es den Gewerkschaften gelingt, die Löhne und Gehälter über das bei vollständiger Konkurrenz bestehende Gleichgewichtsniveau hinaus zu erhöhen, so wird dadurch die nachgefragte Arbeitsmenge reduziert, die angebotene Arbeitsmenge erhöht und Arbeitslosigkeit ausgelöst. Das Ergebnis ist ineffizient und begünstigt einige Arbeitskräfte zulasten anderer.

Befürworter sehen die Gewerkschaften als notwendige Gegenkraft zur Marktmacht der Unternehmungen bei der Beschäftigung von Arbeitskräften. Der Extremfall dieser Macht wäre die »Firmenstadt«, in der eine einzige Unternehmung der alleinige Arbeitgeber einer Region ist. In dieser Stadt müßten die Arbeitsuchenden, die zu keinem einvernehmlichen Vertragsabschluß mit dem *Monopsonisten* der Region kommen, mangels anderer potentieller Arbeitgeber aus dem Arbeitsleben ausscheiden oder abwandern. Das Monopson eines Alleinnachfragers ist – spiegelbildlich zum bereits behandelten Monopol des Alleinanbieters (vgl. Kapitel 15) – so etwas wie ein »Nachfragemonopol«. Ohne konkurrierende Nachfrager auf dem Arbeitsmarkt könnte der Monopsonist per Marktmacht niedrigere Löhne und schlechtere Arbeitsbedingungen durchsetzen. In diesem Fall kann eine Gewerkschaft eine wünschenswerte Gegenmacht bilden, so daß ein bilaterales Monopol entsteht und die Arbeitsuchenden vor Ausbeutung durch den einzigen Arbeitgeber der Region geschützt sind.

Befürworter von Gewerkschaften bringen ferner vor, daß Gewerkschaften für die Unternehmungen wichtig sind, um effizient auf Belange der Arbeitnehmer reagieren zu können Bei einem Arbeitsvertrag müssen Arbeitnehmer und Arbeitgeber stets über vielerlei abseits der Entlohnungshöhe Absprachen treffen: Arbeitszeit, Überstundenregelungen, Urlaub, Fortbildung, Sicherheit und vieles mehr. In den Verhandlungen mit den Gewerkschaften komme es dazu, daß Unternehmungen die richtige Mischung an Merkmalen des Arbeitsplatzes bereitstellen. Selbst wenn Gewerkschaften die Entlohnung über das Gleichgewichtsniveau hinaus in die Höhe treiben und die Beschäftigung senken, sind sie für dic Unternehmungen insofern nützlich, als sie die Belegschaft über die Arbeitsbedingungen bei Laune und bei guter Leistungsbereitschaft halten.

Einigkeit darüber, ob Gewerkschaften gut oder schlecht für eine Volkswirtschaft sind, besteht unter Nationalökonomen nicht. Wie viele Institutionen sind wohl auch die Gewerkschaften unter bestimmten Bedingungen nützlich und bei anderen Gegebenheiten nachteilig für die Gesellschaft.

Wie beeinflussen Gewerkschaften das Lohnniveau und die Beschäftigung bei Volkswagen und BMW? Welchen Einfluß haben Industriegewerkschaften auf Entlohnung und Beschäftigung?

Schnelltest

Die Theorie der Effizienzlöhne

Eine dritte Begründung dafür, daß es in einer Volkswirtschaft stets ein gewisses Ausmaß an Arbeitslosigkeit geben wird, liefert die Theorie der **Effizienzlöhne**. Nach dieser Theorie arbeitet eine Unternehmung effizienter, wenn sie höhere Löhne als die Gleichgewichtslöhne bezahlt. Sogar bei einem Überangebot an Arbeitskräften wird sich dieses höhere Entlohnungsniveau auszahlen.

In gewisser Weise ähnelt die Arbeitslosigkeit durch Effizienzlöhne der von Mindestlöhnen und Gewerkschaftsmacht ausgelösten Arbeitslosigkeit. In allen drei Fällen ist die makroökonomische Arbeitslosigkeit das Ergebnis einer Entlohnung über dem Gleichgewichtsniveau. Doch besteht auch ein wichtiger Unterschied. Mindestlöhne und Gewerkschaftsmacht hindern die Unternehmungen daran, das Lohnniveau trotz eines Überangebots an Arbeitskräften zu senken. Bei Effizienzlöhnen folgt die höhere Entlohnung aus dem eigenen Kalkül der Unternehmungen; sie liegt im Interesse des Unternehmenserfolges.

Warum sollten Unternehmungen die Löhne hoch halten wollen? Löhne machen ja einen nicht geringen Teil der Kosten aus. Gewöhnlich trachtet eine gewinnmaximierende Unternehmung danach, die Kosten – also auch die Löhne – möglichst niedrig zu halten. Die neue Erkenntnis der Effizienz-

Effizienzlöhne
Löhne über dem Gleichgewichtsniveau, die Unternehmungen freiwillig zur Steigerung der Arbeitsproduktivität bezahlen.

lohntheorie besteht darin, daß sich höhere Löhne deshalb auszahlen, weil sie die Effizienz der Arbeitskräfte in der Unternehmung erhöhen.

Es gibt verschiedene Varianten der Effizienzlohntheorie. Jede bietet eine etwas andere Begründung für die unternehmerische Absicht, höhere Löhne zu bezahlen. Wir betrachten vier dieser Varianten näher.

Gesundheitszustand der Arbeitskräfte

Die erste und einfachste Begründung einer Effizienzlohntheorie hebt die bestehende Verbindung zwischen der Entlohnungshöhe und dem *Gesundheitszustand der Arbeitskräfte* hervor. Besser entlohnte Arbeitskräfte nehmen eine ausgewogenere und hochwertigere Kost zu sich, und besser ernährte Arbeitskräfte sind gesünder und leistungsfähiger. Eine Unternehmung kann sich Vorteile davon ausrechnen, bei höheren Löhnen eine gesündere und produktivere Belegschaft zu haben, statt mit niedrigerer Entlohnung weniger gesunde und weniger leistungsfähige Arbeitskräfte einsetzen zu müssen.

In reichen Ländern wie Deutschland, Westeuropa oder den Vereinigten Staaten spielt diese Variante der Effizienzlohntheorie keine große Rolle. In diesen Ländern reicht das übliche Lohnniveau wohl zu guter Ernährung aus. Mit einer Entlohnung auf dem Gleichgewichtsniveau würden die Unternehmungen nicht gerade den Gesundheitszustand ihrer Arbeitskräfte gefährden.

In Entwicklungsländern mit Ernährungsproblemen und in dort ansässigen Unternehmungen hat die vorliegende Variante der Effizienzlohntheorie mehr Bedeutung. So z.B. ist die Arbeitslosigkeit in zahlreichen Städten armer afrikanischer Länder hoch. Die Unternehmungen müßten in diesen Ländern zu recht befürchten, daß eine Kürzung der Entlohnung mit Blick auf das überreichliche Arbeitsangebot den Gesundheitszustand und die Leistungsfähigkeit ihrer Arbeitskräfte mindert. Die Sorge um den Ernährungsstand mag dort erklären, warum die Unternehmungen trotz großer Arbeitslosigkeit am Lohnniveau festhalten.

Arbeitsplatzwechsel

Eine zweite Variante von Effizienzlohntheorie stellt auf die Verknüpfung zwischen der Entlohnungshöhe und dem Arbeitsplatzwechsel ab. Arbeitskräfte geben ihren Arbeitsplatz aus unterschiedlichen Gründen auf – um Arbeit in einer anderen Unternehmung anzunehmen, um in ein anderes Land abzuwandern, um aus dem Arbeitsleben auszuscheiden und so weiter. Die Häufigkeit eines Arbeitsplatzwechsels hängt von der Gesamtheit der bestehenden positiven Anreize ab. Die Arbeitskräfte wägen den Nutzen des Ausscheidens mit dem Nutzen des Verbleibens in der Unternehmung ab. Je mehr eine Unternehmung an ihre Beschäftigten an Lohn oder Gehalt bezahlt, um so weniger werden sich ihre Arbeitskräfte zur Kündigung entschließen. Eine Unternehmung kann also durch bessere Bezahlung die

Häufigkeit des Arbeitsplatzwechsels und den Umschlag der Belegschaft senken.

Weshalb kümmern sich die Unternehmungen um den Arbeitsplatzwechsel? Der Grund besteht in den Kosten für die Neueinstellungen und das *Anlernen*. Darüber hinaus sind neue Arbeitskräfte auch nach der Anlernphase noch weniger produktiv als erfahrene ältere Arbeitskräfte. Unternehmungen mit häufigem Arbeitsplatzwechsel und hohem Umschlag der Belegschaft haben der Tendenz nach höhere Produktionskosten. Unternehmungen rechnen sich einen Vorteil davon aus, Löhne über dem Gleichgewichtsniveau des Marktes zu bezahlen und dadurch den Arbeitsplatzwechsel zu reduzieren.

Arbeitsleistung

Eine dritte Variante der Effizienzlohntheorie betont die Verbindung zwischen der Entlohnungshöhe und der Anstrengung oder dem Einsatz der Menschen. Auf zahlreichen Arbeitsplätzen haben die Menschen Möglichkeiten, die Intensität ihrer Anstrengung und das Ausmaß ihres Arbeitseinsatzes bis zu einem gewissen Grad zu verschleiern. Deshalb überwachen viele Unternehmungen ihre Beschäftigten bei der Arbeit, und ertappte Drückeberger mit Pflichtverletzungen werden gelegentlich entlassen. Doch nicht allen Bummelanten und Drückebergern kommt man gleich auf die Spur; denn die Überwachung ist kostspielig und stets unvollkommen. Dem Problem kann eine Unternehmung durch eine höhere Bezahlung der Mitarbeiter zu Leibe rücken. Höhere Löhne und Gehälter steigern die Motivation der Beschäftigten am Arbeitsplatz und entfalten dadurch Anreize für die Menschen, ihr Bestes zu geben.

Diese Variante der Effizienzlohntheorie weist gewisse Anklänge an die alte marxistische Idee der »Reservearmee der Arbeitslosen« auf. Marx vermutete, die Arbeitgeber hätten aus der Arbeitslosigkeit insofern Vorteile, als die ständige Bedrohung durch Arbeitslosigkeit die Beschäftigten diszipliniert. In Leistungsvariante der Effizienzlohntheorie spielt die Arbeitslosigkeit eine ähnliche Rolle. Wenn sich die Arbeitskräfte beim Gleichgewichtsniveau der Entlohnung deshalb weniger anstrengen, weil sie nach einer Entlassung rasch wieder einen neuen Arbeitsplatz zu diesem Lohnsatz finden, ist es für die Unternehmungen vorteilhaft, die Entlohnung zu erhöhen. Dadurch kommt es zwar zu Arbeitslosigkeit, aber auch zu erhöhtem Arbeitseinsatz und gewissenhafter Pflichterfüllung der Beschäftigten.

Qualifikation der Arbeitskräfte

Eine vierte und letzte Variante der Effizienzlohntheorie baut auf das Verbindungsglied zwischen Entlohnungshöhe und Qualifikation der Arbeitskräfte. Bei der Einstellung neuer Arbeitskräfte kann keine Unternehmung die Qualifikation der Bewerber ganz zuverlässig einschätzen. Durch ein hohes Lohnniveau jedoch übt eine Unternehmung eine Anziehungskraft auf besser qualifizierte Bewerber aus.

Betrachten wir dazu ein einfaches Beispiel. Die Mineralwasser GmbH hat eine Quelle und benötigt dazu einen Mann für das Pumphäuschen, um das Mineralwasser zu fördern. An der Beschäftigung sind zwei Arbeitskräfte interessiert, Willy und Harald. Willy, ein sehr fähiger Mann, würde die Arbeit für DM 20,– pro Stunde übernehmen. Unter diesem Lohnsatz würde er sich lieber mit Rasenmähen selbständig machen. Harald, ein rundum inkompetenter Typ, akzeptiert jede Beschäftigung, für die er DM 4,– oder mehr pro Stunde bekommt. Unter diesem Lohnsatz würde er sich an den Strand setzen und den Wellen zusehen. Ökonomen sagen, der *Reservierungslohnsatz* – der geringste noch akzeptable Lohnsatz (Anfangspunkt der individuellen Arbeitsangebotskurve) – wäre bei Willy DM 20,– und bei Harald DM 4,– pro Stunde.

Welchen Lohnsatz soll die Unternehmung zahlen? Wäre sie auf Minimierung der Kosten aus, würde sie DM 4,– pro Stunde festsetzen. Bei diesem Lohnsatz wären angebotene und nachgefragte Arbeitskräftezahl (je eine) gleich. Harald nähme den Job und Willy stünde nicht zur Verfügung. Aber wie ist es, wenn die Mineralwasser GmbH um die hohe Befähigung eines der beiden Bewerber weiß, ohne die Personen Willy oder Harald zuordnen zu können? Falls die GmbH den inkompetenten Bewerber anheuert, wird er die Quelle beschädigen und der Unternehmung Verluste bescheren. Falls dies so ist, hat die Unternehmung eine bessere Strategie als den Gleichgewichtslohnsatz von DM 4,– pro Stunde zu bezahlen und jemanden einzustellen. Sie kann DM 20,– pro Stunde bieten und damit Willy und Harald zur Bewerbung anregen. Durch eine Zufallsauswahl unter den beiden Bewerbern und Ablehnung des zweiten hat die Unternehmung eine Chance von 50%, die fähige Arbeitskraft zu bekommen. Bei niedriger Entlohnung dagegen bekommt sie mit Sicherheit den Unfähigen.

Die kleine Geschichte vermittelt eine verbreitete Erscheinung. Bei einem Überangebot an Arbeitskräften könnte eine Unternehmung versucht sein, den angebotenen Lohnsatz zu senken. Doch mit der Lohnsenkung induziert die Unternehmung eine negative Qualitätsänderung im Arbeitskräfte- oder Bewerberbestand. Im vorliegenden Beispielfall hat die Mineralwasser GmbH beim Lohnsatz von DM 20,– pro Stunde zwei Bewerber. Doch wenn die GmbH auf den Angebotsüberschuß mit einer Lohnsatzsenkung reagiert, wird der fähigere Bewerber mit seinen besseren Alternativen nicht länger an seiner Bewerbung festhalten. Deshalb ist es für die Unternehmung vorteilhaft, einen höheren Lohnsatz als den zu bieten, der den Mengenausgleich zwischen Angebots- und Nachfragemenge gewährleistet.

Asymmetrische Informationen

In vielen Lebenslagen sind die Informationen ungleichmäßig verteilt. Die eine an einer Transaktion beteiligte Person weiß besser was vorgeht als die andere. Daran knüpfen sich vielfältige volks- und betriebswirtschaftliche Einzelfragen. Im Zusammenhang mit den Effizienzlöhnen sind wir bereits auf einige gestoßen. Die Bedeutung asymmetrischer Informationen reicht jedoch weit über Untersuchungen zur Arbeitslosigkeit hinaus.

Die Qualifikationsvariante der Effizienzlohntheorie illustriert eine allgemeine Regel, das *Prinzip der ungünstigen Auswahl (adverse selection)*. Die Regel kommt dann zur Anwendung, wenn ein Partner mehr weiß als der andere und die weniger gut unterrichtete Person dem Risiko ausgesetzt ist, schlecht wegzukommen oder angeschmiert zu werden. Wenn es um die Qualifikation der Arbeitskraft geht, so ist die Arbeitskraft über ihre Fähigkeiten besser unterrichtet als der potentielle Arbeitgeber. Wenn die Unternehmung ihre Lohn- und Gehaltszahlungen senkt, verändert sich die Auswahl der Arbeitskräfte in ungünstiger Weise oder entgegen den Interessen der Unternehmung.

Eine ungünstige Auswahl geschieht unter manch anderen Umständen. Zwei Beispiele dazu:
- Die Verkäufer von Gebrauchtwagen wissen viel besser um die Qualität des Autos als mögliche Käufer. Die Eigentümer schlechter Autos neigen viel eher zum Verkauf als Eigentümer guter Gebrauchtwagen. Deshalb scheuen viele Leute den Gebrauchtwagenmarkt generell.
- Der »Käufer« einer Lebens- oder einer Krankenversicherung weiß viele besser um seine persönlichen gesundheitlichen Schwächen als die angesprochene Versicherungsgesellschaft. Da Leute mit unterdurchschnittlichem Gesundheitszustand überdurchschnittlich häufig im Versichertenkollektiv auftreten, werden die Prämien überhöht und die Gesunden davon abgeschreckt.

In allen diesen Fällen – ob bei Gebrauchtwagen oder Lebensversicherungen – funktioniert der Markt nicht so gut, wie er es ohne das Phänomen der ungünstigen Auswahl könnte.

Die Arbeitseinsatzvariante der Effizienzlohntheorie illustriert das *Phänomen des moralischen Risikos (moral hazard)*. Moralisches Risiko tritt auf, wenn eine Person, der Agent, für eine andere Person tätig wird, den Geschäftsherrn oder Prinzipal. Da der Prinzipal seinen Agenten nicht lückenlos überwachen kann, wird der Agent vielleicht geringere Anstrengungen unternehmen, als dies der Prinzipal erwartet. Der Begriff des moralischen Risikos bezieht sich auf ein unehrenhaftes oder sonstwie unangemessenes Verhalten des Agenten. In dieser Lage unternimmt der Prinzipal verschiedene Versuche, um den Agenten zu verantwortlicherem Handeln zu bewegen.

In einem Beschäftigungsverhältnis ist der Arbeitgeber der Prinzipal und der Arbeiter oder Angestellte der Agent. Das Problem des moralischen Risikos besteht in der Versuchung der Arbeitskräfte, ihren Chef zu hintergehen. Eine Möglichkeit zur Ausschaltung des Risikos besteht für den Arbeitgeber darin, mehr als die gleichgewichtige Entlohnung zu bezahlen. Gute Entlohnung reduziert das moralische Risiko.

Henry Ford und der großzügige 5-Dollar-Arbeitstag   Fallbeispiel

Henry Ford war ein großer Unternehmer mit Visionen. Neben all seinen technischen Neuerungen ist eine besondere Innovation aus dem Jahre 1914 berichtenswert: der 5-Dollar-Arbeitstag. Heute sind 5 $ nicht sehr viel, doch damals waren 5 $ das Doppelte des herrschenden Lohnsatzes und viel mehr als der denkbare Gleichgewichtslohnsatz. Als der neue 5-Dollar-Arbeitstag ausgeschrieben war, bildeten sich vor dem Fabriktor lange Schlangen von Bewerbern. Es gab zu diesem Lohnsatz viel mehr Bewerber als Ford brauchen konnte.

Die Fordsche Hochlohnpolitik zeigte viele Effekte so, wie sie durch die Effizienzlohntheorie prognostizierbar sind. Der Arbeitsplatzwechsel ging zurück, die Ausfallzeiten sanken und die Produktivität stieg. Die Arbeiter waren um so viel mehr produktiver, daß die Produktionskosten von Ford trotz der höheren Entlohnung zurückgingen. Es lohnte sich damals für die Unternehmung. Henry Ford selbst bezeichnete den 5-Dollar-Arbeitstag als »eine der besten Maßnahmen zur Kostensenkung, die je durchgeführt wurde«.

Die historischen Aufzeichnungen darüber sind ebenfalls mit der Effizienzlohntheorie vereinbar. Einer schrieb: »Ford und seine Freunde erklärten bei vielen Gelegenheiten ganz freimütig, daß sich die Hochlohnpolitik als ein gutes Geschäft erwiesen hat. Sie wollten damit sagen, daß die Arbeitsdisziplin erhöht wurde, den Arbeitern eine höhere Loyalität zur Unternehmung vermittelt wurde und ihre persönliche Arbeitseffizienz gestiegen ist.«

Wie kam Henry Ford darauf, diesen Effizienzlohn einzuführen? Warum sind andere Unternehmungen nicht darauf eingegangen? Manche meinen, das Fließband habe Ford auf die Idee gebracht. Die an einem Fließband gruppierten Arbeitskräfte sind in höchstem Maße voneinander abhängig. Sobald ein Arbeiter fehlt oder bummelt, sind alle anderen bei ihren Aufgaben eingeschränkt. Während das Fließband die technische Produktivität steigerte, zeigte es auch die Wichtigkeit eines geringen Arbeitsplatzwechsels, einer hohen Qualifikation der Arbeitskräfte und eines hohen persönlichen Arbeitseinsatzes. Die Zahlung von Effizienzlöhnen war demnach wohl für die Ford Motor Company besser geeignet als für andere Unternehmungen.

Schnelltest

Nennen Sie vier Beispiele dafür, daß es für Unternehmungen von Vorteil sein kann, höhere Löhne oder Gehälter zu zahlen, als dies zum Mengenausgleich von Arbeitsnachfrage und Arbeitsangebot nötig wäre.

Suchverhalten

Suchverhalten
Der Prozeß, in dem Arbeitskräfte die zu ihren Fähigkeiten und Neigungen passenden Arbeitsplätze finden.

Ein vierter Grund für anhaltende Arbeitslosigkeit besteht neben Mindestlöhnen, Gewerkschaftsmacht und Effizienzlöhnen im **Suchverhalten**. Damit ist der Suchprozeß angesprochen, mit dem Arbeitskräfte die für sie passenden Arbeitsplätze finden. Der Suchprozeß entfiele, wenn alle Arbeitsplätze und alle Arbeitskräfte identisch wären. Freigesetzte Arbeitskräfte könnten im Nu gut passende Arbeitsplätze finden. Doch in der alltäglichen Praxis unterscheiden sich die Arbeitskräfte nach Fähigkeiten und Neigungen und ebenso die Arbeitsplätze nach ihren Merkmalen. Die Informationen über Anwärter und offene Stellen verbreiten sich langsam im Unternehmens- und Haushaltssektor der Volkswirtschaft.

Die aus dem Suchprozeß entstehende Arbeitslosigkeit ist in einem bedeutsamen Sinne ganz anders als die von Mindestlöhnen, Gewerkschaftsmacht oder Effizienzlöhnen verursachte Arbeitslosigkeit. In den drei zuvor behandelten Fällen liegt der Lohnsatz über dem Gleichgewichtsniveau, so daß die Angebotsmenge die Nachfragemenge an Arbeit übersteigt. Die Arbeitskräfte sind arbeitslos, weil sie auf zu eröffnende oder zu schaffende Arbeitsplätze *warten*. Im Gegensatz dazu hat die Arbeitsplatzsuche nichts damit zu tun, daß der Lohnsatz das Gleichgewichtsniveau für Angebots- und Nachfragemenge verfehlen würde. Soweit das Suchverhalten Arbeitslosigkeit erklärt, geht es darum, daß die Arbeitskräfte nach den für sie am besten passenden Arbeitsplätzen *suchen*.

Die Unvermeidlichkeit der Sucharbeitslosigkeit

Sucharbeitslosigkeit ist oft das Ergebnis von Verschiebungen der Arbeitskräftenachfrage zwischen verschiedenen Unternehmungen. Wenn sich die Konsumenten entscheiden, die Siemens-Nixdorf-Computer den Compaq-Computern vorzuziehen, erhöht Siemens die Beschäftigung und Compaq entläßt Arbeitskräfte. Die früheren Compaq-Leute müssen sich nach neuen Jobs umsehen, und Siemens muß sich für Einstellungen zur Besetzung der neuen Arbeitsplätze entscheiden. Der Übergang wird im Ergebnis zu temporärer Arbeitslosigkeit führen.

Ähnlich verlaufen regionalökonomische Umstrukturierungen. Weil die einzelnen Regionen und das Land insgesamt unterschiedliche Güter produzieren, kann die Beschäftigung in einzelnen Regionen ansteigen und in anderen zurückgehen. Man überlege sich nur, was geschieht, wenn der Ölpreis auf dem Weltmarkt sinkt. Die Ölförderung wird insbesondere in den Ländern mit vergleichsweise hohen Löhnen abnehmen, und zwar mit Folgen für die Beschäftigung. Dagegen regt ein niedriger Benzinpreis zu Autokäufen und zur Steigerung der Autoproduktion an. Damit wird die Beschäftigung partiell ansteigen. Die Veränderungen der nach Industriezweigen gegliederten Nachfrage in den Regionen bezeichnet man als *sektorale Nachfrageverschiebungen*. Sektorale Nachfrageverschiebungen verursachen temporäre Arbeitslosigkeit, weil es einige Zeit dauert, bis die Arbeitskräfte nach Suchprozessen ihre Arbeitsplätze in den neuen Sektoren finden.

Sucharbeitslosigkeit ist einfach deshalb gänzlich unvermeidlich, weil eine Volkswirtschaft ständig sektoralen Strukturwandel erlebt. Vor hundert Jahren waren die Industriezweige mit hohen Beschäftigtenzahlen ganz andere als heute. Viele wachstumsstarke Zweige im Dienstleistungsbereich (etwa neue Medien und Computer) und in der Spitzentechnologie (etwa Raumfahrttechnik) gab es damals noch gar nicht. Der Übergang zu neuen sektoralen Strukturen läßt in einigen Unternehmungen Arbeitsplätze entstehen und in anderen verschwinden. Beiläufig stellen sich höhere Produktivität und höherer Lebensstandard ein. Stets jedoch entlang des Weges durch den Strukturwandel geraten irgendwelche Arbeitskräfte in die Arbeitslosigkeit und auf die Suche nach neuen Beschäftigungen.

Wirtschaftspolitik und Suchverhalten

Auch wenn Sucharbeitslosigkeit unvermeidlich ist, vermag die Wirtschaftspolitik ihren Umfang und ihre Verbreitung zu beeinflussen. In dem Maße, wie die Politik die Suchzeit verkürzen kann, trägt sie zur Reduktion der Sucharbeitslosigkeit bei.

In Deutschland kommt es dabei sehr auf die Leistungsfähigkeit der *staatlichen Arbeitsvermittlung* im Zuständigkeitsbereich der *Bundesanstalt für Arbeit* mit ihren Arbeitsämtern an. Das Haushaltsvolumen der Bundesanstalt für Arbeit belief sich 1997 auf 93,1 Milliarden DM. Davon wurden 7,3 Milliarden DM nur für Maßnahmen zur Arbeitsbeschaffung aufgewandt. Der größte Posten mit 59,2 Milliarden DM entfiel selbstverständlich auf Zahlungen an die Arbeitslosen und ihre Familien (weitere 28,0 Milliarden DM Hilfe kamen aus anderen öffentlichen Haushalten). Das Vermittlungsmonopol der Bundesanstalt für Arbeit war auch in Deutschland nie unumstritten. Es gab einige Versuche privater Arbeitsvermittlung.

In den USA insbesondere ist die Kritik an staatlicher Arbeitsvermittlung stärker als in Europa. Die Kritiker sagen, man sollte besser den Markt für eine Abgleichung der freien Arbeitsplätze mit den suchenden Arbeitskräften sorgen lassen. Doch tatsächlich findet ja der Großteil der Arbeitsplatzsuche abseits von Arbeitsämtern und staatlichen Stellen statt: mit Zeitungsanzeigen, Briefen, Internet, Mund-zu-Mund-Propaganda und speziellen Kontakten. Kritiker haben stets das Kernargument, *daß der Staat nichts besser aber vieles schlechter machen kann als der private Sektor.* Festzuhalten bleibt hier jedoch, daß sich die Diskussion im vorliegenden Abschnitt um Sucharbeitslosigkeit und ihre bessere Überwindung dreht. Zweifellos entfällt der Löwenanteil an Arbeitslosigkeit in Deutschland heutzutage auf eine strukturelle Arbeitslosigkeit, die mit dem Auseinanderklaffen von demographischer Entwicklung und wirtschaftlicher Entwicklung zu tun hat.

Arbeitslosenversicherung

Arbeitslosen-versicherung
Teil der Sozialversicherung, der die Einkommen bei Arbeitslosigkeit teilweise durch Arbeitslosengeld und Arbeitslosenhilfe sichert.

In Deutschland gibt es die Arbeitslosenversicherung bereits seit 1927. Sie gewährt bei Arbeitslosigkeit Arbeitslosengeld und Arbeitslosenhilfe. Zur Aufbringung der Mittel für die Arbeitslosenversicherung erhebt die Bundesanstalt für Arbeit Beiträge von Arbeitnehmern und Arbeitgebern. Der Beitragssatz betrug 1997 zusammen 6,5% (bei einer Beitragsgemessungsgrenze von DM 8.200,– in Westdeutschland). Beitragspflichtig sind in der Regel alle Personen, die als Arbeiter oder Angestellte gegen Entgelt oder zu ihrer Berufsausbildung beschäftigt sind (Arbeitnehmer) sowie alle Arbeitgeber, die mindestens einen beitragspflichtigen Arbeitnehmer beschäftigen. Beitragsfrei bleiben Arbeitnehmer ab dem 63. Lebensjahr sowie bei geringfügiger oder unständiger Beschäftigung. Ähnliche Regelungen bestehen in Österreich und in der Schweiz.

Während die Arbeitslosenversicherung die Härten der Arbeitslosigkeit mildert, trägt sie auch zu einem höheren Niveau der Arbeitslosigkeit bei. Schließlich sollen die zu unterstützenden Menschen ja die Gelegenheit bekommen, mit einer gewissen Existenzsicherung nach einem angemessenen neuen Arbeitsplatz zu suchen. Kritiker, die der kontinentaleuropäischen Sozialstaatlichkeit fern stehen, knüpfen an *eine der zehn volkswirtschaftlichen Regeln* aus Kapitel 1 an: Menschen reagieren auf Anreize. Da die Leistungen aus der Arbeitslosenversicherung aufhören, sobald der Arbeitslose wieder beschäftigt ist, besteht bisweilen eine geringere Neigung zu nachdrücklicher Suche und die Möglichkeit, unattraktive Stellenangebote auszuschlagen. Da die bestehende Arbeitslosenversicherung den Zustand der Arbeitslosigkeit weniger bedrückend werden läßt, achten die Arbeitnehmer bei den Einstellungsverhandlungen zu wenig auf Beschäftigungsgarantien.

Trotz mancher Kritik an der Arbeitslosenversicherung kommt man auch in den Vereinigten Staaten von Amerika zu einer insgesamt positiven Wertung: Obwohl die Arbeitslosenversicherung die Suchanstrengungen vermindert und den Stand der Arbeitslosigkeit erhöht, sollte man daraus nicht den Schluß ziehen, daß die Arbeitslosenversicherung eine negative ordnungspolitische Regelung ist. Sie erreicht das primäre Ziel, die Einkommensunsicherheit zu verringern, die Arbeitslose und ihre Familien erfahren. Und wenn Versicherte unattraktive Stellenangebote ablehnen, so suchen sie nach besser passenden Stellen. Man kann auch sagen, die Arbeitslosenversicherung verbessert in einer Volkswirtschaft die Voraussetzungen dafür, daß jede Arbeitskraft auf den am besten passenden Arbeitsplatz gelangt.

Die Analysen zur Arbeitslosenversicherung zeigen beiläufig, daß die Arbeitslosenquote als ein (höchst unvollkommenes) globales Maß für das volkswirtschaftliche Wohlstandsniveau gelten muß. Die meisten Nationalökonomen würden zustimmen, wenn jemand von der Abschaffung der Arbeitslosenversicherung eine Senkung der Arbeitslosigkeit erwartet. Doch sind die Ökonomen gänzlich uneins darüber, ob dadurch das Wohlstandsniveau letztlich erhöht oder vermindert würde.

Wie würde ein Anstieg des Ölpreises auf dem Weltmarkt das Ausmaß der Sucharbeitslosigkeit in Deutschland beeinflussen? Ist diese Art von Arbeitslosigkeit unerwünscht? Welche wirtschaftspolitischen Maßnahmen könnten die von der Ölpreissteigerung ausgelöste Arbeitslosigkeit mildern? **Schnelltest**

Schlußfolgerung

Im vorliegenden Kapitel haben wir die Quantifizierung der Arbeitslosigkeit und die Gründe für eine gewisse unvermeidliche Arbeitslosigkeit erörtert. Wir haben erkannt, inwiefern Mindestlöhne, Gewerkschaftsmacht, Effizienzlöhne und Suchverhalten bei Fluktuation zumindest partiell Arbeitslosigkeit erklären. Welche dieser Einflußgrößen haben in den einzelnen Volkswirtschaften die größte empirische Relevanz? Unglücklicherweise gibt es kein einfaches Verfahren, um diese Frage zu klären. Die Nationalökonomen geben deshalb verständlicherweise für verschiedene Volkswirtschaften und unterschiedliche Zeiten recht divergierende Erklärungen der Arbeitslosigkeit.

Arbeitslosigkeit ist alles andere als ein einfaches Problem mit einfacher Lösung. Sie hat komplexe Erklärungen und weist vielerlei politische Einflüsse auf. Stets sollte man die Gesetzgebung aufmerksam verfolgen und sich fragen, welche Einflüsse davon möglicherweise auf die Höhe der natürlichen Arbeitslosenquote einer Volkswirtschaft ausgehen.

Zusammenfassung

- Die Arbeitslosenquote ist ein Prozentsatz von Menschen aus dem Arbeitskräftepotential, die gerne arbeiten würden, aber keine Anstellung erlangen. Die Arbeitslosenquote wird zusammen mit zahlreichen arbeitsmarktstatistischen Daten von der Bundesanstalt für Arbeit monatlich veröffentlicht.
- Die statistische Arbeitslosenquote ist eine unvollkommene Maßzahl für die volkswirtschaftliche Arbeitslosigkeit. Einige Beschäftigte wollen vielleicht gar nicht arbeiten, und einige Arbeitswillige sind enttäuscht aus den registrierten Arbeitsuchenden ausgeschieden.
- Bei der Interpretation von Daten zur Arbeitslosigkeit muß man unterscheiden zwischen der häufig recht raschen Vermittlung von Arbeitslosen auf neue Arbeitsplätze und dem großen Anteil der Langzeitarbeitslosen am Phänomen Arbeitslosigkeit in einer Volkswirtschaft.
- Ein Grund dafür, daß es stets ein gewisses Ausmaß an Arbeitslosigkeit geben wird, sind Mindestlöhne aufgrund gesetzlicher oder vertraglicher Vorschriften. Vor allem bei Arbeitskräften ohne Ausbildung und ohne Berufserfahrung wird durch ein Entlohnungsniveau über dem Gleichgewichtsniveau die angebotene Arbeitsmenge erhöht und die nachgefragte Arbeitsmenge vermindert. Der resultierende Angebotsüberschuß repräsentiert Arbeitslosigkeit.
- Ein zweiter Grund für Arbeitslosigkeit kann in der Marktmacht von Gewerkschaften liegen. Sofern es den Gewerkschaften zusammen mit den Arbeitgeberverbänden gelingt, das Entlohnungsniveau über das Gleichgewichtsniveau hinaus zu erhöhen, entsteht ebenfalls ein Angebotsüberschuß an Arbeit.

- Ein dritter Grund für Arbeitslosigkeit folgt aus der Theorie der Effizienzlöhne. Danach kann es sich für die Unternehmungen auszahlen, Löhne und Gehälter über dem Gleichgewichtsniveau zu vereinbaren. Gute Entlohnung kann den Arbeitsplatzwechsel verringern sowie den Gesundheitszustand, die Leistungsbereitschaft und das Qualifikationsniveau der Belegschaft erhöhen.
- Ein vierter Grund für Arbeitslosigkeit liegt in der erforderlichen Zeit, die Arbeitskräfte für die Suche nach dem angemessenen Arbeitsplatz aufwenden müssen. Eine Arbeitslosenversicherung, die sozialpolitisch zur Einkommensstützung der Arbeitslosen und ihrer Familien erforderlich ist, wird die Sucharbeitslosigkeit in einem gewissen Umfang erhöhen.

Stichworte

Arbeitskräftepotential	Kollektivverhandlungen
Arbeitslosenquote	Streik
Erwerbsquote	Effizienzlohn
natürliche Arbeitslosenquote	Arbeitsplatzsuche
zyklische Arbeitslosigkeit	Arbeitslosenversicherung
Gewerkschaft	

Wiederholungsfragen

1. In welche Kategorien kann man die Bevölkerung eines Landes bei Arbeitsmarktfragen unterteilen? Wie bestimmt man das Arbeitskräftepotential, die Arbeitslosenquote und die Erwerbsquote?
2. Ist Arbeitslosigkeit typischerweise ein kurzfristiges oder ein langfristiges Phänomen?
3. Für welche Teile der Bevölkerung eignen sich Mindestlohnvorschriften in erster Linie zur Erklärung von Arbeitslosigkeit?
4. Wie beeinflussen Gewerkschaften die natürliche Arbeitslosenquote?
5. Inwiefern sind Gewerkschaften nützlich für eine Volkswirtschaft?
6. Erläutern Sie viererlei Wege, auf denen Unternehmungen mit höheren Löhnen und Gehältern ihren Gewinn zu steigern vermögen.
7. Warum läßt sich Sucharbeitslosigkeit nicht vermeiden? Welche staatlichen Maßnahmen könnten zur Verringerung der Sucharbeitslosigkeit beitragen?

Aufgaben und Anwendungen

1. Die Bevölkerung eines Landes, die von Jahr zu Jahr um Geburten und Einwanderungen zunimmt sowie um Todesfälle und Auswanderungen abnimmt, wird sich nicht völlig gleichmäßig, ausgewogen und stetig verändern. Welche Einflüsse könnten von der demographischen Entwicklung auf Erwerbsquote und Arbeitslosenquote ausgehen?

2. Von 1991 bis 1996 hat die Bevölkerung der Bundesrepublik Deutschland um 2,001 Millionen Menschen zugenommen, doch haben sich im selben Zeitraum die Erwerbspersonen um 0,792 Millionen Menschen verringert. Erläutern Sie den Zusammenhang beider Entwicklungen.

3. Rechnen die nachfolgenden Fälle von Arbeitslosigkeit eher zum kurzfristigen oder zum langfristigen Phänomen der Arbeitslosigkeit?
   a) Ein Bauarbeiter wird wegen anhaltenden schlechten Wetters entlassen.
   b) Eine Fabrikarbeiterin verliert ihren Posten als Maschinistin.
   c) Ein Postkutscher wird im Konkurrenzkampf mit der Eisenbahn entlassen.
   d) Einem Koch wird gekündigt, als ein neues Restaurant auf der anderen Straßenseite eröffnet.
   e) Ein angelernter Schweißer büßt seine Stelle ein, als ein Schweißautomat angeschafft wird.

4. Zeigen Sie anhand eines Diagramms für den Arbeitsmarkt, wie sich eine Erhöhung von Mindestlöhnen auf die Lohnzahlungen, auf die Zahl der angebotenen und der nachgefragten Arbeitskräfte und das Ausmaß der Arbeitslosigkeit auswirkt.

5. Sind Sie der Meinung, daß Unternehmungen in Kleinstädten mehr Marktmacht auf dem Arbeitsmarkt haben als in großen Städten? War diese Marktmacht vor 50 Jahren größer oder kleiner? Welche Bedeutung hat Ihre Antwort für Überlegungen zur Gewerkschaftsgeschichte?

6. Stellen Sie sich eine Volkswirtschaft mit zwei Arbeitsmärkten vor, die weder Gewerkschaften noch Arbeitgeberverbände aufweisen. Nun tritt auf einem dieser Märkte eine Gewerkschaft auf.
   a) Zeigen Sie die Auswirkung in dem betroffenen Arbeitsmarkt. In welchem Sinne kann man von einer ineffizienten Beschäftigungsmenge sprechen?
   b) Erläutern Sie die Wirkung auf den nicht gewerkschaftlich organisierten Arbeitsmarkt und die Veränderung des Marktgleichgewichts.

7. Man kann zeigen, daß die Nachfrage eines Sektors nach Arbeitskräften dann elastischer wird, wenn die Nachfrage nach den Produkten des Sektors elastischer wird. Denken wir kurz über die US-Autoindustrie und die Gewerkschaft nach.
   a) Wie verändert sich die Elastizität der Nachfrage nach amerikanischen Autos, wenn Japan eine leistungsstarke Autoindustrie entwickelt? Wie beeinflußt dies die Nachfrage nach amerikanischen Automobilarbeitern?

b) Eine Gewerkschaft steht vor der Alternative, hohe Lohnsteigerungen zu verlangen, weil dies im Interesse der Beschäftigten liegt, oder niedrigere Lohnsteigerungen zu verfechten, weil dabei der Beschäftigungsrückgang kleiner ausfällt. Wie dürfte der Anstieg japanischer Autoimporte in die USA den für die Gewerkschaften bestehenden Lohn-Beschäftigungs-Konflikt verändert haben?

8. Jede der nachfolgenden Situationen schließt moralisches Risiko ein. Bestimmen Sie jeweils den Prinzipal und den Agenten, und erklären Sie, warum asymmetrische Informationen vorliegen. Inwiefern nimmt bei den nachfolgenden Aktivitäten das moralische Risiko ab?

a) Vermieter verlangen von ihren Mietern Kautionen.

b) Unternehmungen entlohnen Spitzenmanager teilweise mit Aktienoptionen zu einem festen künftigen Kurs.

c) Autoversicherer bieten bei Diebstahlsicherungen Rabatte an.

9. Angenommen, der US-Kongreß beschließt ein Gesetz, wonach Arbeitgeber ihren Beschäftigten eine Zulage (etwa für die Gesundheitsfürsorge) zu gewähren haben, durch die eine Beschäftigtenstunde um $ 4,– teurer wird.

a) Welche Auswirkung wird diese Verpflichtung der Arbeitgeber auf die Nachfrage nach Arbeitskräften nach sich ziehen?

b) Welche Auswirkungen auf das Arbeitsangebot könnten sich einstellen, wenn die Angestellten den Vorteil genau mit den Kosten bewerten und veranschlagen?

c) Wie beeinflußt diese Zulage das freie Spiel der Marktkräfte im Gleichgewicht? Sind Arbeitgeber oder Arbeitnehmer besser gestellt?

d) Welche Auswirkungen der Zulage muß man bei einer bereits bestehenden Mindestlohnvorschrift erwarten?

e) Nun nehmen Sie bitte an, daß die Beschäftigten die Zulage nicht bewerten. Wie verändern sich dadurch Ihre Antworten b), c) und d)?

Die langfristige Betrachtung von Geld und Preisen

Teil X

Das monetäre System   Kapitel 27

In diesem Kapitel werden Sie

- lernen, was Geld ist und welche Funktionen Geld in der Volkswirtschaft hat,
- kennenlernen, wie die Europäische Zentralbank aufgebaut ist und welchen Auftrag sie wahrnehmen soll,
- untersuchen, wie das Bankensystem dazu beiträgt, das Geldangebot zu bestimmen,
- sehen, welche Instrumente der Zentralbank zur Verfügung stehen, das Geldangebot zu steuern.

Wenn Sie ein Restaurant betreten und ein Essen bestellen, so erhalten Sie etwas von Wert – einen vollen Magen. Um für diese Dienstleistung zu bezahlen, werden Sie der Bedienung oder dem Restaurantbesitzer vielleicht einige schon etwas zerknüllte Papierstücke geben, die mit seltsamen Portraits, Gegenständen und Mustern versehen sind. Oder Sie bezahlen mit einem einzelnen Stück Papier, das den Namen einer Bank und Ihre Unterschrift trägt. (Oder Sie reichen der Bedienung eine Plastikkarte, die Sie sodann zurückbekommen.) Gleichgültig, ob Sie mit Bargeld oder Scheck bzw. EC-Karte (oder Kreditkarte) bezahlen – der Restaurantbesitzer arbeitet gerne hart, um Ihre gastronomischen Wünsche zu erfüllen und im Gegenzug dafür dieses an sich wertlose Papiergeld zu erhalten.

Jedem, der in einer modernen Ökonomie lebt, scheint diese gesellschaftliche Gepflogenheit ganz und gar nicht seltsam. Obwohl Papiergeld keinen intrinsischen Wert hat, vertraut der Restaurantbesitzer darauf, daß eine dritte Person dieses im Austausch gegen etwas, das der Restaurantbesitzer für wertvoll erachtet, akzeptieren wird. Und diese dritte Person vertraut darauf, daß eine vierte Person usw. Für den Restaurantbesitzer und andere Personen unserer Gesellschaft stellt Ihr Bargeld oder Scheck einen Anspruch auf Waren und Dienstleistungen in der Zukunft dar.

Die gesellschaftliche Sitte, Geld zur Abwicklung von Transaktionen zu verwenden, ist in einer großen, komplexen Gesellschaft außerordentlich nützlich. Stellen Sie sich für einen Augenblick vor, es gebe in einer Gesellschaft kein Medium, das im Austausch für Waren und Dienstleistungen weitverbreitete Akzeptanz fände. Die Menschen müßten sich auf den *Tauschhandel* verlassen – den Austausch eines Gutes gegen ein anderes – um an die Dinge zu gelangen, die sie brauchen. Um Ihr Essen zu bekommen, müßten Sie also beispielsweise dem Restaurantbesitzer etwas von unmittelbarem Wert anbieten. Sie könnten ihm das Angebot machen abzuwaschen, sein Auto zu putzen oder ihm ein gehütetes Geheimrezept Ihrer Familie für Fleischklößchen zu verraten. Eine Wirtschaft, die auf Tauschhandel beruht, wird Schwierigkeiten haben, eine effiziente Allokation ihrer knappen Ressourcen zu bewerkstelligen. In einer solchen Wirtschaft spricht man davon, daß Handel die *doppelte Zufälligkeit der Wünsche* erfüllen muß – d.h. also, daß der höchst unwahrscheinliche Fall eintreten muß, daß von zwei Menschen jeder genau das Gut besitzen muß, was der andere haben möchte.

Das Vorhandensein von Geld vereinfacht den Handel. Dem Restaurantbesitzer kann es gleichgültig sein, ob Sie ein für ihn wertvolles Gut produzieren oder eine von ihm gewünschte Dienstleistung anbieten können. Er ist zufrieden damit, ihr Geld zu akzeptieren – im Wissen, daß auch andere dieses Geld von ihm akzeptieren werden. Solch eine Konvention erlaubt Handel auf Umwegen. Der Restaurantbesitzer akzeptiert Ihr Geld und zahlt damit seine Köchin; die Köchin verwendet das Geld dazu, ihr Kind in eine Tagesstätte zu schicken; die Kindertagesstätte bezahlt mit diesem Geld eine Kindergärtnerin; und die Kindergärtnerin kann Sie zum Rasenmähen anstellen. Dieser Geldfluß von einer Person zu nächsten in einer Volkswirtschaft erleichtert Produktion und Handel und ermöglicht es so jeder Wirtschaftseinheit, sich auf das zu spezialisieren, was sie am besten beherrscht, und erhöht damit den Lebensstandard eines jeden.

In diesem Kapitel beginnen wir damit, die Rolle des Geldes in einer Volkswirtschaft zu untersuchen. Wir werden uns fragen, was Geld ist, in welchen verschiedenen Formen es auftreten kann, wie das Bankensystem zur Geldschaffung beiträgt, und wie die im Umlauf befindliche Geldmenge kontrolliert werden kann. Da Geld in einer Volkswirtschaft so wichtig ist, werden wir im weiteren Verlauf des Buches große Anstrengungen darauf verwenden zu lernen, wie Veränderungen der Geldmenge verschiedene ökonomische Größen, einschließlich Inflation, Zinssätze, Produktion und Beschäftigung, beeinflussen. In Übereinstimmung mit der langfristigen Ausrichtung unserer Analysen der letzten drei Kapitel werden wir die langfristigen Wirkungen einer Geldmengenänderung im folgenden Kapitel untersuchen. Die kurzfristigen Wirkungen geldpolitischer Eingriffe sind ein komplexeres Thema, das wir später aufgreifen werden. Das vorliegende Kapitel liefert das Hintergrundwissen für diese weiterführenden Analysen.

Die Bedeutung des Geldes

Geld
ein Bündel von Aktiva, die die Menschen in einer Volkswirtschaft regelmäßig dazu verwenden, Waren und Dienstleistungen von anderen Menschen zu erwerben

Was ist Geld? Das mag Ihnen eine seltsame Frage scheinen. Wenn Sie lesen, daß der Milliardär Bill Gates sehr viel Geld hat, so wissen Sie, was das heißt: Er ist so reich, daß er sich fast alles kaufen kann, was er will. In diesem Sinne steht *Geld* für *Reichtum*.

Ökonomen hingegen verwenden das Wort in einem spezielleren Sinn: Geld ist ein Bündel von Aktiva, die die Menschen in einer Volkswirtschaft regelmäßig dazu verwenden, Waren und Dienstleistungen von anderen Menschen zu erwerben. Das Bare in Ihrem Portemonnaie ist Geld, denn Sie können sich damit etwas zu Essen oder etwas zum Anziehen kaufen. Wenn Sie im Gegensatz dazu zufällig den größten Teil von Microsoft besitzen, wie es Bill Gates tut, so wären Sie zwar reich, aber dieses Aktivum wird nicht als Form des Geldes gezählt. Sie könnten sich damit keine Würstchen und kein T-Shirt kaufen, ohne zuerst etwas Bargeld zu besorgen. Nach der ökonomischen Definition beinhaltet Geld also nur einige wenige Formen von Reichtum, die von Verkäufern regelmäßig im Austausch für Güter akzeptiert werden.

Die Geldfunktionen

Geld hat drei Funktionen in einer Volkswirtschaft: Es ist *Tauschmittel*, *Recheneinheit* und *Wertaufbewahrungsmittel*. Diese drei Funktionen zusammen unterscheiden Geld von anderen Aktiva.

Ein **Tausch- oder Zahlungsmittel** ist etwas, das Käufer an Verkäufer geben, wenn sie Güter erwerben. Wenn Sie ein T-Shirt in einem Bekleidungsgeschäft kaufen, so erhalten Sie das T-Shirt und das Geschäft Ihr Geld. Dieser Transfer von Geld vom Käufer zum Verkäufer ermöglicht es erst, daß die Transaktion stattfinden kann. Wenn Sie ein Geschäft betreten, so können Sie zuversichtlich sein, daß das Geschäft Ihr Geld für die Dinge, die es verkaufen will, akzeptieren wird, denn Geld ist ein weitverbreitetes, akzeptiertes Tauschmittel.

Eine **Recheneinheit** ist der Maßstab, den die Menschen verwenden, um Preise anzugeben und Schulden zu notieren. Wenn Sie einkaufen gehen, so mögen Sie beobachten, daß ein T-Shirt 20 DM und ein Hamburger 2 DM kostet. Obwohl es korrekt wäre zu sagen, der Preis eines T-Shirts beträgt zehn Hamburger oder der Preis eines Hamburgers entspricht einem Zehntel T-Shirt, werden Preise niemals so angegeben, sondern in »Geldpreisen«. Ähnlich verhält es sich, wenn Sie einen Bankkredit aufnehmen: Die Höhe Ihrer zukünftigen Zahlungsverpflichtungen wird in DM gemessen, nicht in einer Gütermenge. Wenn wir einen ökonomischen Wert messen und angeben wollen, so benutzen wir dazu Geld als Recheneinheit.

Ein **Wertaufbewahrungsmittel** ist etwas, das die Menschen dazu verwenden können, Kaufkraft von heute in die Zukunft zu verlagern. Akzeptiert ein Verkäufer heute Geld im Austausch gegen eine Ware oder Dienstleistung, so kann dieser Verkäufer das Geld behalten und zu einem späteren Zeitpunkt Käufer einer Ware oder Dienstleistung werden. Selbstverständlich ist Geld nicht das einzige Wertaufbewahrungsmittel in einer Volkswirtschaft. Ein Wirtschaftssubjekt kann ebenso durch den Erwerb von Aktien, Anleihen, Grund und Boden, Kunst oder Baseball Trading Cards Kaufkraft von der Gegenwart in die Zukunft verschieben. Die Bezeichnung Reichtum (wealth) oder Vermögen bezieht sich auf alle Wertaufbewahrungsmittel und umfaßt sowohl monetäre als auch nicht-monetäre Aktiva.

Ökonomen verwenden die Bezeichnung **Liquidität**, um zu beschreiben, wie schnell ein Aktivum in das in der betreffenden Volkswirtschaft gängige Tauschmittel umgewandelt werden kann. Da Geld wie oben beschrieben das Tauschmittel in den meisten Volkswirtschaften ist, ist es das liquideste verfügbare Aktivum. Andere Aktiva können sich stark in ihrer Liquidität unterscheiden. Die meisten Aktien oder Anleihen können leicht und unter

Tauschmittel/ Zahlungsmittel
Etwas, das Käufer an Verkäufer geben, wenn sie Waren und Dienstleistungen erwerben wollen.

Recheneinheit
Der Maßstab, den die Menschen zur Preissetzung und Schuldenangabe verwenden.

Wertaufbewahrungsmittel
Etwas, das die Menschen verwenden können, um Kaufkraft von der Gegenwart in die Zukunft zu transferieren.

Liquidität
Die Leichtigkeit, mit der ein Aktivum in das Tauschmittel der entsprechenden Volkswirtschaft umgewandelt werden kann.

nur geringen Kosten verkauft werden, sie stellen also relativ liquide Aktiva dar. Im Gegensatz dazu erfordert der Verkauf eines Hauses, eines Rembrandt-Gemäldes oder einer 1948er Joe Dimaggio Trading Card mehr Zeit und höhere Anstrengungen, so daß solche Aktiva zu den weniger liquiden zählen.

Bei der Entscheidung, in welcher Form die Wirtschaftssubjekte ihr Vermögen halten möchten, müssen sie Liquiditätsüberlegungen gegen die Nützlichkeit eines Aktivums als Wertaufbewahrungsmittel abwägen. Geld ist die liquideste Form aller Aktiva, aber als Wertaufbewahrungsmittel ist es weniger günstig. Denn wenn die Preise steigen, sinkt der Wert des Geldes. Anders ausgedrückt bedeutet dies, wenn Waren und Dienstleistungen teurer werden, so können Sie sich mit dem Geld in Ihrem Portemonnaie weniger kaufen. Dieser Zusammenhang zwischen dem Preisniveau und dem Geldwert wird sich als wichtig für das Verständnis dafür erweisen, wie Geld die Volkswirtschaft beeinflußt.

Die Geldarten

Warengeld
Geld in Form einer Ware mit intrinsischem (innerem/eigenem) Wert.

Nimmt Geld die Form einer Ware mit innerem (intrinsischen) Wert an, so wird es Natural-, Sach- oder **Warengeld** genannt. Der Ausdruck *intrinsischer Wert* bedeutet, daß der entsprechende Gegenstand auch von Wert wäre, wenn er nicht als Geld verwendet würde. Ein Beispiel für Warengeld ist Gold. Gold hat einen intrinsischen Wert, da es in der Industrie und in der Schmuckherstellung Verwendung findet. Obwohl wir heutzutage Gold nicht mehr als Geld verwenden, war Gold in der Vergangenheit eine häufig anzutreffende Form von Geld, da es relativ leicht zu transportieren, zu messen und auf Unreinheiten zu untersuchen ist. Verwendet eine Volkswirtschaft Gold als Geld (oder Papiergeld, das auf Verlangen in Gold umtauschbar ist), so spricht man von einem **Goldstandard**.

Ein weiteres Beispiel für ein Warengeld sind Zigaretten. In Kriegsgefangenenlagern während des Zweiten Weltkriegs tauschten Gefangene untereinander Waren und Dienstleistungen gegen Zigaretten als Wertaufbewahrungsmittel, Recheneinheit und Tauschmittel aus. Ähnlich verhielt es sich zu Zeiten des Zusammenbruchs der Sowjetunion in den späten 80er Jahren: Zigaretten begannen den Rubel als bevorzugte Währung in Moskau abzulösen. In beiden Fällen waren auch Nichtraucher gerne bereit, Zigaretten im Austausch zu akzeptieren, denn sie wußten, sie konnten diese Zigaretten zum Kauf anderer Güter verwenden.

Rechengeld
Geld ohne intrinsischen Wert, das vom Staat zu Geld erklärt wird.

Geld ohne intrinsischen Wert wird Befehlsgeld, Papiergeld ohne Deckung oder **Rechengeld** (fiduziarisches oder ungedecktes Geld) genannt. Diese Form des Geldes wird von staatlicher Seite per Befehl oder Erlaß als Geld bestimmt. Vergleichen Sie beispielsweise die Scheine in Ihrer Geldbörse (gedruckt von der Deutschen Bundesbank) mit den Scheinen eines Monopoly-Spiels (gedruckt von der Spielzeugfabrik Parker). Warum können Sie mit ersteren Ihre Restaurantrechnung bezahlen, mit zweiteren jedoch nicht? Die Antwort ist, daß der deutsche Staat die DM zu gültigem Geld erklärt (»gesetzliches Zahlungsmittel«).

Obwohl der Staat bzw. die Zentralbank eine zentrale Rolle bei der Errichtung und Regulierung eines Rechengeld-Systems einnimmt (beispielsweise auch bei der Verfolgung von Fälschern), sind für den Erfolg eines solchen monetären Systems auch andere Faktoren maßgeblich. Die Akzeptanz des Rechengeldes hängt mindestens ebenso von Erwartungen und gesellschaftlichen Konventionen ab wie von der Gültigkeitserklärung durch den Staat. Die sowjetische Regierung schaffte den Rubel während der 80er Jahre zu keiner Zeit als offizielle Währung ab. Dennoch zogen die Moskowiter Zigaretten (oder auch US-Dollar) im Austausch gegen Waren oder Dienstleistungen vor, denn sie vertrauten eher darauf, daß diese alternativen Geldarten von anderen in Zukunft akzeptiert würden.

Geld in der Volkswirtschaft

Wie wir sehen werden, hat die Menge an Geld, die in einer Volkswirtschaft zirkuliert, einen großen Einfluß auf viele ökonomische Variablen. Aber bevor wir uns der Frage zuwenden, warum diese Aussage stimmt, müssen wir im Vorfeld erst einmal klären, was die Geldmenge eigentlich ist. Nehmen Sie an, Sie bekämen den Auftrag zu messen, wieviel Geld in Deutschland oder in Europa existiert. Was würden Sie alles in Ihre Maßzahl einbeziehen?

Das naheliegendste Aktivum, das berücksichtigt werden müßte, ist das **Bargeld** – die Scheine und Münzen in den Händen der Öffentlichkeit. Bargeld ist sicherlich das am weitesten akzeptierte Tausch- und Zahlungsmittel in unserer Volkswirtschaft. Es ist ohne Zweifel ein Teil des Geldbestandes.

Jedoch ist Bargeld nicht das einzige Aktivum, mit dem man Güter erwerben kann. Viele Geschäfte akzeptieren auch EC-Karten und Schecks. Damit ist das Geld auf Ihrem Girokonto ein fast ebenso geläufiges Zahlungsmittel wie das Bargeld in Ihrem Portemonnaie. Um den Geldbestand zu messen, möchten Sie daher vielleicht auch die **Giroeinlagen (Buchgeld)** – also Einlagen auf Bankkonten, die die Kunden sofort abrufen können – einbeziehen.

Haben Sie einmal damit begonnen, die Giroeinlagen als Teil der Geldmenge in Betracht zu ziehen, so müssen Sie auch überlegen, wie sich das mit der Vielzahl anderer Einlagen bei Banken und sonstigen Finanzinstitutionen verhält. In der Regel kann man keinen Scheck auf seine Spareinlagen ausstellen, es ist jedoch ohne Probleme möglich, Mittel von den Spareinlagen in die Giroeinlagen umzuschichten. Also sollten auch diese anderen Einlagen plausiblerweise zum Geldbestand gerechnet werden.

In einer komplexen Volkswirtschaft wie der unsrigen ist es nicht leicht, zwischen den Aktiva, die ›Geld‹ genannt werden können, und jenen, die diese Bezeichnung nicht tragen sollten, eine Linie zu ziehen. Die Münzen in Ihrer Hosentasche sind sicherlich Teil des Geldbestandes, der Frankfurter Messeturm ist es sicherlich nicht; aber es gibt viele Aktiva zwischen diesen beiden Extremen, bei denen die Zuordnung weniger klar ist. Daher existieren auch verschiedene Maße für die Geldmenge in Deutschland. Die

Bargeld
Scheine und Münzen in den Händen der privaten Wirtschaftseinheiten

Giroeinlagen (Buchgeld)
Einlagen auf Bankkonten, die sofort liquidierbar sind (z.B. per Scheck und EC-Karte)

Tabelle 27-1 erläutert die drei wichtigsten Maße M1, M2 und M3. Jede dieser Größen verwendet eine etwas unterschiedliche Abgrenzung zwischen monetären und nicht-monetären Aktiva.

Tabelle 27-1
Drei Maße für
die deutsche Geld-
menge

Bezeichnung	Höhe im Mai 1998 (in Mrd. DM)	Komponenten
M1	910,2	Bargeld der Nichtbanken und Sichtguthaben der Nichtbanken bei den Geschäftsbanken
M2	1302,7	M1 zuzüglich Termingelder der Nichtbanken mit Fälligkeitsfristen bis zu 4 Jahren
M3	2239,8	M2 zuzüglich Spareinlagen der Nichtbanken mit dreimonatiger Kündigungsfrist

Für unsere Zwecke in diesem Buch müssen wir uns nicht mit den Unterschieden zwischen den verschiedenen Geldmengenaggregaten im Detail aufhalten. Die wichtige Erkenntnis besteht an dieser Stelle darin, daß nicht nur Bargeld, sondern auch Bankeinlagen, die schnell liquidierbar und zum Erwerb von Waren und Dienstleistungen verwendbar sind, zur Geldmenge zu zählen sind.

Information   **Kreditkarten und Geld**

Auf den ersten Blick mag es folgerichtig erscheinen, auch Kreditkarten als Teil der Geldmenge zu betrachten. Denn immerhin benutzen die Menschen Kreditkarten für viele Einkäufe. Sind Kreditkarten daher nicht auch ein Zahlungsmittel?

Obwohl diese Überlegung auf den ersten Blick überzeugend erscheint, sind Kreditkarten in keinem Geldmengenmaß enthalten. Der Grund liegt darin, daß Kreditkarten nicht wirklich eine Zahlungsweise darstellen, sondern vielmehr eine Aufschiebung der Zahlung beinhalten. Wenn Sie ein Essen mit Kreditkarte bezahlen, so zahlt die Bank oder Kartengesellschaft, die die Kreditkarte ausgestellt hat, Ihre Rechnung. Zu einem späteren Zeitpunkt müssen Sie das geliehene Geld (möglicherweise verzinst) zurückzahlen. Wenn die Kreditkartenrechnung zum Monatsende kommt, so wird Ihr Girokonto belastet, dessen Einlagen wiederum zur Geldmenge zählen.

Wiewohl Kreditkarten also nicht als Form des Geldes betrachtet werden, spielen sie nichtsdestotrotz eine wichtige Rolle für die Analyse des monetären Systems. Wirtschaftssubjekte, die eine Kreditkarte besitzen, können viele ihrer Rechnungen zum Monatsende auf einen Schlag bezahlen anstatt einzeln bei den jeweiligen Käufen. Im Ergebnis halten Kreditkartenbesitzer wahrscheinlich durchschnittlich weniger Geld als diejenigen, die keine Kreditkarte haben. Daher kann die Einführung und steigende Verbreitung von Kreditkarten die Menge an Geld, die die Menschen halten wollen, verringern.

Schnelltest   Zählen Sie die drei Funktionen des Geldes auf und erläutern Sie diese.

Das Europäische System der Zentralbanken (ESZB)

Wenn ein Land sich auf ein Rechengeld-System verläßt, wie es in den allermeisten Länder üblich ist, so muß eine Institution existieren, die für die Überwachung und Steuerung dieses Systems verantwortlich ist. Diese wird in der Regel **Zentralbank** genannt und hat die Aufgabe, das Bankensystem zu überwachen und die Geldmenge in der Volkswirtschaft zu steuern. Unter den international bedeutsamen Zentralbanken sind an erster Stelle das Federal Reserve System (kurz: Fed) der Vereinigten Staaten, sowie auch (mit abnehmender Bedeutung) die Bank of Japan und die Bank of England zu nennen. Für Deutschland übernahm bisher die Deutsche Bundesbank diese Aufgabe. Im Zuge der *Europäischen Währungsunion* und der damit verbundenen Einführung des Euro geht diese im Europäischen System der Zentralbanken (ESZB) unter Führung der Europäischen Zentralbank (EZB) auf. Daher ist die Darstellung in diesem Kapitel auf die europäische Ebene ausgerichtet.

Zentralbank
Eine Institution, die errichtet wird, um das Bankensystem zu überwachen und die Geldmenge in einer Volkswirtschaft zu regulieren.

Die Organisationsstruktur des ESZB

Das **Europäische System der Zentralbanken (ESZB)** besteht aus der **Europäischen Zentralbank (EZB)**, die ihren Sitz in Frankfurt hat, sowie den **nationalen Zentralbanken (NZBen)** der Mitgliedstaaten der Europäischen Union. Gemäß dem Vertrag von Maastricht und der Satzung des ESZB und der EZB obliegt es dem ESZB, Preisstabilität im Euro-Raum zu gewährleisten. Zudem soll das ESZB die allgemeine Wirtschaftspolitik der Europäischen Union unterstützen, soweit diese in Einklang mit dem Ziel der Preisstabilität steht. Die Grundsätze einer offenen Marktwirtschaft dienen dabei als Leitbild.

EZB (Europäische Zentralbank)
Die Zentralbank der Europäischen Union.

Das ESZB wird von den Beschlußorganen der EZB – dem Direktorium, dem EZB-Rat und dem Erweiterten Rat – geleitet. Das *Direktorium* setzt sich aus dem Präsidenten, dem Vizepräsidenten sowie vier weiteren Mitgliedern zusammen, die allesamt in Bank-, Geld- und Währungsfragen erfahrene Persönlichkeiten sein sollen. Der *EZB-Rat* besteht aus den Mitgliedern des Direktoriums sowie den Präsidenten der nationalen Zentralbanken der an der Währungsunion und damit am ESZB aktiv teilnehmenden Staaten. Im *Erweiterten Rat* sitzen Präsident und Vizepräsident der EZB sowie die Präsidenten aller nationalen Zentralbanken, also der am ESZB teilnehmenden Länder und der Länder, für die Ausnahmeregelungen gelten. Der EZB-Rat legt die geldpolitische Leitlinie fest und trifft alle Entscheidungen, die zur Erfüllung der Aufgaben des ESZB notwendig sind. Das Direktorium ist für die Ausführung der geldpolitischen Maßnahmen und die Erteilung der damit verbundenen Weisungen an die nationalen Notenbanken verantwortlich. Der Erweiterte Rat ist u.a. zuständig für die Erhebung der notwendigen statistischen Daten und Beratungsfunktionen.

Die EZB ist in ihrer Konzeption unabhängig von politischen Weisungen, um eine Einflußnahme von Interessengruppen jeglicher Art soweit möglich zu vermeiden. Die **Unabhängigkeit** der EZB wird auf dreifache Weise gesichert: Die EZB ist institutionell, personell und operativ unabhängig. *Institutionelle Unabhängigkeit* wird dadurch gewährleistet, daß nur unabhängige nationale Zentralbanken am ESZB beteiligt sein dürfen. *Personelle/persönliche Unabhängigkeit* soll durch lange Amtszeiten (5–8 Jahre) der Führungsspitze, teilweise ohne die Möglichkeit einer Wiederwahl, gesichert werden. Die operative Unabhängigkeit beläßt der EZB freie Hand bei der Festlegung der Strategie und der Auswahl sowie dem Einsatz der geldpolitischen Instrumente. Noch ungeklärt ist, ob die verfolgte Strategie sich eher an einem Geldmengenziel, wie es die Deutsche Bundesbank in den letzten Jahren verfolgte, oder an einem Inflationsziel orientieren wird. Das wichtigste geldpolitische Instrument ist die Offenmarktpolitik; dabei handelt es sich um den An- bzw. Verkauf von Wertpapieren durch die Zentralbank zur Erhöhung bzw. Senkung der Geldmenge. Darauf und auf weitere zur Verfügung stehende Instrumente kommen wir im folgenden noch ausführlicher zu sprechen.

Neben der Festlegung der geldpolitischen Ziele und der Umsetzung der zur Erreichung notwendigen Maßnahmen bestehen weitere Aufgaben des ESZB in der Durchführung von Devisengeschäften, der Verwaltung der Währungsreserven der Teilnehmerländer, der Sicherung der Funktionsfähigkeit der Zahlungssysteme, der Aufsicht über das Bankenwesen und der allgemeinen Gewährleistung der Stabilität des europäischen Finanzsystems.

Banken und das Geldangebot

Geldangebot
Die in einer Volkswirtschaft verfügbare Geldmenge.

Geldpolitik
Die Steuerung der Geldmenge durch die Zentralbank.

Bislang haben wir untersucht, was ›Geld‹ überhaupt ist und welche Organe auf europäischer Ebene für die Planung und Steuerung der Geldmenge und damit für die Kontrolle der Inflationsrate verantwortlich sind. Kurz angesprochen haben wir auch schon das geldpolitische Instrument der Offenmarktpolitik zur Beeinflussung des Geldangebots. Damit ist das Geldangebot jedoch nicht vollständig erklärt, denn bisher haben wir die zentrale Rolle, die die Banken im monetären System spielen, vernachlässigt. Dies wollen wir im folgenden nachholen.

Erinnern Sie sich bitte daran, daß die Geldmenge – eng definiert – sich aus Bargeld (den Münzen und Scheinen in Ihrem Portemonnaie) und Giroeinlagen (den Aktiva auf ihrem Girokonto) zusammensetzt. Da die Giroeinlagen bei Banken gehalten werden, kann das Verhalten der Banken die Höhe der Giroeinlagen und damit die Geldmenge beeinflussen. Dieser Abschnitt untersucht, wie Banken die Geldmenge beeinflussen und wie sie die Aufgabe der Zentralbank komplizieren, das Geldangebot zu kontrollieren.

Der einfache Fall eines Systems mit 100%iger Reservehaltung

Um zu erkennen, wie die Banken das Geldangebot beeinflussen, ist es in einem ersten Schritt hilfreich, sich eine Welt ganz ohne Banken vorzustellen. In dieser einfachen Welt ist Bargeld die einzige Form des Geldes. Lassen Sie uns zur Konkretisierung annehmen, die gesamte Bargeldmenge betrage 100 DM. Das Geldangebot beträgt demgemäß auch 100 DM.

Lassen Sie uns nun annehmen, jemand eröffne eine Bank, die wir Erste Bank nennen wollen. Die Erste Bank ist eine reine Einlage-Institution, d.h. sie akzeptiert nur Einlagen, vergibt aber keine Kredite. Der Zweck dieser Bank besteht darin, den Einlegern einen sicheren Ort zur Aufbewahrung ihres Geldes zu bieten. Wenn ein Kunde Geld einlegt, so bewahrt die Bank dieses in ihrem Tresor auf, bis der Kunde wiederkommt und sein Geld abheben will. Dann schreibt die Bank einen Scheck gegen das entsprechende Konto. Einlagen, die Banken erhalten, aber nicht weiterverleihen, werden **Reserven** genannt. In der hier beschriebenen fiktiven Volkswirtschaft werden alle Einlagen als Reserven gehalten; es handelt sich also um ein *100%iges Reservesystem*.

Wir können die finanzielle Situation der Ersten Bank mittels eines T-Kontos abbilden. Dies ist eine vereinfachte buchhalterische Darstellung, die die Veränderungen in den Aktiva A (Forderungen) und Passiva P (Verbindlichkeiten) angibt. Hier folgt das T-Konto für die Erste Bank, wenn das gesamte Geld von 100 DM unserer Modellvolkswirtschaft bei dieser Bank eingelegt wird.

Reserven
Einlagen, die Banken erhalten haben, aber nicht verleihen

ERSTE BANK

A		P	
Reserven	100 DM	Einlagen	100 DM

Auf der linken Seite des T-Kontos stehen die Aktiva der Bank in Höhe von 100 DM (die Reserven, die sie in ihrem Tresor hält). Auf der rechten Seite des T-Kontos sind die Passiva der Bank in Höhe von 100 DM abgebildet (der Betrag, den sie den Kunden schuldet). Beachten Sie, daß die Aktiva und Passiva der Ersten Bank genau übereinstimmen.

Betrachten wir nun das Geldangebot in dieser fiktiven Volkswirtschaft. Bevor die Erste Bank eröffnet hatte, betrug das Geldangebot 100 DM, die die Bewohner als Bargeld hielten. Nachdem die Bank geöffnet hat und die Bewohner ihr Geld eingelegt haben, beträgt die Geldmenge weiterhin 100 DM, nun in Form von Giroeinlagen. (Es gibt kein umlaufendes Bargeld mehr, da alles im Tresor der Bank liegt.) Jede Bankeinlage reduziert die Bargeldmenge und erhöht die Einlagensumme um genau denselben Betrag, wobei das Geldangebot unverändert bleibt. *Halten also die Banken die gesamten Einlagen als Reserven, so haben sie keinen Einfluß auf das Geldangebot.*

Geldschöpfung in einem Bankensystem mit partieller Reservehaltung

Nach einiger Zeit werden die Bankiers der Ersten Bank ihre 100%ige Reservehaltung überdenken. Alles Geld untätig im Tresor liegenzulassen, scheint nicht die beste Strategie zu sein. Warum nicht ein paar Kredite vergeben? Familien, die Häuser bauen wollen, oder Unternehmungen, die Fabrikanlagen errichten möchten, wären sicher gerne bereit, Zinsen dafür zu zahlen, daß sie für einige Zeit Geld geliehen bekommen. Natürlich wird die Erste Bank einige Reserven zurückhalten müssen, so daß Bargeld vorhanden ist, wenn einige Einleger Abhebungen vornehmen möchten. Fällt aber der Zufluß neuer Einlagen in etwa so hoch aus wie die Auszahlungswünsche, so muß die Erste Bank nur einen Teil ihrer Einlagen als Reserven halten. Die Erste Bank praktiziert also ein **System partieller Reservehaltung**.

partielles Reserve-system
Bankensystem, in dem die Banken nur einen bestimmten Prozentsatz ihrer Einlagen als Reserven halten.
Reservesatz
Prozentsatz der Einlagen, den die Bank als Reserven hält.

Lassen Sie uns annehmen, die Erste Bank halte 10% ihrer Einlagen als Reserven und verleihe den Rest. Wir sprechen dann davon, daß der **Reservesatz** – der Anteil an den gesamten Einlagen, die die Bank als Reserven hält – 10% beträgt. Lassen Sie uns nun einen Blick auf das T-Konto der Ersten Bank werfen:

ERSTE BANK

A		P	
Reserven	10 DM	Einlagen	100 DM
Kredite	90 DM		

Die Erste Bank hat immer noch 100 DM auf der Passiv-Seite stehen, denn die Kreditvergabe hat die Verbindlichkeiten der Bank gegenüber ihren Einlegern nicht verändert. Aber die Bank hat nun zwei verschiedene Posten auf der Aktiv-Seite: 10 DM liegen als Reserven im Tresor und 90 DM wurden als Kredite vergeben. (Diese Kredite stellen Verbindlichkeiten derjenigen dar, die sie aufgenommen haben, aber sie stellen Forderungen und damit Aktiva der Bank dar, die sie vergeben hat, denn die Kreditnehmer werden die Kreditsumme später an die Bank zurückzahlen.) Insgesamt stimmen Aktiva und Passiva der Ersten Bank immer überein.

Lassen Sie uns nun nochmals das Geldangebot in dieser Volkswirtschaft betrachten. Bevor die Erste Bank Kredite vergeben hatte, entsprach die Geldmenge den 100 DM an Einlagen. Vergibt die Erste Bank nun jedoch Kredite, so steigt das Geldangebot. Die Einleger haben immer noch 100 DM an Guthaben auf ihren Bankkonten, die Schuldner halten jetzt jedoch 90 DM Bargeld. Das Geldangebot (das sich aus Bargeld und Giroeinlagen zusammensetzt) beträgt nun also 190 DM. *Halten die Banken also nur einen bestimmten Prozentsatz ihrer Einlagen als Reserven, so können sie Geld schaffen bzw. schöpfen.*

Auf den ersten Blick mag diese Geldschöpfung innerhalb eines partiellen Reservesystems zu schön sein, um wahr zu sein, denn es scheint so, als hätte die Bank Geld aus der Luft gezaubert. Damit Ihnen diese Geldschaffung weniger wundersam vorkommt, sollten Sie beachten, daß durch die Kreditvergabe aus einem Teil der Bankreserven kein Zuwachs an Vermögen stattfindet. Die Kredite der Ersten Bank geben den Schuldnern Bargeld und eröffnen Ihnen damit die Möglichkeit, Güter zu erwerben. Die Schuldner übernehmen mit dem Kredit jedoch auch Rückzahlungsverpflichtungen, so daß die Kreditaufnahme sie insgesamt nicht reicher macht. Anders ausgedrückt bedeutet dies, daß in dem Maße, in dem die Bank das Aktivum Geld schöpft, auch gleichzeitig Verbindlichkeiten für die Schuldner in gleicher Höhe entstehen. Am Ende dieses Geldschöpfungsprozesses ist die Volkswirtschaft liquider in dem Sinne, daß eine höhere Summe des Tauschmittels vorhanden ist; die Volkswirtschaft ist aber nicht reicher als zuvor.

Der Geldschöpfungsmultiplikator

Die Geldschöpfung hört nicht bei der Ersten Bank auf. Lassen Sie uns annehmen, der Schuldner der Ersten Bank verwende die geliehenen 90 DM, um etwas von jemandem zu kaufen, der wiederum das erhaltene Bargeld auf sein Konto bei der Zweiten Bank einzahlt. Damit sieht das T-Konto der Zweiten Bank folgendermaßen aus:

ZWEITE BANK

A		P	
Reserven	9 DM	Einlagen	90 DM
Kredite	81 DM		

Nach dieser Einlage belaufen sich die Verbindlichkeiten der Zweiten Bank auf 90 DM. Hat die Zweite Bank auch einen Reservesatz von 10%, so wird sie 9 DM als Reserven behalten und Kredite in Höhe von 81 DM vergeben. So schöpft die Zweite Bank weiteres Geld in Höhe von 81 DM. Werden diese 81 DM nun möglicherweise bei einer Dritten Bank eingezahlt, die ebenfalls Reserven in Höhe von 10% der Einlagensumme hält, so wird diese Bank 8,10 DM als Reserven halten und Kredite in Höhe von 72,90 DM vergeben. Das T-Konto der Dritten Bank sieht dann so aus:

DRITTE BANK

A		P	
Reserven	8,10 DM	Einlagen	81 DM
Kredite	72,90 DM		

Dieser Prozeß setzt sich immer weiter fort. Jedesmal, wenn Geld bei einer Bank eingelegt wird und daraufhin Kredite vergeben werden, wird Geld geschöpft. Man nennt dies den *multiplen Geldschöpfungsprozeß*.

Wieviel Geld kann dann letztendlich in unserer Modellvolkswirtschaft geschaffen werden? Lassen Sie uns zusammenzählen:

ursprüngliche Einlage	100,00 DM	
Kreditvergabe der Ersten Bank	90,00 DM	$[= 0,9 \times 100 \text{ DM}]$
Kreditvergabe der Zweiten Bank	81,00 DM	$[= 0,9 \times 90 \text{ DM}]$
Kreditvergabe der Dritten Bank	72,90 DM	$[= 0,9 \times 81 \text{ DM}]$
.	.	
.	.	
gesamtes Geldangebot	1.000,00 DM	

Obwohl dieser Prozeß sich bis ins Unendliche fortsetzen läßt, stellt sich heraus, daß kein unendlich hoher Geldbetrag geschaffen werden kann. Wenn Sie fleißig die unendliche Zahlensequenz aus diesem Beispiel addieren, werden sie feststellen, daß aus den 100 DM an ursprünglichen Einlagen 1.000 DM an Geld geschöpft werden können. Der Geldbetrag, den das Bankensystem aus jeder DM ursprünglicher Einlagen bzw. Reserven schafft, wird **Geldschöpfungsmultiplikator** genannt. In unserer fiktiven Volkswirtschaft, in der aus den 100 DM ursprünglichen Einlagen 1.000 DM geschöpft werden können, beträgt der Geldschöpfungsmultiplikator 10.

Geldschöpfungsmultiplikator
Geldbetrag, den das Bankensystem mit jeder DM an ursprünglichen Einlagen bzw. Reserven erzeugt

Und wodurch wird die Höhe des Geldschöpfungsmultiplikators bestimmt? Die Antwort ist einfach: *Der Geldschöpfungsmultiplikator ist der Kehrwert des Reservesatzes.* Ist R der Reservesatz für alle Banken der betrachteten Volkswirtschaft, so können aus jeder DM an Reserven 1/R DM an Geld erzeugt werden. In unserem Beispiel beträgt R = 1/10, der Geldschöpfungsmultiplikator also 10.

Die Berechnung des Geldschöpfungsmultiplikators als reziprokem Reservesatz macht Sinn. Denn wenn eine Bank 1.000 DM an Einlagen aufweist, so besagt ein Reservesatz von 1/10 (10%), daß die Bank 100 DM an Reserven halten muß. Der Geldschöpfungsmultiplikator dreht diese Überlegung einfach um: Wenn 100 DM an Reserven im Bankensystem gehalten werden, so können nur 1.000 DM an Einlagen vorhanden sein. Beträgt der Reservesatz hingegen 1/5 (20%), so müssen fünf Mal soviel Einlagen wie Reserven im Bankensystem vorhanden sein, womit der Geldschöpfungsmultiplikator 5 beträgt. Je höher der Reservesatz, desto geringer die verliehene Kreditsumme, desto geringer der Geldschöpfungsmultiplikator. Im Sonderfall des eingangs untersuchten 100%igen Reservesystems liegt der Reservesatz bei 1, der Geldschöpfungsmultiplikator beträgt ebenfalls 1 und die Banken schöpfen kein – zusätzliches – Geld.

Die geldpolitischen Instrumente des ESZB

Wie schon aus den obigen Ausführungen hervorging, ist es die Hauptaufgabe des ESZB, im Hinblick auf das Ziel der Preisniveaustabilität in Europa die Geldmenge zu steuern. Nachdem wir nun wissen, wie ein partielles Reservesystem funktioniert, sind wir eher in der Lage zu verstehen, wie die Zentralbank ihre Aufgabe bewältigt. Zur Umsetzung der verfolgten Strategie stehen der EZB verschiedene Instrumente zur Verfügung. Besonders wichtig sind dabei die Durchführung von Offenmarktgeschäften, das Angebot ständiger Fazilitäten sowie die Einrichtung eines Mindestreservesystems.

Geschäfte am ›offenen Markt‹ beziehen sich auf den An- und Verkauf von offenmarktfähigen Wertpapieren durch die EZB. Dazu zählen in der Regel alle Arten von Staatsanleihen sowie weitere Wertpapiere, die von der Zentralbank als ›offenmarktfähig‹ deklariert werden. Fünf Arten von **Offenmarktgeschäften** sind vorgesehen. Wichtigste Instrumente werden die befristeten Transaktionen sein, die hauptsächlich in Form von Pensionsgeschäften realisiert werden (Pensionsgeschäfte beinhalten den An- bzw.

Offenmarktpolitik
An- und Verkauf von Wertpapieren durch die EZB am ›offenen Markt‹ zur Steuerung der Geldmenge

Verkauf von Wertpapieren bei gleichzeitiger Vereinbarung des entsprechenden Gegengeschäfts zu einen bestimmten späteren Zeitpunkt); weitere Möglichkeiten bieten sich über definitive An- bzw. Verkäufe von Offenmarktpapieren, die Emission von Schuldverschreibungen, Devisenswapgeschäfte und die Hereinnahme von Termineinlagen.

Offenmarktoperationen sind sehr einfach in größerem oder kleinerem Ausmaß börsentäglich durchzuführen. Um das Geldangebot zu erhöhen, wird die EZB Offenmarktpapiere aufkaufen. Die Euros, die die EZB für die erworbenen Wertpapiere zahlt, erhöhen die im Umlauf befindliche Euro-Geldmenge. Ein Teil davon wird als Bargeld gehalten, ein anderer Teil fließt in das Bankensystem. Jeder neue Euro, der als Bargeld gehalten wird, erhöht die Geldmenge genau um einen Euro. Jeder neue Euro, der bei einer Bank eingelegt wird, erhöht das Geldangebot sogar in höherem Ausmaß aufgrund des oben erläuterten multiplen Geldschöpfungsprozesses im Bankensektor. Um das Geldangebot zu reduzieren, wird die EZB genau gegenteilig handeln: Sie wird Offenmarktpapiere anbieten. Damit wird dem Markt Geld entzogen; die Argumentation verläuft umgekehrt.

Das **Angebot ständiger Fazilitäten** dient zur Bereitstellung oder Absorption von Liquidität über Nacht. Die Spitzenrefinanzierungsfazilität erlaubt den Banken die Aufnahme von Übernachtliquidität zu einem vorgegebenen Zinssatz gegen refinanzierungsfähige Sicherheiten. Der von der EZB geforderte Zinssatz stellt i.d.R. die Obergrenze des Tagesgeldzinssatzes dar. Die Einlagenfazilität dient zur Anlage von Übernachtliquidität zu einem vorgegebenen Zinssatz. Der von der EZB gezahlte Zinssatz stellt i.d.R. die Untergrenze des Tagesgeldsatzes dar.

Noch ist nicht klar, ob die EZB die **Mindestreservepflicht** einführen wird oder nicht. Unterliegen die europäischen Kreditinstitute der Mindestreservepflicht, so bedeutet dies, daß sie einen bestimmten Prozentsatz ihrer Einlagen – möglicherweise gestaffelt nach verschiedenen Einlagearten bzw. -laufzeiten und Orten – als Reserven halten müssen. Eine Erhöhung der Reservesätze wirkt kontraktiv, verringert also die umlaufende Geldmenge, da damit der Kreditvergabespielraum der Banken eingeschränkt wird und der Geldschöpfungsmultiplikator sinkt. Umgekehrt wirkt eine Senkung der Reservesätze expansiv, erhöht also die umlaufende Geldmenge, weil dadurch der Kreditvergabespielraum der Banken ausgeweitet wird und der Geldschöpfungsmultiplikator ansteigt. Änderungen der Mindestreservesätze finden erfahrungsgemäß nicht allzu häufig statt, denn sie können das Bankgeschäft beträchtlich stören, wenn z.B. bei einem Anstieg der Reservesätze einige Banken nicht genügend freie (überschüssige) Reserven haben, um kurzfristig die Reserveanforderungen erfüllen zu können und daraufhin die Kreditvergabe beträchtlich einschränken müssen.

Ständige Fazilitäten
Sehr kurzfristige Bereitstellung bzw. Aufnahme von Liquidität von einem Tag zum anderen

Mindestreserven-politik
Festsetzung und Variation der Prozentsätze minimaler Pflichteinlagen der Geschäftsbanken bei der Zentralbank

Probleme bei der Kontrolle des Geldangebots

Die oben beschriebenen Instrumente zur Geldmengensteuerung sind sehr effektive Instrumente. Das Geldangebot kann damit jedoch nicht vollständig kontrolliert werden. Denn die Zentralbank hat mit zwei Problemen zu kämpfen, die sich aufgrund des zweistufigen Finanzsystems (Zentralbank und Geschäftsbanken) und der partiellen Reservehaltung ergeben.

Das erste Problem liegt darin, daß die Zentralbank nicht diejenige Menge an Geld kontrollieren kann, die private Haushalte, als Einlagen im Bankensystem halten. Denn je höher die Einlagen ausfallen, desto mehr Geld können die Geschäftsbanken schöpfen und umgekehrt. Um dieses Problem genauer zu erkennen, nehmen wir beispielsweise an, die Menschen würden das Vertrauen in das Bankensystem verlieren und sich dazu entschließen, einen Großteil ihrer Einlagen aufzulösen und stattdessen Bargeld zu halten. Im Bankensystem kann daraufhin weniger Geld geschöpft werden, so daß das Geldangebot zurückgeht, ohne daß die Zentralbank eingegriffen hat.

Das zweite Problem bei der Kontrolle der Geldmenge besteht darin, daß die Zentralbank keine Kontrolle darüber hat, wieviel die Banken an Krediten ausleihen. Wird Geld bei einer Bank eingelegt, so kann der multiple Geldschöpfungsprozeß nur stattfinden, wenn die Bank dieses Geld weiterverleiht. Banken können jedoch auch Reserven über die von der Zentralbank geforderten Mindestreserven hinaus halten. Diese zusätzliche Reservehaltung wird *Überschußreserve* genannt. Um zu sehen, warum Überschußreserven die Geldmengensteuerung komplizieren, nehmen wir an, daß eines Tages die Banken aufgrund einer verschlechterten Einschätzung der ökonomischen Situation vorsichtiger werden, weniger Kredite vergeben und höhere Überschußreserven halten. In diesem Fall kann der multiple Geldschöpfungsprozeß im Bankensystem nur in geringerem Ausmaß wirken und es wird weniger Geld geschöpft. Ohne Eingreifen der Zentralbank fällt das Geldangebot allein aufgrund des veränderten Verhaltens der Geschäftsbanken.

Die Geldmenge hängt also in einem partiellen Reservesystem zum Teil vom *Verhalten der Einleger und der Geschäftsbanken* ab. Da die Zentralbank deren Verhalten nicht exakt steuern und auch nicht perfekt vorhersagen kann, vermag sie das Geldangebot nicht vollständig zu kontrollieren. Bei einer vorausschauenden und flexiblen Zentralbank werden diese Probleme jedoch eher gering sein. Durch ständige Informationsbeschaffung über die Entwicklung der Einlagen und Reserven können Veränderungen im Verhalten der Einleger oder Geschäftsbanken früh erkannt werden. So können rasch gegensteuernde Maßnahmen ergriffen werden, um das Geldangebot nahe am geplanten Volumen zu halten.

Fallstudie   **›Bank Runs‹ und das Geldangebot**

Obwohl Sie selbst wahrscheinlich noch keinen Bank Run in Ihrem Leben erlebt haben, kennen Sie eine solche Situation vielleicht aus Filmen oder Erzählungen. Ein Bank Run (eine Bankenpanik) findet dann statt, wenn die Einleger vermuten, eine Bank könne Konkurs anmelden müssen, und daher zur Bank ›rennen‹, um ihre Einlagen abzuziehen.

Bank Runs sind ein Problem in Systemen mit nur partieller Reservehaltung. Da die Banken nur einen bestimmten Anteil ihrer Einlagen als Reserven halten, können nicht alle Auszahlungswünsche der Einleger erfüllt werden, wenn diese gleichzeitig auftreten. Auch wenn die Bank eigentlich *solvent* ist (d.h. wenn die Aktiva der Bank die Passiva übersteigen), wird sie nicht genügend Bargeld bereit halten, um allen Einlegern einen sofortigen Zugang zu ihrem Geld zu ermöglichen. Daher bleibt der Bank nichts weiter übrig, als ihre Tore zu schließen, bis einige aus den Einlagen vergebene Kredite zurückgezahlt werden oder ein ›lender of last resort‹ (i.d.R. die nationale Zentralnotenbank) die Menge an Bargeld bereitstellt, die zur Erfüllung der Auszahlungswünsche der Kunden benötigt wird.

Bank Runs komplizieren die Kontrolle und Steuerung des Geldangebots. Ein wichtiges Beispiel für dieses Problem findet sich zu Zeiten der großen Depression in den Vereinigten Staaten in den frühen 30er Jahren. Nach einer Welle von Bank Runs und Bankenschließungen bzw. -zusammenbrüchen, wurden Haushalte und Banken vorsichtiger. Die Haushalte zogen ihre Einlagen aus den Banken ab und zogen es vor, ihr Geld in Form von Bargeld zu halten. Diese Entscheidung kehrte den Prozeß der Geldschöpfung um, da die Banken auf die fallenden Reserven mit einer Rücknahme der Kreditvergabe reagierten. Gleichzeitig erhöhten die Banken ihre prozentuale Reservehaltung, um genügend Bargeld zur Erfüllung der Kundenwünsche bei weiteren Bank Runs verfügbar zu haben. Die höhere Reservequote reduzierte den Geldschöpfungsmultiplikator, wodurch sich wiederum das Geldangebot verringerte. Das Geldangebot fiel von 1929 bis 1933 um 28%, ohne daß die amerikanische Zentralbank (Fed) von sich aus kontraktive Maßnahmen eingeleitet hatte. Viele Ökonomen machen diesen Rückgang des Geldangebots für die hohe Arbeitslosigkeit und den Preisverfall während dieser Zeit verantwortlich. (In den anschließenden Kapiteln werden wir die Wirkungsmechanismen untersuchen, über die die Geldmenge Arbeitslosigkeit und Preise beeinflußt.)

Heutzutage sind Bank Runs in hochentwickelten Volkswirtschaften nur noch ein geringes Problem, da in der Regel die Zentralbanken die Sicherheit der Einlagen garantieren und die Menschen darauf vertrauen, daß die Zentralbank oder spezielle Fonds bei einem Konkurs ihrer Bank einspringen. Ein Blick auf die derzeitige Situation in Rußland macht die Problematik jedoch nochmals deutlich.

Beschreiben Sie, wie Banken Geld schöpfen.   **Schnelltest**

Schlußfolgerung

In diesem Kapitel ist uns klar geworden, daß das monetäre System eine wichtige Rolle im täglichen Leben spielt. Immer wenn wir etwas kaufen oder verkaufen, vertrauen wir auf die überaus nützliche gesellschaftliche Einrichtung ›Geld‹. Nachdem wir nun wissen, was Geld ist und wodurch das Geldangebot bestimmt wird, können wir untersuchen, wie sich Änderungen in der Geldmenge auf die Volkswirtschaft auswirken. Wir beginnen mit der Analyse dieses Themas im nächsten Kapitel.

Zusammenfassung

- Der Begriff *Geld* bezieht sich auf Aktiva, die Menschen regelmäßig zum Erwerb von Waren und Dienstleistungen verwenden.
- Geld erfüllt drei Funktionen. Als Tausch- oder Zahlungsmittel stellt es das Medium dar, das zur Abwicklung von Transaktionen genutzt wird. Als Recheneinheit liefert es ein Maß für Preise und andere ökonomische Werte. Als Wertaufbewahrungsmittel gibt es die Möglichkeit, Kaufkraft von der Gegenwart in die Zukunft zu verschieben.
- Warengeld, wie Gold, ist Geld, das einen intrinsischen Wert hat: Es wäre auch dann wertvoll, wenn es nicht als Geld genutzt würde. Rechengeld, wie Papierscheine, stellen Geld ohne intrinsischen Wert dar: Würde es nicht als Geld verwendet, so wäre es wertlos.
- In Deutschland zählen je nach Definition Bargeld und verschiedene Arten von Bankeinlagen zur Geldmenge.
- Das Europäische System der Zentralbanken (ESZB) mit der Europäischen Zentralbank (EZB) an der Spitze ist für die Kontrolle und Steuerung des europäischen monetären Systems zuständig und verantwortlich. Die zur Regulierung des Geldangebots verfügbaren Instrumente umfassen die Offenmarkt- und Mindestreservenpolitik sowie das Angebot ständiger Fazilitäten.
- Wenn die Banken einen Teil ihrer Einlagen als Kredite weitervergeben, so erhöhen sie damit die in der Volkswirtschaft umlaufende Geldmenge. Dieser Prozeß wird aktive Geldschöpfung genannt. Aufgrund dieser Rolle der Banken für die Geldmengenentwicklung kann die Kontrolle des Geldangebots durch die Zentralbank nur unvollkommen sein.

Stichworte

Geld	Geldangebot
Tausch-/Zahlungsmittel	Geldpolitik
Recheneinheit	(Mindest-)Reserven
Wertaufbewahrung	Überschußreserven
Liquidität	partielles Reservesystem
Warengeld	Reservesatz
Rechengeld	Geldschöpfungsmultiplikator
Bargeld	Offenmarktgeschäfte
Giroeinlagen	Mindestreserveanforderungen
Zentralbank	

Zur Wiederholung

1. Was unterscheidet Geld von anderen Aktiva in einer Volkswirtschaft?
2. Was ist Warengeld? Was ist Rechengeld? Welches der beiden benutzen wir?
3. Was sind Giroeinlagen und wieso sollten diese zur Geldmenge gezählt werden?
4. Wenn die Zentralbank das Geldangebot durch Offenmarktgeschäfte erhöhen möchte, wie wird sie vorgehen?
5. Was sind Mindestreserveanforderungen? Wie verändert sich das Geldangebot, wenn die Zentralbank die Mindestreservesätze erhöht?
6. Warum kann eine Zentralbank das Geldangebot nicht vollständig kontrollieren?

Aufgaben und Anwendungen

1. Welche der im folgenden angeführten Punkte zählen zum Geld in der deutschen Volkswirtschaft? Bei welchen handelt es sich nicht um Geld? Erläutern Sie Ihre Antwort unter Berücksichtigung der drei Funktionen des Geldes.
    a) ein deutscher Pfennig
    b) ein mexikanischer Peso
    c) ein Gemälde von Picasso
    d) eine Plastik-Kreditkarte
2. Jeden Monat veröffentlicht eine amerikanische Zeitschrift namens ›Yankee‹ eine Tauschspalte. Hier ein Beispiel: »Möchte handgearbeitetes Brautkleid und bis zu 6 Brautjungfernkleider gegen einen Hin- und Rückflug für zwei Personen sowie drei Übernachtungen mit Vollpension in der englischen Provinz tauschen.«
    a) Warum wäre es schwierig, die gesamte Volkswirtschaft über solche Tauschspalten zu organisieren?
    b) Warum mag dann wohl – im Lichte Ihrer Ausführungen unter a) – die Tauschspalte im ›Yankee‹ existieren?
3. Welche Charakteristika eines Aktivums machen es als Zahlungsmittel wertvoll? Welche Eigenschaften sollte ein Wertaufbewahrungsmittel aufweisen?
4. Ihr Onkel zahlt einen Kredit in Höhe von 100 DM an seine Bank zurück, indem er eine Überweisung von seinem Girokonto bei eben dieser Bank veranlaßt. Verwenden Sie T-Konten, um die Wirkungen dieser Transaktion auf die Bank und auf Ihren Onkel zu verdeutlichen. Ist Ihr Onkel reicher geworden?
5. Eine Bank hat 250 Mio. DM an Einlagen und einen Reservesatz von 10%.
    a) Zeichnen Sie ein T-Konto für diese Bank.

b) Nehmen Sie nun an, der größte Kunde dieser Bank ziehe seine Einlagen in Höhe von 10 Mio. DM ab (ihm wird Bargeld ausgezahlt). Wenn die Bank sich entschließt, die Reservehaltung in Höhe von 10 % der Einlagen danach durch eine Reduzierung der Kreditvergabe wiederherzustellen, wie sieht dann das neue T-Konto der Bank aus?

c) Erläutern Sie, welche Auswirkungen diese Handlung der Bank auf die anderen Banken der Volkswirtschaft haben wird.

d) Warum wird es der Bank möglicherweise schwerfallen, die unter b) beschriebene Aktion durchzuführen? Überlegen Sie sich einen anderen Weg, wie die Bank zu einer Reservehaltung gemäß ihres ursprünglichen Reservesatzes zurückgelangen könnte.

6. Sie hatten 100 DM in Bargeld unter Ihrem Kopfkissen versteckt und zahlen diese nun bei einer Bank ein. Wenn diese 100 DM im Bankensystem verbleiben und die Bank Reserven in Höhe von 10 % ihrer Einlagen hält, um wieviel wird dann die gesamte Einlagensumme im Bankensystem steigen? Um wieviel erhöht sich das Geldangebot?

7. Die Zentralbank führt einen Ankauf von Wertpapieren am offenen Markt in Höhe von 10 Mio. DM durch. Wenn der geforderte Mindestreservesatz 10 % beträgt, wie hoch kann dann der maximal mögliche Anstieg des Geldangebots ausfallen. Welches wäre der minimal mögliche Anstieg des Geldangebots? Erläutern Sie Ihre Antworten.

8. Nehmen Sie an, das T-Konto der Ersten Bank sehe folgendermaßen aus:

ERSTE BANK

A			P
Reserven	100.000 DM	Einlagen	500.000 DM
Kredite	400.000 DM		

a) Wenn die Zentralbank einen Mindestreservesatz von 5 % festlegt, wie hoch sind dann die Überschußreserven, die die Erste Bank hält?

b) Nehmen Sie an, alle anderen Banken hielten nur die geforderten Mindestreserven. Wenn die Erste Bank sich dazu entschließt, ihre Reserven auf das Mindestmaß zu reduzieren, um wieviel würde dann das Geldangebot in der Volkswirtschaft ansteigen?

9. Nehmen Sie an, der Mindestreservesatz betrage 10 % und die Banken hielten keinerlei Überschußreserve.

a) Wie wirkt sich ein Verkauf von Staatsanleihen seitens der Zentralbank in Höhe von 1 Mio. DM auf die Höhe der Reserven und das Geldangebot aus?

b) Nehmen Sie nun an, die Zentralbank senke den Mindestreservesatz auf 5 %, die Banken entschlössen sich jedoch dazu, weitere 5 % der Einlagensumme als Überschußreserven zu halten. Warum könnten die Banken so handeln? Welche Gesamtwirkung hätte dies auf den Geldschöpfungsmultiplikator und das Geldangebot?

10. Die Gesamtsumme der Reserven des Bankensystems belaufe sich auf 100 Mrd. DM. Nehmen Sie an, der Mindestreservesatz betrage 10 % der

Einlagen, die Banken hielten keine Überschußreserven und die Haushalte hielten kein Bargeld.

a) Wie lautet der Geldschöpfungsmultiplikator? Wie hoch ist das Geldangebot?

b) Wie würden sich die Reserven und das Geldangebot verändern, wenn die Zentralbank den Mindestreservesatz auf 20% erhöhen würde?

11. Nehmen Sie an, in einer fiktiven Volkswirtschaft gebe es 2000 1-DM-Stücke. Wie hoch ist die Geldmenge,

a) wenn die Bewohner das gesamte Geld als Bargeld halten,

b) wenn die Bewohner das gesamte Geld auf Girokonten halten und der Mindestreservesatz bei 100% liegt,

c) wenn die Bewohner zu gleichen Teilen Bargeld und Giroeinlagen besitzen und der Mindestreservesatz bei 100% liegt,

d) wenn die Bewohner das gesamte Geld auf Girokonten halten und der Mindestreservesatz 10% beträgt,

e) wenn die Bewohner zu gleichen Teilen Bargeld und Giroeinlagen besitzen und der Mindestreservesatz 10% beträgt?

In diesem Kapitel werden Sie

- sehen, warum ein schnelles Wachstum des Geldangebots zu Inflation führt,
- die Bedeutung der klassischen Dichotomie und der Neutralität des Geldes kennenlernen,
- erfahren, weshalb manche Länder soviel Geld in Umlauf setzen, daß es zu einer Hyperinflation kommt,
- die Bedeutung der Inflationsrate für den Nominalzinssatz untersuchen,
- die verschiedenen Kosten betrachten, die der Gesellschaft aus Inflation entstehen.

In unserer Volkswirtschaft steigen die meisten Preise tendenziell im Zeitablauf. Dieser Anstieg des allgemeinen Preisniveaus wird als *Inflation* bezeichnet. Früher in diesem Buch haben wir untersucht, wie Volkswirte die Inflationsrate als prozentuale Veränderung des Preisindex für die Lebenshaltung, des BIP-Deflators oder eines anderen Index des allgemeinen Preisniveaus messen. Diese Preisindizes zeigen z.B. für die USA, daß die Preise in den letzten 60 Jahren durchschnittlich um 5 Prozent pro Jahr angestiegen sind. Eine Inflationsrate von 5 Prozent über so viele Jahre hinweg führt zu einer 18fachen Erhöhung des Preisniveaus.

Inflation mag für jemanden, der in der zweiten Hälfte des zwanzigsten Jahrhunderts aufgewachsen ist, natürlich und unvermeidlich erscheinen; tatsächlich ist sie jedoch ganz und gar nicht unvermeidlich. Im neunzehnten Jahrhundert gab es lange Perioden, in deren Verlauf die meisten Preise gefallen sind – ein Phänomen, das als *Deflation* bezeichnet wird. Beispielsweise lag das durchschnittliche Preisniveau in den USA im Jahre 1896 um 23 Prozent unter dem Preisniveau von 1880.

Obwohl Inflation in der jüngsten Vergangenheit die Regel darstellte, waren beträchtliche Veränderungen der Preissteigerungsrate festzustellen. In den USA z.B. haben sich die Preise zwischen 1990 und 1996 im Durchschnitt um etwa 3 Prozent pro Jahr erhöht. Im Gegensatz dazu stiegen die Preise in den siebziger Jahren jährlich um 7 Prozent, was einer Verdopplung des Preisniveaus im Laufe dieses Jahrzehnts entspricht. Die Öffentlichkeit betrachtet solch hohe Inflationsraten häufig als ein bedeutendes wirtschaftliches Problem.

Internationale Daten zeigen erhebliche Unterschiede in der Entwicklung der Inflation. Deutschland nach dem Ersten Weltkrieg stellt eines der spektakulärsten historischen Beispiele für Inflation dar. Der Preis einer Tageszeitung stieg von M 0,30 im Januar 1921 auf M 70.000,– weniger als zwei Jahre später. Andere Preise wiesen ähnliche Zuwachsraten auf. Das

Auftreten solch außergewöhnlich hoher Inflationsraten wird als *Hyper-inflation* bezeichnet. Die Hyperinflation in Deutschland hatte eine so nach-teilige Auswirkung auf die deutsche Volkswirtschaft, daß sie häufig als eine der Ursachen für den Aufstieg des Nationalsozialismus und damit für den Zweiten Weltkrieg angesehen wird. Im Verlauf der letzten 50 Jahre standen die deutschen Politiker der Inflation daher außerordentlich ablehnend gegenüber, und die Inflation in Deutschland war wesentlich niedriger als in den Vereinigten Staaten.

Wovon hängt es ab, ob in einem Land Inflation auftritt, und wenn ja, wie hoch sie ist? Das vorliegende Kapitel beantwortet diese Frage mit Hilfe der *Quantitätstheorie des Geldes*. In Kapitel 1 wurde diese Theorie in einer der *zehn volkswirtschaftlichen Regeln* zusammengefaßt: Die Preise steigen, wenn zuviel Geld in Umlauf gesetzt wird. Dieses Verständnis hat unter Volkswirten eine lange und ehrwürdige Tradition. Die Quantitätstheorie wurde von dem berühmten Philosophen des achtzehnten Jahrhunderts *David Hume* diskutiert und in jüngerer Zeit von dem bekannten Volkswirt *Milton Friedman* vertreten. Diese Inflationstheorie kann sowohl moderate Inflationen, wie sie z.B. in den USA zu beobachten waren, als auch Hyper-inflationen erklären, wie sie in Deutschland zwischen den beiden Welt-kriegen und in jüngerer Zeit in einigen lateinamerikanischen Ländern aufgetreten sind.

Nach der Entwicklung einer Inflationstheorie wenden wir uns einer wichtigen Frage im Zusammenhang mit der Inflation zu: Warum stellt Inflation ein Problem dar? Auf den ersten Blick erscheint die Antwort auf diese Frage offensichtlich: Inflation ist ein Problem, weil die Leute sie nicht mögen. In den siebziger Jahren, als die Inflationsrate in den USA relativ hoch war, war die Inflation laut Meinungsumfragen das wichtigste Problem des Landes. Präsident Ford brachte diese Sichtweise 1974 zum Ausdruck, als er die Inflation den »öffentlichen Feind Nr. 1« nannte.

Worin genau bestehen aber die Kosten der Inflation für die Gesellschaft? Die Antwort wird Sie vielleicht überraschen. Die Kosten der Inflation zu ermitteln ist nicht so einfach, wie es auf den ersten Blick erscheinen mag. Zwar stimmen alle Volkswirte darin überein, daß Hyperinflationen für die betroffenen Gesellschaften eine erhebliche Belastung darstellen, doch sind manche Volkswirte der Ansicht, daß die Kosten moderater Inflationen bei weitem nicht so hoch sind, wie von der breiten Öffentlichkeit angenom-men.

Die Ursachen der Inflation

Wir beginnen unsere Untersuchung der Inflation mit der Entwicklung der Quantitätstheorie des Geldes. Die meisten Volkswirte greifen auf diese Theorie für die Erklärung der langfristigen Bestimmungsfaktoren des Preisniveaus und der Inflationsrate zurück.

Preisniveau und Geldwert

Angenommen, der Preis für eine Kugel Eis erhöht sich im Verlauf einer bestimmten Zeitperiode von DM 0,50 auf DM 2,50. Welche Schlußfolgerung sollten wir aus der Tatsache ziehen, daß die Leute bereit sind, so viel mehr Geld für eine Kugel Eis zu bezahlen? Es wäre möglich, daß die Leute Eiscreme mehr mögen als zuvor (vielleicht weil einige Chemiker eine wunderbare neue Geschmacksrichtung entwickelt haben). Dies ist jedoch wahrscheinlich nicht der Fall. Es ist eher wahrscheinlich, daß die Vorliebe der Menschen für Eiscreme dieselbe geblieben ist und daß das Geld, das für den Kauf von Eiscreme verwendet wird, im Zeitablauf an Wert verloren hat. Damit besteht eine erste Erkenntnis hinsichtlich der *Inflation* darin, daß sie *mehr mit dem Wert des Geldes zu tun als mit dem Wert der Güter.*

Diese Erkenntnis hilft, den Weg in Richtung einer Theorie der Inflation zu weisen. Wenn der Preisindex für die Lebenshaltung und andere Maße für das Preisniveau ansteigen, sind Beobachter oftmals versucht, auf die vielen Einzelpreise zu schauen, die in diese Preisindizes eingehen: »Der Preisindex für die Lebenshaltung ist im letzten Monat um 3 Prozent gestiegen, vor allem durch einen 20prozentigen Anstieg des Kaffeepreises und einen 30prozentigen Anstieg des Heizölpreises.« Obwohl diese Betrachtungsweise einige interessante Informationen über die Vorgänge in der Volkswirtschaft beinhaltet, übersieht sie einen wesentlichen Punkt: Inflation ist ein die gesamte Volkswirtschaft umfassendes Phänomen, das vor allem den Wert des in der Volkswirtschaft verwendeten Tauschmittels betrifft.

Das Preisniveau der Volkswirtschaft kann aus zwei Blickwinkeln betrachtet werden. Bisher haben wir das Preisniveau als Preis eines Warenkorbs angesehen. Wenn das Preisniveau steigt, müssen die Leute mehr für die Waren und Dienstleistungen bezahlen, die sie kaufen. Alternativ können wir das Preisniveau als Maß für den Geldwert betrachten. Ein Anstieg des Preisniveaus bedeutet einen geringeren Geldwert, da Sie mit jeder D-Mark in Ihrer Brieftasche eine geringere Menge an Waren und Dienstleistungen kaufen können.

Es erscheint hilfreich, diese Gedanken mathematisch auszudrücken. Angenommen P ist das Preisniveau, das z.B. mit Hilfe des Preisindex für die Lebenshaltung oder des BIP-Deflators gemessen wurde. P gibt dann die Geldmenge an, die für den Kauf eines Warenkorbs benötigt wird. Anders herum betrachtet: Die Menge der Waren und Dienstleistungen, die mit DM 1,– gekauft werden kann, entspricht $1/P$. Anders ausgedrückt, ist P der in Geld gemessene Preis der Waren und Dienstleistungen, dann ist $1/P$ der in Gütern gemessene Wert des Geldes. Somit hat ein Anstieg des Preisniveaus einen Rückgang des Geldwerts zur Folge.

Geldangebot, Geldnachfrage und monetäres Gleichgewicht

Wodurch wird der Wert des Geldes bestimmt? Wie so oft in den Wirtschaftswissenschaften, lautet die Antwort auf diese Frage: durch Angebot und Nachfrage. Genau so, wie Angebot und Nachfrage nach Bananen den Preis für Bananen bestimmen, wird der Wert des Geldes durch Angebot und Nachfrage nach Geld bestimmt. Unser nächster Schritt bei der Entwicklung der Quantitätstheorie des Geldes besteht daher in einer Betrachtung der Bestimmungsfaktoren von Geldangebot und Geldnachfrage.

Wir betrachten zunächst das Geldangebot. Im letzten Kapitel haben wir diskutiert, wie die Deutsche Bundesbank (und künftig die EZB) das Geldangebot bestimmt. Die Bundesbank kann die Geldmenge beispielsweise durch die Offenmarktpolitik, den An- und Verkauf von staatlichen Wertpapieren, steuern. Für unsere Zwecke in diesem Kapitel sind diese Details jedoch nicht von zentraler Bedeutung. Es genügt, einfach anzunehmen, daß die Bundesbank das Geldangebot direkt steuern kann.

Betrachten wir nun die Geldnachfrage. Es gibt zahlreiche Bestimmungsfaktoren der nachgefragten Geldmenge, ebenso wie es viele Bestimmungsfaktoren der nachgefragten Mengen von Waren und Dienstleistungen gibt. Wieviel Geld die Menschen z.B. in ihrer Brieftasche zu halten wünschen, hängt davon ab, inwieweit sie auf Kreditkarten vertrauen und ob leicht ein Geldautomat zu finden ist. Wie wir in einem späteren Kapitel sehen werden, hängt die Geldnachfrage ferner von dem Zinssatz ab, den jemand erhält, wenn er sein Geld zinsbringend anlegt, anstatt es in der Brieftasche oder auf einem Girokonto mit niedriger Verzinsung zu belassen.

Obwohl sich viele Variablen auf die Geldnachfrage auswirken, ist eine der Variablen von herausragender Bedeutung: das durchschnittliche Preisniveau der Volkswirtschaft. Die Leute halten Geld, da es ein Tauschmittel darstellt. Sie können Geld, im Gegensatz zu anderen Vermögenswerten, wie z.B. Obligationen oder Aktien, dazu verwenden, die Waren und Dienstleistungen auf ihrer Einkaufsliste zu kaufen. Wieviel Geld sie zu diesem Zweck zu halten wünschen, hängt von den Preisen der Waren und Dienstleistungen ab. Je höher die Preise sind, um so mehr Geld erfordern die typischen Transaktionen und um so mehr Geld werden die Leute in ihren Brieftaschen und auf ihren Girokonten halten. Ein höheres Preisniveau (ein niedrigerer Geldwert) erhöht somit die nachgefragte Geldmenge.

Wodurch wird sichergestellt, daß das von der Bundesbank bereitgestellte Geldangebot der von den Leuten nachgefragten Geldmenge entspricht? Die Antwort hängt, wie sich herausstellen wird, von dem betrachteten Zeithorizont ab. Später in diesem Buch werden wir die kurzfristige Anwort untersuchen, und wir werden sehen, daß die Zinssätze eine Schlüsselrolle spielen. Langfristig betrachtet ist die Antwort jedoch eine andere und viel einfacher. *Auf lange Sicht paßt sich das allgemeine Preisniveau an das Niveau an, bei dem die Geldnachfrage dem Geldangebot entspricht.* Wenn das Preisniveau über dem Gleichgewichtsniveau liegt, übersteigt die Geldnachfrage das Geldangebot, so daß das Preisniveau sinken muß, um Angebot und Nachfrage zum Ausgleich zu bringen. Liegt das Preisniveau unter dem Gleichgewichtsniveau, übersteigt das Geldangebot die Geldnachfrage und das Preisniveau muß steigen, um Angebot und Nachfrage zum Ausgleich zu bringen. Beim Gleichgewichtspreisniveau entspricht die von den Leuten nachgefragte Geldmenge genau der von der Bundesbank oder der EZB angebotenen Geldmenge.

Dieser Sachverhalt ist in Abbildung 28-1 dargestellt. Auf der horizontalen Achse der Abbildung ist die Geldmenge abgetragen. Die vertikale Achse auf der linken Seite zeigt den Geldwert, die vertikale Achse auf der rechten Seite das Preisniveau, wobei die Skalierung der beiden Achsen entgegengesetzt ist: Ist der Geldwert hoch, dann ist das Preisniveau niedrig. Die Kurve des Geldangebots verläuft in dieser Abbildung vertikal, was bedeutet, daß die von der Bundesbank angebotene Geldmenge fest ist. Die Kurve der Geldnachfrage ist abwärts geneigt, wodurch zum Ausdruck kommt, daß die Leute bei einem niedrigen Geldwert eine größere Geldmenge nachfragen, um Waren und Dienstleistungen zu kaufen. Im Gleichgewicht, das in der Abbildung im Punkt A liegt, entspricht die nachgefragte Geldmenge der angebotenen Geldmenge. Dieses Gleichgewicht von Geldangebot und Geldnachfrage bestimmt den Geldwert und das Preisniveau.

Schaubild 28-1
Die Bestimmung des Gleichgewichts-preisniveaus durch Geldangebot und Geldnachfrage. Auf der horizontalen Achse ist die Geldmenge abgetragen. Die linke vertikale Achse zeigt den Geldwert, die rechte vertikale Achse das Preisniveau. Die Geldangebotskurve verläuft vertikal, da die angebotene Geldmenge von der Bundesbank festgesetzt wird. Die Geldnachfragekurve ist abwärts geneigt, weil die Leute mehr Geld halten wollen, wenn der Geldwert geringer ist. Im Gleichgewicht, Punkt A, haben sich Geldwert und Preisniveau angepaßt und die angebotene Geldmenge entspricht der nachgefragten.

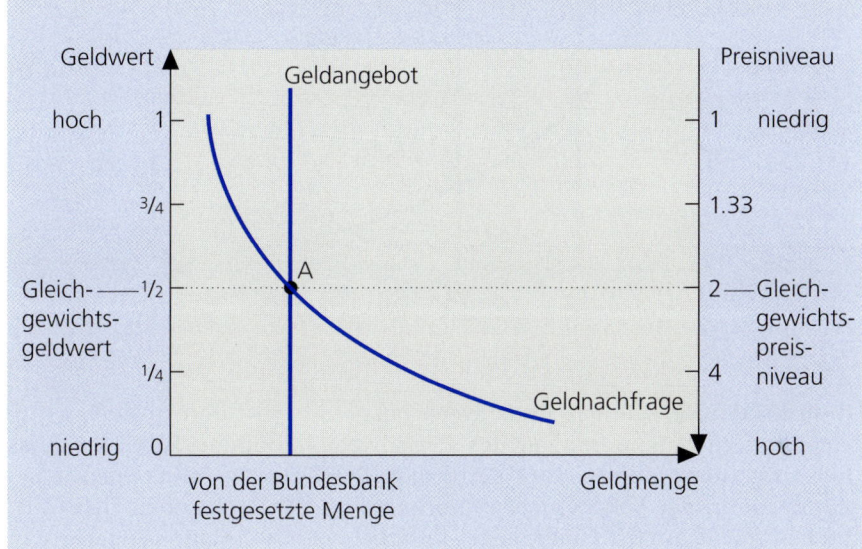

Auswirkungen einer Erhöhung der Geldmenge

Wir wollen im folgenden die Auswirkungen einer Änderung der Geldpolitik betrachten. Stellen Sie sich dafür vor, daß sich die Volkswirtschaft zunächst im Gleichgewicht befindet; plötzlich aber verdoppelt die Bundesbank das Geldangebot, indem sie Geld druckt und von einem Hubschrauber aus über das Land verteilt. (Weniger dramatisch und realistischer wäre es, sich vorzustellen, daß die Bundesbank das Geldangebot erhöht, indem sie dem Publikum einige Staatspapiere im Rahmen von Offenmarktoperationen abkauft.) Was geschieht nach einer solchen Ausweitung der Geldmenge? Wo liegt das neue Gleichgewicht, verglichen mit dem alten?

Abbildung 28-2 zeigt, was passiert. Die Geldmengenerhöhung verschiebt

Die Auswirkungen einer Erhöhung des Geldangebots. Wenn die Bundesbank das Geldangebot ausweitet, verschiebt sich die Geldangebotskurve von MS_1 nach MS_2. Der Geldwert (auf der linken Achse) und das Preisniveau (auf der rechten Achse) passen sich an, um das Angebot und die Nachfrage wieder ins Gleichgewicht zu bringen. Das Gleichgewicht verschiebt sich von Punkt A nach Punkt B. Wenn ein Anstieg des Geldangebots die Menge an D-Mark erhöht, kommt es also zu einem Anstieg des Preisniveaus, der den Wert jeder D-Mark verringert.

die Angebotskurve nach rechts von MS_1 nach MS_2 und das Gleichgewicht von Punkt A nach Punkt B. Infolgedessen sinkt der Geldwert (abgetragen auf der linken Achse) von $\frac{1}{2}$ auf $\frac{1}{4}$ und das Gleichgewichtspreisniveau (abgetragen auf der rechten Achse) steigt von 2 auf 4. Anders ausgedrückt, wenn ein Anstieg des Geldangebots die Menge an D-Mark erhöht, kommt es zu einem Anstieg des Preisniveaus, der den Wert jeder D-Mark verringert.

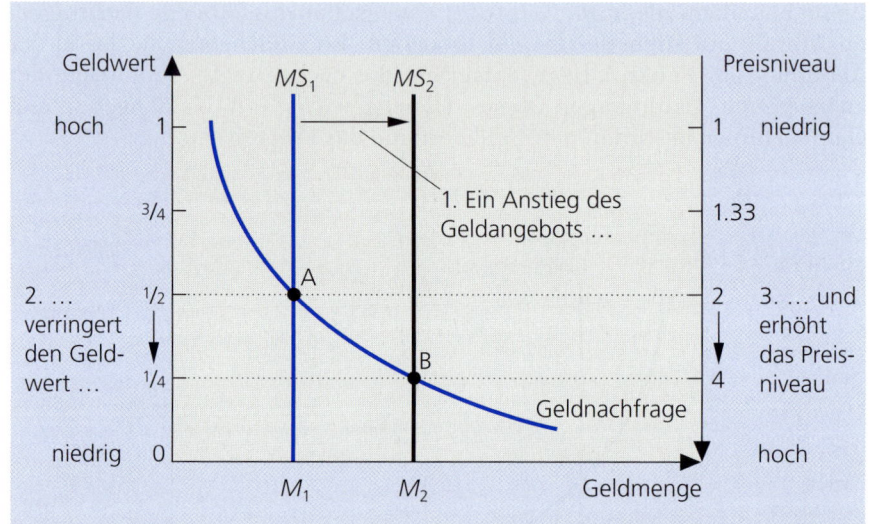

Eine Theorie, die besagt, daß die verfügbare Geldmenge das Preisniveau und die Wachstumsrate der Geldmenge die Inflationsrate bestimmt.

Diese Erklärung, wie das Preisniveau bestimmt wird und weshalb es im Zeitablauf zu Veränderungen des Preisniveaus kommen kann, wird als **Quantitätstheorie des Geldes** bezeichnet. Nach der Quantitätstheorie bestimmt die in der Volkswirtschaft vorhandene Geldmenge den Geldwert, und das Wachstum der Geldmenge stellt die primäre Inflationsursache dar. Wie der Volkswirt Milton Friedman es einst ausdrückte: »Inflation ist immer und überall ein monetäres Problem.«

Ein kurzer Blick auf den Anpassungsprozeß

Bisher haben wir das alte Gleichgewicht und das neue Gleichgewicht nach einer Ausweitung der Geldmenge verglichen. Wie gelangt die Volkswirtschaft vom alten zum neuen Gleichgewicht? Eine vollständige Beantwortung dieser Frage erfordert ein Verständnis für die kurzfristigen Schwankungen in der Volkswirtschaft, die wir später in diesem Buch untersuchen. Es ist jedoch bereits an dieser Stelle aufschlußreich, kurz den Anpassungsprozeß zu betrachten, der nach einer Änderung des Geldangebots abläuft.

Der unmittelbare Effekt einer Ausweitung der Geldmenge besteht darin, daß ein Überangebot an Geld geschaffen wird. Vor der Ausweitung befand sich die Volkswirtschaft im Gleichgewicht (Punkt A in Abbildung 28-2).

Zum herrschenden Preisniveau verfügten die Menschen genau über soviel Geld, wie sie wollten. Nachdem der Hubschrauber jedoch das neue Geld abgeworfen hat und die Leute es von den Straßen aufgesammelt haben, haben die Menschen nun mehr Geld in ihren Brieftaschen als sie wollen. Die angebotene Geldmenge übersteigt nun die zum herrschenden Preisniveau nachgefragte Geldmenge.

Die Menschen versuchen, das Überangebot an Geld auf verschiedene Weise loszuwerden. Sie könnten mit ihren überschüssigen Geldbeständen Waren und Dienstleistungen kaufen. Oder sie könnten das überschüssige Geld dazu verwenden, Kredite an andere Leute zu vergeben, indem sie Schuldverschreibungen erwerben oder das Geld auf einem Sparbuch bei einer Bank anlegen. Diese Kredite erlauben es anderen Leuten, Waren und Dienstleistungen zu kaufen. In jedem Fall erhöht die Ausweitung der Geldmenge die Nachfrage nach Waren und Dienstleistungen.

Da sich die Fähigkeit der Volkswirtschaft, Waren und Dienstleistungen herzustellen, nicht verändert hat, führt diese gestiegene Güternachfrage zu einem Anstieg der Preise der Waren und Dienstleistungen. Die Erhöhung des Preisniveaus wiederum bewirkt einen Anstieg der nachgefragten Geldmenge. Schließlich erreicht die Volkswirtschaft ein neues Gleichgewicht (Punkt B in Abbildung 28-2), in dem die nachgefragte Geldmenge wiederum der angebotenen Geldmenge entspricht. Auf diese Weise paßt sich das allgemeine Preisniveau an, um Geldangebot und Geldnachfrage ins Gleichgewicht zu bringen.

Klassische Dichotomie und Neutralität des Geldes

Wir haben gesehen, wie Änderungen des Geldangebots zu Änderungen des Preisniveaus führen. Wie wirken sich diese monetären Änderungen auf andere wichtige makroökonomische Variablen, wie z.B. Produktion, Beschäftigung, Reallöhne und Realzinssätze aus? Diese Frage fasziniert die Volkswirte schon seit langem. Der große Philosoph David Hume hat darüber bereits im achtzehnten Jahrhundert geschrieben. Die Antwort, die heutzutage auf diese Frage gegeben wird, ist größtenteils Humes Analyse zu verdanken.

Hume und seine Zeitgenossen waren der Ansicht, daß alle wirtschaftlichen Variablen in zwei Gruppen unterteilt werden sollten. Die erste Gruppe besteht aus **nominalen Variablen** – Variablen, die in Geldeinheiten ausgedrückt werden. Die zweite Gruppe umfaßt **reale Variablen** – Variablen, die in Mengeneinheiten ausgedrückt werden. Der Preis für Mais z.B. stellt eine nominale Variable dar, da er in D-Mark ausgedrückt wird, während die hergestellte Maismenge eine reale Variable darstellt, da sie in Zentnern ausgedrückt wird. Entsprechend ist das nominale BIP eine nominale Variable, da es den Wert des Outputs der Volkswirtschaft an Waren und Dienstleistungen in D-Mark mißt. Das reale BIP dagegen ist eine reale Variable, da es die gesamte hergestellte Menge an Waren und Dienstleistungen mißt.

Obwohl in Geldeinheiten ausgedrückte Preise nominale Variablen dar-

Nominale Variablen
Variablen, die in Geldeinheiten ausgedrückt werden.

Reale Variablen
Variablen, die in Mengeneinheiten ausgedrückt werden.

stellen, handelt es sich bei *relativen* Preisen um reale Variablen. Beispielsweise sind der Preis für Mais und der Preis für Weizen beide nominale Variablen, aber der Preis für Mais relativ zum Preis für Weizen stellt eine reale Variable dar, da er in Zentnern Weizen je Zentner Mais ausgedrückt wird. Entsprechend ist der Reallohn (Nominallohn bereinigt um die Inflation) eine reale Variable, da er angibt, welche Menge an Waren und Dienstleistungen sich in der Volkswirtschaft gegen eine Arbeitseinheit eintauschen läßt. Auch der Realzinssatz (Nominalzinssatz bereinigt um die Inflation) ist eine reale Variable, da er ausdrückt, welche Menge an heute hergestellten Gütern sich in der Volkswirtschaft gegen eine in der Zukunft hergestellte Gütermenge eintauschen läßt.

Klassische Dichotomie
Die theoretische Trennung zwischen nominalen und realen Variablen.

Diese Unterteilung der Variablen in zwei Gruppen wird als die **klassische Dichotomie** bezeichnet. Hume vertrat die Ansicht, daß die klassische Dichotomie hilfreich für Analysen der Volkswirtschaft ist, da unterschiedliche Faktoren die realen und nominalen Variablen beeinflussen. Insbesondere werden nominale Variablen durch Veränderungen der Geldmenge erheblich beeinflußt, während die Geldmenge weitgehend irrelevant für das Verständnis der Bestimmungsfaktoren wichtiger realer Variabler ist.

Beachten Sie, daß Humes Vorstellung implizit unseren früheren Überlegungen zur langfristigen Entwicklung volkswirtschaftlicher Variablen zugrunde gelegen hat. In den vorhergehenden Kapiteln haben wir untersucht, wie reales BIP, Ersparnis, Investitionen, Realzinssätze und Arbeitslosigkeit bestimmt werden, ohne die Existenz des Geldes zu erwähnen. Wie bereits erklärt, wird die Herstellung von Waren und Dienstleistungen in einer Volkswirtschaft von Produktivität und Faktorangebot bestimmt; der Realzinssatz paßt sich an, um Angebot und Nachfrage nach ausleihbaren Mitteln ins Gleichgewicht zu bringen; der Reallohn paßt sich an, um Arbeitsangebot und Arbeitsnachfrage anzugleichen und Arbeitslosigkeit entsteht, wenn der Reallohn aus irgendeinem Grund über dem Gleichgewichtsniveau liegt. Diese wichtigen Schlußfolgerungen haben nichts mit der angebotenen Geldmenge zu tun.

Nach Hume beeinflussen Änderungen des Geldangebots die nominalen Variablen, nicht aber die realen Variablen. Wenn die Bundesbank das Geldangebot verdoppelt, verdoppeln sich das Preisniveau, die Nominallöhne und alle anderen in Geldeinheiten ausgedrückten Variablen. Die realen Variablen, wie z.B. Produktion, Arbeitslosigkeit, Reallöhne und Realzinssätze bleiben unverändert. Diese Irrelevanz von Geldmengenänderungen im Hinblick auf reale Variablen wird als **Neutralität des Geldes** bezeichnet.

Neutralität des Geldes
Die Behauptung, daß Änderungen des Geldangebots keine Auswirkungen auf reale Variablen haben.

Eine Analogie bringt Licht in die Bedeutung der Neutralität des Geldes. Erinnern Sie sich, daß Geld als Recheneinheit den Maßstab darstellt, mit dem wir ökonomische Transaktionen messen. Wenn die Bundesbank das Geldangebot verdoppelt, verdoppeln sich alle Preise und der Wert der Recheneinheit sinkt um die Hälfte. Eine ähnliche Änderung würde sich ergeben, wenn der Staat beschließen würde, die Länge eines Meters von 100 cm auf 50 cm zu verkürzen. Als ein Ergebnis der neuen Maßeinheit würden sich alle *gemessenen* Entfernungen (nominale Variablen) verdoppeln, aber die *tatsächlichen* Entfernungen (reale Variablen) würden gleich bleiben. Die D-Mark ist, ebenso wie der Meter, lediglich eine Maßeinheit, so daß eine Änderung ihres Wertes keine wichtigen realen Auswirkungen haben sollte.

Ist diese Schlußfolgerung im Hinblick auf die Neutralität des Geldes eine realistische Beschreibung der Welt, in der wir leben? Die Antwort lautet: nicht ganz. Eine Änderung der Länge eines Meters von 100 cm in 50 cm würde auf lange Sicht nicht viel ausmachen, auf kurze Sicht jedoch würde es sicherlich zu Verwirrung und vielen Fehlern kommen. Entsprechend vermuten die meisten Volkswirte heute, daß Änderungen der Geldmenge für kurze Zeiträume von ein bis zwei Jahren erhebliche Auswirkungen auf reale Variablen haben. Hume zweifelte selbst ebenfalls an der Neutralität des Geldes auf kurze Frist. (Wir werden in einem späteren Kapitel auf dieses Problem zurückkommen und uns dabei mit den Gründen beschäftigen, warum die Bundesbank das Geldangebot im Zeitablauf ändert.)

Die meisten Volkswirte akzeptieren Humes Schlußfolgerung heute als eine Beschreibung der Volkswirtschaft auf lange Sicht. Im Laufe eines Jahrzehnts z.B. haben Änderungen der Geldmenge erhebliche Auswirkungen auf nominale Variablen, aber nur unbedeutende Auswirkungen auf reale Variablen. Für eine Untersuchung langfristiger Änderungen in der Volkswirtschaft bietet die Neutralität des Geldes eine geeignete Beschreibung der Welt, in der wir leben.

Umlaufgeschwindigkeit des Geldes und Quantitätsgleichung

Eine andere Perspektive der Quantitätstheorie des Geldes wird durch die folgende Frage eröffnet: Wie häufig wird eine D-Mark pro Jahr im Durchschnitt dazu verwendet, um neu hergestellte Waren und Dienstleitungen zu bezahlen? Die Antwort auf diese Frage gibt eine Variable, die als **Umlaufgeschwindigkeit des Geldes** bezeichnet wird. Die Umlaufgeschwindigkeit des Geldes mißt das Tempo, mit dem eine D-Mark in der Wirtschaft von Brieftasche zu Brieftasche wandert.

Umlaufgeschwindigkeit des Geldes
Das Tempo, mit dem das Geld in der Wirtschaft zirkuliert.

Für die Berechnung der Umlaufgeschwindigkeit des Geldes dividieren wir den nominalen Wert des Outputs (das nominale BIP) durch die Geldmenge. Bezeichnet P das Preisniveau (den BIP-Deflator), Y die Outputmenge (das reale BIP) und M die Geldmenge, dann berechnet sich die Umlaufgeschwindigkeit V (»velocity«) als

$$V = (P \times Y)/M.$$

Zur Verdeutlichung wird ein Beispiel betrachtet. Stellen Sie sich eine einfache Volkswirtschaft vor, in der nur Pizza hergestellt wird. Es wird angenommen, daß in der Wirtschaft pro Jahr 100 Pizzen zum Preis von DM 10,– verkauft werden und die Geldmenge DM 50,– beträgt. Für die Umlaufgeschwindigkeit des Geldes ermitteln wir dann einen Wert von

$$V = (DM\ 10,- \times 100)/DM\ 50,-$$
$$= 20.$$

In dieser Wirtschaft geben die Menschen insgesamt DM 1.000,– pro Jahr für Pizza aus. Damit diese Ausgaben in Höhe von DM 1.000,– bei einer Geldmenge von nur DM 50,– getätigt werden können, muß jede D-Mark im Durchschnitt 20 mal pro Jahr den Besitzer wechseln.

Nach einigen einfachen mathematischen Umformungen läßt sich diese Gleichung schreiben als

$$M \times V = P \times Y.$$

Diese Gleichung besagt, daß das Produkt aus Geldmenge (*M*) und Umlaufgeschwindigkeit des Geldes (*V*) dem Produkt aus Preisniveau (*P*) und Outputmenge (*Y*) entspricht. Die Gleichung wird Quantitätsgleichung genannt, da sie die Geldmenge (*M*) in Beziehung zum nominalen Wert des Outputs (*P* × *Y*) setzt. Die Quantitätsgleichung zeigt, daß sich ein Anstieg der Geldmenge in der Volkswirtschaft in einer der drei anderen Variablen widerspiegeln muß: Entweder muß das Preisniveau steigen oder die Outputmenge muß zunehmen oder die Umlaufgeschwindigkeit des Geldes muß sinken.

In vielen Fällen stellt sich heraus, daß die Umlaufgeschwindigkeit des Geldes vergleichsweise stabil ist. Abbildung 28-3 zeigt beispielsweise die Entwicklung des nominalen BIP, der Geldmenge M2 und der Umlaufgeschwindigkeit des Geldes für Deutschland seit 1965. Obwohl die Umlaufgeschwindigkeit des Geldes nicht völlig konstant ist, hat sie sich im Zeitablauf nicht dramatisch geändert. Im Gegensatz dazu sind das Geldangebot und das nominale BIP im betrachteten Zeitraum beträchtlich gestiegen. Die Annahme einer konstanten Umlaufgeschwindigkeit für bestimmte Zwecke läßt sich daher als Näherung rechtfertigen.

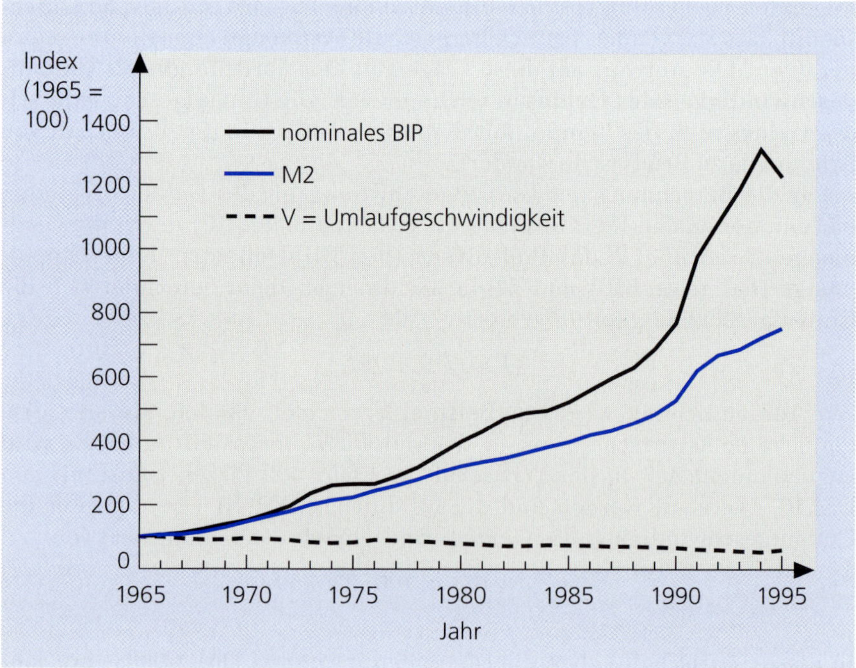

Quantitäts-gleichung
Die Gleichung M × V = P × Y, die die Beziehung zwischen der Geldmenge, der Umlaufgeschwindigkeit des Geldes und dem DM-Wert des Outputs der Volkswirtschaft an Waren und Dienstleistungen angibt.

Schaubild 28-3
Nominales BIP, Geldmenge und Umlaufgeschwindigkeit des Geldes. Diese Abbildung zeigt den nominalen Wert des Output (gemessen durch das nominale BIP), die Geldmenge (gemessen durch M2) und die Umlaufgeschwindigkeit des Geldes, die dem Verhältnis dieser beiden Größen entspricht. Zwecks Vergleichbarkeit wurde für diese drei Zeitreihen ein Index (1965 = 100) gebildet. Es zeigt sich, daß das nominale BIP und die Geldmenge im betrachteten Zeitraum beträchtlich zugenommen haben, während der Verlauf der Umlaufgeschwindigkeit des Geldes relativ stabil war.

Wir verfügen damit über die Elemente, die für die Erklärung des Preisniveaus und der Inflationsrate im Gleichgewicht notwendig sind:

1. Die Umlaufgeschwindigkeit des Geldes verläuft im Zeitablauf relativ stabil.
2. Ändert die Bundesbank die Geldmenge (M), kommt es aufgrund der stabilen Umlaufgeschwindigkeit zu einer proportionalen Änderung des nominalen Wertes des Outputs $(P \times Y)$.
3. Der Output der Volkswirtschaft an Waren und Dienstleistungen (Y) wird in erster Linie vom Faktorangebot und der vorhandenen Technologie bestimmt. Da Geld neutral ist, hat es keinen Einfluß auf den Output.
4. Wird der Output (Y) durch Faktorangebot und Technologie bestimmt, spiegeln sich eine Änderung des Geldangebots (M) durch die Bundesbank und parallel dazu eine Änderung des nominalen Wertes des Outputs $(P \times Y)$ in einer Änderung des Preisniveaus (P) wider.
5. Die Folge einer schnellen Erhöhung des Geldangebots durch die Bundesbank ist daher eine hohe Inflationsrate.

Diese fünf Schritte machen den Kern der Quantitätstheorie des Geldes aus.

Geld und Preise während vier Hyperinflationen   **Fallstudie**

Obwohl Erdbeben Verwüstungen anrichten können, werfen sie als nützliches Nebenprodukt Daten für die Seismologen ab. Diese Daten können Licht in alternative Theorien bringen und dadurch der Gesellschaft helfen, künftige Bedrohungen vorauszusagen und damit fertig zu werden. Entsprechend stellen Hyperinflationen für Geldtheoretiker ein natürliches Experiment dar, das diese dazu verwenden können, die Wirkungen des Geldes in der Wirtschaft zu untersuchen.

Hyperinflationen sind zum Teil deshalb interessant, weil sie mit riesigen Änderungen des Geldangebots und des Preisniveaus verbunden sind. Hyperinflation wird allgemein als Inflation definiert, bei der die Inflationsrate *pro Monat* über 50 Prozent beträgt. Dies entspricht einem mehr als hundertfachen Anstieg des Preisniveaus in einem Jahr.

Die Daten zu Hyperinflationen zeigen einen deutlichen Zusammenhang zwischen der Geldmenge und dem Preisniveau. Abbildung 28-4 zeigt die Daten von vier klassischen Hyperinflationen, die in den zwanziger Jahren in Österreich, Ungarn, Deutschland und Polen aufgetreten sind. Für jedes Land sind die Geldmenge und das Preisniveau in einer Graphik dargestellt. Die Neigung der Linie für das Geldangebot repräsentiert die Rate, mit der die Geldmenge gewachsen ist, die Neigung der Linie für das Preisniveau repräsentiert die Inflationsrate. Je steiler die Linien verlaufen, um so höher sind die Raten des Geldmengenwachstums oder der Inflation.

Beachten Sie, daß die Entwicklung von Geldmenge und Preisniveau in jeder der vier Graphiken nahezu parallel verläuft. In jedem Beispiel ist das Wachstum von Geldmenge und Inflation zunächst moderat. Im Zeitablauf jedoch wächst die Geldmenge immer schneller. Etwa gleichzeitig nimmt die Inflation ebenfalls zu. Wenn sich die Entwicklung der Geldmenge wieder stabilisiert, stabilisiert sich das Preisniveau ebenfalls. Diese Beispiele verdeutlichen eine der *zehn volkswirtschaftlichen Regeln*: Die Preise steigen, wenn zuviel Geld in Umlauf gesetzt wird.

a) Österreich

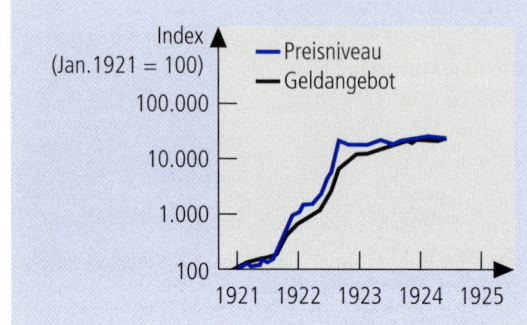

b) Ungarn

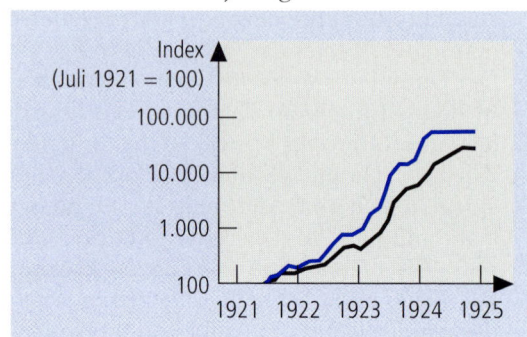

Schaubild 28-4

Geld und Preise während vier Hyperinflationen. Die Abbildung zeigt die Geldmenge und das Preisniveau während vier Hyperinflationen. (Beachten Sie, daß für die Darstellung der Variablen ein logarithmischer Maßstab gewählt wurde. Dies bedeutet, daß gleiche vertikale Abstände in den Graphiken gleiche prozentuale Veränderungen der Variablen repräsentieren.) In jedem der Fälle liegen Geldangebot und Preisniveau sehr nahe beieinander. Die enge Verbindung zwischen den beiden Variablen ist mit der Quantitätstheorie des Geldes vereinbar, die besagt, daß das Wachstum des Geldangebots die primäre Inflationsursache darstellt. Quelle: Thomas J. Sargent »The End of Four Big Inflations«, in Robert Hall (Hrsg.), »Inflation«, Chicago, 1989, S. 41–93.)

c) Deutschland

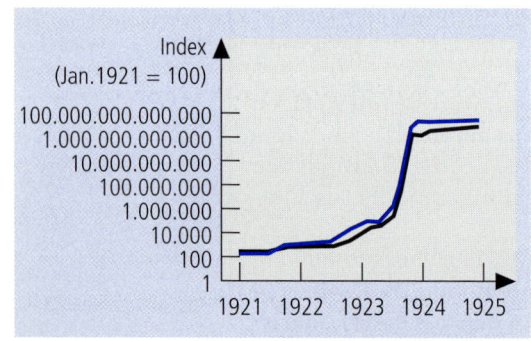

d) Polen

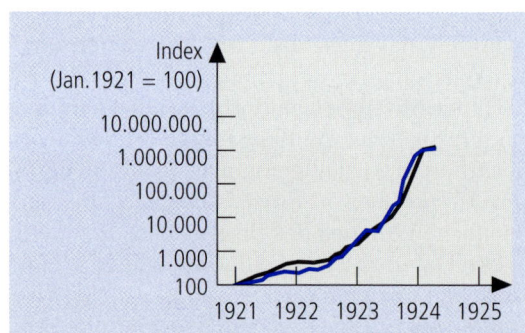

Die Inflationssteuer

Wenn Inflation so einfach zu erklären ist, warum kommt es dann in manchen Ländern zu Hyperinflation? Warum setzen die Zentralbanken in diesen Ländern die Notenpresse so stark in Gang, daß der Geldwert im Zeitablauf schnell sinkt? Die Antwort lautet, daß der Staat seine Ausgaben in diesen Ländern durch Geldschöpfung finanziert. Wenn der Staat Straßen bauen, die Gehälter der Polizeibeamten bezahlen oder Transferzahlungen für arme und alte Menschen leisten will, muß er zunächst die dafür notwendigen Mittel einnehmen. Normalerweise erzielt der Staat Einnahmen, indem er Steuern, wie z.B. die Lohn- und Einkommensteuer, erhebt und Kredite beim Publikum aufnimmt, indem er Staatsanleihen verkauft. Der Staat kann seine Ausgaben jedoch auch ganz einfach dadurch finanzieren, daß er das benötigte Geld druckt.

Wenn der Staat Einnahmen durch das Drucken von Geld erzielt, spricht man von einer **Inflationssteuer**. Die Inflationssteuer unterscheidet sich jedoch von anderen Steuern, denn schließlich erhält niemand einen Steuerbescheid vom Staat für diese Steuer. Die Inflationssteuer ist statt dessen subtiler. Wenn der Staat Geld druckt, erhöht sich das Preisniveau, und die DM-Beträge, die sich in den Brieftaschen befinden, verlieren an Wert. *Die Inflationssteuer stellt daher eine Steuer auf das Halten von Geld dar.*

Die Bedeutung der Inflationssteuer variiert von Land zu Land und im Zeitablauf. In den Vereinigten Staaten machten die Einnahmen aus der Inflationssteuer in den letzten Jahren weniger als 3 Prozent der Einnahmen des Staates aus. Während der 1770er Jahre jedoch stützte sich der Kontinentalkongreß im wesentlichen auf die Inflationssteuer, um die Amerikanische Revolution zu finanzieren.

Fast alle Hyperinflationen folgen dem gleichen Muster wie die Hyperinflation während der amerikanischen Revolution. Der Staat hat hohe Ausgaben, die Steuereinnahmen sind unzulänglich und die Möglichkeiten der Kreditaufnahme begrenzt. Infolgedessen bedient sich der Staat der Notenpresse, um seine Ausgaben zu finanzieren. Der massive Anstieg der Geldmenge führt zu extremer Inflation. Die Inflation wird beendet, wenn der Staat fiskalische Reformen durchführt – wie z.B. eine Kürzung der Staatsausgaben – und damit die Notwendigkeit einer Inflationssteuer entfällt.

Inflationssteuer
Die Einnahmen, die der Staat durch Geldschöpfung erzielt.

Der Fisher-Effekt

Nach dem Prinzip der Neutralität des Geldes erhöht ein Anstieg der Wachstumsrate der Geldmenge die Inflationsrate, wirkt sich jedoch nicht auf reale Variablen aus. Eine wichtige Anwendung dieses Prinzips betrifft die Wirkung des Geldes auf Zinssätze. Das Verständnis der Zinssätze ist für Volkswirte wichtig, da sie die Wirtschaft der Gegenwart und die Wirtschaft der Zukunft durch ihre Auswirkungen auf Ersparnis und Investition verbinden.

Um die Beziehung zwischen Geld, Inflation und Zinssätzen zu verstehen, erinnern wir uns an die Unterscheidung zwischen Nominalzinssatz und Realzinssatz. Der *Nominalzinssatz* ist der Zinssatz, den Ihnen Ihre Bank mitteilt. Wenn Sie z.B. ein Sparkonto haben, gibt Ihnen der Nominalzinssatz an, wie schnell Ihr Sparguthaben im Zeitablauf ansteigt. Der *Realzinssatz* korrigiert den Nominalzinssatz um die Wirkung der Inflation und gibt an, wie schnell die Kaufkraft Ihres Sparguthabens im Zeitablauf ansteigt. Der Realzinssatz entspricht dem Nominalzinssatz abzüglich der Inflationsrate:

$$\text{Realzinssatz} = \text{Nominalzinssatz} - \text{Inflationsrate}$$

Wenn die Bank einen Nominalzinssatz von 7 Prozent pro Jahr gewährt und die Inflationsrate 3 Prozent pro Jahr beträgt, wächst der reale Wert der Bankeinlagen um 4 Prozent pro Jahr.

Aus der obigen Gleichung läßt sich nach Umformung erkennen, daß der Nominalzinssatz der Summe aus Realzinssatz und Inflationsrate entspricht:

$$\text{Nominalzinssatz} = \text{Realzinssatz} + \text{Inflationsrate}$$

Diese Betrachtungsweise des Nominalzinssatzes ist hilfreich, da die beiden Größen auf der rechten Seite der Gleichung durch unterschiedliche ökonomische Kräfte bestimmt werden. Wie wir in einem früheren Kapitel diskutiert haben, wird der Realzinssatz durch Angebot und Nachfrage nach Mitteln, die für Kredite zur Verfügung stehen, bestimmt. Nach der Quantitätstheorie des Geldes bestimmt das Wachstum der Geldmenge die Inflationsrate.

Wir wollen im folgenden betrachten, wie sich das Wachstum der Geldmenge auf die Zinssätze auswirkt. Auf lange Sicht – das Geld ist somit neutral – sollte eine Änderung des Wachstums der Geldmenge keinen Einfluß auf den Realzinssatz haben. Der Realzinssatz ist schließlich eine reale Variable. Damit der Realzinssatz unverändert bleibt, muß sich der Nominalzinssatz Eins-zu-Eins an die Änderungen der Inflationsrate anpassen. *Eine Erhöhung des Geldmengenwachstums durch die Bundesbank hat somit sowohl eine höhere Inflationsrate als auch einen höheren Nominalzinssatz zur Folge.* Diese Anpassung des Nominalzinssatzes an die Infla-

Schaubild 28-5
Nominalzinssatz und Inflationsrate.
In dieser Abbildung ist die Entwicklung des Nominalzinssatzes, gemessen an der Umlaufrendite für festverzinsliche Wertpapiere inländischer Emittenten (Kapitalmarktzins), und der Inflationsrate, gemessen mit Hilfe des BIP-Deflators, in Deutschland seit 1965 dargestellt. Der Fisher-Effekt wird deutlich sichtbar: Wenn die Inflationsrate steigt, dann erhöht sich tendenziell auch der Nominalzinssatz.

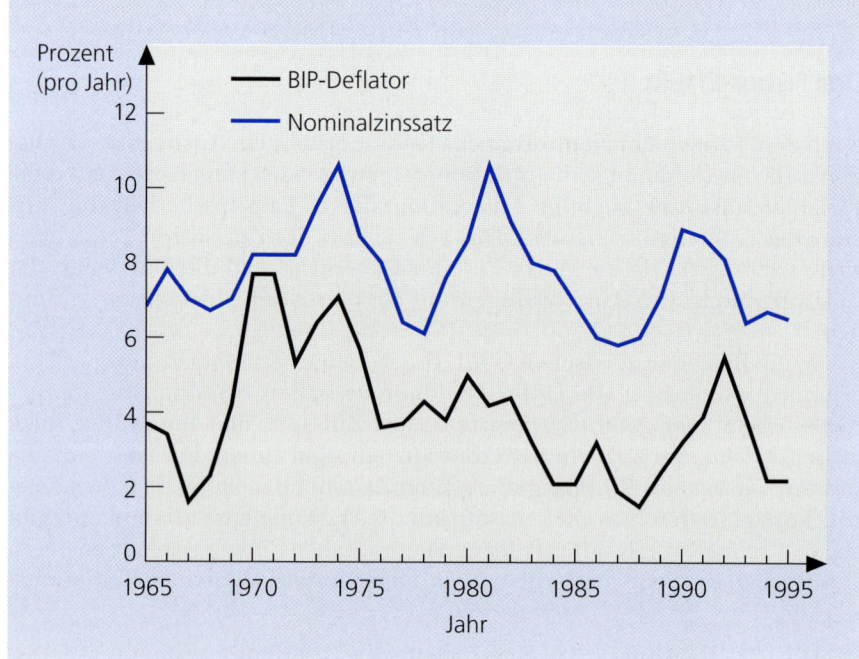

tionsrate wird nach dem Wirtschaftswissenschaftler *Irving Fisher* (1867–1947) als **Fisher-Effekt** bezeichnet.

In der Tat ist der Fisher-Effekt entscheidend für das Verständnis der Veränderungen des Nominalzinssatzes im Zeitablauf. Abbildung 28-5 zeigt die Entwicklung des Nominalzinssatzes und der Inflationsrate in Deutschland seit 1965. Die enge Verbindung zwischen beiden Variablen ist deutlich erkennbar. Bei hoher Inflationsrate ist tendenziell auch der Nominalzinssatz hoch.

Fisher-Effekt
Die Eins-zu-Eins-Anpassung des Nominalzinssatzes an die Inflationsrate.

Die Regierung eines Landes erhöht die Wachstumsrate der Geldmenge von jährlich 5 Prozent auf 50 Prozent pro Jahr. Was geschieht mit den Preisen und den Nominalzinssätzen? Was könnte die Regierung dazu veranlassen, eine solche Erhöhung durchzuführen?

Schnelltest

Die Kosten der Inflation

Da die Inflation ein ernstes wirtschaftliches Problem ist, wird sie genau beobachtet und weithin diskutiert. Eine Untersuchung in den USA im Jahr 1996 hat erbracht, daß *Inflation* den am häufigsten in den Zeitungen genannten ökonomischen Fachbegriff darstellt (an zweiter und dritter Stelle stehen die Begriffe *Arbeitslosigkeit* und *Produktivität*). Aber stellt Inflation wirklich ein wirtschaftliches Problem dar? Und wenn ja, warum?

Ein Rückgang der Kaufkraft? Der Trugschluß aus der Inflation

Wenn Sie den »Durchschnittsbürger« fragen, warum Inflation ein Problem darstellt, wird er ihnen sagen, daß die Antwort offensichtlich ist: Die Inflation raubt ihm einen Teil der Kaufkraft seines sauer verdienten Geldes. Wenn die Preise steigen, können mit jeder D-Mark Einkommen weniger Waren und Dienstleistungen gekauft werden. Dadurch könnte nun der Eindruck entstehen, als verringere die Inflation direkt den Lebensstandard.

Weitere Überlegungen zeigen jedoch, daß hier ein Trugschluß vorliegt. Wenn die Preise steigen, müssen die Käufer von Waren und Dienstleistungen mehr für ihre Käufe bezahlen. Gleichzeitig jedoch erhalten die Verkäufer für die Waren und Dienstleistungen, die sie verkaufen, mehr Geld. Da die meisten Leute ihr Einkommen damit verdienen, daß sie ihre Dienste verkaufen, z.B. ihre Arbeitskraft, ist eine Inflation bei den Preisen mit einer Inflation bei den Einkommen verbunden. *Die Inflation an sich führt daher nicht zu einer Verringerung der realen Kaufkraft der Bevölkerung.*

Die Leute unterliegen diesem Trugschluß, da sie sich der Neutralität des Geldes nicht bewußt sind. Eine Arbeitskraft, die eine jährliche Lohnsteigerung von 10 Prozent erhält, ist tendenziell geneigt, diese Lohnerhöhung als eine Belohnung für die eigene Begabung und Anstrengung anzusehen. Wenn eine Inflationsrate von 6 Prozent den realen Wert der Lohnerhöhung auf lediglich 4 Prozent verringert, fühlt sich die Arbeitskraft möglicherweise um etwas betrogen, was ihr rechtmäßig zusteht. Wie in früheren Kapiteln diskutiert, werden die Realeinkommen durch reale Variablen, wie z.B. Realkapital, Humankapital, natürliche Ressourcen und die verfügbare Produktionstechnologie, bestimmt. Die Nominaleinkommen werden durch diese Faktoren und das Preisniveau festgelegt. Wenn die Bundesbank die Inflationsrate von 6 Prozent auf 0 Prozent absenken würde, verringerte sich die Lohnerhöhung der betrachteten Arbeitskraft von 10 Prozent auf 4 Prozent. Die Arbeitskraft würde sich auf diese Weise zwar nicht von der Inflation beraubt fühlen, aber ihr Realeinkommen würde auch nicht schneller steigen.

Wenn aber die Nominaleinkommen tendenziell mit der Inflation Schritt halten, warum stellt Inflation dann ein Problem dar? Auf diese Frage gibt es keine einfache Antwort. Von den Volkswirten wurden verschiedene Kosten der Inflation ermittelt, wobei jede dieser Formen von Kosten einen bestimmten Weg zeigt, wie sich ein dauerhaftes Wachstum des Geldangebots in der Tat auf reale Variablen auswirkt.

»Schuhsohlen-Kosten«

Wie gezeigt, wirkt die Inflation wie eine Steuer auf das Halten von Geld. Die Steuer an sich stellt keine Kosten für die Gesellschaft dar: Es handelt sich lediglich um einen Transfer von Ressourcen von den Haushalten zum Staat. Wie wir jedoch erstmals in Kapitel 8 gesehen haben, bewirken die meisten Steuern bei den Menschen einen Anreiz, ihr Verhalten zu ändern, um die Steuer zu vermeiden. Diese Verzerrung von Anreizen verursacht Zusatzlasten für die Gesellschaft als Ganze. Wie andere Steuerarten, verursacht auch die Inflationssteuer Zusatzlasten in dem Maße, wie die Leute knappe Ressourcen in dem Versuch verschwenden, die Steuer zu vermeiden.

Wie kann eine Person die Inflationssteuer vermeiden? Da die Inflation den realen Wert des Geldes in Ihrer Brieftasche verringert, können Sie die Inflationssteuer vermeiden, indem Sie weniger Geld halten. Eine Möglichkeit, dies zu tun, besteht darin, öfter zur Bank zu gehen. Beispielsweise können Sie jede Woche DM 50,– abheben statt alle vier Wochen DM 200,–. Indem sie häufiger zur Bank gehen, können Sie einen größeren Teil Ihres Vermögens in zinsbringenden Anlageformen belassen statt in Ihrer Brieftasche, in der es nur an Wert verliert.

»Schuhsohlen-Kosten«
Die Ressourcen, die verschwendet werden, wenn die Leute aufgrund der Inflation ihre Kassenhaltung verringern.

Die Kosten einer Verringerung der Kassenhaltung werden als **»Schuhsohlen-Kosten«** der Inflation bezeichnet, da wegen der häufigen Wege zur Bank die Schuhsohlen schneller abgelaufen werden. Natürlich ist dieser Begriff nicht wörtlich zu nehmen: Die tatsächlichen Kosten einer Verringerung Ihrer Kassenhaltung bestehen nicht in der Abnutzung Ihrer Schuhe, sondern in der Zeit und der Annehmlichkeit, die Sie dafür opfern müssen, um weniger Geld in der Brieftasche zu haben als wenn es keine Inflation gäbe.

Die »Schuhsohlen-Kosten« mögen belanglos erscheinen und sind es auch in Volkswirtschaften mit nur moderater Inflation. In Ländern mit Hyperinflation sind sie jedoch wesentlich bedeutsamer. Die folgende Beschreibung zeigt die Erfahrungen einer Person in Bolivien während der Hyperinflation (Artikel aus »The Wall Street Journal«, 13. August 1985, S. 1):

When Edgar Miranda gets his monthly teacher's pay of 25 million pesos, he hasn't a moment to lose. Every hour, pesos drop in value. So, while his wife rushes to market to lay in a month's supply of rice and noodles, he is off with the rest of pesos to change them into black-market dollars.

Mr. Miranda is practicing the First Rule of Survival amid the most out-of-control inflation in the world today. Bolivia is a case study of how runaway inflation undermines a society. Price increases are so huge that the figures build up almost beyond comprehension. In one six-month period, for example, price soared at an annual rate of 38,000 percent. By official count, however last year's inflation reached 2,000 percent, and this year's is expected to hit 8,000 percent – though other estimates range many times higher. In any event, Bolivia's rate dwarfs Israel's 370 percent and Argentina's 1,100 percent – two other cases of severe inflation.

It is easier to comprehend what happens to the thirty-eight-years-old Mr. Miranda's pay if he doesn't quickly change it into dollars. The day he was paid 25 million pesos, a dollar cost 500,000 pesos. So he received $50. Just days later, with the rate at 900,000 pesos, he would have received $27.

Wie diese Geschichte zeigt, können die »Schuhsohlen-Kosten« der Inflation beträchtliche Ausmaße annehmen. Bei der hohen Inflationsrate kann Mr. Miranda es sich nicht leisten, das einheimische Geld als Wertaufbewahrungsmittel zu verwenden. Statt dessen ist er gezwungen, seine Pesos so schnell wie möglich gegen Güter oder US-Dollar einzutauschen, die ein besseres Wertaufbewahrungsmittel darstellen. Die Zeit und der Aufwand, den Mr. Miranda betreibt, um seine Kassenhaltung zu verringern, sind eine Ressourcenverschwendung. Wenn die Währungsbehörde eine Politik der niedrigen Inflation verfolgt hätte, hätte Mr. Miranda sein Geld gern in Pesos gehalten und seine Zeit und seine Anstrengungen für produktivere Zwecke eingesetzt. Kurz nachdem dieser Artikel geschrieben wurde, ist die Inflation in Bolivien aufgrund einer restriktiveren Geldpolitik in der Tat beträchtlich zurückgegangen.

»Speisekarten-Kosten«

Die meisten Unternehmungen ändern nicht jeden Tag die Preise ihrer Produkte. Statt dessen geben Unternehmungen oftmals ihre Preise bekannt und lassen sie dann für Wochen, Monate oder sogar Jahre unverändert.

Eine Untersuchung für die USA hat gezeigt, daß eine Unternehmung im Durchschnitt etwa einmal pro Jahr ihre Preise ändert.

Unternehmungen ändern Preise selten, da Preisänderungen Kosten verursachen. Die mit Preisänderungen verbundenen Kosten werden als **»Speisekarten-Kosten«** bezeichnet, da Restaurants um so häufiger neue Speisekarten drucken lassen müssen, je höher die Inflation ist. Die »Speisekarten-Kosten« umfassen die Kosten für den Druck und die Verteilung neuer Preislisten und Kataloge, die Kosten für die Auszeichnung der Produkte mit den neuen Preisen, die Kosten der Entscheidung über neue Preise und sogar die Kosten der Auseinandersetzung mit der Verärgerung der Kunden durch die Preisänderungen.

> **»Speisekarten-Kosten«**
> Die Kosten von Preisänderungen.

Inflation erhöht die »Speisekarten-Kosten« der Unternehmungen. In Volkswirtschaften mit niedriger Inflationsrate sind jährliche Preisanpassungen eine geeignete Unternehmensstrategie für viele Unternehmungen. Wenn jedoch eine hohe Inflation zu einem schnellen Anstieg der Kosten für die Unternehmungen führt, sind Preisanpassungen lediglich einmal pro Jahr nicht durchführbar. Während Hyperinflationen z.B. müssen Unternehmungen ihre Preise täglich oder sogar noch öfter ändern, um mit all den anderen Preisen in der Volkswirtschaft Schritt zu halten.

Variabilität der relativen Preise und Fehlallokation der Ressourcen

Stellen Sie sich vor, ein Restaurant läßt immer im Januar eine Preisliste mit neuen Preisen drucken, die dann den Rest des Jahres über unverändert bleiben. Ohne Inflation sind die relativen Preise des Restaurants – die Preise seiner Mahlzeiten relativ zu den anderen Preisen in der Volkswirtschaft – im Verlauf des Jahres konstant. Bei einer jährlichen Inflationsrate von 12 Prozent dagegen, sinken die relativen Preise des Restaurants automatisch um 1 Prozent jeden Monat. Die Preise des Restaurants sind zu Beginn des Jahres, nachdem gerade die neue Preisliste gedruckt wurde, relativ hoch, später im Jahr dann relativ niedrig. Mit zunehmender Inflationsrate steigt die Variabilität der relativen Preise. Da die Preise nur in größeren Zeitabständen angepaßt werden, verändern sich die relativen Preise infolge der Inflation stärker als sonst.

Warum ist dies wichtig? Der Grund besteht darin, daß in Marktwirtschaften die relativen Preise für die Allokation knapper Ressourcen verantwortlich sind. Die Konsumenten treffen ihre Kaufentscheidungen auf der Basis von Vergleichen der Qualität und des Preises verschiedener Waren und Dienstleistungen. Durch diese Entscheidungen bestimmen sie, wie die knappen Produktionsfaktoren unter den Branchen und Unternehmungen aufgeteilt werden. Bei einer Verzerrung der relativen Preise durch die Inflation werden auch die Konsumentscheidungen verzerrt und eine effiziente Allokation der Ressourcen über die Märkte ist nicht möglich.

Inflationsbedingte Steuerverzerrungen

Beinahe alle Steuern verzerren Anreize, veranlassen die Menschen dazu, ihr Verhalten zu ändern und führen zu einer ineffizienten Ressourcenallokation in der Wirtschaft. Bei vielen Steuern verschärfen sich die Probleme jedoch noch im Falle einer Inflation. Der Grund besteht darin, daß Inflationseffekte in den Steuergesetzen häufig ignoriert werden. Aufgrund von Untersuchungen des Einkommensteuerrechts in den USA gelangten einige Volkswirte zu dem Schluß, daß die Inflation tendenziell die Steuerbelastung bei Einkommen erhöht, die mit Hilfe der Ersparnis gebildet werden.

Ein Beispiel, wie die Inflation die Spareigung verringert, ist die steuerliche Behandlung der Kapitalgewinne (Gewinne, die erzielt werden, wenn Vermögenswerte zu einem ihren Kaufpreis übersteigenden Wert verkauft werden) in den USA. Stellen Sie sich vor, daß eine Person 1980 einen Teil ihrer Ersparnisse dazu verwendet hat, Microsoftaktien für $ 10 zu kaufen, und daß sie diese Aktien 1995 für $ 50 wieder verkauft hat. Angenommen, das Preisniveau hat sich von 1980 bis 1995 verdoppelt. In diesem Fall entsprechen die $ 10, die die Person 1980 investiert hat, (von der Kaufkraft her gesehen) $ 20 im Jahr 1995. Wenn die Person ihre Aktien für $ 50 verkauft, beträgt ihr realer Kapitalgewinn (ein Anstieg der Kaufkraft) $ 30. Da die Inflationswirkungen in der entsprechenden Steuervorschrift jedoch unberücksichtigt bleiben, ergibt sich ein steuerlicher Gewinn von $ 40, für den Steuern abzuführen sind. Die Inflation überzeichnet also die Höhe der Kapitalgewinne und erhöht die Steuerbelastung bei dieser Art von Einkommen.

Ein weiteres Beispiel stellt die steuerliche Behandlung von Zinseinkünften dar. Die Einkommensteuer betrachtet die *nominalen* Zinseinkünfte als Einkommen, selbst wenn ein Teil des Nominalzinssatzes lediglich für die Inflation entschädigt. Betrachten wir hierzu das Zahlenbeispiel in Tabelle 28-1. In der Tabelle werden zwei Volkswirtschaften verglichen, die beide die Zinseinkünfte mit einem Steuersatz von 25 Prozent belegt haben. In der Volkswirtschaft 1 liegt die Inflationsrate bei 0 Prozent und sowohl der Nominal- als auch der Realzinssatz betragen 4 Prozent. In diesem Fall führt der Steuersatz von 25 Prozent auf Zinseinkünfte zu einer Verringerung des Realzinssatzes von 4 auf 3 Prozent. In Volkswirtschaft 2 beträgt der Realzinssatz wiederum 4 Prozent, die Inflationsrate jedoch 8 Prozent. Infolge des Fisher-Effekts beträgt der Nominalzinssatz 12 Prozent. Da laut Steuerrecht die gesamten 12 Prozent Zinsen als Einkommen betrachtet werden, besteuert der Staat sie mit einem Steuersatz von 25 Prozent, was zu einem Nominalzinssatz nach Steuer in Höhe von 9 Prozent und zu einem Realzinssatz nach Steuer in Höhe von 1 Prozent führt. In diesem Fall führt der Steuersatz von 25 Prozent auf Zinseinkünfte zu einer Verringerung des Realzinssatzes von 4 auf 1 Prozent. Da der Sparanreiz vom Realzinssatz nach Steuer abhängt, ist Sparen in der Volkswirtschaft mit Inflation (Volkswirtschaft 2) weit weniger attraktiv als in der Volkswirtschaft mit stabilen Preisen (Volkswirtschaft 1).

Die Besteuerung der Kapitalgewinne und der nominalen Zinseinkünfte sind zwei Beispiele dafür, wie die Inflation die Steuerbelastung auf eine Art und Weise verändern kann, die vom Gesetzgeber nicht beabsichtigt war. Es gibt noch viele andere Beispiele. Aufgrund der Änderungen der Steuerbelastung durch die Inflation verringert eine höhere Inflation tendenziell die Sparanreize der Menschen. Erinnern wir uns daran, daß die Ersparnis der Volkswirtschaft die erforderlichen Ressourcen für Investitionen bereitstellt, die wiederum die primären Voraussetzungen für das langfristige Wirtschaftswachstum darstellen. Wenn die Inflation die Steuerbelastung der Ersparnisse erhöht, verringert sie tendenziell die Rate des langfristigen Wirtschaftswachstums. Unter Volkswirten herrscht allerdings keine Einigkeit über das Ausmaß dieses Effekts.

Tabelle 28-1
Erhöhung der Steuerbelastung der Ersparnisse durch die Inflation

	Volkswirtschaft 1 (Preisstabilität)	Volkswirtschaft 2 (Inflation)
Realszinssatz	4%	4%
Inflationsrate	0	8
Nominalzinssatz (Realzinssatz + Inflationsrate)	4	12
Verringerter Zins aufgrund des Steuersatzes von 25% (0,25 × Nominalzinssatz)	1	3
Nominalzinssatz nach Steuer (0,75 × Nominalzinssatz)	3	9
Realzinssatz nach Steuer (Nominalzinssatz nach Steuer – Inflationsrate)	3	1

Verwirrung und Unannehmlichkeiten

Stellen Sie sich vor, wir hätten eine Umfrage vorgenommen und den Leuten die folgende Frage gestellt: »Dieses Jahr entspricht der Meter 100 Zentimetern. Wie viele Zentimeter, denken Sie, sollte der Meter im nächsten Jahr haben?« Unter der Voraussetzung, daß wir die Leute dazu gebracht hätten, uns ernst zu nehmen, würden sie uns geantwortet haben, daß der Meter seine Länge behalten sollte – 100 Zentimeter. Alles andere würde das Leben nur unnötig komplizieren.

Was hat diese Erkenntnis mit Inflation zu tun? Erinnern Sie sich, daß das Geld als Recheneinheit die Möglichkeit liefert, Preise auszudrücken und Schulden aufzuzeichnen. Anders ausgedrückt, Geld ist der Maßstab, mit dem wir ökonomische Transaktionen messen. Die Aufgabe der Deutschen Bundesbank hat eine gewisse Ähnlichkeit mit der Aufgabe des Deutschen Instituts für Normung e.V. – nämlich für die Verläßlichkeit einer allgemein verwendeten Maßeinheit zu sorgen. Wenn die Bundesbank das Geldangebot erhöht und Inflation verursacht, dann verringert sie den Realwert einer Recheneinheit.

Es macht Schwierigkeiten, die Inflationskosten in Form von Verwirrung und Unannehmlichkeiten zu beurteilen. Weiter oben haben wir diskutiert, wie das Steuerrecht bei Vorhandensein von Inflation eine inkorrekte Messung der Realeinkommen zur Folge hat. Entsprechend messen Buchhalter die Einnahmen einer Unternehmung inkorrekt, wenn die Preise im Zeitablauf steigen. Da Geldbeträge von unterschiedlichen Zeitpunkten aufgrund der Inflation unterschiedliche Realwerte aufweisen, ist die Berechnung des

Gewinns einer Unternehmung – der Differenz zwischen ihren Erträgen und ihren Kosten – in einer Volkswirtschaft mit Inflation komplizierter. In einem gewissen Maße wird es daher durch die Inflation für Investoren schwieriger, erfolgreiche Unternehmungen von weniger erfolgreichen zu unterscheiden, was wiederum dazu führt, daß die Finanzmärkte in ihrer Funktion, die Ersparnisse der Volkswirtschaft alternative Arten von Investitionen zuzuführen, behindert werden.

Spezielle Kosten einer unerwarteten Inflation: willkürliche Vermögensumverteilungen

Die bisher diskutierten Inflationskosten entstehen selbst bei einer stetigen und vorhersehbaren Inflation. Inflation ist jedoch mit zusätzlichen Kosten verbunden, wenn sie überraschend eintritt. Unerwartete Inflation führt zu einer *Umverteilung von Vermögen unter der Bevölkerung* auf eine Art und Weise, die weder mit Leistung noch mit Bedarf zu tun hat. Es kommt zu diesen Umverteilungen, da viele Kredite in der Volkswirtschaft über nominale Beträge aufgenommen werden.

Betrachten wir ein Beispiel. Angenommen, Sam nimmt einen Kredit über DM 20.000,– zu einem Zinssatz von 7 Prozent pro Jahr bei einer Bank auf, um sein Studium zu finanzieren. Die Rückzahlung des Kredits wird nach zehn Jahren fällig. Nachdem sich seine Schuld zehn Jahre lang zu 7 Prozent verzinst hat, wird Sam der Bank DM 40.000,– schulden. Der Realwert dieser Schuld hängt von der Inflation im Laufe dieses Jahrzehnts ab. Wenn Sam Glück hat, wird die Volkswirtschaft eine Hyperinflation erleben. In diesem Fall werden die Löhne und Preise derart steigen, daß Sam in der Lage sein wird, die Schuld in Höhe von DM 40.000,– mit dem Kleingeld aus dem Geldbeutel zu bezahlen. Wird die Volkswirtschaft jedoch durch eine Deflation größeren Ausmaßes gehen, werden die Löhne und Preise fallen und die Schuld von DM 40.000,– wird für Sam eine größere Last darstellen als erwartet.

Dieses Beispiel zeigt, daß unerwartete Preisänderungen das Vermögen zwischen Schuldnern und Gläubigern umverteilen. Ein Hyperinflation beschert Sam einen Vorteil zu Lasten der Bank, da sie den Realwert der Schuld verringert; Sam kann die Schuld in D-Mark zurückzahlen, die weniger wert sind als erwartet. Für den Fall einer Deflation ergibt sich für die Bank ein Gewinn, für Sam hingegen ein Verlust, da die Deflation den Realwert der Schuld erhöht; in diesem Fall muß Sam die Schuld in D-Mark zurückzahlen, die mehr wert sind als erwartet. Wäre die Inflation vorhersehbar, könnten die Bank und Sam die Inflation bei der Festsetzung des Nominalzinssatzes berücksichtigen. (Denken Sie an den Fisher-Effekt.) Ist die Inflation jedoch schwer vorhersehbar, stellt sie für Sam und die Bank ein Risiko dar, das beide lieber vermeiden würden.

Es ist wichtig, diese Form von Kosten unerwarteter Inflation in Zusammenhang mit einer anderen Tatsache zu betrachten: Inflation ist besonders unstetig und unsicher im Falle einer hohen durchschnittlichen Inflationsrate. Dies läßt sich am einfachsten anhand einer Untersuchung der Erfahrungen verschiedener Länder zeigen. Länder mit niedriger durchschnittlicher Inflation, wie z.B. Deutschland im späten zwanzigsten Jahrhundert, weisen tendenziell eine stabile Inflation auf. Länder mit hoher durchschnittlicher Inflation, wie z.B. viele Länder in Lateinamerika, sind durch starke jährliche Schwankungen der Inflationsrate gekennzeichnet. Es sind keine Beispiele für Volkswirtschaften mit hoher, stabiler Inflation bekannt. Diese Beziehung zwischen Höhe und Variabilität der Inflation weist auf eine andere Form von Inflationskosten hin. Ein Land, das eine inflationäre Geldpolitik betreibt, muß nicht nur die Kosten einer hohen erwarteten Inflation tragen, sondern sieht sich ebenfalls den willkürlichen Vermögensumverteilungsprozessen ausgesetzt, die mit unerwarteter Inflation verbunden sind.

Fallstudie

Der Zauberer von Oz und die »Free-Silver«-Debatte

Als Kind haben Sie möglicherweise den Film *Der Zauberer von Oz* gesehen, der auf einem amerikanischen Kinderbuch von 1900 basiert. Film und Buch erzählen die Geschichte eines Mädchens, Dorothy, das sich fern seiner Heimat in einem seltsamen Land verirrt hat. Möglicherweise wußten Sie aber nicht, daß die Geschichte eigentlich eine Allegorie der amerikanischen Geldpolitik im späten neunzehnten Jahrhundert darstellt.

Zwischen 1880 und 1896 sank das Preisniveau in den Vereinigten Staaten um 23 Prozent. Da dieses Ereignis nicht antizipiert wurde, führte es zu einer erheblichen Vermögensumverteilung. Die meisten Bauern im Westen des Landes waren Schuldner. Ihre Gläubiger waren die Bankiers im Osten. Als das Preisniveau sank, hatte es einen Anstieg des Realwertes der Schulden zur Folge, was den Banken einen Vorteil zu Lasten der Bauern bescherte.

Als eine Lösung für dieses Problem wurde vorgeschlagen, den bestehenden Goldstandard durch einen Bimetallstandard zu ersetzen und neben Goldmünzen auch Silbermünzen zu prägen. Wäre dieser Vorschlag angenommen worden, hätte er zu einem Anstieg des Geldangebots und des Preisniveaus geführt und den Realwert der Schulden der Bauern verringert.

Die Debatte über das Silber war hitzig und stand im Mittelpunkt der politischen Diskussionen in den 1890er Jahren. Ein prominenter Befürworter des Bimetallstandards war William Jennings Bryan, der demokratische Kandidat für die Präsidentschaftswahl im Jahr 1896. Er wurde unter anderem bekannt durch eine Rede, in deren Verlauf er sagte: »You shall not press down upon the brow of labor this crown of thorns. You shall not crucify mankind upon a cross of gold.« Seit damals haben sich Politiker selten so poetisch über alternative Ansätze der Geldpolitik geäußert. Nichtsdestoweniger hat Bryan die Wahl gegen den Republikaner William McKinley verloren und die Vereinigten Staaten behielten den Goldstandard bei.

L. Frank Baum, der Autor von *Der Zauberer von Oz*, war ein Journalist aus dem mittleren Westen. Als er daran ging, eine Geschichte für Kinder zu schreiben, verlieh er seinen Figuren die Charakterzüge der Hauptakteure der größten politischen Schlacht seiner Zeit. Dorothy (sie repräsentiert die traditionellen amerikanischen Werte) und ihren Freunde, die Vogelscheuche (sie repräsentiert die Bauern), der blecherne Holzfäller (er repräsentiert die Industriearbeiter) und der Löwe, dessen Stimme stärker ist als seine Macht (William Jennings Bryan) wandern zusammen auf einer gelb gepflasterten Straße (der Goldstandard), in der Hoffnung, den Zauberer zu finden, der Dorothy den Weg nach Hause zeigen kann. Am Ende von Baums Geschichte findet Dorothy den Weg nach Hause, allerdings nicht auf die Weise, daß sie nur der gelb gepflasterten Straße folgt. Nach einer langen und gefährlichen Reise hat sie gelernt, daß der Zauberer (William McKinley) nicht in der Lage ist, ihr und ihren Freunden zu helfen. Statt dessen entdeckt Dorothy schließlich die magische Kraft ihrer *silbernen* Schuhe. (Als *Der Zauberer von Oz* 1939 verfilmt wurde, wurde die Farbe von Dorothys Schuhen von Silber in Rot geändert. Offensichtlich waren sich die Filmemacher aus Hollywood nicht bewußt, daß sie eine Geschichte über die amerikanische Geldpolitik des neunzehnten Jahrhunderts erzählten.)

Nennen und beschreiben Sie sechs Formen von Inflationskosten.

Schnelltest

Schlußfolgerung

In diesem Kapitel wurden die Ursachen und Kosten der Inflation diskutiert. Die primäre Ursache der Inflation besteht ganz einfach in einem Wachstum der Geldmenge. Eine Erhöhung der Geldmenge durch die Bundesbank in erheblichem Ausmaß führt dazu, daß der Geldwert im Zeitablauf schnell sinkt. Für die Aufrechterhaltung stabiler Preise ist eine strenge Kontrolle des Geldangebots durch die Bundesbank erforderlich.

Bei den Kosten der Inflation handelt es sich um eine subtilere Problematik. Die Inflationskosten umfassen die »Schuhsohlen-Kosten«, die »Speisekarten-Kosten«, eine erhöhte Variabilität der relativen Preise, unbeabsichtigte Änderungen der Steuerschuld, Verwirrung und Unannehmlichkeiten sowie willkürliche Vermögensumverteilungen. Sind diese Kosten insgesamt hoch oder niedrig? Die Volkswirte sind sich darüber einig, daß diese Kosten während Hyperinflationen ein beträchtliches Ausmaß annehmen. Über ihren Umfang in moderaten Inflationen – mit einem Preisanstieg von weniger als 10 Prozent pro Jahr – herrscht Uneinigkeit.

Obwohl in diesem Kapitel viele der wichtigsten Fragen im Zusammenhang mit der Inflation behandelt wurden, ist die Analyse unvollständig. Wird die Wachstumsrate der Geldmenge durch die Bundesbank verringert, steigen nach der Quantitätstheorie die Preise weniger schnell. Beim Übergang der Volkswirtschaft zu dieser niedrigeren Inflationsrate kommt es jedoch zu störenden Auswirkungen für Produktion und Beschäftigung. Selbst wenn die Geldpolitik auf lange Sicht neutral ist, hat sie kurzfristig bedeutende Auswirkungen auf reale Variablen. Später in diesem Buch werden wir die Gründe für die Nichtneutralität des Geldes auf kurze Sicht untersuchen.

Zusammenfassung

- Das allgemeine Preisniveau einer Volkswirtschaft paßt sich an, um Geldangebot und Geldnachfrage ins Gleichgewicht zu bringen. Eine Erhöhung des Geldangebots durch die Bundesbank verursacht einen Anstieg des Preisniveaus. Ein dauerhaftes Wachstum der angebotenen Geldmenge führt zu fortgesetzter Inflation.

- Das Prinzip der Neutralität des Geldes besagt, daß Änderungen der Geldmenge nominale Variablen beeinflussen, nicht aber reale. Die meisten Volkswirte sind der Ansicht, daß die Neutralität des Geldes näherungsweise das Verhalten der Volkswirtschaft auf lange Sicht beschreibt.

- Eine Regierung kann einen Teil ihrer Ausgaben einfach über die Notenpresse finanzieren. Stützen sich Länder allzu sehr auf diese »Inflationssteuer«, kommt es zu Hyperinflation.

- Eine Anwendung des Prinzips der Neutralität des Geldes ist der Fisher-Effekt. Ein Anstieg der Inflationsrate führt nach dem Fisher-Effekt zu einer entsprechenden Erhöhung des Nominalzinssatzes, so daß der Realzinssatz unverändert bleibt.

- Viele Leute denken, daß sie durch die Inflation ärmer werden, da die Inflation die Preise der von ihnen gekauften Güter erhöht. Diese Sichtweise stellt jedoch einen Trugschluß dar, da die Inflation die Nominaleinkommen ebenfalls erhöht.

- Die Volkswirte haben sechs Formen von Inflationskosten ermittelt: die mit einer verringerten Geldhaltung verbunden »Schuhsohlen-Kosten«, die mit einer häufigeren Anpassung der Preise verbundenen »Speisekarten-Kosten«, eine erhöhte Variabilität der relativen Preise, unbeabsichtigte Änderungen der Steuerschuld aufgrund der Vernachlässigung von Inflationseffekten in den Steuergesetzen, Verwirrung und Unannehmlichkeiten infolge von Wertänderungen der Recheneinheit sowie willkürliche Vermögensumverteilungen zwischen Schuldnern und Gläubigern. Viele dieser Kosten sind während Hyperinflationen sehr hoch, über ihr Ausmaß in moderaten Inflationen besteht jedoch Unklarheit.

Stichworte

Quantitätstheorie des Geldes	Quantitätsgleichung
Nominale Variablen	Inflationssteuer
Reale Variablen	Fisher-Effekt
Klassische Dichotomie	Schuhsohlen-Kosten
Neutralität des Geldes	Speisekarten-Kosten
Umlaufgeschwindigkeit des Geldes	

Zur Wiederholung

1. Erklären Sie, inwiefern sich ein Anstieg des Preisniveaus auf den realen Wert des Geldes auswirkt.
2. Worin besteht nach der Quantitätstheorie des Geldes die Auswirkung einer Erhöhung der Geldmenge?
3. Erklären Sie den Unterschied zwischen nominalen und realen Variablen und geben Sie jeweils zwei Beispiele. Welche Variablen werden nach dem Prinzip der Neutralität des Geldes durch Änderungen der Geldmenge beeinflußt?
4. Inwiefern stellt Inflation eine Art Steuer dar? Wie kann die Sichtweise der Inflation als eine Art von Steuer dazu beitragen, Hyperinflationen zu erklären?
5. Wie wirkt sich nach dem Fisher-Effekt ein Anstieg der Inflationsrate auf den Real- und den Nominalzinssatz aus?
6. Welches sind die Kosten der Inflation? Welche dieser Kosten sind Ihrer Meinung nach für die deutsche Wirtschaft am wichtigsten?
7. Wer profitiert davon, wenn die Inflationsrate niedriger ist als erwartet – die Schuldner oder die Gläubiger? Begründen Sie Ihre Antwort.

Aufgaben und Anwendungen

1. Es wird oft unterstellt, daß die Zentralbank der Vereinigten Staaten darauf abzielt, die Inflationsrate auf 0 Prozent zurückzuführen. Angenommen, die Umlaufgeschwindigkeit des Geldes ist konstant. Macht das Ziel einer Inflationsrate von 0 Prozent eine Wachstumsrate der Geldmenge von 0 Prozent erforderlich? Wenn ja, erklären Sie, warum. Wenn nein, erklären Sie, wie hoch die Wachstumsrate der Geldmenge sein sollte.
2. Im vorhergehenden Kapitel wurde gezeigt, daß es mehrere Maße für den Geldbestand gibt, wobei die größeren Maße mehr Vermögenswerte umfassen als die kleineren. Wie kann die Quantitätsgleichung all diese Maße umfassen? Wie kann die Quantitätstheorie des Geldes all diese Maße umfassen?
3. Der Volkswirt John Maynard Keynes hat geschrieben: »Es heißt, daß Lenin behauptet habe, der beste Weg, das kapitalistische System zu zerstören bestehe darin, die Währung zu verderben. Bei einem fortgesetzten Inflationsprozeß könne der Staat, heimlich und unbeobachtet, einen beträchtlichen Teil des Vermögens seiner Bürger beschlagnahmen.« Erklären Sie Lenins Behauptung.
4. Stellen Sie sich vor, die Inflationsrate eines Landes steigt stark an. Was geschieht mit der Inflationssteuer? Warum ist Vermögen, das in Form von Sparbüchern gehalten wird *nicht* von einer Änderung der Inflationssteuer betroffen? Können Sie sich vorstellen, wie die Besitzer von

Sparbüchern durch einen Anstieg der Inflationsrate Schaden erleiden könnten?

5. Hyperinflationen treten in Ländern mit einer von der Regierung unabhängigen Zentralbank äußerst selten auf. Was könnte der Grund hierfür sein?

6. Stellen Sie sich vor, Bob und Rita sind Bauern. Bob baut Bohnen an, Rita Reis. Bob und Rita sind die einzigen Menschen in der Volkswirtschaft und konsumieren beide immer die gleichen Mengen an Reis und Bohnen. 1995 lag der Bohnenpreis bei DM 1,– und der Reispreis bei DM 3,–.

   a) Angenommen, 1996 betrug der Preis für Bohnen DM 2,– und der Preis für Reis DM 6,–. Wie hoch war die Inflation? Wurde Bob durch die Preisänderungen besser oder schlechter gestellt oder blieb seine Lage unverändert? Wie sah es für Rita aus?

   b) Nehmen wir nun an, 1996 betrug der Preis für Bohnen DM 2,– und der Preis für Reis DM 4,–. Wie hoch war die Inflation? Wurde Bob durch die Preisänderungen besser oder schlechter gestellt oder blieb seine Lage unverändert? Wie sah es für Rita aus?

   c) Nehmen wir abschließend an, 1996 betrug der Preis für Bohnen DM 2,– und der Preis für Reis DM 1,50. Wie hoch war die Inflation? Wurde Bob durch die Preisänderungen besser oder schlechter gestellt oder blieb seine Lage unverändert? Wie sah es für Rita aus?

7. Worin bestehen Ihre »Schuhsohlen-Kosten«? Wie könnten Sie diese Kosten in D-Mark messen? Wie unterscheiden sich Ihrer Meinung nach die »Schuhsohlen-Kosten« Ihres Universitätspräsidenten von Ihren eigenen?

8. Erinnern Sie sich, daß Geld drei Funktionen in der Volkswirtschaft erfüllt. Worin bestehen diese Funktionen? Wie wirkt sich Inflation auf die Fähigkeit des Geldes aus, jede dieser Funktionen zu erfüllen?

9. Stellen Sie sich vor, die Deutschen erwarten eine Inflation von 3 Prozent für 1998, tatsächlich steigen die Preise aber um 5 Prozent. Inwiefern würde sich diese unerwartet hohe Inflation vorteilhaft oder nachteilig auswirken für:

   a) die Bundesregierung,

   b) einen Hausbesitzer mit einem festen Hypothekenzinssatz,

   c) eine Universität, die einen Teil ihrer Mittel aus Stiftungen in Schatzbriefe investiert hat?

10. Erläutern Sie eine schädliche Wirkung, die mit unerwarteter Inflation, *nicht* aber mit erwarteter Inflation verbunden ist. Erläutern Sie eine schädliche Wirkung, die sowohl mit erwarteter als auch mit unerwarteter Inflation verbunden ist.

11. Sind die folgenden Aussagen wahr, falsch oder ungewiß? Begründen Sie Ihre Antworten.

   a) »Inflation benachteiligt Kreditnehmer und begünstigt Kreditgeber, da die Kreditnehmer einen höheren Zinssatz bezahlen müssen.«

   b) »Wenn sich die Preise in einer Art und Weise ändern, die das allgemeine Preisniveau unverändert läßt, dann wird niemand besser oder schlechter gestellt.«

   c) »Inflation verringert die Kaufkraft der meisten Arbeitskräfte nicht.«

Die Makroökonomik der offenen Volkswirtschaft

Teil XI

In diesem Kapitel werden Sie

- lernen, wie die Nettoexporte die internationalen Güterströme messen,
- lernen, wie die Nettoauslandsinvestitionen die internationalen Kapitalströme messen,
- überlegen, warum die Nettoexporte stets den Nettoauslandsinvestitionen entsprechen müssen,
- sehen, wie die Ersparnis, die inländischen Investitionen und die Nettoauslandsinvestitionen miteinander in Verbindung stehen,
- die Bedeutung des nominalen Wechselkurses und des realen Wechselkurses erkennen,
- die Kaufkraftparität als Theorieansatz zur Bestimmung von Wechselkursen kennenlernen.

Wenn Sie die Universität verlassen und sich entschließen, ein Auto zu kaufen, so werden Sie beispielsweise die neuesten Modelle von Volkswagen und Toyota vergleichen. Wenn Sie Ihren nächsten Urlaub planen, so werden Sie möglicherweise überlegen, ob Sie diesen an der Ostsee oder in den Vereinigten Staaten verbringen sollen. Wenn Sie eine Arbeitsstelle antreten und zusätzlich zu Ihrer Rente für den Ruhestand sparen möchten, so können Sie z.B. zwischen einem Investmentfond wählen, der ausschließlich Aktien deutscher Unternehmen umfaßt, oder einem anderen, der international streut. In jedem dieser Fälle werden Sie nicht nur an der Entwicklung der deutschen Volkswirtschaft teilhaben, sondern an der weltweiten Entwicklung.

Es gibt klare Vorteile, am internationalen Handel teilzunehmen: Handel ermöglicht es den Menschen, das zu produzieren, was sie am besten können, und eine Vielzahl an unterschiedlichen Waren und Dienstleistungen zu erwerben, die weltweit hergestellt werden. In der Tat besagt einer der zehn in Kapitel 1 hervorgehobenen Grundsätze, daß sich durch Handel alle Beteiligten besser stellen können. Die Kapitel 3 und 7 untersuchten die Gewinne aus Handel genauer. Wir haben gelernt, daß der internationale Handel den Lebensstandard in allen Ländern heben kann, indem er es ermöglicht, daß jedes Land sich darauf spezialisiert, diejenigen Güter zu produzieren, bei deren Herstellung es komparative Vorteile aufweisen kann.

Bislang haben wir in unserer Interpretation der makroökonomischen Zusammenhänge die Interaktionen einer Volkswirtschaft mit anderen Volkswirtschaften rund um den Globus weitgehend ignoriert. Für die meisten makroökonomischen Fragestellungen liegen internationale Aspekte am Rande. In früheren Kapiteln dieses Buches – z.B. dort, wo wir die natürliche Arbeitslosenquote und die Gründe für Inflation diskutierten – konnten wir die Wirkungen des internationalen Handels ohne weiteres vernachlässigen. In der Tat arbeiten Ökonomen, um ihre Analysen einfach zu halten, oftmals mit der Annahme einer **geschlossenen Volkswirtschaft** – also einer Volkswirtschaft, die nicht mit anderen Volkswirtschaften in Beziehung steht.

**geschlossene Volks-
wirtschaft**
Eine Volkswirtschaft,
die nicht mit anderen
Volkswirtschaften in
der Welt in Verbin-
dung steht.

Einige neue makroökonomische Fragen treten jedoch in einer **offenen Volkswirtschaft** auf – einer Volkswirtschaft, die ohne Beschränkungen mit anderen Volkswirtschaften in der Welt interagiert. Dieses und das anschließende Kapitel liefern daher eine Einführung in die Makroökonomik offener Volkswirtschaften. Wir beginnen dieses Kapitel mit der Untersuchung derjenigen makroökonomischen Schlüsselgrößen, die die Interaktionen einer offenen Volkswirtschaft auf den Weltmärkten beschreiben. Sie haben sicherlich in der Zeitung oder in den Abendnachrichten schon die Erwähnung solcher Größen wie Exporte, Importe, Leistungsbilanz und Wechselkurse bemerkt. Unsere erste Aufgabe besteht darin zu verstehen, was diese Begriffe aussagen. Im anschließenden Kapitel werden wir ein Modell entwickeln, um zu erklären, wie diese Größen bestimmt werden und wie sie durch verschiedene wirtschaftspolitische Maßnahmen beeinflußt werden.

**offene Volkswirt-
schaft**
Eine Volkswirtschaft,
die ohne Beschrän-
kungen mit anderen
Volkswirtschaften in
der Welt in Interak-
tion tritt.

Die internationalen Güter- und Kapitalströme

Eine offene Volkswirtschaft unterhält auf zweifache Weise Verbindungen mit anderen Volkswirtschaften: Sie kauft und verkauft Waren und Dienstleistungen auf den internationalen Produktmärkten, und sie kauft und verkauft Kapital auf den internationalen Finanzmärkten. Im folgenden werden wir diese beiden Aktivitäten und die enge Verbindung zwischen diesen untersuchen.

Die Güterströme: Exporte, Importe und Nettoexporte

Exporte
Waren und Dienst-
leistungen, die im
Inland produziert
werden und im Aus-
land verkauft wer-
den.

Wie wir schon in Kapitel 3 gelernt haben, sind **Exporte** im Inland produzierte Waren und Dienstleistungen, die ins Ausland verkauft werden, während **Importe** im Ausland produzierte Waren und Dienstleistungen sind, die im Inland verkauft werden. Baut Mercedes Benz, ein deutscher Automobilhersteller, ein Auto und verkauft dieses nach Frankreich, so ist dieser Verkauf ein Export für Deutschland und ein Import für Frankreich. Baut Renault, ein französischer Automobilhersteller, ein Auto und verkauft dieses nach Deutschland, so ist dieser Verkauf ein Import für Deutschland und ein Export für Frankreich.

Die **Nettoexporte** eines Landes ergeben sich aus der Differenz zwischen dem Wert seiner Exporte und dem Wert seiner Importe. Der Mercedes-Verkauf erhöht die deutschen Nettoexporte und der Renault-Kauf reduziert die deutschen Nettoexporte. Da uns die Nettoexporte Aufschluß darüber geben, ob ein Land – insgesamt betrachtet – ein Verkäufer oder ein Käufer auf den internationalen Märkten für Waren und Dienste ist, werden die Nettoexporte auch **Außenbeitrag** genannt. Sind die Nettoexporte bzw. der Außenbeitrag positiv, so sind die Exporte höher als die Importe, also verkauft das entsprechende Land mehr Güter ins Ausland, als es von anderen Ländern kauft. In diesem Fall spricht man davon, daß ein **Leistungsbilanzüberschuß** vorliegt. Sind die Nettoexporte bzw. der Außenbeitrag negativ, so spricht man von einem **Leistungsbilanzdefizit**. Betragen die Nettoexporte genau null, sind also Exporte und Importe genau gleich groß, so sagt man, das entsprechende Land weise eine **ausgeglichene Leistungsbilanz** auf.

Genau genommen gliedert sich die Leistungsbilanz in drei Unterbilanzen: In der *Handelsbilanz* werden die Warenstöme zwischen In- und Ausland erfaßt; in der *Dienstleistungsbilanz* wird der Austausch von Dienstleistungen zwischen In- und Ausland abgebildet; der dritte Bestandteil der Leistungsbilanz ist die *Übertragungsbilanz*. Während in den ersten beiden Fällen den Geldzahlungen Güterleistungen gegenüberstehen, werden in der Übertragungsbilanz unentgeltliche Transaktionen, also einseitige Übertragungen vom Inland an das Ausland und umgekehrt, verbucht. Dabei handelt es sich um ohne unmittelbare ökonomische Gegenleistung erbrachte oder empfangene Güter- oder Geldströme zwischen In- und Ausland, wie z.B. Entwicklungshilfeleistungen eines reichen Landes an ein armes, Beiträge zu internationalen Organisationen oder Gastarbeiterüberweisungen in deren Heimatländer. Daher wird die Übertragungsbilanz auch Bilanz der unentgeltlichen Leistungen oder Schenkungsbilanz genannt. Insbesondere für kleinere Länder kann die Übertragungsbilanz einen nicht unbeträchtlichen Anteil an der Leistungsbilanz ausmachen. Für die hier verfolgten Zwecke werden wir jedoch im weiteren die Übertragungsbilanz unberücksichtigt lassen.

Im nächsten Kapitel werden wir eine Theorie entwickeln, die die Leistungsbilanz eines Landes erklärt; aber auch schon in dem vorläufigen Stadium, in dem wir uns jetzt befinden, fällt es leicht, viele Faktoren aufzuzählen, die möglicherweise Einfluß auf die Exporte, Importe und Nettoexporte eines Landes haben. Unter diesen Faktoren finden sich folgende:

- Die geschmacklichen Vorlieben der Verbraucher bezüglich inländischer und ausländischer Güter.
- Die Preise der inländischen und ausländischen Güter.
- Die Wechselkurse, zu denen die heimische Währung in ausländische Währungen getauscht werden können.
- Die Kosten, die durch den Transport der Güter von Land zu Land anfallen.
- Die Einstellung und damit die Politik der Regierung in bezug auf den internationalen Handel.

Importe
Waren und Dienstleistungen, die im Ausland produziert werden und im Inland verkauft werden.

Nettoexporte
Der Wert der Exporte eines Landes abzüglich des Wertes seiner Importe, auch Außenbeitrag genannt.

Außenbeitrag
Der Wert der Exporte eines Landes abzüglich des Wertes seiner Importe, auch Nettoexporte genannt.

Leistungsbilanzüberschuß (positiver Außenbeitrag)
Die Exporte sind höher als die Importe.

Leistungsbilanzdefizit (negativer Außenbeitrag)
Die Importe sind höher als die Exporte.

Ausgeglichene Leistungsbilanz
Eine Situation, in der die Exporte und Importe gleich sind.

Das Ausmaß des internationalen Handels ändert sich mit der Veränderung dieser Variablen im Zeitablauf.

Fallstudie   **Die Offenheit der deutschen Volkswirtschaft**

In der Darstellung 29-1 läßt sich die starke Außenhandelsverflechtung der Bundesrepublik Deutschland und deren steigende Bedeutung von 1950 bis 1997 ablesen. Dort wird der Gesamtwert der Güterex- und -importe, ausgedrückt als Prozentsatz des BSP, abgebildet. Man erkennt deutlich, daß schon in den 50er Jahren die Ex- und Importe ein beträchtliches Ausmaß von 10% des BSP und mehr aufwiesen und daß sich dieser Anteil im weiteren Entwicklungsprozeß – wenn auch nicht kontinuierlich – stark erhöht hat.

Wichtige Gründe für den allgemeinen Anstieg des internationalen Handels liegen in verbesserten und verbilligten Transportmöglichkeiten und einer verbesserten weltweiten Informationssituation, die nicht zuletzt durch rasante Fortschritte in der Telekommunikation erreicht werden konnte. Ebenso hat der technische Fortschritt einen positiven Einfluß auf den Welthandel gehabt. Denn die Art der produzierten und gehandelten Güter hat sich dadurch stark verändert. Während früher schwere, unhandliche Waren, wie z.B. Rohstoffe, einen Großteil des Handels einnahmen, sind es heute kleinere, leichtere Waren, wie z.B. Produkte der Unterhaltungselektronik mit sehr viel höherem Wert pro Gewichts- und damit Transporteinheit oder gar immaterielle Dienstleistungen, die einen hohen Anteil des Welthandels ausmachen. Aber auch die Außenhandelspolitik der Staaten darf bei dieser Aufzählung nicht vergessen werden. Internationale Abkommen haben zu einem starken Abbau von tarifären und nicht-tarifären Handelshemmnissen, wie Zöllen oder Importquoten, geführt. Als Beispiele sind insbesondere das GATT (General Agreement on

Schaubild 29-1
Die Internationalisierung der deutschen Volkswirtschaft. Diese Graphik gibt die Exporte und Importe Deutschlands als Prozentsatz des deutschen Bruttosozialprodukts seit 1950 an. Der starke Anstieg im Zeitablauf zeigt die zunehmende Bedeutung des internationalen Handels und der Finanzierung.

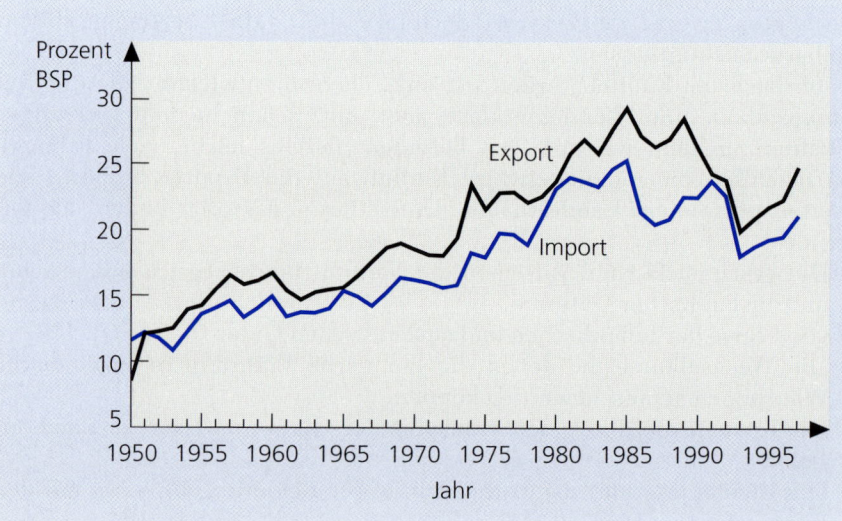

Tariffs and Trade), die EG/EU (Europäische Gemeinschaft/Union) sowie die NAFTA (North American Free Trade Agreement) anzuführen.

Die Kapitalströme: Nettoauslandsinvestitionen

Bislang haben wir uns überlegt, wie Bewohner einer offenen Volkswirtschaft am Weltmarkt für Waren und Dienstleistungen teilhaben. Zusätzlich haben Bewohner einer offenen Volkswirtschaft jedoch auch Zugang zu den internationalen Finanzmärkten. Ein Bundesbürger, der 20.000 DM besitzt, kann dieses Geld dazu verwenden, einen Toyota zu kaufen; er könnte sein Geld jedoch ebenso dafür verwenden, Aktien der Unternehmung Toyota zu erwerben. Die erste Transaktion stellt einen Güterstrom, die zweite einen Kapitalstrom dar.

Der Ausdruck **Nettoauslandsinvestitionen** bezieht sich auf den Erwerb ausländischer Aktiva durch Inländer abzüglich des Erwerbs inländischer Aktiva durch Ausländer. Erwirbt ein in Deutschland ansässiger Bürger Aktien der amerikanischen Telekommunikationsgesellschaft AT & T, so erhöht dieser Kauf die deutschen Nettoauslandsinvestitionen. Erwirbt ein in Japan ansässiger Bürger hingegen deutsche Staatsanleihen, so vermindert dieser Kauf die deutschen Nettoauslandsinvestitionen.

Nettoauslands-investitionen
Der Erwerb ausländischer Aktiva durch Inländer abzüglich des Erwerbs inländischer Aktiva durch Ausländer.

Erinnern wir uns daran, daß Auslandsinvestitionen in zwei unterschiedlichen Formen auftreten können. Eröffnet ein deutscher Modeschöpfer einen Salon in Moskau, so ist das ein Beispiel für eine *Direktinvestition*. Kauft hingegen ein Deutscher Aktien einer russischen Unternehmung, so ist dies ein Beispiel für eine *Portfolioinvestition*. Im ersten Fall kümmert der deutsche Eigentümer sich aktiv um seine Investition, im zweiten Fall nimmt der deutsche Aktienbesitzer eine eher passive Rolle ein. In beiden Fällen erwerben in Deutschland ansässige Bürger Aktiva, die sich in einem anderen Land befinden, also tragen beide Käufe zu den deutschen Nettoauslandsinvestitionen bei.

Im anschließenden Kapitel werden wir eine Theorie entwickeln, mit deren Hilfe die Nettoauslandsinvestitionen erklärt werden können. Hier wollen wir kurz einige der wichtigen Größen, die die Nettoauslandsinvestitionen beeinflussen, untersuchen. Zu nennen sind

- der Realzins, der auf Auslandsaktiva gezahlt wird,
- der Realzins, der auf inländische Aktiva gezahlt wird,
- die erwarteten ökonomischen und politischen Risiken, die mit dem Halten ausländischer Aktiva verbunden sind,
- die wirtschaftspolitischen Maßnahmen, die den Besitz von inländischen Aktiva durch Ausländer betreffen.

Lassen Sie uns beispielsweise einen deutschen Investor betrachten, der sich zwischen dem Erwerb einer deutschen und dem Erwerb einer mexikanischen Staatsanleihe entscheiden möchte. (Sie erinnern sich sicherlich daran, daß eine Staatsanleihe nichts anderes als ein Schuldschein des emittierenden Landes ist.) Um diese Entscheidung zu treffen, wird der deutsche Investor die Realverzinsungen der beiden Anleihen vergleichen. Je höher die Realverzinsung einer Anleihe ist, desto attraktiver ist sie. Bei diesem Vergleich muß der Investor jedoch ebenfalls das Risiko mit in Betracht ziehen, daß eine der beiden Regierungen möglicherweise die Zahlungsunfähigkeit erklären muß (d.h. die Zinszahlungen bzw. die Rückzahlung bei Fälligkeit können ausfallen). Zudem gilt es, mögliche Beschränkungen, die die mexikanische Regierung ausländischen Investoren auferlegt hat oder noch auferlegen mag, zu bedenken.

Die Übereinstimmung von Nettoexporten und Nettoauslandsinvestitionen

Wir haben gesehen, daß eine offene Volkswirtschaft auf zwei Arten mit dem Rest der Welt in Verbindung steht – über die internationalen Märkte für Waren und Dienstleistungen und die internationalen Kapitalmärkte. Nettoexporte und Nettoauslandsinvestitionen messen jeweils ein Ungleichgewicht auf den entsprechenden Märkten. Die Nettoexporte messen ein Ungleichgewicht zwischen den Exporten eines Landes und seinen Importen. Die Nettoauslandsinvestitionen messen ein Ungleichgewicht zwischen dem Wert der ausländischen Aktiva, die von Inländern erworben werden, und dem Wert der inländischen Aktiva, die von Ausländern erworben werden.

Eine wichtige, aber etwas komplizierte buchhalterische Tatsache besteht darin, daß sich – für eine Volkswirtschaft insgesamt gesehen – diese zwei Ungleichgewichte entsprechen müssen. Daher sind die Nettoauslandsinvestitionen (NFI, net foreign investment) stets gleich den Nettoexporten (NX, net exports):

$$NFI = NX.$$

Diese Gleichung ist stets erfüllt, denn jede Transaktion, die eine Seite dieser Gleichung betrifft, betrifft auch die andere Seite in genau der gleichen Höhe. Diese Gleichung ist eine *Identität* – eine Gleichung, die aufgrund der Definition und Messung der in ihr enthaltenen Variablen erfüllt sein muß.

Um zu verstehen, warum diese buchhalterische Identität tatsächlich wahr ist, betrachten wir ein Beispiel. Nehmen wir an, eine deutsche Maschinenbau-Unternehmung verkauft Druckmaschinen nach Japan. Diese Transaktion besteht darin, daß eine deutsche Unternehmung Maschinen an eine japanische Unternehmung liefert und die japanische Unternehmung im Gegenzug mit Yen bezahlt. Beachten Sie, daß hier zwei Dinge gleichzeitig passiert sind. Deutschland hat an das Ausland einen Teil seiner Produktion verkauft (die Druckmaschinen), und dieser Verkauf erhöht die deutschen Nettoexporte. Zusätzlich hat Deutschland ausländische Aktiva erhalten (die Yen), und dieser Erwerb erhöht die deutschen Nettoauslandsinvestitionen.

Obgleich das deutsche Maschinenbau-Unternehmen die Yen, die es aufgrund dieses Verkaufs erhalten hat, voraussichtlich nicht behalten wird, erhält auch jede daran anschließende Transaktion die Gleichheit von Nettoexporten und Nettoauslandsinvestitionen. Beispielsweise könnte der deutsche Maschinenbauer die Yen bei einer deutschen Investmentgesellschaft gegen DM tauschen; die Investmentgesellschaft wiederum benötigt die

Yen, um Aktien einer japanischen Unternehmung, z.B. Sony, zu erwerben. In diesem Fall entspricht der Nettoexport an Druckmaschinen der deutschen Maschinenbau-Unternehmung den Nettoauslandsinvestitionen der Investmentgesellschaft in Sony-Aktien. Die Nettoexporte und die Nettoauslandsinvestitionen steigen also um denselben Betrag.

Es könnte ebenso sein, daß der deutsche Maschinenbauer die Yen aus dem abgewickelten Geschäft mit einem anderen deutschen Unternehmen gegen DM tauscht, das z.B. Toshiba-Computer kaufen möchte. In diesem Fall würden die deutschen Importe (die Computer) genau den deutschen Exporten (den Druckmaschinen) entsprechen. Die Verkäufe des deutschen Maschinenbauers und Toshiba zusammengenommen beeinflussen weder die deutschen Nettoexporte noch die deutschen Nettoauslandsinvestitionen. D.h. NX und NFI sind genau gleich hoch, wie sie es vor diesen Transaktionen waren.

Die Gleichheit von Nettoexporten und Nettoauslandsinvestitionen resultiert aus der Tatsache, daß jede internationale Transaktion einen Austausch darstellt. Wenn ein Verkäufer-Land eine Ware oder eine Dienstleistung in ein Käufer-Land transferiert, gibt das Käufer-Land im Gegenzug Aktiva her, um für diese Ware oder diese Dienstleistung zu zahlen. Der Wert dieses Aktivums entspricht dem Wert des verkauften Gutes. Zählen wir alles zusammen, so muß der Nettowert der von einem Land verkauften Waren und Dienste (NX) genau dem Nettowert der im Gegenzug erhaltenen Aktiva (NFI) entsprechen. Die internationalen Waren- und Dienstleistungsströme und die internationalen Kapitalströme sind also zwei Seiten ein und derselben Medaille.

Ersparnisse und Investitionen sowie deren Beziehung zu den internationalen Güter- und Kapitalströmen

Wie wir in den vorangegangenen Kapiteln gelernt haben, sind Ersparnisse und Investitionen eines Landes zentrale Größen für das langfristige wirtschaftliche Wachstum. Lassen Sie uns daher betrachten, in welchem Zusammenhang diese Größen mit den internationalen Güter- und Kapitalströmen, gemessen über die Nettoexporte und die Nettoauslandsinvestitionen, stehen. Am einfachsten können wir dies mit Hilfe von ein wenig Mathematik bewerkstelligen.

Wie Sie sich erinnern, tauchte der Terminus Nettoexporte zuerst an früherer Stelle in diesem Buch dort auf, wo wir die Komponenten des Bruttoinlandsprodukts behandelt haben. Das Bruttoinlandsprodukt einer Volkswirtschaft (Y) setzt sich aus vier Komponenten zusammen: Konsum (C), Investitionen (I), Staatsverbrauch (G) und Nettoexporte (NX). Wir schreiben dies als

$$Y = C + I + G + NX$$

Die gesamten Ausgaben für den Output einer Volkswirtschaft ergeben sich als Summe der Ausgaben für Konsum, Investitionen, Staatsverbrauch und Nettoexporte. Da jede DM an Ausgaben einer dieser vier Komponenten zugeordnet werden kann, ist diese Gleichung eine buchhalterische Identität: Sie muß erfüllt sein, da die Variablen so definiert sind und gemessen werden.

Erinnern Sie sich auch daran, daß die nationale Ersparnis dasjenige Einkommen eines Landes ist, das nach Abzug der Ausgaben für den laufenden Konsum und den Staatsverbrauch verbleibt. Die nationale Ersparnis (S) entspricht Y-C-G. Wenn wir die obige Gleichung so umstellen, daß diese Tatsache deutlich wird, so erhalten wir

$$Y - C - G = I + NX$$
$$S = I + NX.$$

Da die Nettoexporte (NX) auch den Nettoauslandsinvestitionen (NFI) entsprechen, könne wir diese Gleichung auch schreiben als

$$
\begin{array}{ccccc}
S & = & I & + & NFI \\
Ersparnis & = & inländische & + & Nettoauslands- \\
 & & Investitionen & & investitionen
\end{array}
$$

Diese Gleichung zeigt, daß die Ersparnis eines Landes dessen inländischen Investitionen zuzüglich den Nettoauslandsinvestitionen entsprechen muß. Anders ausgedrückt bedeutet dies: Wenn die Deutschen eine DM ihres Einkommens für zukünftige Zwecke sparen, so kann diese DM dazu genutzt werden, die Akkumulation inländischen Kapitals zu ermöglichen, oder sie kann dazu dienen, den Erwerb von Kapital im Ausland zu finanzieren.

Diese Gleichung sollte Ihnen irgendwie bekannt vorkommen. Als wir weiter vorne in diesem Buch die Rolle des Finanzsystems untersucht haben, benutzten wir diese Identität für den speziellen Fall einer geschlossenen Volkswirtschaft. In einer geschlossenen Volkswirtschaft belaufen sich die Nettoauslandsinvestitionen auf null (NFI = 0), so daß Ersparnis und Investitionen übereinstimmen (S = I). Im Gegensatz dazu hat eine offene Volkswirtschaft zwei Verwendungen für die Ersparnis: inländische Investitionen und Nettoauslandsinvestitionen.

Wie zuvor steht auch hier das Finanzsystem zwischen den zwei Seiten dieser Identität. Nehmen Sie beispielsweise an, Familie Müller entschließe sich, einen Teil ihres Einkommens für den Ruhestand zu sparen. Diese Entscheidung trägt zur nationalen Ersparnis bei, der linken Seite unserer Gleichung. Legen die Müllers ihr Geld in einem Investmentfonds an, so könnte die Investmentgesellschaft z.B. einen Teil des Geldes dazu verwenden, Aktien der Volkswagen AG zu kaufen, die die Erträge dazu benutzen möchten, ihr Werk in Wolfsburg auszubauen. Zudem kann die Investmentgesellschaft einen Teil der Einlagen der Familie Müller dazu verwenden, Aktien von Toyota zu kaufen, die mit den Erträgen ein neues Werk in Osaka bauen möchten. Diese Transaktionen tauchen auf der rechten Seite der Gleichung auf. Aus deutscher Sicht sind die Ausgaben von Volkswagen für die Werkserweiterung in Wolfsburg inländische Investitionen, der Kauf von japanischen Aktien durch eine deutsche Investmentgesellschaft zählt zu den Nettoauslandsinvestitionen. Daher tauchen also alle

Ersparnisse der deutschen Volkswirtschaft entweder als Investitionen in Deutschland oder als Nettoauslandsinvestitionen wieder auf.

Definieren Sie die Größen *Nettoexporte* und *Nettoauslandsinvestitionen*. **Schnelltest** Erklären Sie, wie diese miteinander in Verbindung stehen.

Die Preise für internationale Transaktionen: Reale und nominale Wechselkurse

Bislang haben wir Maßzahlen für die Güterströme und die Kapitalströme über die Grenzen eines Landes hinaus untersucht. Zusätzlich zu diesen quantitativen Größen befassen sich Makroökonomen auch mit den Größen, die die Preise messen, zu denen die internationalen Transaktionen abgewickelt werden. Genauso wie der Preis auf einem beliebigen inländischen Markt die wichtige Aufgabe übernimmt, für eine Koordination der Käufer und Verkäufer auf diesem Markt zu sorgen, so dienen internationale Preise dazu, die Entscheidungen von Konsumenten und Produzenten in deren Interaktionen auf den Weltmärkten zu koordinieren. Wir werden hier die zwei wichtigsten internationalen Preise untersuchen – die nominalen und die realen Wechselkurse.

Nominale Wechselkurse

Der **nominale Wechselkurs** ist das Verhältnis, zu dem die Währung eines Landes gegen die Währung eines anderen Landes getauscht werden kann. Wenn Sie zur Bank gehen und Geld wechseln, so kann beispielsweise der ausgewiesene Wechselkurs zum Dollar bei 1,80 DM liegen. Wenn Sie also 1,80 DM hingeben, so erhalten Sie einen Dollar; und wenn Sie einen Dollar hingeben, so erhalten Sie 1,80 DM. (Tatsächlich wird die Bank geringfügig unterschiedliche Preise für den Verkauf und den Ankauf von Dollar verlangen. Die Differenz ist die Gewinnspanne der Bank, ohne die sie den Wechseldienst nicht anbieten würde. Für unsere Zwecke werden wir diese Abweichungen zwischen An- und Verkaufskurs im weiteren vernachlässigen.)

Ein Wechselkurs kann auf zwei verschiedene Arten ausgedrückt werden. Wird der Wechselkurs mit 1,80 DM pro Dollar ausgewiesen, so ist dies die in Deutschland übliche *Preisnotierung* (vgl. »Devisenkurs« lt. Bundesbank) – diese gibt an, wie viele inländische Geldeinheiten eine ausländische Geldeinheit wert ist. Viele, insbesondere angelsächsische Länder verwenden hingegen die *Mengennotierung* (vgl. »Außenwert der DM« lt. Bundesbank) – diese gibt an, wie viele ausländische Geldeinheiten man für eine inländische Geldeinheit erhält; in unserem Beispiel würde der Wechselkurs in Preisnotierung 0,55 Dollar je DM betragen. Im weiteren Verlauf des Buches werden wir den nominalen Wechselkurs in Preisnotierung verwenden.

nominaler Wechselkurs
Das Verhältnis, zu dem die Währung eines Landes in die Währung eines anderen Landes getauscht werden kann.

Aufwertung
Ein Anstieg des Wertes einer Währung (gemessen an der Menge an inländischer Währung, die man zum Erwerb einer Einheit Auslandswährung benötigt – Preisnotierung! – sinkt der Wechselkurs bei einer Aufwertung; gemessen an der Menge an ausländischer Währung, die man mit einer Einheit inländischer Währung erwerben kann – Mengennotierung! – steigt der Wechselkurs bei einer Aufwertung).

Verändert sich der Wechselkurs so, daß für den Erwerb einer Einheit ausländischer Währung weniger Einheiten inländischer Währung vonnöten sind als zuvor (sinkt also der Wechselkurs in Preisnotierung bzw. steigt der Wechselkurs in Mengennotierung), so wird diese Veränderung **Aufwertung der inländischen Währung** genannt. Verändert sich der Wechselkurs so, daß für den Erwerb einer Einheit ausländischer Währung mehr Einheiten inländischer Währung vonnöten sind als zuvor (steigt also der Wechselkurs in Preisnotierung bzw. sinkt der Wechselkurs in Mengennotierung), so wird diese Veränderung **Abwertung der inländischen Währung** genannt. Sinkt also beispielsweise der Wechselkurs der DM zum Dollar (in Preisnotierung) von 1,80 DM auf 1,70 DM, so wurde die DM aufgewertet. Zugleich bedeutet dies, daß der Dollar abgewertet wurde, da mit einem Dollar nun weniger an DM erworben werden können. Steigt der Wechselkurs der DM zum Dollar (in Preisnotierung) von 1,80 DM auf 1,90 DM, so spricht man von einer Abwertung der DM und damit einer Aufwertung des Dollar.

Abwertung
Ein Rückgang des Wertes einer Währung (gemessen an der Menge an inländischer Währung, die man zum Erwerb einer Einheit Auslandswährung benötigt – Preisnotierung! – steigt der Wechselkurs bei einer Abwertung; gemessen an der Menge an ausländischer Währung, die man mit einer Einheit inländischer Währung erwerben kann – Mengennotierung! – sinkt der Wechselkurs bei einer Abwertung).

Manchmal hört oder liest man in den Medien von einer »starken« oder »schwachen« Währung. Diese Beschreibungen beziehen sich in der Regel auf Veränderungen der nominalen Wechselkurse in der nahen Vergangenheit. Wird eine Währung aufgewertet, so spricht man davon, daß sie »stärker« wird, da dann für eine Einheit ausländischer Währung weniger Einheiten inländischer Währung gezahlt werden müssen bzw. mit einer Einheit inländischer Währung mehr Einheiten ausländischer Währung erworben werden können. Analog spricht man im Fall einer Abwertung davon, daß die Währung »schwächer« wird.

Für jedes Land gibt es viele nominale Wechselkurse. Die DM kann dazu verwendet werden, US-Dollar, japanische Yen, französische Francs, italienische Lire, mexikanische Pesos u.v.m. zu kaufen. Untersuchen Ökonomen die Veränderungen der Wechselkurse, so verwenden sie dazu häufig Indices, die einen Durchschnitt aus vielen Wechselkursen abbilden. Ebenso wie der Konsumentenpreisindex viele Preise der Volkswirtschaft zu einem gemeinsamen Maß des Preisniveaus zusammenfaßt, so faßt ein Wechselkursindex die vielen verschiedenen Wechselkurse zu einer einzigen Maßzahl für den internationalen Wert einer Währung zusammen. Wenn also Ökonomen von einer Auf- oder Abwertung der DM sprechen, beziehen sie sich dabei oftmals auf einen Wechselkursindex, der viele einzelne Wechselkurse beinhaltet.

Realer Wechselkurs
Das Verhältnis, zu dem Waren und Dienstleistungen eines Landes gegen Waren und Dienstleistungen eines anderen Landes getauscht werden können.

Reale Wechselkurse

Der reale Wechselkurs ist das Verhältnis, zu dem Waren und Dienstleistungen eines Landes gegen Waren und Dienstleistungen eines anderen Landes getauscht werden können. Nehmen Sie beispielsweise an, Sie gehen einkaufen und stellen fest, daß eine Flasche französischen Weines doppelt so teuer ist wie eine Flasche deutschen Weins. Wir würden dann davon sprechen, daß der reale Wechselkurs zwei Flaschen deutschen Weins pro Flasche französischen Weins bzw. eine halbe Flasche französischen Weins pro Flasche deutschen Weins beträgt. Beachten Sie dabei, daß der reale Wechselkurs, in Analogie zum nominalen Wechselkurs, hier auch auf zwei Arten ausgedrückt werden kann: in Einheiten des heimischen Produkts pro einer Einheit des ausländischen Produkts bzw. in Einheiten des ausländischen Produkts pro einer Einheit des inländischen Produkts.

Reale und nominale Wechselkurse stehen in enger Verbindung. Betrachten wir dazu ein Beispiel. Nehmen wir an, eine Tonne deutschen Weizens kostet 180 DM und eine Tonne amerikanischen Weizens kostet 50 $. Welches ist der reale Wechselkurs zwischen deutschem und amerikanischem Weizen? Um diese Frage zu beantworten, müssen wir zuerst einmal den nominalen Wechselkurs dazu verwenden, die Preise in eine gemeinsame Währung umzurechnen. Beträgt der nominale Wechselkurs in Preisnotierung 1,80 DM pro $, so ist ein Preis von 180 DM pro Tonne Weizen äquivalent zu einem Preis von 100 $ pro Tonne Weizen. Deutscher Weizen ist damit doppelt so teuer wie amerikanischer Weizen bzw. amerikanischer Weizen ist halb so teuer wie deutscher Weizen. Der reale Wechselkurs beträgt also 0,5 Tonnen deutschen Weizens pro Tonne amerikanischen Weizens bzw. 2 Tonnen amerikanischen Weizens pro Tonne deutschen Weizens.

Halten wir uns – analog zur Preisnotierung beim nominalen Wechselkurs – an die Frage, wieviel Tonnen deutschen Weizens man zum Erwerb einer Tonne amerikanischen Weizens benötigt und verwendet man den Wechselkurs in Preisnotierung, so kann man die obige Kalkulation des realen Wechselkurses in der folgenden Formel zusammenfassen:

$$Realer\ Wechselkurs = \frac{nominaler\ Wechselkurs \times ausländischer\ Preis}{inländischer\ Preis}.$$

Mit den Zahlen unseres Beispiels ergibt sich sodann:

$$Realer\ Wechselkurs = \frac{1{,}80\,DM\ pro\ \$ \times 50\,\$\ pro\ Tonne\ amerikanischen\ Weizens}{180\,DM\ pro\ Tonne\ deutschen\ Weizens}$$
$$= \frac{90\,DM\ pro\ Tonne\ amerikanischen\ Weizens}{180\,DM\ pro\ Tonne\ deutschen\ Weizens}$$
$$= 0{,}5\ Tonnen\ deutschen\ Weizens\ pro\ Tonne\ amerikanischen\ Weizens.$$

Somit hängt also der reale Wechselkurs vom nominalen Wechselkurs sowie den Preisen des entsprechenden Gutes in den jeweiligen Ländern, gemessen in jeweils nationaler Währung, ab.

Warum interessiert uns der reale Wechselkurs überhaupt? Wie sie wahrscheinlich schon vermutet haben, ist der reale Wechselkurs eine Schlüsselgröße dafür, wieviel ein Land exportiert und importiert. Wenn beispielsweise die Nudelfabrik Birkel entscheidet, ob sie den Nudelteig mit deutschem oder amerikanischem Weizen herstellen soll, so wird sie danach fragen, welcher Weizen billiger ist. Der reale Wechselkurs gibt die Antwort. Stellen Sie sich als weiteres Beispiel vor, Sie überlegen sich, ob Sie Ihren Urlaub an der deutschen Ostseeküste oder in Dänemark verbringen möchten. Sie werden sich möglicherweise bei Ihrem Reisebüro erkundigen, wieviel eine Übernachtung in Deutschland (gemessen in DM) und wieviel eine Übernachtung in Dänemark (gemessen in dänischen Kronen) kostet und wie der Wechselkurs steht. Wenn Sie sich aufgrund der Kostenunterschiede entscheiden, wo Sie Ihren Urlaub verbringen möchten, so ist Ihre Entscheidungsgrundlage der reale Wechselkurs.

Wenn Makroökonomen die Volkswirtschaft als Ganze betrachten, so schauen sie eher auf die gesamten Preise als auf die Preise einzelner Güter. D.h., um den realen Wechselkurs zu messen, verwenden sie Preisindices, wie z.B. den Konsumentenpreisindex. Verwenden wir einen Preisindex für Deutschland (P), einen Preisindex für die Preise im Ausland (P*) und den nominalen Wechselkurs zwischen der DM und den ausländischen Währungen in Preisnotierung (e), so können wir den realen Wechselkurs zwischen Deutschland und dem Ausland wie folgt berechnen:

$$Realer\ Wechselkurs = \frac{e \times P^*}{P}.$$

Dieser reale Wechselkurs mißt den Preis eines inländischen Güterbündels in Relation zu einem ausländischen Güterbündel.

Wie wir im nächsten Kapitel genauer sehen werden, ist der reale Wechselkurs für ein Land eine Schlüsselgröße für dessen Nettoexporte an Waren und Dienstleistungen. Ein Sinken des realen Wechselkurses bedeutet, daß die deutschen Produkte verglichen mit den ausländischen Gütern relativ teurer geworden sind. Diese Änderung veranlaßt die inländischen und die ausländischen Konsumenten, weniger deutsche Produkte und mehr Güter aus anderen Ländern zu kaufen. Im Ergebnis sinken die deutschen Exporte, während die deutschen Importe steigen, und beide Änderungen senken die Nettoexporte. Umgekehrt bedeutet ein Anstieg des realen Wechselkurses eine relative Verbilligung der deutschen Güter im Vergleich zu ausländischen Produkten, woraufhin die Nettoexporte steigen.

Schnelltest   Definieren Sie den *nominalen Wechselkurs* und den *realen Wechselkurs* und erklären Sie, wie diese miteinander in Verbindung stehen. Wenn sich der nominale Wechselkurs von 1,80 DM auf 1,90 DM je \$ erhöht, handelt es sich dann um eine Aufwertung oder eine Abwertung der DM?

Eine erste Erklärung der Wechselkursbestimmung: Die Kaufkraftparitätentheorie

Kaufkraftparitäten-theorie
Eine Theorie der Wechselkursbestimmung, wobei angenommen wird, daß mit einer Einheit einer jeden Währung in jedem Land dieselbe Menge an Gütern erworben werden kann.

Wechselkurse schwanken beträchtlich im Zeitablauf. Im Jahr 1970 betrug der DM/\$-Wechselkurs beispielsweise 3,65 DM je \$, im Jahr 1995 belief sich dieser Wechselkurs auf 1,43 DM je \$. In diesem Zeitraum fiel also der Wert des Dollars um mehr als die Hälfte verglichen mit dem Wert der DM.

Wodurch lassen sich diese großen Schwankungen erklären? Ökonomen haben viele Modelle zur Erklärung der Wechselkursbestimmung entwickelt, und jedes davon betont einige der vielen Kräfte, die dabei am Werk sind. Hier werden wir uns die einfachste Wechselkurstheorie, die **Kaufkraftparitätentheorie**, anschauen. Diese Theorie besagt, daß man mit einer Einheit einer jeden Währung in jedem Land in der Lage sein sollte, dieselbe Menge an Gütern zu erwerben, daß also eine Währungseinheit überall dieselbe Kaufkraft hat. Viele Ökonomen glauben daran, daß die Kaufkraftparitätentheorie die Kräfte beschreibt, die langfristig für die Bestimmung der Wechselkurse maßgeblich sind. Wir wenden uns jetzt der Logik zu, auf der diese Theorie der langfristigen Wechselkursbestimmung beruht; ebenso werden wir die Implikationen und die Beschränkungen dieser Theorie kennenlernen.

Die grundsätzliche Logik der Kaufkraftparitätentheorie

Die Theorie der Kaufkraftparität basiert auf dem Grundsatz *des Gesetzes vom einheitlichen Preis*.

Dieses Gesetz besagt, daß ein Gut sich allerorten zum gleichen Preis verkaufen muß. Ansonsten gäbe es nicht ausgenutzte Gewinnmöglichkeiten durch Arbitrage. Nehmen wir z.B. an, Kaffeebohnen würden in Hamburg weniger kosten als in Bremen. Jemand könnte nun Kaffeebohnen in Hamburg für 4 DM pro Pfund kaufen und diese dann in Bremen für 5 DM pro Pfund verkaufen, wobei er aus der Preisdifferenz jeweils 1 DM Gewinn pro Pfund macht. Den Vorgang, daß man Vorteile aus einer unterschiedlichen Preissetzung auf unterschiedlichen Märkten zieht, nennt man *Arbitrage*. Wenn die Menschen in unserem Beispiel Vorteile aus dieser Arbitragemöglichkeit ziehen, so passiert folgendes: Die Nachfrage nach Kaffeebohnen in Hamburg wird steigen, und das Angebot an Kaffeebohnen in Bremen wird sinken. Dieser Prozeß würde sich solange fortsetzen, bis sich die Preise in den beiden Märkten angeglichen haben.

Wenden wir nun das Gesetz von der Einheitlichkeit des Preises auf den internationalen Markt an. Wenn eine DM (oder auch jede andere Währung) in Deutschland mehr Kaffee kaufen kann als in den Vereinigten Staaten, dann könnten internationale Händler davon profitieren, in Deutschland Kaffee einzukaufen und diesen in den Vereinigten Staaten zu verkaufen. Dieser Kaffeexport von Deutschland in die USA würde die deutschen Kaffeepreise erhöhen und die amerikanischen Kaffeepreise sinken lassen. Könnte man umgekehrt für eine DM in den Vereinigten Staaten größere Mengen an Kaffee kaufen als in Deutschland, so würden Händler Kaffee in der USA einkaufen und diesen in Deutschland verkaufen. Dieser Kaffeeimport nach Deutschland würde die deutschen Preise senken und die amerikanischen erhöhen. Letztendlich jedoch sagt uns das Gesetz von der Einheitlichkeit des Preises, daß man mit einer DM die gleiche Menge an Kaffee in allen Ländern erwerben können muß.

Diese Überlegungen führen uns zur Theorie der Kaufkraftparitäten. Gemäß dieser Theorie muß eine Währungseinheit in allen Ländern die gleiche Kaufkraft haben. D.h., für eine DM muß man sich dieselbe Gütermenge in Deutschland und den Vereinigten Staaten kaufen können. In der Tat beschreibt damit der Name diese Theorie genau. *Parität* bedeutet Gleichheit, und *Kaufkraft* bezieht sich auf den Wert des Geldes. *Kaufkraftparität* besagt also, daß eine Einheit einer Währung denselben realen Wert in jedem Land haben muß.

Implikationen der Kaufkraftparitätentheorie

Was sagt die Kaufkraftparitätentheorie über die Wechselkurse aus? Sie sagt uns, daß der nominale Wechselkurs zwischen den Währungen zweier Länder vom Preisniveau in diesen Ländern abhängt. Wenn man sich für eine DM die gleiche Gütermenge in Deutschland (wo die Preise in DM angegeben werden) wie in den Vereinigten Staaten (wo die Preise in $ angegeben werden) kaufen kann, dann muß die Anzahl der DM je $ die Güterpreise in Deutschland und den USA reflektieren. Kostet ein Pfund Kaffee beispielsweise 9 DM in Deutschland und 5 $ in den USA, so muß der nominale Wechselkurs (in Preisnotierung) 1,80 DM je $ betragen. Ansonsten wäre die Kaufkraft der DM nicht dieselbe in beiden Ländern.

Um genauer zu verstehen, wie diese Theorie funktioniert, ist es hilfreich, ein wenig Mathematik zu Rate zu ziehen. Nehmen wir an, P sei das deutsche Preisniveau (gemessen in DM), P^* sei das amerikanische Preisniveau (gemessen in $) und e der nominale Wechselkurs in Preisnotierung (die Menge an DM, die man für einen Dollar erhält). Betrachten wir nun die Menge an Gütern, die man für eine DM im Inland bzw. im Ausland erwerben kann. Im Inland herrscht das Preisniveau P, also beträgt die Kaufkraft einer DM im Inland $1/P$. Im Ausland kann eine DM in $1/e$ Einheiten Auslandswährung getauscht werden, die sodann die Kaufkraft $1/eP^*$ haben. Damit die Kaufkraft einer DM in beiden Ländern dieselbe ist, muß

$$1/P = 1/eP*$$

sein. Durch Umstellen dieser Gleichung erhält man

$$1 = P/eP*$$

Beachten Sie, daß die linke Seite der Gleichung eine Konstante ist, während die rechte Seite den Kehrwert des realen Wechselkurses abbildet. Man erkennt daher folgendes: *Ist die Kaufkraft einer DM stets dieselbe im Inland wie im Ausland, so kann sich der reale Wechselkurs – also der relative Preis von inländischen und ausländischen Gütern – nicht ändern.* Um die Folgen dieser Analyse für den nominalen Wechselkurs zu erkennen, lösen wir die obige Gleichung nach dem nominalen Wechselkurs auf:

$$e = \frac{P}{P*}.$$

Damit entspricht der nominale Wechselkurs dem Verhältnis zwischen inländischem Preisniveau (gemessen in Einheiten der inländischen Währung) und ausländischem Preisniveau (gemessen in Einheiten der ausländischen Währung). *Gemäß der Theorie der Kaufkraftparität muß also der nominale Wechselkurs zwischen den Währungen zweier Länder die unterschiedlichen Preisniveaus dieser Länder widerspiegeln.*

Eine zentrale Schlußfolgerung dieser Theorie besagt, daß sich die nominalen Wechselkurse im Zuge von Preisniveauänderungen verändern. Wie wir im vorangegangenen Kapitel gesehen haben, paßt sich das Preisniveau in jedem Land so an, daß die angebotene und nachgefragte Geldmenge im Gleichgewicht sind. Da der nominale Wechselkurs vom Preisniveau abhängt, hängt er damit auch vom Geldangebot und der Geldnachfrage in den betreffenden Ländern ab. Erhöht also die Zentralbank in einem Land die Geldmenge und bewirkt damit einen Anstieg des Preisniveaus, so ist damit gleichzeitig eine Abwertung der entsprechenden Währung im Vergleich zu den anderen Währungen der Welt verbunden. Anders ausgedrückt bedeutet dies, daß das Drucken großer Mengen an Geld durch die Zentralbank nicht nur einen Wertverlust dieses Geldes in der Hinsicht auslöst, daß weniger Waren und Dienstleistungen pro Geldeinheit erworben werden können, sondern auch daß für eine Einheit an Auslandswährung mehr Einheiten der inländischen Währung gezahlt werden müssen bzw. mit einer inländischen Geldeinheit eine geringere Menge an Auslandswährung erworben werden kann.

Wir können nun die Frage beantworten, mit der wir diesen Abschnitt begonnen hatten: Warum hat die DM im Verlauf der letzten Jahrzehnte gegenüber dem US-$ an Wert gewonnen? Die Antwort liegt darin, daß Deutschland eine weniger inflationäre Geldpolitik als die Vereinigten Staaten betrieben hat. Zwischen 1970 und 1995 betrug die amerikanische Inflationsrate pro Jahr durchschnittlich 5,6%. Im Gegensatz dazu belief sich die deutsche Inflation nur auf 3,7%. Während die amerikanischen Preise relativ zu den deutschen anstiegen, verlor der Dollar in Relation zur DM an Wert bzw. gewann die DM in Relation zum Dollar an Wert.

Der nominale Wechselkurs in Zeiten einer Hyperinflation   Fallstudie

Makroökonomen können keine kontrollierten Experimente durchführen. Statt dessen müssen sie schauen, was sie aus den natürlichen Experimenten, die die Geschichte ihnen liefert, lernen können. Ein natürliches Experiment ist die Hyperinflation – also eine sehr hohe Inflation, die dann entsteht, wenn die Regierung die Notenpresse anwirft, um hohe Staatsausgaben zu bezahlen. Da Hyperinflationen Extremsituationen abbilden, illustrieren sie einige grundsätzliche ökonomische Regeln mit besonderer Deutlichkeit.

Betrachten wir die deutsche Hyperinflation der frühen 20er Jahre dieses Jahrhunderts. Das Schaubild 29-2 gibt das deutsche Geldangebot, das deutsche Preisniveau und die Entwicklung des nominalen Wechselkurses (hier gemessen als amerikanische Cents je DM, also in Mengennotierung) für diese Periode wieder. Beachten Sie, daß die Zeitreihen sich in enger Abhängigkeit voneinander entwickeln. Beginnt das Geldangebot rasch zu steigen, so zieht das Preisniveau ebenfalls stark an, und die DM wird abgewertet. Wird das Geldangebot stabilisiert, so stabilisieren sich Preisniveau und Wechselkurs ebenfalls.

Das Muster, das diese Abbildung aufzeigt, läßt sich so oder ähnlich während jeder Hyperinflation nachzeichnen. Es läßt keinen Zweifel daran, daß ein fundamentaler Zusammenhang zwischen Geld, Preisen und nomi-

Schaubild 29-2
Geld, Preise und nominaler Wechselkurs während der deutschen Hyperinflation. Die Abbildung zeigt das Geldangebot, das Preisniveau und den Wechselkurs (hier wiedergegeben in Mengennotierung, also in amerikanischen Cents pro einer DM) während der deutschen Hyperinflation von Januar 1921 bis Dezember 1924. Beachten Sie, in welch enger Abhängigkeit die Bewegungen dieser drei Größen verlaufen. Als die Geldmenge stark anzuwachsen begann, folgte das Preisniveau, und die DM wurde relativ zum Dollar stark abgewertet. Als die deutsche Zentralbank das Geldangebot stabilisierte, stabilisierten sich das Preisniveau und der Wechselkurs ebenfalls.

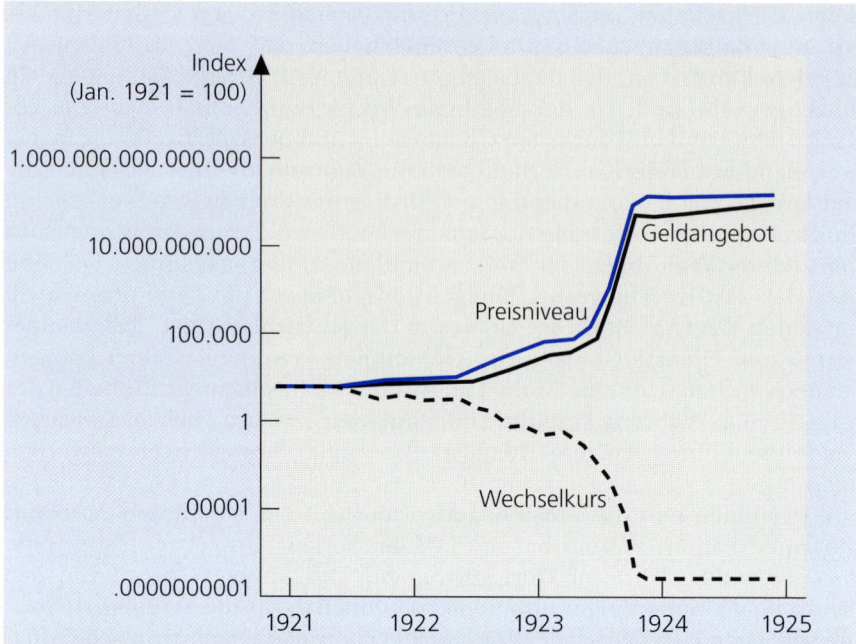

Quelle: Übernommen aus Thomas J. Sargent, »The End of Four Big Inflations,« in Robert Hall., ed. *Inflation*, Chicago: University of Chicago Press, 1983, 41–93.

nalem Wechselkurs existiert. Die Quantitätstheorie des Geldes, die wir im vorangegangenen Kapitel kennengelernt haben, erklärt, wie das Geldangebot das Preisniveau beeinflußt. Die hier diskutierte Kaufkraftparitätentheorie erklärt, wie das Preisniveau den nominalen Wechselkurs beeinflußt.

Die Grenzen der Kaufkraftparitätentheorie

Die Kaufkraftparitätentheorie liefert uns ein einfaches Modell zur Bestimmung der Wechselkurse. Diese Theorie kann dazu dienen, viele ökonomische Phänomene zu erklären. Insbesondere lassen sich damit viele langfristige Entwicklungen erklären, wie die Aufwertung der DM gegenüber dem US-Dollar in den vergangenen Jahrzehnten. Ebenso lassen sich damit die starken Wechselkursbewegungen, die während einer Hyperinflation auftreten, erklären.

Jedoch stimmt die Kaufkraftparitätentheorie nicht vollständig. D.h., Wechselkurse verhalten sich nicht immer so, daß eine DM denselben Wert in allen Ländern über alle Zeiten hat. Es gibt zwei Gründe dafür, daß die Kaufkraftparitätentheorie in der Realität nicht immer zutrifft.

Der erste Grund liegt darin, daß nicht alle Güter leicht handelbar sind. Stellen Sie sich z.B. vor, daß Haarschnitte in Paris teurer sind als in Berlin. International Reisende werden es vermeiden, in Paris zum Friseur zu gehen, und einige Friseure ziehen vielleicht von Berlin nach Paris. Aber solche Arbitrage-Bewegungen sind vom Umfang her sicherlich zu klein, um die Preisdifferenzen auszugleichen. Daher wird die Abweichung von der Kaufkraftparität bestehen bleiben, und eine DM wird weiterhin weniger an Friseurleistung in Paris als in Berlin wert sein.

Der zweite Grund dafür, daß die Kaufkraftparität nicht stets erfüllt ist, liegt in der Tatsache, daß auch handelbare Güter nicht immer vollständige Substitute darstellen, wenn sie in unterschiedlichen Ländern hergestellt werden. Beispielsweise bevorzugen einige Konsumenten deutsches Bier, andere amerikanisches. Außerdem unterliegen die Konsumentenpräferenzen Veränderungen im Zeitablauf. Wird deutsches Bier auf einmal beliebter, so wird der Nachfrageanstieg nach deutschem Bier den Preis in die Höhe treiben. Ergebnis wird sein, daß man dann mit einer DM (oder einem Dollar) mehr amerikanisches Bier als deutsches Bier erwerben kann. Aber trotz dieser Preisdifferenz in den beiden Märkten gibt es voraussichtlich keine Möglichkeit zu gewinnträchtigen Arbitrage-Bewegungen, da die Konsumenten die beiden Biere nicht als äquivalent ansehen.

Da einige Güter nicht handelbar sind und andere Güter keine vollständigen Substitute darstellen, ist also die Kaufkraftparitätentheorie keine perfekte und rundum gültige Theorie zur Bestimmung und Erklärung der Wechselkurse. Aus diesen Gründen schwanken die realen Wechselkurse in der Tat im Zeitablauf. Nichtsdestotrotz stellt die Kaufkraftparitätentheorie einen wichtigen ersten Schritt hin zum Verständnis der Wechselkurse dar. Die zugrundeliegende Logik ist überzeugend: Weicht der reale Wechselkurs von dem Niveau, das die Kaufkraftparitätentheorie errechnet, ab, liegen stärkere Anreize vor, Güter über nationale Grenzen zu bewegen. Auch wenn die Kräfte der Kaufkraftparitätentheorie nicht vollständig ausreichen, den realen Wechselkurs zu bestimmen, liefern sie Anlaß zu der Erwartung, daß Veränderungen in den realen Wechselkursen oftmals nur von geringem Ausmaß und vorübergehend sein werden. Im Ergebnis können wir festhalten, daß große und anhaltende Schwankungen der nominalen Wechselkurse Veränderungen des Preisniveaus im Inland und/oder im Ausland reflektieren.

Spanien hatte in den vergangenen zwanzig Jahren eine hohe Inflationsrate, Japan dagegen eine niedrige. Wie hat sich ihrer Meinung nach die Anzahl an spanischen Peseten, die man mit einem japanischen Yen erwerben kann, verändert?

Schnelltest

Schlußfolgerung

Der Sinn dieses Kapitels bestand darin, einige grundlegende Konzeptionen zu entwickeln, die Makroökonomen verwenden, um offene Volkswirtschaften zu untersuchen. Sie sollten nun verstehen, warum die Nettoexporte eines Landes den Nettoauslandsinvestitionen entsprechen und warum die Ersparnisse eines Landes den inländischen Investitionen zuzüglich den

Nettoauslandsinvestitionen entsprechen. Sie sollten auch die Bedeutung der nominalen und realen Wechselkurse verstanden haben, ebenso wie die Implikationen und Beschränkungen des Konzepts der Kaufkraftparität als Theorie der Wechselkursbestimmung.

Die hier definierten makroökonomischen Variablen stellen einen Ausgangspunkt für die Analyse der Verflechtungen einer offenen Volkswirtschaft mit dem Rest der Welt dar. Im anschließenden Kapitel werden wir ein Modell entwickeln, das erklären kann, wodurch diese Variablen bestimmt werden. Wir können uns dann die Frage stellen, wie verschiedene Ereignisse oder wirtschaftspolitische Maßnahmen die Handelsbilanz eines Landes beeinflussen und die Tauschquote der Länder auf den Weltmärkten verändern.

Zusammenfassung

- Die Nettoexporte geben den Wert der inländischen Waren und Dienstleistungen, die im Ausland verkauft werden, abzüglich des Wertes der ausländischen Güter, die im Inland verkauft werden, an. Der Erwerb ausländischer Aktiva durch Inländer abzüglich des Erwerbs inländischer Aktiva durch Ausländer wird Nettoauslandsinvestitionen genannt. Da jede internationale Transaktion den Austausch eines Aktivums gegen eine Ware oder Dienstleistung beinhaltet (wenn wir die unentgeltlichen Übertragungen vernachlässigen), entsprechen die Nettoauslandsinvestitionen einer Volkswirtschaft stets den Nettoexporten.

- Die Ersparnis einer Volkswirtschaft kann entweder dazu verwendet werden, um Investitionen im Inland zu finanzieren oder um ausländische Aktiva zu erwerben. Daher entspricht die gesamtwirtschaftliche Ersparnis den inländischen Investitionen zuzüglich den Nettoauslandsinvestitionen.

- Der nominale Wechselkurs ist der relative Preis der Währungen zweier Länder; der reale Wechselkurs ist der relative Preis der Waren und Dienstleistungen zweier Länder. Ändert sich der nominale Wechselkurs so, daß für jede Einheit ausländischer Währung weniger an inländischer Währung gezahlt werden muß oder man mit jeder Einheit inländischer Währung mehr Einheiten ausländischer Währung kaufen kann, so spricht man von einer *Aufwertung* oder *Stärkung* der inländischen Währung. Ändert sich der nominale Wechselkurs jedoch so, daß für jede Einheit ausländischer Währung mehr an inländischer Währung gezahlt werden muß bzw. man mit jeder Einheit inländischer Währung weniger Einheiten ausländischer Währung kaufen kann, so spricht man von einer *Abwertung* oder *Schwächung* der inländischen Währung.

- Gemäß der Kaufkraftparitätentheorie sollte man mit einer Einheit einer Währung, z.B. einer DM, in allen Ländern in der Lage sein, die gleiche Menge an Gütern zu erwerben. Diese Theorie impliziert, daß der nominale Wechselkurs zwischen den Währungen zweier Länder die Preisniveaus dieser Länder widerspiegelt. Im Ergebnis sollten die Währungen von Ländern mit relativ hoher Inflation eine Abwertung erfahren, während die Währungen von Ländern mit relativ niedriger Inflation einer Aufwertung ausgesetzt sind.

Schlüsselworte

geschlossene Volkswirtschaft	Leistungsbilanzausgleich
offene Volkswirtschaft	Nettoauslandsinvestitionen
Exporte	nominaler Wechselkurs
Importe	Aufwertung
Nettoexporte/Außenbeitrag	Abwertung
Leistungsbilanz	realer Wechselkurs
Leistungsbilanzüberschuß	Kaufkraftparität
Leistungsbilanzdefizit	

Zur Wiederholung

1. Definieren Sie die Begriffe Nettoexporte und Nettoauslandsinvestitionen. Erläutern Sie, wie und warum diese Begriffe miteinander in Verbindung stehen.
2. Erklären Sie die Beziehungen zwischen Ersparnis, Investitionen und Nettoauslandsinvestitionen.
3. Wenn ein japanisches Auto 500.000 Yen und ein vergleichbares amerikanisches Auto 10.000 Dollar kostet, und wenn ein Dollar 100 Yen wert ist, wie lauten dann der nominale und der reale Wechselkurs aus Sicht der USA?
4. Beschreiben Sie die ökonomische Logik, die der Kaufkraftparitätentheorie zugrunde liegt.
5. Wenn die heimische Zentralbank große Mengen inländischen Geldes druckt, was passiert dann mit der Menge an ausländischen Geldeinheiten, die man für eine inländische Geldeinheit erhalten kann?

Aufgaben und Anwendungen

1. Wie werden die folgenden Transaktionen die deutschen Exporte, Importe und Nettoexporte beeinflussen?
   a) Ein deutscher Professor verbringt seinen Sommerurlaub in den Rocky Mountains.
   b) Eine große Anzahl Pariser Studenten schaut sich die neueste deutsche Komödie im Kino an.

     c) Ihr Onkel kauft einen neuen Volvo.

     d) Ein Londoner Supermarkt verkauft deutsche Nutella.

     e) Ein Japaner kauft in Deutschland Parfüm ein, um die japanischen Steuern zu umgehen.

2. Schlagen Sie einige Gründe vor, warum jedes der unten aufgeführten Produkte heute stärker international gehandelt wird als früher.

     a) Weizen

     b) Bankdienstleistungen

     c) Computersoftware

     d) Autos

3. Wie werden die folgenden Transaktionen die deutschen Nettoauslandsinvestitionen beeinflussen?

     a) Eine deutsche Mobilfunk-Unternehmung eröffnet ein Büro in der tschechischen Republik.

     b) Das englische Kaufhaus Harrod's verkauft Aktien an den Pensionsfonds von Volkswagen.

     c) Honda eröffnet eine deutsche Produktionsstätte.

     d) Eine deutsche Investmentgesellschaft verkauft ihre General Motors-Aktien an einen französischen Investor.

4. Wird ein Anstieg der Nettoauslandsinvestitionen bei konstanter inländischer Ersparnis die Akkumulation inländischen Kapitals eines Landes erhöhen, senken oder unbeeinflußt lassen?

5. Der Wirtschaftsteil der meisten größeren Zeitungen enthält eine Wechselkursübersicht. Suchen Sie eine solche Übersicht und beantworten Sie mit deren Hilfe die folgenden Fragen.

     a) Werden dort nominale oder reale Wechselkurse angegeben? Erklären Sie.

     b) Wie lauten die Wechselkurse zwischen Deutschland und den Vereinigten Staaten und zwischen Deutschland und Japan? Berechnen Sie den Wechselkurs zwischen den Vereinigten Staaten und Japan.

     c) Wenn im Verlauf des nächsten Jahres die deutsche Inflation über der amerikanischen liegt, würden Sie dann eine Aufwertung oder eine Abwertung der DM gegenüber dem $ erwarten?

6. Welche der folgenden Gruppen würde sich über eine Aufwertung des Dollars freuen, welche würde sich ärgern? Erläutern Sie Ihre Antwort.

     a) Niederländische Pensionsfonds, die amerikanische Staatsanleihen halten

     b) Das Verarbeitende Gewerbe der USA

     c) Australische Touristen, die eine Reise in die USA planen

     d) Ein amerikanisches Unternehmen, das in Europa Eigentum erwerben möchte.

7. Was passiert mit dem realen Wechselkurs Deutschlands in jeder der folgenden Situationen? Erläutern Sie Ihre Antwort.

     a) Der nominale Wechselkurs Deutschlands gegenüber dem Ausland ist unverändert, aber die Preise steigen in Deutschland schneller als im Ausland.

     b) Der nominale Wechselkurs Deutschlands gegenüber dem Ausland ist unverändert, aber die Preise steigen im Ausland schneller als in Deutschland.

c) Der nominale Wechselkurs Deutschlands gegenüber dem Ausland steigt (Abwertung der DM), die Preise im In- und Ausland bleiben unverändert.

d) Der nominale Wechselkurs Deutschlands gegenüber dem Ausland steigt (Abwertung der DM), und die Preise im Ausland steigen schneller als im Inland.

8. Führen Sie drei Güter an, für die das Gesetz von der Einheitlichkeit des Preises wahrscheinlich Gültigkeit haben wird, und drei Güter, für die es voraussichtlich nicht gilt. Begründen Sie Ihre jeweilige Wahl.

9. Eine Dose Sprudel kostet 0.75 $ in den Vereinigten Staaten und 3 Francs in Frankreich. Wie lautet der Franc-Dollar-Wechselkurs, wenn die Kaufkraftparitätentheorie gültig ist?

10. Nehmen Sie an, eine Tonne deutschen Weizens kostet 180 DM, eine Tonne amerikanischen Weizens kostet 50 $ und der nominale Wechselkurs beträgt 1,80 DM pro Dollar.

a) Erläutern Sie, wie Sie aus dieser Situation Profit schlagen könnten. Wie hoch wäre Ihr Gewinn pro Tonne Weizen? Wenn auch andere Leute diese Profitmöglichkeit nutzen würden, was würde mit dem Weizenpreis in Deutschland und den Vereinigten Staaten passieren?

b) Nehmen Sie an, Weizen wäre das einzige Gut in der Welt. Was würde mit dem realen Wechselkurs zwischen Deutschland und den USA geschehen?

11. Der *Economist*, ein internationales Nachrichtenmagazin, sammelt regelmäßig Daten über den Preis eines Big Mac bei McDonald's in unterschiedlichen Ländern, um die Kaufkraftparitätentheorie zu überprüfen.

a) Warum ist ein Big Mac möglicherweise ein gutes Produkt für diesen Zweck?

b) Auf Grundlage der Big Mac-Daten scheint die Kaufkraftparitätentheorie für einige Länder in etwa zu stimmen, für andere nicht. Warum treffen möglicherweise die Annahmen, die der Kaufkraftparitätentheorie zugrunde liegen, nicht genau auf einen Big Mac zu?

Eine makroökonomische Theorie der offenen Volkswirtschaft

Kapitel 30

In diesem Kapitel werden Sie

- ein Modell entwickeln, mit dem Sie das Außenhandelsgleichgewicht und den Wechselkurs einer offenen Volkswirtschaft bestimmen können,
- mit Hilfe dieses Modells die Wirkungen staatlicher Budgetdefizite analysieren,
- mit Hilfe dieses Modells die makroökonomischen Wirkungen der Handelspolitik untersuchen,
- mit Hilfe dieses Modells Fragen der politischen Instabilität oder der Kapitalflucht beantworten.

Lange Zeit waren die Deutschen ›Exportweltmeister‹, d.h. Deutschland exportierte mehr Waren und Dienstleistungen als es importierte. Die deutschen Nettoexporte waren demnach positiv. Die deutsche Vereinigung und die damit stark anwachsende Güternachfrage ließen den hohen Außenhandelsüberschuß zu Beginn der 90er Jahre stark zurückgehen. Andere Länder – wie beispielsweise die Vereinigten Staaten – weisen über viele Jahre ein Leistungsbilanzdefizit auf, importieren also mehr Güter als sie exportieren. In Ökonomenkreisen wird diskutiert, ob Ungleichgewichte in der Leistungsbilanz ein Problem für eine Volkswirtschaft darstellen; die Wirtschaft hingegen hat eine eindeutige Meinung. Viele Wirtschaftsführer sind der Ansicht, diese Defizite seien das Resultat unfairen Wettbewerbs: Ausländische Unternehmen könnten ungehindert ihre Produkte auf dem inländischen Markt anbieten, wird argumentiert, während inländische Produzenten durch ausländische Regierungen daran gehindert würden, ihre Produkte im Ausland zu verkaufen. Aus dieser Sichtweise heraus wird sodann schnell der Ruf nach Importbeschränkungen, möglicherweise durch die Einführung von Einfuhrquoten oder ähnlichem, laut.

Um zu verstehen, welche Faktoren die Leistungsbilanz eines Landes bestimmen und wie wirtschaftspolitische Maßnahmen darauf einwirken können, benötigen wir eine makroökonomische Theorie der offenen Volkswirtschaft. Im vorangegangenen Kapitel haben wir einige makroökonomische Schlüsselgrößen kennengelernt, die die Beziehungen eines Landes mit anderen Ländern beschreiben – darunter fanden sich so wichtige Stichworte wie Nettoexporte, Nettoauslandsinvestitionen und reale und nominale Wechselkurse. In diesem Kapitel nun soll ein Modell entwickelt werden, das die Bestimmungsgründe dieser Variablen sowie die zugrundeliegenden Zusammenhänge aufzeigt.

Um dieses makroökonomische Modell der offenen Volkswirtschaft aufzustellen, bauen wir in doppelter Hinsicht auf den vorangegangenen Analysen auf. Erstens geht das Modell von einem gegebenen BIP für die betrachtete Volkswirtschaft aus. Die Produktion von Waren und Dienstleistungen, wie sie durch das reale BIP gemessen wird, wird annahmegemäß durch das Angebot an Produktionsfaktoren und durch die verfügbare Produktionstechnologie, die diese Inputfaktoren in Output verwandelt, bestimmt. Zweitens gehen wir in dem Modell von einem gegebenen Preisniveau aus. Das Preisniveau bringt annahmegemäß Geldangebot und Geldnachfrage zum Ausgleich. Anders ausgedrückt nimmt dieses Kapitel die Lektionen, die wir in den vorangegangenen Kapiteln über die Bestimmung der gesamtwirtschaftlichen Produktion und des Preisniveaus gelernt haben, als Ausgangspunkt.

Das Ziel der Modellierung in diesem Kapitel besteht darin, diejenigen Kräfte zu betonen, die die Leistungsbilanz und den Wechselkurs einer Volkswirtschaft maßgeblich bestimmen. In einer Hinsicht ist das Modell sehr einfach: Es wendet fast ausschließlich die uns schon lange bekannten Instrumente von Angebot und Nachfrage auf die offene Volkswirtschaft an. In anderer Hinsicht ist es jedoch komplizierter als andere Modelle, die wir bislang betrachtet haben, da es hier erforderlich ist, zwei miteinander in Verbindung stehende Märkte gleichzeitig zu betrachten – den Kreditmarkt und den Devisenmarkt. Nachdem wir dieses Modell einer offenen Volkswirtschaft entwickelt haben, werden wir mit dessen Hilfe untersuchen, wie verschiedene Ereignisse und wirtschaftspolitische Maßnahmen die Leistungsbilanz und den Wechselkurs beeinflussen.

Angebot an und Nachfrage nach Kreditmitteln und Devisen

Um die Kräfte zu verstehen, die in einer offenen Volkswirtschaft am Werke sind, richten wir unser Augenmerk auf Angebot und Nachfrage auf zwei Märkten. Der erste ist der Kreditmarkt, auf dem Ersparnisse und Investitionen (einschließlich der Nettoauslandsinvestitionen) koordiniert werden. Der zweite ist der Devisenmarkt, der die Handlungen der Menschen, die inländische gegen ausländische Währung und umgekehrt handeln wollen, koordiniert. In den beiden folgenden Abschnitten analysieren wir Angebot und Nachfrage auf jedem dieser Märkte. Im daran anschließenden Abschnitt betrachten wir diese Märkte gemeinsam, um das Gesamtgleichgewicht für die offene Volkswirtschaft herzuleiten.

Der Kreditmarkt

Als wir weiter vorne in diesem Buch zum ersten Mal die Rolle des Finanzsystems untersucht haben, haben wir die vereinfachende Annahme getroffen, daß das Finanzsystem nur aus einem Markt besteht, dem *Markt für kreditfähige Mittel* oder kurz dem *Kreditmarkt*. Alle Sparer legen auf diesem Markt ihre Ersparnisse an, und alle Schuldner wenden sich dorthin, um Kredite zu erhalten. Auf diesem Markt existiert ein Zinssatz, der gleichzeitig den Ertrag der Ersparnis und die Kosten der Kreditaufnahme darstellt.

Um den Kreditmarkt in einer offenen Volkswirtschaft zu verstehen, müssen wir an der Identität, die wir im vorangegangenen Kapitel diskutiert haben, anknüpfen:

$$S \quad = \quad I \quad + \quad NFI$$
$$\textit{Ersparnis} \ = \ \textit{inländische Investitionen} \ + \ \textit{Nettoauslandsinvestitionen.}$$

Immer dann, wenn ein Land eine Einheit seines Einkommens spart, kann diese Einheit dazu verwendet werden, entweder den Erwerb von inländischem Kapital oder den Kauf von ausländischen Aktiva zu finanzieren. Die zwei Seiten dieser Identität verkörpern die zwei Seiten des Kreditmarktes. Das Angebot an Kreditmitteln stammt aus der inländischen Ersparnis (S). Die Nachfrage nach Kreditmitteln stammt aus inländischen Investitionswünschen (I) und den Nettoauslandsinvestitionen (NFI). Beachten Sie dabei bitte, daß der Erwerb von Kapital die Kreditnachfrage erhöht, unabhängig davon, ob das zu erwerbende Aktivum sich im Inland oder im Ausland befindet. Da die Nettoauslandsinvestitionen entweder positiv oder negativ ausfallen können, kann sich dadurch die Kreditnachfrage entweder erhöhen der vermindern.

Wie wir in unserer früheren Analyse des Kreditmarktes gelernt haben, hängen die angebotenen und nachgefragten Kreditvolumina vom Realzinssatz ab. Eine höhere reale Verzinsung bietet einen Anreiz zu höherer Ersparnis und erhöht aus diesem Grund das Angebot an Kreditmitteln. Ein höherer Zinssatz verteuert jedoch auch die Kreditaufnahme zur Finanzierung geplanter Projekte, hemmt damit die Investitionsbereitschaft und reduziert die Nachfrage nach Kreditmitteln.

Zusätzlich zur Beeinflussung von inländischen Ersparnissen und Investitionen hat der Realzins eine Bedeutung für die Nettoauslandsinvestitionen eines Landes. Lassen Sie uns dazu zwei Investmentgesellschaften betrachten – eine deutsche und eine amerikanische – die beide vor der Entscheidung stehen, entweder deutsche oder amerikanische Staatsanleihen zu kaufen. Zumindest zu einem Teil wird die Entscheidung der Investmentgesellschaften von einem Vergleich der Realverzinsung in Deutschland und den Vereinigten Staaten abhängen. Steigt die reale Verzinsung in Deutschland, so wird die deutsche Staatsanleihe für beide Gesellschaften attraktiver. Also hält ein Anstieg der deutschen Zinsen Inländer davon ab, ausländische Aktiva zu erwerben, und ermutigt Ausländer, inländische Aktiva zu kaufen. Aus beiden Gründen reduziert ein hohes deutsches Realzinsniveau die deutschen Nettoauslandsinvestitionen.

In Darstellung 30-1 zeichnen wir den Kreditmarkt im üblichen Angebots-Nachfrage-Diagramm. Wie in unserer früheren Analyse des Finanzsystems verläuft die Angebotskurve steigend, da ein höherer Zinssatz für ein höheres Angebot an Kreditmitteln sorgt, während die Nachfragekurve fallend verläuft, da ein höherer Zinssatz die Nachfrage nach Kreditmitteln dämpft.

Anders als in unseren vorangegangenen Analysen besteht jedoch jetzt die Nachfrageseite des Marktes aus inländischer Investitionsnachfrage und den Nettoauslandsinvestitionen – d.h. also, daß in einer offenen Volkswirtschaft die Nachfrage nach Kreditmitteln nicht nur von denjenigen stammt, die Kredite zum Erwerb inländischer Kapitalgüter aufnehmen wollen, sondern auch von denjenigen, die Mittel zum Erwerb ausländischer Aktiva benötigen.

Schaubild 30-1

Der Kreditmarkt. Der Zinssatz wird in der offenen Volkswirtschaft ebenso wie in der geschlossenen Volkswirtschaft durch Angebot an und Nachfrage nach Kreditmitteln bestimmt. Die heimische Ersparnis stellt dabei die Quelle für das Kreditangebot dar. Inländische Investitionen und Nettoauslandsinvestitionen sind die Quellen für die Kreditnachfrage. Zum gleichgewichtigen Zinssatz entspricht der Betrag, den die Menschen sparen möchten, genau dem Betrag, den die Menschen an Kredit aufnehmen möchten, um inländisches Kapital und ausländische Aktiva zu erwerben.

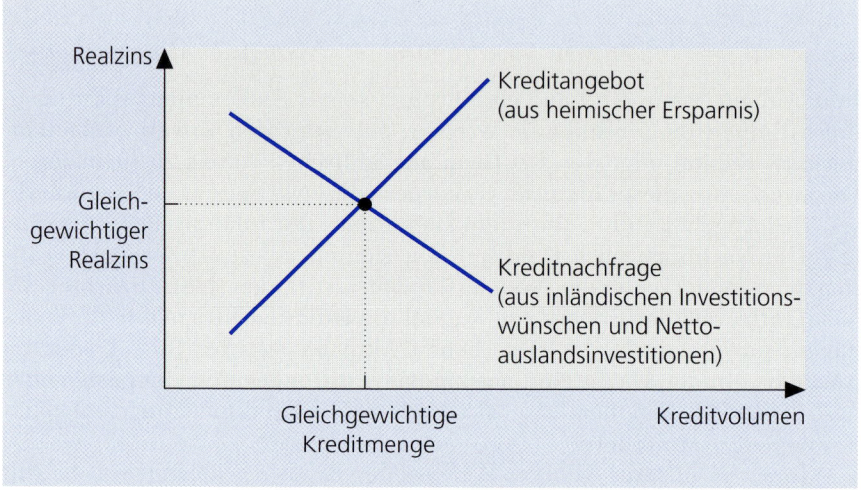

Der Zinssatz paßt sich so an, daß Kreditangebot und Kreditnachfrage ins Gleichgewicht gebracht werden. Läge der Zinssatz unter dem gleichgewichtigen Niveau, so wäre das Kreditangebot geringer als die Kreditnachfrage. Die resultierende Verknappung von Kreditmitteln würde den Zinssatz in die Höhe treiben. Läge umgekehrt der Zinssatz über dem gleichgewichtigen Niveau, so wäre das Kreditangebot größer als die Kreditnachfrage. Das Überangebot an Kreditmitteln würde dämpfend auf den Zinssatz wirken. Zum gleichgewichtigen Zinssatz entspricht das Kreditangebot genau der Kreditnachfrage. D.h. *zum gleichgewichtigen Zinssatz entspricht der Betrag, den die Menschen sparen möchten, genau den für inländische Investitionszwecke und Nettoauslandsinvestitionen gewünschten Mitteln.*

Der Devisenmarkt

Der zweite Markt in unserem Modell der offenen Volkswirtschaft ist der Devisenmarkt. Die Teilnehmer auf diesem Markt handeln DM im Austausch gegen ausländische Währungen. Um den Devisenmarkt zu verstehen, nehmen wir Bezug auf eine weitere Identität aus dem letzten Kapitel:

$$NFI = NX$$
$$Nettoauslandsinvestitionen = Nettoexporte$$

Diese Identität erläutert die Tatsache, daß das Ungleichgewicht zwischen dem Kauf von Kapital im Ausland bzw. dem Verkauf von Kapital an das Ausland (NFI) genau dem Ungleichgewicht zwischen Exporten und Importen von Waren und Dienstleistungen (NX) entspricht. Sind die Nettoexporte eines Landes (z.B. Deutschlands) positiv, so heißt das, daß Ausländer mehr deutsche Waren und Dienstleistungen kaufen als Deutsche an ausländischen Waren und Dienstleistungen erwerben. Was machen nun die Deutschen mit den ausländischen Währungen (Devisen), die sie aus diesem Nettoverkauf von Gütern ins Ausland im Gegenzug erhalten? Die Deviseneinnahmen erhöhen die Bestände an ausländischen Aktiva. Dieser Erwerb ausländischer Aktiva spiegelt sich in einem positiven Wert der Nettoauslandsinvestitionen wider.

Wir können die zwei Seiten dieser Identität als Darstellung der zwei Seiten des Devisenmarktes interpretieren. Die Nettoauslandsinvestitionen repräsentieren die Menge an DM, die zum Erwerb von Auslandsaktiva angeboten werden. Möchte z.B. eine deutsche Investmentgesellschaft japanische Staatsanleihen kaufen, so muß sie DM in Yen umtauschen; es werden also DM auf dem Devisenmarkt angeboten. Die Nettoexporte repräsentieren die Menge an DM, die zum Erwerb der deutschen Nettoexporte an Waren und Dienstleistungen nachgefragt werden. Möchte z.B. ein japanischer Kaufhauskonzern deutsche Kuckucksuhren kaufen, so muß er Yen in DM wechseln; es werden also DM auf dem Devisenmarkt nachgefragt.

Welches ist nun der Preis, der Angebot und Nachfrage auf dem Devisenmarkt in Übereinstimmung bringt? Die Antwort lautet: der reale Wechselkurs. Wie wir im vorangegangenen Kapitel gesehen haben, ist der reale Wechselkurs der relative Preis inländischer und ausländischer Güter und daher eine Schlüsselgröße für die Bestimmung der Nettoexporte. So bedeutet beispielsweise eine Aufwertung der DM gegenüber dem Dollar (der Wechselkurs in Preisnotierung sinkt), daß deutsche Güter im Vergleich zu amerikanischen Gütern relativ gesehen teurer werden, daß also deutsche Güter für die Konsumenten im Inland und in den Vereinigten Staaten weniger attraktiv werden. Im Ergebnis werden die deutschen Exporte in die USA zurückgehen und die amerikanischen Importe nach Deutschland ansteigen. Aus diesen beiden Entwicklungen heraus werden die Nettoexporte zurückgehen. Eine Aufwertung einer Währung verringert also die nachgefragte Menge an heimischer Währung auf dem Devisenmarkt.

Das Schaubild 30-2 zeigt Angebot und Nachfrage auf dem Markt für Auslandswährungen. Wir sprechen hier verkürzend vom Devisenmarkt, abgebildet werden aber das Angebot an DM (um dafür im Gegenzug ausländische Währung zu erhalten) sowie die Nachfrage nach DM (der spiegelbildlich ein Angebot an ausländischer Währung gegenübersteht). Das DM-Angebot steht damit für Devisen-Nachfrage, während die DM-Nachfrage für Devisen-Angebot steht. Die Nachfragekurve nach DM (also das Angebot an Auslandswährung) verläuft aus den oben genannten Gründen steigend. Ein niedrigerer realer Wechselkurs (eine Aufwertung) verteuert die deutschen Waren und verringert daher die nachgefragte DM-Menge, um diese Waren zu erwerben, und vice versa. Die Angebotskurve an DM (also die Nachfrage nach Auslandswährung) verläuft vertikal, da die angebotene

Schaubild 30-2

Der Devisenmarkt.
Der reale Wechsel-
kurs wird durch
Angebot an und
Nachfrage nach Devi-
sen bestimmt. Das
Angebot an DM, die
die Marteilnehmer
in Auslandswährung
umtauschen möch-
ten, stammt aus den
Nettoauslandsinve-
stitionen. Da die
Nettoauslandsinve-
stitionen nicht vom
realen Wechselkurs
abhängen, verläuft
die Angebotskurve
vertikal. Die Nach-
frage nach DM resul-
tiert aus den Netto-
exporten. Da ein
höherer realer Wech-
selkurs (also eine
Abwertung der DM)
die Nettoexporte för-
dert (und damit die
Menge an DM, die
zur Bezahlung dieser
Nettoexporte nachge-
fragt werden,
erhöht), verläuft die
Nachfragekurve stei-
gend. Zum gleichge-
wichtigen realen
Wechselkurs ent-
spricht die DM-
Menge, die die
Marktteilnehmer
anbieten, um auslän-
dische Aktiva zu
erwerben, genau der
DM-Menge, die von
den Marktteilneh-
mern nachgefragt
wird, um Nettoex-
porte zu kaufen.

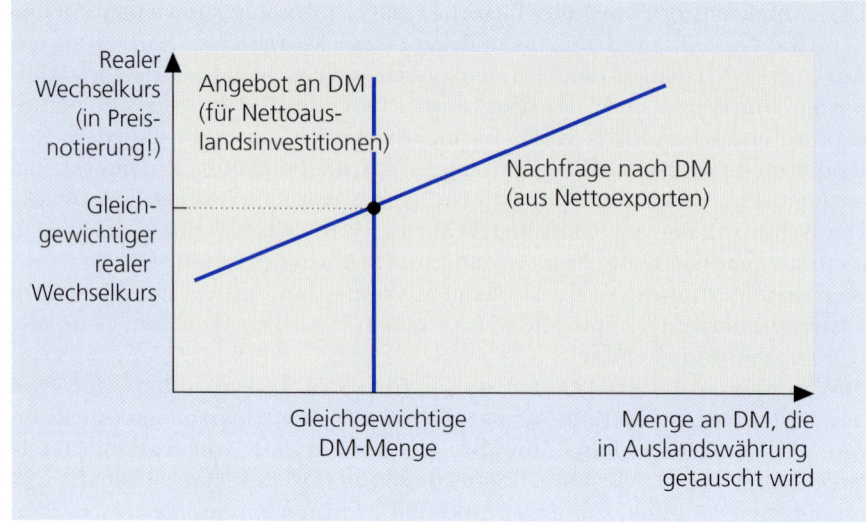

Menge an DM zum Zwecke der Nettoauslandsinvestitionen nicht vom realen Wechselkurs abhängig ist. (Wie weiter vorne schon diskutiert, hängen die Nettoauslandsinvestitionen vom Realzins ab. Wenn wir den Devisenmarkt betrachten, so nehmen wir den Realzins sowie die Nettoauslandsinvestitionen als gegeben an.)

Der reale Wechselkurs bringt das Angebot an und die Nachfrage nach DM in Übereinstimmung, so wie jeder Preis auf einem bestimmten Markt Angebot und Nachfrage des auf diesem Markt gehandelten Gutes zum Ausgleich bringt. Läge der reale Wechselkurs unter seinem gleichgewichtigen Niveau, so wäre die nachgefragte DM-Menge geringer als die angebotene. Der Angebotsüberhang würde den Wert der DM drücken, den Wechselkurs also ansteigen lassen (Abwertung der DM). Läge der reale Wechselkurs über seinem gleichgewichtigen Niveau, so wäre die Nachfrage nach DM größer als das Angebot an DM. Das fehlende Angebot, also die Verknappung der DM-Menge, würde den Wert der DM stärken, den Wechselkurs also sinken lassen (Aufwertung der DM). *Zum gleichgewichtigen Wechselkurs entspricht die Nachfrage nach DM zum Erwerb von Nettoexporten* (durch Ausländer) *genau dem Angebot an DM zum Erwerb von Auslandsaktiva* (durch Inländer).

An dieser Stelle scheint es wichtig zu bemerken, daß die Trennung der Transaktionen in ›Angebot‹ und ›Nachfrage‹ in diesem Modell ein wenig künstlich ist. In unserem Modell stellen *Nettoexporte die Ursache für die Nachfrage nach DM und Nettoauslandsinvestitionen die Ursache für das Angebot an DM* dar. Wenn also ein Deutscher ein japanisches Auto kauft, so bewirkt diese Transaktion in unserem Modell eher einen Rückgang der nachgefragten DM-Menge (denn die Nettoexporte nehmen dadurch ab) als einen Anstieg der angebotenen DM-Menge. Ähnliches ist der Fall, wenn ein Japaner eine deutsche Staatsanleihe erwirbt. Unser Modell bildet diese Transaktion eher als einen Rückgang der angeboten DM-Menge (denn die Nettoauslandsinvestitionen nehmen dadurch ab) als einen Anstieg der nachgefragten DM-Menge ab. Diese Sprachregelung mag auf den ersten Blick unnatürlich scheinen, sie wird sich aber bei der Analyse der Wirkungen verschiedener wirtschaftspolitischer Maßnahmen als hilfreich erweisen.

Kaufkraftparität als Spezialfall   **Information**

Im vorangegangenen Kapitel haben wir eine einfache Wechselkurstheorie, die *Kaufkraftparitätentheorie*, entwickelt. Diese Theorie besagt, daß man mit einer Einheit einer beliebigen Währung in der Lage sein sollte, in jedem Land die gleiche Menge an Waren und Dienstleistungen zu erwerben. Im Ergebnis bedeutet dies, daß der reale Wechselkurs ein Fixum ist und alle Veränderungen im nominalen Wechselkurs zwischen zwei Ländern nur Änderungen in den Preisniveaus der beiden Länder widerspiegeln.

In welcher Beziehung steht nun das hier entwickelte Modell der Wechselkursbestimmung zur Kaufkraftparitätentheorie? Gemäß der Kaufkraftparitätentheorie reagiert der internationale Handel sehr schnell auf internationale Preisdifferenzen. Wäre ein Gut in einem Land billiger als in einem anderen, so würde solange ein Export aus dem ersten Land in das zweite Land stattfinden, bis die Preisdifferenz verschwunden wäre. Anders ausgedrückt nimmt die Kaufkraftparitätentheorie an, daß die Nettoexporte sehr schnell auf kleine Änderungen der realen Wechselkurse reagieren. Wären die Nettoexporte tatsächlich so reagibel oder elastisch, so würde die Nachfragekurve in Schaubild 30-2 horizontal verlaufen.

Damit ist die Kaufkraftparitätentheorie ein Sonderfall des hier betrachteten Modells. In diesem speziellen Fall würde die Nachfragekurve nach DM horizontal auf genau jenem realen Wechselkursniveau verlaufen, das die Gültigkeit der Kaufkraftparität im In- und Ausland garantiert.

Beschreiben Sie die Ursachen von Angebot und Nachfrage auf dem Kredit-   **Schnelltest**
markt und dem Devisenmarkt.

Das Gleichgewicht in der offenen Volkswirtschaft

Bislang haben wir Angebot und Nachfrage auf zwei Märkten diskutiert – dem Kreditmarkt und dem Devisenmarkt. Nun wollen wir betrachten, in welcher Verbindung diese beiden Märkte stehen.

Die Nettoauslandsinvestitionen als Bindeglied zwischen den beiden Märkten

Wir beginnen diesen Abschnitt, indem wir nochmals rekapitulieren, was wir bisher in diesem Kapitel gelernt haben. Wir haben untersucht, wie in einer Volkswirtschaft die vier wichtigen makroökonomischen Schlüsselgrößen – inländische Ersparnis (S), inländische Investitionen (I), Nettoauslandsinvestitionen (NFI) und Nettoexporte (NX) – koordiniert werden. Behalten Sie vor allem die folgenden Identitäten im Gedächtnis:

$$S = I + NFI$$

und

$$NFI = NX.$$

Auf dem Kreditmarkt stammt das Angebot aus der gesamtwirtschaftlichen Ersparnis, die Nachfrage resultiert aus den inländischen Investitionen und den Nettoauslandsinvestitionen; der Realzins bringt Angebot und Nachfrage zum Ausgleich. Auf dem Devisenmarkt wird die Angebotsseite durch die Nettoauslandsinvestitionen und die Nachfrageseite durch die Nettoexporte bestimmt; der reale Wechselkurs bringt Angebot und Nachfrage in Übereinstimmung.

Die Nettoauslandsinvestitionen sind diejenige Größe, die beide Märkte verbindet. Auf dem Kreditmarkt stellen die Nettoauslandsinvestitionen einen Bestanteil der Nachfrage dar. Will jemand ein Aktivum im Ausland erwerben, so muß er diesen Kauf über den Kreditmarkt finanzieren. Auf dem Devisenmarkt stellen die Nettoauslandsinvestitionen die Quelle für das Angebot dar. Möchte jemand Aktiva im Ausland erwerben, so muß er DM anbieten, um diese gegen die entsprechende Fremdwährung zu tauschen.

Die Hauptbestimmungsgröße der Nettoauslandsinvestitionen ist – wie vorne erläutert – der Realzins. Sind die deutschen Zinsen hoch, so ist es attraktiv, deutsche Aktiva zu besitzen, und die deutschen Nettoauslandsinvestitionen fallen gering oder gar negativ aus. Das Schaubild 30-3 zeigt diesen negativen Zusammenhang zwischen Zinsniveau und Nettoauslandsinvestitionen. Diese Nettoauslandsinvestitions-Kurve ist das Verbindungsglied zwischen dem Kreditmarkt und dem Devisenmarkt.

Schaubild 30-3
Wie die Nettoauslandsinvestitionen vom Zinssatz abhängen. Da ein höherer inländischer Realzins inländische Aktiva gegenüber ausländischen attraktiver macht, geht mit einem Zinsanstieg eine Reduktion der Nettoauslandsinvestitionen einher. Die Nettoauslandsinvestitionen können positiv oder negativ sein.

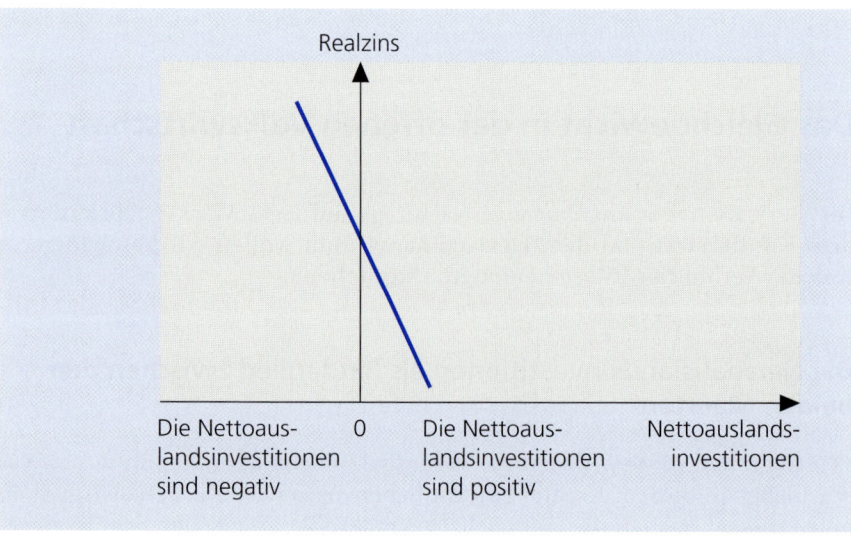

Das simultane Gleichgewicht auf beiden Märkten

Wir können nun alle Einzelteile unseres Modells in dem Schaubild 30-4 zusammenfassen. Diese Graphik zeigt, wie auf dem Kreditmarkt und dem Devisenmarkt gemeinsam die wichtigen makroökonomischen Variablen einer offenen Volkswirtschaft bestimmt werden.

Die Abbildung a) der Gesamtdarstellung gibt den Kreditmarkt wieder (wie er aus Darstellung 30-1 übernommen wurde). Wie zuvor ist die gesamtwirtschaftliche Ersparnis die Quelle für das Kreditangebot. Inländische Investitionen und Nettoauslandsinvestitionen sind die Ursachen für die Kreditnachfrage. Der gleichgewichtige Realzins (r_1) bringt Kreditangebot und Kreditnachfrage zum Ausgleich.

Der Abbildungsteil b) zeigt die Nettoauslandsinvestitionen (wie sie aus Schaubild 30-3 übernommen wurden). Dort wird dargestellt, wie der in Abbildung a) ermittelte Zinssatz die Höhe der Nettoauslandsinvestitionen bestimmt. Ein höherer Zinssatz im Inland macht inländische Aktiva attraktiver, was wiederum die Nettoauslandsinvestitionen reduziert. Daher verläuft die Kurve der Nettoauslandsinvestitionen in Darstellung b) fallend.

Der Abbildungsteil c) der Gesamtdarstellung stellt den Devisenmarkt dar (wie er aus Darstellung 30-2 übernommen wurde). Da die Nettoauslandsinvestitionen mit Auslandswährung bezahlt werden müssen, ist die Höhe der Nettoauslandsinvestitionen aus Abbildung b) maßgeblich für das Angebot an Inlandswährung (DM), die in Fremdwährung getauscht werden soll. Der reale Wechselkurs ist unerheblich für die Nettoauslandsinvestitionen, daher verläuft die Angebotskurve vertikal. Die Nachfrage nach heimischer Währung ergibt sich aus den Nettoexporten. Eine Abwertung der Inlandswährung (gleichbedeutend mit einem Anstieg des Wechselkurses in Preisnotierung) erhöht die Nettoexporte, die Nachfragekurve auf dem Devisenmarkt verschiebt sich nach unten. Der gleichgewichtige reale Wechselkurs (e_1^*) bringt das Angebot an Inlandswährung und die Nachfrage nach Inlandswährung auf dem Devisenmarkt zum Ausgleich.

Auf den beiden in Schaubild 30-4 abgebildeten Märkten werden zwei relative Preise ermittelt – der Realzins und der reale Wechselkurs. Der Realzinssatz, der in Abbildungsteil a) bestimmt wird, ist der Preis der Güter heute relativ zu Gütern in der Zukunft. Der reale Wechselkurs, der in Abbildungsteil c) bestimmt wird, ist der Preis inländischer Güter relativ zu ausländischen Gütern. Diese zwei relativen Preise passen sich simultan an, so daß Angebot und Nachfrage auf den zwei Märkten in Übereinstimmung gebracht werden. Und damit bestimmen sie auch die gesamtwirtschaftliche Ersparnis, die inländischen Investitionen, die Nettoauslandsinvestitionen und die Nettoexporte. Im Anschluß werden wir dieses Modell nun sogleich dazu verwenden, um zu untersuchen, wie sich all diese Variablen ändern, wenn eine wirtschaftspolitische Maßnahme oder ein sonstiges Ereignis eine der zugrundeliegenden Kurven verschiebt.

**Das reale Gleichge-
wicht in einer offe-
nen Volkswirtschaft.**
Im Teil a) der
Gesamtdarstellung
bestimmen Kreditan-
gebot und -nachfrage
den Realzinssatz. Im
Teil b) bestimmt die-
ser Zinssatz die Höhe
der Nettoauslandsin-
vestitionen, welche
wiederum für das
Angebot an heimi-
scher Währung auf
dem Devisenmarkt
verantwortlich sind.
Im Teil c) wird durch
Angebot an und
Nachfrage nach hei-
mischer Währung auf
dem Devisenmarkt
der reale Wechsel-
kurs festgelegt.

a) Der Kreditmarkt

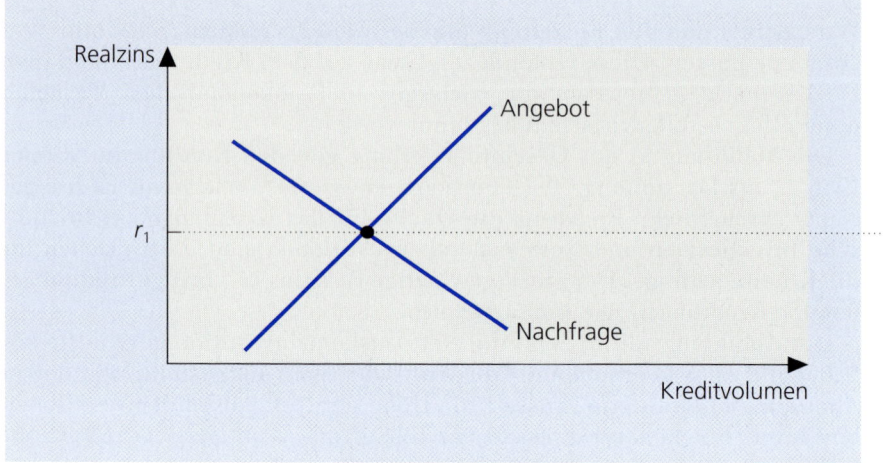

Die klassische Dichotomie nochmals aufgegriffen

Die makroökonomische Theorie einer offenen Volkswirtschaft, die wir
soeben entwickelt haben, ist eine »klassische« Theorie. Diese Bezeichnung
beinhaltet zwei miteinander verbundene Bedeutungen. Erstens greift diese
Theorie zurück auf Themen, die von Ökonomen in vergangenen Jahrhunderten für wichtig erachtet wurden. Und zweitens – und dieser Aspekt
ist der wichtigere – beruht diese Theorie auf der klassischen Dichotomie
und damit auf der Annahme von der Neutralität des Geldes. Erinnern Sie
sich daran, daß die klassische Dichotomie eine theoretische Trennung von
realen und nominalen Variablen beschreibt. Unser Modell der offenen
Volkswirtschaft ist vollständig in Realgrößen definiert, wie aus den verwendeten Mengengrößen (Ersparnisse, Investitionen, Nettoauslandsinvestitionen und Nettoexporte) sowie den relativen Preisen (Realzinssatz und
realer Wechselkurs) ersichtlich wird. Das Modell erklärt diese Realgrößen,
ohne daß Geld eine Rolle spielt.

Wie beeinflussen nun also Änderungen im Geldangebot die Volkswirtschaft? Die Antwort ist die gleiche wie in unseren Analysen der vorangegangenen Kapitel. Die klassische Theorie postuliert, daß das Preisniveau
sich anpaßt, um Angebot und Nachfrage zum Ausgleich zu bringen. Verdoppelt die Zentralbank das Geldangebot, so verdoppelt sich das Preisniveau.
Verfolgt die Zentralbank eine Politik der stetigen Ausdehnung des Geldangebots, so wird persistente Inflation resultieren.

Um sicherzustellen, daß die realen Größen nicht durch monetäre Änderungen beeinflußt werden, müssen sich alle nominalen Größen diesen
Veränderungen anpassen. Wenn also insbesondere der reale Wechselkurs
durch monetäre Eingriffe nicht verändert werden soll, so muß der nominale
Wechselkurs (in Preisnotierung, also gemessen in Einheiten der Inlandswährung pro einer Einheit Auslandswährung) mit einem Anstieg des inländischen Preisniveaus ansteigen. Wir haben diese Wirkung von Inflation

b) Die Nettoauslandsinvestitionen

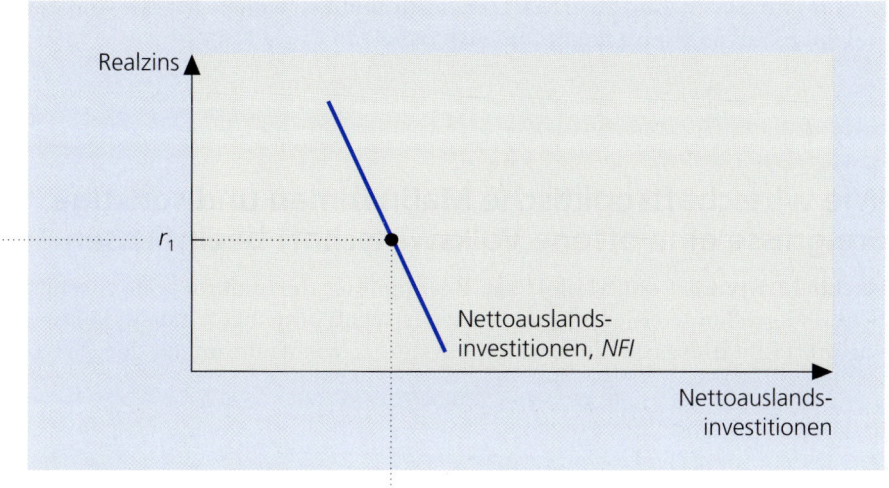

c) Der Devisenmarkt

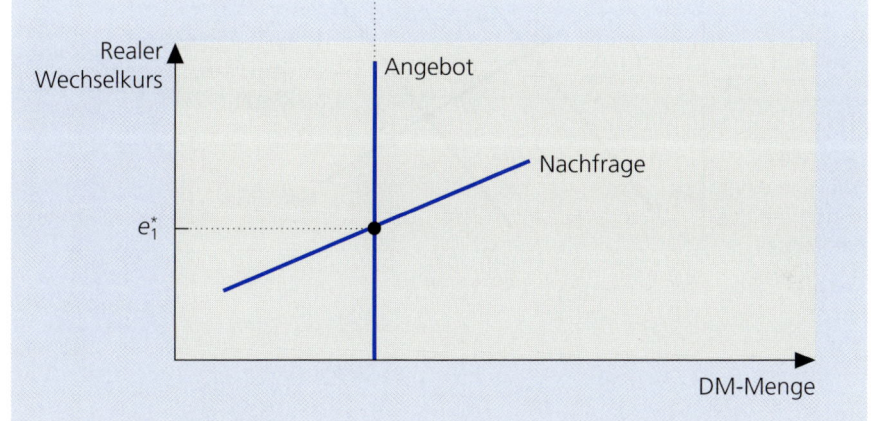

auf den nominalen Wechselkurs schon im vorangegangenen Kapitel kennengelernt, als wir die Kaufkraftparitätentheorie besprochen haben. Nichts
was wir in diesem Kapitel über die offene Volkswirtschaft gesagt haben,
ändert die dort gezogenen Schlußfolgerungen.

Erinnern Sie sich daran, daß die Annahme der Neutralität des Geldes am
ehesten im langfristigen Zusammenhang als gültig anzusehen ist. Um die
jährlichen Veränderungen in einer Volkswirtschaft vollständig zu verstehen,
müssen wir auch Gründe für die kurzfristige Nicht-Neutralität des Geldes
berücksichtigen. Beginnend mit dem nächsten Kapitel werden wir diese
Aspekte untersuchen. Für das laufende Kapitel wollen wir jedoch die Annahme der Neutralität des Geldes aufrechterhalten, um die Implikationen
des klassischen Modells zu verstehen.

Schnelltest

In dem gerade entwickelten Modell einer offenen Volkswirtschaft werden zwei relative Preise auf zwei Märkten bestimmt. Um welche Märkte und um welche relativen Preise handelt es sich dabei?

Wie wirtschaftspolitische Maßnahmen und sonstige Ereignisse eine offene Volkswirtschaft beeinflussen

Nachdem wir hier ein Modell zur Bestimmung der makroökonomischen Schlüsselgrößen in einer offenen Volkswirtschaft entwickelt haben, können wir mit Hilfe dieses Modells nun analysieren, wie Änderungen der (Wirt-

Schaubild 30-5
Die Wirkungen eines Budgetdefizits. Kommt es zu einem Budgetdefizit, so reduziert dies das Kreditangebot von S_1 auf S_2 in Abbildung a). Um Angebot und Nachfrage wieder zum Ausgleich zu bringen, steigt der Zinssatz von r_1 auf r_2. Der höhere Zinssatz führt zu einem Rückgang der Nettoauslandsinvestitionen, wie in Abbildung b) zu sehen ist. Dadurch verringert sich das Angebot an heimischer Währung (DM) auf dem Devisenmarkt von S_1 auf S_2, wie in Abbildung c) gezeigt wird. Der Rückgang des DM-Angebots führt zu einer Senkung des Wechselkurses von e_1^* auf e_2^*, also einer Aufwertung der DM. Die Aufwertung der heimischen Währung bewirkt eine Verschlechterung der Leistungsbilanz.

a) Der Kreditmarkt

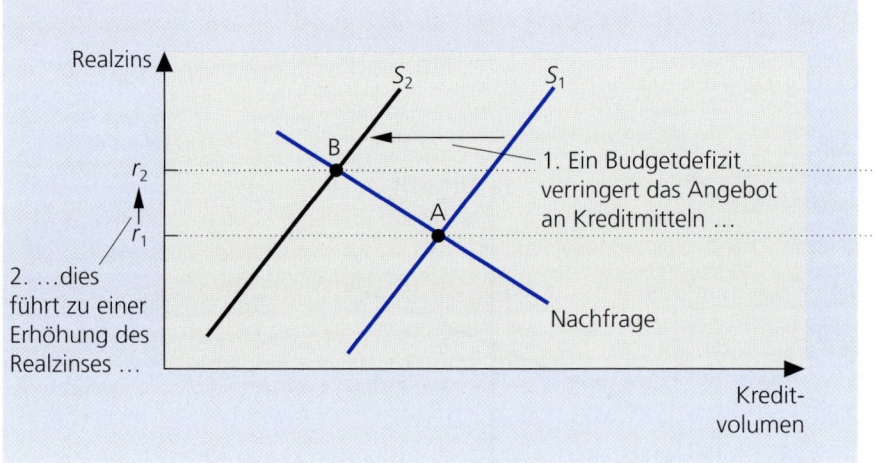

schafts-) Politik und andere Vorkommnisse das Gleichgewicht der Volkswirtschaft beeinflussen. Behalten Sie beim Fortgang unserer Analyse im Hinterkopf, daß unser Modell nur Angebot und Nachfrage auf zwei Märkten umfaßt – dem Kreditmarkt und dem Devisenmarkt. Verwenden wir unser Modell zur Analyse eines Ereignisses, so können wir in den drei Schritten vorgehen, die wir im Kapitel 4 zum ersten Mal entwickelt haben. Zuerst untersuchen wir, auf welchen Markt das Ereignis direkte Auswirkungen hat und ob dort die Angebots- oder die Nachfragekurve betroffen ist. Dann überlegen wir, in welche Richtung die entsprechende Kurve verschoben wird. Daran anschließend verwenden wir unsere Angebots-und-Nachfrage-Diagramme, um zu sehen, wie diese Verschiebungen das Gesamtgleichgewicht der Volkswirtschaft beeinflussen.

Staatliche Budgetdefizite

Als wir uns weiter vorne in diesem Buch zum ersten Mal mit dem Kredit-angebot und der Kreditnachfrage beschäftigt haben, untersuchten wir die Wirkungen von staatlichen Budgetdefiziten, die dann auftreten, wenn die Staatsausgaben die Einnahmen übersteigen. Da ein staatliches Budgetdefi-zit nichts anderes ist als eine *negative* öffentliche Ersparnis, wird dadurch die gesamtwirtschaftliche Ersparnis (die Summe aus privater und öffent-licher Ersparnis) reduziert. Ein staatliches Budgetdefizit verringert also das Angebot an Kreditmitteln, erhöht den Zinssatz und verdrängt Investitio-nen.

Lassen Sie uns nun die Wirkungen eines Budgetdefizits in einer offenen Volkswirtschaft untersuchen. Erstens, welche Kurve in unserem Modell

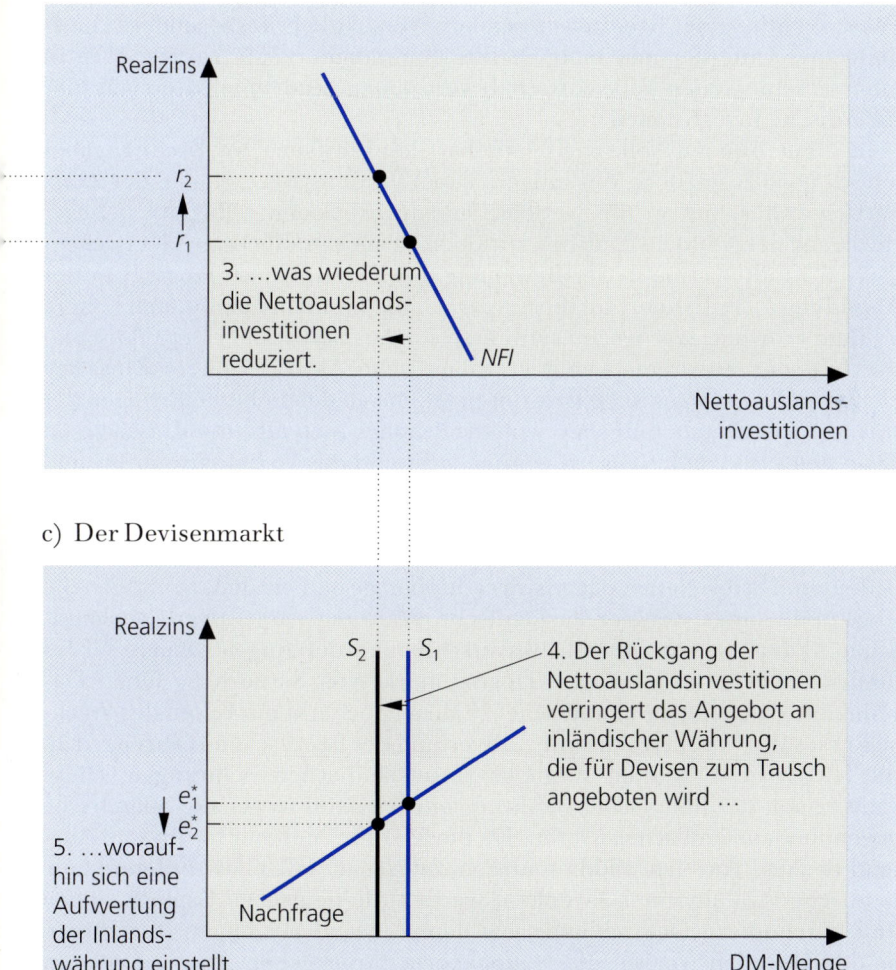

b) Die Nettoauslandsinvestitionen

Realzins

r_2

r_1

3. ...was wiederum die Nettoauslands-investitionen reduziert.

NFI

Nettoauslands-investitionen

c) Der Devisenmarkt

Realzins

S_2 S_1

4. Der Rückgang der Nettoauslandsinvestitionen verringert das Angebot an inländischer Währung, die für Devisen zum Tausch angeboten wird ...

e_1^*
e_2^*

5. ...worauf-hin sich eine Aufwertung der Inlands-währung einstellt.

Nachfrage

DM-Menge

wird davon beeinflußt? Wie in einer geschlossenen Volkswirtschaft beeinflußt das Budgetdefizit zunächst einmal die gesamtwirtschaftliche Ersparnis und wirkt sich damit auf die Kreditangebotskurve aus. Zweitens, in
welche Richtung verschiebt sich die Angebotskurve? Auch hier wieder, wie
in der geschlossenen Volkswirtschaft, stellt das Budgetdefizit eine negative
öffentliche Ersparnis dar, es verringert also die gesamtwirtschaftliche Ersparnis und verschiebt die Kreditangebotskurve nach links. Dies wird graphisch als Verschiebung von S_1 nach S_2 im Abbildungsteil a) des Schaubilds
30-5 verdeutlicht.

Unsere dritte und letzte Aufgabe besteht darin, das alte und das neue
Gleichgewicht zu vergleichen. Abbildung a) zeigt die Wirkung eines Bud-
getdefizits auf den inländischen Kreditmarkt. Durch den Rückgang des
Angebots steigt der Zinssatz von r_1 auf r_2, um Angebot und Nachfrage zur
Übereinstimmung zu bringen. Sehen sich die Kreditnehmer einem höheren
Zinssatz auf dem Kreditmarkt gegenüber, so reduzieren sie ihre Kreditwün-
sche. Diese Veränderung ist in der Graphik als Bewegung von Punkt A zu
Punkt B entlang der Kreditnachfragekurve ersichtlich. Insbesondere Haushalte und Unternehmen nehmen ihre Kapitalgüterkäufe zurück. Wie in
einer geschlossenen Volkswirtschaft verdrängen Budgetdefizite auch hier
inländische Investitionen.

In einer offenen Volkswirtschaft hat der Rückgang im Kreditangebot
jedoch noch zusätzliche Wirkungen. Die Abbildung b) zeigt, daß der Zinsanstieg von r_1 auf r_2 die Nettoauslandsinvestitionen reduziert. [Dieser
Rückgang der Nettoauslandsinvestitionen ist auch im Rückgang der nachgefragten Kreditsumme in der Bewegung von Punkt A nach Punkt B in der
Abbildung a) enthalten.] Da die Ersparnis, die im Inland bleibt, nun höhere
Erträge erbringt, werden Investitionen im Ausland weniger attraktiv und
die Inländer erwerben weniger ausländische Aktiva. Höhere Zinssätze
ziehen zudem ausländische Investoren an, die an den höheren Erträgen der
inländischen Aktiva teilhaben wollen. Erhöhen sich also die Zinssätze im
Zuge eines Budgetdefizits, so werden aufgrund des Verhaltens der in- und
ausländischen Investoren die Nettoauslandsinvestitionen des betrachteten
Landes zurückgehen.

Die Abbildung c) gibt wieder, was Budgetdefizite für den Devisenmarkt
bedeuten. Da die Nettoauslandsinvestitionen gesunken sind, benötigen die
Marktteilnehmer weniger ausländische Währung zum Erwerb ausländischer Aktiva, was zu einer Linksverschiebung der Angebotskurve an inländischer Währung auf dem Devisenmarkt von S_1 nach S_2 führt. Das
reduzierte Angebot an inländischer Währung bewirkt ein Fallen des Wechselkurses von e_1^* auf e_2^*, also eine Aufwertung der heimischen Währung, d.h.
die DM wird stärker im Vergleich zu ausländischen Währungen. Diese
Aufwertung der heimischen Währung verteuert im Gegenzug inländische
gegenüber ausländischen Waren. Da die Marktteilnehmer im In- und Ausland deshalb von den relativ teureren deutschen auf relativ billigere ausländische Produkte umschwenken, werden die deutschen Exporte sinken
und die Importe Deutschlands aus dem Ausland ansteigen. Aus diesen
beiden Gründen werden die Nettoexporte zurückgehen. *In einer offenen
Volkswirtschaft bewirken also staatliche Budgetdefizite einen Anstieg der*

Realzinsen, eine Verdrängung inländischer Investitionen, eine Aufwertung der heimischen Währung und eine Verschlechterung der Leistungsbilanz.

Handelspolitik

Unter **(Außen-) Handelspolitik** sind staatliche Maßnahmen zu verstehen, die direkt auf die Menge an Waren und Dienstleistungen, die ein Land importiert oder exportiert, zielen. Wie wir in Kapitel 9 gesehen haben, kann die Handelspolitik unterschiedliche Formen annehmen. Eine übliche handelspolitische Maßnahme ist der *Zoll*, also die Erhebung einer Steuer auf importierte Güter *(tarifäres Handelshemmnis)*. Eine weitere Maßnahme kann in der Einführung einer *Importquote* bestehen, also einer mengenmäßigen Begrenzung des Imports eines im Ausland produzierten Gutes *(nicht-tarifäres Handelshemmnis)*. Handelspolitische Maßnahmen finden weltweit große Verbreitung, obwohl sie manchmal unter einem Deckmantel auftreten. Beispielsweise hat die US-Regierung oftmals Druck auf japanische Automobilhersteller ausgeübt, die Anzahl der in den Vereinigten Staaten verkauften Autos zu verringern. Diese sogenannten »freiwilligen Export(selbst)beschränkungen« finden jedoch in der Regel nicht wirklich freiwillig statt und sind daher eigentlich als eine Form von Importquoten zu werten.

Wir wollen nun die makroökonomischen Auswirkungen der Handelspolitik betrachten. Nehmen wir an, daß die deutsche Automobilindustrie besorgt ist über die japanische Konkurrenz und daher die Bundesregierung überzeugen kann, eine Importquote für die Anzahl an Autos, die aus Japan importiert werden dürfen, zu verhängen. Zur Unterstützung ihrer Argumentation verweisen Lobbyisten der Autoindustrie darauf, daß diese Handelsbeschränkung das deutsche Außenhandelsdefizit gegenüber Japan verringern werde. Trifft diese Argumentation zu? Unser Modell – graphisch dargestellt im Schaubild 30-6 – liefert eine Anwort auf diese Frage.

Der erste Schritt unserer Analyse der Handelspolitik besteht darin festzustellen, welche Kurve auf welchem Markt dadurch verschoben wird. Eine unmittelbare Wirkung hat die Verhängung einer Importquote erwartungsgemäß auf die Importe. Da die Nettoexporte sich aus Exporten minus Importen berechnen, hat diese Politik selbstverständlich auch Auswirkungen auf die Nettoexporte. Und da die Nettoexporte die Ursache für die Nachfrage nach heimischer Währung (DM) auf dem Devisenmarkt sind, wird eine solche Politik auch die Nachfragekurve auf dem Devisenmarkt beeinflussen.

Im zweiten Schritt muß nun überlegt werden, in welche Richtung sich die Nachfragekurve auf dem Devisenmarkt verschiebt. Da die Importquote die Anzahl an japanischen Autos, die in Deutschland verkauft werden dürfen, beschränkt, werden zu jedem gegebenen realen Wechselkurs die Importe reduziert. Die Nettoexporte, die sich aus Exporten abzüglich Importen zusammensetzen, werden demnach für jeden gegebenen realen Wechselkurs steigen. Da die Ausländer DM benötigen, um die deutschen Nettoexporte zu bezahlen, gibt es eine erhöhte Nachfrage nach inländischer

Handelspolitik
Staatliche Maßnahmen, um die Menge der Waren und Dienstleistungen, die ein Land importiert oder exportiert, zu beeinflussen

Währung auf dem Devisenmarkt. Dieser Anstieg der DM-Nachfrage ist in Abbildung c) als Verschiebung von D_1 nach D_2 gezeichnet.

Im dritten Schritt müssen wir nun noch das alte und das neue Gleichgewicht vergleichen. Wie wir in Abbildung c) sehen können, bewirkt der Anstieg in der Nachfrage nach DM eine Aufwertung, also ein Absinken des realen Wechselkurses von e_1^* auf $_2^*$. Da auf dem Kreditmarkt der Abbildung a) nichts passiert ist, ergibt sich keine Veränderung des Zinssatzes. Es ergibt sich auch keine Veränderung der Nettoauslandsinvestitionen, die in Abbildung b) abgetragen sind. Und da sich an den Nettoauslandsinvestitionen nichts ändert, kann sich auch keine Änderung in den Nettoexporten ergeben, trotzdem die Einführung einer Importquote die Importe reduziert hat. Der Grund dafür, warum die Nettoexporte unverändert bleiben kön-

Schaubild 30-6
Die Wirkungen einer Importquote.
Verhängt Deutschland eine Importquote gegen japanische Autos, so bleiben der Kreditmarkt der Abbildung a) sowie die Nettoauslandsinvestitionen in Abbildung b) unverändert. Die einzige Wirkung besteht in einer Erhöhung der Nettoexporte (Exporte minus Importe) bei jedem gegebenen realen Wechselkurs. Im Ergebnis nimmt die Nachfrage nach inländischer Währung auf dem Devisenmarkt zu, was sich graphisch in der Verschiebung von D_1 nach D_2 in Abbildung c) auswirkt. Dieser Anstieg der DM-Nachfrage bewirkt eine Aufwertung der DM, wie durch das Sinken des Wechselkurses von e_1^* auf e_2^* deutlich wird. Die Aufwertung der Inlandswährung bewirkt einen Rückgang der Nettoexporte, womit der direkte Effekt der Einführung einer Importquote auf den Außenbeitrag wieder aufgehoben wird.

a) Der Kreditmarkt

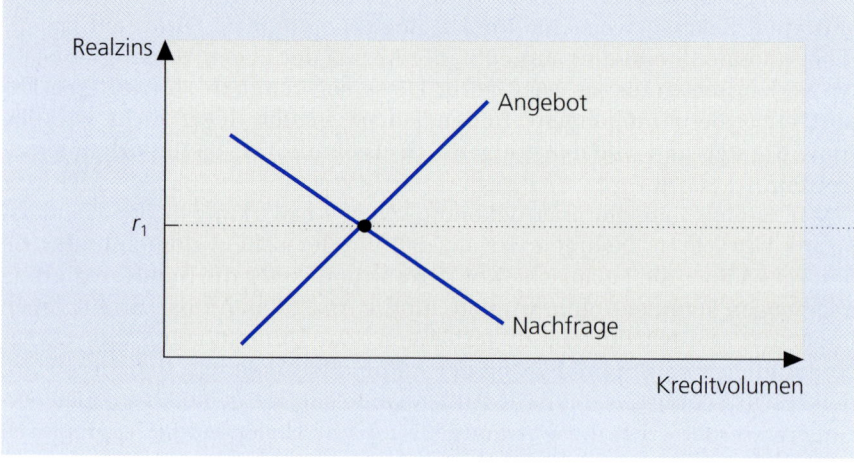

nen, obwohl die Importe zurückgegangen sind, wird durch die Veränderung des realen Wechselkurses erklärt. Wenn der Wechselkurs auf dem Devisenmarkt sinkt, die DM also eine Aufwertung erfährt, werden inländische Güter im Vergleich zu ausländischen relativ gesehen teurer. Diese Aufwertung fördert die Importe und hemmt die Exporte – diese beiden Entwicklungen arbeiten in entgegengesetzter Richtung zum ursprünglichen Anstieg der Nettoexporte aufgrund der Einführung einer Importquote. Letztendlich reduziert die Importquote sowohl die Importe als auch die Exporte, die Nettoexporte (Exporte minus Importe) bleiben jedoch unverändert.

Damit haben wir ein überraschendes Ergebnis erzielt: *Handelspolitik hat keine Wirkung auf den Außenbeitrag.* D.h. wirtschaftspolitische Maßnahmen, die direkt auf eine Beeinflussung der Importe oder der Exporte abzielen, lassen die Nettoexporte unverändert. Diese Schlußfolgerung erscheint weniger überraschend, wenn wir uns nochmals die buchhalterische Identität vor Augen halten:

$$NX = NFI = S - I.$$

Die Nettoexporte entsprechen den Nettoauslandsinvestitionen, die wiederum der gesamtwirtschaftlichen Ersparnis abzüglich den inländischen Investitionen entsprechen. Handelspolitik hat keinen Einfluß auf die Handelsbilanz, da davon die gesamtwirtschaftliche Ersparnis und die inländischen Investitionen unberührt bleiben. Für eine gegebene Höhe der gesamtwirtschaftlichen Ersparnisse und der inländischen Investitionen paßt sich der reale Wechselkurs so an, daß der Außenbeitrag unverändert bleibt, unabhängig von der Ausgestaltung der Handelspolitik der Regierung.

Obwohl die hier diskutierten handelspolitischen Maßnahmen den Leistungsbilanzsaldo eines Landes insgesamt nicht beeinflussen, haben sie doch Auswirkungen auf spezielle Unternehmen, Branchen und Länder.

b) Die Nettoauslandsinvestitionen

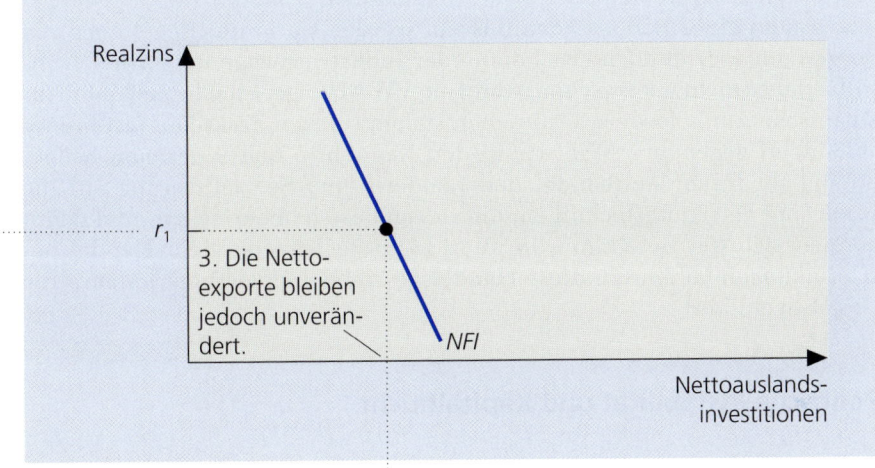

c) Der Devisenmarkt

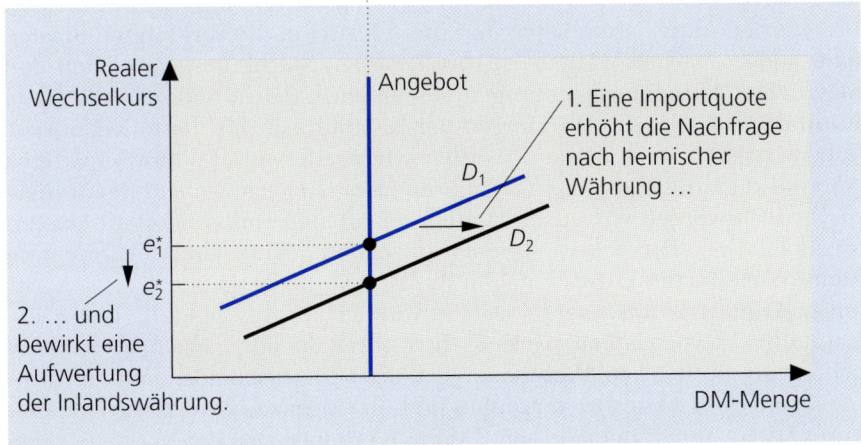

Führt Deutschland eine Importquote für japanische Autos ein, so sieht sich Volkswagen einem geringeren Wettbewerbsdruck ausgesetzt und wird mehr Autos verkaufen können. Gleichzeitig wird es jedoch aufgrund der DM-Aufwertung für SAP, eine deutsche Software-Unternehmung, schwieriger, mit Microsoft, einem amerikanischen Softwarekonzern, zu konkurrieren. Die deutschen Software-Exporte werden zurückgehen, während die Software-Importe aus den Vereinigten Staaten ansteigen werden. In diesem Beispiel wird die Importquote auf japanische Autos die Nettoautoexporte erhöhen und die Nettosoftwareexporte senken. Zusammengefaßt werden also die Nettoexporte aus Deutschland nach Japan zunehmen, während die Nettoexporte aus Deutschland in die USA abnehmen werden. Der deutsche Außenbeitrag insgesamt bleibt jedoch unverändert.

Die Wirkungen handelspolitischer Maßnahmen liegen daher eher auf mikroökonomischer denn auf makroökonomischer Ebene. Obzwar Befürworter der Handelspolitik manchmal (ungerechtfertigterweise, wie wir gesehen haben) behaupten, diese Maßnahmen könnten den Leistungsbilanzsaldo eines Landes beeinflussen, werden sie in der Regel eher von Sorgen um spezielle Unternehmen oder Industriezweige umgetrieben. Es sollte daher nicht überraschen, wenn ein VW-Manager eine Importquote für japanische Autos fordert. Ökonomen stehen solchen Praktiken fast immer ablehnend gegenüber. Wie wir in den Kapiteln 3 und 9 gesehen haben, ermöglicht freier Welthandel den Ländern eine Spezialisierung auf die Güter und Fertigungstechniken, die sie am besten beherrschen, und damit können sich die Beteiligten in allen Ländern besserstellen. Handelsbeschränkungen behindern diese Handelsgewinne und verringern damit die Gesamtwohlfahrt.

Politische Instabilität und Kapitalflucht

Im Jahr 1994 machte die politische Instabilität in Mexiko, einschließlich der Ermordung eines bekannten Politikers, die Weltfinanzmärkte nervös. Die Marktteilnehmer begannen, Mexiko als weniger stabil einzuschätzen, als es zuvor bewertet wurde. Sie entschieden daher, einige der in Mexiko investierten Aktiva abzuziehen und diese Mittel in die Vereinigten Staaten oder andere ›sichere Häfen‹ zu transferieren. Solche umfangreichen und plötzlichen Mittelumschichtungen aus einem Land in andere nennt man **Kapitalflucht**. Um die Wirkungen der Kapitalflucht für die mexikanische Volkswirtschaft zu erkennen, werden wir wieder unserer dreischrittigen Analyse zur Ermittlung der Veränderung des Gleichgewichts folgen; diesmal jedoch werden wir unser Modell der offenen Volkswirtschaft aus der mexikanischen Perspektive heraus anwenden. (Eine ähnliche Situation könnte sich aus der Entwicklung in Rußland ab 1998 ergeben.)

Kapitalflucht
Ein umfangreicher und plötzlicher Rückgang der Nachfrage nach Aktiva eines bestimmten Landes.

Überlegen wir uns zuerst, welche Kurven unseres Modells durch die Kapitalflucht verschoben werden. Investoren in der ganzen Welt beobachten die politischen Probleme Mexikos und entscheiden, einige ihrer mexikanischen Aktiva zu verkaufen und im Gegenzug amerikanische oder europäische Aktiva zu erwerben. Dadurch erhöhen sich die Nettoauslandsinvestitionen Mexikos und damit werden Veränderungen auf beiden Märkten unseres Modells wirksam. In erster Linie ist selbstverständlich die Kurve der Nettoauslandsinvestitionen betroffen, worüber wiederum das Angebot an mexikanischen Pesos auf dem Devisenmarkt beeinflußt wird. Zusätzlich hat die Kapitalflucht Auswirkungen auf die Nachfragekurve des Kreditmarktes, denn die Nachfrage nach Kreditmitteln stammt sowohl aus den heimischen Investitionen als auch aus den Nettoauslandsinvestitionen.

Betrachten wir nun, in welche Richtung diese Kurven verschoben werden. Steigen die Nettoauslandsinvestitionen an, so wächst die Nachfrage nach Kreditmitteln, um den Erwerb der entsprechenden Aktiva zu finanzieren. Daher ergibt sich eine Verschiebung der Kreditnachfragekurve nach rechts von D_1 auf D_2, wie die Abbildung a) des Schaubildes 30-7 zeigt. Da nun zu jedem Zinssatz die Nettoauslandsinvestitionen höher ausfallen, verschiebt sich die Kurve der Nettoauslandsinvestitionen ebenfalls nach rechts, von NFI_1 nach NFI_2, wie aus der Abbildung b) ersichtlich ist.

Um die Auswirkungen der Kapitalflucht auf die gesamte Volkswirtschaft zu erkennen, vergleichen wir abschließend die alten und neuen Gleichgewichte. Aus der Abbildung a) der Darstellung 30-7 erkennen wir, daß sich im Zuge der erhöhten Kreditnachfrage ein Zinsanstieg in Mexiko von r_1 auf r_2 eingestellt hat. Die Abbildung b) zeigt den Anstieg der Nettoauslandsinvestitionen. (Obwohl der Zinsanstieg mexikanische Aktiva attraktiver macht, können dadurch die Auswirkungen der Kapitalflucht auf die Nettoauslandsinvestitionen nur teilweise kompensiert werden.) In Abbildung c) ist dargestellt, wie der Anstieg der Nettoauslandsinvestitionen das Angebot an Pesos auf dem Devisenmarkt von S_1 auf S_2 erhöht. Denn wenn die Marktteilnehmer versuchen, ihre mexikanischen Aktiva loszuwerden, so äußert sich dies in einem großen Angebot an Pesos, die in andere Währungen umgetauscht werden sollen. Diese Erhöhung des Angebots führt zu einer Abwertung des Pesos, also einem Anstieg des Wechselkurses von e_1^* auf e_2^*. *Die Kapitalflucht aus Mexiko erhöht also die mexikanischen Zinsen auf dem Kreditmarkt und mindert den Wert der mexikanischen Währung auf dem Devisenmarkt, führt also zu einem Anstieg des Wechselkurses in Preisnotierung.* Genau diese Entwicklungen wurden 1994 in Mexiko beobachtet. Vom November 1994 bis zum März 1995 stieg der Zinssatz auf kurzlaufende mexikanische Staatsanleihen von 14% auf 70% an, und der Peso wertete sich um fast 50% gegenüber dem US-Dollar ab.

Könnten die Ereignisse, die Mexiko erschütterten, auch in einer großen, als sehr stabil einzuschätzenden Volkswirtschaft, wie den Vereinigten Staaten oder Deutschland, passieren? Solange Amerika oder Deutschland als Volkswirtschaften angesehen werden, in denen sicher zu investieren ist, haben politische Entwicklungen, wenn überhaupt, nur zu Kapitalbewegungen geringen Ausmaßes Anlaß gegeben. So berichtete z.B. die *New York Times* am 22. September 1995, daß am Vortag der Sprecher des Repräsentantenhauses, Newt Gingrich, damit gedroht habe, zum ersten Mal in der Geschichte Amerikas die Zins- und Tilgungszahlungen auf die Staatsschuld auszusetzen, um damit die Clinton-Administration zum Budgetausgleich nach republikanischen Vorstellungen zu zwingen. Obwohl die meisten

Schaubild 30-7
Die Wirkungen einer Kapitalflucht.
Wenn die Marktteilnehmer beschließen, daß Mexiko ein riskanter Ort zur Anlage ihrer Ersparnisse ist, so werden sie ihr Kapital in ein anderes Land transferieren, was sich in einem Anstieg der mexikanischen Nettoinvestitionen niederschlägt. In der Folge steigt die Kreditnachfrage in Mexiko von D_1 auf D_2, wie in Abbildung a) erkennbar ist; dies wiederum wirkt sich erhöhend auf den Zinssatz aus, der von r_1 auf r_2 steigt. Da die Nettoauslandsinvestitionen nun zu jedem Zinssatz höher ausfallen, verschiebt sich die Kurve der Nettoauslandsinvestitionen in der Abbildung b) von NFI_1 auf NFI_2 nach rechts. Zur gleichen Zeit steigt auf dem Devisenmarkt das Angebot an Pesos von S_1 auf S_2, wie aus Abbildung c) ersichtlich ist. Dieser Anstieg des Angebots an Pesos verursacht eine Abwertung des Pesos, also einen Anstieg des Wechselkurses von e_1^* auf e_2^*, so daß der Peso im Vergleich zu anderen Währungen einen geringeren Wert aufweist als zuvor.

a) Der mexikanische Kreditmarkt

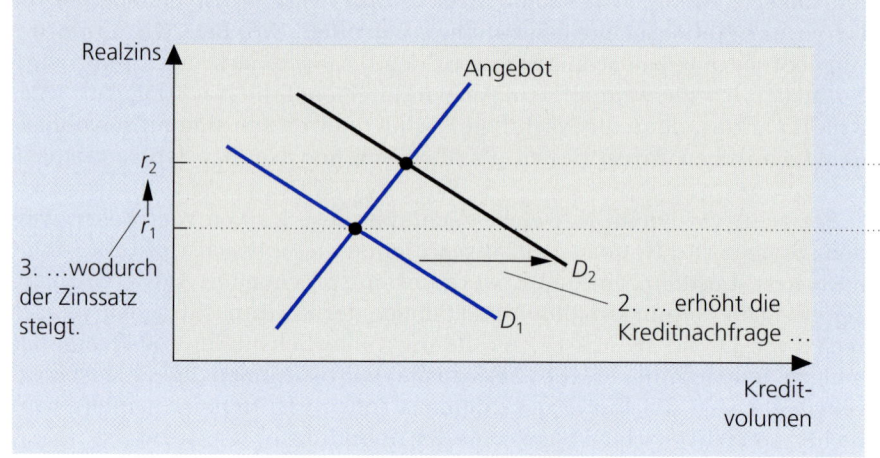

Menschen einen derartigen ›Staatsbankrott‹ für unwahrscheinlich hielten, war die Wirkung dieser Ankündigung ähnlich den mexikanischen Ereignissen – nur in sehr viel kleinerem Umfang. Im Verlauf dieses einen Tages stieg der Zinssatz für 30jährige Staatsanleihen von 6,46% auf 6,55% und der Wechselkurs gegenüber dem Yen fiel um mehr als 3%. Man sieht also, daß auch potentiell sehr stabile Länder von Kapitalflucht betroffen sein können.

Nehmen Sie an, die Deutschen würden sich entschließen, einen geringeren Prozentsatz ihres Einkommens zu sparen. Welche Wirkung hätte dies auf Ersparnis, Investitionen, Zinsen, reale Wechselkurse und den Leistungsbilanzsaldo?

Schlußfolgerung

Das Thema Außenwirtschaft bzw. die Internationalisierung der Wirtschaft ist von steigender Bedeutung. Die Deutschen kaufen immer mehr Güter, die im Ausland hergestellt wurden, und produzieren auch immer mehr für den Export. Über Investmentgesellschaften und andere Finanzinstitutionen sind sie Schuldner und Gläubiger auf den internationalen Kapitalmärkten. Dies hat zur Folge, daß eine vollständige Analyse der deutschen Volkswirtschaft Wissen und Verständnis erfordert, wie die deutsche Volkswirtschaft mit anderen Volkswirtschaften in Interaktion steht. Dieses Kapitel lieferte uns ein Grundmodell, nach dem wir uns eine offene Volkswirtschaft vorstellen können.

Doch obgleich die Untersuchung außenwirtschaftlicher Fragen wichtig ist, sollte man vorsichtig sein und deren Bedeutung nicht überinterpretie-

b) Die Nettoauslandsinvestitionen Mexikos

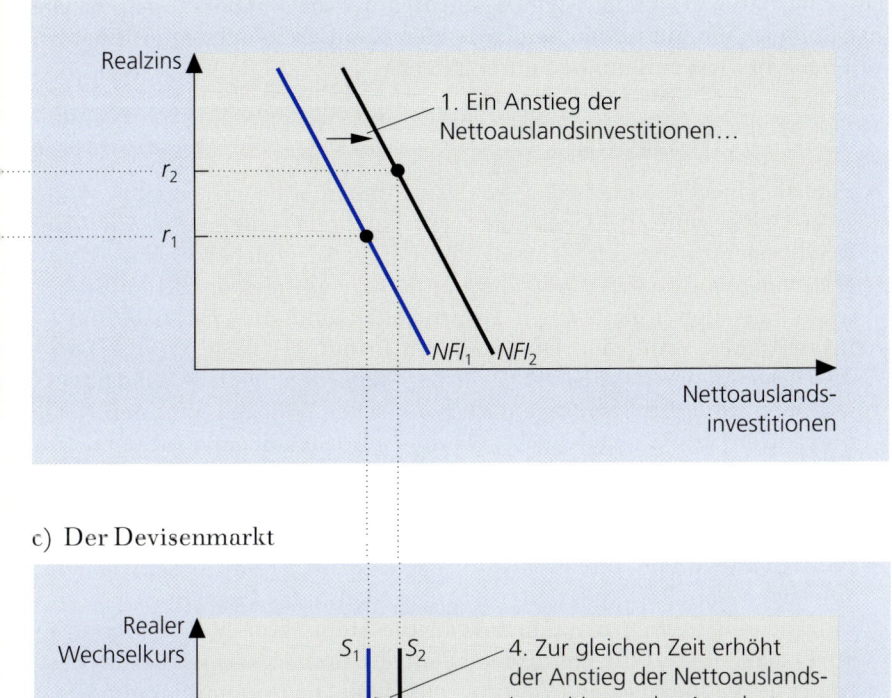

c) Der Devisenmarkt

ren. Denn Politiker und Kommentatoren sind oftmals schnell dabei, das Ausland für alle Probleme, denen sich eine Volkswirtschaft gegenüber sieht, verantwortlich zu machen. Ökonomen hingegen mögen viele dieser Probleme eher als hausgemacht beurteilen. Beispielsweise stellen Politiker häufig den internationalen Wettbewerb als Bedrohung für den heimischen Lebensstandard hin. Ökonomen indes werden wahrscheinlich eher die möglicherweise zu geringe Sparquote ins Feld führen. Niedrige Ersparnis behindert die Kapitalakkumulation, die Produktivitätsentwicklung und den Lebensstandard, unabhängig davon, ob es sich um eine offene oder geschlossene Volkswirtschaft handelt. Das Ausland ist ein willkommenes Ziel für Angriffe der Politiker, denn Ausländer verantwortlich zu machen, stellt eine Möglichkeit dar, Verantwortung abzuschieben ohne inländische Wählerschichten zu verletzen. Wann immer Sie also öffentliche Diskussionen über internationalen Handel und internationale Finanzen hören, ist es daher besonders wichtig, Mythos und Realität auseinanderzuhalten. Die Instrumente, die Sie in den beiden letzten Kapiteln kennengelernt haben, sollen Sie in diesem Bemühen unterstützen.

Zusammenfassung

- Für die makroökonomische Analyse offener Volkswirtschaften sind zwei Märkte zentral – der Kreditmarkt und der Devisenmarkt. Auf dem Kreditmarkt sorgt der Zinssatz für einen Ausgleich zwischen dem Kreditangebot (aus der inländischen Ersparnis) und der Kreditnachfrage (aus den inländischen Investitionen und den Nettoauslandsinvestitionen). Auf dem Devisenmarkt bringt der reale Wechselkurs das Angebot an heimischer Währung (aus den Nettoauslandsinvestitionen) und die Nachfrage nach heimischer Währung (aus den Nettoexporten) ins Gleichgewicht. Da die Nettoauslandsinvestitionen einen Teil der Kreditnachfrage bilden und für das Angebot an heimischer Währung auf dem Devisenmarkt sorgen, stellen sie das Bindeglied zwischen diesen beiden Märkten dar.
- Politikmaßnahmen, die die inländische Ersparnis reduzieren, wie beispielsweise ein Budgetdefizit, verringern damit das Angebot an Kreditmitteln und treiben den Zinssatz in die Höhe. Der höhere Zinssatz wirkt senkend auf die Nettoauslandsinvestitionen, was wiederum das Angebot an heimischer Währung auf dem Devisenmarkt reduziert. Dies führt zu einer Aufwertung der Inlandswährung und damit zu einem Rückgang der Nettoexporte.
- Obwohl restriktive handelspolitische Maßnahmen, wie Zölle oder Importquoten, manchmal als Argumente für eine Änderung des Leistungsbilanzsaldos angeführt werden, haben sie nicht notwendigerweise diese Wirkung. Eine Handelsbeschränkung erhöht bei gegebenem Wechselkurs die Nettoexporte und damit die Nachfrage nach heimischer Währung auf dem Devisenmarkt. In der Folge ergibt sich eine Aufwertung der Inlandswährung, die heimische Güter im Vergleich zu ausländischen teurer macht. Damit konterkariert die Aufwertung die ursprüngliche Wirkung der Handelsbeschränkung auf die Nettoexporte.
- Ändern Anleger ihre Meinung bezüglich der Risikobewertung eines Landes, so können daraus gravierende Folgen für die betreffende Volkswirtschaft erwachsen. Insbesondere kann politische Instabilität zu Kapitalflucht führen, wodurch sich tendenziell in dem betroffenen Land Zinserhöhungen sowie eine Abwertung der entsprechenden Währung ergeben.

Stichworte

Handelspolitik   Kapitalflucht

Zur Wiederholung

1. Beschreiben Sie Angebot und Nachfrage auf dem Kreditmarkt und dem Devisenmarkt. Wie stehen diese Märkte miteinander in Verbindung?
2. Stellen Sie sich vor, eine Textilarbeitergewerkschaft hält die Konsumenten dazu an, nur inländisch produzierte Kleidung zu kaufen. Wie würde sich eine solche Politik auf den Außenbeitrag und den realen Wechselkurs auswirken? Welches wäre die Wirkung auf die Textilindustrie? Was würde in der Automobilindustrie geschehen?
3. Nehmen Sie an, der Bundestag beschließe eine Steuererleichterung für Investitionen, um die heimischen Investitionen zu unterstützen. Welche Wirkung hätte eine solche Maßnahme auf die Ersparnis, die heimischen Investitionen, die Nettoauslandsinvestitionen, den Zinssatz, den Wechselkurs und den Leistungsbilanzsaldo?

Aufgaben und Anwendungen

1. In der Regel wies Japan in den vergangenen Jahren einen deutlichen Außenhandelsüberschuß auf. Auf was ist dies Ihrer Einschätzung nach zurückzuführen: auf die hohe ausländische Nachfrage nach japanischen Gütern, auf die niedrige japanische Nachfrage nach ausländischen Gütern, auf die im Vergleich zu den japanischen Investitionen hohe japanische Sparquote oder auf strukturelle Importbeschränkungen Japans? Erläutern Sie ihre Antwort.
2. Wie würde sich ein Anstieg des Einkommens im Ausland auf die deutschen Nettoexporte auswirken? Wie würde dies den Wert der DM auf dem Devisenmarkt beeinflussen?
3. Zum kontinuierlichen Fall des Wertes des Dollars schrieb die *New York Times* am 14. April 1995, »that the president was clearly determined to signal that the United States remains solidly on a course of deficit reduction, which should make the dollar more attractive to investors.« Würde eine Verringerung des Defizits tatsächlich den Dollar stärken? Erklären Sie.
4. Eine Kolumne in der *New York Times* vom 30. April 1995 war überschrieben mit »Save the Dollar: Encourage Saving.« Welches wäre die Wirkung einer erhöhten Ersparnis auf den Wert des Dollars? War es das, woran der Kolumnist Ihrer Meinung nach dachte?
5. Als Antwort auf einen Artikel zur Handelspolitik im *New Republic* am 1. April 1991 schrieb ein Ökonom: »One of the benefits of the United States removing its trade restrictions [is] the gain to U.S. industries that produce goods for export. Export industries would find it easier to sell their goods abroad – even if other countries didn't follow our example and reduce their trade barriers.« Erklären Sie in Ihren eigenen Worten,

warum die amerikanische *Export*industrie von einem Abbau der *Import*beschränkungen profitieren könnte.

6. Nehmen Sie an, die Franzosen würden plötzlich eine starke Präferenz für deutsche Weine entwickeln. Beantworten Sie die folgenden Fragen verbal und graphisch.
   a) Was geschieht mit der Nachfrage nach DM auf dem Devisenmarkt?
   b) Wie wirkt sich dies auf den Wert der DM auf dem Devisenmarkt aus?
   c) Und was geschieht mit den Nettoexporten?

7. Ein amerikanischer Senator schwört seiner früheren Unterstützung des Protektionismus mit den folgenden Worten ab: »The U.S. trade deficit must be reduced, but import quotas only annoy our trading partners. If we subsidize U.S. exports instead, we can reduce the deficit by increasing our competitiveness.« Zeigen Sie graphisch unter Verwendung unserer dreiteiligen Abbildung die Wirkung einer Exportsubvention auf die Nettoexporte und den realen Wechselkurs. Stimmen Sie mit dem Senator überein?

8. Nehmen Sie an, die amerikanischen Realzinsen stiegen an. Erläutern Sie, wie dies die deutschen Nettoauslandsinvestitionen beeinflußt. Erklären Sie sodann unter Verwendung einer Formel aus diesem Kapitel sowie mit Hilfe einer graphischen Darstellung, wie diese Veränderung auf die deutschen Nettoexporte wirkt. Was wird mit dem realen Wechselkurs Deutschlands gegenüber den USA passieren?

9. Nehmen Sie an, die Amerikaner würden beschließen, mehr zu sparen.
   a) Wenn die Elastizität der amerikanischen Nettoauslandsinvestitionen gegenüber dem Realzinssatz sehr hoch ist, wird dann der Anstieg der privaten Ersparnis eine starke oder schwache Wirkung auf die amerikanischen inländischen Investitionen haben?
   b) Wenn die Elastizität der amerikanischen Nettoauslandsinvestitionen gegenüber dem Realzinssatz sehr gering ist, wird dann der Anstieg der privaten Ersparnis eine starke oder schwache Wirkung auf die amerikanischen inländischen Investitionen haben?

10. Nehmen Sie an, die Europäer entwickelten auf einmal ein starkes Interesse an Investitionen in Kanada.
    a) Was passiert mit den kanadischen Nettoauslandsinvestitionen?
    b) Welche Wirkung hat dies auf die kanadische private Ersparnis und die kanadischen Investitionen im eigenen Land.
    c) Welche langfristigen Auswirkungen wird dies auf den kanadischen Kapitalstock haben?

11. Im vergangenen Jahrzehnt wurde ein Teil der japanischen Ersparnis dazu verwendet, amerikanische Investitionen zu finanzieren. D.h. die amerikanischen Nettoauslandsinvestitionen in Japan waren negativ.
    a) Was würde auf dem amerikanischen Kreditmarkt passieren, wenn die Japaner auf einmal nicht länger amerikanische Aktiva kaufen wollten? Wie würde sich dies insbesondere auf die amerikanischen Zinssätze, die amerikanische Ersparnis und die amerikanischen Investitionen auswirken?

b) Was würde auf dem Devisenmarkt geschehen? Wie würde sich diese Entwicklung insbesondere auf den Wert des Dollars und die amerikanische Leistungsbilanz auswirken?

12. Die meisten Modelle offener Volkswirtschaften zeigen, daß ein Rückgang der gesamtwirtschaftlichen Ersparnis zu einem Rückgang der Nettoauslandsinvestitionen und damit auch zu einem Rückgang der Nettoexporte führt. Ökonomen haben jedoch gleichzeitig herausgefunden, daß über lange Zeitabschnitte betrachtet in fast jedem Land die gesamtwirtschaftliche Ersparnis den inländischen Investitionen entspricht.

a) In welcher Hinsicht scheint diese Tatsache unserem Modell zu widersprechen?

b) Nehmen Sie an, die Anleger sträubten sich dagegen, zu viele Auslandsaktiva aus einem einzigen Land anzuhäufen. Wie kann dieses Verhalten dazu beitragen, die Tatsachen mit unserem Modell zu versöhnen?

Kurzfristige wirtschaftliche Schwankungen

Teil XII

Gesamtwirtschaftliche Nachfrage und gesamtwirtschaftliches Angebot

Kapitel 31

In diesem Kapitel werden Sie

- drei Schlüsseltatsachen über kurzfristige wirtschaftliche Schwankungen lernen,
- den Unterschied zwischen kurzfristiger und langfristiger Wirtschaftsentwicklung verstehen,
- ein kurzfristiges Modell aus aggregierter Nachfrage und aggregiertem Angebot aufbauen,
- sich davon überzeugen, daß Nachfrage- oder Angebotsänderungen zu Rezessionen führen.

Die gesamtwirtschaftliche Aktivität schwankt von Jahr zu Jahr. Meistens jedoch steigt die gesamtwirtschaftliche Produktion von Waren und Dienstleistungen der Tendenz nach an. Dank der Zuwächse an Arbeitskräften und an Realkapital und wegen Fortschritten im technologischen Wissen kann eine Volkswirtschaft im Laufe der Zeit mehr und mehr produzieren. Durch Wachstum wird der Lebensstandard aller Einwohner höher werden. Im Durchschnitt der letzten drei Jahrzehnte ist das reale Bruttoinlandsprodukt der Bundesrepublik Deutschland um rund 2,8% pro Jahr gewachsen (arithmetisches Mittel der Wachstumsraten von 1966 bis 1996 in Schaubild 31-1).

Vor dem Zweiten Weltkrieg bezeichnete man die Schwankungen der gesamtwirtschaftlichen Aktivität nach günstigen und weniger günstigen Konstellationen der Astronomie als »Konjunkturen«. Man dachte dabei an Zu- oder Abnahmen um ein stationäres Niveau herum. Die langfristig stationäre Volkswirtschaft war lange Zeit das Entwicklungsbild. Nach dem Zweiten Weltkrieg jedoch führten empirische Forschungen zu der Erkenntnis, daß die westeuropäischen Länder, die USA, Kanade, Japan und andere Länder *wachsende Volkswirtschaften* sind. Konjunkturschwankungen sind deshalb Wachstumsschwankungen. **Aufschwungjahre und Abschwungjahre** nach zunehmenden und abnehmenden Wachstumsraten des Bruttoinlandsprodukts oder des Bruttosozialprodukts gilt es zu unterscheiden. Zumeist kommt es in den Aufschwungjahren zu einem Rückgang der Arbeitslosenquote und in den Abschwungjahren zu einem Anstieg der Arbeitslosenquote. Verläßlich gekoppelt sind gesamtwirtschaftliche Aktivität und Arbeitslosenquote jedoch nicht (unter anderem wegen ausgeprägter demographischer Sonderbewegungen). *Abschwungjahre werden auch als **Rezession** bezeichnet* (rückläufiges Sozialproduktswachstum und ansteigende

Aufschwung
Zunahme der Wachstumsraten des realen Bruttosozialprodukts oder Bruttoinlandsprodukts (mit Abnahme der Arbeitslosen)

Abschwung
Abnahme der Wachstumsraten des realen Bruttosozialprodukts oder Bruttoinlandsprodukts (mit Zunahme der Arbeitslosen)

Rezession
Periode des Abschwungs

Depression
Kräftiger Abschwung
(mit Schrumpfungs-
raten des Sozialpro-
dukts)

Konjunkturzyklus
Empirisch die
Abfolge von Auf-
schwung- und
Abschwungjahren
(mit idealtypischer
Vorstellung harmoni-
scher Schwingungen)

Arbeitslosigkeit). Eine kräftige Rezession, z.B. mit negativen Wachstumsraten des Sozialprodukts, nennt man **Depression**. Schrumpfungsraten des
Sozialprodukts gab es in der Zeit von 1965 bis 1996 in Deutschland nur
vereinzelt, nämlich 1967, 1975, 1982 und 1993. Die Abfolgen von Auf-

a) Bruttoinlandsprodukt Bundesrepublik Deutschland (Billionen DM und
Wachstumsraten)

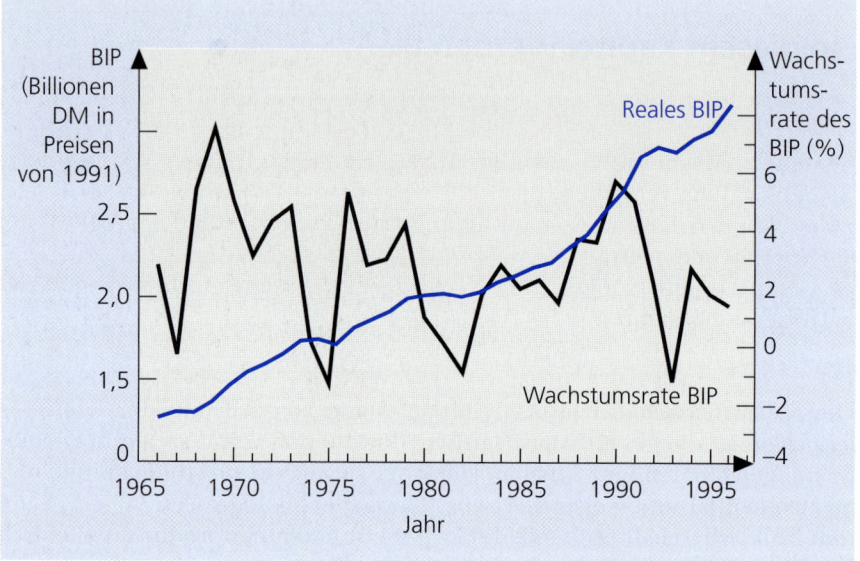

b) Investitionen Bundesrepublik Deutschland (Billionen DM und Wachstumsraten)

Schaubild 31-1
Indikatoren der
kurzfristigen
Schwankungen in
der Bundesrepublik
Deutschland: Brut-
toinlandsprodukt
(Billionen DM und
Wachstumsraten),
Investitionen (Billio-
nen DM und Wachs-
tumsraten), Arbeits-
losenquote
(Arbeitslose in% des
Arbeitskräftepotenti-
als)

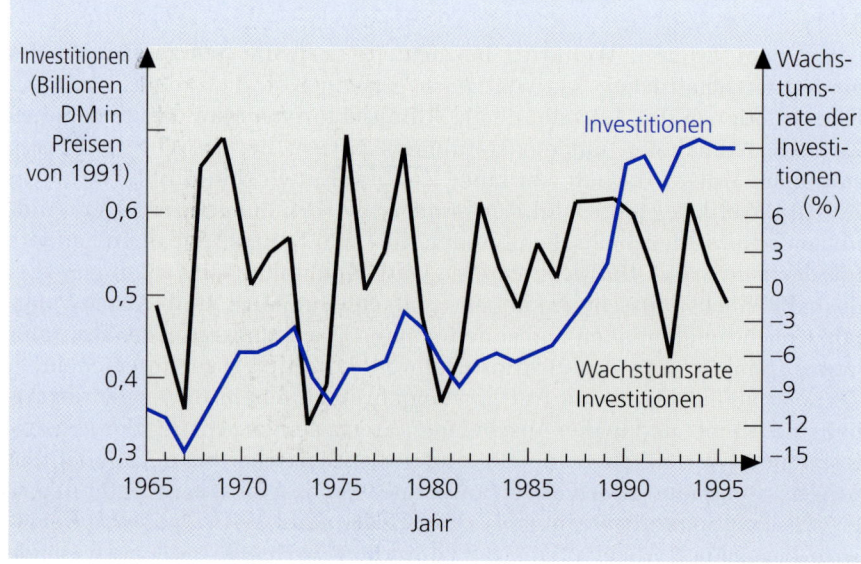

c) Arbeitslosenquote Bundesrepublik Deutschland

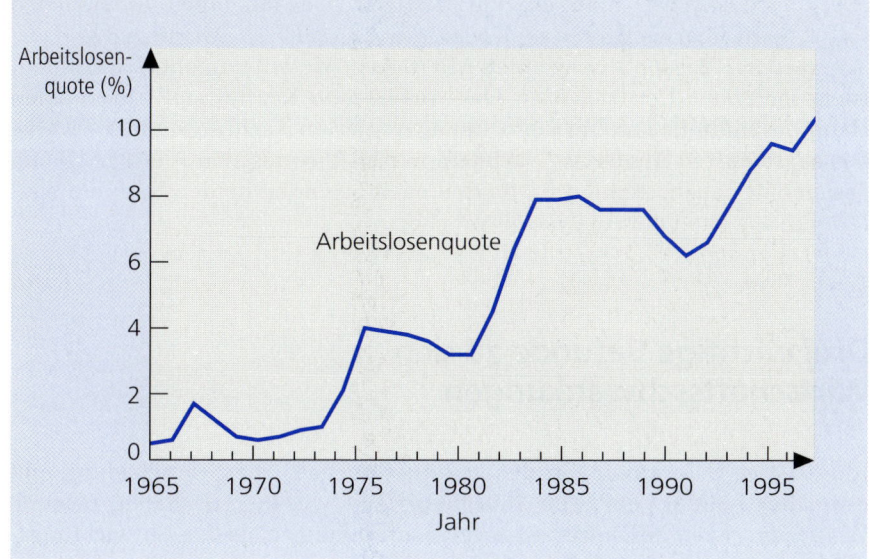

schwung- und Abschwungjahren, die als **Wachstumszyklen** zusammengefaßt werden, zeigt das Schaubild 31-1 für Deutschland.

Die Jahre mit unterdurchschnittlicher oder abnehmender Wachstumsrate
des Bruttoinlandsprodukts haben spürbare Auswirkungen auf den Ge-
schäftsgang der Unternehmungen: Es kommt zu Absatzstockungen der
Güter, zu Einschränkungen der Produktion, zu Entlassungen von Arbeitskräften, zur Unterauslastung der Kapazitäten und zum Anstieg der Arbeitslosenquote. Vom Produktionsrückgang sind alle Arten von Sozialprodukts-
Maßgrößen betroffen (u.a. reales Bruttoinlandsprodukt und Bruttosozialprodukt zu Marktpreisen, Nettosozialprodukt zu Faktorkosten oder
Volkseinkommen). Zyklen der gesamtwirtschaftlichen Entwicklung spiegeln sich mehr oder weniger stark in allen Daten des Mikrobereichs.

Welches sind die Ursachen der kurzfristigen wirtschaftlichen Schwankungen? Was kann die Wirtschaftspolitik – wenn überhaupt – vorbeugend
gegen rückläufiges Wirtschaftswachstum und steigende Arbeitslosigkeit im
Abschwung unternehmen? Wie können die Wirtschaftspolitiker die Zeit-
dauer und die Intensität einer Rezession oder Depression mildern? Dies
sind einige der Fragen, die wir im vorliegenden und im nächsten Kapitel
aufgreifen.

Die Variablen dazu haben wir größtenteils bereits in früheren Kapiteln
angesprochen. Dazu gehören das BIP (Bruttoinlandsprodukt), die Arbeitslosenquote, Zinssätze, Wechselkurse und das Preisniveau. Vertraut sind uns
auch schon die politischen Maßnahmen der Staatsausgaben, der Steuern
und des Geldangebots. Neu ist in den beiden folgenden Kapiteln der
Zeithorizont der Betrachtung. In den vorangegangenen sieben Kapiteln war
das Augenmerk auf die langfristige Wirtschaftsentwicklung gerichtet. Nun
konzentrieren wir den Blick auf die kurzfristigen Wirtschaftsschwankungen
um den langfristigen Trend herum.

Obwohl unter den Nationalökonomen unterschiedliche Ansichten darüber bestehen, wie man die kurzfristigen Schwankungen untersuchen sollte, wird überwiegend das *Modell der aggregierten Nachfrage und des aggregierten Angebots* verwendet. Mit diesem Modell umgehen zu können, ist unser erstes Lernziel hier. Das vorliegende Kapitel stellt die beiden Hauptbestandteile vor, die Kurve der aggregierten Nachfrage und die Kurve des aggregierten Angebots. Nachdem wir im Umgang damit einige Übung gesammelt haben, können wir in den nachfolgenden beiden Kapiteln weitere Einzelheiten der Analyse besprechen.

Drei wichtige Befunde zu den Wirtschaftsschwankungen

Kurzfristige Schwankungen der gesamtwirtschaftlichen Entwicklung gibt es in allen Ländern der Erde. In früherer Zeit – bis kurz nach dem Zweiten Weltkrieg – hat man die kurzfristigen Schwankungen als den Entwicklungspfad einer Volkswirtschaft schlechthin angesehen. Für die Untersuchung der jährlichen oder mehrjährigen Auf- und Abschwünge kann man vom Phänomen ausgehen und zunächst die formalen Befunde aufzählen. Die wichtigsten sind drei.

Befund 1   ## Wirtschaftliche Schwankungen sind unregelmäßig und nicht prognostizierbar.

Oft bezeichnet man die kurzfristigen Schwankungen als *Konjunkturzyklen* oder als »business cycles«, da sie alltäglichen Geschäftsschwankungen entsprechen. Bei raschem Wachstum des Sozialprodukts gehen auch die Geschäfte gut. Die Unternehmungen haben reichlich Kunden und wachsende Gewinne. Bei gedämpftem Wachstum oder gar schrumpfendem Sozialprodukt kommen die Unternehmungen in Schwierigkeiten. Zu Zeiten der Rezession verzeichnen fast alle Unternehmungen rückläufige Umsätze und Gewinne.

Der Begriff *Konjunkturzyklus* ist jedoch ein wenig irreführend, da er auf die Vorstellung anspielt, die konjunkturellen Schwankungen folgten einem regelmäßigen und vorhersehbaren Muster. Tatsächlich aber sind die Fluktuationen ganz und gar nicht regelmäßig, und man kann sie kaum mit einiger Treffsicherheit vorhersagen. Die Zahlen des Schaubildes 31-1a) machen es deutlich. Die Rezessionsphasen kehren – wie man sieht – weder in regelmäßigen Abständen noch mit gleicher Intensität wieder.

Die meisten makroökonomischen Variablen schwanken gemeinsam.

Um kurzfristige Schwankungen einer Volkswirtschaft abzubilden, verwendet man zumeist das reale Bruttoinlandsprodukt (BIP), da es neben dem Sozialprodukt die umfassendste Größe für die unternehmerischen Aktivitäten auf dem Territorium einer Volkswirtschaft darstellt. Das reale BIP, das Bruttoinlandsprodukt in konstanten Preisen eines Basisjahres, mißt den Wert aller in einer bestimmten Periode produzierten Waren und Dienste für Endnachfrager. Es mißt auch das (inflationsbereinigte) Einkommen aller Menschen einer Volkswirtschaft. Bei ganz exakter Verwendung der volkswirtschaftlichen Termini schaut man wegen des Einkommens auf die Größe *Volkseinkommen* (Nettosozialprodukt zu Faktorkosten).

Bei der Beobachtung der kurzfristigen Wirtschaftsschwankungen stellt es sich heraus, daß es nicht sehr viel Unterschied macht, welche Variante des Sozialprodukts man heranzieht. Die meisten Makrovariablen, die irgendwie das Einkommen, die Ausgaben oder die Produktion beschreiben, unterliegen gemeinsamen Schwankungen. Wenn in einer Rezession die Wachstumsraten des realen BIP zurückgehen, fallen auch Arbeitnehmereinkommen und Gewinne, Konsumausgaben, Investitionsausgaben, Industrieproduktion, Groß- und Einzelhandelsumsätze und alles mögliche sonst auf niedrigere Wachstumsraten zurück. Da Konjunkturschwankungen und Rezessionen die gesamte Volkswirtschaft umfassen, zeigen sie sich in zahlreichen Daten von makroökonomischen Variablen.

Obwohl viele Makrovariablen gemeinsam schwanken, so schwanken sie doch in unterschiedlichem Ausmaß. So zeigt das Schaubild 31-1, daß etwa die Investitionen sehr intensiven Schwankungen im Konjunkturzyklus unterliegen. Die Investitionen liefern überproportionale und meist prozyklische Beiträge zu den statistischen Daten.

Der Rückgang des Produktionswachstums ist mit einem Anstieg der Arbeitslosigkeit verknüpft.

Veränderungen der gesamtwirtschaftlichen Güterproduktion sind eng mit einem veränderten Arbeitseinsatz korreliert. Bei einem Rückgang des Produktionswachstums wird es also zu einem Anstieg der Arbeitslosenquote kommen. Dies überrascht niemanden. Sofern Unternehmungen die Produktion einschränken (siehe negative Wachstumsraten des BIP), werden sie Arbeitskräfte entlassen und so zum Anstieg der Arbeitslosenzahlen beitragen. Man betrachte dazu die Angaben des Schaubildes 31-1.

Das Okun-Gesetz

Um wieviel wird sich die Arbeitslosenquote typischerweise ändern, wenn das Wachstum des realen Bruttoinlandsprodukts schwankt? Nationalökonomen beantworten diese Frage mit Hilfe des Okun-Gesetzes. Formelhaft kann man diese nach einem früheren US-Regierungsberater benannte *Okun-Regel* so fassen:

$$\text{Änderung der Arbeitslosenquote } [\text{Prozentpunkte}] = -\tfrac{1}{2}\,(\text{reale BIP-Wachstumsrate} - 3)$$

Reale BIP-Wachstumsrate minus 3, halbiert und mit negativem Vorzeichen für die gegenläufige Entwicklung von Arbeitslosigkeit und Sozialproduktswachstum versehen, ergibt über den Daumen gepeilt ungefähr die wachstumsbedingte Änderung der Arbeitslosenquote. Bei dem sogenannten Okun-Gesetz handelt es sich um eine Erfahrungsregel, die sich für bestimmte Jahre der Vereinigten Staaten grob bewährt hat. Man kann nicht unterstellen, daß die Regel in unveränderter Form – sie enthält ja zwei landes- und zeittypische Parameter (minus drei und den Faktor minus ein halb) – für die Bundesrepublik Deutschland empirisch gültig ist. Die Okun-Regel enthält in sehr gedrängter Form »Konjunkturtheorie«, wie man sie aus Modellen mit Gleichungssystemen zu gewinnen sucht: einen stabilen quantitativen Zusammenhang zwischen Veränderungen der gesamtwirtschaftlichen Produktion und Änderungen der Arbeitslosenquote.

Schnelltest   Nennen und erläutern Sie die drei wichtigsten empirischen Befunde zu den kurzfristigen Wirtschaftschwankungen. Wenden Sie bitte die Okun-Regel auf die Zahlen des Schaubildes 31-1 an. Wie könnte eine modifizierte Regel für die deutschen Daten lauten?

Zur Erklärung der kurzfristigen Wirtschaftsschwankungen

Die Entwicklungsmuster statistisch zu beschreiben, denen Volkswirtschaften im Laufe der Zeit mit den kurzfristigen Wirtschaftsschwankungen unterliegen, ist leicht. Erheblich schwerer ist es jedoch, die ursächliche Begründung dafür zu erarbeiten. Verglichen mit den Kapiteln zuvor bestehen bei Theorien kurzfristiger Wirtschaftsschwankungen erheblich größere Unterschiede in den Lehrmeinungen. Wir skizzieren hier und in den nächsten beiden Kapiteln das am häufigsten zur Erklärung verwendete Modell.

Wie sich kurzfristige und langfristige Entwicklung unterscheiden

Die Bestimmung der wichtigsten makroökonomischen Variablen war Gegenstand früherer Kapitel. Das Kapitel 24 erklärte Höhe und Wachstum der Produktivität und des realen Bruttoinlandsprodukts. Das Kapitel 25 legte dar, wie sich der Realzinssatz zur Angleichung von Ersparnissen und Investitionen einstellt. Kapitel 26 erörterte die unterschiedlichen Ursachen von Arbeitslosigkeit. In den Kapiteln 27 und 28 wurde das Geldwesen oder das monetäre System erklärt und danach gefragt, wie Änderungen des Geldangebots auf das Preisniveau, die Inflationsrate und den Nominalzinssatz wirken. Die Kapitel 29 und 30 erweiterten diese Analyse auf offene Volkswirtschaften, um den Außenhandelssaldo und den Wechselkurs begründen zu können.

All unsere vorangegangenen Analysen beruhten auf zwei verwandten Vorstellungen: der Idee der klassischen Dichotomie und der Idee der Neutralität des Geldes. Die klassische Dichotomie bedeutet Separierbarkeit in einerseits realwirtschaftliche Variablen (die Mengen und relative Preise darstellen) und andererseits nominale Variablen (die Geldgrößen darstellen). Nach klassischer makroökonomischer Theorie wirken sich Änderungen des Geldangebots nur auf die nominalen Variablen, nicht auf die realen Variablen aus. Aufgrund dieser Vorstellung von der Neutralität des Geldes war es in den Kapiteln 24, 25 und 26 möglich, die Bestimmung der realwirtschaftlichen Größen (reales BIP, realer Zinssatz und Arbeitslosigkeit) ohne die nominalen Variablen (Geldangebot und Preisniveau) vorzunehmen.

Gelten diese Annahmen der klassischen Makroökonomik auch in der Welt, in der wir leben? Die Antwort ist zentral wichtig für das Bild vom Funktionieren der Volkswirtschaft: *Nationalökonomen glauben überwiegend, daß die klassische makroökonomische Theorie die Welt langfristig richtig beschreibt, aber nicht auf kurze Sicht.* Jenseits einer Spanne von einigen Jahren beeinflussen Änderungen des Geldangebots zwar die Preise und andere nominale Variablen, nicht jedoch realökonomische Variablen wie das reale BIP, die Arbeitslosigkeit und ähnliche realwirtschaftliche Größen. Wenn man aber die volkswirtschaftlichen Veränderungen von Jahr zu Jahr untersucht, ist die Annahme der Neutralität des Geldes nicht länger stichhaltig. Die meisten Fachleute sind überzeugt, daß reale und nominale Größen bei kurzfristiger Betrachtung in hohem Maße verflochten sind.

Um das Funktionieren einer Volkswirtschaft auf kurze Sicht verstehen zu können, ist ein neues Modell erforderlich. Dieses Modell wird aus vielen zuvor schon behandelten Teilen aufgebaut, jedoch ohne die Vorstellungen der klassischen Dichotomie oder der Neutralität des Geldes.

Das Grundmodell wirtschaftlicher Schwankungen

Unser Modell der kurzfristigen Wirtschaftsschwankungen stellt zwei Variablen in den Mittelpunkt: zum einen das mit dem realen BIP gemessene gesamtwirtschaftliche *Produktionsniveau* an Gütern, zum anderen das mit dem Konsumgüter-Preisindex oder dem BIP-Deflator gemessene allgemeine *Preisniveau*. Dabei ist das Produktionsniveau eine realwirtschaftliche Größe, das Preisniveau jedoch eine nominale Variable. Mit dem Blick auf den Zusammenhang der beiden Größen heben wir schlaglichtartig die Ungültigkeit der klassischen Dichotomie hervor.

Ähnlich wie wir einen einzelnen Markt mit Kurven der Marktnachfrage und des Marktangebots untersuchen, analysieren wir gesamtwirtschaftliche

Schwankungen der Volkswirtschaft mit **aggregierter Nachfrage und aggregiertem Angebot**. Das Modell wird im Schaubild 31-2 illustriert. Auf der senkrechten Achse ist das volkswirtschaftliche Preisniveau abgetragen, auf der waagerechten Achse des Diagramms wird die volkswirtschaftliche Gütermenge gemessen. Die **Kurve der aggregierten Nachfrage** weist die Gütermengen aus, die Haushalte, Unternehmungen und staatliche Stellen bei den unterschiedlichen Preisniveaus kaufen wollen. Entsprechend zeigt die **Kurve des aggregierten Angebots** jene Gütermengen, die Unternehmungen zu den verschiedenen Preisniveaus herstellen und verkaufen möchten. Dem Modell zufolge gibt es Preisniveau- und Mengenanpassungen zur Angleichung von Nachfrage- und Angebotsmenge.

Die Versuchung ist groß, das Modell der aggregierten Nachfrage und des aggregierten Angebots nur als eine Großversion des Marktmodells aus dem Kapitel 4 zu betrachten. Doch tatsächlich ist unser vorliegendes Modell jenseits der oberflächlichen formalen Ähnlichkeit ganz anders. Wenn wir Nachfrage und Angebot auf einem einzelnen Markt (etwa dem Markt für Speiseeis) betrachten, hängt das Verhalten von Nachfragern und Anbietern wesentlich von der Beweglichkeit der Ressourcen zwischen den einzelnen Märkten ab. Bei einem Preisanstieg von Speiseeis sinkt die nachgefragte Menge deshalb, weil die Käufer ihr Einkommen nun für andere Güter verwenden. Entsprechend erhöht sich bei steigendem Preis die Angebotsmenge deshalb, weil die Speiseeishersteller die Produktion durch Abwerbung von Arbeitskräften aus anderen Bereichen der Volkswirtschaft steigern können. Diese *mikroökonomische* Substitution zwischen den einzelnen Märkten ist auszuschließen, wenn wir die Volkswirtschaft insgesamt betrachten. Die Gütermenge, die unser nun vorliegendes Modell erklären will, ist ja das reale Bruttoinlandsprodukt, das sämtliche in einer Volkswirtschaft hergestellte Güter enthält. Um die negative Steigung der aggregierten Nachfragekurve und die positive Steigung der aggregierten Angebotskurve zu verstehen, benötigen wir eine *makroökonomische* Theorie. Um die Entwicklung dieser Theorie geht es zunächst.

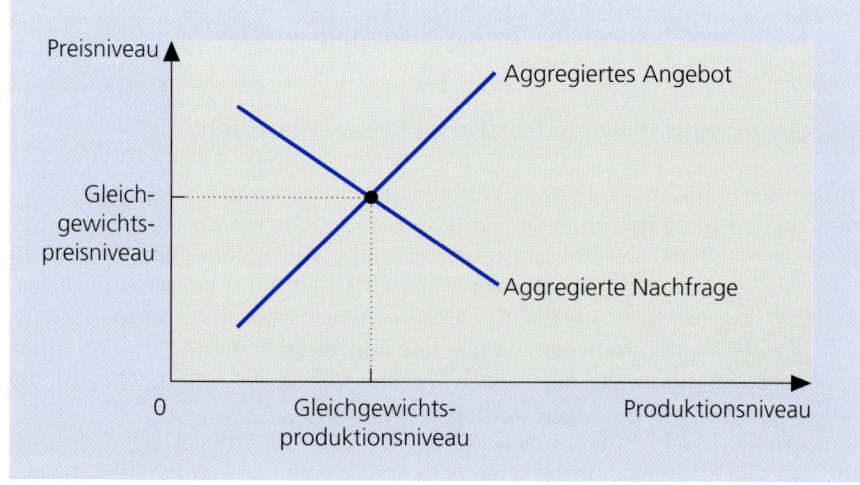

Schnelltest

Wie unterscheidet sich die gesamtwirtschaftliche Entwicklung auf kurze Sicht von der auf lange Sicht? Zeichnen Sie bitte das Diagramm mit aggregierter Nachfrage und aggregiertem Angebot. Erläutern Sie bitte die Achsenbeschriftung.

Die Kurve der aggregierten Nachfrage

Die Kurve der aggregierten Nachfrage informiert über die Mengen aller Waren und Dienstleistungen, die in der Volkswirtschaft bei verschiedenen Preisniveaus nachgefragt werden. Wie das Schaubild 31-3 zeigt, verläuft die aggregierte Nachfragekurve fallend (wie eine normale Marktnachfragekurve). Danach wird – unter sonst gleichen Bedingungen – bei einem Rückgang des volkswirtschaftlichen Preisniveaus (z.B. von P_1 auf P_2) das Nachfragenniveau nach Waren und Dienstleistungen in der Volkswirtschaft ansteigen (z.B. von Y_1 auf Y_2).

Warum die aggregierte Nachfragekurve eine negative Steigung hat

Was liegt hinter der negativen, gegenläufigen funktionalen Verknüpfung des Preisniveaus und des Nachfragenniveaus? Das Bruttoinlandsprodukt (Y) ist die Summe aus Konsumgütern für den Haushaltssektor (C), Investitionsgütern für den Unternehmenssektor (I), Gütern für den Staatssektor (G) und Gütern für den Auslandssektor oder Nettoexporten (NX):

$$Y = C + I + G + NX$$

Jede der vier Komponenten trägt zur aggregierten Güternachfrage bei. Die Staatsausgaben betrachtet man als eine durch Haushaltsbeschlüsse politisch fixierte Variable. Die übrigen drei Variablen jedoch – Konsum, Investitionen und Nettoexporte – sind ökonomisch bestimmt und insbesondere vom Preisniveau abhängig. Die negative Steigung der aggregierten Nachfrage erklärt sich danach, wie das Preisniveau jede einzelne der Makrovariablen Konsum, Investitionen und Nettoexporte beeinflußt. Die Argumentation beruht auf sogenannten *Vermögens- oder Realkasseneffekten* von Preisniveauänderungen. Davon werden hier drei Spielarten verwendet.

Pigou-Vermögenseffekt: Denken Sie an das Geld in Ihrer Brieftasche und auf ihrem Bankkonto. Nominal ist der Betrag eindeutig festgelegt. Der reale Wert in Gütern ist jedoch variabel. Bei einem Rückgang des Preisniveaus sind die DM mehr wert, weil sie dafür mehr Waren und Dienstleistungen kaufen können. Somit *fühlen sich die Konsumenten bei einem Rückgang des Preisniveaus wohlhabender, was sie zu höheren Ausgaben ermutigt und damit die nachgefragte Gütermenge erhöht.* Der Effekt ist nach Arthur C. Pigou (1877–1959) benannt, der ihn in die nationalökonomische Literatur eingeführt hat.

Schaubild 31-3
Die Kurve der aggregierten Nachfrage. Ein Rückgang des Preisniveaus von P_1 auf P_2 erhöht das Nachfrageniveau von Y_1 auf Y_2. Für den negativen Zusammenhang gibt es drei Gründe. Mit dem Rückgang des Preisniveaus steigt das Realvermögen an, die Zinssätze fallen und der Wechselkurs geht in Richtung Abwertung. Diese Effekte stimulieren Konsum, Investitionen und Nettoexporte. Als Summe ergibt sich ein Anstieg der Nachfragemenge.

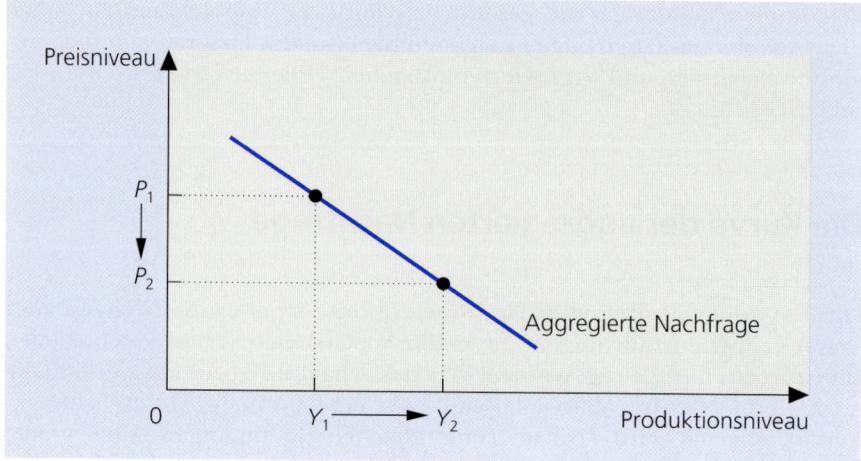

Keynes-Zinssatzeffekt: Im Kapitel 28 haben wir das Preisniveau als eine Bestimmungsgröße der Geldnachfrage kennengelernt. Je niedriger das Preisniveau ist, um so weniger Geld halten die Haushalte als Transaktionskasse für ihr übliches Nachfrageniveau an Gütern. Sie reduzieren ihren Bestand an Geldvermögen z.B. durch Darlehensvergabe oder Kauf verzinslicher Papiere. Vielleicht werden die erübrigten Gelder als verzinsliche längerfristige Spareinlagen bei einem Kreditinstitut eingezahlt, das damit seine Ausleihungen erhöht. In jedem dieser Fälle geht es für die privaten Haushalte darum, einen Teil ihrer Kassenbestände in verzinsliche Vermögensteile umzuwandeln. Damit drücken sie den Zinssatz nach unten. Niedrigere Zinssätze wiederum regen Unternehmungen zur Kreditaufnahme für Investitionen in Bauten und Ausrüstungen an sowie auch Private, die bauen wollen. Somit *wird ein niedrigeres Preisniveau das Zinsniveau senken, zu höheren Investitionen anregen und damit die Güternachfrage insgesamt steigern*. Der Effekt trägt den Namen Keynes-Effekt nach dem berühmten Nationalökonomen John Maynard Keynes (1883–1946).

Mundell-Fleming-Wechselkurseffekt: Eben haben wir uns vor Augen geführt, wie ein niedrigeres Preisniveau zu einem niedrigeren Zinsniveau führt und damit u. a. die unternehmerischen Investitionen in Realkapital anregt. Als Reaktion auf das niedrigere Zinsniveau werden jedoch einige Anleger umdisponieren, und zwar von der Anlage im Inland auf eine höher verzinsliche Anlage im Ausland. Die Anleger trachten nach »Investitionen« *(Portfolioinvestitionen)* in Geldtitel; sie sind Anbieter von Geld für Investitionszwecke. Bei einem Rückgang des Effektivzinssatzes deutscher Bundesanleihen (durch Kurssteigerung) werden die Anlager z.B. zu US-Staatsanleihen wechseln. Dabei steigern sie das DM-Angebot und die $-Nachfrage auf dem Devisenmarkt. Es kommt zu einer DM-Abwertung (d.h. für eine DM bekommt man weniger $) – einem Kursanstieg des $ nach deutscher Preisnotiz (DM pro $) oder einem Kursrückgang nach einer im Ausland verbreiteten Mengennotiz ($ pro DM). Als Folge der DM-Abwertung werden deutsche Waren und Dienstleistungen für das Ausland billiger und die Exporte angeregt. Umgekehrt werden ausländische Güter für Deutschland teurer und die Importe gedämpft. Es kommt zu einem Anstieg der Nettoexporte. Somit *wird ein niedrigeres Preisniveau mit dem Effekt niedrigerer Zinssätze auch zur Abwertung der Landeswährung führen und dadurch die Nettoexporte und die Gesamtnachfrage steigern.* Diesen Wechselkurseffekt haben die Nationalökonomen Robert Mundell und Marcus Fleming herausgearbeitet.

Zusammenfassung: Es gibt also drei unterschiedliche und miteinander verknüpfte Begründungen dafür, daß ein Rückgang des Preisniveaus die Menge der insgesamt nachgefragten Waren und Dienstleistungen erhöht: (1) Konsumenten fühlen sich wohlhabender und dadurch zu weiterer Nachfrage nach Gütern angeregt. (2) Zinssätze sinken und regen zu weiteren Investitionsgüterkäufen an. (3) Eine Abwertung der Landeswährung stimuliert die Nettoexporte. Nach allen drei Gründen hat die aggregierte Nachfragekurve eine negative Steigung.

Zu betonen ist noch einmal, daß die Kurve der aggregierten Nachfrage (wie jede Nachfragekurve) unter der Annahme »sonst gleicher Bedingungen« gezeichnet wird. Insbesondere implizieren unsere eben erläuterten drei Begründungen für den fallenden Verlauf der Kurve ein unverändertes Geldangebot. Wir haben also die Auswirkungen eines veränderlichen Preisniveaus auf die Güternachfrage bei konstantem Geldangebot untersucht. Wie wir einsehen werden, führen Veränderungen des Geldangebots zu Verschiebungen der aggregierten Nachfragekurve. Halten Sie bitte fest, daß die Kurve der aggregierten Nachfrage jeweils für eine ganz bestimmte Geldmenge Gültigkeit hat.

Warum es zur Verschiebung der aggregierten Nachfragekurve kommen kann

Nach der negativen Steigung der aggregierten Nachfragekurve wird ein Rückgang des Preisniveaus die Nachfrage erhöhen. Die Nachfrage nach Waren und Dienstleistungen in einer Volkswirtschaft ist jedoch noch von vielen anderen Einflußgrößen abhängig. Wenn sich eine dieser anderen Bestimmungsgrößen ändert, erfolgt eine Verschiebung der Kurve.

Es gibt zahlreiche Beispiele für Ereignisse, die Kurvenverschiebungen auslösen, u.a. diese:

- Die Deutschen sorgen sich plötzlich mehr um ihren Lebensunterhalt im Alter und beginnen, für den Ruhestand zu sparen. Sie reduzieren ihre laufenden Konsumausgaben und erhöhen damit ihre Sparquote. Da die zu jedem beliebigen Preisniveau nachgefragte Gütermenge kleiner wird, erfolgt eine Linksverschiebung der aggregierten Nachfragekurve.
- Es kommt eine neue Generation wesentlich schnellerer Computer auf den Markt und die meisten Unternehmungen investieren in neue Computer. Da die zu jedem beliebigen Preisniveau nachgefragte Gütermenge größer wird, erfolgt eine Rechtsverschiebung der aggregierten Nachfragekurve.

- Nach dem Ende des Kalten Krieges entscheidet sich der Bundestag für eine Halbierung des Verteidigungshaushalts bei den Anschaffungskosten von Waffensystemen. Da die zu jedem beliebigen Preisniveau nachgefragte Gütermenge kleiner wird, erfolgt eine Linksverschiebung der aggregierten Nachfragekurve.
- Der Bundesbankpräsident will im Rahmen seiner bald auf die Europäische Zentralbank übergehenden Kompetenzen mit einem verwegenen Akt »unbürokratischen« Vorgehens die deutsche Geldmenge erhöhen. Er läßt eine Milliarde Hundert-Mark-Scheine drucken und vom Hubschrauber aus über Deutschland verstreuen. Die Leute finden die Hunderter und geben einiges davon aus. Da die zu jedem beliebigen Preisniveau nachgefragte Gütermenge größer wird, erfolgt eine Rechtsverschiebung der aggregierten Nachfragekurve.

Die ersten beiden Verschiebungen der aggregierten Nachfragekurve entstehen durch veränderte Ausgabenpläne von Haushalten oder Unternehmungen. Die übrigen beiden Beispiele betreffen Verschiebungen aufgrund von fiskal- oder geldpolitischen Maßnahmen. In der Tat rühren Nachfrageverschiebungen teilweise von privaten Verhaltensänderungen und teilweise von Politikänderungen her.

Im nächsten Kapitel werden wir die Kurve der aggregierten Nachfrage in weiteren Einzelheiten untersuchen und dabei insbesondere klären, inwiefern die Werkzeuge der Geldpolitik und der Fiskalpolitik Verschiebungen bewirken. Zunächst einmal verfügen Sie über gewisse Vorstellungen davon, warum die Nachfragekurve eine negative Steigung aufweist und welche Ereignisse oder Maßnahmen zu Kurvenverschiebungen führen können.

Schnelltest   Erläutern Sie bitte die drei Gründe für die negative Steigung der aggregierten Nachfragekurve. Nennen Sie ein Beispiel für ein Ereignis, das zu einer Verschiebung der aggregierten Nachfragekurve führen würde. In welche Richtung träte die Verschiebung ein?

Die Kurve des aggregierten Angebots

Die Kurve des aggregierten Angebots informiert uns über die Menge an Waren und Dienstleistungen, die Unternehmungen bei einem bestimmten Preisniveau produzieren und verkaufen möchten. Der Zusammenhang zwischen dem Preisniveau und der Angebotsmenge ist je nach dem Zeithorizont der Betrachtung unterschiedlich. *Langfristig verläuft die Angebotskurve senkrecht, kurzfristig hingegen weist sie eine positive Steigung auf.* Um kurzfristige Wirtschaftsschwankungen und die Unterschiede zwischen kurz- und langfristigen Wirtschaftsentwicklungen verstehen zu können, müssen wir sowohl die kurzfristige als auch die langfristige Kurve des aggregierten Angebots untersuchen.

Warum die aggregierte Angebotskurve auf lange Sicht senkrecht verläuft

Wovon hängt die langfristig angebotene Menge an Waren und Dienstleistungen ab? Diese Frage wurde indirekt bereits an anderer Stelle in diesem Buch beantwortet, als es um den Prozeß des wirtschaftlichen Wachstums ging. *Langfristig hängt das Angebot einer Volkswirtschaft an Waren und Dienstleistungen von ihrer Faktorausstattung mit Arbeit und Kapital sowie von der verfügbaren Technologie zur Umwandlung der Produktionsfaktoren in Produkte ab.* Das Preisniveau berührt die langfristigen Bestimmungsgrößen des realen BIP nicht; die langfristige aggregierte Angebotskurve verläuft also senkrecht wie im Schaubild 31-4. Realkapital, Arbeitskräftepotential und Technologie bestimmen die langfristig angebotene Gütermenge einer Volkswirtschaft, und diese Menge bleibt ganz unabhängig vom herrschenden Preisniveau.

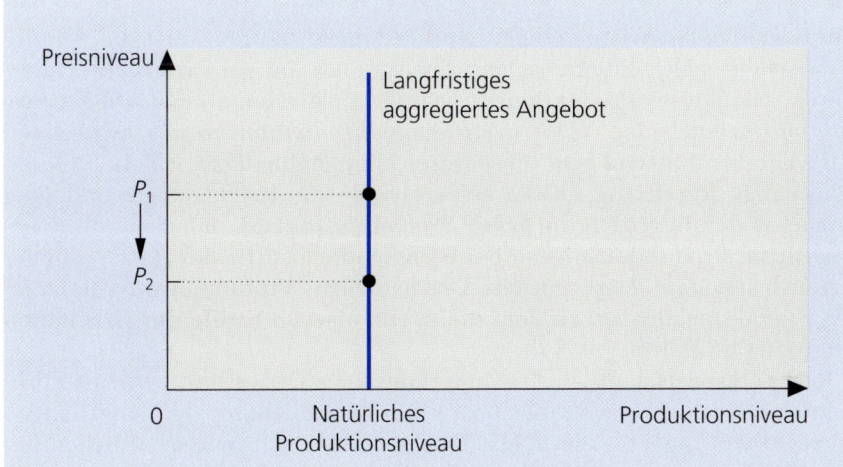

Schaubild 31-4
Die langfristige Kurve des aggregierten Angebots.
Auf lange Sicht wird das Produktionsniveau einer Volkswirtschaft von der Faktorausstattung mit Realkapital und Arbeit sowie von der Produktionstechnologie bestimmt. Das Produktionsniveau hängt nicht vom Preisniveau ab. Langfristig verläuft die Angebotskurve senkrecht beim natürlichen Produktionsniveau oder Vollbeschäftigungsniveau der Faktoren.

Die senkrechte langfristige Angebotskurve ist in gewisser Weise auch ein Ausdruck der klassischen Dichotomie und der Neutralität des Geldes. Wie wir bereits wissen, beruht die klassische makroökonomische Theorie auf der Annahme, daß die realökonomischen Variablen nicht von den nominalökonomischen Variablen abhängen. Mit dieser Konzeption ist die langfristige aggregierte Angebotskurve vereinbar; denn das Produktionsniveau (eine reale Variable) hängt nicht vom Preisniveau (einer nominalen Variablen) ab. Wie zuvor schon ausgeführt, glauben die meisten Nationalökonomen, daß dieses Prinzip beim langfristigen Studium volkswirtschaftlicher Zusammenhänge gut anwendbar ist, jedoch nicht bei den kurzfristigen Veränderungen von Jahr zu Jahr zum Tragen kommt. Nur auf lange Sicht ist die aggregierte volkswirtschaftliche Angebotskurve eine Senkrechte.

Vielleicht fragen Sie sich verwundert, wie denn die kurzfristige aggregierte Angebotskurve eine positive Steigung aufweisen kann, wenn doch die langfristige Angebotskurve senkrecht verläuft. Dies ist so, weil das Angebot der einzelnen Waren und Dienstleistungen von den *relativen Preisen* abhängt – den Güterpreisen im Vergleich zu den übrigen Preisen der Volkswirtschaft. Wenn z.B. der Preis von Speiseeis ansteigt, erhöhen die Hersteller von Speiseeis ihre Produktions- und Angebotsmenge, indem sie Arbeit, Milch, Kakao und sonstige Faktoreinsätze aus der Produktion anderer Güter – wie etwa Joghurt oder Quarkspeisen – abziehen. Anders als die Produktion einzelner Güterarten ist die gesamtwirtschaftliche Güterproduktion durch Realkapital, Arbeit und Technologie auf eine feste Obergrenze beschränkt. Wenn also alle Preise einer Volkswirtschaft auf einmal ansteigen, so kann es zu keiner Steigerung der aggregierten Angebotsmenge an Gütern kommen.

Warum sich die langfristige aggregierte Angebotskurve verschieben kann

Die Lage der langfristigen aggregierten Angebotskurve weist die von der klassischen makroökonomischen Theorie her prognostizierbare Gütermenge aus. Dieses Produktionsniveau wird bisweilen als *potentielles Produktionsniveau* oder *Vollbeschäftigungs-Produktionsniveau* bezeichnet. Ein wenig irreführend sind diese Bezeichnungen insofern, als die Produktionsmenge kurzfristig größer oder kleiner werden kann. Zweckmäßig erscheint der Begriff *natürliches Produktionsniveau*, um das volkswirtschaftliche Produktionsniveau bei bestehender natürlicher oder normaler Arbeitslosenquote auszudrücken. Das natürliche Produktionsniveau ist jenes Produktionsniveau, zu dem die ökonomischen Kräfte der Gravitation langfristig hinführen.

Jede volkswirtschaftliche Veränderung, die sich auf das natürliche Produktionsniveau auswirkt, führt zu einer Verschiebung der langfristigen aggregierten Angebotskurve. Das Wachstum des volkswirtschaftlichen Realkapitalbestandes etwa erhöht die Produktionsmöglichkeiten und dadurch die Angebotsmenge an Waren und Dienstleistungen. Die langfristige aggregierte Angebotskurve wird deshalb nach rechts verschoben. Umgekehrt würde eine Abnahme des volkswirtschaftlichen Realkapitalbestandes – etwa durch ein Bombardement im Krieg – die Produktionsmöglichkeiten vermindern und die langfristige aggregierte Angebotskurve nach links verschieben. Wie wir bereits wissen, haben vielerlei Faktoren auf das langfristige Wachstum der Volkswirtschaft Einfluß, einschließlich etwa der politischen Maßnahmen zur Beeinflussung des Sparverhaltens, der Investitionen, der Bildung, der Technologie, des Außenhandels und anderer Dinge mehr. Wannimmer sich eine dieser Bestimmungsgrößen ändert, so verschiebt sich die langfristige aggregierte Angebotskurve.

Auch von der Höhe der natürlichen Arbeitslosenquote hängt die Lage der langfristigen aggregierten Angebotskurve ab. Deshalb kommt es bei Änderungen der natürlichen Arbeitslosenquote auch zu Änderungen des natürlichen Produktionsniveaus und zu Verschiebungen der langfristigen Angebotskurve. Bei gesetzlichen und tarifvertraglichen Vorschriften für einen höheren Mindestlohn etwa stiege die natürliche Arbeitslosenquote an, so daß es zu einer Linksverschiebung der langfristigen Angebotskurve käme.

Alles in allem bietet die langfristige aggregierte Angebotskurve lediglich eine neue Betrachtungsweise für das klassische Modell der Volkswirtschaft an, das wir von vorhergehenden Kapiteln kennen. Jedes Ereignis und jede politische Maßnahme, die zur Steigerung des realen BIP führen, erscheinen nun als Erhöhung des langfristigen aggregierten Angebots und als Rechtsverschiebung der Angebotskurve. Umgekehrt könnte alles, was zur Minderung des realen BIP führt, als Linksverschiebung der Kurve des aggregierten Angebots von Waren und Dienstleistungen betrachtet werden.

Warum die aggregierte Angebotskurve auf kurze Sicht eine positive Steigung hat

Obwohl das Modell der aggregierten Nachfrage und des aggregierten Angebots dazu verwendet werden kann, die langfristige Entwicklung einer Volkswirtschaft zu beschreiben, ist das Modell eigentlich dazu da, um die kurzfristigen Abweichungen vom langfristigen Gleichgewicht zu analysieren. Der Hauptunterschied des Kurzfrist- und des Langfristmodells liegt im aggregierten Angebot. Auf kurze Sicht hat die aggregierte Angebotskurve eine positive Steigung wie im Schaubild 31-5. Auf ein oder zwei Jahre gerechnet, wird ein Anstieg aller Preise der Volkswirtschaft und somit des Preisniveaus das volkswirtschaftliche Güterangebot steigern. Umgekehrt wird ein Rückgang des Preisniveaus kurzfristig das Angebot an Waren und Dienstleistungen vermindern.

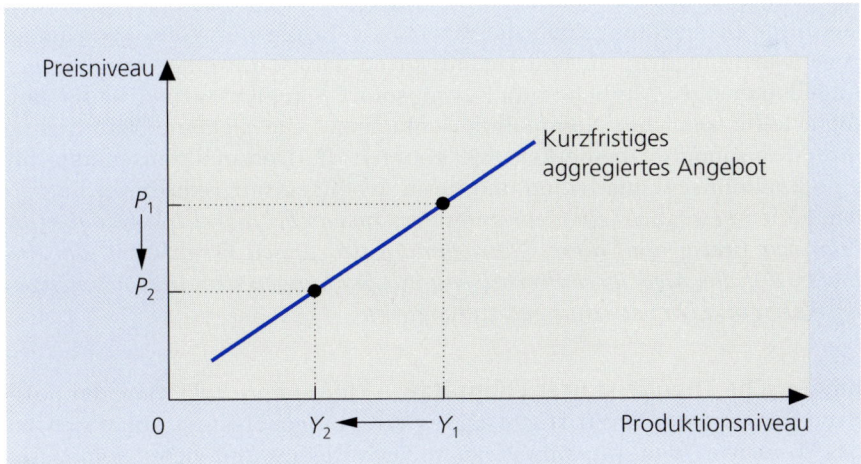

Schaubild 31-5
Die kurzfristige Kurve des aggregierten Angebots.
Auf kurze Sicht wird ein Rückgang des Preisniveaus von P_1 auf P_2 zu einem Absinken der Angebotsmenge von Y_1 auf Y_2 führen. Der positive Zusammenhang kann mit Fehleinschätzungen, starren Lohnsätzen oder starren Preisen zu tun haben. Im Laufe der Zeit wird es dennoch zu Anpassungsbewegungen kommen, so daß der positive Zusammenhang von Preisniveau und Angebotsmenge nur ein temporärer ist.

Was steckt ursächlich hinter dem positiven, gleichsinnigen Zusammenhang von Preisniveaus und Angebotsmengen? Die Makroökonomen haben dreierlei Theorien zur Begründung einer positiven Steigung der kurzfristigen aggregierten Angebotskurve vorgeschlagen. In jedem dieser Ansätze führen spezielle Marktunvollkommenheiten dazu, daß sich die Angebotsseite einer Volkswirtschaft kurzfristig und langfristig unterschiedlich verhält. Obwohl jede der nachfolgenden Theorien im Detail anders ist, haben sie alle ein gemeinsames Thema: Die Angebotsmenge weicht von ihrem langfristigen oder »natürlichen« Produktionsniveau ab, wenn und solange das Preisniveau von dem in der Bevölkerung erwarteten Preisniveau divergiert. Sofern sich das Preisniveau über das erwartete Preisniveau hinaus erhöht, wird die Produktion über das natürliche Produktionsniveau hinaus gesteigert. Und wenn das Preisniveau unter seine Erwartungsgröße fällt, wird umgekehrt eine Absenkung der Produktion unter das natürliche Produktionsniveau eintreten.

Neuklassische Theorie der Wahrnehmungsstörungen:

Eine Theorie zum Verlauf der kurzfristigen aggregierten Angebotskurve, die auf Arbeiten der Nationalökonomen *Milton Friedman* und *Robert Lucas* beruht, ist die neuklassische Theorie von den Wahrnehmungsstörungen. Danach können Veränderungen des Preisniveaus die Anbieter zeitweilig über die wirklichen Vorgänge auf den Märkten im Unklaren lassen und irreführen. Als Ergebnis der kurzfristigen Wahrnehmungsstörungen reagieren die Anbieter mit Mengensteigerungen auf Erhöhungen des Preisniveaus, was zur positiven Steigung der Angebotskurve führt.

Stellen wir uns vor, das Preisniveau falle unter das von den Leuten erwartete Preisniveau. Wenn die Anbieter die Preise ihrer Produkte fallen sehen, glauben sie vielleicht irrtümlich, es handle sich um einen Rückgang ihrer *relativen* Preise. So registrieren die Bauern zuerst einen Preisrückgang beim Weizen, ehe sie bemerken, daß viele andere Güter, die sie als Konsumenten kaufen, ebenfalls Preisrückgänge aufweisen. Sie schließen aus ihrer Beobachtung, daß der finanzielle Erfolg der Weizenerzeugung gegenwärtig niedrig ist, und sie antworten darauf mit einer Kürzung der Angebotsmenge. Ähnlich – und zwar sofort – registrieren Arbeiter und Angestellte zunächst Nominallohnsenkungen, ehe sie eine Verbilligung ihrer Konsumgüter bemerken. Sie könnten die Nominallohnsenkung für eine Reallohnsenkung halten und ihren Arbeitseinsatz reduzieren. In beiden Fällen *verursacht ein niedrigeres Preisniveau Fehlvorstellungen über die relativen Preise, und diese Wahrnehmungsstörungen veranlassen die Anbieter, auf das niedrigere Preisniveau mit Senkungen der Angebotsmengen an Waren und Dienstleistungen zu reagieren.*

Keynessche Theorie starrer Lohnsätze:

Eine andere Erklärung der positiven Steigung der kurzfristigen aggregierten Angebotskurve stützt sich auf das Werk von *John Maynard Keynes*. Nach Keynes und vielen seiner Anhänger steigt die Angebotskurve deshalb an, weil sich die Nominallohnsätze nur langsam anpassen oder kurzfristig »starr« sind. In einem gewissen Ausmaß ist die langsame, zögerliche Veränderung der Nominallohnsätze durch längerfristige Anstellungs- und Tarifverträge bestimmt. Soziale Normen und Regeln der Fairness mögen ein übriges zur langsamen Veränderung der Entlohnung beitragen.

Um zu sehen, was starre Entlohnungssätze für das aggregierte Angebot bedeuten, stellen wir uns kurz vor, eine Unternehmung hätte ihren Arbeitskräften im voraus eine bestimmte nominale Entlohnung (Lohn oder Gehalt) zugesagt, wobei sie bestimmte Erwartungen über das künftige Preisniveau hatte. Wenn das Preisniveau P unter das erwartete Niveau fällt und der Nominallohn bei W festgelegt bleibt, dann steigt der Reallohn W/P über das von der Unternehmung eingeplante Niveau an. Da Löhne und Gehälter einen Großteil der unternehmerischen Kosten ausmachen, führt ihr Anstieg zu einem Kostenanstieg. Auf diesen Kostenanstieg reagiert die Unternehmung mit weniger Beschäftigung und einer verringerten Produktionsmenge. *Da sich die Lohnsätze nicht unverzüglich an das Preisniveau anpassen, macht ein niedrigeres Preisniveau die Beschäftigung und die Produktion weniger rentierlich, so daß die Unternehmungen ihre Angebotsmenge senken.*

Neukeynesianische Theorie starrer Preise: Kürzlich haben einige Nationalökonomen eine dritte Theorie zum kurzfristigen Verlauf der aggregierten Angebotskurve vertreten, die man als neukeynesianische Theorie bezeichnet. Wie eben erwähnt, hat Keynes ursprünglich betont, daß sich die Nominallöhne im Laufe der Zeit nur langsam anpassen. Die Neukeynesianer meinen nun, auch die Preise einiger Waren und Dienstleistungen würden Veränderungen der volkswirtschaftliche Lage nur schleppend folgen. Die langsame Preisanpassung ist zum Teil auf Kosten der Preisänderung zurückzuführen, die man *Menükosten* nennt. Diese Menükosten umfassen z.B. den Druck und den Versand neuer Kataloge sowie die Änderung der Preisschilder. Wegen dieser Kosten sind die Preise ebenso wie die Löhne auf kurze Sicht nur zäh veränderlich.

Um die Bedeutung starrer Preise für das aggregierte Angebot abzuschätzen, stellen wir uns vor, jede Unternehmung einer Volkswirtschaft würde die Preise im voraus anzeigen, wobei die Unternehmung bestimmte wirtschaftliche Entwicklungen erwartet und unterstellt. Nach Bekanntgabe der Preise erfährt die Volkswirtschaft eine unerwartete Kontraktion der Geldmenge, die – wie wir bereits wissen – das Preisniveau auf lange Sicht vermindern wird. Obwohl einige Unternehmungen sofort reagieren und ihre Preise senken werden, werden andere Unternehmungen die Menükosten scheuen und nur mit Verzögerung handeln. Da die zögerlichen Unternehmungen zu hohe Preise verlangen, werden ihre Absätze sinken. Sinkende Absätze wiederum veranlassen die Unternehmungen zu Einschnitten in Produktion und Beschäftigung. *Da sich nicht alle Preise sofort den veränderten Bedingungen anpassen, wird es einige Unternehmungen mit höheren als den erwünschten Preisen geben, die zu Absatzrückgängen führen und die Unternehmungen zu Produktions- und Angebotssenkungen veranlassen.*

Zusammenfassung: Es gibt also drei unterschiedliche Erklärungen für die positive Steigung der kurzfristigen aggregierten Angebotskurve: (1) Wahrnehmungsstörungen, (2) starre Löhne und (3) starre Preise. Unter den Ökonomen wird darüber diskutiert, welche dieser Theorien genauer ist und überwiegend empirische Gültigkeit hat. Für die Zwecke des vorliegenden Lehrbuches sind die Gemeinsamkeiten der Ansätze jedoch wichtiger als bestehende Unterschiede. Alle drei Theorien sagen, daß die Produktion vom natürlichen Produktionsniveau abweicht, wenn das Preisniveau nicht mit dem erwarteten Preisniveau der Leute übereinstimmt.

Alle drei Ansätze betonen eine Problemlage, die wahrscheinlich nur vorübergehend besteht. Ob nun die positive Steigung der kurzfristigen aggregierten Angebotskurve irgendwelchen Wahrnehmungsstörungen, starren Lohnsätzen oder starren Preisen zuzuschreiben sein mag, so werden diese Umstände nicht für immer anhalten. Vielleicht werden die Leute ihre Erwartungen anpassen, die Wahrnehmungen korrigieren, die Nominallöhne anpassen und die Preise in Bewegung bringen. Auf lange Sicht wird deshalb die aggregierte Angebotskurve eher wieder senkrecht verlaufen.

Warum es zur Verschiebung der kurzfristigen aggregierten Angebotskurve kommen kann

Die kurzfristige aggregierte Angebotskurve informiert uns über die Menge der Waren und Dienstleistungen, die kurzfristig bei einem bestimmten Preisniveau angeboten wird. Viele Ereignisse, die zur Verschiebung der langfristigen aggregierten Angebotskurve führen, verschieben auch die kurzfristige Angebotskurve. Wenn etwa ein Zuwachs des volkswirtschaftlichen Bestands an Realkapital die Produktionsmöglichkeiten erhöht, so wird sich eine Rechtsverschiebung sowohl der kurzfristigen als auch der langfristigen Angebotskurve einstellen. Wenn ein Anstieg der Mindestlöhne die natürliche Arbeitslosenquote erhöht, so werden kurz- und langfristige Angebotskurve einer Linksverschiebung ausgesetzt.

Es gibt jedoch eine sehr wichtige neue Variable, die auf die Lage der kurzfristigen aggregierten Angebotskurve einwirkt: den Erwartungswert des Preisniveaus. Wie wir erörtert haben, hängt die Menge der angebotenen Waren und Dienstleistungen kurzfristig von Fehlvorstellungen, von starren Lohnsätzen und starren Preisen ab. Doch Wahrnehmungen, Lohnsätze und Preise beruhen auf bestimmten Erwartungen vom Preisniveau. Wenn die Leute z.B. ein hohes Preisniveau erwarten, so werden sie auch zu hohen Lohnsätzen tendieren. Hohe Lohnsätze aber erhöhen die Kosten der Unternehmung und diese wird bei einem aktuell gegebenen Preisniveau ihre Produktions- und Angebotsmenge reduzieren. *So vermindert ein hohes erwartetes Preisniveau die Angebotsmenge bei einer Linksverschiebung der kurzfristigen aggregierten Angebotskurve. Umgekehrt wird ein niedrigeres erwartetes Preisniveau die Angebotsmenge steigern und eine Rechtsverschiebung der kurzfristigen Angebotskurve bewirken.*

Man sieht, daß der Einfluß von Erwartungen auf die Lage der kurzfristigen Angebotskurve dazu geeignet ist, kurzfristiges und langfristiges Systemverhalten der Volkswirtschaft in Einklang zu bringen. Kurzfristig sind die Erwartungen fix, und die Volkswirtschaft befindet sich am Schnittpunkt der aggregierten Nachfragekurve und der kurzfristigen aggregierten

Angebotskurve. Langfristig jedoch passen sich die Erwartungen an, und die kurzfristige aggregierte Angebotskurve verschiebt sich. Diese Verschiebung trägt dazu bei, daß sich die Volkswirtschaft möglicherweise im Schnittpunkt von aggregierter Nachfragekurve und langfristiger aggregierter Angebotskurve wiederfindet.

Erklären Sie bitte, weshalb die langfristige aggregierte Angebotskurve senkrecht verläuft. Skizzieren Sie bitte drei Theorien zum Anstieg der kurzfristigen aggregierten Angebotskurve.

Schnelltest

Zwei Ursachen einer Rezession

Mit dem Modell der aggregierten Nachfrage und des aggregierten Angebots verfügen wir nun über die notwendigen Werkzeuge zur Untersuchung von kurzfristigen Wirtschaftsschwankungen. In den nächsten beiden Kapiteln werden wir die Werkzeuge weiter verfeinern. Aber wir sind jetzt bereits in der Lage, damit die beiden grundlegenden Ursachen von Rezessionen zu analysieren.

Das Schaubild 31-6 zeigt eine Volkswirtschaft im langfristigen Gleichgewicht. Gleichgewichtiges Produktionsniveau und gleichgewichtiges Preisniveau werden im Schnittpunkt A von aggregierter Nachfragekurve und aggregierter Angebotskurve bestimmt. In diesem Punkt ist das natürliche Produktionsniveau verwirklicht. Die kurzfristige aggregierte Angebotskurve verläuft gleichfalls durch diesen Punkt und zeigt damit an, daß Erwartungen, Löhne und Preise sich dem langfristigen Gleichgewicht vollständig angepaßt haben. Sofern sich eine Volkswirtschaft in ihrem langfristigen Gleichgewicht befindet, müssen sich Wahrnehmungen, Lohnsätze und Preise so eingespielt haben, daß der Schnittpunkt der aggregierten Nachfrage mit der kurzfristigen Angebotskurve der selbe ist wie der Schnittpunkt der aggregierten Nachfragekurve mit der langfristigen aggregierten Angebotskurve.

Die Wirkungen einer Nachfrageverschiebung

Angenommen, aus irgend einem Grund schwappt eine Welle des Pessimismus über die Volkswirtschaft. Sie könnte von einem Skandal im Bankwesen herrühren, von einer Baisse an der Börse kommen oder vom Ausbruch eines Krieges im Kosovo ausgelöst sein. Wegen derartiger Ereignisse verlieren Menschen ihr Vertrauen in die Zukunft, und sie ändern ihre Pläne. Die Haushalte schrauben ihre Ausgaben zurück und verschieben größere Anschaffungen. Die Unternehmungen vertagen Investitionen in neue Maschinen und Gebäude.

Wie wirkt sich solch eine Welle des Pessimismus auf die Volkswirtschaft aus? Die aggregierte Nachfrage nach Gütern schrumpft. Bei jedem denkbaren Preisniveau werden Haushalte und Unternehmungen nun eine gerin-

Schaubild 31-6
Das langfristige Gleichgewicht. Das langfristige Gleichgewicht der Volkswirtschaft in A liegt im Schnittpunkt von aggregierter Nachfragekurve und langfristiger aggregierter Angebotskurve. Sobald die Volkswirtschaft dieses langfristige Gleichgewicht erreicht, haben sich Wahrnehmungen, Löhne und Preise so eingespielt, daß die kurzfristige aggregierte Nachfragekurve ebenfalls durch den Gleichgewichtspunkt verläuft.

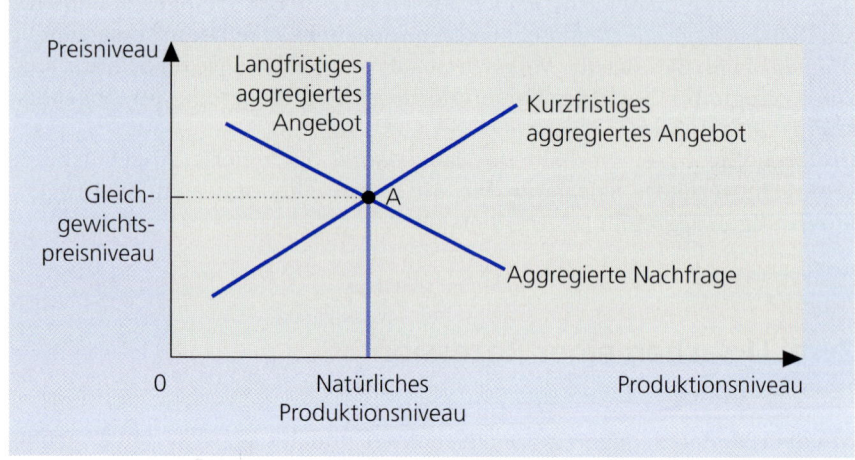

gere Menge an Waren und Dienstleistungen nachfragen und kaufen wollen. Im Schaubild 31-7 sieht man die Verschiebung der aggregierten Nachfragekurve von AD_1 zu AD_2.

Anhand dieses Schaubildes kann man die Auswirkungen eines Rückgangs der aggregierten Nachfrage verfolgen. Kurzfristig bewegt sich die Volkswirtschaft entlang der ursprünglichen kurzfristigen aggregierten Angebotskurve AS_1 vom Punkt A zum Punkt B. Bei der Bewegung von A nach B fällt das Produktionsniveau von Y_1 auf Y_2, und das Preisniveau geht von P_1 auf P_2 zurück. Das rückläufige Produktionsniveau ist ein Indikator dafür, daß sich die Volkswirtschaft in einer Rezession befindet. Obwohl dies im Schaubild nicht zu sehen ist, reagieren die Unternehmungen auf niedrigere Absätze und Produktionsmengen auch mit einer Einschränkung der Beschäftigung. Auf diese Weise erreicht der Pessimismus, der die Ursache der Nachfrageverschiebung ist, ein gewisses Maß an Selbstbestätigung: Pessimismus für die Zukunft führt zu fallenden Einkommen und steigender Arbeitslosigkeit.

Was sollte man den Wirtschaftspolitikern im Angesicht einer Rezession empfehlen zu tun? Eine Möglichkeit besteht darin, Aktivitäten zur Erhöhung der aggregierten Nachfrage zu entfalten. Wie früher bereits vermerkt, würde eine Steigerung der Staatsausgaben oder eine Erhöhung des Geldangebots zu einem Anwachsen der Güternachfrage bei jedem denkbaren Preisniveau führen und somit eine Rechtsverschiebung der aggregierten Nachfragekurve bewirken. Wenn die Politiker hinreichend schnell und genau handeln, vermögen sie die primäre Nachfrageverschiebung auszugleichen und die aggregierte Nachfragekurve auf AD_1 sowie die Volkswirtschaft in den Punkt A zurückzuführen. (Das nächste Kapitel behandelt die Vorgehensweisen der Fiskalpolitik und der Geldpolitik zur Gestaltung der aggregierten Nachfrage im einzelnen sowie auch die praktischen Probleme beim Einsatz der wirtschaftspolitischen Instrumente.)

Sogar ohne jeden Eingriff der Wirtschaftspolitik kommt es vielleicht zur Selbstheilung der Rezession. Im Laufe der Zeit berichtigen die Leute ihre

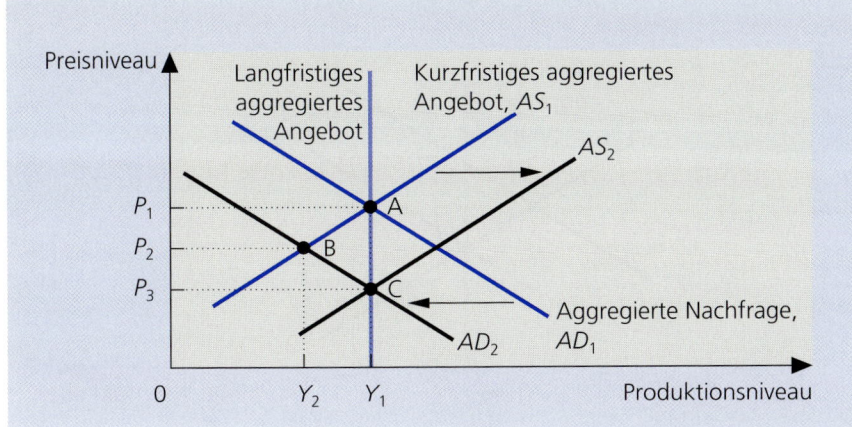

Schaubild 31-7
Eine Kontraktion der aggregierten Nachfrage. Ein Abfall der aggregierten Nachfrage, der einer Welle des Pessimismus folgen könnte, zeigt sich in einer Linksverschiebung der Nachfragekurve von AD_1 zu AD_2. Die Volkswirtschaft bewegt sich von A nach B, wobei das Produktionsniveau von Y_1 auf Y_2 zurückgeht und das Preisniveau von P_1 auf P_2 sinkt. Im Laufe der Zeit, wenn sich Wahrnehmungen, Löhne und Preise anpassen, wird sich die kurzfristige aggregierte Angebotskurve von AS_1 zu AS_2 nach rechts verschieben und die Volkswirtschaft den Punkt C erreichen. Dort schneidet die neue aggregierte Nachfragekurve die langfristige aggregierte Angebotskurve. Das Preisniveau fällt auf P_3 und das Produktionsniveau kehrt zum natürlichen Produktionsniveau Y_1 zurück.

unzutreffenden Wahrnehmungen, und sie korrigieren starre Löhne sowie starre Preise, die zum positiven Anstieg der kurzfristigen aggregierten Angebotskurve führen. Insbesondere wird die kurzfristige aggregierte Angebotskurve – so wie sich Erwartungen von einem Rückgang des Preisniveaus, Wahrnehmungen, Lohnsätze und Preise anpassen – einer Rechtsverschiebung von AS_1 zu AS_2 nach Schaubild 31-7 unterliegen. Langfristig gelangt die Volkswirtschaft zum Punkt C, wo die neue aggregierte Nachfragekurve (AD_2) die langfristige aggregierte Angebotskurve schneidet.

Im langfristigen Gleichgewichtspunkt C nimmt das Produktionsniveau wieder seine natürliche Höhe ein. Obwohl die Welle des Pessimismus die aggregierte Nachfrage verminderte, fiele das Preisniveau hinreichend weit (auf P_3), um die Verschiebung der aggregierten Nachfragekurve zu kompensieren. Somit spiegelt sich die Verschiebung der aggregierten Nachfrage auf lange Sicht vollständig im Preisniveau (und nicht im Produktionsniveau). Der langfristige Effekt einer Verschiebung der aggregierten Nachfrage besteht mit anderen Worten in einer nominalen Änderung (das Preisniveau ist niedriger) und nicht einer realen Veränderung (das Produktionsniveau ist gleich).

Zusammenfassend sind von den Verschiebungen der aggregierten Nachfrage zwei wichtige Begleiterscheinungen festzuhalten:

- Auf kurze Sicht verursachen Nachfrageverschiebungen Schwankungen des Produktionsniveaus an Waren und Dienstleistungen.
- Auf lange Sicht führen Nachfrageverschiebungen – ohne Auswirkungen auf das Produktionsniveau – zu Veränderungen des Preisniveaus.

Die Wirkungen einer Verschiebung des aggregierten Angebots

Stellen wir uns noch einmal eine Volkswirtschaft im langfristigen Gleichgewicht vor. Nun sollen – angenommen – einige Unternehmungen einen sprunghaften Kostenanstieg verzeichnen. Zum Beispiel könnte schlechtes Wetter in ländlichen Gegenden die Ernte zerstören und die Kosten der Nahrungsmittelproduktion nach oben drücken. Als ein anderes Beispiel

Schaubild 31-8
Eine gegenläufige Verschiebung des aggregierten Angebots. Wenn sich durch irgendein Ereignis die unternehmerischen Kosten erhöhen, wird die kurzfristige aggregierte Angebotskurve von AS_1 nach links zu AS_2 verschoben. Die Volkswirtschaft bewegt sich von A nach B. Das Ergebnis ist eine Stagflation: Das Produktionsniveau fällt von Y_1 auf Y_2, das Preisniveau steigt von P_1 auf P_2 an.

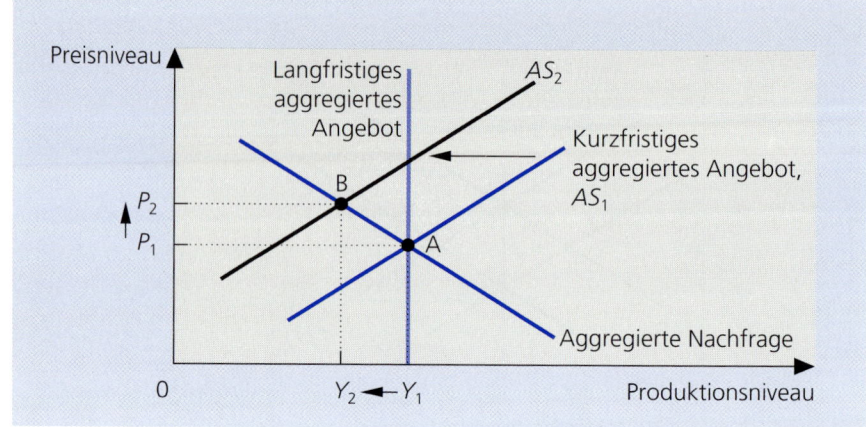

Stagflation
Eine Zeit mit rückläufigem Produktionsniveau und steigendem Preisniveau.

könnte der Nahostkrieg die Verschiffung von Rohöl unterbrechen und so die Kosten bei Ölprodukten in die Höhe treiben.

Welcher makroökonomische Impuls folgt aus derartigen Steigerungen der Produktionskosten? Zu jedem gegebenen Preisniveau wollen die Unternehmungen nun eine kleinere Gütermenge anbieten. Somit verschiebt sich – wie das Schaubild 31-8 zeigt – die kurzfristige aggregierte Angebotskurve von AS_1 nach links zu AS_2. (Je nach dem auslösenden Ereignis kann sich auch die langfristige aggregierte Angebotskurve verschieben. Zur Vereinfachung bleiben wir dabei, daß sie es nicht tut.)

Im Schaubild lassen sich die Wirkungen einer Linksverschiebung des aggregierten Angebots verfolgen. Kurzfristig bewegt sich die Volkswirtschaft auf der bestehenden aggregierten Nachfragekurve vom Punkt A zum Punkt B. Das Produktionsniveau fällt von Y_1 auf Y_2, und das Preisniveau geht von P_1 auf P_2 zurück. Da die Volkswirtschaft sowohl eine *Stagnation* (fallendes oder gleichbleibendes Produktionsniveau) als auch eine *Infla*tion (Preisniveauanstieg) aufweist, spricht man bisweilen von einer **Stagflation**.

Was sollten die Wirtschaftspolitiker bei einer Stagflation unternehmen? Die Wahl fällt schwer, wie wir später noch genauer sehen werden. Eine Möglichkeit besteht im Nichtstun. In diesem Falle wird das Produktionsniveau eine Zeitlang auf dem Niveau Y_2 in der Rezession verharren. Vielleicht jedoch tritt eine Selbstheilung der Rezession dadurch ein, daß sich Wahrnehmungen, Löhne und Preise den höheren Produktionskosten anpassen. Eine Zeit mit niedrigem Produktionsniveau und hoher Arbeitslosigkeit z.B. drückt die Entlohnung der Arbeiter und Angestellten herunter. Niedrigere Löhne wiederum vergrößern die Produktions- und Angebotsmenge. Wenn im Laufe der Zeit eine Rückverschiebung der kurzfristigen aggregierten Angebotskurve zu AS_1 eintritt, erreichen das Preisniveau sowie die Produktions- und Angebotsmenge die zum natürlichen Produktionsniveau passende Höhe. Langfristig wird die Volkswirtschaft zum Punkt A zurückkehren, wo die aggregierte Nachfragekurve die langfristige Angebotskurve schneidet.

In manchen Ländern war und ist der Regierung neben der Fiskalpolitik auch die Geldpolitik verfügbar. In Großbritannien etwa gab es bis vor kurzem keine unabhängige und nur der Geldwertstabilität verpflichtete Notenbank. Wirtschaftspolitiker, die sowohl die Geldpolitik als auch die Fiskalpolitik in der Hand haben, werden versuchen, einige Auswirkungen der Verschiebung der kurzfristigen aggregierten Angebotskurve durch eine Verschiebung der aggregierten Nachfragekurve zu kompensieren. Im Schaubild 31-9 wird diese Problematik illustriert. Durch politische Maßnahmen wird die aggregierte Nachfragekurve von AD_1 zu AD_2 verschoben, so daß ein von der Angebotsverschiebung AS_1 nach AS_2 zu befürchtender Rückgang des Produktionsniveaus aufgefangen werden kann. Die Volkswirtschaft bewegt sich unmittelbar von A nach C. Der Output bleibt auf dem natürlichen Produktionsniveau, doch das Preisniveau steigt von P_1 auf P_3 an. Die wirtschaftspolitischen Maßnahmen vermögen den Effekt der Angebotsverschiebung also nicht voll zu kompensieren. Sie lassen mit ihrer *Abfederung* Spielraum für Kosten- und Preiserhöhungen.

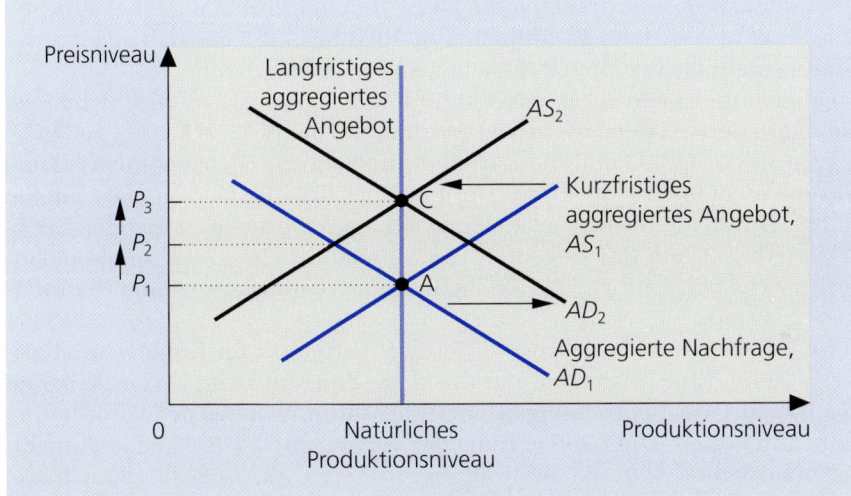

Schaubild 31-9
Abfederung einer negativen Angebotsverschiebung. Bei einer negativen Angebotsverschiebung von AS_1 zu AS_2 kann die Wirtschaftspolitik mit einer positiven Nachfrageverschiebung von AD_1 zu AD_2 antworten. Mit diesem Vorgehen wäre ein Produktionseinbruch unter das natüriche Produktionsniveau zu verhindern, jedoch ein dauerhafter Preisniveauanstieg von P_1 auf P_3 verbunden.

Zusammenfassend sind von den Überlegungen zu Verschiebungen des aggregierten Angebots zwei wichtige Punkte festzuhalten:

- Verschiebungen des aggregierten Angebots können zu Stagflation führen – einer Kombination aus Rezession (stagnierendes oder fallendes Produktionsniveau) und Inflation (Anstieg des Preisniveaus).
- Wirtschaftspolitiker, die zu einer Einflußnahme auf die aggregierte Nachfrage in der Lage sind, können nicht beide unerwünschten Effekte zugleich kompensieren.

Rohöl und die Volkswirtschaft   **Fallbeispiel**

Einige der kräftigsten Wirtschaftsschwankungen hatten ihren Ursprung auf den Ölfeldern des Nahen Ostens. Rohöl ist ein wichtiger Inputfaktor bei vielen Produktionsverfahren. Aus Saudiarabien, Kuwait und anderen nahöstlichen Ländern kommt ein Großteil des Rohöls. Sobald durch irgendein Ereignis (zumeist politischen Ursprungs) der Rohölfluß aus dieser Region unterbrochen oder vermindert wird, steigt der Preis des Rohöls überall auf der Welt. Unternehmungen, die Benzin, Reifen und viele andere Produkte herstellen, bekommen Kostensteigerungen zu spüren. Das makroökonomische Ergebnis ist eine Linksverschiebung der aggregierten Angebotskurve wie im Schaubild 31-9 und damit Stagflation.

Die erste Begebenheit dieser Art geschah Mitte der siebziger Jahre. Die Länder mit großen Ölvorräten schlossen sich als Mitglieder der OPEC, der Organisation Erdöl exportierender Länder zusammen. Die OPEC war ein *Kartell* – eine Gruppe von Anbietern, die den Wettbewerb ausschalten und die Produktionsmenge zwecks Preiserhöhung senken wollte. Und tatsächlich stieg der Ölpreis ganz erheblich. Von 1973 bis 1975 verdoppelte sich der Ölpreis nahezu. Alle Länder mit Öleinfuhren rund um den Globus bekamen Inflation und Rezession zu spüren. Inflationsraten und Arbeitslosenquoten gingen nach oben. Ähnlich war es einige Jahre später. In den späten siebziger Jahren beschränkten die OPEC-Länder erneut den Ölexport, um den Preis in die Höhe zu treiben. Von 1978 bis 1981 hat sich sodann der Ölpreis mehr als verdoppelt. Erneut kam es zur Stagflation.

Gelegentlich kann der Weltmarkt für Rohöl auch positive Verschiebungen der aggregierten Angebotskurve bewirken. Im Jahre 1986 kam es zu Differenzen in der OPEC und die Kartellabsprachen zur Mengenbeschränkung wurden nicht mehr respektiert. Der Preis des Rohöls sank ungefähr um die Hälfte. Durch die Rechtsverschiebung der aggregierten kurzfristigen Angebotskurve trat nun das Gegenteil von Stagflation ein: Das Produktionsniveau wuchs beträchtlich, die Arbeitslosenquote ging zurück und die Inflationsrate sank.

In den vergangenen Jahren verlief der Weltmarkt für Rohöl vergleichsweise ruhig. Eine Ausnahme war die kurze Zeit von 1990, als der Krieg im Persischen Golf Befürchtungen um eine Unterbrechung der Ölförderung aufkommen ließ. Die relative Ruhe der vergangenen Jahre bedeutet nicht, daß man keine weiteren Schocks der früheren Art zu befürchten hätte. Politische Spannungen oder aber engere Absprachen zur Ölförderung im Nahen Osten können jederzeit wieder zu dramatischen Preissteigerungen auf dem Weltmarkt für Rohöl führen. Das makroökonomische Ergebnis wäre erneut eine Stagflation wie in den siebziger Jahren.

Schnelltest   Nehmen wir an, der Ausgang einer Wahl zum Bundestag stärkt ganz plötzlich die Zuversicht der Menschen in die weitere Wirtschaftsentwicklung. Benützen Sie bitte das Modell der aggregierten Nachfrage und des aggregierten Angebots, um die möglichen Auswirkungen auf die Volkswirtschaft zu analysieren.

Schluß: Zu den Anfängen der aggregierten Nachfrage und des aggregierten Angebots

In diesem Kapitel haben wir zwei Lernziele erreicht. Zum ersten haben wir einige wichtige Tatbestände der kurzfristigen Wirtschaftsschwankungen erörtert. Zum zweiten haben wir ein Grundmodell für die Erklärungen dieser Wirtschaftsschwankungen eingeführt, das Modell der aggregierten Nachfrage und des aggregierten Angebots. In den nachfolgenden beiden Kapiteln werden wir uns jedes Stück des Modells genauer vornehmen, um die Ursachen der Schwankungen und die wirtschaftspolitischen Gegenmaßnahmen noch besser verstehen zu können.

Da wir nun über ein erstes Bild des Modells verfügen, sollten wir auch einiges über seine Geschichte erfahren. Wie hat sich dieses Modell der kurzfristigen Schwankungen entwickelt? Das Modell ist großenteils ein Nebenergebnis der *Weltwirtschaftskrise* in den dreißiger Jahren. Damals erlebten alle Volkswirtschaften einen tiefen Einbruch ihres Sozialprodukts. Als markanter Anfangspunkt wird der *Schwarze Freitag* am 25. 10 1929 an der New Yorker Börse genannt. In Deutschland kam 1931 eine Bankenkrise hinzu. Zuvor schon hatte Deutschland nach dem Ersten Weltkrieg eine Hyperinflation mit einem Höhepunkt im Jahre 1923 erlebt (1 Dollar = 4,2 Billionen Mark). Die Vereinigten Staaten und Deutschland waren am schwersten von der Weltwirtschaftskrise betroffen. Zwischen 1929 und dem Tiefpunkt 1932 schrumpfte das Volkseinkommen in Deutschland um 40% und in den USA um 52,3%. Die Arbeitslosenquote betrug im Jahresdurchschnitt 1932 in Deutschland 43,7% und in den USA 23,6%. Nationalökonomen und Wirtschaftspolitiker waren damals überrascht über das Ausmaß der Depression, die man als die *Große Depression* bezeichnete, sie rätselten über die genauen Ursachen und sie waren unsicher über geeignete Gegenmaßnahmen.

Da veröffentlichte der Nationalökonom *John Maynard Keynes* im Jahre 1936 ein Buch mit dem Titel »The General Theory of Employment, Interest, and Money«. Er versuchte darin, Wirtschaftsschwankungen allgemein und die Weltwirtschaftskrise im besonderen zu erklären. Keynes' erste Botschaft lautete, Rezessionen und Depressionen könnten wegen unpassender aggregierter Nachfrage nach Waren und Dienstleistungen auftreten. Lange zuvor schon hatte sich Keynes als ein Kritiker der hier in den Kapiteln 24 bis 30 ausgebreiteten klassischen Wirtschaftstheorie hervorgetan, da sie nur die langfristigen Wirkungen wirtschaftspolitischer Maßnahmen erklären konnte. Einige Jahre vor dem Erscheinen seines Buches hatte Keynes folgendes über die klassische Ökonomik geschrieben: »The long run is a misleading guide to current affairs. In the long run we are all dead. Economists set themselves too easy, too useless a task if in tempestuous seasons they can only tell us when the storm is long past, the ocean will be flat.«

Keynes wollte mit seiner Theorie sowohl die Wirtschaftspolitiker als auch die Theoretiker erreichen. Da die Volkswirtschaften unter hoher Arbeitslosigkeit litten, schlug Keynes Maßnahmen zur Steigerung der aggregierten Nachfrage vor – einschließlich Staatsausgaben für öffentliche Arbeitsbeschaffung. Im nächsten Kapitel kommen wir darauf im einzelnen zurück, wie man mit den Instrumenten der Fiskal- und der Geldpolitik die Gesamtnachfrage gestaltet. Die Analyse des vorliegenden und des nächstfolgenden Kapitels hat vieles John Maynard Keynes zu verdanken.

Zusammenfassung

- Alle Volkswirtschaften haben kurzfristige Wirtschaftsschwankungen um den langfristigen Trend der Entwicklung herum zu verzeichnen. Die Schwankungen sind unregelmäßig und kaum prognostizierbar. Bei einer Rezession gehen die Wachstumsraten des realen Bruttoinlandsprodukts sowie anderer Spielarten des Sozialprodukts zurück und die Arbeitslosenquote steigt an.
- Nationalökonomen analysieren kurzfristige Wirtschaftsschwankungen mit dem Modell der aggregierten Nachfrage und des aggregierten Angebots. Nach diesem Modell verändern sich Produktionsniveau und Preisniveau so, daß es zur Angleichung von aggregierter Nachfrage und aggregiertem Angebot kommt.
- Die Kurve der aggregierten Nachfrage hat aus drei Gründen eine negative Steigung. Erstens erhöht ein niedrigeres Preisniveau den realen Wert der privaten Geldvermögen, wodurch die Konsumausgaben angeregt werden. Zum zweiten verringert ein niedrigeres Preisniveau die Geldnachfrage der Haushalte, wodurch es zu verzinslichen Anlagen, Senkungen des Zinsniveaus und Impulsen für Investitionen kommt. Zum dritten wird die von der Preisniveausenkung ausgelöste Zinssatzsenkung auf dem Devisenmarkt zur Abwertung der Inlandswährung und dadurch zur Verstärkung des Nettoexports führen.
- Die langfristige aggregierte Angebotskurve verläuft senkrecht. Auf lange Sicht hängt die von einer Volkswirtschaft bereitgestellte Menge an Waren und Dienstleistungen davon ab, wie die Ausstattung mit Produktionsfaktoren (Realkapital, Arbeit und Technologie) ist. Das Preisniveau spielt langfristig keine Rolle.
- Die kurzfristige aggregierte Angebotskurve hat eine positive Steigung. Dafür gibt es drei Theorien. Nach der neuklassischen Theorie mißverstehen die Anbieter einen unerwarteten Rückgang des Preisniveaus als ein Sinken ihres relativen Preises, und sie vermindern daraufhin das Angebot. Nach der keynesschen Theorie starrer Löhne erhöht ein Rückgang des Preisniveaus zeitweilig die Reallöhne, was zu Beschäftigungs- und Produktionseinschränkungen Anlaß gibt. Nach der neukeynesianischen Theorie starrer Preise bleiben nach einem Rückgang des Preisniveaus einige Unternehmungen mit zeitweilig zu hohen Preisen übrig, wodurch ihre Absätze und ihre Produktion zurückgehen.
- Eine mögliche Ursache für eine Rezession besteht im Rückgang der aggregierten Nachfrage. Bei einer Linksverschiebung der aggregierten Nachfrage werden Produktionsniveau und Preisniveau kurzfristig fallen. Im Laufe der Zeit – bei Anpassung der Wahrnehmung, der Löhne

und der Preise – kommt es zu einer Rechtsverschiebung des kurzfristigen aggregierten Angebots und als Folge davon wieder zum natürlichen Produktionsniveau, allerdings bei niedrigerem Preisniveau.

- Eine zweite mögliche Ursache für eine Rezession besteht in einer
negativen Verschiebung des aggregierten Angebots. Bei einer Linksverschiebung des aggregierten Angebots kommt es kurzfristig zu fallender Produktion und steigendem Preisniveau, also zu Stagflation. Im
Laufe der Zeit jedoch – bei Anpassung der Wahrnehmung, der Löhne
und der Preise – tritt eine Erholung des Produktionsniveaus und ein
Rückgang des Preisniveaus ein.

Stichworte

Rezession	aggregierte Nachfragekurve
Depression	aggregierte Angebotskurve
Modell der aggregierten Nachfrage	Stagflation
und des aggregierten Angebots	

Wiederholungsfragen

1. Zeichnen Sie bitte ein Diagramm mit aggregierter Nachfrage, kurz-
fristigem aggregiertem Angebot und langfristigem aggregiertem Angebot. Wählen Sie die Achsenbezeichnung mit Sorgfalt.
2. Zählen Sie bitte die drei Gründe für eine negative Steigung der aggregierten Nachfragekurve auf und geben Sie Erläuterungen dazu.
3. Begründen Sie, warum die langfristige aggregierte Angebotskurve senkrecht verläuft.
4. Zählen Sie bitte die drei Theorien für eine positive Steigung der kurzfristigen aggregierten Angebotskurve auf und geben Sie Erläuterungen
dazu.
5. Wodurch könnte es zu einer Linksverschiebung der aggregierten Nachfragekurve kommen? Benützen Sie das Modell der aggregierten Nachfrage und des aggregierten Angebots, um die Auswirkungen der Linksverschiebung schrittweise durchzuspielen.
6. Wodurch könnte eine Linksverschiebung der aggregierten Angebotskurve eintreten? Verwenden Sie bitte das Modell der aggregierten Nachfrage und des aggregierten Angebots, um den Vorgang schrittweise zu
erläutern.

Aufgaben und Anwendungen

1. Warum könnten nach Ihrer Meinung die Investitionen im Verlauf der Konjunkturschwankungen größere Ausschläge nach oben und unten aufweisen als der private Konsum? Welche Komponente des Konsums schwankt am meisten: langlebige Konsumgüter (wie Möbel und Autos), Verbrauchsgüter (wie Essen und Kleidung) oder Dienstleistungen (wie medizinische Versorgung oder Haarschnitte)?

2. Stellen Sie sich bitte eine beginnende Rezession infolge eines Rückgangs der aggregierten Nachfrage vor.
   a) Skizzieren Sie den augenblicklichen Stand der Volkswirtschaft in einem Diagramm mit aggregierter Nachfrage und aggregiertem Angebot.
   b) Falls das reale BIP nun 1 Prozentpunkt unter dem Vorjahreswert liegt, so wird davon auch die Arbeitslosenquote betroffen sein. Welche Richtung und welches Ausmaß der Änderung der Arbeitslosenquote schlagen Sie vor?
   c) »Kapazitätsauslastung« ist ein Maß für die Intensität der Nutzung des Realkapitalbestandes. Liegt die Kapazitätsauslastung während einer Rezession unter oder über dem langfristigen Durchschnitt?

3. Entscheiden Sie bitte, welches der nachfolgend genannten Ereignisse das langfristige aggregierte Angebot erhöht, vermindert oder unverändert läßt.
   a) Deutschland erlebt eine Einwanderungswelle.
   b) In der Automobilindustrie setzt die Arbeitnehmerseite eine unerwartet hohe Steigerung der Tariflöhne durch.
   c) Siemens erfindet einen neuen und leistungsstarken Computer-Chip.
   d) Ein Hochwasser an der Oder demoliert Werkstätten und Fabriken.

4. Vergleichen und erläutern Sie bitte im Schaubild 31-7 die Arbeitslosenquoten der Punkte B und C mit der Quote im Punkt A. Wie steht es – bei Gültigkeit der Begründung einer positiven Steigung der kurzfristigen Angebotskurve durch starre Löhne – um die Reallöhne in den Punkten B und C sowie A?

5. Warum sind die nachfolgenden Aussagen falsch?
   a) »Die aggregierte Nachfragekurve hat eine negative Steigung, weil sie die waagerechte Aggregation der individuellen Nachfragekurven darstellt.«
   b) »Die langfristige aggregierte Angebotskurve verläuft senkrecht, weil die wirtschaftlichen Kräfte das langfristige aggregierte Angebot nicht beeinflussen.«
   c) »Wenn die Unternehmungen ihre Preise täglich anpassen würden, dann wäre die kurzfristige aggregierte Angebotskurve eine waagerechte Linie.«
   d) »Wannimmer die Volkswirtschaft in eine Rezession eintritt, verschiebt sich ihre langfristige aggregierte Angebotskurve nach links.«

6. Denken Sie bitte an jede der drei Theorien für eine positive Steigung der kurzfristigen aggregierten Angebotskurve und erläutern Sie
   a) wie sich eine Volkswirtschaft ohne wirtschaftspolitische Eingriffe von einer Rezession erholt und in ihr langfristiges Gleichgewicht zurückkehrt,
   b) wovon die für die Erholung erforderliche Zeit abhängt.
7. Angenommen, eine Volkswirtschaft befindet sich gerade in einer Rezession. Wie wird die Entwicklung verlaufen, wenn die Wirtschaftspolitiker nichts unternehmen? Geben Sie dazu verbale und graphische Erläuterungen.
8. Angenommen, Arbeitnehmer und Arbeitgeber kommen plötzlich zu der Überzeugung, daß die Inflationsrate im kommenden Jahr ziemlich hoch sein wird. Angenommen ebenfalls, daß sich die Wirtschaft zunächst im langfristigen Gleichgewicht befindet und keine Verschiebung der aggregierten Nachfragekurve eintreten wird.
   a) Wie verändern sich die Lohnsätze (nominal und real)?
   b) Zeigen Sie anhand des Diagramms der aggregierten Nachfrage und des aggregierten Angebots die Wirkungen der veränderten Erwartungen auf das kurzfristige und auf das langfristige Niveau von Produktion und Preis.
   c) Waren die Erwartungen einer hohen Inflationsrate zutreffend?
9. Im Kapitel wurde ausgeführt, daß die Volkswirtschaft vielleicht ohne wirtschaftspolitische Aktivitäten aus der Rezession herausfindet. Warum wollen die Politiker dennoch aktiv werden?
10. Begründen Sie zu jedem der nachfolgend genannten Ereignisse, ob es zu einer Verschiebung der kurzfristigen aggregierten Angebotskurve, der aggregierten Nachfragekurve, beider Kurven oder keiner der Kurven Anlaß gibt. Bei Verschiebungen benütze man ein Diagramm zur Erläuterung.
    a) Die privaten Haushalte entschließen sich zu einer höheren Sparquote.
    b) Die deutschen Weinbauern verlieren durch Witterungseinflüsse ihre gesamte Ernte.
    c) Neun Monate nach einem landesweiten Stromausfall schnellt die Geburtenrate in die Höhe.
11. Angenommen, die Unternehmungen werden von einem starken Zukunftsoptimismus ergriffen und tätigen umfangreiche Ausrüstungsinvestitionen.
    a) Zeigen Sie die kurzfristigen Wirkungen der Welle von Optimismus anhand eines Diagramms. Bezeichnen Sie bitte die neuen Niveaus der Preise und der realen Produktion. Erklären Sie verbal, warum sich die aggregierte *angebotene* Menge verändert.
    b) Verwenden Sie das Diagramm aus a), um das neue langfristige Gleichgewicht der Volkswirtschaft aufzuzeigen. (Zunächst unter der Annahme, daß sich die langfristige aggregierte Angebotskurve nicht verändert.) Erklären Sie verbal, warum sich die aggregierte *nachgefragte* Menge von der kurzfristigen zur langfristigen Position hin ändert.

c) Wie wird der Investitionsschub die langfristige aggregierte Angebotskurve verändern?

12. Eine Volkswirtschaft befindet sich im langfristigen Gleichgewicht, und
die Haushalte entscheiden sich für höhere Kassen- und sonstige Geld-
vermögensbestände als je zuvor.

a) Verändert sich das Zinsniveau?

b) Verändert sich die Nachfrage nach Investitionsgütern?

c) Verändert sich der DM-Außenwert?

d) Verändern sich die Nettoexporte?

e) Was geschieht mit der Kurve der aggregierten Nachfrage?

Der Einfluß von Geldpolitik und Fiskalpolitik auf die gesamtwirtschaftliche Nachfrage

Kapitel 32

In diesem Kapitel werden Sie

- die Liquiditätspräferenztheorie als eine kurzfristige Theorie des Zinssatzes kennenlernen,
- nachprüfen, wie die Geldpolitik auf Zinssätze und gesamtwirtschaftliche Nachfrage wirkt,
- untersuchen, wie die Fiskalpolitik auf Zinssätze und Gesamtnachfrage einwirkt,
- darüber diskutieren, ob Wirtschaftspolitiker Versuche zur Verstetigung der volkswirtschaftlichen Entwicklung unternehmen sollen,
- Unterschiede zwischen kurzfristiger und langfristiger Entwicklung verstehen.

Stellen Sie sich vor, Sie säßen bei der Festlegung der nationalen oder der europäischen Geldpolitik mit am Tisch. Sie haben aus zuverlässigen Quellen erfahren, daß die öffentlichen Haushalte durch beträchtliche Ausgabenkürzungen dem Budgetausgleich näher gekommen sind. Wie reagiert die Geldpolitik auf diese Entwicklung der Fiskalpolitik? Soll die Geldmenge ausgedehnt, verringert oder wie bisher beibehalten werden?

Um die Frage zu beantworten, benötigen Sie Kenntnisse vom Einfluß der Geldpolitik und der Fiskalpolitik auf die Volkswirtschaft. Im vorigen Kapitel haben wir das Modell der aggregierten Nachfrage und des aggregierten Angebots kennengelernt, mit dem man die kurzfristigen Wirtschaftsschwankungen erklärt. Wenn es zu Verschiebungen der aggregierten Nachfragekurve oder der aggregierten Angebotskurve kommt, werden daraus Schwankungen des Produktionsvolumens an Gütern und Diensten sowie des Preisniveaus entstehen. Geldpolitik und Fiskalpolitik können für sich genommen – wie im vorigen Kapitel dargelegt – die aggregierte Nachfrage beeinflussen. Deshalb führen Maßnahmen aus einem der beiden Bereiche jeweils bereits zu kurzfristigen Wirtschaftsschwankungen des Produktionsniveaus und des Preisniveaus. Die Wirtschaftspolitiker trachten natürlicherweise danach, die Wirkungen zu antizipieren und die Politikbereiche nach Möglichkeit aufeinander abzustimmen.

Wir untersuchen im vorliegenden Kapitel noch eingehender, wie die geld- und fiskalpolitischen Maßnahmen die Lage der aggregierten Nachfragekurve beeinflussen. Vorher schon haben wir die langfristigen Auswirkungen der Maßnahmen erörtert. In den Kapiteln 24 und 25 ging es um den Einfluß der Fiskalpolitik auf Ersparnisbildung, Investitionen und Wirtschaftswachstum. In den Kapiteln 27 und 28 waren die geldpolitischen Regelungen sowie die Geldangebotsänderungen mit Blick auf das langfristige Preisniveau besprochen worden. Wir sehen nun, wie all diese Maßnahmen zur Verschiebung der aggregierten Nachfragekurve beitragen und damit auch an kurzfristigen Wirtschaftsschwankungen beteiligt sind.

Wie wir wissen, beeinflussen viele andere Faktoren als geld- und fiskalpolitische Maßnahmen die aggregierte Nachfrage. Vor allem die erwünschten und geplanten Ausgaben der Haushalte und der Unternehmungen bestimmen die Gesamtnachfrage nach Waren und Dienstleistungen. Wenn sich die geplanten Ausgaben verändern, kommt es auch zu einer Verschiebung der aggregierten Nachfragekurve. Sofern die Wirtschaftspolitiker darauf nicht reagieren, entstehen kurzfristige Wirtschaftsschwankungen des Produktionsniveaus und des Preisniveaus. Deshalb setzen die politisch Verantwortlichen ihre verfügbaren Hebel oft dazu ein, die absehbaren Veränderungen der aggregierten Nachfragekurve auszugleichen und dadurch die volkswirtschaftliche Entwicklung zu stabilisieren. Hier gilt unser Interesse der zugrunde liegenden Theorie und einigen Anwendungsschwierigkeiten in der Praxis.

Wie die Geldpolitik auf die aggregierte Nachfrage wirkt

Die aggregierte Nachfragekurve informiert über die bei jedem beliebigen Preisniveau insgesamt nachgefragte Menge an Waren und Dienstleistungen. Aus dem vorangegangenen Kapitel wissen Sie bereits, daß die aggregierte Nachfragekurve nach dreierlei Begründungen eine negative Steigung aufweist:

- *Pigou-Vermögenseffekt:* Ein niedrigeres Preisniveau erhöht den Realwert der Geldvermögen bei den privaten Haushalten, und ein höherer realer Vermögenswert regt zu Konsumausgaben an.
- *Keynes-Zinssatzeffekt:* Ein niedrigeres Preisniveau vermindert wegen erhöhter Ausleihe und Anlage überflüssiger Kassenbestände das Zinsniveau, und das niedrigere Zinsniveau stimuliert zu Investitionsausgaben.
- *Mundell-Fleming-Wechselkurseffekt:* Wenn ein niedrigeres Preisniveau den Zinssatz senkt, werden die Anleger und Portfolio-Investoren einiges Geld in das Ausland übertragen und auf diese Weise zu einer Abwertung der Landeswährung beitragen. Die Abwertung der heimischen Währung macht die im Inland produzierten Güter relativ billiger und regt damit die Nettoexporte an.

Diese drei Effekte summieren sich zu einer Steigerung der insgesamt nachgefragten Waren und Dienstleistungen, wenn das Preisniveau sinkt. Sie sind nicht isoliert zu betrachten. Obwohl die drei Effekte zusammenwirken bei einer Erklärung der negativen Steigung der aggregierten Nachfragekurve, kommt ihnen empirisch nicht die gleiche Bedeutung zu. Da die Geldvermögen zumeist nur einen kleinen Teil des Vermögens der Haushalte ausmachen, hat der Pigou-Vermögenseffekt das geringste Gewicht von den drei Effekten. Überdies ist der Mundell-Fleming-Wechselkurseffekt in vielen Volkswirtschaften deshalb nicht sehr groß, weil der Außenbeitrag (Exporte minus Importe) nur einen geringen Prozentsatz des realen BIP ausmacht. (In den kleinen Volkswirtschaften mit einem typischerweise hohen Anteil des Außenhandels ist der Effekt wichtiger.) Für große Volkswirtschaften wie die USA kommt dem Zinssatzeffekt auf die Investitionen nach Keynes die größte Bedeutung für die negative Steigung der aggregierten Nachfragekurve zu.

Deshalb gilt es vor allem, den Keynes-Zinssatzeffekt näher zu studieren, wenn man den Einfluß politischer Maßnahmen auf die aggregierte Nachfrage klären möchte. Wir wenden uns nun der sogenannten **Theorie der Liquiditätspräferenz** zur Erklärung des Zinssatzes nach Keynes zu. Nachdem wir sie entwickelt haben, setzen wir diese Theorie dazu ein, die negative Steigung der aggregierten Nachfragekurve und den Einfluß der Geldpolitik auf die Nachfragekurve zu erklären. Wenn wir die aggregierte Nachfragekurve durch die Liquiditätspräferenztheorie in einem neuen Lichte sehen können, erweitern und vertiefen wir unser Verständnis für die kurzfristigen wirtschaftlichen Schwankungen.

> **Theorie der Liquiditätspräferenz**
> Keynes' Theorie, wonach sich der Zinssatz zur Angleichung von Geldangebot und Geldnachfrage bewegt.

Die Theorie der Liquiditätspräferenz

In seinem klassischen Buch »The General Theory of Employment, Interest, and Money« schlug Keynes die Theorie der Liquiditätspräferenz zur Klärung der Frage vor, welche Faktoren die Höhe des Zinssatzes einer Volkswirtschaft bestimmen. Im wesentlichen besteht diese Theorie nur in einer Anwendung des Prinzips von Angebot und Nachfrage. Nach Keynes spielt sich der Zinssatz so ein, daß es zur Übereinstimmung von Geldangebot und Geldnachfrage kommt. Befassen wir uns deshalb zunächst mit dem Geldangebot und der Geldnachfrage sowie deren Abhängigkeit vom Zinssatz.

Geldangebot: Der erste Baustein der Theorie der Liquiditätspräferenz ist das Geldangebot. Das Geldangebot wird in jeder Volkswirtschaft von der Zentralnotenbank gesteuert, ob diese nun Deutsche Bundesbank oder Europäische Zentralbank heißt. Grundsätzlich nimmt eine Zentralnotenbank vor allem durch *Offenmarktpolitik* (An- und Verkauf dafür zugelassener Wertpapiere – meist von öffentlichen Emittenten – zur Vergrößerung oder Verkleinerung des Geldumlaufs), durch *Mindestreservenpolitik* (Anhebung oder Senkung eines bestimmten Prozentsatzes zinsloser Pflichtguthaben der Geschäftsbanken bei der Zentralbank für verschiedene Kundeneinlagen oder andere Passiva), durch *Refinanzierungspolitik* (Vergabe von Diskont- und Lombardkrediten an Geschäftsbanken sowie Wertpapierpensionsgeschäfte) auf die angebotene und tatsächlich umlaufende Geldmenge Einfluß. Die Praxis der Zentralnotenbanken und auch der neuen Europäischen Zentralbank schafft bestimmte Vorlieben und Gewichtungen der einzelnen Instrumente.

Schaubild 32-1
Das Geldangebot.
Das Geldangebot in
einer Volkswirtschaft
wird durch die Zen-
tralnotenbank fixiert,
also in Deutschland
durch die Deutsche
Bundesbank oder in
Europa künftig durch
die Europäische Zen-
tralbank. Da die
angebotene Geld-
menge nicht vom
Zinssatz abhängt,
verläuft die Ange-
botskurve senkrecht.

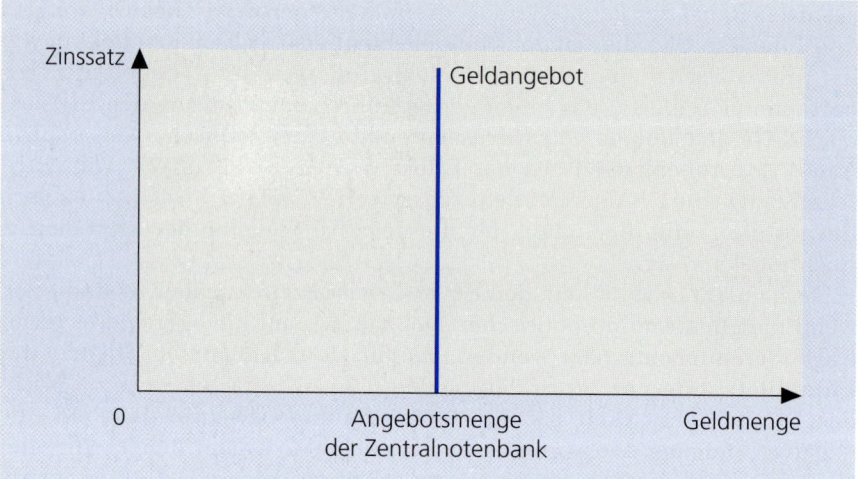

Da die angebotene Geldmenge jeweils von der Zentralnotenbank fixiert wird, hängt sie nicht von anderen ökonomischen Variablen ab. Insbesondere hängt die angebotene Geldmenge nicht vom Zinssatz ab. Sobald die politische Entscheidung für eine bestimmte Geldmenge gefallen ist, bleibt es dabei – ohne Rücksicht auf den vorherrschenden Zinssatz. Diesen Tatbestand des fixen Geldangebots stellt man mit einer senkrecht verlaufenden Angebotslinie wie im Schaubild 32-1 dar.

Geldnachfrage: Der zweite Baustein einer Theorie der Liquiditätspräferenz ist die Geldnachfrage. Erinnern wir uns zunächst an den *Liquiditätsgrad* eines beliebigen Vermögens- oder Aktivpostens der Bilanz: die Leichtigkeit, mit der man den Gegenstand zu Geld machen kann. Geld ist das Tausch- und Zahlungsmittel einer Volkswirtschaft; es ist deshalb per Definition der Vermögensposten mit dem höchstmöglichen Liquiditätsgrad. Der Liquiditätsgrad des Geldes erklärt die Nachfrage nach Geld: Die Leute

Schaubild 32-2
Die Geldnachfrage.
Da der Zinssatz die
Opportunitätskosten
für die Haltung
unverzinslicher
Geldbestände statt
verzinslicher Aktiva
mißt, führt ein
Anstieg des Zinssat-
zes zum Rückgang
der Geldnachfrage.
Die negative Stei-
gung der Geldnach-
fragekurve drückt
den gegenläufigen
Zusammenhang der
Variablen aus.

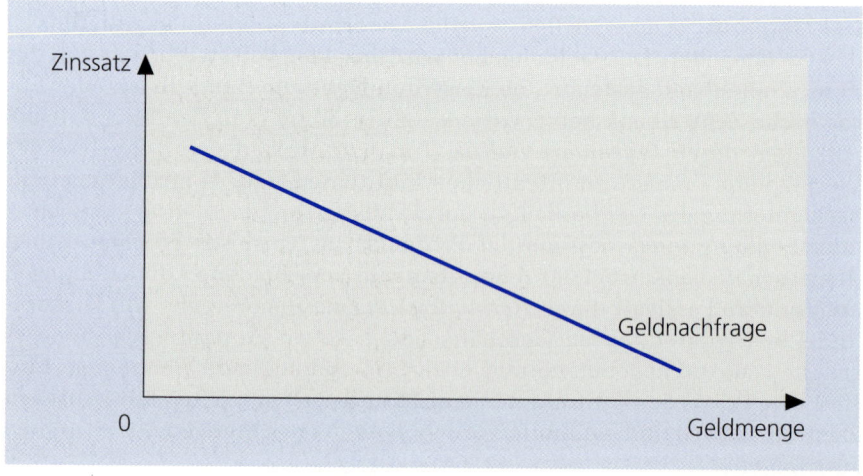

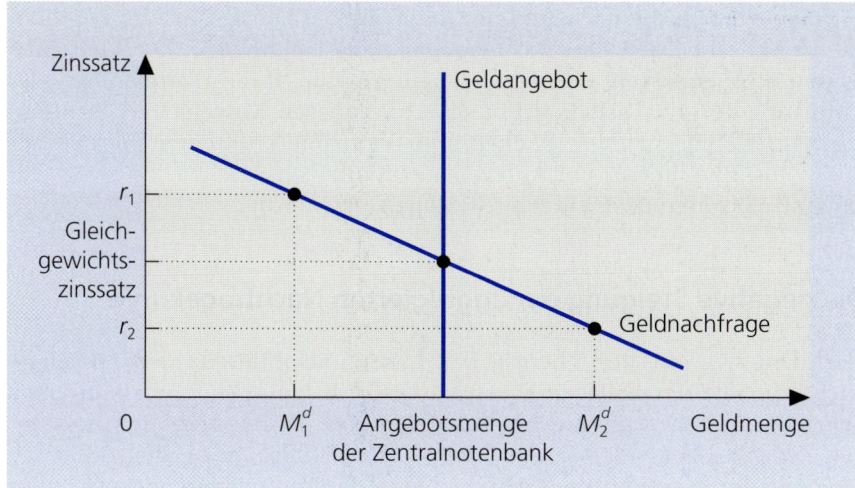

Schaubild 32-3
Gleichgewicht auf
dem Geldmarkt.
Nach der Liquiditätspräferenztheorie
spielt sich der Zinssatz zur Angleichung
von Geldangebot und
Geldnachfrage ein.
Befindet sich der
Zinssatz über dem
Gleichgewichtsniveau (wie etwa bei
r_1), so ist die nachgefragte Geldmenge
(M^d_1) niedriger als
die von der Zentralnotenbank vorgegebene Geldmenge.
Der Angebotsüberschuß führt zur Zinssenkung. Umgekehrt
ist bei einem niedrigeren Zinssatz als
dem Gleichgewichtszinssatz (z.B. bei r_2)
die Geldnachfrage
(M^d_2) größer als das
Geldangebot der
Zentralnotenbank.
Der Nachfrageüberschuß bewirkt einen
Anstieg des Zinssatzes. Auf diese Weise
führen die Marktkräfte von Angebot
und Nachfrage den
Zinssatz zum Gleichgewichtsniveau hin,
bei dem Zufriedenheit herrscht, weil
die von der Bevölkerung gewünschte
Geldhaltung mit der
von der Zentralnotenbank angebotenen
Geldmenge übereinstimmt.

entscheiden sich für die Geldhaltung statt für andere rentierliche Vermögensarten, weil Geld zum Kauf von Waren und Dienstleistungen eingesetzt werden kann.

Obwohl es noch viele andere Einflußgrößen auf die Geldnachfrage gibt,
folgt aus der Liquiditätspräferenztheorie, daß die wichtigste Einflußgröße
der Zinssatz ist. Der Zinssatz stellt die Opportunitätskosten oder den
Schattenpreis der Geldhaltung dar. Wenn man also sein Vermögen in Form
von Bargeld in der Hosentasche herumträgt, statt damit verzinsliche Wertpapiere zu kaufen, büßt man den möglichen Zinsertrag ein. Ein Anstieg des
Zinssatzes erhöht die Kosten der Bargeldhaltung und vermindert damit die
Nachfrage nach Geld. Somit ist eine Geldnachfragekurve mit negativer
Steigung, wie im Schaubild 32-2, plausibel.

Gleichgewicht auf dem Geldmarkt:

Nach der Liquiditätspräferenztheorie spielt sich der Zinssatz so ein, daß Geldangebot und Geldnachfrage
übereinstimmen. Im Schaubild 32-3 sieht man das. Es gibt da nur einen
Zinssatz, den *Gleichgewichtszinssatz*, bei dem angebotene und nachgefragte Geldmenge genau gleich sind. Steht der Zinssatz bei irgend einem
anderen Niveau, werden die Leute ihre Vermögensbestände umdisponieren, womit sie den Zinssatz zum Gleichgewichtsniveau hin drängen.

Nehmen wir z.B. an, der Zinssatz befinde sich über dem Gleichgewichtsniveau bei r_1 im Schaubild 32-3. In diesem Fall liegt die von der
Bevölkerung nachgefragte Geldmenge M^d_1 unter der von der Zentralnotenbank angebotenen Geldmenge. Wer Teile des Überangebots an Geld hält,
wird es durch eine verzinsliche Anlage oder den Kauf verzinslicher Wertpapiere loswerden wollen. Da die Banken und die Wertpapieremittenten
lieber niedrige als hohe Zinsen bezahlen, werden sie auf das Überangebot
mit einer Zinssenkung reagieren. Bei fallendem Zinssatz neigen nach und
nach immer mehr Leute zu höherer Geldhaltung, bis schließlich Zufriedenheit in Höhe der Geldangebotsmenge der Zentralnotenbank herrscht.

Umgekehrt ist die nachgefragte Geldmenge M_2^d beim Zinssatz r_2 größer als die von der Zentralnotenbank angebotene Geldmenge. Die Menschen wollen sich anpassen und durch einen Verkauf ihrer Wertpapiere oder Auflösung der verzinslichen Einlagen zu höheren Kassen- und Sichteinlagenbeständen kommen. Banken und Wertpapieremittenten werden höhere Zinssätze bieten, um Anlager und Käufer anzuziehen. So steigt der Zinssatz nach und nach bis zum Gleichgewichtsniveau.

Die negative Steigung der aggregierten Nachfragekurve

Nachdem wir mit der Theorie der Liquiditätspräferenz den Gleichgewichtszinssatz der Volkswirtschaft bestimmt haben, gehen wir nun einen Schritt weiter zur aggregierten Nachfrage nach Waren und Dienstleistungen. Zuerst benützen wir das Modell für die Erklärung der negativen Steigung der aggregierten Nachfragekurve. Speziell wollen wir nun unterstellen, daß das Preisniveau der Volkswirtschaft ansteigt. Was geschieht mit dem Zinssatz, der Angebot und Nachfrage auf dem Geldmarkt zur Übereinstimmung bringt, und wie wirkt sich das alles auf die Güternachfrage aus?

Wie wir aus dem Kapitel 28 wissen, ist das Preisniveau eine Determinante der nachgefragten Geldmenge. Bei höheren Preisen wird jedesmal bei Käufen und Verkäufen mehr Geld bewegt. Deshalb werden sich die Leute zu einer größeren Kassenhaltung entschließen. Bei einem höheren Preisniveau wird also zu einem beliebigen gegebenen Zinssatz stets mehr Geld nachgefragt. Somit wird im Diagramm a) des Schaubildes 32-4 bei einem Anstieg des Preisniveaus von P_1 auf P_2 die Geldnachfragekurve von MD_1 nach rechts verschoben zu MD_2.

Achten Sie nun darauf, wie diese Verschiebung der Geldnachfrage das Gleichgewicht auf dem Geldmarkt verändert. Für eine fixe Geldangebotsmenge muß der Zinssatz zur Angleichung von Angebot und Nachfrage an Geld ansteigen. Das höhere Preisniveau hat die gewünschte Kassenhaltung der Leute erhöht und die Geldnachfragekurve nach rechts verschoben. Doch die angebotene Geldmenge bleibt ja unverändert, und so muß der Zinssatz von r_1 auf r_2 in die Höhe gehen, um die zusätzliche Geldnachfrage zu entmutigen und zu verdrängen.

Dieser Anstieg des Zinssatzes hat nicht nur Auswirkungen auf den Geldmarkt, sondern auch auf die nachgefragte Gütermenge, wie man im Diagramm b) des Schaubildes 32-4 sieht. Bei einem höheren Zinssatz sind die Kosten für Kredite und die Erträge aus Ersparnissen höher. Weniger Privatleute werden für den Hausbau Kredite aufnehmen, und wer es dennoch tut, wird kleiner und billiger bauen, so daß die Nachfragekomponente der Wohnungsbauinvestitionen zurückgeht. Auch weniger Unternehmungen werden für den Bau neuer Fabriken und für den Kauf neuer Ausrüstungen Kredite aufnehmen, so daß auch die Nachfragekomponente der Unternehmensinvestitionen reduziert wird. Die Haushalte werden sich entschließen, mehr für die Zukunft zu sparen und die laufenden Konsumausgaben zu verringern. Aus all diesen Gründen wird, wenn der Preisniveauanstieg von P_1 auf P_2 die Geldnachfrage von MD_1 auf MD_2 steigert und den

Zinssatz von r_1 auf r_2 hochtreibt, die aggregierte Nachfragemenge nach Waren und Dienstleistungen von Y_1 auf Y_2 zurückgehen.

Sonach kann die Analyse des Keynes-Zinssatzeffektes in drei Schritten zusammengefaßt werden:

1. Ein höheres Preisniveau erhöht die Geldnachfrage.
2. Höhere Geldnachfrage führt zu einem höheren Zinssatz.
3. Ein höherer Zinssatz vermindert die Nachfrage nach Waren und Dienstleistungen.

Das Endergebnis dieser Analyse ist eine negative, gegenläufige Beziehung zwischen dem Preisniveau und der Nachfragemenge nach Waren und Dienstleistungen. Der Zusammenhang findet in der negativen Steigung der aggregierten Nachfragekurve nach Gütern Ausdruck.

a) Der Geldmarkt

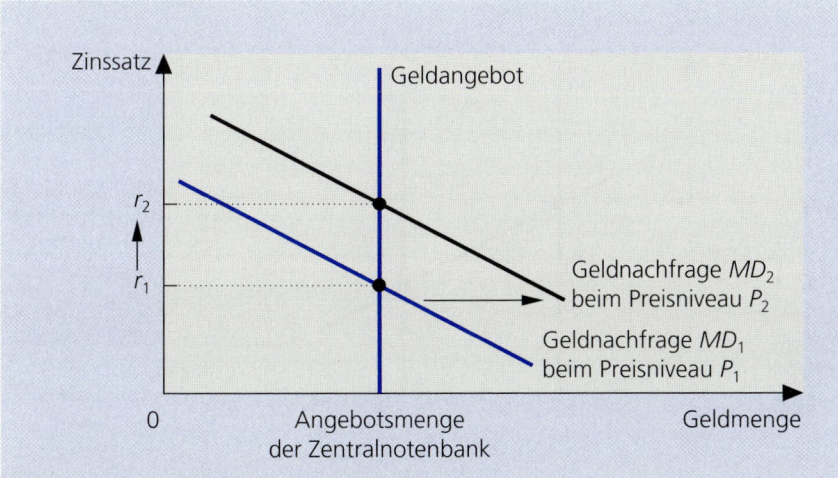

b) Die aggregierte Nachfragekurve

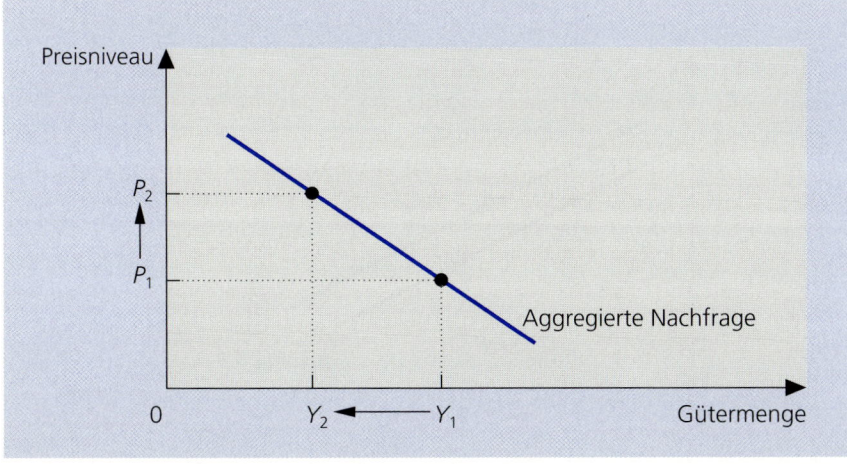

Schaubild 32-4
Der Geldmarkt und die Steigung der aggregierten Nachfragekurve. Ein Anstieg des Preisniveaus von P_1 auf P_2 führt zu einer Rechtsverschiebung der Geldnachfragekurve wie im Diagramm a). Diese Erhöhung der Geldnachfrage führt zu einer Erhöhung des Zinssatzes von r_1 auf r_2. Da der Zinssatz die Kosten der Kreditaufnahme darstellt, vermindert der Zinsanstieg die aggregierte Nachfragemenge an Gütern von Y_1 auf Y_2. Dieser negative Zusammenhang zwischen dem Preisniveau und der Nachfragemenge macht die negative Steigung der aggregierten Nachfragekurve im Diagramm b) aus.

Veränderungen des Geldangebots

Bis hierher haben wir die Theorie der Liquiditätspräferenz nur dazu verwendet, um die negative Steigung der aggregierten Nachfragekurve vollständiger zu erklären. Die Geschichte ist aber auch deshalb nützlich, weil sie einiges Licht darauf wirft, wie die Zentralnotenbank mit Veränderungen der Geldpolitik die Kurve der aggregierten Nachfrage verschiebt. Angenommen, die Zentralnotenbank erhöht die Geldmenge im Zuge der Offenmarktpolitik durch den Ankauf von Schuldverschreibungen des Bundes. Angenommen zusätzlich, das Preisniveau reagiert auf diese Geldspritze kurzfristig überhaupt nicht. Wie verändert die Geldmengensteigerung den Gleichgewichtszinssatz und die aggregierte Nachfragekurve?

Schaubild 32-5
Eine Geldspritze. Im Diagramm a) reduziert eine Erhöhung des Geldangebots von MS_1 auf MS_2 den Gleichgewichtszinssatz von r_1 auf r_2. Da der Zinssatz die Kosten der Kreditaufnahme ausdrückt, wird der Zinsrückgang die Güternachfrage beim gegebenen Preisniveau von Y_1 auf Y_2 steigern. Somit ergibt sich im Diagramm b) die Rechtsverschiebung der aggregierten Nachfragekurve von AD_1 zu AD_2.

a) Der Geldmarkt

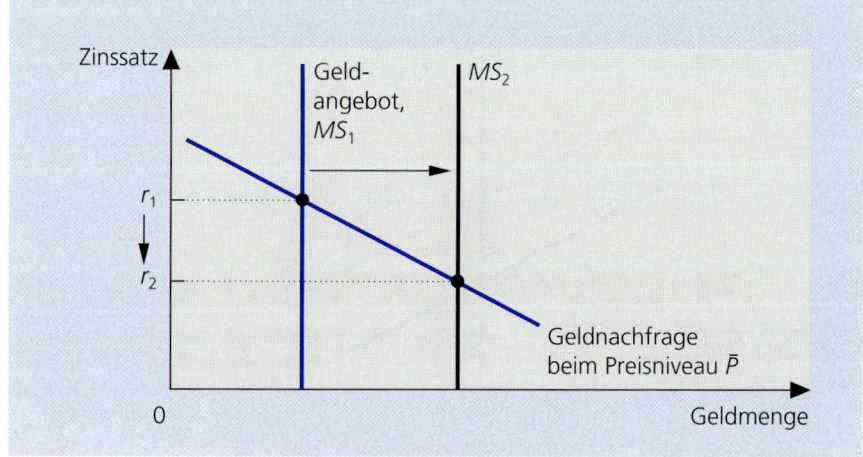

b) Die aggregierte Nachfragekurve

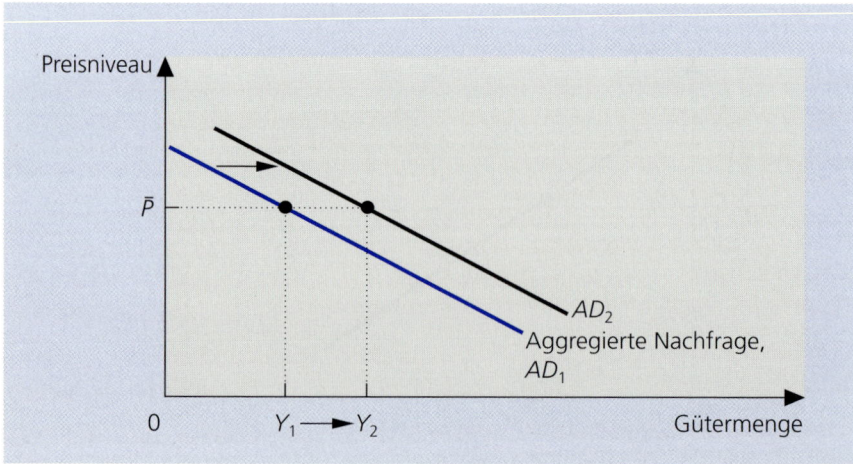

Wie das Diagramm a) im Schaubild 32-5 zeigt, kommt es durch eine Steigerung des Geldangebots zu einer Rechtsverschiebung der Geldangebotskurve von MS_1 zu MS_2. Da in diesem Falle die Geldnachfrage unverändert bleibt, fällt der Zinssatz zwecks Angleichung von Geldangebot und Geldnachfrage von r_1 auf r_2. Das bedeutet, daß der Zinssatz fallen muß, um die Leute dazu zu bringen, das von der Zentralnotenbank zusätzlich ausgegebene Geld im Kassenbestand zu halten.

Erneut beeinflußt der Zinssatz – wie man im Diagramm b) des Schaubildes 32-5 sieht – die Nachfragemenge an Gütern. Der niedrigere Zinssatz reduziert die Kosten der Kreditaufnahme und die Erträge der Ersparnisse. Die Haushalte kaufen mehr und größere Häuser und stimulieren so insgesamt die Bauinvestitionen. Die Unternehmungen geben ebenfalls mehr für neue Fabrikgebäude und neue Ausrüstungen aus und verstärken so die Unternehmensinvestitionen. Die Haushalte sparen weniger und stecken mehr in den Konsum. Aus all diesen Gründen wird die bei einem bestimmten Preisniveau P nachgefragte aggregierte Gütermenge von Y_1 auf Y_2 ansteigen.

Fassen wir zusammen: *Eine Geldspritze durch die Zentralnotenbank erhöht das Geldangebot. Ein höheres Geldangebot führt bei jedem gegeben Preisniveau zu einem niedrigeren Zinssatz, der die nachgefragte Gütermenge steigen läßt.* Somit bewirkt eine Geldspritze eine Rechtsverschiebung der aggregierten Nachfragekurve.

Zinssatzziele und Zentralbankpolitik

Wie beeinflußt eine Zentralnotenbank die Volkswirtschaft? Hier und zuvor schon im Buch haben wir das Geldangebot als das politische Hauptinstrument einer Zentralnotenbank dargestellt. Durch Ankäufe von Wertpapieren kann in der Offenmarktpolitik die Geldmenge erhöht werden, und durch Verkäufe von Wertpapieren vermag die Zentralnotenbank die im Umlauf befindliche Geldmenge zu verringern.

In der Geschichte der Zentralbanken kommt es immer wieder vor, daß man nicht *Geldmengenziele*, sondern *Zinssatzziele* verfolgt. Als bei der Deutschen Bundesbank und ihrer Vorgängerin, der Bank deutscher Länder, die Sollzinsen der Geschäftsbanken für ihre Kredite an die Kunden und die Habenzinsen der Geschäftsbanken auf Einlagen ihrer Sparer noch fest an den Diskontsatz gebunden waren (sogenannte Sollzins- und Habenzinsabkommen), hat die deutsche Zentralnotenbank mit Bewegungen des Diskontsatzes das gesamte Zinsniveau gezielt gesteuert. Nach der Denkweise der Mikroökonomik hat die Zentralnotenbank eine Preissetzung wie ein Monopolist betrieben und den übrigen Wirtschaftseinheiten die Mengenanpassung, d.h. das Ausmaß der Kreditaufnahme und der Einlagen, überlassen.

Die *Deutsche Bundesbank* formuliert laufend Geldmengenziele, die sie dem Publikum als Orientierung vorgibt. Im Monatsbericht der Deutschen Bundebank vom August 1998 (S. 20/21) wird folgender Beschluß des Zentralbankrates vom 23.7. 1998 veröffentlicht: »Die Deutsche Bundesbank hält an ihrer im Dezember 1996 beschlossenen Geldmengenorientierung fest, die eine Ausweitung der Geldmenge M3 im Verlauf der Jahre 1997 und 1998 um jeweils etwa 5% vorsieht. Der für das Jahr 1998 zusätzlich festgelegte Zielkorridor von 3% bis 6% wird ebenfalls unverändert beibehalten. – Im bisherigen Jahresverlauf ist die Geldmenge M3 zielkonform gewachsen. Die Bundesbank ist auch weiterhin bestrebt, das Geldmengenwachstum auf einem potentialgerechten Pfad zu halten, um mit Blick auf die Europäische Währungsunion den Aufbau eines monetären Inflationspotentials zu verhindern. – Die Bundesbank hält damit an ihrem Konzept der Geldmengensteuerung und an der Geldmenge M3 als Orientierungsgröße für die Geldpolitik fest. Wie bereits im Dezember 1997 angekündigt, wird sie im weiteren Jahresverlauf den Blickwinkel zunehmend stärker auf das Gesamtgebiet der Europäischen Währungsunion ausrichten. Dabei verdient die Geldmengenentwicklung besondere Beachtung.«

Deutschland macht – am BIP gemessen – rund ein Drittel am Euro-Raum aus, so daß die Inflationsperspektiven hierzulande die Preisentwicklung in der gesamten Währungsunion wesentlich mitbestimmen. Bei einem bestimmten Wirtschaftswachstum mit gewissen Produktivitätssteigerungen sind mit Geldmengenzielen auch Spielräume für Preis- und Lohnsteigerungen gesetzt oder wenigstens signalisiert. Die Geldmengenziele sind in den vergangenen Jahren gegenüber den Zinssatzzielen allzu sehr in den Vordergrund gerückt. Es ist ganz nützlich, von der Theorie der Liquiditätspräferenz aus die logische Gleichwertigkeit von Mengen- und Preissetzung in der Geldpolitik zu thematisieren: *Die Geldpolitik einer Zentralnotenbank kann entweder in Begriffen der Geldmenge oder in Begriffen des Zinsniveaus beschrieben werden.* Nur mit beiden Eingriffsarten zugleich – Zinssatz- plus Geldmengenfixierung – würde man den Gesetzlichkeiten des Marktes widersprechen (vergleiche »Optionsfixierung« in der Mikroökonomik). Es ist interessant, in den USA die vom »Federal Open Market Committee« (FOMC) alle sechs Wochen vorgegebene Zielsetzung für die Verzinsung der Bundesschätze und die damit verbundenen Auswirkungen auf den Geldmarkt zu beobachten. Eine expansive Geldpolitik kann entweder mit einer Geldmengensteigerung oder mit einer Zinssatzsenkung durchgeführt und beschrieben werden.

Schnelltest

Erklären Sie anhand der Theorie der Liquiditätspräferenz, wie eine Senkung des Geldangebots den Gleichgewichtszinssatz verändert. Wie beeinflußt die Veränderung die aggregierte Nachfragekurve nach Gütern?

Wie die Fiskalpolitik auf die aggregierte Nachfrage wirkt

Nicht nur durch die Geldpolitik einer unabhängigen Zentralnotenbank, sondern auch durch die Fiskalpolitik einer Staatsregierung im Bund und in den Ländern kann die Entwicklung einer Volkswirtschaft bestimmt werden.

Die Fiskalpolitik hat mit den Einnahmen und den Ausgaben des Staates zu tun, insbesondere mit der Bemessung von Steuern sowie von Investitions- und Konsumgüterkäufen. Im Staatskonsum steckt – nebenbei bemerkt – vieles von den Sachausgaben des großen Verteidigungshaushalts. Weiter vorne im Buch haben wir uns bereits überlegt, wie die Fiskalpolitik lang-fristig das Sparverhalten, die Investitionen und das Wirtschaftswachstum beeinflußt. Auf kurze Sicht betrifft die Fiskalpolitik nur die aggregierte Nachfrage nach Waren und Dienstleistungen der Volkswirtschaft.

Veränderungen der Staatsausgaben für Konsum- und Investitionsgüter

Wenn die Staatsregierung ihre eigenen Einkäufe für Investitions- und Kon-sumzwecke verändert, trägt sie unmittelbar zu einer Verschiebung der aggregierten Nachfragekurve bei. Man denke z.B. an einen Großauftrag des Verteidigungsministeriums zur Anschaffung neuer Jagdflugzeuge oder zur Entwicklung kompletter moderner Waffensysteme. Damit kommt es zu einer Rechtsverschiebung der aggregierten Nachfragekurve.

Um wieviel würde sich ein exakt in einem Jahr abgewickelter Großauf-trag über z.B. 20 Milliarden DM auf die Nachfragekurve auswirken? Zuerst werden Sie vermuten, daß eine Rechtsverschiebung der Kurve um genau 20 Milliarden DM eintritt. Dies trifft jedoch, wie sich herausstellt, nicht zu. Es gibt zwei makroökonomische Effekte, die einen Unterschied zwischen dem Ausgabenbetrag und der Nachfrageänderung verursachen. Der erste – *der Multiplikatoreffekt* – deutet darauf hin, daß die Nachfrageänderung *größer* sein wird als die vom Staat zusätzlich ausgegebenen 20 Milliarden DM. Der zweite – *der Verdrängungseffekt* – läßt eher vermuten, daß die Nachfrage-verschiebung *kleiner* als 20 Milliarden DM ausfallen könnte. Wir diskutie-ren die beiden Effekte einzeln.

Der Multiplikatoreffekt

Nehmen wir an, die zusätzlichen Staatsausgaben von 20 Milliarden DM für Verteidigungszwecke gehen an das Flugzeugwerk Dornier in München. Davon wird es Rück- und Fernwirkungen geben. Der erste Nachfrageimpuls pflanzt sich fort in Beschäftigungs-, Lohn- und Gewinnsteigerungen bei Dornier. Mit den höheren Arbeits- und Kapitaleinkünften wird es zu Steige-rungen der Konsumausgaben kommen. Als Ergebnis des Staatsauftrags an die Firma Dornier wird sich ebenso die Nachfrage nach Gütern vieler anderer Unternehmungen erhöhen. Da jede einzelne Mark an Staatsaus-gaben die aggregierte Güternachfrage um mehr als eine Mark steigern kann, sagt man auch, die Staatsausgaben haben eine *Multiplikatorwirkung* auf die aggregierte Nachfrage.

Dieser Multiplikatoreffekt hält über die erste Runde hinaus an. Wenn die Konsumausgaben steigen, dann beschäftigen die Produzenten der Kon-sumgüter mehr Leute. Höhere Arbeits- und Unternehmereinkommen sti-

Multiplikatoreffekt
Die zusätzlichen positiven Verschie-bungen der aggre-gierten Nachfrage, die sich ergeben, wenn eine expansive Fiskalpolitik die Ein-kommen und dadurch die Ausga-ben der Konsumen-ten erhöht.

mulieren die Konsumausgaben erneut, und so weiter und so fort. Es gibt also positive Folgewirkungen des ersten Impulses: Größere Nachfrage führt zu höherem Einkommen, und daraus entsteht wiederum größere Nachfrage mit nochmals höherem Einkommen. Sobald all diese Effekte, die oft über eine Analyseperiode hinausreichen, summiert werden, erweist sich die Gesamtwirkung auf das Nachfragenieveau an Waren und Dienstleistungen zumeist als viel größer als der erste Nachfragestoß.

Das Schaubild 32-6 illustriert den Multiplikatoreffekt graphisch. Die aggregierte Nachfrage vor einer diskreten Steigerung sei AD_1, durch die als Beispiel erwähnten Waffenkäufe von 20 Milliarden DM ergäbe sich sodann die gestrichelte neue Nachfragekurve AD_2. Die wirkliche neue Nachfragekurve – einschließlich der Zweit-, Dritt- und weiteren Folgewirkungen – ist die Kurve AD_3 im Schaubild 32-6.

Schaubild 32-6
Der Multiplikatoreffekt. Ein Anstieg der Staatsnachfrage um 20 Mrd. DM wird die Nachfragekurve um mehr als diesen Betrag nach rechts verschieben. Der Multiplikatoreffekt entsteht, weil Zuwächse des Gesamteinkommens zusätzliche Konsumausgaben anregen.

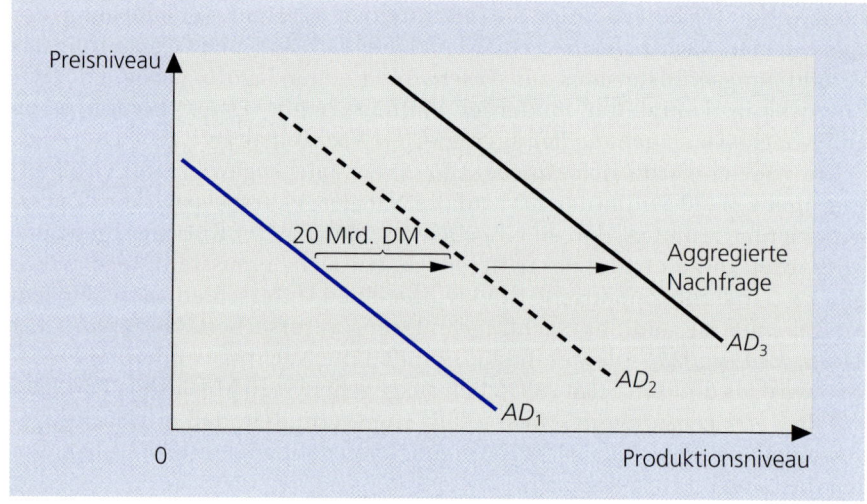

Dieser aus Rückwirkungen der Konsumausgaben entstehende Multiplikatoreffekt kann durch Reaktionen der Investitionen auf ein höheres Nachfragenieveau verstärkt werden. So könnte z.B. Dornier auf die höhere Nachfrage nach Fluggerät hin Ausrüstungs- oder Bauinvestitionen vornehmen. In diesem Falle spornt die höhere Staatsnachfrage nach Gütern zu höherer Investitionsgüternachfrage an. Diese positive Rückwirkung der Nachfrage auf die Investitionen wird als *Investitionsakzelerator* bezeichnet. Das in der Konjunkturtheorie wichtige *Akzeleratorprinzip* ist eine Investitionsfunktion mit einem Faktor, der als Akzelerator oder Beschleuniger verstanden wird, und der Größe der gesamtwirtschaftlichen Nachfrageänderung. Durch Multiplikation von Akzelerator und Nachfrageänderung ergibt sich die zusätzliche »induzierte« Investition.

Eine Formel für den Staatsausgabenmultiplikator

Im Kapitel 31 wurde die aggregierte Nachfrage mit dem Bruttoinlandsprodukt (Y) abgekürzt und als Summe aus Konsumgütern (C), Investitionsgütern (I), Staatsnachfrage (G) und Nettoexporten (NX) dargestellt:

$$Y = C + I + G + NX$$

Nimmt man das Bruttoinlandsprodukt zugleich als Indikator des Gesamteinkommens, von dem die Konsumausgaben abhängen, so kann man diese
Einkommens-Konsum-Funktion zur näheren Erklärung heranziehen:

$$C = C^a + c\,Y$$

Der Konsum ist mit einem festen Mindestteil C^a autonom gegeben und zu
einem größeren und variablen Teil einkommensbestimmt. Dabei bildet der
Faktor c eine Verhaltenskonstante, die als Konsumneigung der Menschen,
als marginale Konsumquote oder im Englischen als »marginal propensity to
consume« verstanden wird. Setzt man die Konsumfunktion in die Defini-
tionsgleichung des BIP ein, so hat man zunächst:

$$Y = C^a + cY + I + G + NX \text{ und } (1–c)Y = C^a + I + G + NX$$

Nimmt man an, daß sich die Investitionen und der Nettoexport zunächst
nicht ändern, so hängt die Änderung des aggregierten Nachfrage-, Produk-
tions- und Einkommensniveaus ΔY von Gleichgewicht zu Gleichgewicht
wie folgt von der Staatsausgabenänderung ΔG ab:

$$\Delta Y = \frac{1}{1 - c}\,\Delta G$$

Der Multiplikator, von dem hier die Rede ist, beträgt 1/(1–c). Die marginale Konsumquote oder Konsumneigung für Ausgaben aus einer zusätzlichen DM Einkommen wird in Beispielen oft mit 0,75 veranschlagt (von
1 DM zusätzlichem Einkommen werden 75 Pfennige in den Konsum gegeben). Eine marginale Konsumquote von 0,75 ergibt einen Multiplikator der
Wirkungen von Staatsausgabenänderungen von 4 (d.h. jede zusätzliche DM
der Staatsausgaben für Güter und Dienste wird sich am Ende vierfach auf
die Steigerung des BIP auswirken).

Mit »am Ende« ist die Gesamtwirkung zwischen einem anfänglichen
Gleichgewichtsniveau und einem schlußendlichen Gleichgewichtsniveau
von Y angesprochen. Die Kumulation der Erst-, Zweit- und ferneren Folgewirkungen hin zur Gesamtwirkung läßt sich auch im einzelnen darstellen.
Wie zuzeiten des »Tableau économique« von F. Quesnay geschieht dies oft
mit Reihensummen. Etwa so:

Veränderung der Staatsausgaben =			20 Mrd. DM
Erste Konsumänderung =	0,75	mal	20 Mrd. DM
Zweite Konsumänderung =	$0,75^2$	mal	20 Mrd. DM
Dritte Konsumänderung =	$0,75^3$	mal	20 Mrd. DM
....	....		....
Gesamtänderung der Nachfrage =	$(1 + c + c^2 + c^3 + \dots)\,\Delta G$		

Der Multiplikator $1/(1-c)$ ist die Summe der Reihe $1 + c + c^2 + c^3 + \dots$. Im vorliegenden Beispiel beträgt der Multiplikator also $1/(1-\tfrac{3}{4}) = 4$. Die Steigerung der Staatsnachfrage um 20 Mrd. DM bewirkt also eine Erhöhung der aggregierten Nachfrage um 80 Mrd. DM im neuen Gesamtgleichgewicht (komparativ-statische Analyse).

Der Verdrängungseffekt

Verdrängungseffekt
Der Nachfrageaus-
fall, der dem Investi-
tionsrückgang wegen
einer Zinssatzsteige-
rung nach expansiver
Fiskalpolitik ent-
spricht.

Der Verdrängungseffekt betrifft die mögliche Verdrängung von Privatnachfrage durch Staatsnachfrage. Man bezeichnet den Verdrängungseffekt gelegentlich als »crowding-out effect«. Schon die Begriffsbildung läßt – ganz zutreffend – vermuten, daß der Effekt von Gegnern einer konjunkturpolitisch aktiven Fiskalpolitik »entdeckt« wurde. Der Verdrängungseffekt mindert – wenn es ihn gibt – den Multiplikatoreffekt. Die Erhöhung der Staatsausgaben für Güter und Dienste verstärkt zwar multiplikativ die Gesamtnachfrage, sie verursacht jedoch möglicherweise einen Anstieg des Zinsniveaus, durch den die Gesamtnachfrage gedämpft wird. Als **Verdrängungseffekt** bezeichnet man die Nachfragesenkung, die von einer fiskalpolitisch verursachten Zinssatzsteigerung ausgeht.

Schauen wir nochmals auf die 20 Milliarden DM unterstellter Staatsausgaben an die fiktive Firma Dornier. Wie wir schon wissen, erhöht die zusätzliche Nachfrage nach Fluggerät die Einkommen der Beschäftigten und der Eigentümer (sowie wegen des Multiplikatoreffekts ebenso bei anderen Unternehmungen). Bei Einkommensteigerungen planen die Haushalte eine größere Güternachfrage und deshalb auch eine höhere Kassenhaltung. Die von den zusätzlichen Staatsausgaben verursachte Einkommensteigerung wird also die Geldnachfrage erhöhen.

Diesen Effekt der Geldnachfragesteigerung sehen wir im Diagramm a) des Schaubildes 32-7. Wenn – das soll annahmegemäß so sein – die Zentralnotenbank das Geldangebot unverändert läßt, so haben wir eine unveränderte senkrechte Geldangebotskurve sowie zwei Geldnachfragekurven MD_1 und MD_2. Mit der Rechtsverschiebung der Geldnachfragekurve stellt sich zur Angleichung von Geldangebot und Geldnachfrage ein Anstieg des Zinssatzes von r_1 auf r_2 ein.

Der Anstieg des Zinssatzes wiederum vermindert die nachgefragte Gütermenge. Insbesondere werden die privaten Wohnungsbau- und die unternehmerischen Bauinvestitionen wegen der verteuerten Kreditfinanzierung zurückgehen. Die Steigerung der Staatsausgaben für Güterkäufe wird also zwar die aggregierte Nachfrage nach Waren und Dienstleistungen erhöhen, doch wird es dadurch auch zur Verdrängung von privater Investitionsnachfrage kommen. Der Verdrängungseffekt der Staatsnachfrage kompensiert also – wie aus dem Diagramm b) des Schaubildes 32-7 zu entnehmen ist – teilweise die ursprüngliche Multiplikatorwirkung auf die aggregierte Nachfrage. Der ursprüngliche staatliche Nachfragestoß vergrößert zwar die Gesamtnachfrage von AD_1 auf AD_2, doch fällt im Falle eines Verdrängungseffektes die Gesamtnachfrage auf AD_3 zurück.

Fassen wir zusammen: *Wenn die Staatsausgaben für Güter und Dienste um 20 Milliarden DM erhöht werden, so kann die Gesamtnachfrage um mehr oder auch um weniger als 20 Milliarden DM ansteigen – je nachdem, ob Multiplikatoreffekt oder Verdrängungseffekt dominieren.*

a) Der Geldmarkt

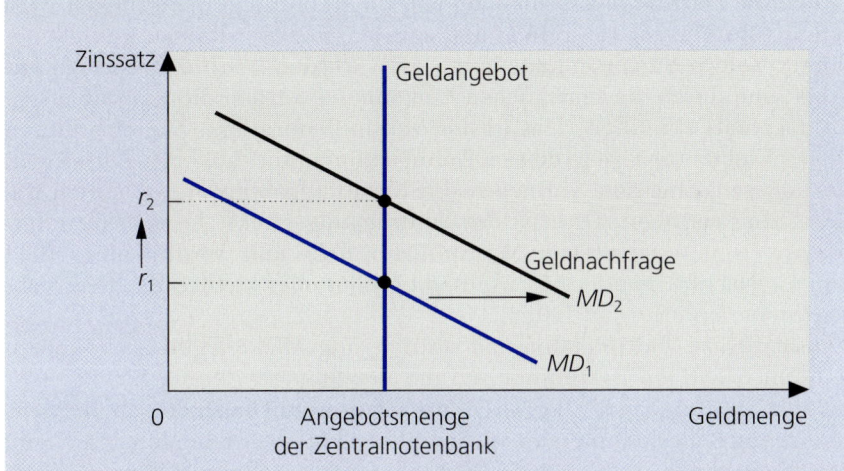

b) Die Verschiebung der aggregierten Nachfrage

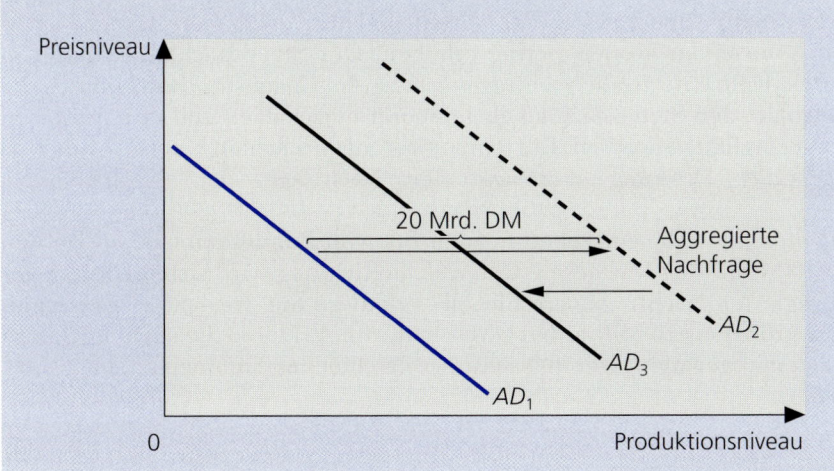

Schaubild 32-7
Der Verdrängungs-effekt. Diagramm a) zeigt den Geldmarkt. Wenn die Staatsausgaben für Güter und Dienste steigen, werden die nachfolgenden Einkommenserhöhungen die Geldnachfrage von MD_1 auf MD_2 ansteigen lassen, woraus ein Anstieg des Zinssatzes von r_1 auf r_2 folgen muß. Die Wirkungen auf die aggregierte Nachfrage zeigt das Diagramm b). Der erste Nachfragestoß der zusätzlichen Staatsausgaben würde die aggregierte Nachfrage via Multiplikatoreffekt von AD_1 nach AD_2 verschieben. Da jedoch der Zinssatz die Kosten der Kreditaufnahme für Investitionen ausdrückt, wird eine Zinssatzsteigerung die Nachfrage dämpfen, indem speziell private Investitionen zurückgedrängt werden. Diese Verdrängung von Investitionen vermindert die positive Multiplikatorwirkung auf die aggregierte Nachfrage. Am Ende wird sich die aggregierte Nachfragekurve nur auf AD_3 hin verschieben.

Veränderungen der Steuern

Ein weiteres wichtiges Instrument der Fiskalpolitik ist das Niveau der Besteuerung. Mit Steuersenkungen vergrößert der Staat die verfügbaren Einkommen der privaten Haushalte. Von den zusätzlichen verfügbaren

Einkommensteilen werden die Haushalte einiges sparen, doch wird der überwiegende Teil (man denke an die oben erwähnte marginale Konsumquote von c = 0,75) in zusätzliche Konsumgüternachfrage fließen. Die aggregierte Nachfragekurve wird deshalb bei Steuersenkungen nach rechts verschoben. Entsprechend würde eine Steuererhöhung eine Linksverschiebung der aggregierten Nachfragekurve auslösen.

Auch die Nachfrageverschiebung aufgrund von Steueränderungen wird erstens vom Multiplikatoreffekt und zweitens vom Verdrängungseffekt bestimmt. Sofern Steuersenkungen wirksam werden, wird der Konsum angeregt, und durch die zusätzlichen Einkommen werden die Konsumausgaben nochmals stimuliert. Das ist der Multiplikatoreffekt. Zugleich führen höhere Einkommen zu größerer Geldnachfrage und höheren Zinssätzen. Die höheren Zinssätze verteuern die Kreditaufnahme und dämpfen die Investitionsausgaben. Dies ist der Verdrängungseffekt. Je nach dem vergleichsweisen Ausmaß von Multiplikatoreffekt und Verdrängungseffekt kann die Nachfrageänderung insgesamt größer oder kleiner als die ursächliche Steueränderung ausfallen.

Zusätzlich zu Multiplikator- und Verdrängungseffekten gibt es noch einen weiteren wichtigen Bestimmungsgrund der Steueränderung für das Ausmaß der Nachfrageänderung: Die Einschätzung der Haushalte, ob die Steueränderung dauerhaft ist oder vorübergehend bleibt. Nehmen wir z.B. an, es wird ein Steuernachlaß von DM 1.000,– verfügt. Bei der Verwendungsentscheidung fragen sich die Haushaltsmitglieder, wie lange diese Einkommenserhöhung wohl andauern wird. Wenn die Haushalte den Steuernachlaß für dauerhaft halten, werden sie ihn als einen substanziellen Beitrag zu ihren finanziellen Ressourcen werten und ihre Ausgaben deshalb nachhaltig um einen großen Betrag erhöhen. Der Steuernachlaß entfaltet in diesem Falle eine große Nachfragewirkung. Im Gegensatz dazu könnten die Haushalte den Steuernachlaß als temporär einschätzen und ihre Ausgaben nur geringfügig anpassen. Ein temporärer Steuernachlaß hätte also nur eine bescheidene Wirkung auf die aggregierte Nachfrage.

Schnelltest   Angenommen, die Ausgaben für den Bau von Bundesautobahnen werden um 10 Milliarden DM gesenkt. In welche Richtung wird sich die Kurve der aggregierten Nachfrage verschieben? Erläutern Sie, weshalb die Verschiebung größer als 10 Milliarden DM sein dürfte. Erklären Sie auch, inwiefern es zu einer geringfügigeren Nachfrageverschiebung kommen könnte.

Einsatz der Geld- und Fiskalpolitik zur Stabilisierung der Volkswirtschaft

Wir wissen nun, wie die geldpolitischen und die fiskalpolitischen Maßnahmen die aggregierte Nachfrage nach Waren und Dienstleistungen verändern können. Von den theoretischen Erkenntnissen gelangt man zu einer bedeutsamen Frage: Ist es für die Wirtschaftspolitik empfehlenswert, diese

Instrumente tatsächlich einzusetzen, um die gesamtwirtschaftliche Nachfrage zu steuern und damit die Volkswirtschaft zu stabilisieren? Falls ja: Wann? Falls nein: Warum nicht?

Für eine aktive Stabilisierungspolitik

Kehren wir zur Fragestellung am Anfang des Kapitels zurück. Wie soll die Geldpolitik reagieren, wenn die Fiskalpolitik die Staatsausgaben senkt, damit ein Budgetdefizit beseitigt wird? Wie wir gesehen haben, sind die Staatsausgaben eine der Bestimmungsgrößen der aggregierten Nachfragekurve. Sobald die Staatsausgaben beschnitten werden, geht die aggregierte Nachfrage zurück, wodurch sich kurzfristig ein Produktions- und Beschäftigungsrückgang einstellt. Wenn die Zentralnotenbank diesem negativen Effekt der Fiskalpolitik vorbeugen will, kann sie das Geldangebot erhöhen. Eine monetäre Expansion würde den Zinssatz senken sowie Konsum- und Investitionsausgaben anregen. Wenn die Geldpolitik angemessen reagiert, so wird durch die kombinierten Änderungswirkungen der Geldpolitik und der Fiskalpolitik eine unveränderte aggregierte Nachfrage nach Waren und Dienstleistungen möglich bleiben.

Diese Art Betrachtungsweise ist in den Leitungsgremien der Zentralnotenbanken gang und gäbe. Alle Beteiligten wissen, daß die Geldpolitik einen erheblichen Einfluß auf die aggregierte Nachfrage ausübt. Sie wissen aber auch, daß es noch andere wichtige Einflußgrößen gibt – einschließlich fiskalpolitischer Maßnahmen. Deshalb verfolgt man in der Zentralnotenbank alle Diskussionen über die Fiskalpolitik sehr aufmerksam.

Die Reaktionsweise der Geldpolitik auf fiskalpolitische Veränderungen ist ein Beispiel nur aus einem größeren Problemkreis: Wirtschaftspolitische Stabilisierung der aggregierten Nachfrage, so daß dadurch auch Produktion und Beschäftigung gesichert sind. In den USA ist diese Konzeption der Stabilisierung seit dem Employment Act von 1946 allgemein verbindlich. Es heißt da u.a.: »it is the continuing policy and responsibility of the federal government to ... promote full employment and production«. Der Staat sah sich mit Geld- und Fiskalpolitik in der Verantwortung für die kurzfristige makroökonomische Entwicklung. In Deutschland ist die Denkweise in damals aktuell verfeinerter Weise in zwei Gesetze eingeflossen, die für die Globalsteuerung der Volkswirtschaft gedacht waren: Gesetz über die Bildung des Sachverständigenrates zur Begutachtung der gesamtwirtschaftlichen Entwicklung vom 14. 8. 1963 und Gesetz zur Förderung der Stabilität und des Wachstums der Wirtschaft vom 8. 6. 1967.

Alle diese Gesetze beruhen auf zwei Grundgedanken. Der erste, recht bescheidene Grundgedanke besteht darin, daß der Staat nicht zum Verursacher von Konjunkturschwankungen werden sollte. Folglich wenden sich die meisten Nationalökonomen gegen große und plötzliche Änderungen in der Geld- und Fiskalpolitik, da derartige Veränderungen am ehesten zu Wirtschaftsschwankungen führen. Überdies muß die Wirtschaftspolitik ja kompensatorisch auf die ohnehin vorkommenden Wirtschaftsschwankungen reagieren.

Der zweite, anspruchsvollere Grundgedanke lautet also, daß die staatliche Wirtschaftspolitik kompensatorisch auf privatwirtschaftliche Impulse reagieren sollte. In den USA war das Gesetz nicht lange nach Erscheinen des Buches »The General Theory of Employment, Interest, and Money« von *John Maynard Keynes* eingebracht und verabschiedet worden. Im vorigen Kapitel haben wir dieses Werk bereits als das einflußreichste Volkswirtschaftsbuch apostrophiert, das je auf den Markt kam. Keynes betont darin die Schlüsselrolle der aggregierten Nachfrage für die Erklärung der kurzfristigen Wirtschaftsschwankungen. Und er verlangt vom Staat eine aktive Stimulierung der Nachfrage, wenn das Niveau der aggregierten Nachfrage nicht mehr zur Produktionserhaltung auf dem Vollbeschäftigungsniveau reichen sollte.

Keynes und seine vielen, vielen Jünger behaupteten, die aggregierte Nachfrage schwanke wegen irrationaler Wellen von Pessimismus und Optimismus. Der Ausdruck »animal spirits« sollte zur Beschreibung der willkürlichen Haltungsänderungen herhalten. Bei vorherrschendem Pessimismus geben die Haushalte weniger für Konsumgüter und die Unternehmungen weniger für Investitionsgüter aus. Es kommt zu verringerter aggregierter Nachfrage, zu niedrigerer Produktion und höherer Arbeitslosigkeit. Umgekehrt werden private Haushalte und Unternehmungen bei allgemein verbreitetem Optimismus mehr für die Güternachfrage ausgeben. Es kommt zu gesteigerter Gesamtnachfrage, zu höherer Produktion und zu niedrigerer Arbeitslosigkeit sowie ferner auch zu einem gewissen Inflationsdruck. Die Haltungsänderungen sind dabei »self-fulfilling« oder mit einer Tendenz zur Selbstbestätigung verbunden.

Grundsätzlich kann der Staat die Fiskalpolitik und die Geldpolitik passend auf Optimismus und Pessimismus abstimmen und damit die aggregierte Nachfrage stabilisieren. Wenn die Leute z.B. überaus pessimistisch sind, wird die Zentralnotenbank das Geldangebot ausweiten. Bei übergroßem Optimismus dagegen empfiehlt sich eine Verringerung des Geldangebots, damit eine kontraktive Nachfragewirkung entsteht. Nach den Worten eines früheren Zentralbankpräsidenten der USA ist dieses Vorgehen für die Wirtschaft in etwa so, wie wenn man den Spielern gerade dann den Ball wegnimmt, wenn es richtig losgehen soll. Er meinte damit die antizyklischen Maßnahmen zur Dämpfung der Ausschläge nach oben und nach unten.

Fallstudie   **Keynesianer in der Politik**

»Wir alle sind Keynesianer« hörte und las man noch in den siebziger Jahren. Der amerikanische Präsident John F. Kennedy hatte Berater, die Keynes' *General Theory* vom Studium her kannten und begierig in die politische Praxis umsetzen wollten. Dazu gehörten *James Tobin* und *Robert Solow*, die späteren Nobelpreisträger. Heerscharen von Interpreten haben durch Keynes Arbeit, Brot und Aufmerksamkeit gefunden. Sie haben das mehr oder weniger vollständig gelesene Buch von Keynes und andere Werke nach bestem Wissen und Gewissen zusammengefaßt, verkürzt in die stringentere mathematische Ausdrucksweise übertragen und dabei zwangsläufig eigene »keynesianische Theorie« geschaffen. Noch zu seinen Lebzeiten mußte Keynes 1946 zu einigen Interpreten auf Distanz gehen und feststellen, er sei in deren Sinn kein Keynesianer.

Keynesianer saßen im deutschen Sachverständigenrat und in allen Bonner Ministerien. Auch wenn die Anrufung des Namens von Keynes gegenwärtig nicht mehr die nationalökonomische Argumentation im einzelnen ersetzt, so kommen die nach verbreiteter Meinung keynesschen Elemente auch heute noch in den meisten Maßnahmenpaketen der Konjunkturpolitik vor. Ganz deutlich war dies nach der Amtsübernahme von Bill Clinton 1993 mit dem »stimulus package« und den darin enthaltenen Staatsausgabensteigerungen. Inzwischen ist die Meinung über die aussichtsreichsten konjunkturpolitischen Maßnahmen eine andere als vor zwanzig Jahren. Im Abbau des staatlichen Budgetdefizits sieht man nunmehr einen guten Antrieb für langfristiges wirtschaftliches Wachstum, der Vorrang haben soll vor einer kurzfristigen Nachfrageausdehnung. Doch damit berühren wir bereits den Gegenstandpunkt, der nun zur Sprache kommen muß.

Gegen eine aktive Stabilisierungspolitik

Viele Nationalökonomen bestehen darauf, daß der Staat keine geld- oder fiskalpolitischen Maßnahmen zur Stabilisierung der Wirtschaft einsetzen sollte. Sie wollen diese Maßnahmen für bestimmte langfristige Ziele – wie etwa rasches Wirtschaftswachstum und niedrige Inflationsrate – reserviert wissen. Mit den kurzfristigen Schwankungen solle die Wirtschaft von selbst zurecht kommen. Obwohl diese Ökonomen von der Logik her einräumen, daß die Geld- und die Fiskalpolitik zur Stabilisierung der volkswirtschaftlichen Entwicklung in der Lage sind, zweifeln sie doch sehr an der entsprechenden praktischen Wirkung.

In engem Zusammenhang mit der Skepsis gegenüber antizyklischen konjunkturpolitischen Maßnahmen steht das vehemente Eintreten für eine von Weisungen der Regierung unabhängige Zentralnotenbank, die vorrangig nur der Geldwertstabilität verpflichtet ist. In Deutschland waren es die empirischen Befunde aus der Zeit der Hyperinflation in den zwanziger Jahren und der Rüstungsfinanzierung über die Notenpresse im Zweiten Weltkrieg, die von Anfang an bei der Gründung der Bank deutscher Länder im Jahre 1948 als Vorläuferinstitution der Deutschen Bundesbank nach allgemeinem Willen zur Unabhängigkeit führten. Andere Staaten mit weniger negativen politischen Erfahrungen haben erst kürzlich wegen der Europäischen Union zur Unabhängigkeit ihrer Zentralnotenbank gefunden (z.B. Großbritannien).

Die Hauptargumente gegen eine aktive Geld- und Fiskalpolitik setzen bei den erheblichen Wirkungsverzögerungen der Maßnahmen in der Praxis an. Die Geldpolitik wirkt über die Veränderung von Zinssätzen, von denen sodann die Investitionsentscheidungen bestimmt werden. Viele Unternehmungen planen bei Investitionen jedoch weit im voraus. Deshalb glaubt man, monetäre Maßnahmen hätten eine Verzögerung von mindestens sechs Monaten, ehe sie auf Produktion und Beschäftigung wirken. Manchmal können »lags« auch – ein Problem der empirischen Wirtschaftsforschung für bestimmte Länder und Zeiten – einige Jahre dauern. Eine von den Keynesianern lange propagierte Feinsteuerung sei der Zentralnotenbank deshalb gar nicht möglich. Die Zentralnotenbank kommt mit ihren Maßnahmen oft viel zu spät und dann – bei erneutem Konjunkturumschwung – in die falsche Richtung zum Zuge. Statt konjunkturelle Ausschläge zu beseitigen, werden geldpolitische Maßnahmen zu Ursachen für neue Wirtschaftsschwankungen. Die Gegner einer aktiven Politik treten für eine passive Geldpolitik ein, wie z.B. eine stetige Ausdehnung des Geldangebots mit mäßiger Rate.

Auch die Fiskalpolitik hat Wirkungsverzögerungen. Doch anders als bei der Geldpolitik sind »lags« der Fiskalpolitik weitgehend den politischen Entscheidungsprozessen anzulasten. Ehe es zu Änderungen der Staatsausgaben für Waren und Dienstleistungen kommt, müssen bei Bund, Ländern und Kommunen entsprechende Haushaltsgesetze beschlossen werden, die einen langen Weg der Vorberatung durch Ausschüsse gehen. Impulse zu derartigen Vorlagen setzen wiederum eine frühzeitige geeignete Wahrnehmung der Problemlage voraus. Am Ende dann liegt zwischen dem Beschluß eines Haushaltsgesetzes und der ökonomisch relevanten kassenmäßigen Umsetzung nochmals eine nicht unerhebliche Verzögerung. Der gesamte Prozeß von der Wahrnehmung der Problemlage bis zur Auszahlung der DM-Beträge dauert viele Monate und manchmal sogar Jahre. So können die fiskalpolitischen Maßnahmen schließlich in einer völlig veränderten Volkswirtschaft wirksam – und damit vielleicht kontraproduktiv – werden.

Das Lag-Problem der Geldpolitik und der Fiskalpolitik wird noch dadurch verschlimmert, daß erforderliche Prognosen überaus ungenau sind. Nur dann, wenn die Prognostiker Exaktes über die volkswirtschaftliche Lage in einem Jahr im voraus sagen könnten, wäre den Geld- und Fiskalpolitikern eine vorausschauende Politik möglich. In diesem Falle nur wäre trotz der Verzögerungen eine wirksame Stabilisierungspolitik durchführbar. Im praktischen Wirtschaftsleben jedoch treffen Rezessionen und Depressionen oft ohne jede Vorwarnung der beobachtenden Statistiker und Ökonometriker ein. Meist können die fähigsten Wirtschaftspolitiker nur reagieren – dann, wenn Veränderungen oder Schwankungen sichtbar werden.

Automatische Stabilisatoren

Automatische Stabilisatoren
Nachfragestützende fiskalpolitische Wirkungen, die ohne besondere Maßnahmen jeweils dann eintreten, wenn die Volkswirtschaft in eine Rezession gleitet.

Alle Nationalökonomen – Gegner wie Befürworter von Stabilisierungspolitik – stimmen in ihrer Ansicht über die bestehenden Wirkungsverzögerungen überein: sie entwerten die Werkzeuge für eine kurzfristige Stabilisierung. Die Volkswirtschaft wäre stabiler oder leichter zu stabilisieren, wenn es den wirtschaftspolitischen Fachleuten gelänge, einige der Verzögerungen zu beseitigen oder zu überspielen. Zum Teil ist es mit den automatischen Stabilisatoren gelungen. **Automatische Stabilisatoren** sind nachfragestützende fiskalpolitische Wirkungen, die ohne eine besondere politische

Aktivität »automatisch« dann eintreten, wenn die Volkswirtschaft in eine Rezession gleitet.

Ein automatischer Stabilisator mit überragender Bedeutung ist das Steuersystem. Das *Steueraufkommen* geht automatisch dann zurück, wenn die Umsätze (vgl. Mehrwertsteuer) und die Einkünfte (vgl. Einkommensteuer, Körperschaftsteuer) in einer Depression zurückgehen. Die automatische Steuersenkung regt die aggregierte Nachfrage an und trägt dadurch zur Milderung des konjunkturellen Abschwungs bei.

Die Staatsausgaben wirken ebenfalls als automatische Stabilisatoren. Speziell dann, wenn eine Volkswirtschaft in eine Depression fällt oder in eine Rezession gleitet und Arbeitskräfte entlassen werden, nehmen mehr Leute Arbeitslosenunterstützung, Arbeitslosenhilfe oder Sozialhilfe in Anspruch. Die Staatsausgaben zur Einkommensstützung stimulieren die aggregierte Nachfrage gerade dann, wenn sie konjunkturell einbricht und unzureichend für die Beibehaltung einer hohen Beschäftigung ist. Bei der Einführung der Sozialversicherung – in den USA erst in den dreißiger Jahren – wurde vereinzelt bereits auf die Wirkung der automatischen Stabilisierung hingewiesen.

Selbstverständlich sind die automatischen Stabilisatoren prinzipiell nicht stark genug, um die konjunkturbedingten Ausschläge nach oben und nach unten völlig zu kompensieren. Dies ist ein einfaches Rechenexempel (so wird z.B. die Arbeitslosenunterstützung nie den vollen Arbeitslohn ausgleichen). Eine Dämpfung der Wirtschaftsschwankungen durch die automatischen Stabilisatoren ist jedoch nicht zu übersehen. Sobald die Volkswirtschaft in eine Depression gerät, sinken die Steuern, steigen die Staatsausgaben zur Einkommenstützung und das Budget wird defizitär. Wenn die öffentlichen Haushalte stets völlig ausgeglichen in Einnahmen und Ausgaben sein müßten, wie dies nach früherer Rechtslage lange Zeit der Fall war, so käme man um spezielle Sondermaßnahmen (Steuererhöhung, Ausgabenkürzung) zum Budgetausgleich nicht herum. Ein Zwang zum strikten Budgetausgleich würde die Wirkung der automatischen Stabilisatoren zunichte machen.

Schnelltest Mit Blick auf die Zukunft werden die Unternehmungen ganz plötzlich pessimistisch. Wie wirkt dies auf die aggregierte Nachfrage? Wie müßte die Bundesbank das Geldangebot verändern, wenn sie zur Stabilisierung der Nachfrage aktiv werden wollte? Wenn sie in dieser Weise handelt, wie beeinflußt sie damit das Zinsniveau?

Die Volkswirtschaft auf lange und auf kurze Sicht

Halten wir hier kurz inne, um über eine merkwürdige Sache bei der Modellierung des Finanzbereichs nachzudenken. Es hat den Anschein, als verfügten wir nun über zwei Theorien zur Bestimmung des Zinssatzes. Nach Kapitel 25 stellte sich der Zinssatz passend für die Angleichung von

Angebot und Nachfrage nach Geldkapital (d.h. Ersparnissen und geplanten Investitionen) ein. Nach dem vorliegenden Kapitel jedoch spielt sich der Zinssatz so ein, daß Geldangebot und Geldnachfrage übereinstimmen. Welche der beiden Theorien stimmt nun? Beide sind richtig, lautet die überraschende Antwort.

Um dies einsehen zu können, muß man den Unterschied zwischen der kurzfristigen und der langfristigen Entwicklung und Modellierung einer Volkswirtschaft näher betrachten. Drei makroökonomische Variablen sind dabei zentral wichtig: das Produktionsniveau an Waren und Dienstleistungen (Y), der Zinssatz (r) und das Preisniveau (P). In der Tradition der klassischen Makroökonomik haben wir diese Variablen in den Kapiteln 24, 25 und 28 wie folgt bestimmt:

1. Das *Produktionsniveau* erklärt sich aus den in einer Volkswirtschaft verfügbaren Produktionsfaktoren Realkapital, Arbeit und Technologie (das Wissen zur Umsetzung der Inputs in Output).
2. Bei jedem beliebigen Produktionsniveau stellt sich der *Zinssatz* so ein, daß Angebot und Nachfrage nach Geldkapital (Geld für Investitionszwecke) angeglichen werden.
3. Das *Preisniveau* bewirkt die Übereinstimmung von Geldangebot und Geldnachfrage. Veränderungen des Geldangebots führen zu proportionalen Änderungen des Preisniveaus.

Dies sind drei Thesen der klassischen ökonomischen Theorie. Die meisten Nationalökonomen sind überzeugt, daß sich dieser Denkansatz gut dazu eignet, das Funktionieren einer Volkswirtschaft *langfristig* zu beschreiben.

Doch zur Erklärung der kurzfristigen volkswirtschaftlichen Abläufe ist der Denkansatz nicht stichhaltig. Wie wir aus dem vorangegangenen Kapitel wissen, passen sich zahlreiche Preise nur sehr langsam den Veränderungen des Geldangebots an. Demzufolge kann das globale Preisniveau gar nicht dazu in der Lage sein, kurzfristig Geldangebot und Geldnachfrage anzugleichen. Die Preisstarrheit zwingt den Zinssatz in die Aufgabe, für ein Geldmarktgleichgewicht zu sorgen. Die Veränderungen des Zinssatzes wiederum beeinflussen die aggregierte Nachfrage nach Gütern. Mit den Schwankungen der aggregierten Nachfrage jedoch, auf die sich das aktuelle Produktionsniveau einstellt, wird das von den Produktionsfaktoren her mögliche Produktionsniveau verfehlt.

Wenn man das kurzfristige Funktionieren einer Volkswirtschaft erklären möchte, dreht man die oben angeführte Ordnung und Verknüpfung der drei zentralen Makrovariablen am besten um:

1. Das *Preisniveau* ist kurzfristig bei einem gegebenen Niveau starr und kaum reagibel bei Veränderungen der volkswirtschaftlichen Lage.
2. Beim gegebenen Preisniveau bringt der *Zinssatz* Geldangebot und Geldnachfrage ins Gleichgewicht.
3. Das *Produktionsniveau* paßt sich dem veränderlichen aggregierten Nachfrageniveau an, das teilweise vom Zinssatz bestimmt wird, der den Geldmarkt im Gleichgewicht hält.

Das Schaubild 32-8 gibt eine Zusammenfassung der Thesen und stellt die Unterschiede heraus, die zwischen der kurzfristigen und der langfristigen Analyse einer Volkswirtschaft bestehen.

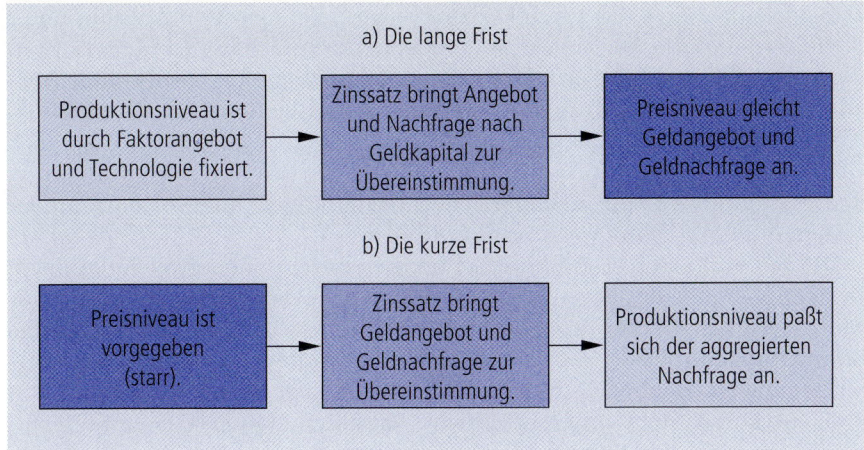

a) Die lange Frist

| Produktionsniveau ist durch Faktorangebot und Technologie fixiert. | → | Zinssatz bringt Angebot und Nachfrage nach Geldkapital zur Übereinstimmung. | → | Preisniveau gleicht Geldangebot und Geldnachfrage an. |

b) Die kurze Frist

| Preisniveau ist vorgegeben (starr). | → | Zinssatz bringt Geldangebot und Geldnachfrage zur Übereinstimmung. | → | Produktionsniveau paßt sich der aggregierten Nachfrage an. |

Schaubild 32-8
Wie sich langfristige und kurzfristige Betrachtung in der Makroökonomik unterscheiden.
Gezeigt werden die Unterschiede zwischen dem kurzfristigen und dem langfristigen Funktionieren der Volkswirtschaft. Langfristig passen sich Zinssatz und Preisniveau einem bestimmten Produktionsniveau an. Kurzfristig passen sich Zinssatz und Produktionsniveau dem gegebenen Preisniveau an.

Somit passen die unterschiedlichen Theorien des Zinssatzes für unterschiedliche Verwendungszwecke. Wenn man über die langfristigen Bestimmungsgründe des Zinssatzes etwas aussagen will, setzt man am besten bei der im Englischen so genannten »loanable-funds theory« an und betrachtet die Ersparnisse als Angebot an Geldkapital für Investitionszwecke und die Investitionen als Nachfrage nach Geldkapital für Investitionszwecke. Diese Theorie stellt vorrangig auf die Ersparnisse und die Investitionen einer Volkswirtschaft ab. Ganz anders ist es mit den kurzfristigen Bestimmungsgründen des Zinssatzes, die man zweckmäßigerweise mit der Theorie der Liquiditätspräferenz angeht. Diese Theorie betont die Wichtigkeit der Geldpolitik.

Einige Formeln zur kurzfristigen und langfristigen Analyse

Mathematisch interessierte Leser erwarten einige Formeln zum Geldmarkt und zum Gütermarkt. Angebot und Nachfrage auf dem Geldmarkt kann man mit dieser Gleichung erfassen:

$$M = L(r)P$$

Dabei bezeichnet M das Geldangebot, P das Preisniveau und r den Zinssatz. Mit L(r) ist die Abhängigkeit der Geldnachfrage vom Zinssatz angesprochen. Nach der Gleichgewichtsbedingung Geldangebot (M) gleich Geldnachfrage (L) wird die Formel auch als LM-Funktion bezeichnet. Explizit für diskrete Spezifikationen und zum Zwecke der graphischen Darstellung im r-Y-Koordinatensystem findet man in den Lehrbüchern zumeist $r = r(Y, P, M)$ mit positivem Einfluß von Y und P und mit negativem Einfluß von M. Angebot und Nachfrage auf dem Gütermarkt werden mit folgender Gleichung erfaßt:

$$Y = C + I(r) + G$$

Dabei bezeichnet Y das Produktionsniveau, C den privaten Konsum und I die unternehmerischen Investitionen. (Zur Vereinfachung werden die Nettoexporte NX weggelassen.) Die volkswirtschaftliche Ersparnis einer Periode, Y-C-G, repräsentiert das Angebot an Geldkapital für Investitionszwecke und die zinsabhängige Investition, I(r) stellt die Nachfrage nach Geldkapital für Investitionszwecke dar. Man spricht von der IS-Funktion und formuliert sie für zeichnerische Darstellungen im r-Y-Koordinatensystem mit r = r(Y) mit negativem Einfluß von Y.

Die IS- und die LM-Funktion zusammen beschreiben zwei funktionale Zusammenhänge der am Anfang erwähnten drei Variablen: Produktionsniveau Y, Zinssatz r und Preisniveau P. Für langfristige und für kurzfristige Betrachtungen müssen die Bedingungen des Geldmarkt- und des Gütermarktgleichgewichts erfüllt sein. Es bewegen sich jedoch auf lange Sicht und auf kurze Sicht unterschiedliche Variablen, um das Gesamtgleichgewicht zu sichern. Dies sind die Unterschiede:

- Langfristig wird Y von den Produktionsfaktoren und der Technologie festgelegt. Zum fixen Y passend stellt sich der Zinssatz r für die Erfüllung der IS-Funktion ein. Bei diesem Zinssatz wiederum ergibt sich ein Preisniveau P zur Erfüllung der LM-Funktion.
- Kurzfristig bleibt P auf dem historischen Niveau starr. Zum fixen P passend stellt sich der Zinssatz r für die Erfüllung der LM-Funktion ein. Bei diesem Zinssatz wiederum ergibt sich ein Produktionsniveau Y zur Erfüllung der IS-Funktion.

Die Langfristversion entspricht der Analyse in den Kapiteln 24, 25 und 28. Die Kurzfristversion paßt zur geld- und fiskalpolitischen Analyse des vorliegenden Kapitels.

Schnelltest   Erklären Sie bitte den Unterschied zwischen der langfristigen und der kurzfristigen makroökonomischen Analyse. Welche Theorie der Zinsbestimmung paßt am besten für die langfristige makroökonomische Analyse? Welche Theorie des Zinssatzes ist bei kurzfristiger Betrachtung vorzuziehen?

Schlußfolgerung

Ehe die Wirtschaftspolitiker ihre Maßnahmen festlegen, müssen sie die Auswirkungen ihrer Entscheidungen abwägen. Weiter vorne im Buch haben wir klassische Modelle der Volkswirtschaft für die langfristigen Effekte der Geldpolitik und der Fiskalpolitik herangezogen. Dabei haben wir gesehen, wie die Fiskalpolitik das Sparen, die Investitionen, die Handelsbilanz und das langfristige Wachstum beeinflußt, und wie die Geldpolitik auf das Preisniveau und auf die Inflationsrate wirkt.

Im vorliegenden Kapitel ging es um die Analyse der kurzfristigen Wirkungen geldpolitischer und fiskalpolitischer Maßnahmen. Wir konnten sehen, wie diese Instrumente die aggregierte Nachfrage nach Waren und

Dienstleistungen verändern und dadurch auf kurze Sicht das Produktionsniveau und die Beschäftigung beeinflussen können. Wenn der deutsche Bundestag oder die Landtage die Staatsausgaben senken, um dem Budgetausgleich näherzukommen, so müssen die Parlamentarier dabei sowohl die langfristigen Wirkungen auf Ersparnisse und Wirtschaftswachstum als auch die kurzfristigen Effekte auf die aggregierte Nachfrage und die Beschäftigung beachten. Wenn die Deutsche Bundesbank die Wachstumsrate der Geldmenge senkt, so muß der Zentralbankrat bei der Beschlußfassung sowohl die langfristige Wirkung auf die Inflation als auch den kurzfristigen Effekt auf das Produktionsniveau veranschlagen. Im nächsten Kapitel erörtern wir den Übergang zwischen kurzfristiger und langfristiger Betrachtung noch ausführlicher. Dabei wird sich zeigen, daß Wirtschaftspolitiker oft vor einem Zielkonflikt zwischen langfristiger und kurzfristiger Politik stehen.

Zusammenfassung

- Im Rahmen einer Erklärung der kurzfristigen Wirtschaftsschwankungen schlug Keynes die Theorie der Liquiditätspräferenz als Erklärungsansatz für den Zinssatz vor. Nach dieser Theorie spielt sich der Zinssatz so ein, daß Geldangebot und Geldnachfrage übereinstimmen.

- Ein Anstieg des Preisniveaus erhöht die Geldnachfrage und den Zinssatz, der für das Geldmarktgleichgewicht sorgt. Da der Zinssatz auch die Finanzierungskosten repräsentiert, senkt ein höherer Zinssatz die Investitionen und dadurch die Güternachfrage. Die negative Steigung der aggregierten Nachfragekurve bringt die negative, gegenläufige Beziehung zwischen Preisniveau und Nachfragemenge zum Ausdruck.

- Mit den Mitteln der Geldpolitik kann man die aggregierte Nachfrage beeinflussen. Ein Anstieg des Geldangebotes läßt beim gegebenen Preisniveau den Zinssatz sinken. Da ein niedrigerer Zinssatz die Investitionen anregt, wird die aggregierte Nachfragekurve nach rechts verschoben. Umgekehrt wird ein Rückgang des Geldangebots bei einem beliebigen Preisniveau den Gleichgewichtszinssatz erhöhen und die aggregierte Nachfragekurve nach links verschieben.

- Mit den Mitteln der Fiskalpolitik kann man die aggregierte Nachfrage ebenfalls beeinflussen. Ein Anstieg der Staatsnachfrage oder eine Steuersenkung verschieben die aggregierte Nachfragekurve nach rechts. Ein Rückgang der Staatsnachfrage oder eine Steuererhöhung verschieben dagegen die aggregierte Nachfragekurve nach links.

- Sofern der Staat die Güterkäufe oder die Steuern ändert, so kann im Vergleich zur anfänglichen fiskalischen Änderung eine größere oder eine kleinere Verschiebung der Gesamtnachfrage herauskommen. Der Multiplikatoreffekt tendiert zu einer Vergrößerung der fiskalischen Wirkung auf die aggregierte Nachfrage. Der Verdrängungseffekt jedoch vermag den fiskalpolitischen Effekt auf die aggregierte Nachfrage zu dämpfen.

- Da sowohl die Fiskalpolitik als auch die Geldpolitik die aggregierte Nachfrage beeinflussen, werden in manchen Staaten beiderlei Instrumente zur Stabilisierung der Volkswirtschaft eingesetzt. Über den empfehlenswerten Eifer bei diesem Vorgehens sind die Ökonomen geteilter Meinung. Nach Meinung der Befürworter einer aktiven Stabilisierungspolitik führen veränderte Einstellungen bei Haushalten und Unternehmungen zur Verschiebung der aggregierten Nachfragekurve, und ohne staatliche Maßnahmen ergeben sich daraus unerwünschte und unnötige Wirtschaftsschwankungen bei Produktion und Beschäftigung. Nach Meinung der Kritiker einer aktiven Stabilisierungspolitik jedoch wirken Geld- und Fiskalpolitik mit derartig langen Verzögerungen, daß Stabilisierungsversuche oft bei einer Destabilisierung der Volkswirtschaft enden.

- Die Auswirkungen der Geldpolitik und der Fiskalpolitik hängen vom Zeithorizont der Betrachtung ab. Die im vorliegenden Kapitel angesprochenen Nachfragewirkungen auf das Produktionsniveau gelten nur während der kurzen Periode mit starren Preisen. Langfristig jedoch wird das Produktionsniveau durch das Angebot an Produktionsfaktoren und die Technologie bestimmt.

Stichworte

Theorie der Liquiditätspräferenz   Verdrängungseffekt
Multiplikatoreffekt   automatische Stabilisatoren

Wiederholungsfragen

1. Worin besteht die Theorie der Liquiditätspräferenz? Wie trägt sie zur Erklärung der negativen Steigung der aggregierten Nachfragekurve bei?
2. Setzen Sie bitte die Theorie der Liquiditätspräferenz dazu ein zu erklären, wie ein Rückgang des Geldangebots die aggregierte Nachfragekurve verändert.
3. Angenommen, der Freistaat Sachsen gibt 3 Milliarden DM zur Anschaffung von Polizeiautos aus. Erklären Sie zunächst, weshalb die aggregierte Nachfrage um mehr als 3 Milliarden DM ansteigen könnte. Erklären Sie sodann, warum die aggregierte Nachfrage vielleicht um weniger als 3 Milliarden DM steigt.
4. Angenommen, Meinungsumfragen bei den Verbrauchern zeigen eine Welle des Pessimismus für das ganze Land. Wie wird sich die aggregierte Nachfrage verändern, falls die Politiker nichts unternehmen? Was könnte eine Zentralnotenbank tun, um die gesamtwirtschaftliche Nachfrage zu stabilisieren? Falls die Zentralnotenbank – mit ziemlicher Si-

cherheit – nichts unternimmt, was könnte dann das Parlament zur Stabilisierung der aggregierten Nachfrage beschließen?

5. Nennen Sie bitte beispielhaft eine politische Maßnahme oder Regelung, die als automatischer Stabilisator wirkt.

6. Warum entfalten geldpolitische Maßnahmen über unterschiedliche Zeiträume unterschiedliche Wirkungen?

Aufgaben und Anwendungen

1. Erklären Sie bitte, wie jede der folgenden Entwicklungen auf das Geldangebot, die Geldnachfrage und den Zinssatz wirken würde. Illustrieren Sie Ihre Antworten bitte mit zeichnerischen Skizzen.

    a) Eine Welle des Optimismus führt zu einem Schub an Investitionen.

    b) Die Zentralnotenbank senkt die Sätze der vorgeschriebenen Mindestreserven.

    c) Ein Anstieg der Rohölpreise verschiebt die Kurve des kurzfristigen aggregierten Angebots nach oben.

    d) Die Haushalte entschließen sich wegen geplanter Urlaubseinkäufe zu höherer Kassenhaltung.

2. In jedem Wohnblock werden Geldautomaten installiert, so daß die Kassenhaltung mit Bargeld bei den Leuten zurückgeht.

    a) Was geschieht nach der Theorie der Liquiditätspräferenz – bei unverändertem Geldangebot der Zentralnotenbank – mit dem Zinssatz? Wie wird die aggregierte Nachfrage beeinflußt?

    b) Wie sollte die Zentralnotenbank reagieren, wenn sie die aggregierte Nachfrage stabilisieren möchte?

3. Untersuchen Sie zweierlei politische Maßnahmen: eine Steuersenkung für ein Jahr und eine als dauerhaft geplante Steuersenkung. Welche der Maßnahmen wird Konsumausgabensteigerungen bewirken? Welche der Maßnahmen wird die größere Gesamtwirkung auf die Nachfrage entfalten?

4. Angenommen, in einem Land würde ein bestehendes Verzinsungsverbot für Sichteinlagen auf Girokonten aufgehoben.

    a) Welche Wirkung hat die Gesetzesänderung auf die Geldnachfrage, wenn Sichteinlagen mit zur Geldmenge rechnen?

    b) Wie würde sich wohl der Zinssatz verändern, wenn die Zentralnotenbank trotz der Gesetzesänderung das Geldangebot konstant hält? Welche Wirkungen auf die aggregierte Nachfrage und auf das Produktionsniveau sind zu erwarten?

    c) Welche Veränderung des Geldangebots wäre notwendig, wenn die Zentralnotenbank das Zinsniveau konstant halten wollte?

5. Die Ausführungen des Kapitels erläutern, inwiefern eine expansive Geldpolitik den Zinssatz senkt und damit die Nachfrage nach Konsum- und Investitionsgütern anregt. Erklären Sie bitte, wie eine derartige Politik auch die Nettoexporte stimuliert.

6. Angenommen, empirische Wirtschaftsforscher beobachten, daß ein Anstieg der Staatsausgaben um 10 Milliarden DM die Gesamtnachfrage in der Volkswirtschaft um 30 Milliarden DM erhöht.

   a) Wie hoch würden die Wirtschaftsforscher – bei Vernachlässigung eines Verdrängungseffekts – die marginale Konsumquote schätzen?

   b) Würde die Schätzung der marginalen Konsumquote bei gleichzeitiger Veranschlagung eines Verdrängungseffektes größer oder kleiner ausfallen als in a)?

7. Nehmen wir an, der Staat senkt die Steuern um 20 Milliarden DM, es herrscht keine Verdrängung von Privatnachfrage durch Staatsnachfrage, und die marginale Konsumquote beträgt $\frac{3}{4}$.

   a) Wie groß ist die Erstwirkung der Steuersenkung auf die aggregierte Nachfrage?

   b) Welche weiteren Wirkungen folgen dieser Erstwirkung? Wie groß fällt der Effekt der Steuersenkung auf die aggregierte Nachfrage insgesamt aus?

   c) Vergleichen Sie bitte die Wirkungen einer Steuersenkung um 20 Milliarden DM und einer Staatsausgabensteigerung um 20 Milliarden DM miteinander. Wie ist das Vergleichsergebnis?

8. Angenommen, die Konsumenten werden plötzlich von Optimismus über ihre zukünftigen Einkommen erfaßt und entscheiden sich für den Kauf zusätzlicher Güter im Werte von 30 Millionen DM. Wird von dieser Änderung ein Multiplikatoreffekt ausgehen?

9. Angenommen, die Staatsausgaben steigen. Fällt die Wirkung auf die aggregierte Nachfrage größer aus bei einem Stillhalten der Zentralnotenbank oder bei einer Zinsstabilisierung durch die Zentralnotenbank?

10. Unter welchen der nachfolgend beschriebenen Umstände führt eine expansive Fiskalpolitik mit größerer Wahrscheinlichkeit zu einer kurzfristigen Steigerung der Investitionen?

    a) Bei großem oder bei kleinem Akzelerator?

    b) Bei großer oder bei geringer Zinsabhängigkeit der Investitionen?

11. Angenommen, die Volkswirtschaft befindet sich in einer Rezession. Erklären Sie bitte, wie jede der nachfolgend beschriebenen Maßnahmen auf Konsum und Investitionen wirkt. Geben Sie direkte Effekte, indirekte Effekte, Änderungen durch Veränderungen des Produktionsniveaus, Änderungen durch Zinssatzänderungen sowie Gesamtwirkungen an. Weisen Sie bitte darauf hin, wenn es konfligierende Effekte mit zweifelhaften Gesamtergebnissen gibt.

    a) Zunahme der Staatsausgaben

    b) Senkung der Steuern

    c) Ausdehnung des Geldangebots

12. Aus verschiedenen Gründen verändert sich die Fiskalpolitik bei Schwankungen des Produktionsniveaus und der Beschäftigung automatisch.

    a) Erklären Sie bitte, warum in einer Rezession das Steueraufkommen sinkt.

    b) Erklären Sie bitte, inwiefern sich in einer Rezession die Staatsausgaben verändern.

  c) Angenommen, eine Regierung ist strikt zum Budgetausgleich verpflichtet. Was müßte sie in einer Rezession unternehmen? Würde die Rezession dadurch mehr oder weniger gravierend?

13. Es gibt verschiedene Reaktionen auf eine Erhöhung des Geldangebots. Wären bei den nachfolgenden Punkten die kurzfristigen und die langfristigen Wirkungen gleich oder unterschiedlich?
  a) Konsumausgaben
  b) Preisniveau
  c) Zinssatz
  d) Gesamtnachfrage

14. Angenommen, der Zentralbankrat der Deutschen Bundesbank beschließt die Erhöhung des Geldangebots.
  a) Welche Wirkungen gehen davon kurzfristig auf den Zinssatz aus? Zeichnen Sie bitte ein Diagramm dazu.
  b) Wie fällt die langfristige Wirkung auf den Zinssatz aus? Woher wissen Sie das?
  c) Welche Eigenschaft einer Volkswirtschaft ist ausschlaggebend dafür, daß sich kurzfristige und langfristige Wirkung einer Erhöhung des Geldangebots unterscheiden?

Inflation und Arbeitslosigkeit als kurzfristige Alternativen

Kapitel 33

In diesem Kapitel werden Sie

- verstehen, warum Wirtschaftspolitiker kurzfristig zwischen mehr Inflation und mehr Arbeitslosigkeit wählen müssen,
- einsehen, warum der Zielkonflikt zwischen Inflationsvermeidung und Vollbeschäftigung langfristig entfällt,
- bemerken, wie Schocks der Angebotsseite den Stabilitäts- und Beschäftigungszielkonflikt verändern können,
- die kurzfristigen Kosten einer Senkung der Inflationsrate klären,
- den Zusammenhang zwischen der Glaubwürdigkeit von Wirtschaftspolitikern und den Kosten einer Inflationsbekämpfung erkennen.

Arbeitslosigkeit und Inflation sind zwei volkswirtschaftliche Indikatoren, die scharf beobachtet werden. Im Fernsehen und in allen deutschen Zeitungen wird darüber berichtet, wenn der Präsident der Bundesanstalt für Arbeit in Nürnberg die monatlichen Arbeitsmarktdaten und insbesondere die Arbeitslosenquote bekanntgibt. Arbeitslosigkeit und Inflation waren in den USA, in Deutschland und in fast allen westeuropäischen Ländern lange Zeit zwei ähnlich große volkswirtschaftliche Probleme. Einige Kommentatoren haben die Summe aus Arbeitslosenquote und Inflationsrate ausgerechnet und sie als *Elendsindex* verwendet. Umfassendere *soziale Indikatoren* hat die OECD (Organisation für ökonomische Zusammenarbeit und Entwicklung) seit 1973 für die »Qualität des Lebens« zu acht »Hauptzielgebieten« der 23 Mitgliedsländer entwickelt und vorübergehend eingesetzt. Inzwischen hat eine verbreitete Stabilität des Preisniveaus die Inflation abgelöst. Schwerer als je zuvor seit dem Zweiten Weltkrieg lastet jedoch das Problem der Arbeitslosigkeit auf den Volkswirtschaften.

Dennoch ist die Frage nach der Wechselwirkung zwischen Arbeitslosigkeit und Inflation auch für die Zukunft wichtig. Wie sind die beiden Indikatoren des wirtschaftlichen Wohlergehens funktional verknüpft? Weiter vorne in diesem Buch haben wir die langfristigen Bestimmungsgründe der Arbeitlosigkeit und die langfristigen Determinanten der Inflation erörtert. Wir konnten sehen, daß die natürliche Arbeitslosenquote auf verschiedenen Eigenschaften des Arbeitsmarktes beruht, wie etwa Mindestlohnvorschriften, der Marktmacht der Gewerkschaften, der Rolle der Effizienzlöhne und der Effektivität der Stellensuche. Die Inflationsrate dagegen hängt in erster Linie vom Wachstum der Geldmenge ab, das die Zentralnotenbank steuert. In langfristiger Perspektive sind die Probleme der Arbeitslosigkeit und der Inflation deshalb weitgehend unverbunden.

In der kurzfristigen Perspektive trifft das Gegenteil zu. Eine der *zehn volkswirtschaftlichen Regeln* des Kapitels 1, die Regel Nr. 10, lautet: Die Gesellschaft hat kurzfristig zwischen Inflation und Arbeitslosigkeit zu wählen. Sofern Geldpolitik und Fiskalpolitik mit expansiven Maßnahmen die aggregierte Nachfrage steigern, können sie zwar kurzfristig die Arbeitslosenquote vermindern, doch nur um den Preis einer höheren Inflationsrate. Wenn sie die aggregierte Nachfrage senken, werden sie damit die Inflationsrate vermindern, jedoch nur um den Preis einer höheren Arbeitslosenquote.

Im vorliegenden Kapitel wollen wir die kurzfristigen Alternativen nochmals untersuchen. Der Zusammenhang von Inflationsrate und Arbeitslosenquote ist ein interessantes Thema, das die Aufmerksamkeit der bedeutendsten Nationalökonomen des vergangenen halben Jahrhunderts fand. Die lehrgeschichtliche Entwicklung der Gedanken ist nützlich für das Verständnis der Problemverknüpfung. Sie ist im übrigen unlöslich mit der Wirtschaftsgeschichte seit den fünfziger Jahren verbunden. Die beiden historischen Linien helfen zu verstehen, warum Arbeitslosigkeit und Inflation als kurzfristige Alternativen vorliegen, warum dies langfristig anders ist, und welche Fragen mit all dem für die Akteure der Wirtschaftspolitik aufgeworfen sind.

Die Phillipskurve

Die kurzfristig geltende Beziehung zwischen Arbeitslosenquote und Inflationsrate wird oft als die *Phillipskurve* bezeichnet und dargestellt. Wir beginnen mit der Geschichte ihrer Entdeckung und der Verbreitung um die Welt.

Ursprünge der Phillipskurve

Im Jahre 1958 veröffentlichte der Nationalökonom A. W. Phillips in der britischen Fachzeitschrift Economica einen Aufsatz, der ihn berühmt machen sollte. Der Artikel trug die Überschrift »The Relationship between Unemployment and the Rate of Change of Money Wages in the United Kingdom, 1861–1957«. Darin wies Phillips eine negative Korrelation zwischen Arbeitslosenquote und Inflationsrate nach. Jahre mit niedriger Arbeitslosenquote tendierten zu einer hohen Inflationsrate, und Jahre mit hoher Arbeitslosenquote hatten in der Regel eine niedrige Inflationsrate. (Phillips maß die statistische Inflationsrate bei den Nominallöhnen statt bei den Preisen, doch der Unterschied ist für unsere Zwecke nicht wichtig. Die beiden Maßzahlen zeigen meist übereinstimmende Bewegungen.) Phillips folgerte, daß zwei wichtige makroökonomische Variablen – Inflationsrate und Arbeitslosenquote – auf eine Art und Weise verknüpft sind, die von den Ökonomen zuvor nicht genügend beachtet wurde.

Obwohl Phillips' Entdeckung auf statistischen Daten für Großbritannien beruhte, dehnten andere Wissenschaftler die Untersuchung rasch auf andere Länder aus. Zwei Jahre nachdem Phillips seinen Aufsatz publiziert hatte, veröffentlichten die Nationalökonomen *Paul Samuelson* und *Robert Solow* im American Economic Review einen Aufsatz mit der Überschrift »Analytics of Anti-Inflation Policy«, mit dem sie eine ähnliche negative Korrelation zwischen Inflationsrate und Arbeitslosenquote für die Vereinigten Staaten nachweisen konnten. Sie führten die Korrelation darauf zurück, daß niedrige Arbeitslosigkeit mit einer hohen aggregierten Nachfrage einher geht und ein hohes Nachfrageniveau eine Sogwirkung auf Löhne und Preise entfaltet. Samuelson und Solow gaben der negativen Verknüpfung zwischen Inflation und Arbeitslosigkeit den Namen **Phillipskurve**. Das Schaubild 33-1 zeigt das Beispiel einer Phillips-Kurve ähnlich der von Samuelson und Solow festgestellten.

Wie der Titel ihres Aufsatzes verrät, waren Samuelson und Solow deshalb an der Phillipskurve interessiert, weil sie glaubten, sie enthalte bedeutsame Aussagen für die praktische Wirtschaftspolitik. Sie dachten sogar, die Kurve biete den Wirtschaftspolitikern wie eine Speisenkarte wählbare volkswirtschaftliche Ergebnisse. Irgend einen beliebigen Punkt der Kurve sollte man durch geeignete Variation geld- und fiskalpolitischer Maßnahmen und damit der aggregierten Nachfrage erreichen können. Der Punkt A bietet eine hohe Arbeitslosenquote und eine niedrige Inflationsrate. Der Punkt B bringt eine niedrige Arbeitslosenquote und eine hohe Inflationsrate mit sich. Wirtschaftspolitiker würden es selbstverständlich vorziehen, sowohl eine niedrige Arbeitslosenquote als auch eine niedrige Inflationsrate zu erreichen, doch die in der Phillipskurve verdichteten statistischen Informationen weisen diese Kombination als unerreichbar aus.

Phillipskurve
Eine Kurve, die Inflation und Arbeitslosigkeit als kurzfristige Alternativen zeigt.

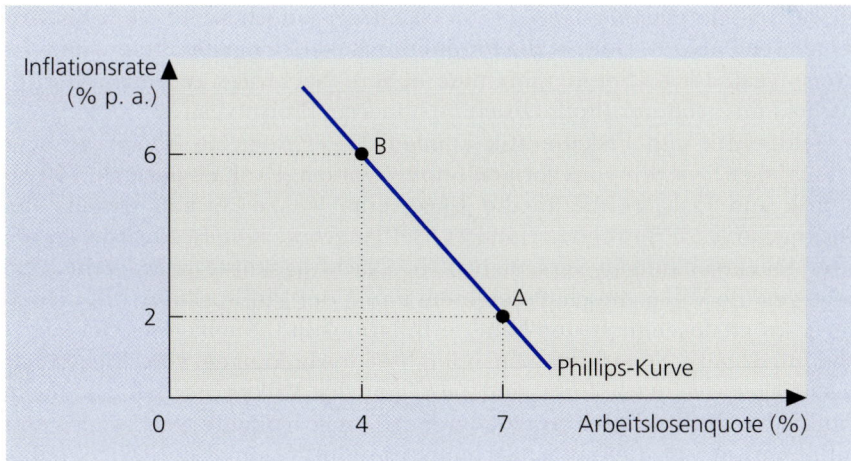

Schaubild 33-1
Die Phillips-Kurve. Die Phillips-Kurve illustriert die negative Korrelation von Inflationsrate und Arbeitslosenquote. Im Punkt A ist die Inflationsrate niedrig und die Arbeitslosenquote hoch, im Punkt B dagegen ist die Inflationsrate hoch und die Arbeitslosenquote niedrig.

Aggregierte Nachfrage, aggregiertes Angebot und die Phillipskurve

Das Modell der aggregierten Nachfrage und des aggregierten Angebots bietet eine eingängige Erklärung für die mit der Phillipskurve ausgebreitete »Speisenkarte« möglicher volkswirtschaftlicher Zustände. *Die Phillipskurve zeigt lediglich die Kombinationen von Inflation und Arbeitslosigkeit, die kurzfristig entstehen, wenn sich die Volkswirtschaft durch Verschiebungen der aggregierten Nachfragekurve entlang der aggregierten Angebotskurve bewegt.* Im Kapitel 31 haben wir festgestellt: Je größer die aggregierte Nachfrage nach Waren und Dienstleistungen, um so größer das Produktionsniveau und um so größer das Preisniveau. Das *Okun-Gesetz* sagt uns, daß ein höheres Produktionsniveau eine niedrigere Arbeitslosenquote mit sich bringt. Zusätzlich gilt, da ja das Preisniveau des Vorjahres bereits gegeben ist: Je höher das Preisniveau des laufenden Jahres, um so höher die Inflationsrate. Somit schiebt eine Steigerung der aggregierten Nachfrage die Volkswirtschaft entlang der Phillipskurve zu einem Punkt mit niedrigerer Arbeitslosenquote und höherer Inflationsrate.

Betrachten wir dazu ein Beispiel. Um einfache Zahlen zu haben, wählen wir für das Jahr 2000 das Preisniveau 100 (gemessen z.B. im Preisindex der Konsumgüter). Das Schaubild 33-2 zeigt zweierlei denkbare Ergebnisse für das Jahr 2001. Diagramm a) illustriert die möglichen Konstellationen anhand des Modells der aggregierten Nachfrage und des aggregierten Angebots. Diagramm b) verwendet dazu die Phillipskurve.

Im Diagramm a) des Schaubildes sehen wir die Implikationen für Produktions- und Preisniveau im Jahre 2001. Bei vergleichsweise niedrigem Nachfrageniveau stellt sich für die Volkswirtschaft der Zustand A ein. Die Produktion beläuft sich auf 7.500 Mengeneinheiten und das Preisniveau auf 102%. Bei relativ hoher aggregierter Nachfrage jedoch erlebt die Volkswirtschaft den Punkt B. Dort ist die Produktion 8.000 Mengeneinheiten und das Preisniveau 106%. Somit führt eine höhere Nachfrage zu einem Gleichgewicht mit größerer Produktion und höherem Preisniveau.

Geldpolitik und Fiskalpolitik können die aggregierte Nachfragekurve verschieben, wie wir vom vorigen Kapitel wissen. Deshalb auch sind Geldpolitik und Fiskalpolitik in der Lage, eine Volkswirtschaft entlang der Phillipskurve zu bewegen. Höheres Geldangebot, höhere Staatsausgaben oder Steuersenkungen verschieben die Nachfragekurve nach rechts und bewegen die Volkswirtschaft zu einem Punkt der Phillipskurve mit niedrigerer Arbeitslosenquote und höherer Inflationsrate. Niedrigeres Geldangebot, niedrigere Staatsausgaben oder Steuererhöhungen verschieben die Nachfragekurve nach links und bewegen die Volkswirtschaft zu einem Punkt der Phillipskurve mit höherer Arbeitslosenquote und niedrigerer Inflationsrate. In diesem Sinne bietet die Phillipskurve den Wirtschaftspolitikern eine Speisenkarte unterschiedlicher Kombinationen von Inflation und Arbeitslosigkeit zur Auswahl an.

Schnelltest   Zeichnen Sie bitte eine Phillipskurve. Verwenden Sie dann das Modell der aggregierten Nachfrage und des aggregierten Angebotes, um zu zeigen, wie politische Maßnahmen die Volkswirtschaft von einem Punkt der Kurve mit hoher Inflation zu einem Punkt mit niedriger Inflationsrate bewegen können.

a) Das Modell der aggregierten Nachfrage und des aggregierten Angebots

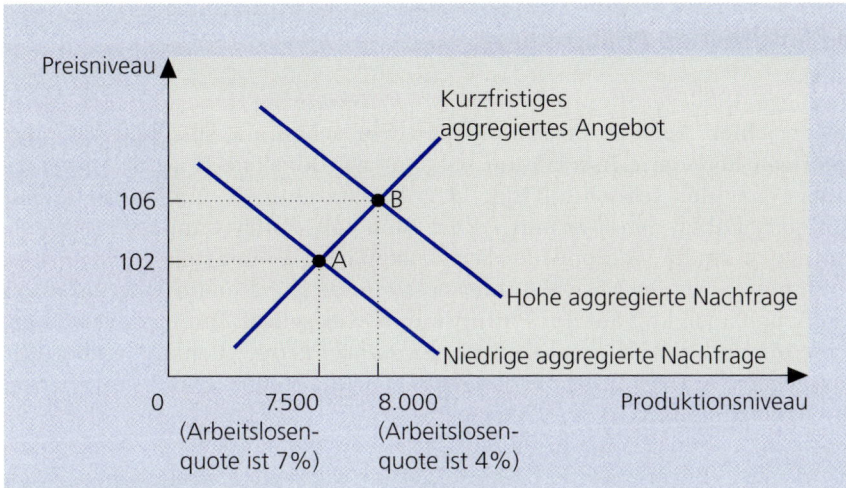

b) Die Phillips-Kurve

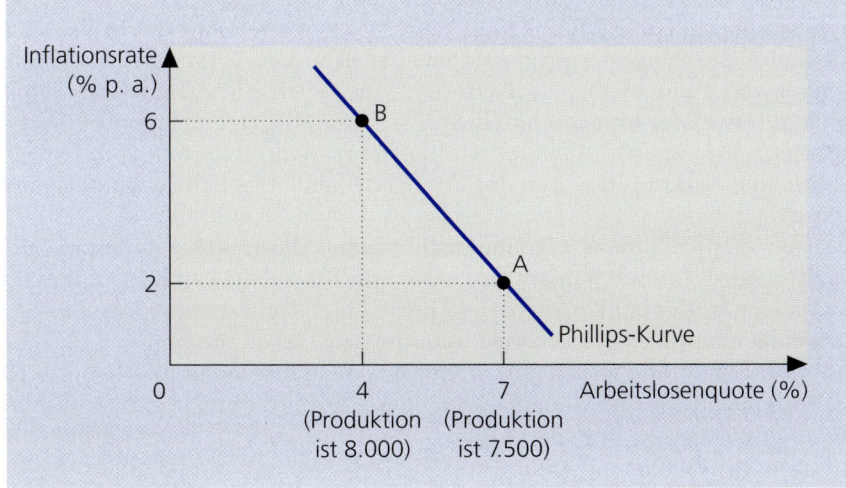

Schaubild 33-2
Wie die Phillips-Kurve mit dem Modell der aggregierten Nachfrage und des aggregierten Angebots zusammenhängt. Das Schaubild geht von einem Preisniveau von 100 im Jahr 2000 aus und stellt mögliche Ergebnisse für das Jahr 2001 dar. Diagramm a) zeigt das Modell der aggregierten Nachfrage und des aggregierten Angebots. Bei niedriger Nachfrage befindet sich die Wirtschaft im Punkt A (Produktion 7.500, Preisniveau 102), bei hoher aggregierter Nachfrage ergibt sich der Punkt B (Produktion 8.000, Preisniveau 106). Diagramm b) zeigt die Implikationen für die Phillips-Kurve. Der Punkt A, der bei niedriger aggregierter Nachfrage eintritt, hat eine hohe Arbeitslosenquote (7%) und eine niedrige Inflationsrate (2%). Der Punkt B dagegen, der einer hohen aggregierten Nachfrage zugeordnet ist, weist eine niedrige Arbeitslosenquote (4%) und eine hohe Inflationsrate (6%) auf.

Verschiebungen der Phillipskurve: Die Rolle von Erwartungen

Die Phillipskurve scheint den Wirtschaftspolitikern eine Vielzahl von Inflations-Arbeitslosigkeits-Situationen zur Auswahl anzubieten. Doch bleibt die Auswahl der Speisenkarte über die Zeit hinweg stabil? Stellt die

Phillipskurve einen Zusammenhang dar, auf den sich die Politiker verlassen können? Dies sind Fragen der Nationalökonomen aus den sechziger Jahren, kurz nachdem Samuelson und Solow die Phillipskurve in makroökonomische Debatten eingeführt hatten.

Die langfristige Phillipskurve

Im Jahre 1968 veröffentlichte *Milton Friedman* im American Economic Review einen Aufsatz, dessen Inhalt zuvor schon als Ansprache vor der American Economic Association bekannt wurde. »The Role of Monetary Policy« war der schlichte Titel. Der Aufsatz enthielt Abschnitte »What Monetary Policy Can Do« und »What Monetary Policy Cannot Do«. Eines von dem was die Geldpolitik nach Friedmans Überzeugung nicht leisten kann, besteht in der Auswahl einer bestimmten Kombination von Inflation und Arbeitslosigkeit auf der Phillipskurve. Zur selben Zeit etwa veröffentlichte ein anderer Nationalökonom, *Edmund Phelps*, ebenfalls einen Aufsatz gegen die Existenz einer langfristigen Alternative zwischen Inflation und Arbeitslosigkeit in der Theorie.

Friedman und Phelps argumentierten von der klassischen Makroökonomik aus, die wir in den Kapiteln 24 bis 30 vorgestellt haben. Man erinnere sich, daß die klassische Nationalökonomik das Geldmengenwachstum als die primäre Inflationsquelle betrachtet. Die klassische Makroökonomik hält auch daran fest, daß ein Geldmengenwachstum keine realwirtschaftlichen Effekte haben kann – es verändert nur die Preise und die Nominaleinkommen proportional. Insbesondere verändere das Geldmengenwachstum nicht jene Faktoren, von denen die Arbeitslosenquote abhängt (etwa Marktmacht der Gewerkschaften, Effizienzlöhne oder Suchprozesse). Friedman und Phelps wollten keinen Grund für eine *langfristige* funktionale Verknüpfung von Inflationsrate und Arbeitslosenquote anerkennen.

Lesen wir Friedmans eigene Ausführungen dazu: »The monetary authority controls nominal quantities – directly, the quantity of its own liabilities [currency plus bank reserves]. In principle, it can use this control to peg a nominal quantity – an exchange rate, the price level, the nominal level of national income, the quantity of money by one definition or another – or to peg the change in a nominal quantity – the rate of inflation or deflation, the rate of growth or decline in nominal national income, the rate of growth of the quantity of money. It cannot use its control over nominal quantities to peg a real quantity – the real rate of interest, the rate of unemployment, the level of real national income, the real quantity of money, the rate of growth of real national income, or the rate of growth of the real quantity of money.«

Diese Sichtweisen decken bedeutsame Voraussetzungen der Phillipskurve auf. Vor allem zeigen sie, daß die Geldpolitiker letztlich eine senkrecht verlaufende langfristige Phillipskurve wie im Schaubild 33-3 zur Kenntnis nehmen müssen. Falls die Geldmenge langsam ausgedehnt wird, ist die Inflationsrate niedrig, und die Volkswirtschaft befindet sich im Punkt

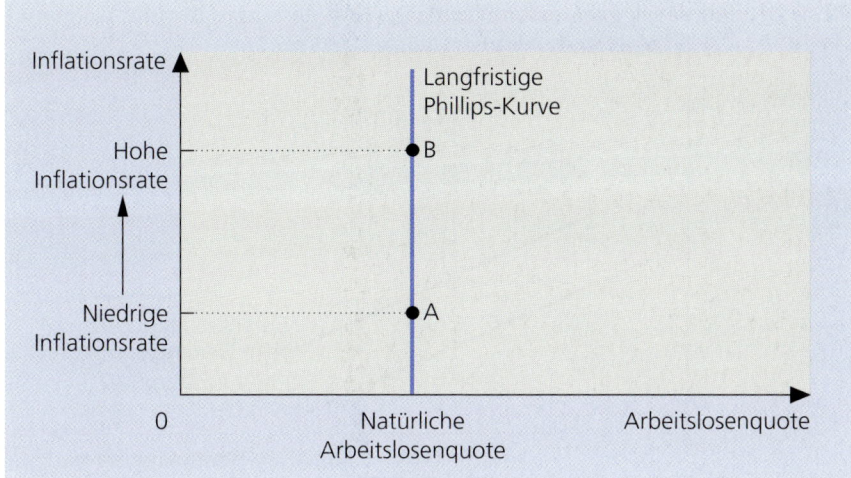

Schaubild 33-3
Die langfristige
Phillips-Kurve. Nach
Friedman und Phelps
bestehen auf lange
Sicht keine zu wäh-
lenden Alternativen
zwischen Inflations-
rate und Arbeitslo-
senquote. Das
Wachstum der Geld-
menge bestimmt
lediglich die Höhe
der Inflationsrate.
Unabhängig von
der Inflationsrate
tendiert die Arbeits-
losenquote zur natür-
lichen Arbeitslosen-
quote hin. Deshalb
verläuft die langfri-
stige Phillips-Kurve
senkrecht.

A. Bei rascherer Ausdehnung der Geldmenge ist die Inflationsrate höher und die Volkswirtschaft gelangt zum Punkt B. In beiden Fällen tendiert die Arbeitslosenquote zu ihrem Normalniveau hin, zur sogenannten *natürlichen Arbeitslosenquote*. Die senkrechte langfristige Phillipskurve illustriert die Behauptung, daß die Arbeitslosenquote auf lange Sicht nicht vom Geldmengenwachstum oder der Inflationsrate abhängt.

Die senkrechte Phillipskurve ist im wesentlichen ein Ausdruck für die klassische Vorstellung der Neutralität des Geldes. Wie Sie sich erinnern, wurde dies bereits im Kapitel 31 mit einer senkrechten langfristigen Kurve des aggregierten Angebots zum Ausdruck gebracht. Die senkrechte langfristige Phillipskurve und die senkrechte langfristige Angebotskurve sind in der Tat zwei Seiten derselben Medaille. Im Diagramm a) des Schaubildes 33-4 verschiebt eine Erhöhung des Geldangebots die aggregierte Nachfragekurve von AD_1 nach rechts zu AD_2. Infolge der Rechtsverschiebung verlagert sich das langfristige Gleichgewicht von A nach B. Das Preisniveau steigt dabei von P_1 auf P_2 an. Doch das Produktionsniveau bleibt unverändert, weil die aggregierte Angebotskurve senkrecht verläuft. Im Diagramm b) steigert ein rascheres Geldmengenwachstum mit der Bewegung von A nach B nur die Inflationsrate. Da die Phillipskurve eine Senkrechte ist, bleibt die Arbeitslosenquote in beiden Punkten gleich. Somit enthalten sowohl die senkrechte langfristige Phillipskurve als auch die senkrechte langfristige aggregierte Angebotskurve die These, daß die Geldpolitik nur Einfluß auf das Niveau von nominalen Variablen hat (Preisniveau und Inflationsrate), nicht aber auf die Höhe von realen Variablen (Produktionsniveau und Arbeitslosigkeit). Unabhängig vom Kurs der Geldpolitik verharren Produktionsniveau und Arbeitslosigkeit auf lange Sicht bei ihren natürlichen Größen.

Was ist so »natürlich« an der natürlichen Arbeitslosenquote? Friedman und Phelps benützten den Ausdruck für jene Arbeitslosenquote, zu der die Wirtschaft langfristig neigt. Doch die natürliche Arbeitslosenquote ist selbstverständlich nicht die gesellschaftspolitisch wünschenswerte Arbeits-

Schaubild 33-4
Wie die langfristige Phillips-Kurve mit dem Modell der aggregierten Nachfrage und des aggregierten Angebots zusammenhängt.
Diagramm a) zeigt des Modell der aggregierten Nachfrage und des aggregierten Angebots. Sobald eine expansive Geldpolitik die aggregierte Nachfragekurve von AD$_1$ nach rechts verschiebt zu AD$_2$, wandert der Gleichgewichtspunkt von A nach B. Bei unverändertem Produktionsniveau steigt das Preisniveau von P$_1$ auf P$_2$ an. Diagramm b) zeigt die langfristige Phillips-Kurve, die auf Höhe der natürlichen Arbeitslosenquote senkrecht verläuft. Eine expansive Geldpolitik bringt die Volkswirtschaft – ohne Veränderung der Arbeitslosenquote – von einer niedrigen Inflationsrate (Punkt A) zu einer hohen Inflationsrate (Punkt B).

a) Das Modell der aggregierten Nachfrage und des aggregierten Angebots

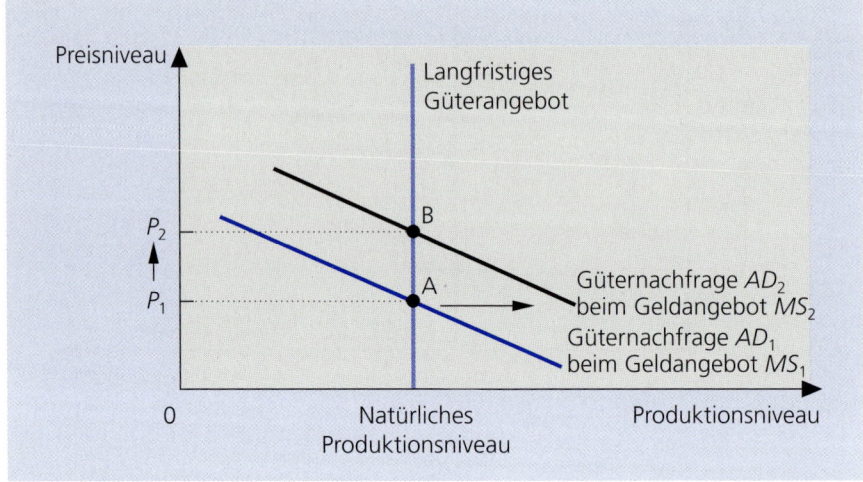

b) Die Phillips-Kurve

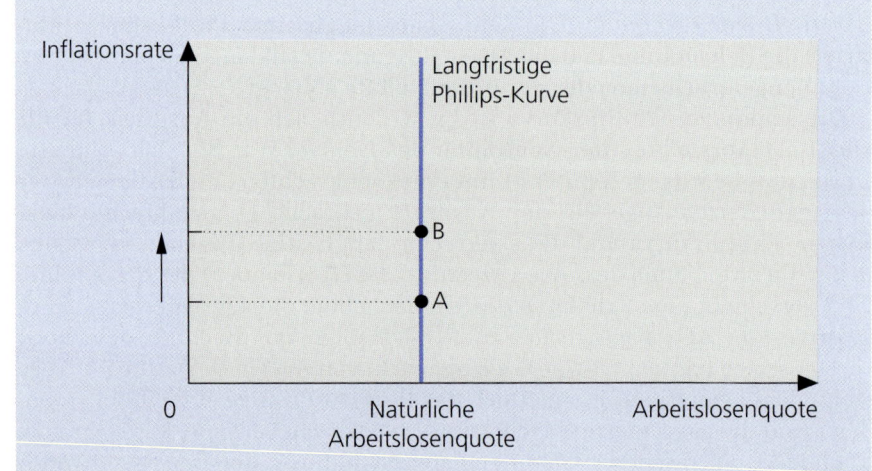

losenquote. Sie bleibt auch nicht konstant über die Zeit hinweg. Man denke z.B. an die Gründung einer Gewerkschaft, die sich für die Arbeitskräfte in einem neuen Berufsfeld einsetzt und dabei ihre Marktmacht gebraucht. Dadurch wird für einen Teil der Beschäftigten der Reallohnsatz über das Gleichgewichtsniveau hinaus erhöht. Es kommt zu einem Überangebot an Arbeitskräften und danach zu einer höheren natürlichen Arbeitslosenquote. Die Arbeitslosenquote heißt nicht deshalb »natürlich«, weil sie gut wäre, sondern weil sie außerhalb des Einflusses der Geldpolitik liegt. Ein rascheres Geldmengenwachstum würde weder die Marktmacht der Gewerkschaft noch das Niveau der Arbeitslosenquote verringern. Nur zu einer höheren Inflationsrate käme es durch die Geldpolitik.

Obwohl die Geldpolitik die natürliche Arbeitslosenquote nicht beeinflussen kann, sind dafür andere Arten politischer Maßnahmen geeignet. Zwecks Senkung der natürlichen Arbeitslosenquote sollten die Wirtschaftspolitiker danach trachten, das Funktionieren des Arbeitsmarktes zu verbessern. Bereits früher in diesem Buch haben wir unterschiedliche arbeitsmarktpolitische Maßnahmen angesprochen. Mindestlohnvorschriften, Regeln für Tarifverhandlungen, Arbeitslosenversicherung und Ausbildungsprogramme beeinflussen die Höhe der natürlichen Arbeitslosenquote. Politische Maßnahmen, die sich zu einer Verringerung der natürlichen Arbeitslosenquote eignen, würden die langfristige Phillipskurve nach links verschieben. Zum anderen käme es – da eine niedrigere Arbeitslosenquote eine höhere Beschäftigungsquote bei der Herstellung von Waren und Dienstleistungen bedeutet – bei jedem Preisniveau zu einem höheren Produktionsniveau; die langfristige aggregierte Angebotskurve würde also nach rechts verschoben. Zu jeder beliebigen Geldmengenwachstumsrate und Inflationsrate würde sich die Volkswirtschaft einer niedrigeren Arbeitslosenquote und eines höheren Produktionsniveaus erfreuen.

Erwartungen und die kurzfristige Phillipskurve

Zunächst mag einem die Ablehnung einer langfristig bestehenden Alternative zwischen Inflationsraten- und Arbeitslosenquotenhöhe durch Friedman und Phelps nicht sehr überzeugend vorkommen. Sie geschah unter Berufung auf die *Theorie*. Im Gegensatz dazu basierte ja die diagnostizierte negative Korrelation zwischen Inflationsrate und Arbeitslosenquote durch Phillips, Samuelson und Solow auf *Daten*. Warum sollte irgend jemand überzeugt sein, Wirtschaftspolitiker hätten es mit einer senkrechten Phillipskurve zu tun, wenn die Welt durch statistische Daten doch anscheinend eine Philllipskurve mit negativer Steigung liefert? Sollten uns nicht die empirischen Befunde von Phillips, Samuelson und Solow vielmehr dazu veranlassen, die klassische Hypothese von der Neutralität des Geldes zu verwerfen?

Friedman und Phelps waren sich dieser Spannung wohl bewußt und boten etwas an, mit dem man die klassische makroökonomishe Theorie mit den empirischen Befunden einer fallenden Philllipskurve in Einklang bringt. Sie sagten, der negative Zusammenhang sei kurzfristig haltbar, aber nicht langfristig gültig. Mit anderen Worten könne man eine gewisse Zeit lang durch expansive Geldpolitik zu niedrigeren Arbeitslosenquoten gelangen, doch schließlich werde die Arbeitslosigkeit zur natürlichen Arbeitslosenquote zurückkehren, und von der expansiven Geldpolitik bleiben nur höhere Inflationsraten übrig.

Friedman und Phelps stellten dieselben Überlegungen an wie wir im Kapitel 31, als es galt, den Unterschied zwischen der kurzfristigen und der langfristigen aggregierten Angebotskurve zu erklären. (Bereits im Kapitel 31 haben wir ja kräftig von Vermächtnissen aus dem Werk von Friedman und Phelps profitiert.) Die kurzfristige aggregierte Angebotskurve weist – Sie erinnern sich – eine positive Steigung auf und zeigt damit an, daß ein

Anstieg des Preisniveaus die Menge der von den Unternehmungen angebotenen Waren und Dienstleistungen erhöht. Im Gegensatz dazu verläuft die langfristige aggregierte Angebotskurve senkrecht; denn das langfristige Produktionsniveau wird nicht vom Preisniveau beeinflußt. Im Kapitel 31 wurden drei Theorien zur Erklärung der positiven Steigung der kurzfristigen Angebotskurve erarbeitet: Wahrnehmungsstörungen bezüglich der relativen Preise, starre Löhne und starre Preise. Da sich die Wahrnchmungen, die Lohnsätze und die Preise im Laufe der Zeit den veränderten ökonomischen Bedingungen schließlich doch anpassen werden, gilt die »gekrümmte« Phillipskurve zwar kurzfristig, aber nicht langfristig. So wie die langfristige Angebotskurve nur auf kurze Sicht eine positive Steigung aufweist, hält auch der in der Philllipskurve angelegte Zwang zu Alternativen nur kurzfristig. Und ebenso wie die langfristige Angebotskurve vertikal ist, verläuft auch die langfristige Phillipskurve senkrecht.

Um den Unterschied zwischen den langfristigen und den kurzfristigen Zusammenhängen von Inflationsrate und Arbeitslosenquote besser zu vermitteln, haben Friedman und Phelps eine neue Variable in die Analyse eingeführt: die Inflationserwartung oder *erwartete Inflationsrate*. Die erwartete Inflationsrate drückt aus, wieviel Preissteigerung die Bevölkerung erwartet. Im Kapitel 31 war erörtert worden, daß das erwartete Preisniveau die Wahrnehmung der relativen Preise tangiert und die Setzung der Löhne und Preise beeinflußt. Vergleichbar dazu ist die erwartete Inflationsrate, eine Bestimmungsgröße für die Lage der kurzfristigen aggregierten Angebotskurve. Auf kurze Sicht kann jede Zentralnotenbank eine erwartete Inflationsrate (wie auch die kurzfristige aggregierte Angebotskurve) als die bereits verwirklichte Inflationsrate nehmen. Wenn sich das Geldangebot ändert, so tritt eine Verschiebung der aggregierten Nachfragekurve ein, und die Volkswirtschaft bewegt sich auf der kurzfristig geltenden aggregierten Angebotskurve. Auf kurze Sicht führen deshalb monetäre Änderungen zu unerwarteten Fluktuationen der Produktion, der Preise, der Arbeitslosigkeit und der Inflation. So suchten Friedman und Phelps die Phillipskurve zu erklären, die Phillips, Samuelson und Solow dokumentiert hatten.

Jedoch – wie schon gesagt – besteht die Möglichkeit, mit einer Erhöhung des Geldangebots eine unerwartete Inflation auszulösen, nur kurzfristig. Auf lange Sicht werden sich die Leute bei ihren Erwartungen jene Inflationsrate zu eigen machen, die ihre Zentralnotenbank »produziert«. Da sich Wahrnehmungen, Lohnsätze und Preise der Inflationsrate anpassen werden, verläuft die langfristige aggregierte Angebotskurve senkrecht. In diesem Falle werden Nachfrageänderungen so wenig wie Änderungen des Geldangebots das Produktionsniveau beeinflussen. Friedman und Phelps zogen deshalb die Schlußfolgerung, die Arbeitslosenquote werde langfristig gesehen auf das Niveau der natürlichen Arbeitslosenquote einschwenken. Mit folgender Gleichung kann man die Überlegungen von Friedman und Phelps zusammenfassen (a als Verhaltensparameter):

$$\begin{matrix}\text{Arbeitslosen-}\\\text{quote}\end{matrix} = \begin{matrix}\text{Natürliche}\\\text{Arbeitslosenquote}\end{matrix} - a\left(\begin{matrix}\text{tatsächliche}\\\text{Inflationsrate}\end{matrix} - \begin{matrix}\text{erwartete}\\\text{Inflationsrate}\end{matrix}\right)$$

In dieser Gleichung wird die Arbeitslosenquote mit der natürlichen Arbeitslosenquote, der aktuellen Inflationsrate und der erwarteten Inflationsrate verknüpft. Für die kurzfristige Analyse ist die erwartete Inflationsrate empirisch vorgegeben. Deshalb führt eine höhere aktuelle Inflationsrate zu einer niedrigeren Arbeitslosenquote. (Der Zusammenhang ist genauer mit einem Parameter a zu bestimmen, der von der Steigung der kurzfristigen aggregierten Angebotskurve abhängt, und der per empirischer Wirtschaftsforschung bestimmt werden muß.) Langfristig jedoch richten sich die Leute auf jene Inflationsrate ein, die eine Zentralnotenbank tatsächlich zuläßt oder besser durch ihre Maßnahmen erzeugt. Sind die beiden Inflationsraten in der obigen Gleichung jedoch gleich groß, so entspricht die Arbeitslosenquote der natürlichen Arbeitslosenquote.

Nach Friedman und Phelps ist es gefährlich, die Phillipskurve als eine Speisenkarte für die der Wirtschaftspolitik zur Auswahl stehenden Inflationsraten-Arbeitslosenquoten-Bündelungen zu benützen. Zur Begründung dafür schauen wir zunächst auf eine Volkswirtschaft, die ihre natürliche Arbeitslosenquote mit einer niedrigen tatsächlichen und erwarteten Inflationsrate – wie im Punkt A des Schaubilds 33-5 – erreicht hat. Nun unterstellen wir, die Wirtschaftspolitik versuche, eine bestehende Alternative zwischen Inflationsrate und Arbeitslosenquote auszunützen und dazu expansive Maßnahmen der Geldpolitik und/oder der Fiskalpolitik einzusetzen. Auf kurze Sicht – bei gegebener erwarteter Inflationsrate – wandert die Modellwirtschaft vom Punkt A zum Punkt B. Die Arbeitslosigkeit sinkt unter die natürliche Arbeitslosenquote ab, und die Inflationsrate steigt über die erwartete Inflationsrate an. Mit der Zeit gewöhnt sich die Bevölkerung an die höhere Inflationsrate und paßt ihre erwartete Inflationsrate entsprechend an. Sobald die erwartete Inflationsrate steigt, wird sich die Phillipskurve nach oben verschieben. Die Wirtschaft gelangt in den Punkt C (mit höherer Inflationsrate als im Punkt A, aber mit gleicher Arbeitslosenquote.)

Schaubild 33-5
Wie die Inflationserwartung die kurzfristige Phillips-Kurve verschiebt. Je höher die erwartete Inflationsrate ist, um so höher nach oben verschoben liegt die Phillips-Kurve. Im Punkt A sind aktuelle und erwartete Inflationsrate niedrig und die Arbeitslosenquote beläuft sich auf die Höhe der natürlichen Arbeitslosenquote. Wird eine expansive Geldpolitik verfolgt, so tritt kurzfristig eine Bewegung von A nach B ein. Im Punkt B ist die erwartete Inflationsrate weiterhin niedrig, doch ist die aktuelle Inflationsrate hoch. Die Arbeitslosenquote liegt unter der natürlichen Arbeitslosenquote. Langfristig wird die erwartete Inflationsrate ansteigen und die Phillips-Kurve nach oben verschieben, so daß die Wirtschaft vom Punkt B zum Punkt C gelangt. Im Punkt C sind erwartete und tatsächliche Inflationsrate hoch; die Arbeitslosenquote liegt wieder auf dem Niveau der natürlichen Arbeitslosenquote.

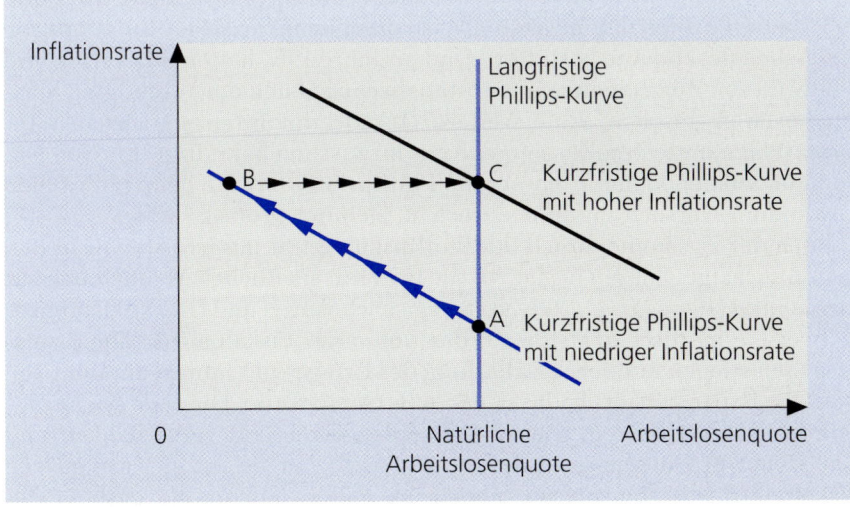

Die Schlußfolgerung von Friedman und Phelps war, daß die Wirtschaftspolitik keine dauerhafte Wahlmöglichkeit zwischen Arbeitslosigkeit und Inflation hat, sondern nur eine temporäre. So wie die Wirtschaftspolitiker diesen Spielraum benützen, werden sie ihn verlieren.

Das Realexperiment zur Hypothese von der natürlichen Arbeitslosenquote

Friedman und Phelps hatten 1968 eine kühne Voraussage gewagt: Sofern sich die Wirtschaftspolitiker auf die Phillipskurve stützen, um durch eine höhere Inflationsrate die Arbeitslosenquote zu senken, so werden sie mit der Senkung der Arbeitslosenquote nur kurzfristig Erfolg haben. Diese Ansicht – daß die Arbeitslosenquote schließlich ohne Rücksicht auf die Höhe der Inflationsrate zur natürlichen Arbeitslosenquote zurückkehren wird – wird als die **Hypothese von der natürlichen Arbeitslosenquote** (natural-rate hypothesis) bezeichnet. Einige Jahre nachdem Friedman und Phelps die Hypothese aufgestellt hatten, unternahmen die für die Geldpolitik und für die Fiskalpolitik Verantwortlichen in den USA versehentlich ein Realexperiment zum Test der Vermutungen. Ihr Laboratorium war sozusagen die Volkswirtschaft der Vereinigten Staaten von Amerika.

Bevor man das Ergebnis des Tests wertet, empfiehlt sich ein Blick auf den Informationsstand von Friedman und Phelps im Jahre 1968, als sie die Voraussage machten. Zur damaligen Zeit ergab eine zeichnerische Darstellung der US-Wertepaare für Inflationsrate und Arbeitslosenquote von 1961 bis 1968 eine typische Phillipskurve mit negativer Steigung. Während dieser acht Jahre bis 1968 ging die Arbeitslosenquote mit steigender Inflationsrate zurück. Damit hätte man die Inflations-Arbeitslosigkeits-Alternative eher als bestätigt ansehen können. Ganz anders sahen dies Friedman und Phelps von ihrem theoretischen Standpunkt aus.

Der scheinbare Erfolg der Phillipskurve in den sechziger Jahren ließ die Friedman-Phelps-Voraussage als besonders mutig erscheinen. Im Jahre 1958 hatte Phillips den negativen Zusammenhang zwischen Inflationsrate und Arbeitslosenquote postuliert. Und im Jahre 1960 hatten Samuelson und Solow diesen Zusammenhang mit statistischen Daten der Vereinigten Staaten bestätigt gesehen. Eine weitere Dekade mit ihren statistischen Informationen hatte den Zusammenhang inzwischen bekräftigt. Einigen Nationalökonomen kam die These, die Phillipskurve würde beim politischen Anwendungsversuch zusammenbrechen, ziemlich grotesk vor.

Doch der Zusammenbruch der Phillipskurve trat tatsächlich ein. In den späten sechziger Jahren begannen die USA mit staatlichen Maßnahmen zur Ausdehnung der aggregierten Nachfrage nach Waren und Dienstleistungen. Teilweise ging die Expansion auf das Konto der Fiskalpolitik: Die Staatsausgaben stiegen mit der Verschärfung des Krieges in Vietnam an. Zum Teil war die Expansion auch das Werk der Geldpolitik: Die *Fed* (siehe das Federal Reserve System mit 12 regionalen Federal Reserve-Banken und dem Board of Governors an der Spitze) suchte angesichts der expansiven Fiskalpolitik das Zinsniveau niedrig zu halten und mußte deshalb das

Geldangebot erhöhen (das Geldvolumen M2 stieg in der Zeit von 1970 bis 1972 mit jährlich 13% deutlich stärker an als in den frühen sechziger Jahren zuvor mit plus 7%). Danach blieb die Inflationsrate relativ hoch (bei etwa 5 bis 6% pro Jahr in den späten sechziger und frühen siebziger Jahren im Vergleich zu nur 1 bis 2% in den frühen sechziger Jahren). Doch genau so wie es Friedman und Phelps vorausgesagt hatten, ließ sich die Arbeitslosenquote nicht auf einem niedrigen Niveau halten.

Von 1969 auf 1970 sowie von 1970 auf 1971 stiegen Inflationsrate und Arbeitslosenquote in den USA an. Die simple negative Beziehung zwischen den beiden Variablen war durchbrochen. Um 1970 herum kann man den Zusammenbruch der Phillipskurve in den USA beobachten. Die Inflationsrate verharrte in den frühen siebziger Jahren auf hohem Niveau und die Leute hatten mit der Gewöhnung ihre erwartete Inflationsrate nach oben angepaßt. Die Arbeitslosenquote kehrte wieder in den Bereich von 5 bis 6% zurück, in dem sie in den frühen sechziger Jahren anzutreffen war. Etwa im Jahre 1973 hatten die Wirtschaftspolitiker begriffen, daß Friedman und Phelps recht haben: Langfristig besteht keine Alternative zwischen Inflation und Arbeitslosigkeit.

Zeichnen Sie bitte die kurzfristige Phillipskurve und dazu eine langfristige Phillipskurve. Erklären Sie bitte den Unterschied.

Schnelltest

Verschiebungen der Phillipskurve: Zur Rolle von Angebotsschocks

Friedman und Phelps hatten 1968 behauptet, daß Veränderungen der erwarteten Inflationsrate zur Verschiebung der kurzfristigen Phillipskurve führen, und die beiden hatten recht. Die empirischen Befunde der frühen siebziger Jahre überzeugten auch die meisten Nationalökonomen. Nach einigen Jahren jedoch richtete die Fachwelt ihre Aufmerksamkeit auf eine ganz andere Quelle für Verschiebungen der kurzfristigen Phillipskurven: auf Schocks des aggregierten Angebots.

Diesmal kam die Änderung der Blickrichtung nicht von amerikanischen Wirtschaftsprofessoren, sondern von einer Gruppe arabischer Scheichs. Im Jahre 1974 fing die Organisation Erdöl exportierender Länder (OPEC) damit an, ihre Marktmacht als Kartell systematisch auf dem Weltmarkt für Rohöl einzusetzen, um die Gewinne ihrer Mitglieder zu steigern. Die OPEC-Länder, wie z.B. Saudiarabien, Kuwait und Irak, schränkten die Förderung und den Verkauf von Rohöl auf dem Weltmarkt ein. Innerhalb weniger Jahre führte die Senkung des Angebots fast zu einer Verdoppelung des Preises auf dem Weltmarkt für Rohöl.

Wie wir bereits vom Kapitel 31 her wissen, hatte die von der OPEC ausgelöste Preissteigerung beachtliche makroökonomische Effekte. Da der Preisanstieg von Rohöl die Produktionskosten bei zahlreichen anderen Gütern erhöht, reduziert sie die angebotene Gütermenge bei jedem gegebenen Preisniveau. Wie Diagramm a) des Schaubildes 33-6 zeigt, äußert

Schaubild 33-6
Ein negativer Schock auf das aggregierte Angebot. Das Diagramm a) zeigt das Modell der aggregierten Nachfrage und des aggregierten Angebots. Bei einer Linksverschiebung der aggregierten Angebotskurve von AS_1 zu AS_2 wandert der Gleichgewichtspunkt von A nach B. Das Produktionsniveau fällt von Y_1 auf Y_2 und das Preisniveau steigt von P_1 auf P_2. Dazu zeigt das Diagramm b) die kurzfristige Alternative zwischen Inflation und Arbeitslosigkeit. Der negative Schock auf das aggregierte Angebot bringt die Volkswirtschaft von einem Punkt A mit niedrigerer Arbeitslosigkeit und niedrigerer Inflation zu einem Punkt B mit höherer Arbeitslosenquote und höherer Inflationsrate. Die kurzfristige Phillips-Kurve wird von PC_1 nach PC_2 verlagert. Nun bestehen für die Wirtschaftspolitik ungünstigere Alternativen von Inflationsrate und Arbeitslosenquote.

a) Das Modell der aggregierten Nachfrage

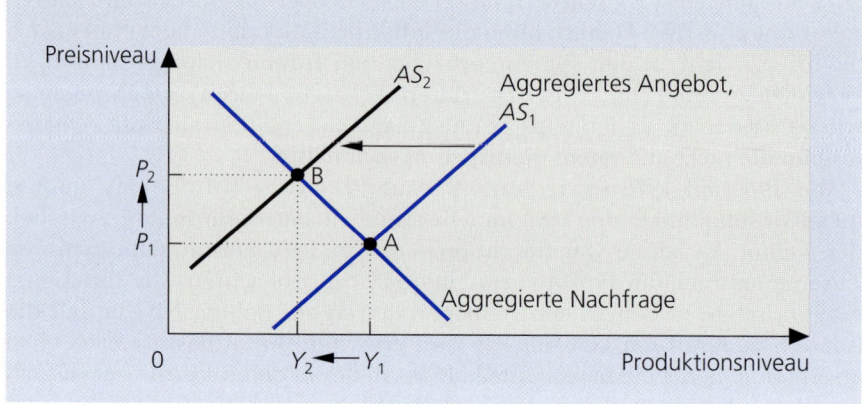

b) Die Phillips-Kurve

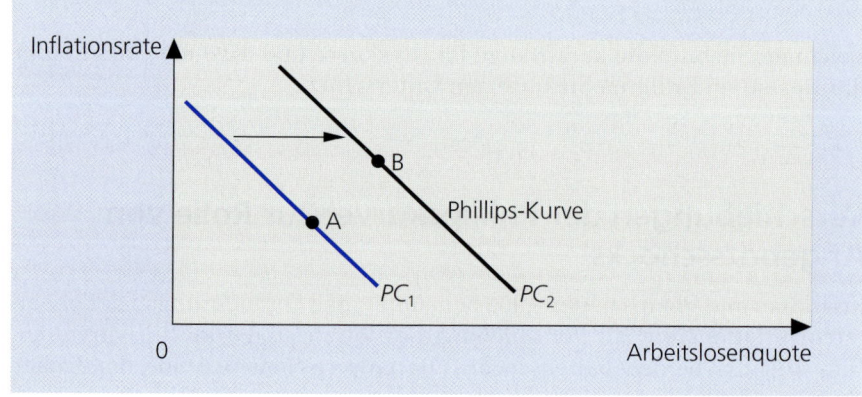

sich der Angebotsrückgang mit einer Linksverschiebung der aggregierten Angebotskurve von AS_1 zu AS_2. Das Preisniveau steigt von P_1 auf P_2 an, und die Produktionsmenge geht von Y_1 auf Y_2 zurück. Man hat – wie an anderer Stelle erläutert – eine *Stagflation*.

Die Verschiebung des aggregierten Angebots ist mit einer ähnlichen Verschiebung der kurzfristigen Phillipskurve verbunden, wie man sie im Diagramm b) sieht. Da die Unternehmungen zur Produktion einer geringeren Menge weniger Arbeitskräfte benötigen, geht die Beschäftigung zurück und die Arbeitslosigkeit steigt an. Die Inflationsrate (die prozentuale Veränderung des Preisniveaus im Vergleich zum Vorjahr) ist höher, weil nun auch das Preisniveau höher ist. Auf diese Weise führt die Verschiebung der aggregierten Angebotskurve zu mehr Arbeitslosigkeit und mehr Inflation. Die Kurve der kurzfristigen Alternativen zwischen Arbeitslosigkeit und Inflation verschiebt sich von PC_1 nach rechts hin zu PC_2.

Im Angesicht einer negativen Verschiebung der aggregierten Angebotskurve haben die politisch Verantwortlichen eine schwere Wahl. Sofern sie sich zur Inflationsbekämpfung mit der aggregierten Nachfrage entschließen, wird die Arbeitslosigkeit noch weiter steigen. Sofern sie zur Bekämpfung der Arbeitslosigkeit die aggregierte Nachfrage ausdehnen, werden sie die Inflationsgefahr erhöhen. Die wirtschaftspolitisch Verantwortlichen stehen vor weniger günstigen Alternativen von Inflation und Arbeitslosigkeit als vor der Kurvenverschiebung. Sie müssen bei gegebener Arbeitslosenquote mit einer höheren Inflationsrate leben. Ferner müssen sie eine höhere Arbeitslosenquote bei gegebener Inflationsrate oder sonstige Kombinationen aus hoher Arbeitslosigkeit und hoher Inflationsrate akzeptieren.

Eine entscheidende Frage richtet sich darauf, ob die ungünstige Verschiebung der Phillipskurve eine vorübergehende oder eine dauerhafte ist. Die Antwort hängt davon ab, wie sich die Inflationserwartung verändert. Wenn die Leute das Ereignis als temporär einstufen, bleibt die Inflationserwartung unverändert und die Phillipskurve wird rasch in ihre frühere Position zurückkehren. Wenn die Leute jedoch mit dem Schock die Erwartung verbinden, man trete in eine neue Zeit mit höherer Inflation ein, dann steigt die erwartete Inflationsrate und die Phillipskurve bleibt in der neuen, weniger günstigen Position.

Anhand der statistischen Daten für die Vereinigten Staaten von Amerika kommt man zu gut begründeten Vermutungen über die jeweils in bestimmten Jahren eingetretenen Erwartungsänderungen. In den siebziger Jahren scheint die erwartete Inflationsrate beträchtlich angestiegen zu sein. Eine ungünstige Verschiebung der Phillipskurve ist plausibel. Nach zwei Angebotsschocks durch die OPEC stand die US-Volkswirtschaft 1980 bei einer Inflationsrate von mehr als 9% und einer Arbeitslosenquote von etwa 7%. Diese Kombination befand sich ganz und gar nicht in der Nähe jener Phillipskurve, die man in den sechziger Jahren als eine wirtschaftspolitische Operationsbasis angesehen hatte. Die damalige Kurve zeigte für eine Arbeitslosenquote von 7% eine Inflationsrate von nur 1% an. Eine Inflationsrate von mehr als 9% war undenkbar. Der bereits erwähnte *Elendsindex* aus Inflationsrate und Arbeitslosenquote erreichte 1980 ein historisches Hoch und die Öffentlichkeit war zutiefst unzufrieden mit der gesamtwirtschaftlichen Entwicklung. Großenteils auch wegen dieser Unzufriedenheit scheiterte Präsident Jimmy Carter im November 1980 mit seinem Versuch einer erneuten Wahl an Ronald Reagan. Es mußte etwas geschehen, und es würde etwas geschehen bei der konzeptionellen Ausrichtung der Wirtschaftspolitik.

Bilden Sie ein Beispiel für einen günstigen Angebotsschock. Zeigen Sie **Schnelltest** anhand des Modells der aggregierten Nachfrage und des aggregierten Angebots die Auswirkungen. Wie verändert sich dabei die Phillipskurve?

Die Kosten einer Senkung der Inflationsrate

Als die OPEC im Oktober 1979 zum zweiten Mal im damaligen Jahrzehnt für alle Volkswirtschaften der Welt negative Angebotsschocks verursachte, entschied sich die amerikanische Zentralnotenbank mit vielen anderen Zentralnotenbanken, etwas gegen die inzwischen völlig unannehmbar hohen Inflationsraten zu unternehmen. Man mußte sich einer Politik der *Desinflation* zuwenden, einer Senkung der Inflationsrate. Von der Ausgangslage her wäre es verfehlt, die nun geführte Antiinflationspolitik als Deflationspolitik zu bezeichnen. Ganz gewiß ist eine Senkung der Inflationsrate durch Maßnahmen der Geldpolitik möglich. Die Frage bleibt, um welchen Preis kurzfristiger Art man die Inflationsrate zu senken vermag.

Der Opferquotient

Eine kontraktive Geldpolitik ist zur Senkung der Inflationsrate notwendig. Die Konsequenzen sind in stilisierter Form aus dem Schaubild 33-7 zu entnehmen, das von der Logik her eng mit der Darstellung des Schaubildes 33-5 verwandt ist. Wenn die Zentralnotenbank das Geldmengenwachstum dämpft, verändert sich die aggregierte Nachfrage kontraktiv. Ein Rückgang der aggregierten Nachfrage wiederum führt zu einem Rückgang des Produktionsniveaus und dieses wiederum bewirkt einen Beschäftigungsrückgang. Die Volkswirtschaft befindet sich anfänglich im Punkt A des Schaubildes und bewegt sich entlang der kurzfristigen Phillipskurve zum Punkt B. Eine niedrigere Inflationsrate wird durch eine höhere Arbeitslosenquote erkauft. Im Laufe der Zeit gewinnt die Bevölkerung schließlich die Überzeugung, daß die Preise langsamer ansteigen werden. Die erwartete Inflationsrate geht zurück, und damit verlagert sich die kurzfristige Phillipskurve zum Ursprung hin in eine insgesamt günstigere Position. Vom Punkt B bewegt sich die Wirtschaft zum Punkt C. Die Inflationsrate ist nun niedriger, und die Arbeitslosenquote liegt wieder bei der natürlichen Arbeitslosenquote.

Man muß eine gewisse Zeit erhöhter Arbeitslosigkeit und gedämpfter Produktion durchstehen, wenn man die Inflation nachhaltig senken will. Der Weg ist schematisch im Schaubild 33-7 zu verfolgen: vom Punkt A über den Punkt B zum Punkt C. Die Höhe der Kosten einer Senkung der Inflationsrate hängen erstens von der Steigung der Phillipskurve und zweitens vom Anpassungszeitraum der Inflationserwartungen an die neue politische Linie ab.

Zahlreiche Studien haben Daten der deskriptiven Statistik über Inflationsraten und Arbeitslosenquoten ausgewertet, um zu einer Maßgröße für die Kosten einer Senkung des Inflationstempos zu gelangen. Als Quintessenz der Forschungen wird oft ein sogenannter **Opferquotient** genannt. Der Opferquotient wird errechnet, indem man die periodengleich »erlittene« Einbuße an Produktionsniveau durch die erzielte Senkung an Inflationstempo dividiert. Der Quotient gibt damit die Anzahl der verlorenen Prozent-

Opferquotient
Prozentpunkte an jährlichem Produktionsniveauverlust je Prozentpunkt an Senkung der Inflationsrate.

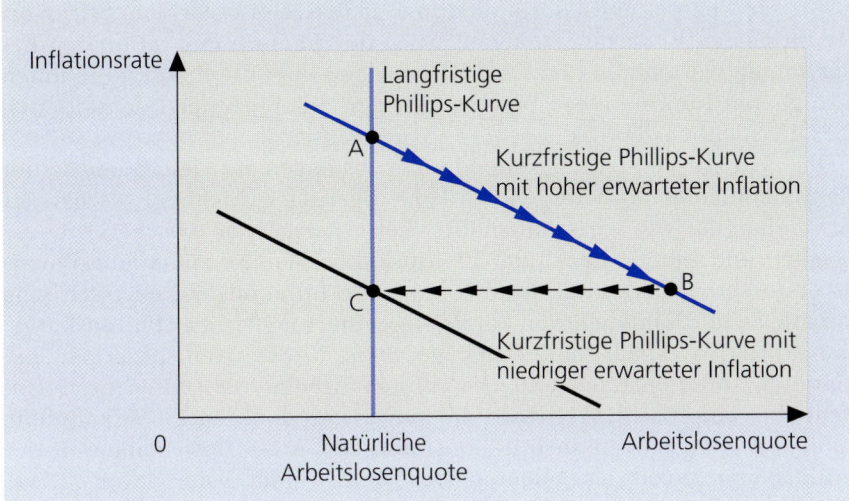

Schaubild 33-7
Kurzfristige und langfristige Wirkung einer desinflatorischen Geldpolitik. Sofern die Zentralnotenbank zur Senkung der Inflationsrate eine kontraktive Geldpolitik verfolgt, bewegt sich die Volkswirtschaft auf der kurzfristigen Phillips-Kurve vom Punkt A zum Punkt B. Nach einiger Zeit jedoch wird die erwartete Inflationsrate zurückgehen und damit eine Verlagerung der Phillips-Kurve zum Ursprung hin geschehen. Wenn die Volkswirtschaft dabei den Punkt C erreicht, herrscht wieder die relativ niedrige natürliche Arbeitslosenquote.

punkte an Produktionsniveau je Prozentpunkt erreichter Absenkung des Inflationsniveaus an. Für die USA wird als ein mittlerer Wert für den Opferquotienten die Zahl 5 genannt, d.h. für 1 Prozentpunkt Senkung des Inflationstempos müssen – in der Zeit des Übergangs – 5 Prozentpunkte an Rückgang des Produktionsniveaus »geopfert« werden. Selbstverständlich bleiben dabei Probleme der empirischen Wirtschaftsforschung zu lösen, die stets bei derartigen Quotienten aus statistischen Daten vorliegen: Inwieweit kann man eine periodengerechte ursächliche Zuordnung der Zahlen im Zähler und im Nenner des Bruches unterstellen?

Die politische Brisanz der Vorgehensweise erkennt man an einem Zahlenbeispiel. Angenommen, die laufende Inflationsrate beträgt 10%, und man will auf ein bescheideneres Inflationsniveau von 4% herunter. Dafür wären 30 Prozentpunkte an Produktionsniveau zu »opfern«. In einem einzigen Jahr wäre dieser Schritt gewiß nicht möglich. Man wird nicht darum herumkommen, den Vorgang über mehrere Jahre verteilt abzuwickeln. Entschließt man sich zur Verteilung der Maßnahme auf 5 Jahre, so liegt die jährliche Wachstumsrate des Produktionsniveaus jeweils 6 Prozentpunkte unter dem Trend, eine Desinflationspolitik über 10 Jahre hinweg brächte pro Jahr jeweils 3 Prozent Abstrich von der Wachstumsrate des Produktionsniveaus.

Rationale Erwartungen und Möglichkeiten einer kostenlosen Desinflation

Als man um das Jahr 1980 herum über die Kosten einer Desinflation diskutierte und dabei mangels besserer Maßzahlen Schätzwerte des Opferquotienten zu Grunde legte, meldeten sich Nationalökonomen mit revolutionierenden neuen Gedanken zu Wort. Eine Gruppe um *Robert Lucas*, *Thomas Sargent*, *Robert Barro* und andere präsentierte einen neuen Denk-

Rationale Erwartungen
Eine Theorie, wonach jeder mit Blick auf die Zukunft alle ihm verfügbaren Informationen (einschließlich der Informationen über politische Maßnahmen) bestens auswertet.

ansatz für Theorie und Politik, den man inzwischen unter dem Stichwort der rationalen Erwartungen kennt. Nach der **Theorie der rationalen Erwartungen** werten alle Leute bei Vorhersagen über die Zukunft die ihnen verfügbaren Informationen bestens aus, einschließlich der Informationen über die staatliche Politik.

Der neue Ansatz hat tiefgreifende Auswirkungen auf viele Bereiche der Makroökonomik, doch nirgendwo sind die Folgen wichtiger als bei der Anwendung auf die wirtschaftspolitischen Alternativen zwischen Arbeitslosigkeit und Inflation nach der Phillipskurve. Wie Friedman und Phelps als erste betont hatten, bildet die erwartete Inflationsrate eine kritische Variable an der Nahtstelle von kurzfristiger und langfristiger Phillipskurve. Sie erklärt, weshalb kurzfristig gesehen Alternativen zwischen bestimmten Inflationsraten und bestimmten Arbeitslosenquoten bestehen, nicht aber langfristig. Wie rasch die kurzfristige funktionale Verknüpfung wählbarer Alternativen an Inflationsraten und Arbeitslosenquoten in der Phillipskurve jeweils als bedeutungslos verschwindet, hängt davon ab, wie schnell sich die Erwartungen ändern und der Faktenlage anpassen. Verfechter der rationalen Erwartungen knüpften an die Analyse von Friedman und Phelps an und behaupteten, daß die Bevölkerung ihre Inflationserwartungen einem Politikwechsel anpaßt. Untersuchungen zum Inflations- und Beschäftigungsproblem, die sich auf ökonometrische Schätzungen des Opferquotienten stützten, waren deshalb gescheitert, weil sie die unmittelbaren Wirkungen der Politik auf die Erwartungsbildung außer acht gelassen hatten. Die Schätzungen des Opferquotienten konnten deshalb nach Meinung jener Nationalökonomen, die der Theorie rationaler Erwartungen anhingen, keine brauchbaren Entscheidungsgrundlagen für die Geldpolitik liefern.

In einem Fachbeitrag mit dem Titel »The End of Four Big Inflations« von 1981 breitete *Thomas Sargent* die neue Sicht wie folgt aus: »An alternative ›rational expectations‹ view denies that there is any inherent momentum to the present process of inflation. This view maintains that firms and workers have now come to expect high rates of inflation in the future and that they strike inflationary bargains in light of these expectations. However, it is held that people expect high rates of inflation in the future precisely because the government's current and prospective monetary and fiscal policies warrant those expectations. …An implication of this view is that inflation can be stopped much more quickly than advocates of the ›momentum‹ view have indicated and that their estimates of the length of time and the costs of stopping inflation in terms of foregone output are erroneous. …This is not to say that it would be easy to eradicate inflation. On the contrary, it would require more than a few temporary restrictive fiscal and monetary actions. It would require a change in the policy regime. … How costly such a move would be in terms of foregone output and how long it would be in taking effect would depend partly on how resolute and evident the government's commitment was.«

Alles in allem konnte nach Sargents Ausführungen der Opferquotient sehr viel kleiner sein als man dies zuvor annehmen mußte. Im Extremfall liegt der Opferquotient – doch das ist eine empirische Angelegenheit – bei null. Wenn eine Staatsregierung oder eine Zentralnotenbank ein völlig zweifelsfreies Bekenntnis zu einer Stabilitätspolitik mit einer Inflationsrate von null ablegt, so würden die Leute vernünftig genug sein, ihre erwartete Inflationsrate sofort herabzusetzen. Die kurzfristige Phillipskurve würde sich sehr rasch nach unten in Richtung Ursprung des Koordinatensystems verlagern, und die Volkswirtschaft könnte ohne die Kosten einer vorübergehend hohen Arbeitslosenquote und eines reduzierten Produktionsniveaus rasch auf eine niedrige Inflationsrate einschwenken.

Ziele und Befunde aus der praktischen Wirtschaftspolitik

In den Vereinigten Staaten von Amerika und in der Bundesrepublik Deutschland fanden die neuen Konzeptionen der Wirtschaftstheorie rasch Eingang in die wirtschaftspolitische Diskussion. Beiräte, Sachverständigenräte und Einzelgutachten der Forschungsinstitute bewirkten eine zügige Übertragung alternativer Entwürfe in die Praxis. Gleichwohl ist nicht zu erwarten, daß innovative Theorien sofort und ohne skeptische Vorbehalte umgesetzt werden. Neben einer gesunden Portion an Skepsis gibt es noch eine höhere Hürde für eine im Sinne der Forschung rationale Wirtschaftspolitik: die demokratischen Entscheidungsprozesse. Weiter vorne in diesem Buch war mehrmals einzuräumen, daß im Kongreß in Washington oder im Bundestag in Berlin Gesetzesvorlagen und Anträge eingebracht werden, die zwar wissenschaftlich abzulehnen wären, jedoch parlamentarische Zustimmung und bisweilen sogar die erforderliche Mehrheit finden.

Wirtschaftsstatistische Daten oder erstattete Gutachten werden bisweilen von der Regierung und von der Opposition zugleich zur Stützung ihrer gegensätzlichen Sachpositionen herangezogen. Rückwärts gewandt wissen Fachleute die statistisch beobachtbare Entwicklung einmal als erfolgreich und ein andermal als erfolglos nach bestimmten einheitlichen Zielsetzungen zu beurteilen. Man bekommt nationalökonomische Gutachter für und gegen beinahe jeden fachlichen Standpunkt. Es wäre aber nicht richtig, dies zu beklagen; denn der Grund für unterschiedliche und im Laufe der Zeit wechselnde wissenschaftliche Aussagen liegt in der sozialwissenschaftlichen Natur der Nationalökonomik sowie in der Tatsache wandelbaren menschlichen Verhaltens und veränderlicher Institutionen in der Wirtschaft. Beim Verkünden und Durchsetzen der jeweils neuesten nationalökonomischen Erkenntnisse ist Bescheidenheit und Vorsicht angebracht, gerade dann, wenn es um makroökonomische Hypothesen und Aussagensysteme geht.

Es ist sehr gut möglich, die statistischen Befunde der vergangenen Jahrzehnte in den USA und in der Bundesrepublik Deutschland als personifizierte Erfolgsgeschichten der führenden Leute und zugleich als Illustrationsmaterial für die Entwürfe des vorliegenden Buches zu präsentieren. Dies gilt vor allem mit Blick auf die Spitzen der Zentralnotenbanken in Deutschland und in den USA. Inflationsraten und Arbeitslosenquoten der einzelnen Jahre können – wie groß auch immer ihr statistischer Unschärfenbereich sein mag – als Jahrespunkte in ein Diagramm mit den Achsenbeschriftungen der Phillipskurve eingetragen werden. Verbindet man die zeitlich aufeinander folgenden Jahrespunkte miteinander, so entstehen Zyklusdiagramme, die einen großen Spielraum für Deutungen lassen, jedoch sehr eingängig mit den hier ausgebreiteten statischen und komparativ-statischen Ansätzen untermauert werden können.

Verbindungslinien der Jahrespunkte mit negativer Steigung passen zu Bewegungen auf einer ursprünglichen oder kurzfristigen Phillipskurve. Verbindungslinien mit positiver Steigung sind als Übergänge zwischen Phillipskurven unterschiedlicher Lagen aufzufassen, die von den veränderlichen erwarteten Inflationsraten herrühren. Nach den ökonometrischen Regeln des Schätzens und Testens bleiben Spielräume für abweichende Deutungen dessen, was im Hintergrund der Augenblicksbilder vorgegangen sein mag. Die ökonometrischen Methoden sind nur bei bescheidenen alternativen Hypothesen für die Entscheidung »gut« und »weniger gut« verläßlich. Viel weniger überzeugend sind graphische oder tabellarische deskriptive Statistiken, die in einer (und nur einer) Art und Weise interpretiert werden.

Was wird die Zukunft bringen? Bei Voraussagen sind die Makroökonomen bekanntermaßen schlecht, doch liegen einige Lehren aus der vergangenen Entwicklung vor. Erstens einmal ist nun klar, daß eine Zentralnotenbank mit einer wachsamen Steuerung des Geldangebots und dadurch auch der aggregierten Nachfrage einer inflatorischen Erhitzung wie in den sechziger Jahren keinen Spielraum zu lassen braucht. Zweitens besteht stets die Möglichkeit für das Auftreten negativer Schocks auf das aggregierte Angebot wie in den siebziger Jahren. Sobald es zu diesen Schocks kommt, haben die wirtschaftspolitisch Verantwortlichen gar keine andere Wahl, als sich mit den unerwünschten Alternativen von Inflation und Arbeitslosigkeit zu befassen.

Schnelltest   Was ist ein Opferkoeffizient? Wie wird die wirklich glaubhafte Versicherung der Inflationsbekämpfung durch eine Zentralnotenbank den empirischen Opferkoeffizienten beeinflussen?

Schlußfolgerung

Das Kapitel berichtete über die nationalökonomischen Auffassungen von Inflation und Arbeitslosigkeit sowie über die jüngere ideengeschichtliche Entwicklung dazu. Zu sprechen war über die Entwürfe herausragender Nationalökonomen des zwanzigsten Jahrhunderts: über Phillips, Samuelson und Solow mit der Phillipskurve, über Friedman und Phelps mit der Hypothese der natürlichen Arbeitslosenquote, über Lucas, Sargent und Barro mit der Theorie rationaler Erwartungen. Vier der erwähnten Nationalökonomen wurden bereits mit dem Nobelpreis für Wirtschaftswissenschaften ausgezeichnet und vielleicht werden noch einige in den kommenden Jahren damit geehrt.

Obwohl um die Alternativen von Inflation und Arbeitslosigkeit in den vergangenen vierzig Jahren viel intellektuelles Durcheinander entstand, kamen dabei doch bestimmte Erkenntnisse zutage, die heutzutage Zustimmung verlangen. Lesen wir dazu noch einmal die Ausführungen über den Zusammenhang von Inflation und Arbeitslosigkeit, die Milton Friedman im Jahre 1968 formuliert hatte: »There is always a temporary tradeoff between inflation and unemployment; there is no permanent tradeoff. The temporary tradeoff comes not from inflation per se, but from unanticipated inflation, which generally means, from a rising rate of inflation. The widespread belief that there is a permanent tradeoff is a sophisticated version of the confusion between ›high‹ and ›rising‹ that we all recognize in simpler forms. A rising rate of inflation may reduce unemployment, a high rate will not. – But how long, you will say, is ›temporary‹? ... I can at most venture a personal judgement, based on some examination of the historical evidence, that the initial effects of a higher and unanticipated rate of inflation last for something like two to five years.«

Heute, ungefähr dreißig Jahre später, hat diese Stellungnahme von Friedman immer noch als Kurzfassung zum Stand der Wissenschaft Gültigkeit.

Zusammenfassung

- Die Phillipskurve beschreibt einen negativen Zusammenhang von Inflationsrate und Arbeitslosenquote. Durch Expansion der aggregierten Nachfrage können die Politiker einen Punkt auf der Phillipskurve mit höherer Inflationsrate und niedrigerer Arbeitslosenquote auswählen. Durch Kontraktion der aggregierten Nachfrage kann man einen Punkt mit niedrigerer Inflationsrate und höherer Arbeitslosenquote auf der Phillipskurve erreichen.

- Die von der Phillipskurve beschriebenen Alternativen von Inflation und Arbeitslosigkeit gelten nur kurzfristig. Auf lange Sicht paßt sich die erwartete Inflationsrate den Veränderungen der aktuellen Inflation an und bewirkt so eine Verschiebung der kurzfristigen Phillipskurve. Die langfristige Phillipskurve verläuft senkrecht bei der natürlichen Arbeitslosenquote.

- Verschiebungen der kurzfristigen Phillipskurve treten auch durch Schocks des aggregierten Angebots ein. Ein negativer Angebotsschock, wie beispielsweise bei den Steigerungen des Rohölpreises in den siebziger Jahren, liefert der Wirtschaftspolitik eine ungünstigere kurzfristige Phillipskurve. Nach einem ungünstigen Angebotsschock hat man zu jeder Arbeitslosenquote höhere Inflationsraten oder zu jeder beliebigen Inflationsrate höhere Arbeitslosenquoten.

- Sofern die Zentralnotenbank das Wachstum der Geldmenge reduziert, um die Inflation zu dämpfen, verändert sie die Volkswirtschaft entlang einer kurzfristigen Phillipskurve hin zu einer größeren Arbeitslosenquote. Die Kosten der Desinflation hängen davon ab, wie rasch die erwartete Inflationsrate sinkt. Einige Nationalökonomen sind der Meinung, daß ein glaubhaftes Bekenntnis der Notenbank zu einer niedrigen Inflationsrate die Kosten der Desinflation durch eine rasche Anpassung der erwarteten Inflationsrate senkt.

Stichworte

Phillipskurve   Opferquotient
Hypothese der natürlichen   rationale Erwartungen
Arbeitslosenquote

Wiederholungsfragen

1. Zeichnen Sie bitte eine kurzfristige Phillipskurve. Wie kann die Volkswirtschaft durch geldpolitische Maßnahmen der Zentralnotenbank von einem Punkt der Kurve zu einem anderen gelangen?
2. Zeichnen Sie bitte eine langfristige Phillipskurve und erklären Sie bestehende Zusammenhänge mit der kurzfristigen Phillipskurve.
3. Warum unterscheiden sich die natürlichen Arbeitslosenquoten zwischen den einzelnen Ländern?
4. Angenommen, eine Dürre zerstört die Ernten und treibt die Nahrungsmittelpreise in die Höhe. Welche Wirkungen hat dies auf die kurzfristig bestehenden Alternativen zwischen Inflation und Arbeitslosigkeit?
5. Eine Zentralnotenbank faßt den Entschluß, die Inflationsrate zu senken. Benützen Sie bitte die Phillipskurve, um die kurzfristigen und die langfristigen Auswirkungen der politischen Maßnahme zu illustrieren. Wie könnte man die kurzfristigen Kosten senken?

Aufgaben und Anwendungen

1. Wir nehmen eine natürliche Arbeitslosenquote von 6% an. Tragen Sie bitte in ein Diagramm zwei Phillipskurven ein, mit denen man die nachfolgenden vier Situationen beschreiben kann. Beschriften Sie bitte die einzelnen Kurvenpunkte zu den Situationen:
   a) Aktuelle Inflationsrate 5%, erwartete Inflationsrate 3%.
   b) Aktuelle Inflationsrate 3%, erwartete Inflationsrate 5%.
   c) Aktuelle Inflationsrate 5%, erwartete Inflationsrate 5%.
   d) Aktuelle Inflationsrate 3%, erwartete Inflationsrate 3%.
2. Illustrieren und erläutern Sie bitte mit kurzfristiger und langfristiger Phillipskurve die Auswirkungen der nachfolgenden Entwicklungen:
   a) Anstieg der natürlichen Arbeitslosenquote
   b) Rückgang des Importpreises von Rohöl
   c) Anstieg der Staatsausgaben
   d) Rückgang der erwarteten Inflationsrate
3. Angenommen, rückläufige private Konsumausgaben verursachen eine Rezession.

a) Illustrieren Sie die Veränderungen bitte mit einem Diagramm der aggregierten Nachfrage und des aggregierten Angebots sowie mit einem Phillipskurven-Diagramm.

b) Was wird auf lange Sicht geschehen, wenn die erwartete Inflationsrate unverändert bleibt? Was wird auf lange Sicht geschehen, wenn sich die erwartete Inflationsrate in derselben Richtung verändert wie die aktuelle Inflationsrate kurzfristig? Illustrieren Sie Ihre Antworten anhand der Diagramme zu a).

4. Angenommen, die Volkswirtschaft befindet sich in einem langfristigen Gleichgewicht.

a) Zeichnen Sie bitte die kurzfristige und die langfristige Phillipskurve für diese Volkswirtschaft.

b) Eine Welle des Pessimismus in der Geschäftswelt senkt die aggregierte Nachfrage. Zeigen Sie bitte die Auswirkungen dieses Schocks anhand des Diagramms zu a). Kann die Volkswirtschaft mit expansiver Zentralbankpolitik zur ursprünglichen Inflationsrate und zur ursprünglichen Arbeitslosenquote zurückkehren?

c) Nun nehmen wir an, die Volkswirtschaft ist wieder im langfristigen Gleichgewicht und dann steigt der Importpreis für Rohöl an. Zeigen Sie bitte den Effekt mit einem neuen Diagramm wie in a). Kann die Zentralnotenbank die Volkswirtschaft mit expansiver Geldpolitik zur ursprünglichen Arbeitslosenquote und zur ursprünglichen Inflationsrate zurückbringen? Kann die Volkswirtschaft mit kontraktiver Zentralbankpolitik zur ursprünglichen Arbeitslosenquote und zur ursprünglichen Inflationsrate zurückkehren? Warum unterscheidet sich die Situation von der in b)?

5. Die Zentralnotenbank diagnostiziert eine aktuelle Arbeitslosenquote von 5,5% und schätzt die natürliche Arbeitslosenquote auf 6%. Was geschieht in dieser Volkswirtschaft, wenn die Zentralnotenbank mit ihrem Informationsstand Maßnahmen ergreift?

6. Die Zentralnotenbank gibt bekannt, daß sie zur Senkung der Inflationsrate eine kontraktive Geldpolitik betreibt. Würde die nachfolgende Rezession unter den folgenden Randbedingungen stärker oder milder ausfallen?

a) Tarifverträge haben eine kurze Laufzeit.

b) Man hat wenig Zutrauen zur Stabilitätspolitik der Zentralnotenbank.

c) Die erwartete Inflationsrate paßt sich sehr schnell der aktuellen Inflationsrate an.

7. Einige Nationalökonomen vermuten, daß die kurzfristige Phillipskurve relativ steil verläuft und bei Änderungen in der Volkswirtschaft rasch verlagert wird. Würden diese Nationalökonomen einer kontraktiven Politik lieber oder weniger gerne zustimmen als ihre Kollegen mit gegensätzlichen Ansichten?

8. Stellen Sie sich bitte eine Volkswirtschaft vor, in der alle Tarifverträge auf drei Jahre abgeschlossen werden. In dieser Volkswirtschaft gibt die Zentralnotenbank eine monetäre Desinflationspolitik bekannt, die sofort beginnen soll. Jedermann hält die Ankündigung für glaubhaft. Wäre diese Desinflationspolitik kostenlos? Was könnte die Zentralnotenbank zur Senkung möglicher Kosten der Desinflationspolitik unternehmen?

9. Warum befassen sich gewählte Parlamentarier und Politiker nicht ständig mit der Senkung der Inflationsrate, wenn doch die Inflation so sehr unpopulär ist? Die Nationalökonomen sind der Meinung, daß die Kosten einer Desinflationspolitik dann niedriger ausfallen, wenn die Zentralnotenbank autonom ist. Trifft das Ihrer Meinung nach zu?

Abschließende Überlegungen

Teil XIII

Fünf Streitgespräche über gesamtwirtschaftliche Politik

Kapitel 34

In diesem Kapitel werden Sie

- darüber nachdenken, ob Wirtschaftspolitiker überhaupt Versuche einer Stabilisierungspolitik unternehmen sollten,
- klären, ob die Geldpolitik eher regelgebunden oder diskretionär betrieben werden sollte,
- prüfen, ob die Zentralnotenbank eine Inflationsrate von null anstreben sollte,
- entscheiden, ob der Staat zum Budgetausgleich verpflichtet sein sollte,
- überlegen, ob die Steuergesetze reformiert werden sollten, etwa um die Vermögensbildung anzuregen.

Man kann kaum einmal die Zeitung aufschlagen, ohne etwas über Änderungsvorschläge zur Wirtschaftspolitik lesen zu müssen. Die Bundesregierung solle die Ausgaben verringern und dadurch das Haushaltsdefizit senken, oder sie solle aufhören, sich um das Haushaltsdefizit zu sorgen. Der Zentralbankrat solle endlich eine Diskont- und Lombardsatzsenkung beschließen und so die Investitionstätigkeit unterstützen, oder er solle dies zur Vermeidung von Inflationsimpulsen unterlassen. Der Bundestag solle eine Steuerreform mit Verbesserungen für alle Leistungsträger verabschieden, oder er solle die Steuerreform auf eine Angleichung der Einkommensverteilung ausrichten. Wirtschaftsthemen sind in allen Ländern von zentraler Bedeutung und nicht wegzudenken aus der immerwährenden politischen Diskussion.

In den vorangegangenen zwölf Buchkapiteln wurden jene Werkzeuge entwickelt, die Nationalökonomen bei der gesamtwirtschaftlichen Analyse und für die Untersuchung von Auswirkungen wirtschaftspolitischer Maßnahmen einsetzen. Das vorliegende letzte Kapitel bringt zu fünf gängigen Themen der Wirtschaftspolitik – auf Pro und Contra zugespitzt – die Argumentationen beider Seiten. Ihr Wissen aus den vorangegangenen Kapiteln befähigt Sie, den fünf Streitgesprächen über wichtige und weitgehend offene Fragen zu folgen. Vielleicht nützt Ihnen die Anregung beim Lesen, jeweils selbst eine der beiden Position zu wählen. Zumindest werden Sie beim Lesen verstehen, warum es so schwer fällt, sich zwischen den beiden Seiten zu entscheiden.

Grundsatzentscheidung: Geldpolitik und Fiskalpolitik sollten zur Stabilisierung der Volkswirtschaft eingesetzt werden

In den Kapiteln 31, 32 und 33 haben wir uns davon überzeugt, daß Nachfrage- und Angebotsänderungen zu kurzfristigen Schwankungen des Produktionsniveaus und der Beschäftigung führen. Wir wissen, auf welchen Wegen geld- und fiskalpolitische Maßnahmen die aggregierte Nachfrage beeinflussen und so zu den Schwankungen beitragen. Doch selbst dann, wenn die Wirtschaftspolitiker die kurzfristigen Wirtschaftsschwankungen beeinflussen *können*, ist damit noch nicht gesagt, daß sie dies auch versuchen *sollten*. In unserem ersten Streitgespräch geht es darum, ob die Geldpolitik und die Fiskalpolitik mit ihren Instrumenten Versuche zur Glättung der oberen und der unteren Ausschläge im Konjunkturzyklus unternehmen sollen.

PRO: Wirtschaftspolitiker sollten Maßnahmen zur volkswirtschaftlichen Stabilisierung ergreifen

Eine sich selbst überlassene Volkswirtschaft neigt zu konjunkturellen Schwankungen. Wenn die privaten Haushalte und die Unternehmungen z.B. von Pessimismus erfaßt werden, werden sie ihre Ausgaben kürzen und damit die aggregierte Nachfrage nach Waren und Dienstleistungen verringern. Der Rückgang der aggregierten Nachfrage wiederum vermindert die Produktion von Waren und Dienstleistungen. Es kommt zur Entlassung von Arbeitskräften und zum Anstieg der Arbeitslosenquote. Reales Bruttoinlandsprodukt und Volkseinkommen sinken. Steigende Arbeitslosigkeit und fallende Einkommen werden den Pessimismus verstärken, der den wirtschaftlichen Abschwung anfangs ausgelöst hat.

Eine Rezession bringt keinen Nutzen für die Gesellschaft; sie stellt vielmehr eine bloße Vergeudung von Ressourcen dar. Die Arbeitskräfte, die wegen einer zu geringen aggregierten Nachfrage arbeitslos werden, würden gewiß lieber arbeiten. Die Inhaber von Unternehmungen, die während einer Rezession unterausgelastet sind, würden recht gerne weiterhin ihre nützlichen Waren und Dienstleistungen herstellen und mit Gewinn verkaufen.

Für eine Gesellschaft besteht kein Grund, die Auf- und Abschwünge der Konjunkturzyklen erdulden zu müssen. Man kennt ja durch die Fortentwicklung der makroökonomischen Theorie die Mittel und Wege zur Verringerung der konjunkturellen Ausschläge. Indem sich Fiskalpolitik und Geldpolitik mit ihren Möglichkeiten »gegen die Windrichtung« der jeweils aktuellen Konjunkturschwankungen auflehnen, können sie die gesamtwirtschaftliche Nachfrage und damit auch Produktions- und Beschäftigungsniveau stabilisieren. Sofern die Gesamtnachfrage nicht ausreicht zur Sicherung von Vollbeschäftigung, sollten die Wirtschaftspolitiker eben die

Staatsausgaben erhöhen, die Steuern senken und das Geldangebot ausdehnen. Wenn es dagegen zu einer konjunkturell überschießenden Gesamtnachfrage mit der Gefahr höherer Inflationsraten kommt, sollte die Regierung nicht zögern, für eine Senkung der Staatsausgaben, eine Erhöhung der Steuern und eine Verringerung des Geldangebots einzutreten. Derlei Aktivitäten für mehr Stetigkeit der Entwicklung machen von den makroökonomischen Erkenntnissen zum Nutzen aller bestens Gebrauch.

CONTRA: Wirtschaftspolitiker sollten keine Maßnahmen zur volkswirtschaftlichen Stabilisierung ergreifen

Obwohl die Geldpolitik und die Fiskalpolitik nach der makroökonomischen Theorie ohne Zweifel sehr gut für eine Stabilisierung der Wirtschaftsentwicklung geeignet sind, begegnen einer praktischen Umsetzung in konkrete konjunkturpolitische Maßnahmen gewisse Schwierigkeiten.

Eine der Schwierigkeiten besteht darin, daß die geld- und konjunkturpolitischen Maßnahmen nicht sofort wirken, sondern erst mit erheblicher zeitlicher Verzögerung. Die Geldpolitik verändert die aggregierte Güternachfrage dabei durch Änderungen des Zinssatzes, die zu Ausgabenänderungen der Investoren führen. Doch zahlreiche Haushalte und Unternehmungen legen ihre Ausgabenpläne lange im voraus fest. Deshalb dauert es einige Zeit, bis die Zinssatzänderungen zu Änderungen der aggregierten Nachfrage führen. Empirische Untersuchungen belegen, daß Änderungen der Geldpolitik erst nach ungefähr sechs Monaten zu wirken beginnen.

Die fiskalpolitischen Wirkungsverzögerungen ergeben sich aus dem langwierigen politischen Entscheidungsprozeß über allfällige Änderungen von Staatsausgaben und Steuern. Haushaltsgesetze müssen in Ausschüssen vorberaten werden, den Bundestag und oftmals auch den Bundesrat passieren, unterzeichnet und danach umgesetzt werden. In Einzelfällen kann die gesamte Verzögerung – angefangen von der Problemwahrnehmung bis hin zur kassenmäßigen Durchführung beschlossener Änderungen – Jahre dauern.

Aufgrund dieser unvermeidlich langen Verzögerungen müssen stabilisierungswillige Politiker die Wirtschaftsentwicklung genügend lange im voraus prognostizieren können, um die konjunkturelle Phase richtig einzuschätzen, in der die beschlossenen Maßnahmen effektiv werden. Unglücklicherweise sind einerseits die ökonometrischen Prognoseverfahren nur begrenzt leistungsfähig und andererseits die Wirtschaftsschwankungen jeweils zu einem mehr oder weniger großen Teil von Zufallskomponenten verzerrt. Die politischen Entscheidungsträger der geld- und fiskalpolitischen Maßnahmen müssen sich insofern stets auf den Rat von Experten stützen, der immer irrtumsbehaftet ist.

Allzuoft bewirken jene Wirtschaftspolitiker, die Stabilisierungspolitik betreiben, ungewollt gerade das Gegenteil von Stabilisierung. Die gesamtwirtschaftliche Lage kann sich leicht verändern zwischen dem Beginn einer Aktivität und dem Zeitpunkt, zu dem eine Maßnahme greift. Deshalb werden politische Maßnahmen immer wieder zu einer unbeabsichtigten

Verschlimmerung statt zu einer gewollten Verringerung der konjunkturellen Schwankungen beitragen. Einige Wirtschaftshistoriker haben mehrere der großen Schwankungen, einschließlich der Großen Depression oder der Weltwirtschaftskrise in den dreißiger Jahren, auf destabilisierende Aktivitäten der Wirtschaftspolitik zurückgeführt. Seit staatliche Konjunkturpolitik nach demokratisch festgelegten Wohlfahrtszielen versucht wird, gibt es »policy determined cycles«, wie R. A. Gordon vor fünfzig Jahren festgestellt hat.

Eine der ersten Regeln für junge Ärzte ist die, »nicht zu verletzen«. Der menschliche Körper besitzt Selbstheilungskräfte. Im Angesicht eines kranken Patienten und einer unsicheren Diagnose wird der gute Arzt zumeist abwarten und den Patienten in Ruhe lassen. Eingriffe bei fehlendem verläßlichen Wissen bergen ein erhebliches Risiko der Verschlimmerung.

Ähnliches kann man bei Verwendung des Analogmodells »Patient« über konjunkturpolitische Eingriffe in eine kränkelnde Volkswirtschaft sagen. Zwar mag die Beseitigung konjunktureller Schwankungen durch politische Maßnahmen sehr wünschenswert sein, doch kann dies nach den Begrenzungen des makroökonomischen Wissens und der inhärenten Stochastik der wirklichen Ereignisse keine realistische Zielsetzung sein. Die Wirtschaftspolitiker sollten sich mit Eingriffen monetärer und fiskalischer Art zurückhalten und sich damit zufrieden geben, daß sie keinen weiteren Schaden anrichten.

Schnelltest   Erklären Sie bitte, weshalb geldpolitische und fiskalpolitische Maßnahmen mit Verzögerungen wirken. Warum spielen diese Verzögerungen bei der Entscheidung für oder gegen eine aktive Politik eine so große Rolle?

Grundsatzentscheidung: Die Geldpolitik sollte eher regelgebunden als diskretionär angelegt sein

In den USA wird die Geldpolitik vom Federal Open Market Committee bestimmt, wie im Kapitel 27 angemerkt wurde. Das FOMC trifft sich alle sechs Wochen, bildet sich ein Urteil über die volkswirtschaftliche Lage und entscheidet danach, ob das Niveau der kurzfristigen Zinssätze zu erhöhen, zu senken oder unverändert zu belassen ist. Um ein höheres oder niedrigeres Zinsniveau zu erreichen, wird das Geldangebot entsprechend variiert. In Deutschland gibt es keine Zinssatzziele, sondern Geldmengenziele. Das macht keinen wesentlichen Unterschied. Man denke an die Alternativen der Mengenstrategie oder der Preisstrategie entlang einer gegebenen Nachfragekurve, wie sie z.B. ein Monopolist auf einem Gütermarkt betreibt. Stets wird – mit unterschiedlichem Entscheidungsanreiz – ein bestimmter Punkt verwirklicht. Der Zentralbankrat der Deutschen Bundesbank setzt einen Zielkorridor für die Geldmengenentwicklung und trifft danach mit einem Soll-Ist-Vergleich seine Entscheidungen. Selbstverständlich wird dabei wie in den USA die gesamtwirtschaftliche Lage bewertet, und selbstverständlich gibt es im Instrumentarium der Deutschen Bundesbank auch Werkzeuge, die unmittelbar auf das Zinsniveau einwirken (Diskontsatz und Lombardsatz, Pensionsgeschäfte).

Es geht hier nicht darum, ob die Zentralnotenbank ihre Ziele auf eine Zinssatzpolitik oder eine Geldmengenpolitik ausrichtet, sondern um das Wie der Geldpolitik. Zum einen kann aus der Diskretion vertraulicher Beratungen eine »diskrete« Maßnahme im mathematischen Sinne herauskommen. Maßnahme für Maßnahme wird einzeln nach Ausmaß und Zeitpunkt bestimmt und verfügt, für die Beobachter sieht dies oft nach willkürlicher, unvorhersehbarer Handlungsweise aus. Man traut dem FOMC in den USA und dem Zentralbankrat der Deutschen Bundesbank zu, daß situationsbedingt irgendwie »das Richtige« unternommen wird.

Einige Nationalökonomen stehen der herrschenden institutionellen Regelung kritisch gegenüber. Es könnte nämlich grundsätzlich anders sein, wenn das Entscheidungsgremium verpflichtet wäre, bestimmten vorgegebenen und nachvollziehbaren Wenn-Dann-Regeln zu folgen. Eine Regelbindung würde einen Automatismus der Geldpolitik bewirken. Unser zweites Streitgespräch über wirtschaftspolitische Maßnahmen dreht sich um die institutionelle Regelung der Geldpolitik.

PRO: Geldpolitik sollte regelgebunden sein

Diskretionäre Geldpolitik wirft zwei Probleme auf. Zum einen fehlen Schranken für Inkompetenz und Machtmißbrauch. Wenn man die staatliche Polizei irgendwo hinschickt, etwa um die öffentliche Ordnung aufrecht zu erhalten, hat sie strikte Verhaltensregeln und Dienstvorschriften. Da die Polizei große Macht hat, wäre es gefährlich, sie diese Macht ungeregelt nach eigenem Belieben ausüben zu lassen. Wenn jedoch die Zentralbanken vom Staat die Zuständigkeit für die Aufrechterhaltung der wirtschaftlichen Ordnung übertragen erhalten, bekommen sie keine Dienstvorschriften für die Durchführung der Geldpolitik. Den Geldpolitikern wird ohne weitere Vorschriften eine diskretionäre Politik nach eigenem Urteil gestattet.

Als ein Beispiel für den Machtmißbrauch kann man die wiederholt zu bemerkende Versuchung von Zentralbanken anführen, ein Wahlergebnis zu beeinflussen oder wenigstens nicht zu stören. Auch eine völlig unabhängige und nur dem Stabilitätsziel verpflichtete Zentralnotenbank könnte mit einer expansiven Geldpolitik kurz vor einer Wahl den bisher Regierenden die Wiederwahl erleichtern. Vor allem dann wäre dies eine Wahlhilfe, wenn die Expansion der Geldmenge vor der Wahl die Produktion und die Beschäftigung anregen würde, und wenn nach dem Wahltag erst die von der Expansion ausgelöste Inflation sichtbar würde. Auf diese Weise können Zentralbankpräsidenten, die mit der Regierungspartei (evtl. auch mit der Opposition) sympathisieren, zyklische Schwankungen nach dem Wahlkalender auslösen. Man spricht dabei gelegentlich von *politischen Konjunkturzyklen*.

Das zweite und viel ernstere Problem mit der diskretionären Geldpolitik besteht in einem höheren Inflationstempo. Die volkswirtschaftlich gebildeten Zentralbanker wissen, daß es langfristig keine Phillips-Kurve mit Alternativen zwischen Arbeitslosigkeit und Inflation gibt. Sie legen sich deshalb vielfach öffentlich auf das Ziel einer Inflationsrate von null fest. Erreicht wird diese Art von Preisniveaustabilität in der Regel nicht. Warum nicht? Vielleicht wegen der Erwartungsbildung der Öffentlichkeit über die Inflationsrate. Sobald Haushalte und Unternehmungen einmal eine bestimmte erwartete Inflationsrate im Kopf haben, besteht damit faktisch auch eine politische Wahlmöglichkeit zwischen mehr oder weniger Inflation einerseits und mehr oder weniger Arbeitslosigkeit andererseits. Die politischen Akteure neigen verständlicherweise dazu, eine niedrigere Arbeitslosenquote zu bevorzugen und dafür eine höhere Inflationsrate in Kauf zu nehmen. Die Diskrepanz zwischen dem, was Politiker ankündigen (z.B. eine Null-Inflationsrate durch die Zentralnotenbank), und dem, was wirklich geschieht, nennt man auch *Zeitinkonsistenz der Politik*. Da die Politiker und die Politik über die Zeit hinweg immer wieder *inkonsistent* sind, zeigt die Bevölkerung bei Ankündigungen der Zentralnotenbank zur Senkung der Inflationsrate eine gesunde Skepsis. Die Leute erwarten stets eine höhere Inflationsrate als die offiziell angekündigte. Höhere erwartete Inflationsraten verschieben die kurzfristige Phillips-Kurve nach oben zu einer insgesamt ungünstigeren Konstellation der Alternativen von Inflation und Arbeitslosigkeit.

Beide Schwierigkeiten mit diskretionärer Notenbankpolitik könnten dadurch vermieden werden, daß man die Zentralnotenbank auf eine bestimmte Verhaltensregel festlegt. Beispielsweise könnte man eine Zentralnotenbank – ob es sich nun um die Fed in den USA, um die Deutsche Bundesbank oder um die Europäische Zentralbank handelt – per Gesetz dazu verpflichten, das Geldangebot pro Jahr um genau 3% auszuweiten. Warum gerade 3%? Nun, weil dies etwa die durchschnittliche Wachstumsrate des realen BIP ist – und (hoffentlich!) bleiben wird. Ob die realwirtschaftliche Entwicklung dabei richtig prognostiziert wird, ist letztlich nicht entscheidend. Das Wesentliche an der Regel ist die Stabilisierung der Erwartungen durch das Vorhandensein einer Regel. Wegen der gesetzlichen Vorschrift glaubt die Bevölkerung nun ernstlich an die von der Zentralnotenbank verkündete Zielsetzung einer niedrigen Inflationsrate. Eine gesetzlich festgelegte Verhaltensregel schaltet Inkompetenz und Machtmißbrauch der Zentralnotenbank aus. Soweit politische Konjunkturzyklen durch politische Orientierungen der Zentralnotenbank entstehen, wären mit der Regelbildung auch diese Konjunkturzyklen unterbunden. Überdies entfällt durch eine Regelbindung die potentielle Zeitinkonsistenz einer diskretionären Geldpolitik.

Auch andere Verhaltensregeln für die Geldpolitik sind denkbar. Naheliegend wäre eine Regel, die eine gewisse Rückkoppelung zur tatsächlichen Wirtschaftsentwicklung aufweist und damit die starre Festlegung auf z.B. exakt 3% Geldmengensteigerung vermeidet. Beispielsweise könnte die Zentralnotenbank dazu verpflichtet werden, die Geldmengensteigerung an der natürlichen Arbeitslosenquote auszurichten. Etwa so: Für jeden Prozentpunkt, mit dem die Arbeitslosenquote die natürliche Arbeitslosenquote übersteigt, legt die Zentralnotenbank bei der Wachstumsrate des Geldangebots einen Prozentpunkt (über 3% hinaus) zu. Gleichgültig, wie die Regel im einzelnen formuliert wird: Eine Regelbindung beseitigt Machtmißbrauch, Inkompetenz und Zeitinkonsistenz der Geldpolitik.

CONTRA: Geldpolitik sollte diskretionär geführt werden

Obwohl es bei der diskretionären Geldpolitik einige Fallstricke gibt, weist diese Vorgehensweise doch einen bedeutsamen Vorzug auf: die Flexibilität. Eine Zentralnotenbank steht unversehens vor ganz neuen volkswirtschaftlichen Bedingungen, auf die sie reagieren will und muß. Man braucht nicht gleich an den Umbruch während der Weltwirtschaftskrise in den dreißiger Jahren zu denken oder sich die Ölpreisschocks der siebziger Jahre vor Augen zu führen, um die Handlungsfreiheit der Zentralnotenbank mit diskretionärer Politik für sinnvoll zu halten. Es genügen bereits die kleineren Unebenheiten der Wirtschaftsentwicklung von Jahr zu Jahr, die bei der Außenwirtschaftsentwicklung oder über die Kapitalmärkte sowie besonders auf dem Arbeitsmarkt zu spüren sind. Nicht alle potentiellen Schwierigkeiten, die künftige Entwicklungen mit sich bringen, können bei der Festlegung einer bindenden Entscheidungsregel Berücksichtigung finden. Es ist gewiß besser, befähigte Persönlichkeiten mit den geldpolitischen Funktionen zu betrauen und ihnen beim freien Gebrauch ihres Ermessensspielraums zu vertrauen.

Zudem sind die bislang vorgebrachten Schwierigkeiten und Bedenken mit der diskretionären Geldpolitik weitgehend hypothetischer Natur. Die empirische Relevanz der politischen Konjunkturzyklen, speziell der von der Zentralnotenbank ausgelösten, ist alles andere als klar und überzeugend nachgewiesen. Nicht geringe Mühen der empirischen Wirtschaftsforschung sind erforderlich, um eine plausible Zuordnung von Daten der Wirtschaftsentwicklung, durchgeführten und verkündeten Maßnahmen der Zentralnotenbank, Sondereinflüssen und den im nachhinein sichtbaren Wirtschaftsdaten herzustellen. Alle unmittelbar Beteiligten neigen – wie im übrigen auch Unternehmungsleitungen – bei ihren Angaben zur Politik und ihren sichtbaren Spuren dazu, Erfolgsgeschichten und regelrechte Heldensagen zu verbreiten. So hat sich beispielsweise Ronald Reagan entgegen allen programmatischen Ankündigungen ex post betrachtet nach der durchgeführten Fiskalpolitik als einer der größten Keynesianer erwiesen. Die praktische Bedeutung der Zeitinkonsistenz in der Politik ist völlig ungesichert. In den neunziger Jahren verstanden es die Zentralnotenbanken in Deutschland und in den USA, eine niedrige Inflationsrate zu erreichen. Nach aller Erfahrung ist keine regelgebundene Geldpolitik erforderlich, um die Inflationsrate zu senken und zur Preisniveaustabilität zu gelangen.

Jeder Versuch, diskretionäre Geldpolitik mit einer regelgebundenen Geldpolitik zu ersetzen, stellt Politiker und Wissenschaftler vor die überaus komplizierte Aufgabe, eine exakte und brauchbare Regel zu spezifizieren. Darüber, wie eine gute Regel für die Geldpolitik lauten könnte, herrscht trotz erheblicher Forschungsarbeit unter Kosten-Nutzen-Überlegungen keine einvernehmliche Meinung. Bis es je zu einem Einvernehmen in der

Wissenschaft kommt, bleibt der Gesellschaft gar nichts anderes übrig, als die Führung der Geldpolitik in die Hände vertrauenswürdiger Bankleute zu legen – und abzuwarten.

Schnelltest   Geben Sie ein Beispiel für eine geldpolitische Regel. Warum soll die von Ihnen genannte Regel zweckmäßiger sein als diskretionäre geldpolitische Maßnahmen? Inwiefern könnte sie nachteiliger sein?

Grundsatzentscheidung: Die Zentralnotenbank sollte eine Inflationsrate von null anstreben

Eine der *zehn volkswirtschaftlichen Regeln* des Kapitels 1, die ausführlich im Kapitel 28 zur Sprache kam, lautet: »Die Preise steigen, wenn zuviel Geld in Umlauf gesetzt wird« (Nr. 9). Eine andere der *zehn volkswirtschaftlichen Regeln* des Kapitels 1 war im Kapitel 33 näher gefragt: »Die Gesellschaft hat kurzfristig zwischen Inflation und Arbeitslosigkeit zu wählen« (Nr. 10). Zusammengenommen werfen diese beiden Regeln für die Wirtschaftspolitik eine interessante Frage auf: Wieviel Inflation sollte die Zentralnotenbank zulassen? Unser drittes Streitgespräch dreht sich darum, ob eine Inflationsrate von null als Zielsetzung richtig wäre.

PRO: Die Zentralnotenbank sollte eine Null-Inflationsrate anstreben

Inflation bringt nichts Gutes für eine Gesellschaft, aber sie verursacht einige volkswirtschaftliche Kosten. Sechs Positionen realer volkswirtschaftlicher Kosten einer Inflation – wie im Kapitel 28 näher ausgeführt – kann die Ökonomik benennen:
- Kosten abgelaufener Schuhsohlen wegen kleinerer realer Kassenbestände
- Menükosten der Preisauszeichnung durch häufige Preisanpassungen
- Erhöhte und störende Veränderlichkeit der relativen Preise
- Unabsichtliche Änderungen der Steuerlasten wegen fehlender Indizierung
- Verwirrung und Uneinigkeit wegen einer laufend veränderten Verrechnungseinheit
- Willkürliche Vermögensumverteilung wegen nomineller Schuldner-Gläubiger-Beziehungen

Einige Ökonomen halten diese Kosten für gering und zu vernachlässigen – bei den moderaten Inflationsraten in Deutschland und in den USA während der neunziger Jahre. Andere Wirtschaftswissenschaftler befürchten sogar bei niedrigen Inflationsraten ernste Inflationsschäden für eine Volkswirtschaft. Klar ist, daß Inflationen bei der Bevölkerung unbeliebt sind. Sobald sich eine Inflation aufheizt, erscheint sie in Meinungsumfragen – nach der Arbeitslosigkeit – als ein vorrangiges nationales Problem.

Doch selbstverständlich muß der mögliche Nutzen einer Null-Inflation mit den Kosten zur Erreichung der völligen Preisniveaustabilität verglichen werden. Wie wir im Zusammenhang mit der Phillips-Kurve erfahren haben, erfordert eine Zeit der Absenkung der Inflationsrate einen gehörigen Anstieg der Arbeitslosenquote und der Produktionseinbuße. Doch die deflatorische Rezession soll ja mehr oder weniger rasch vorübergehen. Sobald die Leute einmal glaubhaft vom Ziel der Null-Inflation erfahren, werden sie ihre erwartete Inflationsrate zurücknehmen und so zu einer günstigeren Lage der Phillips-Kurve mit ihren kurzfristigen Alternativen von Inflationsrate und Arbeitslosenquote beitragen. Durch die Anpassung der Erwartungen gibt es langfristig keine Alternativen von Arbeitslosigkeit und Inflation mehr.

Die Reduktion der Inflationsrate ist demzufolge eine Politik mit temporären Kosten und permanentem Nutzen. Sobald die deflatorische Rezession ausgestanden ist, halten die dauerhaften Vorteile der Null-Inflation in alle Zukunft an. Weitsichtige Politiker nehmen die vorübergehenden Kosten als Gegenleistung für die dauerhaften Nutzen auf sich. So etwa hat Paul Volcker kalkuliert, der noch heute als ein heldenhafter Zentralbanker der USA gilt, als er die Inflationsrate von rund 10% im Jahre 1980 auf 4% im Jahre 1983 herunterdrückte.

Mangels empirischer Befunde können einige Nationalökonomen überzeugend behaupten, daß die volkswirtschaftlichen Kosten gar nicht so hoch sein müssen, wie einige Ökonomen argwöhnen. Sofern eine Zentralnotenbank ein glaubhaftes Bekenntnis zum Ziel einer Null-Inflation ablegt, vermag sie damit unmittelbar und rasch die erwartete Inflationsrate zu beeinflussen. Die rasche Anpassung der erwarteten Inflationsrate verschiebt die kurzfristige Phillips-Kurve in eine günstigere Lage näher zum Ursprung hin. Die Volkswirtschaft kann eine niedrigere Inflationsrate zu geringeren volkswirtschaftlichen Kosten erreichen. Der Schlüssel zum Gelingen ist die Glaubwürdigkeit: Die Bevölkerung darf nicht den geringsten Zweifel daran haben, daß ein verkündetes Ziel konsequent verfolgt und erreicht wird. Ein Bundesbankgesetz, in dem die Preisniveaustabilität – oder die innere und äußere Stabilität der DM – das einzige und unumstrittene Oberziel bildet, trägt positiv zur Glaubwürdigkeit der Geldpolitik bei. Das Gesetz verringert die Kosten auf dem Weg zur Preisniveaustabilität, ohne die Nutzen für die Zukunft zu verringern.

Der Vorteil einer Zielsetzung von null Inflation besteht auch darin, daß die Zahl null im politischen Dialog ein überzeugenderer Fixpunkt sein wird als jede andere Zahl. Bei einem Ziel von z.B. 3% denkt man leichter an mögliche 4% aufgrund veränderter Umstände. An der Zahl 3 ist nichts Besonderes. Doch bei null kann eine Zentralnotenbank die exakte Geldwertstabilität und die völlige Beseitigung aller Kosten einer Inflation für sich beanspruchen.

CONTRA: Die Zentralnotenbank sollte nicht nach einer Inflationsrate von null streben

Mag die Preisniveaustabilität auch noch so wünschenswert sein, so ist der Nutzenunterschied zwischen einer moderaten Inflation und einer Null-Inflation gering, wohingegen die Kosten zum Erreichen einer Null-Inflation beträchtlich sind. Schätzungen des Opferquotienten legen es nahe, für einen Prozentpunkt Senkung der Inflationsrate ein Äquivalent von fünf Prozentpunkten Einbuße an jährlichem Produktionsniveau zu veranschlagen. Die Absenkung einer Inflationsrate von 4% auf 0% brächte demnach einen Einbruch des Produktionsniveaus um 20% mit sich. Obwohl die Inflation rundum unbeliebt ist, kann man nicht davon ausgehen, daß die Leute einen so hohen Preis auf sich nehmen, um davon loszukommen.

Die sozialen oder volkswirtschaftlichen Kosten der Desinflation sind dadurch noch besonders gravierend, daß der Einkommensverlust nicht gleichmäßig auf die Bevölkerung verteilt ist. Beim Eintritt in eine Rezession gehen die Einkommen keineswegs proportional zurück. Der Einkommensverlust ist auf jene Arbeitskräfte konzentriert, die ihren Arbeitsplatz verlieren. Gefährdet sind zumeist jene mit den niedrigsten Niveaus an Ausbildung und Berufserfahrung. Die Kosten der Inflation werden also großenteils den Schwächeren aufgebürdet.

Zwar können die Nationalökonomen – wie oben vermerkt – einige volkswirtschaftliche Kostenarten der Inflation auflisten, doch besteht keine Einigkeit in der Profession über die Gewichtungen. Zumindest für niedrige Inflationsraten dürften die zusätzlichen Wegekosten, die zusätzlichen Kosten der Preisauszeichnung und die anderen genannten Kostenarten nicht sehr ins Gewicht fallen. Die Bevölkerung lehnt Inflation entschieden ab, sie unterliegt dabei jedoch der übertriebenen Befürchtung, daß die Inflation den Lebensstandard zerstört. Der Lebensstandard hängt bekanntlich von der Produktivität ab, nicht von der Geldpolitik. Glaubt man an die klassische Dichotomie oder die Neutralität des Geldes, so kann man einer parallelen Inflation der Nominaleinkommen und der Preise keinen besonderen Schrecken abgewinnen. Eine Senkung der Inflationsrate hätte kein rascheres Wachstum der Realeinkommen zur Folge.

Die Kosten der Inflation können durch die Wirtschaftspolitiker reduziert werden, ohne daß dazu die Inflationsraten gesenkt werden müßten. So kann man z.B. die Steuergesetze auf *Indexklauseln* umschreiben, oder man kann die willkürliche Einkommensumverteilung zwischen Gläubigern und Schuldnern durch indexierte Staatspapiere unterbinden. In Deutschland sind die Geschäftspartner insofern in ihrer Vertragsfreiheit eingeschränkt, als der Gebrauch von Indexklauseln von der Bundesbank genehmigt werden muß.

Wünschenswert ist die Beseitigung der Inflation fraglos dann, wenn sie ohne Kosten geschieht, was einige Nationalökonomen theoretisch für möglich halten. Doch in der Praxis gelingt das Kunststück kaum jemals. Sooft Ökonomen die Inflationsrate senken, sooft erleben sie dabei eine gewisse Zeit verringerter Produktion und erhöhter Arbeitslosigkeit. Um die Beseitigung der Inflation kostenlos und schmerzlos durchzuführen, müßte die

Zentralnotenbank über Nacht die Glaubwürdigkeit für eine Null-Inflation gewinnen. Dies ist unwahrscheinlich.

Möglicherweise hinterläßt eine deflationäre Rezession dauerhafte Narben in der Volkswirtschaft. Die Unternehmungen unterlassen besonders in Rezessionen oder Depressionen Teile aller Arten von Investitionen. Die Investitionen sind jene BIP-Komponente mit der größten Variabilität. Nach der Rezession ist ein kleinerer Realkapitalbestand vorhanden, so daß Produktivität, Einkommen und Lebenstandard längerfristig unter dem Niveau liegen, das man ohne die Rezession erreicht hätte. Zusätzlich verlieren die arbeitslosen Arbeitskräfte etwas von ihrer Qualifikation. Auch nach der anschließenden konjunkturellen Erholung ist die Qualifikationsminderung der Arbeitskräfte spürbar.

Warum sollten die Wirtschaftspolitiker die Volkswirtschaft überhaupt durch einen kostenreichen und ungerechten desinflationären Prozeß zur Erlangung von null Inflation jagen, der vielleicht nur bescheidene Vorteile bringt? Der Nationalökonom *Alan Blinder*, den Präsident Bill Clinton zu seinem Beraterkreis zählt, argumentiert in seinem Buch *Hard Heads*, *Soft Hearts* vehement dagegen: »The costs that attend the low and moderate inflation rates experienced in the United States and in other industrial countries appear to be quite modest – more like a bad cold than a cancer on society. …As rational individuals, we do not volunteer for a lobotomy to cure a head cold. Yet, as a collectivity, we routinely prescribe the economic equivalent of lobotomy (high unemployment) as a cure for the inflationary cold.« Blinder folgert daraus, daß man lernen sollte, mit einer moderaten Inflationsrate zu leben.

Erläutern Sie bitte Nutzen und Kosten einer Senkung der Inflationsrate auf null. Welche Posten davon sind temporär, welche dauerhaft? **Schnelltest**

Grundsatzentscheidung: Das staatliche Budget sollte ausgeglichen sein

Die hartnäckigste makroökonomische Debatte wird seit einigen Jahren über das Budgetdefizit des Bundes geführt. Auch die Defizite der Länderhaushalte stehen mit Blick auf die europäische Union immer wieder im Kreuzfeuer der Kritik. Ein Budgetdefizit hat bekanntlich damit zu tun, daß die Staatsausgaben die Staatseinnahmen übersteigen oder überstiegen haben. Finanziert wird das Defizit durch eine zusätzliche Verschuldung des Staates. Als wir im Kapitel 25 auf die Finanzmärkte eingingen, wurde uns klar, wie Budgetdefizite die Ersparnisbildung, die Investitionen und das Zinsniveau beeinflussen. Doch wie ernst ist das Problem des Budgetdefizits wirklich? Unser viertes Streitgespräch dreht sich darum, ob die Fiskalpolitik dem Budgetausgleich eine hohe Priorität geben soll.

PRO: Die Bundesregierung sollte zu einem strikten Budgetausgleich verpflichtet sein

Seit eh und je sind die Staatsausgaben in der Bundesrepublik Deutschland höher als die Staatseinnahmen. Mit Sondereinflüssen ist es inzwischen dazu gekommen, daß alle Gebietskörperschaften zusammen (Bund, Länder und Gemeinden) sowie die Sondervermögen des Bundes in Höhe von 60,4% des deutschen Bruttoinlandsprodukts verschuldet sind (Stand: September 1997).

Ein offensichtlicher und unmittelbarer Effekt der Staatsverschuldung ist die Belastung der künftigen Steuerzahler. Nirgendwo auf der Welt scheint es in den vergangenen Jahrzehnten gelungen zu sein, das Habenwollen der Bürger und ihres Staates auf die aktuellen Einnahmen aus der Besteuerung zu begrenzen. Jede Gegenwartsgeneration hat Jahr für Jahr über diese ihre Verhältnisse gelebt und Lasten für künftige Generationen angehäuft. »Das Loch in Ihrer Zukunft« lautete eine saloppe Umschreibung des Problems im »Economist« vom 9. September 1995. Inzwischen gibt es sogenannte Generationenbilanzen für den Lastenvergleich. Einige geschätzte Zahlen für Deutschland, Schweden, USA und Italien zeigen den Ernst der Problematik. Man hat Nettolasten pro Person der Gegenwartsgeneration ermittelt und die persönlichen Nettolasten der Zukunftsgeneration damit verglichen. Die Nettolasten steigen in Deutschland um 23,4% auf $ 243.000 pro Person an, in Schweden um 30,8% auf $ 204.000, in den USA um 100,8% auf $ 243.000, und in Italien sind die Nettolasten pro Kopf der nächsten Generation um 444,6% höher und bei $ 354.000. Die künftigen Erwerbstätigen, die höhere Steuern wegen der Staatsschulden und höhere Sozialversicherungsbeiträge wegen der demographischen Alterslasten tragen müssen, werden es schwer haben, wenn kein explosionsartiger Produktivitäts- und Einkommensanstieg einsetzt. Sie müssen sich – einfach ausgedrückt – auf höhere Steuern und niedrigere Staatsausgaben zu ihren Gunsten einstellen, damit die Schulden mit Zinsen und Zinseszinsen zurückgeführt oder wenigstens konstant gehalten werden können. Simpel ausgedrückt gestattet es der Finanzminister den gegenwärtigen Steuerzahlern mit jedem Defizit, einen Teil der Rechnungen für Gehabtes an die nachkommenden Steuerzahler zur Begleichung weiterzureichen. Ergeben wird sich daraus in jedem Falle eine Verringerung des Lebensstandards künftiger Generationen, wobei die Kostanz der Generationengröße unterstellt wird. Eine demographische Strukturänderung kann die relative Last zusätzlich vergrößern.

Neben den unmittelbaren Auswirkungen einer steigenden Staatsverschuldung durch Budgetdefizite, die sich anschaulich mit den subjektiven Folgewirkungen belegen lassen, gibt es einige indirekte Effekte. Budgetdefizite stellen makroökonomisch *negative* Ersparnisse und eine negative »Vermögensänderung« in der Volkswirtschaftlichen Gesamtrechnung dar. Deshalb schmälern Staatsdefizite die volkswirtschaftliche Vermögensbildung durch akkumulierte und investierte Ersparnisse in der Summe. Eine staatsbedingte Verringerung der Ersparnisse verursacht einen Anstieg des realen Zinssatzes und einen Rückgang der Investitionen in Realkapital.

Daraus ergibt sich nach und nach ein kleinerer Realkapitalbestand als ohne Staatsdefizite mit den üblichen Folgen für das Produktionsniveau, für die Arbeitsproduktivität und das Reallohnniveau. Künftige Generationen werden also in eine Volkswirtschaft mit geringeren Einkommen und mit höherer Steuerbelastung hinein geboren.

Bisweilen kann ein Budgetdefizit des Staates jedoch zu rechtfertigen sein. Die Deutschen denken dabei an den historisch einmaligen Anlaß der deutsch-deutschen Vereinigung. In der Regel wird man auf Fälle von Landesverteidigung oder allgemein auf Kriege verweisen. Zur Kriegsfinanzierung waren stets besondere Kredite über den Kapitalmarkt aufzunehmen (»Kriegsanleihen«). Mit der periodengerechten Zuordnung der Militärausgaben auf den laufenden Haushalt wären die gerade lebenden Steuerzahler, die vielleicht sogar mehrheitlich für die Austragung des militärischen Konflikts votiert haben mögen, finanziell überfordert. Man hält es auch für unfair, einer Kriegsgeneration zu den persönlichen Menschenopfern zusätzlich die finanziellen Lasten aufzubürden. Mit der Unterstellung einer positiven Leistung für die Zukunft wälzt man die Kosten eines Krieges auf die Nachfahren ab.

Ein temporäres Budgetdefizit kann gerechtfertigt sein, um einen konjunkturellen Abschwung durch eine Stärkung der aggregierten Nachfrage abzufedern. In einer Rezession sinken die Steuereinnahmen automatisch, da bei festen Steuersätzen die Bemessungsgrundlagen (Einkommen, Umsätze) zurückgehen. Zum Budgetausgleich müßte der Staat entweder die Steuersätze erhöhen oder die Ausgaben reduzieren. Diese Vorgehensweise hätte zusätzliche und verstärkende depressive Wirkungen auf die Konjunktur zu einer Zeit, da man sich einen expansiven Impuls erhofft.

Meistens kann sich der Staat bei Defiziten nicht mit einem Krieg, mit einer Wiedervereinigung oder mit einer Rezession rechtfertigen. Oft ist es einfach eine Schwäche der Regierung und der sie tragenden Parteien, die Steuerfinanzierung der aktuellen Staatsausgaben durchzusetzen. Bisweilen summieren sich in einem Defizit die vielen kleinen politischen Gefälligkeiten der Parlamentarier oder auch die Prognosefehler der Steuerschätzer. Rationale makroökonomische Politik steckt meist nicht hinter den wiederkehrenden jährlichen Budgetdefiziten, eher ein bequemer Schlendrian für alle parlamentarischen Gruppierungen, die Mehrheiten zur Verabschiedung der Haushaltsgesetze bilden.

CONTRA: Die Bundesregierung sollte nicht nach einem ausgeglichenen Budget streben

Bisweilen wird bei den staatlichen Budgetdefiziten zu sehr dramatisiert, obwohl ja die Lage nach den erwähnten Generationenbilanzen alles andere als harmlos ist. In milderem Licht erscheinen die steigenden Staatsschulden, wenn man sie in Prozentanteile am persönlichen Lebenseinkommen der nacheinander lebenden Generationen umrechnet. In den USA kommt man dabei auf eine persönliche Last von weniger als 2% vom Lebenseinkommen.

Ein wenig irreführend ist es auch, die Budgetdefizite isoliert zu betrachten. Das Budgetdefizit bildet jeweils nur einen kleinen Ausschnitt des großen Gesamtbildes von der Staatsaktivität. Mit den fiskalpolitischen Entscheidungen nehmen die Finanzpolitiker in vielfältiger Weise auf unterschiedliche Gruppen der Bevölkerung Einfluß, die zeitgleich und nacheinander in einer Volkswirtschaft leben. Das Budgetdefizit sollte bei Berücksichtigung alles dessen gewertet werden, was auf der Einnahmen- und auf der Ausgabenseite mit sachlichen und temporalen Fernwirkungen verknüpft ist.

Nehmen wir als Beispiel eine Senkung des Budgetdefizits durch Einschnitte bei den Ausgaben für Bildung und Ausbildung. Wir geraten damit unversehens in die Tagespolitik aller deutschen Bundesländer und des Bundes hinein. Werden die jungen Leute mit den Kürzungen besser gestellt? Tendenziell wird die Schulden- und Steuerlast zwar kleiner, wenn sie in das aktive Erwerbsleben eintreten, doch mit einer schlechteren Bildung und Ausbildung werden die Jugendlichen – sofern sie überhaupt eine Anstellung finden – weniger produktiv sein und weniger verdienen. Alles in allem wird eine Konsolidierung des Staatshaushalts durch Einschnitte in den Bildungsetat nachfolgende Generationen schlechter stellen.

Einäugige Blicke auf das Budgetdefizit sind auch deshalb gefährlich, weil damit zahlreiche andere politische Maßnahmen aus dem Gesichtskreis geraten, mit denen ebenfalls in erheblichem Umfange zwischen den Generationen umverteilt wird. Einschneidend wirkt in Deutschland vor allem das in der Rentenversicherung angewandte Periodenumlageverfahren der Renten auf die Beitragszahler. In Deutschland – und auf anderen Wegen auch in den USA – wurde in den sechziger und siebziger Jahren zugunsten der älteren und zulasten der jüngeren Jahrgänge umverteilt, wobei das Prinzip des Periodenumlageverfahrens ja der Budgetausgleich im Sektor der Rentenversicherung ist. Manches Faktum wurde in Deutschland mit durch das honorige Wort des »Generationenvertrages« zugedeckt und im Unklaren gelassen. Näher einzugehen wäre auf die Stellung der Kinderlosen in den Sozialetats, auf die Konsequenzen der wirtschaftsbedingten Wanderungsbewegungen (Gastarbeiteranwerbungen und -verrentungen), auf die Entlastungen der Unternehmungen durch vorgezogenen Ruhestand sowie auf Konflikte zwischen den Prinzipien der Querschnitts- und der Längsschnittgerechtigkeit. Querschnittsgerechtigkeit zielt auf Umverteilungen zwischen Beitragszahlern und Rentnern in denselben Perioden, Längsschnittsgerechtigkeit meint den Vergleich der Lebenseinkommen der nacheinander lebenden Generationen.

Vorausschauende Eltern vermögen die negativen Effekte staatlicher Budgetdefizite und staatlicher Regelungen der Umlageverfahren in der Rentenversicherung in gewissen Grenzen für ihre Kinder abzumildern. Womit? Durch Vermögensbildung selbstverständlich. Reiche Eltern sind die beste Vorsorge für wohlhabende Kinder! Dies ist eine Binsenweisheit mit nicht unerheblicher sozialpolitischer Brisanz in einer Demokratie. Bei Verteilungsfragen – auch jenen einer veränderlichen relativen Belastung der Generationen – ist stets auf Phänomene der Streuung und der Konzentration einzugehen, Überlegungen anhand arithmetischer Mittel und Summen führen fast immer in die Irre. Die Inhomogenität der Bevölkerung und der makroökonomischen Aggregatvariablen gilt es zu berücksichtigen. Nach einem auch von der Nationalökonomik geförderten übergroßen Staatsvertrauen in den sechziger und siebziger Jahren wird man sich bei der Altersvorsorge in Deutschland nunmehr auf mehr Eigenvorsorge durch Vermögensbildung einstellen. Es ist eben nicht nur »spätbürgerliche Romantik« (Vorwurf in Deutschland während der sechziger Jahre), wenn man die persönliche Freiheit durch eigene Vermögensbildung sichert.

Kritiker der Budgetdefizite sind manchmal der Ansicht, die Steigerung der Staatsverschuldung könne ja nicht ständig weitergehen. Sie kann! Ebenso wie sich eine Bank mit Blick auf die Einkommensentwicklung eines Kreditnehmers dazu entschließen mag, den Kreditrahmen immer weiter auszudehnen, kann auch die Staatsverschuldung am ständig wachsenden Volkseinkommen gemessen und die Zunahme toleriert werden. Noch in den achtziger Jahren war aus den deutschen großen Volksparteien zur Rechtfertigung der steigenden Staatsverschuldung zu hören, wachsende Unternehmungen müßten ja auch in zunehmendem Maße mit Fremdkapital arbeiten. Solange die Wachstumsrate der Staatsschulden niedriger ist als die Wachstumsrate des Volkseinkommens, wird man in einer marktwirtschaftlichen Demokratie keinen Umschwung der politischen Einstellung in der Frage der Staatsverschuldung erwarten oder herbeiführen können.

Erläutern Sie bitte, inwiefern ein Budgetdefizit zulasten künftiger Generationen gehen kann. Warum kann die Senkung eines Budgetdefizits zukünftige Generationen schlechter stellen?   **Schnelltest**

Grundsatzentscheidung: Eine Steuerreform sollte die Vermögensbildung fördern

Der Lebensstandard eines Landes und seiner Bevölkerung hängt von der Fähigkeit ab, Waren und Dienstleistungen herzustellen, lautet eine der *zehn volkswirtschaftlichen Regeln* des Kapitels 1 (Nr. 8). Im Kapitel 24 haben wir herausgefunden, daß die nationalen Produktionsmöglichkeiten in hohem Maße davon bestimmt werden, wieviel vom laufenden Volkseinkommen gespart und zukunftswirksam in Realkapital investiert wird. Unser fünftes Streitgespräch handelt darüber, ob die Wirtschaftspolitiker für eine Steuerreform eintreten sollen, die zur Förderung der Ersparnis und der Vermögensbildung sowie der Investitionsneigung beiträgt. Es geht dabei um eine volkswirtschaftliche Vermögensbildung im Sinne der Akkumulation (investierte Ersparnisse).

PRO: Die Steuergesetze sollten zur Förderung der Vermögensbildung reformiert werden

Die *Sparquote* eines Landes ist eine Schlüsselgröße für dessen langfristige Entwicklung. Je höher die Sparquote ist, desto mehr Ressourcen stehen für Investitionen in neue Bauten und Ausrüstungen zur Verfügung. Ein höherer Anlagenbestand wiederum erhöht die Arbeitsproduktivität, die Löhne und die Einkommen. Es überrascht daher nicht, daß die internationalen Statistiken eine starke Korrelation zwischen der Sparquote eines Landes und den Maßzahlen des ökonomischen Wohlstands aufweisen.

Eine weitere der zehn Regeln der Volkswirtschaftslehre aus Kapitel 1 besagte, daß Menschen auf Anreize reagieren. Das sollte auch für das Sparverhalten der Menschen gelten. Wenn die Gesetze eines Landes das Sparen attraktiver machen, so werden die Bewohner einen höheren Anteil ihres Einkommens sparen, und die höhere Ersparnis wird zu einer erfolgreicheren Zukunft führen.

Unglücklicherweise entmutigen jedoch die meisten Steuersysteme die Sparer dadurch, daß der Ertrag der Ersparnis hoch besteuert wird. Über einen gewissen Betrag hinaus unterliegt in Deutschland beispielsweise der Zinsertrag der sogenannten *Zinsabschlagsteuer* (Quellensteuer) von 30%. Betrachten Sie beispielsweise einen 25-Jährigen, der 1.000 DM sparen möchte, um seine spätere Rente aufzustocken. Kauft er eine Anleihe, die eine Verzinsung von 10% abwirft, so würde sich ohne Berücksichtigung der Besteuerung in 45 Jahren ein Vermögen von annähernd 72.900 DM ergeben. Durch die Besteuerung der Zinserträge in Höhe von 30% ergibt sich nur eine jährliche Verzinsung von 7%; das daraus in 45 Jahren resultierende Vermögen beläuft sich sodann nur noch auf circa 21.000 DM – im Vergleich zur Situation ohne Besteuerung ergibt sich also ein Verlust von über 70%.

Die Steuergesetzgebung entmutigt Sparer zudem dadurch, daß manche Einkommensarten doppelt besteuert werden. So ist es beispielsweise in den Vereinigten Staaten: Nehmen Sie an, ein Amerikaner verwendet einen Teil seiner Ersparnisse zum Kauf von Aktien einer Unternehmung. Macht die Unternehmung Gewinne aus ihren Kapitalinvestitionen, so zahlt sie erst einmal Steuern auf diese Gewinne aufgrund der Unternehmensbesteuerung. Zahlt die Unternehmung den Rest der Gewinne an ihre Aktionäre in Form von Dividenden aus, so zahlt der Aktienbesitzer auf dieses Einkommen ein weiteres Mal Steuern aufgrund der individuellen Einkommensbesteuerung. Diese doppelte Besteuerung reduziert den Ertrag für den Aktienbesitzer beträchtlich und senkt damit den Anreiz zur Ersparnisbildung. (In Deutschland wird diese Doppelbesteuerung durch die Gewährung einer Steuergutschrift bei der Dividendenzahlung vermieden.)

Doch die Steuergesetzgebung offenbart noch weitere Hemmnisse für die Ersparnisbildung: Möchte jemand sein im Laufe seines Lebens angehäuftes Vermögen seinen Kindern (oder jemand anderem) hinterlassen, statt es zu Lebzeiten zu verkonsumieren, so ist an die Erbschaftsteuer zu denken. Über einen gewissen (nach Erbfolge gestaffelten) Freibetrag hinaus greift die Erbschaftsteuer mit nicht unbeträchtlichen Sätzen. Zu einem Großteil ist die Besorgnis bezüglich der gesamtwirtschaftlichen Ersparnis aus dem

Anliegen heraus motiviert, ökonomischen Wohlstand für zukünftige Generationen zu sichern. Es ist daher seltsam, daß die Steuergesetzgebung die meisten direkten Wege, auf denen eine Generation der nächsten helfen kann, versperrt. Weitere Beispiele lassen sich in Hülle und Fülle finden.

Ein umfassender Ansatz zur Umgestaltung des Steuersystems liegt darin, die Grundlage, auf der der Staat Steuern erhebt, zu überdenken. Das deutsche Steuersystem, wie auch viele andere, beruht zu einem Großteil auf der Einkommensbesteuerung. Eine verdiente DM wird gleich oder ähnlich besteuert, gleichgültig ob sie ausgegeben oder gespart wird. Eine Alternative, die von vielen Ökonomen befürwortet wird, wäre eine stärkere Konsumbesteuerung. Dann würde ein Haushalt nur noch Steuern auf Basis dessen zahlen, was er ausgibt. Gespartes Einkommen wäre von der Besteuerung ausgenommen, bis die Ersparnis möglicherweise zu einem späteren Zeitpunkt aufgelöst und für Konsumzwecke verausgabt wird. Eine solche Änderung des Steuersystems würde einen starken Anreiz zu höherer Ersparnis bieten.

CONTRA: Die Steuergesetze sollten nicht mit dem Ziel der Vermögensbildung reformiert werden

Obwohl eine höhere Ersparnis wünschenswert sein mag, so ist dies nicht der einzige Zweck der Steuerpolitik. Politikverantwortliche müssen ebenso darauf achten, die Steuerlast gerecht zu verteilen. Die Probleme bei all den Vorschlägen zur Erhöhung der Sparanreize liegen darin, daß sie die Steuerlast für diejenigen erhöhen, die dies am wenigsten gebrauchen können.

Es ist eine unbestreitbare Tatsache, daß Haushalte mit hohem Einkommen einen größeren Anteil ihres Einkommens sparen als Haushalte mit geringem Einkommen. Im Ergebnis bedeutet dies, daß jede Maßnahme, die diejenigen begünstigt, die sparen, tendenziell Menschen mit höherem Einkommen begünstigen wird. Dies führt zu noch weniger Gleichheit in der Gesellschaft. Durch die Reduzierung der Steuerlast für die Reichen, die von solchen Maßnahmen profitieren würden, wird der Staat gezwungen, die Steuerbelastung der Armen zu erhöhen.

Darüber hinaus ist nicht klar, ob eine Steuerpolitik, die so gestaltet ist, daß sie die Ersparnis fördern soll, dieses Ziel auch tatsächlich effektiv erreicht. Viele Untersuchungen sind zu dem Ergebnis gekommen, daß die Ersparnis relativ unelastisch ist – d.h. die Höhe der Ersparnis reagiert nicht sehr sensibel auf Änderungen in der Ertragsrate der Ersparnis. Treffen diese Untersuchungen tatsächlich zu, so werden Steuererleichterungen, die den effektiven Ertrag der Ersparnis durch eine Verringerung der Besteuerung von Kapitaleinkommen erhöhen, die Reichen noch reicher machen, ohne daß diese dazu angehalten werden mehr zu sparen als sie es sowieso tun würden.

Auch aus einem wirtschaftstheoretischen Blickwinkel heraus ist unklar, ob ein höherer Ertrag die Ersparnis erhöhen würde. Das Ergebnis hängt von der relativen Stärke zweier gegenläufiger Effekte ab, nämlich vom *Substitutions-* und vom *Einkommenseffekt*. Einerseits erhöht ein höherer Ertrag den

Nutzen der Ersparnis: Jede DM, die heute gespart wird, erlaubt einen höheren Konsum in der Zukunft. Dieser Substitutionseffekt erhöht die Ersparnis. Andererseits senkt ein höherer Ertrag die Notwendigkeit zu sparen: Ein Haushalt muß weniger sparen, um ein bestimmtes Konsumziel in der Zukunft zu erreichen. Der Einkommenseffekt reduziert also die Ersparnis. Wenn Substitutions- und Einkommenseffekt in etwa gleich groß sind und sich daher gegenseitig aufheben, wie es einige Studien nahelegen, dann wird sich keine Veränderung der Ersparnis ergeben, wenn eine niedrige Besteuerung der Kapitaleinkünfte deren Erträge erhöht.

Es gibt andere Ansätze, die gesamtwirtschaftliche Ersparnis zu erhöhen, als den reichen Steuererleichterungen zu gewähren. Die gesamtwirtschaftliche Ersparnis ist die Summe aus der privaten und der öffentlichen Ersparnis. Anstatt zu versuchen, die Steuergesetzgebung dahingehend zu ändern, daß die Privaten mehr sparen, könnten Politikverantwortliche auch die öffentliche Ersparnis erhöhen, indem sie das Budgetdefizit verringern. Eine Reduzierung des Budgetdefizits, möglicherweise durch einen Erhöhung der Besteuerung der Reichen, bietet unmittelbar die Möglichkeit, die gesamtwirtschaftliche Ersparnis zu erhöhen und damit bessere Aussichten für zukünftige Generationenen zu schaffen.

Wird in der Tat die öffentliche Ersparnis in die Überlegungen einbezogen, so scheint es, daß Steuererleichterungen mit der Absicht, die Ersparnis zu erhöhen, genau kontraproduktiv wirken können. Änderungen in der Steuergesetzgebung, die die Besteuerung von Kapitaleinkommen reduzieren, vermindern damit auch die staatlichen Einnahmen und erhöhen damit das Budgetdefizit. Um die gesamtwirtschaftliche Ersparnis zu erhöhen, muß eine vorgesehene Änderung der Besteuerung also die private Ersparnis stärker erhöhen als das Budgetdefizit ansteigt. Ist dies nicht der Fall, so können Sparanreize die Lage möglicherweise noch verschlimmern.

Schnelltest   Nennen Sie drei Beispiele dafür, wie der Staat die private Vermögensbildung entmutigt. Welche Nachteile brächte eine Beseitigung dieser Fehlanreize für die Vermögensbildung?

Schlußfolgerung

Dieses Kapitel hat fünf Streitgespräche über die gesamtwirtschaftliche Politik präsentiert. Jedesmal haben wir mit einer kontroversen Behauptung begonnen und im Anschluß daran die Argumente dafür und dagegen einander gegenübergestellt. Wenn Sie Schwierigkeiten haben, sich klar für jeweils eine Seite der Argumentation zu entscheiden, so mag es Sie trösten, daß sie damit nicht allein sind. Die Beschäftigung mit der Volkswirtschaftslehre macht es nicht immer einfacher, zwischen alternativen Politikvorschlägen zu wählen. In der Tat kann durch die Klärung unvermeidbarer

Zielkonflikte, denen sich Politikverantwortliche gegenübersehen, die Wahl schwieriger werden.

Schwierige Entscheidungen müssen nicht als leicht erscheinen. Wenn Sie Politiker oder Kommentatoren manchmal etwas vorschlagen hören, was zu gut klingt, um wahr zu sein, so ist dies oftmals einer Simplifizierung zuzuschreiben. Wenn es scheint, daß Ihnen ein Gratisessen angeboten wird, so sollten Sie nach einer versteckten Preisauszeichnung Ausschau halten. Wenige Politikmaßnahmen – wenn überhaupt welche – bringen nur Nutzen und keine Kosten. Die Beschäftigung mit der Volkswirtschaftslehre soll Ihnen helfen, den in der politischen Auseinandersetzung so häufig anzutreffenden rhetorischen Nebel zu durchschauen, und Sie damit zu einem besseren Teilnehmer an den gesamtwirtschaftlichen Streitgesprächen zu machen.

Zusammenfassung

- Befürworter einer aktiven Geld- und Fiskalpolitik sehen die Volkswirtschaft als ein inhärent instabiles Gebilde an und glauben, daß Politikmaßnahmen die aggregierte Nachfrage stabilisierend beeinflussen können. Kritiker einer aktiven Geld- und Fiskalpolitik verweisen auf die verzögerten Wirkungen von Politikmaßnahmen und auf die begrenzten Fähigkeiten, zukünftige Entwicklungen vorherzusagen. Im Ergebnis können daher stabilisierend gemeinte Eingriffe destabilisierend wirken.

- Befürworter einer regelgebundenen Geldpolitik argumentieren, eine diskretionäre Politik leide meist unter Inkompetenz, Machtmißbrauch und Zeitinkonsistenz. Kritiker einer regelgebundenen Geldpolitik führen ins Feld, daß eine diskretionäre Politik flexibler auf veränderliche ökonomische Umstände reagieren kann.

- Befürworter eines Null-Inflations-Zieles betonen, daß Inflation erhebliche Kosten, aber kaum Nutzen mit sich bringt. Zudem fallen die Kosten der Inflationsreduzierung – Einbußen bei Produktion und Beschäftigung – nur vorübergehend an. Diese Kosten können sogar noch weiter reduziert werden, wenn die Zentralbank einen glaubhaften Plan zur Eindämmung der Inflation verkündet und damit unmittelbar die Inflationserwartungen senkt. Kritiker eines Null-Inflations-Zieles behaupten, eine gemäßigte Inflation bereite der Gesellschaft nur geringe Kosten, während die zur Inflationsreduzierung notwendige Rezession sehr kostspielig ausfalle.

- Befürworter eines ausgeglichenen Staatshaushaltes weisen darauf hin, daß Budgetdefizite den kommenden Generationen nicht zu rechtfertigende Lasten aufbürden, da ihre Steuern ansteigen und ihre Einkommen sinken werden. Kritiker eines ausgeglichenen Staatshaushaltes führen an, das Defizit mache nur einen kleinen Teil der Fiskalpolitik aus. Die einseitige Konzentration auf das Budgetdefizit kann den Blick auf die vielen Wege verschleiern, über die Politikmaßnahmen, einschließlich verschiedener Ausgabenprogramme, verschiedene Generationen beeinflussen.

- Befürworter von Steueranreizen zur Förderung der Ersparnisbildung legen dar, daß unsere Gesellschaft die Sparer in vielerlei Hinsicht entmutigt, z.B. indem Kapitaleinkünfte hoch besteuert werden und diejenigen, die ein Vermögen angesammelt haben, bestraft werden. Sie schlagen vor, die Steuergesetzgebung dahingehend zu reformieren, daß den Sparern Anreize gegeben werden, möglicherweise durch eine Umstellung von der Einkommensbesteuerung auf eine Konsumbesteuerung. Kritiker von Steueranreizen für eine höhere Ersparnis führen ins Feld, daß viele der vorgeschlagenen Maßnahmen zur Stimulierung der Ersparnis in erster Linie die Wohlhabenden begünstigen, die keine Steuerentlastung nötig haben. Sie argumentieren auch, daß solche Änderungen voraussichtlich nur eine sehr geringe Wirkung auf die private Ersparnis haben werden. Statt dessen wäre eine Erhöhung der staatlichen Ersparnis durch die Rückführung des Budgetdefizits eine viel wirksamere und gerechtere Möglichkeit der Sparförderung.

Wiederholungsfragen

1. Wodurch werden Wirkungsverzögerungen der Geld- und Fiskalpolitik auf die gesamtwirtschaftliche Nachfrage verursacht? Welche Bedeutung haben diese Verzögerungen für die Debatte über eine aktive oder passive Wirtschaftspolitik?
2. Was mag die Zentralbank dazu veranlassen, einen politischen Konjunkturzyklus auszulösen? Welche Wirkung hat ein politischer Konjunkturzyklus auf die Diskussion um wirtschaftspolitische Regeln?
3. Erklären Sie, welchen Einfluß Glaubwürdigkeit auf die Kosten der Inflationsbekämpfung hat.
4. Warum sind einige Ökonomen gegen ein Null-Inflations-Ziel?
5. Geben Sie zwei Gründe dafür an, wieso ein staatliches Budgetdefizit für einen zukünftig Beschäftigten negative Auswirkungen hat.
6. In welchen zwei Fällen kann ein Budgetdefizit gerechtfertigt werden?
7. Geben Sie ein Beispiel dafür, wie der Staat die junge Generation belastet, selbst wenn das Budgetdefizit, das diese erbt, verringert wird.
8. Einige Ökonomen behaupten, daß der Staat in alle Ewigkeit ein Budgetdefizit anhäufen könne. Wie ist das möglich?
9. Geben Sie ein Beispiel – außerhalb der Steuerpolitik – dafür, wie unsere Gesellschaft Sparer entmutigt.
10. Welcher gegenläufige Effekt kann durch Steueranreize, die die Ersparnis fördern sollen, ausgelöst werden?

Aufgaben und Anwendungen

1. Das Kapitel gibt zu bedenken, daß die Volkswirtschaft, ähnlich wie der menschliche Körper, »natürliche Regenerations-Kräfte« aufweist.

   a) Zeigen Sie die kurzfristige Wirkung eines Rückgangs der aggregierten Nachfrage mit Hilfe eines Diagramms der aggregierten Nachfrage und des aggregierten Angebots. Was geschieht mit der Produktionsmenge, dem Einkommen und der Beschäftigung?

   b) Wenn der Staat keine Stabilisierungspolitik einsetzt, was passiert dann in der Volkswirtschaft im Zeitablauf? Zeigen Sie dies in Ihrer Graphik. Geschieht diese Anpassung in der Regel innerhalb von Monaten oder von Jahren?

   c) Schafft die Volkswirtschaft es aus eigenen Kräften, den Ausgangszustand wieder herzustellen? Wie schnell arbeiten die volkswirtschaftlichen Regenerationskräfte?

2. Politikverantwortliche, die eine Volkswirtschaft stabilisieren möchten, müssen entscheiden, wie sie Geldangebot, Staatsausgaben und Steuern ändern. Warum ist es schwierig, die angemessene Größenordnung diese Veränderungen festzulegen?

3. Nehmen Sie an, die Wirtschaftssubjekte wollten plötzlich mehr Geld halten.

   a) Wie würde sich dies auf die Volkswirtschaft auswirken, wenn die Zentralbank sich an die Regel, das Geldangebot jedes Jahr um 3% auszudehnen, hält? Verdeutlichen Sie Ihre Antwort graphisch mit Hilfe einer Skizze des Geldmarktes und des Diagramms der aggregierten Nachfrage und des aggregierten Angebots.

   b) Wie würde sich dies auf die Volkswirtschaft auswirken, wenn die Zentralbank sich an die Regel, das Geldangebot jedes Jahr um 3% auszudehnen, hält und das Geldangebot um zusätzlich einen Prozentpunkt mehr für jeden Prozentpunkt, anwachsen läßt, den die Arbeitslosigkeit über ihr normales Niveau hinaus steigt? Verdeutlichen Sie Ihre Argumentation graphisch.

   c) Welche der in a) bzw. b) vorgeschlagenen Regeln stabilisiert die Volkswirtschaft besser? Wäre es hilfreich, der Zentralbank zu erlauben, ihre Maßnahmen auf die prognostizierte statt auf die aktuelle Arbeitslosigkeit auszurichten? Erläutern Sie Ihre Antwort.

4. Das Problem der Zeitinkonsistenz gilt sowohl für die Fiskal- als auch für die Geldpolitik. Nehmen Sie an, der Staat kündige eine Senkung der Einkommensteuer für Realkapitalinvestitionen, wie beispielsweise den Bau neuer Fabrikanlagen, an.

   a) Wie wird diese Maßnahme das Investitionsniveau beeinflussen, wenn die Investoren daran glauben, daß die Kapitalbesteuerung niedrig bleibt?

   b) Besteht für den Staat ein Anreiz, die Maßnahmen zurückzunehmen, nachdem die Investoren auf die angekündigte Steuersenkung reagiert haben? Erläutern Sie Ihre Antwort.

   c) Würden Investoren – vgl. Anschluß an Ihre Antwort aus Aufgabenteil b) – der Ankündigung des Staates Glauben schenken? Was kann der Staat tun, um die Glaubwürdigkeit der angekündigten wirtschaftspolitischen Maßnahmen zu erhöhen?

d) Erklären Sie, warum diese Situation dem Zeitinkonsistenzproblem, dem sich die Geldpolitik gegenüber sieht, ähnlich ist.

5. Kapitel 2 erklärte den Unterschied zwischen positiver und normativer Analyse. Welche Problemfelder in der Auseinandersetzung darüber, ob die Zentralbank ein Null-Inflations-Ziel verfolgen sollte oder nicht, beinhalten positive Aussagen, welche normative Urteile?

6. Warum ist der Nutzen aus einer Senkung der Inflationsrate dauerhaft, die Kosten dafür jedoch nur vorübergehend? Warum sind die Kosten einer Erhöhung der Inflationsrate dauerhaft, der Nutzen daraus jedoch nur vorübergehend? Erläutern Sie Ihre Antworten anhand einer graphischen Darstellung der Phillips-Kurve.

7. Erklären Sie, wie jede der folgenden wirtschaftspolitischen Maßnahmen das Einkommen zwischen den Generationen umverteilt. Findet eine Umverteilung von jung zu alt oder von alt zu jung statt?
   a) Eine Erhöhung des Haushaltsdefizits
   b) Großzügigere Unterstützung für Ausbildungs-Kredite
   c) Höhere Investitionen in Straßen- und Brückenbau
   d) Eine Indexierung der Sozialhilfeleistungen an die Inflationsrate

8. Umfragen haben ermittelt, daß die meisten Menschen gegen Budgetdefizite sind, aber die gleichen Menschen wählen Repräsentanten, die Budgets verabschieden, die schon bedeutende Defizite aufweisen. Warum mag die Kritik an Budgetdefiziten in der Theorie stärker sein als in der Praxis?

9. Dieses Kapitel legte dar, daß Budgetdefizite das Einkommen zukünftiger Generationen reduzieren, aber Produktion und Einkommen während einer Rezession stärken können. Erläutern Sie, wie diese beiden Aussagen zusammenpassen.

10. Dieses Kapitel behauptete, daß Änderungen des Steuersystems zur Förderung der Ersparnis tendenziell Bezieher höherer Einkommen begünstigen. Wenn der Staat die Steuern auf Kapitaleinkünfte senkt, welche Maßnahmen könnte er dann gleichzeitig ergreifen, um eine Einkommensumverteilung zu vermeiden?

11. Welchem grundsätzlichen Zielkonflikt sieht sich eine Gesellschaft gegenüber, wenn sie beschließt, mehr zu sparen?

12. Nehmen Sie an, die Besteuerung auf Spareinkünfte würde gesenkt.
   a) Wer würde von dieser Steuersenkung direkt profitieren?
   b) Wie würde sich der Kapitalstock entwickeln? Was würde mit dem Kapital, das jedem einzelnen Beschäftigten zur Verfügung steht, passieren? Wie würden sich die Löhne entwickeln?
   c) Wer hätte – im Lichte Ihrer Antwort auf Teil b) – langfristig Vorteile von dieser Steuerreduktion?

13. Bei einigen der wirtschaftspolitischen Streitgesprächen dieses Kapitels werden die Kosten bestimmter Entscheidungen hauptsächlich von einem sehr kleinen Teil der Bevölkerung getragen.
   a) Geben Sie einige Beispiele für diese Behauptung und erläutern Sie, warum die Kosten ungleich verteilt sind.
   b) Wie beeinflußt diese ungleiche Verteilung der Kosten Ihre Sicht dieser Auseinandersetzungen?

Glossar

Stichwort

Sach- und Namensregister